宋朝立法通考

A General Examination of the
Legislation of the Song Dynasty

胡兴东 著

中国社会科学出版社

图书在版编目(CIP)数据

宋朝立法通考 / 胡兴东著 . —北京：中国社会科学出版社，2018. 6
ISBN 978 - 7 - 5203 - 2665 - 0

Ⅰ. ①宋…　Ⅱ. ①胡…　Ⅲ. ①法制史 - 中国 - 宋代　Ⅳ. ①D929. 44

中国版本图书馆 CIP 数据核字(2018)第 112274 号

出 版 人　赵剑英
责任编辑　任　明
责任校对　李　莉
责任印制　王　超

出　　版　中国社会科学出版社
社　　址　北京鼓楼西大街甲 158 号
邮　　编　100720
网　　址　http：//www. csspw. cn
发 行 部　010 - 84083685
门 市 部　010 - 84029450
经　　销　新华书店及其他书店

印刷装订　北京君升印刷有限公司
版　　次　2018 年 6 月第 1 版
印　　次　2018 年 6 月第 1 次印刷

开　　本　710 × 1000　1/16
印　　张　54. 5
插　　页　2
字　　数　950 千字
定　　价　198. 00 元

国家社科基金后期资助项目

出版说明

后期资助项目是国家社科基金设立的一类重要项目，旨在鼓励广大社科研究者潜心治学，支持基础研究多出优秀成果。它是经过严格评审，从接近完成的科研成果中遴选立项的。为扩大后期资助项目的影响，更好地推动学术发展，促进成果转化，全国哲学社会科学规划办公室按照“统一设计、统一标识、统一版式、形成系列”的总体要求，组织出版国家社科基金后期资助项目成果。

全国哲学社会科学规划办公室

序

我的学生胡兴东，完成了《宋朝立法通考》一书，让我为之作序。是书属于大部头著作，有60多万字。然而通读此书，内容丰富，考据扎实，论证严密，是近年研究宋朝法律史中少见的上乘之作。是书在研究宋朝立法成果、法律形式、司法适用等方面都有独到的见解和开拓性的思考。

首先，是书在研究方法上较具特色。一般而言，近代意义上的中国法律史学术研究，始于清末民国时期的西学东进之时，并形成两种独具特色的研究方法：一是以沈家本的《历代刑法考》、程树德的《九朝律考》为代表的，以史料辑佚整理为中心，以“朴学”的方法揭示中国古代法律的真实情况为目的；二是以梁启超的《中国法理学发达史论》《论中国成文法编制之沿革得失》为代表，以理论构建为中心，总结中国古代法律发展的特征、规律，在与西方比较中找出异同的学术进路。梁启超的学术进路被杨鸿烈等继承，他所著《中国法律发展史》《中国法律思想史》《中国法律对东亚诸国之影响》是为代表。梁、杨二人所著之书，在方法上虽以学术观点取胜，但论证中仍以史料为中心，只是史料的选择已被著者立场所限制，而不是全面展示。此种研究方法到瞿同祖的《中国法律与中国社会》、蔡枢衡的《中国刑法史》时已成为理论构建为中心，史料选择只是为达学术理论构建而所撷。

细考之，两种学术方法影响至今，专研法史者皆各以不同方法为路径。详审两种方法，各有利弊，分而进之，对中国古代法律史研究的不利影响是显而易见的。新中国成立以来，中国法律史研究中第二种方法获得主导，导致法律史研究一直难以获得有效突破。这就是很多学者虽以梁氏方法为宗，但研究成果却无法与瞿氏相比的原因。

考察日本近代对中国法律史的研究，方法上仁井田陞最具代表，仁井田氏在研究中采用的是两者有机结合，代表成果是《故唐律疏议制作年代考》（和牧野巽合著）和《唐令拾遗》。在两部作品中不仅有翔实的史料辑佚还有深入的理论考察，可惜20世纪90年代以来的国内学者很少以他为圭臬，而多以西方汉学家的理论至上进路为标杆。

20世纪90年代以后，国内法律史研究中，在研究方法上也有把两种传统融合并用的趋势，如戴建国、陈景良等。现在胡兴东所著是书，则进一步推动了这一研究。因为是书对主体内容考察是以史料辑佚考证为主，同时在丰富的原始资料基础上提出自己的理论立场。这种研究进路十分可取，希望他在此种研究方法上进一步发展，多出特色成果，同时也希望中国法律史学界研究者多展开一些以此为方法的研究。

“大胆假设，小心求证”是做学术研究者应遵循的基本态度。是书在研究上体现了此种态度。全书中有大量全新的观点、立场，与当前学术界多有不同。但仔细研读，胡兴东提出的这些观点、所持的这种立场，是建立在大量史料基础之上的，是言而有据的。如对宋朝敕、格、式、断例等的性质提出新论时，不是简单的学术推翻，而是在大量史料基础上经过严密考辨而成。中国法律史研究需要进行一次全面清理式的“客观事实还原”运动，以摆脱近代以来中国古代法律史研究中一直存在为实现特定国家行动合法性提供论证依据的简单学术进路。书中对宋朝法律形式中敕令格式立法数量的考察，揭示了中国古代法律在定量上“正罪定刑”与“设制立范”两种法律之间的关系、数量结构等问题，证明中国古代法律在数量上是以“设制立范”为主体，以官吏管理为核心的基本特点。这些研究对正确还原中国古代法律种类结构和法律特征是有重要学术价值的。

其次，是书对宋朝法律史研究来说不仅是一部较扎实的学术著作，而且具有工具书性质。因为是书对宋朝国家层次上的各种立法成果进行了详细考述，对不同法律形式的立法成果进行全面辑佚整理，让读者能够了解宋朝不同法律形式的立法成果。此外，书中对很多法典、法律的内容进行全面收集，让读者可以方便查找到不同法典的立法过程、所遗存的具体内容等。是书还对宋朝不同法律术语的含义、演变等问题进行了考察，是了解宋朝不同法律术语的重要著作。书中不同的统计表格把宋朝现存的重要法律，如《庆元条法事类》《吏部条法》的内容结构全面呈现出来，揭示了这些法典的篇名、内容、体例等。

最后，是书在中国古代法律形式变迁史研究上具有重要的创见。书中对律令体系下律、敕、令、格、式等法典的变化，宋朝法律形式的变迁都有深入考察。是书对中国古代律典体例、令典体例的篇名结构、影响等问题进行了考察，特别对令典的篇名变化进行考察，成为研究中国古代令典的重要成果。此外，还对宋朝法律形式在中国古代法律变迁上是如何承上启下进行考察。在“承上”上，宋朝如何通过对唐朝的令格式等法律形式进行时代化发展，转变成律、敕、令、格、式、申明等形式。在“启下”上，宋朝如何通过“事类”立法体例把繁杂的法律形式进行简约，促使元朝断例和条格两种法律形式的出现，明清律例体系的形成等。

当然，是书在研究中仍然存在不足之处，如书中一些内容的考证有待更加深入，写作中一些条目存在收集不够全的问题；对宋朝立法成果中地方政府立法成就、民间乡规民约成果没有进行考察，这对全面了解宋朝立法成果情况仍然存在缺失，希望他在以后的研究中对以上问题进行完善和补充。

华东政法大学

法律文明史研究院

何勤华

目　录

导　言

一　本书的缘起

宋朝是中国古代法律发展史中的重要时期，取得的成就十分显著。宋朝法制成就以笔者的考察，是在国家治理中基本从形式上，实现中国古代儒家和法家所期望的“礼治”和“法治”目标。宋朝统治者大力宣扬儒家之治，重用儒学教育下的士大夫，形成了北宋，就是当时士大夫都公认的皇帝和士大夫共治天下的政治结构。在法制建设上，宋朝统治者大力推行法制建设，强调君主和臣下共守法。然考宋朝法律史研究的成果，较之汉唐、明清，甚为逊色。宋代是中国古代法律史研究中的转折时期，因为宋朝开始史料大为增加，各类文集数量十分丰富，让研究能更加实证。虽然前辈们不停努力。[①] 然而，对宋朝整个法律情况的全景呈现却仍然存在不足，特别是对宋朝立法的成果、法律形式种类和关系等问题的研究上。宋朝法律史研究中最大特点是主体多是史学背景的学者。这种学科知识结构让宋朝法律史研究上出现考证扎实，但体系分析不足的问题。这与汉唐法律史研究中法学背景与史学背景学者同时共进的现象存在很大的不同。要对宋朝法律史有个全面评价，首先是对宋朝立法成果和法律形式等问题有个全面研究，[②] 整体反映宋朝的立法成果、分布和结构等基本问题。

本书要达到的目标有三：首先，全面梳理宋朝国家层次上的立法成果；其次，全面反映宋朝不同法律形式的变迁及内涵；最后，全面反映宋朝不同法律形式现存的史料、内容特点等。为此，本书对宋朝立法成果进行一个全面的考察，以宋朝立法过程中出现的不同法律形式的篇名作为研究对象，对整个宋朝立法情况进行全面考察。为了反映宋朝立法成果，本

① 国内宋朝法律史研究的代表人物有戴建国、薛梅卿、陈景良、赵晓耕、王云海、郭东旭、孔学等。

② 吕志兴的《宋代法律体系与中华法系》（四川大学出版社 2009 年版）是宋代法律形式问题研究的重要成果，但研究视角重在学理分析，缺少大量史料上的深入考察。

书对宋朝立法产生的法律篇名进行较全面考察。学术界对宋朝立法成果进行过较全面考察的学者是郭东旭，他在《宋代法律与社会》一书的“附录”中做了一个“宋代编敕令格式一览表”。[①] 表中对宋朝立法成果进行了简单的整理和统计，并注明了出处。然而，对所收录的立法成果仅指出所见史料，没有详细的史料支持。此外，表中没有对篇名的情况进行分析，没有指出哪些是法律的具体篇名，哪些是立法成果的总体名称等。本书采用的方法是按不同类型对宋朝基本法律形式的立法篇名进行考辑，同时对各种法律篇名进行比较分析，指出哪些篇名是同一法律的不同名称等。在法律篇名分类上，采用的是法律形式的分类体系而不是简单的辑录出来，如“绍兴敕令格式”在法律结构上是由独立的敕典、令典、格典和式典组成，它们之间是独立存在的法典，以往学者往往统称为《绍兴敕令格式》。[②] 通过对法律篇名种类的考察，分析宋朝不同法律形式种类、特征、变迁、关系等问题。

二　本书史料说明

做此类研究，首要问题是史料的选择。本书以宋朝五大基础性法律史料为核心，兼考察其他史料，以便能够较为全面地反映宋朝立法的真实情况，同时体现宋朝不同法律形式之间的关系及表达方式。本书史料分为三类：基础性史料，具体是《宋会要辑稿》《续资治通鉴长编》[③]《宋史》《庆元条法事类》残卷和《吏部条法》等；重要史料是宋朝人编撰的书目、类书、史书等，如《崇文馆书目》《直斋书录题解》《玉海》《文献通考》《建炎以来系年要录》《皇宋通鉴长编纪事本末》《续资治通鉴》《三朝北盟会编》《续资治通览长编补遗》《宋大诏令集》《续宋中兴编年资治通鉴》《皇宋中兴二朝圣政》《宋季三朝政要》《续编两朝纲目备要》《皇朝编年纲目备要》《皇宋十朝纲要》《宋史全文》等；补证类史料，

---

① 郭东旭：《宋代法律与社会》，人民出版社2008年版，第280页。

② 宋朝立法成果名称有两种：一是整个立法成果的通称，或称为简称，如《元丰敕令格式》《绍兴敕令格式》《绍兴吏部七司法》等。这种名称是某次立法成果的总称，不反映立法中各类具体法律的制订情况；二是立法中不同法律种类的成就，如《绍兴敕令格式》由《绍兴敕》12卷，《绍兴令》50卷，《绍兴格》30卷，《绍兴式》30卷，《绍兴随敕申明》和《绍兴申明刑统》等六部独立的法典组成。这说明此次立法共有6个不同种类的法典被制定。它们是独立法典，性质不同，结构上也各自独立，各有各的体例和表达风格。

③ 本书中《宋会要辑稿》简称为《宋会要》，《续资治通鉴长编》简称为《长编》。

如宋朝人的各类野史、笔记和文集等，其中《唐宋史料笔记丛刊》和《全宋文》作为重点检索对象。然而，通过笔者检索，发现在宋朝的各种史料中，与法律有关的史料主要集中在《宋会要》《长编》《系年要录》《宋史》《玉海》等书中。若进一步考察，会发现《宋史》《玉海》《续资治通鉴》《通志》《文献通考》等史料中的法律史料来源，多出自《宋会要》《长编》《系年要录》之中。此外，一些史料，虽然是宋朝历史事件的重要史料，但对法律史料记载较少，如《宋大诏令集》《续宋中兴编年资治通鉴》《三朝北盟会编》《皇宋中兴二朝圣政》《宋季三朝政要》《续编两朝纲目备要》《皇朝编年纲目备要》《皇宋十朝纲要》《宋史全文》等。这些史料的不同性质决定着在本书中使用上略有不同。笔者通过考察，发现宋代史料中存在大量反复抄录同一条史料的现象，如《续资治通鉴》中很多史料就是摘录于《宋史全文》《系年要录》中。这种后面史料对前面史料的摘录，让后面史料在使用价值上大打折扣。这也是为什么本书在考察时以《宋会要辑稿》《续资治通鉴长编》《宋史》《庆元条法事类》《吏部条法》五部书为基础，其他的为补充的根本原因。

在基础性史料中，《宋会要》是本书研究的史料核心中的核心。《宋会要》是宋朝法律史料中的基础性、原始性材料。虽然是书是清朝徐松从《永乐大典》中辑出，但《永乐大典》是从宋人撰的原始《会要》中摘编而成。而宋朝虽有数次修撰《会要》，但在修《会要》的目的上主要是为了适用，即对国家法律、法规、礼仪典章和诏令的法典化编撰是一致的。从广义上看，宋朝时所修《会要》也是一种法典的修撰。宋朝频繁修撰会要，按学者考察，至少修过 12 部会要，即《庆历国朝会要》《元丰增修国朝会要》《政和重修国朝会要》《乾道续国朝会要》《乾道国朝中兴会要》《孝宗会要》《嘉泰重修孝宗会要》《光宗会要》《宁宗会要》、理宗朝《宁宗会要》《总类国朝会要》、度宗朝《理宗会要》。[①] 宋朝十四朝编了十二部《会要》。《会要》作为“事类体”法典编撰的产物，成为国家法中法律、法规、礼仪典章和诏令等各种规范的集大成。从《宋会要》的行文看，能全面反映宋朝时的法律、政治、行政等用语特征和习惯。对《会要》在宋人法制礼仪官制典章中的功能，南宋时汪澈有过总结，“祖宗故事，凡政刑纪纲、礼文法度，可以备讨论者，莫具于《会

---

① 刘琳、刁忠民、舒大刚、尹波等点校：《宋会要辑稿·序言》，上海古籍出版社 2014 年版，第 6 页。

要》一书，舍是则漫散无统矣”。[1] 在《宋会要》中反映出来的宋朝法律情况，从其他史料中是可以得到佐证的。《宋会要》的通行本版中，1958年的影印本由于各种原因，使用十分不便利。通过四川大学的学者努力，现在《宋会要》基本整理和点校已经完成，为学术研究提供了十分便利的版本。《宋会要》整理中最有成效的不是2014年点校本的出版，而是此前完成的电子点校本，由于电子点校本的完成，让是书的使用实现了自由检索和反复查找。可以说，宋朝法律史研究成果中的质量标准文献指标就是引用《宋会要》的情况。本书使用的《宋会要》是以2014年上海古籍出版社出版的点校本为底本，同时参看了1958年中华书局的影印本。此外，由于《宋会要》中很多法律术语、名称是宋朝特用和法律专用，点校者对这些专用名词存在理解上的不同，所以在点校中使用的标点符号存在不同，本书中会根据法律术语和名称进行相应修改。如《绍兴新书》是指绍兴元年立法成果，即《绍兴重修格令格式申明》等的总称，在法律术语上属于专术法典名称，所以一律加用书名号，《元丰令》是指元丰令典，专指特定法典，也同时用书名号等。所以本书标点与引用到的《宋会要》点校本在很多地方会出现不一致。

《长编》在北宋历史研究中的史料上，基础地位是史学界公认的。本书把《长编》作为核心史料之一使用，从中辑录出相关立法成果。从史料看，《长编》中的法律史料有的较为全面，可以补《宋会要》中记载不足。《长编》的缺点是重事件过程的记载，轻立法内容的记录。这与编撰者的目的有关，即作为治国者的借鉴之用。本书使用的《长编》是2006年中华书局点校本。在点校上同样存在《宋会要》点校本中的问题。

《宋史》是元朝人脱脱主持编撰的宋朝正史。学术界对《宋史》的“贬”与“褒”都源自同样的原因，即该书在编撰时，对宋朝史料所收是全而原始，缺点是“繁”而不简、不严。正因如此，《宋史》中庞大的诸志成为中国古代“二十五史”中的特色。《宋史》诸志把宋朝法律进行了较全面的收录，成为研究宋朝法律制度史的重要材料。《宋史》诸志在宋朝制度史的研究中的作用，还没有被学术界充分运用。在本书考察中，《宋史·艺文志》成为重要来源。《宋史·艺文志》所录法律书目之多是二十五史中少见的，而法律书目又以宋朝法律书目为中心。现在通过《宋史·艺文志》中所录法律书目与《宋会要》和《长编》比较，可以

---

[1] 《建炎以来系年要录》卷一百八十四，“绍兴三十年二月戊寅条”，中华书局2013年版，第3563页。

发现他们之间的相互关系十分密切，可以互证。当然，从《宋史·艺文志》所录法律名称看，混乱、讹误比比皆是，也知此书修撰之不严。本书使用中华书局1975年点校本。本书由于关注的是立法成果，《宋史·列传》所见史料十分少，虽然《宋史·列传》中有大量司法材料，但多与此书无关。

《庆元条法事类》残本让学术界对宋朝中后期，特别是南宋时期的五种重要的法律形式有全面、直接的了解，即敕、令、格、式和申明。同时，残本中所录的篇名和结构对了解宋朝五种法律形式提供了直接原始的证据，特别是对敕典、令典、格典和式典等的篇名结构和表达形式提供了最直接的史料。本书以戴建国点校的黑龙江人民出版社2006年版本为准。

《吏部条法》,[①] 现在见于《永乐大典》中所录内容。根据刘笃才整理，存在于《永乐大典》卷14620至卷14629。刘先生认为现存的《吏部条法》应是淳祐年间编成的。从所引法律篇名看，是这个时期的，因为书中有《淳祐敕》条文被引。《吏部条法》是按事类体例编成，但内容中明确指明各条文引用的敕令格式申明所在篇名。这不仅让学术界能够了解宋朝吏部七司立法的繁杂和篇名结构，还对南宋后期的立法情况有较全面的了解。更重要的是，还可以看到南宋后期立法上的新变化。《吏部条法》全书中繁杂的篇名结构让我们知道宋朝法律形式发展到中后期所存在的问题。本书使用的《吏部条法》是刘笃才点校的黑龙江人民出版社2002年版本。

三　本书结构和核心观点

（一）本书的基本结构与内容

本书通过考察宋朝立法成果，以深入反映宋朝法律形式的种类、特征、性质、演变和作用。为此，本书共分八个部分。

导言，说明本书研究的起源、使用史料、结构和核心内容等。本书作为以考辑和理论分析结合的研究，在史料上分为基础性史料、重要史料和补充性史料。基础性史料以《庆元条法事类》残本、《宋会要辑稿》《续资治通鉴长编》《宋史》和《吏部条法》五种史料为基础，结合其他史料，辑录出涉及立法成果的各种法律篇名，综合考辨，撰写出独立存在的各法律篇名辞条，在此基础上再对不同法律形式及宋朝整个法律特征进行

---

① 刘笃才点校：《吏部条法》，载杨一凡主编：《中国珍稀法律典籍续编（第二册）》，黑龙江人民出版社2002年版。

总结。

第一章　宋朝敕的篇名考。本章对五种基础性史料所见敕的法律篇名辑录后，结合其他史料，对宋朝“敕”为名的立法成果进行全面整理和研究。宋敕可以分综合性敕典和一般性敕两大类。综合性敕典在不同时期略有不同，最初敕典性质是集“正罪定刑”和“设制立范”为一体的混合法典，体例上以时间为纲。咸平编敕开始把敕典按律典12篇体例编撰，在天圣编敕时《天圣敕》把“设制立范”类法律排除，用《附令敕》解决，仅留下“正罪定刑”类法律。熙宁编敕时《附令敕》已经转成“有约束但无刑名”，敕典则完全是“正罪定刑”的刑事法律。神宗元丰年间修法时由于对敕令格式重新定义，“敕”成为“正罪定刑”的法律专用术语，敕典完全成为律典式的刑事法典。一般敕的立法与敕典有着相同的变化，元丰年间后成为“正罪定刑”的刑事法律。宋朝制定了18部敕典，其中前3部属于综合性法律，即包括刑事和非刑事的法律，后15部成为律典式的刑事法典。此外，宋朝一般性敕制定了140篇。一般性敕可以分为类敕典、事类敕和机构类敕三种。宋朝“敕”经历了由一种法律颁布称谓到“正罪定刑”的刑事法律专用术语的演变过程。宋敕的性质是“制刑名”，即“正罪定刑”。

第二章　宋朝令的篇名考。本章对五种基础性史料所见令的篇名辑录后，综合其他史料，对宋“令”为名的立法成果进行全面整理和研究。宋令最初适用《唐令》。宋令分为综合性令典和一般性令两大类。宋朝令典分为《唐令》式令典，如《淳化令》和《天圣令》；宋式令典，《元丰令》后诸令典。两者在篇名、结构和内容上都存在质的不同。宋令在神宗朝元丰年间后成为国家法律的主体，令的性质是“设制立范”类法律的核心部分。宋朝令的发展由两部分组成，一是《唐令》的适用和时代化发展，体现在《淳化令》到《天圣令》，其中《天圣令》是宋朝令典发展中的关键；二是敕类法律中“有约束而无刑罚”的“敕”被编成“附令敕”。元丰年间后，两者合一，成为“令”。宋朝制定了12部令典，宋朝意义上的令典始于《元丰令》。宋朝一般性令，现在可见到的法律篇名有219篇。这些令可以分为事类令、机构令、军事令、礼制礼仪令、经济管理令、教育考选令、国交令和社会事务令等，是整个社会管理中的主体法律。宋令的性质是“有约束而无刑罚”，即“设制立范”。但宋令不是行政法，或民法的同义词，宋令是除刑事法律外的所有法律，包括有现在分类中的民事、行政、社会法等。

第三章　宋朝格的篇名考。本章对五种基础性史料所见格的篇名辑录后，综合其他史料，对宋“格”为名的立法成果进行全面整理和研究。宋格分为综合性格典和一般性格两大类。宋朝意义上的格典始于《元符格》。宋格被认为是赏罚类法律，通过对宋格法律篇名和内容深入地考察后，发现宋格中赏罚仅占其中很少的部分，大量属于国家各类制度中等级、数量、标准和职数的法律。宋朝格典至少有 8 部，若加上不能绝对确定的 6 部，共有 14 部。宋朝格典中《元丰格》不是真正意义上的格典，真正意义上的格典始于《元符格》。宋朝一般格的法律篇名有 154 篇，其中赏格类有 42 篇，其他的达 112 篇。一般格可以分为赏罚格、官吏管理格、选拔格、机构管理格、教育礼制格和其他类格。宋格在性质上属于“设制立范”类法律。

第四章　宋朝式的篇名考。本章对五种基础性史料所见式的篇名辑录后，综合其他史料，对宋“式”为名的立法成果进行全面整理和研究。宋式分为综合性式典和一般性式两大类。宋朝早期式典适用的是《唐式》，宋朝意义的式典始于《元丰式》。宋式内容包括有“名数”和“样式”两类。“名数”是指“人物名数、行遣期限”；“样式”就是各种公文程式。以前学术界仅认为宋式是“样式”。这种认识来自对《元丰式》的理解。本章通过宋朝时人对“式”的五种定义进行比较考察后，结合现存式类具体法律内容和篇名，得出宋式是“名数”和“样式”两种法律形态的结合体。宋朝式典共制定过 11 部，其中《淳化式》不是严格意义上的新式典，仅是《唐式》时代化的产物。宋朝一般式法律篇名有 133 篇，可以分为机构职能式、选举考试式、教育学校式、礼制国交式、其他杂类式等。宋式在性质上属于“设制立范”类法律。

第五章　宋朝其他类型的法律篇名考。本章对宋朝常用法律术语中申明、断例、指挥、看详、条贯、法、条例、事类和条制等九种的法律篇名进行辑考，得出不同种类的立法数量，发现存在的问题等，指出它们的性质。通过辑考得出宋朝申明、指挥、断例和看详在神宗朝后已开始转向法律形式，特别在南宋时申明、指挥、断例作为法律形式已较稳定，其中申明中的申明刑统、随敕申明和断例成为新的“正罪定刑”的刑事法律形式。当然，宋朝申明、指挥和断例作为一种法律形式的分类标准与敕令格式，按法律性质区分是存在根本的不同的，因为这三种法律形式划分的标准是制定程序、颁布形式、法律效力。三种都有“正罪定刑”和“设制立范”两类法律。事类不是一种法律形式，而是一种法律编撰体例，是法典编撰的技术，其基本特征是在法典编撰上不按性质而是按调整对象把法律分成不同“门”，把属于敕令格式申明等不同法律形式汇编入同一

“门”中。条贯、法、条例、条制是法、法律，或敕令格式，或是敕、令、格、式等法律术语的一种通称。

第六章　宋朝例、断例和判例问题考辨。本章对宋朝例和断例是否属于判例法问题进行了深入考察，得出“例”与判例法没有必然联系。宋朝“例”在法律形式分类上十分繁杂和不稳定。宋朝与例有关的法律术语有狭义例、则例、条例、格例、体例、事例和断例等多种。宋朝与判例法有关的“例”有断例、狭义例、体例、旧例和故事等。宋朝判例由行政例和司法例组成。行政例主要由狭义例、体例、旧例和故事等构成，司法例由断例构成。但以这些为名的法律并不必然是判例法，有些还是成文法。宋朝行政例中事件例让行政判例法的存在产生了很大问题。

第七章　宋朝立法特点及历史地位。在前面研究的基础上，得出宋朝在法律名称上有律、刑统、敕、令、格、式、申明、指挥、看详、断例、条贯、条制、法、事类、例、会要、事类等17种，若加上条例、则例、体例、事例，多达21种。其中可以称为法律形式的至少有11种，即律、疏议、刑统、敕、令、格、式、申明、断例、指挥、看详。这当中敕、令、格、式、申明是宋朝法律形式的主体。按法律性质分类，律、疏议、刑统、敕、断例属于“正罪定刑”的刑事法律，令、格、式属于“设制立范”的非刑事法律。申明、指挥和看详兼有两类法律，其中申明中申明刑统和随敕申明属于“正罪定刑”的刑事法律，其他的属于“设制立范”的非刑事法律。宋朝法律分类上，按适用空间和时间分，又分为空间上的海行、通行、一司一务或一州一县，时间上分为永久和一时等。宋朝把法律效力在空间上区分为海行、通行和一司一务或一州一县，是因为认为“天下土俗不同，事各有异”。宋朝在法律命名上主要采用事类和机构两种，事类是按法律调整对象的性质划分，机构是按适用机构划分。宋朝中后期在制定某一领域的法律时往往按敕令格式，或敕令格式申明看详等分类立法，这让立法成果出现种类十分繁杂，使用极端不便的问题。为了解决此问题，宋朝中后期开始大量使用以适用为目标，以调整对象为分类标准的“事类”体立法，为元明清时期法律分类走向简约提供了技术支持。宋朝法律十分发达，让国家治理中实现“有法可依”，达到国家对官吏和百姓的全面管控。

（二）本书的主要观点

1. 宋朝是中国古代法律发展史中的重要时期，取得的成就十分显著。宋朝法制成就以笔者考察，是在国家治理中基本从形式上实现了中国古代儒家与法家所期望的“礼治”和“法治”两种目标。宋朝不管是从立法数量还是立法质量、法律体系上看，在宋仁宗朝时就基本建立起每事都有法律的法制成就，实现了国家治理中“有法可依”。从宋朝治理追求看，国家治理上两个基本目标是，政治上实现儒家的“文治”，法律上实现法家的“法治”。宋朝国家法律建设，从空间上分为适用于全国的“海行”法，适用于几个部门和地区的“通行”法，适用于特定机构和区域的“一司一务”、“一州一县”法；从时间效力上看，分为永久和临时两种，但临时性法律通过法定程序可以转化成永久法律，但不能自动转化。这样宋朝国家法律在纵横上都有全面的设制。

2. 宋朝法律发展史中，神宗朝是分界点，分为前后两期。前期基本特点是全面继承唐朝中后期法律发展形式，在适用唐开元年间制定的律令格式四典时，把唐朝中后期发展形成的编敕和制定刑统立法充分发展，建立适应当时社会需要的法律体系。宋仁宗朝在立法上开始出现时代化发展，体现在编敕时开始制定《天圣令》和《附令敕》。宋神宗朝在全面政治改革的同时，对法律进行大规模整理立法，为解决立法中敕令格式界定不清的问题，宋神宗对敕令格式进行界定，实现采用敕令格式四种分别立法的立法新模式。神宗朝后，宋朝整个立法体系和法律分类体例自成体系，让宋朝法律完成继承和创新的再造，建立起中国古代法律形式发展史上独具风格的时期。

3. 宋朝法律基本分类是采用魏晋以来形成的“正罪定刑”和“设制立范”作为基本标准，同时再辅以效力、载体形式、颁行程序等。整个宋朝法律形式可以分为标准分类、适用分类和整理编撰分类等多种类型。标准分类有律敕令格式五种，具体是“正罪定刑”的刑事法律，法律形式是律敕；“设制立范”的非刑事法律，法律形式是令格式。此外，较成熟的法律形式还有申明和断例，其中申明分为“正罪定刑”的申明刑统和随敕申明，“设制立范”类的非刑事类，即各种其他申明。断例在宋朝基本上是“正罪定刑”刑事法律。指挥和看详虽然有法律形式的含义，但从分类标准上看较不成熟，是居于法律来源、效力、特征等因素而进行分类的法律类型。从严格意义上，它们还不属于法律形式，而是一种法律资料的汇编，但有一个整体名称。此外，在宋朝法律术语中应注意“会要”和“事类”。这两个术语使用在某种法律编撰后的综合性法典名称上，它们都不是法律形式的称谓，而是指一种广义法典编撰的体例特性。

4. 宋朝法律形式在中国古代法律形式变迁中属于重要时期。原因是宋朝在法律形式上既是隋唐时期法律形式的继承和发展者，同时也是元明清时期法律形式的源头。宋朝在法律形式上把秦汉以来的律令和南北朝时期的律令格式发展到极致，创立以律敕令格式为中心，形成律、敕、令、格、式、申明、指挥、看详、断例等九种法律形式。宋朝在立法上，把敕令格式申明五种法律形式全面实践。然而，宋朝也是秦汉以来中国古代法律形式发展走向多样性的转变时代，宋朝后期法律形式开始以简约为趋向，体现在“事类”体立法出现和加强，结果促使元朝把法律形式简化成断例和条例，最终，明清两朝把法律形式简化成“律”和“例”。

（三）本书的学术价值

1. 本书对宋朝法律史，特别是宋朝立法史研究具有一些开创性的突破。本书采用辑佚考证和理论分析相结合，对宋朝敕令格式申明等各种法律形式的立法数量、地位、作用、性质及相互关系进行了系统考察，得出不同的理论，为学术研究增加了新理论。

2. 本书的研究对理解中国古代法律形式变迁史，特别是解释隋唐、元明清时期的法律形式变迁内在动因提供关键性的支持，分析了中国古代律令法律体系向律例法律体系转变的内在原因，指出中国古代法律分类是在逻辑合理和适用方便两种价值下纠缠发展。

3. 本书对了解中国古代法制建设的特征和内容提供全面个案，为当前法治建设提供了本土知识上的资源，特别揭示了中国古代法制建设中，从法律内容性质上分为“正罪定刑”和“设制立范”两类，其中“设制立范”的部分才是国家法律的主体。法律功能上，是以官吏管理和臣民控制为目标。这对学术界“以刑为主，民刑不分”的通说提出了不同理论范式。本书在结构上分七章，其中四章按敕、令、格、式四种法律形式分章，分别考察宋朝立法中四类法律形式的立法成果。此外，两章分别考察其他各类法律篇名及宋朝例、断例和判例的关系。第七章是对宋朝立法情况、法律形式和法律体系等问题进行一个总结性讨论，以揭示宋朝在中国古代法律史上的地位和作用。本书不对宋朝“律”类法律进行独立的考察，但在“敕”篇和“结论”中对“律”及《宋刑统》相关问题进行了讨论。宋代律类法律可以分为狭义和广义两种，狭义的仅指《开元二十五年律》，广义的还包括有《开元律疏》和《宋刑统》。《宋刑统》的核心内容虽然是《开元律》及《开元律疏》，但在唐朝中后期至五代时期的刑事立法中，“刑统”类法律与律、疏是三种不同的法律形式。三者在宋代法律建设中一直没有作为国家立法的重点，虽然它们一直作为效力最高的法律形式存在。因为宋朝“正罪定刑”类刑事法律建设的核心是敕、断例和随敕申明三类。

在对中国古代法律形式的研究中，从笔者观察看，现在学术界对

“律令”的演变、“律令格式”到“敕令格式”的发展上，基本存在的内在沿革关系已经有实质性的突破，但对元明清时期，特别是明清时期法律形式发展成为律、条例和则例的内在动因仍然没有很好的解释。因为元朝在法律形式上发展成为“断例”和“条格”，这在本质上还是继承魏晋以来严格区分刑事法律（正罪定刑）和非刑事法律（设制立范）的分类体系。明朝采用的“律”与“条例”和“则例”分类体系就不再区分刑事法律和非刑事法律。好像这种分类体系的基本依据是法律的效力而不是法律调整对象。在中国古代法律形式分类体系上，传统的、基本的、核心的分类标准是以法律性质，特别是调整手段和内容特点为依据形成的“正罪定刑”和“设制立范”的分类体系。这种分类体系始于秦汉，成熟于魏晋，流行唐宋，承袭于明清，是整个中国封建时代法律形式分类的基本标准。这种分类体系若用当代形成的法律形式分类体系来“类比”，“正罪定刑”类属于刑事法律；“设制立范”类属于非刑事类法律，即除刑事以外的所有法律型类。在此基础上，再辅以其他各种不同的因素，如效力、产生的形式、规范的载体形式等。在效力上，分律、条例；在载体形式上，分条例和断例等；在产生形成上，分律令和例等。

宋朝法律形式的基本分类是采用魏晋以来形成的“正罪定刑”和“设制立范”作为基本标准，同时再辅以其他效力、载体形式等。整个宋朝法律形式可以分为标准分类、适用分类和整理适用分类。标准分类有律敕令格式五种，分为正罪定刑的刑事法律，即律敕；设制立范的非刑事法律，即令格式。较成熟的分类有申明和断例，其中申明分为正罪定刑的申明刑统和随敕申明，设制立法类的非刑事类，即各种其他申明。断例在宋朝基本上是正罪定刑类。指挥和看详虽然有法律形式的含义，但从分类标准上看较不成熟，是居于法律的来源、效力、特征等因素而进行分类的法律类型。从严格意义上，它们还不属于法律形式，而是一种法律资料的汇编，但有一个整体名称。

宋朝法律术语中法、条制、条格不是法律形式的称谓，它们具有两种含义：一是相当于当前我们通用的“法”和“法律”一语；二是对各种具体法律形式的一种通称。如某某法，在法律形式上就是某某令，或某某格等。此外，宋朝在立法上还有两个法律术语应注意，即“会要”和“事类”。这两个术语使用在某种法律编撰后的综合性法典的名称上。它们都不是法律形式的称谓，而是指一种广义法典编撰的体例特性。宋朝法律用语中还有一类较特殊，如敕令、格令、格式等。它们有时指敕和令、格和令、格和式，有时泛指所有法律形式。

本书对不同法律形式篇名分类上，采用的是法律实质类型为标准，具体是对同一次立法中，制定四种或五种法律形式时，按法律种类分开考察。这是因为在法律存在形式上，不同法律形式是分别编撰，独立成典，内容自成体系的。如绍兴元年间制定的“绍兴敕令格式”立法活动，虽然当时称为《绍兴新法》和《绍兴重修敕令格式》等，但具体法律成果则分别由《绍兴敕》《绍兴令》《绍兴格》《绍兴式》《申明刑统》和《随敕申明》六个独立的法典组成。本书在考察时，把这种立法成果分为五类或六种考察，五类是敕、令、格、式和申明，六种是《绍兴敕》《绍兴令》《绍兴格》《绍兴式》《申明刑统》和《随敕申明》，而不是仅作为《绍兴敕令格式》来考察。

做此类研究，属于学术上吃力不讨好的工作，原因是做起来很难，但要找出问题又十分容易。因为：首先，要穷尽史料来考证宋朝立法篇名是不可能做到的，这让辑考出来的篇名出现遗漏在所难免；其次，在宋朝法律篇名的分类上存在争议，因为很多法律篇名是否应如此区分是值得讨论的，还有一些篇名是属于法律条文的名称还是立法文件的篇名也是存在问题的，等等问题，比比皆是；最后，对宋朝法律篇名的分类上，还存在对宋朝法律形式种类认定的问题，比如例、指挥是否构成独立的法律形式本身就存在问题。然而，既然做了，就只能尽力而为。通过十多年的学术生活，现在基本明白，做研究，特别做史学类研究，自认为自己得出的结论是唯一真理的想法是一种多么可笑的痴想；自认为穷尽了某一问题也只是一种自慰性的无知者无畏之言。因为在史料上永远不能穷尽，解读上永远存在差异，史料组合更是变化无穷，而这些都会让论证出现不同的结论。这里所能做到的是尽量反映宋朝立法的成果，让学术界对宋朝法制建设成就有个较全面的了解。对中国古代法律史，不管是从法律形式的种类还是法律分类体系、法律内容特点、法律适用及法律思想体系等问题上，都有一个更好的理解支持点。

第一章　宋朝敕的篇名考

敕作为一种法律形式，在宋朝经历了较大的发展变化。宋敕由最初作为一种特殊的立法形式，到后来发展成为一种重要的法律形式，构成了“敕”在中国法律变迁史的重要内容和特点。“敕”在宋朝法律形式中地位较高，特别是刑事法律领域内，构成了核心部分。从作用上看，宋敕在宋朝成为刑事法律的主体。宋神宗元丰年间前，敕成为宋朝立法的主体，构成宋朝法律的核心；元丰年间后，敕成为宋朝刑事法律的主体，构成了宋朝刑事法律体系中的核心部分。宋朝“敕”在含义上可以分为立法形式和法律形式两种。从立法形式上看，宋朝，特别是北宋所有的立法活动都可以称为编敕。在法律形式上，又有广义与狭义之分，广义上除《刑统》以外绝大多数法律都可以称为“敕”；狭义上的敕是指宋朝刑事法律中的一种法律形式。对宋敕学术界研究较多，[1] 但主要讨论敕与律的关系，有时把敕作为一种法律的通称来考察。[2]

---

① 对宋敕研究上，较有成就的有戴建国，他在《宋朝法制初探》一书“法渊篇”中专章讨论了宋朝敕的立法情况。此外，郭东旭、孔学等对此方面进行过讨论，孔学的代表性成果主要有《宋朝综合性编敕撰修考》（载《河南大学学报》1998 年第 4 期）；郭东旭的有《编敕是宋代的主要立法活动》（载《宋代法律与社会》，人民出版社 2008 年版）。

② 江必新、莫家齐：《“以敕代律”说质疑》（《法学研究》1985 年第 3 期）；孔学：《论宋代律敕关系》，（《河南大学学报》2001 年第 3 期）；魏殿金：《律·敕并行——宋代刑法体系兼论》，（《齐鲁学刊》2000 年第 3 期）；等。

这当中有一个问题是宋朝“以敕代律”的问题。很多人认为此是宋朝法制中的一个弊病。然而，从宋人对法律适用认识看，并不是弊病，因为在法律适用上，这是坚持特别法优于一般法的原则。在宋朝法律体系构结中，“律”与“敕”的关系是一般法与特别法的关系。宋朝政和年间《名例敕》上就明确规定特别法优于一般法的适用原则。

政和四年（1114 年）七月五日，中书省言：“检会《政和名例敕》：诸律、《刑统》《疏议》及建隆以来赦降与《敕令格式》兼行，文意相妨者从敕、令、格、式。其一司、学制、常平、免役、将官、在京通用法之类同；一路、一州、一县有别制者，从别制。其诸处有被受专降指挥，即与一司、一路、一州、一县别制事理一同，亦合各行遵秦汉时期的“令”、唐宋时期的“敕”在性质上是相同的，在发展演变史上也相同。秦汉时期“令”在性质上具有双重性，一方面它是国家颁布法令的一种通称，另一方面又是一种法律形式。这导致“令”最初编撰上仅是一种法律汇编，并没有形成与“律”严格区别的法律形式。这也是对秦汉时期“令”的研究上争议所在。曹魏和西晋时把“令”界定为非刑事法律，并且制定专门令典，与律典分别承担不同法律任务后，让“令”在法律术语上不能再承担秦汉时期的任务，于是开始用“敕”来代替“令”。南北朝开始，“敕”越来越承担起秦汉时期“令”的功能。唐五代至北宋前期，“敕”同时具有国家颁布的法令通称和成为一种法律形式的功能，最后导致“敕”成为一种法律形式。这样“敕”成为基本法律形式的称谓。元明清时期在法律形式上不再用令、敕作为法律形式，这样国家颁布的法令与国家法律形式之间的混乱问题得到解决。当然，魏晋以后，令有时仍然保留原来含义，即国家颁布的法令称谓，但这在法律体系上已经不再混同。这也产生同样的问题，“令”在元明清时期在国家颁布法律时称为“令”的含义上已经不再是魏晋至宋朝时期那种法律形式意义上的法律概念，而是回到了秦汉时期“诏令”和“敕令”上的含义。

在法律体系建设上，宋朝属于中国历史上较有特色的朝代，表现在建国后，没有采取形式上全面废除后周的法律体系，而是继续沿用唐朝

（接上页）守。”（《宋会要》，刑法一·格令三之28，第8241页）

这条法律涉及海行、通用与别制，对三者在适用上坚持别制优于通行，通行优于海行。这就是当代法律适用中的特别法优于普通法的原则。

绍兴三年（1133年）正月十五日，刑部言：“《绍兴敕》：诸律与敕兼行，文意相妨，从敕；其一司一路有别制，从别制。……本司检准《绍兴敕》：诸犯罪未发及已发未论决而改法者，法重依犯时法，轻从轻法。”（《宋会要》，食货三一·茶法杂录下之27—28，第6711页）

绍兴五年（1135年）七月二十三日，在涉及私贩茶商法律适用时，户部指出“据榷货务都茶场勘会不系出产州军捕获私贩茶盐之人，依法自不许根究来历，其出产州军捕获私盐，如系徒以上罪，及停场禁界内杖罪及获私茶，并合根究来历。虽有《绍兴令》称：犯榷货者不得根问卖买经历处，即系海行条法。缘《绍兴敕》内该载一司有别制者，从别制。又缘诸处私茶、盐并系亭灶、园户卖与贩人，今若一概不行根究来历，深恐无以杜绝私贩之弊，却致侵害官课。今欲乞遵依见行茶、盐专法施行。”（《宋会要》，食货三一·茶法三·茶法杂录2，第6679页）

上面三条史料都引用敕典中“名例”篇的条文。从中可知，此种法律适用原则在宋朝已经构成国家立法层次上的法律适用的基本原则。

的，特别是唐开元年间的律典、令典、格典和式典的体系，同时把此后发展的格后敕立法成果充分吸收，把五代以来的立法成果进行整理和继承，构成自己的基本法律渊源。① 这样宋朝初期法律形式主要以唐朝律典、疏议、令典、格典和式典，加上《刑统》和《编敕》而构成。② 宋朝国家前期立法主要是对"宣敕"进行编撰，形成各类编敕。③ 到宋真宗、仁宗朝时，随着法律的增加，在立法上，开始改革仅以编敕为主的立法形式，体现在对敕立法上，特别是对敕典的立法上越来越限定在刑事法律领域，即正罪定刑，而把"宣敕"中非刑事内容通过"附令敕"方式解决。宋仁宗朝为解决大量新发展起来的"设制立范"法律成果，

---

① 宋朝建立者赵匡胤对后周的革命在理由上是不充分的，并不是因为后周出现统治上的危机，所以建国后无法对后周法律进行完全否定。于是，在法律建设上，沿用了五代十国时期，特别是后周的做法，继续适用唐朝的立法成果。宋朝这种法律发展模式在中国历史上属于较特殊的类型。后来元朝在建立时虽然公开适用金朝法律，但很快就公开否定适用金朝法律，而整个宋朝在形式上都没有公开否定适用唐朝的律、疏议、令、格、式及五代的各种立法成果，仅是通过新立法改革不适应当时的法律。宋朝对唐朝律和疏议的适用，在南宋时同样有效，只是由于宋朝建立起来的新法律形式已经较成熟，对唐朝律、令、格、式等的依赖度下降而已。

② 对此，《宋会要》和《宋史》上有明确的记载，《宋会要·刑法一·格令一》中有"国初用唐律、令、格、式外，又有元和《删定格后敕》、太和《新编后敕》、开成《详定刑法总要格敕》、后唐同光《刑律统类》、清泰《编敕》、天福《编敕》、周广顺《续编敕》、显德《刑统》，皆参用焉。"（第8211页）；《宋史·刑法志》有"宋法制因唐律令格式，而随时损益，则有《编敕》，一司、一路、一州、一县又别有《敕》"。（第4962页）这些说明此种认识是宋元时期人们的共识。

③ "敕"在宋朝分为两种：狭义的"敕"和"宣"。两者区别仅是颁布的中央机构不同，具体是："敕"由皇帝批准后以中书省名义颁布；"宣"由皇帝批准后以枢密院名义颁布。宋朝立法来源主要以宣、敕两种单行立法形式为主，中后期开始增加"申明"和"指挥"。下面史料中对"宣、敕"进行了明确定义和界定。

熙宁十年（1077年）十二月壬午，详定一司敕所以《刑部敕》来上，其朝旨自中书颁降者皆曰"敕"，自枢密院者皆曰"宣"，凡九门，共六十三条。从之。《中书时政记》：十二月六日，详定一司敕所言："准朝旨送下编到《刑部敕》二卷，共七十一条，今将所修条并后来敕札一处看详。其间事属别司者，则悉归本司；若两司以上通行者，候将来修入《在京通用敕》；已有条式者，更不重载；文义未安者，就加损益；合与《海行敕》相照者，已申中书及牒重修编敕所。兼详《皇祐一司敕》系皇祐四年九月八日颁降，今于逐条后目为降敕日，其后来圣旨、札子、批状，中书颁降者悉名曰'敕'，枢密院颁降者悉名曰'宣'。共修成一卷，分九门，总六十三条，已送刑部、审刑院、大理寺、律学看详后，申中书门下看详讫。"（《长编》卷286，"神宗熙宁十年十二月壬午条"，第6995页）

还对唐朝令典进行修撰，制定了《天圣令》。《天圣令》的编撰解决了宋朝以来大量非刑事法律的整理问题。然而，“附令敕”解决立法中“设制立范”问题仍然无法适应立法发展的需要，英宗治平、神宗年间对一些“司务”立法开始采用敕令，或敕格、敕式等形式处理，如治平三年的《铨曹格敕》、熙宁《贡举敕式》、元丰二年的《司农寺敕令式》和《入内内侍省敕式》等。这些立法形式出现的问题是对敕令格式界定没有获得统一的区分标准，导致立法分类上出现混乱。元丰年间终于通过宋神宗的权威界定，让宋朝整个立法有了完整的法律分类体系，此后以“敕”为名的内容被界定在刑事领域，非刑事法律（设制立范）被界定在令格式领域。这样宋朝在立法上找到立法的分类体系，同时也让宋朝整个法律体系由刑事类（正罪定刑）与非刑事类（设制立范）两大部分构成。

在宋敕研究上，学术界存在的问题是没有严格区分编敕与敕类法律立法成果。这种不严格区分法律用语在宋人中同样存在，因为宋人常把“编敕”和“敕”混用，如 2. 1. 11 条中涉及《熙宁敕》的史料共有 12 条，其中 9 条称为《熙宁编敕》，2 条用《熙宁敕》。宋朝前期在立法资源上，由于立法直接来源是称为“敕”或“宣敕”的随事随时颁布的单行法令，所以对此类法律编撰过程称为“编敕”。“编敕”作为一种立法活动，所产生的成果，有时称为“某某编敕”。这仅是编敕成果的一种统称，如《建隆敕》《太平兴国敕》。在“淳化编敕”时，编敕作为一种立法活动，所产生的立法成果就不再仅是《淳化敕》，还包括有《赦书德音》和《目录》两种；“咸平编敕”的成果有《咸平敕》《仪制车服敕》《赦书德音》和《目录》四部分。此后，此种情况越来越明显，如“大中祥符编敕”的立法成果有《大中祥符敕典》《仪制》《赦书德音》等；“天圣编敕”的立法成果有《天圣敕》13 卷、《赦书德音》12 卷、《附令敕》18 卷和《令典》30 卷。这种情况到神宗朝更加明显，很多立法成果包括有敕令格式，或敕式。神宗元丰年间后，不管是法典的立法还是部类立法，编敕立法基本上包括五个不同性质的法律形式：敕、令、格、式和申明，有时还有指挥。所以不能简单把编敕立法活动或某项立法活动的名称认为是立法成果。由于以上原因，学术界对宋朝以“敕”为篇名的立法有多少并没有全面考察，在考察时也没有对以“敕”为篇名的法律类型进行正确认识，进而影响到对整个宋朝法律体系中的不同法律种类和相互间关系的正确认识。[①] 本章以《庆元条法事类》《宋会要》《长编》《宋史》和《吏部条法》为基础，辑考宋朝以敕为篇名的立法成果，揭示宋朝敕的立法特点、成果和变迁，进而全面揭示宋朝敕类法律形式的性质和特点。

宋朝称为"敕"的法律形式，根据内容结构和形式可以分为敕典和单行敕两类。敕典根据内容结构又可以分为综合性敕典和部类性敕典；综合性敕典根据内容结构又可以分为前期综合性敕典和专门综合性敕典。前期综合性敕典是指敕典中没有把"令"等法律种类清除的敕典，如《大中详符敕》；专门综合性敕典是指内容仅有刑事法律的敕典，构成了宋朝刑事法律立法的法典，如《元丰敕》和《绍兴敕》等。

一 《庆元条法事类》中所见敕的篇名

宋朝"敕典"可以分为两类，即前期综合性敕典，在编撰上是仅对公布的宣敕进行简单的整理，内容包括刑事和非刑事法律规范。这种立法在宋真宗、仁宗时期开始出现了变化，即把敕典内容越来越限定在刑事法律领域。宋神宗朝开始严格区分刑事和非刑事法律，把刑事法律界定在"敕"类法律中。为了适用和编撰上方便，加上内容越来越集中在刑事范围，敕典在体系上开始借用律典十二篇制，篇名结构和排序上与律典一致。最早明确记载宋朝敕典采用十二篇律典结构编撰敕的是《咸平典》。这种敕典结构从现存《庆元条法事类》中所收敕的篇名上得到证明。整个《庆元条法事类》残卷中"敕"的篇名共有12篇，名称与律典一致。《庆元条法事类》残本中敕典篇名有：[②]

1.1《名例敕》；1.2《卫禁敕》；1.3《职制敕》；1.4《户婚敕》；1.5《擅兴敕》；1.6《厩库敕》；1.7《捕亡敕》；1.8《贼盗敕》；1.9《诈伪敕》；1.10《斗讼敕》；1.11《断狱敕》；1.12《杂敕》。

《庆元条法事类》残卷中12篇"敕"的篇名分布与数量结构如下表：

---

① 此方面代表是郭东旭和孔学，他们很多时候把"敕"作为通用法律名称来看待，把宋朝所有立法成果都称为敕。在宋朝法律史，特别是"敕"的研究上应严格区分两个概念，即"编敕"和"敕"作为法律术语，"编敕"是指立法活动，"敕"是指立法中的一种法律形式和成果的名称。如"咸平编敕"是指咸平年间进行的立法活动，而《咸平敕》是"咸平编敕"立法活动中的重要成果。

② 为了反映"门"之间的关系，把残本中的"门"分为"门"和"类门"，即一级门和二级门。一级门称为"门"，如农桑门、道释门。类门是指农桑门下的小门，如"劝农桑"、"农田水利"、"种植林木"等，全书所用相同。

表一

门类＼数量	卷数	类门数	敕条数	敕篇数	引用格的具体篇名
卷三	3	3	5	1	杂敕
职制门	10，卷4—13	49	256	11	职制敕 厩库敕 名例敕 户婚 杂敕 诈伪敕 捕亡敕 卫禁敕 贼盗敕 断狱敕 擅兴敕
选举门	2，卷14—15	10	34	3	职制敕 名例敕 诈伪敕
文书门	2，卷16—17	11	71	7	名例敕 职制敕 断狱敕 贼盗敕 斗讼敕 捕亡敕 厩库敕
榷禁门	2，卷28—29	13	82	7	名例敕 卫禁敕 擅兴敕 斗讼敕 厩库敕 贼盗敕 杂敕
财用门	3，卷30—33	7	99	8	厩库敕 杂敕 名例敕 户婚敕 职制敕 诈伪敕 贼盗敕 擅兴敕
库务门	2，卷36—37	9	96	9	厩库敕 擅兴敕 杂敕 诈伪敕 名例敕 断狱敕 职制敕 户婚敕 贼盗敕
赋役门	2，卷47—48	10	83	6	户婚敕 厩库敕 贼盗敕 职制敕 名例敕 诈伪敕
农桑门	1，卷49	3	5	3	职制敕 户婚敕 名例敕
道释门	2，卷50—51	11	48	6	名例敕 户婚敕 杂敕 诈伪敕 卫禁敕 贼盗敕
公吏门	1，卷52	3	12	2	职制敕 名例敕
刑狱门	3，卷73—75	17	113	10	名例敕 断狱敕 斗讼敕 诈伪敕 厩库敕 捕亡敕 户婚敕 贼盗敕 擅兴敕 杂敕
当赎门	1，卷76	3	26	2	名例敕 断狱敕
服制门	1，卷77	4	16	6	户婚敕 职制敕 杂敕 断狱敕 诈伪敕 名例敕
蛮夷门	1，卷78	6	19	7	诈伪敕 职制敕 卫禁敕 杂敕 厩库敕 擅兴敕 捕亡敕
畜产门	1，卷79	9	28	4	厩库敕 贼盗敕 名例敕 杂敕
杂门	1，卷80	9	94	9	杂敕 职制敕 名例敕 厩库敕 户婚敕 擅兴敕 捕亡敕 贼盗敕 斗讼敕

表一中敕典篇名和条数包括两个部分：首先是各类门中的篇名和条文，其次是“旁照法”中出现的篇名和条文。在篇名统计上，各类门中，不管是正式部分还是“旁照法”部分，只要是同一个类门，同一个敕典的篇名仅统计成一次。如“蛮夷·归明恩赐”门中有《名例敕》，“旁照

法”中也有《名例敕》，就只作为一篇统计。从表一中可以看出，《庆元条法事类》残本中，各门引用敕典篇名数量最多的是“职制门”，达11个篇名，除“斗讼敕”篇外其他的都引用过；其次是“刑狱门”达10个篇名，“杂门”达9个篇名，“财用门”达8个篇名，最少的是“当赎门”、“公吏门”，分别是2个篇名，其次是“农桑门”和“选举门”是3个篇名。在敕典条文数量上，最多的是“职制门”，共有256条，其次是“刑狱门”，达113条。

表二

序号	篇名	被引类门次数	条数	序号	篇名	被引类门次数	条数
1.1	名例敕	68	126	1.7	诈伪敕	26	34
1.2	卫禁敕	17	63	1.8	擅兴敕	12	19
1.3	职制敕	91	268	1.9	贼盗敕	22	38
1.4	厩库敕	44	197	1.10	断狱敕	21	70
1.5	户婚敕	37	94	1.11	捕亡敕	10	26
1.6	斗讼敕	6	6	1.12	杂敕	50	155

表二中引用类门次数和条文数量包括两个方面：首先是类门中正式引用的次数和条数；其次是类门中在“旁照法”上引用到的次数与条数。其中有时“旁照法”中引用到的篇名是同一篇名两次引用，如“名例敕”分别在同一个类门的“旁照法”中出现过两次。此外，上表中各类门的条文数量没有减除在不同类门中被重复引用的。整个残卷共引用到敕典条文数量达1076条。从表二中可知，被类门引用最多的敕典篇名是“职制敕”、“名例敕”、“杂敕”，分别达到91次、68次和50次；引用最少的是“斗讼敕”，仅有6次，数量也仅有6条。从条文数量和引用门数看，《庆元条法事类》残卷中对敕典各篇数量反映较全面的应是厩库敕、职制敕、杂敕、断狱敕、名例敕和卫禁敕。这与残卷主要集中在职制、厩库和断狱类内容有关。

二　《宋会要》中所见敕的篇名

现存宋朝法律史料中最早、最齐、最全的是《宋会要》。虽然《宋会要》是清人徐松从《永乐大典》中辑出的，但史料原文却源自宋朝，内容较为全面、真实。这里，以《宋会要》为中心，进行整理。为了整理方便，本章把《宋会要》中所见敕的篇名分为三类，即敕典名称，敕典中的篇名和单行敕的篇名。[①] 对三者在《宋会要》中所见进行全面辑录。

（一）敕典名称

2.1.1《建隆敕》

2.1.1.1 建隆四年（963 年）二月五日，工部尚书、判大理寺窦仪言："《周刑统》科条繁浩，或有未明，请别加详定。"乃命仪与权大理少卿苏晓、正奚屿、（承）［丞］张希让，及刑部、大理寺法直官（陈光又）［陈光乂］、冯叔向等同撰集。凡削出令（或）［式］、宣敕一百九条，增入制敕十五条，又录律内"余条准此"者凡四十四条，附于《名例》之次，并《目录》成三十卷。别取旧削出格令、宣敕及后来续降[②]要用者凡一百六条，为《编敕》四卷。其厘革一司、一务、一州、一县之类不在焉。至八月二日上之。诏并模印颁行。（《宋会要》，刑法一・格令一之 1，第 8211 页）

从上可知，建隆四年修法包括《刑统》《建隆敕》和司务州县敕三类。此处也说明宋初立法是以唐中后期、五代法律为基础。

2.1.2《太平兴国敕》

2.1.2.1 太平兴国三年（978 年）六月，诏有司取国朝以来敕条纂为《编敕》颁行，凡十五卷，曰《太平兴国编敕》。（《宋会要》，刑法一・格令一之 1，第 8211 页）

此次编敕内容是宋朝建国以来的宣敕，内容上属于宋朝，是真正意义

① 本书对宋朝史料中涉及具体法律篇名的史料会尽量全面的收辑，如《建隆敕》只要与此相关史料都辑收，目的是让本书成为不仅是对宋朝立法篇名的全面考察的书，而且还是对宋朝各种立法内容全面收集的法律史料辑佚书。

② "续降"是宋朝专用法律术语。《朝野事类》中有解释，"续降：法所不载，或异同，而谓利便者，自修法之后，每有续降指挥，则刑部编录成册，春、秋二仲颁降，内外遵守，一面行用。若果可行，则将来修法日，增文改创也。"（赵昇：《朝野类要》，中华书局 2007 年版，第 81 页）此种随时因事的立法构成国家整体性立法的基本来源。这种对平日立法成果进行法典化整理而进行的立法形式构成了中国古代立法中的基本特点。这与当代中国立法主要依靠一种学理和移植他国立法成果的立法模式是不同的。这种立法可称为"实践理性"的产物。

上的宋朝立法成果。

2.1.3《淳化敕》

> 2.1.3.1 端拱二年（989 年）十月，诏翰林学士宋白等详定端拱以前诏敕，至淳化二年三月，白等上《淳化编敕》二十五卷、《赦书德音》《目录》五卷。帝阅之，（调）［谓］宰相曰："其间赏罚条目颇有重者，难于久行，宜命重加裁定。"即诏翰林学士承旨苏易简、右谏议大夫知审刑院许骧、职方员外郎李范同别详定。至五年八月二十一日，骧、范上《重删定淳化编敕》三十卷。（《宋会要》，刑法一·格令 1，第 8211 页）

《淳化敕》在编撰上分两次进行：第一次是淳化二年修订，内容有 25 卷；第二次是淳化五年再次修订，内容有 30 卷。原因是宋太宗觉得第一次修订时刑罚太重，要求进行减刑立法，但从卷数上看，内容出现较大增加。

2.1.4《咸平敕》

> 2.1.4.1 咸平元年（998 年）十二月二十三日，给事中柴成务上《删定编敕》《仪制敕》《赦书德音》十三卷，诏镂版颁行。先是二月诏户部尚书张齐贤专知删定淳化，后尽至道末续绛宣敕，权判刑部李范、职方员外郎马襄、同知审刑院刘元吉、权判大理寺尹起、直集贤院赵安仁、监察御史王济、大理寺丞刘去华同知删定。十一月，齐贤等上新敕。又诏成务与知制诰师颃、侍御史宗度、直祕阁潘慎修、直史馆曾致尧、晁迥、杨嵎、张庶凝、史馆检讨董元亨重详定。至是成务等上言："自唐开元至周显德，咸有格敕，并着简编。国初重定《刑统》，止行《编敕》四卷。太宗朝遂增后敕，为《太平兴国编敕》（三十）［十五］卷。淳化中又增后敕，为《淳化编敕》三十卷。自淳化以后，宣敕至多，乃命有司别加删定，取刑部、大理寺、在京百司、诸路转运司所受《淳化编敕》及续降宣敕万八千五百五十道，遍共披阅，凡敕文与《刑统》、令、式旧条重出者，及一时权宜非永制者，并删去之；其条贯禁法当与三司参酌者，委本部编次之。凡取八百五十六道，为《新删定编敕》。其有止系一事，前后累敕者，合而为一；本是一敕，条理数事者，各以类分，取其条目相因，不以年代为次。其间文繁意局

者，量经制事理增损之；情轻法重者，取约束刑名削去之。凡成二百八十六道，准律分十二门，并《目录》为十一卷。又以仪制、车服等敕十六道别为一卷，附《仪制令》，违者如违令法，本条自有刑名者依本条。又以续降赦书、德音九道别为一卷，附《淳化赦书》，合为四卷。其厘革一州、一县、一司、一务者，各还本司。令敕称依法及行朝典勘断、不定刑名者，并准律、令、格、式。无本条者，准违制敕分故失及不躬亲被受条区分。臣等重加详定，众议无殊，伏请镂版颁下诸路，与律、令、格、式、《刑统》同行。”（《宋会要》，刑法一·格令一之2，第8212页）

从史料看，“咸平编敕”共制定了《咸平敕》《咸平仪制令》和《咸平赦书》三个部分。《咸平敕》是宋朝编敕立法上的转折点，体现在体例上采用律典十二篇，内容上区分刑事和非刑事，把刑事内容限定在敕典中。当然，这种分类并没有得到严格执行，主要是对“敕”“令”等其他法律形式没有界定清楚，但“咸平编敕”把非刑法内容独立处理的立法分类技术开始让后面立法出现新的发展，即通过《附令敕》形式解决非刑事法律。在奏书中，柴成务追述了编敕立法的历史，指出始于开元年间。奏书最后指出宋真宗时法律渊源有律、令、格、式、《刑统》《咸平敕》等。“律”与《刑统》并称，这里的“律”是唐律，具体又包括《开元律》和《开元律疏》，[①] 令、式是修订后的《淳化令》《淳化式》，格是《开元格》。柴成务的奏书成为了解宋初法律演变和结构的关键史料。

2.1.5《大中祥符敕》《三司编敕》《农田敕》《天圣敕》

2.1.5.1 大中祥符六年（1013年）四月，判大理寺王曾等言：“自咸平元年编敕后至大中祥符五年八月，续降诏敕千一百余道，及诸路案内引到行用诏敕并新编敕、《三司编敕》《农田敕》共三千六

① 对此，《直斋书录解题》中有明确记载，在《法令类》中第一条上有：“《律文》十二卷，《音义》一卷”下有“自魏李悝、汉萧何以来，更三国、六朝、隋、唐，因革损益备矣。本朝天圣中，孙奭等始撰《音义》，自名例至断狱，历代异名皆著之”。（《直斋书录解题》卷七，上海古籍出版社2015年版，第223页）从记载看，整个宋朝称“律”的都指《唐律》，因为此处明确指出宋朝仅在天圣年间为考《唐律》中名物异同，增修《音义》一书。

> 百余道，内有约束一事而诏至五七者，条目既广，虑检据失于精详，望差官删定。”诏令编敕所依咸平删录。(《宋会要》，职官一五·法官之35，第3427页)

大中祥符六年宋朝通行法律中有《咸平敕》《三司编敕》和《农田敕》，数量上达到3600多“道”，从中可知当时对编敕还没有进行严格整理，不用“条”而用“道”即可知。

> 2.1.5.2 大中祥符九年（1016年）九月二十一日，编敕所上《删定编敕》《仪制》《赦书德音》《目录》四十三卷，诏镂版颁行。先是六年四月，判大理寺王曾等言：“得法直司状称，咸平元年编敕后来续降宣敕，条同无贯，检坐失详，望差官删定。”诏曾与翰林学士陈彭年、右谏议大夫慎从吉、知制诰盛度、太常博士仇象先、慎锴、殿中丞阎允恭、太子洗马韩允、大理寺丞赵廓、司徒昌运同详定，止大中祥符六年终。(《宋会要》，刑法一·格令之3，第8214页)

“祥符编敕”立法从六年开始，完成于九年，历时三年，共修成《大中祥符敕》《仪制》和《赦书德音》等法律。

> 2.1.5.3 天圣九年（1031年）正月四日，淮南转运司言：“准诏：州县酒务酝匠役兵，无得差有过之人，仍以一年为替。又接《天圣编敕》：造曲酝酒，并抽应役军士，以一年为替，不得给钱佣顾。淮南二十一州军酝匠，多新犯配军之人，亦有准《祥符编敕》，月给钱佣匠之处。自准新诏，拣选替换，皆少得人。缘酝酿课多，欲望自今应选酝匠，并须无过者役一年；若无过，且留充役。”……从之。(《宋会要》，食货二〇·酒曲杂录一之8，第6424页)

2.1.6《天圣敕》

> 2.1.6.1 天圣七年（1029年）九月二十二日，详定编敕所言：“准诏，《新定编敕》且未雕印，令写录降下诸转运、发运司看详行用。如内有未便事件，限一年内逐旋具实封闻奏。当所已写录到

《海行编敕》[①] 并《目录》共三十卷，《赦书德音》十二卷，《令文》三十卷，并依奏敕一道上进。”诏送大理寺收管，候将来一年内，如有修正未便事件了日，令本寺申举，下崇文院雕印施行。（《宋会要》，刑法一·格令一之4，第8275页）

2.1.6.2 天圣十年（1032年）三月十六日，诏以《天圣编敕》十三卷、《赦书德音》十二卷、《令文》三十卷付崇文院镂版施行。先是五年五月，诏以大中祥符七年止天圣五年续降宣敕删定，命宰臣吕夷简、枢密院副使夏竦提举管勾，翰林学士蔡齐、知制诰程琳、龙图阁待制韩亿、燕肃、判大理寺赵廓同加详定。又以权大理少卿董希颜为详定官，秘书丞王球、大理寺丞庞籍、张颂为删定官。依律分门为十二卷。七年六月上之，各赐器币，仍第进阶勋。至是镂板，又命权大理少卿崔有方、审刑院详议官张度校勘。（《宋会要》，刑法一·格令一之5，第8215页）

2.1.6.3 景祐四年（1037年）三月二十三日，集贤校理兼宗正丞赵良规言：伏见都省集官议谥……又按《天圣编敕》：学士、知制诰、待制、三司副使正官未至五品，并同五品官例。今若各缀本官班，则是与《编敕》不同。（《宋会要》，仪制八·集议之5，第2451页）

2.1.6.4 国朝《天圣编敕》：“学士、知制诰、龙图阁待制、三司副使官未至五品者，并同五品官例。”《附仪制令敕》：“翰林学士、侍读侍讲学士、龙图阁学士、枢密直学士、龙图阁直学士并在丞郎之上，龙图阁待制在知制诰下，三司三部副使在少卿监之上。”（《宋会要》，仪制八·集议之8，第2452页）

---

① “海行”、“通用”是宋朝专用法律术语。“海行”指某一法律适用于全国，与适用于特定部门、区域的法律作区别。宋朝适用于全国的法律主要有称为敕典、令典、格典和式典的。这些法典有时又称为“海行敕”、“海行令”、“海行格”和“海行式”等。宋人赵昇在《朝野类要》卷四中对“海行”的解释是：“敕令格式，谓之海行。盖天下可行之义也”。“通行”是指某法律适用于两个以上部门，如吏部七司中某法律适用于七司中两个司以上的称为“通行”，用于区别仅适用于特定部门和区域的法律。从这里看，宋朝法律在适用范围上可以分为三类：适用全国，称为“海行”；适用两个以上部门和地区，称为“通行”；适用特定部门，或区域，称为“一司、一务”，“一路、一州、一县”。这体现了宋朝法律从适用对象上分类体系已经较为完善，国家立法开始从宏观、中宏和微宏三个层次上进行。

"天圣编敕"始于天圣五年，完成于天圣七年，在全国正式颁布是天圣十年，编成后用一年时间让中央和各地官员提出修改意见（见2.1.6.1条）。天圣编敕修订成《天圣敕》《天圣令》《附令敕》和《赦书德音》。《天圣敕》按律典十二篇结构修订。天圣编敕由于在立法中修撰《天圣令》和《附令敕》，对"敕"中非刑事内容进行了有效处理，让《天圣敕》集中在刑事领域，为宋朝法律以敕令格式为中心构建提供了基础。

2.1.7.《庆历敕》《附令敕》

2.1.7.1 庆历八年（1048年）四月二十八日，提举管勾编敕宰臣贾昌朝、枢密副使吴育上《删定编敕》《赦书德音》《附令敕》《目录》二十卷，诏崇文院镂版颁行。先是诏以《天圣编敕》止庆历三年续绛宣敕删定，命屯田员外郎成奕、太常博士陈太素、国子博士卢士宗、祕书丞郝居中、田谅、殿中丞张太初、刘述充删定官，翰林学士张方平、侍读学士宋祁、天章阁侍讲曾公亮、权大理少卿钱象先充详定官，昌朝、育提举。至是上之。（《宋会要》，刑法一·格令一之5，第8216页）

从上可知，庆历编敕修成《庆历敕》《赦书德音》和《附令敕》三种，加《目录》共有20卷。

2.1.7.2 皇祐元年（1049年）二月八日，诏发京师禁军十指挥赴京东、西路驻泊，以备它盗。二年闰十一月，审刑院、大理寺言：准中书门下何郯奏请，今参详，欲乞应捕盗官及非捕盗官，但能亲率人众斗敌捉杀，及虽不斗敌，能设方略捕获同火强劫及凶恶贼人，并据人数于《庆历编敕》本条上递降一等酬赏。若捕盗官虽非躬亲，但擘画差人捉杀到，即据所获人数依编敕元条各降一等外，更降一等酬赏。上项如各无可降，更不理为劳绩。（《宋会要》，兵一一·捕贼·捕贼一之22，第8828页）

2.1.7.3 嘉祐六年（1061年）四月二十一日，详定宽恤民力所言："屯田员外郎陈安道言：诸州军衙前般送纲运，合请地里脚钱，逐处须候运毕方给。缘雇觅脚乘打角官物，须至陪取债负及贱买畜产，如地远州军，不免侵使官物，致陷刑宪。乞今后应衙前般请纲运合支脚钱者，并于请物州军先次支给，关报受纳州军照会。其送纳纲运者，于起发州军先次支给，如愿运毕请领，各听从便。详定所检会

《庆历编敕》：上供及支拨官物等，如官有水陆回脚，并许差人管押，附搭送纳，其陆路无官般及无军人者，许破官钱与押管人和雇脚乘，仍依图经地里，每百斤百里支钱百文，急束辇运雇佣不及，即差借人户脚乘，仍具事由闻奏。其川陕有水路不便者，转运司计度般运。今安道所申，自合依条于请物州军先给脚钱。窃虑州军候运毕方给，致使衙前重有劳扰。乞令今后押纲运和雇脚乘，依上条使行。”从之。（《宋会要》，食货四二·宋漕运二之21，第6958页）

2.1.7.4 熙宁元年（1068年）三月七日，审刑、大理寺言：“准诏详定知瀛州马仲甫奏，条例：少卿监与发运、转运使副分官次高下相压，又发运使副在转运使之上。如转运系大卿监，亦在发运使副员郎之下。部内知州军少卿监却在发运、转运使副正郎之上，不惟次序错乱，况在统属，于理未便。欲乞重行守夺，应少卿监在本路发运、转运使副之下，大卿监即分官次。所贵稍重职司，高下有分。寺司为知州军少卿监以下，与本路发运使副依官次行之已久，难议更改。诏重行定夺闻奏。……又准《庆历编敕》：制置、发运使、转运使副不以官品，并在提点刑狱朝臣、本路分兵马钤辖之上；提点刑狱朝臣、使臣在诸州兵马钤辖之上。若路分钤辖，即依官次序座。其同提点刑狱使臣与辖下知州军监，并依官序。参详欲乞今后江淮制置发运使副、转运使副、提点刑狱朝臣并在本路知州军光禄卿之上，与秘书监以上，各依官次。其同提点刑狱使臣即依《庆历编敕》旧条序座。”从之。（《宋会要》，仪制三·朝仪班序之34，第2347页）

2.1.8《皇祐敕》《皇祐一司编敕》《皇祐内侍省一司编敕》《祥符编敕》

2.1.8.1 治平四年（1067年）闰三月十一日，御史台状：“检会《皇祐编敕》：应正衙常朝及横行并须宰臣立班。常朝日，中书门下轮宰相一员押班，寻常多据引赞官称宰臣更不过来。窃虑上项编敕仪制别有冲改，更不行用。伏乞明降指挥。”既而御史中丞王陶奏弹宰相韩琦、曾公亮不赴文德殿押班，琦、公亮上表待罪，诏答不允。（《宋会要》，仪制四·正衙之5，第2363页）

2.1.8.2 嘉祐六年（1061年）闰八月，言：“先准康定二年五月诏书，定夺、中书参详前后殿都知、押班升比班次，入内内侍省都都知、内侍省左右班都［都］知比昭景福殿使；入内内侍省左右班都知比宣庆使；入内内侍省押班带诸司使已上比昭宣使，带诸司副使已下并在皇城使之上。又准嘉祐五年十一月九日中书札子，详定编敕所奏，准送下状，检会《皇祐一司编敕》内与两省都知、押班系书差互，方欲申明，次据庄宅使、端州刺史、内侍省内侍押班石全育状，准差管辖三司大将，近差驾部郎中卢士宏权发遣三司开拆司。检会《皇祐编敕》升比班次，内侍省押班如带诸司使以上比昭宣使，即不见得今来系书相压高下，申乞指挥。即牒内侍省，请具本省编敕回报。据牒到前后殿都知、押班升比班次，勘会《皇祐编敕》内应皇祐二年以前专下一司宣敕，除今来编载外，其不系编附者更不行用。看详:[①] 两司编敕交互，申中书门下，伏乞裁定。诏送编敕所详定。据删定官张师颜等状：检会《皇祐一司编敕》节文，东西上使并在昭宣使之上。又条：入内都知至押班如带昭宣使已上，即与客省使等依使名为一班；带皇城使副已下，即并在皇城使之前别为一班。又条：入内内侍省都知、押班如带昭宣使以上，已有定制；若带皇城使以下，在皇城使之上系书；带皇城副使以下，在皇城副使之上系书；带内殿承制、崇班，在本官之上系书。又准《皇祐内侍省一司编敕》节文，前后殿都知、押班升比班次依下项：入内内侍省都都知、内侍省左右班都知比景福殿使；入内内侍省都知、内侍省左右班都知比景福殿使；入内内侍省副都知、内侍省左〔右〕班副都知比宣政使；入内内侍省押班如带诸司使以上，比昭宣使；如带诸司副使以下，并在皇城使之上。又条：两省都知、押班如同勾当去处，其系书官位各随本职，入内内侍省在内侍省之上。又条：〔入〕内内侍两省内臣非次转入都知及押班者，更不依官资高下，只以新转入职名先后相压。所据将前项申请，今众官参详，其前后殿都知、押班升比班次系本省一司条贯，如只是与内臣立班系书及座次相压，合依此指挥。若与文武官立班系书及座次相压，即合依条贯指挥。其上项两司敕条不系通使，别无差互。”诏从之。（《宋会要》，仪制三·朝仪班序之28，第3244页）

此条引用到《皇祐一司编敕》《皇祐编敕》《皇祐内侍省一司编敕》三个法律，其中《皇祐内侍省一司编敕》属于“一司敕”中的专门篇名。

---

① “看详”是宋代立法中的专用术语，意为对立法中的依据及立法理由的说明。在宋朝很多立法中的“看详”，事实上构成了一种法律形式，在实务中起到法律的效力。

这个时期“一司敕”是一个较为复杂的概念，至少有特指和泛指两种含义：泛指是所有中央机构中某一部门的法律都可以称为“一司敕”；特指是特定部门的敕，如“阁门敕”“内侍省敕”等。在法律名称上，《皇祐内侍省一司敕》是《皇祐内侍省敕》的标准名称。

2.1.8.3 熙宁四年（1071 年）十二月二十三日，诏：“官告院绫纸库合纳绫纸官钱赴左藏库送纳，所管绫纸专差使臣一员，月给食钱五千，添差三司军大将一名充副知，只差本院守阙一名抄写文字，月给食钱一千，更不拘收家业酬奖。《皇祐编敕》：本库如无正名，于有（加）［家］业守阙人内差，候勾当三周年无遗缺，补充正名。候替满日，再勾当三周年，减选出官。”（《宋会要》，职官一一·官告院之 67，第 3354 页）

2.1.8.4 元丰二年（1079 年）十二月五日，诏：“外界青白盐入河东路，犯人罪至流；巡检或寨主、监押、津堡官先差替。”从河东转运使陈安石请也。先是，安石乞本路犯西北两界青白盐者，并依《皇祐敕》断罪，仍不以首从编配，从之。《皇祐敕》刑名比今为重，又法非兴贩二分得一分之罪，时安石方行盐法于河东以希功利，故欲峻其禁也。（《宋会要》，食货二四·盐法三·盐法杂录三之 19，第 6522 页）

2.1.8.5 开禧元年（1205 年）六月二十五日，夔州路运判范荪言：“本路施、黔等州界分荒远，绵亘山谷，地旷人稀，其占田多者须人耕垦，富豪之家争地客，诱说客户或带领徒众举室搬徙。乞将皇祐官庄客户逃移之法稍加校定：诸凡为客户者，许役其身，而毋得及其家属妇女皆充役作。凡典卖田宅，听其从条离业，不许就租以充客户。虽非就租，亦无得以业人充役使。凡借钱物者，止凭文约交还，不许抑勒以为地客。凡为客户身故，而其妻愿改嫁者，听其自便。凡客户之女，听其自行聘嫁，庶使深山穷谷之民得安生理，不至为强有力者之所侵欺，实一道生灵之幸。”刑部看详：“《皇祐敕》：‘夔州路诸州官庄客户逃移者，并勒归旧处。’又敕：‘施、黔州诸县主户壮丁、寨将子弟、旁下客户逃移入外界，委县司画时会所属州县追回，令着旧业，同助把托边界。’皇祐旧法欲禁其逃移，后来淳熙间两次指挥：应客户移徙，立与遣还。或违戾，成强搬之家比附略人法；般诱客丁只还本身，而拘其父母、妻男者，比附和诱他人部曲法；如以请佃卖田诈立户者，比附诡名挟户法；匿其财物者，比附欺诈财物法。则是冲改皇祐之法，别为比附之说，致有轻重不同。今看详皇祐旧条轻重适当，是以行之可以经久，焉可以略人之法比附而痛绳之！且略人之法，最为严重，盖略人为奴婢者绞，为部曲者流三千里，为妻妾及子孙者徒三年。使其果犯略人之罪，则以略人正条治之可也，何以比附为哉！既曰比附，则非略人明矣。夫法意明白，务令遵守。加以比附，滋致紊烦。欲今后应理诉官庄客户，并用皇祐旧法定断。所有淳熙续降比附断罪指挥，乞不施行。仍行下本路，作一路专法严切遵守。"从之。(《宋会要》，食货六九·逃移之六十八，第8084页)

此条引用到《淳熙指挥》，说明"指挥"在南宋时的法律地位是独立的。

2.1.8.6 绍兴十二年（1142年）十月二十七日，《皇祐编敕》：正衙常朝及横行，并宰臣立班。常朝日，轮宰臣一员押班。《祥符编敕》：宰臣依故事，赴文德殿押班。(《宋会要》，仪制一·文德殿视朝之36，第2316页)

2.1.9《嘉祐敕》

2.1.9.1 嘉祐七年（1062年）四月九日，提举管勾编敕宰臣韩琦、曾公亮上《删定编敕》《赦书德音》《附令敕》《总例》《目录》二十卷，诏编敕所镂版颁行。先是诏以庆历编敕（上）［止］嘉祐三年续降宣敕删定，命都官员外郎张师颜、权大理少卿王惟熙、屯田员外郎宋迪、太常丞张宗易充删定官，龙图阁直学士钱象先、卢士宗充（祥）［详］定官，琦、公亮提举。至是上之。(《宋会要》，刑法一·格令一之6，第8217页)

此条说明嘉祐编敕共修成《嘉祐敕》《附令敕》《赦书德音》和《总例》。对此次修成的《总例》性质，学术界存在争议，有认为是判例的编撰，即后来的"断例"；有认为是修法律的规则，即修撰总则。从现有史料看，无法对两者直接用条文证明。但从史料看，应是修撰法律的"总则"。

2.1.9.2 熙宁二年（1069年）五月十七日，中书门下言："勘会

《嘉祐编敕》断自三年以前，后来续降条贯已多，理须删定。自来先置局，然后许众人建言，而删定须待众人议论，然后可以加功，故常置局多年，乃能成就。宜令内外官及诸色人言见行条贯有不便及约束未尽事件，其诸色人若在外，即许经所属州府军监等处投状缴申中书。俟将来类聚已多，即置局删定编修，则置局不须多年，而编敕可成。仍晓示诸色人，所言如将来有可采录施行，则量事酬赏，或随材录用。”从之。(《宋会要》，刑法一·格令一之7，第8217页)

2.1.9.3 熙宁二年（1069年）十二月，审官院言：“国子监博士苏充合该磨勘。勘会充是同知院苏颂弟，《嘉祐编敕》：知院臣僚有亲戚者其差遣磨勘并牒同知院官施行。俱是亲戚，即具申中书施行。”诏更不回避，审官院、流内铨今后应差注升迁本司官亲戚合回避者无官可牒送，并依此施行。(《宋会要》，职官一一·磨勘之19，第3322页)

2.1.9.4 治平四年（1067年）八月十八日，殿前、侍卫马、步军司言：“准诏相度知辰州张宗义上言：‘诸军每年一次造年额簿，上誊录旧簿乡贯，唯加起一岁。欲乞应系诸军年额簿，今后开坐军人投军时乡贯、岁数、庚甲，括定年几，更不别造新簿。’当司检会准《嘉祐编敕》：内外诸军逐指挥置年甲簿二道，抄写军员、兵级乡贯、姓名、的实年几并投事到营年月日，委总管、钤辖、主兵当职官员点检印押，一于住营处兵官厅收掌，一付本营指挥使厅封录照使。其新收人数并依此抄上。若迁补移配入别指挥，即仰互相关报。内军员、节级仍于补充文字开坐。今勘会在京诸班直、诸军指挥，久来已有年甲版簿卷历据，每岁首即不曾翻换。窃虑外州军有承例每年翻换处，自今并令止绝，敢有违犯，准敕科罪。”从之。(《宋会要》，刑法七·军制之15，第8583页)

此条有“在京诸班直、诸军指挥”，这说明“指挥”已经作为一种法律形式术语开始使用，两个名称具体是《在京诸班直指挥》和《在京诸军指挥》。

2.1.9.5 元祐元年（1086年）七月二十二日，臣僚上言：“遗嘱旧法，财产无多少之限，请复《嘉祐敕》，财产别无有分骨肉，系本宗不以有服及异姓有服亲，并听遗嘱，以劝天下养孤老之意。”从之。(《宋会要》，食货六一·民产杂录之62，第7468页)

2.1.9.6 建炎三年（1129 年）八月四日，工部言："勘会发运副使叶焕札子：欲将两浙路州军抽税竹木依《嘉祐敕》，以十分为率，三分应副发运司修整纲船。"从之。（《宋会要》，食货五〇·船战船之 11，第 7126 页）

2.1.9.7 绍兴十二年（1042 年）十月二十四日，韩球言："坑冶、铸钱，祖宗以来系发运使兼提点，至景祐元年，专置都大提点坑冶铸钱官一员。准《嘉祐敕》，与提点刑狱序官。依条，提点刑狱在发运判官之上。窃缘发运使系管六路，岁举改官二十员，县令十员。如系发运判官三分减一，即今提点官虽岁得举改官七员，县令六员，缘提点司所管九路坑场五百一十三处，球近已措置过数内，以采兴坑冶计一百七十九处，合趁金银铜铅锡铁课利及铸钱监院六处，见铸新钱。其间州县及场监官内实有材干之人，须藉荐举激劝，使之办事，本司所得荐举改官员数委是数少，伏乞比附发运判官合得员数施行。"诏许通举改官十员，余依已降指挥。（《宋会要》，职官四三·提点坑冶铸钱司之 152，第 4186 页）

2.1.9.8 淳熙五年（1178 年）七月二十一日，大理司真兼敕令所删定官王梦若言："寻访得旧本《嘉祐编敕》四十七卷，乞委法官点检校勘。"诏贾选、王梦若、张维点检校勘。（《宋会要》，刑法一·格令三之 51，第 8264 页）

2.1.9.9 熙宁元年（1068 年）三月七日，审刑、大理寺言："准诏详定知瀛州马仲甫奏，条例：少卿监与发运、转运使副分官次高下相压，又发运使副在转运使之上。……检会《嘉祐编敕》：江淮制置发运使副在转运之上，转运使副在提点刑狱之上，并诸州总管、本路分兵马钤辖之上。若路分钤辖系正刺史以上，即依官次。其正刺史以上充路分总管，并少卿监以上知州军者，与本路制置、发运、转运使副、提点刑狱与提点银铜坑冶铸钱公事官员亦依官次。其路分都监与本州都监同巡检等并依官次相压。又条：诸州官员及路分都监与本州都监同巡检等并依官次相压。又条：诸州县官员以官品职任依令相压。若遇会集，有高下相妨者，如京官充通判，诸司副使充监、都监，员外郎充签判之类，其签判官虽高于都监，缘职卑于通判，合在都监之下。又【条】：如京官充本州通判，崇班充本州都监，却与别州供奉官之类会集者，缘供奉官合押京官，其崇班虽高于供奉官，合在京官通判之下。其余官局职任并依此例诸条，官位相压。若权充职任者，并与正同。……参详欲乞今后江淮制置发运使副、转运使副、提点刑狱朝臣并在本路知州军光禄卿之上，与秘书监以上，各依官次。其同提点刑狱使臣即依《庆历编敕》旧条序座。”从之。（《宋会要》，仪制三·朝仪班序之34，第2347页）

从此条看，南宋时《嘉祐编敕》有47卷，数量与2.1.9.1条记载的20卷存在较大差异。

2.1.10《治平敕》

2.1.10.1 熙宁三年（1070年）八月九日，考功言：“故工部尚书李兑以八月三日葬，葬之日行状方上考功。按《治平编敕》：‘文武臣僚薨卒合定谥者，本家于葬前陈请定谥。在外州者，本州据本家所请奏闻，在京者具状申考功。仍并取索自出身至赠官已来行状三本，缴连申考功，即牒太常礼院即日集官议谥，下考功覆议，判都省官即于都堂集合省官议定闻奏，牒本家及史馆遵行。赠官同职事，无爵者称子。或本家自不请谥者，本州取索子孙诣实文状奏闻，下尚书省，合太常礼院众官议生平履行善恶，依公定谥，并须葬前牒付本家，并牒史馆。如谥不以实，曲徇私情，或报仇偿忿，横加恶名，即依选举不以实论。如已葬方有奏请者，更不定谥。’”（《宋会要》，礼五八·谥之5，第2015页）

此条中明确引用到《治平编敕》的条文，但其他各种史料中没有见到治平年间编撰敕典的记载。从当时行文用语看，《治平编敕》不应是特定部门的立法，因为用“年号”加“编敕”往往是海行立法的通用方式，但又没有相关材料佐证，所以只能存疑。

2.1.11《熙宁敕》《元丰敕》《元祐敕》《附令敕》

2.1.11.1 熙宁六年（1073年）八月七日，提举编敕宰臣王安石上《删定编敕》《赦书德音》《附令敕》《申明敕》《目录》共二十六卷，诏编敕所镂版，自七年正月一日颁行。先是诏以嘉祐四年已后续降宣敕删定，命大理寺法直官刘赓、左班殿直张痴充检详官，刑房堂后官刘衮充点对官，同祕书丞胡瑗、太子中舍陈偲、大理寺丞张臣、光禄寺丞虞太宁充删定官，权大理少卿朱温其充编排官，翰林学士曾（直）［布］、龙图阁待制邓绾、权知审刑院崔台符充详定官，安石提举。至是上之，安石赐银绢各五百，仍降诏奖谕；曾布等九人升任、

迁官、循资有差。(《宋会要》，刑法一·格令一之9，第8220页)

此次修法修成《熙宁敕》《赦书德音》《附令敕》和《申明敕》，其中《申明敕》属于第一次在全国性修法中独立修撰成的法典。

2.1.11.2 熙宁七年（1074年）七月十九日，司农寺言："曲阳县尉吕和卿请：五等丁产簿，旧凭书手及耆、户长共通隐漏不实，检用无据。今《熙宁编敕》但删去旧条，不立新制，即于造簿反无文可守，尤为未便。承前建议，唯使民自供手实、许人纠告之法最为详密，贫富无所隐，诚造簿书之良法也。"诏送提举编修司农寺条例司。(《宋会要》，食货六五·免役之15，第7805页)

2.1.11.3 熙宁九年（1076年）十二月二十日，中书门下言："重修编敕所勘会《熙宁编敕》时系两制以上官详定，宰相提举。乞依例差官。"诏知制诰权三司使公事沈括、知制诰判司农寺熊本详定。(《宋会要》，刑法一·格令一之10，第8222页)

2.1.11.4 元丰四年（1081年）七月七日，前河北转运判官吕大忠言："天下二税，有司检放灾伤，执守谬例，每岁侥幸而免者无虑三二百万，其余水旱蠲、阁，类多失实。民披诉灾伤状，多不依公式，诸县不点检，所差官不依编敕起离月日程限，托故辞避。乞详定立法。"中书户房言："《熙宁编敕》约束详尽，欲申明行下。"从之。(《宋会要》，食货一·检田杂录之4，第5939页)

2.1.11.5 元祐元年（1086年）四月十八日，殿前马步军司言，禁军排连，欲且依《熙宁编敕》施行。从之。(《宋会要》，刑法七·军制之21，第8587页)

2.1.11.6 元祐三年（1088年）六月一日，吏部言："《熙宁敕》：知州、通判川广以二年为满；《元丰敕》：川广以三十月；《元祐敕》：知州、通判并以三十月为任，即不分川广。请川广知州除有专法指定及酬奖外，不以见任、新差官，并二年为任，其使阙、满替，悉依本法。"从之。(《宋会要》，职官四七·判知州府军监之17，第4274页)

2.1.11.7 元祐八年（1093年）十二月二十五日，户部言："检会'治平四年十二月四日朝旨'节文，应今后诸处官员廨宇内及职田，更不得种植疏菜出卖，其廨宇内菜圃祗许供家食用。自《熙宁编敕》，别无约束。今欲乞应官员廨宇内外并公使库菜圃，并依治平

旧条，除供食外，更不得广有种植出卖。如愿召人出租断佃者，听。”从之。(《宋会要》，方域四·官廨之14，第9336页)

2.1.11.8 建中靖国元年（1101年）二月二十二日，大理少卿周鼎言：“看详：元丰六年八月十八日敕：‘大理寺勘断窃盗，该案问减等，随减至罪名给赏。’立法之意，盖谓当时见行《熙宁编敕》，窃盗该案问减者，无许给赏之文；而大理寺所治窃盗，多是犯在京畿，及事干官物，故虽该案问减等，特许随减至罪名给赏。今海行令文既已立，诸赏犯人案首减等备受，各依本法，则本寺推断窃盗，该案首减等者，其赏理合亦依本法追给。缘上件朝旨元批入大理寺令，系一司别（致）[敕]，从来未经申明冲革。伏乞朝廷详酌，付有司参照，删去上件指挥，今后依海行令文施行，所贵用赏均一。”从之。(《宋会要》，刑法一·格令一之19，第8232页)

2.1.11.9 崇宁元年（1102年）正月二十二日，臣僚上言：“勘会《熙宁编敕》：诸臣僚不得因上表称谢，妄有诬毁，及文饰己过，委御史台纠奏。臣窃惟自来诸处所上章表多不到御史台，逐时虽有朝报，或报或不报，虽报或已过时。陛下即位之初，咸与天下为新，一切牵复元祐窜逐之臣，其所谢表章但极意怨怼绍圣斥逐，为过当语言，甚者率皆诋毁。臣子不敬，莫大于是，不可不禁。欲望于上条‘文饰己过’字下添入‘仍录副本申御史台’八字，犯者本台实时弹奏，重加黜削。”诏臣僚谢表令进奏院录申御史台。(《宋会要》，仪制七·章奏之26，第2438页)

2.1.11.10 宣和二年（1120年）五月五日，中书省言：“奉御笔，宫观并依元丰法，其后来新置创添差、兼领等员阙，并合先次放罢，限三日。所有宫观窠阙，今具下项：一、《熙宁编敕》阙额：西京嵩山崇福宫、南京鸿庆宫、凤翔府上清宫、亳州明道宫、杭州洞霄宫、袭庆府仙源县景灵宫、太极观、华州灵台观、建州武夷观，【已改为建州武夷山冲祐观。】台州崇道观、成都府玉局观、建昌军仙都观、江州太平观、洪州玉隆观、舒州灵仙观。【改为舒州潜山真源万寿宫。】……”(《宋会要》，职官五四·任宫观之30，第4485页)

2.1.11.11 绍圣二年（1095年）正月十二日，诏：“应熙宁五年以前不造酒州军，及外处有公使钱不造酒官司，并依《熙宁编敕》石数，内州军减外不及一百石者，许造一百石；元不及者依旧，不得例外特送，违者坐之。”从左司谏翟思请也。(《宋会要》，食货二一·公使酒之17，第6459页)

2.1.11.12 绍兴十三年（1143年）闰四月四日，臣僚言："乞诏有司将祖宗旧法所载'虽累讳后招，终因自服，依案问自首'之文仍旧存留，将近修立'再勘方招减一等，三问不承，不在减等'之法，特赐删去。"敕令所看详："律云：'知人欲告，及案问欲举。'为其本情将有发觉，不容隐拒，必须自首，方获减科。敕云：'因疑被执之人，虽有可疑之迹，赃证既未分明，则无必按之理。若不因其自服，所犯无由显露。'以此推原律、敕意义，盖谓因疑被执之人，赃证未明，故可隐拒；虽经累讳后招，终是因其自服，即与'知人欲告，案问欲举'事体不同。所以《熙宁敕》添立注文，合从减等。元符、政和、绍兴敕皆以上件旧文详定成法。至绍（圣）［兴］六年内，福建宪司申明，嘉祐、元丰（去）［法］有曾经盘问，隐拒本罪，更不在首减之例，遂行删去，却添入初问、再问、三问之文，不唯使犯罪之人无自新之路，亦恐知虽首无益，终不自服，反致淹延。今欲从臣僚所请，删去'绍兴六年八月二十三日限定次数指挥'，依旧遵用《绍兴敕》内依案问自首之文。"从之。（《宋会要》，刑法一·格令三之40，第8253页）

此条把《嘉祐敕》《熙宁敕》《元丰敕》《元符敕》《政和敕》和《绍兴敕》中同一内容比较，体现出宋朝在法律解释上的风格和特点。

2.1.12《元丰敕》

2.1.12.1 元丰七年（1084年）三月六日，《详定重修编敕》书成，删定官尚书刑部侍郎崔台符、中书舍人王震各迁一官，前删定官知制诰熊本、宝文阁待制李承之、李定赐银绢百。（《宋会要》，刑法一·格令一之12，第8224页）

2.1.12.2 元祐三年（1088年）四月二十一日，监察御史赵屼言："《元丰敕》：重法地分元劫盗者妻子编管，《元祐新敕》一切削去，则前此编管者宜不少，请令从便。"从之。（《宋会要》，刑法六·矜贷之20，第8541页）

2.1.12.3 政和二年（1112年）六月二十二日，臣僚言："访闻入蕃海商自元祐后来，押贩海船人，时有附带曾经赴试士人及过犯停替胥吏过海入蕃。或名为住冬，留在彼国，数年不回，有二十年者，取妻养子，转于近北蕃国，无所不至。元丰年中，停替编配人自有条禁，不许过海。及今岁久，法在有司，未常检举。又有远僻白屋士人，多是占户为商，趋利过海，未有法禁。欲乞睿断指挥，检会《元丰编敕》：编配人不许过海条，重别增修，及创立今日已后曾预贡解及州县有学籍士人不得过海条赏，明示诸路沿海、次海州军。”诏依。有条令者坐条申明行下，其曾预贡解及学籍士人不得过海一节，于元条内添入。（《宋会要》，刑法二·禁约之58，第8314页）

2.1.12.4 宣和三年（1121年）五月一日，武节郎、泸南潼川府路廉访使者郭卫奏：“臣伏见《元丰敕》：应知州、通判，无通判只有佥判或职官独员处同。川峡路不得并差川峡人。臣窃见本路合州知州、朝奉郎史堪，眉州眉山县人；司录、承议郎马祖武，潼川府郪县人。缘合州系无通判州军，司录系以次官属史堪，史堪于今年二月一日到任，马祖武于今年三月十四日到任。”诏马祖武可对移川路州军不系川人知、通一般差遣。（《宋会要》，职官六一·省官之44，第4712页）

2.1.13《元祐敕》《元符令》

2.1.13.1 元祐二年（1087年）十二月二十四日，详定重修敕令书成，以《元祐详定敕令式》为名颁行。先是元年三月二十四日，诏御史中丞刘挚、右正言王觌、刑部郎中杜（紘）[紘]将《元丰敕令格式》重行刊修，至是上之。修书官光禄大夫吏部尚书苏颂、朝散郎试大理卿杜紘、奉议郎试侍御史王觌、朝散郎王朋年、朝奉郎宋湜、祝康、奉议郎王叔宪、宣义郎石谔、李世南、承务郎钱盖各迁一官，蔡州（一）观察推官晁端礼循一资，宣义郎张益减磨勘一年，奉议郎陈兟、承奉郎刘公噩减磨勘二年。（《宋会要》，刑法一·格令二之15，第8227页）

2.1.13.2 元祐三年（1088年）四月二十一日，监察御史赵屼言：“《元丰敕》：重法地分劫盗者，妻子编管。《元祐新敕》一切削去，前此编管者宜不少，请令从便。”从之。（《宋会要》，刑法四·配隶之30，第8462页）

2.1.13.3 元祐五年（1090年）正月二十三日，户部言：“诸路纲运到京，例皆少欠。《元丰公式令》：诸州解发金银钱帛，通判厅置簿，每半年具解发数目及管押附载人姓名，实封申尚书省。《元祐敕》误有删去，合重修立。”从之。（《宋会要》，刑法一·格令一之15，第8228页）

2. 1. 13. 4 元祐六年（1091 年）闰八月十五日，大理寺评事梁子奇言：“官员犯罪，应坐举者。乞今后会问到合断人，依旧取勘定断。又犯罪者与大理寺官曾荐举之人，乞本寺丞、司直、评事依《元祐编敕》被差检法，有嫌听回避法，许自陈，别差官定断。”从之。(《宋会要》，职官二四・大理寺之 17，第 3661 页)

2. 1. 13. 5 元祐六年（1091 年）八月二十三日，沧州言：“按《元祐敕》：钱监及重役军人合配者，除沙门岛及远恶处依本条外，余并勒充本指挥下名，其不可存留者，即配别监及它处重役，则是系以广南为轻，重役为重，遂不配行。(令)［今］重法地分重役人多是累曾作贼，(劫)［却］令徒（半）［伴］会于一处，易于复结为盗。其告捕之人见其依旧只在本营或别重役处，相去不远，惧其仇害，不敢告捕。欲乞于上条‘沙门岛’字下添入‘广南’二字。”从之。(《宋会要》，刑法四・配隶之 31，第 8462 页)

2. 1. 13. 6 元祐八年（1093 年）二月十七日，诏：“俵散蚕盐，徐州、淮阳军许依《元祐敕》，京东路、河东晋、隰、磁、绛州并罢。”(《宋会要》，食货二四・盐法之 31，第 6529 页)

2. 1. 13. 7 元祐八年（1093 年）七月十三日，户部言：“买扑场务课利钱数增亏，全在人烟多寡，昨来省并兴废，其课利量行增添，既人烟稀少，沽卖迟细，亦合裁减。缘《元祐敕》只有废置州县镇寨处场务有量行增减之法，其割并县分镇寨之处，乞亦依此施行。”从之。(《宋会要》，食货二〇・酒曲之 11，第 6428 页)

2. 1. 13. 8 绍圣元年（1094 年）七月三日，户部看详：“役法所言：‘幕职、监当官（按）［接］送，旧差全请顾钱公人。今来合支顾人钱，并依《元丰令》定人数支破。其《元祐敕》所添人数并差厢军。’”诏减罢《元祐敕》添人数，余从之。（《宋会要》，仪制四・得替官送还公人 27，第 2375 页)

2. 1. 13. 9 绍圣元年（1094 年）八月十九日，诏大名府等处通判周谊、韩跂、唐弼，与依《元祐编敕》内第五等酬奖。以御史郭知章言其赈济有劳也。(《宋会要》，职官五九・考课 12，第 4644 页)

2. 1. 13. 10 绍圣元年（1094 年）十月九日，三省因言：“《元祐编敕》刊去嘉祐、元丰州军创修园亭、改立官司之禁，以故近岁诸道土木昌炽，民罢财屈，而藩镇近臣尤甚，监司莫敢问”，诏重修编敕所依旧立法。(《宋会要》，刑法一・格令一之 16，第 8229 页)

2. 1. 13. 11 元符三年（1100 年）七月二十四日，中书省言：

"《元祐编敕》：诸海行敕内不以赦降原减事件，徐传习妖教、托幻变之术，及故决、盗决江河隄堰已决外，余犯若遇非次赦，或再遇大礼赦者，听从原免。后来删去上条，遂使一有所犯，虽累（皆）［该］恩沛，无以自新。"诏以元祐旧法。（《宋会要》，刑法一·格令一之18，第8232页）

2.1.13.12 建中靖国元年（1101年），尚书省言：三班奉职葛中复状："《元符编敕》内一项：《元祐敕》，诸化外人为奸细，并知情、藏匿、过致、资给人皆斩。即藏匿、过致、资给人能自告捕获者，事虽已发，并同首原。"今敕改云："能自获犯人者，事虽已发，原其罪。"中复看详："旧藏匿、过致、资给奸细之人，能自告捕获者，皆许原罪，盖欲广开屏除奸细之路，或告或捕，因而获者，皆得原罪。今敕止言自获，若只告而他人获之者，拘文不免。如此，则身力不加，或羸弱等人，既不能擒捕，必须自默，不敢告言，甚非设法屏除奸细之意。欲冲改本条不行。"从之。（《宋会要》，刑法一·格令一之19，第8233页）

2.1.13.13 崇宁元年（1102年）四月二十九日，礼部言："知怀安军雍黄中言：'乞将本军金堂县前任雅州严道县令谢湜所撰《周易义》十二卷、《春秋义》二十四卷、《总义》三卷，投进。'本部勘会今来所乞事，缘《元符令》文系于《元祐敕》内删去'诗赋杂文（字）［书］札'六字。看详意义已明。近来尚有申乞投进之人。欲乞申明行下，如有进献诗赋杂文书札之人，在外即令所在州军自陈，委本处知、通；在［内］即经礼部，委国子监长、贰取索看详，如实可采，即行保明进纳。"从之。（《宋会要》，崇儒五·编纂书籍·献书升秩之28，第2851页）

此史料说明，崇宁年间仍然存在"敕"与"令"区别标准没有完全确定的问题。

2.1.13.14 崇宁元年（1102年）六月二十一日，中书省、尚书省送到白札子："元符三年七月二十四日敕：'检会《元祐编敕》：诸海行敕内不以赦降原减事件，除传习妖教、托幻变之术，及故决、盗决江河隄堰已决外，余犯若遇非（决）［次］赦或再遇大礼赦者，听从原免。勘会敕内诸条并不以赦降原减者，盖谓禁约指望恩赦、故作罪犯之人，既遇非次赦宥或两该大礼，事体轻者理合原免。今元符新敕诸条内增添不以赦降原减，比旧甚多，又更将上条删去，遂使一有所犯，虽累该恩沛，终身无以自新。奉圣旨：依旧条仍先次施行，所有犯在今年四月十五日赦前之人，亦依上条施行。’勘会元犯既不以赦原，虽再遇大礼赦，亦难从原免，其减降即并系非次推恩；若尽从原免，其‘不以赦降原减’遂成空文。”诏“元符三年七月二十四日指挥”更不施行。(《宋会要》，刑法一·格令一之21，第8234—8235页)

2.1.13.15 建中靖国元年（1101年）三月二十七日，三省言看详：“《元符（户）令》：户绝之家，内外亲同居，计年不应得财产，如因藉其营运措置及一倍者，方许奏裁。假如有人万贯家产，虽增及八九千贯文，犹不该奏，比之三二百贯财产增及一倍者，事体不均。兼昨来《元祐敕》文，但增置及一千贯者奏裁之法，今参酌重修，虽不及一倍，而及千贯者，并奏裁之。”诏依，仍先次施行。(《宋会要》，食货六一·民产杂录之62，第7469页)

上面1.1.13.3条中有《元丰公式令》，2.1.13.13条和1.1.13.15条中有《元符令》。

2.1.14《元符敕》

2.1.14.1 元符二年（1099年）八月三日，宰臣章惇、翰林学士承旨蔡京、大理少卿刘赓进呈《新修海行敕令格式》……闰九月二十六日颁行。先是绍圣元年九月二十七日，差宰臣章惇、门下侍郎安焘提举。户部侍郎王古为详定官，仍令专详定右曹常平、免役法等敕；刘赓专详定海行敕。至是上之。诏赐惇银绢各一百匹两，详定官各转一官，删定官减三年磨勘，仍赐银帛有差。校勘官吴颐候一司敕了日取旨。(《宋会要》，刑法一·格令一之18，第8231页)

从此条君臣对话史料中可知元符重修敕令格式的取向及来源，基本特点是对元祐重修敕令格式的一种修正，让宋朝法制建设重回元丰年间确立的发展道路上。

2.1.14.2 元符三年（1100年）十二月二十七日，诏删改《元符敕》数十条，皆绍圣以前法轻而新制重者，悉复其旧。(《宋会要》，刑法一·格令二之18，第8232页)

可知《元符敕令格式》修订时间是绍圣元年，完成于元符二年。此次修法重点是为拨正元祐年间反元丰立法的情况。从 2.1.13.1 条看，是在元丰和元祐基础上修订，特别增加了《元符格》，因为元祐年间没有修《元祐格》。从 2.1.14.2 条看，此次在修敕典上是对《元符敕》中数十条进行了修订。

2.1.14.3 政和二年（1112 年）十二月二十四日，周师中、鲁百能各罚铜二十斤，并放罢，送吏部与合入差遣。赵先之、关璘并取勘。提举河北东路常平周师中奏："恩州武城县窦保镇酒税、左侍禁赵先之收支官物不明，及少欠米曲数目不少，已牒恩州根勘。"又提举秦凤路常平鲁百能奏："皇城使、泾原第八副将关璘，任内（提）［捉］到打开永洛城门锁弓箭手徐荣，不申解所属，却用石于本人腿上致打，致限内身死，已下顺德军根勘。"刑部检会《元符敕》：诸路连监司事非职而辄管勾者徒一年，故两行之。（《宋会要》，职官六八・黜降官之 27，第 4887 页）

2.1.15《崇宁敕》

2.1.15.1 政和三年（1113 年）十月十七日，殿中省奏："勘会诸路贡物，官司计置不依时，暴凉不如法，以致损坏。起发不依限者，已有《崇宁敕》各从杖一百断罪外，若系被差管押担击之人起发在路，故违程限，或津搬安放不谨，从来未有约束。本省今相度，欲乞诸州应差管押担擎贡物之人，若沿路无故违程，或津搬安放不谨，致有损坏，罪轻者杖八十。"从之。（《宋会要》，食货四一・历代土贡之 43，第 6932 页）

2.1.16《政和敕》

2.1.16.1 政和二年（1112 年）十月二日，司空、尚书左仆射兼门下侍郎何执中等上表："修成《敕令格式》等一百三十八卷，并《看详》四百一十卷，共五百四十八册，已经节次进呈，依御笔修定。乞降敕命雕印颁行，仍依已降御笔，冠以《政和重修敕令格式》为名。"从之，仍自政和三年正月一日颁行。先是政和元年二月一日，诏以尚书左仆射何执中提举、同知枢密院事

王襄同提举，至是上之。(《宋会要》，刑法一·格令一之25，第8239页)

2.1.16.2 政和六年（1116年）闰正月二十九日，详定一司敕令王韶奏："修到《敕令格式》共九百三卷，乞冠以'政和'为名，镂版颁行。"从之。(《宋会要》，刑法一·格令29，第8242页)

从上面两条看，《政和敕》始修于政和元年，修成于政和二年，但向全国公开发行是在政和六年。说明宋代立法时往往会让大臣提意见，这是中国古代立法上的一种特别程序。

2.1.16.3 政和五年（1115年）十一月十七日，中散大夫、新差提点京畿刑狱公事兼提举保甲钱归善奏："臣检会《政和敕》：诸笞杖若诸军小杖制度违式者，已有断罪之文，而独讯囚杖枷杻未有专法。臣欲乞下有司，修立补完，以称陛下钦恤之意。"诏违者以违制论。(《宋会要》，刑法六·枷制之78，第8592页)

2.1.16.4 政和六年（1116年）十一月六日，臣僚言："伏睹各州官及本县官不许托县镇寨官买物。访闻贪吏违法，禁托买而不禁自买，故州官行属县，县官行镇寨，多出头引收买匹帛丝绵等物，外邑镇寨之民尤甚苦之。欲乞今后州县官非廨宇所在，如因事至邑镇寨，唯许买饮食药饵日用之物外，余悉禁之。仍立法行下。"户部供到《政和敕》：诸监司者，依监司例人，凡可按刺州县者同。不系置司去处，每遇出巡，止许收买饮食药饵及日用物色，其余辄置买者，依托所部命官卖买物色法。契勘即无州县官非廨宇所在，因事至属邑镇寨，唯许收买饮食药饵日用之物外，不许买他物法条禁。诏于上条内"卖买物色法"字下，添入"州县官出外准此"。从之。(《宋会要》，刑法二·禁约二之68，第8320页)

2.1.16.5 政和七年（1117年）八月九日，中书省言："检会律文：在官犯罪，去官事发，犯公罪流以下勿论。盖为命官立文。后来敕文相因修立：掌典解役，谓出职归农，已离本司，及勒停永不收叙，亦同去官免罪。如此，若犯罪之后，则生奸弊，解役归农，侥免重罪，兼与命官犯罪去官不同。"诏：《政和敕》内掌典解役者听从去官法一节删去不行。(《宋会要》，刑法一·格令二之30，第8243页)

从此可知“律”和“敕”的关系及宋人对它们的理解。

2.1.16.6 宣和四年（1122年）十二月初七日，敕：“发运使、经制两浙江东路陈亨伯奏，乞应诸路州军籴买上供并军粮斛斗、法酒库并酒务、公使库糯米，并委官置场，不得抛下属县并于人户、行人处收买。如有违戾，乞重立刑名，仍许被率取人户越诉。诏：如违，徒二年。”取到户部状：“检会《政和敕》：诸缘公使库职事辄委县令佐管勾者徒二年。勘会诸州军公使库属县收籴糯米，合遵依政和条敕行；所有其余合籴斛斗，自合遵依自来体例，措置收籴。”诏“宣和四年十二月七日指挥”更不施行。（《宋会要》，职官四二·发运使之43，第4094页）

2.1.16.7 宣和六年（1124年）八月十九日，中书省言：“新差夔州路计度转运副使郭伦状，为本路转运判官张深系伦同堂妹夫，申乞回避。《政和敕》称亲戚条‘母妻大功以上亲’字下，专设‘姊妹之夫同于同堂姊妹之夫’不合回避。”诏令吏部申明，遍牒行下。（《宋会要》，职官六三·避亲嫌之10，第4760页）

2.1.16.8 建炎二年（1128年）四月二十三日，中书侍郎专、兼一提领措置户部财用张悫言：“检准《政和敕》节文：诸收支官物不即书历，及别置私历者，各徒二年。欲望责限一月，各许自陈改正。限满，从所属及台察点检。有违，并依条施行。”从之。（《宋会要》，食货五六·金户部度支·户部之43，第4760页）

2.1.16.9 建炎三年（1129年）四月八日敕：“自今并遵用嘉祐条法。内拟断刑名，嘉祐与见行条制轻重不等，并从轻；赏格即听从重。其官制所掌事务格目及役法等，有引用窒碍，或该载未尽事件，并令有司条具以闻。”既而刑部侍郎商守拙条具：“欲将兼斗殴盗博引用嘉祐例外，其余嘉祐与政和敕参酬照用，合从轻，谓如略和诱人为人力女使，《嘉祐敕》依略和诱人为部曲律减一等，《政和敕》论如为部曲律合从嘉祐减一等之类。赏典之类并合从重，谓如获盗黄汴河官木，《嘉祐敕》一名杖罪、钱五贯，《政和敕》每人杖罪、钱二十贯，合从二十贯之类。责限条约之类并合从宽。谓如《嘉祐敕》犯罪经官司断遣，屈抑者听半年内披诉，与重勘，《政和敕》称事已经断而理诉者，一年内听乞别勘，即合从一年内之类。其一司、一路、一州、一县、在京、海行，及嘉祐所不该载，如免役、重禄、茶盐、香矾、六曹通用等事，并合依见行条法。若事干军政边防机密漏泄，听探情理深重，并修书未成间，《嘉祐敕》与见行条法相照引用，窒碍者并合取自朝廷指挥。”从之。至四年十月二日，重修敕令所再条具嘉祐法疑碍项目申请，奉诏：“遵依嘉祐成法外，情犯刑名至有轻重，亦难以并依。令本所随事损益参酌，务要曲尽人情法意。仍依已降指挥，将合行增损刑名拟定以闻。”殴盗博引用嘉祐条外，其余将嘉祐与《政和敕》参酬相照，合从轻。(《宋会要》，刑法一·格令三之34，第8246—8247页)

此处说明了北宋中期和后期在立法上出现了不同。从立法内容上看，《政和敕》有减刑的趋势。

2.1.16.10 绍兴元年（1131年）九月十四日，诏《政和敕》免决刺配靖州运粮等指挥更不施行，皆以虏人入寇、向北道路未通故也。(《宋会要》，刑法四·配隶41，第8469页)

2.1.17《绍兴敕》

2.1.17.1 绍兴元年（1131年）八月四日，参知政事（司）［同］提举重修敕令张守等上《绍兴新敕》一十二卷，《令》五十卷，《格》三十卷，《式》三十卷，《目录》一十六卷，《申明刑统》及《随敕申明》三卷，《政和二年以后赦书德音》一十五卷，及《看详》六百四卷。诏自绍兴二年正月一日颁行，仍以《绍兴重修敕令格式》为名。先是“建炎三年四月八日指挥”可自今并遵用嘉祐条法。于是下敕令所，将嘉祐与政和条法对修。至绍兴元年五月二十八日先修《敕》一十二卷进呈讫，至是续修成《令格式并申明》等上之。(《宋会要》，刑法一·格令三之33，第8248页)

从上可知，绍兴敕令格式是在嘉祐和政和敕令格式基础上修成。此次修法对修成的各部法律都有较明确的记载，具体有《绍兴敕》《绍兴令》《绍兴格》《绍兴式》《申明刑统》《随敕申明》《赦书德音》和《看详》等8部法律，不同法律的卷数都有明确记载。

2.1.17.2 绍兴三年（1133年）十月十一日，刑部言：“准旨看详：臣僚论私贩盐人刑名太重。本部据大理寺参详臣僚所请事理，除止系私贩之人有犯，自合遵依《绍兴敕》断罪外，若系亭户卖所隐缩火伏盐及买之者，依《盐敕》，并论如《煎炼私盐法》，一两比二两；及合依"政和三年十二月十七日指挥"，依《海行私盐法》加二等断罪。所有亭户、非亭户煎盐，与私贩、军人聚集般贩，及百姓依藉军兵声势私贩，即依"绍兴二年十二月八日指挥"一节。缘不曾分别斤重数目，若不问多寡，并行决配广南，深虑用法轻重不伦，理合随宜别行多寡断配原。今欲本犯不至徒罪，乞配邻州；若罪至徒，即配千里；如系流罪，仍依元降指挥刺配广南。其所乞详酌私贩不用荫原赦事理，除因官司捕捉，敢与官司斗敌者，系情理凶恶，欲乞依旧引用上件不赦指挥外，余卖买私贩人，今欲依臣僚所请施行。"从之。先是，臣僚言："近因奏对，尝论私贩盐人刑名太重。谨按《绍兴编敕》所定私贩刑名，盖取旧法通修禁约，不为不重，行之已久，所入课利已为浩瀚。后来复降指挥，并不用荫原赦。再因官司申请，虽遇特恩，亦不原减。罪非凶恶，情非巨蠹，行法之深，乃至于此。至绍兴二年之冬，因大军所驻，常有兵卒于诸州军搬贩百姓私盐之故，又有亭户不以多寡杖脊配广南指挥，盖为百姓军兵依藉声势，公然犯法，一时禁止亭户，不得不重，非通行天下永久之法也。昨因浙东提刑司申明亭户私盐盗卖断罪事理，都省批状，送提领榷货务都茶场看详，以谓虽缘通州管下有犯，臣僚起请画降禁约，诸路亦合一体施行，遂批状行之。契勘提领官张纯本一堂吏耳，今使一堂吏以鄙浅之见，看详永远之大法，朝廷不一属意，不谋之近臣，不付之户部，不禀之圣旨，遂以批状行之，何其易哉！自此法之行，州、郡断配日有之，破家荡产，不可胜计。昨来两浙贼方腊、福建贼范汝为皆因私贩茶盐之人以起，今所在结集如此，滋蔓日深，万一猖獗，朝廷遣将调兵，追捕讨贼之费，将又不赀。又况岭外险远，其俗轻而好乱，平时攘劫之风已自难制，今配私贩之（入）［人］往聚于彼，岂远方之利哉？欲望付之三省，以前后所降私贩刑名更加熟议，如有犯禁，且从《绍兴编敕》定断；若军人聚集般贩私盐，及百姓依藉军兵形势私贩，即依'绍兴二年十二月八日指挥'，所有不用荫原赦指挥，亦乞详酌施行。契勘'绍兴二年十二月八日指挥'：私贩买人，取旨行遣。访闻见有自今年六月系狱取旨，至今未得指挥断放者。近在辇毂之下，尚尔留滞，窃虑远方取旨待报，禁系淹延，有伤仁政，亦望详酌施行。"有旨：令户部、刑部限三日勘当，申尚书省。刑部检具敕条下项："一、《绍兴敕》：'诸私有盐，一两，笞四十；二斤，加一等；二十斤，徒一年；二十斤，加一等；三百斤，配本城。煎炼者，一两比二两。以通商界盐入禁地者，减一等；三百斤，流三千里。其入户卖蚕盐、兵级卖食盐及以官盐入别界，去本州县远者不坐。一斤，笞二十；二十斤，加一等；一百斤，徒一年；二百斤，加一等，罪止徒三年。'绍兴二年九月二十六日，奉圣旨：'应私贩茶盐，虽遇非次赦恩，特不原减。'"（《宋会要》，食货二六・盐法九，第6565—6566页）

此条涉及《盐敕》《煎炼私盐法》《海行私盐法》《绍兴敕》等法律篇名。从内容上看，《海行私盐法》应是《绍兴敕》中的"盐法"内容。

2.1.17.3 绍兴二年（1132年）十一月十二日，江浙荆湖广南福建路都转运使张公济言："人户田苗实有灾伤，自合检视分数蠲放。若本县界或邻近县分小有水旱，人户实无灾伤，未敢披诉，多是被本县书手、贴司先将税簿出外，雇人将逐户顷亩一面写灾伤状，依限随众赴县陈（过）［述］。其检灾官又不曾亲行检视，一例将省税蠲减，却于人户处敛掠钱物不赀。其乡书手等代人户陈诉灾伤，乞行立法。"户部检坐到《绍兴敕》："诸揽状为人赴官诉事，及知诉事不实若不应陈述而为书写者，各杖一百；因而受财，赃重，坐赃论加一等。"诏依，告获，每名支赏钱五十贯。（《宋会要》，食货一・检田杂录之7，第5940页）

2.1.17.4 绍兴三年（1133年）正月十五日，刑部言："提举两浙西路茶盐夏之文奏：检会绍兴元年十二月三日都省札子：'勘会国家养兵之费，全籍茶盐之利，日近守令官司玩习怠慢，全不禁戢私贩。奉圣旨：应私贩茶盐，并不用荫原赦。又《绍兴敕》：诸律与敕兼行，文意相妨，从敕；其一司一路有别制，从别制。今准九月二十日赦恩，据所属申明见禁犯茶、盐公事，合与不合引用《绍兴敕》作非次赦恩原免？'本司契勘《绍兴敕》诸海行条内，称不以赦降原，除缘奸细或传习妖教托幻变之术及故决盗、决江河隄堰已决外，余犯若遇非次赦，或再遇大礼赦者，听从原免。又缘茶、盐约束断罪等各有专法，未审合与不合引用海行条原放？九月二十六日有旨：应私贩茶盐，虽遇非次赦恩，特不原免。本司检准《绍兴敕》：诸犯罪未发及已发未论决而改法者，法重依犯时法，轻从轻法。伏详今降旨意，本缘冒法之人侵耗国计，务要禁戢私贩，故专降指挥特不原非次赦恩。兼详所降圣旨，亦无今后之文，若或便将似此犯人不原九月四日赦恩，缘犯时终未尽降不原非次赦恩指挥，又虑合作建格改引赦原免，委有疑惑。并小贴子看详：'九月二十六日指挥'：应私贩茶、盐，虽遇非次赦恩，特不原减。如再遇大礼赦，未审该与不该原减？小贴子照会《绍兴敕》诸海行条，内称不以赦原减，除缘奸细或传习妖教等外，余犯若遇非次赦，或再遇大礼赦者，听从原免。亦未审一司一路一州一县条法内该载不以赦降原减，若遇非次赦，或再遇大礼赦，合与不合原减？仍乞一就申明施行。本部寻下大理寺参详去后，据大理寺申：寺司众官参详，若私贩茶、盐，犯在'绍兴二年九月二十六日指挥'已前，依敕合作犯罪未论决而改法，法重依犯时外，依《绍兴敕》称不以赦降原减，除缘奸细或传习妖教托幻变之术及故决盗、决江河堤堰，已决外，余犯若遇非次赦或遇大礼赦者，听从原免。即是一遇非次赦与再遇大礼赦，立法一般。今来私贩茶、盐既专降指挥，虽遇非次赦，特不原减，即再遇大礼赦，亦不合原减。所有一司一路一州一县条法内称不以赦降原减，事既非海行法，若遇非次赦，或再遇大礼赦，亦不合原减。本部欲依本寺所申行下。"从之。(《宋会要》，食货三二・茶盐杂录之29，第6211—6212页)

此条涉及南宋在法律适用上的规定，体现了当时对新旧法、不同法律种类之间在法律适用上的原则及关系。首先是"律"与"敕"适用上的优先关系，其次是"敕"与部门和地方法律适用上的优先关系。从法律规定看，采用特别法优先，即"敕"优先于"律"，部门和地方法优先于"敕"。在新法和旧法适用上，采用从旧兼从轻的原则。

2.1.17.5 绍兴三年（1133年）三月十五日，臣僚言："乞今后有特旨推勘及具情犯申尚书省及枢密院者，除止留正犯及依法合奏之人具案闻奏外，余并许令先次决遣，着为定制。"续具大理寺看详："《绍兴敕》：诸狱案以非本处得论之人上闻者杖一百。今来罪人若不系元降指挥取勘人数，依法非应奏裁，[谓如非情重法轻之类，若行先次决遣，即别无妨碍]。欲依臣僚所乞施行。"从之。(《宋会要》，刑法三・勘狱之73，第8432页)

2.1.17.6 绍兴三年（1133年）十月十四日，臣僚言："按敕：窃盗以赃准钱及四百以上，即科杖罪；才及两贯，遂断徒刑。且承平之日，物价适平，以物准钱则物多而钱寡，故抵罪者不至遽罹重法。迨今师旅之际，百物腾踊，赃虽无几而钱价以多，一为盗窃，不下徒罪，情实可悯。乞将《绍兴敕》犯盗定罪者递增其数，庶使无知穷民，免致轻陷重宪。”诏令刑部勘当。契勘计绢定罪者，元估每匹价钱二贯足。（《宋会要》，刑法三·定赃罪之6，第8395页）

2.1.17.7 绍兴四年（1134年）七月十五日，臣僚言乞将《绍兴敕》犯盗以钱定罪者，递增其数。刑寺看详：“在法：不止窃盗一事，其余计钱定罪者，理合一体措置。今欲权宜将敕内应以钱定罪之法各与递增五分断罪，谓如犯窃盗三贯，徒一年之类。候边事宁息，物价平日依旧。”从之。（《宋会要》，兵一三·捕贼三之17，第8859页）

2.1.17.8 绍兴五年（1135年）七月二十三日，臣僚言：“州县之狱有不能即决者，私商贩获根究来历是也。且贩私商者，皆不逞之徒，有败获禁勘，而素与交易者多不通吐，以为后日贩鬻之计，所牵引者类皆畏谨粗有生计之人……今若不问是与不是产茶、盐地分，一切不根究来历，止以见在结断，不惟囹圄可致空虚，而私贩者即伏刑宪，亦将止息矣。”诏令户部限三日勘当，申尚书省。既而户部言：“据榷货务都茶场勘会不系出产州军捕获私贩茶盐之人，依法自不许根究来历，其出产州军捕获私盐，如系徒以上罪，及停场禁界内杖罪及获私茶，并合根究来历。虽有《绍兴令》称：犯榷货者不得根问卖买经历处，即系海行条法。缘《绍兴敕》内该载一司有别制者，从别制。又缘诸处私茶、盐并系亭灶、园户卖与贩人，今若一概不行根究来历，深恐无以杜绝私贩之弊，却致侵害官课。今欲乞遵依见行茶、盐专法施行。”诏依户部勘当到事理，如犯，其余榷货并以臣僚所陈施行。从之。（《宋会要》，食货三一·茶法杂录下之3，第6679页）

此条涉及《绍兴令》和《绍兴敕》两类法律，体现“敕”和“令”两种法律的特点。

2.1.17.9 绍兴七年（1137）七月二日，三省言：“《绍兴七年三月二十一日敕》节文：监司、大蕃节镇、知州差初任通判资序以上人，军事州、军、监第二任知县资序以上人。检准《绍兴敕》：‘诸称监司，谓转运、提点刑狱，其提点坑冶铸钱、茶盐、市舶未有该载。’”诏提举坑冶铸钱依监司，茶盐、市舶依军州事已降指挥施行。（《宋会要》，职官四四·市舶司之20，第2413页）

此条涉及一般敕和敕典，且引用了相应条文，反映出一般敕与敕典之间的差异。

2.1.17.10 绍兴七年（1137年）七月二十日，中书门下省言："绍兴七年三月二十一日赦节文：监司、知州见带职并曾任监察御史以上及馆职更不铨量外，监司、大藩、节镇、知州差初任通判资序以上人，军事州、军、监第二任知县资序以上人。检准《绍兴敕》：诸称监司者，谓转运、提点刑狱，其提点坑冶、铸钱、茶盐、市舶，未有该载。"诏提点坑冶铸钱依监司、茶盐市舶依军州事已降指挥施行。（《宋会要》，职官四三·提点坑冶铸钱司之149，第4185页）

比较此条与前一条，会发现两条就是同一条史料，但由于归入的门类不同，在一些方面出现差异。如前条用"三省言"，后条用"中书门下省言"。

2.1.17.11 绍兴十一年（1141年）正月十七日，尚书省检会《绍兴敕》："诸喫菜事魔或夜聚晓散、传习妖教者绞，从者配三千里，妇人千里编管。托幻变术者减一等，皆配千里，妇人五百里编管，情涉不顺者绞。以上不以赦降原减。情理重者奏裁，非传习妖教流三千里。许人捕至，（死）［以］财产备赏，有余没官。其本非徒侣而被诳诱，不曾传授他人者，各减二等。"（《宋会要》，刑法二·禁约二之111，第8343页）

2.1.17.12 绍兴十三年（1143年）八月二十三日，礼部言："臣僚札子，江西州县百姓好讼，教儿童之书有如《四言杂字》之类，皆词诉语，乞付有司禁止。国子监看详：检准《绍兴敕》：'诸聚集生徒教辞讼文书杖一百，许人告。再犯者不以赦前后，邻州编管。从学者各杖八十。'今《四言杂字》皆系教授词讼之书，有犯，合依上条断罪。欲乞行下诸路州军、监司，依条施行。"从之。（《宋会要》，刑法三·诉讼田讼附之26，第8406页）

此条引用到《绍兴敕》中禁止民间私教法律的禁条，成为宋代国家公开禁止民间私授法律的正式立法，也是国家禁止私授法律的最早可见正式立法。

2.1.17.13 淳熙十一年（1184 年）十月二十七日，敕令所看详："臣僚奏：《绍兴敕》节文：'诸因事呼万岁者徒二年，其不因事者杖一百。'《绍兴五年刑部看详》：'乞将因事到官，实负冤（仰）［抑］，官司欲加刑禁，避怕一时锻炼辄呼者，依不因事法。'《乾道敕》于'不因事者杖一百'之下注云：'虽因事到官，实负冤（仰）［抑］，避免刑禁而辄呼者同。'研究前项看详及补注，其于裁酌轻重，切当事情。今《淳熙重定敕》止云'诸辄呼万岁者徒二年'，所有《绍兴敕》及《刑部看详》二项悉皆删（者）［去］，不复区别。乞下敕令所遵用旧法及已看详事理施行。本所今重别参酌改修：'诸辄呼万岁者徒二年，兵级配本城，再犯配五百里。若因怨嫌者，诸军对本人依阶级法，余人对本辖官配本城。其实负冤抑者杖一百。'诏令刑部遍牒。"从之。（《宋会要》，刑法一·格令三之 54，第 8266 页）

此条引用了南宋的三个敕典，分别是《绍兴敕》《乾道敕》《淳熙敕》，从中可以看出三个法典在同一法律上的立法不同。同时，体现宋朝在立法中如何对不同立法进行比较后修订。此外，此条还引用了宋代《看详》类法律，即《绍兴五年刑部看详》。

2.1.18《乾道敕》

2.1.18.1 乾道六年（1170 年）八月二十八日，尚书右仆射虞允文言："昨将《绍兴敕》与《嘉祐敕》及建炎四年十月以后至乾道四年终续降指挥逐一参酌删削，今已成书。《敕》一十二卷，《令》五十卷，《格》三十卷，《式》三十卷，《目录》一百二十二卷，《存留照用指挥》二卷。缮写进呈。乞冠以《乾道重修敕令格式》为名。"诏依，仍自八年正月一日颁行。（《宋会要》，刑法一·格令三之 49，第 8261 页）

2.1.18.2 乾道六年（1170 年）十月十五日，尚书右仆射虞允文言："伏见敕令所见修《乾道新书》，[①] 系将诸处录到续降、指挥计二万二千二百余件，除合删去外，今于旧法有增损元文五百七十四条，

① 《续宋中兴编年资治通鉴》卷八中记载修成的时间是乾道二年（1166 年）六月，因为此书中"六月，《乾道新书》成"。时间与其他记载不同。（刘时举撰，王端来点校：《续宋中兴编年资治通鉴》卷八，中华书局 2014 年版，第 187 页）

带修创立三百六十一条，全删旧文八十三条，《存留指挥》一百二十八件，已成书颁行。欲望明诏诸路，候颁到新书，其间如有疑惑事件，许限两月，各条具申本所，以凭检照元修因依，分明指说行下。”从之。（《宋会要》，刑法一·格令三之49，第8261页）

此次修法共修成：《乾道敕》《乾道令》《乾道格》《乾道式》《存留照用指挥》六个部分。从法律来源看，主要有《绍兴敕》《嘉祐敕》和建炎四年至乾道四年的指挥，其中指挥有22200件。“乾道敕令格式”与“绍兴敕令格式”相比，改修了574条，增加了361条，删除了83条，共修成5400条（见2.1.19.2条）。从此可知，“绍兴敕令格式”共有5000条左右。这里“绍兴敕”是泛指，应是“绍兴敕令格式”。《存留照用指挥》共有128件（2.1.18.2条），乾道修法的最大特点是没有修独立的“申明”，特别是“随敕申明”。

2.1.18.3 淳熙元年（1174年）六月四日，敕令所言：“大辟翻异，后来勘得县狱失实，乞止依乾道敕条科罪；如系故增减情状，合从出入法施行。”从之。《乾道敕》增立：县以杖笞及无罪人作徒、流罪，或以徒、流罪作死罪送州，杖一百；若以杖笞及无罪人作死罪送州者，科徒一年刑名。先是，臣僚言县狱失实，当将官吏一等推坐出入之罪。刑寺谓县狱与州狱刑禁不同，故是看详之。（《宋会要》，刑法四·出入罪之95，第8502页）

2.1.18.4 淳熙四年（1177年）正月三月三日，诏：“淮南、京西人户有产业，如烟爨实及七年以上应举，即许依《贡举法》收试。”兼详定一司敕令单夔言：“《乾道敕》：‘非本土举人往缘边久居或置产业为乡贯者杖一百，押归本贯。’今据庐州条具到《乾道敕》与《贡举法》文意相妨，乞详酌行下，遵守施行。窃详国家立法，务在便民。若民户有愿徙居宽乡者，即合听从其便。况缘边州郡，惟要招集四方人户，置产久居，以壮边势，岂有返行禁止、断罪押归之理？”故有是诏。（《宋会要》，选举一六·发解之20，第5573页）

2.1.19《淳熙敕》

2.1.19.1 淳熙四年（1177年）八月三日，敕令所上《淳熙重修敕令格式》。（《宋会要》，职官四·敕令所之49，第3119页）

2.1.19.2 淳熙四年（1177 年）十一月十一日，参知政事李彦颖等上参考《乾道法》，诏以《淳熙重修敕令格式》为名。先是淳熙二年，臣僚言《乾道新书》尚多抵牾，未免时有申明。至三年六月十一日，诏差户部尚书蔡洸兼详定官，大理少卿吴交如同详定，燕世良、俞澄时暂兼删定官。许于诸处选差通习法令人吏，将《乾道新书》抵牾条令，就敕令所与本所官同共逐一参考刊修。时本所官户部侍郎单夔为详定官，宣教郎张季樗、宣教郎楼钥、承奉郎丁常任、从事郎吴天骥、从事郎周硕为删定官。七月十四日，敕令所言，旧有五千四百余条，昨（条）［修］乾道法日，于内删改创修九百余件。除今来合修改者置册投进外，诏令将今次改定条文逐旋置册进入；其元不动文并别无抵牾条件，不须投进。八月二日，诏六部将乾道五年正月以后应续降冲改条令，限半月开具送敕令所一就删润。（四八年月）［四年八月］三日，诏敕令所将今来修到抵牾条件，于见行乾道法内对定删修，通作一书。至是上之。（《宋会要》，刑法一·格令三之 51，第 8263 页）

此条详述了《淳熙新书》和《乾道新书》的异同及沿袭关系。

（二）敕典篇名

从《宋会要》所存史料看，敕典篇名中被引用到的有 9 篇，分别是：名例、职制、贼盗、斗讼、户婚、厩库、诈伪、杂和断狱，缺少 3 篇名：捕亡、擅兴和卫禁。《宋会要·食货四五·漕运六·纲运令格》下引用有具体“敕”的篇名和内容，是《宋会要》所见具体法律最集中的地方。

2.2.1《名例敕》

2.2.1.1 政和四年（1114 年）七月五日，中书省言：“检会《政和名例敕》：诸律、《刑统》《疏议》及建隆以来赦降与敕令格式兼行，文意相妨者从敕令格式。其一司、[①] 学制、常平、免役、将官、在京通用法之类同。一路、一州、一县有别制者，从别制。其诸处有被受专降指挥，即与一司、一路、一州、一县别制事理一同，亦合各行遵守。”专降指挥缘未有明文该载，诏令刑部申明行下。（《宋会要》，刑法一·格令二之 28，第 8241 页）

---

① 此处“一司”应是衍文，因为后有“一司”，按宋朝法律分类，“一司”与“一路、一州、一县”都属于特定领域法律，在分类上同属一类。

此条《政和名例敕》中明确规定当时法律渊源有律、《刑统》《疏议》、“敕令格式”和“赦书”，说明“律”和“疏议”与《刑统》是并列的法律渊源，在适用上敕令格式具有优先性。这是解决全国性法律，从学制、常平、免役、将官和在京通用在适用上类比为敕令格式看，就是把适用于全国特定性质的法律与全国性敕令格式作为一类。适用于一司、一路、一州和一县的作为“别制”，优先适用于全国性的。对于“专降指挥”，在性质上类比于“一司、一路、一州、一县”的“别制”。宋朝法律适用的基本原则是：特别法优于普通法。

2.2.1.2 嘉定六年（1213 年）二月二十一日，刑部尚书李大性言：“《庆元名例敕》，避亲一法，该载甚明，自可遵守。《庆元断狱令》所称鞫狱与罪人有亲嫌应避者，此法止为断狱设。盖刑狱事重，被差之官稍有亲嫌，便合回避，与铨曹避亲之法不同。昨修纂《吏部总类通用令》，除去《名例敕》内避亲条法，却将《庆元断狱令》鞫狱条收入。以此吏部循习，每遇州县官避亲，及退阙、换阙之际，或引用断狱亲嫌法，抵牾分明。兼《断狱令》引（兼）［嫌］之项，如曾相荐举，亦合回避，使此法在吏部用以避亲，则监司郡守凡荐举之人皆当引去。以此见得止为鞫狱差官，所有昨来以《断狱令》误入《吏部总类》一节，当行改正。照得当来编类之时，吏部元有避嫌条令，却无引嫌名色，故牵引《断狱令》文编入。欲将元参修《吏部总类法》亲嫌门内删去《断狱令》，所有《名例敕》却行编入。”从之。（《宋会要》，刑法一·格令三之 60，第 8272 页）

此条引用的法律篇名有：《庆元名例敕》《庆元断狱令》《吏部总类通用令》《吏部总类法》《断狱令》和《名例敕》。但从行文看，《断狱令》应是《庆元断狱令》的简称，《吏部总类》是《吏部总类法》的简称，《名例敕》是《庆元名例敕》的简称。

2.2.1.3 绍兴三十年（1160 年）十二月十六日，遂宁府奏：“本府依已降指挥升为大藩，照得《绍兴海行名例敕》，未曾于大藩条内修入遂宁府字，乞下敕令所增修，降下遵守。”从之。（《宋会要》，方域七·州县升降废置之 5，第 9405 页）

此条中《绍兴海行名例敕》是《绍兴名例敕》的一种名称。因为宋代“海行”是全国性法律的专用术语。

2.2.1.4《名例敕》：诸称“不以赦降原减”，除缘奸细事或传习妖教、托幻变之术，及故决、盗决江河隄堰，已决外，余犯若遇非次赦，或再遇大礼赦者，听从原免。(《宋会要》，食货四五·漕运五·纲令格之13，第7020页)

此条是对法律中某一概念的法定解释。

2.2.1.5《名例敕》：诸称当行处斩者奏裁，得旨依者，决重杖处死。(《宋会要》，食货四五·漕运五·纲令格之13，第7021页)

2.2.2《贼盗敕》

2.2.2.1 诸博易籴买纲运官物，官船、车、脚板、船具。【駞驮及其器用同，余纲运条称官物者准此】计已分依贸易官物法计利，以盗论加二等，牙保、引领人与同罪，许人告。强者计利，并赃以强盗论。以上再犯，不该配者，邻州编管；罪至死者，减一等，皆配二千里。二十贯，为首者绞；杀伤人者，依本杀伤法。以上运载船车、畜产没官。知情借赁者准此。被强之人不逮告随近官司者，杖六十；因被强而受赃者，以凡盗论。诸以私钱贸易纲运所盘钱监上供钱者，许人捕；诸钱纲押纲人、部纲兵级本船梢工同。以私钱贸易所运钱，虽应计其等，依监主自盗法；罪至死者，减一等配千里，本船军人及和雇人犯者，亦以盗所运官物论。(《宋会要》，食货四五·漕运五·纲令格之12，第7016页)

2.2.2.2 诸窃盗得财，杖六十；四（伯）［百］文，杖七十；四百文加一等；二贯，徒一年，二贯加一等；过，徒三年；三贯加一等；二十贯，配本州。诸强盗得财，徒三年；二贯五百文，流三千里；二贯五伯文，加一等；拾贯，绞即罪至流，皆配千里。诸监临主守自盗，及盗所监临财物，罪至流，配本州，谓非除免者。三十五匹，绞。其运送官钱而自贷罪至流，应配本城至死者，奏裁。诸梢工盗本船所运官物者，依主守法徒罪，勒（克）［充］牵驾，流罪配五百里，本船军人及和雇人盗者，减一等流罪，军人配本州，和雇人不刺面配本城。(《宋会要》，食货四五·漕运五·纲令格之10，第7018页)

此条的内容在“盗贷”门中被分成条编入两次，分别是第一次编入2.2.2.2条中第一条和第三条，第二次是第一条。从中可知，“食货四五·漕运六·纲运令格”所引内容是“事类”法律。

2.2.2.3 诸梢工盗本船所运官物者，依主守法，徒罪勒充牵驾，流罪配五百里。本船军人及和雇人盗者，减一等流罪。军人配本州，和雇人不刺面配本城。同保人受赃，及已分重于知情者，以盗论；非同保知而不纠及受赃者，各减同保人罪一等；受赃满二十贯者，邻州编管。诸于管押官物或受雇立案承领官物人名下私揽运送而盗贷者，依主守法减一等。【展转受雇运送而犯者，亦准此】① 诸巡防守御人于本地分犯盗者，以盗所监临财物论，其盗官物者，从主守法，罪至死，减一等，配千里。【竹木栰团头、水手大下盗本栰官物，梢工盗本船钉板船具者，准此】诸运送官钱而自贷，罪至流应配者，配本城；至死者，奏裁；即受雇立案承领官物而运载者，同主守法。诸盗官船钉板、船具者，加凡盗一等。(《宋会要》，食货四五·漕运五·纲令格之10，第7018页)

2.2.3《斗讼敕》

2.2.3.1 诸纲兵梢每三船为一保，若于本纲侵盗或负载及贩私有榷货并藏匿盗及逃亡兵级者，犯人虽于法不许捕者，亦许人捕。同保知而不纠，依伍保有犯律，杖罪笞三十；不知情，各减三等。部纲兵级不知情，减保人罪一等。不觉盗罪重者，依本法。即因保人告获犯人者，应连坐人不觉之罪并免。罪一等，不觉盗罪重者，依本法。诸纲运兵级违犯，押纲人杖一百，刺面人违犯本辖官，徒一年；詈者各徒二年，殴者各加二等，配五（伯）［佰］里，情重者奏裁，殴命官致折伤者，当行处斩。诸长行权充部纲兵级，而本辖兵梢违犯者，减阶级法一等。诸纲运和雇人违犯押纲命官，杖一（伯）［佰］，詈者徒一年，余押纲人杖八十，詈者杖一百，殴者各徒二年，即殴命官致折伤者，徒三年，配五（伯）［佰］里。诸纲运人告押纲人侵盗或拌和官物、贩私有榷货、谋杀人若妄破程限及干己事，听受理，余犯流以下罪，虽于法许告捕，亦依事不干己法。(《宋会要》，食货四五·

① 本书中用“【】”符号括在里面的内容是所引法律条文原文中的小注部分。

漕运五·纲令格之13，第7020页）

2.2.3.2 诸军厢都指挥使至长行一阶一级，全归伏事之仪，【虽非本辖，但临时差管辖，亦是】敢有违犯者，上军当行处斩，下军及厢军徒三年，下军配千里，厢军配五（伯）［百］里，即因应对举止偶致违忤，谓情非故有陵犯者。各减二等，上军配五（伯）［百］里，死罪会降者配准此。下军及军厢配邻州。以上禁军应配者，配本城。诸事不干己辄论告者，杖一百，进状徒二年，并令众三日。诸军论告本辖人，仍降配，所告之事各不得受理。告二事以上，听理应告之事，其不干己之罪仍坐。诸军告本辖人再犯、余三犯各情重者，徒二年，配邻州本城。（《宋会要》，食货四五·漕运五·纲令格之13，第7021页）

上面两条出自《食货四五·漕运五·纲运令格》，2.2.3.1条引用了5条；2.2.3.2条引用了4条，两条材料共引用了9条原文。

2.2.4《职制敕》

2.2.4.1 皇祐二年（1050年）三月二十六日，广南东路提点刑狱席平言："准敕《职制》条：'每（州）旬具本州及外县禁系，并随衙门留、保管出外人数，开坐犯由、禁日，次第供提刑点检。'又《断狱》条：'诸县每旬具禁数、犯囚断遣刑名、月日申州点检。如可断不断，小事虚禁，淹延不实，并令举劾，更不开坐诸县人数。'窃详二条，职制则具州县禁数，断狱则不开人数，未委如何遵守。"诏付法寺，法寺言："欲依景德四年、景祐四年敕，'每旬具本州'字下去'外县'字，余如旧条施行。"从之。（《宋会要》，刑法六·禁囚56，第8561页）

此条引用到《职制敕》和《断狱敕》两篇的条文。且文中"准敕《职制》条"应是"准《职制敕》条"才对。《断狱》条应缺"敕"字，即《断狱敕》。当然，称《职制》《断狱》是一种简称。

2.2.4.2 政和三年（1121年）十月四日，尚书省言："检会宣德郎黄唐傅札子：'今州县官每遇监司巡按，往往假托他事，远候于数里之外；巡尉仍以警盗为名，部领甲仗，交会境上，习以为常。乞申严禁令。'今拟下条：诸发运监司所至，其州县在任官辄出城迎送

【以职事为名件者同】若受之者，各徒二年，并不以失及去官、赦降原减。右入《政和职制敕》，系创立冲改，《政和职制敕》发运监司预宴会条内在任官出城迎送一节不行。诸般运监司预妓乐宴会，自用或作名目邂逅使令及过茶汤之类同。在路受排顿或受迎送，般担人(般)［数］及带公人、兵级过数，若为系公之人差借人马者，各徒二年。即赴所部及寄居官用家妓乐宴会者加二等，不应赴酒食而辄赴，及受所至在任官、诸色人早晚衙并诸色人出城迎送者杖八十。近城安（洎）［泊］，因公事往彼会议者，并不以失及去官、赦降原减。其辖下官司各减犯人三等。右入《政和职制敕》，以《职制敕》详定冲改，元条不行。"从之。(《宋会要》，职官四二·发运使38，第4090页)

此条是尚书省提出对《职制敕》条文的具体修改意见。

2.2.4.3 建中靖国元年（1101年）三月二十七日，中书省、尚书省检会《元符职制敕》：马递铺使臣私役所辖兵级、铺夫，罪轻者徒二年，不以赦降原减。看详：元祐以前编敕，并无遇赦降不与原减(不)［之］法，乞止科徒二年罪。从之。(《宋会要》，方域一〇·驿传杂录·急递铺26，第9476页)

"看详"是宋代立法中的专用术语，意对立法的依据和理由进行的说明。在神宗朝后，看详慢慢成为一种法律形式，在整个法律渊源中具有法渊效力。

2.2.4.4 绍兴十九年（1149年）四月十一日，刑部言："修立下条：诸急脚、马递铺曹司逃亡事故阙，限一日申州，本州日下差拨。又阙，听权差厢军，候招到人替回。右入《绍兴重修军令》。诸急脚、马递铺曹司缺，不依限申州及本州差拨无故违限者，干系官吏各徒一年。十日以上加二等。诸处巡辖使臣以支取粪土钱为名，于铺兵名下减刻请给、率敛财物者，以乞取监临财物论，仍许被减镦率敛铺兵越诉。通判、令、佐失察，杖六十。右并入《绍兴重修职制敕》。如得允当，即乞申严，遍牒诸路施行。"诏依，仍先次施行。初诏黄敏行权兵部郎官措置诸路递角，至是敏行有请，故立此条。(《宋会要》，方域一一·急递铺10，第9495页)

此条说明《绍兴令》中有“军令”篇。

2.2.4.5 诸押纲人及部纲兵级并本船梢工以和雇人工食钱于官司行用者，减凡盗三等坐之。官司受财满五贯者，徒二年；不满五贯，杖一百。【受财枉法之类计赃重者，自依本法】诸排岸催纲司桥堰，应沿河地分公人、兵级受乞纲运人财物，计赃一贯，公人勒停，兵级降配；罪至徒，公人不刺面配本城，兵级配邻州。(《宋会要》，食货四五·漕运五·纲令格之11，第7020页)

2.2.4.6 诸在官无故亡，擅去官守，亦同亡法。计日轻者徒二年，有规避或致废阙者加二等。(《宋会要》，食货四五·漕运五·纲令格之13，第7022页)

2.2.5《户婚敕》

2.2.5.1 宣和三年（1121年）七月二十四日，京西北路提点刑狱司奏：“切详职田租课给受封桩，俱有成宪。迩来州县玩习为常，遇在任官省员废并，或阙正官，其职租钱物应入封桩者，多不申报提点刑狱司检察拘收。或以见任官应得职田偶阙地田未标拨到，便行将前件应封桩之物支充。在法虽有擅支借科徒二年之罪，缘上件钱物未拘收作朝廷封桩间，若有侵支，切虑难以便行引用，伏望立法禁止。”尚书省检会，今据修下条：诸职田收到租课应充朝廷封桩钱物者，州限十日具数申提点刑狱司检察拘收。入《政和田令》。诸职田收到租课应充朝廷封桩钱物，不依限申提点刑狱司检察拘收者，杖八十；未拘收封桩而辄支借，加二等。入《政和户婚敕》。从之。(《宋会要》，职官五八·职田之21，第4625页)

此条说明《政和令》中有“田令”篇，《政和敕》中有“户婚敕”篇。从所修订的两条法律可以看出《政和敕》和《政和令》在同一性质的法律上是如何分工，“敕”是定罪量刑，“令”是设制立范。

2.2.5.2 徽宗建中靖国元年（1101年）正月十日，中书省言：“《元符户婚敕》：‘诸臣僚丁忧或亡殁，应借舍宇，而辄以人户见赁屋借之者，以违制论。即本家辄出赁所借屋者，准此。所入赁直，计赃重者坐赃论。’看详：官员丁忧亡殁借官舍之意，盖为恩恤近上臣僚及亡殁之家。若计赁直，赃重仍坐赃论，甚失朝廷优异近臣之意。况今因有许借空闲官舍居止之文，若将出赁，或以非空闲官舍借者，已自有罪，上条合行删去，更不用。”从之。（《宋会要》，刑法一·格令一之，第8232页）

2.2.6《厩库敕》《成都府利州西路并提举茶事司敕》

2.2.6.1 元符二年（1099年）三月二十七日，户、刑部状："修立到下条：诸茶场监官同监官、专秤、库子亲戚，不得开置茶铺，违者杖八十。许人告，赏钱三十贯。上条合入《成都府利州西路并提举茶事司敕》，系创立。诸提举管干茶盐官并吏人、书手、贴司及卖盐场监官、专秤、库子亲戚辄开茶盐铺，及扑认额数出卖，若于官场买贩者，各杖一百。许人告，赏钱三十贯文。上条合入《厩库敕》。”从之。（《宋会要》，食货三〇·茶法杂录上之34，第6671页）

此史料涉及地方性法律，即《成都府利州西路并提举茶事司敕》。

2.2.6.2 诸起发上京钱物管押人侵盗移易入己者，不以自首原免。（《宋会要》，食货四五·漕运五·纲令格之11，第7019页）

2.2.6.3 诸私貣贷官物而以物质当，或有簿籍及抄领曾经官司判押者，并同有文记法，即仓库簿历及般运交请文凭，或私自抄上簿籍单状之类，并不为（大）［文］记。诸监主以官物私自贷，虽有还意而不还，或偿不足者，计所少之数，不以赦降原减。因首告减等及保人偿足者，非。（《宋会要》，食货四五·漕运五·纲令格之12，第7020页）

2.2.6.4 诸粮纲少欠，于折会借纳外，梢工计本船欠一厘，笞三十，一厘加一等。元装千石以上船，半厘加一等，并至四厘止，四厘外计赃，重者准盗论。于见欠处估价。至罪止者，配邻州。（《宋会要》，食货四五·漕运五·纲令格之12，第7020页）

在“食货四五·漕运五”中共有3条史料引用到《厩库敕》，共有3条法律。

2.2.7《杂敕》

2.2.7.1 政和三年（1113 年）十二月十二日，臣僚言："伏（有）［命］立法禁止，或限定数目，如圭田之制。令监司（当）［常］切觉察，按劾施行。"诏令尚书省立法。今拟修下条：诸在任官以廨宇外官地、园池之类【谓共属本县厅收地利者】营种辄收利，徒二年。或虽应收地利而私役公人者，加本罪一等。上条合入《政和杂敕》。从之。（《宋会要》，方域四·官廨之 16，第 9337 页）

2.2.7.2 诸押纲人、部纲兵级、梢工失觉察，盗易欺隐本纲及本船官物，事虽已发而能自获犯人者，除其罪。二人以上同犯，但获一名亦是。诸纲兵级和雇人同。博易本船官物，罪至徒；杖罪两火同。地分催纲、排岸巡检、县尉司干系人失觉察者，杖一（伯）［佰］，命官减二等。三十日内能获犯人者，不坐；二人以上获一名，亦准此。诸路年额及上供粮纲兵级，和雇人同。若博易粜买之者，其所犯并破赃地分催纲、排岸、巡检、县尉及捕盗人，村保、地分铺头同。故纵者减犯人罪一等。受赃重者亦从重。诸差雇运送官物，而收贮他物欲拌和者，以收贮物数计所欲拌和官物价，准盗论，许人捕；已拌和者，入水及以透堵腐烂拌和者同，下条准此。计亏官价，依主守自盗法，至死者减一等，配二千里以上；赃轻者杖一百。诸不觉本纲人以他物拌和所运官物者，部纲兵级杖七十，计所亏官价，一分杖八十，一分加一等，罪止杖一百。押纲人减部纲兵级罪二等，部纲兵级及五分，或一年内两犯至罪止者，降一资，长行充部纲兵级者，勒充别纲牵驾。诸盐粮纲封印有损动者，梢工杖八十，篙手减一等。（《宋会要》，食货四五·漕运五·纲令格之 9，第 7017 页）

此条引用了《杂敕》中 6 条原文。

2.2.7.2 诸纲运不觉盗所运官物，梢工依主守不觉盗律，罪轻者减盗，重者罪五等，【虽持杖，亦从不持杖窃盗减】徒罪勒充本纲牵驾，部纲兵级减梢工一等。其不觉本纲人盗所运官物，部纲兵级罪至杖一百，差替仍勒充重役三年。即故纵罪至死者，减一等配千里。诸押纲人、部纲兵级不觉本纲人盗所运官物，梢工不觉本船人盗所运官物同。虽自觉举，至下卸毕，犯人犹不获，不得原罪。若本纲及船更有欠，即以被盗物并为欠数科之，仍不倍。并不加重，止科不觉罪。获盗应免罪者，所盗物不理为欠。诸押纲、部纲兵级、梢工失觉察盗易欺隐本纲及本船官物，事虽已发而能自获犯人者，除其罪。二人以上同犯，但获一名，亦是。诸纲兵级和雇人同。盗本船官物，罪至徒，杖罪两大同。地分催纲、排岸、巡检、县尉司干系人失觉察者，杖一（伯）[百]，命官减二等。三十日内能获犯人者，不坐；二人以上获一名，亦准此。诸路年额及上供粮纲兵级和雇人同盗所运官物者，其所犯并破赃分催纲、排岸、巡检县尉及捕盗人，村保地分铺头同。故纵者减犯人罪一等。受赃重者自从重。诸香药并市舶司物货纲缘路侵盗或货易，而地分人若催纲官司失觉者，杖六十。（《宋会要》，食货四五·漕运五·纲令格之11，第7019页）

此处引用了《杂敕》原文中五条。

2.2.7.3 诸权差主驾纲船人有犯，依梢工法。诸平河全沈失粮船，梢工徒三年，篙子减一等，部纲兵级杖六十，押纲人减二等。【余条有部纲兵级罪名而不言押纲人者，准此减之】每收救一分，各减一等。诸纲船军人，岁终，所至官司驱磨在纲逃、死及四分，不满十人一名当一分。部纲兵级杖八十，押纲人减二等；再犯者，押纲人展磨勘一年；【磨勘年限不同者，准使臣五年为法比折展之】无磨勘者，准前科罪；部纲兵级差替，勒充重役。诸押纲人无故离本纲空船纲非。经时者，杖一百；虽有故而经三时者，罪亦如之，各不在觉举自首之例。诸押纲人疾病，纲虽空而擅杂者，依擅去官守法。【年月虽满，不候替人交割，准此】诸部纲兵级犯罪应降长行者，若元系长行，勒充别纲牵驾。诸押纲人犯罪或违程、抛欠，应批书印纸而收匿以避批书者，杖一百。诸兵梢、部纲兵级凭借事势，于官私船栰乞取财物者，杖一（伯）[百]；计赃一贯，移配五百里重役处。诸官船兵梢、部纲兵级，于所载命官家属同。乞借财物者，杖八十，差替。（《宋会要》，食货四五·漕运五·纲令格之12，第7020—7021页）

此处引《杂敕》原文5条。

2.2.8《诈伪敕》

2.2.8.1 绍兴二年（1132 年）闰四月二十四日，详定一司敕令所言："今参酌《绍兴法》，拟修下条：'诸未受戒僧尼遇圣节，执度牒僧司验讫，本州出戒牒，并以度牒六念连粘用印，仍于度牒内注给戒牒年月日，印押给讫，申尚书礼部。诸僧道岁当供帐，官司前期取度牒验讫，听供帐。候申帐到州，州委职官一员取度牒对帐验寔，申发所属。其行游在外者，所在官司于度牒后连纸批书所给公凭。'右并入《绍兴道释令》，以绍兴二年二月十八日尚书省批状详定，冲改本条不行。'诸僧尼遇开坛受戒及供僧道帐，若度牒有伪冒，失于验认，并帐不寔，经历官司杖一百，所供官减一等。'右入《绍兴诈伪敕》，以绍兴二年二月十八日尚书省批状详定，系创立。"诏仍先以施行。先是，吉州天宁节开坛受戒，有僧伪作度牒，守臣徐宇有请，故至是立法。(《宋会要》，道释二·开坛受戒之 2，第 9996 页)

此条说明《绍兴令》中有《道释令》。此处是对道释类法律的修订，属于宗教管理法。

2.2.8.2 宣和二年（1120 年）十二月十二日……尚书省看详："伪造度牒除造官印外，伪度牒自合依伪印罪赏条法。至于降样造纸，监视印给，各有关防。其伪造度牒印板印伪度牒，及书填官司不检察者，理当专立严禁令。拟修下条：诸伪造度牒印板徒二年，已印者加一等，【谓印成牒身而无印者】并许人告。诸伪造度牒而书填官司不检察者徒一年。右入《政和诈伪敕》。告获伪造度牒印板，赏钱一百贯，【印成牒身而无印者加五十贯】。(石)［右］入《政和赏格》。"从之。(《宋会要》，职官一三·祠部之 26，第 3383 页)

此条说明《政和格》中"赏格"已经纳入格典中，作为独立的篇名。此条为立法的具体内容。

2.2.8.3 诸伪造封纲船堵面印，论如余印律；已行用者，不刺面，配本城，兵级配邻州。许人告。(《宋会要》，食货四五·漕运六之 9，第 4017 页)

2.2.8.4 诸押纲人任满，妄称该赏或再押，并所属官司知情而为

保明供申及批书印纸，虽会典原免，并奏裁。(《宋会要》，食货四五·漕运五·纲令格之13，第7022页)

2.2.9《断狱敕》

2.2.9.1 诸募押纲运官，见任官差押纲同。因本纲事连坐，部纲兵级罪至降资及降充长行，或于本纲有犯，至罪止，而情理重者奏裁。其欠损官物非侵盗，能于百日内纳足者，除其罪，仍不理为欠折。诸差押纲使臣于本纲犯罪者，去官不免。诸部纲兵级应勒降，虽会恩，不免，不觉监者非。诸押纲人罚俸半月，应加一等者，罚一月；又加一等，笞四十。其应减等准此。诸纲运兵级运雇到火夫同。犯笞罪，【谓于本纲运有犯者】听押纲人行决；过十下者，论如前人不合捶考律；以故致死，或因公事殴至折伤以上者，并奏裁。(《宋会要》，食货四五·漕运五·纲令格之12，第7021页)

此处共引《断狱敕》中原文3条。

(三) 其他事类敕

2.3.1《农田敕》

2.3.1.1 景德三年（1006年）正月七日，右谏议大夫、权三司使丁谓上《景德农田编敕》五卷，诏颁行。先是诏谓与户部副使(仅)［崔］端、度支员外郎崔旴、盐铁判官乐黄目、张若谷、户部判官王曾取《条贯户税敕文》及四方所陈农田利害事同删定，至是书成。旴前任度支判官，尝同编集，故亦预焉。(《宋会要》，刑法一·格令一之3，第8213页)

2.3.1.2 大中祥符二年（1009年）五月九日，三司度支判官曹谷言："内外群臣上封者众，多务更改宣敕，徒成烦扰。欲望自今言钱谷者先检会三司前后编敕，议刑名者引律令格式、《刑统》、诏条，论户税者须按《农田敕》文，定制度者并依典礼故事。各于章疏具言前后宣敕未曾条贯；如已有条贯，即明言虽有某年敕令，今来未合便宜，方许通接。"从之。(《宋会要》，仪制七·章奏之20，第2431页)

此为仁宗朝对法律适用依据的规定。这里指出"议刑名"时适用的法律依据是律令格式、诏条、刑统；户税是《农田敕》；“定制度”是“典礼故事”。这里规定了国家法律适用中的不同渊源，更为重要的是这让《开元礼》《唐六典》在宋代国家制度礼仪创制中成为直接渊源。

此条中“道”实仍是“条”的同义词。

2.3.1.3 天禧四年（1020年）正月，诏：“改诸路提点刑狱为劝农使、副，兼提点刑狱公事，所至取州县民版籍，视其等第税科，有不如式者惩之。劝恤耕垦，招集逃亡，检括陷税，凡隶农田事并令管勾。仍各赐《农田敕》一部，常使遵守。”（《宋会要》，职官四二·劝农使之3，第4071页）

2.3.1.4 天禧四年（1020年）四月，利州路转运使李昉上言：“近见敕命，就差提点刑狱官充劝农使，以见国家务农之道。臣三纪外任，每见州县之民，多不谙会播种，览《四时纂要》《齐民要术》并是古书，备陈耕耨栽植之法。又见先降《农田敕》，条贯甚精，盖止约于刑禁，显诸程式。复置常平仓，亦虑其乏绝。今请取此二书雕印，颁付诸路劝农司，委转运、劝农使副每遇巡历州县，常加提举劝农。”诏令馆阁校勘雕印，赐与诸处。（《宋会要》，食货一·农田杂录之19，第5949页）

此条中对《农田敕》内容进行了总结，包含有“约于刑禁，显诸程式”。说明《农田敕》在内容上为设制立范和定罪正刑的结合。与此时没有对“敕”进行严格界定为“定罪量刑”的刑法是一致的。

2.3.1.5 乾兴元年（1022年）十二月，三司言：……“准《农田敕》：‘应乡村有庄田物力者，多苟免差徭，虚报逃移，与形势户同情启幸，却于名下作客，影庇差徭，全种自己田产。今与一月自首放罪，限满不首，许人告论，依法断遣、支赏。’又准《天禧四年敕》：‘应以田产虚立契典，典卖于形势、豪强户下隐庇差役者，与限百日，经官首罪，改正户名。限满不首，许人陈告，命官、使臣除名，公人、百姓决配。’今准臣僚奏请，众官定夺：欲应臣僚不以见任、罢任，所置庄田，定三十顷为限，衙前将吏合免户役者，定十五顷为限。所典买田，只得于一州之内。典买数目，如有祖父迁葬，若令随庄卜葬，必恐别无茔地选择方所，今除前所定顷数，许更置坟地，五顷为限。如经条贯后辄敢违犯，许人陈告，命官、使臣科违制罪，公人永不收充职役，田产给告事人。若地有崖岭不通步量、刀耕火种之处，所定顷亩，委逐路转运使别为条制，具诣实申奏。又按《农田敕》：'买置及析居、归业、佃逃户未并入本户者，各出户帖供输。'今臣僚所请，并须割入一户下。今欲申明旧敕，令于逐县门粉壁晓示人户，与限百日，许令陈首改正。限满不首及今后更敢违犯，许人陈告。如公然作弊，显是影占他人差役，所犯人严断，仍据欺弊田三分给一与告事人充赏。"并从之。(《宋会要》，食货一·农田杂录之21，经5951页)

此处共引3条《农田敕》的原文，可以窥见其内容。这里所引内容按神宗分类，分属于"敕""格"类法律。

2.3.1.6 天圣元年（1023年）二月，江南东路劝农使宋可观言："《农田敕》：'人户逃移，令、佐（书）[画]时下乡检踏庄田，或先将桑土典卖与人，未曾割税，及割税不尽者，实时改正。'今详此敕，止是条贯未逃已前典卖割税，今请应将土地立年限，出典与人。其受典人供输不前而逃者，所抛税物，不计年限已未满，并勒元主供输，既绝启幸，又免漏税。"事下三司。三司检会："《农田敕》：'卖田土未及五年，其买人不因灾伤逃者，勒元主认税。其卖人五年内不因灾伤逃者，户下所抛税数，却勒买人承认。若五年已上，依例检阁。'"(《宋会要》，食货六一·民产杂录之57，第7464页)

此处共引《农田敕》中3条原文，内容按分类属于"令"类。

2.3.1.7 天圣三年（1025年）七月，京西路劝农使言……三司检会："《农田敕》：'应逐县夏秋税版簿，并先桩本县元额管纳户口、税物、都数，次开说见纳、见逃数及逐村甲名税数，官典勘对，送本州请印讫，更令本州官勘对，朱凿勘同官典姓名、书字结罪，勒勾院点勘。如无差伪，使州印讫，付本县收掌勾销。'今请依所乞，造置簿印施行。"从之。(《宋会要》，食货一一·版籍之13，第6217页)

此处引《农田敕》原文1条，内容按分类看属于"令"类。

2.3.1.8 天圣六年（1028年）八月，审刑院、大理寺言："枢密副使姜遵言：前知永兴军，切见陕西诸州县豪富之家多务侵并穷民庄宅，惟以债负累积，立作倚当文凭，不踰年载之间，早已本利停对，便收折所倚物业为主。纵有披诉，又缘《农田敕》内许令倚当，官中须从私约处分。欲乞应诸处人户田宅凡有交关，并须正行典卖，明立契书，实时交割钱业，更不得立定月利，倚当取钱。所贵稍抑富民，渐苏疲俗。其自来将庄宅行利倚当未及倍利者，许令经官申理，只将元钱收赎，利钱更不治问。如日前已将所倚产业折过，不曾争理，更不施行。寺司众官参详，乞依所请施行，只冲改《农田敕》内许倚当田土宅舍条贯，更不行用。”并从之。(《宋会要》，食货三七·市易之12，第6811页)

2.3.2《一司一务敕》

2.3.2.1 天禧四年（1020年）十一月十七日，宰臣李迪上《删定一司一务[①]编敕》三十卷。赐器币有差。(《宋会要》，刑法一·格令一之4，第8214页)

2.3.2.2 明道二年（1033年）八月二十七日，权判吏部流内铨丁度言：“诸司见管《一司一务编敕》，先于天禧年差官编修行用，后来续降敕望差两制以上臣僚管勾看详删定。”诏翰林学士（张）[章]得象、知制诰郑向编定闻奏。(《宋会要》，刑法一·格令一之5，第8216页)

2.3.2.3 景祐二年（1035年）六月二十四日，翰林学士承旨章得象上《一司一务编敕》并《目录》四十四卷，诏崇文院抄写颁行。先是诏以大中祥符八（月）[年]止明道二年所降宣敕，命判大理寺司徒昌运、判刑部李逊与得象等同删定。(《宋会要》，刑法一·格令一之5，第8216页)

2.3.2.4 熙宁六年（1073年）九月四日，以翰林学士曾布、权御史中丞邓绾、司勋员外郎崔台符同详定《一路一州一县一司一务敕》。绾降黜，权御史中丞邓润甫代之。(《宋会要》，刑法一·格令一之9，第8220页)

---

① 赵昇在《朝野类要》卷四中对“一司”的解释是：“在京内外百司及在外诸帅抚监司财赋兵马去处，皆有一司条法。如安抚司法许便宜施行之类是也”。(第81页)

从此条看，北宋时“一路一州一县”和“一司一务”是分别作为特定部门和区域的法律，在性质上归为一类。这些说明宋代在立法上，区域和部门上十分发达。

2.3.3《一州一县敕》

2.3.3.1 天禧四年（1020 年）二月九日，参知政事李迪等上《一州一县新编敕》五十卷。先是元年七月，诏迪与翰林学士盛度、知制诰吕夷简、审刑院详〔议〕官尚霖、司徒昌运同详定，至是上之，并加阶勋。（《宋会要》，刑法一·格令一之 4，第 8214 页）

2.3.3.2 庆历八年（1048 年）十一月二十五日，命观文殿学士丁度、翰林学士钱明逸、翰林侍读学士张锡同详定《一州一县编敕》，集贤校理田谅、馆阁校勘贾章同删定。（《宋会要》，刑法一·格令一之 6，第 8216 页）

2.3.3.3 熙宁四年（1071 年）十二月十三日，侍御史知杂邓绾言：“《海行编敕》，逐官删定将毕。所有《诸路一州一县敕》自庆历年删修，行用已久，欲望再行取索，重别论次，接续删定。”从之。（《宋会要》，刑法一·格令一之 8，第 8220 页）

2.3.4《将官敕》

2.3.4.1 元祐元年（1086 年）十一月六日，枢密院言：“诸路将兵那移赴阙人处，合依旨申枢密院外，若本处用旧条例差使，即不须申。其《元丰将官敕》《军防令》‘差讫申枢密院’一节欲删去。”从之。（《宋会要》，刑法一·格令一之 14，第 8227 页）

从此条看，《将官敕》和《军防令》在宋神宗元丰年间就已经制定。

2.3.4.2 大观四年（1110 年）闰八月十日，臣僚言：“勘会自来宣发出戍将兵，每二千里外支借两月钱粮，三千里外借三月钱粮，盖所降宣命，系驻札近而戍守远。若今后宣发将兵，如驻札远而戍守近，或驻札近而戍守远，其借请恐合并从远支借。自来未有明文。又契勘自来起发将兵，州军阙少衣粮钱物之类，并移申本路转运司下有处州军支移，其阙物州军差衙前往彼般取，至有往复迟延，应用不及，致有阙误。若不立法，窃虑今后紊烦朝廷。今检会《元符令》：诸军差出五百里以上，许借请受一月，千里以上两月，三千里以上三月。诸借兑钱物应支地里脚钱者，借兑官司出备。《崇宁将官敕》：诸军差出五百里以上，具人数、地里报州县借支请受。看详：除借兑钱物自合依条令借兑、州军出备脚乘外，其转运司行下诸州借兑钱物，多不契勘的实有物州军，致展转般运，虚费脚乘，使军兵有违起发日限，显属未便。今增修下条：诸军差出五百里以上人数、地里报州县借支请受，其一将下人兵住营在两州以上者，以地里远处为限，一等支借。”【谓如京东第二将人兵，系京南谷熟徐州住营，若差发赴陕西，以徐州计地里之类】诏依修定例条施行。（《宋会要》，兵五·屯戍之14，第8706页）

此处共引《元符令》《将官敕》，同时还有立法建议，从内容上看都属于军事法律。

2.3.4.3 政和四年（1114年）六月六日，翰林学士王甫等奏措置事件：“勘会尚书司勋依《官制格目》，系掌赐勋、定赏、覆有法酬奖。内《一司一路》所载酬奖，自来唯据所属检引条法审覆推赏。谓如招隶将禁军专委将副招填，系在《将官敕》内，付之诸路，不曾颁降到部之类。本部并无编录条格，每有关申到该赏之人，类皆旋行取会所引法令有无冲改及系与不系见行，非惟迂枉留滞，设或官司检引差误，以至隐漏，故作欺弊，既无条法遵执，显见无以检察。今措置欲乞令本部行下所属，将《一司一路条制》参照。内有系干酬奖条格，节录成册，委官点对无差误，申送赴部编录照用。遇有续降更改，依此关申施行。”从之。（《宋会要》，职官一〇·司勋部之2，第3281页）

此条中《一司一路》是专指《一司一路敕》，是同一法律名称。此外，在当时还称为《一司一路条制》。

2.3.4.4 宣和三年（1121年）六月十一日，知婺州杨应诚奏：“凡屯戍将兵，须隶守臣，使兵民之任归一，则号令不二，然后可以立事。”诏从之。续有旨：“屯戍将兵所隶，自合遵依《将官敕》条，所降隶守臣指挥，更不施行。”（《宋会要》，兵五·屯戍之14，

第 8707 页）

2.3.5《在京编敕》

2.3.5.1 绍兴五年（1135 年）十月十九日，皇城司言："今省记下条：开封府《重定在京编敕》：一、皇城内不系存留灯火之处，辄存留者徒二年，因而遗漏者当行处斩。本处当番监官、干系专副、防人员、兵级并同房宿人知而不禁，及至遗漏者，与同罪，不知者各减三等。即虽下番，知而不禁者，亦减当番罪一等，不知者不坐。虽非地分，皆听纠举，知而不纠者亦行严断。其本处当番监官、干系专副、巡防人员、兵级并同房宿人显然违慢，不切防戒，致遗漏者，虽不知存畏因依，亦与犯人同罪。以上并不分首从。一、皇城内应系合留灯火之处，并须严切防戒，或有遗漏，本犯当行处斩，其本处监官、干系专副巡防人员、兵级并同房宿人显然违慢，不切防戒，致遗漏者，虽不知存畏因依，亦与犯人同罪。以上并不分首从。一、皇城内应系合留灯火之处，并须严切防戒，或有遗漏，本犯当行处斩。其本处监官、干系专副、巡防人员、兵级上番者，亦当极断。内有显然违慢，不切防戒，致遗漏者，与犯人同罪。以上并不分首从。"从之。（《宋会要》，职官三四·左右侍禁之 36，第 3868 页）

此处共引 3 条《在京编敕》原文，可知宋代针对京城有专门的立法。

2.3.6《三司敕》

2.3.6.1 咸平二年（999 年）七月三十日，户部使、右谏议大夫索湘上《三司删定编敕》六卷，诏颁行。先是诏湘与盐铁使陈恕、度支使张雍、三部判官取三司咸平二年三月以前逐部宣敕，分二十四案为"门"删定，至是上之。（《宋会要》，刑法一·格令一之 2，第 8213 页）

从此条可知，《咸平三司敕》是按"二十四案"分"门"编撰，"二十四案"是三司下的二十四个具体事务部门。北宋时期"二十四案"是：兵刑案、胄案、铁案、商税案、茶案、课盐案、末盐案、设案、赏给案、钱案、发运案、百官案、斛米案、粮料案、骑案、夏科案、秋税案、东上供案、西上供案、修造案、竹木案、曲案、衣粮案、仓案。其中，盐铁部分掌六案，度支部分掌十四案，户部分掌四案。这是中国古代立法体例中以机构为分类和命名的特殊体例。

2.3.6.2 景德二年（1005 年）九月十六日，三司上《新编敕》十五卷，请雕印颁行，从之。（《宋会要》，刑法一・格令之3，第8213 页）

2.3.6.3 景德二年（1005 年）十月九日，三司盐铁副使林特上《三司新编敕》三十卷，诏依奏施行。（《宋会要》，刑法一・格令之3，第 8213 页）

上面两条记载的卷数差异较大，有可能虽是《三司敕》，但这仅是一个总称，下面分属于不同的机构，即两部编成的法律属于不同机构的法律。

2.3.6.4 大中祥符九年（1016 年）九月二十一日……又以《三司编敕》条目烦重，亦令彭（言）［年］等重详定增损。至是上之，彭年而下各加阶勋。（《宋会要》，刑法一・格令一之4，第 8214 页）

2.3.6.5 天禧元年（1017 年）六月七日，编敕所上《条贯在京及三司敕》共十二卷，诏颁行。（《宋会要》，刑法一・格令一之4，第 8214 页）

此条中"条贯在京"从名称上看应存在颠倒，应是"在京条贯"之误。

2.3.6.6 熙宁三年（1070 年）十二月二十四日，命宰臣王安石提举编修《三司令式并敕文》《诸司库务岁计条例》。翰林学士元绛、权三司使公事李肃之、权发遣三司盐铁副使傅尧〔俞〕、权三司户部副使张景宪、三司度支副使王靖、李寿朋、集贤校理陈绎同详定，右赞大夫吕嘉问、光禄寺丞杨蟠、崇文院校书唐（炯）［垧］、试祕省校书郎乔执中、许州观察推官王觌、著作佐郎李深、张端、赵蕴、周直儒、均州军事判官孙亶并充删定官。（《宋会要》，刑法一・格令一之8，第 8219 页）

此条记载神宗熙宁三年重修《三司敕令式》和《诸司库务岁计条

例》。在三司法律编撰上开始分为敕、令、式三种独立类别，改变以前统称为“敕”的编撰体例。

2. 3. 6. 7 熙宁五年（1072 年）十一月，右正言、知制诰、直学士院、看详编修中书条例曾布言：“……令诸州军依皇祐二年周湛未起请拆发收附条贯已前体例，各造钱帛粮草新收单状一本赴三司，并依《嘉祐三司编敕》内勘凿收帐条法施行，如此则钱帛粮草文帐比拆发收附诸州军各减一半纸札。兼其余帐目并减头连收附，文状大段简省，三司诸案、诸司亦无此繁冗文字。复又将收帐并新单状勘凿官物，各见归着，可以绝杜欺弊。又缘逐司前行身分例各日有生事急速文字，难以专一点检帐目，必虑趁办不前”。(《宋会要》，职官五·都磨勘司之 30，第 3134—3136 页)

2. 3. 7《宫学敕》

2. 3. 7. 1 崇宁四年（1105 年）四月十二日，知西京外宗正事仲忽言：“无官宗室多是少孤失教，自恃赎罚之外无以加责，故犯非礼。乞所管宗室或有恣横不遵教约者，听比附《崇宁宫学敕》行夏楚。苟败群不悛，及不（负）[服] 夏楚者，则许奏劾，押赴大宗正司，下本宫尊长羁管。”从之。(《宋会要》，帝系五·宗室杂之 19，第 313 页)

宋代有专门针对皇族的大量立法，这里所引的应是宫廷皇族教育立法。

2. 3. 8《在京通用敕》《刑部敕》

2. 3. 8. 1 熙宁十年（1077 年）十二月六日，详定一司敕令所言：“准送下《刑部敕》二卷，今将所修条并后来敕札一处看详。其间事系别司者，则悉归本司；若两司以上通行者，候将来修入。《在京通用敕》已有条式者，更不重载，文义未安者就加损益。其后来圣旨札子批送中书颁降者悉名曰‘敕’；枢密院班降者悉名曰‘宣’。共修成一卷，分九门，总六十三条。乞降敕命，以《熙宁详定尚书刑部敕》为名。”从之。(《宋会要》，刑法一·格令一之 11，第 8223 页)

2.3.8.2 绍兴十年（1140年）十月七日，尚书右仆射、同中书门下平章事、提举详定一司敕令秦桧等上《在京通用敕》一十二卷、《令》二十六卷、《格》八卷、《式》二卷、《目录》七卷、《申明》一十二卷。诏自绍兴十一年正月一日颁行，仍以《绍兴重修在京通用敕令格式》为名。(《宋会要》，刑法一·格令一之38，第8252页)

从此史料看，绍兴十年所修的京城法律包括敕、令、格、式、申明五部独立法典，被合称为《绍兴重修在京通用敕令格式》。严格来说，应是《绍兴重修在京通用敕令格式申明》。

2.3.9《宗室葬敕》

2.3.9.1 崇宁四年（1105年）九月二十三日，诏："《熙宁宗室葬敕》可颁降施行，如与今事名不同者，礼部贴正。今后如敢式外辄受钱一千以上，以自盗论。"(《宋会要》，帝系五·宗室杂录之20，第131页)

2.3.10《贡举敕》《武举敕》

2.3.10.1 熙宁十年（1077年）八月三日，馆阁校勘范镗上准诏修到《贡举敕式》十一卷，诏颁行。(《宋会要》，刑法一·格令一之11，第8222页)

2.3.10.2 元丰元年（1078年）十月四日，诏兵部以《贡举敕式》内"武举敕条"，再于诸处索文字，删类成《武举敕式》以闻。(《宋会要》，选举一七·武举之18，第5593页)

2.3.10.3 元祐六年（1091年）五月十一日，诏府监《贡举敕》考校武举内"武艺绝伦，策（议）[义]不入等，而文理稍可采者奏裁"一节勿用。(《宋会要》，选举一七·武举之19，第5594页)

2.3.10.4 元祐八年（1093年）五月二十七日，礼部尚书苏轼言："伏见《元祐贡举敕》：'诸诗、赋、论题，于子史书出，如于经书出，而不犯见试举人所治之经者听。'臣今相度，欲乞诗、赋、论题，许于九经、《孝经》《论语》、子史并九经《论语》注中杂出，更不避见试举人所治之经，但须于所给印纸题目下备录上下全文，并注疏不得漏落，则本经与非本经，与举人所记均一，更无可避。兼足以示朝廷待士之意，本只为工拙，为去取，不以不全之文掩其所不知以为进退，于忠厚之风，不为无补。”诏从之。今来一次科场，未得出制度题目。（《宋会要》，选举三·科举条制之54，第5314页）

2.3.10.5 绍圣元年（1094年）六月十五日，太学博士詹文言："《元祐贡举敕令》进士不得引用王安石《字说》，乞除其禁。”从之。（《宋会要》，选举三·科举条制之55，第5315页）

2.3.10.6 绍圣元年（1094年）九月十一日，考试所言："《元丰贡举敕》条分经取人，昨元祐间兼用诗赋，即不得分经。今既专用经义，未知止取文理优长者为合格，或分经通融分数去取。”诏依旧条，分经取人。（《宋会要》，选举三·科举条制之55，第5315页）

2.3.10.7 绍圣二年（1095年）十二月二十三日，提点荆湖北路刑狱陈次升言："按《贡举敕》，举人因子孙授封官，或进纳得官，或摄授官后免解，或特奏名，而愿纳付身文书，赴省试、御试者听。今欲添入‘应奏授不理选限官准此’十字。”从之。（《宋会要》，选举三·科举条制之56，第5315页）

上面史料所引“贡举”类法律分为“元丰”“元祐”，在法律分类上有“敕式”和“敕令”两种，两者是不同的。

2.3.11《通用贡举敕》

2.3.11.1 淳熙五年（1178年）正月十九日，诏敕令所将贡院帘外誊录、对读、封弥、监门等官避亲，修入《省试条法》。既而敕令所依《淳熙四年十一月二日敕》，并照应《崇宁通用贡举敕》内余官避亲之文，参酌拟修下条："诸试院官【谓主司及应预考校之官】亲戚【谓本宗袒免以上，或同居无服亲，或缌麻以上亲及其夫、子，或母、缌麻以上亲及大功以上亲之、或女婿、子妇期以上亲】及试院余官谓监门、巡铺、封弥、誊录、对读之类。亲戚谓本宗大功以上亲，或、妻期以上亲，并亲女及亲姊妹之夫、子。并两相避。若见在门客，每员止一名。亦避。右入《绍兴重修省试令》。”从之。（《宋会要》，选举五·贡举杂之4，第5342页）

此条中有《绍兴省试令》，并是“重修”，说明此前已经制定有《省试令》。此外，还有两个通用法律名称：《省试条法》和《淳熙四年一月十二日敕》。

2.3.12《盐法敕》《茶法敕》

2.3.12.1 元丰四年（1081 年）十二月九日，权三司使李承之札子奏：“东南盐法条约，蒙诏旨，俾臣与编修官董唐臣截自元丰三年八月终，应干盐法前后敕札及臣庶起请除一时指挥已施行者更不编修外，修成一百八十一条，分为《敕令格》共四卷，《目录》二卷，乞以《元丰江淮湖浙路盐敕令赏格》为名。如得允当，乞雕印颁行。”从之。（《宋会要》，食货二四·盐法三之22，第6523页）

此次修订的《元丰江淮湖浙路盐敕令格》共有4卷，181条，分为敕、令、格三种，其中“格”主要是赏罚，称为“赏格”。

2.3.12.2 绍兴三年（1133 年）十月十一日，刑部言：“准旨看详：臣僚论私贩盐人刑名太重。本部据大理寺参详臣僚所请事理，除止系私贩之人有犯，自合遵依《绍兴敕》断罪外，若系亭户卖所隐缩火伏盐及买之者，依《盐敕》，并论如《煎炼私盐法》，一两比二两；及合依《政和三年十二月十七日指挥》，依《海行私盐法》加二等断罪。所有亭户、非亭户煎盐，与私贩、军人聚集般贩，及百姓依藉军兵声势私贩，即依《绍兴二年十二月八日指挥》一节。缘不曾分别斤重数目，若不问多寡，并行决配广南，深虑用法轻重不伦，理合随宜别行多寡断配原。今欲本犯不至徒罪，乞配邻州；若罪至徒，即配千里；如系流罪，仍依元降指挥刺配广南。其所乞详酌私贩不用荫原赦事理，除因官司捕捉，敢与官司斗敌者，系情理凶恶，欲乞依旧引用上件不赦指挥外，余卖买私贩人，今欲依臣僚所请施行。”从之。（《宋会要》，食货二六·盐法五之18，第6565—6566页）

此条引用到较多法律篇名，如《盐敕》《海行私盐法》等。

2.3.12.3 绍兴三年（1133 年）十月十五日，刑部言：“产盐路分知县在职系兼监盐场，若有收支官钱，即合与本场官同共点对。（令）［今］依已降圣旨指挥参酌修立下项：诸催煎买纳支盐场收支官钱历，本场官月终赍赴兼监知县厅点对书押，违者杖八十，有失收欺弊及知县不为点检者加二等。右合入《元丰江湖淮浙路盐敕》，系创立。一、看详：产盐路分，全籍亭户及备丁小火用心煎趁盐课，中买入官，今依元降圣旨指挥参酌立下条：诸盐亭户及备丁小火辄走投别场煎盐者，各杖八十，押归本场，承认元额；若别场承所属根究不即发遣者，杖一百。右入《元丰江湖淮浙路盐敕》，系创立。"从之。（《宋会要》，食货二六·盐法五之21，第6567页）

此条是增修条文，体现宋朝对正式法律修正案的操作程序。

2.3.12.4 绍兴二十一年（1151年）七月二十八日，宰臣秦桧等奏言："臣等今将《元丰江湖淮浙路盐敕令格》并元丰四年七月二十三日后来至绍兴十年三月七日以前应干茶盐见行条法并续降指挥，逐一看详，分门编类到《盐法》《茶法》各一部，内《盐法敕》一卷，《令》一卷，《格》一卷，《式》一卷，《目录》一卷，《续降指挥》一百三十卷，《目录》二十卷，共一百五十五卷，合为一部。《茶法敕令格式》并《目录》共一卷，《续降指挥》八十八卷，《目录》一十五卷，共一百四卷，合为一部，并《修书指挥》一卷。以上茶、盐二书共二百六十卷，作二百六十册，乞下本所雕印颁行。内盐法冠以《绍兴编类江湖淮浙京西路盐法》为名，茶法冠以《绍兴编类江湖淮浙福建广南京西路茶法》为名。所有事属一司、一路、一州、一县等条法指挥，不系今来编类者，自合依旧遵守。先是绍兴十九年十月三十日，干办行在诸军粮料院王珏言：'窃以茶盐之法，祖宗成宪非不详备，然岁月寖久，积弊滋深。盖缘州郡申明或因都省批送，或因陈献，或因海行，并皆随事设宜，画时颁降。比自建炎之后来未编集，例多断阙，改之（文）[之]文，无复参照，往往州县所引专法，间是一时省记，因此黠吏舞文，得以轻重其手。望下敕令所取应系茶盐文字、并续降画一、见行条法，看详编定。'于是敕令所言：'寻下诸处抄录到《元丰江湖淮浙路盐法》，并元丰修书后来应干茶盐续降、指挥八千七百三十件。今将见行遵用条法逐一看详，分门编类。'"至是上之。（《宋会要》，刑法一·格令二之42，第8255页）

此次修订的茶盐两法，总数达到260卷，其中《盐法》全称是《绍兴编类江湖淮浙京西路盐法》；《茶法》全称是《绍兴编类江湖淮浙福建广南京西路茶法》。盐法分为敕、令、格、式和指挥五种；茶法分为敕、令、格、式及指挥。两法中“指挥”成为主体，“盐法指挥”达130卷，“茶法指挥”有88卷。这也说明宋代“法”泛指所有的法律形式，相当于现在通用法律术语中的“法律”一词。

2.3.13《高丽入贡敕》

> 2.3.13.1 政和八年（1118年）十月十七日，知明州楼异言：“检准《高丽入贡敕》：‘（请）［诸］应用什物之类辄充他用者，以违制论；因而损坏，论如弃毁官物法。’所有盗卖、典借及知情典卖借赁之人，若依常盗法，则比之他用条为轻。欲乞于《高丽入贡敕》文添修‘盗卖、典借及有字号知情典卖借赁之者，严立罪赏’专条。”诏限三日立法。（《宋会要》，蕃夷四・渤海国之104，第9833页）

此条是对《高丽入贡敕》的修订立法史料，可知《高丽入贡敕》作为独立法律的存在。

2.3.14《五服年月敕》

> 2.3.14.1 景祐三年（1036年）五月二十一日，审刑院言：“开封府民单如璧母于姑禫服内争家财。准《户律》：‘诸居父母丧，兄弟别籍异财者，徒一年。’疏云：‘谓在二十七月内。’今与有司检详典礼，准《五服年月敕》：十三月小祥，除首（绖）［絰］；二十五月大祥，除灵座，除衰裳，去絰杖；二十七月禫祭，踰月复平常。其单如璧祖母禫制未满。缘三年之丧止以二十七月为满，其二十七月即〔未〕明踰月为限，或须实满二十七月？乞下太常礼院定夺。”（《宋会要》，礼三六・丧服・成服之19，第1551页）

此条史料是一个财产纠纷案，因为涉及亲属关系而引用《五服年月敕》。这说明宋代继承法上不管是身份继承还是财产继承，都受到当事人之间的身份关系影响。

> 2.3.14.2 宝元二年（1039年）八月十三日，三司度支判官、集贤校理薛绅言：“祖母万寿县太君王氏卒，蒙给假三日。窃以祖母王氏是先臣所生母，服纪之制，罔知所适。伏乞申诏有司，检详条制，俯降朝旨，庶知遵守。”诏送太常礼院详定。礼官言：“《五服年月

敕》：‘齐衰三年，为祖后者，祖卒则为祖母。’注云：‘为曾、高祖母亦如之。’又曰：‘齐衰不杖期，为祖父母。’注云：‘父之所生庶母亦同，唯为祖后者乃不服。’又按《通礼义纂》：‘为祖后者，父所生庶母亡，合三年否？《记》云为祖母也，为后三年，不言嫡庶。然奉宗庙当以贵贱为差，庶祖母不祔于皇姑，已受重于祖，当为祭主，不得申于私恩；若受重于父代而养，为后可也。’又曰：‘庶祖母合从何服？礼无服庶祖母之文，有为祖庶母后者之服。晋王廙议曰：受命为后，则服之无嫌。妇人无子，托后族人，犹为之服，况其子孙乎？人莫敢卑其祖也。且妾子父殁，为母得申三年，孙无由独屈，当服之也。’今取到薛绅本家服图，绅系为庶孙，不为祖后，受重于父。看详《五服年月敕》，不载持重之文，于《义纂》即有所据。今薛绅不令不便者，必于无事之时，或事毕之后，明具利害，乃冲改旧文奏上，再下有司，或差官定夺可否。如实可冲改，即再具利害奏闻取旨，方降宣施行。未有临事之时，别引他书，擅自不依敕文，一面定夺奏上。况《五服年月敕》与新定令及《通礼》正文内五服制度，皆圣朝典法，此三处并无为父所生庶母服三年之文。唯《义纂》者，是唐世萧嵩、王仲丘等撰集，本名《开元礼义鉴》，开宝中改修为《开宝通礼义纂》，并依旧文，不曾有所损益，非创修之书，未可据以决事为祖后，受重于父，合申三年之制。”史馆检讨、同知太常礼院王洙言：“伏以礼法二柄，合为宪章，本无异端，同底于治。故君子蹈之则为礼，小人违之则及刑。虽进退异名，而制度一体。百官之守，所当奉行；尺一之文，是为不易。薛绅以父之所生庶母亡，疑所服，乞下有司详定。众官会议，辄不凭用敕文，只据《义纂》定夺。又直引《义纂》‘受命为后则服之无嫌’，此盖晋王廙解祖庶母之说，非庶祖母之事。臣窃见自来有司。其所引《义纂》两条，皆近世诸儒之说，不出于六经之文，臣已别状奏驳。若自今在外臣庶或有值父所生庶母亡，与薛绅事体一同者，如只准令敕不行三年之制，未知处以何罪？若使天下刑法之司舍令敕而守《义纂》，未见其可也。又详《五服年月敕》系天圣五年诏两制与太常礼院详定施行，此实本院所定之文，今乃临事之时，自不遵守，岂谓令便为刑书，与礼文有异，略而不取？亦未可也。况文初因孙奭，本朝名儒，常授经禁中，天下知其达礼，不应于《义纂》所载两条不出于六经，所以奭不取也。今以令之条不载，六经之文不出，辄引以为据，废格制书，臣所以不敢雷同具奏。臣非好立异议，唯知谨敕文，不可临事改易。且礼法之局，所共执行，于法则议刑，于礼则制服，非一司独能专也。伏乞降状付外，令御史台、刑部、审刑院、大理寺与礼院同共定夺闻奏。所贵礼法之官，参议其极，画一之典，无辄重轻。”别状曰：“窃以《义纂》皆近世诸儒之意，不合经义，谨具解正条驳如后。《义纂》云‘礼无庶祖母之文，有为祖庶母后者之服’者，此答问之人明知礼经之中并无庶祖母之事，乃有《丧服小记》祖庶母之说为此。按《丧服小记》云：‘为慈母后者，为庶母可也，为祖庶母可也。’注云：‘父之妾无子者，亦可命己庶子为后。’疏云：‘谓己父之妾为祖庶母。’即非今所谓父所生庶母者也。又云‘晋王广议曰，受命为后，服之无嫌’者，此王廙释祖庶母之事，谓妾子受父之命，为祖妾之后，服之无所嫌疑也。又云‘妇人无子，托后族人，犹为之服，况其子孙乎？人莫敢卑其祖也’者，此亦王廙引此言妇人无〔子〕，或托夫宗姓之子与为之后，犹当服之，况其夫之庶子、庶孙也？庶孙受父之命，为祖妾之后，是莫敢卑其祖也。又云‘妾子父没子，据前条及本条后文所述改。为母得申三年，孙无由独屈，当服之也’者，此亦王廙引此，言妾子父没，尚得为母三年，孙不可不服也。臣谨按《丧服小记》云：‘别子为祖。’注云：‘诸侯之庶子别为后世，为始祖也。’又云：‘继别为宗。’注云：‘别子之世，长其族人为宗也。’又按《丧服小记》云：‘慈母与妾母不世祭也。’注云：‘以其非正也。’引《春秋传》曰：‘于子祭，于孙止。’疏云：‘妾母为庶子，自为其母也，既非其正，故惟子祭之，而孙则否。’据王廙虽知礼经正文无庶祖母之事，乃曲引祖庶母及妇人无子托后族人，并父殁为母申三年者，凡三条，强为此类，而皆非经典本意。殊不知承别子之后，自为大宗，所守者重，不得更为父所生庶母申三年也。况妾母不世祭，岂于祭有厌降之文，于服无衰杀之节？其不然也。且王廙所议，不云受重与否，但云当服之也；不显言丧期之数，同蒙三年之文，非文之不具，盖不达礼之本意也。况此议初问有服无服，本不在三年之章，亦不谓受重者也。臣看详绅为映之孙也，耀卿为别子，始祖也。绅继别之后为大宗也，所守至重，非如次庶子等承传其重者也，不可辄服父所生庶母三年之丧，以废始祖之祭也。《义纂》云：‘《记》云为祖母也，为后三年。’此《义纂》引之，传写错缪也。又云‘不言嫡庶，然奉宗庙当以贵贱为差，庶祖母不祔于皇姑，已受重于祖，当为祭主，不得申于私恩’者，此释为祖之后，自然不得为祖母三年也。又云‘若受重于父代而养为后可也’者，此释子传父重者，代父修养庶祖母亦得三年也。臣谨按礼经所谓重者，皆承后之文。据《义纂》称重于父，亦有二说：一者，嫡长子自为正体，受重可知；二者，或嫡长亡，取嫡或庶次承传父重，亦名为受重也。若继别子之后，自为大宗，所承至重，不得更远系庶祖母为之服三年。唯其父以生己之故，为之三年可也。详《义纂》所谓受重于父者，指嫡长子亡，次子承传父重者也，但其文不同耳同。臣切详《义纂》，其间论说多不与《通礼》正文相副。若于条敕之外，辩详典礼，或取或舍，质正异论可也，非可便取为执据，移夺令也。"诏太常礼院与御史台详定闻奏。众官参详："耀卿，王氏子。绅，王氏孙，尤亲于慈母、庶母、祖母、庶祖母也。耀卿既亡，绅受重代养，当服之也。复又薛绅顷因籍田覃恩，乞将叙封母氏恩泽（迴）[回]授与故父所生母王氏。其薛绅官爵未合叙封祖母，盖朝廷以耀卿已亡，绅是长孙，敦以孝道，特许封邑。岂可王氏生则辄邀国恩，殁则不受重服！况绅被王氏鞠育之恩，体尊义重，合令解官持齐衰三年之服。"诏从之。（《宋会要》，礼三六·丧服·齐衰服之6，第1540—1542页）

此材料是一个具体个案，因为官员薛绅要求把给亲生母亲的封赏转给自己的祖母而引起争议。从此案的审理看，不同官员大量引用"礼"的相关理论，可以看出宋朝身份法中"礼"构成了核心内容。其中，《开元礼》在宋代礼仪中的作用十分明显。

2.3.14.3 治平二年（1065）正月二十二日，太常礼院言："近依国朝故事，详定仁宗大祥变除服制，以三月二十九日大祥，至五月二十九日禫，以六月二十九日禫除，至七月一日从吉，已蒙诏可。臣等谨按《礼学》，王肃以二十五月为毕丧，而郑康成以二十七月。《通典》用康成之说，又加至二十七月终，则是二十八月毕丧，而二十九月始吉，盖失之也。祖宗时，据《通典》为正，而未经讲求，故天圣中更定《五服年月敕》，断以二十七月，今士庶所同遵用。夫三年之丧，自天子达于庶人，不宜有异，请以三月二十九日为大祥，五月择日而为禫，六月一日而从吉。"（《宋会要》，礼二九·历代大行丧礼上之45，第1345页）

2.3.14.4 熙宁八年（1075年）闰四月，集贤校理、同知太常礼院李清臣言："检会《五服年月敕》：'斩衰三年加服'条'嫡孙为祖'，注【云】：'谓承重者。为曾祖、高祖后者亦如之。'又'祖为嫡孙正服'条，注云：'有嫡子则无嫡孙。'又准《封爵令》：公侯伯子男皆子孙承嫡者传袭。若无嫡子及有罪疾，立嫡孙。无嫡孙，以次立嫡子同母弟，无母弟立庶子，无庶子立嫡孙同母弟，无母弟立庶孙。曾孙以下准此。究寻《礼令》之意，明是嫡子先死而祖亡，以嫡孙承重则体先庶叔，不系叔存亡，其嫡孙自当服三年之服，而众子亦服为父之服。若无嫡孙为祖承重，则须依《封爵令》嫡庶远近，以次推之。且传爵、承重，义当一体，《礼令》明白，固无所疑。而《五服年月敕》不立庶孙承重本条，故四方士民尚疑为祖承重之服，或不及上禀朝廷，则多致差误。除嫡孙为祖已有上条外，欲乞特降朝旨，诸祖亡无嫡孙承重者，依《封爵令》传袭条，子孙各服本服。如此，则明示天下，人知礼制，祖得继传，统绪不绝，圣主之泽也。"事下太常礼院详定，礼院〔言〕："检会《五服年月敕》，斩衰三年加服，嫡孙为祖。【（为）［谓］承重者。为曾、高祖后亦如之】当院自来凡有详议持祖服纪内，其间无嫡孙及庶子者依《封爵令》，取庶长孙为后，持三年斩衰之服。缘从来未有明条，多是议论不一，致有差舛。今欲乞为祖承重者，依《封爵令》立嫡孙，以次立嫡子同母弟，无母弟立庶子，无庶子立嫡孙同母弟。如又无嫡孙之同母弟，即立庶长孙承重，行斩衰之服。"于是礼房看详："古者封建国邑而立宗子，故周礼适子死，虽有诸子，犹令适孙传重，所以一本统、明尊尊之义也。至于商礼，则适子死立众子，然后立孙。今既不立宗子，又未尝封建国邑，则嫡孙丧祖，不宜纯用周礼。欲于《五服年月敕》嫡孙为祖条修定注词，云：'谓承重者。为曾祖、高祖后亦如之。嫡子死，无众子，然后嫡孙承重。即嫡孙传袭封爵者，虽有众子犹承重。'"从之。（《宋会要》，礼三六·丧服·斩衰服之5，第1538页）

此条共引《五服年月敕》《封爵令》《礼令》三种法律篇名。

2.3.15《郊祀大礼按沓敕》

2.3.15.1 绍兴二十九年（1059年）二月二日，太常丞张庭实言："检照《郊祀大礼按沓敕》：'诸大礼应奉人（乘）［乖］违失仪者杖一百。应缘大礼行事有违犯，不以本年赦降原减。'元系太常寺省条法，从前每遇大礼，只引律文：'诸祭祀行事失错及违失仪式者，笞四十。'皆引赦原，更无断罪条法，恐大礼应奉人懈怠不肃，无以惩戒，有失祖宗立法之意。望送敕令所，《绍兴敕》内修入，永久遵守。"从之。(《宋会要》，礼一四·群祀·群祀三之83，第786页)

2.3.16《六察敕》

2.3.16.1 元丰六年（1083年）五月十九日，御史黄绛言："准《六察敕》：诸弹奏，本察官与丞、知杂通签，即旧所领任内事，丞、知杂免签书，诸案互察。看详：诸案互察，止谓察官有旧领任内事合弹劾，于义有嫌，理当互送。(令)［今］诸案元不承互察妨碍事，既不相关，无从察举。若一案有失，泛责诸案，乃是一官兼有六察之责，恐法意本不如此，大理寺取索互察官吏姓名，未敢供报。"诏自今诸案申台移察，应申不申，从私坐，其互察除之。(《宋会要》，御史台二·职官一七之13，第3455页)

2.3.17《司农寺敕》

2.3.17.1 元丰元年（1078年）十月十三日，御史中丞、判司农寺蔡确言："常平旧敕多已冲改，免役等法案未编定。今除合删修为敕外，所定约束小者为令，其名数式样之类为式。乞以《元丰司农敕令式》为目。"从之。(《宋会要》，职官二六·司农寺之13，第3694页)

2.3.17.2 元丰二年（1079年）九月二十九日，司农寺上《元丰司农敕令式》十五卷，诏行之。(《宋会要》，职官二六·司农寺之12，第3694页)

2.3.17.3 元丰三年（1080年）二月一日，编《司农寺敕》成。(《宋会要》，职官二六·司农寺之13，第3694页)

从上面材料看，虽然有"司农"和"司农寺"两种称谓，但同在司农寺目下，说明两种法律名称实质上是同一法律。宋代设有"司农寺"作为"九寺五监"之一。

2.3.18《官制敕》

2.3.18.1 元符二年（1099年）六月二十四日，大理少卿、同详

定一司敕令刘赓乞将《官制敕令格式》送三馆、祕阁收藏。从之。（《宋会要》，职官一八·祕书省之14，第3748页）

2.3.18.2 宣和三年（1121年）闰五月十三日，吏部言：“尝取索《元丰官制敕令格式》，将加省察，而遗编断简，字画磨灭，秩序差互，殆不可考。”诏《元丰敕令格式》令国子监雕印颁降。（《宋会要》，职官二八·国子监之23，第3772页）

2.3.19《入内内侍省敕》

2.3.19.1 元丰二年（1079年）八月十二日，详定编修诸司敕式所上《入内内侍省敕式》，诏行之。（《宋会要》，职官三六·内侍省之17，第3897页）

宋朝先设“内侍省”，后改为“入内内侍省”，其职掌为“在皇帝、后妃居所承担饮食、寝居等一切日常生活的侍奉、执役职务……此外，内殿引对群臣，执行百官名物审计、颁赐，发金字递，收接边奏，勾当宫中内诸司，沟通宫中（内庭）与省中（朝廷）的关系，及任中使差遣于外督察众务（包括监军）等等”。[①] 这里《入内内侍省敕式》是专门调整皇宫入内内侍省的各种关系的法律。

2.3.20《走马敕》

2.3.20.1 崇宁四年（1105年）二月十六日，枢密院言：“《大观走马敕》：‘每季取索本路州军粮草文帐，备录闻奏。续奉朝旨，许令取索封桩见在钱物、粮斛，季奏日赴阙进呈。及近奉朝旨，两浙并作一路，仍依旧往还守季。臣等契勘，两路相去辽远，不下数千里，于守季传宣取索入奏，往来时无暂暇，两路帅府安得有互守之理。所奏帐状，窃虑书写不逮，遂至迟延。欲将两路州军每季合取粮草并封桩见在钱物、粮斛帐状等，令逐州军如法攒造，关报走马所，逐旋缴奏，所贵两不相妨。所有其余两路并作一路者，望立法遵守。’看详：诸路粮草并封桩钱物，令走马承受取索闻奏，盖使举察他司。今来若止凭诸州攒造帐，本所缴奏，即与逐州一面申奏事体无异。所有走马承受公事所取索闻奏，自合遵依见行条制外，官司取索粮草帐，

① 龚延明：《宋代官制辞典》，中华书局1997年版，第46页。

虽有立定回报日限，缘日限太宽，兼封桩钱物未有报限条约，乞检会增修。”从之。(《宋会要》，职官四一·走马承受公事之127，第4065页)

2.3.20.2 政和五年（1115年）四月一日，枢密院言：“麟府路走马承受公事扬延宗申：伏见《走马敕》：诸称帅司者，谓经略、安抚、都总管、钤辖司【麟府路军马、泸南沿边安抚、保州信安军安肃军都巡检司同】；又《令》：诸帅司被受御前发下朱红金字牌，因季奏赍赴枢密院送纳。契勘有知府州折可大并似此等处，遇有躬受到御前发下朱红金字牌，合与不合计会赍赴朝廷送纳?”诏并令走马承受赍擎赴阙送纳，诸路似此去处依此。(《宋会要》，职官四一·走马承受公事之130，第4067页)

从此条看，“走马”立法应分为《走马敕》和《走马令》两种。“走马”的全称“都总管司走马承受公事”，职掌是“为皇帝特派、身份公开的特务，负有监察本路将帅、人事、事物、边防动息、州郡不法事。‘事无臣细，皆得按刺’。每年一次赴阙直达奏事。如有边警急报，不时驰驿上闻，并许风闻行事”。[①] 其在宋朝是一种官方特务组织。

2.3.21《减定诸色刺配刑名敕》

2.3.21.1 景德四年（1007年）七月五日，帝谓宰臣等曰：“王济上《刑名敕》五道，烦简不等。朕尝览显德中敕语甚烦碎，盖世宗严急，出于一时之意，既以颁下，群臣无敢谏者。”因言：“魏仁浦为相，尝作敕草，云‘不得有违’，堂吏白云：‘敕命一出，违则有刑，何假此言也?’仁浦是之。”王旦曰：“诏敕理宜简当，近代亦伤于烦。”冯拯曰：“开宝中差诸州通判敕刑狱钱谷，一一指挥，方今已简略也。”(《宋会要》，刑法一·格令一之3，第8213页)

2.3.21.2 景祐五年（1038年）十月四日，审刑院、大理寺上《减定诸色刺配刑名敕》五卷，诏依奏施行。先是二年十一月十五日赦书：“应犯罪人条禁尚繁，配隶尤众，离土乡土，奔迫道途，有恻朕怀，特申宽典。宜令审刑院、大理寺别减定诸色刺配刑名，委中书门下详酌施行。”至是上之。(《宋会要》，刑法一·格令一之5，第8226页)

---

① 龚延明：《宋朝官制辞典》，中华书局1997年版，第444页。

2.3.21.1 条中《刑名敕》内容是否与 2.3.21.2 条中《减定诸色刺配刑名敕》一致是值得进一步考证，但从内容上看，应是相同的。

2.3.22《军马司敕》

2.3.22.1 熙宁八年（1075 年）二月三日，司勋员外郎崔台符言："准诏删修《军马司敕》。勘会《嘉祐编敕》时有枢密使田况提举。今来置局，稽考旧例，即未有枢臣总领。伏缘军政事重，上系国论，顾非臣等浅见寡闻敢颛笔削，欲望检详故事，特命典领。"诏枢密使陈升之提举。（《宋会要》，刑法一・格令一之 10，第 8221 页）

2.3.22.2 元符元年（1098 年）四月二十九日，详定删修《军马司敕例》成书。先是绍圣元年正月十日诏：《军马司敕例》久不删修，类多讹缺，可差官置局修定。二年正月十八日，诏差知枢密院事韩忠彦提举管勾，刑部侍郎范纯礼、度支员外郎贾种民充详定官。至是上之。降诏奖谕知枢密院事曾布、知定州韩（宗）［忠］彦，余赐银绢有差。（《宋会要》，刑法一・令一之 18，第 8230 页）

2.3.22.3 大观二年（1108 年）九月十八日，诏："名不正则言不顺，言不顺则事不成，名不可以乱实久矣。比阅《军马司敕例》，有敕令格式之名，而名〔实〕混淆，敕中有令，令中有格，甚失先帝设此逆彼、禁于已然未然之训，殆未足以称扬功遵制之意。可令有司重加刊正。"（《宋会要》，刑法一・格令一之 23，第 8236 页）

从此条看，元符元年修成的《军马司敕例》，虽然已经按敕令格式分类立法，但并没有严格遵循宋神宗对敕、令、格的定义分类，出现混乱。当然，这可能与元祐年间反元丰改革有关。此外，《军马司敕》与《军马司敕例》是否是同一法律是值得考察的。从宋朝法律名称看，《军马司敕例》包括有"敕"和"例"两种法律。从这个时期的立法看，一些法律名称上确有"例"为名的，即"例"已经独立成为一种法律形式。

2.3.22.4 政和三年（1113 年）八月十五日，臣僚言："《军马敕》：诸教象法誊录传播者杖一百。访闻比年以来，市民将教法并象法公然镂板印卖，伏望下开封府禁止。"诏印板并令禁毁，仍令刑部立法申枢密院。（《宋会要》，刑法二・禁约二之 60，第 8315 页）

2.3.23《在京海行敕》

2.3.23.1 熙宁九年（1076 年）八月十六日，枢密使吴充言："检会《大中祥符五年十月赦书》：'应掌狱详刑之官，累降诏条，务从钦恤。今后按鞫罪人，不得妄加逼迫，致有冤诬。其执法之官所定刑名必先平允，内有情轻法重、理合哀矜者，即仰审刑院、刑部、大理寺具事状取旨，当议宽贷。'治平四年九月，诏开封府、三司、殿前马步军司，今后逐处所断刑名，内有情轻法重，许用赦书，取旨宽贷；《在京海行敕》：诸犯流以上罪，若情重可为惩戒及情理可务者，并奏裁。窃详赦书之（易）［意］，初无中外之别，祇缘立文有碍，遂致推择未均。何则？审刑院、大理寺、刑部等处若非于法应奏，无繇取旨从宽。虽是命官、使官等合奏公案，若有情轻法重，方得应用赦书施行，其余一无该及。后来在京刑狱官司亦得换以取旨，其为德泽不为不厚。然天下至广，囹圄实繁，岂无情轻法重之人，而官吏苟避不应奏之罪，一切以重法绳之，恐未副朝廷钦慎仁悯之意。【甲乙二人所犯略同，甲以于法该奏，法寺得引情轻法重取旨宽贷，乙以于法不该奏，遂获全罪，殆非均当，有幸不幸尔'甲乙二人'至'幸不幸尔'原在'恐未副'下，作正文大字。原有眉批云：'甲乙二人至幸不幸尔应小注'，今据以改为小字注，并移于此】今后天下罪人犯徒流罪或该编配者，情轻法重，并许本处具犯状申提点刑狱司看详，委是依得赦书，即缴连以闻。所贵罪法相当，中外一体。如恐地远淹系，其川、广、福建或乞委安抚、钤辖司详酌指挥，断讫（间）［闻］奏。仍委中书、枢密院点检。"诏送重修编敕所详定以闻。本所看详："缘天下州郡日有该徒流及编配罪人，若更立情轻法重奏裁之法，不惟淹系刑狱，兼恐案牍繁多，未敢立法，乞朝廷更赐指挥。"（《宋会要》，刑法一・格令一之 10，第 8221 页）

此条材料的《在京海行敕》作为一个区域性法律的名称十分值得怀疑，因为"海行"是特指适用于全国的法律，而"在京"已经限定了适用的区域。这样，就把适用于京城地区的法律转变成适用于全国的法律。

2.3.24《诸司敕》

2.3.24.1 熙宁九年（1076 年）九月二十五日，编修令式所上《司敕式》二十四卷，诏颁行。先是命官修令式，至是先成抬赐式

一、支赐式二、赏赐赠式十五、问疾浇奠支（支）［赐］式一、御厨食式三、炭式二。上之。（《宋会要》，刑法一·格令一之10，第8222页）

2.3.24.2 熙宁十年（1077年）二月二十七日，详定编修诸司敕式所上所修《敕令格式》十二卷，诏颁行。翰林医官院五，广圣宫一，庆宁宫一，大内钥匙库一，资善堂一，后苑东门药库一，提点军器等库，入内内侍省使臣差遣一。（《宋会要》，刑法一·格令一之10，第8222页）

2.3.24.3 熙宁十年（1077年）十一月四日，详定编修诸司敕式所上所修《敕令格式》三十卷，诏颁行。龙图、天章、宝文阁四，延福宫一，起居院一，四方馆一，玉牒所一，入内内侍省合（用）［同］凭由司二，翰林图画院二，提点内弓箭南库并内外库二，后苑御弓箭库一，入内内侍省使臣差遣四，内侍省使臣差遣三，御药院二，在内宿直人席荐一。（《宋会要》，刑法一·格令一之10，第8222页）

从上面材料看，诸司敕令所修成的法律可以统称为《诸司敕令式》，在分类上具体由各司为“门”，分门编撰。

2.3.25《吏部四选敕》

2.3.25.1 元祐元年（1086年）三月二十五日……尚书省上所修《吏部四选敕令格式》，乞先次颁降，从之。（《宋会要》，刑法一·格令一之13，第8225页）

2.3.26《都提举市易司敕》

2.3.26.1 元丰五年（1082年）四月三日，户房检正官吴雍、王震上《都提举市易司敕》。（《宋会要》，刑法一·格令一之13，第8224页）

2.3.27《常平免役敕》

2.3.27.1 绍圣三年（1096年）八月二日，详定重修敕令所言：乞将见修《贡举敕令格式》依《常平敕》别为一书。从之。（《宋会要》，刑法一·格令二之17，第8230页）

2.3.27.2 绍圣三年（1096年）六月八日，详定重修敕令所言：

“常平等法，在熙宁、元丰间各为一书。今请敕令格式并依元丰体例修外，别立常平、免役、农田、水利、保甲等门成书，同《海行敕令格式》颁行。”降诏：自为一书，以《常平免役敕令》为名。（《宋会要》，食货一四·免役下之10，第6270页）

从此看，元丰年间修的《常平免役敕令》由常平、免役、农田、水利和保甲等“门”组成，是国家救济、田产、赋税和农村组织立法的集大成，是宋朝农村治理立法的集大成。

2.3.27.3 元符元年（1098年）六月十一日，尚书左仆射兼门下侍郎章（溥）［惇］上《常平免役令敕》，诏颁行之。惇赐诏奖谕，仍赐银绢三百匹两；详定官翰林学士承旨、朝散大夫、知制诰蔡京迁一官。其余官吏减半支赐有差。（《宋会要》，刑法一·格令一之18，第8231页）

2.3.27.4 崇宁元年（1102年）八月二日，中书省言：“臣僚奏：户部右曹更改诸路役法，增损元丰旧制五百九项不当。勘会永兴军路乞行差役，州、县申请官已降指责罚。湖南、江西提举司乞减一路人吏雇直，见取会别作施行外，如江西州军止以物贱减削人吏雇直，显未允当。至如役人罢给雇钱去处，亦害法意，理合依旧。”诏户部并依《绍圣常平免役敕令格式》及元降《绍圣签贴役法》施行。其元符三年正月后来冲改《绍圣常平免役敕令格式》并冲改《签贴续降指挥》，并不施行。（《宋会要》，食货一四·免役下之13，第6271页）

此条中《绍圣签贴役法》在元符年间被改称为《签贴续降指挥》，从此可知“法”和“指挥”在法律术语上的关系。

2.3.27.5 崇宁三年（1104年）二月二日，臣僚言：“免役之法，始于熙宁，成于绍圣。神考之稽古创制，哲宗之遵业扬功，着为万世不刊之典，讵可轻改？元符末，官吏观望，欲以私意变乱旧条。户部侍郎王吉首先建言，乞委本部郎中及举官两员同共看详，删修役法之未尽未便者。遂以朝奉郎李深、中大夫陆元长同都官程筠等刊修，凡改更诸路役法、增减元丰旧制五百九项。如减手力、乡书手雇钱，重立院虞候散从官家业、添衙前重难、增斗子人数之类，毛举事目，恣为更改，意在沮毁成法。至若常平库子、掐子不支雇钱，则是公然听其取乞，尤害法意。朝廷照其奸弊，故户部侍郎吕仲甫止缘改宽剩钱一条，特蒙黜责。后虽力自辩明，亦由南京下迁徐州，修撰降为直阁。若户部尚书虞策等无所畏惮，辄更先帝旧制，冲改役法五百九项之多，岂宜宽贷？况崇宁元年八月三日圣旨：所有元符三年正月后来冲改《绍圣常平免役敕令格式》并冲改《签贴役法续降指挥》，并不施行。以见前日刊修之官阿附沮坏，罪状甚明。王吉、李深今已谪居远州，编入奸籍，其虞策、吕益柔偃然安处从班，中外未免疑惑。伏望严行降黜，以允公论。”（《宋会要》，食货一四·免役下15，第6272页）

此条对熙宁、绍圣、元符年间三次所修《常平役法》《签贴役法》的立法进行了比较分析，揭示了三个时期在立法上的不同。

2.3.27.6 绍兴十二年（1142年）十月二十八日，详定一司敕令所言：“修立到盐亭户不许买扑坊场条：‘诸坊场以违碍人。’谓应赎若犯徒或三犯杖各情重，不计赦前后并见欠官钱物，见任品官、见充吏人贴书、盐亭户、巡检司土军之家；‘承买者杖一百，诈隐者加一等；即已承买后始有违碍而不自陈，以同居无违碍亲戚掌领尚冒占者，准此。若已承买而后为吏人贴书者，又加一等’。右入《政和续附绍圣常平免役敕》，以《政和续附绍圣常平免役敕》、绍兴十二年二月二十日都省批状指挥详定。”（《宋会要》，食货二六·盐法五之29，第6572页）

2.3.27.7 绍兴十七年（1147年）十一月六日，太师、尚书左仆射、同中书门下平章事、提举详定一司敕令秦桧等上《常平免役敕》五卷、《目录》二卷，《令》二十卷、《目录》六卷，《格》三卷、《目录》一卷，《式》五卷、《目录》一卷，《申明》六卷，《厘析条》三卷，《对修令》一卷，《修书指挥》一卷。诏自来年三月一日颁降，仍以《绍兴重修常平免役敕令格式》为名。（《宋会要》，刑法一·格令二，第8254页）[①]

① 《建炎以来系年要录》记载“丙寅，太师、尚书左仆射、提举详定一司敕令秦桧上《绍兴常平免役敕令格式》四百五十九卷，诏镂版颁之”。（《建炎以来系年要录》卷一百五十六，“绍兴十七年十一月丙寅条”，第2972条）

从此次看，此处“常平免役”应是较为全面，内容丰富，成为此方面立法的集大成之作。

2.3.28《六曹通用敕》《寺监通用敕》《库务通用敕》《六曹寺监通用敕》《六曹寺监库务通用敕》《寺监库务通用敕》

2.3.28.1 绍兴三年（1133 年）九月十八日，敕令所看详：“臣僚陈请：吏部七司近因申请，修立到人吏犯赃，同保人停降编管断罪之法。自降指挥后来，铨曹之吏稍知畏戢。然独行于吏部七司，而户部以下诸司亦莫之行。乞将上条并入《尚书六曹寺监通用敕令》施行。本所看详：渡江以来，铨部案籍不存，遂以《大观六曹寺监通用敕令》条立法禁。今欲将《吏部七（旬）［司］通用敕令》并入《大观尚书六曹寺监通用敕令》施行。”（《宋会要》，刑法一·格令二之 36，第 8249 页）

2.3.28.2 绍兴四年（1134 年）三月二十日，大理寺言：“决配指挥，绍兴元年正月十四日敕：‘行在见任官，三省、枢密院、六曹、百司人吏等，并不得于五军并诸头项统兵官下兼带差遣，及诸军人不得互换相兼。今后有犯被差又差之者，有官人除名勒停，无官人决配。’绍兴元年五月二十四日诏：‘自今后州县如有合科催物色，须管明以印榜开坐实数若干，仍具一般印榜申监司。监司因出巡视行按察，不得更似日前先多科其数，然后轻重出入。违者窜岭表，人吏决配，仍许民户越诉。’《嘉祐敕》一《宣敕》言：当行极断决配除名之类，本犯轻者并以违制论，仍具案奏听敕裁。《大观尚书六曹寺监库务通用敕》：诸称配及编管少言地（理）［里］者，并〔决配〕五百里外。其前立定决配明文，庶使承用官司有以遵守。”敕令所看详：“犯罪之人情状轻重不一，本罪刑名自有等差，决配之法不得不异。若谓前项元无立定决配之文，立为定法，恐或罪不称情。今欲申明，如于逐项指挥有违犯之人，除依法定断本罪外，取旨量轻重决配施行。”从之。（《宋会要》，刑法四·配隶之 45，第 8470 页）

在立法上有“尚书六曹寺监”和“尚书六曹寺监库务”，后者包含的中央机关更多。宋朝时“尚书六曹”是指尚书省下的六部。

2.3.28.3 绍兴十二年（1142 年）十二月十四日，太师、尚书左仆射、同中书门下平章事、提举详定一司敕令秦桧等上《六曹通用敕》一卷、《令》三卷、《格》一卷、《式》一卷、《目录》六卷,《寺监通用敕》一卷、《令》二卷、《格》一卷、《式》一卷、《目录》五卷,《库务通用敕》一卷、《令》二卷、《目录》四卷,《六曹寺监通用敕》一卷、《令》二卷、《格》一卷、《式》一卷、《目录》五卷,《六曹寺监库务通用敕》一卷、《令》一卷、《格》一卷、《目录》三卷,《寺监库务通用敕》一卷、《令》一卷、《目录》二卷、《申明》四卷。诏自绍兴十三年四月一日颁行,仍以“绍兴重修”为名。先是绍兴六年六月一日,大理正张柄言:“《大观六曹寺监库务通用法》内有已经(重)[冲]改,乞送修立官司逐一看详。”(《宋会要》,刑法一·格令二之39,第8252页)

宋朝在神宗朝官制改革后,中央具体事务机构从以前以“司”为中心转变成六曹、寺监、库务三大类,所以在立法上开始出现以六曹、寺监和库务为纲目的分类体系。三者出现以“六曹通用”、“寺监通用”、“库务通用”、“六曹寺监通用”、“六曹寺监库务通用”和“寺监库务通用”等六类组合机构法律名称。这里所修法律都是适用于两个部门以上的,所以都加了“通用”两字。

2.3.29《铨曹敕》

2.3.29.1 治平三年(1066年)五月,吏部流内铨进《铨曹格敕》十四卷,诏行之。(《宋会要》,选举二四·铨选三·流内铨之12,第5703页)

2.3.30《元祐差役敕》

2.3.30.1 元祐六年(1091年)八月二十三日,户部言:“按《元祐差役敕》:‘单丁、无丁或女户,如人丁添进,合供力役者,若经输钱二年以上,与免差役一次。’缘其间有户窄役频处,今欲依本条下添入注文:‘户窄空闲不及二年处,即免一年。’”从之。(《宋会要》,食货六五·免役二之62,第7831页)

2.3.31《殿中省通用敕》

2.3.31.1 政和五年(1115年)九月十二日,殿中省言:“东上奏，今月八日集英殿宴，教坊未喝酒遍，有尚酝奉御李弼不合赴揭盏位失仪。检会《政和殿中省通用敕》：诸应奉失设若稽缓者谓如应进酒食而不即进、当撤馔而不即撤之类。杖八十。契勘李弼自来未曾经历亲近差遣，窃虑别致阙误。”诏依法赎罚讫，对换司围奉御。（《宋会要》，礼四五·宴享之17，第1730页）

2.3.32《冬教保甲敕》

2.3.32.1 元祐六年（1091年）二月十三日，枢密院上《冬教保甲敕》，诏行之。（《宋会要》，兵二·乡兵之38，第8644页）

2.3.33《中书省敕》《尚书省敕》《枢密院敕》《三省通用敕》《三省枢密院通用敕》

2.3.33.1 乾道九年（1173年）二月六日，右丞相梁克家、参知政事曾怀上《中书门下省敕》二卷、《令》二十二卷、《格》一十三卷、《式》一卷、《申明》一卷，《尚书省敕》二卷、《令》七卷、《格》二卷、《式》三卷、《申明》二卷，《枢密院敕》四卷、《令》二十四卷、《格》十六卷、《申明》二卷，《三省通用敕》一卷、《令》五卷、《格》一卷、《式》一卷、《申明》一卷，《三省枢密院通用敕》二卷、《令》三卷、《格》一卷、《式》一卷、《申明》三卷，《目录》二十卷，并元修《看详意义》五百册，乞冠以《乾道重修逐省院敕令格式》为名。（《宋会要》，刑法一·格令二49，第8262页）

从此可知宋朝中央基本分为尚书、门下、中书三省，外加枢密院，共组成中央四大组织体系。

2.3.34《禄敕》《在京禄敕》

2.3.34.1 绍兴八年（1138年）十月三日，尚书右仆射、同中书门下平章事、提举详定一司敕令秦桧等续上《禄敕》一卷、《禄令》二卷、《禄格》一十五卷，《在京禄敕》一卷、《禄令》一卷、《禄格》一十二卷，《中书门下省、尚书省令》一卷，《枢密院〔令〕》一卷、《格》一卷，《尚书六曹寺监通用令》一卷，《大理寺右治狱令》一卷，《目录》六卷，《申明》六卷。诏自绍兴九年正月一日颁行，仍以《绍兴重修禄秩敕令格》为名。先有诏将嘉祐、熙宁、大观禄令并政和禄令格及政和元年十二月十七日后来续降指挥编修，除已先次修成《敕》二卷、《令》三卷、《格》二十五卷、《目录》一十三卷、《申明》一十五卷、《修书指挥》一卷、《看详》一百四十七卷，于绍兴六年九月二十一日进呈讫，至是续修上焉。（《宋会要》，刑法一·格令二之38，第8251页）

此条中《禄敕令格式》和《在京禄敕令格式》分别是禄法中的两大类，前者是“海行”，后者是仅适用京官、朝官的区域性法律。

2.3.35《大宗正司敕》

2.3.35.1 绍兴二十三年（1153年）十一月九日，详定一司敕令所上：《大宗正司敕》一十卷、《令》四十卷、《格》一十六卷、《式》五卷、《申明》一十卷、《目录》五卷。诏颁行。（《宋会要》，刑法一·格令二之42，第8255页）

2.3.36《参附尚书侍郎左右选通用敕》《参附司封敕》《参附司勋敕》《参附考功敕》

2.3.36.1 绍兴三十年（1160年）八月十一日，尚书右仆射、同中书门下平章事、兼提举详定一司敕令陈康伯等上《尚书左选令》一卷、《格》二卷、《式》一卷、《申明》一卷、《目录》三卷，《尚书右选令》二卷、《格》二卷、《式》一卷、《申明》二卷、《目录》三卷，《侍郎左选令》二卷、《格》一卷、《申明》一卷、《目录》三卷，《侍郎右选令》二卷，《格》二卷、《式》一卷、《申明》二卷、《目录》三卷，《尚书侍郎左右选通用敕》一卷、《令》二卷、《格》一卷、《式》一卷、《申明》二卷、《目录》一卷，《司封敕》一卷、《令》一卷、《格》一卷、《申明》一卷、《目录》一卷，《司勋敕》一卷、《令》一卷、《格》一卷、《申明》一卷、《目录》一卷，《考功敕》一卷、《目录》一卷，《改官申明》一卷，《修书指挥》一卷，《厘析》八卷。诏下本所颁降，仍以《绍兴参附尚书吏部敕［令］格式》为名。（《宋会要》，刑法一·格令三之46，第8258页）

2.3.37《吏部敕》

2.3.37.1 绍兴三年（1133年）九月二十七日，尚书右仆射、同中书门下平章事朱胜非等上《吏部敕》五册、《令》四十一册、《格》三十二册、《式》八册、《申明》一十七册、《目录》八十一册、《看详司勋获盗推赏刑部例》三册、《勋臣职位姓名》一册，共一百八十八册。诏自绍兴四年正月一日颁行，仍以《绍兴重修尚书吏部敕令格式并通用敕令格式》为名。（《宋会要》，刑法一·格令二之32，第8249页）

此次修成的吏部法律中，令类的数量是44册，“敕格式”合为45册，可知“令”的数量为四种法律形式中最多部分。

2.3.38《吏部七司敕》

2.3.38.1 开禧元年（1205年）五月二日，权吏部尚书丁常任等言：“参修《吏部七司条法》，今来成书，乞以《开禧重修尚书吏部七司敕令格式申明》为名。”从之。（《宋会要》，刑法一·格令三之59，第8271页）

宋朝吏部七司有一个演变过程，北宋神宗元丰官制改革前官吏考选、管理由审官东、西院，流内铨，三班院，司封，司勋和考功七司组成；元丰官制改革后，总归吏部，下设尚书左、右选，侍郎左、右选，司封、司勋和考功七司，总称为“吏部七司”。这是宋朝官制立法在名称上存在不同的原因。

2.3.39《殿中省敕》《提举所敕》《六尚局敕》《供奉库敕》

2.3.39.1 崇宁三年（1104年）二月二十九日，蔡京言：“奉诏令讲仪司修立六尚局条约闻奏，谨以元陈请画一事件并稽考参酌，创为约束，删润修立成《殿中省提举所六尚局供奉库敕令格式》并《看详》，共六十卷。内不可着为永法者，存为‘申明’；事干两局以上者，总为‘殿中省通用’，仍冠以‘崇宁’为名。所有应干条画、起请、续降、申明及合用旧司条法，已系新书编载者更不行用。不系新书收载，各令依旧引用。”从之。（《宋会要》，职官一九·殿中省之9，第3551页）

此条对所修“申明”的定义是“不可永为法者”，说明“申明”在立法分类中的标准和效力。此次修法涉及的机构有殿中省、提举所、六尚局、供奉库四个中央专门机构。

2.3.40《度支敕》《金部敕》《仓部敕》

2.3.40.1 元祐元年（1086 年）四月八日，门下中书外省言：“取到户部左右曹、度支、金部、仓部官制条例，并诸处关到及旧三司续降、并奉行官制后案卷宣敕，共一万五千六百余件，除海行敕令所该载者已行删去，它司置局见编修者各牒送外，其事理未便、体制未顺，并系属别曹、合归有司者，皆厘析改正，删除重复，补缀阙遗。修到《敕令格式》共一千六百一十二件，并删去‘一时指挥’共六百六十二册，并申明画一一册，先次颁行，以《元丰尚书户部度支金部仓部敕令格式》为名，所有元丰七年六月终以前条贯已经删修者，更不施行。其七月以后条贯，自为后敕。”（《宋会要》，刑法一·格令一之 13，第 8225 页）

元丰官制改革后，户部下设有度支、金部和仓部。此处法律实由“度支敕令格式”、“金部敕令格式”和“仓部敕令格式”三部分组成。

2.3.41《景灵宫供奉敕》

2.3.41.1 元丰五年（1082 年）九月二十二日，入内供奉官冯宗道上《景灵（官）［宫］供奉敕令格式》六十卷。（《宋会要》，刑法一·格令一之 12，第 8224 页）

2.3.42《宗子大小学敕》

2.3.42.1 大观四年（1110 年）闰八月十八日，工部尚书、《圣政录》同编修官李图南奏：“臣将《大观内外宗子学敕令格式》等与奏禀到条画事件，重别详定到《宗子大小学敕》一册、《令》七册、《格》五册、《式》二册、《申明》一册、《一时指挥》一册、《对修敕》一册、《令》二册，总二十一册。谨缮写上进。如得允当，乞付尚书省礼部颁降。”（《宋会要》，刑法一·格令一之 24，第 8238 页）

2.3.43《御试贡举敕》《省试贡举敕》《府监发解敕》《御试省试府

监发解通用敕》《内外通用贡举敕》

2.3.43.1 绍兴二十六年（1156 年）十二月十五日，尚书左仆射、同中书门下平章事、提举详定一司敕令万俟卨等上《御试贡举敕》一卷、《令》三卷、《式》一卷、《目录》一卷、《申明》一卷，《省试贡举敕》一卷、《令》一卷、《式》一卷、《目录》一卷、《申明》一卷，《府监发解敕》一卷、《令》一卷、《式》一卷、《目录》一卷、《申明》一卷，《御试省试府监发解通用敕》一卷、《令》一卷、《格》一卷、《式》一卷、《目录》二卷，《内外通用贡举敕》二卷、《（今）[令]》五卷、《格》三卷、《式》一卷、《目录》四卷、《申明》二卷，《厘正省曹寺监内外诸司等法》三卷，《修书指挥》一卷。诏可颁降，仍以《绍兴重修贡举敕令格式》为名。（《宋会要》，刑法一·格令二之 44，第 8257 页）

宋朝把科举分为御试贡举、省试贡举和府监发解三个不同级别，在立法上采用三者为基本分类，外加“通用”而构成五种法律。

2.3.44《国子监敕》《太学敕》《武学敕》《律学敕》

2.3.44.1 绍兴十三年（1143 年）十月六日，太师、尚书左仆射、同中书门下平章事、提举详定一司敕令秦桧等上《国子监敕》一卷、《令》三卷、《格》三卷、《目录》七卷，《太学敕》一卷、《令》三卷、《格》一卷、《式》二卷、《目录》七卷，《武学敕》一卷、《令》二卷、《格》一卷、《式》一卷、《目录》五卷，《律学敕》一卷、《令》二卷、《格》一卷、《式》一卷、《目录》五卷，《小学令格》一卷、《目录》一卷，《监学申明》七卷，《修书指挥》一卷。诏自来年二月一日颁行，仍以“绍兴重修”为名。[①]（《宋会要》，刑法一·格令二之 40，第 8253 页）

从此可知，宋代中央教育分为国子监、太学、武学、律学、小学等不同形式。

① 《建炎以来系年要录》中有“太师、尚书左仆射、提举评定一司敕令秦桧等上《国子监太学武学律学小学敕令格式》二十五卷”。（《建炎以来系年要》卷一五十，“绍兴十三年九月己丑条”，第 2833 页）

2.3.45《太学敕》

2.3.45.1 绍圣三年（1096 年）十二月十八日，翰林学士承旨、详定国子监条制蔡京言："奉敕详定国子监三学并外州军学制，今修成《太学敕令式》二十三册，以'绍圣新修'为名。"诏以来年正月一日颁行。（《宋会要》，职官二八·国子监之 4，第 3764 页）

由此可知，宋代国子监下分为太学、律学、武学，总称为"国子监三学"。此外，宋朝中央还有算学、小学、书学、画学等。

2.3.46《小学敕》

2.3.46.1 大观三年（1109 年）四月八日，知枢密院郑居中等言："修立到《小学敕令格式申明一时指挥》。乞冠以'大观重修'为名，付礼部颁降。"（《宋会要》，崇儒二·在京小学之 1，第 2761 页）

2.3.47《诸路州县学敕》

2.3.47.1 崇宁二年（1103 年）正月四日，尚书右仆射兼中书侍郎蔡京等奏："昨具陈情，乞诸路置学养士，伏奉诏令讲议立法，修立成《诸州县学敕令格式并一时指挥》凡一十三册，谨缮写上进。如得允当，乞下本司镂版颁行。"从之。（《宋会要》，刑法一·格令二之 22，第 8235 页）

2.3.47.2 崇宁二年（1103 年）五月六日，宰臣蔡京等言，修立成《诸路州县学敕令格式并一时指挥》，诏镂板颁行。（《宋会要》，崇儒二·郡县学·政和学规之 10，第 2767 页）

2.3.48《书画学敕》

2.3.48.1 崇宁三年（1104 年）六月十一日，都省言："窃以书用于世，先王为之立学以教之，设官以达之，置使以谕之。盖一道德，谨（守）［家］法，以同天下之习。世衰道微，官失学废，人自为学，习尚非一，体画各异，殆非所谓书同文之意。今未有校试劝（尚）［赏］之法，欲做先王置学设官之制，考选简（牧）

[拔]，使人自奋所身于图书工技。朝廷图绘神像，与书一体，令附书学，为之校试约束。谨修成《书画学敕令格式》一部，冠以'崇宁国子监'为名。"从之。(《宋会要》，崇儒三·书学之1，第2787页)

宋徽宗朝中央增设书学、画学、算学等专科学，且进行专门立法。这是中国历史上，国家最高教育机构中增设书学、画学、算学的时期。

2.3.49《算学敕》

2.3.49.1 崇宁三年（1104年）六月十一日，都省札子："切以算数之学，其传人矣。《周官》大司徒以（卿）[乡]三物教万民而宾兴之，三曰六艺，礼、乐、射、御、书、数。则周之盛时，所不废也。历代以来，(囚)[因]革不同，其法具（官）在。神宗皇帝追复三代，修立法令，将建学焉。属元祐异议，遂不及行。方今绍述圣绪，小大之政，靡不修举，则算学之设，实始先志。推而行之，宜在今日。今将《元丰算学条制》重加删润，修成（剌）[敕]令，并《对修看详》一部，以《崇宁国子监算学敕令格式》为名，乞赐施行。"从之。都省上《崇宁国子监算学书学敕令格式》，诏："颁行之，只如此书可也。"(《宋会要》，崇儒三之3·算学，第2788页)

此条中《对修看详》是一种法律名称，应是立法成果的一种。

2.3.50《律学敕》

2.3.50.1 建中靖国元年（1101年）三月十七日，详定所奏："续修到《律学敕令格式看详并净条》，冠以'绍圣'为名。"(《宋会要》，崇儒三之10·律学，第2793页)

2.3.50.2 政和六年（1116年）六月五日，户部尚书兼（许）[详]定一司敕令孟昌龄等奏："今参照熙宁旧法，修到《国子监律学敕令格式》一百卷，乞冠以'政和重修'为名。"诏颁行。(《宋会要》，刑法一·格令之29，第8242页)

2.3.51《武学敕》

2.3.51.1 徽宗建中靖国元年（1101年）三月十七日，详定所续

修到《武学敕令格式看详》，冠以“绍圣”为名。从之。（《宋会要》，崇儒三·武学之31，第2805页）

2.3.52《在京人从敕》

2.3.52.1 元丰元年（1078年）九月六日，删定在京当直所修成敕令式三卷，乞以《元丰新定在京人从敕令式》为目颁降。从之。（《宋会要》，刑法一·格令一之11，第8223页）

2.3.53《马递铺敕》

2.3.53.1 大观元年（1107年）七月二十八日，蔡京言：“伏奉圣旨，令尚书省重修《马递铺海行法》颁行诸路。臣奉承圣训，删润旧文，编缵成书，共为一法。谨修成《敕令格式》《申明》《对修》，总三十卷，并《看详》七十卷，共一百册，计六复，随状上进。如或可行，乞降付三省镂版，颁降施行。仍乞以《大观马递铺敕令格式》为名。”从之。（《宋会要》，刑法一·格令一之23，第8236页）

从此可知，大观修法前已经制定过《马递铺海行法》，可是没有严格按敕令格式分类立法。此次修法的最大特点是严格按敕令格式分类立法。

2.3.54《赏赐敕》

2.3.54.1 元祐元年（1086年）八月十二日，诏颁门下中书后省修到《度支大礼赏赐敕令格式》。（《宋会要》，刑法一·格令一之14，第8226页）

2.3.55《夏祭敕》

2.3.55.1 政和七年（1117年）五月二十七日，礼制局编修《夏祭敕令格式》颁行。（《宋会要》，刑法一·格令二之29，第8243页）

2.3.56《明堂敕》

2.3.56.1 宣和元年（1119年）八月二十四日，详定一司敕令所

奏：新修《明堂敕令格式》一千二百六册，乞下本所雕印颁降施行。从之。(《宋会要》，刑法一·格令二之31，第8244页)

2.3.57《诸班直诸军转员敕》《亲从亲事官转员敕》

2.3.57.1 绍兴八年（1138年）六月十九日，尚书左仆射、同中书门下平章事、兼枢密院使赵鼎等上《诸班直诸军转员敕》一卷、《格》一十二卷，《亲从亲事官转员敕》一卷、《令》一卷、《格》五卷。诏降付枢密院行使，仍以《绍兴枢密院诸班直诸军转员敕令格》及《绍兴枢密院亲从亲事官转员敕令格》为名。(《宋会要》，刑法一·格令二之38，第8291页)

三 《长编》中所见敕的篇名

3.1《建隆敕》

3.1.1 乾德元年（963年）七月己卯，判大理寺事窦仪等上重定《刑统》三十卷，《编敕》四卷，诏刊板模印颁天下。先是，颇有上书言刑统条目之不便者，仪因建议请别商榷，即命仪及权少卿武功苏晓、正奚屿、丞张希逊与刑部大理法直官陈光乂、冯叔向等同撰集之。仪等参酌轻重，时称详允。(《长编》卷四，“乾德元年秋七月己卯条”，第99页)

3.2《太平兴国敕》

3.2.1 太平兴国四年（979年），命有司取国初以来敕条纂为《太平兴国编敕》十五卷，行于世。(《长编》卷二十，“太平兴国四年条”，第466页)

此次修“敕”是宋朝建国以来“敕条”的第一次全面立法整理。这个时期称为“编敕”，在立法术语上是较为准确的，因为“编敕”是指对称为“敕”的各种法律成果进行法典化编撰。这里的“敕”是指法律产生时的一种形式而不是一种法律形式。

3.3《淳化敕》

3.3.1 淳化二年（991 年）三月，翰林学士宋白等上新定《淳化编敕》三十卷。（《长编》卷三十二，“太宗淳化二年三月条”，第 714 页）

3.3.2 淳化五年（994 年）六月丁酉，左谏议大夫、知审刑院许骧等上重删定《淳化编敕》三十卷，诏颁行之。（《长编》卷 36，“太宗淳化五年六月丁酉条”，第 792 页）

3.4《咸平编敕》

3.4.1 咸平元年（998 年）十二月，先是，诏给事中柴成务等重详定新编敕。丙午，成务等上言曰：“自唐开元至周显德，咸有格敕，并着简编。国初重定《刑统》，止行《编敕》四卷。洎方隅平定，文轨大同，太宗临朝，声教弥远，遂增后敕为《太平编敕》十五卷，淳化中又增后敕为《淳化编敕》三十卷。编辑之始，先帝亲戒有司，务存体要。当时臣下，不能申明圣意，以去繁文。今景运重熙，孝心善继。自淳化以后，宣敕至多。命有司别加删定，取刑部、大理寺、京百司、诸路转运使所受《淳化编敕》及续降宣敕万八千五百五十五道，遍共披阅。凡敕文与《刑统》、令式旧条重出者及一时机宜非永制者，并删去之；其条贯禁法当与三司参酌者，委本部编次之，凡取八百五十六道，为新删定编敕。其有止为一事前后累敕者，合而为一；本是一敕，条理数事者，各以类分取。其条目相因，不以年代为次，其闲文繁意局者，量经制事理增损之；情轻法重者，取约束刑名削去之。凡成二百八十六道，准律分十二门，并《目录》为十二卷。又以仪制、车服等十六道别为一卷，附《仪制令》。违者如违令法，本条自有刑名者依本条。又以《续降赦书》《德音》九道别为一卷，附《淳化赦书》合为一卷。其厘革一州、一县、一司、一务者，各还本司，令敕称依法及行朝典勘断，不定刑名者，并准律、令、格、式；无本条者，准违制敕，分故失及不躬亲被受条区分。臣等重加详定，众议无殊，伏请镂板颁下，与律令格式、《刑统》同行。”优诏褒答之。（《长编》卷四十三，“真宗咸平元年十二月条”，第 922—923 页）

此条史料是关于此次立法最原始、最全面的史料，因为撰写人就是立法的主持人。

3.5《三司敕》

3.5.1 咸平二年（999年）冬十月癸酉，户部使、右谏议大夫索湘受诏详定《三司编敕》，与河北转运使、刑部员外郎王扶交相请托，擅易版籍。（《长编》卷四十五，“真宗咸平二年十月癸酉条”，第967页）

3.5.2 景德二年（1005年）九月癸亥，权三司使丁谓等上《三司新编敕》十五卷，诏雕印颁行之。（《长编》卷六十一，“真宗景德二年八月癸亥条”，第1367页）

3.5.3 天禧元年（1017年）六月甲戌，有司上条贯《在京及三司编敕》，共十二卷。（《长编》卷九十，“真宗天禧元年六月甲戌条”，第2068页）

3.5.4 熙宁七年（1074年）三月乙巳，王安石言，提举编修《三司敕式》成四百卷，乞缮写付三司等处。从之。（《长编》卷二五一，“神宗熙宁七年三月乙巳条”，第6112页）

3.6《景德农田敕》

3.6.1 景德二年（1005年）十月己卯，先是，诏权三司使丁谓，取户税条目及臣民所陈农田利害，编为书。谓乃与户部副使崔端、盐铁判官张若谷、度支判官崔曙乐黄目、户部判官王曾，参议删定，成《景德农田敕》五卷，庚辰，上之，令雕印颁行，民间咸以为便。（《长编》卷六十一，“真宗景德二年十月己卯条”，第1369页）

3.6.2 元丰八年（1085年）八月己丑，夫农蚕者，天下衣食之源，人之所仰以生也，是以圣王重之。臣不敢远引前古，窃闻太宗尝游金明池，召田妇数十人于殿上，赐席使坐，问以民间疾苦。田妇愚戆，无所隐避，赐帛遣之。太宗兴于侧微，民间事固无不知，所以然者，恐富贵而忘之故也。每临朝，无一日不言及稼穑。真宗乳母秦国夫人刘氏，本农家也，喜言农家之事，真宗自幼闻之。故为开封尹以善政著闻。及践大位，咸平、景德之治，为有宋隆平之极。《景德农田敕》，至今称为精当。（《长编》卷三五九，“神宗元丰八年八月己丑条”，第8590页）

3.7《大中祥符敕》

3.7.1 大中祥符六年（1013 年）四月庚辰，判大理寺王曾言，自《咸平编敕》后，续降宣敕千一百余道，及杂行者又三千六百余道，条件既众，检视尤难，望遣官删定。乃诏曾与翰林学士陈彭年等同加详定。（《长编》卷八十，“真宗大中祥符六年四月庚辰条”，第 1823 页）

3.7.2 大中祥符九年（1016 年）八月己卯，翰林学士陈彭年等言：“先准诏看详新旧编敕，及取已删去并林特所编三司文卷续降宣敕，尽大中祥符七年，总六千二百道，千三百七十四条，分为三十卷。其仪制、敕书、德音别为十卷，与《刑统》《景德农田敕》同行。其止是在京及三司本司所行宣敕，别具编录。若三司例册，贡举、国信条制，仍旧遵用。”上谓宰相曰：“彭年等删去繁文，甚为简便。然有本因起请，更相难诘，冲改前后，特留一敕者，今既删去，恐异日或须证验，即无从得之。宜令录所删敕一本，别付馆阁，以备检详。”（《长编》卷八十，“真宗大中祥符九年八月己卯条”，第 2004 页）

按 3.7.2 条记载，此次立法中不仅对适用于京城和三司内部的“宣敕”独立修撰成《在京编敕》和《三司编敕》两部，还修成《贡举敕》和《国信敕》等法律。

3.8《一州一县敕》《在京一司敕》

3.8.1 天禧四年（1020 年）二月辛卯，参知政事李迪等上《一州一县新编敕》三十卷。（《长编》卷九十五，“真宗天禧四年正月辛卯条”，第 2180 页）

3.8.2 庆历七年（1047 年）九月丁酉，诏删定《一州一县敕》。（《长编》卷一百六十一，“仁宗庆历七年九月丁酉条”，第 3387 页）

3.8.3 庆历八年（1048 年）十一月己未，命翰林学士钱明逸、翰林侍读学士张锡同详定《一州一县编敕》。（《长编》卷一六五，“仁宗庆历八年十一月己未条”，第 3975 页）

3.8.4 熙宁四年（1071 年）十二月癸亥，邓绾言：“编敕删定将毕。《诸路一州一县敕》自庆历中删修，行用已久，请加讨论，接续删定……”并从之。（《长编》卷 228，“神宗熙宁四年十二月癸亥条”，第 5554 页）

3.8.5 熙宁七年（1074年）六月己卯，诏在京、一司、一路一州一县敕编修讫，并上中书。《在京一司敕》送检正官，余送详定一司敕令所再详定。（《长编》卷二五四，“神宗熙宁七年六月己卯条”，第6210页）

3.8.6 熙宁九年（1076年）冬十月辛卯，权御史中丞邓润甫详定一司一务、一路一州一县敕。（《长编》卷二七八，“神宗熙宁九年十月辛卯条”，第6797页）

3.9《一司一务敕》《在京敕》

3.9.1 天禧四年（1020年）十一月甲子，宰臣李迪等上删定《一司一务编敕》三十卷。（《长编》卷九十六，“真宗天禧四年十一月甲子条”，第2212页）

3.9.2 明道二年（1033年）八月辛酉，命翰林学士章得象、知制诰郑向编定《一司一务敕》。（《长编》卷一一三，“仁宗明道二年八月辛酉条”，第2634页）

3.9.3 景祐二年（1035年）六月乙亥，章德象等上所修《一司一务及在京编敕》四十四卷，并赐阶、勋及器币有差。（《长编》卷一一六，“仁宗景祐二年六月乙亥条”，第2739页）

3.9.4 熙宁六年（1073年）九月辛丑朔，判司农寺曾布、权御史中丞邓绾、权知审刑院崔台符，并兼详定一州一县、一司一务敕。（《长编》卷二四七，“神宗熙宁六年九月辛丑条”，第6006页）

从3.9.2条和3.9.3条可知，明道二年修的《一司一务敕》到景祐二年才完成。北宋至少有三个版本的《一司一务敕》，即天禧、景祐和熙宁。在北宋法律分类中，部门和地方法律分类用语为“在京”、“一司一务”、“一路一州一县”或“一州一县”三种。此种分类是以适用区域和部门作为标准。

3.10《天圣敕》

3.10.1 天圣四年（1026年）九月壬申，命翰林学士夏竦、蔡齐、知制诰程琳等重删定编敕。时有司言编敕自大中祥符七年至今复增及六千七百八十三条，请加删定。帝问辅臣曰：“或谓先朝诏令不可轻改，信然乎?”王曾曰：“此憸人惑上之言也。咸平中，删太宗诏令，十存一二。盖去繁密之文以便于民，何为不可。今有司但详具本末，又须臣等审究利害，一一奏禀，然后施行也。”上然之。(《长编》卷一百四，“仁宗天圣四年九月壬申条”，第2423页)

3.10.2 天圣七年（1029年）九月丁丑，编敕既成，合《农田敕》为一书，视《祥符敕》损百有余条。其丽于法者，大辟之属十有七，流之属三十有四，徒之属百有六，杖之属二百五十有八，笞之属七十有六，又配隶之属六十有三，大辟而下奏听旨七十有一，凡此皆在律令外者也。于是，诏下诸路阅视，听言其未便者。寻又诏尽一年无改易，然后镂版颁行。(《长编》卷一百八，“仁宗天圣七年九月丁丑条”，第2523页)

从此看，《天圣敕》共有625条，都是刑法，且在《唐律》和《刑统》之外，说明宋代刑事法律到天圣年间数量上已经较《唐律》和《刑统》出现大幅度增加。

3.11《五服年月敕》

3.11.1 天圣五年（1027年）冬十月乙酉，翰林侍讲学士孙奭言：“见行丧服，外祖卑于舅姨，大功加于嫂叔，其礼颠倒。今录开宝正礼五服年月一卷，请下两制、礼院详定。”学士承旨刘筠等言：“奭所上五服制度，皆应礼，然其义简奥，世俗不能尽通，今解之以就平易。言两相为服，无所降杀，旧皆言报者，具载所为服之人。其言周者，本避唐讳，今复为期。又节取《假宁令》附《五服敕》后，以便有司。而丧服亲疏隆杀之纪，始有定制。”己丑，诏国子监摹印颁天下。(《长编》卷一百五，“仁宗天圣五年冬十月乙酉条”，第2453—2454页)

3.11.2 景祐二年（1035年）八月辛酉，同知太常礼院宋祁言：“前祠部员外郎、集贤校理郭稹幼孤，母边更适士人王涣，生四子。稹无伯叔兄弟，独承郭氏之祭。今边不幸，而稹解官行服。按《五服制度敕》‘齐衰杖期降服之条’曰：‘父卒母嫁及出妻之子为母。’其左方注：‘谓不为父后者。若为父后者，则为嫁母无服。’”下礼院、御史台详定，侍御史刘夔曰：

按天圣六年敕，《开元五服制度》《开宝正礼》并载齐衰降服条例，虽与祁所言不异，然《假宁令》：“诸丧，斩、齐三年并解官；齐衰杖期及为人后者为其父母，若庶子为后为其母，亦解官，申心丧；母出及嫁，为父后者虽不服，亦申心丧。”注云：“皆为生己者。”律疏云：“心丧者，谓妾子及出妻之子合降其服，二十五月内为心丧。”再详《格令》：“子为嫁母，虽为父后者不服，亦当申心丧。”又称：“居心丧者，释服从吉及忘丧作乐、冒哀求仕者，并同父母正服。”今龙图阁学士王博文、御史中丞杜衍并尝为出嫁母解官行丧。若使生为母子，没同路人，则必亏损名教，上玷孝治。

且杖期降服之制，本出《开元礼》文，逮乎天宝，已降别敕，俾终三年，然则当时已悟失礼。晋袁准谓：“为人后，服嫁母。据外祖异族，犹废祭行服，知父后应服嫁母。”刘智释义云：“虽为父后，犹为出嫁母齐衰。”昔孔鲤之妻为子思之母，鲤卒而嫁于卫，故《檀弓》曰：“子思之母死，柳若谓子思曰：‘子，圣人之后也，四方于子乎观礼，子盍谨之。’子思曰：‘吾何谨哉！’”石苞问淳于睿曰：“为父后者，不为出母服。嫁母犹出母也，或者以为嫁与出不异，不达礼意。虽执从重之义，而以废祭见讥。君为详正。”睿引子思之义为答，且言：“圣人之后服嫁母，明矣。”稹之行服，是不为过。诏两制、御史台、礼院再定，议曰：“按《仪礼》：‘父卒继母嫁，为之服期。’谓非生己者，故父卒改嫁，降不为己母。唐上元元年敕，父在为母尚许服三年。今母嫁既是父终，当得申本服。唐绍议云：‘为父后者为嫁母杖周，不为父后者请不降服。’至天宝六载，敕五服之纪，所宜企及，三年之数，以报免怀。其嫁母亡，宜终三年，又唐八座议吉凶加减礼云：‘凡父卒，亲母嫁，齐衰杖期，为父后者亦不服，不以私亲废祭祀，惟素服居垩室，心丧三年，免役解官。母亦心服之，母子无绝道也。’按通礼五服制度：父卒母嫁，及出妻之子为母，及为祖之后，祖在为祖母，虽周除，仍心丧三年。”

侍讲学士冯元言：“《仪礼》《礼记正义》《古之正礼》；《开宝通礼》《五服年月敕》，国朝见行典制，为父后者，为出母无服。惟《通礼义纂》引唐天宝六载制：‘出母、嫁母并终服三年。’又引刘智释义：‘虽为父后，犹为出母、嫁母齐衰，卒哭乃除。’或疑二者之相违。窃详天宝之制，言诸子为出母、嫁母，故云‘并终服三年’。刘智言为父后者为出母、嫁母，故云‘犹为齐衰，卒哭乃除’。各有所谓，固无疑也。况《天圣五服年月敕》：‘父卒母嫁及出妻之子为母降杖期。’则天宝出母、嫁母并终服三年之制不可行用。又但言母出及嫁，为父后者虽不服，亦申心丧，即不言解官。若专用礼经，则是全无服式，施之今世，理有未安。若俯从诸子杖期，又于条制更相违戾。既求礼意，当近人情，凡子为父后，无人可奉祭祀者，依通礼义纂，刘智释义，服齐衰，卒哭乃除，踰月乃祭，仍申心丧，则与《仪礼》《礼记正义》《通典》《通礼》《五服年月敕》：'为父后者，为出母、嫁母无服'之言不相远也。如诸子非为父后者，为出母、嫁母，依《五服年月敕》，降服齐衰杖期，亦解官申心丧，则与《通礼·五服制度》言：'虽周除，仍心丧三年'，及《刑统》言：'出妻之子合降其服，皆二十五月内为心丧'，其义一也。以此论之，则国朝见行典制，尽与古之正礼相合，余书有偏见之说，不合礼经者，皆不可引用。郭稹若无伯叔及兄可奉父祖祭祀，应得子为父后之条，又缘解官行服已过期年，难于追改，后当依此施行。"诏自今并听解官，以申心丧。(《长编》卷一一七，"仁宗景祐二年八月辛酉条"，第2749—2752页)

3.11.3 治平二年（1065年）三月壬午，礼院奏："近依国朝故事，详定仁宗大祥变除服制，以三月二十九日禫除，至七月一日从吉，已蒙降敕。臣等谨按《礼学》，王肃以二十五月为毕丧，而郑康成以二十七月，《通典》用康成之说，又加至二十七月终，则是二十八月毕丧，而二十九月始从吉。盖失之也。祖宗时据《通典》为正，而未讲求故事，天圣中更定《五服年月敕》，断以二十七月，今士庶所同遵用。夫三年之丧，自天子达于庶人，不宜有异，请于三月二十九日为大祥，五月择日而禫，六月一日从吉。"从之。(《长编》卷二百四，"英宗治平二年三月壬午条"，第4953页)

3.11.4 元丰三年（1080年）三月丁丑，礼院言："《周礼·司服职》曰：'凡丧，为后齐衰。'注曰：'诸侯为之不杖期。'《疏义》：'谓诸侯诸臣皆为王后着齐衰，不杖。又仪礼丧服为君之祖母。'《传》曰：'何以期也？从服也。'又《五服年月敕》：'齐衰不杖期章，为祖父母。'是古者诸臣于后同服齐衰而不杖。今群臣为大行太皇太后，于礼，合服齐衰不杖期。遗诏虽言释服后勿禁作乐，续诏民庶过百日作乐，自启菆至祔庙，复诏禁止。即群臣自宜依礼律期年听乐。"诏三路缘边官祔庙毕，许用乐，余文武官皆期年。(《长编》卷三百三，"神宗元丰三年三月丁丑条"，第7369页)

3.12《附令敕》

3.12.1 天圣七年（1029年）五月己巳，诏以《新令》及《附令》颁天下。始，命官删定编敕，议者以《唐令》有与本朝事异者，亦命官修定，成三十卷，有司又取《咸平仪制令》及制度约束之在敕，其罪名轻者五百余条，悉附令后，号曰《附令敕》。(《长编》卷一百八，“仁宗天圣七年五月己巳条”，第2512页)

从上可知，天圣年间修令有两部分，即《天圣新令》，在《唐令》基础上修成；《附令敕》属于“敕”，但内容却是“设制立范”和“轻罪”，共有500条。这时《附令敕》还不全是设制立范的非刑事法律。

3.12.2 熙宁六年（1073年）九月丁未，翰林学士、右正言曾布为起居舍人，工部郎中、龙图阁待制邓绾为兵部郎中，权知审刑院崔台符、权发遣大理寺少卿朱温其等九人升任、迁官、循资有差，并以修编敕成故也。赐提举王安石银绢各五百，降诏奖谕。《会要》：熙宁六年八月七日，提举编敕宰臣王安石上删定《编敕》《赦书德音》《附令敕》《申明》《敕目》录共二十七卷。诏编敕所镂版，自七年正月一日颁行。先是，诏以嘉祐四年已后续降宣敕删定，命大理寺法直官刘赓、左班殿直张宲充检详官，刑房堂后官刘笃充点对官，祕书丞胡瑗、太子中舍陈偲、大理寺丞张巨、光禄寺丞虞太宁充删定官，权大理少卿朱温其充编排官，翰林学士曾布、龙图阁待制邓绾、权知审刑院崔台符充详定官，安石提举。至是，上之。(《长编》卷二四七，“神宗熙宁六年九月丁未条”，第6011页)

3.12.3 元丰二年（1079年）二月丁巳，诏：“成都府钤辖寄任颇重，与他路不同，其知府处置钤辖司职事，自今并须参议，于接待仪范，并依蔡延庆未到任以前体例，毋辄裁损，座次与监司依《熙宁附令敕》施行，仍罢与本路通判序官指挥。”(《长编》卷二九六，“神宗元丰二年二月丁巳条”，第2712页)

3.13《减定配隶刑名敕》

3.13.1 景祐二年（1035年）十一月乙未，令审刑院、大理寺《别减定配隶刑名》，为《敕》五卷。《会要》：五年十月四日上《减定敕》五卷，今附此。(《长编》卷一一七，“仁宗景祐二年十一月乙未条”，第2762页)

从此史料看，此法律名称有《减定敕》《减定配隶刑名敕》等。

3.14《庆历编敕》

3.14.1 庆历四年（1044 年）五月癸酉，司勋员外郎吕绍宁请以见行编敕年月后续降宣敕，令大理寺检法官，依律门分十二编，以颁天下，庶便于检阅而无误出入刑名。从之。（《长编》卷一四九，“仁宗庆历四年五月癸酉条”，第 3609 页）

3.14.2 庆历七年（1047 年）春正月己亥，《庆历编敕》成，凡十二卷，别为《总例》一卷。视《天圣敕》增五百条，大辟增八，流增五十有六，徒减十有六，杖减三十有八，笞减十有一；又配隶减三，大辟而下奏听旨者减二十有一。详定官张方平、宋祁、曾公亮并加勋及赐器币有差。（《长编》卷一六十，“仁宗庆历七年正月己亥条”，第 3861 页）

比较《庆历敕》和《天圣敕》，《庆历敕》较前者增加了 500 多条，总数达 1100 多条。

3.15《殿前马步军司编敕》

3.15.1 嘉祐二年（1057 年）五月癸未，命枢密副使田况提举修《殿前马步军司编敕》。知制诰刘敞言：“臣伏闻朝廷选官删定《殿前马步军等司编敕条贯》，诚为要务。臣以谓科律虽详，执而用之者吏也，若不审，则狱容有滥。今殿前等司所以统诸军，刑罚不少，而鞫讯论决一委胥吏，曾无掾曹士大夫参其间，即有猾吏因事侮文，其势不难。狱者重事，人命所系，自古以来，未尝独任小吏，不关搢绅者也。又汉、唐大将军营卫幕府，或设军政议郎、录事、兵曹，分职联事，其员甚众。今诚制度太简略，欲尽如古难矣。且每司置狱官一员，专典鞫狱，令流内铨选补，如左右军巡判官例。如此，狱可使不冤，刑可使不误，庶几上副朝廷钦恤之意，愈于专修编敕而已。”（《长编》卷一八五，“仁宗嘉祐二年五月癸未条”，第 4479 页）

从此史料看，《殿前马步军司编敕》和《殿前马步军等司编敕条贯》就是同一法律，宋朝有时会在法律名称上加“条贯”两字。“条贯”是宋代对法律的一种称谓。

3.16《三班院编敕》

3.16.1 嘉祐三年（1058年）正月丙午，太常博士韩缜修《三班院编敕》。（《长编》卷一八七，“仁宗嘉祐三年正月丙午条”，第4503页）

3.17《枢密院敕》

3.17.1 嘉祐三年（1058年）十二月甲辰，枢密院上《端拱以来宣敕札子》[①] 六十卷，以一本留中，一本送龙图阁。初，韩琦为枢密副使，言尝任河北，见祖宗所下诏令，皆契丹未讲和以前经武御戎之事，请下本院编录而上之。(《长编》卷一八八，“仁宗嘉祐三年十二月甲辰条”，第4535—4536页)

3.18《嘉祐敕》《附令敕》

3.18.1 嘉祐二年（1057年）八月丁未，韩琦又言：“天下见行编敕，自庆历四年以后，距今十五年，续降四千三百余件，前后多抵牾，请加删定。”乃诏宰臣参知政事曾公亮同提点详定编敕。（《长编》卷一八六，“仁宗嘉祐二年八月丁未条”，第4487页）

3.18.2 嘉祐七年（1062年）夏四月壬午日。宰相韩琦等上所修《嘉祐编敕》，起庆历四年，尽嘉祐三年，凡十二卷。其元降敕但行约束而不立刑名者，又析为《续附令敕》，合帙凡五卷。视《庆历敕》，大辟增六，流减五十，徒增六十有一，杖增七十三，笞增三十有八，配隶增三十，大辟而下奏裁听旨增四十五云。（《长编》卷一九六，“仁宗嘉祐七年四月壬午条”，第4745页）

这次修敕开始严格区分刑事与非刑事法律，即把“敕”限定在刑事法领域，非刑事限定在“令”类。因为这时的“附令敕”已经是“行约束而不立刑名者”，不再包括轻罪的刑事法律。嘉祐编敕修成《嘉祐敕》十二卷，《附令敕》五卷。《嘉祐敕》的数量较《庆历敕》仍然在增加。

---

① 《宋史》卷二百四“艺文志”中记载有“韩琦《端拱以来宣敕札子》六十卷”（第5139页）。两处史料记载的编敕应是同一立法成果。

3. 18. 3 熙宁七年（1074 年）七月癸亥，惠卿献议曰："免役出钱或未均，出于簿法之不善。按《户令》手实者，令人户具其丁口、田宅之实也。《嘉祐敕》：造簿，委令佐责户长、三大户，录人户、丁口、税产、物力为五等，且田野居民，耆、户长岂能尽知其贫富之详？既不令自供手实，则无隐匿之责，安肯自陈？又无赏典，孰肯纠决？以此旧簿不可信用，谓宜做手实之意，使人户自占家业。如有隐落，即用隐寄产业赏告之法，庶得其实。手实法凡造五等簿，预以式示民，令民依式为状，纳县簿记，第其价高下为五等。乃定书所当输钱，示民两月。非用器、田谷而辄隐落者许告，有实，三分以一充赏。其法：田宅分有无蕃息各立等，居钱五当蕃息之钱一。通一县民物产钱数，以元额役钱均定。凡田产，皆先定中价示民，乃以民所占如价计钱。"（《长编》卷二五四，"神宗熙宁七年七月癸亥条"，第 6226—6227 页）

3. 18. 4 元丰八年（1085 年）八月乙巳，资政殿学士韩维奏：钱币阑出边关，则足以资敌国，旧法为禁甚严，今每贯税钱五十文，恣听其出中国，臣请复禁如旧法。诏："依《嘉祐编敕》施行。其《熙宁申明敕》，更不施行。仍令河北沿边安抚司契勘，自删定《嘉祐编敕》后来，沿边如何施行，今来却行禁绝，有无合随宜措置事件，仰具事理闻奏。"（《长编》卷三五九，"神宗元丰八年八月乙巳条"，第 8586 页）

从此可知熙宁年间编有《熙宁申明敕》。此时"申明"和"敕"的关系还处在形成时期。

3. 18. 5 元祐元年（1086 年）闰二月壬子，先是，给事中范纯仁言："……臣谨按《嘉祐编敕》：'应犯罪之人，或因疑被执，赃证未明，或徒党从就擒，未被指说，但因盘问，便具招承，如此之类，皆从律案问欲举首减之科。若曾经盘问，隐拒本罪，更不在首减之例。'此敕于理最当。所以仁宗朝用之，天下号为刑平。臣今乞应天下案问欲举，除于法不首不得原减外，其犯罪，并取《嘉祐编敕》内上条定断。其后来敕条，更不施行。如此，则不破敕律，用法当情，上以广陛下好生之德，下则无一夫不获之冤。"（《长编》卷三七〇，"哲宗元祐元年闰二月壬子条"，第 8941 页）

3. 18. 6 元祐元年（1086 年）四月己亥，户部言："民庶上言，每三年重定乡村坊郭等第人户隐落家业，乞展限十日，许人告论。看详欲依《元丰令》日限，将《嘉祐编敕》内一月改为六十日。”从之。(《长编》卷三七五，“哲宗元祐元年四月己亥条”，第 9089 页)

3. 18. 7 元祐元年（1086 年）四月乙巳，诏：“铜、锡、鍮石，依旧禁榷，有犯并私造作及与人造作器用，罪、赏依《嘉祐编敕》法。除诸军官员器用、鞍辔及寺观士庶之家古器、佛道功德像、钟、磬、铙、钹、铃杵、相轮、照子等许存留外，余铜器限一百日赴官送纳，每觔支钱二百文。限满不纳，杖一百，物没官。从左正言朱光庭之请也。”（《长编》卷三七五，“哲宗元祐元年四月乙巳条”，第 9103 页)

3. 18. 8 元祐元年（1086 年）五月壬戌，东路提点刑狱司言：“提举司别有帐，今敕并依《嘉祐常平仓法》，按《嘉祐编敕·仓敕》，经本处钩磨，申司农寺缴牒，三司送钩。今义仓、免役虽罢，缘有官物出入，系帐司拘管，其文帐须吏人钩考，乞令提刑司候及二年别具裁损。”从之。(《长编》卷三七七，“哲宗元祐元年五月壬戌条”，第 9161 页)

3. 18. 9 元祐元年（1086 年）十一月丙辰，刑部言：“大理寺状，见勘百姓王秉告梢工赵僧等私载物货。按纲船载私物明破二分，盖虑不容私载，则必于官物为弊，若稍有过数便许人陈告给赏，纲运人兵实受其敝矣。欲请罢告赏条，仍将见勘公事依自首法。本部看详：《嘉祐敕》无告赏之文，《熙宁敕》惟立新钱纲告赏之法，欲并依所请。”从之。(《长编》卷三九一，“哲宗元祐元年十一月丙辰条”，第 9505 页)

3. 18. 10 元祐元年（1086 年）八月庚子，江、淮、荆、浙等路发运副使蒋之奇言：“江、淮、荆、浙六路捕到私盐，除官给盐犒赏钱外，更于犯人名下别理赏钱，并依条先以官钱代支。其逐州县代支过转运司者甚多，无由纳足。窃计失陷不赀，以至未获犯人先支三分充赏，比以旧法，亦复太多。况旧法募赏已备，足以禁止，岂须枉费官钱以申无益之禁？今相度欲一遵《嘉祐敕》告捕私盐未获徒伴，即据获到盐数，十分中官给一分充赏。”从之。(《长编》卷三八五，“哲宗元祐元年八月庚子条”，第 9387 页)

3. 18. 11 元祐八年（1093 年）四月戊午，御史中丞李之纯言：“臣僚上言，乞严立制度，以绝奢僭之源；杜绝邪侈，以成风俗之厚。至于闾巷庶人，服锦绮，佩珠玑，屋室宏丽，器用僭越，皆可禁止。诏令礼部将见行条贯行下。按《嘉祐敕》，犹有品官民庶装饰真珠之法，至熙宁、元祐编敕即行删去。窃以承平日久，风俗恬嬉，以华丽相高，而法禁纵弛，至于闾阎下贱，莫不僭踰，以逞私欲。商贾贩易，获利日厚，则彼方采取，其数日增，最为残物害人、浮侈踰僭之甚者。独无其法，何以示民？愿降明诏，禁广南东、西路人户采珠，止绝官私不得收买外，海南诸蕃贩真珠至诸路市舶司者，抽解一二分入官外，其余卖与民间。欲乞如国初之制，复行禁榷珠，其抽解之外，尽数中卖入官，以备乘舆宫掖之用。申行法禁，命妇、品官、大姓、良家许依旧制装饰者，令欲官买，杂户不得服用。以广好生之德，而使民知贵贱之别，莫敢踰僭。及民间服用诸般金饰之物，浮侈尤甚，而条贯止禁销金。其镂金、贴金之类，皆是糜坏至宝，僭拟宫掖，往年条禁甚多，亦乞修立如销金之法。”诏镂金、贴金之类，令礼部检举旧条；珠子，令户部相度以闻。(《长编》卷四八三，“哲宗元祐八年四月戊午条”，第11482—11483页)

3.19《铨曹敕》

3.19.1 治平三年（1066年）五月庚午，吏部流内铨进编修《铨曹格敕》十四卷，诏行之。(《长编》卷二百八，“英宗治平三年四月庚午条”，第5053页)

3.20《群牧司编敕》

3.20.1 熙宁三年（1070年）五月丁未，群牧判官王诲上《群牧司编敕》十二卷，行之。(《长编》卷二一一，“神宗熙宁三年五月丁未条”，第5131页)

3.21《大宗正司敕》《八路敕》《将作监敕》

3.21.1 熙宁五年（1072年）二月甲寅，大宗正司上《编修条例》六卷。先是，嘉祐六年正月，诏魏王宫教授李田编次本司先降宣敕，成六卷，以田辄删改元旨，仍改命大宗正丞张稚圭、李德刍、馆阁校勘朱初平、陈侗、林希同编修，至是上之。(《长编》卷二三〇，“神宗熙宁五年二月甲寅条”，第5589页)

此法初名为《大宗正司条例》，但实为《大宗正司敕》。

3.21.2 熙宁七年（1074年）三月丙午，太子中允、崇文院校书黎侁为馆阁校勘；权三司使曾布上熙宁新编《大宗正司敕》，诏付本司施行。（《长编》卷二五一，“神宗熙宁七年三月丙午条”，第6113页）

3.21.3 熙宁七年（1074年）三月乙卯，太常博士、检正中书礼房公事向宗儒，太常丞、集贤校理、检正中书吏房公事蒲宗孟减磨勘二年，黄严县主簿、崇文院校书曾肇循一资。宗儒以编修《大宗正司敕》、宗孟以《八路敕》、肇以《将作监敕》成也。（《长编》卷二五一，“神宗熙宁七年三月乙卯条”，第6121页）

3.22《审官西院敕》

3.22.1 熙宁五年（1072年）十二月庚辰，右谏议大夫沈立等上新修《审官西院敕》十卷，诏赐银绢有差。（《长编》卷二四一，“神宗熙宁五年十二月庚辰条”，第5877页）

3.23《审官东院敕》

3.23.1 元丰二年（1079年）十一月丙子，知审官东院陈襄乞委本院官重定本院敕令式。从之。（《长编》卷三百一，“神宗元丰二年十一月丙子条”，第7321页）

3.24《熙宁编敕》《陕西一路敕》《附令敕》

3.24.1 熙宁六年（1073年）九月丁未，翰林学士、右正言曾布为起居舍人，工部郎中、龙图阁待制邓绾为兵部郎中，权知审刑院崔台符、权发遣大理寺少卿朱温其等九人升任、迁官、循资有差，并以修编敕成故也。赐提举王安石银绢各五百，降诏奖谕。《会要》：熙宁六年八月七日，提举编敕宰臣王安石上删定《编敕》《赦书德音》《附令敕》《申明敕》《目录》共二十七卷。诏编敕所镂版，自七年正月一日颁行。（《长编》卷二四七，“神宗熙宁六年九月丁未条”，第6011页）

3.24.2 熙宁七年（1074 年）六月乙亥，诏监安上门、光州司法参军郑侠勒停，编管汀州。……侠《言行录》云：吕惠卿参政，其日京师大风霾，黄土翳席逾寸。侠又上疏论之，不报。此事当考。侠荐京为相，此据京本传，新、旧史皆云，而实录、墨本但云侠称京及元绛、孙永、王介四人皆仁义人，不云荐京为相，盖不详也，朱本又削去四人姓名。按《熙宁编敕》：擅发马递罪止杖一百，今勒停、编管，盖别有所为，而墨本、朱本并云坐上书献图、擅发马递。（《资治通鉴长编》卷二五四，“神宗熙宁七年六月乙亥条”，第 6207 页）

3.24.3 熙宁八年（1075 年）闰四月甲辰，权发遣环庆路经略使范纯仁言：“旧陕西敕弓箭手、百姓不许典买租赁蕃部田土，至《熙宁编敕》则不禁。臣今体访环、庆州诸城寨属户，昨因灾伤，多以田土典卖与蕃部，虑渐典卖与汉人。缘熟户以耕种为业，恐既卖尽田土，则无顾恋之心，以至逃背作过，缓急难以点集。乞自今陕西缘边属户蕃部地，止许典与蕃部，立契毋得过三年。”诏地连夏国界者，用《陕西一路敕》，余用编敕。（《长编》卷二六三，“神宗熙宁八年闰四月甲辰条”，第 6436 页）

3.24.4 元祐元年（1086 年）四月乙巳，殿前马步军司言禁军排连，欲且依《熙宁编敕》施行。从之。（《长编》卷三七五，“哲宗元祐元年四月乙巳条”，第 9105 页）

3.25《军马司敕》

3.25.1 熙宁八年（1075 年）闰四月丙申，枢密使吴充兼群牧制置使，提举修《军马敕》。（《长编》卷二六三，“神宗熙宁八年闰四月丙申条”，第 6427 页）

3.25.2 熙宁十年（1077 年）正月壬申，宰臣吴充以提举详定删修《军马司编敕》成，赐银、绢各三百，删修官改差遣，减磨勘年有差。（《长编》卷二八〇，“神宗熙宁十年正月壬申条”，第 6853 页）

从 3.25.1 条中看，《军马敕》应是《军马司敕》的简称。“军马司”全称是“节度行军马司”。因为在 3.25.2 条中明确指出吴充修法成果是《军马司敕》。

3.26《利州路一州一县敕》

3.26.1 熙宁八年（1075 年）七月辛巳，权知茂州李琪奏："臣窃见本州四面，并是蕃部住坐处，别无城池限隔。土人言，每遇蕃部小有作过，则便至城下抢劫。臣欲修筑州城，安集百姓，以慰远人之心，并乞就本州招刺土兵三百人，以武宁指挥为额。又窃见《利州路一州一县敕》内：'文州蕃贼入汉界作过，其缘边镇弓箭手、寨户等，如亲自斗敌，斫蕃贼首级者，每一贼首支大铁钱四贯充赏。如获三人首级，支赏外，仍免户下诸般差配及支移、折变。其镇、寨将即候得替日，量功劳轻重，与优等句当，或迁转一资。'臣勘会本州，比之文州更为极边，本州人并惯习战斗，曾经捕贼。今乞威、茂、保、霸等州土兵，依上条酬赏。"（《长编》卷二六六，"神宗熙宁八年七月辛巳条"，第 6531 页）

3.27《义勇保甲制敕》《冬教保甲敕》

3.27.1 熙宁十年（1077 年）秋七月乙丑，枢密副都承旨张诚一上删定《义勇保甲制敕》五卷、《总例》一卷。（《长编》卷二八三，"神宗熙宁十年秋七月乙丑条"，第 6937 页）

3.27.2 元祐六年（1091 年）二月辛丑，枢密院上《冬教保甲敕》。诏行之。（《长编》卷四五五，"哲宗元祐六年二月辛丑"，第 10907 页）

上面两条史料记载制定的《保甲敕》名称是不同，构成了保甲法中两部不同立法成果。但在性质上，两部都可称为《保甲敕》。

3.28《贡举敕》《武举敕》

3.28.1 熙宁十年（1077 年）八月癸未，太原府司法参军、馆阁校勘、中书刑房习学公事范镗为大理评事、权检正刑房公事。以编修《贡举敕式》毕也。（《长编》卷二八四，"神宗熙宁十年八月癸未条"，第 6949 页）

3.28.2 元丰元年（1078 年）八月癸丑，知谏院黄履言："《贡举新敕》，以诸科口授旧条删为进士传义之法，购赏既重，证验难明，施之礼闱，恐生诬罔，乞再删定"。从之。（《长编》卷二九一，"神

宗元丰元年八月癸丑条”，第 7119 页）

3. 28. 3 元丰元年（1078 年）十月乙巳，诏兵部以《贡举敕式》内《武举敕条》，再于诸处索文字，删类成《武举敕式》以闻。（《长编》卷二九三，“神宗元丰元年十月乙巳条”，第 7147 页）

3. 29《刑部敕》《在京通用敕》《皇祐一司敕》

3. 29. 1 熙宁十年（1077 年）十二月壬午，详定一司敕所以《刑部敕》来上，其朝旨自中书颁降者皆曰“敕”，自枢密院者皆曰“宣”，凡九门，共六十三条。从之。《中书时政记》：十二月六日，详定一司敕所言：“准朝旨送下编到《刑部敕》二卷，共七十一条，今将所修条并后来敕札一处看详。其间事属别司者，则悉归本司；若两司以上通行者，候将来修入《在京通用敕》；已有条式者，更不重载；文义未安者，就加损益；合与《海行敕》相照者，已申中书及牒重修编敕所。兼详《皇祐一司敕》系皇祐四年九月八日颁降，今于逐条后目为降敕日，其后来圣旨、札子、批状，中书颁降者悉名曰‘敕’，枢密院颁降者悉名曰‘宣’。共修成一卷，分九门，总六十三条，已送刑部、审刑院、大理寺、律学看详后，申中书门下看详讫。其更改条件，属枢密院内事体大者，亦已申禀。如得允当，乞降敕命，以《熙宁详定尚书刑部敕》为名，下本部雕印颁降，仍乞与律令格式编敕兼行。如与本部敕文意相仿者，许依本部敕；未降新敕日前已用旧敕与夺之事，并不得援引新敕追改；其熙宁十年六月终已前条贯已经编载者，更不行用；内本部见用旧法升补出官人吏，新敕无文者，并依旧条施行，候无合用旧法人吏，其条更不行用；旧条内合入别敕、不系冲改者，未颁降新条间，且依旧施行。所有熙宁十年七月一日以后条目为后敕。”诏刑部依此施行。（《长编》卷二八六，“神宗熙宁十年十二月壬午条”，第 6995 页）

此条对“宣”、“敕”、通行等重要法律术语进行了界定，是了解北宋法律中重要概念的原始史料。

3. 30《司农寺敕》

3. 30. 1 元丰元年（1078 年）十月甲寅，御史中丞、判司农寺蔡确言：“常平旧敕多已冲改，免役等法素未编定，今除令删修为敕外，所定约束小者为令，其名数、式样之类为式，乞以《元丰司农敕令式》为目。”从之。(《长编》卷二九三，“神宗元丰元年十月甲寅条”，第7152页)

3.30.2 元丰二年（1079年）九月甲午，司农寺上《元丰司农敕令式》十五卷。诏行之。(《长编》卷三百，“神宗元丰二年九月甲午条”，第7305页)

从上面两条史料看，此法律名称较为通用的应是《司农司敕》。宋代对“司农司”有时又简称为“司农”。

3.31《熙宁附田令敕》

3.31.1 元丰元年（1078年）十二月戊申，诏诸路将副，听比类《熙宁附田令敕》给职田，正将视路分都监，副将视藩府都监。其青、郓州虽已拨黄河淤地及废罢都监职田与将副，而多寡未均，并令改正。(《长编》卷二九五，“神宗元丰元年十二月戊申条”，第7183页)

此条中《附田令敕》应是《附令敕》中的“门”类。从此可以推知，“附令敕”中“门”的分类体例很可能是采用令典的体例而不是律典的体例。

3.32《将官敕》《陕西五路将敕》

3.32.1 元丰二年（1079年）三月辛卯，命枢密院编类文字、大理评事蔡硕等编类《将官敕令》，承旨司修定。以都承旨韩缜等言，自降将敕后，陈请不一，虑冲改不明，诸将或未谕，恐误施行故也。(《长编》卷二九七，“神宗元丰二年三月辛卯条”，第7226页)

3.32.2 元丰六年（1083年）九月戊申，秦凤路经略司言：“所降《将官敕》，本路五将各在外驻札，难为聚议。又缘未有直降下逐将敕策，乞指挥。”(《长编》卷三三九，“神宗元丰六年九月戊申条”，第8162页)

3.32.3 元祐元年（1086年）十一月庚申，枢密院言：“诸路将兵那移阙人处，自有近降朝旨合申枢密院外，若本处依自来条例差使，即不须申。其《元丰将官敕》《军防令》差讫申枢密院一节，欲

乞删去。”从之。(《长编》卷三九一，“哲宗元祐元年十一月庚申条”，第9511页)

3.32.4 元祐二年(1087年)丙辰，枢密院言：“淮南转运副使赵偁奏：‘伏睹《将官敕》，自先朝已有冲改条件，自后亦有冲改，未曾删正，其间多有不可施行事件，难以照用。窃虑诸将武人，坐守本敕，欲有所违则畏罪，欲有所施行则难用，缓急有误兵律大事，望诏有司再加详择删正，以付诸将。’按：《元丰将官敕》：府界、京东西路二百五十六条，河北路二百五十五条，河东路二百五十八条，河南路二百五十一条。其逐路《将兵敕》内，已冲改者共二百四十余条，续降二百五十余条，兼《陕西五路将敕》约六十四条，与诸路将敕参用，后亦未经删润，施行之间，多有疑惑。欲令承旨司取新旧条重行删定。”从之。(《长编》卷四百七，“哲宗元祐二年十一月丙辰条”，第9897—9898页)

从此条可知《元丰将官敕》的“门”分类体例是按“路”。从记载看，《元丰将官敕》数量有1574条，内容十分繁多。

3.33《茶场一司敕》

3.33.1 元丰二年(1079年)四月癸卯，诏编《茶场一司敕》。(《长编》卷二九七，“神宗元丰二年四月癸卯条”，第7230页)

3.34《入内内侍省敕》

3.34.1 元丰二年(1079年)八月辛酉，详定编修诸司敕式所上《入内内侍省敕式》。诏行之。(《长编》卷二九九，“神宗元丰二年八月辛酉条”，第7288页)

3.35《国子监一司敕》

3.35.1 元丰二年(1079年)八月甲子，诏看详太学条制所以《国学条贯》与《见修学制》，定为《国子监一司敕式》。(《长编卷》卷二九九，“神宗元丰二年八月甲子条”，第7290页)

此法律由两个部分修撰而成，即《国学条贯》和《学制》，两个法律名称应是不同法律内容。此处的“国学”乃指国子监学。从史料看,《学制》就是关于教育的法律。

3. 36《御史台一司敕》

3.36.1 元丰二年(1079 年)十二月庚子,诏御史台重修《一司敕》。(《长编》卷三百一,“神宗元丰二年十二月庚子条”,第 7326 页)

从 3. 33 条、3. 35 条和 3. 36 条看,北宋时“一司”是泛指,指中央各类事务性机构,因为《茶场一司敕》《国子监一司敕》《御史台一司敕》都属于“一司敕”的范围,指仅适用于该司的法律。

3. 37《军器监敕》

3. 37. 1 元丰四年(1081 年)七月己酉,同知谏院蔡卞言:“武学教授蔡硕近留修《军器监敕》,于枢密院置局。硕,执政之弟,与承旨张山甫联亲,虑交相党援,得复备员,席势营私,渐不可长,乞罢免以协公议。”诏枢密院别差官。(《长编》卷三一四,“神宗元丰四年七月己酉条”,第 7610 页)

3. 38《六察敕》

3. 38. 1 元丰六年(1083 年)五月甲午,御史黄降言:“准《六察敕》:诸弹奏文字,本察官与丞、知杂通签,即旧所领任内事,丞、知杂免签书,诸案互察。看详:诸案互察,止谓察官有旧领任内事合弹劾,于义有嫌,理当互送。今诸案元未尝承受互察妨碍事,既不相关,无从察举。若一案有失,泛责诸案,乃是一官兼有六察之责,恐法意本不如此。其大理寺见取索互察官吏姓名,未敢供报。”诏自今诸案申台移察,应申不申,从私坐,其互察仍除之。(《长编》卷三三五,“神宗元丰六年五月甲午条”,第 8070 页)

3. 39《元丰敕》《附令敕》

3. 39. 1 元丰七年(1084 年)三月乙巳,诏详定重修编敕所删定官、刑部侍郎崔台符,中书舍人王震各迁一官;前删定官知制诰熊本,宝文阁待制李承之、李定,赐银、绢百,以书成也……于是凡入杖、笞、徒、流、死，自名例以下至断狱凡十有二门，丽刑名轻重者皆为敕；自品官以下至断狱凡三十五门，约束禁止者皆为令；命官之赏等十有七，吏、庶人之赏等七十有七，又有倍、全、分、厘之级凡五卷，有等级高下者皆为格；奏表、帐籍、关牒、符檄之类凡五卷，有体制模楷者皆为式；始分敕、令、格、式为四。《熙宁敕》十有七卷、《附令》三卷；《元丰敕》十有三卷、《令》五十卷。《熙宁敕令》视嘉祐条则有减，《元丰敕令》视《熙宁条》则有增，而格、式不与焉。二敕有"申明"各一卷。天下土俗不同，事各有异，故敕、令、格、式外，有一路一州一县、一司一务敕式，又别立省、曹、寺监、库务等敕凡若干条。每进拟，有牴牾重复，上皆签改，使刊正，然后行之，防范于是曲尽矣。上谕安焘敕、令、格、式，已见二年六月一十四日。（《长编》卷三四四，"神宗元丰七年三月乙巳条"，第8253—8254页）

从此材料可知，元丰敕令格式四典的法律结构是敕典分为十二门，具体是"名例"为首，"断狱"为尾，共13卷；令典分三十五门，下分"品官"至"断狱"，共50卷；格典可能分为官、吏和庶人三个门类，共五卷；式典可能分为奏表、账籍、关牒和符檄四个门类，共五卷。《熙宁附令敕》有三卷。此外，还有《熙宁申明敕》和《元丰申明敕》各一卷。

3.39.2 元祐元年（1086年）十二月辛丑，尚书省言："左司状，失入死罪未决，并流徒罪已决，虽经去官及赦降原减，旧中书例各有特旨。昨于熙宁中始将失入死罪一项修入《海行敕》，其失入流徒罪例为比死罪稍轻，以此不曾入敕，只系朝廷行使。近准朝旨，于敕内删去死罪例一项，其徒流罪例在刑房者，依旧不废。即是重者不降特旨，反异于轻者，于理未便。本房再详，徒罪已决例既不可废，即死罪未决例仍合存留。乞依旧存留《元丰编敕》全条。"从之。（《长编》卷三九三，"哲宗元祐元年十二月辛丑条"，第9563页）

3.39.3 元祐二年（1087年）二月己丑，户部言："奉诏裁损浮费，按《元丰敕》：抵当所岁收息，除经费每千缗以十缗赏官吏，缘自有添俸，请毋给赏。"从之。（《长编》卷三九五，"哲宗元祐二年二月己丑条"，第9628页）

根据3.39.1条记载，元丰年间制定的"元丰敕令格式"四部综合敕典、令典、格典和式典外，还根据地方事务和中央各机构制定了"一路一州一县、一司一务敕式”和“省、曹、寺监、库务等敕”。从此可知，神宗元丰年间在立法体系上开创了一种新的法律体系，那就是适用全国的基本法律层次：敕典、令典、格典和式典，适应地方及部门事务的特殊性制定的一路一州一县、一司一务法律体系，同时增加了按中央机构编的法律体系，即省、曹、寺监、库务等。这样在国家法律体系构成上，形成了重要法律渊源层次是：唐律、疏议、刑统；适用于全国的基本法律层次是：敕典、令典、格典和式典，适应全国不同地区、事务、机构需要的地方、部门和事类立法层次。宋朝法律体系按效力位阶，可以分为最高层次的：律、疏议和刑统；二层次的敕、令、格、式；三层次的申明、指挥；四层次的断例和例。

3.40《保甲养马敕》

3.40.1 元丰七年（1084 年）六月庚辰，知河南府韩绛言：“臣伏睹颁行《保甲养马敕》：京东限十年、京西限十五年数足。今提举保马官吕公雅须令作七年收买，又令每都保先选二十匹，是将十五年合买之马作二年半买足，恐非朝廷经始之意。京西北不产马，民又贫乏，乞许于元限减五年。”诏提举京西路保马司遵守元降敕限。（《长编》卷三四六，“神宗元丰七年六月庚辰条”，第 8309 页）

3.41《元祐敕》

3.41.1 元祐二年（1087 年）十二月壬寅，诏颁《元祐详定编敕令式》。先是，苏颂等奉诏详定，既成书，表上之曰：

臣等今以《元丰敕令格式》并元祐二年十二月终以前海行续降条贯，共六千八百七十六道，取嘉祐、熙宁编敕、《附令敕》等，讲求本末，详究源流，合二纪之所行，约三书之大要，弥年捃摭，极虑研穷，稍就编誊，粗成纲领。随门标目，用旧制也，以义名篇，仿唐律也。其间一事之禁，或有数条，一条之中，或该数事，悉皆类聚，各附本门。义欲着明，理宜增损，文有重复者削除之，意有阙略者润色之，使简而易从，则久而无弊。

又按熙宁以前编敕，各分门目，以类相从，约束赏刑，本条具载，以是官司便于检阅。《元丰敕》则各随其罪，厘入诸篇，以约束为令，刑名为敕，酬赏为格，更不分门，故检用之际，多致漏落。今则并依熙宁以前体例删修，更不别立赏格。又以古之议刑，必询于众，汉以春秋断疑狱，发自仲舒；唐以居作代肉刑，成于弘献；复有因人奏请，随事立条，谳报实繁，去取尤谨。曩时修《熙宁敕》，止据嘉祐旧文，《元丰敕》亦只用熙宁前例增损删定，更不修考日前创法改作之意。今则断自嘉祐，至今凡二十余年，海行宣敕及四方士庶陈述利害，参酌可否，互有从违。

……

凡删修成《敕》二千四百四十条，共一十二卷，内有名件多者，分为上下，计一十七卷，《目录》三卷；《令》一千二十条，共二十五卷；《式》一百二十七条，共六卷；《令式目录》二卷，《申明》一卷，《余条准此例》一卷，元丰七年以后《赦书德音》一卷，一总五十六卷，合为一部。于是雕印行下。（《元祐敕令》，崇宁元年七月十日诏并行毁弃，今诸州法司亦往往无之，恐因循失坠，乃掇取苏颂表词具载于此。新、旧录并称壬寅日颁行，今从之。明年二月十八日，苏颂等推恩）（《长编》卷四百七，"哲宗元祐二年十二月壬寅条"，第9912—9914页）

此条明确记载"元祐编敕"修成的《元祐敕》共2440条，共有13卷，《元祐令》共有1020条，共25卷，《元祐式》共有127条，共6卷，《元祐申明敕》1卷。元祐编敕是明确记载修成的敕典、令格和式典条文数量的宋朝少有立法活动。此外，此处的"余条准此例"类法律，可以归为"例"类法律。

3.42《元祐差役敕》

3.42.1 元祐二年（1087年）十二月壬寅，又有专为一事特立新书，若《景德农田》《庆历贡举》，皆别为条敕，付在逐司。今《元祐差役敕》先已成书，并近岁专为贡举、出使立条者，既不常行，遇事即用，并已厘出，不使相参。其有一时约束，三省奉行，废置、改更、蠲除、省约，既关治体，须俟佥同，大则奏禀于清衷，次则谘议于执政，既有定论，咸用著篇。又按《刑统》录出"律内余条准此"附"名例"后，旁举诸条，各以类见，今亦以敕令中如此例者六十四件，别为一篇。（《长编》卷四〇七，"哲宗元祐二年十二月壬寅条"）

从上可知，《景德农田敕》和《庆历贡举敕》在北宋时期是重要的、具有代表性的事类立法成果，《元祐差役敕》是按事类体例编撰而成的事类法律。

3.43《马军司敕》

3.43.1 熙宁八年（1075年）二月乙丑，诏枢密使陈升之提举修《马军司敕》，以权知审刑院崔台符等言："奉诏修《马军司敕》，缘军政事重，仁宗时命枢密使田况提举，乞依故事以枢臣总领故也。"（《长编》卷二六〇，"神宗熙宁八年二月乙丑条"，第6331页）

"马军司"全称是"侍卫亲军马军司"。它与"军马司"是不同的，后者全称是"节度行军马司"。

四 《宋史》中所见敕的篇名

4.1《建隆敕》

4.1.1 宋初，诏与窦仪、奚屿、张希让等同详定《刑统》为三十卷及《编敕》四卷。（《宋史》卷二六三，"窦仪传"，第9093页）

4.1.2 建隆初，诏判大理寺窦仪等上《编敕》四卷，凡一百有六条，诏与新定《刑统》三十卷并颁天下，参酌轻重为详，世称平允。（《宋史》卷一九九，"刑法志"，第4962页）

从此可知，宋朝初建之时就开始编敕。此次编成的"敕"是《建隆敕》，有106条，共4卷。

4.1.3《建隆编敕》四卷。（《宋史》卷二百四，"艺文志三"，第5139页）

4.2《太平兴国敕》

4.2.1《太平兴国编敕》十五卷。（《宋史》卷二百四，"艺文志三"，第5139页）

4.3《淳化敕》

4.3.1 苏易简：《淳化编敕》三十卷。（《宋史》卷二百四，"艺

文志三”，第 5139 页）

4.4《咸平敕》

4.4.1 柴成务：《咸平编敕》十二卷。（《宋史》卷二百四，“艺文志三”，第 5139 页）

4.4.2 太平兴国中，增《敕》至十五卷，淳化中倍之。咸平中增至万八千五百五十有五条，诏给事中柴成务等芟其繁乱，定可为《敕》者二百八十有六条，准《律》分十二门，总十一卷。又为《仪制令》一卷。当时便其简易。（《宋史》卷一九九，“刑法志一”，第 4962 页）

从此可知，《咸平敕》有 286 条，共有 11 卷，有些书中认为是 12 卷，两者不同在于目录是否纳入。

4.5《大中祥符敕》

4.5.1 陈彭年：《大中祥符编敕》四十卷。（《宋史》卷二百四，“艺文志三”，第 5139 页）

4.5.2 大中祥符间，又增三十卷，千三百七十四条。又有《农田敕》五卷，与《敕》兼行。（《宋史》卷一九九，“刑法志一”，第 4962 页）

4.5.3 南渡后，诸配隶，《祥符编敕》止四十六条，庆历中，增至百七十余条。至于淳熙，又增至五百七十条，则四倍于庆历矣。配法既多，犯者日众，黥配之人，所至充斥。淳熙十一年，校书郎罗点言其太重，乃诏刑、寺集议奏闻。至十四年，未有定论。其后臣僚议，以为“若止居役，不离乡井，则几惠奸，不足以惩恶；若尽用配法，不恤黥刺，则面目一坏，谁复顾藉？强民适长威力，有过无由自新。”（《宋史》卷二百一，“刑法志三”，第 5020 页）

此处说明了宋代配隶如何转变成为国家刑罚中的重要组成部分。可以说从最初的替代刑转变成宋朝的主流刑。

4.6《嘉祐敕》《附令敕》

4.6.1 韩琦：《嘉祐编敕》十八卷，《总例》一卷。（《宋史》卷二百四，“艺文志三”，第 5139 页）

4.6.2 韩琦：《嘉祐详定编敕》三十卷。（《宋史》卷二百四，“艺文志三”，第5145页）

4.6.3 嘉祐二年（1057年）八月壬子，命富弼等详定《编敕》。（《宋史》卷十二，“仁宗纪”，第241页）

4.6.4 嘉祐七年（1062年）夏四月壬午，颁《嘉祐编敕》。（《宋史》卷十二，“仁宗纪”，第249页）

4.6.5 韩琦又言：“自庆历四年，距嘉祐二年，敕增至四千余条，前后牴牾。请诏中外，使言《敕》得失，如天圣故事。”七年，书成。总千八百三十四条，视《庆历敕》，大辟增六十，流增五十，徒增六十有一，杖增七十有三，笞增三十有八。又配隶增三十，大辟而下奏听旨者增四十有六。又别为《续附令敕》三卷。（《宋史》卷一九九，“刑法志一”，第4963页）

4.6.6 “按《嘉祐编敕》：‘应犯罪之人，因疑被执，赃证未明，或徒党就擒，未被指说，但诘问便承，皆从律按问欲举首减之科。若已经诘问，隐拒本罪，不在首减之例。’此敕当理，当时用之，天下号为刑平。请于法不首者，自不得原减，其余取《嘉祐编敕》定断，则用法当情，上以广好生之德，下则无一夫不获之冤。”从之。（《宋史》卷二百一，“刑法志三”，第5011页）

4.7《庆历敕》《律学敕》《武学敕》《一司敕》《一路敕》《一州一县敕》

4.7.1 庆历七年（1047年）正月己亥，颁《庆历编敕》。（《宋史》卷十一，“仁宗三”，第222页）

4.7.2 然至庆历，又复删定，增五百条，别为《总例》一卷。后又修《一司敕》二千三百十有七条，《一路敕》千八百二十有七条，《一州一县敕》千四百五十有一条。其丽于法者，大辟之属总三十有一，流之属总二十有一，徒之属总百有五，杖之属总百六十有八，笞之属总十有二。又配隶之属总八十有一，大辟而下奏听旨者总六十有四。凡此，又在《编敕》之外者也。（《宋史》卷一九九，“刑法志一”，第4963页）

庆历年间修成的《一司敕》有2317条，《一路敕》有1827条，《一州一县敕》有1451条，《大中祥符敕》有1374条，而《天圣敕》在此基础上损益了100多条，基本可以认定为是原数，《庆历敕》增加了500条，即达1874条。庆历年间国家法律仅一司敕、一路敕、一州一县敕和庆历海行敕，共达7469条，加上《刑统》500多条，共达8000多条。这是宋仁宗中期的主要法律数量，这些构成国家法律主体。

4.7.3 贾昌朝:《庆历编敕》《总例》共一卷。(《宋史》卷二百四，“艺文志三”，第5139页)

4.7.4 贾昌朝:《庆历编敕》《律学武学敕式》共二卷。(《宋史》卷二百四，“艺文志三”，第5141页)

按4.7.4条记载《庆历编敕》《律学武学敕式》共2卷，结合4.7.3条可知，《庆历编敕》仅有1卷，《律学武学敕式》也仅有1卷。这一记载在数量上是有问题的。

4.8《天圣敕》

4.8.1 明道元年（1032年）三月戊子，颁《天圣编敕》。(《宋史》卷十，“仁宗二”，第193页)

4.8.2 是诏中外言《敕》得失，命官修定，取《咸平仪制令》及制度约束之在《敕》者五百余条，悉附《令》后，号曰《附令敕》。天圣七年《编敕》成，合《农田敕》为一书，视《祥符敕》损百有余条。其丽于法者，大辟之属十有七，流之属三十有四，徒之属百有六，杖之属二百五十有八，笞之属七十有六。又配隶之属六十有三，大辟而下奏听旨者七十有一。凡此，皆在律令外者也。既颁行，因下诏曰:“敕令者，治世之经，而数动摇则众听滋惑，何以训迪天下哉？自今有司毋得辄请删改。有未便者，中书、枢密院以闻。”(《宋史》卷一九九，“刑法志一”，第4962—4963页)

此条史料说明，宋仁宗想把“正罪定刑”的“敕”和“设制立范”的“令”作为国家法律主体进行建设。这样宋朝整个国家法律发展中开始以魏晋以来的律令体系为中心加快推进。

4.8.3 吕夷简:《天圣编敕》十二卷。(《宋史》卷二百四，“艺文志三”，第5143页)

4.9《熙宁敕》

4.9.1 王安石:《熙宁详定编敕》等二十五卷。(《宋史》卷二百四,“艺文志三”,第5143页)

4.9.2 元祐元年(1086年),删监司鬻酒及三路馈遗条。绍圣二年,左司谏翟思言:诸郡酿酒,非沿边并复熙宁之数。诏:“熙宁五年以前,诸郡不酿酒、及有公使钱而无酒者,所酿并依《熙宁编敕》数。仍令诸郡所减勿逾百石,旧不及数者如旧,毋得于例外供馈。”(《宋史》卷一八五,“食货下七·酒”,第4518页)

4.10《元丰敕》

4.10.1 崔台符:《元丰编敕令格式》、并《赦书德音》《申明》八十一卷。(《宋史》卷二百四,“艺文志三”,第5141页)

4.10.2 崔台符:《元丰敕令式》七十二卷。(《宋史》卷二百四,“艺文志三”,第5144页)

4.10.3《元丰敕》,重法地分,劫盗五人以上,凶恶者,方论以重法。绍圣后,有犯即坐,不计人数。(《宋史》卷一九九,“刑法志一”,第4978页)

从《宋史·艺文志》记载的元丰年间的敕令格式上看,有两条,其中4.10.1条记载有“敕令格式”、“赦书德音”和“申明”三大部分,共81卷。而4.10.2条记载的则只有72卷,内容仅包括“敕令式”,这当中最大变化是没有记载“格”的情况。从中看,元丰年间编撰法律时可能“格”类是独立编撰的,即把《元丰赏格》作为敕令格式的部分,所以在通用发行的法律中有《元丰敕令式》和《元丰敕令格式》两种版本。

4.11《元祐敕》

4.11.1 元祐二年(1087年)十二月壬寅,颁《元祐敕令式》。(《宋史》卷十七,“哲宗一”,第326页)

4.11.2 元祐六年(1091年)五月丁亥,后省上《元祐敕令格》。(《宋史》卷十七,“哲宗一”,第332页)

4.11.3 于是置局编汇,俾觌预焉。大抵皆用中典,《元祐敕》是也。(《宋史》卷三四四,“宗室一”,第10943页)

从上面史料 4. 11. 1 条和 4. 11. 2 条看，元祐年间在制定敕令格式时存在先制定“敕令式”，后制定“格”的问题。

4. 12《政和敕》

4. 12. 1 王韶：《政和敕令式》九百三卷。（《宋史》卷二百四，“艺文志三”，第 5142 页）

从史料 4. 12. 1 条看，此史料中法律名称是有误的，应是《政和敕令格式》。

4. 12. 2 何执中：《政和重修敕令格式》五百四十八册。卷亡。（《宋史》卷二百四，“艺文志三”，第 5142 页）

从史料 4. 12. 2 条看，此处记载说“卷亡”，仅有册数，但此次修成的卷数就是 548 卷，即每册 1 卷。

虽然两个法律都称为《政和敕令格式》，但在修撰时间上是不同的，前者是政和六年，后者是政和二年。

4. 12. 3 诏改《政和敕》掌典解役从去官法。（《宋史》卷一九九，“刑法志一”，第 4981 页）

4. 13《三司编敕》

4. 13. 1 景德二年（1005 年）九月癸亥，三司上《新编敕》。（《宋史》卷七，“真宗二”，第 129 页）

4. 13. 2 大中祥符六年（1013 年）二月丙子，诏翰林学士陈彭年等删定《三司编敕》。（《宋史》卷八，“真宗三”，第 154 页）

4. 14《转运司编敕》

4. 14. 1 陈彭年：《转运司编敕》三十卷。（《宋史》卷二百四，“艺文志三”，第 5139 页）

4.15.《景德农田敕》

4.15.1 丁谓:《农田敕》五卷。(《宋史》卷二百四,“艺文志三”,第5139页)

4.15.2 景德二年(1005年)冬十月庚辰,丁谓上《景德农田编敕》。(《宋史》卷七,“真宗二”,第129页)

4.15.3 是岁,命权三司使丁谓取户税条敕及臣民所陈田农利害,与盐铁判官张若谷、户部判官王曾等参详删定,成《景德农田敕》五卷,三年正月上之。(《宋史》卷一七三,“食货一上”,第4162页)

从上面三条史料看,《宋史》对此法律有三种称谓,即《农田敕》《景德农田敕》《景德农田编敕》。

4.16.《五服年月敕》

4.16.1 刘筠、宋绶等撰:《五服年月敕》一卷。(《宋史》卷二百四,“艺文志三”,第5143页)

4.16.2 刘筠:《五服年月敕》一卷。(《宋史》卷二百四,“艺文志三”,第5136页)

4.16.3 天圣五年(1027年)十月己丑,颁新定《五服敕》。(《宋史》卷九,“仁宗一”,第184页)

4.16.4 天圣中,《更定五服年月敕》:“断以二十七月,今士庶所同遵用。夫三年之丧,自天子达,不宜有异。请以三月二十九日为大祥,五月择日而为禫,六月一日而从吉。”于是大祥日不御前后殿,开封府停决大辟及禁屠至四月五日,待制、观察使以上及宗室管军官日一奠,二十八日而群臣俱入奠,二十九日禫除,群臣皆奉慰焉。(《宋史》卷一二二,“礼二十五”,第2854页)

4.16.5 按《五服制度敕》齐衰杖期降服之条曰:‘父卒母嫁及出妻之子为母。’其左方注:‘谓不为父后者。若为父后者,则为嫁母无服。’诏议之。(《宋史》卷一二五,“礼二十八”,第2926页)

4.16.6 讲学士冯元言:“《仪礼》《礼记正义》,古之正礼;《开宝通礼五服年月敕》,国朝见行典制,为父后者,为出母无服。惟《通礼义纂》引唐天宝六年制:‘出母、嫁母并终服三年。’又引刘智《释议》:‘虽为父后,犹为出母、嫁母齐衰,卒哭乃除。’盖天宝之制,言诸子为出母,嫁母,故云‘并终服三年’;刘智言为父后者为出母、嫁母，故云‘犹为齐衰，卒哭乃除’，各有所谓，固无疑也。况《天圣五服年月敕》：‘父卒母嫁及出妻之子为母降杖期。’则天宝之制已不可行。”（《宋史》卷一二五，“礼二十八·士庶人丧礼”，第2928页）

4.16.7 中书又奏：“《礼》与《令》及《五服年月敕》：出继之子于所继、所生皆称父母。又汉宣帝、光武皆称父为皇考。今珪等议称濮王为皇伯，于典礼未有明据，请下尚书省，集三省、御史台议奏。”（《宋史》卷二四五，“濮王传”，第8710页）

4.17《一司一务敕》《在京敕》

4.17.1 景祐二年（1035年）六月丁巳，诏幕职官初任未成考毋荐。乙亥，颁《一司一务及在京敕》。（《宋史》卷十，“仁宗二”，第200页）

4.17.2 吕夷简：《一司一务敕》三十卷。（《宋史》卷二百四，“艺文志三”，第5139页）

4.18《一州一县敕》

4.18.1 庆历七年（1047年）九月丁酉，诏删定《一州一县敕》。（《宋史》卷十一，“仁宗三”，第224页）

4.19《在京通用敕》

4.19.1《绍兴重修在京通用敕令格式申明》五十六卷。绍兴中进。（《宋史》卷二百四，“艺文志三”，第5144页）

4.19.2 绍兴十年（1140年）十月戊寅，秦桧上《重修绍兴在京通用敕令格式》。（《宋史》卷二十九，“高宗六”，第547页）

4.20《私役禁军敕》

4.20.1 元祐七年（1092年），选差邵州邵阳、武岗、新化等县中等以下户充土丁、弩手，与免科役，七年一替。排补将级，不拘替放年，分作两番边砦防拓，不得募人。凡上番，依禁军例教阅武艺及专习木弩。如有私役，并论如《私役禁军敕》。（《宋史》卷一九一，

“兵五”，第4742页）

4.21《一司敕》《一路敕》

4.21.1 然至庆历，又复删定，增五百条，别为《总例》一卷。后又修《一司敕》二千三百十有七条，《一路敕》千八百二十有七条，《一州一县敕》千四百五十有一条。（《宋史》卷一九九，“刑法一”，第4963页）

4.22《礼部考试进士敕》

4.22.1 晁迥：《礼部考试进士敕》一卷。（《宋史》卷二百四，“艺文志三”，第5139页）

4.23《铨曹敕》

4.23.1《铨曹格敕》十四卷。（《宋史》卷二百四，“艺文志三”，第5139页）

4.24《大宗正司敕》

4.24.1《熙宁新编大宗正司敕》八卷。（《宋史》卷二百四，“艺文志三”，第5140页）

此条记载此次修《大宗正司敕》仅“敕”的内容就达8卷。但从后面记载看，此次修的“敕”应是综合性的，是还没有区分为“敕令格式”等法律形式的综合性法典。

4.24.2《大宗正司敕令格式申明》及《目录》八十一卷。绍兴重修。（《宋史》卷二百四，“艺文志三”，第5145页）

4.25《司农寺敕》

4.25.1《司农寺敕》一卷。（《宋史》卷二百四，“艺文志三”，

第 5140 页）

4.25.2 蔡确：《元丰司农敕令式》十七卷。（《宋史》卷二百四，“艺文志三”，第 5143 页）

4.26《军马司敕》

4.26.1 元符元年（1098 年）四月丁未，曾布上《删修军马敕例》。（《宋史》卷十八，“哲宗二”，第 350 页）

4.26.2 吴充：《熙宁详定军马敕》五卷。（《宋史》卷二百四，“艺文志三”，第 5140 页）

4.26.3 嘉祐七年（1247 年），御史唐介言：“比岁等募禁军多小弱，不胜铠甲，请以初创尺寸为定，敢议减缩者，论以违制。”诏：“禁军备战者，宜著此令。其备役雄武、宣敕六军、搭材之类，如《军马敕》。（《宋史》卷一九三，“兵七”，第 4801 页）

比较上面史料，可知 4.26.1 条中《删修军马敕例》中“例”为衍字，实应是《删修军马敕》。从《宋会要》记载看，这里名称应是《军马司敕》。

4.27《刑部敕》

4.27.1 范镗：《熙宁详定尚书刑部敕》一卷。（《宋史》卷二百四，“艺文志三”，第 5140 页）

4.28《五路义勇保甲敕》《开封府界保甲敕》

4.28.1 张诚一：《熙宁五路义勇保甲敕》五卷，《总例》一卷。（《宋史》卷二百四，“艺文志三”，第 5140 页）

4.28.2 许将：《熙宁开封府界保甲敕》二卷，《申明》一卷。（《宋史》卷二百四，“艺文志三”，第 5140 页）

4.28.3 熙宁十年（1068 年），枢密院副都承旨张诚一上《五路义勇保甲敕》。元丰元年，翰林学士、权判尚书兵部许将修《开封府界保甲敕》，成书上之，诏皆颁焉。（《宋史》卷一九二，“兵六”，第 4770 页）

比较上面三条史料，特别是 4.28.3 条，宋神宗时分别制定了两部不同的“保甲敕”，两者一个是适用于京师以外，一个适用于京城开封府辖区内。

4.29《将官敕》

4.29.1《熙宁将官敕》一卷。（《宋史》卷二百四，“艺文志三”，第5140页）

4.29.2 蔡硕：《元丰将官敕》十二卷。（《宋史》卷二百四，“艺文志三”，第5141页）

4.30《附令敕》

4.30.1《附令敕》十八卷。庆历中编，不知作者。（《宋史》卷二百四，“艺文志三”，第5143页）

4.30.2《续附敕令》一卷。庆历中编，不知作者。（《宋史》卷二百四，“艺文志三”，第5144页）

分析两部法律的名称及结合当时修法的特点，名称应是《附令敕》。这两部法律名称一个是18卷，一个是1卷，且4.30.2条中注明是“续”，应是前一法律制定后再续补修的同类法律。4.30.1条的《附令敕》应是《庆历附令敕》，内容较多，达18卷，后者是增修的。

4.31《常平敕》

4.31.1 曾布：《熙宁新编常平敕》二卷。（《宋史》卷二百四，“艺文志三”，第5143页）

4.32《审官院编敕》

4.32.1《审官院编敕》十五卷。（《宋史》卷二百四，“艺文志三”，第5139页）

4.33《审官东院编敕》

4.33.1《审官东院编敕》二卷。熙宁七年编。（《宋史》卷二百四，“艺文志三”，第5143页）

4.34《贡举敕》

4.34.1 范镗:《熙宁贡举敕》二卷。(《宋史》卷二百四,“艺文志三”,第 5143 页)

4.34.2《绍兴重修贡举敕令格式申明》二十四卷。绍兴中进。(《宋史》卷二百四,“艺文志三”,第 5144 页)

4.35《八路敕》

4.35.1 蒲宗孟:《八路敕》一卷。(《宋史》卷二百四,“艺文志三”,第 5140 页)

4.36《八路差官敕》

4.36.1《八路差官敕》一卷。编熙宁总条、审官东院条、流内铨条。(《宋史》卷二百四,“艺文志三”,第 5143 页)

4.36.2 绍圣元年十一月己亥朔,复《八路差官法》。(《宋史》卷十八,“哲宗二”,第 341 页)

从上面两条史料看,两个法律就是一个,从中可知“法”在宋朝有时是一个通用名称。4.36.2 条中的“法”在严格意义上是“敕”,该法为敕类法律。

4.37《考选敕》

4.37.1《百司考选格敕》五卷。(《宋史》卷二百四,“艺文志三”,第 5139 页)

4.38《都提举市易司敕》

4.38.1 吴雍:《都提举市易司敕令》并《厘正看详》二十一卷、《公式》二卷(元丰间)。(《宋史》卷二百四,“艺文志三”,第 5141 页)

4.38.2 兼修《市易敕》,帝谕之曰:“朝廷造法,皆本先王之制,推行非人,故不能善后。且以钱贷民,有不能偿,辄籍其家,岂善政

也。宜计其负几何，悉捐之。”震顿首奉诏。（《宋史》卷三百二十，“王素传”，第 10407 页）

4.39《夏祭敕》

4.39.1 蒋猷：《夏祭敕令格式》一部，卷亡。（《宋史》卷二百四，“艺文志三”，第 5135 页）

4.40《明堂敕》

4.40.1《明堂袷飨大礼令式》三百九十三卷。元丰间。（《宋史》卷二百四，“艺文志三”，第 5135 页）

4.40.2《明堂大飨视朔颁朔布政仪范敕令格式》一部。宣和初。（《宋史》卷二百四，“艺文志三”，第 5135 页）

4.40.3《明堂敕令格式》一千二百六册。宣和初。卷亡。（《宋史》卷二百四，“艺文志三”，第 5142 页）

从上面三条材料看，第 1、2 条属于礼类目录，第 3 条属于法律类。从时间看，第 1 条是元丰年间制定，第 2 和 3 条属于同一事件，都是宣和初年制定礼类法律仪制等等。

4.41《景灵宫供俸敕》

4.41.1 冯宗道：《景灵宫供奉敕令格式》六十卷。（《宋史》卷二百四，“艺文志三”，第 5135 页）

4.42《接送高丽敕》《奉使高丽敕》

4.42.1《接送高丽敕令格式》一部。宣和初。卷亡。《奉使高丽敕令格式》一部。宣和初。卷亡。（《宋史》卷二百四，“艺文志三”，第 5142 页）

4.43《御书院敕》

4.43.1《御书院敕式令》二卷。（《宋史》卷二百四，“艺文志

三”，第 5140 页）

4.44《武学敕》

4.44.1《武学敕令格式》一卷。元丰间。（《宋史》卷二百四，“艺文志三”，第 5141 页）

4.44.2《绍圣续修武学敕令格式看详》并《净条》十八册。建中靖国初。卷亡。（《宋史》卷二百四，“艺文志三”，第 5141 页）

从上面两条材料看，宋朝《武学敕》至少在“元丰”和“绍圣”年间两次修订过，两次在数量上差异较大。

4.45《贡举敕》《医局敕》《龙图阁敕》《天章阁敕》和《宝文阁敕》

4.45.1《贡举医局龙图天章宝文阁等敕令仪式及看详》四百一十卷，元丰间。（《宋史》卷二百四，“艺文志三”，第 5141 页）

从材料看，此次修订的法律包括五个部类的法律，分别是贡举、医局、龙图、天章和宝文等。在法律类别上，应是敕、令、式及看详四种。这里用“仪式”是“式”在此类法律中的特称。

4.46《宗室及外臣葬敕》

4.46.1《宗室及外臣葬敕令式》九十二卷。元丰间。（《宋史》卷二百四，“艺文志三”，第 5141 页）

4.47《吏部四选敕》

4.47.1《吏部四选敕令格式》一部。元祐初，卷亡。（《宋史》卷二百四，“艺文志三”，第 5141 页）

4.48《户部敕》

4.48.1《元丰户部敕令格式》一部。元祐初，卷亡。（《宋史》卷二百四，“艺文志三”，第 5141 页）

4.49《诸司市务敕》

4.49.1《元祐诸司市务敕令格式》二百六册。卷亡。(《宋史》卷二百四,“艺文志三”,第5141页)

4.50《六曹敕》

4.50.1《六曹敕令格式》一千卷。元祐初。(《宋史》卷二百四,“艺文志三”,第5141页)

若把此条与同书同卷中的“《六曹条贯》及《看详》三千六百九十四册,元祐间,卷亡”,比较,可知记载的是同一法律,只是此条没有记载《看详》的数量。从中可知,元祐年间制定的《六曹敕令格式》多达1000卷。

4.51《国子监敕》

4.51.1 陆佃:《国子监敕令格式》十九卷。(《宋史》卷二百四,“艺文志三”,第5144页)

4.51.2 元丰二年(1079年)十二月乙巳,御史中丞李定上《国子监敕式令》并《学令》凡百四十条。(《宋史》卷十五,“神宗二”,第299页)

4.52《大学敕》

4.52.1 绍圣三年(1096年)十二月甲戌,蔡京上《新修大学敕令式》《详定重修敕令》。(《宋史》卷十八,“哲宗二”,第345页)

4.53《贡士敕》

4.53.1 白时中:《政和新修贡士敕令格式》五十一卷。(《宋史》卷二百四,“艺文志三”,第5144页)

4.54《律学敕》

4.54.1《绍圣续修律学敕令格式看详》并《净条》十二册。建

中靖国初，卷亡。（《宋史》卷二百四，“艺文志三”，第5141页）

4.54.2 孟昌龄：《政和重修国子监律学敕令格式》一百卷。（《宋史》卷二百四，“艺文志三”，第5142页）

4.55《诸路州县学敕》

4.55.1 蔡京：《政和续编诸路州县学敕令格式》十八卷。（《宋史》卷二百四，“艺文志三”，第5144页）

4.56《国子监算学敕》

4.56.1 崇宁三年（1104年），遂将元丰算学条制修成敕令。（《宋史》卷一六四，“职官四”，第3880页）

4.56.2《徽宗崇宁国子监算学敕令格式》并《对修看详》一部。卷亡。（《宋史》卷二百四，“艺文志三”，第5142页）

4.57《国子监书画学敕》

4.57.1《崇宁国子书画学敕令格式》一部。卷亡。（《宋史》卷二百四，“艺文志三”，第5142页）

4.58《宗子大小学敕》

4.58.1 李图南：《宗子大小学敕令格式》十五册。卷亡。（《宋史》卷二百四，“艺文志三”，第5142页）

4.59《宗祀大礼敕》

4.59.1《宗祀大礼敕令格式》一部，政和间。卷亡。（《宋史》卷二百四，“艺文志三”，第5142页）

4.60《御试贡士敕》

4.60.1 白时中：《政和新修御试贡士敕令格式》一百五十九卷。（《宋史》卷二百四，“艺文志三”，第5142页）

4.61《江湖淮浙盐敕》

4.61.1 李承之：《江湖淮浙盐敕令赏格》六卷。（《宋史》卷二百四，“艺文志三”，第5143页）

从名称上看，此法律由三种法律形式组成，即敕、令和赏格。

4.62《吏部敕》

4.62.1 曾伉：《元丰新修吏部敕令式》十五卷。（《宋史》卷二百四，“艺文志三”，第5143页）

4.62.2《绍兴重修吏部敕令格式》并《通用格式》一百二卷。朱胜非等撰。（《宋史》卷二百四，“艺文志三”，第5144页）

4.63《吏部左选敕》

4.63.1《淳熙重修吏部左选敕令格式申明》三百卷。龚茂良等撰。（《宋史》卷二百四，“艺文志三”，第5145页）

4.64《吏部七司敕》

4.64.1《开禧重修吏部七司敕令格式申明》三百二十三卷，开禧元年上。（《宋史》卷二百四，“艺文志三”，第5145页）

4.64.2 绍兴三年（1133年）冬十月癸未，朱胜非上《重修吏部七司敕令格式》。（《宋史》卷二七，“高宗四”，第507页）

4.64.3 绍兴三年（1133年），右仆射朱胜非等上《吏部七司敕令格式》。自渡江后，文籍散佚，会广东转运司以所录元丰、元祐吏部法来上，乃以省记旧法及续降指挥，详定而成此书。[①]（《宋史》卷

① 绍兴初年制定吏部条法，按《建炎以来系年要录》记载是绍兴元年（1131年）十月壬戌，监察御史刘一止提出修定尚书六曹法令，最初是要求吏部条法限一月，其余的限一季修成。但很快“广东转运司以《元祐吏部法》来上，乃命参以七司所省记、元丰至绍兴条例参酌修立。再逾年而后成云”。（《建炎以来系年要录》卷四十九，“绍兴元年十月壬戌条”，第1031页）可知绍兴元年修订的吏部七司法是在《元祐吏部法》和元丰至绍兴元年间产生的条例上修成。

一五八，“选举四·铨选上”，第3713页）

4.65《参附尚书吏部敕》

4.65.1《绍兴参附尚书吏部敕令格式》七十卷。陈康伯等撰。（《宋史》卷二百四，“艺文志三”，第5144页）

4.66《六曹寺监库务通用敕》

4.66.1《绍兴重修六曹寺监库务通用敕令格式》五十四卷。秦桧等撰。（《宋史》卷二百四，“艺文志三”，第5144页）

4.67《常平免役敕》

4.67.1《绍兴重修常平免役敕令格式》五十四卷。秦桧等撰。（《宋史》卷二百四，“艺文志三”，第5144页）

4.67.2诏户部并遵奉《绍圣常平免役敕令格式》及先降《绍圣签贴役法》，行之天下。（《宋史》卷一七八，“食货上六”，第4331页）

4.68《殿中省六尚局供奉库务敕》

4.68.1崇宁三年（1104年），蔡京上修成《殿中省六尚局供奉库务敕令格式》并《看详》凡六十卷，仍冠以“崇宁”为名。（《宋史》卷一六四，“职官四”，第3881页）

4.69《群牧司敕》

4.69.1于是以比部员外郎崔台符权群牧判官，又命群牧判官刘航及台符删定《群牧敕令》，以唐制参本朝故事而奏决焉。（《宋史》卷一九八，“兵十二”，第4939页）

此条中的名称《群牧敕令》上应缺“司”字。

4.69.2 王诲：《群牧司编敕》十二卷。[①]（《宋史》卷二百四，“艺文志三”，第5139页）

此条中原文缺“敕”字，但从文中看，应是《群牧司编敕》。

4.70《皇祐敕》

4.70.1 元丰元年（1078年），三司户部副使陈安石言：“永利东、西监盐，请如庆历前商人输钱于麟、府、丰、代、岚、宪、忻、岢岚、宁化、保德、火山等州军，本州军给券于东、西监请盐，以除加饶折籴之弊。仍令商人言占户所卖地，即盐已运至场务者，商人买之加运费。如是则官盐价平而商贩通。”遂行其说，用安石为河东都转运使。安石请犯西北青白盐者，以皇祐敕论罪，首从皆编配；又青白入河东，犯者罪至流，所历官司不察者罪之。（《宋史》卷一三八，“食货下五·盐下”，第4470页）

4.71《开封府敕》

4.71.1 王安礼《重修开封府熙宁编敕》十卷。（《宋史》卷二百四，“艺文志三”，第5144页）

此条原文中缺少“敕”字，从法律名称看，此处存在倒错，应是《熙宁重修开封府编敕》。

4.72《诸司敕》

4.72.1《诸敕式》二十四卷、《诸敕令格式》十二卷，又《诸敕格式》三十卷。（《宋史》卷二百四，“艺文志三”，第5140页）

此处记载是略写，从《长编》看，此处应是诸司敕令格式的法律。

4.73《元丰新定在京人从敕》

4.73.1 沈希颜：《元丰新定在京人从敕式三等》。卷亡。（《宋

① 考《宋史·艺文志》中称为《群牧司编》，此处显明缺“敕”字，应是《群牧司编敕》。

史》卷二百四，“艺文志三”，第 5141 页）

4.74《皇亲禄敕》

4.74.1《皇亲禄令并厘修敕式》三百四十卷。（《宋史》卷二百四，“艺文志三”，第 5141 页）

4.75《内东门司应奉禁中请给敕》

4.75.1《大观新修内东门司应奉禁中请给敕令格式》一部。卷亡。（《宋史》卷二百四，“艺文志三”，第 5142 页）

4.76《国子监大学敕》《国子监辟雍敕》《国子监小学敕》

4.76.1《国子大学辟雍并小学敕令格式申明一时指挥目录看详》一百六十八册。卷亡。（《宋史》卷二百四，“艺文志三”，第 5142 页）

此法律名称中“国子”缺一个字，即“国子监”。宋朝中央设有国子监、太学、武学、律学、医学、算学、书学、画学、宗学、在京小学等。“辟雍”属于太学的外舍，是太学教育在徽宗朝的一种新的发展形式。

4.77《元符敕》

4.77.1 章惇：《元符敕令格式》一百三十四卷。（《宋史》卷二百四，“艺文志三”，第 5144 页）

4.78《绍兴敕》

4.78.1 张守：《绍兴重修敕令格式》一百二十五卷。（《宋史》卷二百四，“艺文志三”，第 5144 页）

4.79《乾道敕》

4.79.1 乾道六年（1170 年）八月，虞允文上《乾道敕令格式》。

（《宋史》卷三十四，“孝宗二”，第649页）

4.79.2 乾道八年（1172年）春正月庚午朔，班《乾道敕令格式》。（《宋史》卷三十四，“孝宗二”，第652页）

4.79.3《乾道重修敕令格式》一百二十卷。虞允文等撰。（《宋史》卷二百四，“艺文志三”，第5144页）

从上面三条史料看，特别是第1、2条，《乾道敕令格式》修撰存在修好上奏，到国家颁行实施之间上的时间差。

4.80《淳熙敕》

4.80.1 淳熙四年（1177年）七月甲子，班《淳熙重修敕令格式》。（《宋史》卷三十四，“孝宗二”，第664页）

4.80.2 淳熙六年（1179年）十二月丙戌，班《重修淳熙敕令格式》。（《宋史》卷三十五，“孝宗三”，第671页）

4.80.3《淳熙重修敕令格式》及《随敕申明》二百四十八卷。（《宋史》卷二百四，“艺文志三”，第5145页）

从4.80.1条和4.80.2条看，淳熙敕令格式有两个版本，一个是淳熙四年修，一个是淳熙六年对淳熙四年版本修订的新版本。

4.81《庆元敕》

4.81.1 庆元四年（1198年）九月丁未，颁《庆元重修敕令格式》。（《宋史》卷三十七，“宁宗一”，第724页）

4.81.2《庆元重修敕令格式》及《随敕申明》二百五十六卷。庆元三年诏重修。（《宋史》卷二百四，“艺文志三”，第5145页）

4.82《两浙福建路敕》

4.82.1《两浙福建路敕令格式》一部。宣和初。卷亡。（《宋史》卷二百四，“艺文志三”，第5143页）

4.83《诸路州县敕》

4.83.1《诸路州县敕令格式》并《一时指挥》十三册。卷亡。

（《宋史》卷二百四，“艺文志三”，第 5142 页）

4.84《学士院等处敕》

4.84.1 张诚一：《学士院等处敕式交并看详》二十卷。（《宋史》卷二百四，“艺文志三”，第 5140 页）

4.85《编类诸路茶盐敕》

4.85.1《编类诸路茶盐法敕令格式目录》一卷。（《宋史》卷二百四，“艺文志三”，第 5145 页）

4.86《常平免役敕》

4.86.1 元符元年（1098 年）六月甲午，蔡京等上《常平免役敕令》。（《宋史》卷十八，“哲宗二”，第 350 页）

4.87《六曹寺监通用敕》

4.87.1 绍兴十二年（1142 年）十二月壬申，秦桧上《六曹寺监通用敕令格式》。（《宋史》卷三十，“高宗七”，第 557 页）

4.88《翰林院敕》

4.88.1 政和三年（1113 年），强渊明请以前后所被旨及案例，修为本院敕令格式。（《宋史》卷一六二，“职官二·翰林学士院”，第 3812 页）

从上面史料可知，政和三年（1113 年）修过《翰林院敕令格式》。

4.89《淳祐敕》

4.89.1 淳祐二年（1242 年）四月，敕令所上其书，名《淳祐敕令格式》。十一年，又取《庆元法》与《淳祐新书》删润。其间修改者百四十条，创入者四百条，增入者五十条，删去者十七条，为四百

三十卷。(《宋史》卷一九九,“刑法志一”,第 4963 页)

五 《吏部条法》中所见敕的篇名

《吏部条法》中引用到“敕”的种类有 4 种,次数达 8 次。

5.1《尚书侍郎左右选考功通用敕》。见于《奏辟门·奏辟》(p.167)、《奏辟门·定差》(p.198)、《荐举门·荐举》(p.244)等门类。

5.2《尚书侍郎左右选通用敕》。见于《注门一·总法》(p.5)等门类。

5.3《淳祐敕》。见于《差注门六·亲嫌》(p.61)。

5.4《尚书考功敕》。见于《关升门·文武臣通用》(p.296)、《磨勘门·文武臣通用》(p.338)等门类。

六 宋朝敕的篇名和数量

宋朝编敕是一种立法活动而不是法典名称,因为每次编敕的成果往往超过敕典的内容。从严格意义上看,“太平兴国编敕”与《太平兴国敕》是两个不同的概念。“太平兴国编敕”具有双重含义,即太平兴国年间对敕进行的整理立法活动和这次立法活动的产物;《太平兴国敕》,或《太平兴国敕典》是指太平兴国编敕立法活动中的产物,即此次立法的产物。当然,宋人在使用“编敕”和“敕”的术语上不严格,表现在有时把立法成果称为“某某编敕”。对宋朝敕的法律篇名与立法研究上应区分两者。

(一)宋朝敕典篇名和数量

宋朝敕典数量有几部,学术界有不同看法,戴建国认为有 18 部,孔学认为有 19 部。[①] 下面是笔者通过史料考辑出来的数量,从现在记载看,有制定时间和制定事件的有 18 部,仅有名称和被引条文的有 3 部,加起来共 21 部。这还不包括同一敕典两次修订的情况,如《淳化敕》。具体情况如下:

1.《建隆敕》。宋太祖建隆四年(963 年)修定,又名《建隆编敕》。见于2.1、3.1 和 4.1 等诸条史料。此次修敕,在《宋会要》《长编》和《宋史》中都有记载。此外,在《崇文总目》中记载《建隆敕》有四卷;《通志·艺文略》中记载有“宋朝《建隆编敕》四卷”[②];《玉海·艺文

① 孔学 19 部是在戴建国 18 部上加上《淳祐敕》的第二次修定版,或说是《条法事类》版。参见孔学《宋代全国性综合编敕撰修考》,《河南大学学报》1998 年第 4 期。

② 郑樵撰:《通志·艺文略》,王树民点校,中华书局 1995 年版,第 1555 页。

志》有“取旧消去格令宣敕及后来要用者，凡一百六十条为编敕，四卷”。[①] 此外，此次修法还在《刑统》中修订了“令式格敕”177 条。从此看，宋太祖建隆四年的立法是对唐中后期，特别是五代时期立法的各类“敕”进行全面整理，分成两部分处理：一部分编成《建隆编敕》；一部分编入《刑统》，成为《刑统》的组成部分。从这些材料可知《建隆敕》共有 4 卷，共 106 条，《玉海》记载有 160 条，应有误。《建隆敕》编撰体例现在无法确定是按事类体还是律典体。但从记载看，应采用唐中后期至五代时的体例，即按时间编撰。因为建隆编敕仅是对称为“敕”的法律编撰，所以在名称上与后来的敕典是有区别的。

2.《太平兴国敕》。宋太宗太平国三年（978 年）修定，又名《太平兴国编敕》。见于 2.1.2、3.2 和 4.2 等诸条史料。见于《宋会要》《长编》和《宋史》。此外，《通志·艺文略》记载有“《太平兴国编敕》十五卷”[②]；《玉海·艺文志》有“（太平兴国）三年六月，诏有司取国初以来敕条纂为编敕颁行，凡十五卷，名曰《太平兴国编敕》”。[③] 按记载，此次把宋朝建国以来颁降的“宣敕”进行编撰，共有 15 卷。从所采用的立法史料看，《太平兴国敕》才是宋朝建国后真正意义上的首次立法成果的总结，对编撰体例没有明确记载，应仍然按唐朝后期的编敕体例。

3.《淳化敕》。淳化五年（994 年）制定，又名《淳化编敕》。见于 2.1.3、3.3 和 4.3 等诸条史料。见于《宋会要》《长编》和《宋史》。此外，《玉海·艺文志》中记载有“端拱二年十月，诏翰林学士朱白等详定端拱以前诏敕，至淳化二年三月白等上《淳化编敕》二十五卷，《赦书德音目录》五卷。帝阅之，谓宰相曰：‘其间赏罚条目颇有重者，难于久行，宜重加裁定。’即诏翰林承旨苏易简、右易谏大夫知审刑院许骧、职方员外郎李范同详定，至五年八月二十一日庚子，骧范上书重删定《淳化编敕》三十卷，……上以其滋章烦碎，因命重删定，至是毕会有司，颁行天下”。[④]《续资治通鉴》中记载“淳化五年八月丁酉，左谏议大夫、知审刑院许骧等上《重删定淳化编敕》三十卷，诏颁行之”。[⑤] 从各种史料看，《淳化敕》经过了两次修定，时间分别是淳化二年和淳化五年。原

---

① 王应璘：《玉海》卷六六，江苏古籍出版社、上海书店 1987 年版，第 1254 页。

② 郑樵撰：《通志·艺文略》，王树民点校，中华书局 1995 年版，第 1555 页。

③ 王应璘：《玉海》卷六六，江苏古籍出版社、上海书店 1987 年版，第 1255 页。

④ 同上。

⑤《续资治通鉴》卷十八，“宋纪十八”，中华书局 1957 年版，第 415 页。

因是宋太宗认为第一次修订时刑罚太重，要求减轻。第二次修订差异在刑罚设置上出现减轻。《淳化敕》共有25卷，此外，还有《赦书德音》和《目录》共5卷，整个修法共计30卷。所以“淳化编敕”是一次立法活动，成果不仅是《淳化敕》，还包括《赦书德音》和《目录》两部分。

4.《咸平敕》。咸平元年（998年）修订，又名《咸平编敕》。见于2.1.4、3.4和4.4等诸条史料。见于《宋会要》《长编》和《宋史》。其中《宋会要》《长编》和《皇宋通鉴长编纪事本末》卷十六中都抄录柴成务的奏折，其中《长编》和《皇宋通鉴长编纪事本末》完全一致，《宋会要》略有删减。此外，《通志·艺文略》记载有“《咸平编敕》十二卷，柴成务等编。《咸平敕目录》一卷”[①]《玉海·艺文志》中记载有“咸平元年十二月二十三日丙午，给事中柴成务上删定《编敕》《仪制车服敕》《赦书德音》十三卷，诏镂版颁行”。咸平编敕是宋朝前期修撰敕典中最为成功、用力最深的法典，开创了宋朝敕典编撰新体例，它采用“准《律》分十二门”，即敕典体例按律典十二篇结构编撰。此次立法是在“《淳化编敕》及续降编敕一万八千五百五十五道”基础上修成，具体是“遍共披阅，凡敕文与旧条重出者，及一时机宜非永制者，并删去之”。通过此标准，“取八百五十六道为新编敕”。在此基础上，再对856条新敕进行“有止为事前后累敕者，令聚为一本，元是一敕，条理数事者，各以类分取，其条目相因，不以年代为次，其间文繁意局者量理制事增损之，情轻法重者取约敕刑名削去之”。通过认真筛选，最后撰成“凡成二百八十六条，准律分为十二门，并《目录》为十一卷”。[②]以“正罪定刑”为主体的新敕典。于是，《咸平敕》在编撰上不再按年月编撰，而是根据条文性质归类，改变了此前编敕的体例。通过严格删修，《咸平敕》仅有286条，分为12篇，共有11卷。《咸平敕》的卷数，按3.4.1条记载加上《目录》，共有11卷，按2.1.4.1条记载是加上目录共有12卷，4.4.1条记载有12卷，4.4.2条记载敕典有11卷，加上《仪制令》1卷，共12卷。综合上面史料，可知《咸平敕》有11卷，加上《仪制令》共有12卷，若再加上《赦书德音》共有13卷，所以对《咸平敕》的卷数不同史料记载略有不同。从某个角度看，《咸平敕》是宋朝建国以来在相关刑事立法成果的基础上编撰整理而成的新刑法典，是真正意义上的宋朝刑事法典。这样，《咸平敕》在宋朝开创了通过编敕典进行刑事立法的

---

① 郑樵撰：《通志·艺文略》，王树民点校，中华书局1995年版，第1555页。

② 王应璘：《玉海》卷六六，江苏古籍出版社、上海书店1987年版，第1256页。

先河，让宋朝对律典新编撰失去了需求的动力。这成为宋朝为什么一直没有提出修订律典，甚至是对《刑统》都失去修订动力的根源。编敕典开始以刑事法律为主，实现刑事立法的规范化和体系化。同时，让宋朝刑事法律体系形成以《唐律》《律疏》《刑统》《敕典》，加上后来的申明、断例等，六种层次分明、效力明确的刑法体系。从上可知，这个时期宋朝“敕”的内容仍然没有严格区分刑事与非刑事，因为《仪制车服敕》的内容是非刑事，后来被称为《仪制令》，这里仍然称为“敕”。《咸平敕》是宋朝敕典中条文数量可以明确知道的少数几个典敕，共有286条；卷数上有11卷。然而，可以确定的是，《咸平敕》仍然没有严格把“设制立范”的“令格式”内容从“敕”中分离出来。所以这个时期的立法成果仍然可以称为“某某编敕”。

5.《大中祥符敕》。大中祥符九年（1016年）修订。见于2.1.5、3.7和4.5等诸条史料。见于《宋会要》《长编》和《宋史》。此外，《通志·艺文略》记载有“《大中祥符编敕》三卷，陈彭年与法官编”[①]；《玉海·艺文志》记载大中详符“六年四月，判大理寺王曾言咸平后诏敕共三千六百余道，宜删定。诏曾与陈彭年等九人详定。止六年终。又以三司编敕条目繁重，令彭年等重详定增损。九年八月己卯上之，名《重定编敕》。翰林学士彭年等详定新旧编敕并三司文卷。续降宣敕，尽祥符七年，六千三百二道，千三百七十四条，分为三十卷，《仪制》《赦书德音》撰成十卷，《目录》二卷。《会要》：九年九月二十一日编敕所上删定《编敕》《仪制》《赦书德音》《目录》四十二卷，诏颁行。”[②] 在《皇宋通鉴长编纪事本末》中有与《玉海》相同的记载。[③] 从记载看，《大中祥符敕》所取的敕条是从咸平元年到大中祥符七年间所降宣敕，整个“大中祥符编敕”共有43卷，其中《敕典》有30卷，《仪制》《赦书德音》共

---

① 郑樵撰：《通志·艺文略》，王树民点校，中华书局1995年版，第1555页。

② 王应璘：《玉海》卷六六，江苏古籍出版社、上海书店1987年版，第1256页。

③ 大中祥符六年（1013年）三月，判大理寺王曾言：“自《咸平编敕》后，续降宣敕千一百余道，及新行者，又三千六百余道。条件既众，检视犹难。望遣官删定。”乃诏王曾与翰林学士陈彭年同加详定。九年八月，翰林学士陈彭年等言：“先准诏看详新、旧编敕，及取已删去并林特所编三司文卷、续降宣敕，尽大中祥符七年，总六千二百二道，千三百七十四条，分为三十卷。其仪制、赦书、德音别为十卷，与《刑统》《景德农田敕》同行。其止是在京及三司本司所行宣敕，别具编录，若三司例。册贡举、国信条例，仍旧遵用。”（《皇宋通鉴长编纪事本末》卷十六，“柴成务等看详编敕”，李之亮校点，黑龙江人民出版社2006年版，第235—236页。）

10卷，加上《目录》3卷。按3.7.2条和4.5.2条记载，《大中祥符敕》共有1374条，其中按4.5.3条记载专门涉及配隶的有46条。《大中祥符敕》在编撰上没有坚持《咸平敕》创立的体例，把非刑事内容独立编撰，而是回到此前的编敕体例中，造成敕典数量增加较快。《大中祥符敕》的篇名结构是否坚持十二篇体例无法确定，但从记载看，好像没有坚持。当然，从整个编敕立法成果看与咸平编敕是一致的，共有3类，即敕典、仪制和赦书德音。

6.《天圣敕》。天圣七年（1029年）修订。见于2.1.5、2.1.6、3.10和4.8等诸条史料。见于《宋会要》《长编》和《宋史》。此外，《崇文总目》卷四有记载；《通志·艺文略》记载有"《天圣编敕》十二卷，吕夷简等编。"[①] 此次编敕开始的时间在《宋史》中有记载，"天圣五年五月辛酉，命吕夷简等详定编敕。"[②]《宋史》中记载是在明道元年三月才"颁《天圣编敕》"。[③]《玉海·艺文志》记载天圣"五年五月诏以祥符七年止天圣五年，续降宣敕增及六千七百八十三条，辛酉命宰臣吕夷简等详定，依律分门十二卷，千二百余条"。[④]《皇宋通鉴长编纪事本末》卷三十二"删定编敕"中记载有："天圣四年九月壬申，命翰林学士夏竦、蔡齐、知制诰程琳等重修定编敕。时有司言：'编敕自大中祥符七年至今，复增及六千七百八十三条，请加删定。'……上然之。十一月甲辰，诏见行编敕，又续降宣敕，其未便者，听中外具利害以闻。七年五月己巳，诏以新令及附令颁天下，始命官删定编敕。议者以唐令有与本朝事异者，亦命官修定，成三十卷。九月，编敕既成，合《农田敕》为一书，视《祥符敕》损百有余条。其丽于法者，大辟之属十有七；流之属三十有四；徒之属百有六；杖之属二百五十有八；笞之属七十有六。又配隶之属六十有三，大辟而下奏听旨七十有一。凡此皆在律令外者也。于是诏下诸州阅视，听其言未便者。寻又诏尽一年无改易，然后镂板颁行。明道元年三月戊子，始行《天圣编敕》。"[⑤] 从记载看，此次编敕是把大中祥符七年至天圣五年间增加的6783条宣敕进行整理修撰。修成后还经过一年时

① 郑樵撰：《通志·艺文略》，王树民点校，中华书局1995年版，第1555页。

② 《宋史》卷九，"仁宗一"，第183页。

③ 《宋史》卷十，"仁宗二"，第193页。

④ 王应璘：《玉海》卷六六，江苏古籍出版社、上海书店1987年版，第1257页。

⑤ 杨仲良撰：《皇宋通鉴长编纪事本末》卷三十二，"删定编敕"，李之亮校点，黑龙江人民出版社2006年版，第541页。

间让地方各级官员提出修改意见。从修法程序上看较为认真。此次修成《天圣敕》共有13卷，《赦书德音》12卷，《天圣令》30卷、《附令敕》18卷，共500多条。其中《天圣敕》内容与《大中祥符敕》相比，发生的变化是增加死刑17个、流刑34个、徒刑106个、杖刑258个、笞刑76个、配隶63个、死刑奏听旨的71个，变化总数共625个。这些内容是在"律令"之外，即在《唐律》和《宋刑统》之外。从此可知，宋朝这个时期刑事法律发生了较大变化。按《玉海》记载《天圣敕》共有1200多条。这与3.10.2条记载是一致的，因为上面《天圣敕》"视《祥符敕》损百有余条"，而《大中祥符敕》有1374条。在天圣年间修法时，虽然大量内容被分在令典和《附令敕》中，但敕典数量增加速度还是很快，达到1200多条。《天圣敕》在体例上坚持了《咸平敕》的体例，采用律典12篇结构，而且《天圣敕》把敕典主要集中在刑事法律，把非刑事内容通过修撰《附令敕》解决。这样宋朝在立法上开始把刑事法律限定在敕典中，而把非刑事内容通过《附令敕》形式进行解决。"天圣编敕"在宋朝立法史上属于重要事件，北宋建国以来基本依靠唐开元年间的法律治理的现状开始出现转变，"天圣编敕"后宋朝的法律开始进入当时社会变迁的产物时期，因为国家治理中的两大法律，定罪正刑与设制立范的"律"和"令"都有时代化的产物。《天圣敕》的内容在南宋时仍然被引用，洪迈在《容斋随笔》中"百官避宰相"条下有"案，《天圣编敕》：诸文武官与宰相相遇于路皆退避，见枢密使副、参知政事，避路同宰相，其文甚明，不应元祐时不行用也"；在"百官见宰相"条中有"《天圣编敕》载文武百官见宰相仪"。[①] 这些说明《天圣敕》的普遍性。当然，这次在编敕上，由于没有对"敕"和"令"进行学术和实践上的区分，导致大量非刑事内容的"敕"只能通过"附令敕"方式处理，让"敕"仍然保留唐朝中后期以来的特征。同时，让整个宋朝法律建设仍然受制于唐朝"律令格式"的分类体系，无法让新产生的法律被新的法律分类有效吸收。此工作到神宗朝才得到解决。

7.《庆历敕》。庆历七年（1047年）修订。见于2.1.7、3.14和4.7等诸条史料。见于《宋会要》《长编》和《宋史》等。《通志·艺文略》记载有"《庆历编敕》二十卷，韩琦等编。"[②]《玉海·艺文志》中记载

---

① 洪迈撰，孔凡礼点校：《容斋随笔》，"容斋继笔卷十一"，中华书局2015年版，第278页。

② 郑樵撰：《通志·艺文略》，王树民点校，中华书局1995年版，第1556页。

"自景祐二年至庆历三年，又增四千七百六十五余条，八月复命官删定，……七年正月己亥编敕成，凡十二卷，定千七百五十七条，删为《总例》一卷，《目录》三卷，视《天圣敕》增五百余条"。《稽古录》卷二有相应记载。按记载，《庆历敕》主要立法材料是来自景祐二年至庆元三年，体例上采用律典12篇名结构。"先是四年五月癸酉，司勳郎吕绍宣请以见行编敕续降定敕令，令大理检法官依律门分十二编，颁天下，以便检阅，无误出入刑名，从之"。[①]《皇宋通鉴长编纪事本末》卷三十二"编敕"中记载"庆历三年八月。《天圣编敕》既施行，自景祐二年至今，所增又四千七百余条。丁酉，复命官删定。翰林学士吴育、侍御史知杂事鱼周询、知谏院王素、欧阳修并为详定官，宰臣晏殊、参知政事贾昌朝提举。十月丁巳，史官修撰王质、集贤殿校理天章阁侍讲曾公亮同详定编敕。四年五月癸酉，司勋员外郎吕绍宁请以见行编敕年月后续降宣敕，令大理寺检法官以律门分十二编，以颁天下，庶便于检阅，而无误出入刑名。从之。七年正月己亥，《庆历编敕》成，凡十二卷，别《总例》一卷，视《天圣敕》增五百条，大辟增八，流增五十有六，徒减十有六，杖减三十有八，笞减十有一；又配隶减三，大辟而下奏听旨者减二十有一。详定官张方平、宋祁、曾公亮并加勋，及赐器币有差。"[②] 从上面记载可知，《庆历敕》共有1757条，较《天圣敕》又增500多条。与《天圣敕》相比，罪名有减有增，增加的是死流，具体是死刑增加8个，流增加56个；减少的有徒杖笞、配隶和死刑奏听旨者，分别是徒16、杖38、笞11、配隶3、大辟而上奏听旨者21。《庆历敕》共有12卷，1757条，外加《总例》1卷。《皇宋通鉴长编纪事本末》中记庆历修法时间较长，始于庆历三年，完成于庆历七年。"庆历三年八月。《天圣编敕》既施行，自景祐二年至今，所增又四千七百余条"。庆历四年时按"令大理寺检法官意律门分十二编，以颁天下，庶便于检阅，而无误出入刑名。"庆历七年正月编成时是："《庆历编敕》成，凡十二卷，别《总例》一卷，视《天圣敕》增五百条，大辟增八，流增五十有六，徒减十有六，杖减三十有八，笞减十有一；又配隶减三，大辟而下奏听旨者减二十有一。"[③] 这里说明最先编敕典时由于没有按律典体例，一直没有成功，至到庆历四年才按律典分篇编成。《庆历敕》在体例上遵循《咸平敕》的体例，以律

---

① 王应璘：《玉海》卷六六，江苏古籍出版社、上海书店1987年版，第1258页。

② 同上。

③ 《皇宋通鉴长编纪事本末》卷三十二，"删定编敕"，第542页。

典为纲编撰，同时采用《附令敕》方法解决大量不属于刑事的“敕”。从记载看，在编敕时仍然没有办法很好处理刑事和非刑事法律的关系，于是导致敕典数量增加较快。

8.《嘉祐敕》。嘉祐七年（1062年）修订。见于2.1.9、3.18和4.6等诸条史料。见于《宋会要》《长编》和《宋史》。对此次修法时间，《宋史》记载有嘉祐二年八月“合富弼等详定《编敕》”。[①] 此外，《玉海·艺文志》中有“嘉祐二年八月丁未枢密院使韩琦言天下见行编修敕，自庆历四年以后，距今十五年，续降四千三百有余条，前后多有牴牾，请删定为《嘉祐敕》，从之。壬子，以宰臣富弼、参政曾公亮、提举钱象先等三人，详定齐妖等六人删定官。七年四月壬午提举宰臣韩琦、曾公亮上删定《编敕》《赦书德音》《附令敕》《总例》《目录》三十卷。取敕在《刑统》而行于今者附益，总一千八百三十四条，视庆历初有所增减，诏编敕所镂板颁行。七年四月宰臣琦等上言所修《嘉祐编敕》起庆历四年冬，尽嘉祐三年，凡十二卷。《志》：十八卷，大分上中下，《总例》一卷，《目录》五卷，其元降敕但行约束不在刑名者，又折为《续降附令敕》三卷，目录一卷。”[②]《皇宋通鉴纪事本末》卷三十二“编敕”中记载有“嘉祐二年八月丁未，韩琦又言：‘天下见行编敕，自庆历四年以后，距今十五年，续降四千三百余件，前后多牴牾。请加删定。’乃诏宰臣参知政事曾公亮同提点详定编敕。七年四月壬午，宰臣韩琦等上所修《嘉祐编敕》，起庆历四年，尽嘉祐三年，凡十二卷。其元降敕但行约束而不立刑名者，又析为《续附令敕》凡五卷，视庆历敕，大辟增六，流减五十，徒增六十有一，杖增七十有三，笞增三十有八，配隶增三十，大辟而下奏裁听旨者增四十五云。”[③] 从这里看，嘉祐修法是从二年开始，七年完成。《续资治通鉴》中有相同的记载。[④] 从记载看，《嘉祐敕》以庆历四年至嘉祐三年间的敕条为中心修撰。按各种史料记载，《嘉祐敕》分为12篇，共18卷，其中内容较多的篇被分为3卷，共有1834条。此次修法中，敕典内容变化很快，较《庆历敕》刑罚大为增加，死刑增加60个、流刑增加50个、杖增加73个、笞增加38个、配隶增

---

① 《宋史》卷十二，“仁宗四”，第241页。

② 王应璘：《玉海》卷六六，江苏古籍出版社、上海书店1987年版，第1259页。

③ 《皇宋通鉴长编纪事本末》卷三十二，“删定编敕”，第542—543页。

④ 嘉祐二年（1057年）八月丁未，琦又言：“天下见行《编敕》，自庆历四年以后，距今十五年，续降四千三百余件，前后多牴牾，请加删定。”乃诏宰臣富弼等及参知政事曾公亮同提点详定《编敕》（《续资治通鉴》卷五十七，“宋纪五十七”，第1381页）。

加30个、大辟而上奏听旨增加46个，共增加了297个。按记载，其中“敕”中仅“行约敕而不立刑名者”被编入《附令敕》，共5卷，即设制立范类法律被独立修成五卷。这样，此次修敕开始把敕条中的内容进行区分，在体例上继承《天圣敕》。但在区分“敕”和“令”的性质上更加明确，即敕与令越来越按律令分类。这样《嘉祐敕》在篇名上，在严格坚持律典12篇时，在性质上把敕典限定在刑事类，把非刑事类的编入《附令敕》，为元丰七年后确立敕令格式的编撰体例提供了扎实的基础。考庆历编敕和嘉祐编敕，主持者皆是韩琦，但体例上却发生较大变化，说明韩琦等人在经过前次修撰后发现立法中必须处理好两种性质的法律，即涉及刑事类与非刑事类，否则适用会十分不便。《嘉祐敕》是北宋中期最重要的敕典，对南宋影响较大，因为《绍兴敕》是在《嘉祐敕》和《政和敕》的基础上修成。

9.《熙宁敕》。熙宁六年（1073年）修订。见于2.1.11、3.39和4.9等诸条史料。见于《宋会要》《长编》和《宋史》。此外，《通志·艺文略》记载有“《熙宁续降敕》二十卷”。[①]《玉海·艺文志》中记载有熙宁“六年八月七日，提举编敕宰臣王安石上删定《编敕》《赦书德音》《附令敕》《申明敕》《目录》共二十六卷，诏编敕所镂板，自七年正月一日行。先是诏以嘉祐四年正月以后续降宣敕删定。”[②] 从材料看，《熙宁敕》收录宣敕材料时间是嘉祐四年以后，体例上遵循《嘉祐敕》，并且把非刑事内容编入《附令敕》。此次编敕在宋朝立法史上最大创制是开始独立编撰“申明”，即“申明敕”，或说“随敕申明”，让“申明”开始作为一种独立法律形式出现，构成国家法律形式中的一种，在南宋成为重要刑事法律形式。这样共有五个部分组成，分别是《敕典》《赦书德音》《附令敕》《申明敕》和《目录》，共26卷。按3.39.1条记载《熙宁敕》有17卷，卷数上继承《嘉祐敕》。此法律在南宋时仍然适用，绍兴二年八月辛丑，中书省在涉及东南州县乡百姓私置纸甲时引“《熙宁编敕令》有‘若私造纸甲五领者，绞，乞著为令’。从之”。[③]《熙宁敕》是北宋立法史上最后采用“敕典”和“附令敕”解决刑事法典与非刑事法律的一次立法。

10.《元丰敕》。元丰七年（1084年）修订。见于2.1.11、2.1.12、

---

① 郑樵撰：《通志·艺文略》，王树民点校，中华书局1995年版，第1556页。

② 王应璘：《玉海》卷六六，江苏古籍出版社、上海书店1987年版，第1260页。

③《建炎以来系年要录》卷五十七，“绍兴二年八月辛丑条”，中华书局2013年版，第1155页。

2.1.13、3.39 和 4.10 等诸史料。见于《宋会要》《长编》和《宋史》。此外，《通志·艺文略》记载有“《元丰敕》二十卷”。[①] 3.39.1 条记载元丰七年编敕是按敕令格式分类编撰，其中敕典有 12 篇，内容全是刑事法律。《元丰敕》共有 20 卷，其中内容有 17 卷，目录有 3 卷。此次立法，由于把随时随事颁布的宣敕内容根据新界定的标准分别撰入敕、令、格、式四种法律形式构成的法典中，让宋朝对随时因事立法的宣敕法典化立法有了新体例，对宣敕整理更加方便和有效。“元丰编敕”终于从理论和技术上很好解决了此前立法中一直没有办法有效区分刑事和非刑事法律的问题，让宋朝法律发展有了自己的新路途径。从现存材料看，《元丰敕》条文数量无法确定，但应较此前敕典数量有所减少，因为大量非刑事内容被移入令典、格典和式典中。元丰编敕是宋朝立法史上最重要的分水岭。此后，宋朝整个法律分类体例虽然形式上仍然采用隋唐时期的律令格式分类体例，但由于宋朝此时对敕令格式的定义有了不同，让整个国家法律不管从立法还是适用上都发生了变化。

11.《元祐敕》。元祐二年（1087 年）修订。见于 2.1.11、2.1.13、3.41 和 4.11 等诸条史料。见于《宋会要》《长编》和《宋史》。此外，《通志·艺文略》记载有“《元祐敕》二十卷”;[②]《玉海·艺文志》中有“元祐二年十二月二十四日，苏颂等上敕十二篇，二千四百四十条，计十七卷，名件多者分为上下。”[③] 从史料看，《元祐敕》在编撰时是对《元丰敕令格式》、嘉祐、熙宁敕等内容进行了综合性整理。此次立法修成的敕典共有 12 篇，17 卷，加目录 3 卷，总共 20 卷。因为 12 篇中内容较多的被分成上下两卷，而不是每篇一卷。按记载《元祐敕》共有 2440 条，内容较多，究其原因是把《元丰令》和嘉祐、熙宁编敕时的《附令敕》中很多内容重新移入典敕中。《元祐敕》立法背景较特殊，是在反神宗朝元丰编敕立法体例背景下进行的，所以在体例上想回到神宗朝之前。《宋史》中认为《元祐敕》是“中典”（见 4.11.3 条）。对元祐立法修成的法律数量，不同的史料和材料记载不同，按 2.1.13.1 条、3.41.1 条和 4.11.1 条记载有“敕令式”三种，没有“格”，按 4.11.2 条记载则是有“敕令格”，而无“式”。当然，从《元符敕》制定时哲宗和章惇的对话看，此次修成法律应是“敕令式”，缺少“格”。

---

① 郑樵撰：《通志·艺文略》，王树民点校，中华书局 1995 年版，第 1556 页。

② 同上。

③ 王应璘：《玉海》卷六六，江苏古籍出版社、上海书店 1987 年版，第 1262 页。

12.《元符敕》。元符二年（1099 年）修订。见于 2.1.14 和 4.77 等诸条史料。见于《宋会要》和《宋史·艺文志》。《元符敕》在修订上以《元丰敕》为标准，结构上以《元丰敕》为准。按 2.1.14.2 条记载，元符三年曾修改过数十条敕典内容，主要是把元祐年间加重的改轻，恢复到元丰年间的量刑。体例上按敕令格式四类分类。现在无法知道《元符敕》的具体卷数和条文数，但数量与结构上和《元祐敕》应差异不大。元符编敕开始把元祐年间的改革恢复到神宗朝确立的发展道路上。

13.《政和敕》。政和二年（1112 年）修订。见于 2.1.16 和 4.12 等诸条史料。见于《宋会要》和《宋史》。《政和敕》在制定上以《元丰敕》为标准，内容上应有所增加。从现有材料看，《政和敕》没有具体记载其内容和结构的史料。政和年间所修敕令格式按李心传考察，认为"政和后，始有御笔特断刑名，是盖多出于三尺之外矣"，为纠正此问题，宋钦宗上台后采取了一系列措施，如靖康元年九月提出"参用嘉祐、元丰旧法，以竢新书之成，奏可"，就是适用嘉祐和元丰年间制定的法律，后来下诏是"律令依嘉祐，断刑依元丰"。从此看，是非刑事法律适用嘉祐法，刑事案件适用元丰法。但因时间不同，政和法具有更好的适应性，靖康二年四月曾下诏"政和海行法非御笔修立者，许引用"。这里对政和法采用变通适用。建炎三年，在法律适用上采用"嘉祐、元丰法有不同者，赏格听从重，条约听从轻"[①] 的适用原则。《政和敕》成为《绍兴敕》的重要来源。政和编敕一个显著变化是"看详"成为重要的立法成果。《政和看详》共有 410 卷。此外，按记载，政和编敕立法应进行过两次，时间分别是政和二年（1112 年）（2.1.16.1 条）和政和六年（1116 年）（2.1.16.2 条），两次主持立法的人都不同，第一次是何执中，修成的数量是 548 册，即 548 卷（2.1.16.1 条）；第二次的是王韶，修成的数量是 903 卷。

14.《绍兴敕》。绍兴元年（1131 年）修订。见于 2.1.17 和 4.78 等诸条史料。见于《宋会要》和《宋史·艺文志》。此外，《玉海·艺文志》中记载有（绍兴）"元年八月四日戊辰参政张守等上《绍兴新敕》一十二卷。"[②]《皇宋中兴两朝政事》卷十，《建炎以来朝野杂录·乙集》卷五都有记载。《绍兴敕》是南宋建立初期制定的重要法典，主要以《嘉

---

① 李心传：《建炎以来朝野杂记·甲集》卷四，"绍兴乾道淳熙庆元敕令格式条"，中华书局 2013 年版，第 21 页。

② 王应璘：《玉海》卷六六，江苏古籍出版社、上海书店 1987 年版，第 1262 页。

祐敕》和《政和敕》为对象，比较后修撰而成。对此，《建炎以来系年要录》记载建炎三年四月“乙卯，赦天下，举行仁宗法度，录用元祐党籍，即嘉祐法有与元丰不同者，赏格听从重，条约听从宽……既而刑部侍郎商守拙言：‘一司、一路、一州、一县，及在京海行，与嘉祐所不该载，如免役重录茶盐香礬六曹通用等，合依见行条法。若事干军政、边防机密，并修书未成间，嘉祐制与见行条法相照，而引用窒碍者，并取旨。’从之”。[①] 这时还没有进行修法。建炎四年六月庚辰开始正式设修法官。“命宰臣范宗尹提举详定重修敕令，参知政事张守同提举。先是有诏，以嘉祐、政和敕、令、格、式对修成书，至是始设官置局，命大理寺及见在敕局官就兼详定删定等官，仍召人言编敕利害，逾年乃成”。[②] 从此处看，南宋初政府经过一年多的实践，改变了建炎三年在法律上想全面恢复宋仁宗朝法律的努力，在建炎四年修撰法律时不得不采用以嘉祐和政和法比较对比修撰的办法。这种选择更加适合当时社会的发展，因为政和年间的社会更接近南宋初期。此次修法用了一年时间，绍兴元年七月戊辰，记载“参知政事张守等上《对修嘉祐政和敕令格式》一百二十二卷，《看详》六百四卷，诏以《绍兴重修敕令格式》为名，自来年颁行”。[③] 这里明确指出此次修法由于是把嘉祐和政和两法对比修成，所以此法还有一个名称是《对修嘉祐政和敕令格式》。李心传在《建炎以来朝野杂录·乙集》中对《绍兴新法》修订的来源上与此记载相同。“明年（建炎四年）六月，范觉民相，仍奏命有司以嘉祐、政和敕对修成书。绍兴元年八月，上之。其后，乾道、淳熙、庆元之际，率十余岁一修，然大概以《绍兴重修敕令格式》为准”。[④] 此外，《宋史全文》中有与《系年要录》相同的记载。[⑤] 这里明确指出南宋法律重建时的核心渊源和结构，高宗初建政权

---

① 《建炎以来系年要录》卷二十二，“建炎三年四月乙卯条”，中华书局 2013 年版，第 549 页。

② 《建炎以来系年要录》卷三十四，“建炎四年六月庚辰条”，中华书局 2013 年版，第 782 页。

③ 《建炎以来系年要录》卷四十六，“绍兴元年七月戊辰条”，中华书局 2013 年版，第 975 页。

④ 李心传：《建炎以来朝野杂记·甲集》卷四，“绍兴乾道淳熙庆元敕令格式条”，中华书局 2013 年版，第 21 页。

⑤ 绍兴元年（1131 年）八月戊辰，参知政事张守等上《删修嘉祐政和敕令格式》一百二十二卷，《看详》六百四卷。诏以《绍兴重修敕令格式》为名，自来年颁行（《宋史全文》卷十八上，“宋高宗五”，中华书局 2016 年版，第 1243 页）。

时，由于战乱，法制上在反神宗朝改革后，采取回归到仁宗朝。于是，整个法律构建初期都以嘉祐法制为中心，但由于时代不同，也采用了大量时代化的法律。南宋法律后来都以《绍兴敕令格式》为准，而《绍兴敕令格式》又以嘉祐和政和年间修成的敕令格式为渊源。若深入考察，会发现绍兴敕令格式在结构上是以政和年间修成的敕令格式为主，可能在内容上有较多承袭嘉祐年间所修内容。绍兴元年的修法，共修成8个独立的部分，即《绍兴敕》《绍兴令》《绍兴格》《绍兴式》《绍兴申明刑统》《绍兴随敕申明》《政和二年后赦书德音》《绍兴看详》。此种修法分类成为南宋国家修“海行”法的标准，多数时候仅缺《申明刑统》，其他7个成为重要部分。这样把《随敕申明》《赦书德音》《看详》列为国家“海行”法修撰中的基本构成部分。《绍兴敕》在结构上采用律典十二篇结构，每篇一卷，不包括目录。《绍兴敕》创立了南宋编撰敕典的体例，成为南宋敕典编撰的标准。

15.《乾道敕》。乾道六年（1170年）修订。见于2.1.18和4.79等诸条史料。见于《宋会要》和《宋史·艺文志》。《乾道敕》修订源渊是《嘉祐敕》《绍兴敕》和建炎四年十月至乾道四年间的宣敕。《乾道敕》在结构上与《绍兴敕》一致，只是内容上有较大的修订，具体是增损条文有574条，新增的361条，删除的83条。此次修法增加了一个新种类，即《存留照用指挥》，共有128件，即128条以上。乾道修法成为修“指挥”的开始。此法律修成的时间是乾道六年，颁布生效的时间是乾道八年。《续资治通鉴》中记载“乾道八年正月庚午朔，颁《乾道敕令格式》”。[①] 与《绍兴敕》相比，《乾道敕》更能体现南宋社会的时代特色，是真正意义上南宋敕典。

16.《淳熙敕》。淳熙四年（1177年）修订。见于2.1.19和4.80等诸条史料。见于《宋会要》和《宋史·艺文志》。《淳熙敕》主要是对《乾道敕》进行修订，从记载看《淳熙敕令格式》对《乾道敕令格式》共修订900多条，但这是整个法律上，具体到敕典上没有数量上的具体记载。《淳熙敕》结构与《绍兴敕》一致。按史料记载，淳熙修法修撰了《淳熙随敕申明》。此次修法共修成248卷。淳熙修法应进行了两次，第一次是淳熙四年，第二次是淳熙六年。因为4.80条下第一条（4.80.1条）和第二条（4.80.2条）史料明确用“班”字，就是两次颁布法律的时间。

---

① 《续资治通鉴》卷一百四十三，“宋纪一百四十三”，第3809页。

17.《庆元敕》。庆元四年（1198 年）修订。见于 4. 81 等诸条史料。见于《宋史·艺文志》。现存《庆元条法事类》残本较全面反映了《庆元敕》的结构、内容特点，成为了解宋朝敕典具体内容的基础性史料。此外，《玉海·艺文志》记载庆元“二月丙辰，复置编修所，遂抄录乾道五年正月至庆元二年十二月终续降指挥，得数万事，参酌淳熙旧法五千八百条，删修为书，总七百二册，敕令格式及《目录》各一百二十二卷”。[①]《直斋书录题解》中记载是“《庆元敕》十二卷、《令》五十卷、《格》三十卷、《式》三十卷、《目录》一百二十二卷、《随敕申明》十二卷，总二百五十六卷”。[②] 对庆元修法时所用材料，有较详细记载的是《宋史全文》。“庆元四年九月丁未，宰执京镗等上《庆元重修敕令格式》，申明诏颁天下。先是，复编修敕令所，置提举、同提举官，遂移牒六曹、大理寺及三衙、江浙近便州郡监司，抄录乾道五年至庆元二年终续降指挥，得数万事，参酌淳熙旧法，送刑部审详讫，为书总七百二册，至是进呈。《绍兴重修敕令格式》者，高宗建炎四年，范宗尹为相，乃奏命有司以嘉祐、政和敕对修成书。其后乾道、淳熙、庆元之际，率十余岁一修，然大概以《绍兴重修敕令格式》为准”。[③]《续资治通鉴》中记载“庆元四年九月丁未，京镗上《重修敕令格式》，诏颁天下”。[④] 从这里看，此次修法是把中央各衙门和地方州到监司所有的法律资料都收集整理，在比较参考《绍兴新书》下修撰而成。从史料看，《庆元敕》在结构上与《绍兴敕》一致，不同的是《目录》卷数十分多，达到 122 卷。这是因为庆元修法时对敕令格式采用每卷条文修一卷目录的办法，使目录修得十分清楚。庆元修法共修成 5 部分，即敕令格式及申明，且《庆元申明》体例和结构完全依据律典 12 篇结构。《庆元条法事类》残本中《庆元敕》的 12 个篇名都有相应条文；大体保留了《庆元敕》中 887 条原文。

18.《淳祐敕》。淳祐二年（1242 年）修订。见于 4. 89 和 5. 3 等诸条史料。见于《宋史》和《吏部条法》。其中《吏部条法》中明确引用《淳祐敕》的条文。此外，《玉海·艺文志》中记载淳祐“二年二月上表

---

① 王应璘：《玉海》卷六六，江苏古籍出版社、上海书店 1987 年版，第 1264 页。

② 陈振孙撰，徐小蛮、顾美华点校：《直斋书录解题》卷七，“法令类”，上海古籍出版社 2015 年版，第 224 页。

③《宋史全文》卷二十九上，“宋宁宗一”，第 2462 页。

④《续资治通鉴》卷一百五十五，“宋纪一百五十五”，第 4163 页。

云奎文大揭于华楼，十一年上条法事类”。[①] 从此可知，淳祐修法是在《庆元法》的基础上修成。淳祐十一年后再次修订，这次对该法修改了140条，增加450条，删除了17条，共有430卷。此后，还按事类体编修过《淳祐条法事类》，完成时间是淳祐十一年。从5.3条记载内容看，《淳祐敕》与此前其他敕典内容是一致的，都是刑法方面的内容。《宋史全文》记载“宝祐二年正月庚戌，上《淳祐重修敕令格式》，申明诏嵩之等进秩有差”。[②]《续资治通鉴》卷一百七十中有相同的记载。

以上18部敕典是宋朝现存史料中有较详细制定时间、人物和修成种类、数量的敕典，而且有不同史料具体记载条文作为佐证。从《宋会要》上看，宋朝还应制定过《皇祐敕》《治平敕》和《崇宁敕》三部敕典。

19. 《皇祐敕》。见于2.1.8和4.70等诸条史料。见于《宋会要》和《宋史》。其中2.1.8条下共有6条具体史料记载《皇祐敕》的内容。在2.1.8.1条和2.1.8.2条两条中明确记载《皇祐编敕》和《皇祐敕》的原文。2.1.8.4条和4.70.1条记载的内容是一致的，都提到适用《皇祐敕》断罪。从《宋会要》和《宋史》所存材料看，《皇祐敕》应是制定过，但奇怪的是没有其他地方记载编撰此次法律的情况，如时间、人物、修成的数量等。

20. 《治平敕》。见于2.1.10。见于《宋会要》。在2.1.10.1条中记载宋神宗熙宁三年八月九日处理工部尚书李兑丧葬时因行状违法问题引用到《治平编敕》条文。从此看应有《治平敕》的存在，但在其他史料中没有记载此法制定的详细情况。

21. 《崇宁敕》。见于2.1.15。见于《宋会要》。在2.1.15.1条中明确引用到《崇宁敕》的条文。从此看应有《崇宁敕》的存在。此外，在其他史料中还有《崇宁令》的具体内容。从宋朝对法律名称使用的习惯看，在崇宁年间应修订过敕令格式。

以上三部敕典都有明确条文和名称出现在《宋会要》《宋史》中，但没有其他史料记载制定它们的时间和修订者的具体情况，所以本书把它们作为存疑敕典处理。

（二）宋朝敕典中的篇名和数量

宋朝敕典篇名名称和数量十分明确，从《咸平敕》开始采用律典十二篇名结构后，到《元丰敕》这种体例被确定，一直成为此后敕典编撰

① 王应璘：《玉海》卷六六，江苏古籍出版社、上海书店1987年版，第1264页。

② 《宋史全文》卷三十三，“宋理宗三”，第2747页。

的篇名体例。这种结构在《庆元条法事类》残本中得到证明，现存《条法事类》中敕典部分的内容上，十二篇都被引用到，具体是：《名例敕》《卫禁敕》《职制敕》《户婚敕》《擅兴敕》《厩库敕》《捕亡敕》《贼盗敕》《诈伪敕》《斗讼敕》《断狱敕》《杂敕》。

此外，《宋会要》中明确引用到过敕典篇名有9个，分别是《名例敕》（2.2.1条），如有《政和名例敕》《庆元名例敕》《绍兴名例敕》等；《贼盗敕》（2.2.2条）；《斗讼敕》（2.2.3条）；《职制敕》（2.2.4条），如《元符职制敕》《政和职制敕》《绍兴职制敕》；《户婚敕》（2.2.5条），如《元符户婚敕》《政和户婚敕》等；《厩库敕》（2.2.6条）；《杂敕》（2.2.7条），如《政和杂敕》；《诈伪敕》（2.2.8条），如《绍兴诈伪敕》《政和诈伪敕》；《断狱敕》（2.2.9条）。

宋朝敕典本质上是对律典的解释和补助，在体例上较早按照律典结构进行编撰。这种体例形成原因有：一是便于比较刑律和敕典之间的法律关系；二是适用上的方便，在司法中可以按确定的律典篇名进行查找。此种编撰体例影响到宋朝与之相关的随敕申明和断例编撰体例。南宋绍兴年间在修撰法典时修"随敕申明"和"断例"时在篇名结构上采用十二篇结构，名称与敕典相同。这样宋朝法律中与刑事有的法律由律典、律疏、刑统、敕典、申明和断例六种法律形式组成。六类刑事法律形式都采用12篇结构，在编撰体例上都一致。宋朝这种把敕典、随敕申明和断例按律典结构编撰对明清时期形成律典和条例结构提供了渊源。

（三）宋朝一般敕的篇名和数量

宋朝一般敕若按编撰篇名对象分类，可以分为事类与机构两类。事类立法早期代表是《农田敕》等，机构立法主要有《三司敕》《一司一务敕》和《一州一县敕》等。按时间分类，以宋神宗元丰年（1078年）间为分界点，可以分为前期综合性立法和后期专门性立法。宋敕在内容上，元丰年间是分界点，此前敕虽然主要是刑事类，但仍然有大量非刑事类法律；元丰年后，以敕为名的法律名称都被界定在刑事法律领域。在以机构为名的法律中，非刑事法律内容被安排在令格式中。这样，宋朝敕的内容较少。这里按敕包括的内容对宋朝一般敕的法律进行分类，分为综合性敕篇名和专门性敕篇名。综合敕篇名的法律包括有刑事和非刑事法律；专门性敕篇名的法律仅有刑事法律。

1.《景德农田敕》。景德三年（1006年）制定。又名《农田敕》，或《景德农田编敕》。见于2.1.5、2.3.1、3.6和4.15等诸条史料。见于《宋会要》《长编》和《宋史》。此外，《通志·艺文略》中记载有"《景德农田敕》四卷，丁谓等定。”[1]《崇文总目》卷四中有同样记载。此单行敕是宋朝景德年间制定的重要农业水利、赋税、田产交易保护等相关问题的立法成果，是宋朝初期敕类立法中的代表性成果，影响较大，成为宋朝土地赋税立法的代表性成果，是国家土地等不动产、税赋等方面的重要立法。考诸史料，《景德农田敕》共有5卷。《续资治通鉴》中有记载，“景德二年十月庚辰，丁谓等上《景德农田敕》五卷，令雕印颁行，民间咸以为便”。[2]《景德农田敕》的内容现在可以从3.6.1中看到一些，其中2.3.1.5、2.3.1.6、2.3.19条中记载有此法律的原文。《农田敕》内容不是刑事法律，主要是民间赋税和田土交易法律。这说明宋朝前期“敕”作为一种法律形式并没有被限定在刑事领域，很多称为“敕”的法律属于后来的“令格式”范围。

2.《三司敕》。见于2.3.6、3.5和4.13等诸史料。见于《宋会要》《长编》和《宋史》。北宋前期数次修撰《三司敕》，从现在史料看，至少有《咸平三司敕》《景德三司敕》《天禧三司敕》《熙宁三司敕》等四个版本。此外，《通志·艺文略》记载有“《三司编敕》二卷，宋朝索斯杀等编”；“《三司咸平杂敕》，十二卷，李特等修”。[3]《玉海·艺文志》“咸平二年七月三十日户部使索湘上三司删定编敕六卷”；“景德三年十月庚辰盐钱副使林特上《三司编敕》三十卷。”[4] 按2.3.6.1条记载，咸平二年修撰的《三司敕》体例是以中央三司机构中二十四案作为“门”分别编撰。“三司”在北宋元丰改制前是指盐铁、度支和户部三大中央财税部门；元丰改制后三司划归户部，所以不再有以“三司”为名的立法。《三司敕》数量从咸平二年（999年）六卷，景德二年（1006年）三十卷，神宗朝王安石编撰《三司敕式》达400卷，这里不仅有“敕”还有“式”，数量十分庞大。《三司敕》在北宋时期是独立的部门性敕典，三司作为国家主要财政收支机构，成为北宋国家立法的重点，体现出北宋时期国家对财政的管理和控制的严密。《三司敕》编撰在元丰官制改革后被划归户部下的职能机构为主体的编撰体系中，元丰年间后没有直接记载编撰《三司敕》的史料。

3.《一司一务敕》。见于2.3.2、3.9和4.17等诸史料。见于《宋会

① 郑樵撰：《通志·艺文略》，王树民点校，中华书局1995年版，第1557页。

② 《续资治通鉴》卷二十五，“宋纪二十五”，第580页。

③ 郑樵撰：《通志·艺文略》，王树民点校，中华书局1995年版，第1557页。

④ 王应璘：《玉海》卷六六，江苏古籍出版社、上海书店1987年版，第1256页。

要》《长编》和《宋史》。此外，《崇文总目》卷四有记载。《通志·艺文略》记载有"《一司一务敕》三十卷。"[①]《玉海·艺文志》记载"景祐二年六月乙亥，翰林学士承旨章得象上《一司一务编敕》《在京编敕》并《目录》四十四卷。先是诏以祥符八年止，明道二年宣敕命司徒昌运等与得象删定，至是上之"。[②] 从记载看，北宋中前期数次修订《一司一务敕》，至少有四个版本，即《天禧一司一务敕》《明道一司一务敕》《景祐一司一务敕》《熙宁一司一务敕》。所修数量有30卷、44卷到50卷不等。"司"和"务"是宋朝时对国家中央专业性事务机构的简称，具体如"国子监一司"和"内侍省一司"等。北宋时《一司一务敕》作为独立类敕典篇名存在，但和《三司敕》一样，宋神宗元丰官制改革后没有记载，原因是《一司一务敕》被分成以机构命名的法律名称体系，如《国子监敕》《茶法敕》等。《一司一务敕》立法繁荣说明宋朝法制建设上国家十分注重部门行政管理上的法制化建设。

4.《一司敕》。见于3.8、3.9、4.7和4.21等史料。见于《长编》和《宋史》。"一司"是宋朝针对中央专门管理机构的一种简称，如茶场司、国子监、御史台等都称为"一司"。所以宋朝针对部门和区域的法律名称主要有在京、一司、一路、一州一县四种。皇祐年间修订的在京、一司、一路和一州一县敕，分别归入四个独立法律篇名中，即《在京敕》《一司敕》《一路》和《一州一县敕》。按《玉海·艺文志》记载"皇祐中参定《一司敕》二千三百十七条，《一路敕》千八二十七条，《一州一县敕》千四百五十一条"。[③] 可知此次皇祐年间修撰的《一司敕》有2317条。南宋年间同样如此，庆历年间修成《一司敕》2317条（4.21.1条）。

5.《诸司敕》。[④] 见于2.3.24和4.72等诸条史料。见于《宋会要》和《宋史·艺文志》。《诸司敕》在宋神宗熙宁年间进行了大规模编撰。按记载，此次编撰从熙宁三年开始，到熙宁九年九月二十五日编成二十四卷敕式（2.3.24.1条）；熙宁十年二月二七日编成十二卷敕令格式（2.3.24.2条）；同年十一月四日编成三十卷敕令格式（2.3.24.3条）。

---

① 郑樵撰：《通志·艺文略》，王树民点校，中华书局1995年版，第1557页。

② 王应璘：《玉海》卷六六，江苏古籍出版社、上海书店1987年版，第1258页。

③ 同上书，第1257页。

④ "诸司"与"内诸司"在宋朝是两个不同的法律术语。"内诸司"是"自内侍省以下，在禁中置局，并应属内司子局者，皆是也"（赵昇：《朝野类要》卷3，"内诸司"，第75页）。

修成的法律种类名称上分别有“敕式”“敕令格式”“敕格式”等三种（4.71.1条），从此可知，整个修法中都有“敕”的内容。从内容看，熙宁九年九月二十五日编成具体名称又称为“敕式”，后面两次才包括有“敕”的名称。“元丰二年六月辛酉，左谏议大夫安焘等上《诸司敕式》。”[①] 但从当时整个立法看，这次立法成果可以总称为《诸司敕》。《诸司敕》在名称上属于类敕典篇名，下面由具体中央机构组成，即很多法律都可以再分为具体的名称，如《茶场一司敕》《国子监一司敕》《御史台一司敕》等。

6.《在京敕》。见于2.3.5、3.8、3.9、4.17等诸条史料。名称上还有《在京编敕》《在京一司敕》等。见于《宋会要》《长编》和《宋史》。3.8.5条记载有《在京一司敕》，此名称是《在京敕》的一种较全面称谓。此外，在《玉海·艺文志》中有“景祐二年六月乙亥，翰林学士承旨章得象上《一司一务编敕》《在京编敕》并《目录》四十四卷。”从这些记载看，北宋时期编撰过《在京敕》为名称的“敕”类法律。《在京敕》在性质上属于类敕典名称，从法律效力上看属于区域性法律，但宋朝好像把“在京”作为一个中央机构，因为称为“在京一司”。“在京”应指适用于“开封府”的特别法律。因为北宋时“开封府”在国家治理上作为一个特别行政区，在法律上有很多特别规定。

7.《在京通用敕》。见于2.3.8、2.3.23、3.29和4.19。见于《宋会要》《长编》和《宋史》。名称上有《在京海行敕》。《玉海·艺文志》中有（绍兴）“十年十月戊寅，宰臣等上重修《在京通用敕》十二卷”。[②] 2.3.23.1条记载有《在京海行敕》，按宋朝法律术语，“海行”和“通用”是存在本质性的差别的。这样《在京海行敕》和《在京通用敕》是两个适用范围不同的法律。《在京海行敕》除非北宋时存在虽是针对京城制定的“敕”，但在法律效力适用上可以适用全国的海行敕。南宋继承了此种传统。从此看，宋朝应存在《在京通用敕》和《在京海行敕》两种法律形式和篇名。2.3.8.2条中记载绍兴十年（1140年）制定了《在京通用敕》十二卷，体例按敕典结构。3.29.1条记载有《在京通用敕》的原文。4.19.1条记载的内容是2.3.8.1条记载的内容。《皇宋中兴两朝圣政》卷二十六有记载制定此法律的情况。从上面可知，宋朝，特别南宋时期，《在京通用敕》已经成为单行敕典的重要篇名。这里不把《在京海

① 《续资治通鉴》卷七十四，“宋纪七十四”，第1857页。

② 王应璘：《玉海》卷六六，江苏古籍出版社、上海书店1987年版，第1262页。

行敕》作为独立作篇。

8.《诸路转运司敕》。见于4.14。《宋史·艺文志》中有记载。此法名称有《转运司编敕》《转运司敕》《诸路转运司编敕》。《通志·艺文略》记载有"《诸路转运司编敕》三十卷，陈彭年编。"① 《玉海·艺文志》中记载有"《转运司编敕》三十卷，陈彭年等编"。② 从三处材料看，记载主持修撰者都是陈彭年，名称上虽然不同，但应是同一法律的不同篇名。从宋朝法律篇名通用习惯看，《诸路转运司编敕》应是全名，《诸转运司敕》是标准称谓，《转运司敕》是简称。此法律是针对地方各路转运司事务制定的类敕法律。

9.《诸路敕》。又称《诸路宣敕》。《通志·艺文略》记载有"《诸路宣敕》，十二卷，天圣中刊《祥符敕》，颁下诸路。"③ 《崇文总目》卷四中记载有"天圣诸路宣敕"。从记载看，北宋时制定过《诸路宣敕》为名的法律，但宋朝"宣"和"敕"本质上是一致的，区别是前者通过枢密院颁布，后者通过中书省颁布，所以可以称为《诸路敕》。《诸路敕》和《一路敕》是有区别的，《诸路敕》属于"通行"类，即适用于地方各路的"敕"，《一路敕》是仅适用于某路的"敕"。

10.《八路差官敕》。见于4.36条。见于《宋史·艺文志》。在名称上，有时又称为《八路差官法》（4.36.1条）。此法律在熙宁年间制定，主要涉及八路地方官的任命、考核等。《通志·艺文略》记载有"《熙宁八路差官敕》，一卷。"④ 比较两条材料，可知此法律名称有两种，即《八路差官敕》和《熙宁八路差官敕》，但通用名称应是《八路差官敕》。

11.《一路敕》。见于3.8、4.7和4.21。见于《长编》和《宋史》。结合诸材料，北宋时期制定过以《一路敕》为名的地方法律，且有明确的数量记载，如在庆历年间达到1827条（4.7.2条）。《一路敕》应是一种综合性地方敕典，具体由适用地方各种路的"敕"组成，因为在3.24.3条中明确引用到《陕西一路敕》的条文。《一路敕》下应由具体的"路"组成具体的门类。分析3.8条下面6条史料，会发现宋朝时"诸路一州一县"和"一路一州一县"是有区别的，前者是指"路"下的州县，后者路州县是并列的。对此可知参看4.7.2条，这里把地方法律

① 郑樵撰：《通志·艺文略》，王树民点校，中华书局1995年版，第1557页。

② 王应璘：《玉海》卷六六，江苏古籍出版社、上海书店1987年版，第1256页。

③ 郑樵撰：《通志·艺文略》，王树民点校，中华书局1995年版，第1555页。

④ 同上书，第1557页。

分为《一路敕》和《一州一县敕》两种地方性法律。

12.《陕西一路敕》。见于3.24。在3.24.3条中记载有《陕西一路敕》的原文，可知有《陕西一路敕》的存在。宋朝以具体路为法律篇名的"敕"应很多，每一路都有，只是很少有具体的名称和法律被记载下来。这也说明宋朝《一路敕》具体由每个路组成。

13.《一州一县敕》。见于2.3.3、3.8、4.7、4.18等诸条史料。见于《宋会要》《长编》和《宋史》。《玉海·艺文志》中记载天禧"四年二月辛卯，参政李迪等上《一州一县新编敕》五十卷"；"皇祐中参定……《一州一县敕》千四百五十一条"。[①]《玉海·艺文志》记载庆历"七年九月丁酉，诏删定《一州一县敕》"。从记载看，北宋时《一州一县敕》作为独立敕篇名存在，修订时间主要在北宋时期，至少有天禧、皇祐和庆历三个版本。有时此法律也称为《诸路一州一县》。庆历年间修撰的《一州一县敕》达到1451条，是现在见到《一州一县敕》较准确数量的记载。《一州一县敕》应由两个部分组成，即通行和适用特定州县的法律两个部分。

14.《利州路一州一县敕》。见于3.26。此法律篇名见于《长编》中。在3.26条中明确指出所引法律是利州路的《一州一县敕》，说明北宋时期"一州一县敕"的真实情况。此法律由于仅适用于利州路下的所属州县，所以称为《利州路一州一县敕》。

15.《减定诸色刺配刑名敕》。见于2.3.21和3.13等诸条史料。又称为《刑名敕》《减定配隶刑名敕》《减定敕》《减定配隶》等。见于《宋会要》和《长编》。《通志·艺文略》记载有"《景祐刺配敕》，五卷"。[②]《玉海·艺文志》记载有"景祐二年十一月诏审刑大理删减定配隶刑名，五年十月四日上《刑名敕》五卷"。[③]从上面材料看，此法律名称较多，其中简称是《刑名敕》，全称是《减定诸色刺配刑名敕》。此法律最早应是景德四年由王济制定的《刑名敕》。

16.《举明自首敕》。《通志·艺文略》中记载有"《举明自首敕》，一卷"。[④]但此篇名没有见于《宋会要》《长编》和《宋史》等基本史料。从篇名看，此法律属于刑事法律，是宋朝关于自首方面的专门法律。

17.《五服年月敕》。见于2.3.14和3.11和4.16等诸条史料。又称

① 王应璘：《玉海》卷六六，江苏古籍出版社、上海书店1987年版，第1257页。

② 郑樵撰：《通志·艺文略》，王树民点校，中华书局1995年版，第1555页。

③ 王应璘：《玉海》卷六六，江苏古籍出版社、上海书店1987年版，第1258页。

④ 郑樵撰：《通志·艺文略》，王树民点校，中华书局1995年版，第1555页。

《五服敕》。见于《宋会要》《长编》和《宋史》。《通志・艺文略》记载有"《五服年月敕》一卷"。[①] 宋朝《五服年月敕》制定较早，《开宝通礼》中就有《五服年月敕》，大中祥符年间也制定过《五服年月敕》；天圣年间重修订《五服年月敕》（4.16.3 条）。从以上材料看出，宋朝至少三次制定过《五服年月敕》，即《开宝五服年月敕》《大中祥符五服年月敕》《天圣五服年月敕》。《五服敕》是宋朝法律中重要法律，是同时拥有刑事和民事性质的特殊法律。

18. 《八路敕》。见于 3.21 和 4.35 等诸史料。见于《长编》和《宋史・艺文志》。按《宋史・艺文志》记载，《八路敕》与《八路差官敕》是两个不同性质的法律，前者主要针对地方事务，后者主要针对八路官员管理、考核。可以说，前者是地方性法律，后者是地方官员管理法。从 3.21.3 条和 4.35.1 条看，此法制定于熙宁七年，制定者是蒲宗孟，修成的卷数是 1 卷。可知《八路敕》是宋朝地方性法律。

19. 《两浙福建路敕》。见于 4.82。见于《宋史・艺文志》。可知《两浙福建路敕》是宋朝地方性"敕"，主要适用地区是两浙福建沿海地区。

20. 《宗室及外臣葬敕》。见于 2.3.9 和 4.46 等诸条史料。见于《宋会要》和《宋史》。按 2.3.9.1 条记载，有熙宁《宗室葬敕》，4.46.1 条记载元丰年间制定过《宗室及外臣葬敕令式》九十二卷。从中可知，宋朝神宗时制定过《宗室葬敕》。这样可以确定《宗室及外臣葬敕》分为两个部分，即"宗室"和"外臣"。在法律形式上，分为敕令式三种。

21. 《赏赐敕》。见于 2.3.54。按 2.3.54.1 条记载元祐年间制定了《度支大礼赏赐敕》。此法由"度支"、"大礼"和"赏赐"三个部分组成。由此可知存在《赏赐敕》。

22. 《夏祭敕》。见于 2.3.55 和 4.39 等条诸史料。见于《宋会要》和《宋史》。2.3.55.1 条记载政和七年制定，4.39.1 条记载制定者是蒋猷。"政和七年五月甲寅，礼制局编修《夏祭勅令式格》。详议官兵部尚书蒋猷、宣和殿学士蔡攸、显谟阁待制蔡絛、蔡翛各转两官，余转一官，减磨勘年有差"。[②] 此处详细记载了参与修法的人员。从中可知《夏祭敕》是宋朝敕的法律篇名。

23. 《明堂敕》。见于 2.3.56 和 4.40 等条诸史料。见于《宋会要》

① 郑樵撰：《通志・艺文略》，王树民点校，中华书局 1995 年版，第 1494 页。

② 《皇宋通鉴长编纪事本末》卷一百三十四，"礼制局"，第 2277 页。

和《宋史》。2.3.56.1 条记载宣和年间制定《明堂敕令格式》1206 册，4.40.1 条记载存在有元丰年间和宣和年间两个版本，从中可知，《明堂敕》至少有元丰和宣和年间两个版本。从中可知《明堂敕》是宋朝敕的篇名。

24.《宗祀大礼敕》。见于 4.59。按 4.59.1 条记载政和年间制定过《宗祀大礼敕令格式》一部。“宗祀大礼”和“大礼”在宋朝应存在区别，所以把《宗祀大礼敕》作为宋朝敕的独立篇名。

25.《景灵宫供奉敕》。见于 2.3.41 和 4.41 等条诸史料。见于《宋会要》和《宋史》。从 2.3.41.1 条记载可知该法制定于元丰五年（1082 年）。“景灵宫”是宋朝重要祭祀地方，由于祭祀涉及大量礼仪规范，所以导致以“景灵宫”祭祀有关的立法十分发达和复杂。可知《景灵宫供奉敕》是宋朝敕的篇名。

26.《铨曹敕》。见于 2.3.29、3.19 和 4.23 等条诸史料。见于《宋会要》《长编》和《宋史》。三部史料中记载的情况都一致。此法律全称是《铨曹格敕》。英宗治平三年（1066 年）制定。《续资治通鉴》记载“治平三年五月庚午，吏部流内铨进编修《铨曹格敕》十四卷”。[①] 从名称看，该法律包括两个部分，即《铨曹格》和《铨曹敕》，共有 14 卷。可知《铨曹敕》是宋朝敕的篇名。

27.《贡举敕》。见于 2.3.10、3.28、4.34 和 4.45 等条诸史料。见于《宋会要》《长编》和《宋史》。此外，《通志·艺文略》记载有“《熙宁贡举敕》，三卷；《元祐贡举敕》，三卷”。[②] 从材料看，此法律最早制定于熙宁十年（1077 年），在元丰、元祐、绍兴等年间多次修定。《宋史全文》中记载“绍兴二十六年十二月癸丑，尚书右仆射万俟卨上《重修贡举敕令格式》五十卷，《看详法意》四百八十七卷。”[③] 从这里看，此次修成“敕令格式”达 50 卷，《看详》有 487 卷。可知《贡举敕》属于宋朝敕的篇名，主要调整科举考试，属于科举法。

28.《通用贡举敕》。见于 2.3.11 和 2.3.43 条。见于《宋会要》。此法律又称为《内外通用贡举敕》。从 2.3.11.1 条看，宋朝制定过《通用贡举敕》。可知《通用贡举敕》是宋朝敕的篇名。

29.《礼部考试进士敕》。见于 4.22。见于《宋史·艺文志》。此篇名

---

① 《续资治通鉴》卷六十四，“宋纪六十四”，第 1573 页。

② 郑樵撰：《通志·艺文略》，王树民点校，中华书局 1995 年版，第 1558 页。

③ 《宋史全文》卷二十二下，“宋高宗十七”，第 1822 页。

还见于《通志·艺文略》，其上记载有“《礼部考试进士敕》，一卷，宋朝迥等撰。”① 可知《礼部考试进士敕》属于宋朝敕的篇名。此法律属于宋朝较早的科举考试法。

30.《御试贡举敕》。见于2.3.43。2.3.23.1条记载绍兴二十六年（1156年）制定《御试贡举敕》1卷。宋朝“御试贡举”和“省试贡举”是两个不同科举考试的名称。可知《御试贡举敕》是宋朝敕的篇名。

31.《省试贡举敕》。见于2.3.43。2.3.23.1条记载绍兴二十六年制定《省试贡举敕》1卷，可知《省试贡举敕》是宋朝敕的篇名。

32.《府监发解敕》。见于2.3.43。2.3.23.1条记载绍兴二十六年制定《府监发解敕》1卷，可知《府监发解敕》是宋朝敕的篇名。

33.《御试省试府监发解通用敕》。见于2.3.43。2.3.43.1条记载绍兴二十六年制定了《御试省试监发解通用敕》1卷。此法律与30、31、32的区别是，前三者分别适用于各自独立的领域，此法律适用于御试、省试和府监发解三个领域。可知《御试省试监发解通用敕》是宋朝敕的篇名。

34.《翰林院敕》。见于4.88。4.88.1条记载政和三年强渊明制定“本院敕令格式”。可知《翰林院敕》是宋朝敕的篇名。

35.《考选敕》。见于4.37。《宋史》记载有《百司考选格敕》五卷，知制定有《考选敕》。可知《考选敕》属于宋朝敕的篇名。

36.《贡士敕》。见于4.53。《宋史》记载白时中制定《政和新修贡士敕令格式》51卷，可知《贡士敕》在政和年间制定过，这里用“新修”，说明此法在此之前就制定过。可知《贡士敕》属于宋朝敕的篇名。

37.《御试贡士敕》。见于4.60。《宋史》记载白时中在政和年间《新修御试贡士敕令格式》159卷，对比4.53.1条记载，可知《贡士敕》与《御制贡举敕》属于不同“敕”的篇名，两者数量差距较大。可知《御制贡举敕》属于宋朝敕的篇名。

38.《学制敕》。此法律篇名见于《通志·艺文略》，记载有“《大观学制敕令格式》，三十五卷。”② 从名称上看，《学制敕》是关于教育类刑事法律。可知《学制敕》属于宋朝敕的篇名。

39.《国子监敕》。见于2.3.44和4.51等条诸史料。见于《宋会要》和《宋史》。按3.44.1条记载，元丰二年（1079年）制定时称为《国子

---

① 郑樵撰：《通志·艺文略》，王树民点校，中华书局1995年版，第1558页。

② 同上。

监一司敕式》。然而，若把 3. 44. 1 条与 4. 51. 2 条对比，可以发现两者记载的是同一事件。这说明在宋神宗界定敕令格式之前，制定“国子监”独立机构的法律称为“某某司”。按 4. 51. 1 条记载陆佃制定《国子监敕令格式》有 19 卷，但没有记载四类法律各自己的卷数，在 2. 3. 44. 1 条中记载绍兴十三年（1143 年）制定时明确有《国子监敕》1 卷，说明当时法律已经区分为敕、令、格、式四种。可知《国子监敕》属于宋朝敕的篇名。

40. 《太学敕》。见于 2. 3. 45 和 2. 3. 44 等条诸史料。按 2. 3. 45. 1 条记载，元符三年（1100 年）曾制定国子监三学，即小学、太学和大学及外州军学制，由此可知“太学”和“大学”在宋朝中央教育中分属于两个教育体系。可知《太学敕》属于宋朝敕的篇名。

41. 《大学敕》。见于 4. 52 和 4. 76 等条诸史料。4. 52. 1 条记载绍圣三年（1096 年）重新修订了《大学敕令式》。可知《大学敕》属于宋朝敕的篇名。

42. 《小学敕》。见于 2. 3. 46 和 4. 76 等条诸史料。2. 3. 46. 1 条记载大观三年（1109 年）重修《小学敕》。宋朝《小学敕》与《宗子小学敕》是两个不同的法律，后者调整皇族儿童的教育，前者调整非皇族儿童的教学。可知《小学敕》属于宋朝敕的篇名。

43. 《诸路州县学敕》。见于 2. 3. 47 和 4. 55 等条诸史料。见于《宋会要》和《宋史》。结合 2. 3. 47. 1 和 4. 55. 1 条，崇宁二年（1103 年）制定《诸路州县学敕令格式》，共有 13 册，政和年间制定的总数有 18 卷。《皇宋通鉴长编纪事本末》中记载崇宁二年制定的情况。崇宁元年（1102 年）十一月戊寅，尚书右仆射蔡京言：“臣等昨具陈乞诸路置学养士，伏承诏旨，令讲议司立法颁行。谨以元陈请画一，并参酌《太学敕令格式》，取其可以行于外者，修立成《诸路州县学敕令格式》并《一时指挥》凡十三册，谨缮写上进以闻。”① 这里指出是仿照《太学敕令格式》编成的。可知《诸路州县学敕》属于宋朝敕的篇名。

44. 《武学敕》。见于 2. 3. 44、2. 3. 51、4. 7 和 4. 44 等条诸史料。见于《宋会要》和《宋史》。按 4. 44. 1 条记载，元丰年间和绍圣年间制定过两个不同版本的《武学敕令格式》，2. 3. 44. 1 条记载绍兴十三年（1143 年）制定的《武学敕》有 1 卷。可知《武学敕》属于宋朝敕的篇名。

45. 《律学敕》。见于 2. 3. 44、2. 3. 50、4. 7 和 4. 54 等条诸史料。见

① 《皇宋通鉴长编纪事本末》卷一百三十二，“讲议司”，第 2236 页。

于《宋会要》和《宋史》。又名《国子监律学敕》。按 4. 54. 1 条、2. 3. 50. 1 和 2. 3. 50. 2 条记载，《律学敕》有绍圣、政和和绍兴三个版本，其中绍兴年间的有 1 卷。可知《律学敕》属于宋朝敕的篇名。

46.《算学敕》。见于 2. 3. 49 和 4. 56 等条诸史料。见于《宋会要》和《宋史》。又名《国子监算学敕》。从两处记载看，都是崇宁年间制定的《算学敕令格式》，但没有记载卷数。“崇宁三年六月壬子，都省言：‘窃以算数之学，其传久矣。……神宗皇帝将建学焉，属元祐异议，遂不及行。方今绍隆圣绪，则算学之设，实始先志。推而行之，宜在今日。今将元丰算学条制重加删润，修成敕令，冠以《崇宁国子监算学敕令格式》为名。’”① 可知《算学敕》属于宋朝敕的篇名。

47.《书画学敕》。见于 2. 3. 48 和 4. 57 等条诸史料。见于《宋会要》和《宋史》。又名《国子监书画学敕》。两处记载都是崇宁年间制定了《国子监书画学敕》，只是在名称上 2. 3. 48. 1 条称为《国子监书画敕令格式》，而 4. 57. 1 条称为《国子监书画学敕令格式》。按《皇宋通鉴长编纪事本末》记载，崇宁三年修的是书画为一学，称为“书画”学。“崇宁三年六月壬子，都省言：“窃以书之用于世久矣。先王为之立学以教之，设官以达之，置使以谕之，盖一道德、谨守法，以同天下之习。……所有图画之技，朝廷所以图绘神像，与书一体。今附书学，为之校试约束，谨成《书画学敕令格式》一部，冠以‘崇宁国子监’为名，并乞赐施行。从之。都省上《崇宁国子监算学书画学敕令格式》，诏颁行之。”② 宋朝的律学、武学、算学和书画学等都是国子监下具体教学部分，都可以加“国子监”三字，这里用简称《书画学敕》。可知《国子监书画学敕》属于宋朝敕的篇名。

48.《御书院敕》。见于 4. 43。4. 43. 1 条记载有《御书院敕式令》2 卷，知有《御书院敕》。可知《御书院敕》属于宋朝敕的篇名。

49.《宫学敕》。见于 2. 3. 7。2. 3. 7. 1 条史料中在崇宁四年（1105 年）时明确提到《宫学敕》，宋朝在教育机构上有专门为皇室和皇族设的不同教育机构，为皇室设的称为“宫学”，为皇族设的“宗正学”。可知《宫学敕》属于宋朝敕的篇名。

50.《宗子大小学敕》。见于 2. 3. 42 和 4. 58 等条诸史料。见于《宋会要》和《宋史》。两处记载是一致的，其中 2. 3. 42. 1 条记载《宗子大

---

① 《皇宋通鉴长编纪事本末》卷一百三十五，“四学”，第 2286 页。

② 同上。

小学敕》有1册，从中可知至少有1卷，制定者为李图南。可知《宗子大小学敕》属于宋朝敕的篇名。

51.《中书门下省敕》。见于2.3.33。见于《宋会要》。按2.3.33.1条记载，乾道年间制定《中书门下省敕》有2卷。此外，在《遂初堂书目》中记载有《大观中书敕令格式》《政和中书门下敕令格式》。“己亥，尚书右仆射汤思退言：‘三省总万机，各有本省法。自大观间修《中书门下敕令格式》，历年已久，而尚书省第有省记条册，望选从官两三人，以典故法令修三省成法来上。’从之。”[①] 可知《中书门下省敕》属于宋朝中央行政机构中书省的专门立法，属于宋朝敕的篇名。

52.《尚书省敕》。见于2.3.33。见于《宋会要》。按2.3.33.1条记载，乾道年间制定《尚书省敕》有2卷。可知《尚书省敕》属于宋朝敕的篇名。

53.《枢密院敕》。见于2.3.33和3.17等诸条史料。见于《宋会要》和《长编》。3.17.1条记载仁宗嘉祐三年（1058年）枢密院编撰端拱以来本机构敕六十卷，知当时就编撰有《枢密院敕》，只是内容上采用综合性编敕。2.3.33.1条记载乾道九年制定《枢密院敕》，共有4卷，这时“敕”是专门敕。《建炎以来朝野杂录记·甲集》卷五记载绍兴八年（1138年）秦桧制定《绍兴枢密院敕令格式》2卷。可知《枢密院敕》属于宋朝敕的篇名。

54.《三省通用敕》。见于2.3.33。见于《宋会要》。按2.3.33.1条记载，乾道年间制定有《三省通用敕》1卷。“三省通用”是指适用于中书省、尚书省和门下省三大中央机构的法律。可知《三省通用敕》属于宋朝敕的篇名。

55.《三省枢密院通用敕》。见于2.3.33。见于《宋会要》。按2.3.33.1条记载，乾道年间制定《三省枢密院通用敕》2卷。“三省枢密院通用”是指同时适用于三省和枢密院的法律。可知《三省枢密院通用敕》属于宋朝敕的篇名。

“三省通用”和“三省枢密院通用”是宋朝中央机构中适用三个机构和四个机构的不同法律，分属于不同的法律类别。

56.《御史台敕》。见于3.36。按3.36.1条记载元丰二年（1079年）御史台重新制定《一司敕》，可知此前御史台就制定过本台敕，按当时习惯称为《御史台一司敕》。此后，《御史台敕》成为专门敕，不再采用

① 《建炎以来系年要录》卷一百八十一，“绍兴二十九年四月己亥条”，第3484页。

“一司敕”。可知《御史台敕》属于宋朝敕的篇名。

57.《入内内侍省敕》。见于2.1.8.2、2.3.19和3.34等诸条史料。见于《宋会要》和《长编》。按2.3.19.1条与3.34.1条记载的内容，两处是同一事，即元丰二年（1079年）制定《入内内侍省敕式》。“入内内侍省”是宋朝皇宫内宦官管理机构。2.1.8.2条记载《皇祐内侍省一司编敕》。《建炎以来朝野杂记·甲集》中“内侍两省”条中有“内侍省、入内侍省，皆宦官职也，旧号前、后省。绍兴三十年九月，以前省无职事，遂废之。今入内内侍省，旧后省也”。[①]从此可知，宋初设内侍省和入内内侍省，后并为入内内侍省。可知《入内内侍省敕》属于宋朝敕的篇名。

58.《殿中省敕》。见于2.3.39。2.3.39.1条记载《殿中省敕》。可知《殿中省敕》属于宋朝敕的篇名。

59.《殿中省通用敕》。见于2.3.31。2.3.31.1条记载政和五年引用《政和殿中省通用敕》。可知《殿中省通用敕》属于宋朝敕的篇名。

“殿中省”与“殿中省通用”是两个不同所指的法律术语，两者所包括的法律特点是不同的。这是因为崇宁二年后殿中省总领六尚局。

60.《刑部敕》。见于3.3.8、3.29和4.27等诸条史料。见于《长编》和《宋史》。又名《详定尚书省刑部敕》。此外，《玉海·熙宁详定尚书刑部敕》记载有“熙宁十年十二月六日壬午，详定敕令所言准送下《刑部敕》二卷。今将所修条并后来敕札一处看详，其间事系别司者，悉归本司。若当司以上通行者，候将来复入《在京通用敕》。已有条式者，更不重载，又义未安者，就损益其后来圣旨札子批状，中书省颁降者悉名曰敕，枢密院颁降者，悉曰宣。其修成一卷，分九门，总六十三条，乞降敕旨以《熙宁详定刑部敕》为名。从之”。[②]考察诸史料，熙宁十年制定的《刑部敕》有2卷。在《玉海》上记载了门数和条数。卷数上4.27.1条记载是1卷，2.29.1条引《中书时政记》记载最后颁布时卷数也是1卷。可知此法律最初有2卷，整理后最后有1卷，9门，63条。可知《刑部敕》属于宋朝部门敕的篇名。

61.《吏部敕》。见于2.3.37和4.62。见于《宋会要》和《宋史》。4.62.1条记载元丰年间制定《新修吏部敕令式》15卷，说明《吏部敕》此前就已经存在。绍兴年间再次重新修撰《吏部敕令式》。此外，《皇宋中兴两朝圣政》卷十四，《建炎以来朝野杂录·乙集》卷五都有相同记

---

① 《建炎以来朝野杂记·甲集》卷十，“内侍两省”，中华书局2013年版，第210页。

② 王应璘：《玉海》卷六六，江苏古籍出版社、上海书店1987年版，第1261页。

载。可知《吏部敕》属于宋朝敕的篇名。

62.《吏部四选敕》。见于2.3.35和4.47等诸条史料。见于《宋会要》和《宋史》。2.3.35.1条和4.47.1条记载的事件是相同的，元祐初年制定《吏部四选敕》。"吏部四选"是指尚书左右选和侍郎左右选。可知《吏部四选敕》属于宋朝敕的篇名。

63.《吏部左选敕》。见于4.63。4.63.1条记载淳熙年间重修《吏部左选敕令格式申明》，多达300卷。"吏部左选"全称应是"吏部尚书左选"。可知《吏部左选敕》属于宋朝敕的篇名。

64.《吏部七司敕》。2.3.38和4.64等诸条史料。见于《宋会要》和《宋史》。按2.3.38.1条和4.64.1条记载开禧年间制定《重修吏部七司敕令格式申明》，共323卷。4.64.2和4.64.3条记载绍兴三年再次重修。对此《建炎以来系年要录》记载绍兴三年十月癸未制定的《吏部七司敕令格式》的情况，"癸未，起复尚书左仆射朱胜非等上《吏部七司敕令格式》一百八十八卷。自度江以来，官司文籍散佚，无所稽考。议者以为铨法最为急务。会广东转运司以所录元丰、元祐吏部法来上，乃命洪拟等以省记旧法，及续降指挥详定，至是书成。"① 此外，《宋史全文》卷十八下"宋高宗六"、《续资治通鉴》卷一百一十三中都有记载。其中《宋史全文》和《建炎以来系年要录》是一致的。从史料看，《吏部七司敕》是一个类敕典，下面由吏部七司中每个"司"构成一个独立的门类进行分别立法，组成不同的名称，共组成了近40种具体法律篇名。可知《吏部七司敕》属于宋朝敕的部类敕典。

65.《参附尚书吏部敕》。见于4.65。4.65.1条记载绍兴年间修撰有《绍兴参附尚书吏部敕令格式》70卷。可知《参附吏部尚书吏部敕》属于宋朝敕的篇名。《宋史全文》中记载"绍兴三十年八月丙午，尚书右仆射、提举详定一司敕令陈康伯上《参附吏部敕令格式》七十卷、《刑名疑难断例》二十二卷"。② 这与《宋史》的记载是一致的。

《吏部七司敕》和《参附尚书吏部敕》是两个不同的法律。对此，《建炎以来系年要录》中对"参附"的法律意义有说明。绍兴二十九年（1159年）正月甲申，权刑部侍郎、兼详定一司敕令黄祖辞奏称"见修吏部七司法，欲将旧来条法与今事体不同者，立为参附，参照施行"。上奏

---

① 《建炎以来系年要录》卷六十九，"绍兴三年十月癸未条"，中华书局2013年版，第1245页。

② 《宋史全文》卷二十三上，"宋高宗十八"，第1870页。

后，高宗认为“祖宗成宪不可废也。存之以备照用，甚当”。[①] 此次提议修撰完成应在绍兴三十年，因为在八月甲寅条中有“尚书右仆射、提举详定一司敕令陈伯康上《参附吏部敕令格式》七十卷，《刑名疑难断例》二十二卷”。[②] 由此可知“参附”类法律是指此前历次修定的《吏部七司法》中可以参用的法律。这里“参附”是可以备查参考使用的法律。

66.《尚书侍郎左右选通用敕》。见于5.2。见于《吏部条法》。此法律篇名在《吏部条法》中有明确条文被引用。可知《尚书侍郎左右选通用敕》属于宋朝敕的篇名。

67.《尚书侍郎在右选考功通用敕》。见于5.1。《吏部条法》中有明确条文被引用。可知《尚书侍郎左右选考功通用敕》属于宋朝敕的篇名。

68.《参附司封敕》。见于2.3.36。2.3.36.1条中记载了有《参附司封敕》1卷。可知《参附司封敕》属于宋朝敕的篇名。

69.《参附司勋敕》。见于2.3.36。2.3.36.1条中记载了有《参附司勋敕》1卷。可知《司勋敕》属于宋朝敕的篇名。

70.《参附考功敕》。2.3.36。2.3.36.1条中记载了有《参附考功敕》1卷。可知《参附考功敕》属于宋朝敕的篇名。

以上司封、司勋、考功三司的敕都属于“参附”类，其实在吏部七司敕中存在以上三司的独立门类敕，即有《司封敕》《司勋敕》《考功敕》。

71.《大宗正司敕》。见于2.3.35、3.21和4.24等诸条史料。见于《宋会要》《长编》和《宋史》。按3.21.1条记载，嘉祐年间已经编撰成《大宗正司敕》6卷，熙宁七年再次修撰成《大宗正司敕》8卷（见4.24.1条），2.3.35.1条记载绍兴年间编成《大宗正司敕》10卷。可知《大宗正司敕》属于宋朝敕的篇名。

72.《军马司敕》。见于2.3.22、3.25和4.26等诸条史料。见于《宋会要》《长编》和《宋史》。又称《军马敕》。按3.25.1条记载，神宗熙宁八年开始制定，熙宁十年修成，共有5卷（4.26.2条）。《玉海·艺文志》“熙宁九年十二月癸未朔，吴充等上《详定军马司敕》五卷。”[③] 元符年间再次修撰。《文献通考·经籍考》中有“《宣和军马司敕》十三

① 《建炎以来系年要录》卷一百八十一，“绍兴二十九年正月甲申条”，第3473页。

② 《建炎以来系年要录》卷一百八十五，“绍兴三十年八月甲寅条”，第3593页。

③ 王应璘：《玉海》卷六六，江苏古籍出版社、上海书店1987年版，第1261页。

卷、《令》一卷。陈氏曰：宣和时所修”。[①]《皇宋通鉴长编纪事本末》中记载有“徽宗皇帝绍圣四年十月壬寅……恕先与曾布同修《军马敕》，尝以事至西府”。[②] 可知《军马司敕》属于宋朝敕的篇名。

73.《六察敕》。见于 2.3.16 和 3.38 等诸条史料。见于《宋会要》和《长编》。两处都明确引用《六察敕》的条文。可知《六察敕》属于宋朝敕的篇名。

74.《司农寺敕》。见于 2.3.17、3.30 和 4.25 等诸条史料。见于《宋会要》《长编》和《宋史》。在名称上有《司农敕》和《司农寺敕》两种，这是名称上的不同，机构上是同一，都属于《司农寺敕》。按 4.25.1 条记载元丰前有《司农寺敕》1 卷，神宗元丰年间制定的《司农寺敕令式》有 15 卷。可知《司农寺敕》属于宋朝敕的篇名。

75.《群牧司敕》。见于 3.20 和 4.69 等诸条史料。见于《长编》和《宋史》。又称为《群牧司编敕》。从记载看，两处是一致，记载的都是神宗三年制定《群牧司敕》。但从《皇宋通鉴长编纪事本末》记载看，此法律应有两次修订，第一次是治平四年，[③] 第二次是熙宁三年。[④] 治平四年修订时把唐朝和宋朝的结合在一起修，没有具体的卷数。第二次熙宁三年是以宋朝法律为中心修，卷数达 12 卷。可知《群牧司敕》属于宋朝敕的篇名。

76.《审官院敕》。见于 4.32。见于《宋史·艺文志》。又称《审官院编敕》。《通志·艺文略》记载有“《皇祐审官院敕》一卷，贾寿编”；[⑤]《玉海·艺文志》记载有“王珪以《审官院皇祐一司敕》，至嘉祐七年以前续降敕札一千二十三道编成条贯并总例共四百七十六条，为十五卷，以《嘉祐审官院编敕》为目”；[⑥] 4.32.1 条记载《审官院编敕》15 卷，应是嘉祐七年编成的。宋朝初期设审官院，后根据管理官员的性质分成审官院、审官东院和审官西院。从史料看，《审官院敕》至少有皇祐年间版、嘉祐年间版和熙宁七年版三种。可知《审官院敕》属于宋朝敕的篇名。

---

① 《文献通考·经籍考》。

② 《皇宋通鉴长编纪事本末》卷一百二十，“逐惇卞党人”，第 2003 页。

③ “治平四年十一月，寻诏台符及刘航删修《群牧司敕令》。以唐令及本朝故事增损删定，并奏取旨”（《皇宋通鉴长编纪事本末》卷七十五，“马政”，第 1323 页）。

④ “熙宁三年五月庚戌，群牧判官王海《群牧司编敕》十二卷，行之”（《皇宋通鉴长编纪事本末》卷七十五，“马政”，第 1324 页）。

⑤ 郑樵撰：《通志·艺文略》，王树民点校，中华书局 1995 年版，第 1557 页。

⑥ 王应璘：《玉海》卷六六，江苏古籍出版社、上海书店 1987 年版，第 1260 页。

77.《审官西院敕》。见于3.22。见于《长编》。又名《审官西院编敕》。按3.22.1条记载宋宗熙宁五年（1072年）制定了《审官西院敕》共10卷。可知《审官西院敕》属于宋朝敕的篇名。

78.《审官东院敕》。见于3.23和4.33。又名《审官东院编敕》。3.23.1条记载元丰二年重修《审官东院敕令式》。4.33.1记载熙宁七年制定《审官东院编敕》2卷。《玉海·艺文志》记载有“熙宁三年五月，以审官院为东院，七年十二月《编敕》二卷上之，凡一百十四条。”① 可知《审官东院敕》属于宋朝敕的篇名。

79.《走马敕》。见于2.3.20。见于《宋会要》。2.3.20.1条记载有《大观走马敕》，2.3.20.2条记载政和五年有《走马敕》。考宋朝制度设置中有“走马”，而且“走马”是皇帝派到地方刺探情报的特务组织。可知《走马敕》属于宋朝敕的篇名。

80.《提举所敕》。见于2.3.39。见于《宋会要》。此机构全称是“提举司天监公事所”。2.3.39.1条记载有《提举所敕》。可知《提举所敕》属于宋朝敕的篇名。

81.《都提举市易司敕》。见于2.3.26和4.38等诸条史料。见于《宋会要》和《宋史》。2.3.26.1条记载元丰五年制定《都提举市易司敕》，从4.38.2条记载看，有时又简称《市易敕》。可知《都提举市易司敕》属于宋朝敕的篇名。

82.《诸司市务敕》。见于4.49。见于《宋史》。元祐年间制定《诸司市务敕》。可知《诸司市务敕》属于宋朝敕的篇名。

83.《六曹敕》。见于4.50。见于《宋史》。按4.50.1条记载元祐初制定过《六曹敕令格式》1000卷。这里《六曹敕》应是一个法典类的敕典，下面分具体部门编撰。元祐年间制定六曹法律，根据苏辙《龙川略志》卷五“议定吏额”记载，“予为中书舍人，与范子功、刘贡父同详定《六漕条例》，子功领吏部”。② 可知宋朝时“条例”有时泛指“法律”。六曹就是尚书省六部。从时间看，这里记载的就是元祐年间制定的《六曹敕令格式》。可知《六曹敕》属于宋朝敕的篇名。

84.《六曹通用敕》。见于2.3.28。见于《宋会要》。2.3.28.3条记载有《六曹通用敕》1卷。《六曹通用敕》是指适用于尚书六部所有部门的法律，是一个部门中的“普通法”。可知《六曹通用敕》属于宋朝敕的

① 王应璘：《玉海》卷六六，江苏古籍出版社、上海书店1987年版，第1260页。

② 苏辙：《龙川略志》第五“议定吏额”，中华书局2013年版，第25页。

篇名。

85.《寺监通用敕》。见于2.3.28。见于《宋会要》。2.3.28.3条记载有《寺监通用敕》1卷。《寺监通用敕》是指适用于寺监所有部门的法律。可知《寺监通用敕》属于宋朝敕的篇名。

86.《库务通用敕》。见于2.3.28。见于《宋会要》。2.3.28.3条记载有《库务通用敕》1卷。可知《库务通用敕》属于宋朝敕的篇名。

87.《六曹寺监通用敕》。见于2.3.28和4.87等诸条史料。在2.3.28.1条和2.3.28.3条中都记载有《六曹寺监通用敕》。《建炎以来系年要录》记载"壬申，太师秦桧等上《重修六曹寺监通用敕令格式》四十七卷，《申明》六卷，《看详》四百十卷，诏颁行之。"① 此法律是指适用于中央六曹、寺监等机构的"普通法"，与84、85条中法律构成"普通法"和"特别法"的关系。可知《六曹寺监通用敕》属于宋朝敕的篇名。

88.《六曹寺监库务通用敕》。见于2.3.28和4.66等诸条史料。在2.3.28.1条、2.3.28.2条和2.3.28.3条记载有《六曹寺监库务通用敕》，此法律是适用于三个大的总类机构的法律，即六曹、寺监和库务，与"六曹寺监通用"是不同的。可知《六曹寺监库务通用敕》属于宋朝敕的篇名。

89.《六尚局敕》。见于2.3.39和4.68等诸条史料。见于《宋会要》和《宋史》。两处记载是一致的。"六尚局"是宋朝专门机构。可知《六尚局敕》属于宋朝敕的篇名。

90.《供奉库敕》。见于2.3.39和4.68等诸条史料。见于《宋会要》和《宋史》。两处记载是一致的。可知《六尚局敕》属于宋朝敕的篇名。

91.《户部敕》。见于4.48。4.48.1条记载元丰年间制定《户部敕》。可知《户部敕》属于宋朝敕的篇名。

92.《度支敕》。见于2.3.40。从记载看，元祐元年（1086年）制定《度支敕》，可知《度支敕》属于宋朝敕的篇名。

元丰官制改革后，度支、金部和仓部纳入户部的管理中，形成户部下的三大机构。在立法上有度支、金部和仓部分立的情况。

93.《金部敕》。见于2.3.40。从记载看元祐元年（1086年）制定《金部敕》。可知《金部敕》属于宋朝敕的篇名。

94.《仓部敕》。见于2.3.40。从记载看元祐元年（1086年）制定

---

① 《建炎以来系年要录》卷一四十七，"绍兴十二年十月壬申条"，第2787页。

《金部敕》。可知《金部敕》属于宋朝敕的篇名。

95.《三班院编敕》。见于3.16。见于《长编》。按3.16.1条记载嘉祐三年（1058年）制定《三班院编敕》。可知《三班院编敕》属于宋朝敕的篇名。

96.《军器监敕》。见于3.37。见于《长编》。3.37.1条记载有《军器监敕》。可知《军器监敕》属于宋朝敕的篇名。

97.《禄敕》。见于2.3.34。见于《宋会要》。2.3.34.1条记载有《禄敕》1卷。宋朝与官员俸禄有关的立法较发达，其中《禄敕》是重要组成部分。可知《禄敕》属于宋朝敕的篇名。

98.《在京禄敕》。见于2.3.34。见于《宋会要》。2.3.34.1条记载有《在京禄敕》1卷。可知《在京禄敕》属于宋朝敕的篇名。

99.《常平免役敕》。见于2.3.27、4.67和4.86等诸条史料。见于《宋会要》《长编》和《宋史》。《通志·艺文略》记载有"《熙宁常平敕》，三卷。"① 按《续资治通鉴》记载，绍圣年间重修过。"绍圣四年六月甲午，翰林学士承旨蔡京等上《常平免役敕令格式》"。② 从这里看，蔡京此次修法把《常平免役》按敕令格式四种分类修撰。《玉海·艺文志》记载绍兴"十七年十一月，刑部尚书周三畏等详定重修《常平免役敕令格式》五十四卷，书成，丙寅宰臣上之。《熙宁常平敕》二卷，七十条，分七门，五年修"。③ 从《玉海》记载看，宋神宗熙宁五年制定过《熙宁常平敕》2卷，分为7门，共70条。绍兴十七年周三畏等人制定时增加了内容，分成敕令格式四部编撰，达54卷。《宋史全文》记载"绍兴十六年十一月丙寅，太师、尚书左仆射、提举详定一司敕令秦桧上《绍兴常平免役敕令格式》四百九十九卷。诏镂板颁之。"④ 这里记载的事件是《玉海》记载的事件。可知《常平免役敕》属于宋朝敕的篇名。

100.《元祐差役敕》。见于2.3.30和3.42等诸条史料。2.3.30.1条记载有元祐六年引用《元祐差役敕》，3.42条记载的应是《元祐差役敕》。可知《元祐差役敕》属于宋朝敕的篇名。

101.《冬教保甲敕》。见于2.3.32和3.27等诸条史料。见于《宋会要》和《长编》。2.3.32.1条记载与3.27.1条记载相同。可知《冬教保

① 郑樵撰：《通志·艺文略》，王树民点校，中华书局1995年版，第1557页。

② 《续资治通鉴》卷八十五，"宋纪八十五"，第2176页。

③ 王应璘：《玉海》卷六六，江苏古籍出版社、上海书店1987年版，第1263页。

④ 《宋史全文》卷二十一下，"宋高宗十五"，第1723页。

甲敕》属于宋朝敕的篇名。

102.《五路义勇保甲敕》。见于3.27和4.28等诸条史料。3.27.1条记载有《义勇保甲制敕》5卷，4.28.1和4.28.3条记载的名称是《五路义勇保甲敕》。可知《五路义勇保甲敕》属于宋朝敕的篇名。

103.《开封府界保甲敕》。见于4.28。4.28.2条记载有《开封府界保甲敕》2卷。可知《开封府界保甲敕》属于宋朝敕的篇名。

104.《保甲养马敕》。见于3.40。按3.40.1条记载元丰七年（1084年）引用《保甲养马敕》。可知《保甲养马敕》属于宋朝敕的篇名。

105.《附令敕》。见于2.1.6、2.1.7、2.1.9、2.1.11、3.12、3.18、3.24、3.31、3.39、4.6、4.8、4.30等诸条史料。见于《宋会要》《长编》和《宋史》。《玉海·艺文志》记载有"《志》：《续附令敕》一卷，《续降赦书德音》三卷"。[1] 宋朝编敕时修订《附令敕》的有天圣编敕（2.1.6.1条）、庆历编（2.1.7.1条）、嘉祐编敕（2.1.9.1条）、熙宁编敕（2.1.11.1条）等至少四次。《附令敕》作为解决非刑事法律内容大规模使用始于天圣编敕（2.1.7条）。《天圣附令敕》有18卷，500多条。然而，对后三次修法时制定的《附令敕》，在数量上记载却十分混乱。庆历编敕（2.1.7条）时有《庆历附令敕》1卷或18卷两种记载（见4.30.1和4.30.2条），嘉祐编敕时《嘉祐附令敕》有5卷（2.1.9条、3.18.2条、4.6.5条），熙宁编敕（2.1.11条）时有《熙宁附令敕》。《附令敕》从内容上看，主要是非刑事法律，最初是为解决编敕时非刑事部分的技术处理产物。元丰年间在编修法律时把此部分移入"令格式"中，于是此问题得到了彻底解决。这里把《附令敕》作为特殊"敕"的篇名。从严格意义上看，《附令敕》不属于"敕"，应是"令格式"，特别是"令"的内容，而归入令类法律中。在《宋会要》中有明确注明是《附令敕》的法律原文。

106.《高丽入贡敕》。见于2.3.13。见于《宋会要》。按2.3.13.1条中引用《高丽入贡敕》条文。可知《高丽入贡敕》属于宋朝敕的篇名。

107.《接送高丽敕》。见于4.42。见于《宋史》。4.42.1条记载有《接送高丽敕》。可知《接送高丽敕》属于宋朝敕的篇名。

108.《奉使高丽敕》。见于4.42。见于《宋史》。4.42.1条记载有《奉使高丽敕》。可知《奉使高丽敕》属于宋朝敕的篇名。

109.《殿前马步军司敕》。见于3.15。见于《宋史》。又称《殿前马

[1] 王应璘：《玉海》卷六六，江苏古籍出版社、上海书店1987年版，第1258页。

步军马编敕》。3.15.1 条记载《殿前马步军马编敕》。可知《殿前马步军司敕》属于宋朝敕的篇名。

110.《将官敕》。见于 2.3.4、3.32 和 4.29 等诸条史料。按 3.32 记载，元丰年间制定《将官敕》，按 4.29.1 条和 4.29.2 条记载，有《熙宁将官敕》1 卷和《元丰将官敕》12 卷。《文献通考·经籍考》中有"《诸路将官通用敕》二十卷，晁氏曰：皇朝崇宁中修。"从这里看，《将官敕》至少有三个版本，即熙宁、元丰和崇宁。可知《将官敕》属于宋朝敕的篇名。

111.《官制敕》。见于 2.3.18。2.3.18.1 条和 2.3.18.2 条分别记载有《官制敕令格式》。宋朝《官制敕》是指元丰官制改革时制定的《元丰官制敕令格式》中"敕"的部分。严格意义上，此法律名称应是《元丰官制敕》。可知《官制敕》属于宋朝敕的篇名。

112.《新定在京人从敕》。见于 2.3.52 和 4.73 等诸条史料。见于《宋会要》和《宋史》。按 2.3.52.1 条记载元丰元年（1078 年）制定《新定在京人从敕》3 卷。但在 4.73.1 条中记载的名称有误，称为《新定在京人从敕式三等》，应是《元丰新定在京人从敕式令》。可知《新定在京人从敕》属于宋朝敕的篇名。

113.《诸班直诸军转员敕》。见于 2.3.57。2.3.57.1 条记载有《诸班直诸军转员敕》1 卷。《建炎以来朝野杂记·乙集》卷五有相同记载。可知《诸班直诸军转员敕》属于宋朝敕的篇名。

114.《亲从亲事官转员敕》。见于 2.3.57。2.3.57.1 条记载有《亲从亲事官转员敕》1 卷。《建炎以来朝野杂记·乙集》卷五中有相同记载。可知《亲从亲事官转员敕》属于宋朝敕的篇名。

115.《行军赏罚符契敕》。《通志·艺文略》记载有"《行军赏罚符契敕》一卷"。[①] 可知《行军赏罚符契敕》属于宋朝敕的篇名。

116.《私役禁军敕》。见于 4.20。4.20.1 条记载引用《私役禁军敕》的处罚。可知《私役禁军敕》属于宋朝敕的篇名。

117.《马递铺敕》。见于 2.3.53。按 2.3.53.1 条记载大观年间重修《马递铺敕令格式申明》，可知《马递铺敕》属于宋朝敕的篇名。

118.《盐法敕》。见于 2.3.12 和 4.85 等诸条史料。此篇名在前期有《元丰江湖盐令敕》和《元丰江湖盐敕》两种，见于 2.3.12、4.85。绍兴年间编的《盐法敕》有 1 卷。此外，还有令格式三种形式。《通志·艺文

① 郑樵撰：《通志·艺文略》，王树民点校，中华书局 1995 年版，第 1661 页。

略》记载有“《元丰江湖盐令敕》，六卷”。[①] 对绍兴年间修法情况，《宋史全文》记载是“绍兴二十一年秋七月辛未，提举详定一司敕令秦桧等上《重修京湖淮浙京西路茶盐敕令格式》二百六十卷。”[②] 从此看，元丰年间的《江湖盐令敕》还没有按新的体例编撰。绍兴年间按敕令格式体例编撰后，《盐法敕》限定在刑事领域。可知《盐法敕》属于宋朝敕的篇名。

119. 《茶法敕》。见于 3. 3. 12、3. 32 和 4. 85 等诸条史料。此篇名在前期有《茶场一司敕》（3. 32. 1 条），4. 85. 1 条记载有《编类诸路茶盐敕》。茶法在绍兴年间被按敕令格式编撰，《茶法敕》成为独立法律类别，绍兴年间《茶法敕》有 1 卷。可知《茶法敕》属于宋朝敕的篇名。

120. 《将作监敕》。见于 3. 21。见于《长编》。记载制定《将作监敕》。可知《将作监敕》是宋朝敕的篇名。

121. 《内侍省敕》。见于 2. 1. 8。见于《宋会要》。此条中明确提到《皇祐内侍省一司编敕》，并有原文被引用。可知《内侍省敕》是宋朝敕的篇名。

122. 《开封府敕》。见于 4. 71。见于《宋史 · 艺文志》。可知《开封府敕》是宋朝敕的篇名。

123. 《皇亲禄敕》。见于 4. 74. 见于《宋史 · 艺文志》。可知《皇亲禄敕》是宋朝敕的篇名。

124. 《内东门司应奉禁中请给敕》。见于 4. 75。见于《宋史 · 艺文志》。可知《内东门司应奉禁中请给敕》是宋朝敕的篇名。

125. 《国子监大学敕》。见于 4. 76。见于《宋史 · 艺文志》。在《群书考索后集》卷二十八中记载宋徽宗大观三年（1104 年）郑居中制定《大观重修国子监辟雍并小学敕令格式》48 卷。可知《国子监大学敕》是宋朝敕的篇名。

126. 《国子监辟雍敕》。见于 4. 76。见于《宋史 · 艺文志》。在《群书考索后集》卷二十八中记载宋徽宗大观三年郑居中制定《大观重修国子监辟雍并小学敕令格式》48 卷。可知《国子监辟雍敕》是宋朝敕的篇名。

127. 《诸路州县敕》。见于 4. 83。见于《宋史 · 艺文志》。可知《诸路州县敕》属于宋朝地方敕。从记载看，此法律应是宋神宗朝后制定。

---

① 郑樵撰：《通志 · 艺文略》，王树民点校，中华书局 1995 年版，第 1557 页。

② 《宋史全文》卷二十二上，“宋高宗十六”，第 1754 页。

因为当时制定的名称是《诸路州县敕令格式》，说明《诸路州县敕》的内容都是刑事内容。这里《诸路州县敕》与前面《诸路一州一县敕》是两种不同的法律名称，但两者从法律发展上应存在很高的承袭性。

128.《庆元杂制敕》。《崇文总目》卷四记载有“《庆历杂制敕》三卷”。可知《庆元杂制敕》是宋朝敕的篇名。

129.《成都府利州西路并提举茶事司敕》。见于2.2.6。在2.2.6.1条中记载有具体引用《成都府利州西路并提举茶事司敕》的内容。由此可知，宋朝针对不同产茶地区制定专门调整茶叶的“敕”类法律。可知《成都府利州西路并提举茶事司敕》为宋朝敕的法律篇名。

130.《参附尚书侍郎左右选通用敕》。见于2.3.36。见于《宋会要》。在2.3.36.1条记载在修订《参附七司敕令格式》时制定了《参附尚书侍郎左右选通用敕》1卷。可知此为宋朝敕的法律篇名。

131.《考功敕》。见于5.4。见于《吏部条法》。又称《尚书考功敕》。《吏部条法》中有明确条文被引。可知此为宋朝敕的法律篇名。

132.《尚书侍郎左右选考功通用敕》。见于5.1。见于《吏部条法》。在《吏部条法》的《奏辟门·奏辟》《奏辟门·定差》和《荐举门·荐举》等门类中都有具体的条文被编入。可知此为宋朝敕的法律篇名。

133.《学士院等处敕》。见于4.84。《宋史》中记载有制定此法律。可知此为宋朝敕的法律篇名。

134.《医局敕》。见于4.45。《宋史》中记载有制定此法律。可知此为宋朝敕的法律篇名。

135.《龙图阁敕》。见于4.45。《宋史》中记载有制定此法律。可知此为宋朝敕的法律篇名。

136.《天章阁敕》。见于4.45。《宋史》中记载有制定此法律。可知此为宋朝敕的法律篇名。

137.《宝文阁敕》。见于4.45。《宋史》中记载有制定此法律。可知此为宋朝敕的法律篇名。

138.《陕西五路将敕》。见于3.32。《长编》中有具体记载适用此条的。此法律属于特别军事法。原因是北宋中期长期与西夏交战，陕西地区成为军事前沿，导致针对此地区的将领管理、奖罚上规定特别军事法。可知此为宋朝敕的法律篇名。

139.《郊祀大礼按沓敕》。见于2.3.15。宋朝此篇名是针对特别祭祀制定的法律。可知此为宋朝敕的法律篇名。

140.《马军司敕》。见于3.43。《长编》中有记载制定此法律。可知此为宋朝敕的法律篇名。

七 宋朝敕的历史地位及意义

（一）宋朝敕典数量和演变

宋朝敕典数量保守统计有18部，不包括同一敕典两次修订，如《淳化敕》《淳祐敕》等。从现在材料看，宋朝至少编撰过21部敕典，有明确记载制定情况和人物的有18部，分别是：《建隆敕》《淳化敕》《太平兴国敕》《咸平敕》《大中祥符敕》《天圣敕》《庆历敕》《嘉祐敕》《熙宁敕》《元丰敕》《元祐敕》《元符敕》《政和敕》《绍兴敕》《乾道敕》《淳熙敕》《庆历敕》《淳祐敕》。21部是在18部上增加上《皇祐敕》《治平敕》《崇宁敕》。后三部没有明确记载制定情况，仅有相应条文在《宋会要》中被引用。

宋朝敕典从内容上看，经历了综合性和专门性敕典两个时期。其中综合性敕典又可以分为典型综合性敕典，具体是前3部，即《建隆敕》《淳化敕》《太平兴国敕》；有区分但不严格的综合性敕典，共有9部，具体是《咸平敕》《大中祥符敕》《天圣敕》《庆历敕》《嘉祐敕》《熙宁敕》《皇祐敕》，此外还加上《元祐敕》和《治平敕》。这个时期敕典在体例上按典律十二篇，内容上开始以刑事法律为主，但由于没有对“敕”和“令格式”的区别进行明确界定，导致一些属于“令格式”的内容仍然编入敕典中；专门性刑事敕典，共有9部，具体是《元丰敕》《元符敕》《政和敕》《绍兴敕》《乾道敕》《淳熙敕》《庆历敕》和《淳祐敕》，此外加上《崇宁敕》。这些敕典在内容上严格收入刑事法律，成为宋朝意义上刑法典。所以在名称上，《建隆编敕》《淳化编敕》《太平兴国编敕》用“编敕”两字在含义上更加准确性，即它表示这时编撰而成的是一种综合性法典。称“编敕”到《皇祐敕》还可以，但到《元丰敕》后，特别是《元符敕》后就不能使用了，因为这时的敕典是专指。这个时期敕典已经成为刑事法典的专用名称。

宋朝对“敕”的立法上，前期称为“编敕”，成果也叫某某编敕，如《建隆编敕》《淳化编敕》《太平兴国编敕》等。这种含义是准确的，即这种立法成果是对称为“敕”的各类立法成果进行法典化的立法编撰过程。这种立法成果不仅有法律形式分类下的“敕”，还有“令”、“格”、“式”等各种法律形式。这种编敕成果随着《附令敕》出现，“编敕”往往是指一种立法活动。“某某敕”成为这种编敕立法活动成果中与刑事法律有关的法典。元丰年间后，“编敕”立法活动与“某某敕”典完全成为不同的两个法律概念。如这个时期《元丰敕》与“元丰编敕”成为两个独立的法律概念。编敕立法中的“敕典”成为刑事法典。

宋朝敕典在条文数量上，有明确记载的有《建隆敕》106条，《咸平敕》286条，《大中祥符敕》1374条，《嘉祐敕》1834条，《元祐敕》2440条。卷数上，《建隆敕》有4卷，《太平兴国敕》15卷，《大中祥符敕》30卷，《嘉祐敕》17卷，《元丰敕》12卷，《政和敕》后敕典卷数稳定在12卷。从现在可以知道的条文数量上看，《元祐敕》最多，但《元祐敕》不全是刑事的，有很多属于令、格、式的内容，因为《元祐敕》在编撰时不按元丰年间确定的敕类法律标准编撰。

宋朝敕典21部，根据不同标准，可以分为两种类型。

首先，根据敕典结构体例，可以分为混杂型敕典和律典式敕典。混杂型敕典是《建隆敕》至《淳化敕》；律典式敕典是《咸平敕》以后的敕典。混杂型敕典是在编撰时仅是把生效的“敕”进行整理编撰，没有严格按律典或令典篇名结构进行编撰。《咸平敕》在编撰体例上按照律典体例，采用十二篇名，即把敕典按刑名至断狱分类，但内容上是否完全排除非刑事无法确定。

其次，根据敕典内容的法律性质分类，可以分为综合敕典和刑法敕典。综合敕典从《建隆敕》到《嘉祐敕》；刑法敕典从《元丰敕》至《淳祐敕》。其中《元祐敕》是一个例外，因为《元祐敕》把元丰年间确定典敕仅收录刑事法律的标准打破，没有严格区分刑事和非刑事法律。

（二）宋朝一般敕的数量和结构

宋朝敕类法律篇名除敕典外，一般敕还可以分为类敕典、事类敕和机构敕三种，共有140多篇，具体是：

(1)《景德农田敕》、(2)《三司敕》、(3)《一司一务敕》、(4)《一司敕》、(5)《诸司敕》、(6)《在京敕》、(7)《在京通用敕》、(8)《诸路转运司敕》、(9)《诸路敕》、(10)《八路差官敕》、(11)《一路敕》(12)《陕西一路敕》、(13)《一州一县敕》、(14)《利州路一州一县敕》、(15)《减定诸色刺配刑名敕》、(16)《举明自首敕》、(17)《五服年月敕》、(18)《八路敕》、(19)《两浙福建路敕》、(20)《宗室及外臣葬敕》、(21)《赏赐敕》、(22)《夏祭敕》、(23)《明堂敕》、(24)《宗祀大礼敕》、(25)《景灵宫供奉敕》、(26)《铨曹敕》、(27)《贡举敕》、(28)《通用贡举敕》、(29)《礼部考试进士敕》、(30)《御试贡举敕》、(31)《省试贡举敕》、(32)《府监发解敕》、(33)《御试省试府监发解通用敕》、(34)《翰林院敕》、(35)《考选敕》、(36)《贡士敕》、(37)《御试贡士敕》、(38)《学制敕》、(39)《国子监敕》、(40)《太学敕》、(41)《大学敕》、(42)《小学敕》、(43)《诸路州县学敕》、(44)《武学敕》、(45)《律学敕》、(46)《算学敕》、(47)《书画学敕》、(48)《御书院敕》、(49)《宫学敕》、(50)《宗子大小学敕》、(51)《中书门下省敕》、(52)《尚书省敕》、(53)《枢密院敕》、(54)《三省通用敕》、(55)《三省枢密院通用敕》、(56)《御史台敕》、(57)《入内内侍省敕》、(58)《殿中省敕》、(59)《殿中省通用敕》、(60)《刑部敕》、(61)《吏部敕》、(62)《吏部四选敕》、(63)《吏部左选敕》、(64)《吏部七司敕》、(65)《参附尚书吏部敕》、(66)《尚书侍郎左右选通用敕》、(67)《尚书侍郎左右选考功通用敕》、(68)《参附司封敕》、(69)《参附司勋敕》、(70)《参附考功敕》、(71)《大宗正司敕》、(72)《军马司敕》、(73)《六察敕》、(74)《司农寺敕》、(75)《群牧司敕》、(76)《审官院敕》、(77)《审官西院敕》、(78)《审官东院敕》、(79)《走马敕》、(80)《提举所敕》、(81)《都提举市易司敕》、(82)《诸司市务敕》、(83)《六曹敕》、(84)《六曹通用敕》、(85)《寺监通用敕》、(86)《库务通用敕》、(87)《六曹寺监通用敕》、(88)《六曹寺监库务通用敕》、(89)《六尚局敕》、(90)《供奉库敕》、(91)《户部敕》、(92)《度支敕》、(93)《金部敕》、(94)《仓部敕》、(95)《三班院编敕》、(96)《军器监敕》、(97)《禄敕》、(98)《在京禄敕》、(99)《常平免役敕》、(100)《元祐差役敕》、(101)《冬教保甲敕》、(102)《五路义勇保甲敕》、(103)《开封府界保甲敕》、(104)《保甲养马敕》、(105)《附令敕》、(106)《高丽入贡敕》、(107)《接送高丽敕》、(108)《奉使高丽敕》、(109)《殿前马步军司敕》、(110)《将官敕》、(111)《官制敕》、(112)《新定在京人从敕》、(113)《诸班直诸军转员敕》、(114)《亲从亲事官转员敕》、(115)《行军赏罚符契敕》、(116)《私役禁军敕》、(117)《马递铺敕》、(118)《盐法敕》、(119)《茶法敕》、(120)《将作监敕》、(121)《内侍省敕》、(122)《开封府敕》、(123)《皇亲禄敕》、(124)《内东门司应奉禁中请给敕》、(125)《国子监大学敕》、(126)《国子监辟雍敕》、(127)《诸路州县敕》、(128)《庆元杂制敕》、(129)《成都府利州西路并提举茶事司敕》、(130)《参附尚书侍郎左右选通用敕》、(131)《考功敕》、(132)《尚书侍郎左右选考功通用敕》、(133)《学士院等处敕》、(134)《医局敕》、(135)《龙图阁敕》、(136)《天章阁敕》、(137)《宝文阁敕》、(138)《陕西五路将敕》、(139)《郊祀大礼按沓敕》、(140)《马军司敕》。

若认真考察，宋朝针对中央和地方制定的敕类法律至少有200件。因为本书的统计是有明确史料记载的。类敕典较典型的是《吏部七司敕》，其下由很多不同的敕篇名组成；事类敕较典型的有《农田敕》《五服年月敕》；机构敕法律较多，如《中书省敕》《枢密院敕》等。三类敕具体情况如下：

1. 类敕典：《三司敕》《一司一务敕》《诸路敕》《一州一县敕》《一司敕》《诸司敕》《在京敕》《在京通用敕》《吏部七司敕》《诸司市务敕》《常平免役敕》《附令敕》。

2. 事类敕：《农田敕》《减定诸色刺配刑名敕》《举明自首敕》《五服年月敕》《宗室葬敕》《赏赐敕》《大礼敕》《铨曹敕》《贡举敕》《通用贡举敕》《御试贡举敕》《省试贡举敕》《府监发解敕》《御试省试府监发解通用敕》《考选敕》《御制贡举敕》《学制敕》《太学敕》《大学敕》《小学敕》《诸路州县学敕》《武学敕》《律学敕》《算学敕》《书学敕》《官学敕》《宗子大小学敕》《六察敕》《官制敕》《走马敕》《禄敕》《差役敕》《保甲敕》《保甲养马敕》《高丽入贡敕》《殿前马步军司敕》《将官敕》《新定在京人从敕》《诸班直诸军转员敕》《亲从亲事官转员敕》《行军赏罚符契敕》《私役禁军敕》《马递铺敕》《茶法敕》《盐法敕》。

3. 机构类敕：《诸路转运司敕》《一路敕》《利州路一州一县敕》《八路差官敕》《在京敕》《在京通用敕》《明堂敕》《礼部考试进士敕》《国子监敕》《御书院敕》《中书省敕》《尚书省敕》《枢密院敕》《三省通用敕》《三省枢密院通用敕》《御史台敕》《入内内侍省敕》《殿中省敕》《殿中省通用敕》《省敕》《刑部敕》《吏部敕》《吏部四选敕》《吏部左选敕》《参附尚书吏部敕》《尚书侍郎左右选通用敕》《尚书侍郎右选通用敕》《司封敕》《考功敕》《大宗正司敕》《军马司敕》《司农寺敕》《群牧司敕》《审官院敕》《审官西院敕》《审官东院敕》《提举所敕》《都提举市易司敕》《六曹敕》《六

曹通用敕》《寺监通用敕》《库务通用敕》《六曹寺监通用敕》《六曹寺监库务通用敕》《六尚局敕》《供奉库敕》《户部敕》《户部度支敕》《金部敕》《仓部敕》《三班院编敕》《军器监敕》《在京禄敕》。

宋朝前期编撰的《一司一务敕》《一州一县敕》在性质上是综合性类敕典，因为下面由具体不同司务和州县组成。神宗元丰官制改革和界定敕令格式后，在法律分类上严格区分敕令格式，在某一具体机构立法上会把所有法律按敕令格式标准分类立法，有时按敕令格式申明五类标准分类。这样在立法体系上发生变化，开始以具体机构名称作为立法的篇名主体进行分类立法。如国子监敕令格式、军马司敕式等。类敕典的数量在宋朝较少，而且前朝较典型。敕典在前期属于诸性质法律的混合编撰，神宗元丰年间后“敕”被严格界定在刑法领域，成为宋朝刑事立法的主体。

（三）宋朝敕类法律体例变迁

宋朝编敕体例可以分为两个时期，分界点是在神宗元丰年间，前后构成了两种不同性质的立法体例。神宗元丰年间前期编敕主要分为两大类：敕典与中央各部与地方诸敕，其中中央各部和地方敕主要分为：《三司敕》《一司一务敕》《一路一州一县敕》《在京敕》。此种编撰体例随着立法数量的增加，越来越不方便，熙宁年间王安石编三司法律时多达400卷。元丰年间宋神宗对敕令格式界定后，不再用诸司、一司一务等名称，而是直接以具体机构为编撰对象，如国子监、大宗正、枢密院、中书省等。在编撰每个机构的法律时，按法律性质分为敕令格式申明等四类或五类分别编撰。这样编撰的法律名称更具体和明确，如《国子监大学敕令格》《大宗正司敕令格式》等。这种立法在宋徽宗政和年间后成为主流，因为这个时期在立法上，把机构为名称的方法当成基本立法分类，最有名的是《吏部七司敕令格式申明》，成为这个时期立法体例和命名机制的代表。

（四）宋朝刑事法律体系

宋朝虽然没有制定全新的律典，但宋朝刑事立法十分活跃，主体是“敕”，具体有敕典和一般敕两类。若分析宋朝刑事法律形式，具体是：首先是唐律、疏议和《刑统》；其次是敕典和一般敕。宋朝敕典，从《咸平敕》开始就成为刑事立法的中心，到《元丰敕》，除《元祐敕》外，敕典就是刑事法典；再次是随敕申明，申明作为一种法律形式，在熙宁年间开始在编敕立法中专门编撰，此后申明成为重要法律形式，特别是归为“随敕申明”的部分，成为刑事法律立法中的重要组成部分。从《庆元条法事类》和《吏部条法》中所引的“申明”看，宋朝申明可以分为刑事类申明和非刑事类申明。刑事类申明被称为“随敕申明”和《申明刑统》；最后是断例，宋朝断例基本内容是刑事法律。宋朝四种刑事法律形式构成宋朝刑事法律的立体式效力阶梯，让宋朝刑事法律从渊源上看，实现了稳定性和灵活性的相结合。神宗朝后，敕由于越来越专业化，以前称为“敕”的所有法律越来越被“指挥”和“申明”替代。南宋后，由于“申明”已经成为稳定、重要的法律形式，“指挥”开始成为国家随时随事立法的通用名称，在性质上与唐朝中后期的格后敕、五代至神宗元丰年间的“敕”越来越接近。从《宋会要》看，南宋时在具体法律名称上“指挥”开始成为新主体。

第二章　宋朝令的篇名考

宋朝作为中国古代“律令”——法律体系演进发展史中的重要和转折时期，在“令”的发展史上，宋朝既是中国古代“令”法律形式发展的高峰期，同时也是“令”发展的转折时期。律令法律体系是日本学者对中国隋唐时期法律形式根据日本大化改新成果提出的重要理论。① 从现在史料看，律令作为中国古代法律形式起源于春秋战国，成于秦汉，到魏晋南北朝时开始出现律令两种法律的法典化，表现在曹魏时期出现《州郡令》《尚书官令》和《军中令》等篇名；晋朝时出现《泰始律》和《泰始令》②；隋

① 日本学者在研究大化改新后的法律制度史时，把从中国隋唐时期移植过去的律令进行总结，结合当时日本法律主要形式——律令，提出“律令国家”和“律令制度”两个重要学术概念。对日本学者在此方面的研究情况，可以参见周东平的《律令格式与律令制度、律令国家》一文（载《法制与社会发展》2002 年第 2 期）。日本学者提出隋唐时期为律令制度，在很大程度上是因为日本当时移植的法律主体是隋唐律令格式中律令两法典。国内很多学者因此提出中国古代法律形式以律令为主是存在误读。从中国古代法律形式发展史看，律令为主体的最准确时期应是秦汉至魏晋时期；南北朝，特别是隋唐宋时期中国古代的法律形式基本应是律令格式；而元明清时期应是律例时期。近年国内很多学者在研究中国法律史或历史时往往乱借用日本学者的术语，误导了国内的独立研究，如日本学者对唐令的研究一直就用“拾遗”，而近年中国学者却兴起了所谓“复原”研究。这种用语十分不准确，因为从各类历史资料中获得的相关资料最标准用语是辑录，或拾遗。因为用“复原”出来的东西很易让后来者认为原来的东西就如此。

② 晋朝是中国古代律令法律形式发展中的关键时期，因为不仅出现《泰始律》和《泰始令》，而且当时在立法上已经对“律”和“令”的关系及调整范围进行了界定，杜预在《律序》中明确提出“律以正罪名，令以存事制”（《太平御览》卷六百三十八，“律令下”）。这即是对律与令两种法律性质的理论总结，也界定了律令分类的基本标准。此后，中国古代“律”基本界定在正罪定刑的领域，“令”基本界定在设制立范的领域。这也确定了中国古代法律形式分类中不是以调整对象为基本准，而是以调整方式为基准分类法律形式的原则。这就是为什么魏晋至唐宋时期有些律令格式或律敕令格式的篇名是一致的原因，如断狱有律、令、格、式，宋代出现户律、户敕、户令、户格和户式等的原因。因为五者在调整对象上都属于户类，五种法律形式仅是调整形式的不同。

唐宋时期律令在法典化的同时有了进一步发展，其中律典成为稳定的结构，而“令”在形成结构完善的法典后，仍然存在篇名和结构上不停变化的现象。[①] 但隋唐宋时期格式作为法律形式构成了重要主体。这不仅是当时人的认识，而且从现在的法律史料看都如此。“令”作为独立的法律形式在宋朝后开始出式微，元明时期“令”作为独立的法律形式开始下降与消失，明朝初期虽然有《大明令》，但《大明令》内容和结构与唐宋时期“令典”的内容和结构是不相同的。[②] 学术界对宋令的研究主要集中在《天圣令》[③] 的研究上，虽然宋朝对“令”的法律资料较唐朝全面，但学术界对宋令的篇名结构专门研究与唐令[④]相比则较少，宋令由于神宗重新界定了敕令格式的关系，导致宋朝的令开始出现较大的变化，成为十分重要的法律形式。宋朝“令”作为国家重要的法律形式，“令”的篇名结构如何，学术界还没展开专门研究。[⑤] 本章以现存的《庆元条法事类》《宋会要》《长编》和《宋史》四部主要宋朝法律史料作为基础依据，结合其他史料对宋朝令的篇名情况进行考辑，以揭示宋朝令的篇名结构。

① 隋朝形成律典十二篇结构后，唐宋时期“律”的内容都以此为基础。为补充律典而出现的“敕”在唐中后期和宋朝开始形成了以律典十二篇为结构的体例，特别是宋仁宗朝后编敕的篇名结构都以律典为基础。

② 这一点日本学者池田温也有同样认识，他指出“明令的内容则与唐令内容完全不一样，简单多了，仅由吏、户、礼、兵、刑、工六部构成”。《隋唐律令与日本古代法律制度的关系》，《武汉大学学报》1989 年第 3 期。

③ 学术界对《天圣令》的研究主要是复原唐令中相关内容。此外，通过《天圣令》研究宋朝的社会经济状况。代表性成果有中国社会科学院历史研究所天圣令整理课组校证：《天一阁藏明钞本天圣令校证》（中华书局 2006 年版），该书收集了近年关于《天圣令》研究的很多成果，其中附录中收录了 12 篇根据《天圣令》复原的相应《唐令》的论文。

④ 对唐令篇名研究较有成就的是仁井田陞的《唐令拾遗》（栗劲、霍存福等译，长春出版社 1989 年版）；池田温的《唐令与日本令——唐令拾遗补编纂集议》（《比较法研究》1994 年第 1 期）；韩国盘的《中国古代法制史研究》（人民出版社 1993 年版）、李玉生：《唐令与中华法系研究》（南京师范大学出版社 2005 年版）、郑显文：《唐代律令研究》（北京大学出版社 2004 年版）等。这些不同的著作和论文都考察过唐令的篇名结构。

⑤ 在宋朝法律形式的研究中，戴建国在《宋代法制初探》（黑龙江人民出版社 2000 年版）中有“法源篇”，其中重点讨论过宋朝法律形式中的“敕”、“例”，“律”与“敕”等的关系；吕志兴的《宋代法律体系与中华法系》（四川大学出版社 2009 年版）中对宋朝法律形式及关系进行了较深入的考察。

一 《庆元条法事类》中所见令的篇名

《庆元条法事类》残本是现在可以较全面窥见宋朝重要法律形式——敕令格式及申明基本内容和特点的原始法律史料。《庆元条法事类》作为南宋中后期重要立法成果，是把当时制定的《庆元敕令格式》按事类体例进行分门和别类后按一定原则编撰而成的综合性法典。《庆元条法事类》残本中各门类具体引用到令的篇名都有明确记载。考察残本中存在的“令”的篇名及结构，具体如表一：

表一

	1	卷三	服饰器物	仪制令　关市令　杂令　赏令
			名讳	文书令　军防令　杂令
			避名称	职制令　仪制令　杂令　军防令
	2	卷四职制门一	官品杂压	官品令　职制令
			职掌	职制令　文书令　田令　仓库令　公用令　军器令
			禁谒	职制令　仪制令
			谒见	仪制令
			上书奏事	职制令　文书令　田令　吏卒令
			臣僚陈请	职制令　荐举令　进贡令　吏卒令　杂令
	3	卷五职制门二	奉使	职制令　考课令　驿令　文书令　公用令　吏卒令　给赐令　断狱令
			之官违限	职制令
			到罢	职制令　考课令　仪制令　杂令　赏令
			考任	考课令　职制令
	4	卷六职制门三	考课	考课令
			批书	考课令　公用令　文书令　职制令　仓库令　厩牧令　营缮令　捕亡令　断狱令
			差出	职制令　田令　仓库令　吏卒令
			权摄差委	职制令　考课令　赏令　公用令
			朝参赴选	职制令　荐举令　选试令　军防令　假宁令　杂令
	5	卷七职制门四	寄居待阙	职制令
			保官	杂令
			监司巡历	职制令　赏令　赋役令　考课令　公用令　祀令　杂令　吏卒令　营膳令　驿令　关市令　仓库令　给赐令　军器令　军防令　捕亡令　断狱令

续表

职制门			监司知通按举	职制令　断狱令
			巡尉出巡	职制令　捕亡令
			按阅弓兵	职制令　捕亡令　赏令
	6	卷八职制门五	评议公事	职制令
			定夺体量	职制令　断狱令　辞讼令
			漏泄传报	职制令　文书令　军防令
			亲嫌	职制令　仪制令　断狱令　军防令
			对移	职制令　荐举令　考课令
	7	卷九职制门六	省员废并	职制令　考课令　杂令
			去官解	断狱令　吏卒令
			迎送宴会	仪制令　职制令　断狱令　公用令　杂令
			馈送	职制令　公用令　杂令
	8	卷十职制门七	舍驿	驿令　断狱令　杂令　营缮令
			辄入官舍	职制令
			命官搬家	假宁令　吏卒令　辇运令
			吏卒接送	吏卒令　职制令
	9	卷十一职制门八	差破宣借	吏卒令
			差破当直	吏卒令　仪制令　捕亡令
			差借舟船	辇运令　吏卒令
			寻医侍养	职制令
			给假	职制令　假宁令　吏卒令　考课令
	10	卷十二职制门九	致仕	职制令　荐举令
			殁于王事	荐举令　选试令　杂令　户令　给赐令　服制令
			恩泽	荐举令　职制令　杂令
			荫补	荐举令　职制令
			封赠	封赐令
	11	卷十三职制门十	磨勘升改	考课令　赏令　职制令
			回授	荐举令　封赐令
			理赏	职制令　赏令　给赐令
			叙复	职制令　吏卒令
			亡役殁	服制令　职制令　荐举令　驿令　给赐令　理欠令　杂令

续表

选举门	12	卷十四 选举门一	荐举总法	荐举令　职制令
			改官阙升	荐举令
			升陟	荐举令
			文学注官	职制令　荐举令
			十科	荐举令
	13	卷十五 选举门二	举武臣	荐举令
			试刑法	考课令　荐举令　选试令
			试武举	选试令
			试换官资	选试令
			举辟	荐举令　考课令　职制令
文书门	14	卷十六 文书门一	诏敕条制	文书令　职制令　辞讼令　杂令
			赦降	文书令　驿令　职制令　断狱令　辞讼令
			文书	文书令　杂令　职制令
			程限	职制令　文书令
			行移	职制令　捕亡令　仓库令　考课令
	15	卷十七 文书门二	架阁	文书令　职制令　户令　给赐令　赋役令　仓库令　杂令　断狱令　驿令
			给纳印记	职制令　军防令　文书令　仓库令　场务令　服制令
			雕印文书	赏令　杂令　关市令
			毁失	杂令　给赐令
			质卖	赏令
			私有禁书	断狱令
榷禁门	16	卷二十八 榷禁门一	榷货总类	职制令　捕亡令　场务令　断狱令　赏令
			茶盐矿	赏令　理欠令　捕亡令　职制令　关市令　断狱令
			酒麦	赏令　捕亡令　断狱令　场务令　杂令
			乳香	赏令　职制令
			铅铁石铅锡铜矿	职制令　赏令　捕亡令　关市令　杂令　军器令
	17	卷二十九 榷禁门二	铜钱金银出界	关市令
			铜钱下海	职制令
			私铸钱	捕亡令　杂令　断狱令　赏令
			鉟凿钱宝	杂令　赏令
			私造金箔销金	赏令

续表

财用门	18	卷三十 财用门一	上供	场务令　赏令　仓库令　关市令　辇运令
			经总制	场务令　赏令　仓库令
	19	卷三十一 财用门二	封椿	仓库令　职制令　辇运令　田令
			应在	仓库令　辇运令　赏令
	20	卷三十二 财用门三	点磨隐陷	职制令　仓库令　场务令　赋役令　文书令
			理欠	理欠令　仓库令　场务令　给赐令　关市令　田令　断狱令
			鼓铸	职制令　场务令　仓库令　赏令　营缮令　吏卒令
库务门	21	卷三十六 库务门一	场务	场务令　仓库令　文书令　杂令
			承买场务	仓库令　场务令
			商税	场务令　疾医令　关市令　赏令
			仓库令约敕	仓库令　旧令　理欠令
			受纳违法	仓库令　赏令
			仓库受乞	仓库令
	22	卷三十七 库务门二	籴买粮草	职制令　仓库令　关市令　给赐令
			给纳	仓库令　给赐令　杂令
			勘敕	给赐令　理欠令　进贡令
赋役门	23	卷四十七 赋役门一	拘催税租	赋役令　职制令
			受纳税租	仓库令　赋役令　职制令
			违欠税租	职制令　赋役令
			阁免税租	户令　田令　赋役令
			匿免税租	赏令
			税租簿	赋役令　仓库令
	24	卷四十八 赋役门二	税租帐	户令　赋役令　仓库令　吏卒令　赏令
			支移折变	赋役令　仓库令　给赐令　关市令
			科敷	礼令　关市令　职制令　给赐令　仓库令　赋役令　杂令
			预买绸绢	给赐令　仓库令　赋役令
农桑门	25	卷四十九 农桑门	劝农桑	职制令　考课令　田令　赏令　赋役令
			农田水利	田令　河渠令
			种植林木	赏令　杂令　河渠令

续表

道释门	26	卷五十 道释门一	总法	道释令　断狱令
			试经拔度	道释令　赏令
			师号度牒	杂令　道释令
			违法剃度	道释令
			受戒	道释令
	27	卷五十一 道释门二	住持	道释令
			行游	道释令
			供帐	道释令　赏令
			约敕	道释令　杂令
			亡殁	道释令
			杂犯	道释令
公吏门	28	卷五十二 公吏门	差补	职制令　吏卒令　赏令
			解试出职	选试令　考课令　吏卒令　杂令
			停降	吏卒令
刑狱门	29	卷七十三 刑狱门三	检断	断狱令
			决遣	断狱令
			折杖减役	断狱令
			出入罪	断狱令　赏令
			推驳	赏令　断狱令
			移囚	断狱令
	30	卷七十四 刑狱门四	病囚	断狱令　杂令
			失囚	捕亡令
			犯罪更为	断狱令
			过犯遗缺	考课令　职制令　断狱令
			老疾犯罪	户令
	31	卷七十五 刑狱门五	移乡	给赐令　假宁令　断狱令　捕亡令
			编配流役	断狱令　时令　假宁令　给赐令　户令
			侍丁	户令
			部送罪人	吏卒令　捕亡令　断狱令　时令　给赐令　军防令　赏令
			验尸	职制令　吏卒令　杂令
			刑断狱事	断狱令

续表

当赎门	32	卷七十六 当赎门	追当	断狱令
			荫赎	断狱令
			罚赎	断狱令
服制门	33	卷七十七 服制门	服制	仪制令　服制令
			丁尤服阕	服制令　假宁令　仪制令　给赐令
			匿服	服制令
			丧葬	仪制令　服制令　假宁令　户令　辇运令　给赐令　赏令
蛮夷门	34	卷七十八 蛮夷门	入贡	进贡令　场务令　杂令　赏令
			归明任官	吏卒令　职制令
			归明恩赐	职制令　给赐令　田令　赋役令
			归明附籍约束	户令　道释令　吏卒令　断狱令　杂令　军防令
			蕃蛮出入	赏令　捕亡令　户令
畜产门	35	卷七十九 畜产门	总法	厩牧令
			养饲官马	断狱令　厩牧令
			医料官马	断狱令　厩牧令
			并给官马	厩牧令　军防令　给赐令
			官马帐状	厩牧令　文书令
			杀畜产	时令　赏令
			畜产伤人	厩牧令
			采捕屠宰	关市令　时令　道释令　赏令
			猛兽	杂令　赏令
杂门	36	卷八十 杂门	博戏财物	赏令
			出举债负	关市令　赏令
			阑遗	杂令　赏令
			毁失官私物	理欠令　军器令　杂令　赏令
			采伐山林	时令　杂令
			失火	杂令　仪制令
			烧舍宅财物	赏令
			诸色犯奸	户令
			杂犯	关市令　杂令　河渠令　仪制令

从表一可知，《庆元条法事类》残卷有 36 卷，存在 17 个大门，188

个小门，其中在172个小门中共引用不同令的篇名达501次，最多的是《职制令》达71次，最少的1次，如《官品令》《医疾令》等。除去重复，《庆元条法事类》残本中引用令的篇名有37个，但有一个标明是“旧令”，并且只引用1条，此令篇名无法确定是否属于独立的篇名还是引用了其他时期的令，特别是《唐令》中的内容。在17门中，卷三仅存3个类门，无法知道门的名称，其他35卷有16个门，分别是职制门、选举门、文书门、榷禁门、财用门、库务门、赋役门、农桑门、道释门、公吏门、刑狱门、当赎门、服制门、蛮夷门、畜产门和杂门。根据16门中的卷数结构，可以确定是完整“门”的有：职制门、选举门、榷禁门、农桑门、道释门、当赎门、蛮夷门和畜产门，共8门，其他的无确定“门”的数量。从《庆元条法事类》残本所记载令的篇名，可以发现在引用令的类门中，最少的有1篇，最多的达17篇。当然，其中有些类门中没有引用到“令”，有些仅引用到“申明”。

表二

	卷数	类门数	引用令次数	引用令篇数	引用令的具体篇名
卷三	3	3	11	7	仪制令　关市令　杂令　赏令　文书令　军防令　职制令
服制门	10，卷4—13	49	165	30	官品令　职制令　赏令　赋役令　考课令　公用令　祀令　杂令　吏卒令　营膳令　驿令　关市令　仓库令　给赐令　军器令　军防令　捕亡令　断狱令　文书令　厩牧令　营缮令　荐举令　选试令　假宁令　田令　进贡令　辞讼令　辇运令　理欠令　驿令
选举门	2，卷14—15	10	16	4	荐举令　职制令　考课令　选试令
文书门	2，卷16—17	11	40	15	文书令　职制令　户令　给赐令　赋役令　仓库令　杂令　断狱令　驿令　军防令　辞讼令　考课令　服制令　场务令　捕亡令
榷禁门	2，卷28—29	13	35	9	职制令　赏令　捕亡令　关市令　杂令　军器令　场务令　理欠令　断狱令
财用门	3，卷30—33	7	33	12	理欠令　仓库令　场务令　给赐令　关市令　田令　断狱令　职制令　赏令　营缮令　吏卒令　辇运令
库务门	2，卷36—37	9	26	13	场务令　仓库令　文书令　杂令　疾医令　关市令　赏令　给赐令　理欠令　进贡令　职制令　旧令（难入篇名）

续表

	卷数	类门数	引用令次数	引用令篇数	引用令的具体篇名
赋役门	2，卷47—48	10	32	12	礼令　关市令　职制令　给赐令　仓库令　赋役令　杂令　户令　赋役令　吏卒令　赏令　田令
农桑门	1，卷49	3	10	7	职制令　考课令　田令　赏令　赋役令　杂令　河渠令
道释门	2，卷50—51	11	16	4	道释令　杂令　断狱令　赏令
公吏门	1，卷52	3	8	6	选试令　考课令　吏卒令　杂令　职制令　赏令
刑狱门	3，卷73—75	17	36	12	吏卒令　捕亡令　断狱令　时令　给赐令　军防令　赏令　假宁令　户令　杂令　考课令　职制令
当赎门	1，卷76	3	3	1	断狱令　户令
服制门	1，卷77	4	14	7	仪制令　服制令　假宁令　户令　辇运令　给赐令　赏令
蛮夷门	1，卷78	6	19	14	户令　道释令　吏卒令　断狱令　杂令　军防令　职制令　给赐令　田令　赋役令　进贡令　场务令　赏令　捕亡令
畜产门	1，卷79	9	19	10	厩牧令　断狱令　军防令　给赐令　文书　关市令　时令　道释令　杂令　赏令
杂门	1，卷80	9	19	8	理欠令　军器令　赏令　关市令　杂令　河渠令　仪制令　时令

从上面可知，《庆元条法事类》中明确引用到令的篇名有37篇，其中《旧令》难以确定属于什么时期令的篇名还是指以前令典的内容。

表三

序号	篇名	门数	条数	门	条数	门	条数	门	条数	门	条数	门	条数
1.1	官品令	1	19	官品杂压	19								
1.2	职制令	61	348	职掌P28	22	避名称P12	3	官品杂压P23	13	禁谒P34	5	上书奏事P38	16
				臣僚陈请P41	6	奉使P47	21	之官违限53	5	到罢P55	32	考任P65	1
				批书P82	8	差出P94	18	权摄差委P100	20	寄居待阙P112	8	监司巡历P117	19
				监司知通按举P129	8	巡尉出巡P133	7	按阅弓兵P135	3	评议公事P141	5	定夺体量P143	6

续表

序号	篇名	门数	条数	门	条数	门	条数	门	条数	门	条数	门	条数
1.2	职制令	61	348	泄漏传报P147	1	亲嫌P149	12	对移P153	5	省员废并P156	3	迎送宴会P163	6
				馈送P169	3	辄入官舍P197	1	吏卒接送P186	1	差破当直P197	2	寻医侍养	5
				给假P210	1	恩泽P225	4	荫补P235	1	磨勘升改P264	3	理赏P270	1
				叙复P277	1	亡役殁P282	1	荐举总法P288	3	文学注官复P305	1	举辟P326	7
				诏敕条制P334	15	榷货总法P380	3	茶盐礬P388	2	乳香P398	2	铜鍮石铅锡铜矿P401	1
				铜钱下海P415	1	封樁P480	1	点磨隐陷P503	5	鼓铸P525	1	籴买粮草P570	2
				拘催税租P613	1	受纳税租P617	3	违欠税租P627	1	科敷P665	2	劝农桑P681	1
				差补P730	3	过犯遗缺P772	1	验尸P799	3	丁忧服缺P829	2	归明任官P851	7
				归明恩赐P854	1								
1.3	选试令	6	22	朝参赴选P106	2	殁于王事P220	1	试刑法P313	5	试武艺P315	5	试换官资P319	5
				解试出职P734	4								
1.4	荐举令	23	199	臣僚陈请P42	1	朝参赴选P106	1	对移P153	1	殁于王事P220	3	恩泽P222	25
				荫补P229	48	封赠P255旁	1	回授P268	3	亡役殁P282	2	荐举总法P288	30
				改官关升P295	11	升陟P301	5	文学注官P305	1	十科P306	1	举武臣P310	6
				试刑法P313	1	辟举P323	28	赦降P340	6	赦降P346	5	程限P351	5
				行移P352	6	架阁P357	2	给纳印记P363	7				

续表

序号	篇名	门数	条数	门	条数	门	条数	门	条数	门	条数	门	条数
1.5	文书令	15	55	名讳 P8	3	职掌 P30	1	上书 奏事 P39	1	奉使 P48	1	批书 P82	1
				泄漏 传报 P147	1	诏敕 条制 P334	2	赦降 P340	1	文书 P344	26	程限 P351	1
				架阁 P357	4	给纳 印记 P363	2	点磨 隐陷 P504	9	场务 P542	1	官马 帐状 P884	1
1.6	公用令	8	33	职掌 P31	1	奉使 P47	1	批书 P82	1	权摄 差委 P102	1	朝参 赴选 P103	17
				监司 巡历 P120	1	迎送 宴会 P164	5	馈送 P169	6				
1.7	假宁令	7	28	朝参 赴选 P107	2	命官 般家 P179	1	给假 P210	20	移乡 P777	1	编配 流役 P779	1
				丁忧 服缺 P829	2	丧葬 P835	1						
1.8	吏卒令	23	116	上书 奏事 P38	1	臣僚 陈请 P42	2	奉使 P49	3	差出 P96	1	监司 巡历 P121	5
				断狱令 P158	1	命官 般家 P179	3	吏卒 接送 P183	24	差破 宣借 P193	7	差破 当直 P197	27
				差借 舟船 P206	1	给假 P211	1	叙复 P278	8	鼓铸 P525	1	簿帐 欺弊 P652	1
				差补 P730	17	解试 出职 P734	1	停降 P738	1	部送 罪人 P792	3	验尸 P799	1
				丧葬 P835	3	归明 任官 P851	1	归明附 籍约束 P860	1				
1.9	户令	14	26	殁于 王事 P220	1	架阁 P357	1	阁免 税租 P630	3	税租帐 P642	2	亡殁 P723 旁	1
				老疾 犯罪 P773	1	编配 流役 P779	1	侍丁 P790	2	罚赎 P818	1	丧葬 P838	1
				归明附 籍约束 P860	5	蕃蛮 出入 P865	1	诸色 犯奸 P923	5	诸色 犯奸 P923 旁	1		

续表

序号	篇名	门数	条数	门	条数	门	条数	门	条数	门	条数	门	条数
1.10	田令	9	17	职掌 P30	1	上书奏事 P38	2	差出 P96	1	封樁 P480	2	理欠 P518	1
				阁免税租 P630	1	劝农桑 P681	1	农田水利 P684	5	归明恩赐 P854	3		
1.11	赋役令	16	84	监司巡历 P119	2	架阁 P357	1	点磨隐陷 P503	1	拘催税租 P612	9	受纳税租 P617	18
				违欠税租 P627	6	阁免税租 P630	4	匿免税租 P632	1	税租簿 P634	8	税租帐 P642	3
				簿帐欺弊 P652	4	支移折变 P658	15	科敷 P665	9	预买䌷绢 P673	1	劝农桑 P682	1
				归明恩赐 P854	1								
1.12	考课令	17	58	奉使 P48	1	到罢 P59	2	考任 P63	15	考课 P66	6	批书 P81	8
				权摄差委 P102	1	监司巡历 P120	1	对移 P153	1	省员废并 P157	1	给假 P213	1
				磨勘升改 P262	8	试刑法 P313	1	辟举 P326	1	行移 P352	1	劝农桑 P681	3
				解试出职 P734	1	过犯遗缺 P772	6						
1.13	给赐令	21	51	奉使 P49	2	监司巡历 P122	1	殁于王事 P221	1	理赏 P274	1	亡役殁 P284	1
				架阁 P357	2	毁失 P368	1	理欠 P518	2	籴买粮草 P570	1	给纳 P580	1
				勘给 P599	27	簿帐欺弊 P652	1	科敷 P665	1	预买䌷绢 P673	2	移乡 P776	1
				编配流役 P779	1	部送罪人 P792	1	丁忧服缺 P829	1	丧葬 P835	1	归明恩赐 P854	1
				差给官马 P882	1								
1.14	封赠令	2	21	封赠 P251	20	回授 P269	1						

续表

序号	篇名	门数	条数	门	条数	门	条数	门	条数	门	条数	门	条数
1.15	赏令	44	128	服饰器物 P7	1	到罢 P59	1	权摄差委 P102	1	监司巡历 P119	1	按阅弓兵 P135	1
				磨勘升改 P262	2	理赏 P270	33	雕印文书 P365	2	质卖 P375	1	榷货总法 P380	7
				茶盐礬 P388	12	乳香 P398	5	铜鍮石铅锡铜矿 P401	2	私铸钱 P419	1	私钱博易 P423	1
				胚凿钱宝 P426	2	私造金箔销金 P429	1	上供 P441	1	经总制 P450	4	应在 P494	1
				鼓铸 P525	2	商税 P553	1	受纳违法 P562	1	匿免税租 P632	1	簿帐欺弊 P652	1
				劝农桑 P681	3	种植林木 P686	1	道释令 P693	1	供帐 P714	1	差补 P730	3
				出入罪 P754	1	推驳 P757	6	部送罪人 P792	1	丧葬 P838	1	入贡 P848	1
				蓄蛮出入 P865	1	杀畜产 P891	1	采捕屠宰 P894	1	捕猛兽 P895	1	博戏财物 P900	2
				出举债负 P902	1	阑遗 P906	4	毁失官私物 P910	2	烧舍宅财物 P917	3		
1.16	仪制令	12	30	服饰器物 P6	8	避名称 P13	1	禁谒 P35	2	谒见 P36	8	到罢 P59	2
				亲嫌 P151	1	迎送宴会 P163	1	服制 P822	2	丁忧服缺 P829	1	丧葬 P835	2
				失火 P913	1	杂犯 P926	1						
1.17	服制令	7	54	殁于王事 P221	1	亡役殁 P282	5	给纳印记 P363	1	服制 P822	10	丁忧服缺 P829	8
				匿服 P833	1	丧葬 P835	28						
1.18	祀令	2	2	监司巡历 P120	1	科敷 P665	1						

续表

序号	篇名	门数	条数	门	条数	门	条数	门	条数	门	条数	门	条数
1.19	时令	6	9	决遣P744	1	编配流役P779	2	部送罪人P792	2	杀畜产P891	1	采捕屠宰P894	2
				采伐山林P912	1								
1.20	杂令	41	77	服饰器物P1	1	名讳1	1	避名P13称	3	臣僚陈请P42	1	到罢P59	1
				朝参赴选P107	1	保官P114	3	监司巡历P120	2	省员废并P157	1	迎送宴会P163	1
				馈送P169	1	舍驿P177	3	殁于王事P220	1	恩泽P225	2	封赠P254	1
				亡役殁P284	2	诏敕条制P334	1	赦降P346	1	架阁P357	1	雕印文书P365	1
				毁失P367	4	麦面P396	2	铜鍮石铅锡铜矿P401	5	私铸钱P419	1	胚凿钱宝P426	2
				场务P542	1	给纳P580	1	科敷P665	1	种植林木P686	1	师号度牒P697	1
				约束P722	1	解试出职P734	1	病囚P766	1	验尸P799	8	入贡P848	1
				归明附籍约束P860	3	捕猛兽P895	2	阑遗P906	6	毁失官私物P910	1	采伐山林P912	3
				失火P913	2								
1.21	军防令	12	23	名讳P9	1	避名称P13	1	朝参赴选P107	2	监司巡历P123	6	泄漏传报P147	1
				亲嫌P151	3	封赠P254	1	给纳印记P363	1	移乡P776旁	1	部送罪人P792	1
				差给官马P882	1	归明附籍约束P860	4						
1.22	军器令	4	4	职掌P30	1	监司巡历P122	1	铜鍮石铅锡铜矿P401	1	毁失官私物P910	1		
1.23	进贡令	3	9	臣僚陈请P42	1	勘给P599	1	入贡P848	7				

续表

序号	篇名	门数	条数	门	条数	门	条数	门	条数	门	条数	门	条数
1.24	驿令	7	12	奉使P48	3	监司巡历P121	2	舍驿P177	3	亡役殁P282	1	赦降P340	1
				架阁P360	1	人贡P851旁	1						
1.25	营膳令	2	2	批书P84	1	监司巡历P121	1						
1.26	关市令	16	26	服饰器物P7	1	监司巡历P122	1	雕印文书P365	1	茶盐礬P390	1	铜鍮石铅锡铜矿P401	5
				铜钱金银出界P410	1	上供P444	1	理欠P518	1	场务P540	1	商税P553	2
				籴买粮草P570	1	簿帐欺弊P652	1	科敷P665	2	采捕屠宰P894	1	出举债负P902	2
				杂犯P926	4								
1.27	辇运令	6	18	命官般家P179	2	差借舟船P206	11	上供P444	1	封椿P480	1	应在P493	1
				丧葬P838	2								
1.28	仓库令	26	167	职掌P30	5	批书P83	1	差出P96	1	监司巡历P122	1	行移P352	1
				架阁P359	2	给纳印记P363	1	上供P441	20	经总制P450	1	封椿P477	24
				应在P493	4	点磨隐陷P503	8	理欠P511	4	鼓铸P525	5	场务P539	10
				承买场务P545	1	仓库约束P558	16	受纳违法P562	2	仓库受乞P564	1	籴买粮草P570	24
				给纳P580	23	受纳税租P617	7	税租簿P634	1	税租帐P642	2	簿帐欺弊P652	2
				预买绸绢P673	1								

续表

序号	篇名	门数	条数	门	条数	门	条数	门	条数	门	条数	门	条数
1.29	理欠令	7	57	亡役殁P284	1	茶盐礬P389	1	理欠P511	48	仓库约束P558	1	仓库约束P558旁	1
				勘给P599	4	毁失官私物P910	1						
1.30	场务令	12	75	给纳印记P363	1	榷货总法P380	1	麦面P396	1	上供P441	2	经总制P450	5
				点磨隐陷P504	1	理欠P517	4	鼓铸P525	1	场务P539	22	承买场务P545	8
				商税P550	28	入贡P848	1						
1.31	厩牧令	7	34	批书P82	1	总法P873	4	养饲官马P878	5	医料官马P879	7	差给官马P882	13
				官马帐状P884	3	畜产伤人P892	1						
1.32	疾医令	1	1	商税P550	1								
1.33	河渠令	3	5	农田水利P684	3	种植林木P686	1	杂犯P926	1				
1.34	道释令	15	66	总法P691	5	道释令P691	12	师号度牒P697	5	违法剃度P701	2	受戒P702	2
				住持P704	7	住持P704旁	1	行游P711	3	供帐P714	9	约束P722	12
				亡殁P723	2	亡殁P723旁	1	杂犯P726	2	归明附籍约束P860	1	采捕屠宰P894	1
1.35	旧令	1	1	仓库约束P559	1								
1.36	捕亡令	14	24	批书P84	6	监司巡历P124	1	巡尉出巡P133	3	按阅弓兵P135	1	差破当直P200	1
				行移P352	2	榷货总法P380	1	茶盐礬P388	2	麦面P396	1	铜鍮石铅锡铜矿P401	1
				私铸钱P419	1	失囚P768	1	移乡P776	2	部送罪人P792	1		

续表

序号	篇名	门数	条数	门	条数	门	条数	门	条数	门	条数	门	条数
1. 37	辞讼令	4	9	定夺体量 P144	4	诏敕条制 P336	2	赦降 P341	2	蓄蚕出入 P865	1		
1. 38	断狱令	45	142	奉使 P50	1	批书 P85	4	差出 P97 旁	1	监司巡历 P124	2	监司知通按举 P130	2
				定夺体量 P144	4	亲嫌 P151	2	断狱令 P158	6	迎送宴会 P163	1	舍驿 P177	1
				赦降 P341	1	架阁 P357	1	私有禁书 P376	2	榷货总法 P380	3	茶盐礬 P390	4
				麦面 P396	1	私铸钱 P419	1	理欠 P518	1	总法 P691	1	检断 P742	1
				决遣 P744	15	决遣 P749 旁	1	折杖减役 P751	2	出入罪 P754	2	出入罪 P754 旁	1
				推驳 P757	1	移囚 P760	1	病囚 P766	5	犯罪更为 P769	1	过犯遗缺 P772	1
				老疾犯罪 P774 旁	1	移乡 P776	9	编配流役 P779	26	部送罪人 P792	9	刑狱杂事 P805	9
				总法 P813 旁	2	追当 P713	1	荫赎 P815	2	罚赎 P818	6	丧葬 P838	2
				归明附籍约束 P860	1	养饲官马 P878	1	医料官马 P879	1	失火 P913	1	烧舍宅财物 P917	1

从上表格中可以看到，《庆元条法事类》残本中 37 篇令在各门中被引的情况，出现最多的《职制令》，在 61 门中，共有 348 条被重复分类，最少的是《医疾令》，仅有 1 条，出现在 1 门中。整个残卷共有 2022 条被重复分类在各门中。除去重复，现存残本中有 188 个小门，其中有 172 个小门中引用到令文。

根据统计，《庆元条法事类》残本现存 36 卷、188 个小门中有 172 小门引用到令文。按记载，原法典分为 437 个门；据日本学者川村康统记计，现存敕有 887 条，令有 1781 条，格有 96 条，式有 142 条，申明 260 条。① 其

① 川村康：《庆元条法事类及宋代的法典》，载滋贺秀三编《中国法制史基本资料的研究》，东京大学出版社 1993 年版。

中引用的令文达1781条。比较原法典80卷437门类，现存的卷数仅是原来的43%，所以他推测《庆元令》的条文应在3000条左右。[①] 当然，从这里可以看出，《庆元令》中的篇名应多于现在所见数量。那么会不会是一倍呢？从现在的引用看，应不会。当然，庆元年间的“令”除令典外，还有大量单行令没有纳入令典中。可以肯定的是，《庆元条法事类》中所引用的令篇名都是《庆元令》的篇名，因为《庆元条法事类》是对当时《庆元敕令格式》进行事类体编撰而成。

其中明确知道的有16门，具体如下：

1.1《官品令》，仅在1门中出现，共有19条。

1.2《职制令》，在残存的36卷中，《职制令》出现在61个类门中，重复出现的次数达348条。从现在的结构看，无法确定此篇的数量有多少。但《职制令》在宋朝应是令典中数量最多的篇名。这说明宋朝令典中职官管理成为中心。

1.3《选试令》，存于6个类门，共有22条被重复引用。

1.4《荐举令》，存于23个类门中，共有199条被重复引用，是残本中第二多被引用的篇名。

1.5《文书令》，存于15个类门，共有55条被重复引用。

1.6《公用令》，存于8个类门，共有33条被重复引用。

1.7《假宁令》，存于7个类门，共有28条被重复引用。

1.8《吏卒令》，存于23个类门，共有166条被重复引用。

1.9《户令》，存于14个类门，共有26条被重复引用。

1.10《田令》，存于9个类门，共有17条被重复引用。

1.11《赋役令》，存于16个类门，共有84条被重复引用。

1.12《考课令》，存于17个类门，共有58条被重复引用。

1.13《给赐令》，存于21个类门，共有51条被重复引用。

1.14《封赠令》，存于2个类门，共有21条被引用。

1.15《赏令》，存于44个类门，共有128条被重复引用。

1.16《仪制令》，存于12个类门，共有30条被重复引用。

1.17《服制令》，存于7个类门，共有54条被重复引用。

1.18《祀令》，存于2个类门，共有2条被引用。

1.19《时令》，存于6个类门，共有9条被重复引用。

---

① 戴建国：《唐宋时期法律形式的传承与演变》，载《法制史研究》（台湾）2004年10月。

1.20《杂令》，存于14个类门，共有77条被重复引用。
1.21《军防令》，存于12个类门，共有23条被重复引用。
1.22《军器令》，存于4个类门，共有4条被重复引用。
1.23《进贡令》，存于3个类门，共有9条被重复引用。
1.24《驿令》，存于7个类门，共有12条被重引用。
1.25《营膳令》，存于2个类门，共有2条被重复引用。
1.26《关市令》，存于16个类门，共有26条被重复引用。
1.27《辇运令》，存于6个类门，共有18条被重复引用。
1.28《仓库令》，存于26个类门，共有167条被重复引用。
1.29《理欠令》，存于7个类门，共有57条被重复引用。
1.30《场务令》，存于12个类门，共有17条被重复引用。
1.31《厩牧令》，存于7个类门，共有34条被重复引用。
1.32《疾医令》，存于1个类门，共有1条被引用。
1.33《河渠令》，存于3个类门，共有5条被重复引用。
1.34《道释令》，存于15个类门，共有66条被重复引用。
1.35《旧令》，存于1个类门，共有1条被引用。
1.36《捕亡令》，存于14个类门，共有24条被重复引用。
1.37《辞讼令》，存于4个类门，共有9条被重复引用。
1.38《断狱令》，存于46个类门，共有142条被重复引用。

从上面可知，在残本中被引数量超过100条的有6篇，具体是《职官令》《吏卒令》《荐举令》《仓库令》《赏令》《断狱令》。当然，这种结构不能表明在令典中就是如此，因为这六篇内容与残本所存的内容正好是正向耦合，其他门应存在同样的情况。

二　《宋会要》中所见令的篇名

《宋会要》是现在可以见到全面记载宋朝立法活动及成果的最全面的原始材料。从《宋会要》中可以较全面了解宋朝令的立法沿革、篇名、内容等各方面的情况。根据《宋会要》记载令的篇名，可以分为三大类，[①] 即综合性令典，如《淳化令》《天圣令》《政和令》《绍兴令》《乾道令》等；机构类令，如《御史台令》《司农寺令》《宗正司令》《开封

① 对中国古代令的篇名命名原则，李玉生指出有四种：颁布时间、调整内容、职能机构和调整区域（《唐令与中华法系研究》，南京师范大学出版社2006年版，第55—56页）。

府令》等；事类令，如《户令》《贡举令》《禄令》等。下面根据三类分别考述之。

（一）综合性令典

宋朝开始制定综合性令典的时间存在争议，按《玉海》等少量史料记载，宋朝制定令典始于宋太宗淳化年间，最早的是《淳化令》；但从《宋会要》上看，宋朝令典的制定始于宋仁宗天圣年间。此后，出现了多次修订，有《天圣令》《元祐令》《元丰令》《元符令》《政和令》《绍兴令》《庆元令》等。神宗朝时由于革新，进行了大规模的立法，加上神宗对敕令格式的新界定。这样宋朝具有时代特色的令典开始出现，同时国家对令典修订呈现加快，对《唐令》内容依赖逐渐减少，令典的来源主要依据随时颁布的宣敕中属于"设制立范"的部分。

2.1.1《天圣令》

> 2.1.1.1 天圣七年（1029 年）五月十八日，详定编敕所（止）[上]《删修令》三十卷，诏与将来新编敕一处颁行。先是诏参知政事吕夷简等参定令文，乃命大理寺丞庞籍、大理评事宋郊为修令〔官〕，判大理寺赵廓、权少卿董希颜充详定官。凡取《唐令》为本，先举见行者，因其旧文，参以新制定之。其今不行者，亦随存焉。又取敕文内罪名轻简者五百余条，著于逐卷末，曰《附令敕》。至是上之。(《宋会要》，刑法一·格令一之5，第8215页)

从此看，天圣朝修令是以《唐令》为"本"，有直接保留和改变两种。此外，还有宋朝创制。对《唐令》中不适用的依旧抄录于新令后。由于体例完全照用《唐令》，所以体例和卷数与《唐令》[①] 相同，卷数有30卷。

> 2.1.1.2 天圣七年（1029 年）五月二十一日，翰林学士宋绶言："准诏：以编敕官《新修令》三十卷，并《编敕》录出罪名轻简者五百余条为《附令敕》，付两制与刑法官看详，内有添删修改事件，并已删正，望付中书门下施行。"从之。(《宋会要》，刑法一·格令一之5，第8215页)

---

① 本书中《唐令》没有特别注明，都是特指，即是《开元二十五年令典》。

从此可知，天圣修令时整个修法成果有三部分：《天圣令》正文；《唐令》中没有撰入《天圣令》的失效部分录于后；每卷令后还附非刑事的“敕”，即“附令敕”。这样天圣修令整个立法成果是三个部分：《天圣令》正文，《唐令》附文及《附令敕》补文。所以广义上的《天圣令》所包括的法律内容较多。

2.1.1.3 天圣七年（1029 年）九月二十二日，详定编敕所言：“准诏，《新定编敕》且未雕印，令写录降下诸转运、发运司看详行用。如内有未便事件，限一年内逐旋具实封闻奏。当所已写录到《海行编敕》并《目录》共三十卷，《赦书德音》十二卷，《令文》三十卷，并依奏敕一道上进。”（《宋会要》，刑法一・格令一之 5，第 8215 页）

2.1.1.4 天圣十年（1032 年）三月十六日，诏以《天圣编敕》十三卷、《赦书德音》十二卷、《令文》三十卷付崇文院镂版施行……依《律》分“门”为十二卷。（《宋会要》，刑法一・格令一之 5，第 8215 页）

根据此处记载，《天圣令》为 30 卷，主要参考《唐令》制定。从现在存留下来的《天圣令》残卷 21 至 30 卷每卷一篇的结构看，《天圣令》的篇名应是 30 篇。按残卷所存，有 12 篇的名称可以确定，具体是《田令》《赋役令》《仓库令》《厩牧令》《关市令》《医疾令》《狱官令》《营缮令》《丧葬令》《杂令》。从 21 卷到 30 卷，共有 10 卷，存有 10 篇，加上附录上的《捕亡令》《假宁令》，共有 12 篇。

2.1.2《元丰令》

神宗元丰年间是北宋立法史上的重要时期。因为神宗锐意革新，为了配合改革进行了大规模的立法。在立法中，开始进行全新改革，主要立法来源转向依据建国后形成的相应宣敕内容。此次立法是对此前建国以来的立法总结。北宋令典立法新成果代表是《元丰令》。这从后来常引用《元丰令》的条文中可以看出。

2.1.2.1 元丰六年（1083 年）八月二十一日，诏军头司：“自今诸路解拨到武艺高强兵级，虽有减退，如尚在同解发武艺最下人之上者，并依《元丰令》施行。”（《宋会要》，职官三六・军头引见司之 82，第 3931 页）

2.1.2.2 元丰七年（1084 年）十月九日，诏诸路封桩阙额禁军钱谷并依《元丰令》随市直变易，其不得减过元籴纳价法除之。（《宋会要》，食货六四·封桩之 72，第 770 页）

2.1.2.3 元丰八年（1085 年）六月八日，诏："兴龙节诸处合试童行，拨放并依旧例。坤成节以大行皇帝梓宫在殡，惟开封府度僧道，比兴龙节减三之二，仍禁屠、决大辟罪。余依《元丰令》。"（《宋会要》，礼五七·节二·兴龙节之 23，第 1996 页）

2.1.2.4 元丰八年（1085 年）十月十七日，都大提举成都府等路榷茶兼陕西等路买马黄廉言："按元丰六年闰六月十三日并八年十二月七日朝旨，应缘茶事于他司非相干者不得关与，设使缘茶事有侵损违法或措置未当，即未有许令他司受理关送明文，深恐民间屈抑无由申诉。乞止依海行《元丰令》，监司巡历所至，明见违法及有词讼事在本司者，听关送。应缘马事亦乞依此。"从之。（《宋会要》，职官四三·都大提举茶马司之 71，第 4146 页）

2.1.2.5 元祐元年（1086 年）四月十二日，户部言："民庶上言，每谓各州县乡村坊郭人户隐落家业。乞展限十日，许令告论。看详：欲依《元丰令》日限，将嘉（祐）［祐］编敕内一月改为六十日。"从之。（《宋会要》，食货六一·民产杂录之 62，第 7468 页）

2.1.2.6 元祐元年（1086 年）五月二十三日，详定役法所言："新敕罢天下免役钱。缘《元丰令》修弓手营房，给免役剩钱，和雇递马及雇夫，并每年终与转运司分认。三十贯以下修造，及旧系役人陪备脚乘之类，更有诸州造帐人请受请，并巡检司、马递铺、曹司代役人应用纸笔，并系支免役钱。今请支见在免役积剩钱在，候役书成，别行详定。"从之。（《宋会要》，食货六五·免役之 51，第 7825 页）

2.1.2.7 元祐元年（1086 年）十一月二十八日，户部言："左司谏王巖叟言：'赈济人户，必待灾伤放税七分以上方许贷借，而第四等以下方免出息，殊非朝廷本意。乞如旧法，不限灾伤分数，并容借贷；不均等第，均令免息。看详：《元丰令》限定伤灾放税分数支借种子条合依旧外，应州县灾伤人户阙乏粮食，许结保借贷常平谷。'"从之。（《宋会要》，食货五七·赈贷上赈恤灾伤之 11，第 7336 页）

2.1.2.8 元祐元年（1086 年）十二月十八日，侍御史王巖叟言："伏见十一月二十九日敕，户部看详：《元丰令》限定灾伤放税分数支借种子条，合依旧存留外，缘臣元奏本以赈济旧法灾伤无分数之限，人户无等第之差，皆得借贷，均令免息。新条必待灾伤放税七分以上，而第四等以下方许借贷免息，殊非朝廷本意。故乞均令借贷，以济其艰。今户部复将支借种子条依旧存留。切以灾伤人户既阙粮食，则种子亦阙，岂可种子独立限隔？臣欲乞通为一法，于所修'粮食'字下添入'并种子'三字，庶使被灾之民广霑惠泽。"从之。（《宋会要》，食货五七·赈贷上赈恤灾伤之10，第7336页）

2.1.2.9 绍圣元年（1094年）闰四月七日，右司谏朱勃言："元祐变法，选人改官，岁限百人，而有司奏请作三甲引见，以三人为一甲。积累至今，待次者亡虑二百八十余人，率二年三季始得引见。请以《元丰令》详酌增损。"诏引见磨勘改官人，权依《元丰令》五日引一甲，每甲引三人，每年不得〔过〕一百四十人。俟待次不及百人，取旨。（《宋会要》，铨选二·审官西院·尚书右选·流内铨之14，第5706页）

2.1.2.10 绍圣元年（1094年）闰四月八日，诏："引见磨勘改官人权依《元丰令》，五日引一甲，每甲引三人，每年不得过一百四十人，俟得次不及百人取旨。"（《宋会要》，职官一一·磨勘之25，第3326页）

2.1.2.11 绍圣元年（1094年）六月九日，又言："熙宁、元丰间，设提举官，以总一路之法，州有管勾官，县有（纳给）［给纳］官。今复免役法，既置提举及管勾官，乞依《元丰令》，给纳分逐县常留簿、丞一员。"从之。（《宋会要》，食货一四·免役下之4，第6266页）

2.1.2.12 绍圣元年（1094年）七月三日，户部看详役法所言："幕职、监当官（按）［接］、送，旧差全请顾钱公人。今来合支顾人钱，并依《元丰令》定人数支破。其《元祐敕》所添人数并差厢军。"诏减罢《元祐敕》添人数，余从之。（《宋会要》，仪制四·得替官送还公人之27，第2376页）

2.1.2.13 绍圣元年（1094年）七月三日，又言："乞应幕职、监当官接送旧系差全请雇钱公人，今来合支雇钱，依《元丰令》立定人数支破。其《元祐敕》添人数，并差厢军。"诏罢减《元祐敕》添人数，余从之。（《宋会要》，食货六五·免役二之66，第7834页）

前两条虽是在不同门类，但实为一条史料被分别编入不同门类中。

2.1.2.14 绍圣元年（1094 年）十月十八日，户部看详役法所言："《元丰令》节文：'诸宗室在京宗正属籍及太皇太后、皇后缌麻已上亲，并免色役。'所有皇太妃缌麻以上亲，亦合并免色役。"从之。（《宋会要》，食货六五·免役二之 67，第 7835 页）

2.1.2.15 绍圣元年（1094 年）四月二十三日，右司谏朱勃言："选人改官，岁限百人。而元祐变法，三人为甲，月三引见，积累至今，待次者亡虑二百八十余人。以数而计，历二年三季，始得毕见。请酌《元丰令》增损之。"诏依元丰五日而引一甲，甲以三人，岁毋过一百四十人。俟待次不及百人，别奏定。（《宋会要》，选举二九·举官三之 10，第 5811 页）

2.1.2.16［绍］圣元年（1094 年），诏："见磨勘官人权依《元丰令》，五日引一甲，每甲引三人，每年不得过一百四十人。俟后次不及百人，取旨。"（《宋会要》，职官六一·改官之 2，第 4689 页）

2.1.2.17 绍圣三年（1096 年）正月二十二日，户部言："准敕：府界应缘常平敛散等事，除今来申请外，并依元丰七年见行条制。《元丰令》：给常平钱谷，年终不足，勿给。今有旧欠户数，依令勿给，恐人户困于兼并。"（《宋会要》，食货五·青苗下之 17，第 6066 页）

2.1.2.18 绍圣三年（1096 年）二月十日，提举梓州路常平等事王雍言："《元丰令》：孤幼财产，官为检校，使亲戚抚养之，季给所需。赀蓄不满五百万者，召人户供质当举钱，岁取息二分，为抚养费。元祐中，监察御史孙升论以为非便，罢之。窃详元丰法意，谓岁月悠久，日用耗竭，比壮长所赢无几，故使举钱者入息，而资本之在官者自若无所伤。所以收卹孩穉，矜及隐微，盖先王美政之遗意。请悉复元丰旧令。"从之。（《宋会要》，食货六一·民产杂录之 62，第 7469 页）

此乃宋代检校立法的最早记载，是我国古代对孤幼财产保护立法的重要成果。

2.1.2.19 绍圣三年（1096 年）七月四日，吏部言："准敕：引见改官人权依《元丰令》，五日引一甲，每甲引三人，不得过一百四十人。今准敕每甲权添二人。本部看详：既依今降指挥，五日引见五人，其至岁终，难以限定人数。所有前降指挥每年不得过一百四十

人，合行冲罢。”从之。(《宋会要》，铨选二审官西院·尚书右选·流内铨之14，第5706页)

2.1.2.20 绍圣四年（1097年）闰二月四日，新河东提刑徐君平言：“吏部关陞之法，自知县进通判，自通判进知州，皆用举者二人。比年以来，任知州、通判待次者极多，此不择而进之之弊。乞荐举承务郎以上陞陟，复用《元丰令》，以重守、倅之选。”从之。(《宋会要》，选举二八·举官二之27，第5801页)

2.1.2.21 元符三年（1100年）三月二十七日，诏少府、将作、军器少监杂压并依《元丰令》，其《元祐指挥》更不施行。(《宋会要》，仪制三·朝仪班序之43，第2352页)

2.1.2.22 大观四年（1110年）五月十四日，臣僚言：“《元丰令》惟崇奉圣祖及祖宗神御、陵寝寺观不输役钱，近者臣僚多因功德坟寺，奏乞特免诸般差役。都省更不取旨，状后直批放免。由是援例奏乞，不可胜数。或有旋置地土，愿舍入寺，亦乞免纳。甚者至守坟人虽系上、中户，并乞放免。所免钱均敷于下户，最害法之大者。欲今后臣僚奏请坟寺，不许特免役钱，仍不得以守坟人奏乞放免。其崇宁寺观合纳役钱，亦乞攻正施行。”诏令礼部检刷，关户部改正。(《宋会要》，食货六五·免役二之75，第7840页)

2.1.2.23 政和元年（1111年）四月二十一日，臣僚上言：“……《元丰令》：诸黄河桥渡常辨察奸诈及禁物，若诸军或公人经过，并取公文券历验认。官员或疑虑者，亦取随身文书审验。仰京西、陕西提刑司严切约束。诏从之。(《宋会要》，方域一二·关杂录之6，第9513页)

2.1.2.24 政和二年（1112年）六月二十八日，诏：“节度使仲輗特依仲糜例，人从并同外官额定人数差取。如遇疾病在假，缓急事故，许依《元丰令》乘暖轿出入。余人不得援例。”(《宋会要》，帝系五·宗室杂录之24，第133页)

2.1.2.25 政和三年（1113年）正月二十九日，两浙转运司言：“见奉行直达之法，今措置下项：兵官差刷上纲兵士，未有罪赏专法，除已将诸州所管厢军多寡以十分为率，每州岁差三分，配上粮纲牵驾行运，依条一年一替外，乞立法，请州兵官任满，如差足粮纲，兵士亡不及三分之一，比附押纲使臣一年三运以上，与减年酬奖。若岁终差刷不足，或亡及三之一，即乞罚俸两月。若差不及一半，或虽差足，若亡一半以上，并乞特行差替。仍依课利亏欠法，官吏并不以赦原减。又本路见管禁军二万四千余人，依熙宁、元符敕令，许差下禁军兼厢军充知州、通判等官员当直，近因大观二年朝旨，不许差拨禁军当直，从此尽占厢军。窃缘禁军自有分轮番次之法，即不妨教阅。欲乞权依熙宁、元丰令文，许令兼差充那厢军差上粮纲。户部检承敕：兵梢、纲官、团头在路逃亡、病患事故，并仰所在官司实时填差，若不行差拨，并杖一百，公人勒停。今来本司所乞除差拨上纲人兵沿路亡系属本纲，其元差处本官难以认数立罚。如差拨数足，自系本职，亦难比附押纲使臣一年三运以上减年酬奖。”诏禁军当直，不妨教阅，兵官赏罚等，并依本司所乞，余路依此。(《宋会要》，食货四三·漕运二之8，第6969页)

2.1.2.26 政和五年（1115年）四月十一日，吏部奏：“见降任监当、冲替放罢等未复资任小使臣，开具下项。检会《四月十日御笔指挥》，今来叙复，有司差注拘碍常格，可特依下项：编管人依法，除名勒停人降二等，追官勒停人降一等，勒停人降远处冲替，并与本等差遣。无等可降与次等，又无次等与本等远处差遣。奉御笔，第二项不候任满依今来已降处分，第六项依令，余并依今来已降处分施行。冲替人系《元丰令》降等，除依今降赦书施行外，其降官冲替已依今来御笔；复官人及特旨未得差遣，若会赦及赃罪到部一年，各依事理重法，亦依《元丰令》施行；差替人前任因体量，准朝旨不候任满差人抵替交替；罢任人系依前替人例，及放罢人自来亦依差替人例，并依《元丰令》与本等差遣；若以老疾或谬懦差替，依稍重法，系合降等，候满一任即复本等；降任监当人遇赦，许候到任及二年牵复人，即合依《元丰令》牵复；比较贼盗马数，并在京仓库、监渡官透漏，并武艺等出身，因事停替，并押纲官失押伴蕃蛮应降等差遣人，合候一任满复本等差遣；追降官勒停并特勒停，除依今赦叙官人外，其叙法差遣系以任数复本等；若任数满即合复本等之官不赴任，系依《元丰令》降等，候满一（一）任监当复本等；无等可降，到部降一等名次，与远小处。”（《宋会要》，职官七六·收叙放逐官二之30，第5113页）

2.1.2.27 宣和二年（1120年）六月三日，吏部尚书蒋猷等言：“勘会承务郎以上官任新置创添宫观、岳庙，已恭依《五月五日所降指挥》，并行先次放罢。今承《正月十三日指挥》内一项，依旧人见领内外新置宫观，改差旧额宫观。今来除太中大夫及监察御史以上官、监司责降人两项外，其庶官任新宫观、岳庙合罢之人内，有年甲、资序、任数若依得元丰格法、合差注宫观、岳庙之人，未委今来并合与不合一面改差旧额宫观。”得旨，应任新置宫观、岳庙，年甲、资序、任数依元丰格法不合罢人，并改差（满）［旧］宫观，仍通理前月日满罢。当部检准《元丰令》：诸管勾宫观、岳庙、三京御史台、判国子监，并注知州军年六十以上、精神不至昏昧、堪厘务（以）［人］，长官审验差，不得过两任，若用执政官陈乞者加一任。又令：诸年七十乞宫观、岳庙及三京留守司御史台、国子监者，曾历侍御史听两任，寺监长官及职司中散大夫以上并一任。又准《考功元丰令》：诸称职司者，谓转运使副、提点刑狱及朝廷专差宣抚、安抚、察访。余同知州。勘会承务郎以上官昨任新置宫观、岳庙已放罢人内，年甲、资序、任数应得元丰法令之人，以上件命指挥刷施行。从之。(《宋会要》，职官五四・外任宫观之32，第4485页)

此史料所引《元丰令》两条，《元丰考功令》一条，其中“元丰考功令”在原文中被写成“考功元丰令”，是为颠倒。

2.1.2.28 宣和七年（1125年）九月二十五日，吏部言：“奉御笔，中散大夫、提举西京崇福〔宫〕王迢候（候）今任满日，特令再任。吏部检准《元丰令》：诸管勾宫观不得过两任。勘会王迢已历宫观两任，若特令再任，即不应条法。今年八月七日圣旨，今后内降及传宣与差遣之人，或系违碍资格，更不进呈，具因依告示不行。”诏更不施行，令吏部告示。(《宋会要》，职官五四・外任宫观之32，第4486页)

此条涉及宋朝国家运行中的一个重要制度，即皇帝御笔特旨若与国家正常法律冲突时，皇帝御笔特旨是否可以否决国家法律。此案中，吏部用《元丰令》中相关法律推翻了皇帝御笔特旨。这说明宋朝国家运行中，基本法律与皇帝特别裁量权之间的关系是十分复杂的。

2.1.2.29 绍兴三年（1133年）十二月八日，知潭州折彦质言：“右承议郎周禥系归明朝官，昨充武安军签判，系添差不厘务，即不差替人，三年为任。今已罢任，别无所归。乞本路州军一添差（差）遣。吏部检准《元丰令》：诸归明及蛮傜人应就注而无阙〔差〕，愿

再任者听。诏周襟令再任。（《宋会要》，兵一七·归明之21，第8964页）

此条史料说明宋朝国家官员任命中，对国家法律适用还是十分看重的，当有国家相应法律时，官员任命就得引用相关法律作为依据。

2.1.2.30 绍兴三年（1133年）二月二十八日，枢密院言："近准指挥，堂除阙并拨归吏部。契勘下项阙未有立定差法，乞今御厨、翰林司、仪鸾司、牛羊司依《元丰令》，先注亲民，次监当人；权干办金吾街仗司，先注武功至武翼大夫亲民资序人，次注大使臣经两任亲民人；行在诸司监门，欲依立定行在仓场库务监门已得指挥，先注亲民，次监当人。"从之。（《宋会要》，选举二四·铨选二·审官西院·尚书右选之5，第5696页）

2.1.2.31 绍兴十一年（1141年）九月八日，御药院典事王称等言："本院《元丰令》干办官差出及解罢，不得奏（讫）［乞］本院未经试中吏人恩泽各转一资，共不得过三人。自来本院官每遇解罢，遵依上条具奏，与曾经差使人各转一资，不得过三人。欲乞许依旧遵用本院元丰条法体例，将解罢恩泽陈乞收使施行。"从之。（《宋会要》，职官一九·御药院之15，第3555页）

此条说明御药院在元丰年间制定了专门的法律。

2.1.2.32 绍兴三十二年（1162年）八月一日，诏皇子生日并诸节序，各合取赐物色，除端午扇依已得指挥减半外，余并依《元丰令》取赐。（《宋会要》，礼六二·赉赐二·滥赐之69，第2152页）

2.1.2.33 绍兴三十二年（1162年）八月十七日，诏："太上皇后生辰物色，令内东门司并依《元丰令》数，全取索本色供奉。"（《宋会要》，职官三六·内侍省之30，第3904页）

2.1.2.34 乾道四年（1168年）八月八日，翰林院言："太上皇帝圣旨，医官朱仲谦为医药有劳，特与赐紫服色，仍于祗候库取赐。今契勘《元丰令》：诸医官将恩例等改换服色者，候本色服及五年已上许改换。《宣和二年四月（旨）指挥》：应医官见系服绿、未经赐绯隔等赐紫者，听执奏不行。其朱仲谦于隆兴二年九月内补翰林医学，方及五年，未经赐绯，有碍本局条法，合行执奏。"诏为系德寿

官祇应，特依今来指挥。(《宋会要》，职官三六·军头引见司之105，第3949页)

2.1.2.35 乾道六年（1170年）十一月二十八日，内军器库言："契勘本库自建炎四年八月军器七库并作一库，以'［内］军器库'为名，人兵一百四十八人为额，如遇逃亡事故，依本所《元丰令》，招刺本营子弟填阙。目今见阙四十二人，先来南、北两库军器止有火焙一座。今来火焙四座，九处着火烘焙弓弩，乞将见阙人数招填。"诏权以一百三十六人为额。令招填敷额，今后遇阙准此。（《宋会要》，食货五二·内军器库之30，第7186页）

2.1.2.36 淳熙九年（1182年）十二月五日，前福建常平提举周颉言："常平三弊：一曰公吏非时借请，二曰选人支破接送雇人钱，三曰给散乞丐孤贫米。乞下诸路，将前后公吏已借请钱，依《元丰令》克纳五分。官雇人钱般家，止得就寄居处保明帮请，如绍兴三十一年三月内臣僚所奏事理施行。至于支给乞丐人米，则与申严行下，责在提举常平司严行稽察，将州县违戾去处，痛与按劾惩治。"从之。(《宋会要》，职官四三·御史台主簿之41，第4131页)

2.1.2.37 庆元二年（1196年）十一月二十八日，兵部言："左右骐骥院骑御马左右其直元额管一百三十一人，淳熙十四年，敕令所裁减作一百一十一人为额，系应奉常朝殿及车驾行幸等事。今两直止有管四十四人，见阙六十七人。《元丰令》：诸本直长行遇阙，合于殿前司拱圣、骁骑指挥内将虞候至长行非三路人拣选配填。"诏令拣填三十人。(《宋会要》，职官二三·太仆寺·骐骥院之2，第3646页)

从上面37条史料中可以看出，《元丰令》在宋朝影响较大，南宋孝宗年间还被直接引用。

2.1.3《元祐令》

元祐立法是宋哲宗继位后，在司马光等人反对神宗朝改革的政治背景下进行的，所以元祐立法在很多方面是反神宗朝的，在法律上体现出不同的特点。

2.1.3.1《元祐令》：中州从八品，下州从九品。(《宋会要》，职官三九·司户之22，第3986页)

2.1.3.2 元祐二年（1087年）十二月二十四日，详定重修敕令书成，以《元祐详定敕令式》为名颁行。先是（六）［元］年三月二十四日，诏御史中丞刘挚原空刑部郎中杜（紘）［絃］将《元丰敕令格式》重行刊修，至是上之。（《宋会要》，刑法一·格令一之15，第8227页）

2.1.3.3 元祐五年（1090年）二月九日，都水使者吴安（特）［持］言："州县夫役旧以人丁户口科差，今《元祐令》自第一至第五等皆以丁差，不问贫富，有偏重偏轻之弊。请除以次降杀使轻重得所外，其或用丁口，或用等第，听州县从便。"从之。（《宋会要》，方域一五·治河下之14，第9575页）

2.1.3.4 绍圣元年（1094年）六月十九日，给事中王震言："中书省修立举试诸路学官画一，其法至严。元祐中，尝裁减恩例，如选人充教授，添举主转降等官之类即是。师儒之任，不得比县令，盖缘当时曲有沮抑，恐合改正。"诏《元祐令》：'诸州教授磨勘改官，加举主一员'，更不施行。"（《宋会要》，选举二八·举官二之26，第5801页）

2.1.3.5 绍圣元年（1094年）八月七日，又言："诸处申乞造簿，缘近降朝旨：五等簿不得旋行改造。盖虑纷然推排，别致骚扰。按《元祐令》：人户物力贫乏，所输免役钱虽未造簿，许纠决升降。今但推行旧条，因其纠诉，略行升降，则已与造簿无异。"从之。（《宋会要》，食货一四·免役下之6，第6267页）

2.1.3.6 元符元年（1098年）六月二十七日，诏："高丽朝贡并依元丰条例施行，《元祐令》勿用。"（《宋会要》，蕃夷七·历代朝贡之43，第9963页）

2.1.3.7 建炎四年（1130年）六月三十日，诏："自庶官除侍郎，依旧例带权字；若除外任差遣，（即）［及］除待制未及二年除修撰，其立班杂压并依《元祐令》；如遇服绯绿，依待制告谢日改赐章服。"（《宋会要》，仪制三·朝仪班序之46，第2354页）

从此看，这次立法主要是对《元丰敕令格式》进行重修，是修改《元丰令》中与保守派立场不符的内容。

2.1.4《元符令》

《元符令》的编撰是在《元祐令》的反动拨正后进行的，重新把制定敕令格式恢复到元丰七年确立的原则上来。当然，从现在史料看，《元符令》并没有明确记载制定的卷数和结构。

2.1.4.1 建中靖国元年（1101年）三月二十五日，刑部状："峡州申，准《元符令》节文：诸请给若恩赐物免税；其品官供家服用之物非兴贩者，准此。看详上条'品官供家服用之物'。未审品官合用马、牛、驼、骡、驴合与不合入服用之例。送寺参详。据本寺状《元符令》：服用之物，止谓衣帛器用之属，其马、牛、驼、骡、驴，即非服用之物。"从之。（《宋会要》，食货一七·商税四之28，第6361页）

2.1.4.2 建中靖国元年（1101年）九月六日，刑部言："《元符令》：定罪以绢者，每绢一匹准钱一贯三百。近岁物价踊贵，非昔时比，一绢之直多过于旧价，乞于《令》文添入'若犯处绢价高者，依上绢计直'。"从之。（《宋会要》，刑法三·定赃罪之1，第8394页）

2.1.4.3 崇宁元年（1102年）五月十六日，《元符令》：诸上书言朝政阙失、公私利害者，本州附奏；责降散官及安置、编配之类言事者，所属审可采不兼他事者，听收接，不得实封及遣人进状。勘会自降上件诏旨，已及二年已上。诏令所属今后更不收接投进。其上书言朝政阙失、公私利害者，自依元符令施行。（《宋会要》，仪制七·章奏之26，第2438页）

2.1.4.4 崇宁二年（1103年）四月六日，户部言："怀州申：'诸路安济坊应干所须，并依《鳏寡乞丐条例》，一切支用常平钱斛。'看详：欲应干安济坊所费钱物，依《元符令》，并以户绝财产给其费。若不足，即以常平息钱充。仍隶提举司管勾。"从之。（《宋会要》，食货六〇·居养院　养济院　漏泽园等杂录之4，第7417页）

2.1.4.5 大观三年（1104年）四月二十六日……《元符令》：二日以上，降一等；十日以上不准在赏限，如有少欠，系以全纲数折会填纳外，欠不满一厘，合依元降指挥推赏。（《宋会要》，食货四三·漕运二之6，第6966页）

2.1.4.6 大观三年（1109年）十二月十六日，三省言："户部奏：'诏居养、安济日来官司奉法太过，致州县受弊，可申明禁止，务在适中。看详：自降元符法，节次官司起请增添。若依旧遵用，虑诸路奉法不一。欲依《元符令》并崇宁五年秋颁条施行。'"诏改昨颁条注文内"癃老"作"废、笃疾"，并依所奏并罢。（《宋会要》，食货六〇·居养院　养济院　漏泽园等杂录之11，第7420页）

2.1.4.7 大观四年（1110年）四月二十二日……工部检准《元符令》：诸太中大夫、阁门使以上买竹木之类修宅者，许自给文凭，逐处审验，免和买。今来喻氏所乞内和买一节，本部勘当，欲依上条施行。户部勘会，《元符令》止是免和买，所有抽解、收税等，无文该载许免。今勘当所乞，欲依《元符条令》施行。”诏依喻氏所乞。（《宋会要》，食货一七·商税四之29，第6361页）

2.1.4.8 大观四年（1110年）八月二十五日，诏：“鳏寡孤独，古之穷民，生者养之，病者药之，死者葬之，惠亦厚矣。比年有司观望，殊失本指。至或置蚊帐，给肉食，设祭醮许，加赠典，日用即广，縻费无艺。少且壮者，游惰无图，廪食自若，官弗之察，弊孰甚焉。应州县以前所置居养院、安济坊、漏泽园许存留外，仰并遵守《元符令》，余更不施行。开封府创置坊院悉罢，见在人并归四福田院，依旧法施行。遇岁歉、大寒，州县申监司，在京申开封府，并闻奏听旨。内遗弃小儿委实须乳者，所在保明，听依崇宁元年法雇乳。”（《宋会要》，食货六〇·居养院　养济院　漏泽园等杂录之6，第7420页）

2.1.4.9 大观四年（1110年）闰八月十日……今检会《元符令》：诸军差出五百里以上，许借请受一月，千里以上两月，三千里以上三月。诸借兑钱物应支地里脚钱者，借兑官司出备。（《宋会要》，兵五·屯戍之14，第8707页）

2.1.4.10 政和元年（1111年）正月二十九日，诏：“居养鳏寡孤独等人，昨降指挥并遵守《元符令》，自合逐年依条施行，不须闻奏听旨外，如遇歉岁或大寒，合别加优恤。若须候闻奏得旨施行，窃恐后时，仰提举司审度施行讫奏，诸路依此。”（《宋会要》，食货六〇·居养院　养济院　漏泽园等杂录之7，第7420页）

2.1.4.11 政和元年（1111年）三月二十九日……检准《元符令》：诸监司知所部推行法令违慢，若词讼虽非本职，具事因牒所属监司行遣。其命官老病不职而非隶本司准此，仍听具奏。（《宋会要》，职官四五·监司·提刑使之6，第4235页）

2.1.4.12 政和元年（1111年）四月六日，臣僚言：“幼孤财产，并寄常平库，自来官司以其寄纳无所，专责转运司。又以寄佗司漫不省察，因致州县得为奸弊，财物不可留者估卖，则并其帷帐、衣衾、书玩好，幼孤莫能自直。”诏：“于《元符令》内‘财产官为检校，注文估卖’字下，添入‘委不干碍官覆验’字；又于‘财物召人借请’字下，添入‘须有物力户为保’字；又于‘收息二分’字下，添注‘限岁前数足’字；又于注文‘勾当公人量支食钱’字下，添入‘提举常平司严切觉察’字。”（《宋会要》，食货六一·民产杂录之61，第7469页）

2.1.4.13 政和元年（1111年）八月二十二日……准《元符令》：诸官司置都簿，五年一易，具载所辖应用簿历，其有增减，次日报都簿司除附。(《宋会要》，食货四九·转运司一之27，第7109页)

2.1.4.14 政和元年（1111年）八月二十四日……《元符令》：诸三京或兼一路经略、安抚、总管、钤辖知州阙，转运、提点刑狱官兼权，余州以次官或转运司选差。武臣无知州，即安抚、钤辖司差官。(《宋会要》，职官四七·判知州府军监之19，第4276页)

2.1.4.15 政和元年（1111年）八月二十六日……《元符令》：诸州医学博士、助教阙、于本州县医生内，选术优者人充；无其人，选能者比试，虽非医生，听补。诏令诸州军，遵依条格施行。仍令提举学事司常切觉察举。(《宋会要》，崇儒三·医学之14，第2795页)

从《元符令》看，北宋神宗朝后开始加强对鳏寡孤独、幼孤、废疾等特别群体的救济。同时，在《元符令》中有明确指出，此种立法始于《元丰令》。

2.1.5《政和令》

《政和令》是在反元祐党人的政治背景下制定的，《政和令》在制定上基本继承了《元丰令》的内容。《政和令》是在继承《元丰令》下的新发展，体现出宋神宗朝确立的立法趋势。

2.1.5.1 政和二年（1112年）十月二日，司空、尚书左仆射兼门下侍郎何执中等上表："修成《敕令格式》等一百三十八卷，并《看详》四百一十卷，共五百四十八册，已经节次进呈，依御笔修定。乞降敕命雕印颁行，仍依已降御笔，冠以《政和重修敕令格式》为名。"从之，仍自政和三年正月一日颁行。先是政和元年二月一日，诏以尚书左仆射何执中提举、同知枢密院事王襄同提举，至是上之。(《宋会要》，刑法一·格令一之26，第8239页)

2.1.5.2 政和三年（1113年）九月十九日，户部奏："京畿转运司申明，差官点检无额钱。已降朝旨，系隶提刑司拘收，更不令转运司干预。乞将《政和令》：'转运司'字改作'提刑司'字。"从之。(《宋会要》，食货四九·转运之30，第7111页)

2.1.5.3 政和四年（1114年）十一月十一日……检会《政和令》："诸职田县召客户或第四等以下人户租佃，已租佃而陞及第三等以上愿依旧租佃者听。或分收，每顷至十户止。租课须税入中限，乃得催纳，遇灾伤检覆减放，准民田法。分收者依乡例，不得以肥地制扑收课。遇收种，许差本厅公人管勾。止有兵级及地在别县者，本州于外县同本属量差公人管勾。”诏于《令》内除去“遇收种许差本厅公人管勾止有兵级及”字，计一十六字，余申明行下。（《宋会要》，职官五八·职田之17，第4623页）

2.1.5.4［政］和四年（1114年）十二月十八日，中书省言：“检承《政和令》：诸犯罪会恩或去官应原免勿论，而特旨犹推，虽又会恩或去官，并奏取旨。勘会朝廷降指挥取勘闻奏，或具案申尚书省公事，后来遇赦降，系命官、将校如所犯合该恩原，依法合具事因申尚书省或枢密院，刑寺约法，上朝廷处分。其余色人所犯，元系朝旨取勘，后来会恩非应结案者，若止从有司一面施行，虑其间所犯情理重轻不伦，亦合具情犯申取朝廷指挥。”从之。（《宋会要》，刑法三·勘狱之70，第7430页）

2.1.5.5政和五年（1115年）五月二十五日，枢密院言：“专（功）［切］提举京畿监牧司状：‘准《令》：祠庙献马，限一日申所属州。本州二日具牡牝、毛〔色〕、齿岁、尺寸，差人依程牵赴提举监牧司纳。……’今检会大观三年十二月十四日枢密院修立下条：诸州纳到祠庙献马，送孳生监牧养。《政和令》：诸祠庙献马，限一日申所属州。本州三日内具牡牝、毛色、齿岁、尺寸，差人依程牵赴提举京畿监牧司纳。……今拟立如后：‘诸盗诈或贸易祠庙献马者，不以赦降（厚）［原］减。诸承报祠庙献马计程不到者，移文勘会。诸祠庙献马，本州依限差人牵纳外，别具马记验去处，【记验谓吊星、玉面、前后脚白之类】入马递预报。专切提举京畿监牧司仍岁终具献马人姓名、逐匹字号，供报本司。’”诏依条修定。（《宋会要》，兵二一·马政·牧马官之21，第9059页）

2.1.5.6政和五年（1115年）七月二十日，颍昌府奏：“检会《政和令》：诸犯濮安懿王讳者改避。”（《宋会要》，帝系二·濮秀二王杂录之42，第61页）

2.1.5.7政和五年（1115年）十一月十五日，陕西路转运使席贡言：“《续降政和令》：诸仓监官应差出者，常留正官一员在仓；系独员者，不许差出。其诸州军资库监官，与监仓职事无异。欲今后并不许差出，责令专一管出纳。”从之。（《宋会要》，食货五四·诸州仓库之6，第7239页）

2.1.5.8政和六年（1116年）闰正月二十九日，详定一司敕令王韶奏："修到《敕令格式》共九百三卷，乞冠以'政和'为名，镂版颁行。"从之。（《宋会要》，刑法一·格令二之29，第8242页）

2.1.5.9 政和六年（1116年）四月二十二日，工部奏……本部检承《政和令》："诸系官山林，所属州县籍其长阔四至，不得令人承佃。官司兴造须采伐者，报所属。《政和敕》：诸系官山林辄采伐者杖八十，许人告。《政和格》：告获辄伐系官山林者，钱二十贯。本部看详，乞依前项条法，诸路作此。"从之。（《宋会要》，方域一〇·道路之27，第9466页）

此条史料共引《政和令》《政和敕》《政和格》三个法典中的条文。从此可知，宋代敕令格式法律分类的特点。

2.1.5.10 宣和元年（1119年）五月二十六日，权知明州楼异言："检会《政和令》：诸医艺业优长、治疗应效、为众推称、堪补翰林医职者，所在以名闻。今据州学教授游觉民等状，称医学助教臧师颜供应本学汤药，治病有效。臣契勘明州最为地远濒海，少有谙知药脉之人，今来臧师颜委是艺业优长，治疗有效，在学十年所有劳绩，欲乞补充翰林祗候。"从之。（《宋会要》，职官三六·技术官之115，第3956页）

2.1.5.11 宣和元年（1119年）闰五月十日，海州申："忠翊郎、添差充本州兵马监押不厘务张豁状，元系北界燕京人（事）［氏］所有职田，自有《政和令》该说。今来本州称不合支破申乞施行。"工部看详："归明人添差不厘务，《政和令》即无许与不许支破明文，合取自朝廷指挥。检会《政和令》：诸添差官系纳土归明，西北归明人虽非纳土同。职田依正官给。"诏归明不厘务人依条支给。（《宋会要》，职官五八·职田之20，第4625页）

2.1.5.12 宣和元年（1119年）八月十六日……工部供到《政和令》：诸营缮廨宇、馆驿、马递铺、桥道及什物之类，一就检计。【谓如馆驿有损，即一驿之凡有损坏处皆是】三十贯以下，转运、提举常平司分认，从所属支，修讫申逐司。诸营造材料所支钱及百贯，或创造三十间，每间不及四椽者以四椽准一间。申转运司。创造及三十间者，仍申尚书工部。县创造三间或缮修十间，并应支转运司钱者，申所属相度施行。应申者检计，仍委官覆检。其创造及百间，具奏听旨。诸营［造］材料并官给，阙，官差军工采官山林；又无，以转运司钱买。若不足，听于中等以上户税租内，随等第以实直科折。”（《宋会要》，方域一〇·驿传·急递铺之33，第9480页）

此条是宋朝国家公共建筑建设上的法律，其中涉及官府衙门、驿站等修建。

2.1.5.13 宣和元年（1119年）十月三日，刑部尚书王革奏：“契勘鞫狱干证无罪之人，依《政和令》合责状先释。自来不曾立限，遂致纵留动经旬月。伏睹人唯照要切情节，听暂追，不得关留证讫，仍不得随司即证。徒以上罪犯人未录问者，告示不得远出。今增修下条：诸鞫狱干证人无罪者，限二日责状先放。其告捕及被侵。冲改本条不行者，鞫狱干证人〔无〕罪应责状先放，而于令有违者，论如官文书稽程律计日，罪者杖六十”。从之。（《宋会要》，刑法一·格令二之32，第8244页）

2.1.5.14 宣和二年（1120年）十月十七日，京畿提举常平司言：“《大观元年三月敕》：居养鳏寡孤独之人，其老者并年五十以上许行收养。近奉诏参考元丰惠养乞丐旧法，裁立到：应居养人日给钱米数目，见遵依施行，缘元丰、政和令：诸男女年六十为老，即未审且依大观元年指挥，为或合依元丰、政和法令。”诏依元丰、政和条令，降指挥日为始，日前人特免改正。（《宋会要》，食货六八·居养院　安济坊　漏泽园之137，第8037页）

此条解决的是《元丰令》和《政和令》中对男女称“老”的年龄立法冲突问题。

2.1.5.15 宣和三年（1121年）四月二十三日，中书省、尚书省言：“检会下项：《政和格》：给递马人兵数，武功至武翼大夫二匹、一十人，武功至武翼郎二匹、七人，敦武、修武郎二匹、五人，内侍官二匹、三人。《政和令》：诸朝廷非次差官出外，应纳递马及（补）［铺］兵两应给者，听从多。”（《宋会要》，方域一〇·驿传·递铺之35，第9481页）

2.1.5.16 宣和三年（1121年）十一月十三日，臣僚上言：“巡检以巡捕为名迎送，违令罪笞，县尉亦未有明文。伏望于《政和令》巡检不得迎送条内入‘县尉’二字。”从之。（《宋会要》，职官四

八·县尉，第4359页）

2.1.5.17 宣和四年（1122年）三月二十一日，臣僚言："《政和令》：出军衣春限年前十月十六日支，十二月十五日以前发；冬限三月二十一日支，五月十五日以前发。在沿边者，支、发各先二十日"。（《宋会要》，兵五·屯戍之16，第8708页）

2.1.5.18 宣和四年（1122年）八月四日，臣僚言："……《政和令》：诸和安大夫至医学，太史令至挈壶正，书艺、图画、奉御至待诏，为伎术官。"（《宋会要》，职官三六·技术官之116，第3957页）

2.1.5.19 政和四年（1122年）十二月二十一日……户部供到《政和令》节文，诸未入官人、三省私名，本司并免丁役。（《宋会要》，职官一·三省之40，第2960页）

2.1.5.20 宣和五年（1123年）四月十六日……《政和令》："诸命官将校犯罪自首，遇恩全原，去官勿论者，具事因及条制申尚书省或枢密院。缘自来在外官司于状内多不如令详具有无专条战功、别犯并计，却致刑寺再行取会，动经岁月，莫能结绝。欲乞立严禁，使之遵守，庶几革去迂滞灭裂之弊。"诏依奏，仍令刑部立法申尚书省。（《宋会要》，刑法一·格令三之29，第8242页）

2.1.5.21 宣和五（月）［年］（1123年）十二月九日，真定府中山府路廉访使者李约奏："伏睹《政和令》：诸大庆、大礼、元日、冬至，发运、监司官、提举茶事、提点坑冶铸钱官（司）〔同〕。诸州长吏三泉知县同。奉表贺，旧例遣使者如旧。月旦奉表参起居，仍前期七日到进奏院。中散大夫、刺史、大将军以上在外及武功至武翼大夫任路分钤辖以上准此。臣契勘廉访使者，旧隶逐路帅司走马承受，昨蒙睿旨改正名称，叙官述职几厕监司之列。如天宁节进奉功德疏并赐宴，已蒙圣造特依所乞，独有大庆、大礼、元日、冬至、月旦奉表，臣所领职名未预其数。欲望圣慈特许今后依前项令文，逐时奉表贺、参起居。"诏依所乞，余路依此。（《宋会要》，职官四一·走马承受公事之133，第4068页）

2.1.5.22 政和七年（1127年）八月二十五日，臣僚上言："窃以比年以来六曹等处申请因事立法，指定刑名者甚众，或乞依某条，或乞（料）［科］某罪，阅时滋久，陈请猥多，本末轻重，不无舛紊。臣谨按《政和令》：因事奏请立（治）［法］，不得指定刑名。法意详尽，理应遵守，而未有专一科罪指挥，是致玩习，无所畏惮。欲望特降睿旨，凡因事应立法而辄定刑名者，乞严立断罪条法施行，

庶使便文自营之人知所惩戒。”诏令敕令所立法，申尚书省。(《宋会要》，刑法一·格令二之30，第8243页)

从中可知当时立法区分刑事和非刑事，对刑事立法要求较高。这说明中国古代立法中是区别不同类别，分别有不同标准要求的。

2.1.5.23 宣和七年（1125年）十月三日，吏部奏：“权提举成都府等路茶马公事韩昭奏：‘契勘本司窠阙，遵奉元丰成法，合从本司不依常制奏差。今踏逐到宣教郎王滋，乞差通判兴元府；承事郎安邠，乞差充都大提举榷茶司勾当公事；忠翊郎王义夫，乞差充阶州买马监押。’勘会王滋前任清州司户曹事，三考得替，磨勘改官，合入初任知县资序，其兴元府通判依熙宁格系注通判人，即不系应入窠阙，兼有碍《元丰令》，虽不拘常制，不得奏差。茶马司勾当公事虽许本司奏差，缘提举茶马系二员，依《政和令》连书，或一就奏举。今来韩昭独（御）[衔]奏差，碍前条法。阶州兵马监押系提举陕西等路买马监牧司阙，今来本官称本司窠阙，合从本司不依常制奏辟，缘即无许举买马监押之文，兼王义夫不应材武，见系监当资序，依条不许举辟。”诏令吏部行下。(《宋会要》，职官四三·都大提举茶马司之103，第4162页)

2.1.5.24 建炎二年（1128年）八月二十四日，礼部言：“诸州军每遇圣节，宫观道童试经依《元丰法》《政和令》合念《道德》等经四十纸为合格，即无念过《御解真经》。诏依《元丰法》。”(《宋会要》，道释一·还俗之33，第9990页)

2.1.5.25 建炎二年（1128年）十月二十三日，大理少卿吴充言：“国家科举，兼用诗赋，而《政和令》命官不得诗赋私相传习之禁，尚未删去，望令刑部删削。”从之。(《宋会要》，选举四·贡举杂录之23，第5328页)

2.1.5.26 建炎三年（1129年）二月十八日，知平江府汤东野言：“元丰、政和令节文：诸发运、监司因点检或议公事，许受酒食。其巡历所至，薪炭、油烛、酒食，并依例听受。续准宣和二年御笔，每岁巡历所部，并一出周遍。即有故复出者，不得再受所过州县酒食、供馈。今军兴之际，调发紧急，百须应办，巡历不常，又非平日无事之比，难以指定岁终巡遍之限。倘使区区往来道路之间，供给所入不足以偿所费，而又廨宇所在，合得供给，例皆微薄。见今物价踊贵，既不足以糊口，又使更营道路之费，深恐未称朝廷所以委寄部使者之意。欲并依元丰、政和条令施行。”诏权依所乞。（《宋会要》，职官四五·监司 提举 郡守 转运 提刑使之16，第4241页）

从上可知，《元丰令》《政和令》在很多内容上是一致的。

2.1.5.27 绍兴元年（1131年）二月十六日……《政和令》：诸文书应印者置历纪其事目，乞依旧制施行。（《宋会要》，职官三·五房五院隶中书省之33，第3050页）

2.1.6《绍兴令》

南宋初年由于开封被占领事出于突然，导致整个中央法律文献遗失。赵构建立南宋政权后，为了解决法律不足，国家只好把地方所藏的法律文献整理出来，进行全面立法整理。从某个角度看，南宋立法是对北宋时期立法成果的再整理。

2.1.6.1 绍兴元年（1131年）八月四日，参知政事（司）［同］提举重修敕令张守等上《绍兴新敕》一十二卷，《令》五十卷，《格》三十卷，《式》三十卷，《目录》一十六卷，《申明刑统》及《随敕申明》三卷，《政和二年以后赦书德音》一十五卷，及《看详》六百四卷。诏自绍兴二年正月一日颁行，仍以《绍兴重修敕令格式》为名。（《宋会要》，刑法一·格令二之36，第8248页）

2.1.6.2 绍兴二年（1132年）三月十七日，两浙转运司言：“准《绍兴令》：诸乡村以二月一日后为入务，应诉田宅、婚姻、负债者勿受理。十月一日后为务开。”（《宋会要》，刑法三·田讼之47，第8417页）

此条是中国古代民事诉讼中“开务”“入务”立法，即规定一般民事诉讼的期间。

2.1.6.3 绍兴二年（1132年）八月二十九日，臣僚言：“典卖田宅，批问邻至，莫不有法。比缘臣僚申请，以谓近年以来，米价既高，田价亦贵，遂有诈妄陈诉；或经五七年后，称有房亲墓园邻至不曾批退。乞依《绍兴令》，三年以上，并听离革。又缘日限太宽，引惹词诉，请降诏旨，并限一年内陈诉。欲乞将上件指挥，并行寝罢，只依《绍兴敕令》施行。”从之。(《宋会要》，食货六一·民产杂录之64，第7471页)

2.1.6.4 绍兴三年（1133年）八月十八日：“窃见《绍兴令》：有丁忧在职日给假条格，大小祥各七日，朔望各一日，禫五日。”(《宋会要》，职官七七·起复之18，第5149页)

2.1.6.5 绍兴四年（1134年）五月五日，故赠少师嘉国公邢焕女和义郡夫人邢氏奏：“伏见《绍兴令》：‘诸后合得亲属恩泽回授与本位使臣者，听。’今来别无使臣本位，乞回授与本家主管进奉等，补授初等使臣名目。”从之。(《宋会要》，后妃二·皇后皇太后杂录三之4，第276页)

2.1.6.6 绍兴五年（1135年）二月二十八日，尚书省言：“勘会《绍兴令》文：事已经断而理诉者，一年内听乞别勘。”(《宋会要》，刑法三·勘狱之76，第8433页)

2.1.6.7 绍兴五年（1135年）七月一日，检准《绍兴令》：中书门下省录事、尚书省都事为正八品，宣教郎为从八品。(《宋会要》，职官三·五房五院隶中书省之40，第3057页)

2.1.6.8 绍兴五年（1135年）七月十二日，吏部尚书晏敦复言：“检准《绍兴重修令》：诸堂除人愿归部而就本等合入员阙者，许陞压同等名次人。(令)［今］乞应堂除愿归部乞陞压之人并理前一任差遣。”从之。(《宋会要》，职官八·吏部之21，第3243页)

2.1.6.9 绍兴五年（1135年）七月二十三日……《绍兴令》称：犯榷货者不得根问卖买经历处，即系海行条法。缘《绍兴敕》内该载一司有别制者，从别制。又缘诸处私茶、盐并系亭灶、园户卖与贩人，今若一概不行根究来历，深恐无以杜绝私贩之弊，却致侵害官课。今欲乞遵依见行茶、盐专法施行。(《宋会要》，食货三一·茶法三·茶法杂录二之3，第6679页)

此条涉及茶户在法律适用上是否适用一般法律还是适特别法的问题。

2.1.6.10 绍兴五年（1135年）十月十日，臣僚言：“准《绍兴令》：诸臣僚因陈乞及非责降宫观、岳庙差遣者，并月破供给，于所居处依资序降一等支。【职司以上资序人依通判例，知州资序人依签判例，无签判处及通判资序人并依幕职官例，武臣武功大夫以上未及知州职司资序人准此】其前宰相、执政官及见带学士以上职者不降。契勘宫观官自祖宗以来，即无支破供给之文，止因崇宁间蔡京用事，创立格法，支破宫观供给。王黼作相之后，已行任罢，今来却修入《绍兴敕令》，永为成法。所在州军虽不曾一一支给，缘已是编敕该载，难以止绝干请。欲乞删除。”从之。（《宋会要》，职官五四·外任宫观之35，第4488页）

2.1.6.11 绍兴六年（1136年）正月二十六日……《绍兴重修令》：“诸未经参部或时暂差遣者，候参部了日，方许给历起支。”（《宋会要》，俸禄五·杂录上之84，第4604页）

2.1.6.12 绍兴九年（1139年）九月四日，臣僚言：“《绍兴令》：命官移任，已受告敕者解罢，知州须候替人。考之旧章，本无此法。盖自建炎之初，盗贼蜂起，所在州郡无复固守之意，见在任者营求脱免，未到官者迁延规避，苟得夤缘，委之而去。于是言者建请，见任守臣虽有移命，须候替人，此在当时固合事理。其后新书既成，遂为著令，至今遵行。欲乞明诏有司，删去此条，一循祖宗旧制。”吏部看详：“今来臣僚所请，缘本部见遵守《绍兴二年十月三日指挥》施行，所乞删去《绍兴令》，乞下敕令所，从所请删去施行。”从之。（《宋会要》，职官四七·判知州府军监之27，第4280页）

2.1.6.13 绍兴十二年（1142年）四月二十六日，御史台言：“检会《绍兴令》：诸狱具，当职官依式检校，枷以干木为之，长者以轻重刻式其上，不得留节目，亦不得钉饰及加筋胶之类。仍用火印，从长官给。”（《宋会要》，刑法六·枷制之79，第8572页）

2.1.6.14 绍兴十二年（1142年）五月六日……《绍兴令》：“诸州诉县理断事不当者，州委官定夺；若诣监司诉本州者，送邻州委官。诸受诉讼应取会与夺而辄送所讼官司者，听越诉，受诉之司取见诣实，具事因及官吏职位姓名，虚妄者具诉人，申尚书省。”（《宋会要》，刑法三·诉　讼田讼附之26，第8406页）

2.1.6.15 绍兴十七年（1147年）十二月二十日，吏部言：“《绍兴令》：杂压从一高同者异姓为后，次以贴职、服色、资序。至改官先后同，方以出身。切缘修上件令文之时，文臣未分左右。今来有出身人带左字，无出身人带右字，即合官同者先以左右为序，带左字人仍以及第出身、同出身为序。”从之。（《宋会要》，仪制五·群官仪制之36，第2394页）

2.1.6.16 绍兴十八年（1148年）闰八月七日，大理寺丞石邦哲言："《绍兴令》：'决大辟皆于市先给酒食，听亲戚辞诀，示以犯状，不得窒塞口耳、蒙蔽面目及喧呼奔逼。'"（《宋会要》，刑法四·断狱之83，第8491页）

2.1.6.17 绍兴二十一年（1151年）闰四月二十六日，臣僚言："《绍兴令》：诸囚在禁病者，官给药物医治，大理寺医官二员轮日宿狱。"（《宋会要》，刑法六·禁囚之67，第8566页）

2.1.6.18 绍兴二十七年（1157年）七月二十日，吏部尚书陈康伯言："勘会《绍兴令》：诸宗室知通与兵职官不得同任……又《令》：诸职事相干或统摄有亲戚者并回避……。"从之。（《宋会要》，帝系六·宗室杂录三之27，第154页）

2.1.6.19 绍兴二十八年（1158年）正月十一日户部据榷货务都茶场指定："……《绍兴令》节文：诸命官获私有茶盐，未获犯人，三斤比一斤；其产盐界内获私盐者，须四分中获一分，犯人方得比折。今欲将命官亲获一火万斤，转一官、减二年磨勘者，依旧转一官；如不系应改官人，更与减一年磨勘。又累及一万斤转一官，改作减三年半磨勘。'所有不得主名私贩，乞别立赏格'一节，欲依绍兴条法分数比折，其赏依旧格施行。内获一火七千斤，旧格减三年半磨勘，近增作转一官，亦虑侥幸，今欲作减四年磨勘。"从之。（《宋会要》，食货二六·盐法五·盐法杂录四之37，第6576页）

2.1.6.20 隆兴元年（1163年）三月十日，吏部侍郎徐林言："检会绍兴三十一年六月十三日赦文内一项，武臣承信郎以上并与转一官。今来小使臣陈乞转官，内有二十年不到部之人，依《绍兴令》，合行落籍，致本部未敢便与依赦转行。窃详立法之意，不到部日久之人，恐其伪冒，故去其籍，而其官初未尝追夺，盖与有罪而停废之人异矣。今也有罪停废之人犹与之甄叙，而久不到部之人乃不霑霈泽，似非施恩之意。欲乞凡二十年不到部之人，并令召陞朝官二员结罪委保，经本州保明申部，依赦施行。"从之。（《宋会要》，选举二五·铨选四·侍郎右选下·流外铨之27，第5745页）

2.1.6.21 乾道元年（1165年）五月十四日……臣检准《绍兴令》："诸添差官不应差而特差或用恩例陈乞者，并不厘务。"（《宋会要》，职官三·舍人院之20，第3037页）

2.1.6.22 淳熙元年（1174年）四月二十八日，《绍兴令》："去失在内限三日，在外限五日，经所属陈乞，出限者不许受理。"（《宋会要》，职官八·吏部二之37，第3252页）

从记载看，《绍兴敕令格式》的内容都较前期多，《绍兴敕》仍然有十二卷，共有12篇是可以肯定，《绍兴令》50卷，可以推定应在50篇以下，格或式各有30篇。这种立法结构成为南宋的基础。从中可以看出，从天圣年间“令”的篇名有30篇到南宋绍兴年间增加至50篇，增加了近20篇。

2.1.7《乾道令》

2.1.7.1 乾道六年（1170年）八月二十八日，尚书右仆射虞允文言：“昨将《绍兴敕》与《嘉祐敕》及建炎四年十月以后至乾道四年终续降指挥逐一参酌删削，今已成书。《敕》一十二卷，《令》五十卷，《格》三十卷，《式》三十卷，《目录》一百二十二卷，《存留照用指挥》二卷。缮写进呈。乞冠以《乾道重修敕令格式》为名。”诏依，仍自八年正月一日颁行。（《宋会要》，刑法一·格令三之49，第8261页）

2.1.7.2 乾道六年（1170年）十月十五日，尚书右仆射虞允文言：“伏见敕令所见修《乾道新书》，系将诸处录到续降指挥计二万二千二百余件，除合删去外，今于旧法有增损元文五百七十四条，带修创立三百六十一条，全删旧文八十三条，《存留指挥》一百二十八件，已成书颁行。欲望明诏诸路，候颁到新书，其间如有疑惑事件，许限两月，各条具申本所，以凭检照元修因依，分明指说行下。”从之。（《宋会要》，刑法一·格令三之49，第8261页）

前两条史料较全面地指出《乾道新书》制定资料的来源，对《绍兴新书》的修改、增加和删除情况，以及《乾道新书》的组成部分等。

2.1.7.3 乾道七年（1171年）六月十日刑部言：“准批下臣僚札子，乞令诸州长吏每旬同当职官虑问州院、司理院禁囚，诸路监司每季亲诣所部州县，将见禁囚徒逐一虑问。照对上项申请，《乾道重修令》该载甚备，今乞申严行下。”从之。（《宋会要》，刑法六·禁囚之69，第8568页）

2.1.7.4 乾道九年（1173年）闰正月七日，详定一司敕令所言：“契勘诸州衙职解发补官，《乾道令》称孔目官每州补一名，年满解发赴阙补官。缘《政和二年二月九日指挥》：都知兵马使改为都史，昨修书日，照‘都史’二字作‘都吏’字，改移为孔目官。今看详：合将上条内‘孔目官’三字依旧作‘都知兵马使’为文。”从之。

(《宋会要》，职官四八·牙职之105，第4378页)

2.1.7.5 淳熙六年（1179年）十二月十七日，兵部尚书王希吕言："本部所管军功或恩泽及归正补授副尉并绍兴三十一年以后归正守阙进勇副尉名目之人，赍到付身，经部注授，往往经隔年岁。窃虑承代他人付身，妄说缘故，无凭考验。今欲将前项补授副尉初参部或任满后及三年以上赴部陈乞之人，并照应下班祗应参部条法。并副尉自补授及十年无故不陈乞者，亦依《乾道令》。"（《宋会要》，职官一四·兵部之13，第3401页）

从此看，乾道年间制定敕令格式的篇名结构与绍兴年制定的敕令格式是一致的，可以知道南宋时期令的基本篇名是50篇，格和式是30篇。所以《乾道敕令格式》较《绍兴敕令格式》是修改了574条，新增设361条，删除83条，整个修订改动了1018条，条文数量增加了278条。《乾道敕令格式》相比《绍兴敕令格式》还是发生了较大变化。

2.1.8《淳熙令》

2.1.8.1 淳熙六年（1179年）三月二十三日，吏部言："《淳熙令》：诸选人任不厘务差遣，如未颁降《淳熙令》之前罢任人，乞与依任岳庙人分别前后指挥，作考第收使。"从之。(《宋会要》，职官一〇·考功部之35，第3297页)

2.1.8.2 淳熙四年（1177年）八月三日，敕令所上《淳熙重修敕令格式》。(《宋会要》，职官四·敕令所之49，第3119页)

2.1.8.3 淳熙十五年（1188年）二月七日，敕令所言："检准《（绍）［雍］熙（二）［五］年二月诏》：左、右补阙宜改为左、右司谏，左、右拾遗宜改为左、右正言。《淳熙令》节文：左、右司谏为正七品，左、右正言、监察御史为从七品。(《宋会要》，职官三·谏院之59，第3077页)

2.1.8.4 嘉泰元年（1201年）二月十七日，臣僚言："广西一路诸县……检照《淳熙令》：诸南官得替该职官循资酬赏者，如考第合磨勘，与减主一员；又《令》：诸广南县令任满该改官应减举主者，更减一员"。(《宋会要》，职官四八·县令试衔知县之46，第4344页)

此条反映了宋代广西官员有专门的特别考核管理法律，属于地方特别法。

2.1.8.5 吏部奏："《淳熙令》：'诸府号、官称犯父祖嫌名及二名偏犯者皆不避，违诏大臣合降。'诏不允，可坐《（熙）［淳］熙令》令学士降诏。"（《宋会要》，仪制一二·不讳之30，第2584页）

2.1.9《庆元令》

2.1.9.1 庆元六年（1200年）闰二月二十三日，臣僚言："伏见《庆元令》，受纳二税官，转运委知、通，前期于本州县官内公共选差讫，申本司检察。"（《宋会要》，食货六八·受纳之17，第7950页）

2.1.9.2 嘉定五年（1212年）九月二日，臣僚言："窃照《庆元令》：'诸受理词诉限当日结绝，若事须追证者，不得过五日，州郡十日，监司限半月。有故者除之，无故而违限者听越诉。'"（《宋会要》，刑法三·诉讼一之41，第8414页）

2.1.9.3 嘉定七年（1214年）八月五日……检准《庆元令》："诸应部送罪人，逐州军常切预差禁军二十人，籍定姓名，在营祇备。遇有押到罪人，依次差拨，即时交替，不得越过。"（《宋会要》，刑法四·配隶之66，第8481页）

2.1.9.4 嘉定十一年（1218年）正月二十五日……逐库检准《庆元重修令》："诸纲运以本州县见任合差出官，各籍定姓名，从上轮差，不许辞避；无官可差，即募官管押。"窃缘先来本司不与照条差募，或差无藉之官，致有在路故作稽违，交卸又有欠损，其押纲官遂不敢乞赏。（《宋会要》，食货四四·漕运三之19，第7004页）

综上所见，《宋会要》中明确引用和写明的综合令典共有9部，分别是：《天圣令》《元丰令》《元祐令》《元符令》《政和令》《绍兴令》《乾道令》《淳熙令》《庆元令》。其中每部令典都有相应的原文被引用，只是有些令典没有明确记载制定的情况。

（二）《宋会要》所见机构类"令"

宋令中有很大一类是某一机构的职能令。这种以行政机构为立法主体的"令"，在宋令中占有较大成分。

2.2.1《中书省令》《尚书省令》《枢密院令》《三省通用令》《三省枢密院通用令》《六曹寺监通用令》《大理寺右治狱令》

2.2.1.1 绍兴八年（1138年）十月三日，尚书右仆射、同中书门下平章事、提举详定一司敕令秦桧等续上《禄敕》一卷、《禄令》二卷、《禄格》一十五卷，《在京禄敕》一卷、《禄令》一卷、《禄格》一十二卷，《中书门下省尚书省令》一卷，《枢密院〔令〕》一卷、《格》一卷，《尚书六曹寺监通用令》一卷，《大理寺右治狱令》一卷，《目录》六卷，《申明》六卷。诏自绍兴九年正月一日颁行，仍以《绍兴重修禄秩敕令格》为名。先有诏将嘉祐、熙宁、大观《禄令》并《政和禄令格》及政和元年十二月十七日后来续降指挥编修，除已先次修成《敕》二卷、《令》三卷、《格》二十五卷、《目录》一十三卷、《申明》一十五卷、《修书指挥》一卷、《看详》一百四十七卷，于绍兴六年九月二十一日进呈讫，至是续修上焉。（《宋会要》，刑法一·格令之38，第8251页）

2.2.1.2 绍兴元年（1131年）二月十六日……"检《中书门下省令》：监印差上名令史二人。旧中书制敕院条，使印差守当官二人。尚书省监押依条差头名、第二名令史，使印合差头名、第二名守当官。枢密院监印差头名、第二名、第三名令史、第一名守阙主事，知印差正名守阙、贴房各一名。取到六曹状，《大观尚书六曹通用令》：诸用印日轮令史一名，兼尚书左、右选，通轮主事一名，（尚）[常] 切检察。《政和令》：诸文书应印者置历纪其事目。乞依旧制施行。"（《宋会要》，职官三·五房五院隶中书省之33，第3050页）

上面材料说明南宋初年制定了《中书门下省尚书省令》《枢密院〔令〕》《尚书六曹寺监通用令》和《大理寺右治狱令》等令。由于中书、门下省、尚书省总称三省，加之内容较少，合为一卷，没有分开。第二条材料中明确有《中书门下省令》。

2.2.1.3 乾道八年（1172年）八月十八日，大理少卿、兼同详定一司敕令莫蒙言："契勘中书门下省、枢密院法系大观间修立，尚书省法系崇宁间修立，并未尝审订去取，止是引用省记。今乞将崇、观以后至乾道八年终重加修缉，并《三省通用法》《三省枢密院通用法》一并修立。"从之。（《宋会要》，刑法一·格令三之50，第8262页）

从此记载可知北宋大观年间就修过中书门下省、枢密院和崇宁年间修过尚书省三个中央机构的法律。

> 2.2.1.4 乾道九年（1173）二月六日，右丞相梁克家、参知政事曾怀上《中书门下省敕》二卷、《令》二十二卷、《格》一十三卷、《式》一卷、《申明》一卷，《尚书省敕》二卷、《令》七卷、《格》二卷、《式》三卷、《申明》二卷，《枢密院敕》四卷、《令》二十四卷、《格》十六卷、《申明》二卷，《三省通用敕》一卷、《令》五卷、《格》一卷、《式》一卷、《申明》一卷，《三省枢密院通用敕》二卷、《令》三卷、《格》一卷、《式》一卷、《申明》三卷，《目录》二十卷，并元修《看详意义》五百册，乞冠以《乾道重修逐省院敕令格式》为名。从之。（《宋会要》，刑法一・格令三之49，第8262页）

乾道年间制定中央机构法律都有各自的“令”，具体有《中书门下省令》《尚书省令》《枢密院令》《三省通用令》《三省枢密院通用令》等。

2.2.2《枢密院令》

> 2.2.2.1 宣和四年（1122年）八月二十日，少师、太宰王黼言：“臣顷被诏旨，三省、枢密院暨六曹事有未如元丰旧制者一切厘正。臣窃以神宗皇帝肇正官制之后，元丰五年八月修立《枢密院令》，诸得旨事并录送门下省，候报施行。宣命即关送，候送回发付。是年十月，枢密院再奉旨挥，得旨及拟进画依文字内圣旨急速限当日拟进，〔余〕限次日录送门下省。后覆奏回圣旨，……”。（《宋会要》，职官一・三省之43，第2960页）

此条说明《枢密院令》最迟在元丰五年（1082年）就制定过，至南宋时期仍然存在。

2.2.3《三省通用令》《太学辟雍通用令》《诸路州学令》《太学辟雍诸路州学通用令》《太学辟雍通用格》

> 2.2.3.1 大观二年（1108年）五月二十日，中书省据学制局状：“……臣等看详：本经之外各兼一经，则五经已有二十五色。【谓如本经治《易》，而所兼或《诗》《书》，或《周礼》《礼记》之类】又有兼二经，则其色额又多。若于试卷内明见其色额之异，则就试人姓名灼然可见。又况州郡人少去处，则私弊尤难关防。今将本经与所兼经每季轮与一经就试，【谓如今经治《易》，而兼治《诗》，则正月试《易》义，四月试《诗》义之类】则卷子内不见色额之异，可以

久远通行，不致私弊。今修立诸私试经义，以所习经及兼经轮以一经就试。右并入《太学辟雍诸路州学通用令》。臣等看详：今来兼经既系别为奖劝之制，则所兼之经多少不同，所应之人有无不一。若试选兼经之法一施于州郡之学，则节目既多，事难齐一。况州郡学校私试已阅习其文艺，至贡士举院试笔，别为一项，逐经分场引试，庶得要而易行，可以经久。免试《论语》《孟子》，以中二经为上等，一经而在十名内者为中等，余为下等，别牓晓示。诸内舍生兼经曾入第二等以上者，听与贡士兼经人同试。诸兼经虽试中，而本经不与贡士举陞补者，不在类聚比校之限。右并入《太学辟雍通用令》。贡士举院试兼经，每经十五号取合格者一号。右入《太学辟雍通用格》。诸兼经人初入州学，以状自陈，别为一籍。曾入第二等已上者，其所中经，候陞贡日，教授据籍契勘，（例）［列］于贡状。右入《诸路州学令》。诸兼经人曾预贡士举，院试入上中下三等者，遇释褐或殿试唱名日，别作一项，具名闻奏。右入《太学、辟雍通用令》。御史唱名，若上舍释褐人，曾与贡士举，院试兼经（人）［入］上等者，与陞一甲。【本甲上名不及十名者，仍通陞十名；中等陞十名，下等陞五名。已上如系第一甲者，即便不陞】仍并与内外学官之选。右入《三省通用令》。”从之。（《宋会要》，职官二八·国子监之18，第3768页）

从上面材料看，宋朝中央教育机构分为太学、辟雍、诸路州学等。这里有《三省通用令》《太学辟雍通用令》《诸路州学令》《太学辟雍诸路州学通用令》《太学辟雍通用格》等法律名称。

2.2.4《御史台令》

从史料看，《御史台令》是最常适用的“令”。

2.2.4.1 绍兴三年（1133年）四月十五日，御史台言：“……今检准《本台令》：诸尚书省集议，轮御史一员监告，而不赴及不委议意而书者并弹奏，有异议者听具状论列。今来集议，全台官未委合与不合趁赴。”诏依《御史台令》施行。（《宋会要》，仪制八·集议之19，第2458页）

2.2.4.2 绍兴四年（1134年）二月一日，诏南班宗室自今并赴台参。以侍御史辛炳言：“……检准《本台令》：诸节度观察留后至刺史、诸卫上将军至副率，到阙出使，仍参辞……；又《本台令》：

诸不赴台参者，无故过十日，同以见谢辞日为始，殿中侍御史具姓名申台，取审状申尚书省，太中大夫、侍御史以上并奏。余官拒过饰非准此……”故有是诏。(《宋会要》，帝系六·宗室杂录三之6，第143页)

2.2.4.3 绍兴十一年（1141年）十月二十八日，御史台言：“检准本台令节文：诸监察御史阙，牒殿中侍御史权，仍奏知。每员止权一察，余察官兼。若阙员多，两院御史分领。又《总例》节文称：诸两院御史者，谓殿中侍御史、监察御史。契勘监察御史即日止有一员，正管兵察，所有其余察见今阙官，本台除已依上条差殿中侍御史胡大明权礼、吏察、监察御史陈时举兼户、兵、刑、工察职事外，奏闻事。”从之。(《宋会要》，职官一七·监察御史之34，第3466页)

2.2.4.4 乾道六年（1170年）三月十八日，臣僚言：“本台《令节文》：诸寻医已除籍官年满乞朝参者，体量委无疾病注籍讫，牒吏部、阁门。又《令》：诸体量官员因疾者，牒（依）［医］官局差人诊视，具实状申所属。窃见右承奉郎江深前任监福州古田县水口镇，因病寻医，合至乾道五年十月满一年，未曾陈乞赴台引验。近奉旨差充琼管司主管机宜文字，系堂除，其江深隐匿向来寻医一节，冒授新任，乞罢差遣，以为慢令之戒。”从之。(《宋会要》，职官七七·陈乞侍养之27，第5156页)

2.2.4.5 乾道七年（1171年）正月十日御史台言：“今措置条具下项：……一、崇宁重修本台令：诸朝会仪，出入不由端礼门，【紫宸、垂拱参日，两省官及应差引接者非】。入端礼门不端笏，朝堂行私礼，【虽朝退，在殿门内犯者同】交互幕次语笑喧哗，殿门内聚谈，行立失序，立班不正，交语相揖，无故离位，【殿门外序班同】拜舞不如仪，穿班仗出，诸朝会不至，及失仪序并不赴台参辞谢者，【无故过十日同。人见谢辞日为始】殿中侍御史具姓名申台，取审状申尚书省。太中大夫、侍御史以上并奏，余官拒过饰非准此。诸朝宴日称疾【并假状内声说疾状】不赴者，牒内侍省医官局差内臣押医诊视，不实者弹奏”。(《宋会要》，仪制八·弹劾之37，第2468页)

上面所引材料都明确有“本台令”，即《御史台令》。从现在所见材料看，《御史台令》是宋朝较为重要的中央机构令。

2.2.5《入内内侍省令》

2.2.5.1 隆兴元年（1163 年）正月二十一日，入内内侍省奏："检准《本省令》：'诸宰执官一年内再有迁转者，支赐减半，特旨全赐者依特旨。'勘会史浩于去年八月内除参知政事，今来转右仆射，支赐合行减半。诏特与全赐。浩寻奏乞减半。"从之。（《宋会要》，礼六二·赉赐二·辞赐之 92，第 2164 页）

此处明确指出所引是"本省令"，可知有《入内内侍省令》。

2.2.6《尚书六曹寺监通用令》《吏部七司通用令》

2.2.6.1 绍兴三年（1133 年）九月十八日，敕令所看详："臣僚陈请：吏部七司近因申请，修立到人吏犯赃，同保人停降编管断罪之法。自降指挥后来，铨曹之吏稍知畏戢。然独行于吏部七司，而户部以下诸司亦莫之行。乞将上条并入《尚书六曹寺监通用敕令》施行。本所看详：渡江以来，铨部案籍不存，遂以《大观六曹寺监通用敕令》条立法禁。今欲将《吏部七司通用敕令》并入《大观尚书六曹寺监通用敕令》施行。"从之。（《宋会要》，刑法一·格令二之 36，第 8249 页）

从上引材料可知，宋朝在大观年间和绍兴年间修过《尚书六曹寺监通用令》。此外，还有《吏部七司通用令》

2.2.7《大宗正司令》

2.2.7.1 政和七年（1117 年）三月二日，臣僚言："比来宗室宗妇往往侥幸陈乞，多不次第经由，而直赴朝廷，至有冒渎宸严者。伏见《本司令》文：诸事有条令及无违碍，非本司理断不当而不由本司者。尚有法禁，况事无条例者乎？欲望降旨，今后宗室以无条例事进状，及直经朝廷或他司陈论，敢有隔越者，乞增立禁止。"诏宗正司立法。（《宋会要》，帝系五·宗室杂录三之 27，第 135 页）

2.2.7.2 绍兴十年（1140 年）十一月十五日……检会本司令：诸祖宗之子皆择其后一名为宗，世补环卫官，以奉祭祀。（《宋会要》，帝系五·宗室杂录之 15，第 148 页）

2.2.7.3 绍兴二十三年（1153 年）十一月九日，详定一司敕令所上：《大宗正司敕》一十卷、《令》四十卷、《格》一十六卷、《式》五卷、《申明》一十卷、《目录》五卷。诏颁行。先是绍兴十四年七月十四日，诸王宫大小学教授王观国言："宗室支派散居四方，虽有大宗正一司法令，而难以推行。"礼部取到诸宫院状："契勘本司专法系在京日删修，其间有目令权在外难以推行者，或内有合行删修者。请从敕令所删修。"从之。（《宋会要》，刑法一·格令二之42，第8256页）

结合上面史料，说明《大宗正司令》存在较早，政和七年就有明确记载，绍兴二十三年只是进行了一次较全面的整理立法，制定了敕令格式申明，其中《大宗正司令》达40卷。

2.2.8《外宗正司令》

2.2.8.1 崇宁三年（1104年）九月二十九日，南京留守司言："准《外宗正司令》：宗室许于公使库寄造酒。今已到宗室三百二十五人，若男或女十岁已下者，合与不合造酒？"诏五岁以下不造，十五以下减半。（《宋会要》，帝系五·宗室杂录二之19，第130页）

2.2.8.2 崇宁三年（1104年）九月二十九日，南京留守司言："准《外宗正司令》：宗室许于公使库寄造酒。今已到宗室三百二十五人，若男或女十岁已下者，合与不合造酒？"诏五岁以下不造，十五以下减半。（《宋会要》，职官二〇·敦宗院之35，第3582页）

宋朝把皇族宗亲分为"宗正"和"外宗正"两个不同系统进行管理，在立法上对两者是分开制定专门法律。

2.2.9《参附尚书左选令》《参附尚书右选令》《参附侍郎左选令》《参附侍郎右选令》《参附尚书侍郎左右选通用令》《参附司封令》《参附司勋令》《参附考功令》《参附吏部尚书左右选通用令》

2.2.9.1 绍兴三十年（1160年）八月十一日，尚书右仆射、同中书门下平章事、兼提举详定一司敕令陈康伯等上《尚书左选令》一卷、《格》二卷、《式》一卷、《申明》一卷、《目录》三卷，《尚书右选令》二卷、《格》二卷、《申明》二卷、《式》一卷、《目录》三卷，《侍郎左选令》二卷、《格》一卷、《申明》一卷、《目录》三卷，《侍郎右选令》二卷，《格》二卷、《式》一卷、《申明》二卷、

> 《目录》三卷，《尚书侍郎左右选通用敕》一卷、《令》二卷、《格》一卷、《式》一卷、《申明》二卷、《目录》一卷，《司封敕》一卷、《令》一卷、《格》一卷、《申明》一卷、《目录》一卷，《司勋敕》一卷、《令》一卷、《格》一卷、《申明》一卷、《目录》一卷，《考功敕》一卷、《目录》一卷，《改官申明》一卷，《修书指挥》一卷，《厘析》八卷。诏下本所颁降，仍以《绍兴参附尚书吏部敕［令］格式》为名。(《宋会要》，刑法一·格令三之46，第8258页)

绍兴三十年修的《参附尚书吏部敕令格式》中“考功”仅有敕，没有令、格、式。这次立法是“参附”类法律，与“吏部七司法”是有区别的。

2.2.10《吏部尚书左右选通用令》《考功承务郎以上使臣通用令》《尚书左右选令》《尚书考功令》

> 2.2.10.1 淳熙十三年（1186年）十月六日，臣僚言：“《吏部尚书左右选通用令》：‘冒亲被荫，自陈听改正。虽已经陞改，仍依初补法。’与《考功承务郎以上使臣通用令》：‘命官妄冒奏授（注谓奏孙作男之类），已陈首改正者，与通理前任未经磨勘年月，仍添展二年。’二条自相牴牾。乞下有司详议。”吏、刑部长贰看详：“《尚书左右选令》内虽说冒亲被荫，不曾开说如何伪冒。今欲于‘被荫’字下添入注文‘谓奏孙作男之类’七字。《尚书考功令》内‘已陈首改正者’下文有‘与通理前任未经磨勘年月，仍添展二年，以后依常例不理为过犯’二十六字，欲令删去，却添入‘虽已经陞改磨勘，其以前历过年月并不许收使，仍依初补法’二十四字。庶几法令归一，不致牴牾。乞下敕令所详定，重行修立成法。”从之。(《宋会要》，刑法一·格令三之54，第8266页)

上面材料有《尚书左右选令》《尚书考功令》《吏部尚书左右选令》《尚书右选通用令》和《考功承务郎以上使臣通用令》等篇名。其中《考功承务郎以上使臣通用令》的名称较为特殊，从标准法律篇名上看，应是《考功通用令》。

2.2.11《阁门令》

> 2.2.11.1 绍兴三年（1133年）八月十八日……“《阁门令》：

‘诸臣僚起复或在缌麻以上亲丧假应入殿者，权易吉服。’朱胜非朝见入殿并日逐趁赴朝殿。”（《宋会要》，职官七七·起复之18，第5149页）

2.2.11.2 乾道元年（1165年）六月一日……契勘《阁门令》：“诸转员、引呈将校换官、射射及御试举人唱名日并疏决罪人等，并不引上殿班。”（《宋会要》，仪制六·群臣奏事之26，第2415页）

2.2.12《礼部令》

2.2.12.1 元祐八年（1093年）三月十三日，礼部言：“检准《元丰礼部令》：诸开科场，每三年于季春月朔日取裁。本部勘会，昨元祐五年发解，至今已及三年。”诏所有今岁科场，依例施行。（《宋会要》，选举三·科举条制之55，第5314页）

2.2.13《刑部令》《考功令》

2.2.13.1 元祐六年（1091年）八月二十四日……《刑部令》：“应检举人理期数，准法散官及安置之类以三期。”（《宋会要》，职官七六·收叙放逐官一之20，第5107页）

2.2.13.2 淳熙十三年（1186年）十月六日同日，臣僚言：“《刑部法》：诸官司失入死罪，其首后及录问、审问官定罪各有等差。而《考功令》：诸历任曾失入死罪，未决者两该磨勘，已决者三该磨勘。一体施行，初不分别推勘官、审问、录问官。乞令有司将《考功令》失入官磨勘一节，以《刑部法》为比，审问、录问官比推勘官稍为等降。”吏、刑部长贰看详：“《刑部法》各已该载分别首从，推勘、审问、录问官等降不同。惟《考功令》通说曾失入死罪，不曾分别。今欲于《考功令》内‘曾失入死罪’字下添入注文‘谓推勘官’四字，即与审问、录问官稍分等降，庶几于《刑部法》不相牴牾。乞下敕令所修立成法。”从之。（《宋会要》，刑法一·格令三之54，第8266页）

从此材料所用《刑部法》的内容看，应属于《刑部令》。当然，在宋代《刑部法》有通称之义，即可能包括刑部为名的“敕令格式”等诸种法律。同时此外引用到《考功令》。

2.2.14《吏部令》

2.2.14.1 绍兴三年（1133年）九月二十七日，尚书右仆射、同中书门下平章事朱胜非等上《吏部敕》五册、《令》四十一册、《格》三十二册、《式》八册、《申明》一十七册、《目录》八十一册、《看详司勋获盗推赏刑部例》三册、《勋臣职位姓名》一册，共一百八十八册。诏自绍兴四年正月一日颁行，仍以《绍兴重修尚书吏部敕令格式并通用敕令格式》为名。(《宋会要》，刑法一·格令二之36，第8249页)

2.2.15《吏部总类通用令》《庆元断狱令》

2.2.15.1 嘉定六年（1213年）二月二十一日，刑部尚书李大性言："《庆元名例敕》：避亲一法，该载甚明，自可遵守。《庆元断狱令》所称鞫狱与罪人有亲嫌应避者，此法止为断狱设，盖刑狱事重，被差之官稍有亲嫌，便合回避，与铨曹避亲之法不同。昨修纂《吏部总类通用令》，除去《名例敕》内避亲条法，却将《庆元断狱令》鞫狱条收入"。(《宋会要》，刑法一·格令三之60，第8272页)

此材料中还提到《庆元断狱令》的篇名。《吏部总类通用令》是指适用吏部七司中所有"司"的法律，相当于吏部七司的通用法。

2.2.16《吏部四选令》

2.2.16.1 元祐元年（1086年）二十五日，刑部修立到重（录）[禄]条。同日，尚书省上所修《吏部四选敕令格式》，乞先次颁降，从之。(《宋会要》，刑法一·格令一之14，第8225页)

2.2.17《参附吏部四选令》

2.2.17.1 淳熙元年（1174年）四月二十八日……敕令所看详："欲将上条内'三十日'外陈乞者官司不得受理改作'二十日'，余依旧文修立外，其前项《绍兴令》条，缘本内限三日，在外限五日自陈日限，今照得系《绍兴参附吏部四选令》条。缘本所见修吏部法，候修至本（系）[条]，即照应今来所立'三十日外陈乞不得受

理’令条别行修入。”至是修立成法来上，从之。（《宋会要》，职官八・吏部二之37，第3252页）

2.2.18《吏部四选通用令》

2.2.18.1 政和七年（1117年）二月十二日，吏部尚书张克公奏：“伏见修立到《吏部四选通用令》：诸路沿边不得注授宗室女夫。窃详立法之意，盖为不欲宗女远涉烟瘴之地，而其夫或怯懦，有误任使，遂行禁止。然其间实有武略，练习兵机，曾立战功，及累经边任之人，因娶宗女，遂屈之内地，诚为可惜。欲乞宗室女夫曾立战功及曾沿边两任无遗阙，除二广、四川外，应三路沿边，并许注授，使实有材武之人，得以自效。”诏依所乞，仍于元条内添入“有战功非”。（《宋会要》，选举二四・铨选三・审官西院之3，第5694页）

2.2.18.2 淳熙七年（1180年）二月十四日，诏：“吏部四选各于岁首刷四川定差二年以下及见阙差遣共一百阙，以待因事到阙之人注授。”先是，利州路转运司言：“近承《淳熙三年指挥》，吏部四选措置，将四川定差窠阙内每月刷三年、二年以下并见阙去处，许令因事到阙人注授。榜及一季，无人愿就，即行下使阙定差。本司每遇集注，有名次该注某阙，其下名自知不可得，却急赴部先注。缘本司系代铨曹参选注授，兼照得《淳熙吏部四选通用令》，止将四川不该定差窠阙听本部出一次，其前项指挥冲改上条，于四川漕司集注未便，乞参修条制。”（《宋会要》，职官八・吏部二之42，第3255页）

2.2.18.3 淳熙五年（1178年）五月二十一日，敕令所重修《吏部四选通用令》：“诸犯赃罪若私罪情重，拜未历任，承直郎以上未成考。或无举主及停替未成资，并不在选限。即成资后，因前任过犯该停替，听与选。”从之。（《宋会要》，职官八・吏部二之39，第3254页）

“吏部四选”是元丰改制后吏部下最重要的四大选官机构，分别是尚书左右选、侍郎左右选，合为“四选”。《四选通用令》是指同时适用于四司的“令”类法律。

2.2.19《吏部侍郎选令》

2.2.19.1 政和三年（1113年）正月二十七日，吏部侍郎刘焕奏："检会《本选令》：恩赏循资者任满赏，非幕职官奏举县令及别领职任人，与就任改正资序，余取射缺状移注……"。从之。(《宋会要》，选举二四·铨选三·审官西院典·侍郎左选·流内铨，第5707页)

此材料中仅提到"本选令"，按宋朝此时的中央选官机构，侍郎分左右选两司，这里没有明确说出是"左选"还是"右选"，或是"通用"，所以此法律名称不具体。当然，还有一种可能是此法律是侍郎左右选的"通用"类法律。

2.2.20《尚书吏部七司令》

2.2.20.1 开禧元年（1205年）五月二日，权吏部尚书丁常任等言："参修《吏部七司条法》，今来成书，乞以《开禧重修尚书吏部七司敕令格式申明》为名。"从之。(《宋会要》，刑法一·格令三之59，第8271页)

从此处指出是"重修"看，《尚书吏部七司令》在北宋徽宗年间就应制定过，在南宋绍兴年间被重修。

2.2.21《参附左选令》

2.2.21.1 隆兴元年（1163年）五月七日，诏将堂除窠阙拨付吏部，可依格法尽行差注一次。以吏部侍郎徐林言："契勘侍郎右选，近承指挥发下堂除窠阙，令本部差注在部人，先已条具使阙条限、差注格法申省。今承指挥内一项，将曾经堂除并宫观岳庙人先次注授。勘会《左选参附令》：曾经堂除人，若两任以上，与先次注授；一任，与占射差遣。即堂除不终任，许陞压同等名次人。(《宋会要》，选举二五·宋铨选中·侍郎右选下·流外铨之27，第5745页)

南宋修撰"吏部参附"法律，在名称上加"参附"，与吏部七司区别。从名称上看，应称为《参附侍郎左选令》。材料2.2.21.1条中仅有《左选参附令》，不能确定是"侍郎左选"还是"尚书左选"。

2.2.22《参附侍郎左选令》

2.2.22.1 乾道八年（1172年）十月七日，权吏部尚书张津札子："契勘《侍郎左选参附令》：漳州龙巖县令三年替循一资，占射差一次。缘日前并系选人任上件差遣，任满许行推赏，〔与〕京官任满事体一同，缘未有许推赏明文，乞依此施行。"从之。(《宋会要》，职官一〇·司勋部之10，第3285页)

2.2.23《参附吏部四选令》《乾道杂令》《绍兴令》

2.2.23.1 淳熙元年（1174年）四月二十八日，敕令所言："改修《乾道重修杂令》：诸弃毁亡失付身、补授文书，系命官将校付身、印纸，所在州军保奏，余报元给官司给公凭。过限添召保官一员。如二十日外陈乞者，不得受理。因事毁而改正者准此给之。"先是，臣僚上言："《绍兴令》：去失在内限三日，在外限五日，经所属陈乞，出限者不许受理。今来《乾道新书》限十日经所在官司自陈。又云'如三十日外陈乞者官司不得受理'，其文自相牴牾。"敕令所看详："欲将上条内'三十日'外陈乞者官司不得受理改作'二十日'，余依旧文修立外，其前项《绍兴令》条，缘本内限三日，在外限五日自陈日限，今照得系《绍兴参附吏部四选令》条。缘本所见修吏部法，候修至本（系）〔条〕，即照应今来所立'三十日外陈乞不得受理'令条别行修入。"至是修立成法来上，从之。(《宋会要》，职官八·吏部二之37，第3252页)

2.2.24《六曹通用令》《政和令》《元丰官制》

2.2.24.1 元符二年（1098年）十一月二十五日，户部言："《元丰官制》：寺监不决者，上尚书省。本部又不能决者，奏裁。若直被朝旨应覆奏者，依条仍各申知。又《六曹通用令》称取裁者，并随事申都省枢密院令。请并依元丰旧制。"从之。(《宋会要》，食货五六·金户部度支·户部之31，第7300页)

《元丰官制》是宋代官制立法史上最重要的成果。"制"有法、格、令等含义。《元丰官制》是《元丰官制敕令格式》的简称。

2.2.24.2 建中靖国元年（1101年）八月二十六日，刑部言："勘会本部编修一路等敕令，缘系四万余件，蒙朝廷责限三年了当。

有合申请事件：一、乞修成书，申三省等处，限半月看详，有无未尽未便。二、乞应取会事件，并依《六曹通用令》押贴子会问回报日限。三、乞应所修条内有在京官司合行事件，乞从本部相度厘析关送。”从之。(《宋会要》，刑法一·格令一之21，第8234页)

此条说明宋代地方立法的丰富，仅在“路”级上就有4万余件，由此可知，从条文上看最少也有4万条以上。

2.2.24.3 政和二年（1112年）五月二十三日，参照官制格目所奏：“……依《六曹通用令》申都省。欲乞今后常平、免役、坊场等事，有相度改正大法者，并依格目，令本部奏裁。”(《宋会要》，食货五六·金户部度支·户部之35，第7302页)

2.2.24.4 绍兴元年（1131年）二月十六日……取到六曹状：“《大观尚书六曹通用令》：诸用印日轮令史一名，兼尚书左、右选，通轮主事一名，(尚)［常］切检察。《政和令》：诸文书应印者置历纪其事目，乞依旧制施行。”(《宋会要》，职官三·五房五院隶中书省之33，第3050页)

从上面材料可知，《尚书六曹通用令》和《六曹通用令》是同一法律中不同名称。

2.2.25《殿中省令》《提举所令》《六尚局令》《供奉库令》

2.2.25.1 崇宁三年（1104年）二月二十九日，蔡京言：“奉诏令讲仪司修立六尚局条约闻奏，谨以元陈请画一事件并稽考参酌，创为约束，删润修立成《殿中省提举所六尚局供奉库敕令格式》并《看详》，共六十卷。内不可着为永法者，存为‘申明’；事干两局以上者，总为‘殿中省通用’。仍冠以‘崇宁’为名。所有应干条画、起请、续降、申明及合用旧司条法已系新书编载者，更不行用。不系新书收载，各令依旧引用。”从之。(《宋会要》，职官一九·殿中省之9，第3551页)

2.2.25.2 崇宁三年（1104年）二月二十九日，蔡京言：“奉诏令讲议司修立，以六尚局条约闻奏。谨以元陈请画一事件，并稽考参酌，修立成《殿中省提举所六尚局供奉库敕令格式并看详》共六十卷。内不可着为永法者，存为‘申明’；事干两局以上者，总为‘殿中省通用’。仍冠以‘崇宁’为名。所有应干条画、起请续降申明，及合用旧司条法，已系新书编载者，更不行用；不系新书收载，各合依旧引用。”从之。（《宋会要》，刑法一·格令一之22，第8235页）

从上可知，两条史料是同一条材料被编入不同门类中所致。此法律具体由殿中省、提举所、六尚局和供奉库四个机构组成，在法律上应是四部独立的法律。

2.2.26《寺监务库务通用令》《在京通用令》

2.2.26.1 元丰七年（1084年）十一月二十六日敕："诸官司仓库事不可专行及无法式须申请者，并申所属寺监申；寺监不可专行，并随事申尚书省本部；本部又不可专行，即勘当上省。若直被朝旨应覆奏者，依本条，仍各申知。上条合入《在京通用令》……今修立下项：诸事干边防及应紧急理不可缓，申所属本部不及，听直申尚书省、枢密院。右入《寺监务库务通用令》。诸事非边防及应紧急可缓者，申本部不及辄直申尚书省、枢密院者杖一百。右入《寺监库务通用令》。奉圣旨依，如违，令御史台觉察弹奏。”诏遵守元丰诏书，如违犯，令尚书省纠劾。（《宋会要》，职官五六·官制别录之22，第8058页）

此条中有《寺监务库务通用令》和《寺监库务通用令》两个名称，前一名称有衍字“务”，或是错字。

2.2.27《户部令》

2.2.27.1 绍兴二年（1132年）十二月二十三日，诏："《户部令》：州县遵依已降指挥，止以见在簿籍内所管数目出给。今来全在州县官用心措置，务要简便，于民不扰，早得给付。如敢乘此差人下乡根括，勾呼搔扰，并当重行停降。因而容纵公吏乞取，除公吏以枉法论坐罪外，官比公吏减一等。仍仰提刑司常切觉察，及许人户诣本司越诉。”以都省言，州县尚勒令人户开具，追呼搔扰，故有是诏。（《宋会要》，食货六九·版籍之2，第7155页）

2.2.28《户部通用令》

2.2.28.1 建炎三年（1129年）四月十三日，诏仓部印司，依

《户部通用令》，先于知杂案书吏、令史内选差，无即通选，满三年无过犯，转一资，勘验关司勋推赏讫，再满三年替。(《宋会要》，食货五三·仓部之2，第7155页)

2.2.29《度支令》《金部令》《仓部令》

2.2.29.1 元祐元年（1086年）四月八日，门下中书外省言："取到户部左、右曹、度支、金部、仓部官制条例，并诸处关到及旧三司续降、并奉行官制后案卷宣敕，共一万五千六百余件，除海行敕令所该载者已行删去，它司置局见编修者各牒送外，其事理未便、体制未顺，并系属别曹合归有司者，皆厘析改正，删除重复，补缀阙遗。修到《敕令格式》共一千六百一十二件，并删去《一时指挥》共六百六十二册，乞先次颁行，以《元丰尚书户部度支金部仓部敕令格式》为名，所有元丰七年六月终以前条贯已经删修者，更不施行。其七月以后条贯自为后敕。"(《宋会要》，刑法一·格令一之14，第8225页)

2.2.29.2 绍圣四年（1097年）十二月三日，尚书〔省〕言："《元丰度支令》：'上供科买物应改罢若减者，听以额责所属计价费封桩'，后增注文称：'无额者以三年中数，因灾伤或特旨免改者'，并乞删去注文。又《令》：'（渚）［诸］国用物所（料）［科］供，非元科供处者，听以封桩价费还之。'后增入'其千贯以下不在还例'，今乞删去。"从之。(《宋会要》，刑法一·格令一之17，第8230页)

从此看，《元丰令》中有《度支令》的篇名。

2.2.30《司农寺令》

2.2.30.1 元丰元年（1086年）十月十三日，御史中丞、判司农寺蔡确言："常平旧敕，多已冲改，免役等法案未编定。今除合删修为敕外，所定约束小者为令，其名数式样之类为式。乞以《元丰司农敕令式》为目。"从之。(《宋会要》，职官二六·司农寺之15，第3684页)

2.2.30.2 元丰二年（1087年）九月二十九日，司农寺上《元丰司农敕令式》十五卷，诏行之。先是熙宁九年六月二十四日，判司农寺熊本言："乞取索本寺一司敕式，选官重行修定。"诏令后本寺选属官一员编修，令本寺提举。至是上之。(《宋会要》，刑法一·格令一之12，第8224页)

2.2.31《榷茶司令》

2.2.31.1 大观元年（1107 年）二月三日，同管干成都府利州陕西等路茶事、兼提举陕西等路买马监牧公事庞寅孙奏……检会《茶司令》："诸提举官所请系省请给，岁（给）［终］以息钱计还。"（《宋会要》，职官四三·都大提举茶马司之 90，第 4155 页）

2.2.31.2 政和三年（1113 年）八月十三日………一、准大观《榷茶司令》节文："诸名山茶依旧桩留博马外，如买马司关博马数多阙支用，委提举司实时应副，有剩，从本司相度贴卖与中马人。"又准《敕》："诸名山茶博马外剩数，非中马人辄支卖者杖一百。"（《宋会要》，职官四三·都大提举茶马司之 95，第 4158 页）

2.2.31.3 宣和三年（1121 年）十一月十二日，吏部奏：检会提举成都府等路茶马、兼买马监牧公事宇文常状：准敕陞充提举，即不带"都大"及"同"字，所有序官（限）［取］指挥。勘会宇文常系同管勾茶事，准敕陞作提举，其《榷茶司令》文内即无立定提举茶事序位之文。（《宋会要》，职官四三·都大提举茶马司之 101，第 4161 页）

从此处看，《茶司令》与《榷茶司令》应属于相同法律的称谓。"茶司令"应缺"榷"字。对此，可见 2.2.33.1 条，此条中指出设有茶司、马司两个专门机构。

2.2.32《转运司令》

2.2.32.1 大观元年（1107 年）二月三日……《转运司令》节文："干当公事官、指使添给，并以本司杂收钱给；如不足，即以茶司头子钱充。勘会茶、马两司属官并系熙宁、元丰年差置，即非后来缘事创添。兼逐员添给并于本司杂收茶息钱等内支给，即无侵耗转运司岁计财用。除裁减外，见存员数轮定两川及沿边以来，分头催促，应副秦凤、熙河等路博马纲茶及买战骑，委是紧切事务。乞将茶、马两司减定属官，许依本司元丰旧法支破请给，内马司属官并依茶司属官条法，本司管认拨还。"诏依。（《宋会要》，职官四三·都大提举茶马司之 90，第 4155 页）

此法律全称应是《诸路转运司令》，"转运司"是"诸路转运司"的简称。

2.2.33《在京通用令》《政和令》

2.2.33.1 政和五年（1115 年）十二月十五日，御笔：“契勘《政和四年九月二日指挥》：应内外诸司库务承受传宣札子不候覆奏，系于御前紧急须索。《政和令》系海行，自合兼行。”尚书省检会《崇宁在京通用令》：“‘诸受御笔传宣（外）［内］降及内中须索，【事干他司者同】随处覆奏，得旨奉行。’”（《宋会要》，职官四·尚书省之 17，第 3103 页）

2.2.33.2 宣和四年（1122 年）六月八日，臣僚言：“州县刑禁，本以戢奸，而官吏或妄用以杀人。州郡犹以检制，而县令惟意所欲，淹留讯治，垂尽责出，不旋踵而死者，实官吏杀之也。乞依《在京通用令》，责出十日内死者验覆，如法重者奏裁，轻者置籍岁考。其不应禁而致死者，亦奏裁。”从之。（《宋会要》，刑法六·禁囚之 61，第 8563 页）

2.2.33.3 绍兴九年（1139 年）五月二日，起居舍人王次翁言：“伏见《在京通用令》，进对臣僚亲得圣语录报后省，不报者以违制论。然近来沿习旧例，称并无所得圣语，遂使见行条法（置）［直］为虚文。乞申言旧法，榜示朝堂。”从之。（《宋会要》，职官二·起居院之 18，第 2998 页）

2.2.33.4 绍兴十年（1140 年）十月七日，尚书右仆射、同中书门下平章事、提举详定一司敕令秦桧等上《在京通用敕》一十二卷、《令》二十六卷、《格》八卷、《式》二卷、《目录》七卷、《申明》一十二卷。诏自绍兴十一年正月一日颁行，仍以《绍兴重修在京通用敕令格式》为名。（《宋会要》，刑法一·格令一之 39，第 8252 页）

2.2.33.5 乾道三年（1167 年）二月十三日，……《在京通用令》：“诸官司事应推勘者，送大理寺，所有粮纲推勘，若有翻异，始合送大理寺，余依祖宗条法施行。”（《宋会要》，食货四四·漕运三之 10，第 6995 页）

2.2.33.6 乾道七年（1171 年）十一月二十一日……一、《绍兴在京通用令》：诸在任官库务依官自依本条上，日初出入局，内官视门下省，余院尚书省，次第出。执政官早出者以未时，自秋（春）［分］至春分日前以未时二刻。日初出，以开皇城门时，门下省、尚书省令系三省，次第出。谓如先宰执早出，或三省、枢密院作假，其余官并行未时出。（《宋会要》，仪制八·弹劾之 39，第 2469 页）

2.2.33.7 淳熙十六年（1189 年）十二月三日……府司检准《在京通用令》：诸官司事应推断者送大理寺，或于官物有犯者准此，遂将张瑾押还。近时六曹寺监库务情弊稍多，所辖之官重于取旨，欲送大理寺，则碍指挥而不敢；欲送临安府及两属县，则执《通用令》而不受。(《宋会要》，职官二四·大理寺之 39，第 3676 页)

2.2.33.8 绍熙元年（1190 年）十月十四日，三省检会《在京通用令》："诸驸马都尉、宗室南班官、戚里之家并不许出谒及接见宾客。"诏礼部申严行下，常切遵守。(《宋会要》，仪制五·群官仪制之 36，第 2399 页)

从上可知，《在京通用令》是宋朝重要的法律，适用十分频繁。

2.2.34《开封府令》

2.2.34.1 政和五年（1115 年）十月十八日，开封尹王革奏："检承本府令：每岁冬月，吏部差小使臣，于都城里外救济寒冻倒卧，并拘收无衣赤露乞丐人，送居养院收养。"(《宋会要》，选举二五·铨选中·侍郎右选上之 15，第 5736 页)

2.2.34.2 宣和元年（1119）十月三日……伏睹《开封府令》有不得过两日之文，其余官司与外路理合一体立法。若违限不放，亦未有专一断罪条约。欲望付有司参详，以《开封府令》修立海行，并违限刑名颁下在京刑狱官司并诸路遵守。(《宋会要》，刑法一·格令二之 32，第 8245 页)

2.2.35《西京令》

2.2.35.1 元丰六年（1083 年）五月七日，诏："内人朝陵，诸陵使臣毋得差伎乐迎。著《西京令》。"(《宋会要》，礼三九·命公卿巡陵·给臣僚假拜扫先茔之 10，第 1612 页)

2.2.36《元丰江淮湖浙路盐令》

2.2.36.1 元丰四年（1081 年）十二月九日，权三司使李承之札子奏："东南盐法条约，蒙诏旨，俾臣与编修官董唐臣截自元丰三年八月终，应干盐法前后敕札及臣庶起请，除一时指挥已施行者更不编修外，修成一百八十一条，分为《敕令格》共四卷，目录二卷。乞以《元丰江淮湖浙路盐敕令赏格》为名。如得允当，乞雕印颁行。”从之。（《宋会要》，食货二四·盐法之22，第6523页）

2.2.37《景灵宫供奉令》

2.2.37.1 元丰五年（1082年）九月二十二日，入内供奉官冯宗道上《景灵（官）［宫］供奉敕令格式》六十卷。（《宋会要》，刑法一·格令一之13，第8224页）

宋朝景灵宫是重要朝献祭祀的地方，为此制定相应敕令格式规范祭祀行为。从宋朝立法看，很多礼的行为已经明确制定成“令”，通过法律加以调整。如《仪制令》是规定大臣们朝仪礼制行为。当然，宋代“礼仪”是独立的，主要有《开宝通礼》《政和五礼新编》等。

综上所考，《宋会要》中涉及机构令达49种，其中《茶司令》和《榷茶司令》应是一类，《中书门下省令》也称为《中书省令》，具体如下：

《中书门下省令》《尚书省令》《枢密院令》《三省通用令》《三省枢密院通用令》《御史台令》《入内内侍省令》《尚书六曹寺监通用令》《大理寺右治狱令》《大宗政司令》《外宗正司令》《尚书左选令》《尚书右选令》《侍郎左选令》《侍郎右选令》《吏部尚书左右选通用令》《尚书侍郎左右选通用令》《司勋令》《司封令》《考功令》《阁门令》《礼部令》《刑部令》《吏部令》《吏部总类通用令》《吏部四选令》《吏部四选通用令》《吏部选令》《尚书吏部七司令》《参附侍郎左选令》《参附吏部四选令》《六曹通用令》《寺监库务通用令》《殿中省令》《提举所令》《六尚局令》《供奉库令》《户部通用令》《度支令》《金部令》《仓部令》《司农寺令》《榷茶司令》《转运司令》《在京通用令》《开封令》《西京令》《元丰江淮湖浙路盐令》和《景灵宫供奉令》。

（三）调整事类令

宋朝令中事类令是重要的部分，是令典中各篇的构成内容，但从《宋会要》看，宋朝事类令存在大量的单行令。

2.3.1《官品令》《衣服令》《仪制令》《仪制》

2.3.1.1 淳化元年（990年）四月二日……白等奏曰："按《官品令》及内外职官名目，如并令只呼正官。又缘官品之内，甚有难为称呼者，遽令改易，皆从正名，亦虑有所未便。"（《宋会要》，仪制五·官仪制之4，第2381页）

2.3.1.2 淳化五年（994年）二月二十七日……"按《官品令》：大都督是二品，五府大尹、五府大都督长史是三品。若然，则吴王之品高于二王，昆弟之间，品秩未当。"诏俟他日改正之，洎奏遂寝。（《宋会要》，帝系二·皇子诸王杂录之7，第42页）

2.3.1.3 大中祥符元年（1008年）八月十四日，太子詹事慎从吉言："詹事之官，始自秦建。按《六典》及《齐职仪》，品第三，秩二千石，拟尚书令，又《官品令》为正三品。礼秩故事，焕然具在。侍宴本合升殿，唯比品者不升。况又三品之官，近例已曾升殿。伏望正兹旧位，庶合典彝。"诏两制与崇文院详定以闻。既而晁迥等言："若移詹事升殿，则秘书监而下并为三品，亦须同升。望且循近制。"从之。（《宋会要》，仪制三·朝仪班序之9，第2333页）

2.3.1.4 康定二年（1040年）十月，少府监言："每大礼，朝服法物库定百官品位，支给朝服。今朝班内有官卑品高及官高品卑者，难为临时参定，或恐差舛，有违典礼。望下礼院详定百官朝服等第，令本库依官品支给。"诏礼院参酌旧制。礼院言："准《衣服令》：五梁冠：犀簪导、珥笔，朱衣、朱裳，白罗中单，并皁褾襈、方心曲领，大带，革带，蔽膝，【随罗色】玉装剑、玉佩，锦绶间施二玉环，白韈，乌皮履。一品、二品侍祠、大朝会则服之。中书门下则加笼巾、貂蝉。准《官品令》：一品：尚书令、太师、太傅、太保、太尉、司徒、司空、太子太傅、太保；二品：中书令、侍中、左右仆射、太子少师、少傅、少保、诸州府牧、左右金吾卫上将军。又准《仪制》：以中书令、侍中、同中书门下平章事为宰臣，亲王、枢密使、留守、节度使、京尹兼中书令、侍中、同中书门下平章事为使相，枢密使、知枢密院事、参知政事、枢密副使、同知枢密院事、宣徽南北院使、签书枢密院事并在东宫三师之上。以上品位、职事，请准上条给朝服，宰臣、使相则加笼巾、貂蝉，其散官勋爵不系品位，止从正官。后条余品准此。又准《衣服令》：三梁冠：犀簪导、白纱中单、银剑佩、银环，余同五梁冠。诸司三品、御史台四品、两省五品侍祠、大朝会则服之。近制并有中单。御史中丞则冠獬豸。准《官品令》：诸司三品：诸卫上将军，六军统军，诸卫大将军，神武、龙武大将军，太常、（中）［宗］正卿，秘书监，光禄、卫尉、太仆、大理、鸿胪、司农、太府卿，国子祭酒，殿中、少府、将作、司天监，诸卫将军，神武龙武将军，下都督，三京府尹，五大都督府长史，亲王傅。御史台三品、四品：御史大夫、御史中丞。两省三品、四品、五品：左右散骑常侍，门下中书侍郎，谏议大夫，给事中，中书舍人。尚书省三品、四品：六尚书、左右丞，诸行侍郎。东宫三品、四品：太子宾客，太子詹事，太子左、右庶子，太子少詹事，太子左、右谕德。又准《阁门仪制》：节度使、文明殿学士、资政殿学士、三司使、翰林学士承旨、翰林学士、资政殿学士、端明殿学士、翰林侍读学士、侍讲学士、龙图（阁）［阁］学士、枢密直学士、龙图阁学士、枢密直学士，并次中书侍郎，节度观察留后并次诸行侍郎，知制诰、龙图、天章阁待制、观察使并次中书舍人。内客省使次太府卿，客省使次将作监，引进使、防御、团练、三司副使并次左右庶子。以上品位、职事，请准上条给朝服。又准《衣服令》：两（朝）［梁］冠：铜剑、佩、环，余同三梁冠。四品、五品侍祠、大朝会则服之。六品则去剑、佩、绶，御史则冠獬豸，衣有单。准《官品令》：诸司四品：太常、宗正少卿，祕书少监，光禄等七寺少卿，国子司业、殿中、少府、将作、司天少监，三京府少尹，太子率更令，家令、仆，诸卫率府率、副率，诸军卫中郎将，诸王府长史、司马，大都督府左右司马，内侍。尚书省五品：左右司诸行郎中。诸司五品：国子博士，五经博士，太子中允，左、右赞善大夫，都水使者，开封祥符、河南洛阳、宋城县令，太子中舍、洗马，内常侍，太常宗正，祕书、殿中丞，著作郎，殿中省五尚奉御、大理正，诸王友，诸军卫郎将，诸王府谘议参军，司天五官正，太史令，内给事。诸陞朝官六品以下：起居郎，起居舍人，侍御史，尚书省诸行员外郎，殿中侍御史，左右司谏，左右正言，监察御史，太常博士，通事舍人。又准《阁门仪制》：四方馆使次七寺少卿，诸州刺史次太子仆，【谓正任不带使职者】东西上阁门使次司天少监，客省、引进、阁门副使并次诸行员外郎。以上品位、职事据令文但言四品、五品，亦不分班叙上下。今请自尚书省五品以上及诸州刺史以上，准上条给朝服。其诸司五品以上实有官高品卑及品高官卑者，合自诸司五品、国子博士至内给事并依六品以下例，去剑、佩、绶。御史则冠獬豸，衣有中单。其诸司使、副使以下至阁门祇候，如有摄事合请朝服者，并同六品。”诏从之。（《宋会要》，舆服四·朝服之12，第2237—2238页）

上面材料明确记载了《衣服令》《官品令》和《仪制令》的内容。从内容看，这里涉及《衣服令》《官品令》和《仪制令》。当然，此处所引《官品令》应是前朝的，特别可能是唐朝的，而不是宋朝。

2.3.1.5 至和三年（1056年）四月十七日……《元祐官品令》：太医丞从七品。（《宋会要》，职官二二·太医局之36，第3633页）

2.3.1.6 治平四年（1067年）六月十一日……《元祐官品令》：学士正三品，直学士从三品。（《宋会要》，职官七·宝阁学士直学士之18，第3214页）

2.3.1.7 元丰七年（1084年）三月十四日，诏："嗣王虽著《品令》，然自国初以来未尝除授，故有司不能昭其恩数。近除宗晖嗣濮王，宜下御史台、阁门参定以闻。"（《宋会要》，帝系二·濮秀二王杂录·濮王之38，第59页）

此处《品令》很可能有缺字，或是《官品令》的简称。此条材料是因为嗣王著《官品令》有功，应如何赏封引起。

2.3.1.8 重和元年（1118年）十一月十六日，吏部奏："检准《政和官品令》节文：诸中亮、中卫大夫，防御、团练使，诸州刺史，为从五品；诸知、同知内侍省事，拱卫、左武、右武大夫，为正六品。今来本部未审将亲卫、翊卫资格在中卫之下为从五品，惟复在拱卫之上作正六品称呼，有此疑惑。"诏翊卫、亲卫大夫并为从五品。（《宋会要》，职官五六·官制别录之47，第4552页）

2.3.1.9 乾道元年（1165年）十三日，崇庆军承宣使、同知大宗正事、安定郡王令詪言："依《格》：任宗官每一岁子孙遥郡刺史以下减二年磨勘。昨自南渡后，任宗官子孙服属稍远，多无任遥郡刺史以下之人。其前《官令》：子孙皆系文臣，已蒙依所乞收使。今令詪子孙亦系文臣，欲望特与收使。"（《宋会要》，帝系七·宗室杂录·宗室杂录四之5，第161页）

从上面史料看，《宋会要》中记载有《官品令》《品令》和《官令》三种名称。从内容上看，好像三者存在差别，即分属三种不同的“令”，但认真推敲，三者又是《官品令》的不同称谓，这里把它们归入《官品令》。《官品令》是宋朝诸令典中的第一篇名，宋朝把唐朝以前涉及职制、官品等多篇改为三篇，即《官品令》《职制令》和《官制令》。《官制令》是宋神宗元丰年间官制改革时制定的《元丰官制敕令格式》中的令类，即《官制令》在宋朝是指《元丰官制令》。对元丰官制的立法成果，宋朝多略称为《元丰官制》。

2.3.2《职制令》

2.3.2.1 景祐二年（1035 年）……《职制令》：“诸闻父母若夫丧，匿不举哀者，流二千里。”（《宋会要》，礼三六·丧服·齐衰杖期之 10，第 1543 页）

2.3.2.2 宣和元年（1119 年）五月十四日，臣僚言：“臣窃见近日臣僚多称官名，选人自一命以上，例呼宣教，所谓七阶，鲜有称者。文臣朝请郎、武臣武功郎以下，通呼大夫者往往有之。其妄冒称呼，不可概举。况《政和职制令》：‘诸命官不得容人过称官名。’自有明文，但未举而行之耳。伏望圣慈特赐申敕，今后如有违犯，在京委御史台、在外委监司纠劾以闻。”诏依奏，如“承宣使”称“节度使”，“节度使”称“相公”，“王”称“大王”之类，并悉行禁止。如违，并以违制论。委御史台、东上阁门觉察弹奏。（《宋会要》，刑法二·禁约二之 10，第 8324 页）

2.3.2.3 宣和二年（1120 年）十二月廿三日，中书省、尚书省言：“增修到诸繁难县令阙，本路无官可（考）[差]，若转运、提点刑狱司于罢任待阙官内选年未六十、曾历县令、无私罪疾病及见非停替人权，不得差在本贯及有产业、并见寄居者旧曾寄居处。上条合入《政和职制令》，冲改本条不行。”从之。（《宋会要》，职官四八·县令　试衔知县之 33，第 4330 页）

2.3.2.4 绍兴元年（1131 年）十二月三日，诏：“祖宗时枢都承旨一员，并差两制，盖以本兵宥密之地，不可不择人，付以承旨之事。元祐中，范纯礼、刘安世尝任此职。可依祖宗朝故事，置都承旨一员，其杂压检会《元祐职制令》施行。内未曾任侍从官之人，即依权侍郎法。”（《宋会要》，职官六·枢密院承旨司之 12，第 3160 页）

2.3.2.5 绍兴四年（1134 年）二月一日，……《绍兴职制令》：

诸金吾卫上将军至诸卫将军为卫官。(《宋会要》，帝系六·宗室杂录三之6，第143页)

2.3.2.6 绍兴三十年（1160年）三月四日，宰执进呈吏部检照《职制令》："诸王开府仪同三司立班叙位在左右仆射、同中书门下平章事之下，知枢密院事之上。"（《宋会要》，仪制三·朝仪班序之20，第2351页）

2.3.2.7 乾道六年（1170年），(任)［汪］大猷乞令司户专主仓库。《职制令》：粮料院无专监，录事、司户参军同知，仍分掌给纳。《绍兴申明》：司户同书狱事。(《宋会要》，职官三九·司户之22，第3986页)

此条明确引用到《绍兴申明》的原文，在《宋会要》中较为少见。

2.3.2.8 乾道七年（1171年）二月十六日，诏魏王恺出镇，置长史、司马各一人，序位依两省官奉使法。记室、参军（事）二人，序位在诸州通判之上。按《职制令》，两省官奉使在发运监司之上，与发运监司、路分总管、知州太中大夫、观察使以上叙官，临安府判官准此。(《宋会要》，仪制三·朝仪班序之53，第2358页)

2.3.2.9 乾道七年（1171年）十二月二十六日，诏："《职制令》杂压内，翰林侍读学士删去，承宣使改在给事中之下，步军都指挥使在马军都指挥使之下，延福宫使在协忠大夫之下，景福殿使在知阁门之下，带御器械在侍御史之下。"令敕令所依此修立。（《宋会要》，仪制三·朝仪班序之54，第2359页）

2.3.2.10 庆元二年（1196年）十月四日，敕令局以《淳熙令》《绍熙五年十月四日圣旨指挥》参酌增（闰）［润］，修立下条："诸验尸，州差司理参军，【本院囚别差官，或止有司理一员准此】县差尉，阙即差簿、丞、【丞不得出县界】监当官，皆（关）［阙］者县令前去。若过十里或验本院囚，牒最近其郭下县，皆申州。应覆验者，并初验日先次申牒差官。应牒最近而百里内无县者，听就近牒巡检或都巡检使。【内覆验应止牒本县官，而独员者准此，并谓非见出巡补者。右入《淳熙重修职制令》。以《淳熙令》并《绍熙五年十月十四日圣旨指挥》详定】系冲改元条，乞行下刑部，先次遍牒遵守施行。"从之。(《宋会要》，刑法六·检验之6，第8534页)

此史料让我们清楚地看到宋朝令典中条文的修撰来源。此条法律修撰时来自《淳熙令》和“绍熙五年十月四日圣旨指挥”，是对两者进行综合修成。宋朝对法典等正式法律的修订存在两种形式：整体修订和随时修订两种。

2.3.2.11《职制令》：诸巡捕官获纲运拌和官物，所属监司岁终比较，具最多、最少之人，最少谓地分内透漏及犯者数多而获到数少者。每路各二员以闻。（《宋会要》，食货四五·漕运五之9，第7017页）

2.3.3《官制令》

2.3.3.1 元符二年（1099年）六月二十四日，大理少卿、同详定一司敕令刘赓乞将《官制敕令格式》送三馆、祕阁收藏。从之。（《宋会要》，职官一八·祕书省之14，第3478页）

2.3.3.2 宣和三年（1121年）闰五月十三日，吏部言：“尝取索《元丰官制敕令格式》，将加省察，而遗编断简，字画磨灭，秩序差互，殆不可考。”诏《元丰敕令格式》令国子监雕印颁降。（《宋会要》，职官二八·国子监之22，第3772页）

从材料可知，宋朝《官制令》是特指，具体是宋神宗元丰官制改革时制定的令类法律，即《元丰官制令》。神宗元丰年间进行的官制改革是通过制定具体法律进行，让这次改革成为中国古代官制发展中影响最大的一次，同时也制定了完善的官制法律，具体由四类组成：敕、令、格、式。现在可以见到的多简称为《元丰官制》。元丰官制改革让宋朝中央行政机构职能发生变化，最重要的是六部越来越成为中央基本行政机构，立法上也随之转向以六部为中心。可以说，元朝，特别明朝以六部作为法律的基本分类真正原因是元丰官制改革。《元丰官制》是《元丰官制敕令格式》的一种简称。

2.3.4《职田令》

2.3.4.1 宣和元年（1119年）六月五日，诏：“……诸县官吏违法以《职田令》第三等以上人户及见充役人，或用诡名、或令委保租佃，许人户越诉，以违诏论；灾伤减放不尽者，计赃以枉法论；已入己者以自盗论。提刑、廉访常切觉察。”（《宋会要》，职官五八·职田之19，第4624页）

2.3.5《田令》

2.3.5.1 咸平二年（999 年）七月，真宗欲兴复职田，三司请令依例输税，诏三馆祕阁检讨故事沿革以闻……又《田令》：诸职分陆田限三月三十日，稻田限四月三十日，以前上者并入后人，以后上者入前人。麦田以九月三十日为限，若前人自耕未种，后人酬其功直；已前种者，准分租法。此皆历代故事、令文旧制也。……臣等参详：请不计系官庄土及远年逃田充州县官吏职田者，悉免二税及缘纳物色，许长吏已下募人牛垦辟，所得租课均分，如乡原之例原。不须置仓上历，造籍申省，唯准令武，三年一造簿，替日递相交付，不得私以贴卖。给受之制，一如《田令》。其桑果菜茹薪刍及陂池所产，悉以均分。仍俟今秋委转运使就近差官，尽括系官水陆庄田顷亩，据逐州官员分定顷亩，州县长吏给什之伍，自余均其沃瘠，与通判、幕职、簿、尉差降给之。其两京、大名、京兆、真定、江陵、河中、凤翔及大藩镇各四十顷，次等藩镇三十五顷，防御、团练使州三十顷，中、上刺史州二十顷，下州及军、监十五顷，边远小州户口少处比上县给十顷，上、中、下县以十顷至七顷为三等。转运使、副许于管内给十顷。其诸州给外剩者许均给兵马都监、［监］押、寨主、监临文武职官、录事参军、判司等，其顷亩多少类通判、幕职之数。其州县阙官，即以一分职田给权签判官。所召佃户止得以浮客充，仍免乡县差徭，不得占庇税户。如此，则中才之类可革于贪心，上智之人益兴于廉节，与夫周之采地、魏之公田，其揆一也。经久之利，无出于兹。”从之。（《宋会要》，职官五八·职田之3，第4617页）

此条反映了宋代《田令》中职官官田的内容及修订的情况。

2.3.5.2 宣和三年（1121 年）七月二十四日，……尚书省检会，今据修下条：诸职田收到租课应充朝廷封桩钱物者，州限十日具数申提点刑狱司检察拘收。入《政和田令》。诸职田收到租课应充朝廷封桩钱物，不依限申提点刑狱司检察拘收者，杖八十；未拘收封桩而辄支借，加二等。入《政和户婚敕》。从之。（《宋会要》，职官五八·职田之21，第4625页）

此条说明《田令》在北宋令典中是重要的组成篇。

2.3.6《户令》

2.3.6.1 天圣元年（1023 年）七月，殿中丞齐嵩上言：“检会《大中祥符八年敕》：‘户绝田并不均与近亲，卖钱入官；肥沃者不卖，除二税外，召人承佃，出纳租课。’变易旧条，无所稽据，深成烦扰。欲请自今后如不依《户令》均与近亲，即立限许无产业及中等已下户不以肥瘠，全户请射。如须没纳入官，即乞许全户不分肥瘠召人承佃。”（《宋会要》，食货六三·农田杂录之 171，第 7702 页）

2.3.6.2 熙宁三年（1070 年）六月癸酉……《户令》：“皇宗祖庙虽毁，其子孙皆于宗正寺附籍。自外悉依百姓，唯每年总户口帐送宗正寺。”此则《户令》之文又与古制合也。（《宋会要》，帝系四·裁定宗室授官之 36，第 118 页）

2.3.6.3 淳熙六年（1179 年）八月，进呈敕令所重修《淳熙法册》，御笔圈记《户令》内驴、驼马、舟船契书收税，上曰：“凡有此条，并令删去。恐后世有算及舟车之言。”辛丑，进呈《户令》，内有“户绝之家，继绝者，其家财物许给三千贯；如及二万贯，奏裁。”上曰：“国家财赋，取于民有制。今若立法，于继绝之家其财产及二万贯者奏裁，则是有心利其财物也。”赵雄奏：“似此者欲悉删去。”上曰：“可悉令删去。”（《宋会要》，帝系一一·守法·亲定淳熙法册之 10，第 242 页）

由此可知，宋朝不管在北宋还是南宋，《户令》都是令典的重要组成篇名。

2.3.7《军防令》《赋役令》

2.3.7.1 元祐元年（1086 年）十一月六日，枢密院言：“诸路将兵那移赴阙人处，合依旨申枢密院外，若本处用旧条例差使，即不须申。其《元丰将官敕》《军防令》‘差讫申枢密院’一节欲删去。”从之。（《宋会要》，刑法一·格令二之 14，第 8227 页）

2.3.7.2 政和三年（1113 年）三月三日，枢密院奏：“殿前、马、步军司准批送下梓夔路兵马钤辖掌民纪等状：‘伏睹《军防令》：诸军差赴川（陕）[峡] 路屯驻者，如曾犯徒并逃亡捕获，不系全军差发者，所不应差人权移送本州或邻近以次一等军分指挥。即不审诸军元差赴川峡路时不曾犯徒并逃亡捕获，全军到川峡路后有犯徒并逃亡捕获之人，合与不合依旧在川峡路屯驻。’《军防令》：诸军差赴川，殿前、马、步军司相度，契勘自来诸军遇差赴川峡路屯驻，未曾有本处被犯之人。欲今后诸军差在川峡路，如有违犯之人，令逐处断讫不至配降，即发遣赴所属，依条施行。”从之。(《宋会要》，刑法七・军制之20，第8589页)

2.3.7.3 靖康元年（1126年）二月二十七日……检准《政和军防令》：诸全将差发，所由州县承报，量兵马标占驿铺、官私邸舍，各以部分区处取定，仍前期一日以图报本将。又《赋役令》：诸丁夫经过县镇城市，三里外下寨宿止，不得入食店酒肆，有所须物，火头收买。(《宋会要》，刑法七・军制之28，第8591页)

从上面材料可知，《军防令》是宋朝较早令典的篇名。《政和令》中应有《军防令》的篇名。

2.3.8《军令》

2.3.8.1 景德元年（1004年）正月二十五日，平虏城上言军营遗火，焚居人庐舍甚众，遣阁门祇候谢德权乘驿至宁边军，会孙全照同往穷诘其故。军民谋剽财物者，并按《军令》：“军校不知情者，决杖，隶别州员僚直；余并论如律。”(《宋会要》，刑法五・省狱之20，第8513页)

2.3.8.2 绍兴十九年（1149年）四月十一日，刑部言：“修立下条：诸急脚、马递铺曹司逃亡事故阙，限一日申州，本州日下差拨。又阙，听权差厢军，候招到人替回。右入《绍兴重修军令》。(《宋会要》，方域一一・递铺三之11，第9495页)

从上面可知，《绍兴令》中的确有《军令》篇名。此前《军令》是作为独立的法律篇名还是令典的篇名现在无法确定。

2.3.9《公式令》

2.3.9.1 大中祥符九年（1016年）二十三日……兴州团练使德文言：“男侍禁承显等准诏赴起居，请在惟忠子从恪之上。”时从恪虽侄行，而拜职在前，因命宗正寺定宗室班图以闻。宗正上言：“按《公式令》：‘朝参行立，职事同者先爵，爵同者先齿。’今以宗子官同而兄叔次弟侄者并虚一位而立。”(《宋会要》，仪制三・朝仪班序

之10，第2334页）

2.3.9.2 元祐元年（1086年）八月六日，右正言王觌言："……检会《元丰公式令》：'诸赦书许官员诉雪过犯。自降赦日二年外投状者，不得受接。'即是常赦许官员诉理，刑部犹限二年。"（《宋会要》，职官三·诉理所之25，第3092页）

2.3.9.3 元祐五年（1090年）正月二十三日，户部言："诸路纲运到京，例皆少欠。《元丰公式令》：'诸州解发金银钱帛，通判厅置簿，每半年具解发数目及管押附载人姓名，实封申尚书省。'《元祐敕》误有删去，合重修立。"从之。（《宋会要》，刑法一·格令一之15，第8228页）

2.3.10《文书令》

2.3.10.1 建中靖国元年（1101年）正月十八日，刑部状："永兴军路安抚都总管司奏，逐司契勘久来行遣文字，除不系统摄及辖下州军去处并行公牒外，有管下县镇将领训练官司之类，并同札子行下。近《文书令》内无札子式，本部寻批送大理寺参详。经略、安抚或都总管、钤辖等司事体稍重，于管下县镇将（分）[领]训练之类官司虽别无许用札子条式，其逐司自来旧例用札子去处，欲依旧施行。"从之。（《宋会要》，仪制五·官仪制之21，第2391页）

此条说明《文书令》不管在神宗、哲宗的《元丰令》《元祐令》或《元符令》中都是重要的篇名。

2.3.10.1 嘉定十三年（1220年）十月五日，司农寺丞岳珂奏："……《绍兴文书令》有曰：'庙讳正字皆避之。'又《令》之注文曰：'旧讳内二字连用为犯。'"（《宋会要》，仪制一三·庙讳之19，第2578页）

《文书令》在南宋成为令典的篇名。

2.3.11《假宁令》

2.3.11.1 大中祥符元年（1008年）十一月二十四日，龙图阁待制陈彭年言："今月二十七日上太庙尊谥册宝，前夕宿斋，其日私忌，望下礼官详定。”太常礼院上言：“……今《假宁令》：虽有给假一日之文，又缘《春秋》之义，不以家事辞王事。望令彭年依例宿斋。”从之。（《宋会要》，仪制一三·私忌之31，第2585页）

2.3.11.2 天圣五年（1027年）四月二十三日，翰林侍读学士孙奭言：“伏见礼院及刑法司、外州各执守一本《丧服制度》编附入《假宁令》者，颠倒服纪，鄙俚言词。如外祖卑于舅姨，大功加于嫂叔，其余谬妄，难可遽言。臣于《开宝正礼》录出五服年月，并见行丧服制度，编附《假宁令》，伏乞详择，雕印颁行。又礼文作齐衰‘期’，唐避明皇讳，改‘周’，圣朝不可仍避，伏请改‘周’为‘期’，用合经礼。”诏送两制与太常礼院详定闻奏。翰林学士承旨刘筠等言：“奭所上五服年月别无误错，皆合经礼，其‘齐衰期’字，却合改‘周’为‘期’，以从经典。又节取《假宁令》合用条件，各附五服之后，以便有司检讨，并以修正。望下崇文院雕印，颁下中外，所有旧本更不得行用，其印板仍付国子监印造出卖。”从之。（《宋会要》，礼三六·丧服·缌麻服之14，第1546页）

从此条史料看，宋真宗、仁宗时《假宁令》就已经存在。

2.3.12《吏卒令》

2.3.12.1 淳熙六年（1179年）十二月十七日……今乞一依《乾道吏卒令》，先令本处申奏，次令本路转运司保奏，仍令本部送进奏院契勘，并关刑寺约法，如无违碍，然后申上密院取旨。（《宋会要》，职官一四·兵部之13，第3401页）

2.3.13《支赐令》《榷茶司令》

2.3.13.1 政和八年（1118年）闰九月二十一日，中书省言：“准提举左右太子春坊申：今来十月二日，皇孙谌生日，缘未有《支赐令格》正文。”诏依宗室节度使令格施行。（《宋会要》，帝系二·皇孙·皇孙谌之28，第54页）

2.3.13.2 大观元年（1107年）九月十三日，户部状：“都大提举成都府等路榷茶司状……本部看详：《本司大观令》内已有立定提举官请给，都大提举依转运副使，添支依陕西例，同提举依提点刑狱，同管干依转运判官例。今勘当，添支自合依本司令文施行。其支赐，都大提举欲依《支赐令》内陕西转运副使例，同提举依诸路提刑例，同管干依诸路转运判官例支赐。”从之。(《宋会要》，职官四三·都大提举茶马司之90，第4155页)

此条中明确写明“本司大观令”和“本司令文”，可知《榷茶司令》在大观年间有制定，也说明《支赐令》的存在，但难知是否属于令典的篇名。从整个宋代史料看，此篇名应属于令典中的篇名。

2.3.14《考课令》

2.3.14.1《考课令》：诸押纲人功过，所属官司即特取行程历印纸批书。(《宋会要》，食货四五·漕运五之14，第7022页)

2.3.14.2 建隆三年（962年）十一月十日，有司上言：“准《考课令》：诸州县官抚育有方，户口增益者，各准见户为十分论，每加一分，刺史、县令进考一等。其州户不满五千，县户不满五百，各准五千、五百户法为分。若抚养乖方，户口减损者，各准增户法，亦减一等，降考一等者。当司近年例不进考，唯是点检考帐阙失，不问重轻，便书下考。今请应州县官抚养乖方，减损户口一分以上者，并降考一等。州比州，县比县。如有公事疎遗，曾经敕命殿罚者，降考一等。所有增添户口、租税课绩兵戈灾沴，并准《长定格》处分。又诸道州府逐年考帐多不坐户口数目，只见催科、刑狱公事有无遗阙比较，升降考第申奏”。(《宋会要》，职官五九·考课之1，第4633页)

此条中有《考课令》《长定格》。然而，此时的《考课令》应是唐令，因为此时宋朝还没有制定令典。

2.3.14.3 元祐二年（1087年）五月十八日……“诏送给事中、中书舍人、左右司郎官、吏部、礼部参详，应守令、通判请依《元丰考课令》，通取善最分为三等。候罢任，委监司审覆，具事状保明以闻，付吏部定本选合入差遣。内知州、通判申尚书省覆验可否定讫，付本部官，候注拟日引对。即守令、通判内有才德功效过恶显著，令尚书侍郎铨量高下，特以名闻，乞行陞黜。岁毋得过五人。”从之。(《宋会要》，职官五九·考课之11，第4644页)

此条说明《考课令》在《元丰令》中就已经存在。

2. 3. 14. 4 崇宁四年（1105 年）九月一日，户部奏："检会《元符考课令》：监司功过及措置利害，本曹上簿，岁终考校外，分为三等。"（《宋会要》，职官五九·考课之 13，第 4646 页）

2. 3. 15《赏令》

2. 3. 15. 1 政和三年（1113 年）十月十七日，户部尚书刘炳等奏："今拟修到条……'诸吏人驱磨点检出收无额上供钱物供申数目不实，而侵隐、移易别作窠名收系若支（得）［使］者，州及八千贯、提刑司一万五千贯以上，累满者同。并奏裁。'"上条合入《政和赏令》。（《宋会要》，食货五一·度支库之 41，第 7162 页）

此史料说明《政和令》中《赏令》已经成为其中一个篇名。

2. 3. 15. 2 政和四年（1114 年）十二月二十四日，尚书省言："《政和赏令》：诸应转一官者，承直郎以下改合入官；非军功捕盗者，将仕郎不满五考，从事郎、登仕郎不满四考，文林郎、通仕郎不满三考，并循两资。"（《宋会要》，刑法一·格令二之 28，第 8241 页）

2. 3. 15. 3 隆兴元年（1163 年）四月十五日……检准《绍兴赏令》："诸朝请大夫以上，因赏转官者，以四年为法格，计所磨勘收使。"（《宋会要》，职官八·吏部二之 29，第 3248 页）

2. 3. 15. 4 隆兴元年（1163 年）四月十五日……检准《绍兴赏令》："诸朝请大夫以上因恩赏转官者以四年为法，各计所磨勘收使。"（《宋会要》，职官一一·磨勘之 42，第 3336 页）

2. 3. 15. 5 淳熙七年（1180 年）三月十九日，诏："自今承直郎以下捕盗合得转一官，与改次等合入官，每岁以八员为额。若合得减三年磨勘，与循一资。余一年磨勘，候改官毕日收使。其《乾道赏令》内承直郎以下捕盗改官条令敕令所删修。"（《宋会要》，职官一〇·司勋之 13，第 3287 页）

2. 3. 15. 6 淳熙七年（1180 年）三月十八日，诏："自今承直郎以下捕盗合得转一官与改次等合入官，每岁以八员为额。若合得减三年磨勘与循一资，余一年磨勘，候改官毕日收使。其《乾道赏令》：内承直郎以下捕盗改官条令，敕令所依此删修"。（《宋会要》，兵一三·捕贼三之 33，第 8868 页）

2.3.15.7 淳熙十二年（1185 年）三月二十九日，诏："场务税赏今后不许引用《赏令》中'高等外犹有剩数，或已该赏而所剩钱数又及格者，听累。"（《宋会要》，食货一八·商税四·商税杂录二之 14，第 6380 页）

2.3.15.8《赏令》：诸六路并汴河纲运所经州县，以发运司息钱桩管，如无息钱，州县兑及官钱，具数报本司拨还。遇获博易籴买若粜卖纲运官物者，以桩管钱当日支赏，桩管钱已支不及五分，即申发运司贴支。仍置籍，于犯人及停藏负载人追理；若不足，于犯人邻保及本纲保内均备；又不足，于地分及本纲干系人；尚不足者，以犯人役官船、车、畜产估偿纳，逐旋销注。诸备偿，应以犯人财产充而无或不足者，差雇运送官物而收贮他物，欲拌和所运官物，及已拌和者，责部纲兵级、押纲人均备。（《宋会要》，食货四五·漕运五之 9，第 7017 页）

2.3.15.9《赏令》：诸应募官愿押两纲以上者，其赏以两纲止。诸纲运募土著官管押应赏者，依见任官法。诸命官押纲而附押别色钱物者，令起纲官司先具申尚书吏、户部，俟获到内足逐色钱物收附，方许推赏。诸管押纲运，如本州不及壹全纲，附押别州钱物（揍）［拨］发者，各依所起发州军数目、地里定赏；若本州已及一全纲，而附押别州纲者，其所押正纲应得酬赏减半。诸人因事故别差人，或所押官物缘路有截留者，计官物分数、地里远近，比类推赏。诸押纲人虽有欠损，若非侵盗，能于百日内纳足者，赏如法。诸应募押纲，而所运之物不同者，听通计分数理赏。谓如钱帛与军食之类。诸押纲人官物有欠而不批书或批书漏落者，当运不理赏；募押者虽不经装卸处批者，而勘会有实者，其赏听理。诸于法不应押纳人辄受差押者，不得推赏。诸押纲人应赏而无故稽程三日，降一等，十日，不在赏限。募押者十日降一等，二十日不在赏限。诸押纲人毁失行程历被人毁失同。而无照验，或妄称毁失，及本纲附载未足，而不于经过处批书者，稽程碍赏虽有缘故，应豁除日限而不曾批书亦同。各不在推赏之限。诸运铜出剩，准格应给赏而系元称买人者，不在给例。（《宋会要》，食货四五·漕运五之 14，第 7022 页）

此条史料共引了《赏令》11 条。

2.3.16《禄令》

从《宋会要》记载看，宋朝对《禄令》制定的次数较多，成为令类立法中的重点，仅单独修订的就有：《嘉祐禄令》《熙宁禄令》《大观禄令》《政和禄令》《绍兴禄令》等。

2.3.16.1 建中靖国元年（1101 年）六月二十四日，户部状："准都省批送下鄜延路经略安抚使司奏，检准《嘉祐禄令》：'诸带遥郡若系沿边任使就转及在京除授，差充河北、河东、陕府西路沿边路分钤辖者，依全分例定支，余依减定例支。'"（《宋会要》，职官·俸禄五·杂录上之 20，第 4585 页）

2.3.16.2 崇宁二年（1103 年）五月十一日，户部尚书左肤等言："崇宁诏旨，开封府置牧，皇子领之，请制《禄令》。"诏如执政官，立为定制。（《宋会要》，职官三七·州牧之 11，第 3967 页）

2.3.16.3 大观二年（1108 年）三月二十三日，详定一司敕令所状："检会《嘉祐禄令》：'节度使、同中书门下平章事已上，前两府除节度使及节度使移镇，料钱四百贯文，禄粟二百石，食盐七石，骏马二十匹，元随二百人。'"（《宋会要》，职官五七·俸禄五·杂录上之 54，第 4589 页）

2.3.16.4 政和元年（1111 年）十二月二十七日，详定一司敕令所奏："奉圣旨编修禄秩，以元丰、大观式修定，今修成《禄令格》等计三百二十一册。如得允当，乞冠以'政和'为名，雕印颁降，下本所先次施行。其旧法已系新书编载者更不行用外，今来经编载，及政和元年十二月十七日已后续降，自合遵守。"（《宋会要》，刑法一·格令二之 26，第 8238 页）

从材料看，政和修的官禄法律由两部分组成：《禄令》和《禄格》。此前与官员俸禄有关的法律在元丰和大观年间称为《元丰禄式》和《大观禄式》。从这里可以看出，神宗朝后虽然对法律分类上采用敕令格式，但很多法律在分类上还存在逐渐分开的问题。

2.3.16.5 政和五年（1115 年）八月二十三日，中书省、尚书省言："检会《政和禄令》：'诸学士至直秘阁贴职钱，内外并给；【致仕者减半，因事责降不支】待制已上米麦，在京任职即支。'□取到度支状：契勘命官致仕内曾任侍从官者，依条合支见任官支破请受；其带职人致仕者，依条合减半支给贴职钱。其带侍从官致仕者，系在直秘阁之上，合行比附申请，支破所带侍从官职钱。看详：带侍从官已上职事官致仕之人，系在直秘阁之上，其所支职钱未有明文。并(侍)［待］制以上职钱，亦当一体修立。今拟修下条：‘诸致仕带谏议大夫以上职事官者，其职钱并全给，因事责降不支。诸学士至直秘阁贴职钱，内外并给【致仕者待制以上全给，余减半，因事责降不支】待制以上米麦，在京供职即支。’”从之。(《宋会要》，职官五七·俸禄五·杂录上之58，第4589页)

2.3.16.6 宣和七年（1125年）七月二十五日，讲议司奏：“奉御笔送讲议司，内侍官请给，武功大夫以上可支一分见钱、二分折支，武功大夫以下并依《嘉祐禄令》，袛候内品以下并依见请随龙、战功见行条令施行……其正任并知省事，并依《嘉祐禄令》。内武功大夫以下至修武郎，并合依《嘉祐禄令》内供奉官则例支破。申明行下，余依已降御笔指挥施行。”(《宋会要》，职官五七·俸禄五·杂录上之63，第4592页)

2.3.16.7 建炎三年（1129年）六月二十一日，诏：“官告院依《禄令》支茶汤钱各十贯文，就料钱历批请。其权官并依正官例。”从本院请也。(《宋会要》，职官一一·官告院之69，第3355页)

2.3.16.8 绍兴二年（1132年）七月二十三日，(请)［诸］军粮料院申：“调弓箭手、民义兵系《禄令》并不该载衣赐，年例借支绵绢之人，合依例批勘。”从之。(《宋会要》，职官二七·粮料院之58，第3739页)

此条扩大适用了《禄令》的适用范围。

2.3.16.9 绍兴二年（1132年）十一月二十五日，诏：“诸学士、待制合请职钱米麦等，依《嘉祐禄令》支破。中散大夫以上提举在外宫观，依《嘉祐禄令》随资序立等支破添支。如州郡官失觉察，从杖一百科罪。”(《宋会要》，职官五七·俸禄五·杂录上之69，第4595页)

2.3.16.10 绍兴六年（1136年）九月二十一日，尚书右仆射、同中书门下平章事、提举详定一司敕令张浚等上《禄秩新书》：《海行敕》一卷，《在京敕》一卷，《海行令》二卷，《在京令》一卷，《海行格》一十一卷，《在京格》一十二卷，《申明》一十五卷，《目录》一十三卷，《修书指挥》一卷，《看详》一百四十七卷。诏镂版施行。初，臣僚起请，乞下详定一司敕令所将嘉祐、熙宁、大观

《禄令》并《政和禄格》及前后所降指挥，详定成法，修为《绍兴新书》。本所寻将嘉祐以来并政和元年十二月以后二十五年续降指挥，先次编修到绍兴海行文武官请受并在京宰执、亲王、侍从、卿少、员郎、丞簿而下职事官应干请给敕令格等。(《宋会要》，刑法一·格令一之37，第8250页)

此条史料详细记载了绍兴六年修成的《禄秩法》的构成、来源和内容特点等。

2.3.16.11 绍兴八年（1138年）十月三日，尚书右仆射、同中书门下平章事、提举详定一司敕令秦桧等续上《禄敕》一卷、《禄令》二卷、《禄格》一十五卷，《在京禄敕》一卷、《禄令》一卷、《禄格》一十二卷，《中书门下省、尚书省令》一卷，《枢密院〔令〕》一卷、《格》一卷，《尚书六曹寺监通用令》一卷，《大理寺右治狱令》一卷，《目录》六卷，《申明》六卷。诏自绍兴九年正月一日颁行，仍以《绍兴重修禄秩敕令格》为名。先有诏将嘉祐、熙宁、大观《禄令》并《政和禄令格》及政和元年十二月十七日后来续降指挥编修，除已先次修成《敕》二卷、《令》三卷、《格》二十五卷、《目录》一十三卷、《申明》一十五卷、《修书指挥》一卷、《看详》一百四十七卷，于绍兴六年九月二十一日进呈讫，至是续修上焉。(《宋会要》，刑法一·格令二之38，第8251页)

此次修法是在绍兴六年的基础上增修而成。

2.3.16.12 乾道元年（1165年）八月，进呈内东门司申：内人红霞帔韩七娘得旨转郡夫人，依外命妇支给请受。据户部供，除红霞帔逐月有请受外，外命妇郡夫人即无《禄令》。(《宋会要》，帝系一一·守法·欲增官人俸顾禄令不可而止之7，第240页)

2.3.16.13 乾道六年（1170年）闰五月六日，御前忠毅军统制张师颜特与出给料钱文历。臣僚言："检准《绍兴重修禄令》：'诸未经参部时暂差遣者，候参部了日，方许给历，即未曾到部止与支破本处添给。'"(《宋会要》，职官五七·俸禄五·杂录上之87，第4605页)

从史料看，张浚与秦桧两人上奏的材料是同一立法成果，就是《绍兴禄敕令》，只是这次修法分为“在京”和“海行”，就是适用京城和全国两类禄敕令。宋朝制定专门的禄令有嘉祐、熙宁、大观、政和和绍兴等。当然，每个令典中都有相应的禄令篇。

2.3.17《封爵令》《礼令》

2.3.17.1 熙宁八年（1075年）闰四月，集贤校理、同知太常礼院李清臣言：“检会《五服年月敕》：斩衰三年加服条‘嫡孙为祖’，注：‘谓承重者。为曾祖、高祖后者亦如之。’又祖为嫡孙正服条注云：‘有嫡子则无嫡孙。’又准《封爵令》：公侯伯子男皆子孙承嫡者传袭。若无嫡子及有罪疾，立嫡孙。无嫡孙，以次立嫡子同母弟，无母弟立庶子，无庶子立嫡孙同母弟，无母弟立庶孙。曾孙以下准此。究寻《礼令》之意，明是嫡子先死而祖亡，以嫡孙承重则体先庶叔，不系诸叔存亡，其嫡孙自当服三年之服，而众子亦服为父之服。若无嫡孙为祖承重，则须依《封爵令》嫡庶远近，以次推之。且传爵、承重，义当一体，《礼令》明白，固无所疑。而《五服年月敕》不立庶孙承重本条，故四方士民尚疑为祖承重之服，或不及上禀朝廷，则多致差误。除嫡孙为祖已有上条外，欲乞特降朝旨，诸祖亡无嫡孙承重者，依《封爵令》传袭条，子孙各服本服。如此，则明示天下，人知礼制，祖得继传，统绪不绝，圣主之泽也。”（《宋会要》，礼三六·丧服·斩衰服之5，第1538—1539页）

2.3.18《给赐令》

2.3.18.1 政和二年（1112年）七月二十二日，臣僚言：“乞应监司人吏请给顾直，并依官兵法，专责本司管勾文字官，依州通判句覆法，逐月句覆勘支。其随逐出巡食钱，则专委出巡监司每日押历，行下所至勘给。候归司日，依前责管勾官逐一点勘。其管勾官如点检败获，特与依获彊盗法计数酬赏。其或卤莽漏落，循情畏避，致冒请官钱者，亦乞依盗法坐之。”从之。其妄请依自盗法，仍入《元符给赐令》。（《宋会要》，职官五七·俸禄五·杂录上之96，第4611页）

2.3.18.2 宣和七年（1125年）正月十九日，诏：“诸路转运司钱物应支用者，旁帖并经所在州粮勾院勘勾。右入《政和给赐令》。”（《宋会要》，食货四九·转运之33，第7113页）

从上面两条史料看，《给赐令》在宋朝令典中是篇名之一，至少在《元符令》和《政和令》中是如此。按南宋《绍兴令》的篇名体例是依《政和令》，那么《给赐令》也应是南宋令典的篇名。

2.3.19《衣服令》

2.3.19.1 元丰元年（1078 年）十一月二日，详定郊庙礼文所言："……国朝《衣服令》：'乘舆服衮冕，垂白珠十有二旒，广一尺二寸，长二尺四寸。'"（《宋会要》，舆服四・祭服之 20，第 2250 页）

2.3.19.2 元丰二年（1079 年）……本朝《衣服令》："通天冠二十四梁，为乘舆服。"（《宋会要》，舆服六・百官佩绶之 19，第 2291 页）

2.3.19.3 绍圣三年（1096 年）六月二十七日，权尚书礼部尚书黄裳等言："……又言：'《天圣衣服令》：群臣朝服亦用绛纱单衣、白纱中单之制。即将来北郊朝祭服宜用纱为单衣。'"（《宋会要》，礼二・郊祀冕辂冠服之 13，第 2239 页）

2.3.19.4 绍圣三年（1096 年）十月七日，工部侍郎高遵惠言："准朝旨，祀北郊通天冠、绛纱袍。虑当暑月，合行裁制。（接）[按]《天圣衣服令》：衮冕大绶六采：黑、黄、赤、白、缥、绿，小绶三，色同大绶，间施三玉环。所有减去摺回，大绶一重，只长二尺五寸，即于礼典别无制度。伏乞量宜制造。"（《宋会要》，舆服五・诸色袍・绛纱袍之 15，第 2268 页）

从《宋会要》看，《衣服令》在宋朝是令典基本篇名，在材料 1 和 2 中都指出是"本朝"和"国朝"，说明《衣服令》在宋朝制定的时间较早。

2.3.20《仪制令》《礼部式》《在京通用仪制令》

2.3.20.1 太平兴国八年（983 年）正月十五日，诏曰："浩穰之地，民庶实繁，宜申明于旧章，用激清于薄俗。《仪制令》云：贱避贵，少避长，轻避重。宜令开封府及诸州府各村要害处设木牌，刻其字，违者论如法。"从大理正孔承恭之请也。（《宋会要》，仪制五・群官仪制之 4，第 2382 页）

2.3.20.2 咸平元年（998 年）十二月二十三日，……又以仪制、车服等敕十六道别为一卷，附《仪制令》。（《宋会要》，刑法一・格令一之 2，第 8212 页）

2.3.20.3 景德四年（1007 年）十二月，尚书礼部言：“先准敕命：珍禽奇兽诸祥瑞等不得进献甚众。当司准《仪制令》：祥瑞应见若麟凤龟龙之类，依图书大瑞者随即表奏，自外诸瑞申报有司，元日闻奏。又准《礼部式》：祥瑞每季具录，送史馆。又检会到唐太和二年中书门下奏，伏请自今已后祥瑞但申有司，更不进献”。（《宋会要》，瑞异一·祥瑞杂录·真宗之11，第2593页）

2.3.20.4 大中祥符元年（1008 年）八月，详定所言：“准《仪制令》：诸赴车驾所曰诣行在所。”（《宋会要》，职官四·行在诸司之37，第3114页）

2.3.20.5 天禧元年（1017 年）八月，翰林学士晁迥、秘书监杨亿、直龙图阁冯元详定叙封所生母及致仕官封赠母妻事：“臣等详编敕仪制自有明文，若非嫡继，不合叙封。其致仕官封赠据《五代会要》及《新编仪制》，须曾任五品已上正官致仕后，即据品秩施行。国朝已来，每因降赦，应预升朝，并许封赠，盖是一时覃庆，固非定格。其致仕官须是郎中已上方该封赠，兼逐时敕文封赠亦不该说，然官告院二十余年相承行遣。臣等议定，乞今后如遇恩泽，其陞朝官在堂无嫡、继母者，许叙封所生母。其致仕（言）［官］于仪制难预恩泽，乞今后须曾任陞朝官后致仕者，亦许封赠，如自京官幕职州县转朝官致仕者不行。”官告院又言：“文武臣僚准赦封赠父者，当院点检有右赞善大夫吕行简叙封故事。准《六典》司封之职，凡庶子五品已上官皆封嫡母，无嫡母即封所生母。子有五品已上官，若嫡母在，所生之母不得为太妃已下，无者听之。汉天福十二年，嫡、继即许封叙。如非嫡、继，不在论请。《大中（详）［祥］符仪制》：嫡母、继母即许叙封。如非嫡、继，不在论请之限。其致仕官如未致仕曾任五品已上，合追封者与据品秩施行，别无条贯。”乃诏自除上条外，今依所议施行。（《宋会要》，职官一一·官告院之64，第3350页）

2.3.20.6 崇宁五年（1106 年）四月七日，诏：“诸崇宁万寿观朝拜，并乘马于殿门外上下，带入殿人从不得过三名。入《元符仪制令》。”（《宋会要》，礼五·祠官观·崇宁寺观接前之24，第578页）

2.3.20.7 政和三年（1113 年）闰四月十七日，尚书省言：“今拟定诸州掾、县丞从事郎以上充者，非簿、尉、城寨军监主簿及长史、司马、别驾，见知州庭参不拜。右欲入《仪制令》，冲旧《仪制令》全条不行。”从之。（《宋会要》，职官五六·官制别录之40，第4548页）

2.3.20.8 政和三年（1113 年）八月十五日，中书省言，新提举淮东路常平应安道奏："臣伏见《仪制令》内有州县官参知州，赞姓名致恭，见通判，阶上受拜，以至一簿尉参县令，亦曰受拜，此于臣下实为僭越。窃以昔日诸州长官礼上申陈，论及官属举书案、奉笔墨之类，陛下悉皆禁之。（今）今独赞姓名致恭、受拜之令未闻讲究，非人情所协。伏望将州县官赞姓名致恭、受拜全文重行详定。"从之。（《宋会要》，仪制五·群官仪制之22，第2392页）

2.3.20.9 乾道九年（1173年）十二月十五日，详定三司敕令所状："《乾道重修仪制令》：'诸中书舍人、左右谏议大夫、龙图、天章、宝文、显谟、徽猷、敷文阁待制、权侍郎许服红鞓排（安）[方]、黑犀带，仍佩鱼。'改修下条：'诸中书舍人、左右谏议大夫、龙图、天章、宝文、显谟、徽猷、敷文阁待制、权侍郎许服红鞓排方、黑犀带，仍佩鱼。''诸狨毛座，职事官权六曹侍郎、寄禄官太中大夫以上，及学士、待制，或经恩赐者，许乘。二衙或节度使曾任执政官者准此'。'诸凶服不入公门，居丧而夺情从职者照依本品，唯以浅色，去金玉饰，在家即如丧制'。改修下条：'诸凶服不入公门，居丧而夺情从职者服依本品，唯色浅，去金玉饰，在家即如丧制。''诸文武陞朝官及伎术官大夫以上并用履。【学生同。内朝请、武功郎以下减繶，学生减綦】从义、宣教郎以下并用屦。【伎术官、翰林良医以下及将校亦同】'。改修下条：'诸文武及伎术官并用靴。【将校同】朝请、武功郎以上减繶，从义、宣教郎、伎术官、翰林良医以下将校各减繶、纯。学生服者减綦。''诸州职员及职级许履袍、执笏。【靴减繶，经略、安抚、总管、钤辖、发运、盐司职级准此】'。……"诏从之。（《宋会要》，舆服四·臣庶服之9，第2233页）

此条说明《仪制令》在南宋诸朝令典中仍然是基本篇名。

2.3.20.10 绍兴十二年（1142年）闰四月二十一日，礼部太常寺言："检准《绍兴仪制令》节文：诸大庆、大礼，发运、监司官、【提举、主管茶事、提点坑冶铸钱官（司）[同]】诸州长吏三泉知县同。奉表贺。今来皇后受册毕，系大庆典礼，欲令进奏院遵依上条，遍牒施行。"从之。（《宋会要》，仪制七·拜表例之6，第2422页）

2.3.20.11 建隆二年（961年）二月四日太常礼院言："少府监移牒讨别庙神门立戟之制。按《仪制令》：'庙社每门二十四戟，但无别庙之制。'"（《宋会要》，礼一〇·后妃庙之1，第681页）

2.3.20.12 乾道元年（1165年）八月二十七日，礼部太常寺言："已降御笔手诏，皇子立为皇太子。检准《绍兴仪制令》：'诸大庆、大礼，发运、监司官、【提举、（司）［主］管茶事、提举坑冶铸钱官同】诸州长吏三泉知县同。奉表贺。'今来册皇太子，系大庆典礼，本部乞（休）［依］上件令，候皇太子受册毕，令发运、监司、诸州长吏等奉表贺皇帝，并贺光尧寿圣太上皇帝。候令降指挥下日，令进奏院遍牒施行。"从之。（《宋会要》，仪制七·拜表例之10，第2424页）

2.3.20.13 乾道二年（1166年）六月二十日……又《仪制令》："宫臣于太子称臣，百官自称名。则仆射是百僚师长，非（司）［同］宫臣之例。"（《宋会要》，仪制七·拜表仪之15，第2427页）

2.3.20.14 淳熙十六年（1189年）十一月二十五日，礼部、太常寺言："检准《淳熙仪制令》节文：诸大庆大礼，发运、监司、提点坑冶铸钱司同。诸州长吏奉贺表。所有将来正月一日奉寿圣皇太后、至尊寿皇圣帝、寿成皇后尊号册宝礼毕，系大庆典礼，合依上条施行。"从之。（《宋会要》，礼四九·尊号十一之49，第1812页）

2.3.20.15 淳熙十六年（1189年）十二月，礼部太常寺言："检准《淳熙仪制令》：'诸大庆、大礼，发运、监司官、【提点坑冶铸钱官同】诸州长吏奉表贺。'来年正月十九日，皇后受册，系大庆典礼，合依上条施行。"从之。（《宋会要》，仪制七·拜表例之13，第2426页）

2.3.20.16 乾道六年（1170年）正月三十日……本部检准《绍兴重修在京通用仪制令》节文：诸臣僚导从至景灵宫墙禁呵止。"缘《仪制令》内即无'太庙'二字。今欲乞朝廷札下敕令所日下看详，于景灵宫字上添入'太庙'二字，候敕令所报到本部，以凭申请。"（《宋会要》，仪制五·群官仪制之30，第2396页）

从此看，有《在京通用仪制令》，此法律与海行《仪制令》是有区别的。从上面材料看，《仪制令》在北宋前期是独立法律称名，中后期成为令典中的篇名。当然，同时还可能存在适用京城的《在京通用仪制令》。

2.3.21《仪注令》

2.3.21.1 元丰五年（1082年）九月二十三日，修定景灵宫仪注所言："《仪注令》：'诸庙社门、宫门各二十四戟。'唐太清宫九门，亦设画戟。窃惟景灵宫天兴门及宫外门本以钦奉天神，不应立戟。神御诸殿既缘生礼以事祖宗，宜依《仪制令》：‘宫门之制每门立戟二十四。’”从之。(《宋会要》，仪制四·门戟9，第2365页)

从此条看，宋朝存在《仪注令》和《仪制令》两种法律。但《仪注令》是否存在现在依据仍然不足。

2.3.22《大礼令》

2.3.22.1 元祐四年（1089年）九月十八日，诏观文殿大学士、知永兴军韩缜，观文殿学士、知（颖）［颍］昌府范纯仁，并依《大礼令》赐物外，加赐缜器币三百匹两，纯仁半之。(《宋会要》，礼二五·杂录之17，第1213页)

2.3.22.2 元祐四年（1089年）九月二十二日，诏太子太保致仕张方平依《大礼令》赐器币。(《宋会要》，礼二五·杂录之17，第1213页)

2.3.22.3 绍圣二年（1095年）四月九日，诏：“将来大礼并依《元丰大礼令式》，其元祐所修敕令勿用。令所属参按新旧令式并续降，如有合依元祐所改事，即明具事本签贴改正，余并从元丰旧例。”(《宋会要》，刑法一·格令一之16，第8229页)

2.3.22.4 绍圣二年（1095年）十月九日，诏：“诸司使以下差新旧城里都同巡检南郊宿卫，依《大礼令》，内管勾事加赐银绢，御厨、翰林仪鸾司应奉官，武臣诸司使、文臣朝奉郎以上，诸司副使通直郎以上，内殿承制以下并小使臣、宣德郎至承务郎银绢有差。”(《宋会要》，礼二五·杂录之18，第1213页)

2.3.22.5 绍兴元年（1131年）六月二十五日，户部言：“据诸路粮料院申，大礼礼毕支赐，本院自来执用《宣和重修大礼令格》。其上件令格，昨为扬州渡江散失，今抄录到《大观重修大礼令格》，来执使行执用，乞朝廷详酌，降付本部遵执，参照前次大礼合支数目，逐旋申请施行。”诏依《大观格》支赐，如有该载不尽处，令户部参酌比拟，申尚书省。(《宋会要》，礼二五·杂录18，第1214页)

比较上面两条史料，会发现《大礼令格》存在“元丰”和“宣和”等不同版本。

2.3.22.6 绍兴十三年（1143年）八月十日，礼部、太常寺言：

“检会《大礼令》：‘读册官读册，至御名勿兴；坛殿上下彻去黄道裀褥；入坛殿门不张盖；百官不得回班；御燎从物伞扇更不入坛殿；行礼前卫士不起居呼万岁。’所有今来郊祀大礼并朝献景灵宫、朝飨太庙，欲乞并依上件令文。”诏依。后皆倣此。（《宋会要》，礼二·郊祀位次之15，第522页）

对《大礼令式》的名称，宋朝有时又称为《明堂祫飨大礼令式》。

2.3.23《礼令》

2.3.23.1 建隆四年（963年）八月十八日，南郊礼仪使陶谷言：“按《礼令》：大驾车辂三十六乘。今太仆寺见管只二十八乘，内（王）［玉］辂等二十五乘，本寺见修饰。余安车、四（乘）望车、辟恶车三乘，望亦令修饰。所阙白鹭车一、革车一、属车六。又《令文》：旧有副车，近代停废，望并下有司修制。又金吾将军、左右十二卫将军引驾押仗，自来只着紫衣，今请依《开元礼》，各服本色绣袍。金吾以辟邪，左右卫以瑞马，骁卫以彫威，威卫以赤豹，武卫以瑞鹰，领军卫以白泽，监门卫以狮子，千牛卫以犀牛，六军以孔雀为文，并下所司修制。又仪仗内所着五色画衣既法五行，合依其序。望以五行相生之色为次，黑为先，青、赤、黄、白次之。又仗中有具装人马甲，自来止以常铠甲给之，今请依式别造，用补坠典。”从之。（《宋会要》，舆服一·卤簿·仪仗杂录之16，第2176页）

此条说明《大礼令》和《礼令》是存在不同的，是两种不同“令”的名称。

2.3.23.2 至道三年（997年）四月二十八日，礼仪使言：“永昌陵仪仗用三千五百三十三人，考之《礼令》，全不及大驾卤簿之半。今若全依《礼令》，则用万八千九百三十六人，必虑道涂往复为难。今请除太仆车辂仍旧止用玉辂一、革车五外，凡用九千四百六十八人，合大驾卤簿半数。”诏依。（《宋会要》，礼三七·帝陵·太宗永熙陵之5，第1558页）

2.3.23.3 大中祥符二年（1009年）二月，诏：“如闻近岁命官祈雨，有司止给祝板，不设酒脯。其令自今祈报，一如《礼令》。”七日，诏：“自今中书门下特差官祈祷，并前一日致斋。祠庙祭告，并用香、币、酒、脯、醢等，仍令太常礼院牒诸司寺监供应。祠官不虔，御史台纠举以闻。”帝闻遣官祈雨，有司止给祝板，不设酒脯，因出《礼令》、故事示宰臣，命申明之。其赛谢日，诸宫观、寺院官给钱五千造食，宫观仍用青词。神庙则翰林给酒，御厨造食，遣宽衣天武官舁往，仍给纸钱、驼马。（《宋会要》，礼十八·祈雨之7，第952页）

2.3.23.4 天圣元年（1023年）五月三日，太常礼院言：“赠侍中刘美妻赵国夫人钱氏卒。准《礼令》：‘皇太后为亲兄弟妻本服大功，合于便殿发哀。’缘在真宗大祥内，望罢其礼。”从之。（《宋会要》，礼四一·发哀·杂录8，第1635页）

2.3.23.5 天圣元年（1023年）闰九月十一日，太常礼院言：“武胜军节度使、兼侍中冯拯卒。《礼令》，皇帝为一品、二品丧合举哀成服，又缘见在大祥之内，望罢其礼。”从之。（《宋会要》，礼四一·发哀·杂录8，第1635页）

2.3.23.6 天圣七年（1029年）六月五日，广南西路转运使王惟正言：“祖母身亡，缘臣父早丧，望特许解官持服。”诏太常礼院详定，礼院言：“按《礼令》：‘嫡孙为祖母承重者，齐衰三年。’又云：‘诸丧斩衰、齐衰三年者，并解官。’其王惟正若无亲伯叔及兄，即当依上项礼例解官持服。”诏惟正详礼院检定《礼令》施行。（《宋会要》，礼三六·丧服·齐衰服之7，第1540页）

2.3.23.7 皇祐二年（1050年）六月十四日，卤簿使言：“明堂大飨用法驾卤簿，准《礼令》：法驾之数减大驾三分之一。得兵部状，大驾用万有八千二百五十六人，法驾减其一，用万有二千一百七十人。检大中祥符元年封禅法驾人数，即用万有一千六百六十一人，有此不同。本部今无法驾字图故本，复又文牍散逸，虽粗有其数，较之《礼令》，未能裁决。望令礼院官一员，与兵部官同共详定图本。”又礼院言：“准郊例，大驾有象六，在六引之先。今明堂行礼，若三分减一，即用四，亦在三引前。检详《令》文，但有象在大驾卤簿前一，中道余分左右，即不言总数。又《国朝会要》：‘象六，中道分左右。’恐旧文参桀，未知所从。”诏并令太常礼院与判兵部官同共详定图本以闻。后礼官等定法驾卤簿，凡万有一千八百八十八人。从之。素队凡殿前、马步军司兵士及乐兵共二百五十指挥，总五万二百九十六人。（《宋会要》，礼二四·明堂御札之17，第1147页）

2.3.23.8 熙宁二年（1069年）闰十一月四日，太常礼院言：

“检详国朝近制，诸王之后皆用本宫最长一人封公继袭。今来新制既言祖宗之子皆择其后一人为宗，即与自来事体不同。谨按《令》文：‘诸王、公、侯、伯、子、男，皆子孙承嫡者传袭；若无嫡子，及有罪疾，立嫡孙；无嫡孙，以次立嫡子同母弟；无母弟，立庶子；无庶子，立嫡孙同母弟；无母弟，立庶孙。曾孙已下准此。’本院参详，合依《礼令》传嫡承袭。”诏令定合封公者以闻。(《宋会要》，帝系四·宗室杂录一之19，第109页)

此条史料说明宋代《礼令》涉及身份继承等内容。

2.3.23.9 元丰三年（1080年）十二月十五日，太常礼院言：“自今承重者，嫡子死无诸子，即嫡孙承重；无嫡孙，嫡孙同母弟承重；无母弟，庶孙长者承重。曾孙以下准此。其传袭封爵者，自依《礼令》。”从之。(《宋会要》，礼三六·丧服·齐衰服之9，第1542页)

2.3.23.10 绍兴十二年（1143年）十二月十六日……一、依《礼令》，读册官读册至御名勿兴，殿上下彻去黄道裀褥，入殿门不张盖，百官不得回班，御燎从物、伞扇更不入殿，行礼前卫士不起居呼万岁。今欲乞依《礼令》施行。(《宋会要》，礼七·禘祭·加上徽宗谥号册宝·加上徽宗皇帝谥号册宝毕亲飨太庙之27，第627页)

从上面看，宋朝最早使用的《礼令》应是前朝的，后期才开始有自己的《礼令》。从宋朝与礼制有关的令篇看，宋朝出现了一个重要倾向，那就是礼制礼仪中很多内容被纳入令中，即出现礼制内容法制化。

2.3.24《在京礼令》

2.3.24.1 绍兴四年（1134年）十三年正月十二日，阁门言：“依《在京礼令》，三元节前后各一日不视朝。”诏上元节前后各一日不坐，中元、下元正节日作假前后各一日并后殿坐。(《宋会要》，仪制一·垂拱殿视朝之14，第2304页)

2.3.25《丧葬令》

2.3.25.1 开宝八年（975年）十月，安陵守当高品皇甫玉言，请禁民庶不得近陵阙穿土，及于三五里外葬埋。诏太常礼院详定，礼院言："按《丧葬令》：去陵一里内不得葬埋。"从之。（《宋会要》，礼三七·宋缘陵裁制上之27，第1572页）

2.3.25.2 咸平元年（998年）九月三日，乳母秦国延寿保圣夫人卒，将发哀，且以太宗丧始期，颇疑其事，命有司详定。……按《丧葬令》："皇帝为缌麻一举哀而止。伏以秦国夫人保傅圣躬，绵历星纪，遽兹沦谢，宜备哀荣。况太宗上仙，已终易月之制，今为乳母举哀，合于典礼。"遂从之。（《宋会要》，礼十七·发哀杂录之7，第1634页）

此两条史料中的《丧葬令》应是《唐令》中的内容。

2.3.26《祠祭令》

2.3.26.1 大中祥符四年（1011年）八月二十二日，监祭使俞献可言："……按《祠祭令》：'中祠以上并官给明衣。'斯礼久废，望付礼官详酌。"（《宋会要》，礼一四·群祀·群祀二之15，第750页）

2.3.26.2 大观元年（1107年）二月六日，监察御史王亶言："伏见神宗皇帝称情立文，著为一代成宪。《祠祭格令》，所委行事官以大中小祠定其职位。今捧俎官，有用户、兵、工部郎官以上；至于献官或阙，则吏部所差多是班秩在郎官之下。轻重先后，情文不称，望下有司讲究。"于是太常寺言："请自今行事官依格差，及递差以次官外，若阙初献，听报秘书省，以长贰充。亚献、终献礼官阙，以太常丞；阙，以秘书丞以下充；又阙，本省直报尚书吏部，仍报太常寺。监祭御史阙，听轮博士；又阙，报尚书吏部。其吏部差官摄初献，光禄卿、少以朝奉大夫以上充；户部、兵部、工部郎官、监察御史亚献以朝奉郎以上；内监察御史以亲民人充。终献礼官以通直郎以上。仍著为令。"从之。（《宋会要》，礼一·郊祀·职事之15，第501页）

2.3.27《祀令》

2.3.27.1 绍兴三十二年（1162年）八月八日，礼部、太常寺言："看详酺祭事，欲依《绍兴祀令》，虫蝗为灾则祭之。候得旨，本寺择日依仪祭告。其祭告之所，国城西北无坛壝，乞于余杭门外西北精进寺设位行礼。所差祭告官并合排办事，并依常时祭告小祀礼例。在外州县无虫蝗为害处，候得旨，令户部行下有虫蝗处，即依仪式，一面差守令设位祭告施行。”从之。(《宋会要》，礼一八·酺祭之39，第970页)

2.3.27.2 绍兴三十二年（1162年）“八月，山东大蝗……《会要》……《绍兴祀令》：‘虫蝗为害，则祭酺神。’”(《宋会要》，瑞异三·蝗灾之44，第2671页)

2.3.27.3 淳熙元年（1174年）四月二十八日，详定一司敕令所言：“重拟修《祀令》：诸祀天地、宗庙、神州地祇、大社、大稷、五方帝、日月、荧惑大神、太一、九宫贵神、蜡祭百神、太庙七奏告、孟春上辛祈谷祀上帝及祀感生帝，孟夏雩祀，夏至祭皇地祇，季秋大飨明堂祀上帝，孟冬祭神州地祇，冬至祀昊天上帝，各告配帝本室。文宣王，为大祀。【州县释奠用中祀】后土、岳、镇、海、渎、先蚕、风师、雨师、雷神、五龙、前代帝王、武成王，为中祀。司中、司命、司禄、司寒、先牧、马祖、马社、马步、七祀、司命、户、灶中霤、门、厉、行。诸星、山林川泽之属，及州县社稷、风师、雷神、雨师，为小祀。诸州县春秋社日祭社、稷，社以后土勾龙氏、稷以后稷氏配。【牲用羊一、豕一、黑币二】二月八月上丁释奠文宣王，以兖国、邹国公配。【牲用羊一、豕一、白币三】祀风师以立春后丑日牲用羊一、豕一、白币一。祀雨师、雷神以立夏后申日【牲用羊一、豕一、白币二，牲并纯也】。”从之。(《宋会要》，礼一四·群祀·群祀三之10，第796页)

此条详细记载了《祀令》的内容，是了解宋代《祀令》内容特点的重要史料。

2.3.27.4 淳熙四年（1177年）二月二十七日，户部侍郎、兼详定一司敕令单夔言：“《绍兴祀令》：‘文宣王州县释奠同，为中祀。’《乾道祀令》：‘文宣王州县释奠同，为大祀。’所载不同。乞依《绍兴七年十月已降指挥》：春秋上丁释奠至圣文宣王，在京为大祀，州县仍旧为中祀。”从之。(《宋会要》，礼一六·释奠·祝文之1，第879页)

此史料指出在《绍兴祀令》和《乾道祀令》上，对孔子祀祭时州县有不同，说明孔子地位在宋朝很短时期内容发生了变化。

2.3.28《祠令》

> 2.3.28.1 景祐元年（1034 年）十月六日……礼官议曰：《祠令》：“诸大祠、中祠有行事须摄者，昊天上帝、太庙二祀，太尉则中书门下摄，司徒、司空以尚书省五品摄。余大祀，太尉以尚书省四品、诸司三品摄，阙则兼五品。宜从令文定制。”（《宋会要》，礼二八·祀汾阴北郊一之53，第1294页）
>
> 2.3.28.2 元丰三年（1080 年），集贤校理陈侗言云云，诏下详定礼文所。详定所“请以国朝《祠令》所载岳镇海渎，兆四望于四郊：岱山、沂山、东海、大淮于东郊，衡山、会稽山、南海、大江、嵩山、霍山于南郊，华山、吴山、西海、大河于西郊，常山、医巫闾山、北海、大济于北郊。每方岳镇则共为一坛，海渎则为一坎，以立时迎气日祭之。皆用血祭瘗埋，有事则请祷之。又以四方山川各附于本方岳镇、海渎之下，别为一坛一坎，山共一坛，川共一坎，水旱则祷之。其兆北郊从祀及诸州县就祭，自如故事”。诏每方岳镇海渎共为一坛望祭，余从之。（《宋会要》，礼二一·四镇之2，第1079页）

此史料记载宋朝《祠令》的主要内容，是了解宋朝《祠令》内容特点的重要史料。

> 2.3.28.3 政和七年（1117 年）七月二十九日，议修定《时令》：“……唐开元中，删定《月令》，国朝亦载于《开宝通礼》，及以祠祭附为《祠令》。”（《宋会要》，礼二四·明堂颁朔布政之79，第1183—1184页）

从《宋会要》材料看，宋朝时《祠令》和《祀令》是两种不同的令。《祠令》主要规定对山川河神的祭祀，《祀令》主要规定对历史上各种人物的祭祀。

2.3.29《参附令》

> 2.3.29.1 乾道六年（1170 年）七月二日，吏部言：“左中大夫、敷文阁直学士薛良朋磨勘。契勘《绍兴参附令》：‘中大夫转太中大夫，虽两制即不许贴用减年’，法意分明。良朋自转左中大夫起程至

今年六月止，实历一年六个月，却将昨任知徽州劳绩减四年磨勘内收使一年六个月，凑及三年，转左太中大夫，于法显碍。虽有放行王曮等例，并在乾道四年不许援例指挥之前。”（《宋会要》，职官一一·审官西院之50，第3340页）

此史料是关于薛朗朋磨勘年月争议的案件，涉及法律适用问题。

2.3.29.2 乾道八年（1172年）七月一日，吏部员外郎钱佃言："遇有应入远小处空阙，循见行格法，川、广、福建为远地，其小处空缺，依本选旧法，诸州二万户、县五千户以下并为小处。本选遇有应注小处空阙之人，（阙）［关］《尚书省左右选侍郎右选续修参附令》：诸差注应入远小者，去阙下千里外为远州，以军事县以下县为小。欲乞比附三选条法差注施行。”从之。（《宋会要》，选举二四·铨选三·侍郎左选之25，第5718页）

宋朝《参附令》有《尚书省左右选参附令》《侍郎右选参附令》。这里的《参附令》可能属于“通行”类《参附令》。

2.3.30《学令》

2.3.30.1 元丰二年（1079年）十二月十八日，御史中丞李定等言："切以取士兼察行艺，则是古者乡里之选。盖艺可以一日而校，行则非历岁月不可考。今酌《周官》书考宾兴之意，为太学三舍选察升补之法，上《国子监敕式令》并《学令》凡百四十条。”诏行之。（《宋会要》，职官二八·国子监之10，第3758页）

2.3.30.2 元祐元年（1086年）四月十七日，国子监言："太学生员犯规，屏出学，情轻满三年，及告假踰限除籍者，自来并各依条补试入学。今来该登极（太）［大］赦，其犯学规未得入学人，情理可矜者，取朝廷指挥，依旧入学。本条即无补试之法。欲乞为两等，其身自犯者，仍依《学令》补试入学；其系与保人连坐者，更不补试。”从之。（《宋会要》，职官二八·国子监之12，第3760页）

2.3.30.3 元符三年（1100年）十二月二十一日，礼部言："考功员外郎朱彦奏：'乞太学今后四季补试外舍生，只就本学考校，仍罢誊录，依元丰旧法施行。'国子监勘会《元丰学令》，补试外舍生系试大义一场。今比元丰法，系增添论一场，依太学私试，差丞、簿

封弥，律学巡铺指挥监门。”从之。（《宋会要》，职官二八·国子监之11，第3760页）

2.3.30.4 绍兴十三年（1143年）十月六日……“昨降指挥，太学并诸路科举取士，依遵元丰成宪。所有学法在宣和间用元丰以来条件参修，自合以元丰法为主。今来本监有先省记到元丰学法，及取到秀州《元丰学令》，并系祖法。乞送敕局参修。”（《宋会要》，刑法一·格令二之40，第8253页）

2.3.30.5 大观二年（1108年）三月二十四日，开封府学博士郁师醇言：“检会御笔：‘自今应于乡村城市教导童稚，令经州县自陈，赴所在学试义一道。文理不背义理者，听之。’虑有假名代笔诈冒之人，欲乞依《大观学令》初入学生结保之法，仍乞试日依补试法，差官封弥试卷，送考校官。”从之。诸路依此。（《宋会要》，崇儒二·郡县学之12，第2768页）

此条史料说明，大观年间修订过《大观学令》。

2.3.30.6 大观二年（1108年）四月二十九日，中书省言：“诸路州学限年应科举之法，系未罢科举已前条贯。今来士人并由学校岁贡，应缘科举载在《学令》者，已依《大观新书》冲改，所有权留三分科举一次。其应举人，除太学已有专法外，其诸路不以曾系学籍不系学籍，自合取应，依贡举元条施行。其国子随行亲及今年不曾附试贡士合锁厅人，亦合令取解。”从之。（《宋会要》，选举四·贡举杂录二之6，第5319页）

从此条看，大观年间修订过《大观新书》，即《大观敕令格式》。这与其他史料大量记载《大观敕》《大观格》是一致的。

2.3.31《贡举令》《崇宁令》

2.3.31.1 建炎四年（1130年）五月二十一日，权礼部员外郎侯延庆言：“行在职事及厘务官随行有服亲若门客之类，欲乞立应举法，以国子监进士为名。其解发人数，依旧制以就试终场人为率，七人取一名，余分亦听取一名。”诏门客请解取人，合依《崇宁贡举令》外，余依所乞，仍就转运司附试。（《宋会要》，选举一六·发解三之2，第5563页）

2.3.31.2 绍兴十一年（1141年）十二年二月四日，礼部贡院言："别试避亲有孤经人，欲依《崇宁贡举令》却送贡院，与本院同经人一处收试，止合避所避之官，令过落司送别位考校。"从之。（《宋会要》，选举四·贡举杂录二之27，第5331页）

2.3.31.3 绍兴四年（1134年）六月十四日，国子监丞王普言："科举士元丰法与崇宁法不同者，已诏并依元丰法。《元丰贡举令》：转运司发解每七人解一人，《崇宁贡举令》每十人解一人。前举诸路运司所解人额，奉行不一，乞下诸路（尊）[遵]依《建炎二年二月九日已降指挥》。"从之。（《宋会要》，选举一六·发解三之4，第5565页）

此条史料说明《元丰令》中有《贡举令》，《崇宁令》中有《贡举令》。

2.3.31.4 绍兴十三年（1143年）四月三十日，高闶又言："《贡举令》：诸《春秋》义题，听于三传解经处出，此法殊失尊经之意。今欲只于《春秋》正经出题，庶使学者专意经术。"从之。（《宋会要》，选举四·贡举杂录二之26，第5331页）

2.3.31.5 绍兴十四年（1144年）四月二十七日，礼部言："盱眙军系创置州军，未有立定解额，欲依《崇宁贡举条令》满二十人解一人，不满三十人解二人，三十人以上解三人。候至后举，别行参酌，立定解额。"从之。（《宋会要》，选举一六·发解三之7，第5566页）

2.3.31.6 乾道二年（1166年）七月二十七日，中书门下省言："《绍兴重修贡举令》：诸应武举被举人，限六月到阙。承前多以七月中引试，自'绍兴二十四年指挥'定用八月十五日。今若令举人六月终到阙，恐在旅日久。"诏自今应举人并限七月到阙，限内不到，并不收试，余依见条。（《宋会要》，选举一七·武举一之31，第5601页）

2.3.31.7 乾道七年（1171年）七月十七日，两浙路转运司言："《绍兴重修贡举令》：试院以本州通判监试，若无或阙，若以次官若以次官。今临安府府学罢通判，未审合差何官充监试。"诏差推官。（《宋会要》，选举二〇·试官二之22，第5645页）

2.3.31.8 政和元年（1111年）四月二十五日，吏部侍郎姚祐等

奏乞《礼部贡举令》内收入不得援引皇帝名。从之。(《宋会要》，选举四·贡举杂录二之6，第5320页)

2.3.32《选试令》

2.3.32.1 崇宁二年（1103年）二月八日，……诸武臣试换文资者，于《易》《诗》《书》《周礼》《礼记》各专一经，第一场试本经义三道，《论语》或《孟子》义一道。第二场试论一首。【限五百字以上成】愿依法官条试断案、《刑统》大义者听。上条入《选试令》。元符重修法，检未获。(《宋会要》，职官六一·换官之17，第4697页)

此条说明存在《选试令》法律。

2.3.32.2 政和元年（1111年）十月七日，枢密院言："检会大观元年春颁《选试令》：诸使臣元系呈试武艺出身，或军班呈试事艺换授而乞试者，须比元试弓加一硕、弩加两石，方许乞解发。"诏大观元年春颁《选试令》内"使臣元系呈试武艺出身及军班呈试事艺换授人，许奏乞解发"条更不施行。(《宋会要》，选举二五·铨选四·侍郎右选上之14，第5734页)

2.3.33《道释令》

2.3.33.1 绍兴二年（1132年）闰四月二十四日，详定一司敕令所言："今参酌《绍兴法》，拟修下条：'诸未受戒僧尼遇圣节，执度牒僧司验讫，本州出戒牒，并以度牒六念连粘用印，仍于度牒内注给戒牒年月日，印押给讫，申尚书礼部。诸僧道岁当供帐，官司前期取度牒验讫，听供帐。候申帐到州，州委职官一员取度牒对帐验实，申发所属。其行游在外者，所在官司于度牒后连纸批书所给公凭。'右并入《绍兴道释令》。"(《宋会要》，道释二·开坛受戒之3，第9996页)

此条说明《道释令》在南宋令典中是独立的篇名。

2.3.34《驿令》

2.3.34.1 嘉祐四年（1059年）正月十三日，三司使张方平上所编驿券则例，赐名曰《嘉祐驿令》。初，内外文武官下至吏卒，所给驿券皆未有定例，又或多少不同，遂降枢密院旧例下三司掌券司，会（倅）［粹］名数而纂次之，并取宣敕、令文专为驿券立文者附益删改，为七十四条，总上、中、下三卷，以颁行天下。(《宋会要》，方域一〇·驿传杂录之15，第9470页)

此史料说明嘉祐年间《驿令》仍然是专门性令类，没有纳入令典中。

2.3.35《杂令》

2.3.35.1 绍兴二十七年（1157年）四月二日，吏部状："侍御史周方崇上言：'伏（比）［此］亦少假岁月，不如是之冒滥也。窃见《绍兴杂令》：'删定官在著作佐郎、国子监丞之上，既改官除监检鼓院等差遣，则序位反（存）［在］著作佐郎之下。欲望将选人删定官虽经进书，令依太学正录例，到任一年，通及五考，方与改官。仍乞将选人任删定官及其余选人职事杂压，重行修立，别为一等。'"（《宋会要》，刑法一·格令三之45，第8257页）

2.3.35.2 淳熙元年（1174年）四月二十八日，敕令所言："改修《乾道重修杂令》，诸弃毁亡失付身、补授文书，系命官将校付身、印纸，所在州军保奏，余报元给官司给公凭。过限添召保官一员。如二十日外陈乞者，不得受理。因事毁而改正者准此给之。"（《宋会要》，职官八·吏部二之37，第3252页）

2.3.36《理欠令》

2.3.36.1《理欠令》：谓粮纲犯自盗案首，其所盗官物并理为欠数，至罪正。应配者，配如法。（《宋会要》，食货四五·漕运五之11，第7019页）

2.3.37《辇运令》

2.3.37.1《辇运令》：诸博易、粜买纲运官物，并以他物拌和所运官物，应干条制，州县于装卸及沿流要会处粉壁晓示，岁一举行。诸年额及上供粮纲，转运、提点刑狱司赏切，督责捕盗官等警捕博易、粜买之人，其应干罪赏条制，仍岁首检举，于装卸及沿流要会处

粉壁晓示。(《宋会要》，食货四五·漕运五之9，第7017页)

2.3.37.2《辇运令》：诸盐粮纲装讫，梁上置锁伏封锁，遍用省印，押纲人点检。若封印损动，实时报随处催纲、巡捕官司，限当日同押纲人开视讫，以随处官印封锁，批书本纲历照验。(《宋会要》，食货四五·漕运五之10，第7018页)

2.3.37.3《辇运令》：诸年额及上供粮纲，转运、提点刑狱司常切督责捕盗官等警捕侵盗之人，其应干罪赏条制，仍岁首检举，于装卸及沿流要会处粉壁晓示。(《宋会要》，食货四五·漕运五之11，第7019页)

2.3.37.4《辇运令》：诸纲运梢工、篙手犯罪，勒充本纲牵驾者，本纲不愿留，即送别纲，仍不得主管官物。诸盐粮纲纲梢犯罪不可存留者，押纲人具事状申转运或发运、辇运、拨发司审度，差人交替。若兵梢在路粜卖，送本地分州县施行。如阙人牵驾，即令所在贴差。诸押纲人卸纳官物讫而疾病者，随纲治至装发处申所属官司验实，差人交装，痊日管押。(《宋会要》，食货四五·漕运五之13，第7021页)

2.3.38《牧马令》

2.3.38.1 大观元年（1107年）二月二十五日，提举熙河兰湟路牧马司奏："据通判会州王大年申：本城迁僻地土，据人户陈状，情愿递相委保，各养马一匹。只乞就拨见佃迁僻地土充养马田土。本司检准《崇宁牧马令》节文，该说闲田若已请射而无力耕，许募人给养官马，即无人户已请佃见出给租课地土，亦许就拨充养马明文。本司未敢施行。契勘给地养马，与出纳租课，其利略等。今来若将人户见纳租课地土，亦许人情愿回充养马，必当早见就绪。"诏给地养马，一取人愿，当不限已佃未佃之数。(《宋会要》，兵二一·马官牧地之30，第9063页)

2.3.38.2 大观元年（1107年）四月二十八日，都省札子："提举熙河兰湟路牧马司奏：检会《崇宁牧马令》节文，即是孳生战马，皆合牧养。行下诸州点检养马官，取汉蕃人情愿收养逐等官马去后。今据诸处点检养马官申：召募到蕃汉人户，往往愿养骒马，出驹纳官。本司契勘，熙河最出产战马之地，若取人户情愿，养骒马收驹者，听从其便。每匹收三驹，以（勘）［堪］收养二驹纳官，一驹给与马户充赏。其孳生到驹，先拨充养马户死损之数。有余，配本路阙马兵士。如系骒驹，本司别无支配，即取朝旨，拨付近里孳生监。有不堪披带出战及不孳生骒马，乞就近拨与马舍，充填递马。”（《宋会要》，兵二一·马官牧地之30，第9063页）

2.3.39《捕亡令》

2.3.39.1 淳熙六年（1179年）九月丙寅，进呈《捕亡令》：“诸捕盗公人不获盗，应决而愿罚钱者听。”上曰：“公人捕盗不获，许令罚钱，而不加之罪，是使之纵盗受财也。此等条令，可令删去。”（《宋会要》，帝系一一之一〇·守法·亲定淳熙法册，第242页）

2.3.39.2《捕亡令》：诸江、淮、黄河内盗贼、烟火、榷货及抛失纲运，两岸捕盗官同管，其系岸船筏，随地分认。（《宋会要》，食货四五·漕运五之8，第7016页）

2.3.40《辞讼令》

2.3.40.1《辞讼令》：诸纲运人未卸纳而告押纲人及本纲事，杖以下罪，虽应受理，纳毕乃得追鞫。卸纳在他所者录报。诸发运司所辖纲运人论折本纲请给钱米事，随处转送论诉人赴本司，候纲到日究治。（《宋会要》，食货四五·漕运五之12，第7021页）

2.3.41《鞫狱令》

2.3.41.1 淳熙五年（1178年）二月二十一日，中书门下省言：“命官陈乞改（政）［正］过名，前推录问官吏不当收坐伏辩，条法前后修改不一，难以遵用。”诏遵依《绍兴重修》，入《淳熙新法》施行。其乾道重修令并淳熙三年八月十日重修《乾道鞫狱令》，并令敕令所删定。（《宋会要》，刑法一·格令三之51，第8264页）

此史料说明南宋《鞫狱令》是独立的令典篇名。

2.3.42《断狱令》《吏部总类通用令》《名例敕》

2.3.42.1《断狱令》：诸纲运兵级犯杖以下罪，未任决者，批行程历，本纲已发者，转关前路等截批书，有纲可附者附纲。装卸官司检断勾销。诸犯罪纲运兵级，不在令众之限。（《宋会要》，食货四五·漕运五之132，第7021页）

2.3.42.2 政和四年（1114年）十一月十四日，臣僚上言："窃按《政和断狱令》：'诸罪人遇天宁节并壬戌日，杖以下情轻者听免，稍重者听赎。'伏闻四方之吏奉法不虔，是日例正停决，则反致留狱矣。伏望申严法令，故违者寘以违制之罪。"（《宋会要》，礼五七·节二·天宁节之23，第1992页）

2.3.42.3 绍兴三年（1133年）三月五日，敕令所增修到条法，已入《绍兴重修敕令》及《重修断狱令》。（《宋会要》，刑法六·禁囚之64，第8565页）

2.3.42.4 乾道六年（1170年）六月三日，"……已而部刑看详：乞于《断狱令》'命官、将校犯罪自首、遇恩、去官，开具事因'。《令》文下添入'若因事干连者，元勘官司于正犯人结案后，限五日取干连官名衔，声说所犯因依，随案供申。如不见得名衔，即具因依及所犯处地分、月日申刑部'。"从之。（《宋会要》，刑法三·勘狱之86，第8441页）

2.3.42.5 嘉定六年（1213年）二月二十一日，刑部尚书李大性言："《庆元名例敕》，避亲一法，该载甚明，自可遵守。《庆元断狱令》所称鞫狱与罪人有亲嫌应避者，此法止为断狱设，盖刑狱事重，被差之官稍有亲嫌，便合回避，与铨曹避亲之法不同。昨修纂《吏部总类通用令》，除去《名例敕》内避亲条法，却将《庆元断狱令》鞫狱条收入。以此吏部循习，每遇州县官避亲，及退阙、换阙之际，或引用断狱亲嫌法，牴牾分明。兼《断狱令》引（兼）［嫌］之项，如曾相荐举，亦合回避，使此法在吏部用以避亲，则监司郡守凡荐举之人皆当引去。以此见得止为鞫狱差官，所有昨来以《断狱令》误入《吏部总类》一节，当行改正。照得当来编类之时，吏部元有避嫌条令，却无引嫌名色，故牵引《断狱令》文编入。欲将元参修《吏部总类法》亲嫌门内删去《断狱令》，所有《名例敕》却行编入。"从之。（《宋会要》，刑法一·格令三之60，第8272页）

此史料体现出南宋时期由于法律分类太细且繁，导致归类时问题频出。

2.3.43《义仓令》

2.3.43.1 政和元年（1111年）正月二十二日，臣僚言："《元丰义仓令》：'计所输之斗纳五合。'《大观敕》：'应丰熟计一县九分以上，增为一升。'乞罢所增之数。"诏依元丰、绍圣法。（《宋会要》，食货五三·义仓之21，第7226页）

从《宋会要》记载看，元丰年间颁行了《义仓法》。这里的《元丰义仓令》有可能就是《元丰义仓法》的准确称谓。此处引到《大观敕》，说明大观年间修过《大观敕令格式》。

2.3.44《车驾省方仪令》

2.3.44.1 绍兴五年（1135年）二月二日，御史台、太常寺、阁门言："已降指挥，暂回临安驻跸，今具仪制条令故事下项：一、《车驾省方仪令》：车驾巡幸请还京，及期出城百里外奉迎，【主当物务并监临官免赴】临京再于五里外起居，次日入问圣体。"（《宋会要》，礼五二·巡幸·高宗之14，第1925页）

2.3.45《常平免役令》

2.3.45.1 绍圣三年（1096年）六月八日，详定重修敕令所言："常平等法在熙宁、元丰间各为一书。今请敕令格式并依元丰体例修外，别立常平、免役、农田水利、保甲等门；成书，同《海行敕令格式》颁行。"降诏自为一书，以《常平免役敕令》为名。（《宋会要》，刑法一·格令一之17，第8230页）

2.3.45.2 元符元年（1098年）六月十一日，尚书左仆射兼门下侍郎章（溥）［惇］上《常平免役令敕》，诏颁行之。惇赐诏奖谕，仍赐银绢三百匹两；详定官翰林学士承旨、朝散大夫、知制诰蔡京迁一官。其余官吏减半支赐有差。（《宋会要》，刑法一·格令一之18，第8230页）

2.3.45.3 政和二年（1112年）五月二十五日，提举京西南路常平等事范域言："《绍圣常平免役令》：'诸纳义仓谷而税应支移者，随税附旁送纳。仍准数以本处省税谷对换；无税仓处，截留下等户税。'"（《宋会要》，食货五三·义仓之22，第7216页）

2.3.45.4 宣和六年（1124年）五月七日，诏："义仓积谷，本以备赈济，着在元丰成宪。昨令所在存留三分，非唯见在之数不多，兼终违神考立法本意。今后义仓，并依《绍圣常平免役令》唯充赈给，更不得起发赴京。"（《宋会要》，食货五三·义仓之22，第7217页）

2.3.45.5 绍兴五年（1135年）三月十日，……诏于《绍圣常平免役令》："五保为一大保"字下添"通"字令，'选保'字下删去'长'字去长。仍今后许差物力高单丁，每都不得过一人。【寡妇有男为僧道成丁者同】即应充而居他乡别县或城郭及僧道，并许募人充役，官司不得追正身。余依见行条法，仍先次施行。（《宋会要》，食货一二·身丁之24，第6278页）

2.3.45.6 绍兴十五年（1145年）八月十八日，给事中李若谷言："《绍圣常平免役条令》系祖宗成法绍，纤悉具备。比年以来，缘州县差募之际不体照法意，致上户百端规避，却令中、下户差役频并。后因增添通选之法，以一都保内物力高者通行定差力，户数既宽，有力者不能幸免。虽单丁户物力最高人及寡妇有男为僧道成丁者，亦预差选，已为公当。祇缘《绍兴十二年十月十四日一时指挥》，因致选差不均。今欲将上件指挥内歇役年限并物力倍者再差一节删去，更不施行，余令诸路遵依见行成法。"从之。（《宋会要》，食货一二·身丁之29，第6281页）

2.3.45.7 绍兴十七年（1147年）十一月六日，太师、尚书左仆射、同中书门下平章事、提举详定一司敕令秦桧等上《常平免役敕》五卷、《目录》二卷，《令》二十卷、《目录》六卷，《格》三卷、《目录》一卷，《式》五卷、《目录》一卷，《申明》六卷，《厘析条》三卷，《对修令》一卷，《修书指挥》一卷。诏自来年三月一日颁降，仍以《绍兴重修常平免役敕令格式》为名。（《宋会要》，刑法一二·格令二之4，第8254页）

《常平免役令》是宋朝立法中最活跃的法律，重修次数达十多次。

2.3.46《内外宫学令》

2.3.46.1 崇宁四年（1105年）十二月二日，尚书省言："检会《崇宁内外宫学令》：诸宗子入学即笃疾废疾，若无兼侍，曾被解送宗正司验实，听免。即有官，在学未及一年，虽及一年而犯第二等以上罚者，犯（等）［第］二等罚未再满一年，不在出官赴任之限。若已经赴任，而无举主三人，亦准此。已经赴任，既有举主，即不须更限员数。”（《宋会要》，帝系五·宗室杂录之20，第132页）

2.3.47《宗子大小学令》

2.3.47.1 大观四年（1110年）闰八月十八日，工部尚书、《圣政录》同编修官李图南奏：“臣将《大观内外宗子学敕令格式》等与奏禀到条画事件，重别详定到《宗子大小学敕》一册、《令》七册、《格》五册、《式》二册、《申明》一册、《一时指挥》一册、《对修敕》一册、《令》二册，总二十一册。谨缮写上进。如得允当，乞付尚书省礼部颁降。”（《宋会要》，刑法一·格令一之24，第8238页）

2.3.47.2 大观四年（1110年）闰八月甲寅，工部尚书李图南上《宗子大小学敕令格式》二十二册，诏付礼部颁降。（《宋会要》，崇儒一·宗学之3，第2728页）

从上面记载看，此次修订的《大观宗子大小学令》至少有9卷，因为明确记载“令”有9册。

2.3.48《国子监令》《太学令》《辟雍令》

2.3.48.1 大观三年（1109年）四月八日，知枢密院事郑居中等言：“修立到《国子监太学辟雍敕令格式申明一时指挥》，乞冠以‘大观重修’为名，付尚书礼部颁降。”从之。（《宋会要》，职官二八·国子监之18，第3768页）

2.3.49《御试贡举令》《省试贡举令》《府监发解令》《御试省试府监发解通用敕令》《内外通用贡举令》

2.3.49.1 绍兴五年（1135年）八月九日，……右谏议大夫赵霈言：“《崇宁御试贡举令》：自有‘隔二等累及五人，许奏’之文。臣近充详定官，以试卷与初、覆考等第不同者闻奏，奉御宝令编排所定夺。是使编排官得以兼详定之职，非特废法，恐自此遂为定例。乞今后隔二等累及五人，各开具集号，某说可取合陞某等，某说非是合降某等，许依令奏闻，免令复加定夺。”从之。（《宋会要》，选举八·

举士·亲试杂录之42，第5431页）

2.3.49.2 绍兴二十六年（1156年）十二月十五日，尚书左仆射、同中书门下平章事、提举详定一司敕令万俟卨等上《御试贡举敕》一卷、《令》三卷、《式》一卷、《目录》一卷、《申明》一卷，《省试贡举敕》一卷、《令》一卷、《式》一卷、《目录》一卷、《申明》一卷，《府监发解敕》一卷、《令》一卷、《式》一卷、《目录》一卷、《申明》一卷，《御试省试府监发解通用敕》一卷、《令》一卷、《格》一卷、《式》一卷、《目录》二卷，《内外通用贡举敕》二卷、《（今）［令］》五卷、《格》三卷、《式》一卷、《目录》四卷、《申明》二卷，《厘正省曹寺监内外诸司等法》三卷，《修书指挥》一卷。诏可颁降，仍以《绍兴重修贡举敕令格式》为名。（《宋会要》，刑法一·格令二之43，第8256—8257页）

此史料说明宋代《贡举法》具体包括的法律种类和形式。

2.3.49.3 乾道六年（1170年）十月六日，国子司业芮煇言："本监补试已拆号发榜，所取试卷，宁国府汪琚于第七韵落韵，正系辉分考试卷内所取人数。欲望将汪琚驳放，仍将煇罢黜。"中书门下省检准《绍兴御试贡举令》，点检试卷官专点检杂犯不考。诏汪璩驳放，点检试卷官薛元鼎特降一资。（《宋会要》，选举二〇·试官二之27，第5645页）

2.3.50《省试令》

2.3.50.1 淳熙五年（1178年）正月十九日，诏敕令所将贡院帘外誊录、对读、封弥、监门等官避亲，修入《省试条法》。既而敕令所依《淳熙四年十一月二日敕》，并照应《崇宁通用贡举敕》内余官避亲之文，参酌拟修下条："诸试院官谓主司及应预考校之官。亲戚谓本宗袒免以上，或同居无服亲，或缌麻以上亲及其夫子，或母妻缌麻以上亲及大功以上亲之夫、子或女婿、子妇期以上亲。及试院余官谓监门、巡铺、封弥、誊录、对读之类。亲戚谓本宗大功以上亲，或母妻期以上亲，并亲女及亲姊妹之夫、子。并两相避。若见在门客，每员止一名。亦避。右入《绍兴重修省试令》。"从之。（《宋会要》，选举五·贡举杂录之4，第5342页）

2.3.51《方田令》

2.3.51.1 政和二年（1112 年）十月二十七日，河北东路提举常平司奏："检承《崇宁方田令》节文：诸州县寨镇内屋税，据紧慢十等均定，并作见钱。本司契勘本路州县城郭屋税，依条以冲要闲慢亦分十等，均出盐税钱。且以未经方量开德府等处，每一亩可尽屋八间，次后更可盖覆。屋每间赁钱有一百至二百文足，多是上等有力之家。其后街小巷闲慢房屋，多是下户些小物业，每间只赁得三文或五文，委是上轻下重不等。今相度州县城郭屋税，若于十等内据紧慢，每等各分正、次二等，令人户均出盐税钱，委是上下轻重均平，别不增损官额，亦不碍旧来坊郭十等之法。余依元条施行。"从之，余路依此。（《宋会要》，食货四·方田之 11，第 6039 页）

2.3.52《教令》

2.3.52.1 元丰二年（1079 年）九月二十九日，司农寺上《元丰教令式》十五卷，诏行之。（《宋会要》，职官二六·司农寺之 12，第 3694 页）

此法律名称较为明确，但所见史料却稀少。

2.3.53《国子监令》《太学令》《武学令》《律学令》《小学令》

2.3.53.1 绍兴十三年（1143 年）十月六日，太师、尚书左仆射、同中书门下平章事、提举详定一司敕令秦桧等上《国子监敕》一卷、《令》三卷、《格》三卷、《目录》七卷，《太学敕》一卷、《令》三卷、《格》一卷、《式》二卷、《目录》七卷，《武学敕》一卷、《令》二卷、《格》一卷、《式》一卷、《目录》五卷，《律学敕》一卷、《令》二卷、《格》一卷、《式》一卷、《目录》五卷，《小学令》《格》一卷、《目录》一卷，《监学申明》七卷，《修书指挥》一卷。诏自来年二月一日颁行，仍以"绍兴重修"为名。（《宋会要》，刑法一·格令二之 40，第 8253 页）

此条有《国子监令》《太学令》《武学令》《律学令》和《小学令》，共五个独立的教育考试类令篇。"国子"在宋代是"国子监"的简称。

2.3.54《太学令》

2.3.54.1 绍圣三年（1096 年）十二月十八日，翰林学士承旨、详定国子监条制蔡京言：“奉敕详定国子监三学并外州军学制，今修成《太学敕令式》二十三册，以‘绍圣新修’为名。”诏以来年正月一日颁行。（《宋会要》，职官二八·国子监之4，第3764页）

2.3.55《小学令》

2.3.55.1 大观三年（1109 年）四月八日，知枢密院郑居中等言：“修立到《小学敕令格式申明一时指挥》，乞冠以‘大观重修’为名，付礼部颁降。”（《宋会要》，崇儒二·郡县学之14，第2769页）

2.3.55.2 政和四年（1114 年）六月二十五日，礼部言：“新差杨州司户高公粹，乞外州军小学生并置功课簿籍。国子监状：检承《小学令》：‘诸学并分上、中、下三等，能通经为文者，为上；日诵本经二百字、《论语》或《孟子》一百字以上，为中；若本经一百字、《论语》或《孟子》五十字者，为下。’仍置历书之。欲依本官所请。”从之。（《宋会要》，崇儒二·郡县学之23，第2774页）

此史料对《小学令》内容记载较为明确，该法属于考核标准。

2.3.56《诸路州县学令》

2.3.56.1 崇宁二年（1103 年）正月四日，尚书右仆射兼中书侍郎蔡京等奏：“昨具陈情，乞诸路置学养士。伏奉诏令讲议立法，修立成《诸州县学敕令格式并一时指挥》凡一十三册，谨缮写上进。如得允当，乞下本司镂版颁行。”从之。（《宋会要》，刑法一·格令一之22，第8235页）

2.3.56.2 崇宁二年（1103 年）五月六日，宰臣蔡京等言，修立成《诸路州县学敕令格式并一时指挥》，诏镂版颁行。（《宋会要》，崇儒二之9，第2767页）

2.3.57《书画学令》

2.3.57.1 崇宁三年（1104 年）六月十一日，都省言：“窃以书用于世，先王为之立学以教之，设官以达之，置使以谕之。盖一道德，谨守家法，以同天下之习。世衰道微，官失学废，人自为学，习尚非一，体书各异，殆非所谓书同文之意。今未有校试劝赏之法，欲做先王置学设官之制，考选简（牧）［拔］，使人自奋，所有图画工技。朝廷图绘神像，与书一体，令附书学，为之校试约束。谨修成《书画学敕令格式》一部，冠以'崇宁国子监'为名。"从之。（《宋会要》，崇儒三·书学之1，第2787页）

此处名称应是《书画学敕令格式》，从内容上看应是《国子监书画学敕令格式》。

2.3.58《算学令》

2.3.58.1 崇宁三年（1104年）六月十一日，都省札子："切以算数之学，其传久矣。《周官》大司徒以（卿）［乡］三物教万民而宾兴之，三曰六艺，礼、乐、射、御、书、数。则周之盛时，所不废也。历代以来，（囚）［因］革不同，其法具（官）在。神宗皇帝追复三代，修立法令，将建学焉。属元祐异议，遂不及行。方今绍述圣绪，小大之政，靡不修举，则算学之设，实始先志。推而行之，宜在今日。今将《元丰算学条制》重加删润，修成（剌）［敕］令，并对修看详一部，以《崇宁国子监算学敕令格式》为名，乞赐施行。"从之。都省上《崇宁国子监算学书学敕令格式》，诏："颁行之，只如此书可也。"（《宋会要》，崇儒三·算学之3，第2788页）

2.3.58.2 政和三年（1113年）六月二十八日，算学奏："承朝旨，复置算学。今检会《崇宁国子监算学条令》，乞下诸路提举学事司行下诸州县等，诸命官入学，投纳家状。【差使以下许服襴缴】仍呈验历任或出身文学【缴纳在官司者听先入，仍勘会】诸命官，【未入】在入限诸命官及未出官人若殿侍，【谓非诸军补授者】欲入律学或算学者，听入诸试，以通、粗并计，两粗当一通。《算义问》以所对优长，通及三分为合格。诸学生本科所习外，占一小经，遇太学私试，间月一赴。欲占大经者，听补试【命官公试同】义三道《算问》二道。算学命官公试，一入上等，转一官。殿侍、差使、借差同，已下减年试准此。幕职、州县官循两资，未入官选人、知、令、录仍占射差遣一次。内文学免召（外）［升］朝〔官〕及运司保明，注合入官。三入中等，循一资。【使臣即减二年磨勘。愿占射差遣者，听。殿侍指射合入本等差遣，愿候借差已上收使者，听。未入官选人，占射差遣一次。文学免召升朝官及运司保明，注合入官】五入下等，占射差遣。【使臣即减一年磨勘。未入官选人，不依名次注官】殿侍候补借差已上，听收使。内文学免召，（升）朝官及运司保明，注合入官。算学升补上舍上等通任郎、上舍中等登仕郎、上舍下等将仕郎学生，习《九章》《周髀》义及《算问》。【假令疑数】兼通《海（坞）［岛］》《孙子》《五曹》《张丘建》《〔夏〕侯阳》算法。私试，孟月：【季月同】《九章》（仪）［义］二道《周髀》义一道，《算问》二道。仲月《周髀》义二道，《九章》义一道，《算问》一道。陞补上内舍，第一场《九章》义三道，第二场《周髀》义三道，第三场《算问》五道。"从之。（《宋会要》，崇儒三·算学之6，第2789页）

此史料是全面反映《算学令》内容的史料，体现了《算学令》法律的特征和内容。

2.3.59《律学令》

2.3.59.1 建中靖国元年（1101年）三月十七日，详定所奏："续修到《律学敕令格式看详并净条》，冠以'绍圣'为名。"（《宋会要》，崇儒三·律学之10，第2793页）

2.3.59.2 政和六年（1116年）六月五日，户部尚书兼（许）［详］定一司敕令孟昌龄等奏："今参照熙宁旧法，修到《国子监律学敕令格式》一百卷，乞冠以'政和重修'为名。"诏颁行。（《宋会要》，刑法一·格令二之29，第6242页）

2.3.60《武学令》

2.3.60.1 建中靖国元年（1101年）三月十七日，详定所续修到《武学敕令格式看详》，冠以"绍圣"为名。从之。（《宋会要》，崇儒三·武学之31，第2805页）

2.3.60.2 政和元年（1111年）八月二十八日，大司成张邦昌等言："准《大观重修武学令》：诸贡士以年终集于武学，次年春试，应补上等者取旨释褐，中等俟殿试。契勘文士上等留太学俟殿试，其武士上等，欲依文士上等已降指挥施行。"从之。（《宋会要》，崇儒三·武学之32，第2805页）

2.3.61《岁令》《朔令》

2.3.61.1 宣和四年（1122年）二月十四日，太宰王黼言："今编类到明堂颁朔布政司政和七年十月止宣和三年十月颁朔布政诏书，及建府以来条例，并气令应验，《目录》一册，《编类》三册，《岁令》四册，《朔令》五十一册，《应验录》四册，总六十三册，谨随表上进以闻。"（《宋会要》，礼二四·明堂颁朔布政之84，第1186页）

此史料记载了宣和年间制定了《岁令》和《朔令》两种"令"类法律。

2.3.62《月令》

2.3.62.1 大中祥符六年（1013年）五月七日，详定所言："朝拜圣像，皇帝服衮冕。准《月令》：孟夏初衣暑服，孟冬始裘。尚衣库衮冕皆仲冬亲飨圜丘所服夹衣，今方盛暑，未称礼容，欲望依衮冕制度改制单衣，庶协时令。"从之。（《宋会要》，礼五一·徽号二·迎奉圣像之14，第1894页）

2.3.62.2 绍圣三年（1096年）六月二十七日，权尚书礼部尚书黄裳等言："南郊朝祭服皆以罗绫为之，今北郊盛暑之月，难用袷服。谨按《月令》：孟夏初衣暑服，孟冬始裘。朝依冕制度改用单衣。"从之。（《宋会要》，礼二·郊祀冕辂冠服之36，第534页）

2.3.63《时令》

2.3.63.1 景祐四年（1037年）三月二十七日，诏五月朔行入阁之仪，仍读《（食）［时］令》，付礼院详定《仪注》以闻。先是，诏："国朝《时令》委编修官约《唐月令》撰定，以备宣读。"于是贾昌朝等采国朝律历、典礼、日度昏晓中星及祠祀配侑诸事当以岁时施行者，改定为一篇上之。遂诏因入阁行其礼。（《宋会要》，仪制一·垂拱殿视朝之25，第2310页）

2.3.64《保甲令》

2.3.64.1 政和三年（1113年）九月九日，枢密院言："《保甲令》：诸主户两丁以上选一丁；又条，客户并令附保。”诏应称主户处，并改为税户。（《宋会要》，兵二·乡兵之40，第8645页）

从此看，宋朝有《保甲令》独立为名的令篇。

2.3.65《吏部考功令》《尚书左右选通用令》《尚书左右选令》

2.3.65.1 大观二年（1108年）三月十五日……一、崇宁四年三月十九日……今参酌修立下条：诸朝议、中散、正议、光禄、银青光禄大夫应转官者，各以左、右为两资转，先右而后左，有出身人应转朝议、中散大夫者更不转右，止作一官转。即朝请大夫至中散大夫仍各理七年磨勘。右入《吏部考功令》。……今看详修立下条：诸朝议、中散、正议、光禄、银青光禄大夫应转官者，各以左右为两资转，先右而后左。有出身及无出身而见带直祕阁已上职，或任谏议大夫已上应转朝议、中散大夫者，更不转右，止作一官转。即朝请大夫至中散大夫仍各理七年磨勘。右入《中书省吏部考功令》。（《宋会要》，职官五六·官制别录之27，第4542页）

从史料看，此次修订法律时，把不同内容分别撰入两个不同法律中。从这里看，《吏部考功令》和《中书省吏部考功令》应是不同法律名称，但从宣制看应是同一法律名称。

2.3.66《在京人从令》

2.3.66.1 元丰元年（1078年）九月六日，删定在京当直所修成敕令式三卷，乞以《元丰新定在京人从敕令式》为目颁降。从之。（《宋会要》，刑法一·格令一之11，第8223页）

2.3.67《诸司库务令》

2.3.67.1 治平二年（1065年）六月十四日，提举在京诸司库务王珪、尚书都官郎中许遵上新编提举司并三司额例一百三十册，诏颁行，以《在京诸司库务条式》为名。（《宋会要》，刑法一·格令一之6，第8217页）

2.3.67.2 元祐六年（1091年）五月二十九日，尚书省言：“门下中书后省《详定诸司库务条》贯删成《敕令格式》共二百六册，

各冠以‘元祐’为名。”从之。(《宋会要》，刑法一·格令一之15，第8228页)

此两条史料在对“诸司库务”立法上用不同名称，分别是《在京诸司库务条式》和《诸司库务条贯》，两者是不同法律，因为宋朝“在京”是特指适用于京城地区的机构。此处，“条式”和“条贯”都是“法律”的通称。

2.3.68《马递铺令》

2.3.68.1 大观元年（1107年）七月二十八日，蔡京言：“伏奉圣旨，令尚书省重修《马递铺海行法》颁行诸路。臣奉承圣训，删润旧文，编缵成书，共为一法。谨修成《敕令格式》《申明》《对修》，总三十卷，并《看详》七十卷，共一百册，计六复，随状上进。如或可行，乞降付三省镂版，颁降施行。仍乞以《大观马递铺敕令格式》为名。”从之。(《宋会要》，刑法一·格令一之23，第8236页)

2.3.69《度支令》《大礼令》《赏赐令》

2.3.69.1 元祐元年（1086年）八月十二日，诏颁门下中书后省修到《度支大礼赏赐敕令格式》。(《宋会要》，刑法一·格令一之14，第8226页)

2.3.70《夏祭令》

2.3.70.1 政和七年（1117年）五月二十七日，礼制局编修《夏祭敕令格式》颁行。(《宋会要》，刑法一·格令二之29，第8243页)

2.3.71《高丽令》

2.3.71.1 政和七年（1117年）十二月二十八日，枢密院言：“修成《高丽敕令格式例》二百四十册，《仪范坐图》一百五十八册，《酒食例》九十册，《目录》七十四册，《看详卷》三百七十册，《颁降官司》五百六十六册，总一千四百九十八册，以《高丽国入贡接

送馆伴条例》为目，缮写上进。”诏送同文馆遵守施行。(《宋会要》，刑法一·格令二之30，第8243页)

2.3.72《明堂令》

2.3.72.1 宣和元年（1119年）八月二十四日，详定一司敕令所奏：“新修《明堂敕令格式》一千二百六册，乞下本所雕印颁降施行。”从之。(《宋会要》，刑法一·格令三之31，第8244页)

2.3.73《亲从亲事官转员令》

2.3.73.1 绍兴八年（1138年）六月十九日，尚书左仆射、同中书门下平章事、兼枢密院使赵鼎等上《诸班直诸军转员敕》一卷、《格》一十二卷，《亲从亲事官转员敕》一卷、《令》一卷、《格》五卷。诏降付枢密院行使，仍以《绍兴枢密院诸班直诸军转员敕令格》及《绍兴枢密院亲从亲事官转员敕令格》为名。(《宋会要》，刑法一·格令三之38，第8251页)

2.3.74《盐令》《茶令》

2.3.74.1 绍兴二十一年（1151年）七月二十八日，太师、尚书左（朴）[仆]射、同中书门下平章事、提举详定一司敕令秦桧等上《盐法敕》一卷、《令》一卷、《格》一卷、《式》一卷、《目录》一卷，《续降指挥》一百三十卷、《目录》二十卷；《茶法敕令格式》并《目录》共一卷，《续降指挥》八十八卷、《目录》一十五卷。诏颁行。盐法以《绍兴编类江湖淮浙京西路盐法》为名，茶法以《绍兴编类江湖淮浙福建广南京西路茶法》为名。(《宋会要》，刑法一·格令二之43，第8255页)

2.3.74.2 绍兴二十一年（1151年）八月四日宰臣秦桧等奏言：“臣等今将元丰江湖、淮浙路盐敕令格并元丰四年七月二十三日后来，至绍兴十年三月七日以前应干茶盐见行条法并续降指挥，逐一看详，分门编类到《盐法》《茶法》各一部，内《盐法敕》一卷，《令》一卷，《格》一卷，《式》一卷，《目录》一卷，《续降指挥》一百三十卷，《目录》二十卷，共一百五十五卷，合为一部。《茶法敕令格式》并《目录》共一卷，《续降指挥》八十八卷，《目录》一十五卷，共一百四卷，合为一部，并《修书指挥》一卷。以上茶、盐二书共二百六十卷，作二百六十册，乞下本所雕印颁行。内盐法冠以《绍兴编类江湖淮浙京西路盐法》为名，茶法冠以《绍兴编类江湖淮浙福建广南京西路茶法》为名"。(《宋会要》，食货三一·茶法杂录下二之10，第6683页)

此处明确指出《盐法》和《茶法》中各有《盐令》和《茶令》一卷，说明存在《茶令》和《盐令》的专门令类法律。

2.3.75《存举令》《吏部尚书左选令》

2.3.75.1 元祐元年（1086年）十一月四日，中书省言："臣僚上言，比诏大臣荐馆职，又设十科举异材，请并依《元丰荐举令》：关报御史台。非独内外之臣各谨所举，庶使言者闻知，得以先事论列，不误选任。"从之。(《宋会要》，选举二八·举官二之19，第5797页)

2.3.75.2 崇宁元年（1102年）三月二十八日，吏部言："检准《荐举令》：'诸知州、县令有治绩可再任者，知州须监司，县令须按察官五员连书，去替前一年，具实状保奏。年七十者，不在保奏之限。'又准《吏部尚书左选令》：'知州到任一季使阙，知县去替一年半使阙。'"(《宋会要》，选举二八·举官二之28，第5802页)

2.3.76《贡举通用令》

2.3.76.1 政和二年（1112年）四月二十四日，礼部言："《崇宁贡举通用令》：诸举人已唱第，赐闻喜宴于琼林苑。诸贡士已推恩，赐闻喜宴于辟雍。系贡士并宗子上舍，与进士同榜释褐，所有赐宴，恐合就琼林苑，并差押赐官。"(《宋会要》，选举二·贡举二之13，第5272页)

2.3.77《宽恤诏令》

2.3.77.1 绍兴二十五年（1155年）九月十三日，太师、尚书左仆射、同中书门下平章事、提举详定一司敕令秦桧等上《宽恤诏令》一百六十八卷、《目录》三十一卷、《修书指挥》一卷。诏颁行，仍

以《绍兴编类宽恤诏令》为名。(《宋会要》,刑法一·格令三之14,第8256页)

2.3.77.2 淳熙六年(1179年)七月十三日,权知徽州陈居仁言:"乞下敕令所裒集隆兴优恤诏旨,类而分之,如代纳折帛、蠲减重赋、惩罚科扰之类,立三十二条。大书镂版,颁之郡国,名曰《隆兴以来宽恤诏令》。申戒官吏,务在遵行。"从之。(《宋会要》,刑法一·格令一之53,第8264—8265页)

2.3.77.3 嘉(庆)[泰]元年(1201年)三月十八日,权户部尚书、兼详定敕令官韩邈等言:"本所近进呈《庆元编类宽恤诏令》并《役法撮要》,已降指挥雕版印造。今已毕备,乞自四月三日颁行。"从之。(《宋会要》,刑法一·格令三之58,第8270—8271页)

从上面所辑《宋会要》所见篇名有80多种,具体如下:

《官品令》《职制令》《官制令》《职田令》《禄令》《田令》《户令》《军令》《军防令》《内外官学令》《内外宗子学令》《捕亡令》《衣服令》《仪制令》《祠祭令》《大礼令》《祀令》《断狱令》《车驾省方仪令》《公式令》《赏令》《杂令》《仪注令》《义仓令》《常平免役令》《文书令》《假宁令》《参附令》《吏卒令》《支赐令》《吏部考功令》《国子监太学辟雍令》《御试贡举令》《省试贡举令》《府监发解令》《御试省试府监发解通用敕令》《贡举通用令》《礼部贡举令》《省试令》《选试令》《方田令》《教令》《学令》《国子监令》《太学令》《律学令》《宗子大小学令》《小学令》《书学令》《算学令》《武学令》《诸州县学令》《道释令》《驿令》《军令》《岁令》《月令》《朔令》《礼令》《封爵令》《丧葬令》《保甲令》《给赐令》《职田令》《田令》《考课令》《牧马令》《新定在京人从令》《诸司库务令》《马递铺令》《官制令》《度支大礼赏赐令》《夏祭令》《高丽令》《明堂令》《亲从亲事官转员令》《盐令》《茶令》《辇运令》《辞讼令》《鞫狱令》《断狱令》《理欠令》《荐举令》《赋役令》《时令》《宽恤诏令》。

在上面80篇令名中,有些可以确定为单行令的篇名,如《保甲令》

《常平免役令》《方田令》，有些篇名应是纳入令典中，如《衣服令》《公式令》《鞫狱令》等。

三 《长编》中所见令的篇名

《长编》中记载了北宋时期大量原始材料，笔者通过检索，明确提到不同令名的有23处，属于令典的有《天圣令》《元丰令》和《元祐令》，其他的属于独立令的篇名，分别是《仪制令》《军令》《假宁令》《公式令》《驿令》《禄令》《封爵令》等。

3.1《仪制令》

> 3.1.1 太平兴国八年（983年）正月癸未，承恭又言："《仪制令》有云：'贱避贵，少避长，轻避重，去避来。'望令两京、诸道，各于要害处设木刻其字，违者论如律，庶可兴礼让而厚风俗。"甲申，诏行其言。（王称《东都事略》：诏曰："传云：'能以礼让为国乎，何有?'宜令开封府及诸州于冲要榜刻《仪制令》，论如律。"）（《长编》卷二十四，"太宗太平兴国八年正月癸未条"，第538页）
>
> 3.1.2 咸平元年（998年）十二月，"又以仪制、车服等十六道别为一卷，附《仪制令》，违者如违令法，本条自有刑名者依本条"。（《长编》卷四十三，"真宗咸平元年十二月条"，第923页）

从上记载看，宋太宗朝颁行过单行的《仪制令》。从史料看，此次颁行的《仪制令》很难确定是当时制定还是把《唐令》中的《仪制令》取出来再次颁行，但宋真宗咸平元年修订敕令时把仪制与车服合为一起，制定的《仪制令》是明确的。从这些史料看，宋朝最早制定严格意义上的"令"应是《仪制令》。

3.2《军令》

> 3.2.1 咸平五年（1002年）五月己酉，诏西路将士临阵巧作退避者，即按《军令》，不须以闻。（《长编》卷五十二，"真宗咸平五年五月己酉条"，第1132页）
>
> 3.2.2 景德元年（1004年）五月己丑，诏诸军将士犯罪，按《军令》除资产合入官外，余并还其家。（《长编》卷五十六，"真宗景德元年五月己丑条"，第1237页）

此处记载了《军令》的存在，并且引用了相应的条文。

3.3《假宁令》

3.3.1 景祐二年（1035 年）八月辛酉，天圣六年敕：《开元五服制度》《开宝正礼》并载《齐衰降服条例》，虽与祁所言不异，然《假宁令》："诸丧，斩、齐三年并解官；齐衰杖期及为人后者为其父母，若庶子为后为其母，亦解官，申心丧；母出及嫁，为父后者虽不服，亦申心丧。"（《长编》卷一一七，"仁宗景祐二年八月辛酉条"，第 2750 页）

从记载看，此处引用的《假宁令》应是综合令典中的篇名。

3.4《公式令》

3.4.1 大中祥符九年（1016 年）正月己巳，兴州团练使德文言："子侍禁承显赴起居，请依赠河州观察使德钧子承裕例，班在赠鄂州观察使惟忠子从恪之上。"从恪于承显虽侄行，而拜职在前，遂诏宗正寺定宗室班图以闻。宗正言："按《公式令》：'朝参行立，职事同者先爵，爵又同者先齿。'今请宗子官同而兄叔次弟侄者并虚一位而立。"（《长编》卷八十六，"真宗大中祥符九年正月"，第 1968 页）

3.4.2 元祐元年（1086 年）八月辛卯，贴黄称："检会《元丰公式令》：'诸赦书许官员诉雪过犯，自降赦日二年外投状者，不得受接。'即是常赦许官员诉雪，刑部犹限二年，若该元丰八年三月六日赦恩者，刑部自须至来年三月六日方不接状，所有今来诉理所日限，欲乞依前项令更展至元祐二年三月五日终。如此则凡经刑部定夺不该雪除者，诉理所该看详施行也。"诏展诉理所日限至元祐二年三月五日终。（《长编》卷三八四，"元祐元年八月辛卯条"，第 9368 页）

3.4.3 元祐元年（1086 年）十二月丙午，礼部尚书韩忠彦等言："太皇太后、皇太后、皇太妃册宝并一行法物，除已有故事外，有皇太妃别无合用册宝尺寸、方阔制度故事。按《天圣公式令》：'皇太妃宝，经云以金为之。'检准敕节文修定到皇太妃生日节序物色，除冠杂、衣服之类外，比皇后约就整五分减一。今详定到皇太妃册宝制度，除比附减定逐项尺寸制度外，所有自余合随宝陈设法物之类，并合依皇后体例制造施行。"从之。（《长编》卷三九三，"哲宗元祐元年十二月丙午条"，第 9575 页）

3.4.4 元祐五年（1090 年）正月己丑，户部言："诸路起发正纲及附搭官钱到京，例皆少欠。《元丰公式令》：'诸州解发金银钱帛，通判厅置簿，每半年具解发物数及管押附载人姓名，实封申省。'《元祐敕》误有删去，合重修立。"从之。（《长编》卷四三七，"元祐五年正月己丑条"，第 10531 页）

3.4.5 元祐六年（1091 年）闰八月，臣窃详《元祐公式令》："诸奉制书，及事已经奏而理有不便者，速具利害奏闻。"臣以许万等刑名系于生死，虽已得旨，犹不敢决，是致再具状申尚书省，乞更赐详酌指挥。其议论多自臣始，今来郎官人吏皆被责罚，臣独蒙免，实所未安，欲乞明正典刑，以惩不恪。臣见兼权吏部侍郎，更不敢供职，见居家听候指挥。（《长编》卷四六五，"哲宗元祐六年闰八月条"，第 11119 页）

3.4.6 元祐六年（1091 年）闰八月，又言："中书省奏上件申请，未有体例。臣检《公式令》在前，窃以谓天下之事虽圣人不能无失也，失而能救之，虽失而非失也。故命令之出，尚书省勘会，中书省取旨，门下省封驳。若有不便，有司得论，盖非妄也。刑莫重于杀人，今杀人有疑而不得议，其为失大矣。夫在下者肯与在上者辨，甚难；在上者能致在下者之言，亦难。今朝廷操是非，擅祸福，以临有司，盖甚可畏，使其有所辨也。至或威之以责罚，其谁敢有言哉？今日有司守法，至于特旨，即非有司所当与决可否。今杀人固大矣，使事有大于杀人者，而有失焉，有司其可以不请乎？今杀强盗一名而已，使杀人多而有误焉，有司其可以不请乎？"（《长编》卷四六五，"哲宗元祐六年闰八月条"，第 11120 页）

从上面提到的《公式令》看，《公式令》不仅在《天圣令》中，在《元丰令》中都是令典的基本篇名。

3.5《大礼令》

3.5.1 元祐四年（1089 年）九月乙酉，诏："观文殿大学士、知永兴军韩缜，观文殿学士、知颍昌府范纯仁，并依大礼合赐物外，加赐器币：韩缜各五百匹、两，范纯仁各二百五十匹、两。太子少保致仕张方平依《大礼令》赐器、币。"（《长编》卷四三三，"元祐四年九月己酉条"，第 10442 页）

3.5.2 元符元年（1098 年）五月丁巳，诏《大礼令》，虑有续降并删改，合行改正文意，可专委左右司郎中等看详，修为一本，及元降旧本进入。（《长编》卷四九八，“哲宗元符元年五月丁巳条”，第11849页）

3.5.3 元符元年（1098年）七月庚戌，诏左司员外郎曾取与入内内侍一员，同共取索删修《大礼令》。（《长编》卷五百，“元符元年七月庚戌条”，第11901页）

从上面记载看，宋朝存在《大礼令》。这里《大礼令》应专指举行大礼时的法令。

3.6《礼令》

3.6.1 大中祥符九年（1016年）五月丁未，殿中侍御史张廓言：“群官有丁父母忧者，多免持服，非古道也。伏望自今并依《礼令》解官行服。”诏从之，其官秩当起复及武臣、内职悉如旧制。（《长编》卷八十七，“大中祥符九年五月丁未条”，第1988页）

3.6.2 熙宁三年（1070年）六月，礼院言：“本朝近制，诸王之后，皆用本宫最长一人封公继袭，朝廷以为非古。故去年十一月诏，祖宗之子皆择其后一人为宗，世世封公，补环卫之官，以奉祭祀，不以服属尽故杀礼，即与旧制有异。谨案《令》文：‘诸王、公、侯、伯、子、男，皆子孙承嫡者传袭。若无嫡子及有罪疾，立嫡孙；以次立嫡子同母弟；无母弟，立庶子；无庶子，立嫡孙同母弟；无母弟，立庶孙。曾孙以下准此。’合依《礼令》，传嫡承袭。”（《长编》卷二一二，“神宗熙宁三年六月条”，第5151页）

3.6.3 熙宁三年（1070年）六月，判太常寺陈荐等以谓传袭以嫡统为重，令文言庶弟、庶孙者，别妾子之称，然亦不离正统。以礼传言之，为后者四：有正体而不传重，嫡子有罪、疾是也；有传重而非正体，庶孙为后是也；有体而不正，庶子为后是也；有正而不体，嫡孙为后是也。然皆不敢舍本统而及旁支也。晋范宣议，嫡孙亡无后，则次子之后乃得传重。由此言之，须嫡房已绝，方许次子之后承之，况嫡房自有曾孙者耶？推情求理，宜以本房之庶孙继祢与祖。无庶孙则下传曾孙，不离本统，于《礼令》为是。（《长编》卷二一二，“神宗熙宁三年六月条”，第5152页）

从记载看，此处引用《礼令》应是一种令的篇名，因为依《礼令》

进行。当然，此处还存在一种可能，这里的《礼令》是《礼记》中的内容。

3.7《天圣令》

> 3.7.1 天圣七年（1029 年）五月己巳，诏以《新令》及《附令》颁天下。始，命官删定编敕，议者以《唐令》有与本朝事异者，亦命官修定，成三十卷，有司又取《咸平仪制令》及制度约束之。在敕，其罪名轻者五百余条，悉附令后，号曰《附令敕》。(《长编》一百八，“天圣七年五月己巳条”，第 2512 页)

按此处记载，天圣年间修订的“令”分为三个部分，具体是以《唐令》为基础修成的《天圣令》，在修时把《唐令》和《天圣令》不同的抄录附在《天圣令》相应篇名之后。这已经为《天圣令》明钞本残本所证明。此外，还制定了《仪制令》和“敕”中罪名较轻的 500 条编成《附令敕》。从这里看，天圣年间在编修令时开始出现大量的革新。当然，由于“敕”和“令”没有界定，敕又开始大量增加，出现了敕令两者内容交叉的问题。

3.8《嘉祐禄令》

> 3.8.1 嘉祐二年（1057 年）冬十月甲辰朔，三司使张方平等上《新编禄令》十卷，名曰《嘉祐禄令》，遂颁行之。(《长编》卷一八六，“嘉祐二年十月甲辰朔条”，第 4492 条)
>
> 3.8.2 熙宁五年（1072 年）六月壬子，诏增定诸路州军公使钱及宗室正任刺史以上公使钱，除去虚数，令三司止具实数附《禄令》。旧制边任全给，内藩三之一，而宣名犹着全数，至是始厘正之。(《长编》卷二三四，“神宗熙宁五年六月条”，第 5672—5673 页)
>
> 3.8.3 熙宁八年（1075 年）六月，诏令式所修定《宗室禄令》，不成文理，未得颁行，送详定一司敕令所重定以闻。于是删定官魏沂罚铜十斤，送审官东院，详定官沈括特释罪。(《长编》卷二五六，“神宗熙宁八年六月条”，第 6493 页)

此史料指出熙宁八年修《宗室禄令》，但因种种原因没有修成。

3.8.4 元丰元年（1078年）十一月丙戌，三司言："宝文阁学士陈荐请给未有例。宝文阁学士在天章阁学士之下，枢密直学士之上，今欲就天章阁学士例载之禄令，其直学士、待制亦增入。"从之。（《长编》卷二九四，"神宗元丰元年十一月丙戌条"，第7168页）

3.8.5 元丰六年（1083年）三月癸亥，诏前宰臣、执政官宫观差遣添支，依知大藩府禄令给之。（《长编》卷三三四，"神宗元丰六年三月癸亥条"，第8050页）

3.8.6 元丰七年（1084年）九月戊戌朔，枢密都承旨张诚一言："枢密都承旨月有职钱三十千，准《禄令》：'武臣正任节度使以下不给添支。'"诏特给。（《长编》卷三四八，"元丰七年九月戊戌朔条"，第8354页）

北宋仁宗制定单行令的重要代表有《嘉祐禄令》和《嘉祐驿令》。《嘉祐禄令》是宋朝根据自己官制及俸禄制度制定的新禄令，是宋朝官员禄令立法的开始。此法有多次修订，但从综合令典篇名看，《禄令》在南宋时应纳入令典中。

3.9《嘉祐驿令》

3.9.1 嘉祐四年（1059年）正月壬寅，三司使张方平上所编《驿券则例》，赐名曰《嘉祐驿令》。初，内外文武官，下至吏卒，所给券皆未定，又或多少不同。遂下枢密院，取旧例下三司掌券司，会萃多少而纂集之，并取宣敕、令文专为驿券立文者，附益删改凡七十四条，上中下三卷，以颁行天下。（《长编》一百八十九，"嘉祐四年正月壬寅条"，第4548页）

此记载是宋朝制定单行令的重要代表，《嘉祐驿令》的制定是因为宋仁宗朝时编撰令典仍然以唐令为依据，无法增加新的篇名，于是只好采用颁行单行令。从记载看，后来《驿令》作为综合令典中一篇被纳入令典中，因为在《庆元条法事类》残本中有《驿令》。

3.10《封爵令》

3.10.1 熙宁八年（1075年）六月壬子，先是，同知太常礼院李清臣言……《封爵令》："公、侯、伯、子、男皆子孙承嫡者传袭。若无嫡子及有罪戾立嫡孙，无嫡孙以次立嫡子同母弟，无母弟立庶子，无庶子立嫡孙同母弟，无母弟立庶孙。曾孙以下准此。究寻《礼令》之意，明是嫡子先死，而祖亡以嫡孙承重，则礼先庶叔，不系诸叔存亡，其嫡孙自当服三年之服，而众子亦服为父之服。若无嫡孙为祖承重，则须依《封爵令》嫡孙远近以次推之。且传爵、承重，义当一体，礼令明白，固无所疑。而《五服年月敕》不立庶孙承重本条，故四方士民尚疑为祖承重之服或不及上禀朝廷，多致差误。欲乞祖亡无嫡孙承重者，依《封爵令》传袭条，余子孙各服本服。如此则明示天下人知礼制，祖得继传，统绪不绝，圣王之泽也。"下礼院，请如清臣议。既而中书言："古者封建国邑而立宗子，故周礼嫡子死，虽有诸子，犹令适孙传重，所以一本统，明尊卑之义也。至于商礼则适子死，立众子，无众子，然后立孙。今既不立宗子，又不常封建国邑，则嫡孙丧祖，不宜纯用周礼。"故有是诏。(《长编》卷二五六，"熙宁八年六月壬子条"，第6496页)

此处明确引用了《封爵令》的条文，从其他史料看，《封爵令》是综合性令典中的一篇。

3.11《学令》

3.11.1 元丰二年（1079年）十二月乙巳，御史中丞李定等言："窃以取士兼察行艺，则是古者乡里之选。盖艺可以一日而校，行则非历岁月不可考。今酌周官书考宾兴之意，为太学三舍选察升补之法，上《国子监敕式令》并《学令》，凡百四十三条。"诏行之。(《长编》卷三百一，"元丰二年十二月乙巳条"，第7327—7328页)

从上记载看，此次制定关于教育类的法律有《国子监令》和《学令》两部分。当然，在国子监的法律中还有"敕"和"式"两种。整个立法数量有143条。

3.12《元丰令》

3.12.1 元丰七年（1084年）三月乙巳，《艺文志》：《元丰编敕令格式》《赦书德音》《申明》共八十一卷，元丰七年，崔台符等修。《刑法志》云：初议修敕必先置局，诏中外言法之不便与约束之未尽者议集，然后更定，所言可采而行者，赏录其人。书成，诏中书、枢密院及刑法司律官俾参订可否以闻。始，《咸平敕》成，别为《仪制令》一卷。天圣中，取《咸平仪制令》约束之在敕者五百余条，悉附令后，号曰《附令》。庆历、嘉祐皆因之。《熙宁敕》虽更定为多，然其体制莫辨。至元丰，修敕详定官请对，上问敕、令、格、式体制如何，对曰："以重轻分之。"上曰："非也。禁于已然之谓敕，禁于未然之谓令，设于此以待彼之至之谓格，设于此使彼效之之谓式。修书者要当知此，有典有则，贻厥子孙。今之敕、令、格、式，则典则也。若其书备具，政府总之，有司守之，斯无事矣。"于是凡入杖、笞、徒、流、死，自《名例》以下至《断狱》凡十有二门，丽刑名轻重者皆为"敕"；自《品官》以下至《断狱》凡三十五门，约束禁止者皆为"令"；命官之赏等十有七，吏、庶人之赏等七十有七，又有倍、全、分、厘之级凡五卷，有等级高下者皆为"格"；奏表、帐籍、关牒、符檄之类凡五卷，有体制模楷者皆为"式"；始分敕、令、格、式为四。《熙宁敕》十有七卷、《附令》三卷；《元丰敕》十有三卷、《令》五十卷。《熙宁敕令》视嘉祐条则有减，《元丰敕令》视熙宁条则有增，而格、式不与焉。二敕有申明各一卷。天下土俗不同，事各有异，故敕、令、格、式外，有一路、一州、一县、一司、一务敕式，又别立省、曹、寺、监、库、务等敕凡若干条。每进拟，有牴牾重复，上皆签改，使刊正，然后行之，防范于是曲尽矣。上谕安焘敕、令、格、式，已见二年六月一十四日。（《长编》卷三四四，"元丰七年三月乙巳条"，第8254页）

从上面记载可以看出，《元丰令》共有35门，分为50卷，第一篇是"品官"，最后一篇是"断狱"。较《天圣令》30篇增加了五篇。从记载看，还有些属于路、州、县、司和省、曹、寺、监、库、务等方面的敕令。这说明《元丰敕令格式》中敕有13卷，令有50卷，格有5卷，式有5卷、随敕申明1卷，共74卷仅是国家立法中的海行法，即基本法律。除此之外，还有大量涉及省、曹、寺、监、库务和路、州、司、务的敕令。这说明元丰年间制定法律时，不仅有敕令格式申明，还有其他区域性和机构事务类的各种法律。

3.13《荐举令》

3.13.1 元祐元年（1086年）十一月戊午，中书省言："臣僚上言：《元丰荐举令》，被旨特举官者奏讫，具所举官报御史台。比诏大臣荐馆职，又设十科举异材。请并依《元丰令》关报御史台，非独内外之臣各审所举，庶使言者闻知，得以先事论列，不误选任。”从之。(《长编》卷三九一，“元祐元年十一月戊午条”，第9510页)

此处明确记载《荐举令》是元丰年间的，说明所引《荐举令》应是《元丰令》中的一篇。

3.14《元祐令》

3.14.1 元祐二年（1087年）十二月壬寅，诏颁《元祐详定编敕令式》……

臣等今以《元丰敕令格式》并元祐二年十二月终以前海行续降条贯，共六千八百七十六道，取嘉祐、熙宁编敕、《附令敕》等，讲求本末，详究源流，合二纪之所行，约三书之大要，弥年捃摭，极虑研穷，稍就编眷，粗成纲领。随门标目，用旧制也，以义名篇，倣唐律也。其间一事之禁，或有数条，一条之中，或该数事，悉皆类聚，各附本门。义欲着明，理宜增损，文有重复者削除之，意有阙略者润色之，使简而易从，则久而无弊。

……

凡删修成敕二千四百四十条，共一十二卷，内有名件多者，分为上下，计一十七卷，目录三卷；令一千二十条，共二十五卷；式一百二十七条，共六卷；令式目录二卷，申明一卷，余条准此例一卷，元丰七年以后赦书德音一卷。一总五十六卷，合为一部。于是雕印行下。（《长编》卷四百七，“元祐二年十二月壬寅条”，第9912—9914页）

按此记载《元祐令》有1020条，有25卷，按一卷一篇的习惯仅有25个篇名，较《元丰令》减少了10个。从记载“敕”的内容上看，有12篇，共有17卷，其中多者分上下卷的记载看，“令”应是25篇，因为若有一篇不足一卷，或一篇超过一卷的应有说明。元祐敕令格式修订时由于受司马光等反对神宗革新派的控制，立法上采用反《元丰敕令格式》的编排体例，所以出现敕的内容多于“令”的内容的现象。

3.15《大理寺令》

3.15.1 元祐六年（1091年）正月甲申，大理司直窦苹等言：“按《元祐大理寺令》：断案若定夺事正、少卿应避者，断议两司自来互送，卿应避者止免签书，均是有避而立法不一。乞并免签书，更不互送。”从之。（《长编》卷四五四，“元祐六年正月甲申条”，第10886页）

从引文看，此处明确指出引用的是《元祐大理寺令》，说明引文用的是《大理寺令》。从结构看，此处《大理寺令》应是单行令篇名。

3.16《度支押令》

3.16.1 元祐六年（1091年）八月庚戌，户部言：“按《度支押令》：栰至京交承未毕，其驿券听给三十日止。看详使臣押栰，一般令文止言栰，该载未尽，欲于令内删去‘木’字。”（《长编》卷四六四，“元祐六年八月庚戌条”，第11087页）

此处引文虽然明确指出是《度支押令》，但没有指明是何时制定。从行文看，此令名称应是单行令篇，属于度支解押各类货物的法律。此法律还有一种可能，就是它是《度支令》下的一种，或一条。

3.17《刑部令》

3.17.1 元祐三年（1088年）冬十月癸酉朔，尚书省言：“《刑部令》：诸奏狱格虽该载，而情罪有轻重者，附格增损。按兵民当从本部增损外，其郡吏有罪，恐非有司所敢专，合令取裁。”从之。（《长编》卷四一五，“元祐三年十月癸酉条”，第10096页）

3.17.2 元祐六年（1091年）八月辛亥，又言：“责授英州别驾、新州安置蔡确母明氏状，乞元祐四年明堂赦文及吕惠卿移宣州安置二年例，与量移确一内地。按条：前任执政官罢执政官后，因事责降散官者，令刑部检举。又《刑部令》：应检兵人理期数；准法：散官及安置之类，以三期诏开封府告示。”（《长编》卷四六四，“元祐六年八月辛亥条”，第11088页）

此处明确指出有《刑部令》，而且还引用了原文，说明《刑部令》在当时的存在。

3.18《大宗正寺令》

3.18.1 元祐七年（1092年）九月甲午，宗正寺言：“本寺令：

宗室无服亲，连名非上下同者，如‘立之’与‘宗立’之类，及音同字异，皆听諜。祖宗袒免以上亲，见依上件令文諜赐名外，今来非袒免亲，既许本家諜名，切虑员数日增，取名渐多，若皆令依上条一一照对回避，必至拘碍训諜不行。今欲乞令太祖、太宗、秦王下子孙无服亲，各于本祖下即依令文諜名。若系别祖下无服亲，除所连名自合别取字外，余虽犯别祖下本字，并许用。所贵久远训諜得行。”从之。（《长编》卷四七七，“元祐七年九月甲午条”，第11371—11372页）

从原文中有“本寺令”可以知道，此处引用的“本寺令”就是《大宗正寺令》。

3.19《度支令》

3.19.1 绍圣五年（1098年）十二月癸未，尚书省言：“《元丰度支令》：‘上件科买物，应改罢若减者，听以额所责，属计价费封桩’后，增注文称：‘无额者，以三年中数，因灾伤或特旨免改者非。’今乞删去注文。又‘令诸国用物所科供，非元科供处者，听以封桩价费还之’后，增入‘其千贯以下，不在还例。’今乞删去。”从之。（《长编》卷四九三，“绍圣五年十二月癸未条”，第11709页）

从引文看，《度支令》至少在元丰年间已经出现，因为此处明确指出引用的是《元丰度支令》。从当时引用行文看，《元丰度支令》应是《元丰令》中的一篇，即《元丰令典》中有《度支令》。

3.20《仪令》

3.20.1 元丰八年（1085年）四月己丑，三省枢密院言：续讨论垂帘故事仪注，应合告谢臣僚，并垂帘曰引，依见行《仪令》。从之。（《长编》卷三五五，“元丰八年四月己丑条”，第8489页）

3.20.2 元祐元年（1086年）闰二月壬子，礼部尚书韩忠彦等言：“准朝旨批送下东上阁门使曹诱等乞许阁门依《仪令》陞殿进读依旧侍立祇应，参详欲依所请。兼通事舍人以下，引揖上殿班次等祇应，亦合依《阁门仪令》施行。”从之。（《长编》卷三七〇，“哲宗元祐元年闰二月壬子”，第8939—8940页）

3.20.3 元符元年（1098年）七月辛亥，御史台言：“《元丰官制》：朝参班序，有日参、六参、望参、朔参，已著为令。元祐五年改朔参官兼赴六参，有失先朝分别等差之意，请止依《元丰仪令》。”（《长编》卷五百，“元符元年七月辛亥条”，第11901条）

上面3.20.1条称为《仪令》，3.20.2条称为《仪令》，3.20.3条称为《元丰仪令》，综合三条材料，《仪令》应是简称，《元丰仪令》才是全称。当然，对《仪令》是《仪制令》的简称还是独立存在《仪令》是值得进一步考证的。

综上所见，《长编》中明确提到的令的篇名有20个，具体可以分为令典和类令篇名两种，具体如下：

《仪制令》《军令》《假宁令》《公式令》《礼令》《嘉祐禄令》《嘉祐驿令》《封爵令》《学令》《元丰令》《荐举令》《元祐令》《大理寺令》《度支押令》《刑部令》《大宗正寺令》《度支令》《大礼令》《仪令》。

四　《宋史》中所见令的篇名

《宋史》作为宋朝基本史料，记载了大量关于“令”的内容，其中《艺文志》和《刑法志》中所见较多。《艺文志》中大量记载了宋朝不同立法成果，可以窥见“令”的立法情况。《宋史·艺文志》所在卷数是204卷。

（一）《宋史·艺文志》中所见令的篇名

4.1.1《夏祭令》

4.1.1.1 蒋猷：《夏祭敕令格式》一部，卷亡。（《宋史》卷二百四，“艺文志三”，第5135页）

4.1.2《明堂令》

4.1.2.1《明堂袷飨大礼令式》三百九十三卷。元丰间。（《宋史》卷二百四，“艺文志三”，第5135页）

4.1.2.2《明堂大飨视朔颁朔布政仪范敕令格式》一部。宣和初；《明堂敕令格式》一千二百六册。宣和初。卷亡。（《宋史》卷二百四，“艺文志三”，第5135页）

4.1.3《景灵宫供俸令》

4.1.3.1 冯宗道：《景灵宫供奉敕令格式》六十卷。（《宋史》卷二百四，“艺文志三”，第 5135 页）

4.1.4《诸陵荐献礼文仪令》

4.1.4.1《诸陵荐献礼文仪令格式并例》一百五十一册。绍圣间。（《宋史》卷二百四，“艺文志三”，第 5135 页）

4.1.5《阁门令》

4.1.5.1《阁门令》四卷。（《宋史》卷二百四，“艺文志三”，第 5136 页）

4.1.6《蜀坤仪令》

4.1.6.1《蜀坤仪令》一卷。（《宋史》卷二百四，“艺文志三”，第 5136 页）

4.1.7《高丽令》

4.1.7.1《高丽入贡仪式条令》三十卷。元丰。（《宋史》卷二百四，“艺文志三”，第 5136 页）

4.1.8《诸蕃进贡令》

4.1.8.1《诸蕃进贡令式》十六卷。（《宋史》卷二百四，“艺文志三”，第 5136 页）

4.1.9《禄令》《驿令》

4.1.9.1 吴奎：《嘉祐禄令》十卷；又《驿令》三卷。（《宋史》卷二百四，“艺文志三”，第 5139 页）

4.1.9.2 张方平：《嘉祐驿令》三卷，又《嘉祐禄令》十卷。（《宋史》卷二百四，“艺文志三”，第5143页）

比较上面两条史料，所记载的法律应是相同的，仅是制定者不同。

4.1.10《新定诸军直禄令》《新定皇亲禄令》

4.1.10.1《熙宁新定诸军直禄令》二卷。（《宋史》卷二百四，“艺文志三”，第5140页）

4.1.10.2《皇亲禄令并厘修敕式》三百四十卷。（《宋史》卷二百四，“艺文志三”，第5141页）

从上看，此次制定的法律核心是《皇亲禄令》，而“敕式”两部分不是重点。

认真比较上面的史料，应是两个不同调整对象的“禄令”，即是不同的两部“令”类法律。

4.1.11《御书院令》

4.1.11.1《御书院敕式令》二卷。（《宋史》卷二百四，“艺文志三”，第5140页）

4.1.12《国子监大学令》《国子监小学令》

4.1.12.1 李定：《元丰新修国子监大学小学元新格》十卷，又《令》十三卷。（《宋史》卷二百四，“艺文志三”，第5141页）

此处法律在名称上存在很大问题，因为“元新格”无法解释，应存在两种可能，第一种是“元”为衍文，第二种是“元”为错字。

4.1.13《武学令》

4.1.13.1《武学敕令格式》一卷。元丰间。（《宋史》卷二百四，“艺文志三”，第5141页）

4.1.13.2《绍圣续修武学敕令格式看详》并《净条》十八册，建中靖国初。卷亡。（《宋史》卷二百四，“艺文志三”，第5141页）

4.1.14《贡举令》《医局令》《龙图阁令》《天章阁令》《宝文阁令》

4.1.14.1《贡举医局龙图天章宝文阁等敕令仪式》及《看详》四百一十卷。元丰间。(《宋史》卷二百四，“艺文志三”，第5141页)

4.1.15《宗室及外臣丧葬令》

4.1.15.1《宗室及外臣葬敕令式》九十二卷。元丰间。(《宋史》卷二百四，“艺文志三”，第5141页)

4.1.16《都提举市易司令》

4.1.16.1 吴雍：《都提举市易司敕令》并《厘正看详》二十一卷、《公式》二卷。元丰间。(《宋史》卷二百四，“艺文志三”，第5141页)

4.1.17《国子监支费令》

4.1.17.1 朱服：《国子监支费令式》一卷。(《宋史》卷二百四，“艺文志三”，第5141页)

4.1.18《吏部四选令》

4.1.18.1《吏部四选敕令格式》一部。元祐初，卷亡。(《宋史》卷二百四，“艺文志三”，第5141页)

4.1.19《户部令》

4.1.19.1《元丰户部敕令格式》一部。元祐初，卷亡。(《宋史》卷二百四，“艺文志三”，第5141页)

4.1.20《诸司市务令》

4.1.20.1《元祐诸司市务敕令格式》二百六册。卷亡。(《宋史》

卷二百四，“艺文志三”，第5141页）

4.1.21《六曹令》

4.1.21.1《六曹敕令格式》一千卷。元祐初。（《宋史》卷二百四，“艺文志三”，第5141页）

4.1.22《律学令》

4.1.22.1《绍圣续修律学敕令格式看详》并《净条》十二册。建中靖国初。（《宋史》卷二百四，“艺文志三”，第5141页）

4.1.22.2 孟昌龄：《政和重修国子监律学敕令格式》一百卷。（《宋史》卷二百四，“艺文志三”，第5142页）

4.1.23《诸路州县令》

4.1.23.1《诸路州县敕令格式》并《一时指挥》十三册。卷亡。（《宋史》卷二百四，“艺文志三”，第5142页）

4.1.24《算学令》

4.1.24.1《徽宗崇宁国子监算学敕令格式》并《对修看详》一部。卷亡。（《宋史》卷二百四，“艺文志三”，第5142页）

4.1.25《书画学令》

4.1.25.1《崇宁国子书画学敕令格式》一部。卷亡。（《宋史》卷二百四，“艺文志三”，第5142页）

4.1.26《宗子大小学令》

4.1.26.1 李图南：《宗子大小学敕令格式》十五册。卷亡。（《宋史》卷二百四，“艺文志三”，第5142页）

4.1.27《政和禄令》

4.1.27.1《政和禄令格》等三百二十一册。卷亡。(《宋史》卷二百四，“艺文志三”，第5142页)

从此看，此次所修俸禄有关的“令、格”达到321册，若按一册一卷，数量达到321卷。

4.1.28《大礼令》

4.1.28.1《宗祀大礼敕令格式》一部。政和间。卷亡。(《宋史》卷二百四，“艺文志三”，第5142页)

4.1.29《御试贡士令》

4.1.29.1白时中：《政和新修御试贡士敕令格式》一百五十九卷。(《宋史》卷二百四，“艺文志三”，第5142页)

4.1.30《司农寺令》

4.1.30.1蔡确：《元丰司农敕令式》十七卷。(《宋史》卷二百四，“艺文志三”，第5143页)

4.1.31《江湖淮浙盐令》

4.1.31.1李承之：《江湖淮浙盐敕令赏格》六卷。(《宋史》卷二百四，“艺文志三”，第5143页)

4.1.32《吏部令》

4.1.32.1曾伉：《元丰新修吏部敕令式》十五卷。(《宋史》卷二百四，“艺文志三”，第5143页)

4.1.32.2《绍兴重修吏部敕令格式》并《通用格式》一百二卷。朱胜非等撰。(《宋史》卷二百四，“艺文志三”，第5144页)

4.1.33《国子监令》

4.1.33.1 陆佃：《国子监敕令格式》十九卷。（《宋史》卷二百四，“艺文志三”，第5144页）

4.1.34《贡士令》

4.1.34.1 白时中：《政和新修贡士敕令格式》五十一卷。（《宋史》卷二百四，“艺文志三”，第5144页）

4.1.34.2《绍兴重修贡举敕令格式申明》二十四卷，绍兴中进。（《宋史》卷二百四，“艺文志三”，第5144页）

4.1.34.3 提举刊修《贡举敕令格式》五十卷、《看详法意》四百八十七卷，书进，授金紫光禄大夫，致仕。（《宋史》卷四七四，“万俟卨传”，第13771页）

4.1.35《六曹寺监库务通用令》

4.1.35.1《绍兴重修六曹寺监库务通用敕令格式》五十四卷。秦桧等撰。（《宋史》卷二百四，“艺文志三”，第5144页）

4.1.36《常平免役令》

4.1.36.1《绍兴重修常平免役敕令格式》五十四卷。秦桧等撰。（《宋史》卷二百四，“艺文志三”，第5144页）

4.1.37《参附尚书吏部令》

4.1.37.1《绍兴参附尚书吏部敕令格式》七十卷。陈康伯等撰。（《宋史》卷二百四，“艺文志三”，第5144页）

4.1.38《在京通用令》

4.1.38.1《绍兴重修在京通用敕令格式申明》五十六卷。绍兴中进。（《宋史》卷二百四，“艺文志三”，第5144页）

4.1.39《吏部左选令》

4.1.39.1《淳熙重修吏部左选敕令格式申明》三百卷。龚茂良等撰。(《宋史》卷二百四，“艺文志三”，第5145页)

4.1.40《吏部七司令》

4.1.40.1《开禧重修吏部七司敕令格式申明》三百二十三卷。开禧元年上。(《宋史》卷二百四，“艺文志三”，第5145页)

4.1.41.《大宗正司令》

4.1.41.1《大宗正司敕令格式申明》及《目录》八十一卷。绍兴重修。(《宋史》卷二百四，“艺文志三”，第5145页)

4.1.42《天圣令》

4.1.42.1《天圣令文》三十卷。吕夷简、夏竦等撰。(《宋史》卷二百四，“艺文志三”，第5143页)

此法律名称中“文”字是衍字，通用名称是《天圣令》。

4.1.43《神霄宫使司法令》

4.1.43.1 薛昂:《神霄宫使司法令》一部。卷亡。(《宋史》卷二百四，“艺文志三”，第5143页)

4.1.44《两浙福建路令》

4.1.44.1《两浙福建路敕令格式》一部，宣和初。卷亡。(《宋史》卷二百四，“艺文志三”，第5143页)

4.1.45《内东门司应奉禁中请给令》

4.1.45.1《大观新修内东门司应奉禁中请给敕令格式》一部。

卷亡。(《宋史》卷二百四，“艺文志三”，第 5142 页)

4.1.46《国子监大学令》《国子监辟雍令》《国子监小学令》

4.1.46.1《国子大学辟雍并小学敕令格式申明一时指挥目录看详》一百六十八册。卷亡。(《宋史》卷二百四，“艺文志三”，第 5142 页)

4.1.47《统戎令》

4.1.47.1 王洪晖:《统戎式令》一卷。(《宋史》卷二〇七，“艺文六”，第 5286 页)

4.1.48《奉使高丽令》

4.1.48.1《奉使高丽令》一部。宣和初，卷亡。(《宋史》卷二百四，“艺文志三”，第 5142 页)

4.1.49《元丰令》

4.1.49.1 崔台符:《元丰编敕令格式》、并《赦书德音》《申明》八十一卷。(《宋史》卷二百四，“艺文志三”，第 5141 页)

4.1.49.2 崔台符:《元丰敕令式》七十二卷。(《宋史》卷二百四，“艺文志三”，第 5144 页)

4.1.50《政和令》

4.1.50.1 王韶:《政和敕令式》九百三卷。(《宋史》卷二百四，“艺文志三”，第 5142 页)

4.1.50.2 何执中:《政和重修敕令格式》五百四十八册。卷亡。(《宋史》卷二百四，“艺文志三”，第 5142 页)

4.1.51《元符令》

4.1.51.1 章惇:《元符敕令格式》一百三十四卷。(《宋史》卷

二百四，“艺文志三”，第 5144 页）

4.1.52《绍兴令》

4.1.52.1 张守：《绍兴重修敕令格式》一百二十五卷。（《宋史》卷二百四，“艺文志三”，第 5144 页）

4.1.53.《乾道令》

4.1.53.1《乾道重修敕令格式》一百二十卷。虞允文等撰。（《宋史》卷二百四，“艺文志三”，第 5144 页）

4.1.54《淳熙令》

4.1.54.1《淳熙重修敕令格式》及《随敕申明》二百四十八卷。（《宋史》卷二百四，“艺文志三”，第 5145 页）

4.1.55《庆元令》

4.1.55.1《庆元重修敕令格式》及《随敕申明》二百五十六卷。庆元三年诏重修。（《宋史》卷二百四，“艺文志三”，第 5145 页）

4.1.56《诸军班直禄令》

4.1.56.1《诸军班直禄令》一卷。（《宋史》卷二百四，“艺文志三”，第 5145 页）

4.1.56.2《熙宁新定皇亲禄令》十卷。（《宋史》卷二百四，“艺文志三”，第 5140 页）

4.1.57《诸路州县学令》

4.1.57.1 蔡京：《政和续编诸路州县学格式》十卷。（《宋史》卷二百四，“艺文志三”，第 5144 页）

《宋名·艺文志》中所见的“令”中多记载有具体卷数，但很多没有明确指明敕令格式及申明所占的比例，总结上面所见“令”的篇名，具体有：

《夏祭令》《明堂令》《景灵宫供俸令》《诸陵荐献礼文仪令》《阁门令》《蜀坤仪令》《高丽令》《诸蕃进贡令》《禄令》《驿令》《新定诸军直禄令》《新定皇亲禄令》《御书院令》《国子监大学小学令》《武学令》《贡举令》《医局令》《龙图阁令》《天章阁令》《宝文客令》《丧葬令》《皇亲禄令》《都提举市易司令》《国子监支费令》《吏部四选令》《户部令》《诸司市务令》《六曹令》《律学令》《诸路州县学令》《诸路州县令》《算学令》《书学令》《宗子大小学令》《政和禄令》《大礼令》《御试贡士令》《司农寺令》《江湖准浙盐令》《吏部令》《国子监令》《诸路州县学令》《贡士令》《六曹寺监库务通用令》《常平免役令》《参附尚书吏部令》《在京通用令》《吏部左选令》《吏部七司令》《大宗正司令》。

(二)《宋史·刑法志》中所见令的篇名

4.2.1《仪制令》

4.2.1.1 咸平中增至万八千五百五十有五条，诏给事中柴成务等芟其繁乱，定可为《敕》者二百八十有六条，准《律》分十二门，总十一卷。又为《仪制令》一卷。当时便其简易。(《宋史》卷一九九，“刑法志一”，第4963页)

此史料说明宋初敕类立法之繁多。

4.2.2《禄令》《驿令》

4.2.2.1 嘉祐初，因枢密使韩琦言，内外吏兵奉禄无著令，乃命类次为《禄令》。三司以驿料名数，着为《驿令》。(《宋史》卷一九九，“刑法志一”，第4963页)

4.2.3《元丰令》

4.2.3.1 自《品官》以下至《断狱》三十五门，约束禁止者，

皆为令。(《宋史》卷一九九,“刑法志一”,第4964页)

《元丰令》篇名是自“品官”至“断狱”,共三十五篇。

4.2.3.2《元丰令》:太中大夫以上丁忧解官,给旧官料钱。中大夫,中奉、中散大夫,四十五千。春、冬各小绫三匹,绢十五匹,春罗一匹,冬绵五十两。朝议、奉直、朝请、朝散、朝奉大夫,三十五千。春、冬绢各十三匹,春罗一匹,冬绵三十两。(《宋史》卷一七一,“职官十一”,第4110页)

4.2.4《绍兴令》

4.2.4.1 绍兴元年(1131年),书成,号《绍兴敕令格式》,而吏胥省记者亦复引用。(《宋史》卷一九九,“刑法志一”,第4965页)

4.2.5《乾道令》

4.2.5.1 乾道六年(1170年),刑部侍郎汪大猷等上其书,号《乾道敕令格式》。(《宋史》卷一九九,“刑法志一”,第4965页)

4.2.6《淳熙令》

4.2.6.1 淳熙初,诏除刑部许用《乾道刑名断例》,司勋许用《获盗推赏例》,并乾道经置条例事指挥,其余并不得引例。既而臣僚言:“《乾道新书》,尚多牴牾。”诏户部尚书蔡洸详定之,凡删改九百余条,号《淳熙敕令格式》。(《宋史》卷一九九,“刑法志一”,第4966页)

4.2.7《庆元令》

4.2.7.1 庆元四年(1198年),右丞相京镗始上其书,为百二十

卷，号《庆元敕令格式》。①（《宋史》卷一九九，“刑法志一”，第4966页）

4.2.8《淳祐令》

4.2.8.1 淳祐二年（1242年）四月，敕令所上其书，名《淳祐敕令格式》。十一年，又取《庆元法》与《淳祐新书》删润。其间修改者百四十条，创入者四百条，增入者五十条，删去者十七条，为四百三十卷。（《宋史》卷一九九，“刑法志一”，第4963页）

《宋史·刑法志》中对南宋几次令典的修撰都有记载，从记载看，《绍兴令》是对北宋令典的整理再创。《乾道令》《淳熙令》《庆元令》和《淳祐令》都是在《绍兴令》的基础上增删而成，基本结构都以《绍兴令》为准。

（三）《宋史》中其他所见令的篇名

《宋史》在“本纪”和“志”的部分有较多“令”的记载，具体有：

4.3.1《明堂令》《景灵宫供俸令》《大辽令》《高丽令》《诸蕃进贡令》《宗室外臣葬敕令》

4.3.1.1 元丰元年（1078年）……又命龙图直学士宋敏求同御史台、礼院详定《朝会仪注》，总四十六卷：曰《仪》，曰《朝会礼文》，曰《仪注》，曰《徽号宝册仪》。《祭祀》总百九十一卷：曰《祀仪》，曰《南郊式》，曰《大礼式》，曰《郊庙奉祀礼文》，曰《明堂祫享令式》，曰《天兴殿仪》，曰《四孟朝献仪》，曰《景灵宫供奉敕令格式》，曰《仪礼敕令格式》。《祈禳》总四十卷：曰《祀赛式》，曰《斋醮式》，曰《金箓仪》。《蕃国》总七十一卷：曰《大辽令式》，曰《高丽入贡仪》，曰《女真排办仪》，曰《诸蕃进贡令式》。《丧葬》总百六十三卷：曰《葬式》，曰《宗室外臣葬敕令格式》，曰《孝赠式》。其损益之制，视前多矣。（《宋史》卷九八，“吉礼一”，第2422—2423页）

---

① 刘时举撰的《续宋中兴编年资治通鉴》卷十二记载《庆元敕令格式》修撰完成的时间是庆元四年（1198年）九月，“京镗上《重修敕令格式》，申明诏颁天下”。（刘时举撰：《续宋中兴编年资治通鉴》卷十二，中华书局2014年版，第278页）

此条史料详细记载了宋朝在礼仪方面的立法数量、种类和特点等。可以看出宋朝礼制立法十分发达。

4.3.2《禄令》

4.3.2.1 嘉祐二年（1057年）冬十月丙午，班《禄令》。（《宋史》卷十二，“仁宗纪”，第242页）

4.3.2.2 宣和三年（1121年），户部尚书沈积中、侍郎王蕃言：“《元丰法》，带职人依《嘉祐禄令》，该载观文殿大学士以下至直学士，添支钱三等，自三十千至十五千。百千至十千，凡九等。大观中，因敕令所启请，改作贴职钱，观文大学士至直秘阁，兼增添在京供职米麦，观文殿大学士至待制，自五十石至二十五石四等，比旧法增多数倍。”（《宋史》卷一七二，“职官十二·俸禄制下·增给”，第4130页）

4.3.3《嘉祐驿令》

4.3.3.1 嘉祐四年（1059年）春正月壬寅，颁《嘉祐驿令》。（《宋史》卷十二，“仁宗四”，第244页）

4.3.3.2 嘉祐四年（1059年），三司使张方平编驿券则例，凡七十四条，赐名《嘉祐驿令》。（《宋史》卷一五四，“舆服六·符券”，第2596页）

4.3.4《学令》

4.3.4.1 元丰二年（1079年）十二月乙巳，御史中丞李定上《国子监敕式令》并《学令》凡百四十条。（《宋史》卷十五，“神宗二”，第299页）

4.3.4.2 元丰二年（1079年），颁《学令》：太学置八十斋，斋各五楹，容三十人。外舍生二千人，内舍生三百人，上舍生百人。月一私试，岁一公试，补内舍生；间岁一舍试，补上舍生，弥封、誊录如贡举法；而上舍试则学官不预考校。公试，外舍生入第一、第二等，升内舍；内舍生试入优、平二等，升上舍：皆参考所书行艺乃升。上舍分三等。学正增为五人，学录增为十人，学录参以学生为之。岁赐缗钱至二万五千，又取郡县田租、屋课、息钱之类，增为学费。初，以国子名监，而实未尝教养国子。诏许清要官亲戚入监听读，额二百人，仍尽以开封府解额归太学，其国子生解额，以太学分数取之，毋过四十人。（《宋史》卷一五七，“选举三·学校试”，第3660—3661页）

4.3.5《恤孤幼令》

4.3.5.1 绍圣三年（1096年）二月辛未，复元丰《恤孤幼令》。（《宋史》卷十八，“哲宗二”，第344页）

4.3.6《大学令》

4.3.6.1 绍圣三年（1096年）十二月甲戌，蔡京上《新修大学敕令式》《详定重修敕令》。（《宋史》卷十八，“哲宗二”，第345页）

4.3.7《祠令》

4.3.7.1《祠令》：“小祠，牲入涤一月，所以备洁养之法。今每位肉以豕，又取诸市，与令文相戾。请诸小祠祭以少牢，仍用体解。”（《宋史》卷一百三，“礼六·吉礼六”，第2518页）

4.3.8《祀令》

4.3.8.1《绍兴祀令》：“虫蝗为害，则祭酺神。”（《宋史》卷一百三，“礼六·吉礼六”，第2523页）

4.3.9《朝会仪令》

4.3.9.1 元丰元年（1078年），诏龙图阁直学士、史馆修撰宋敏求等详定正殿御殿仪注，敏求遂上《朝会仪》二篇、《令式》四十篇，诏颁行之。（《宋史》卷一一六，“宾礼一”，第2745页）

4.3.10《丧葬令》

4.3.10.1《天圣丧葬令》：皇帝临臣之丧，一品服锡衰，三品已上缌衰，四品已下疑衰。皇太子临吊三师、三少则锡衰，宫臣四品已上缌衰，五品已下疑衰。(《宋史》卷一二四，“礼二十七·凶礼三”，第2903页)

4.3.10.2 礼官言：“《礼通》：皇帝为乳母缌麻。按《丧葬令》：皇帝为缌，一举哀止。秦国夫人保傅圣躬，宜备哀荣。况太宗之丧已终易月之制，今为乳母发哀，合于礼典。”从之。(《宋史》卷一二四，“礼二十七·凶礼三”，第2905页)

4.3.11《假宁令》

4.3.11.1 天圣五年（1027年），侍讲学士孙奭言：“伏见礼院及刑法司外州执守服制，词旨俚浅，如外祖卑于舅姨，大功加于嫂叔，颠倒谬妄，难可遽言。臣于《开宝正礼》录出五服年月，并见行丧服制度，编祔《假宁令》，请下两制、礼院详定。”翰林学士承旨刘筠等言：“奭所上五服制度，皆应礼经。然其义简奥，世俗不能尽通今解之以就平易。若‘两相为服，无所降杀’，旧皆言‘服’者，具载所为服之人；其言‘周’者，本避唐讳，合复为‘期’。……又节取《假宁令》附《五服敕》后，以便有司；仍板印颁行，而丧服亲疏隆杀之纪，始有定制矣。”(《宋史》卷一二五，“礼二十八·凶礼四”，第2926页)

4.3.11.2《假宁令》：“诸丧，斩、齐三年，并解官；齐衰杖期及为人后者为其父母，若庶子为后为其母，亦解官，申心丧；母出及嫁，为父后者虽不服，亦申心丧。”(《宋史》卷一二五，“礼二十八·凶礼四”，第2926页)

4.3.12《封爵令》

4.3.12.1 熙宁八年（1075年），礼院请为祖承重者，依《封爵令》立嫡孙，以次立嫡子同母弟，无母弟立庶子，无庶子立嫡孙同母弟；如又无之，即立庶长孙，行斩衰服。(《宋史》卷一二五，“礼二十八·凶礼四”，第2933页)

4.3.13《乐令》

4.3.13.1 政和四年（1114 年），礼制局言："卤簿六引仪仗，信幡承以双龙，大角黑漆画龙，紫绣龙袋，长鸣、次鸣、大小横吹、五色衣幡、绯掌画交龙。按《乐令》，三品以上绯掌画蹲豹。盖唯乘舆器用，并饰以龙。今六引内系群臣卤簿，而旗物通画交龙，非便，合厘正。"（《宋史》卷一四五，"仪卫三"，第 3406 页）

4.3.13.2 唐定《乐令》，唯著器服之名。后唐庄宗起于朔野，所好不过北鄙郑、卫而已，先王雅乐，殆将扫地。（《宋史》卷一二六，"乐一"，第 2939 页）

4.3.13.3 别撰舞典、乐章。其铙、铎、雅、相、金錞、鼗鼓并引二舞等工人冠服，即依《乐令》，而《文德》《武功》之舞，请于郊庙仍旧通用。（《宋史》卷一二六，"乐一"，第 2942 页）

4.3.14《卤簿令》

4.3.14.1 大中祥符四年（1011 年），知枢密院事王钦若言："王公车辂上并用龙装，乞下有司检定制度。"诏下太常礼院详定。本院言："按《卤簿令》：王公已下，象辂以象饰诸末，朱班轮，八鸾在衡，左建旂画龙，一升一降，右载闟戟。革略以革饰诸末，左建旃，余同象辂。木辂以漆饰之，余同革辂。轺车，曲壁，青幰碧里。诸辂皆朱质，朱盖，朱旂旃，一品九旒，二品八旒，三品七旒，四品六旒，其鞶缨如之。"（《宋史》卷一五〇，"舆服三"，第 3506 页）

4.3.14.2 元丰三年（1080 年），详定礼文所言："《卤簿令》：公卿奉引：第一开封令，乘轺车；次开封牧，隼旗；次太常卿，凤旗；次司徒，瑞马旗；次御史大夫，獬豸旗；次兵部尚书，虎旗，而乘革车"。（《宋史》卷一五〇，"舆服三"，第 3506 页）

《卤簿令》在北宋时应存在，因为此条史料所言时间是在元丰三年，这时所引的应不是《唐令》中的条文。

4.3.15《衣服令》

4.3.15.1 按《开宝通礼》及《衣服令》，冕服皆有定法，悉无宝锦之饰。夫太祖、太宗富有四海，岂乏宝玩，顾不可施之郊庙也。

臣窃谓，陛下肇祀天地，躬飨祖祢，服周之冕，观古之象，愿复先王之制，祖宗之法。其衮冕之服，及韠、绶、佩、舄之类，与《通礼》《衣服令》《三礼图》制度不同者，宜悉改正。（《宋史》卷一五一，“舆服三”，第3526页）

4.3.15.2《衣服令》：五旒冕，衣裳无章，皂绫绶，铜装剑、佩，四品以下为献官则服之。（《宋史》卷一五二，“舆服四”，第3540页）

4.3.15.3 准《衣服令》：五梁冠，一品、二品侍祠大朝会则服之，中书门下则加笼巾貂蝉。（《宋史》卷一五二，“舆服四”，第3551页）

4.3.15.4 元丰二年（1079年），详定朝会仪注所言：“古者制礼上物，不过十二，天之数也。自上而下，降杀以两……本朝《衣服令》，通天冠二十四梁，为乘舆服，以应冕旒前后之数。若人臣之冠，则自五梁而下，与汉、唐少异矣。”（《宋史》卷一五二，“舆服四”，第3554页）

4.3.16《官品令》

4.3.16.1 康定二年（1041年），少府监言：“每大礼，法物库定百官品位给朝服。今两班内，有官卑品高、官高品卑者，难以裁定，愿敕礼院详其等第。”诏下礼院参酌旧制以闻。奏曰：

准《官品令》，一品：尚书令，太师，太傅，太保，太尉，司徒，司空，太子太师、太傅、太保；二品：中书令，侍中，左右仆射，太子少师、少傅、少保，诸州府牧，左右金吾卫上将军。又准《仪制》，以中书令、侍中、同中书门下平章事为宰臣，亲王、枢密使、留守、节度使、京尹兼中书令、侍中、同中书门下平章事为使相，枢密使、知枢密院事、参知政事、枢密副使、同知枢密院事、宣徽南北院使、佥书枢密院事并在东宫三司之上。以上品位职事，宜准前法给朝服。宰臣、使相则加笼巾貂蝉，其散官勋爵不系品位，止从正官为之服。

三梁冠，诸司三品、御史台四品、两省五品侍祠大朝会则服之。御史中丞则冠獬豸。准《官品令》：诸司三品，诸卫上将军，六军统军，诸卫大将军，神武、龙武大将军，太常、宗正卿，秘书监，光禄、卫尉、太仆、大理、鸿胪、司农、司三品，诸卫上将军，六军统军，诸卫大将军，神武、龙武大将军，太常、宗正卿，秘书监，光禄、卫尉、太仆、大理、鸿胪、司农、太府卿，国子祭酒，殿中、少府、将作、司天监，诸卫将军，神武、龙武将军，下都督，三京府尹，五大都督府长史，亲王傅；御史台三品、四品，御史大夫、中丞；两省三品、四品、五品，左右散骑常侍，门下、中书侍郎，谏议大夫，给事中，中书舍人；尚书省三品、四品，六尚书，左右丞，诸行侍郎；东宫三品、四品，宾客，詹事，左右庶子，少詹事，左右谕德。节度使，文明殿学士，资政殿大学士，三司使，翰林学士承旨，翰林学士，资政殿学士，端明殿学士，翰林侍读、侍讲学士，龙图阁学士，枢密直学士，龙图、天章阁直学士，次中书侍郎；节度观察留后，次六尚书、侍郎；知制诰，龙图、天章阁待制，观察使，次中书舍人；内客省使，次太府卿；客省使，次将作监；引进使，防御、团练、三司副使，次左右庶子。以上品位职事，宜准前法给朝服。

两梁冠，四品、五品侍祠大朝会则服之，六品则去剑、佩、绶，御史则冠獬豸。准《官品令》，诸司四品，太常、宗正少卿，秘书少监，光禄等七寺少卿，国子司业，殿中、少府、将作、司天少监，三京府少尹，太子率更令、家令、仆、诸卫率府率、副率，诸军卫中郎将，诸王府长史、司马，大都督府左右司马，内侍；尚书省五品，左右司诸行郎中；诸司五品，国子博士，经筵博士，太子中允、左右赞善大夫，都水使者，开封祥符、河南洛阳、宋城县令，太子中舍、洗马，内常侍，太常、宗正、秘书、殿中丞，著作郎，殿中省五尚奉御，大理正，诸王友，诸军卫郎将，诸王府谘议参军，司天五官正，太史令，内给事；诸升朝官六品以下起居郎，起居舍人，侍御史，尚书省诸行员外郎，殿中侍御史，左右司谏，左右正言，监察御史，太常博士，通事舍人。四方馆使，次七寺少卿；诸州刺史，次太子仆；谓正任不带使职者。东西上使，次司天少监；客省、引进、副使，次诸行员外同六品。（《宋史》卷一百五十二，“舆服四”，第3551—3553页）

4.3.17《仪制令》

4.3.17.1 崇宁四年（1105年），中书省检会哲宗《元符仪制令》：“诸带，三师、三公、宰相、执政官、使相、节度使、观文殿大学士球文，佩鱼。节度使非曾任宰相即御仙花，佩鱼。观文殿学士至宝文阁直学士、御史大夫、中丞、六曹尚书、侍郎、散骑常侍并御仙花，权侍郎不同；内御史大夫、六曹尚书、观文殿学士至翰林学士仍佩鱼，资政殿学士特旨班在翰林学士上者同，权尚书不同。其官职未至而特赐者，不拘此令。因任职事官经赐金带者，虽后任不该赐，亦许服。”（《宋史》卷一五三，“舆服五”，第3567页）

4.3.18《崇宁令》

4.3.18.1 谏议大夫赵霈请用《崇宁令》，凡隔二等、累及五人许行奏禀，从之。（《宋史》卷一五六，“选举二·科目下”，第3628页）

4.3.19《贡举令》

4.3.19.1 淳熙十四年（1187年），翰林学士洪迈言：“《贡举令》：赋限三百六十字，论限五百字。今经义、论、策一道有至三千言，赋一篇几六百言，寸晷之下，唯务贪多，累牍连篇，何由精妙？宜俾各遵体格，以返浑淳。”（《宋史》卷一五六，“选举二·科目下”，第3633页）

4.3.20《杂修御试贡士令》

4.3.20.1 政和四年（1114年），先是，礼部上《杂修御试贡士敕令格式》，又取旧制凡关学政者，分敕、令、格、式，成书以上。（《宋史》卷一五七，“选举三·学校试”，第3668页）

4.3.21《吏部七司令》

4.3.21.1 绍兴三年（1133年）冬十月癸未，朱胜非上《重修吏部七司敕令格式》。（《宋史》卷二七，“高宗四”，第507页）

4.3.21.2 绍兴三年（1133年），右仆射朱胜非等上《吏部七司敕令格式》。自渡江后，文籍散佚，会广东转运司以所录元丰、元祐吏部法来上，乃以省记旧法及续降指挥，详定而成此书。（《宋史》卷一五八，“选举四·铨选上”，第3713页）

4.3.21.3 淳熙元年（1174年），参知政事龚茂良言：“官人之道，在朝廷则当量人才，在铨部则宜守成法。法本无弊，例实败之。法者，公天下而为之者也；例者，因人而立以坏天下之公者也。昔之患在于用例破法，今之患在于因例立法。谚称吏部为'例部'。今《七司法》自晏敦复裁定，不无疏略，然守之亦可以无弊。而徇情废法，相师成风，盖用例破法其害小，因例立法其害大。法常靳，例常宽今法令繁多，官曹冗滥，盖由此也。望令裒集参附法及乾道续降申明，重行考定，非大有牴牾者弗去，凡涉宽纵者悉刊正之。庶几国家成法，简易明白，赇谢之奸绝，冒滥之门塞矣。"于是重修焉。既而吏部尚书蔡洸以改官、奏荐、磨勘、差注等条法分门编类，名《吏部条法总类》。十一月，《七司敕令格式申明》成书。(《宋史》卷一五八，"选举四·铨选上"，第3715页)

4.3.21.4 宝祐二年（1254年）冬十月庚午朔，谢方叔等进宝祐编《吏部七司续降条令》。(《宋史》卷四十四，"理宗四"，第853页)

4.3.22《文臣关升条令》

4.3.22.1 吏部请："武举军班武艺特奏名出身，并任巡检、驻泊、监押、知砦，比附《文臣关升条令》，并实历六考，有举主四人，内监司一人，听关升亲民。正副将，两任、有举主二人，内一人监司，亦与关升。凡升副将，视文臣初任通判资序；再关升正将，视文臣次任通判资序；关升路分副都监，视文臣初任知州资序；小郡州钤辖，视文臣次任知州资序。"(《宋史》卷一六〇，"选举六·保任"，第3754页)

4.3.23《考课令》

4.3.23.1 元祐初……诏近臣议，议者请用《元丰考课令》，第为高下，以行升黜，岁毋过五人。后改立县令课，有"四善"、"五最"之目，及增损监司、转运课格，守令为五等减磨勘法。(《宋史》卷一六〇，"选举六·考课"，第3762页)

4.3.24《主客令》

4.3.24.1 元祐六年（1091年）七月，兵部言："《兵部格》：掌蕃夷官授官；《主客令》：蕃国进奉人陈乞转授官职者取裁。即旧应除转官者，报所属看详。旧来无例，创有陈乞，曹部职掌未一，久远互失参验，自今不以曾未贡及例有无，应缘进奉人陈乞，授官加恩，令主客关报兵部。”从之。（《宋史》卷一六三，“职官三”，第3854页）

4.3.25《殿中省令》《六尚局令》《供奉库务令》

4.3.25.1 崇宁三年（1104年），蔡京上修成《殿中省六尚局供奉库务敕令格式》并《看详》凡六十卷，仍冠以“崇宁”为名。（《宋史》卷一六四，“职官四”，第3881页）

4.3.26《太学令》

4.3.26.1 左司谏翟思言：“元丰《太学令》训迪纠禁亦具矣，今追复经义取士，乞令有司看详，依旧颁行。”（《宋史》卷一六五，“职官五”，第3912页）

4.3.27《公式令》

4.3.27.1 宗正言：“按《公式令》：朝参行立，职事同者先爵，爵又同者先齿。今请宗子官同而兄叔次弟阁者，并虚一位而立。”（《宋史》卷一六八，“职官八·合班之制”，第4001页）

4.3.28《常平免役令》

4.3.28.1 元符元年（1098年）六月甲午，蔡京等上《常平免役敕令》。（《宋史》卷十八，“哲宗二”，第330页）

4.3.28.2 是岁，以常平、免役、农田、水利、保甲，类着其法，总为一书，名《常平免役敕令》，颁之天下。诏翰林学士承旨兼详定役法蔡京依旧详定重修敕令。（《宋史》卷一七八，“食货上六·振恤”，第4350页）

4.3.29《元符令》

4.3.29.1 大观四年（1110 年），私贩勿治元售之家，如《元符令》。（《宋史》卷一百八十四，“食货下六”，第 4506 页）

4.3.29.2 初，《元符令》，品官供家服用物免税。（《宋史》卷一八六，“食货下八”，第 4545 页）

4.3.30《乾道令》

4.3.30.1 乾道八年（1172 年）知常德府刘邦翰言：“江北之民困于酒坊，至贫乏家，不捐万钱则不能举一吉凶之礼。”乃检《乾道重修敕令》，申严抑买之禁。（《宋史》卷一八五，“食货下七”，第 4522 页）

4.3.31《军防令》

4.3.31.1《军防令》：诸军招简等杖：天武第一军五尺有八寸，捧日、天武第二军、神卫五尺七寸三分，龙卫五尺有七寸；拱圣、神勇、胜捷、骁捷、龙猛、精朔五尺六寸五分；骁骑、云骑、骁胜、宣武、殿前司虎翼、殿前司龙翼水军五尺有六寸；武骑、宁朔、步军司虎翼水军、拣中龙卫、神骑、广勇、龙骑、骁猛、雄勇、吐浑、擒戎、新立骁捷、骁武、广锐、云翼、有马劲勇、步武、威捷、武卫、床子弩雄武、飞山雄武、神锐、振武、新招振武、新置振武、振华军、雄武弩手、上威猛、厅子、无敌、上招收、冀州雄胜、澄海水军弩手五尺五寸；广捷、威胜、广德、克胜、陕府雄胜、骁雄、雄威、神虎、保捷、清边弩手、制胜、清涧、平海、雄武、龙德宫清卫、宁远、安远五尺四寸五分；克戎、万捷、云捷、横塞、捉生、有马雄略、效忠、宣毅、建安、威果、全捷、川效忠、拣中雄勇、怀顺、忠勇、教阅忠节、神威、雄略、下威猛五尺四寸，亳州雄胜、飞骑、威远、蕃落、怀恩、勇捷、上威武、下威武、忠节、靖安、川忠节、归远、壮勇、宣效五尺三寸五分；济州雄胜、骑射、桥道、清塞、奉先、奉国、武宁、威勇、忠果、劲勇、下招收、壮武、雄节、靖江、武雄、广节、澄海、怀远、宁海、刀牌手、必胜五尺三寸；拣中广效、武和、武肃、忠靖、三路厢军五尺二寸。（《宋史》卷一九四，

“兵八”，第 4837 页）

4.3.32《群牧司令》

4.3.32.1 于是以比部员外郎崔台符权群牧判官，又命群牧判官刘航及台符删定《群牧敕令》，以唐制参本朝故事而奏决焉。（《宋史》卷一九八，“兵十二”，第 4939 页）

此条“群牧令”缺少“司”字，全称应是《群牧司令》。

4.3.33《政和令》

4.3.33.1 自绍圣后，举人不习诗赋，至是始复，遂除《政和令》命官私相传习诗赋之禁。（《宋史》卷一五六，“选举二·科目”，第 3625 页）

4.3.33.2 靖康元年（1126 年）六月检准《政和令》：诸盗再犯杖以上、情理不可决放而堪充军者，给例物刺充厢军。（《宋史》卷一九三，“兵七·召募之制”，第 4808 页）

4.3.33.3《政和令》：诸国戚、命妇若女冠、尼，不因大礼等辄求入内者，许台谏觉察弹奏。（《宋史》卷四二三，“李韶传”，第 12632 页）

4.3.34《大宗正司令》

4.3.34.1 绍兴二十三年（1153 年）十一月甲辰，颁《大宗正司条令》。（《宋史》卷三一，“高宗八”，第 578 页）

此条中用“条令”是一种通用，标准应是“令”。

4.3.35《捕盗令》

4.3.35.1 建隆三年（962 年）十二月庚子，班《捕盗令》。（《宋史》卷一，“太祖一”，第 13 页）

4.3.35.2 开宝元年（968 年）三月庚寅，班《县令尉捕盗令》。（《宋史》卷二，“太祖二”，第 27 页）

从史料看，两条史料所载的“令”应存在区别。

4.3.36《内侍养子令》

4.3.36.1 开宝四年（971年）七月戊午，复著《内侍养子令》。（《宋史》卷二，“太祖二”，第33页）

4.3.36.2 治平元年（1064年）十一月戊寅，复《内侍养子令》。（《宋史》卷十三，“英宗一”，第256页）

4.3.37《宽恤诏令》

4.3.37.1 绍兴二十五年（1155年）九月丁巳，秦桧上《绍兴宽恤诏令》。（《宋史》卷三十一，“高宗八”，第582页）

4.3.37.2 乾道六年（1170年）秋七月戊辰，班《隆兴以来宽恤诏令》于诸路。（《宋史》卷三十五，“孝宗三”，第670页）

4.3.37.3 淳熙十二年（1185年）四月戊辰，班《淳熙宽恤诏令》。（《宋史》卷三十五，“孝宗三”，第683页）

4.3.37.4 庆元二年（1196）十一月庚寅，诣寿康宫，上《太上皇帝宽恤诏令》。壬辰，京镗等上《孝宗皇帝宽恤诏令》。（《宋史》卷三十七，“宁宗一”，第722页）

4.3.37.5 庆元六年（1200年）五月丙辰，有司上《庆元宽恤诏令》《役法撮要》。（《宋史》卷三十七，“宁宗一”，第727页）

4.3.37.6 嘉定六年（1213年）五月戊辰，修庆元六年以来宽恤诏令。（《宋史》卷三十九，“宁宗三”，第759页）

4.3.37.7 嘉定十四年（1221年）五月乙巳，颁《庆元宽恤诏令》。（《宋史》卷四十，“宁宗四”，第776—777页）

4.3.37.8 景定四年（1263年）秋七月壬辰，敕令所进《宁宗以来宽恤诏令》。（《宋史》卷四十五，“理宗五”，第885页）

4.3.38《月令》

4.3.38.1 又案“《月令》：‘天子献羔开冰，先荐寝庙。’详其开冰之祭，当在春分，乃有司之失也。”帝览奏，曰：“今四月，韭可苫屋矣，何谓荐新？”遂正其礼。《天圣新令》：“春分阴冰，祭司寒于冰井务，卜日荐冰于太庙。季冬藏冰，设祭亦如之。”（《宋史》卷

一〇三，“礼六”，第2518—2519页）

此条中有《天圣新令》，从内容上看是指天圣年间制定的新《月令》。

4.3.39《行军月令》

4.3.39.1 刘玄之：《行军月令》一卷。（《宋史》卷二百七，“艺文六”，第5282页）

4.3.39.2 王洪晖：《行军月令》四卷，《新集行军月令》四卷。（《宋史》卷二〇七，“艺文六”，第5286—5287页）

4.3.40《仪令》

4.3.40.1 绍圣四年（1097年）十月，御史台言：“外任官到阙朝见讫，并令赴朔、望参。”寻又言：“《元丰官制》：朝参班序有日参、六参、望参、朔参，已著为令。元祐中，改朔参兼赴望参，望参兼赴六参，有失先朝分别等差之意。止依，《元丰仪令》。”从之。（《宋史》卷一一六，“礼十九·宾礼”，第2785页）

综上所见，《宋史》在“本纪”、“志”和“传”中所见“令”的情况如下：

《明堂令》《景灵宫供俸令》《大辽令》《高丽令》《诸蕃进贡令》《宗室外臣葬敕令》《禄令》《嘉祐驿令》《学令》《恤孤幼令》《大学令》《常平免役令》《祠令》《祀令》《朝会仪令》《丧葬令》《假宁令》《封爵令》《乐令》《卤簿令》《衣服令》《官品令》《仪制令》《崇宁令》《贡举令》《学令》《杂修御试贡士令》《吏部七司令》《文臣关升条令》《考课令》《主客令》《殿中省六尚局供奉库务令》《太学令》《公式令》《常平免役敕令》《元符令》《乾道令》《军防令》《群牧司令》《政和令》《大宗正司令》。

五 《吏部条法》中所见令的篇名

《吏部条法》收录了大量《淳祐令》的相关条文，同时所引“令”的篇名主要集中在尚书省吏部七司中。根据统计，全书有34个令的篇名，其中属于尚书省吏部七司的有31个篇名，其他有3个，分别是《淳祐令》《在京通用令》和《大宗正司令》。31个篇名属于宋朝选官考核的法律，反映出宋朝官吏管理、考核、选拔的法律制度，全面反映南宋时吏部七司法律的内容和特征。整个法典现在可以见到"令"的篇名具体如下：

《吏部条法》所见篇名及所引次数

序数＼类目	所见令的篇名	所引次数
5.1	大宗正司令	1
5.2	在京通用令	1
5.3	尚书左右侍郎右选通用令	1
5.4	尚书左右选侍郎右选通用令	1
5.5	尚书左右选通用令	3
5.6	尚书左选令	15
5.7	尚书左选考功通用令	4
5.8	尚书左选尚书考功通用令	1
5.9	尚书左选侍郎左右选通用令	1
5.10	尚书左选侍郎右选通用令	1
5.11	尚书右选令	11
5.12	尚书右选侍郎左右选通用令	2
5.13	尚书司勋令	1
5.14	尚书考功令	28
5.15	尚书侍郎左右选用通令	1
5.16	尚书侍郎左右选司勋考功通用令	1
5.17	尚书侍郎左右选考功通用令	4
5.18	尚书侍郎左右选通用令	12
5.19	尚书侍郎左选考功通用令	3
5.20	尚书侍郎左选通用令	9
5.21	尚书侍郎右选用通令	1
5.22	尚书侍郎右选司勋考功通用令	7
5.23	尚书侍郎右选考功通用令	14
5.24	尚书侍郎右选通用令	1
5.25	尚书侍郎左右选考功通用令	1
5.26	尚书侍郎左选通用令	3

续表

序数＼类目	所见令的篇名	所引次数
5.27	侍郎左右选通用令	21
5.28	侍郎左选令	1
5.29	侍郎左选考功通用令	1
5.30	侍郎左选尚书司勋通用令	8
5.31	侍郎左选尚书考功通用令	13
5.32	侍郎右选考功通用令	1
5.33	侍郎右选尚书考功通用令	1
5.34	淳祐令	16

从上表可知，《吏部条法》中共引用了34种不同令，34种令被引用的次数是189次，最多的有28次，最少的有1次。

六　宋朝令的篇名和数量

根据上面五种不同宋朝法律史料，综合其他史料，分别对宋朝的令典和单行令的篇名、结构进行了综合考察，情况如下。

（一）宋朝令典数量和结构

结合不同材料，宋朝令典立法情况具体如下。

1.《淳化令》。淳化五年（994年）修订。《淳化令》篇数和结构以开元二十五年（737年）《唐令》为基础，共27篇30卷。现在记载《淳化令》的主要史料有三处：《玉海》《通志》和《直斋书录解题》。《玉海》中"淳化编敕"下记载"太宗以开元二十六年所定令式修为《淳化令式》"；[①]《通志·艺文略三》中记载有"宋朝《淳化令》，三十卷"，[②] 从这些记载看，《淳化令》应是宋朝时的通称；《直斋书录解题》中"法令类·唐令三十卷，式二十卷条"下记载有"唐开元中宋璟、苏颋、卢从愿等所删定。考《艺文志》卷数同，更同光、天福校定，至本朝淳化中右赞善大夫潘宪、著作郎王泗校勘其篇目、条例，颇

① 王应璘：《玉海》卷六六，江苏古籍出版社、上海书店1987年版，第1255页。

② 郑樵撰：《通志·艺文略》，王树民点校，中华书局1995年版，第1554页。

与今见行令式有不同者”。[①] 这里明确指出《淳化令式》在内容上与南宋时令式不同，说明宋神宗朝神宗定义的敕令格式与唐朝令格式是不同的。这里明确指出《淳化令》就是唐朝开元二十六年制定的《唐令》。此外，对淳化年间修订的令式，《宋会要·刑法·格令一》中有记载，“至道元年十二月十五日，权大理寺陈彭年言：‘法寺于刑部写到令式，皆题伪蜀广政中校勘，兼列伪国官名衔，云‘奉敕付刑部’。其帝号、国讳、假日、府县陵庙名悉是当时事。伏望重加校定改正，削去伪制。’诏直昭文馆勾中正、直集贤院胡昭赐、直史馆张复、秘阁校理吴淑、舒雅、崇文院检讨杜镐于史馆校勘，翰林学士承旨宋白、礼部侍郎兼秘书监贾黄中、史馆修撰张佖详定。”[②] 这里记载至道元年（995 年）大理寺官员陈彭年奏称说当时刑部适用的“令式”版本是蜀广政权年间校勘颁布的唐令式版本，提出对此版本去除当时后蜀“伪制”，重新校勘颁行。此次校勘成果是《淳化令》，即以《唐令》为基础，蜀校勘本为底本校勘而成的“令典”。现在，学术界对《淳化令》是否存在有争议，仁井田陞和戴建国认为存在，[③] 楼劲认为宋太宗朝没有制定过真正意义上的《淳化令》，有也仅是对《唐令》的校刊本。[④] 从现在材料看，《淳化令》仅是对唐开元二十六年《开元令》校勘后改名为《淳化令》而行的令典，不是真正意义上宋朝令典立法开始。从《直斋书录解题》和《宋会要》记载看，淳化年间修订《唐令》主要涉及编目、条文、年号、用语和官名等五个方面，具体是进行时代化处理。分析两处记载，还可以看出，五代十国时，各政权都沿用唐朝开元二十六年的令典和式典，仅是各政权会对两个法典用语进行时代化处理。从这个角度看，《淳化令》可以说是宋朝修订后的新令典。《淳化令》应在南宋时还存在，至少陈振孙还看到，因为陈氏在书中指出《淳化令》在内容上与当时通行的令式内容不同，说明他对比过两者原文。

2.《天圣令》。天圣七年（1029 年）修订。见于 2.1.1、3.7 和 4.1.42 等诸条史料。见于《宋会要》《长编》和《宋史》。《遂初堂书目》

---

① 陈振孙撰，徐小蛮、顾美华点校：《直斋书录解题》卷七，“法令类”，上海古籍出版社 2015 年版，第 223 页。

② 《宋会要》，“刑一之一·格令之一”，第 8212 页。

③ 见仁井田陞《唐令拾遗·演唱会令的史的研究·唐后令》和戴建国《宋代法制史初探》。

④ 楼劲：《辨所谓“淳化令式”》，载《敦煌学辑刊》2006 年。

有记载。从 2.1.1 条中记载的 4 条材料看，《天圣令》制定于天圣七年（1029 年）五月十八日，国家公开雕版发行是天圣十年（1032 年）。《天圣令》从史料看，是宋朝真正意义上制定的令典，虽然《天圣令》在制定上采用制定新令和沿用唐令相结合的办法，但已经把唐令中在天圣年间不在适用的明确抄录出来。这样《天圣令》内容由两部分组成：《唐令》中仍然可以适用的部分和宋朝时新制定的内容。《天圣令》篇名是不是与开元二十六年《开元令》一致现在没有史料确证。《天圣令》篇名结构较详细记载的有赵希弁在《郡斋读书后志·天圣编敕》题解中，“右天圣中宋庠、宠籍受诏改修唐令，参与令制而成。凡二十一门：官品一、户二、祠三、选举四、考课五、军防六、衣服七、仪制八、卤簿九、公式十、田十一、赋十二、仓库十三、厩牧十四、关市十五、捕亡十六、疾医十七、狱官十八、营缮十九、丧葬二十、杂二十一”。[①] 从这里记载看，《天圣令》篇名数应有 21 篇，而不是《开元令》的 27 篇。然而，从现存《天圣令》残卷篇名看，有 12 篇，分别是：《田令》《赋役令》《仓库令》《厩牧令》《关市令》《捕亡令》《医疾令》《假宁令》《狱官令》《营缮令》《丧葬令》《杂令》。其中《假宁令》在赵希弁记载的篇名中没有，这样就出现赵希弁记载篇名是否存在缺失的问题。此外，从《天圣令》残本看，在 21 卷至 30 卷中，每卷都是 1 篇。《天圣令》有 30 卷，篇名应是 30 篇才对。《天圣令》现在可以确定卷数是 30 卷。按《唐令》中《官品令》《卤簿令》《公式令》分为两卷，也只有 24 卷，没有达到 30 卷，还缺 6 卷。结合两者，现在可以看到《天圣令》篇名至少有 22 篇，即增加 1 篇《假宁令》，具体是：《官品令》《户令》《祠令》《选举令》《考课令》《军防令》《衣服令》《仪制令》《卤簿令》《公式令》《田令》《赋役令》《仓库令》《厩牧令》《关市令》《捕亡令》《医疾令》《假宁令》《狱官令》《营缮令》《丧葬令》和《杂令》。从残卷可以看出，《天圣令》篇名结构采用第一篇是《官品令》，最后一篇是《杂令》的结构，与《唐令》是一致的，也与赵希弁记载一致。由上可知，《天圣令》篇名至少应有 27 篇。《天圣令》是现在可以见到宋朝令典数量第二位的法典。从现存《天圣令》残卷中整理出来的各篇条文数量是：《田令》7 条、《赋役令》23 条、《仓库令》24 条、《厩牧令》15 条、《关市令》18 条、《捕亡令》9 条、《医疾令》13 条、《假宁令》23 条、《狱官令》59 条、《营缮

---

① 赵希弁：《郡斋读书后志》卷一，“史类·天圣编敕”，四库全书本，第 33 页。

令》28 条、《丧葬令》33 条、《杂令》41 条，共 283 条。[①] 在修订《天圣令》时，还修订了《附令敕》500 多条。对此，《玉海》所引不同书中记载是相同的，但对《附令敕》体例存在不同，如《志》中记载是“令文三十卷，附令敕一卷”；而《书目》中记载则是“《天圣令文》三十卷。时令文尚依唐制，夷简等据唐旧文斟酌众条，益以新制。天圣十年行之，《附令敕》十八卷。夷简等撰《官品令》之外，又按敕文录制度及罪名轻简者五百余条，依令分门，附于卷之末。又有《续附令敕》一卷，庆历中编”。[②] 按此记载，吕夷简等人在修撰《天圣令》时除按《唐令》修成《天圣令》外，还把当时敕文中涉及非刑事及罪名轻的 500 多条按《唐令》篇名分门别类附于各篇后，而后来认为这 500 多条《附令敕》作为一卷附在《天圣令》后的则是庆历中续编的“附令敕”。从这里看，天圣年间编令的内容应有两部分：《天圣令》和 500 余条十八卷的《附令敕》。

3.《元丰令》。元丰七年（1084 年）修订。见于 2.1.2、3.12、4.1.49 和 4.2.3 等诸条史料。见于《宋会要》《长编》和《宋史》。三本书中大量史料都有引用《元丰令》的史料。《元丰令》在《宋会要》中有 37 条明确记载该法典内容的材料。时间从元丰六年（1083 年）至庆元二年（1196 年）。《元丰令》是北宋令典立法中最具时代性的成果，或说《元丰令》是宋朝令典立法史上真正意义上的新令典。《元丰令》是北宋把唐中后期以来形成的敕、格后敕与令等进行区分，把北宋建国后“敕”的内容主要限定在刑名领域法定化后的产物，大量以前纳入敕的内容被按新标准移到令典中。对此，元祐元年御使中丞刘挚奏书中指出“元丰中，命有司编修敕令，凡旧载于敕者多移之于令”，他解释产生的原因是“盖违敕之法重，违令之罪轻，此足以见神宗仁厚之德”。[③] 这是错误的，原因是《元丰敕令格式》中区分“敕令格式”的标准是按神宗界定的新标准，即“以刑名为敕”、“以约束为令”、“以酬为格”和“以体制规模者皆为式”。[④]《元丰敕令格式》数量可能在 6000 条左右，因为在元祐元年修的《元祐敕令式》是在 6876 条，而《元祐敕令式》是在《元丰敕令格

① 中国社会科学院历史研究所天圣令整理课题组校证：《天一阁藏明钞本天圣令校证》（下册），中华书局 2006 年版。

② 王应璘：《玉海》卷六六，江苏古籍出版社、上海书店 1987 年版，第 1258 页。

③ 李焘：《长编》卷三百七十三，“元祐元年三月己卯”条，中华书局 2004 年版，第 9025 页。

④ 王应璘：《玉海》卷六六，江苏古籍出版社、上海书店 1987 年版，第 1361 页。

式》和续降条贯基础上修订而成。从3.12和4.2.4条看，《元丰令》共有35门，共50卷，第一篇是《品官令》，最后一篇是《断狱令》。《元丰令》的篇名是确定的，有35篇，较《天圣令》篇名出现增加。当然，从记载看，《元丰令》50卷有35篇，至少有15篇中每篇应有两卷，或者有些篇中数量在两卷以上。若是如此，说明《元丰令》篇名分类还存在较粗问题，因为大量篇章需要由两卷以上数量容纳。还有一种可能，就是35门而不是35篇，即篇名数量较“门”而多，但从列举的两个篇的名称看，却是令典的篇名。从记载看，除《元丰令》外，还有些属于路、州、县、司、务和省、曹、寺、监、库、务等方面的“令”，说明《元丰敕令格式》中敕典13卷，令典50卷，格典5卷，式典5卷、随敕申明1卷，共74卷仅是国家立法中的基本法律。除此之外，还有大量涉地方和中央其他机构的敕令格式，也就是元丰年间“令”的内容不仅有《元丰令》，还有其他形式的“令”。若说《天圣令》开创宋朝特色的令典立法，那么《元丰令》则创制了宋朝令典的完整体例，让宋朝令典从分类标准、结构体例到内容形式上都体现出自己的时代风格。

4.《元祐令》。元祐二年（1087年）修订。见于2.1.3和3.14等诸条史料。见于《宋会要》和《长编》。《宋会要》中有7条史料明确记载《元祐令》的内容及制定情况。按3.14.1条记载，《元祐令》共有1020条，25卷，按一卷1篇的习惯仅有25篇，较《元丰令》减少10篇。这一点是可以确定，因为3.14.1记载“敕”典上共12门，有17卷，指出内容多的被分为上下卷，按此“令”应是25篇。《元祐令》是宋神宗死后在反对新法的政治前提下修订，因为当时御使中丞刘挚指责《元丰敕令格式》是“其意烦苛，其文隐晦”，右谏议大夫孙觉也指责“臣窃闻中外之议，以为今日之患，切于人情者，莫甚于《元丰编敕》细碎烦多，难以检用”。在修法上，公开提出“按熙宁以前编敕，各分门目，以类相从，约束赏刑，本条具载，以是官司便于检阅。《元丰敕》则各随其罪，厘入诸篇，以约束为令，刑名为敕，酬赏为格，更不分门，故检用之际，多致漏落。今则并依熙宁以前体例删修，更不别立《赏格》。”① 于是，在《元祐敕令式》的修订上，对内容进行简化、调整，编成《元祐敕令式》，共54卷，敕有20卷，令有25卷，式有7卷，删除格，让整个法律内容形式上有所减少。按《玉海》记载，此法是在“以《元丰敕令格式》，取

① 李焘：《长编》卷三百七十三，“元祐元年三月己卯条”，中华书局2004年版，第9026页。

嘉祐、熙宁编敕、附令敕等，讲求本末，全二纪所行，约三书大要，随门标目，用旧制也”。由于改变编撰体例，《元祐敕令式》中敕有2440条、令1020条、式177条，共有3637条。这是在对“《元丰敕令格式》并续降条贯六千八百七十六道”的基础上修撰而成。[①] 从此看，这次对《元丰敕令格式》的数量进行了大量减少，因为两法典修撰仅相距5年，数量就从6876条减少到3637条，大量内容应是《元丰敕令格式》的。这里敕典内容增加的原因，是把《元丰敕令格式》中大量归入令典的内容重新迁回敕典中所致。

5.《元符令》。元符二年（1099年）修订。见于2.1.4、4.1.51和4.3.29等诸条史料。见于《宋会要》和《宋史》。《宋会要》中有15条材料记载《元符令》的内容，但考两处记载，都没有记载《元符令》的篇名结构和卷数，现在无从考察其篇名沿革。但可以推定的是，《元符令》是继承《元丰令》体例编撰而成，它的来源是《元丰令》和《元祐令》。元符二年八月三日记载章惇等上《元符敕令格式》时宋哲宗问“其间有元丰所无而用元祐敕令者”，章惇回符“取其是者”，最后是“惇等遂进呈新书所取元丰、元祐条，并以详新立件数。上令逐条贴出”。[②] 从对话看，此次修订主要以“元丰敕令格式”为主，兼参考《元祐敕令格式》。《元符敕令格式》总卷数是134卷，敕令格式的卷数现在没有明确的史料记载，但基本上应与《元丰敕令格式》一致。

6.《政和令》。政和二年（1112年）修订。见于2.1.5、2.2.33、4.1.50和4.3.33等诸条史料。见于《宋会要》和《宋史》。《宋会要》中有30条材料记载与《政和令》相关内容。《政和令》是宋徽宗政和二年（1112年）修订，按2.1.5.1条记载，《政和敕令格式》在政和二年十月修成，共有138卷，加上《看详》410卷，共548册。政和六年（1116年）时再次修成《敕令格式》903卷，以《政和敕令格式》为名颁行天下。“政和六年闰正月二十九日，详定一司敕令王韶奏：修到《敕令格式》共九百三卷，乞冠以‘政和重修’为名。诏颁行”。[③] 从此看，《政和令》应有过两次修订，第一次在政和二年，第二次在政和六年，两次修订在数量上都发生较大变化，第一次仅有138卷，第二次有903卷。这里就是第二次修订的903卷包括《看详》，数量上也较第一次增加了355

---

① 王应璘：《玉海》卷六六，江苏古籍出版社、上海书店1987年版，第1261—1262页。

② 《宋会要》，“刑法一·格令二之18”，第8231页。

③ 《宋会要》，“刑法一·格令二29”，第8242页。

卷。这样，政和六年修订的《政和令》可能在篇名、数量上都较第一次有较大增加，宋朝令典篇名从《天圣令》到《元丰令》增加了一次，可能在政和六年《政和令》上又增加了一次。而南宋诸令典篇名应是继承政和六年《政和令》。这是《庆元令》篇名现在就多于35篇的原因所在。《政和令》以《元丰令》为基础修订，可以从大观四年（1110年）六月三十日刑部奏文中看出：

> 大观四年（1110年）六月三十日，刑部奏："圣旨：'神考稽古创制，讲明治具，维时宪度，尽载编敕，悉出睿断裁成，亲加笔削，故行之甚久，曾无抵疵。继而《元符续敕令》，疏密重轻，颇有不同，遂致踳驳，寖失本意。可委刑部检详《元丰颁降敕令格式》，条具闻奏。如有该载未尽，参以绍圣所降敕令施行。'今来元丰颁降敕令格式书完具，欲令先次遵依施行。如该载未尽，参以绍圣所降敕令。庶几元丰敕令便可施行。"又奏："《元丰敕令格式》系元丰七年正月一日颁降，所有后来续降，在元丰八年三月五日已前，亦合参照施行。"诏从之，仍具元符、崇宁后来敕令等，或因官司申请，各不失法意，有所补完及随事创立，与《元丰敕令格式》别无妨碍者，且合遵依施行。内有刑名轻重不同，去取失当，即令本部、大理寺限一月条具前后意义，签贴成书，取旨。①

从记载看，宋徽宗要求以《元丰敕令格式》为准，反对以《元符敕令式》为样式修订新法。这样，通过《元符令》和《政和令》的反正，《元祐令》反《元丰令》形成的体例问题得到纠正，宋朝令典走向《元丰令》创立的新体例中。此史料中还记载有"元符、崇宁后来敕令等"，可知崇宁年间制定过敕令等法律。

7.《绍兴令》。绍兴元年（1131年）修订。见于2.1.6、4.1.52和4.2.4等诸条史料。见于《宋会要》和《宋史》。《宋会要》中有21条记载《绍兴令》相关内容的史料。南宋高宗建立政权后，由于大量法律文书毁于战火，新政权需要很快建立新法律体系，于是在建炎四年（1130年）提出重修敕令格式。当时主要对《嘉祐敕》和《政和敕令格式》校刊和综合后修成。按2.1.6.1条记载《绍兴敕令格式》卷数结构是敕典12卷，令典50卷，格和式两典各30卷。这奠定了南宋修敕令格式的基

① 《宋会要》，"刑法一·格令一之24"，第8237页。

本结构和数量，甚至可以推定南宋此后所修敕令格式的篇名结构都遵于此。按记载看，此次修成卷数除敕令格式外，还有《目录》16 卷，《申明刑统》和《随敕申明》3 卷，《政和二年以后赦书德音》15 卷，《看详》604 卷，总卷数是 760 卷。但总数还是少于政和六年所修的 903 卷。

8.《乾道令》。乾道六年（1170 年）修订。见于 2. 1. 7、4. 1. 53、4. 2. 5 和 4. 3. 30 等诸条史料。见于《宋会要》和《宋史》。宋孝宗乾道六年修撰《乾道敕令格式》时以绍兴和嘉祐敕令格式为基础。按 2. 1. 7. 1 条记载，敕令格式的卷数与《绍兴敕令格式》是一致。此次是在 22200 多件指挥基础上修订而成，其中对《绍兴敕令格式》修改 574 条，新增 361 条，删除旧法中过时的 83 条，《存留指挥》128 件。对整个《绍兴敕令格式》改增删 1018 条。《乾道敕令格式》的卷数与绍兴年间是一致，分别是 12 卷、50 卷、30 卷和 30 卷。《乾道敕令格式》是南宋立法史上的重要成果，充分体现出南宋的立法新特质。

9.《淳熙令》。淳熙四年（1177 年）修订。见于 2. 1. 8、4. 1. 54 和 4. 2. 6 等诸条史料。见于《宋会要》和《宋史》。按 4. 2. 6. 1 条记载，《淳熙敕令格式》对《乾道敕令格式》删改 900 多条。按《玉海·庆元重修敕令格式》条记载，《淳熙敕令格式》共有 5800 条。[①]《淳熙令》体例应是按《乾道令》，在卷数和篇名上相同。按《玉海》记载，“士大夫罕通法律，吏得舞文。今若分门编次聚于一处，则遇事悉见，吏不能欺，乃诏敕局取敕令格式申明，体彷《吏部七司条法》，总类随事分门为一书。七年五有二十八日书，四百二十卷，为总门三十三，别门四百二十，赠名《条法事类》”。[②] 这样开创南宋修成“敕令格式”法典后再修“事类”综合法典的新河。这标志着宋朝立法史上一个重要转变，宋代立法技术取向上适用性成为重要标准。

10.《庆元令》。庆元四年（1198 年）修订。见于 2. 1. 9、4. 1. 55 和 4. 2. 7 等诸条史料。见于《宋会要》和《宋史》。按 4. 2. 7. 1 记载《庆元敕令格式》共有 120 卷。按《玉海·庆元重修敕令格式》条记载，《庆元敕令格式》是在乾道五年正月至庆元二年十二月所降数万条指挥和《淳熙敕令格式》的 5800 多条法律基础上删改而成。“总七百二册，《敕令格式》及《目录》各 122 卷，《申明》12 卷，《看详》435 册”。[③]《建炎以

① 王应璘：《玉海》卷六六，江苏古籍出版社、上海书店 1987 年版，第 1264 页。

② 同上书，第 1263 页。

③ 同上书，第 1264 页。

来朝野杂记·乙集》卷五“炎兴以来敕局废置”中记载“庆元二年春，复置提举、同提举，仍以编敕令所为名。二月六日丙辰。遂移牒六曹、大量寺及三衙、法、浙近便州郡监司抄录乾道五年正月至庆元二年十二月终续降指挥，得数万事，参酌淳熙旧法五千八百条，删修为四百七十卷，送刑部详审讫，供纳提举官下三省合属房分及检正都司审复，为总书七百二册。《敕令格式》及《目录》各一百二十二卷，《随敕申明》十二卷，《看详》四百三十五册。四年九月丙申进呈。”[①]《庆元敕令格式》的卷数是12卷，50卷，30卷，30卷，《目录》122卷，《随敕申明》12卷，共有256卷。从中可知“敕令格式”有122卷，每卷修1卷目录。从现在残留的《庆元条法事类》篇名看，令典存有37篇，实际数量应在此之上，最多有50篇。《庆元令》是现在可以见到宋朝令典中原文最多的，存在于《庆元条法事类》残卷中共有1781条。此外，除本书中所引《宋会要》所见内容外，在《建炎以来朝野杂记·乙集》卷十三中“太子舍人”条中有“《庆元令》：太子舍人与中舍人皆从七品”；[②]“王府翊善”条中有“王府翊善，国初以来有之，品秩亦不甚崇，今《庆元令》为从七品，杂压在翰林良医之下，盖庶官也”；“王府记室参军”条下有“今《庆元令》亲王府记室从八品，在供奉官之下，两使职官之上”等。[③]从三条所引《庆元令》内容看，此内容应是《官品令》。

11.《淳祐令》。淳祐二年（1242年）修订。见于4.2.8和5.34等诸条史料。见于《宋史》和《吏部条法》。按4.2.8条记载，此次修订是在《庆元敕令格式》基础上，修改140条，新增400条，增加50条，删除17条，共改删增607条。《玉海》记载淳熙“二年二月上表去奎文大揭于华楼”，即《淳祐重修敕令格式》，淳熙十一年编成《淳祐条法事类》。[④]现在《淳祐令》是除《庆元令》《天圣令》之外宋朝令典中原文被保留下来最多的令典，在《吏部条法》中共有58条被选入。

12.《崇宁令》。见于2.3.31和4.3.18等诸条史料。见于《宋会要》和《宋史》。两条史料中都记载引用到《崇宁令》。《宋会要》材料中也有制定过《崇宁令》的记载，“诏从之，仍具元符、崇宁后来敕令等，或因官司申请，各不失法意，有所补完及随事创立，与《元丰敕令格式》

---

① 李心传：《建炎以来朝野杂记·乙集》卷五，“炎兴以来敕局废置”，第595页。

② 李心传：《建炎以来朝野杂记·乙集》卷十三，“太子舍人”，第721页。

③ 同上书，第723页。

④ 王应璘：《玉海》卷六六，江苏古籍出版社、上海书店1987年版，第1264页。

别无妨碍者，且合遵依施行”。[1] 宋朝可能制定了《崇宁令》，但应是较粗糙，没有成为重点，但在现实中仍然被适用。

《宋会要》中还记载天禧二年（1018 年）十月十七日，“右巡使王迎等言：‘准诏依赵安仁所请重编定令式，伏缘诸处所供文字悉无伦贯，难以刊缉，望具仍旧。’从之”。[2] 从此看，宋朝天禧年间还试图编撰“令式”，但因为各处提供的材料不足，没有编撰成。

从上可知，宋朝至少制定了 11 个版本的令典，其中北宋有 6 个，南宋有 5 个。北宋 6 个中，《淳化令》和《天圣令》基本以《唐令》为模版制定，特别《淳化令》基本内容是《唐令》。在篇名结构上，《天圣令》篇名可以推知最多 30 个，最少 22 个，《元丰令》篇名是 35 个，《元祐令》篇名是 25 个，《政和令》篇名可能是 50 个。《元丰令》出现较大变化，按记载有 35 门 50 卷，即有 35 篇。从现在材料看，《元丰令》是现在可以明确知道篇名数量的宋朝令典，因为史料中记载第一篇是“官品”，最后一篇是“断狱”。《元祐令》《元符令》和《政和令》在结构上变化较大。宋朝令典篇名发生增加可能是在《政和令》上，因为《元丰令》时有 35 篇，而从依据《绍兴令》为基础制定的《庆元令》看，仅现在的残本中就可以看到 37 篇，这个数量就多于《元丰令》的 35 篇，说明南宋时令篇名不会是《元丰令》的数量。南宋时令典的篇名最有可能是 50 个。南宋诸令典在结构和卷数上是一致的。

（二）宋朝单行令的篇名和数量

宋朝单行令的篇名数量十分多，有些是令典中的篇名，有的是单行令典的篇名，还有些是独立令的篇名。为了分析方便，下面把独立令的篇名分成七个大类进行考察，分别是综合事类令篇、机构类令篇、军事类令篇、礼仪类令篇、经济管理类令篇、教育考试类令篇、国交类令篇、社会事务类令篇和司法类令篇。但要指出的是，这种分类很多仅是从篇名的外在形态上，而不是从内容上进行划分，更不能由此得出相应类中的“令”的内容就是现在相应的法律部门。

1. 综合事类令

（1）《官品令》。见于 1. 1，2. 3. 1 和 4. 3. 16 等诸条史料。见于《庆元条法事类》《宋会要》和《宋史》。《宋会要》中，即 2. 3. 1 条中共有 9 条资料涉及《官品令》，时间从淳化元年（990 年）到乾道元年（1165

---

① 《宋会要》，“刑法一・格令二之 24”，第 6473 页。

② 《宋会要》，“刑法一・格令一之 4”，第 8214 页。

年)，其中元丰七年（1084 年）提到的是《品令》，乾道元年（1165 年）是《官令》；从内容看，两个名称应是《官品令》的简称。在 2.3.1 条中具体提到了元祐和政和时的《官品令》；《宋史》中有两条涉及《官品令》的内容。从史料记载看，淳化年间所引《官品令》应是《唐令》的内容。从史料看，《官品令》是宋朝令典和令类法律形式中的基本篇名，在宋朝诸令典中属于第一篇。岳珂在《愧郯录》中“官品名意之讹”下记载有“《淳熙官品令》自太师而下至翰林医学，列为九品，皆有正从，盖见行之制，故著《令》。所载凡叙荫、仪制、罪赎，不以高下，概谓之品官”。[①] 这里记载说明南宋时《官品令》的内容发生了变化，所包括内容已经超越了唐朝至北宋时期《官品令》的范围。

(2)《职制令》。见于 1.2 和 2.3.2 等诸条史料。见于《庆元条法事类》和《宋会要》。《宋会要》中共有 11 处提到，时间从景祐二年（1035 年）至庆元二年（1196 年），其中明确提到令典有政和、元祐和淳熙，完全引用《职制令》内容的有两条。《建炎以来系年要录》在绍兴三十年(1160 年）三月癸未条中记载吏部言：“《职制令》：诸王、开府仪同三司立班叙位在左右仆射、同平章事之下。”[②] 此条应是《绍兴令》中的《职制令》原文。从现存材料看，《职制令》应是宋朝令典和令类中的基本篇名。

(3)《官制令》。见于 2.3.3。见于《宋会要》。时间是元符二年(1099 年）和宣和三年（1121 年）。两处材料分别提到《官制敕令格式》(2.3.3.1 条）和《元丰官制敕令格式》(2.3.3.2 条)。从这两处看，《官制令》作为独立令是存在的。从材料看，《官制令》是元丰年间官制改革时专门制定与官制有关的独立令的法律名称，不是令典的篇名，全称是《元丰官制令》。

(4)《户令》。见于 1.9 和 2.3.6。见于《庆元条法事类》和《宋会要》。时间从天圣元年（1023 年）到淳熙六年（1178 年）都有此法律篇名的记载。从记载看，《户令》应是宋朝令典和令类的基本篇名，且主要是令典中的篇名。

(5)《田令》。见于 1.10 和 2.3.5。见于《庆元条法事类》和《宋会要》，时间是咸平二年（999 年）和宣和三年（1121 年)。宣和三年记载修订法律时编入政和《田令》中。从内容看，涉及田产的保护。从记载

① 岳珂：《愧郯录》卷七，“官品名意之讹”，中华书局 2016 年版，第 87 页。

② 《建炎以来系年要录》卷一百八十四，“绍兴三十年三月癸未条”，第 3565 页。

看，《田令》应是宋朝令典和令类法律的基本篇名。

（6）《职田令》。见于 2.3.4。见于《宋会要》。时间是宣和元年（1119 年）。从现存材料看，很难确定它是否被作为令典篇名使用，但宋朝制定《职田令》应是可以确定的。最有可能的是《职田令》被独立制定过，在某些令典中作为篇名，后来被吸收入《田令》篇名中。

（7）《禄令》。见于 2.3.16、3.8、4.1.27、4.2.2 和 4.3.2 等诸条史料。见于《宋会要》《长编》和《宋史》。《禄令》属于宋朝令的法律形式中立法次数较多的令类法律。《宋会要》上有 13 处提到《禄令》；《长编》中 5 次提到《禄令》；《宋史》中分别在“艺文志”、“刑法志”和其他地方多次记载到《禄令》。宋朝制定独立《禄令》始于嘉祐二年（1057 年），当时颁布单行的《禄令》，成为宋朝《禄令》立法的重要成果。此后制定过《政和禄令》《熙宁禄令》《大观禄令》和《绍兴禄令》等；时间始于嘉祐二年（1057 年）至乾道六年（1170 年）。从记载看，《禄令》是宋朝重要令的篇名，但是否被编入令典仍然无法确定。因为从嘉祐、政和和绍兴三次重要的《禄令》编撰看，都没有纳入令典，而是作为独立令修撰，南宋中后期《禄令》应被纳入令典中，成为其中一篇。

（8）《选举令》。见于《郡斋读书后志·史类·天圣编敕》记载《天圣令》篇名中，但其他史料没有记载。此篇名可能在神宗朝后被分解到令典的不同篇名中，因为宋朝中后期，令典中有很多关于官员考核管理的篇名。

（9）《荐举令》。见于 1.4、2.3.75 和 3.13。见于《庆元条法事类》《宋会要》和《长编》。其中 2.3.75.1 条和 3.13.1 条中明确记载在《元丰令》中有此篇名。《荐举令》可以确定为宋朝令典中的基本篇名。

（10）《选试令》。见于 1.3 和 2.3.32。见于《庆元条法事类》和《宋会要》。在《宋会要》中有 2 条，分别是崇宁二年（1103 年）和政和元年（1111 年）。政和元年条下记载大观元年颁布过《选试令》。《选试令》可以确定为宋朝令典中的基本篇名。但在宋朝立法史上，可能存在过独立颁布《选试令》的情况。

（11）《考课令》。见于 1.12、2.3.14 和 4.3.22。见于《庆元条法事类》《宋会要》和《宋史》。《宋会要》中记载建隆三年（962 年）有《考课令》，此时的《考课令》应是《唐令》中的篇名。此后提到《元丰考课令》《元符考课令》《庆元考课令》等。这样《考课令》可以确定为宋朝令典中的基本篇名。宋初的《考课令》应是《唐令》。

（12）《公式令》。见于 2.3.9、3.4 和 4.3.27。见于《宋会要》《长

编》和《宋史》。此篇名明确写明的有《天圣公式令》《元丰公式令》《元祐公式令》等。从史料看，《公式令》可以确定为宋朝令典中的基本篇名。

（13）《文书令》。见于 1.5 和 2.3.11。见于《庆元条法事类》和《宋会要》。其中 2.3.10 记载此篇在《绍兴令》中作为专门篇名。《庆元令》中同样作为令典中的篇名。《文书令》可以确定为宋朝令典中的基本篇名。

（14）《假宁令》。见于 1.7、2.3.11、3.3 和 4.3.10。见于《庆元条法事类》《宋会要》《长编》和《宋史》。从内容看，《宋会要》《长编》和《宋史》中记载的内容大体相同。从时间上看，《假宁令》出现的时间较早，最早的应是《唐令》中的《假宁令》。《假宁令》可以确定为宋朝令典中的基本篇名。

（15）《赋役令》。见于 1.11 和 2.3.7。见于《庆元条法事类》和《宋会要》，时间是靖康元年（1126 年）和《庆元令》中。《赋役令》可以确定为宋朝令典中的基本篇名。

（16）《公用令》。见于 1.6。见于《庆元条法事类》。《公用令》应在《绍兴令》中就被纳入。可以确定为宋朝令典中的基本篇名。

（17）《吏卒令》。见于 1.8 和 2.3.12。见于《庆元条法事类》和《宋会要》。2.3.12 条记载时间是淳熙六年（1179 年），提到《乾道吏卒令》。《吏卒令》可以确定为宋朝令典中的基本篇名。

（18）《赏令》。见于 1.15 和 2.3.15。见于《庆元条法事类》和《宋会要》。《宋会要》中共有 9 条，其中两条属于《赏令》原文，其他条中记载了《政和赏令》《绍兴赏令》和《乾道赏令》，加上《庆元赏令》，宋朝至少从《政和令》到《庆元令》中《赏令》都属于令典篇名。《赏令》可以确定为宋朝令典中的基本篇名。当然，还可以确定宋朝存在大量的单行赏令。

（19）《给赐令》。见于 1.13 和 2.3.18。见于《庆元条法事类》和《宋会要》。其中 2.3.18.1 条记载的是《元符给赐令》，2.3.18.2 条记载的是《政和给赐令》，加上《庆元令》，说明此篇名见于北宋《元符令》到《庆元令》中。《给赐令》可以确定为宋朝令典中的基本篇名。

（20）《封赠令》。见于 1.14。见于《庆元条法事类》。《封赠令》可以确定为宋朝令典中的基本篇名。

（21）《封爵令》。见于 2.3.17、3.10 和 4.3.12。见于《宋会要》《长编》和《宋史》。但三处记载中所见内容属于同一条，都是熙宁八年

(1075年)，明确引用《封爵令》的条文。从三条史料看，《封爵令》可以确定为宋朝令典中的基本篇名。

(22)《支赐令》。见于2.3.13。见于《宋会要》。时间是政和八年（1118年）和大观元年（1107年）。从材料看，存在《支赐令》，但无法确定是否属于令典篇名还是独立篇名，但从引用行文看，《支赐令》更像令典篇名。

(23)《文臣关升条令》。见于4.3.21。见于《宋史》。宋朝《文臣关升条令》属于独立令的篇名，在《吏部条法》中存在“关升”为“门”的内容。从中看，“关升”是作为独立立法。

(24)《新定皇亲禄令》。见于4.1.10。见于《宋史·艺文志》。4.1.10条记载熙宁年间制定了《熙宁新定皇亲禄令》10卷，记载制定《皇亲禄令并厘修敕式》340卷。从两条史料记载看，宋朝有针对皇亲俸禄的专门“令”。宋朝《皇亲禄令》属于独立的令类法律，而且内容较多。

(25)《亲从亲事官转员令》。见于2.3.73。《宋会要》记载绍兴八年（1138年）制定了《亲从亲事官转员令》1卷。从此看，此篇名属于独立令的篇名。

(26)《在京人从令》。见于2.3.66。《宋会要》记载元丰元年（1078年）制定了《新定在京人从敕令式》3卷。从此看，令的内容至少有1卷。此篇名属于独立令的篇名。

2. 机构类令

宋朝令的篇名中，存在大量以机构名称命名的，但不能就此得出这方面的内容是行政法，因为宋朝大量用机构名称命名的令的篇名，很多内容是这类机构的职能，而不是调整规范此机构行政行为的法律。

(1)《中书省令》。见于2.2.1。见于《宋会要》。又名《中书门下省令》。《中书省令》在北宋时就已经存在，因为绍兴元年（1131年）记载引用《中书门下省令》的内容（2.2.1.2条）。从乾道八年（1172年）记载看，此令的制定时间最迟在大观年间。绍兴八年（1138年）制定过《中书门下、尚书省令》（2.2.1.1条），乾道九年（1173年）制定的《中书门下省令》达22卷。《中书省令》属于独立令的机构类篇名。

(2)《尚书省令》。见于2.2.1。此篇情况见《中书省令》。制定时间最迟是北宋崇宁年间，绍兴八年（1138年）制定过（见2.2.1.1条），乾道九年（1173年）制定成《尚书省令》7卷。《尚书省令》属于独立令的机构类篇名。

（3）《枢密院令》。见于2.2.1和2.2.2。《枢密院令》制定时间最迟是元丰五年，在大观年间重修过；绍兴八年（1138年）制定《枢密院令》1卷（见2.2.1.1条），乾道八年（1172年）制定《枢密院令》24卷。《枢密院令》属于独立令的机构类篇名。

（4）《御史台令》。见于2.2.4。《御史台令》属于宋朝时较常引用的机构令，按《宋会要》记载，《御史台令》最迟在崇宁年间制定（见2.2.4.2条）。《御史台令》属于宋朝独立令的机构类篇名。

（5）《三省通用令》。见于2.2.1和2.2.3等诸条史料。制定时间最迟是大观年间，因为大观二年（1108年）（2.2.3.1条）中有修订法律时写入《三省通用令》的记载，乾道九年（1173年）制定《三省通用令》5卷。“三省通用”是指适用于中书、门下和尚书三省中央机构的法律。《三省通用令》属于独立令的机构类篇名。

（6）《三省枢密院通用令》。见于2.2.1。乾道九年制定法律中明确记载当时制定了《三省枢密院通用令》3卷（见2.2.1.3条）。从此看，《三省通用令》与《三省枢密院通用令》是两个并列不同“令”的篇名，前者适用于三省之间，后者是适用于三省和枢密院之间的法律，适用范围不同。此令篇名是独立令的机构类篇名。

（7）《入内内侍省令》。见于2.2.5。隆兴元年（1163年）记载入内内侍省奏文时引用“本省令”，说明存在《入内内侍省令》。此令篇名属于独立令的机构类篇名。

（8）《尚书六曹寺监通用令》。见于2.2.1、2.2.6。绍兴三年（1133年）制定令时，有把法律修入《尚书六曹寺监通用令》的记载。可知《尚书六曹寺监通用令》是宋朝独立令篇名。

（9）《大理寺令》。见于3.15。《长编》中元祐六年（1091年）有《元祐大理寺令》记载。从此看，《大理寺令》属于独立令的机构类篇名。

（10）《大理寺右治狱令》。见于2.2.1。见于2.2.1.1条，记载绍兴制定了《大理寺右治狱令》1卷。从此看，《大理寺右治狱令》属于独立令的机构类篇名。还有一种可能是《大理寺右治狱令》是《大理寺令》下的一个“门”的篇名。因为大理寺分为左右治狱分掌职务。

（11）《大宗正司令》。见于2.2.7、3.18、4.1.41、4.3.34和5.1等诸条史料。见于《宋会要》《长编》《宋史》和《吏部条法》。从记载看，《大宗正司令》在元祐年间就有记载（见3.18.1条），绍兴二十三年（1153年）记载制定《大宗正司敕令格式》，其中《大宗正司令》有40卷，后三条记载内容是相同的，即绍兴二十三年制定的《大宗正司令》。

绍兴二十三年制定的是重修，说明此前已经有《大宗正司令》。此法令到南宋后期仍然存在，在《吏部条法》中有明确记载是《大宗正司令》的条文。《大宗正司令》属于独立令的机构类篇名。

（12）《外宗正司令》。见于2.2.8。《宋会要》记载崇宁三年（1104年）南京留守司引用《外宗正司令》的原文。北宋设西京、南京宗正司为外宗正司所管的两个机构；南宋设西、南宗正司及绍兴府宗正司为宗正司所管机构。外宗正司管理的是外住宗室成员的事务。从这里看，宋朝制定了专门涉及皇帝直系以外的《外宗正司令》。《外宗正司令》属于独立令的机构类篇名。

（13）《尚书左右选令》。见于2.2.10、2.3.65。见于《宋会要》。又名《吏部尚书左右选令》。具体是2.2.10.2条中记载《尚书左右选令》，属于独立令的机构类篇名。

（14）《尚书左右选通用令》。见于2.2.10和5.5等诸条史料。见于《吏部条法》和《宋会要》。此篇名又名《吏部尚书左右选通用令》。属于独立令的机构类篇名。

（15）《尚书左右选侍郎右选通用令》。见于5.4。见于《吏部条法》。属于独立令的机构类篇名。

（16）《尚书左选侍郎左右选通用令》。见于5.9。见于《吏部条法》。属于独立令的机构类篇名。

（17）《尚书左选侍郎右选通用令》。见于5.10。见于《吏部条法》。属于独立令的机构类篇名。

（18）《尚书右选侍郎左右选通用令》。见于5.12。见于《吏部条法》。属于独立令的机构类篇名。

（19）《尚书侍郎左右选通用令》。见于5.18。见于《吏部条法》。属于独立令的机构类篇名。

（20）《尚书侍郎左右选考功通用令》。见于5.25。见于《吏部条法》。属于独立令的机构类篇名。

（21）《尚书侍郎右选通用令》。见于5.24。见于《吏部条法》。属于独立令的机构类篇名。

（22）《尚书侍郎右选考功通用令》。见于5.23。见于《吏部条法》。属于独立令的机构类篇名。

（23）《尚书侍郎右选司勋考功通用令》。见于5.22。见于《吏部条法》。属于独立令的机构类篇名。

（24）《尚书侍郎左选通用令》。见于5.26。见于《吏部条法》。属于独立令的机构类篇名。

（25）《尚书侍郎左选考功通用令》。见于5.19。见于《吏部条法》。属于独立令的机构类篇名。

（26）《尚书左选考功通用令》。见于5.7。见于《吏部条法》。属于独立令的机构类篇名。

（27）《尚书左选令》。见于2.3.75和5.6等诸条史料。见于《吏部条法》和《宋会要》。其中绍兴三十年制定了《尚书左选令》1卷。属于独立令的机构类篇名。

（28）《尚书右选令》。见于5.11。见于《吏部条法》。属于独立令的机构类篇名。

（29）《尚书考功令》。见于2.2.10和5.14等诸条史料。又名《吏部尚书考功令》。见于《宋会要》和《吏部条法》，属于独立令的机构类篇名。

（30）《尚书司勋令》。见于5.13。见于《吏部条法》。属于独立令的机构类篇名。

（31）《侍郎左选令》。见于5.28。见于《吏部条法》。属于独立令的机构类篇名。

（32）《尚书侍郎右选通用令》。见于5.21。见于《吏部条法》。属于独立令的机构类篇名。

（33）《侍郎左右选通用令》。见于5.27。见于《吏部条法》。属于独立令的机构类篇名。

（34）《侍郎左选尚书考功通用令》。见于5.31。见于《吏部条法》。属于独立令的机构类篇名。

（35）《侍郎右选尚书考功通用令》。见于5.33。见于《吏部条法》。属于独立令的机构类篇名。

（36）《尚书左右侍郎右选通用令》。见于5.3。见于《吏部条法》。属于独立令的机构类篇名。

（37）《尚书左选尚书考功通用令》。见于5.8。见于《吏部条法》。属于独立令的机构类篇名。

（38）《尚书侍郎左右选通用令》。见于5.15。见于《吏部条法》。属于独立令的机构类篇名。

（39）《尚书侍郎左右选司勋考功通用令》。见于5.16。见于《吏部条法》。属于独立令的机构类篇名。

（40）《尚书侍郎左选通用令》。见于5.20。见于《吏部条法》。属于独立令的机构类篇名。

（41）《侍郎左选尚书司勋通用令》。见于5.30。见于《吏部条法》。属于独立令的机构类篇名。

（42）《侍郎右选考功通用令》。见于5.32。见于《吏部条法》。属于独立令的机构类篇名。

以上是吏部七司下由不同机构组成的31篇令。有31篇不同名称的法律见于《吏部条法》中，所有篇名都引用到相应的令文，说明它们的存在。《尚书司封令》见于绍兴三十年（1160年）的立法，《尚书左右选令》见于淳熙十三年（1186年）。以上篇名在宋朝被归类在《吏部七司令》下，是《吏部七司令》的具体篇名。从这些篇名看，宋朝《吏部七司令》属于部门综合性令典名称，至少包含有31个独立的不同篇名。

（43）《阁门令》。见于2.2.11和4.1.5等诸条史料。见于《宋会要》和《宋史·艺文志》。其中《宋会要》中绍兴三年（1133年）和乾道元年（1165年）分别引用《阁门令》的原文，分别见2.2.11.1条和2.2.11.2条，而《宋史·艺文志》记载《阁门令》有4卷。《建炎以来系年要录》中有“按《阁门令》：执政官不许留身，或是鼎因曲谢而奏此也”。[①] 从这些可知，《阁门令》属于独立令的机构类篇名。

（44）《礼部令》。见于2.2.12。见于《宋会要》。从2.2.14.1看，元丰年间已经有《礼部令》。《礼部令》属于独立令的机构类篇名。

（45）《刑部令》。见于2.2.13和3.17等诸条史料。见于《宋会要》和《长编》。2.2.13.1条中引用《刑部法》，没有用《刑部令》，但从内容上看，应是《刑部令》的内容。《刑部令》属于独立令的机构类篇名。

（46）《吏部令》。见于2.2.14和4.1.32等诸条史料。见于《宋会要》和《宋史·艺文志》。两处记载都是绍兴三年朱胜非等人制定的《绍兴重修尚书吏部敕令格式并通用敕令格式》，从2.2.14.1记载看，此次制定的《吏部令》共有四十一册，按当时编写习惯，最少是41卷。《吏部令》属于独立令的机构类篇名。

（47）《吏部总类通用令》。见于2.2.15、2.3.42等诸条史料。见于《宋会要》。此法律应适用于吏部所有司的法律，所以称为“通用”。从记载看，《吏部总类通用令》属于独立令的机构类篇名。

（48）《吏部四选令》。见于2.2.16和4.1.18等诸条史料。见于《宋会要》和《宋史·艺文志》。其中2.2.16.1条和4.1.18.1条记载的情况是相同的，都是元祐元年（1086年）制定《吏部四选敕令格式》。从材

---

① 《建炎以来系年要录》卷三十三，“建炎四年五月戊午条”，中华书局2013年版，第765页。

料看，《吏部四选令》属于独立令机构类篇名。

（49）《吏部四选通用令》。见于 2.2.18。见于《宋会要》，按 2.2.18.1 条记载，在政和年间和淳熙年间修订过此法律。《吏部四选令》属于独立令的机构类篇名。

（50）《吏部侍郎选令》。见于 2.2.19。见于《宋会要》。政和三年明确提到该法律的原文。从中可知，《吏部侍郎选令》属于独立令的机构类篇名。

（51）《吏部左选令》。见于 4.1.39。见于《宋史·艺文志》。从 4.1.39.1 看，淳熙年间重修过此法律。《吏部左选敕令格式申明》达 300 卷。从中可知，《吏部左选令》属于独立令的机构类篇名。

（52）《吏部考功令》。见于 2.3.65。见于《宋会要》。从史料看，三条材料中有《吏部考功令》《中书省吏部考功令》《尚书考功令》和《考功令》四种不同名称，其中《中书省吏部考功令》和《尚书考功令》两个名称较难解释，因为“中书省”和“尚书省”属于中央三省的不同省，好像《中书省吏部考功令》应属于《尚书省考功令》之误。这里把 2.3.65.1 条材料中引用的不同《考功令》归为《吏部考功令》。《吏部考功令》属于独立令的机构类篇名。

（53）《吏部七司令》。见于 2.2.20、4.1.40 和 4.3.21 等诸条史料。又名《尚书吏部七司令》。《宋会要》和《宋史·艺文志》中记载的情况都一样，记载了开禧元年（1205 年）重修《尚书吏部七司令》，而 4.3.21 中两条史料记载的都是绍兴三年（1133 年）朱胜非重修《吏部七司令》。从以上可知，宋朝《吏部七司令》在北宋时就有。此篇名属于宋朝机构类令中部门令典篇名，不是单行机构类篇名。

（54）《参附尚书吏部令》。见于 4.1.37。见于《宋史·艺文志》，“参附令”在宋朝属于独立法律种类。按《宋会要》记载，“参附”是“绍兴二十八年九月十九日，权吏部尚书贺允中言：‘比年以来，臣僚奏请，取便一时，谓之续降指挥，千章万目，其于成宪不无沿革。舞文之吏依倚生奸，可则附会而从权，否则坚吝而沮格。惟是吏部七司见今所用法令最为急务，若无一定之法，革去久弊，而望（诠）［铨］曹之清，不可得也。愿诏敕令所严立近限，将吏部七司祖（宜）［宗］旧制与续降指挥参定异同，先次条纂，立为定制，庶免用例破条之患。’后详定官黄祖舜言：‘见修吏部七司条法，欲将旧来条法与今来事体不同者立为参附条参照。’”① 从上看，“参附”就是把不同时期同样立法列出，以便适用时比

① 《宋会要》，“刑法一·格令三之 46”，第 8258 页。

较。当然，从《宋会要》记载看，《参附尚书吏部令》是绍兴三十年立法时的总名，“《绍兴参附尚书吏部敕令格式》为名。”① 从此看，此法律名称是绍兴年间《吏部七司敕令格式》的特别法律，所以《参附尚书吏部令》属于宋朝机构令中门类令典名称。

（55）《参附侍郎左选令》。见于 2. 2. 9、2. 2. 21 和 2. 2. 22 等诸条史料。见于《宋会要》。2. 2. 21. 1 条中称为《参附左选令》，在 2. 2. 22. 1 条中称为《侍郎左选参附令》。按宋朝习惯，应属于同一令，即《参附左选令》。《参附左选令》属于独立令的机构类篇名。当然，这里也存在另一种可能，因为在宋朝“左选”有“尚书”，这样应是“尚书左选”。

（56）《参附尚书左选令》。见于 2. 2. 9。见于《宋会要》。《参附尚书左选令》属于独立令的机构类篇名。

（57）《参附尚书右选令》。见于 2. 2. 9。见于《宋会要》。《参附尚书右选令》属于独立令的机构类篇名。

（58）《参附侍郎右选令》。见于 2. 2. 9。见于《宋会要》。《参附侍郎右选令》属于独立令的机构类篇名。

（59）《参附尚书侍郎左右选通用令》。见于 2. 2. 9。见于《宋会要》。《参附尚书侍郎左右选通用令》属于独立令的机构类篇名。

（60）《参附司封令》。见于 2. 2. 9。见于《宋会要》。《参附司封令》属于独立令的机构类篇名。

（61）《参附司勋令》。见于 2. 2. 9。见于《宋会要》。《参附司勋令》属于独立令的机构类篇名。

（62）《参附考功令》。见于 2. 2. 9。见于《宋会要》。《参附考功令》属于独立令的机构类篇名。

（63）《参附吏部尚书左右选通用令》。见于 2. 2. 9。见于《宋会要》。《参附吏部尚书左右选通用令》属于独立令的机构类篇名。

（64）《参附吏部四选令》。见于 2. 2. 17 和 2. 2. 23 等诸条史料。见于《宋会要》。宋朝“吏部四选”在立法时作为独立的名称使用。《参附吏部四选令》属于独立令的机构类篇名。

（65）《参附令》。见于 2. 3. 29。见于《宋会要》。2. 3. 29. 1 条记载了《绍兴参附令》原文，宋朝时《参附令》可能存在一般“参附令”和特别“参附令”，因为 2. 3. 29. 2 条中有“尚书省左右选、侍郎左选续修参

---

① 《宋会要》，“刑法一·格令三之 45”，第 8258 页。

附令”，即《尚书省左右选续修参附令》和《侍郎左选续修参附令》。《参附令》属于宋朝令的篇名。

（66）《六曹令》。见于 4.1.21。《宋史·艺文志》记载元祐初制定过《六曹敕令格式》一千卷，说明《六曹令》的存在，属于独立令的机构类篇名。

（67）《六曹通用令》。见于 2.2.24。见于《宋会要》。从史料看，《六曹通用令》属于宋朝机构令中较重要的法令。《六曹通用令》属于独立令的机构类篇名。

（68）《六曹寺监库务通用令》。见于 4.1.35。见于《宋史·艺文志》。绍兴年间重修，说明此法令此前就存在，全称是《绍兴重修六曹寺监库务通用敕令格式》，属于独立令的机构类篇名。“六曹寺监库务”与“六曹寺监”是两个不同的机构名称，在法律上加“通用”所指也不同，前都适用三大类机构，后者适用两大类机构。

（69）《寺监库务通用令》。见于 2.2.26。见于《宋会要》。此条中有两个名称出现，即《寺监务库务通用令》和《寺监库务通用令》，而且是修订法律时不同条文明确写入两个不同令中。《寺监务库务通用令》应是有衍字。从宋朝法律名称通用看，宋朝存在《六曹寺监库务通用令》和《寺监库务通用令》两种不同法律。《寺监库务通用令》属于独立令的机构类篇名。

（70）《殿中省令》。见于 2.2.25 和 4.3.25 等诸条史料。见于《宋会要》和《宋史·职官志》。两条时间是一致。《宋会要》中名称是“殿中省提举所六尚局供奉库敕令格式”，《宋史·职官志》中是“殿中省六尚局供奉库务敕令格式”，它们涉及“殿中省”“提举所”“六尚局”“供奉库”等机构，所以在法律名称上具体分为《殿中省令》《提举所令》《六尚局令》《供奉库务令》《殿中省通用令》。《殿中省令》属于独立令的机构类篇名。

（71）《殿中省通用令》。见于 2.2.25.1 条中有“事干两局”称为“殿中省通用”的记载。属于独立令的机构类篇名。

（72）《六尚局令》。见于 2.2.25 和 4.3.25 等诸条史料。属于独立令的机构类篇名。

（73）《供奉库令》。见于 2.2.25。属于独立令的机构类篇名。

（74）《提举所令》。见于 2.2.25。属于独立令的机构类篇名。

（75）《户部令》。见于 2.2.27 和 4.1.19 等诸条史料。《宋史·艺文志》记载元丰年间制定过《元丰户部敕令格式》；《宋会要》中记载绍兴五年引用《户部令》原文。《户部令》属于独立令的机构类次类令典篇名。

(76)《户部通用令》。见于2.2.28。《宋会要》记载建炎三年（1129年）适用《户部通用令》，说明此法令在北宋时就已经存在。《户部通用令》属于独立令的机构类篇名。

(77)《金部令》。见于2.2.29。按《宋会要》记载，元祐元年修定的法令涉及到度支、金部和仓部，共有敕令格式1612件，总名称是《元丰尚书户部度支金部仓部敕令格式》。宋朝有度支部、金部和仓部等机构，由此可见，有《度支令》《金部令》和《仓部令》三种令的篇名。属于独立令的机构类篇名。

(78)《仓部令》。见于2.2.29。属于独立令的机构类篇名。

(79)《司农寺令》。见于2.2.30和4.1.30等诸条史料。其中2.2.30.1条与4.1.30.1条的记载是一致的，即元丰元年蔡确制定《司农寺令》，但从2.2.30.2条内容看，此次属于重修，说明此前就已经存在。《司农寺令》属于独立令的机构类篇名。

(80)《榷茶司令》。见于2.2.31和2.3.13等诸条史料。见于《宋会要》。大观元年（1107年）引用相应条文。在名称上，政和元年（1111年）和宣和三年（1119年）引用的是《榷茶司令》，而大观元年引用的是《茶司令》。认真推敲，应是同一法令不同称谓。《榷茶司令》属于独立令的机构类篇名。

(81)《转运司令》。见于2.2.32。见于《宋会要》，原文引用了《转运司令》原文。从中可知，《转运司令》属于独立令的机构类篇名。

(82)《在京通用令》。见于2.2.26、2.2.33、4.1.38和5.2等诸条史料。见于《宋会要》《宋史·艺文志》和《吏部条法》。按4.1.38条记载，绍兴年间重修的《在京通用敕令格式申明》数量达56卷。《建炎以来系年要录》记载绍兴九年（1139年）十一月己丑，“宰执奏敕令所已修成《在京通用敕令》，乞颁降”。但上奏后，高宗认为自己没有详细审查，不准颁行。“朕未详览，若欲颁降，须委官详覆，恐有司行之，或有误也”。[①] 此后，转给相关部门进行重新修订，绍兴十年十月戊寅才颁行。“尚书右仆射、兼提举详定一司敕令秦桧等上《绍兴重修在京通用敕令格

① 《建炎以来系年要录》卷一百三十三，“绍兴九年十一月己丑条”，中华书局2013年版，第2484页。

式》四十八卷，《申明》十二卷，《看详》三百六十卷”。[①] 此法令从北宋就开始，按2.2.26.1记载有《崇宁在京通用令》，南宋绍熙元年（1190年）记载引用《在京通用令》。此外，南宋末年《吏部条法》中编入有《在京通用令》条文（见5.2）。此令属于区域性令典篇名，是宋朝独立区域性令典篇名。

（83）《开封府令》。见于2.2.34。见于《宋会要》，是宋朝独立区域性令典篇名。

（84）《西京令》。见于2.2.35。见于《宋会要》，是宋朝独立区域性令的篇名。

（85）《景灵宫供奉令》。见于2.2.37、4.1.3和4.3.1等诸条史料。见于《宋会要》和《宋史》。其中2.2.37、4.1.3和4.3.1记载内容是一致的，北宋时景灵宫属于重要祠祭地方，制定了大量相应法律。《景灵宫供奉令》属于独立令的机构类篇名。

（86）《龙图阁令》。见于4.1.14。按《宋史·艺文志》记载，元丰年间制定过“贡举医局龙图天章宝文阁等敕令仪式”，其中“贡举”、“医局”、“龙图阁”、“天章阁”和“宝文阁”等属于不同机构与性质的名称。从此可知有《贡举令》《医局令》《龙图阁令》《宝文阁令》和《天章阁令》。《龙图阁令》属于独立令的机构类篇名。

（87）《宝文阁令》。见于4.1.14。原因见（86），属于独立令的机构类篇名。

（88）《天章阁令》。见于4.1.14。原因见（86），属于独立令的机构类篇名。

（89）《纳粟补官令》。见于刘时举撰的《续宋中兴编年资治通鉴》卷十三中，开禧二年（1206年）夏四月甲子条下有“《纳粟补官令》”。[②]

（90）《两浙福建路令》。见于4.1.44。见于《宋史》。可知属于独立的地方性令类篇名。

（91）《内东门司应奉禁中请给令》。见于4.1.45。见于《宋史》。此令应是特别针对内东门司制定的法律。可知《内东门司应奉禁中请给令》属于独立的令类篇名。

（92）《诸路州县令》。见于4.1.23。见于《宋史》。这是宋朝针对地

① 《建炎以来系年要录》卷一百三十八，“绍兴十年十月戊寅条”，中华书局2013年版，第2599页。

② 刘时举撰：《续宋中兴编年资治通鉴》卷十三，中华书局2014年版，第307页。

方州县制定的地方性法律。可知《诸路州县令》属于独立的令类篇名。

3. 军事类令

（1）《军令》。见于2.3.8和3.2等诸条史料。见于《宋会要》和《长编》。其中2.3.8.2条中明确记载绍兴十九年（1149年）制定了《绍兴重修军令》，说明宋朝存在独立《军令》篇名。《军令》基本可以确定属于令典的篇名。

（2）《军器令》。见于1.22。见于《庆元条法事类》残卷。《军器令》可以确定为宋朝令典中的基本篇名。

（3）《军防令》。见于1.21、2.3.7和4.3.31等诸条史料。见于《庆元条法事类》《宋会要》和《宋史》。从史料看，《军防令》可以确定为宋朝令典中的基本篇名。

（4）《新定诸军直禄令》。见于4.1.10。《宋史·艺文志》记载熙宁年间制定过《熙宁新定诸军直禄令》2卷，属于《禄令》中一种，也属于军事法律中的一种，这里归入军事立法类。《新定诸军直禄令》属于宋朝独立令的篇名。

4. 礼制礼仪类令

（1）《仪制令》。见于1.16、2.3.1、2.3.20、3.1、4.2.1和4.3.17等诸条史料。见于《庆元条法事类》《宋会要》《长编》和《宋史》。《仪制令》在北宋初期独立制定过，但当时还适用《唐令》中相应《仪制令》的内容。元丰年间后，《仪制令》成为令典的篇名。《仪制令》可以确定为宋朝令典中的基本篇名。

（2）《在京通用仪制令》。见于2.3.20。见于《宋会要》。从记载看，宋朝存在《在京通用仪制令》，属于宋朝令中独立篇名。

（3）《卤簿令》。见于4.3.14。见于《宋史·舆服志》。时间分别是真宗大中祥符四年（1011年）和神宗元丰三年（1078年），两处引用《卤簿令》。《卤簿令》可以确定为宋朝令典中的基本篇名。

（4）《衣服令》。见于2.3.1、2.3.19和4.3.15等诸条史料。见于《宋会要》和《宋史·舆服志》。其中2.3.19.1条中提到"国朝《衣服令》"，2.3.19.3条提到《天圣衣服令》，2.3.19.2条提到本朝，即神宗朝的《衣服令》。《衣服令》可以确定为宋朝令典中的基本篇名。

（5）《祀令》。见于1.18、2.3.27和4.3.8等诸条史料。见于《庆元条法》《宋会要》和《宋史》。从史料看，南宋时有《绍兴祀令》和《乾道祀令》，而2.3.27.2条是淳熙年间修订时提出的。《祀令》可以确定为宋朝令典中基本篇名。

（6）《祠令》。见于2.3.28和4.3.7等诸条史料。见于《宋会要》和《宋史》。从2.3.28条中可以看到，元丰三年提到“国朝《祠令》”，而在2.3.28.3条记载政和七年议定《时令》时提出把相应内容修入《祠令》。从中可知，宋朝存在独立成篇的《祠令》。《祠令》可以确定为宋朝令典中的基本篇名。

（7）《大礼令》。见于2.3.22、2.3.69、3.5和4.1.28等诸条史料。见于《宋会要》《长编》和《宋史》。从2.3.22.1条中提到《元丰大礼令式》，2.3.22.2条中提到《宣和重修大礼令格》和《大观重修礼令格》。从材料可知，《大礼令》在宋朝是独立令的篇名。

（8）《礼令》。见于2.3.23和3.6等诸条史料。见于《宋会要》和《长编》。在2.3.23条中共有10条记载了《礼令》，从引文看，2.3.23.1条应是前朝的《礼令》，后面应是宋朝制定的《礼令》。《礼令》可以确定为宋朝令典中的基本篇名。

从（7）和（8）看，宋朝《大礼令》和《礼令》是两个不同的“令”，前者是针对“大礼”时规定，后者是针对一般礼制规定。

（9）《仪注令》。见于2.3.21和4.3.9等诸条史料。见于《宋会要》和《宋史》。从2.3.21.1条看，宋朝明确区分《仪注令》和《仪制令》，因为该条记载两个法令的不同条文，而4.3.9条中指明制定的是“正殿御殿仪注”，所以宋敏求上的应是《朝会仪》和《仪注令式》，后者有四十篇。从中可知《仪注令》属于宋朝令中礼制类篇名，不能确定是否属于令典篇名。

（10）《夏祭令》。见于2.3.70和4.1.1等诸条史料。见于《宋会要》和《宋史·艺文志》，2.3.70条是政和七年制定，全称为《夏祭敕令格式》；4.1.1条则记载制定的主持者是蒋猷，名称与前者相同。此法律还见于《皇宋通鉴长编纪事本末》，“政和七年六月庚申，礼制局编修《夏祭令》成，提举蔡京转一官，回授与子絛通直郎、徽猷阁待制。”①《夏祭令》属于宋朝令中独立篇名。

（11）《丧葬令》。见于2.3.25和4.3.10。见于《宋会要》和《宋史》。2.3.25.1条的内容应是前朝，而4.3.10.1条中明确记载《天圣丧葬令》。当然，此法律是否与《宗室外臣丧葬令》一致值得进一步考察。《丧葬令》可以确定为宋朝令典中的基本篇名。

（12）《服制令》。见于1.17。见于《庆元条法事类》。《服制令》可

① 《皇宋通鉴长编纪事本末》卷一百三十四，第2277页。

以确定为宋朝令典中的基本篇名。

（13）《时令》。见于1.19和2.3.63。见于《庆元条法事类》和《宋会要》。2.3.64.1条记载景祐四年（1037年）制定《时令》1卷，从中可知，《时令》最初属于独立篇名，后来属于令典的篇名。

（14）《岁令》。见于2.3.61。见于《宋会要》，宣和四年制定了《岁令》四册，从中可知宋朝制定《岁令》。《岁令》属于宋朝独立令的名称。

（15）《月令》。见于2.3.62和4.3.37。见于《宋会要》。《月令》在古代《周礼》中就有。但唐宋时期政府往往根据时代修订《月令》，并作为法令颁布执行。从2.3.62中各条看，宋朝制定过本朝的《月令》。《月令》属于宋朝独立令的篇名。

（16）《行军月令》。见于4.3.38。见于《宋史》。从三条史料看，宋朝时专门制定过与军事有关的《月令》。《行军月令》属于独立令的篇名。

（17）《朔令》。见于2.3.61。见于《宋会要》。宣和四年制定的《朔令》有五十一册。可知《朔令》属于宋朝独立令的篇名。

（18）《乐令》。见于4.3.13。见于《宋史·仪卫志》。政和四年（1114年）记载具体引用《乐令》的条文。从此看，《乐令》属于宋朝令的篇名，但不能确定是否属于令典篇名。

（19）《明堂令》。见于2.3.72、4.1.2和4.3.1。见于《宋会要》和《宋史·艺文志》。从记载看，宋朝最少在元丰年间和宣和元年两次修撰过该法，元丰年间称为《明堂祫飨大礼令式》，共有393卷，宣和初年称为《明堂敕令格式》，共有1206册。从中可知，《明堂令》内容较多。可知《明堂令》是宋朝令中独立篇名。

（20）《祠祭令》。见于2.3.26。见于《宋会要》。大中祥符四年（1011年）明确引用到《祠祭令》的原文，大观元年（1107年）记载神宗朝制定了《祠祭格令》。《祠祭令》是宋朝令篇中独立篇名。

（21）《车驾省方仪令》。见于2.3.44。见于《宋会要》。绍兴五年（1135年）引用了《车驾省方仪令》条文。从中可知，此为宋朝令的独立篇名。

（22）《赏赐令》。见于2.3.69。见于《宋会要》。元祐元年（1086年）颁布中书后省制定的《度支大礼赏赐敕令格式》。从此可知，是宋朝令的独立篇名。

（23）《诸陵荐献礼文仪令》。见于4.1.4。《宋史·艺文志》记载绍圣年间制定《诸陵荐献礼文仪令格并例》，共151册。从中可知有《诸陵荐献礼文仪令》，属于宋朝令的独立篇名。

（24）《蜀坤仪令》。见于4.1.6。《宋史·艺文志》记载有《蜀坤仪令》1卷，可知属于宋朝令的独立篇名。

（25）《宗室及外臣丧葬令》。见于4.1.15和4.3.1等诸条史料。《宋史·艺文志》记载元丰年间制定了《宗室及外臣葬敕令式》92卷。对此，《宋史·吉礼》记载元丰元年（1078年）制定《丧葬》，共有一百六十三卷，分为《葬式》《宗室外臣葬敕令格式》和《孝赠式》。可知《宗室及外臣丧葬令》属于宋朝令的独立篇名。

（26）《仪令》。见于3.20和4.3.40。见于《长编》和《宋史》。从史料看，《仪令》作为独立的篇名存在，是区别于《仪注令》等与“仪”有关的令类法律。可知《仪令》在宋朝是独立的令类法律篇名。

（27）《统戎令》。见于4.1.47。见于《宋史》。可知此为宋朝令的独立篇名。

（28）《神霄宫使司法令》。见于4.1.43。见于《宋史》。可知此为宋朝令的独立篇名。

（29）《在京礼令》。见于2.3.24。见于《宋会要》。此令应是针对京城官员和活动的特别“礼令”。可知《在京礼令》属于令的独立的篇名。

5. 经济管理类令

（1）《营缮令》。见于1.25。见于《庆元条法事类》。《营缮令》可以确定为宋朝令典中的基本篇名。

（2）《仓库令》。见于1.28。见于《庆元条法事类》。《仓库令》可以确定为宋朝令典中的基本篇名。

（3）《厩牧令》。见于1.31。见于《庆元条法事类》。《厩牧令》可以确定为宋朝令典中的基本篇名。

（4）《关市令》。见于1.26。见于《庆元条法事类》。《关市令》可以确定为宋朝令典中的基本篇名。

（5）《辇运令》。见于1.27和2.3.37等诸条史料。见于《庆元条法事类》和《宋会要》。在《宋会要·食货四五·漕运》中有7条原文。《辇运令》可以确定为宋朝令典中的基本篇名。

（6）《理欠令》。见于1.29和2.3.36等诸条史料。见于《庆元条法事类》和《宋会要》。在《宋会要·食货四五·漕运》中有1条原文。《理欠令》可以确定为宋朝令典中的基本篇名。

（7）《场务令》。见于1.30。见于《庆元条法事类》。《场务令》可以确定为宋朝令典中的基本篇名。

（8）《牧马令》。见于2.3.38。见于《宋会要》。大观元年二月和四月两次引用《崇宁牧马令》原文，由此可知《牧马令》至少在崇宁年间制定过。《牧马令》属于宋朝令的独立篇名。

(9)《度支令》。见于 2. 3. 69 和 3. 19 等诸条史料。见于《宋会要》和《长编》。从两处看，涉及内容一致，是绍圣五年对《元丰度支令》进行两处修订的记载。从材料看，《度支令》应属于令典的篇名。

(10)《度支押令》。见于 3. 16。见于《长编》。元祐六年（1091 年）引用《度支押令》，从引用原文看，存在《度支押令》。《度支押令》可以确定为宋朝令的篇名，但不能确定是否是令典的篇名。

(11)《群牧司令》。见于 4. 3. 32。《宋史·兵志》记载群牧司判官崔台符和刘航制定《群牧司敕令》，具体是"以唐制参本朝故事"为基础制定。从此可知，《群牧司令》属于宋朝独立令的篇名。

(12)《诸司库务令》。见于 2. 3. 67。见于《宋会要》。按 2. 3. 67. 1 和 2. 3. 67. 2 条记载，治平二年（1065 年）制定过《在京诸司库务条式》、元祐六年（1091 年）制定过《诸司库务敕令格式》，可知存在《诸司库务令》。《诸司库务令》属于宋朝独立令的篇名。

(13)《诸司市务令》。见于 4. 1. 20。《宋史·艺文志》记载元祐年间制定过《诸司市务敕令格式》，共 206 卷，从中可知元祐年间制定《诸司市务令》。从此可知，《诸司市务令》属于宋朝独立令的篇名。

从（12）中 2. 3. 67. 2 条和（13）中 4. 1. 20. 1 条看，两处记载时间是元祐年间，而且册数都是"二百六册"。从这里看，两者应是同一法令，但两个法令从名称上看是有区别的，一个是"诸司库务"，一个是"诸司市务"，"库务"与"市务"是两个不同性质的事务，现在把它们作为不同令处理。

(14)《都提举市易司令》。见于 4. 1. 16。见于《宋史·艺文志》。元丰年间制定《都提举市易司敕令》并《厘正看详》21 卷，《公式》2 卷。从中可知《都提举市易司令》属于独立令的篇名。

(15)《马递铺令》。见于 2. 3. 68。见于《宋会要》。大观元年（1107 年）记载重修《马递铺海行法》，最后修成《大观马递铺敕令格式》。从中可知，《马递铺令》在宋朝是独立令的篇名。

(16)《常平免役令》。见于 2. 3. 45、4. 1. 36 和 4. 3. 28。见于《宋会要》和《宋史》诸志。按 2. 3. 45. 1 记载，常平法在熙宁和元丰年间都制定过，绍圣三年（1096 年）修时是按元丰年间编修体例编撰，分别设立常平、免役、农田水利、保甲等门，最后以《常平免役敕令》颁布。此次修成后，到绍兴十七年（1147 年）再次重修，在这次修成的法令中，

《令》有20卷。4.1.36条记载的是绍兴年间修订情况，4.3.28条记载的是绍圣年间制定的情况。从中可知，宋朝《常平免役令》是一个独立的类别令典，其下包括有不同的令篇。

（17）《义仓令》。见于2.3.43。见于《宋会要》。2.3.43.1条记载政和元年制定《元丰义仓令》，后面提到绍圣法，从中可知《义仓令》在元丰年间和绍圣年间制订过。《义仓令》属于宋朝令的篇名，但不能确定是否属于令典的篇名。

（18）《方田令》。见于2.3.51。见于《宋会要》。2.3.51.1条记载了政和二年（1112年）引用《崇宁方田令》。《方田令》是宋朝独立令的篇名。

（19）《盐令》。见于2.3.74。见于《宋会要》。2.3.74.1条记载绍兴二十一年编成《盐令》1卷，《茶令》1卷。《遂初堂书目》记载有《熙宁常平茶盐敕令》。可知《盐令》是宋朝独立令的篇名。

（20）《茶令》。见于2.3.74。原文见（19），《茶令》属于宋朝独立令的篇名。

（21）《江淮湖浙路盐令》。见于2.2.36和4.1.31。见于《宋会要》和《宋史·艺文志》。从记载看，两处是同一事，按2.2.36.1记载看，修成181条，敕令格共4卷。4.1.31条记载的名称是《江湖淮浙盐令》，这里“江湖淮浙”与“江淮湖浙”是一致的，从地名使用习惯上应是“江淮湖浙”。《江淮湖浙路盐令》属于独立的令篇名。

6. 教育考选类令

（1）《学令》。见于2.3.30、3.11和4.3.4等诸条史料。见于《宋会要》《长编》和《宋史》。从记载看，元丰年间制定《国子监敕令》，同时制定《学令》。按2.3.30.5记载，还有《大观学令》。从史料看，《学令》在宋朝是独立成篇，只是不能确定《学令》是否属于令典中的篇名。从结构看，应属于令典的篇名。宋朝《学令》应是具体诸学的“通用”法，因为宋朝在教育立法中有各种学的专门立法，如太学、律学、算学等。

（2）《贡举令》。见于2.3.31、4.1.14和4.3.19等诸条史料。见于《宋会要》和《宋史》。此法律名称有时用《礼部贡举令》。2.3.31.1条提到《崇宁贡举令》，还有《绍兴重修贡举令》。《宋史·艺文志》记载《元丰贡举令》，见4.1.14条、4.3.19.1条记载淳熙十四年（1187年）洪迈引用了《贡举令》。《贡举令》可以确定为宋朝令典中的基本篇名，在性质上属于各类科举考试中的“通用”法。

（3）《御试贡举令》。见于2.3.49。见于《宋会要》。按2.3.49.1条记载，绍兴二十六年（1156年）制定《御制贡举令》3卷。此外，2.3.50.2条记载《绍兴御制贡举令》，这里的令是绍兴二十六年制定的。《御制贡举令》属于独立令的篇名。

（4）《贡举通用令》。见于2.3.76和2.3.49等诸条史料。见于《宋会要》。从2.3.76.1条看，被称为《崇宁贡举通用令》，2.3.50.1条中有《内外通用贡举令》5卷，两个名称应是同一法律。说明宋朝存在《贡举通用令》独立篇名。《贡举通用令》属于独立令的篇名。

（5）《省试贡举令》。见于2.3.49。见于《宋会要》。按2.3.49.1条记载，绍兴二十六年（1156年）制定了《省试贡举令》1卷。可知《省试贡举令》属于令的独立篇名。

（6）《府监发解令》。见于2.3.49。见于《宋会要》。按2.3.49.1条记载，绍兴二十六年（1156年）制定了《府监发解令》1卷。可知《府监发解令》属于令的独立篇名。

（7）《御试省试府监发解通用令》。见于2.3.49。见于《宋会要》。按2.3.49.1条记载，绍兴二十六年（1156年）制定了《御试省试府监发解通用令》5卷。可知《御试省试府监发解通用令》属于令的独立篇名。

（8）《贡士令》。见于4.1.34。见于《宋史·艺文志》。从4.1.34.1条看，政和年间白时中修撰了《贡士敕令格式》，而且加“重修”，说明此前就存在。可以确定《贡士令》是独立令的篇名。

（9）《御试贡士令》。见于4.1.29。见于《宋史·艺文志》。从4.1.29条看，政和年间修的《御试贡士敕令格式》有159卷，前面加了“新修”两个字说明此法此前就存在。《御试贡士令》应是独立令的篇名。

（10）《杂修御试贡士令》。见于4.3.20。见于《宋史·学校试》。从4.1.29.1条看，此篇名与（9）的篇名应有区别。《杂修御试贡士令》应是宋朝令的独立篇名。

上面存在“贡举”和“贡士”两种不同令的名称，现在还无法确定两者是否一致，所以这里把两类分别定为不同篇名。

（11）《省试令》。见于2.3.50。见于《宋会要》。淳熙五年记载了存在《绍兴重修省试令》，从篇名上看，与绍兴二十六年（1156年）制定的《省试贡举》好像是同一法令，但没有更多史料佐证，所以这里认为是两个不同令的篇名。这里把《省试令》作为独立的令的篇名。

（12）《太学令》。见于2.3.48、2.3.53、2.3.54和4.3.26等诸条史

料。见于《宋会要》和《宋史》。按 2. 3. 54. 1 条记载《绍圣太学敕令式》，4. 3. 25. 1 条记载《元丰太学令》，2. 3. 54. 1 条记载《绍兴太学令》3 卷。此法律名称还有《国子监太学令》。从中可知，《太学令》在宋朝时属于独立令典篇名。

（13）《国子监令》。见于 2. 3. 48、2. 3. 53 和 4. 1. 33 等诸条史料。见于《宋会要》和《宋史·艺文志》。绍兴十三年（1143 年）制定了《国子监令》3 卷，而 4. 1. 33 条记载陆佃编撰《国子监敕令格式》19 卷。从上可知，《国子监令》在宋朝属于独立令的篇名。

（14）《国子监大学令》。见于 4. 1. 12 和 4. 1. 46 等诸条史料。见于《宋史》。宋朝国子监下设有大学、辟廱、小学等教学机构，在立法上分别进行专门立法。《国子监大学令》是独立令的篇名。

（15）《国子监辟廱令》。见于 2. 3. 48、2. 3. 53 和 4. 1. 46 等诸条史料。见于《宋会要》。大观年间重修《国子监辟廱令》，所以可知有《国子监辟廱令》。《国子监辟廱令》属于宋朝独立令的篇名。

（16）《国子监小学令》。见于 4. 1. 12、4. 1. 46 等诸条史料。4. 1. 12. 1 条中明确记载当时修订的法律中有"《国子监大学小学令》十三卷"，可知元丰年间修过《国子监大学小学令》，共有 13 卷。从上可知，《国子监小学令》属于宋朝独立令的篇名。

（17）《国子监支费令》。见于 4. 1. 17。见于《宋史·艺文志》，有《国子监支费令式》1 卷，所以可知有《国子监支费令》。《国子监支费令》属于宋朝独立令的篇名。

（18）《小学令》。见于 2. 3. 53 和 2. 3. 55 等诸条史料。见于《宋会要》。2. 3. 53. 1 条记载大观三年（1109 年）制定《大观重修小学敕令格式申明》，而 2. 3. 53. 1 条记载绍兴十三年制定的《小学令》有 1 卷。此外，2. 3. 55. 2 条有《小学令》的原文。宋朝时《小学令》与《国子监小学令》是两个独立的法律篇名，因为《小学令》是适用于全国初级教育的法令，《国子监小学令》是适用于中央国子监教学机构中"小学"的"令"。由此可知，《小学令》在宋朝属于独立令的篇名。

（19）《诸路州县学令》。见于 2. 3. 56 和 4. 1. 57 等诸条史料。见于《宋会要》和《宋史·艺文志》。从两处材料看，都是同一事。从史料可知，宋朝时《诸路州县学令》属于独立令的篇名。

（20）《宗子大小学令》。见于 2. 3. 47 和 4. 1. 26 等诸条史料。见于《宋会要》和《宋史·艺文志》。此法律又名《内外宗子大小学令》。从两处材料看，都是同一事，按 2. 3. 47. 1 条记载《内外宗子大小学令》有

7 册。由此可知，“令”的数量在 21 册中占了三分之一。从史料可知，宋朝时《宗子大小学令》属于独立令的篇名。

(21)《内外宫学令》。见于 2. 3. 46。见于《宋会要》。2. 3. 46. 1 条记载引用《崇宁内外宫学令》，说明此令的存在。《宗子大小学令》与《内外宫学令》是不同的两个教育法令，前者针对的是皇族，后者针对的是皇亲及宫内人员。《内外宫学令》属于宋朝令的独立篇名。

(22)《武学令》。见于 2. 3. 60、2. 3. 53 和 4. 1. 13 等诸条史料。见于《宋会要》和《宋史·艺文志》。此法律又名《国子监武学令》。2. 3. 60. 1 条记载绍圣年间修过《武学令》；2. 3. 60. 2 条记载大观年间修成《武学令》；2. 3. 53. 2 条记载绍兴年间修成《武学令》，4. 1. 23 条记载元丰年间修成《武学令》。对绍兴年间制定的，《宋史全文》记载是共修太学、武学、律学、小学等四种。“绍兴十三年冬十月己丑，太师、尚书左仆射、提举详定一司敕令秦桧等上《国子监太学武学律学小学敕令格式》二十五卷”。[①] 所以可知《武学令》在宋朝是独立的令的篇名。

(23)《律学令》。见于 2. 3. 59、2. 3. 53 和 4. 1. 22 等诸条史料。见于《宋会要》和《宋史·艺文志》。此法律又名《国子监律学令》。2. 3. 59. 1 条记载绍圣年间修成《律学令》；2. 3. 59. 2 条记载政和年间修成《律学令》；2. 3. 53. 1 条记载绍兴年间修成《律学令》，4. 1. 22 条记载绍圣年间和政和年间两次修过《律学令》。可知《律学令》在宋朝是独立的令的篇名。

(24)《算学令》。见于 2. 3. 58 和 4. 1. 24 等诸条史料。见于《宋会要》和《宋史·艺文志》。此法律又名《国子监算学令》。从 2. 3. 58 中 1 和 2 条可知，崇宁年间修过《国子监算学令》，而 4. 1. 24 条记载的就是此事。所以可知《算学令》在宋朝是独立的令的篇名。

(25)《书画学令》。见于 2. 3. 57 和 4. 1. 25 等诸条史料。见于《宋会要》和《宋史·艺文志》。此法律又名《国子监书画学令》。所引两处史料记载的内容是一致。《书画学令》属于宋朝独立令的篇名。

(26)《御书院令》。见于 4. 1. 11。见于《宋史》。此令是针对皇家书院特别制定的法律。可知《御书院令》属于独立令的篇名。

7. 国交类令

(1)《进贡令》。见于 1. 23、4. 1. 8 和 4. 3. 1。见于《庆元条法事类》和《宋史》。从《宋史·艺文志》和“礼志·吉礼”看，全名是《诸蕃

---

① 《宋史全文》卷二十一中，“宋高宗十四”，第 1680 页。

进贡令》。从《庆元条法事类》中看，已经收入令典，称为《进贡令》。此法律名称又有《诸蕃进贡令》。由此可知，宋朝可能存在独立和令典两种《进贡令》。当然，还可能就是《庆元令》中被纳入令典，成为令典的篇名。

（2）《驿令》。见于1.24、3.9、4.1.9、4.2.2和4.3.3等诸条史料。见于《庆元条法事类》《长编》和《宋史》。从3.9.1看嘉祐四年最先制定成独立的令，称为《嘉祐驿令》，共有3卷，74条。4.2.2条和4.3.3条记载的事件是嘉祐四年制定《驿令》。对《嘉祐驿令》，《直斋书录解题》中有详细记载，"《嘉祐驿令》三卷。三司使梁国、张方平、安道等修定。前一卷为条贯敕，后二卷为例令。官吏、帮支、驿券、衙官、傔从之类，皆据此也。"① 从此记载看，该法令当时分为"敕"和"令"两部分，与后面称为《驿令》是"令"的略有不同。可以说《嘉祐驿令》本质上是一部综合性驿传管理法典。但《庆元令》中《驿令》成为令典的篇名。

（3）《主客令》。见于4.3.24。见于《宋史·职官志》。元祐六年引用到《主客令》原文。从行文看，应是令的篇名，但不能确认是否属于令典的篇名。

（4）《高丽令》。见于2.3.71、4.1.7和4.3.1等诸条史料。见于《宋会要》和《宋史》。按2.3.71条记载，政和七年制定《高丽敕令格式例》，共240册；4.1.7条记载有元丰《高丽入贡仪式条令》30卷；宣和年间《接送高丽敕令格式》和《奉使高丽敕令格式》各1部；4.3.1条记载的内容是元丰年间制定的《高丽入贡仪》。从上可知，宋朝时制定过《高丽令》，作为调整与高丽外交往来的法令。《高丽令》属于宋朝令的独立篇名。从史料记载看，《高丽令》是宋朝针对某个国家制定的专门性外交事务管理法。

（5）《奉使高丽令》。见于4.1.48。见于《宋史》。由此可知此法律属于宋朝令的篇名。

（6）《大辽令》。见于4.3.1。见于《宋史·礼志》。从4.3.1条看，元丰年间制定《大辽令式》，可知北宋时存在《大辽令》为名的专门外交法令。《大辽令》属于宋朝令的独立篇名。

宋朝中央制定专门的外交法令中，仅有两个国家是采用专门立法，分

---

① 陈振孙撰，徐小蛮、顾美华点校：《直斋书录解题》卷七，"法令类"，上海古籍出版社2015年版，第224页。

别是辽国和高丽国。说明这两个国家在北宋时期与宋国关系十分重要和特殊。

8. 社会事务类令

（1）《医疾令》。见于1.32。见于《庆元条法事类》。《医疾令》可以确定为宋朝令典中的基本篇名。

（2）《医局令》。见于4.1.14。见于《宋史·艺文志》。元丰年间制定。《医局令》属于宋朝令的独立篇名。

（3）《杂令》。见于1.20、和2.3.35等诸条史料。见于《庆元条法事类》和《宋会要》。2.3.35.1条记载《绍兴杂令》，2.3.25.2条记载《乾道重修杂令》。从材料看，《杂令》可以确定为宋朝令典中的基本篇名。

（4）《河渠令》。见于1.33。见于《庆元条法事类》。《河渠令》可以确定为宋朝令典中的基本篇名，属于中国古代水利立法的代表性成果。

（5）《道释令》。见于1.34和2.3.33。见于《庆元条法事类》和《宋会要》，2.3.33.1条有把修订法律写入《绍兴道释令》中的记载。从史料看，《道释令》可以确定为宋朝令典中的基本篇名。

（6）《恤孤幼令》。见于4.3.5。见于《宋史》。从4.3.5.1条看，此法律制定于元丰年间，元祐年间被废止，绍圣二年（1096年）重新适用。《恤孤幼令》属于宋朝独立令的篇名，是中国古代社会救济扶助立法代表。

（7）《教令》。见于2.3.52。见于《宋会要》。2.3.52.1条记载元丰二年（1079年）司农寺制定《元丰教令式》15卷，说明元丰《教令》独立存在。《教令》属于宋朝独立令的篇名。

（8）《保甲令》。见于2.3.64。见于《宋会要》。《保甲令》在宋朝是作为独立令的篇名存在，同时在修订《常平免役令》时被撰入。《保甲令》属于宋朝独立令的篇名。

（9）《宽恤诏令》。见于2.3.77和4.3.37等诸条史料。见于《宋会要》。其中，《绍兴编类宽恤诏令》，《宋史》中记载绍兴二十三年（1153年）八月乙酉，“命敕令所编辑中兴以后宽恤诏令”。[①]《建炎以来朝野杂记·甲集》卷四和《玉海》卷六四中都有记载；《淳熙宽恤诏令》在《两朝纲目备要》卷四，《玉海》卷六十四中有记载；《绍熙宽恤诏令》在《玉海》卷六十四中有记载；《庆元宽恤诏令》在《两朝纲目备要》卷一十三中有记载；《庆元续修淳熙宽恤诏令》在《玉海》卷六四中有记

① 《宋史》卷三十一，“高宗九”，第578页。

载;《嘉定宽恤诏令》在《玉海》卷六四中有记载，制定于嘉定十四年(1221 年) 五月。刘时举的《续宋中兴编年资治通鉴》卷十二中记载庆元二年 (1196 年) 十月庚寅 “上诣寿康宫，上《庆上皇帝宽恤诏令》”;同月壬辰，“京鏜上《孝宗淳熙宽恤诏令》”。[①] 庆元五年冬天修成《庆元宽恤诏令》;[②] 嘉定六年五月戊辰 “修《宽恤诏令》”。[③]《建炎以来朝野杂记·甲集》卷四中 “绍兴淳熙庆元宽悔罪诏令” 条中有较详细的记载。“宽恤诏令者，始绍兴二十二年八月，王瞻叔知荆门军代还入见，请命有司编集中兴以来宽恤诏令，而知惠州郑康佐都亦言：‘守令奉行诏书不虔，请编类成书以赐。’从之。二十五年九月乃成，凡二百卷，号《绍兴宽恤诏令》”。《宋史全文》记载 “绍兴二十五年九月丁巳，尚书左仆射、提举详定一司敕令秦桧等进呈《绍兴宽恤诏令》二百卷。自郑康佐建请，至是再逾年乃成，凡五十门。诏镂版颁降”。[④] 其后，淳熙、庆元皆有之。“淳熙书成于二十年夏，庆元书编于五年冬”。[⑤] 可知《淳熙宽恤诏令》和《庆元宽恤诏令》修成书的时间。此法律在南宋有绍兴、淳熙、绍熙、庆元和嘉定五个不同时期的修订本。淳熙十一年 (1184 年) 六月辛酉，“进呈王淮等上表，为敕令所《编类宽恤诏令》成书，乞颁降施行。”[⑥] 景定四年秋七月壬辰，记载有 “敕令所进《宁宗以来宽恤诏令》”。[⑦]《续资治通鉴》卷一百四十九中有相同记载。从上可知，南宋诸朝大量编撰《宽恤诏令》，成为立法中的一大特点。这里的 “诏令” 不能全部认为是 “令” 类法律，因为这里主要是对宽恤类诏令类编，而不是对宽恤类法律中的 “令” 类法律的编撰。

(10)《内侍养子令》。见于 4.3.36。见于《宋史》。此法律在北宋被制定及适用，主要调整宫内太监收养子的问题。《内侍养子令》是独立的令类篇名。

9. 司法类令

(1)《捕亡令》。见于 1.36 和 2.3.39 等诸条史料。见于《庆元条法事类》和《宋会要》。《捕亡令》可以确定为宋朝令典中的基本篇名。

---

① 刘时举撰:《续宋中兴编年资治通鉴》卷十二，中华书局 2014 年版，第 273 页。

② 同上书，第 280 页。

③ 刘时举撰:《续宋中兴编年资治通鉴》卷十四，中华书局 2014 年版，第 340 页。

④《宋史全文》卷二十二上，“宋高宗十六”，第 1778—1779 页。

⑤ 李心传:《建炎以来朝野杂记·甲集》卷四，中华书局 2013 年版，第 112 页。

⑥《宋史全文》卷二十七上，“宋孝宗七”，第 2293 页。

⑦《宋史》卷四十五，“理宗五”，第 885 页。

（2）《辞讼令》。见于1.37和2.3.40等诸条史料。见于《庆元条法事类》和《宋会要》。2.3.40.1条引用了原文。《辞讼令》可以确定为宋朝令典中的基本篇名。

（3）《断狱令》。见于1.38、2.2.15和2.3.42等诸条史料。见于《庆元条法事类》和《宋会要》。从2.3.42中2—5条分别提到《政和断狱令》和《绍兴断狱令》等。从此可知，《断狱令》可以确定为宋朝令典中的基本篇名。

（4）《鞫狱令》。见于2.3.41。见于《宋会要》。按2.3.41.1条，淳熙五年（1178年）有《乾道鞫狱令》。《鞫狱令》可以确定为宋朝令典中的基本篇名。

（5）《狱官令》。见于《天圣令》，从记载看，《狱官令》可以确定为北宋令典中的基本篇名，但南宋是否存在难考知。

（6）《捕盗令》。见于4.3.35。见于《宋史》。《捕盗令》在宋朝是专门性令类篇名。

七　宋朝令的历史地位和意义

根据上面考查，宋朝令的篇名至少有246个，其中较接近令典篇名的至少有64个，以机构为名的篇名至少有92个，其他单行的令典和令的篇名有64个。这当中还不包括同一内容不同篇名的，如《禄令》，就多次制定单行禄令，如《嘉祐禄令》《政和禄令》《绍兴禄令》等。本章对多数同一法律不同朝代制定的纳入同一类考察。

（一）宋朝令典的篇名和数量

1. 宋朝令典数量

通过上面考察，可以得出宋朝修撰过12部不同令典，其中11部可以确定，分别是《淳化令》《天圣令》《元丰令》《元祐令》《元符令》《政和令》《绍兴令》《乾道令》《淳熙令》《庆元令》《淳祐令》，另有一部《崇宁令》现在看应是存在的，但没有更多史料证明。在12部中有11部是完全意义上的宋朝令典，因为第一部《淳化令》是在《唐令》基础上修撰而成，本质上是《唐令》。在11部令典中，可以分为三种风格：《唐令》式，具体有《淳化令》和《天圣令》；《元丰令》式，具体有《元符令》《元祐令》《崇宁令》和《政和令》；《绍兴令》式，南宋诸令典。其中《元丰令》开创宋朝令典立法的新模式，原因是宋神宗对敕令格式进行新的界定，导致令典来源和性质发生变化。《绍兴令》是对北宋时期各类令典的综合，特别是《元丰令》至《政和令》的综合，因为制定是在特殊战争时期，让令典对北宋各个令典进行了总结和综合，所以《绍兴令》体现出北宋令典及令类立法的成就。

2. 宋朝令典中篇名和数量

若把本文中收集到的令的篇名进行比较考察，再与《唐六典》记载的《开元令》和《天圣令》中两个不同令典篇名、《庆元条法事类》篇名和金朝《泰和令》篇名等比较，可推考出宋朝时期令典用过的篇名。具体如下表：

表四

开元七年令		开元二十五年令	天圣令（读书后志）	天圣令残卷	庆元条法事类残卷	金泰和令	宋会要、长编和宋史所见篇名	考证推定
1	官品	官品	官品		官品	官品	官品	官品
2	三师三公台省职员	三师三公台省职员				职员		
3	寺监职员	寺监职员						
4	卫府职员	卫府职员						
5	东宫王府职员	东宫王府职员						
6	州县镇戍岳污关津职员	州县镇戍岳污关津职员						
7	内外命妇职员	内外命妇职员						
8	祠	祠	祠			祠	祠	祠
9	户	户	户		户	户	户	户
10	选举	选举	选举			选举		选举
11	考课	考课	考课		考课		考课	考课
12	宫卫	宫卫				宫卫		宫卫
13	军防	军防	军防		军防	军防	军防	军防
14	衣服	衣服	衣服			衣服	衣服	衣服
15	仪制	仪制	仪制			仪制	仪制	仪制
16	卤簿	卤簿	卤簿				卤簿	卤簿
17	公式	公式	公式		公式	公式	公式	公式

续表

开元七年令		开元二十五年令	天圣令（读书后志）	天圣令残卷	庆元条法事类残卷	金泰和令	宋会要、长编和宋史所见篇名	考证推定
18	田	田	田	田	田	田	田	田
19	赋役	赋役	赋役	赋役	赋役	赋役	赋役	赋役
20	仓库	仓库	仓库	仓库	仓库	仓库		仓库
21	厩牧	厩牧	厩牧	厩牧	厩牧	厩牧		厩牧
22	关市	关市	关市	关市	关市	关市		关市
23		捕亡	捕亡	捕亡	捕亡	捕亡	捕亡	捕亡
24	医疾	医疾	医疾	医疾	医疾	医疾		医疾
25		假宁		假宁	假宁	假宁	假宁	假宁
26	狱官	狱官	狱官	狱官		狱官		狱官
27	营缮	营缮	营缮	营缮	营缮	营缮		营缮
28	丧葬	丧葬	丧葬	丧葬			丧葬	丧葬
29	杂令	杂令	杂令	杂令	杂令	杂令	杂令	杂令
30					职制		职制	职制
31					文书		文书	文书
32					公用			公用
33					吏卒		吏卒	吏卒
34					赏令	赏令	赏令	赏令
35					军器			军器
36					荐举		荐举	荐举
37					进贡		进贡	进贡
38					给赐		给赐	给赐
39					选试		选试	选试
40					辇运		辇运	辇运
41					服制	服制		服制
42					封赠			封赠
43					理欠		理欠	理欠
44					场务			场务
45					祀令		祀令	祀令
46					河渠			河渠
47					道释	释道	道释	道释

续表

开元七年令		开元二十五年令	天圣令（读书后志）	天圣令残卷	庆元条法事类残卷	金泰和令	宋会要、长编和宋史所见篇名	考证推定
48					时令		时令	时令
49					驿令		驿令	驿令
50					辞讼		辞讼	辞讼
51					断狱		断狱	断狱
52						河防		
53							义仓	义仓
54		封爵				封爵	封爵	封爵
55		学令				学令	学令	学令
56		禄令				禄令	禄令	禄令
57		乐令					乐令	乐令
58							主客	主客
59							贡举	贡举
60							大礼	大礼
61							军令	军令
62							度支	度支
63							礼令	礼令
64							仪注	仪注
65							参附	参附
66							赏赐	赏赐
67							职田	职田
68							支赐	支赐
69							牧马	牧马
70							鞫狱	鞫狱
71							夏祭	夏祭
72							义仓	义仓

比较表四，可以看出，宋朝现存材料中《宫卫令》仅出现在《天圣令》中，其他地方没有记载。但从古代法律结构看，应有《宫卫令》才对；《泰和令》中有《河防令》，《庆元条法事类》中有《河渠令》，两者应是同一性质的“令”的不同篇名；《选举令》在《唐令》《天圣令》和

《泰和令》中都有，但《庆元条法》《宋会要》《宋史》和《吏部条法》中都没有出现，而出现《荐举令》《贡举令》和《选试令》三篇。这里最有可能是《选举令》在宋神宗朝后被分成《荐举令》《贡举令》和《选试令》。从宋朝令的篇名结构上看，宋朝时《祀令》和《祠令》，《礼令》和《大礼令》，《仪制令》和《仪注令》是不同“令”的篇名，即有六篇不同礼制礼仪的令篇。结合上面逐条考察和上表比较的结果，可以推定宋朝时令典最有可能用过的篇名有50个。分别是：

1《官品令》、2《职制令》、3《宫卫令》、4《荐举令》、5《选试令》、6《贡举令》、7《公式令》、8《文书令》、9《公用令》、10《吏卒令》、11《假宁令》、12《禄令》、13《考课令》、14《赏令》、15《封爵令》、16《给赐令》、17《封赠令》、18《户令》、19《田令》、20《军防令》、21《军器令》、22《衣服令》、23《仪制令》、24《卤簿令》、25《祠令》、26《祀令》、27《时令》、28《乐令》、29《礼令》、30《服制令》、31《丧葬令》、32《赋役令》、33《仓库令》、34《厩牧令》、35《关市令》、36《辇运令》、37《理欠令》、38《场务令》、39《度支令》、40《杂令》、41《医疾令》、42《营缮令》、43《学令》、44《进贡令》、45《河渠令》、46《道释令》、47《捕亡令》、48《狱官令》、49《辞讼令》、50《断狱令》。

这样的篇名结构与《绍兴令》50卷是相符，也许这是南宋时令典篇名，但由于史料缺失，无法肯定这就是南宋时期诸令典的篇名。但以上篇名不会是《元丰令》篇名，因为史料记载《元丰令》篇名是35个，在《庆元令》现存残本中已经有37篇，还有13个没有出现，具体是《祠令》《宫卫令》《衣服令》《仪制令》《卤簿令》《狱官令》《丧葬令》《封爵令》《学令》《禄令》《乐令》《贡举令》和《礼令》。这13个篇名都是令典基本篇名。这样来看，《庆元令》中篇名最有可能是50个。

从表四看，还有14个令的篇名可能在令典中用过，具体是：

1《选举令》、2《主客令》、3《大礼令》、4《军令》、5《度支令》、6《仪注令》、7《参附令》、8《赏赐令》、9《职田令》、10《支赐令》、11《牧马令》、12《鞫狱令》、13《夏祭令》、14《义仓令》。

在14个令的篇名中，《选举令》《军令》《度支令》《仪注令》《职田令》《牧马令》《义仓令》《鞫狱令》可能在不同时期令典中用过。

上面64个令的篇名都在宋朝现有史料中明确提到，并得到引有条文的不同史料佐证。上面64个令的篇名在宋朝是确实存在过的。

（二）一般性令的篇名

综合上面的考察，可以发现宋朝一般令的篇名较多，调整领域十分广泛。这里分为九大类，具体情况如下：

1. 综合事类令

(1)《官品令》、(2)《职制令》、(3)《官制令》、(4)《田令》、(5)《职田令》、(6)《禄令》、(7)《选举令》、(8)《荐举令》、(9)《选试令》、(10)《考课令》、(11)《公式令》、(12)《文书令》、(13)《假宁令》、(14)《赋役令》、(15)《公用令》、(16)《吏卒令》、(17)《赏令》、(18)《给赐令》、(19)《封赠令》、(20)《封爵令》、(21)《支赐令》、(22)《文臣关升条令》、(23)《新定皇亲禄令》、(24)《亲从亲事官转员令》、(25)《在京人从令》。

2. 机构类令

(1)《中书省令》、(2)《尚书省令》、(3)《枢密院令》、(4)《御史台令》、(5)《三省通用令》、(6)《三省枢密院通用令》、(7)《入内内侍省令》、(8)《尚书六曹寺监通用令》、(9)《大理寺令》、(10)《大理寺右治狱令》、(11)《大宗正司令》、(12)《外宗正司令》、(13)《尚书左右选令》、(14)《尚书左右选通用令》、(15)《尚书左右选侍郎右选通用令》、(16)《尚书左选侍郎左右选通用令》、(17)《尚书左选侍郎右选通用令》、(18)《尚书右选侍郎左右选通用令》、(19)《尚书侍郎左右选通用令》、(20)《尚书侍郎左右选考功通用令》、(21)《尚书侍郎右选通用令》、(22)《尚书侍郎右选考功通用令》、(23)《尚书侍郎右选司勋考功通用令》、(24)《尚书侍郎左选通用令》、(25)《尚书侍郎左选考功通用令》、(26)《尚书左选考功通用令》、(27)《尚书左选令》、(28)《尚书右选令》、(29)《尚书考功令》、(30)《尚书司勋令》、(31)《侍郎左选令》、(32)《尚书侍郎右选通用令》、(33)《侍郎左右选通用令》、

(34)《侍郎左选尚书考功通用令》、(35)《侍郎右选尚书考功通用令》、(36)《尚书左右侍郎通令》、(37)《尚书左选尚书考功通用令》、(38)《尚书侍郎左右选通用令》、(39)《尚书侍郎左右选司勋考功通用令》、(40)《尚书侍郎左选通用令》、(41)《侍郎左选尚书司勋通用令》、(42)《侍郎右选考功通用令》、(43)《阁门令》、(44)《礼部令》、(45)《刑部令》、(46)《吏部令》、(47)《吏部总类通用令》、(48)《吏部四选令》、(49)《吏部四选通用令》、(50)《吏部侍郎选令》、(51)《吏部左选令》、(52)《吏部考功令》、(53)《吏部七司令》、(54)《参附尚书吏部令》、(55)《参附侍郎左选令》、(56)《参附尚书左选令》、(57)《参附尚书右选令》、(58)《参附侍郎右选令》、(59)《参附尚书侍郎左右选通用令》、(60)《参附司封令》、(61)《参附司勋令》、(62)《参附考功令》、(63)《参附吏部尚书左右选通用令》、(64)《参附吏部四选令》、(65)《参附令》、(66)《六曹令》、(67)《六曹通用令》、(68)《六曹寺监库务通用令》、(69)《寺监库务通用令》、(70)《殿中省令》、(71)《殿中省通用令》、(72)《六尚局令》、(73)《供奉库令》、(74)《提举所令》、(75)《户部令》、(76)《户部通用令》、(77)《金部令》、(78)《仓部令》、(79)《司农寺令》、(80)《榷茶司令》、(81)《转运司令》、(82)《在京通用令》、(83)《开封令》、(84)《西京令》、(85)《景灵宫供奉令》、(86)《龙图阁令》、(87)《宝文阁令》、(88)《天章阁令》、(89)《纳粟补官令》、(90)《两浙福建路令》、(91)《内东门司应奉禁中请给令》、(92)《诸路州县令》。

3. 军事类令

(1)《军令》、(2)《军器令》、(3)《军防令》、(4)《新定诸军直禄令》。

4. 礼制礼仪类令

(1)《仪制令》、(2)《在京通用仪制令》、(3)《卤簿令》、(4)《衣服令》、(5)《祀令》、(6)《祠令》、(7)《大礼令》、(8)《礼令》、(9)《仪注令》、(10)《夏祭令》、(11)《丧葬令》、

(12)《服制令》、(13)《时令》、(14)《岁令》、(15)《月令》、(16)《行军月令》、(17)《朔令》、(18)《乐令》、(19)《明堂令》、(20)《祠祭令》、(21)《车驾省方仪令》、(22)《赏赐令》、(23)《诸陵荐献礼文仪令》、(24)《蜀坤仪令》、(25)《宗室及外臣丧葬令》、(26)《仪令》、(27)《统戎令》、(28)《神霄宫使司法令》、(29)《在京礼令》。

5. 经济管理类令

(1)《营缮令》、(2)《仓库令》、(3)《厩牧令》、(4)《关市令》、(5)《辇运令》、(6)《理欠令》、(7)《场务令》、(8)《牧马令》、(9)《度支令》、(10)《度支押令》、(11)《群牧司令》、(12)《诸司库务令》、(13)《诸司市务令》、(14)《都提举市易司令》、(15)《马递铺令》、(16)《常平免役令》、(17)《义仓令》、(18)《方田令》、(19)《盐令》、(20)《茶令》、(21)《江淮湖浙路盐令》。

6. 教育考选类令

(1)《学令》、(2)《贡举令》、(3)《御试贡举令》、(4)《贡举通用令》、(5)《省试贡举令》、(6)《府监发解令》、(7)《御试省试府监发解通用令》、(8)《贡士令》、(9)《御试贡士令》、(10)《杂修御试贡士令》、(11)《省试令》、(12)《太学令》、(13)《国子监令》、(14)《国子监大学令》、(15)《国子监辟雍令》、(16)《国子监小学令》、(17)《国子监支费令》、(18)《小学令》、(19)《诸路州县学令》、(20)《宗子大小学令》、(21)《内外官学令》、(22)《武学令》、(23)《律学令》、(24)《算学令》、(25)《书学令》、(26)《御书院令》。

7. 国交类令

(1)《进贡令》、(2)《驿令》、(3)《主客令》、(4)《高丽令》、(5)《奉使高丽令》、(6)《大辽令》。

8. 社会事务类令

(1)《医疾令》、(2)《医局令》、(3)《杂令》、(4)《河渠令》、(5)《道释令》、(6)《恤孤幼令》、(7)《教令》、(8)《保甲令》、(9)《宽恤诏令》、(10)《内侍养子令》。

9. 司法类篇

(1)《捕亡令》、(2)《辞讼令》、(3)《断狱令》、(4)《鞫狱令》、(5)《狱官令》、(6)《捕盗令》。

上面九类令的篇名达219篇，可以看出宋朝令类法律的复杂，成为国家法律的主体。

(三) 宋朝令篇名分类和演变

从宋朝令的篇名和内容结构看，宋朝“令”存在三种形态：综合性令典、事类性令典和单行令。综合性令典较为稳定，制定较严格。从现有材料看，宋朝至少制定过12部综合性令典，如《天圣令》《元丰令》《绍兴令》《庆元令》；事类性令典是针对某类事务或地区、部门制定适应于该事类、地区和部门的综合性令典，如《常平免役令》《在京通用令》《开封令》《吏部七司条法》等，下面往往再分类成具体单行令篇；单行性令，主要是针对特定事类制定的令，如《保甲令》《方田令》等。从现在看，宋令的立法不管从篇名上，还是数量上看，都属于敕令格式中数量最多的类型。宋令的篇名在宋神宗元丰七年（1084年）以前基本上以《唐令》为蓝本，篇名结构以《开元二十五年令》为基础。元丰七年后由于重新确定敕令格式的调整范围，让整个法律编撰体例有新的理论指导，于是把以前大量编入“敕”中非刑名内容调整到“令”中，导致“令”的篇名增加，整个令典和令的内容结构发生变化。这样，《元丰令》虽然仅有35篇，但《政和令》时可能发生了较大变化，让令典篇名达到50个。

“令”在宋朝成为重要法律形式是可以确定的，也被史料所证明。宋初虽然在“令”上适用《唐令》，制定新令典时以《唐令》为基础，但由于宋初编敕时对“令”与“敕”的内容没有进行学理上较好区分，导致北宋神宗元丰七年前编敕中大量内容是后来“令”的内容。北宋初期仅编敕，导致大量非刑事法律无法编入以《唐律》为体例的编敕中，在立法上出现困难。这个问题到宋仁宗天圣年间越来越严重。这从天圣年间在修订敕典时开始采用修“附令敕”上可以看出。《玉海》在“天圣附令敕”条和“天圣新修令·编敕”条中对此有详细记载。宋真宗咸平年间开始制定《仪制令》一卷，天圣年间编成“附令敕”18卷，此后庆历、嘉祐、熙宁年间续修敕时都修《附令敕》。从《宋会要》中引用到的两条《附令敕》内容看，《附令敕》性质是“令”。[①] 宋神宗元丰七年前编敕时往往编大量的《附令敕》，这是无法较好处理敕与令关系带来的立法问题，当时区别敕令往往采用“处罚轻重”和“约束大小”作为依据。这种标准在具体适用中操作性较差，对法律分类很难有效进行。宋神宗对敕令格式进行新界定后解决了此问题，[②] 让宋朝立法中对敕令格式有明确标准，于是“敕”的内容开始减少，“令”的内容开始增加。这从《元丰敕令格式》及南宋历次编令典中“令”都是50卷得以说明。此外，大量部

---

① 仁宗天圣十年（1032年）八月四日，刑部言：“本部凡追到已断告敕，寄省司毁抹。近降编敕，令所在注毁，限十日申省。又《附令敕》合追官如丁忧停任，旧告敕若两任作一任，当（牍）［牒］刑部置簿拘管。只缘凡降断并不计道数，即省司不见得曾与不曾丁忧停任，虑追索不足，因循散失，望申诫诸路画时关送当部。”从之。（《宋会要》，“职官一五·刑部之5”，第3409页）神宗熙宁二年（1069年）九月十八日，条例司言：“近日在京米价贱，诸军班及诸司库务公人出粜食不尽月粮，全不直钱。欲乞指挥三司晓示，今后愿依下项所定价出粜入官者，依《嘉祐附令敕》坐仓条贯施行。诸班直一千，捧日天武、龙神卫八百，拱圣、神勇以下七百，上、下杂诸司坊监六百。”从之（《宋会要》，职官五·制置三司条例司之5，第3123页）。

② 对中国古代法律形式中“律令格式敕”等进行界定较有名的有三次：晋朝的杜预在上制定完《泰始律令》表时说明两者的区别，即“律以定刑名，令以设制事”；《唐六典》中界定律令格式时进行的定义，即“凡律正刑定罪，令以设范立制，格以禁违正邪，式以轨物程事”（《唐六典》卷六，“尚书刑部”，中华书局1992年版，第185页）；宋神宗对“敕令格式”的界定是“禁于已然之谓敕，禁于未然之谓令，设于此以待彼之至之谓格，设于此使彼效之之谓式”。分析这些官方正式的界定，从中可以看出，律令是十分稳定的，格式在唐宋时期出现过变化。“格”在起源时，按《唐六典》记载与宋神宗朝以前的北宋诸朝的敕很相近。“盖编录当时制敕，永为法则，以为故事。汉建武有律令故事上中下三篇，皆刑法制度也。晋贾充等撰律令，兼删定当时制、诏之条，为故事三十卷，与律令并行；梁易故事为梁科三十卷，蔡法度所删定。陈依梁。后魏以‘格’代‘科’，于麟趾殿删定，名为《麟趾格》。北齐因魏立格，撰《权格》，与律令并行”。（《唐六典》卷六，“尚书刑部”，中华书局1992年版，第185页）从中可以看出，“格”在形成时期是对制敕中可以作为永久之制的诏条编撰的成果。在性质上，最初是兼有律令，到形成稳定的法律形式后，“格”的性质开始出现变化。但在性质上依然不稳定，因为从中可以看出它仍然保留有律令性质的内容。

门机构立法时，往往采用敕令格式立法，把同一调整对象的法律统合在综合性敕令格式中进行立法，出现大量此方面的法典，如《元祐诸司库务敕令格式》《元祐在京通用敕令格式》《绍圣贡举敕令格式》《绍圣太学敕令格式》《元符新修海行敕令格式》《崇宁诸州县学敕令格式》《政和国子监律学敕令格式》等。而且这些修成的“敕令格式”法典中“令”部分的数量在整个法律中的数量都在增加，成为四类法律形式中第一位。可以说，神宗朝后立法上采用敕令格式分类立法成为通行方式，让宋朝立法实现新变化。

（四）令在宋朝法律体系中处于核心地位

宋令在不同法律部类中的结构，有较详记载的是南宋高宗绍兴年间的立法。这个时期立法多是对北宋不同时期立法成果的整理汇编。从史料记载看，绍兴年间立法，主要是把存留于南方地区以前不同法律进行整理修撰，其中广东路所存的法律是重要来源。现在对绍兴年间立法时不同立成果中敕令格式的结构和卷数进行统计，具体数量如表五：

表五

法典 类别	敕卷	令卷	格卷	式卷
绍兴敕令格式（绍兴元年）	12	50	30	30
绍兴重修尚书吏部敕令格式并通用敕令格式（绍兴三年）	5 册	41 册	32 册	8 册
重修禄法（绍兴六年）	1	2	15	
在京禄法（绍兴六年）	1	1	12	
诸班直诸军转员（绍兴八年）	1		12	
亲从亲事官转员（绍兴八年）	1	1	5	
中书门下省、尚书省（绍兴八年）		1		
枢密院（绍兴八年）		1	1	
尚书六曹寺监通用（绍兴八年）		1		
大理寺右治狱（绍兴八年）		1		
重修在京通用敕令格式（绍兴十年）	12	26	8	2
六曹通用（绍兴十二年）	1	3	1	1
寺监通用（绍兴十二年）	1	2	1	1
库务通用（绍兴十二年）	1	2		
六曹寺监通用（绍兴十二年）	1	2	1	1

续表

类别＼法典	敕卷	令卷	格卷	式卷
六曹寺监库务通用（绍兴十二年）	1	1	1	
寺监库务通用（绍兴十年）	1	1		
国子监敕令格式（绍兴十三年）	1	3	3	
太学（绍兴十三年）	1	3	1	2
武学（绍兴十三年）	1	2	1	1
律学（绍兴十三年）	1	2	1	1
小学令（绍兴十三年）		1	1	
常平免役（绍兴十七年）	5	20	3	5
盐法（绍兴二十一年）	1	1	1	1
茶法（绍兴二十一年）	1	1	1	1
大宗正司（绍兴二十三年）	11	40	16	5
御制贡举（绍兴二十六年）	1	3		1
省试贡举（绍兴二十六年）	1	1		1
府监发解（绍兴二十六年）	1	1		1
御试省府监发解通用（绍兴二十六年）	1	1	1	1
内外通用贡举（绍兴二十六年）	2	5	3	1
尚书左选（绍兴二十六年）		1	2	1
尚书右选（绍兴二十六年）		2	2	1
侍郎左选（绍兴二十六年）		2	1	
侍郎右选（绍兴二十六年）		2	2	1
尚书侍郎左右选通用（绍兴二十六年）	1	2	1	1
司勋（绍兴二十六年）	1	1	1	
考功	1			
总数	70	233	160	68

从表五看，南宋高宗年间制定的不同法律中，敕有70卷（册），令有233卷（册）、格有160卷（册），式有68卷（册）。从宋朝记载法律数量习惯看，每一册至少有一卷，所以说以上敕令格式的卷数数量最少分别是敕70卷、令233卷、格160卷和式68卷，敕令格式总数达到531卷。从卷数上看“令”是“敕”的3倍多，格是敕的2.3倍。若仅从四种法律卷数看，令格组成国家法律的主体，因为两者数量达到393卷，占

敕令格式总数的74%，而敕仅占13%。因为绍兴年间敕令格式的性质是敕为刑事，令格式为非刑事。这样，非刑事法律达到87%。这说明南宋绍兴朝的基本法律中，刑事内容的法律仅占13%，非刑事方面的法律达到86%。这种结构，在《庆元条法事类》残卷中可以同样看出，按日本学者统计，残卷中敕有887条，令有1781条，格有96条，式有142条，共有2906条。这样残卷中敕占30.52%，令占61.28%，格占3.30%，式占4.89%，令格式占了69.47%。从中可知《庆元敕令格式》中刑事和非刑事法律比例大约是3：7。要指出的，《庆元条法》中的敕令格式仅是基本的，还不包括其他类型中的敕令格式结构，而绍兴年间的敕令格式是整个国家法律中敕令格式的基本卷数结构。若比较两者，我们是否可以得出，南宋时期，在敕令格式法律结构中，敕与令格式的比例大约在30%—20%与70%—80%呢？在宋朝法律数量中，宋神宗元丰七年后，令格式开始成为国家整个法律种类上的主体，律敕由于仅界定在刑事方面，数量受到限制。当然，有一个例外，那就是《元祐敕令式》中敕有2440条，令有1020条，式有127条，"敕"是令式的两倍。但这仅是基本敕令格式中的法律种类结构，而不是整个国家法律形式中敕令格式的结构，因为除《元祐敕令式》中敕典、令典和式典外，还有大量其他形式的敕令格式，如《元祐诸司库务敕令格式》和《元祐在京通用敕令格式》等。还有就是这个法典中大量"令"的内容被重新迁回"敕"中。

从上面宋令的结构看，中国古代，特别是秦汉至清朝很难说是"以刑为主，诸法合体"的法律结构，因为中国古代历史中秦至清朝的2000多年内，法律形式上不管是律令故事、律令格式还是律敕令格式，到最后的律例的法律形式结构中，以设定刑名为中心的法律形式"律"或"律敕"都没有构成国家法律的绝对数量。如唐朝开元二十年修订律令格式时，按记载律令格式总数是7026条，而《唐律》从贞观年间制定的《贞观律》就确定在500条，《永徽律》有502条，也就是在7026条中，令格式等有6524条，这些都是非刑事法律。这样，在整个律令格式四种法律中，律占7.11%，令格式占92.89%；修订后，总数有3504条，而律的条数仍然是502条，令格式有3002条，律占14.27%，令格式占85.73%。从中可见中国古代法律结构中的不同类别的数量比例。中国古代法律可以说是治理和控制官吏为主，治臣民为要务。数量上以设制立范为主，正罪定刑为重点。

（五）礼制大量法制化

从宋朝令的篇名结构看，有大量属于礼制礼仪的内容，很多篇名是把礼仪制度法制化的产物，与礼制有关的令的篇名有：《祀令》《祠令》《礼令》《大礼令》《仪制令》《仪注令》《衣服令》《卤簿令》《时令》《乐令》《服制令》《丧葬令》《夏祭令》《景灵宫供奉令》《岁令》《月令》《朔令》《明堂令》《车驾省方仪令》《祠祭令》《诸陵荐献礼文仪令》《蜀坤仪令》《宗室及外臣丧葬令》《在京通用仪制令》等二三十种。这与学术界认为的中国古代存在“礼法并用”的结构好像不太一致。这种现象在魏晋以来就开始，因为按《唐六典》记载，魏晋至唐时期不同令典篇名中就可以看到大量礼制法制化的“令”的篇名。宋朝时若加上“敕”，礼制法制化的内容更多，如有《五服年月敕》等。中国古代在西周以后，礼应被大量吸入法律中，出现法制化现象，而不是简单的“礼”和“法”的并存关系。当然，唐代以来，以《开元礼》为中心的礼仪典制让整个国家规范体系呈现出强烈的“法”和“礼”为两大规范支持的结构。特别是宋徽宗朝后，由于《政和五礼》开始把礼仪规范向平民推行，让整个“礼”以皇帝、贵族、官僚为对象转向了所有群体。

第三章　宋朝格的篇名考

格在宋朝法律形式中占有十分重要的地位，构成宋朝四大基本法律形式之一。对宋格的研究，若与敕、例等其他法律形式相比，属于研究成果较少的法律形式。对宋格的性质，学术界一般认为是与赏罚有关的法律。考察此种认识，最早源自宋神宗朝的时人。近代以来有学者则从律令法律结构的前提下提出宋格在神宗朝后成为“令”的实施细则。但考察现在存留的宋格内容，会发现宋格在宋朝法律形式中，所规范的内容不仅仅有赏罚，还包括大量标准、准则和等级等方面的内容。宋格的性质，从现在可以看到的格典和单行格的法律篇名和内容上看，主体是国家机构的管理、行政奖赏和官员考选标准等方面，但就此得出宋格完全是行政法也是存在问题，因为宋格中还有大量刑事和民事方面的内容。如残存的《庆元格》典中有16篇不同格的篇名，《赏格》只是其中1篇，还有15篇不同的格。这15种篇名下的“格”就不是赏罚。在189个单行格的篇名中，赏格仅有42个，占22.8%；其他内容的格的篇名多达147个，占77.8%。在宋朝法律形式中，格典属于现存史料上，没有明确记载过篇名结构的法律形式。从现存史料看，仅记载过两个综合性格典的卷数，即《元丰格》和《绍兴格》，分别是5卷和30卷。本章通过对宋格的立法情况进行全面考察，在此基础上对宋格的性质、立法风格等问题进行考察，以揭示宋格的全面情况，实现对宋朝法律形式的准确理解和把握。

一　《庆元条法事类》中所见格的篇名

宋朝格典篇名数量与结构，现在可以看到的主要是《庆元条法事类》残本中记载《庆元格》的篇名和结构。《庆元格》的篇名与结构体现的是南宋时格典的篇名和结构。对《政和格》以前格典的篇名和结构很难用此进行推考。根据统计，《庆元条法事类》残本中格典部分共有16篇，分别是：

1.1《赏格》；1.2《给赐格》；1.3《吏卒格》；1.4《考课格》；1.5《辇运格》；1.6《假宁格》；1.7《荐举格》；1.8《封赠格》；1.9《服制格》；1.10《选试格》；1.11《驿格》；1.12《杂格》；1.13《断狱格》；1.14《军防格》；1.15《田格》；1.16《道释格》

根据对《庆元条法事类》残本中16个格典篇名分布和数量进行统计，17门中格的篇名分布和每个门中格的引用条数情况如下：①

表一

数量／门类	卷数	类门数	格条数	格篇数	引用格的具体篇名
卷三	3	3	4	1	赏格
职制门	10，卷4—13	49	100	10	给赐格　吏卒格　赏格　考课格　驿格　杂格　辇运格　假宁格　荐举格　封赠格
选举门	2，卷14—15	10	16	3	荐举格　选试格　赏格
文书门	2，卷16—17	11	14	2	赏格　断狱格
榷禁门	2，卷28—29	13	45	2	赏格　杂格
财用门	3，卷30—33	7	22	1	赏格
库务门	2，卷36—37	9	20	3	赏格　军防格　给赐格
赋役门	2，卷47—48	10	16	3	杂格　赏格　田格
农桑门	1，卷49	3	3	1	赏格
道释门	2，卷50—51	11	11	2	道释格　赏格
公吏门	1，卷52	3	7	2	吏卒格　赏格
刑狱门	3，卷73—75	17	10	3	赏格　考课格　给赐格
当赎门	1，卷76	3	3	1	断狱格
服制门	1，卷77	4	22	4	服制格　假宁格　吏卒格　赏格
蛮夷门	1，卷78	6	8	1	赏格
畜产门	1，卷79	9	11	2	赏格　给赐格
杂门	1，卷80	9	36	1	赏格

① 上面统计存在一个问题，就是在《庆元条法事类》具体类门中包括的法律形式有敕、令、格、式、申明和旁照法六类，其中“旁照法”会引用到具体敕、令、格、式。统计上把“旁照法”中独立出现的篇名也算作单独格的篇名；条文上也同样如此。

从表一中可以看出，《庆元条法事类》残本中共有16个格的篇名，分布最多的是“职制门”，达10个，其次是“服制门”，有4个。很多较少，有的仅有1个，如财用门、当赎门、蛮夷门、杂门等。在条文数量上，[①]“职制门”多达100条，其他的较少，有得只有1条。

在16篇《庆元条法事类》中，被具体类门引用次数及被重复引用各篇的数量情况如表二：

表二

序号	篇名	被引类门次数	条数	序号	篇名	门数	条数
1.1	赏格	86	206	1.9	服制格	4	18
1.2	给赐格	8	12	1.10	选试格	3	9
1.3	吏卒格	11	84	1.11	驿格	1	1
1.4	考课格	2	4	1.12	杂格	4	6
1.5	辇运格	2	7	1.13	断狱格	3	6
1.6	假宁格	3	13	1.14	军防格	1	1
1.7	荐举格	8	14	1.15	田格	1	1
1.8	封赠格	1	1	1.16	道释格	1	1

从表二看，《赏格》被引用的类门达86次，数量达206条，其次是《吏卒格》，达11次，被引用的数量达84条。其他的较少，很多仅引用1条，如《封赠格》《驿格》《军防格》《田格》《道释格》。整个残本共引用格条达384条，若除去重复的，可能在250条左右。但这里反映出来的情况并不是整个宋朝及庆元时期格的法律数量和结构，因为这里没有反映出来《吏部七司格》《中书省格》和《枢密院格》等大量类格典和单行格中的数量。

二　《宋会要》中所见格的篇名

《宋会要》是宋朝法律史料中最集中、全面反映宋格立法和内容的史料。从整个《宋会要》看，宋朝格的内容不仅在篇名上有较全面的反映，而且还有大量法律文本被保存下来。下面把《宋会要》中所见综合格典史料、综合格典中篇名和一般格的篇名分类辑录。

① 格类的条文数量统计较难，不同标准会得出不同数量，如《赏格》中往往分为“官员”和“诸色人”，下面再分为具体内容，这会造成是两条还是多条的问题。

(一)《宋会要》中所见格典篇名

2.1.1《元丰格》《元丰官制格》《崇宁格》

2.1.1.1 绍圣元年（1094年）九月二十五日，诏："府界并诸路税务年终课利增额，并依《元丰格》。"从三省请也。(《宋会要》·食货一七·商税四之27，第6360页)

2.1.1.2 崇宁元年（1102年）十二月二十日，东头供奉官薛仲孚等状："窃见侍郎右选守待差遣使臣，见有数百员，盖为凡有阙出，十中八九须用材武。伏睹《元丰格》内一项：保举沿边重难使，亦人材武格自有，元祐间删去，自此阻节差注。乞赐取会《元丰格》看详，特将旧格改正，及乞将自来曾经保举（法）[沿]边重难任使之人，并合后被举使臣，并许依旧作材武格差注。"诏保举沿边重难任使依《元丰格》作材武（注）[差]注。(《宋会要》，选二五·铨选四·侍郎右选上之12，第5733页)

2.1.1.3 大观三年（1109年）三月十七日，枢密院言："殿前司呈试吏部出官使臣，其射法依《元丰格》，而事艺多不应法。皆系有官人，止为呈试出官，不复责以技能，而材武之士，无以旌别。欲依《元丰法》，如愿试材武者，校以五事，若应格，与免一任（滥）[监]当，注授三路沿边差遣；其次免短使，升名。若挽彊不如法，许习学再试。"从之。(《宋会要》，选举二五·铨选四·侍郎右选上之13，第5734页)

2.1.1.4 大观四年（1110年）三月二十七日，臣僚言："伏见无知之民，日以屠牛取利者，所在有之。比年朝廷虽增严法度，然亦未能止绝。盖一牛之价不过五七千，一牛之肉不下三二百斤，肉每斤价直须百钱，利入厚，故人多贪利，不顾重刑。臣窃谓力田为生民之本，牛具为力田之本，若不禁屠牛而觊稼穑丰登，民食富足，诚不可得。况太牢唯祀天与祖，祭神亦不敢用，今贪利之民计会上下，秖作病牛倒死，申官披剥。因缘屠不畏官司，肉积几案，罗列市肆。冒法而不为禁、啖食而不知忌如此，非所以尊崇神祇，申严命令。伏望特下有司立法，凡倒死牛肉每斤价直不得过二十文。如辄敢增添者，约定刑名，其买卖人并同罪，许人告捉。肉既价贱则卖者无利，虽不严禁增赏，自绝其弊。"诏（诰）[告]获杀牛赏依《元丰格》，并见行断罪，并令刑部检坐申明行下，常切遵守施行。(《宋会要》，刑法二·禁约之53，第8311页)

2.1.1.5 政和五年（1115年）八月九日，手诏：“法以制人，不以便己，故法出于至公，无牵于私意。稽考《元丰官制》，刑部为议法之官，尚书省为创法出令之地。今有司请立法，往往自便。应修敕令格式，并归一司敕令所，候修毕，送刑部议定立法，申尚书省详覆，取旨颁行，如《元丰格》。其逐处见编修官吏并罢。”（《宋会要》，刑法一·格令二之29，第8242页）

从上面两条材料可知，神宗官制改革时制定了《元丰官制格》，成为宋朝官制法律的重要组成部分。元丰官制法律种类共分4类，分别是敕令格式，但在称谓上时常用《元丰官制》称之，有时具体称为《元丰官制敕》《元丰官制令》《元丰官制格》《元丰官制式》。

2.1.1.6 宣和二年（1120年）七月七日，臣僚上言：“比者诏令数下，有所厘正，率由旧章，至训敕在位，冲改元丰法制，以大不恭论，甚盛德也。然有司奉成法，虽知其或戾，不敢辄请。臣请粗陈一二。谨按，吏部右选知州阙，《元丰格》率注知州人，虽有曾历或实（立）［历］两任与一任之文，要之，知州人见知州阙，即得射也。至资序之深浅，功过之多寡，下状虽众，差注自有本法。崇宁改格，唯四十五处远小依旧，又多朝廷取阙为谪降之地，其余并注曾实历知州资序人。夫必待曾实历人，设偶无之，则榜阙虽久，初任合入知州者终不得指射。又其尤远小烟瘴处，元丰格内取通判、知县人者方许注知州人。既非本等人愿就，而以次人，亦须俟经三集两集乃注，滞阂可知也。通判阙，《元丰格》虽有注曾任一任知州及第二任通判之文，然间曾历一任知州及钤辖大藩通判者，青州一处尔，但注知州人者，成都府一处尔，注知州两经集注第二任通判者，十处尔，其佗则本等人见阙皆可射也。崇宁改格，除青州略同外，但注知州人者二十四处，注知州三经集方许注第二任通判人者一百二十三处，注知州及第二任通判人者两经集方许注初任人者四十三处，注本等人者才三十二处尔，又皆远小烟瘴，非本等人所愿就也。夫榜阙而本等人睥睨不得射，纵其得射，又三两月而后可。若权住刷阙，则又展月矣，至有百余日而不注者。臣惧夫贤愚同滞也，二者之利害较然。方今减罢创局，裁省冗员，减损宫观差遣，吏之集于铨部者不可胜数。如此等弊，政为急务。兼契勘诸路知县阙，因《崇宁格》差注不行。政和七年十月敕，许不以资序通行差注，文虽小异，实元丰法也。独知州、通判格尚未仍旧，安有事同而法异乎？”诏依元丰法。（《宋会要》，选举二四·铨选二审官西院·尚书右选之4，第5695页）

上面材料中明确引用到《崇宁格》，而且还提到“崇宁改格”。从前面两章“敕”和“令”中的相关问题看，都同时存在《崇宁敕》和《崇宁令》，所以说宋徽宗时应制定过《崇宁敕令格式》。

2.1.1.7 绍兴三年（1133年）五月七日，吏部尚书洪拟言：“本部大使臣守城随军，被赏转官减年，依《元丰格》，并作材武人注授差遣。近大使臣到部，有随军被赏补官者，亦乞指射材武窠阙。缘旧法未有此条，欲乞应随军被赏补官者，并与比傚随军被赏减年磨勘材武条格。”从之，仍照会绍兴二年十一月一日已降指挥。（《宋会要》，选举二四·铨选二·审官西院·尚书右选之4，第5696页）

2.1.1.8 绍兴三十二年（1162年）九月二十四日，权吏部侍郎兼权尚书凌景夏言：“右承直郎、前监雅州名山县茶税场王骧任内买起纲茶，合得第一等酬赏，依格转一官。《元丰格》：第一等承务郎以上转一官，幕职州县官改合入官。绍兴十八年，监雅州名山县茶税场家僎买发陕西纲茶，合得第一等，缘系右迪功郎，历任止四季，依条比类循两资。王骧系右承直郎，历任满六考，与家僎事体不同，今欲乞除资考不及之人自不合改官外，其资考已及之人欲依旧法改官施行。”诏依绍兴十八年十一月十一日降旨比类。（《宋会要》，职官五九·考课之21，第4654页）

《元丰格》是宋代制定格典的开始，是宋朝意义上的格典。

2.1.2《元祐格》《学士院格》

2.1.2.1 绍圣二年（1095年）六月一日，诏以增上神宗皇帝徽号，命门下侍郎安焘奏告天地、宗庙、社稷。二日，学士院言：“增上神宗皇帝徽号，将以七月十四日遣官诣永裕陵奏告。故事：告陵当用祝文，今尚循《元祐格》用表，非是，望仍元丰故事。”从之。先是，中书省签改《学士院格》，御札降：“奏告诸陵，已依祖宗故事，而降诞皇子及他告谢，尚未厘正。”至是遂尽复。（《宋会要》，礼一四·群祀二之60，第773页）

这里明确指出《元祐格》，在宋朝法律名称引用上是较为明确和具体的。若仅用年号为名的法律是指法典类，如《元丰敕》《绍兴令》都是指《元丰敕》典和《绍兴令》典，而不是指某具体法律的名称。依照此种习惯，此处的《元祐格》应是《元祐格》典而不是元祐年间制定的特定具体法律名称。但按史料记载，元祐年间在制定法律时没有制定过“格典”。

2.1.3《元符格》

2.1.3.1 政和元年（1111 年）八月二十六日，臣僚言：“伏见诸路郡守许补医学博士、助教，明著格令。京府、上中州，各一人；下州一人，选本州医生，以次选补。仍许依《禄令》，令供本州医职。岂容额外补授，滥纡命服，以散居他郡？臣体访诸路州军不遵条格，名以守阙为名，或酬私家医药之劳，或徇亲知非法之请，违法补授，不可胜数。况《贡举条制》，有官锁试，而医学博士、助教与焉。若与贡附试辟雍，如入中、上等，乃有陞二等差遣及免省之优命，岂容医学博士、助教旋求补牒，妄希仕进，以败坏学制。检会下项《元符格》：置医学博士、助教，京府及上中等州，医学博士、助教各一人；下州医学博士一人。医生人数，京府、节镇一十人，余州七人。试所习方书，试义十道。……诏令诸州军，遵依条格施行。仍令提举学事司常切觉察。点检得钤辖司自大观元年已来，前后知州补过医助教丘仁杰、李德赡、陈居、熊安、刘明、万处仁等六人，充钤辖司助教名目，皆依条随曹官参集，受公使库供给。检会从初并无专一条格许令补授，又无条格不许补授。有此疑虑。乞今有司契勘，立法施行。”从之。其江西钤辖司补（遇）［过］医助教丘仁杰等，并改正之。(《宋会要》，崇儒三·医学之 15，第 2795 页)

2.1.4《绍圣格》

2.1.4.1 大观四年（1110 年）八月十二日，诏：“博士太学五员，国子五员，辟廱十员，率以二人共讲一经。又如国子博士专掌训导，国子生随行亲生员既少，职事甚简。兼国子生随行亲并处太学，可就委太学博士兼领。其国子博士并省。并辟廱博士亦省五员，以五员为定额。命官正、录太学各三员，辟廱各五员。其学录自有学生充职之人，可（大）［太］学省命官学录一员，辟廱省命官学录二员，国子命官正、录各二员。今既省博士，即命官正、录亦难专设，可就委太学正、录兼领。辟雍自有学生直学四人，其命官直学可省。辟雍见差巡检使臣一员，兵士一百人，本以修置辟雍之时权宜设置，巡察贼盗，自后因之，为永远窠名，专令管干辟雍地分。不唯地分狭小，职事太简，兼自有城南巡检管认地分，显属冗占官兵。其辟雍专置巡检官兵可行省罢。国子监监库官元丰、绍圣间并不曾设置，自崇宁二年创差一员后来，辟雍援例，所管事务不多。可就委指使主管，库官省罢。国子监公厨使臣《绍圣格》止二员，崇宁后来，养外舍于辟雍，太学生员数少，公厨事务颇简，于崇宁四年添置一员，显属员冗，可省后来复置官一员。私试誊录，起自近岁，元丰、绍圣曾所未闻。太学、辟雍月试可并依《绍圣格》施行，更不誊录。”（宋会要，职官二八·国子监之19，第3768页）

2.1.5《崇宁格》

2.1.5.1 政和三年（1113年）九月二十七日，尚书省〔奏〕：“依元格注官：上等从事郎，中等（将）［登］仕郎，〔下等将仕郎〕。初任注在京自来合破医官去处，一任理为诸州军曹掾资任。除有许举荐数外，令医学司业各举改官二员。兼元得指挥，俾通籍仕版，治官政，掌医事。况学生多是两学移籍，并得解与贡之人，其三舍之法，并依两学体例。今来除初任差遣外，未有明降指挥。窃恐吏部将来尚依《崇宁格》，只注医官三等差遣。（令）［今］欲乞医学上舍出身人，初任自依近降朝旨注格（格）［注］在京医职外，其后并依两学上舍出身人，赴吏部注合入差遣，用清其选，而革伎术之弊。庶使学者益知磨励，而得异能之士。”从之。（《宋会要》，崇儒三·医学之15，第2795页）

2.1.5.2《崇宁格》：吏房掌士之事，凡文武官转官、循资、考课、避亲、荐辟、考察、陞陟、恩赏、废置、增减、致仕、假告、事故、分司、寻医侍养、封赠、承袭、录用、磨勘、八路差官等，应吏部司封、司勋、考功所上之事。户房掌户税之事，凡土贡、孝义、继嗣、券债、课入、支度应副边防军须、起发年额科买科拨、请给赏赐、宝货漕运、市舶榷易、仓场储积、支移折变、废置陞降诸路州县等，应户部度支、金部、仓部所上之事。礼房掌礼仪之事，凡道释、祠祀、晏享、奉使、学校仪式制度、丧葬、医药、乐人等，应礼部祠部、主客、膳部所上之事。兵房掌军政之事，凡民兵、武士、地图、方域、城隍、烽候传驿、群牧、军器、仪仗、接送、般家、禁军阙额、请给等，应兵部职方、驾部、库部所上之事。刑房掌刑狱贼盗之事，凡捕盗、理雪、叙复、移放、配隶、关津、道路、门锁、几察、验尸、赃赏、申明条法等，应刑部都官、比部、司门所上之事。工房掌工作之事，凡营造、鼓铸、屯田、塘泺、官庄、职田、山泽、畋猎、桥梁、舟车、川渎、河渠、工匠等，应工部屯田、虞部、水部所上之事。奏钞吏（部）［房］掌吏部奏拟官员、转官、循资、差注、封赠、恩泽之事。案钞刑房掌刑部拟断案钞之事。知杂房掌省官替上奏事，进制敕目，班簿具员，考察赏功罚罪、吏人功过，迁补宿直，凡在省杂务之事。开拆房掌受付文书并发递之事。内降房掌受付内降之事。催驱房掌催驱在省文字，勾销已未结绝事目，点检诸房稽迟之事。点检房掌专一点检诸房差失之事。制敕库房掌敕书编录供检条法之事。架阁库掌架阁文字之事。(《宋会要》，职官四·尚书省四之4，第3096页)

2.1.5.3《崇宁格》：人额，都事七人，主事六人，内未名带守阙字令史十四人，书令史三十一人，守当官十六人，守阙守当官一百五十人。(《宋会要》，职官四·尚书省之6，第3097页)

上面两条史料明确引《崇宁格》的具体条文，说明《崇宁格》的存在。

2.1.6《大观格》

2.1.6.1《大观格》：吏房：左选主行三省、枢密院、台省寺监、东宫、亲王府、大晟府、监司、内外教官带职人，及中散大夫以上牧尹、开府少尹，及应文臣差除、考察、陞陟、论荐、假告、事故、内命妇、宫嫔除授，官封废置增减，文臣官吏降赐诏敕、尚书吏部内封考功所上，并特旨若起请、台谏章奏、内外臣僚官司申请无法式应取旨之事。右选主行遥郡刺史已上管军，诸卫将军、横行使副、入内侍两省知省、同知省、佥书、同佥书殿中省六尚局，及应武臣差除、考察、陞陟、功赏、论荐、假告、事故，皇子赐名授官，宗室除改，宗室臣僚封爵，驸马都尉除授，官封废置增减，武臣官吏降赐诏敕，尚书吏部司勋所上，并特旨若起请、台谏章奏、内外臣僚官司申请无法式应取旨之事。

《大观格》：户房主行废置陞降诸路州县，调发应付边防军需，支借内藏及封桩钱谷，进纳粮草，应尚书户部、度支、金部、仓部所上，并特旨若起请、台谏章奏、内外臣僚官司申请无法式应取旨之事。

《大观格》：礼房主行典礼郊祀、朝拜陵庙、后妃公主亲王大臣册礼、差大礼五使、奉册太尉书、撰册文、修书、学校，凡大学、宫学等公私试考试等官、奉使、馆伴、接送、引伴外国使人、臣僚召试、赐外国书、应尚书礼部、祠部、主客、膳部所上并特旨若起请、台谏章奏、内外臣僚官司申请无法式应取旨之事。

《大观格》：刑房主行赦宥、德音、制勘推官及命官诸色人公案、催促刑狱，差官编排罪人、灾伤降下司敕、创修条法、本省差除之官贬降责授牵复、应尚书刑部、都官、比部、司门所上并特旨若起请、台谏章奏、内外臣僚官司申请无法式应取旨之事。曰工房，主行计度营造、开塞河防。

《大观格》：工房主行大营造、应取旨计度及河防修闭、尚书工部、屯田、虞部、水部所上并特旨若起请、台谏章奏、内外臣僚官司申请无法式应取旨之事。其尚书省所上奏请、台谏所陈章疏，应被特旨及取裁之事，各视其房之名而主行之。

《大观格》：班簿房主行百官名籍及具员之事。曰制敕库房，主行编录供检敕令格式及架阁库。

《大观格》：制敕库房，主行编录供检条法及架阁之事。开拆房，主行受发（主）［生］事。催驱房，主行催驱在省诸房行遣文字稽违之事。点检房，专点检诸房文字差失之事。凡官十有一：令、侍郎、右散骑常侍各一人，舍人四人，右谏议大夫、起居舍人、右司谏、正言各一人。吏四十有五：录事三人，主事四人，令史七人，书令史十有四人，守当官十有七人。而外省吏十有九人：令史一人，书令史二人，守当官六人，守阙守当官十人。（《宋会要》，职官三·中书省之3—5，第3024—3025页）

上面诸条明确注明出自《大观格》的法律皆出自同一条史料。

2.1.6.2 政和三年（1113年）十二月四日，尚书省言："《大观新格》：诸州县小学职事人，小长一人。三十人以上增一人。诸小学，八岁以上听入。若在家、在公有违犯，【违谓违父母尊长之训，犯谓犯盗窃伪滥之类，皆迹状者】若不孝不悌，不在入学之限。即年十五者，与上等课试。年未及而愿与者，听。食料各减县学之半。愿与额外入学者，听，不给食。州教授县学长总之，训导较试，教谕掌之。看详校试，诸州当委教授，亦兼校试。其国子小学生上舍等能文，试太学内舍。诸路亦合比附，与州县外舍生同试内舍。其国子小学生试程文，即附孟月引试。缘诸州学生私试系仲月，今小学生除季试书诵者，定日引试，其试程文，当随州学私试月附试。其诸路封弥官，自可一就管勾，仍别为号。八岁以上诵经书等第，及挑经通数、升补等级，并同《在京小学法》。今诸路小学生应升补上、内舍，及季试合格，当申知、通引试。能文学生，每季附本学私试，别设一所，不得与太学交互。上舍等为文优异者，其名及所试程文，申提举学事司审察讫，保明奏贡入太学。仍每岁州不得过一人。如无，听阙。"从之。(《宋会要》，崇儒二·政和学规之27，第2776页)

2.1.6.3 绍兴二十六年（1156年）九月六日，诏："内、外文武臣僚告敕并依《大观格》制造。裁减吏额，共置二十九人。后降下官告样十六轴，并物料等，（今）［令］有司制造。"沈该等奏，依已得指挥自来年正月为始。上曰："此是《大观式》，朕已令各随官品画成圆册，他日可以按图制造。"(《宋会要》，职官一一·官告院之71，第3358页)

2.1.6.4 绍兴二十七年（1157年）五月三日，工部状："近降指挥禁止镂金、销金装饰之类，所有文思院见造销金告身绫罗纸、轴头，今欲将文武臣僚并内命妇迁转封赠、外命妇封赠郡夫人以上及外国封爵加恩告命等，并依已降《大观格》制造给降行使。所有应合用轴头上贴镂销金，乞止用拨花滴粉生色。"从之。(《宋会要》，职官一一·官告院之71，第3358页)

2.1.6.5 绍兴三十二年（1162年）六月一日，官告院言："契勘本院先降到《大观格》出告样制，照得内、外命妇十等式内，除止有贵妃、淑妃、德妃、贤妃用十八张销金罗纸，并亲（用）［王］妻用十张销金罗纸外，所有皇太子妃并一字王夫人罗纸法物亦未有该载立定格式。今欲将所出上件皇太子妃（此）［比］附四妃、王夫人比附亲王妻罗纸张数、法物等书写出给投进。"从之。(《宋会要》，职官一一·官告院之72，第3359页)

2.1.6.6 乾道三年（1167年）二月七日，主管官告院任绅、罗巩言："契勘应文武升朝官以上封赠母妻告命，昨于绍兴二十七年已前系用七张五（张）［色］绢纸，红、黄各二张，青、赤、绿绢纸各一张。自‘绍兴二十六年已降指挥’：文武官告式依《大观格》制造，仍自绍兴二十七年正月一日为始，降到告式内文武官封赠母、妻用七张五色罗纸书写，红、青各二张，赤、绿、黄罗纸各一张。数内黄纸旧依合用二张，今却用一张；青纸合用一张，今却用二张，是致写告命黑、青一书同不见字迹。乞（今）［令］文思院下界，将见今封赠合用罗纸数内青（数）纸二张，依绍兴二十七年已前体式用红、黄各二张，青、赤、绿罗各一张，以凭书写告命。及七张销金五色罗纸，亦乞依此造作，庶得书写，易为办认。”从之。（《宋会要》，职官一一·官告院之72，第3360页）

2.1.6.7 淳熙十一年（1180年）十月三日，右正言蒋继周言：“伏见江西路专一训练禁军钤辖下差下程迪，系枢密院人吏。且《大观格》武臣六等差遣，路钤系第四等，须曾经第五等两任及初除正任横行使者，方许除授。乾道元年初带训练，专降指挥，选差曾任主兵官。迪并未经任，考之《大观格法》《乾道指挥》，无一可者。乞罢迪新任，别与差遣。”从之。（《宋会要》，职官六·枢密院承旨司之18，第3164页）

2.1.7《政和格》

2.1.7.1 政和六年（1116年）四月二十二日，工部奏：“知福州黄裳状，契勘本路八州军，建、汀、南剑州、邵武军驿路，从来未曾种植，并福州尚有方山北铺，亦未栽种，遂致夏秋之间，往来行旅（胃）［冒］热而行，多成疾疫。遂专牒委自逐处知州军，指挥所属知县、令丞劝谕乡保，遍于驿路及通州县官路两畔栽种杉、冬青、杨柳等木。续据申，遍于官驿道路两畔共栽植到杉、松等木共三十三万八千六百株，渐次长茂，已置籍拘管。缘辄采伐官驿道路株木，即未有明文，伏望添补立法。本部检承《政和令》：诸系官山林，所属州县籍其长阔四至，不得令人承佃。官司兴造须采伐者，报所属。《政和敕》：诸系官山林辄采伐者杖八十，许人告。《政和格》：告获辄伐系官山林者，钱二十贯。本部看详：乞依前项条法，诸路作此。”从之。（《宋会要》，方域一〇·道路之7，第9466页）

2.1.7.2 政和六年（1116年）七月二十日，户部言：“淮南转运司申《政和格》：知、通、令、佐任内增收漏户一千至二万户赏格，一县户口多者止及三万，脱漏难及千户，少得应赏之人，系此不尽心推括。看详：令、佐任内增收漏户八百户，升半年名次；一千五百户，免试；三千户，减磨勘一年；七千户，减磨勘二年；一万二千户，减磨勘三年。知、通随所管县通理，比令、佐加倍。”从之。(《宋会要》，食货一二·户口杂录之6，第6231页)

2.1.7.3 政和六年（1116年）八月十四日，礼部言：“州县召募礼生习《五礼新仪》，未有定立州县合募人数，及许支给案名则(则)例。检会《政和格》：礼生，州二人，县一人。”诏召募人数，依礼部所申，止于吏人内依格选补，兼月添料钱一贯、米一石。诸路依此。(《宋会要》，礼一四·群祀二之68，第778页)

2.1.7.4 政和八年（1118年）五月九日，知太原府姚祐奏：“《政和格》：臣僚私门经恩赐者许立戟，二品以上十四，一品十六。乞应臣僚勋名显著与祠庙功施于民者，累功加封至二品以上，并许立戟于门。”从之。(《宋会要》，仪制四·朱衣吏引之9，第2365页)

2.1.7.5 宣和三年（1121年）四月二十三日，中书省、尚书省言：“检会下项：《政和格》：给递马人兵数，武功至武翼大夫二匹、一十人，武功至武翼郎二匹、七人，敦武、修武郎二匹、五人，内侍官二匹、三人。《政和令》：诸朝廷非次差官出外，应纳递马及（补）[铺] 兵两应给者，听从多。”（《宋会要》，方域一〇·驿传杂录·急递铺之34，第9481页）

2.1.7.6 绍兴十七年（1147年）正月十五日，臣僚言：“《政和格》：品官之家乡村田产得免差科：一品一百顷，二品九十顷，下至八品二十顷，九品十顷。其格外数悉同编户。”（《宋会要》，食货六一·限田杂录之78，第7484页）

此处虽用《政和令格》，但从所引法律内容看是《政和格》的内容，因为规定的是官员免差税和田产数量。此类法律在性质上属于格。

2.1.8《绍兴格》《换官格》

2.1.8.1 绍兴三年（1133年）十二月二十九日，刑部言：“命官遣人获化外奸细者，与亲获同。除合依格推恩外，其遣人一节，缘既系本人亲自捉获，即难以不行给赏。今欲将似此有功之人，于《绍兴格法》及《续降指挥》上，各与减半给赏。如系百姓，无资可转，及所遣人若系二人以上共获者，其赏即合依条法旨挥支钱及分受施

行。”从之。(《宋会要》，兵二九・备边三之28，第9251页)

2.1.8.2 绍兴二十七年（1157年），兼权户部侍郎陈康伯等言："近有陈请诸路州县管下坑冶停闭荒废去处，勒令坑户抱认课额。已委逐路提刑司检视相度，以所收多少分数认纳，不得抑勒。尚虑有停闭坑冶内却有宝货去处，一概作停闭，致减损国课。今措置，欲委逐路转运司行下所部州县，应有停闭及新发坑冶去处，许令人户经官投陈，官地给有力之家，人户自已地给付本户。若本地主不赴官陈告，许邻近有力之家告首，给告人，候及一年，成次第日，方从官司量立课额。其告发人等坑户自备钱本采鍊，卖纳入官。从《绍兴格》特与减壹半数目，依全格推赏补官。”从之。(《宋会要》，食货三四・坑冶杂录之19，第6743页)

2.1.8.3 绍兴二十七年（1157年）十月十三日，宰执进呈昭宪皇后侄孙杜子善、杜湝、杜演状："缴到政和五年十一月八日手诏：'昭宪皇后淑哲懿敏，诞育上圣，深谋远计，辅佐初潜，勤劳王家，勋在社稷。今考杜氏之后，门阀微替，可令有司访其后裔，条具来上。'乞依前项指挥，将本家未仕子孙逐月计口，支给孤遗钱米。"上曰："此虽不多，缘有徽宗皇帝御笔指挥，可特与依《绍兴格》。宗室袒免外两世，逐月计口支给。朕平日于此等事未尝辄放，盖恐援例者众，若例一开，不可复闭。"宰臣沈该等奏曰："圣意高远，非臣等所及。"(《宋会要》，后妃二・皇后皇太后杂录之11，第283页)

2.1.8.4 隆兴二年（1164年）二月十六日，吏部状："都省批下本部申明：'杂买务阙，未审日后合从是何选分差注，或系堂除?'后批：照应已降指挥，许通差文武臣。"尚书左选勘会："今将《绍兴格》并《续降指挥》参照立定差法：杂买务选注通判、知县资序、不曾犯赃私罪、年未六十人，仍不注初磨勘改官人。"尚书右选勘会："杂买务阙，通差文、武臣，今欲差亲民资序、不曾犯赃私罪、年未及六十人，候尚书左选关到指挥日，出牓召官指射。如同日有官愿就，即先差承务郎以上，次注大使。其为任使阙年限，并依见行格法施行。"(《宋会要》，食货五五・务杂录・铸金写务之18，第7261—7262页)

2.1.8.5 隆兴二年（1164年）二月十六日，吏部状："都省批下本部申明：'杂买务阙，未审日后合从是何选分差注，或系堂除?'后批：照应已降指挥，许通差文武臣。"尚书左选勘会："今将《绍兴格》并《续降指挥》参照立定差法：杂买务选注通判、知县资序、不曾犯赃私罪、年未六十人，仍不注初磨勘改官人。"尚书右选勘会："杂买务阙，通差文、武臣，今欲差亲民资序、不曾犯赃私罪、年未及六十人，候尚书左选关到指挥日，出牓召官指射。如同日有官愿就，即先差承务郎以上，次注大使。其为任使阙年限，并依见行格法施行。"（《宋会要》，食货六四・和买之44，第7756—7757页）

上面两条实为一条，被分别记入不同门类中。

2.1.8.6 乾道五年（1169年）［月］二十七日，诏："仪鸾司官使臣满二年替，与减一年半磨勘；内侍官满三年，减二年半磨勘。"从吏部检坐《绍兴格》也。（《宋会要》，职官二二・仪鸾司之11，第3620页）

2.1.8.7 开禧二年（1206年）五月十四日，皇叔祖和州防御使、新差知西外宗正事不揞言："窃见文武臣僚，自陞朝以上，遇大礼皆得封赠父、母、妻等。欲乞自今后，南班正率以上，遇大礼并依外官法，许令封赠。"诏三省详议以闻。寻送吏部，长贰看详："照得宗正司专法，别无立定正率许封赠母、妻并所生母及父祖条法。见行皆系宣和、绍兴格法，内该载《换官格》明言：正率换修武郎。今外官修武郎该遇大礼，皆得封赠，而正率系是修武郎一等，合封赠官，却只得封赠母、妻，而不及父，是致不揞遂有此陈乞。今看详：不揞所乞亦人之子孙常情，况均为宗室，岂有南班而反不如（室）［宗］室外官可以荣其亲？欲乞朝廷许从本官奏陈事理，今后南班宗室自正率以上，遇大礼并依宗室外官法，许令封赠父、母、妻，并经大宗正司从条验实，保奏施行。"从之。（《宋会要》，帝系七・宗室杂录・杂录之30，第174页）

此条提到宣和、绍兴格法，且引《换官格》条文，说明此处所讨论的法律是格类法律。

2.1.9《乾道格》

2.1.9.1 乾道六年（1170年）八月二十八日，尚书右仆射虞允文言："昨将《绍兴敕》与《嘉祐敕》及建炎四年十月以后至乾道四年终续降指挥逐一参酌删削，今已成书。《敕》一十二卷，《令》五十卷，《格》三十卷，《式》三十卷，《目录》一百二十二卷，《存留照用指挥》二卷。缮写进呈。乞冠以《乾道重修敕令格式》为名。"诏依，仍自八年正月一

日颁行。(《宋会要》，刑法一·格令一之41，第8261页)

2.1.9.2 乾道六年（1170年）十月十五日，尚书右仆射虞允文言："伏见敕令所见修《乾道新书》，系将诸处录到续降指挥计二万二千二百余件，除合删去外，今于旧法有增损元文五百七十四条，带修创立三百六十一条，全删旧文八十三条，《存留指挥》一百二十八件，已成书颁行。欲望明诏诸路，候颁到新书，其间如有疑惑事件，许限两月，各条具申本所，以凭检照元修因依，分明指说行下。"从之。(《宋会要》，刑法一·格令三之49，第8261页)

2.1.9.3 文武臣及其亲属亡，合赙赠品秩、数目，见《乾道重修格》。今所书给赐者，皆出特恩。(《宋会要》，礼四四·赙赠之23，第1705页)

此条说明《乾道格》中有大量内容涉及大臣及家属死亡时的赙赠规定。这在神宗熙宁时往往独立立法。

2.1.10《淳熙格》

2.1.10.1 淳熙四年（1177年）八月三日，敕令所上《淳熙重修敕令格式》。(《宋会要》，职官四·敕令所之49，第3115页)

2.1.10.2 淳熙七年（1180年）十月七日，进呈敕令所具官户限田数。上曰："顷亩太宽，自然差不到。"于是有旨："官户顷亩数多，编民差役频并，令台谏、给、舍同户部长贰详议以闻。"既而给、舍、台谏同户部长贰言："欲下诸路提举司，将品官之家照应《淳熙重修条格》内立定《限田条格》：一品至九品合得限田顷亩，以十分为率，令再减三分。其余七分与免差役。谓如一品元合得五十顷，以十分为率，再减三分外，合得三十五顷，与免差役之类。其子孙所得限田，缘乾道八年十一月二十六日已经减半，将来承分稍众，通以一户之产均为数户，所占必自不多。若再行裁减，又恐不能自立。今欲照《淳熙格》内已立定子娉财减半之数施行。如子孙分析，不以户数目，并同编户差役。"不报。(《宋会要》，食货六·限田杂录之8，第6090页)

2.1.10.3 淳熙十年（1183年）七月二十二日，吏部言："《淳熙条格》：小使臣沿边任使，丁忧不解官，止给式假十五日。淳熙七年四月二十七日，因臣僚奏请，失于照会，一例衮同声说，给假一百日，遂致牴牾。乞依《淳熙条格》，止给式假十五日。"从之。(《宋

会要》，礼三六·丧服·追行服之18，第1550页）

2.1.11《庆元格》

2.1.11.1 嘉泰三年（1203年）二月二十一日，户部侍郎王玮奏："经、总制之法，起于建炎条画、申明；参酌中制，详于《绍兴会计》；实纳、减免数目，又备于淳熙；至于专委知、通，有赏有罚，则《庆元重修格令》纤悉无遗。准《格》：'经、总制钱及额，无违限拖欠，知、通同减磨勘。'又《令》：'经、总制钱物，知、通专一拘收。如违限拖欠，并行按劾。'赏则知、通同赏，罚则知、通同罚，责任之意，初无轻重，而任责之人，自分彼此，各欲取赢，义不相济。脱有不足，则归过于人。臣尝推究其致弊之源，盖郡有大小，势有难易。大郡帅守位貌尊严，通判既入签厅，凡事不敢违异，往往将经、总制钱窠名多方拘入郡库，不肯分拨，为通判者，亦无如之何。至于小郡，长贰事权相若，守臣稍不振立，通判反得以制其命，督促诸县，(迨)［殆］无虚日。本州合得之钱，亦以根刷积欠为名，掩为本厅经、总制名色积聚，虽有盈羡，不肯为州县一毫助。取以妄用，间亦有之。利害相反，自为消长，违限亏额，职此之由。欲望申严行［下］诸路提刑司，照元降指挥，将诸色窠名合分隶经、总制钱，令知、通同共掌管，不得以强弱相凌，递互侵越，自为取办之计。岁终比较，赏罚［一］同。"从之。(《宋会要》，食货六四·内藏库钱之109，第7791页)

（二）其他所见格的篇名

2.2.1《长定格》《循资格》

2.2.1.1 建隆三年（962年）十月，诏铨司与门下省官考定旧格及前后制敕，要当条约堪久行者，余皆（册）［删］去。有司言参定《循资格》一卷、《长定格》一卷，并入《格》及删去外，见行敕条共二十二道，编为一卷。诏选人三十以下，依旧不得入令、录，余并依，仍付所言。(《宋会要》，铨选三·流内铨之9，第5700页)

此史料说明宋朝刚建立时，对官员选拔考核法——格进行了修订，按记载制定的是《循资格》和《长定格》。

2.2.1.2 咸平元年（998年）十二月，诏："〔在〕京百司今后如额内阙人处，吏部每岁一次于十月内晓示诸司，于见祗应私名入仕三年已上依次牒送，比试补填，叙理资考。若抽在别处祗应与计劳考者，不更充在司额。留司祗应者，亦于见定额内抽，不得别补。所有归司、不归司诸色事故并准《长（安）［定］格》：诸司内或从来有添展阙额诏敕，一听逐司存留。凡门下省额二十五人，中书省十五人，起居院三人，谏院二人，尚书省五人，吏部十二人，铨二十人，南曹十人，甲库四人，司封二人，司勋二人，考功五人，兵部十人，甲库二人，职方三人，驾部二人，库部二人，户部三人，度支二人，金部二人，仓库二人，刑部八人加五人，都官二人，比部二人，司门二人，礼部三人，贡院八人，祠部四人，主客二人，膳部二人，工部二人，屯田四人，虞部二人，水部二人，御史台二十五人，太常寺六人，礼院十三人，宗正寺十三人，光禄寺六人，卫尉寺十人，大理寺十二人加二十二人，太仆寺八人，鸿胪寺三人，司农寺五人，大府寺四人，祕书省七人，殿中省五人，国子监五人，少府监六人，将作监三人，司天监五人，四方馆三人，左右金吾、左右街各三人"。（《宋会要》，职官一一・流外铨之58，第3345页）

从此史料可知，《长定格》的内容及特点，实为官衙人员配置和名额的设定。

2.2.1.3 天圣元年（1203年）正月，流内铨言："据永定陵挽郎王竦称，蒙恩补授，赴山陵行事，别无遗阙，系是放选。乞比斋郎例注官。铨司检详《长定格》，斋郎、挽郎并是一类出身人，欲令王竦依斋郎例，许于南曹投状。"从之。（《宋会要》，职官二二・挽郎之20，第3625页）

2.2.1.4 天圣九年（1031年）五月二日，上封者言："按《长定格》，乾道六年八月诏书，臣僚违越不公，许人陈告奖擢。望申旧敕，以儆臣伦。"奏可。（《宋会要》，刑法三・禁约之18，第8291页）

2.2.1.5 崇宁二年（1103年）五月二十三日，吏部侍郎刘拯等奏："今后不经部注授差遣，不显存亡及十年者，并移入别籍根究施行。并吏部供到《长定格》诸色选人，除本选数及颇忧停集外，过格十年已上者，于吏部南曹投状，准格敕磨勘，依旧例召清资朝官保明，委无伪滥违碍，即与送铨，降两资注拟。如无资可降，（江）

［注］边远同类官。其过格二十年已上者，铨曹不在施行之限。”诏依《长定格》施行。如十年不到部，与降一官；十年已上，别置籍拘管（限）［根］究施行；二十年已上，并落。（《宋会要》，铨选三审官西院·侍郎左选·流内铨之16，第5707页）

2.2.1.6 乾道二年（1166年）二月七日，尚书刑部言：“准旧《刑统》，晋天福六年敕：‘准《长定格》，特敕停任及削官人，及曾经徒流、不以官当者，经恩后本官选数赴集。’况除名罪重于停任及不以官当者，自今望准《长定格》经恩后并年限满，依所降资品理选数，候合格日赴集。又准《乾道元年赦书》，诸除名人合叙理准格敕处分者，当部自前出给雪牒，皆坐前敕。昨据大理寺送到新《刑统》《编敕》，并无上件敕文。本寺言，详定之时，检详上件敕文引《长定格》该系铨选公事，又别无刑名，不在编集之数。伏缘当司元敕先经兵火散失，旧《刑统》又废不行，赦书又云准格敕处分，欲望许于旧《刑统》内写录敕格施行。”从之。（《宋会要》，职官七六·收叙放逐官之1，第5097页）

2.2.1.7 开宝六年（973年）七月，诏翰林学士卢多逊、知制诰扈蒙、张澹等重详定吏部流内铨《循资格》，从澹之请也。（《宋会要》，铨选四·流内铨之9，第5700页）

2.2.2《客省格》

2.2.2.1 乾道七年（1171年）十一月八日，客省札子奏：“本省见依格签赐宰臣、亲王已下正旦、寒食、冬至节料，检准《本省格》，上有宰臣、执政官奉使出外取旨，今有皇子魏王恺判宁国府，取旨施行。”诏依格赐，自发付宁国府，仍令本府依数排办就赐，今后准此。（《宋会要》，礼六二·赉赐二·滥赐之72，第2154页）

2.2.3《考课格》

2.2.3.1 大观四年（1110年）五月十一日，吏部奏：“勘会诸路州学教授《考课格》内，第一项教养有方，注谓贡士至辟廱升补推恩者多。又第四项生徒率教，注谓士庶争讼戾规者少。即未该载以多少分数定格。今欲乞将前项《考课格》内两项比类贡士条分数，应升补推恩者如及六分以上即为多，戾规者即以四分以下为少，行下诸路州军照会考校施行。”辟廱大学勘当：“推恩如及六分以上为多，即是贡十人有六人以上该升补，方及今来所立分数，深恐诸州难以应格。若减作五分以上，虑贡二人得一人升补亦便为多，却成侥幸。其戾规者若以四分为少，寻常学校犯罚不曾有及四分者。今同共相度，欲委逐州保明申学事司，将本路州军参定，取得士最多去处依条施行。其戾规一节，亦乞依得士最多处委逐州保明申学事司，将本路州军参定戾规学士最少去处为少，依条施行。”从之。（《宋会要》，职官五九·考课之15，第4648页）

2.2.4《元丰刑部格》

2.2.4.1 元祐四年（1089年）十月二十三日，刑部言：“《元丰刑部格》：制勘案主鞫狱，根究体量过犯。逐案所行，首尾相干，有合行事节，却行往复，显见烦费。欲将制勘、体量案并为一案，所行事体相照。”从之。（《宋会要》，职官一五·刑部之15，第3415页）

2.2.4.2 绍兴元年（1131年）十月六日，刑部言：“检准《元丰刑部格》：文臣责授散官安置已放后，一期入格叙用。其武臣责授散官安置已放后，即未有立定期限，今欲依文臣条法叙用。”从之。（《宋会要》，职官七六·收叙放逐官二之45，第5121页）

2.2.5《兵部格》

2.2.5.1 元祐六年（1091年）七月十二日，兵部言：“《兵部格》：掌蕃夷官授官，主客令蕃国进奉人陈乞转授官职者取裁。即旧应除转官者报所属看详，主客止合掌行蕃国进奉陈乞，其应缘进奉人陈乞授官尽合归兵部。若旧来无例，创有陈乞，皆令主客取裁，诚恐化外进奉陈乞授官事体，曹部执掌未一，久远互失参验。欲自今不以曾未入贡及有例无例，应缘进奉人陈乞授官加恩，并令主客关报兵部。”从之。（《宋会要》，职官一三·主客部之47，第3393页）

2.2.6《御史台弹奏格》

2.2.6.1 淳熙四年（1177年）七月十七日，敕令所上《重修淳熙编类御史弹奏格》三百五条，诏颁行。先是，御史台言：“觉察弹

(刻)［劾］事件，前后累降指挥，经今岁久，名件数多，文辞繁冗，又有止存事目、别无可考，窃恐奉行牴牾。乞下敕令所删修成法，各随事以六察御史（察）所掌分成门类，缴申取旨，降下本台遵守。"批下本所，至是（止）［上］之。(《宋会要》，职官五五·御史台之25，第4510页)

从此看，《御史台弹奏格》是按六察所掌事务分成"门"，即此格下具体分为六个篇名。此法律属于类格典。

2.2.6.2 绍熙四年（1193年）八月二十六日，侍御史陆峻言："祭祀行于宗庙神祇，不可不致其严。故先事以戒期，斋宿而就列，警其职者有誓，纠其慢者有官，如是而敬事之诚着。今被差之官，多有托疾避免，而临时通摄者几年。至如国忌行香，有经年勉赴一二者。何其敢为慢易若是耶，废礼玩法，莫此为甚！谨按《御史台弹奏格》：应朝宴及祠祭官，或国忌日称疾不赴者，皆牒入内内侍省差人押医官诊视，诈妄者弹奏。六参及厘务望参官，为朝参连三次请假，一岁通计五六次者，与外任差遣。欲望申严前项令格，以儆有位。"从之。(《宋会要》，礼一四·群祀·祀祭行事官之116，第805页)

2.2.6.3 嘉定五年（1212年）四月二日，臣僚言："检准《本台弹奏格》，应臣僚不合辞免恩命辄具辞免者，弹奏。士大夫之不顾法守，缪为辞逊，未有甚于今日者。内而职事官之补外，及外之由麾而得节，或予内除，此皆朝廷量才器使，初不以为私恩。夫既知其官不应辞，则朝闻命而夕引道，宜也。今乃奏疏祈免，阖门待报。若自知其不能，则未闻有终辞者也；若以逊为美德，则玩熟见闻，亦未有高其能逊者也。陵节躐等而不严著定之令，连章累牍而徒溷中书之务，此其弊不可不革，未容以细故忽也。乞敍示中外，继自今如有不合辞免而辄具辞免者，所司不许收接。仍令御史台依格弹奏。"从之。(《宋会要》，职官七九·戒饬官吏之23，第5236页)

2.2.6.4 嘉定十年（1217年）三月七日，臣僚言："检准《御史台弹奏格》：'应祠官不恭，及器服、礼料不如法者弹奏。又誓戒云：'各扬乃职，敢有不恭，邦有常刑。'臣三月三日季春出火祀大辰，适与监祭。初据太常寺修写进胙奏状，系臣与摄光禄卿、太常寺主簿黄民望连衔具奏。续因终献官请假通摄，别换奏状，却系太官令、监临安府都税院蔡戎摄光禄卿，与臣连衔。臣即索上通摄单子点对，乃是民望擅令人吏改请通摄，初无公文辞免。臣照得民望职隶容台，岂不知祠祀为国之大事，务在严肃，顾乃规避拜跪，私易一监当选人摄事，与臣连衔具奏。非惟失事神之敬，抑且失尊君之义。臣职当弹奏，乞将民望罢黜，以为祠官不恭敬者之戒。”从之。（《宋会要》，礼一四·群祀·祀祭行事官之116，第806页）

2.2.7《转厅格》

2.2.7.1 淳熙四年（1177年）八月九日，嗣濮王士輵言：“省部将臣少傅合得给使、减年等恩数，比之少保并行减半。乞依昨除少保体例全与放行。”诏依枢密使见行条法放行。既而刑部言：“士輵昨除少保，已依初除枢密使例全行出给、减年，再除少傅亦已作转厅例减半，出给公据。今再乞全给，从来枢密使即无两次陞迁并作初除全给之例。”诏依《转厅条格》减半出给。（《宋会要》，帝系二·濮秀二王杂录·杂录之49，第65页）

2.2.8《军马司格》《吏卒格》

2.2.8.1 政和元年（1111年）八月十三日，朝请郎、直龙图阁、权发遣都大提举成都府利州陕西等路买马监牧公事张鞏札子“准御前札子、臣僚上言同何渐札子，（今）［令］相度措置可否利害，保明闻奏。今检具前后手诏、敕令及依应相度，措置到下项：一、准元丰四年七月十八日中书札子，奉诏：雅州名山茶专用博马，候年额马数足，方许杂卖。一、准《马司格》，应熙、秦、岷、阶州、通远军，各依逐等所定茶驮数，以新茶支折。【谓如有见在元祐三年四月新茶，即支四年分茶之数】如蕃部愿要银、紬、绢、洋州茶、大竹茶之类，并许各依见卖实直价例算请，更不限定分数”。（《宋会要》，职官四三·都大提举茶马司之95，第4158页）

此处《马司格》缺“军”字，应为《军马司格》。

2.2.8.2 政和三年（1113年）十月二十九日，中书省〔言〕：“勘会除授官观差遣，近降旨立定提点、提举、管勾三等，所有

(诸)［请］受、从人，亦合随所授职任修定。今参酌旧法，拟立下项：承务郎以上任宫观差遣，提举二十人，提点一十五人，管勾一十人。右入《政和重修吏卒格》，冲改本格中散大夫及提点刑狱以上资序、知州通判以上资序差当直人格不行。承务郎以上任宫观差遣，【谓外任许在京居住者】提举十五人，提点十人，管勾四人。右入《绍圣军马司格》，冲改本格太中大夫及职司资序、知州通判（江）［以］下资序差当直人格不行。"从之。(《宋会要》，职官五四·任宫观之30，第4483页)

从上面2.2.8.2条记载看，政和三年以前就有《吏卒格》，因为材料指明是《政和重修吏卒格》。说明《吏卒格》在北宋综合格典中是所属篇名。

2.2.9《侵移擅用格》

2.2.9.1 绍兴九年（1139年）七月二十三日，臣僚言："国朝盛时，府界、诸路所积常平、义仓米几千五百万斛，天灾代有，民无流离饿殍，由有备也。艰难以来，用度不足，或取以给军须，至于州县他费，因以侵用，比年往往销费殆尽，甚乖祖宗悯人恤灾之意。今日经制，议者止谓尽行经画，以应支遣而已。至于察其丰凶，以谨散歛；劝其贮纳，以待赈给，未之闻也。太抵有司务纾目前之责，不思久远之计，遂致言者无事预备之言以为迂缓。不幸一有二三千里水旱、虫蝗之忧，言之何及！谓宜准旧制，更加修明《侵移擅用格》奏之，令使祖宗恤民备灾之政不寝于圣代。"诏令户部检坐见行条法，措置申严行下。(《宋会要》，食货五三·义仓之24，第7218页)

2.2.10《赏格》《尚书户部司勋格》《元丰赏格》

《赏格》是宋朝格类数量最多、种类最复杂的类型。宋朝有些时会认为"格"就是设定奖赏的法律。当然，从现在看，认为"格"是设定奖赏法律类型是有问题的。宋朝最有名的赏格是《元丰赏格》，共5卷，后来在格典中把赏罚内容作为赏格独立成篇。但从记载看，宋朝仍然有其他类型的赏格。

2.2.10.1《赏格》：命官、捕盗官谓职应催纲者。能检察纲运兵梢不犯故沈溺舟船，或有故而收救官物别无失陷者，任满，减磨勘一年，检官能觉察纲运妄称被水火盗贼、损失官物欺隐入己者，免试。诸色人获故沈溺纲船，及有人居止船，虽未沈溺，每只钱五十贯。因侵盗官物者一佰贯。江河深险处收救得沈溺船所失官物，准给价三分，收救得流失官船，每只准价不及一佰贯。诸河空船，钱五贯；重船，钱一十贯。江、淮、黄河空船钱一十贯，重船钱二十贯。一伯贯以上，诸河给一分，江、淮、黄河给二分。（《宋会要》，食货四五·漕运五之8，第7016页）

2.2.10.2《赏格》：诸色人：获结集徒党强博易、籴买纲运官物者，仍以其财产，徒罪给三分，流罪给五分，死罪全给。获以私钱贸易纲运所般钱监上供钱者，钱三百贯。获博易籴买若粜卖六路并汴、蔡河纲运官物，钱五贯。赃及一贯者给一十贯，每贯加五贯，至一百贯止。获差雇运送官物而收贮他物欲拌和及已拌和者，钱三十贯。已拌和计亏官价一十贯外，每贯仍加五百文，至一百贯止。亏及二千贯者，仍转一资。告获伪造封纲船堵面印，钱三十贯。（《宋会要》，食货四五·漕运五之10，第7018页）

2.2.10.3《赏格》：命官催纲或捕盗官获纲运人盗所运官物，计价累及二百五十贯，免试；五（伯）［佰］贯，减磨勘一年，仍陞半年名次；一千贯，减磨勘三年。（《宋会要》，食货四五·漕运六之11，第7019页）

2.2.10.4《赏格》：命官：管押诸路纲运无少欠，谓非川峡四路者。全纲谓见钱二万贯以上者，余物依条比折计数，下条准此。三（伯）［百］里，五分纲五百里，三分纲一千里，减磨勘一年。全纲　五（伯）［百］里，五分纲一千里，三分纲一千五百里，减磨勘二年。全纲一千里，或五分纲一千五百里，减磨勘三年。全纲一千五百里，转一官。应募官押纲无欠损者，全纲三百里，五分纲五百里，三分纲一千里，陞一季名次。全纲五百里，五分纲一千里，三分纲一千五（里）［百］里，陞半年名次。全纲一千里，或五分纲一千五百里，免试。全纲一千五百里，不拘名次指射差遣，仍免试。诸色人：押纲人、部纲兵级、兵梢连铜于诸处交纳，若比元装数出剩，以装发处元价共给五分。（《宋会要》，食货四五·漕运六之14，第7023页）

2.2.10.5 元丰七年（1084年）八月二十三日，大宗［正］司言："仲葩（葩）唐突进表，乞依《元丰新令赏格》转官。缘仲葩先就试，已特减七年磨勘，今复侥求。"诏仲葩特展二年磨勘。（《宋会要》，帝系五·宗室杂录之6，第124页）

此处《元丰新令赏格》应是《元丰赏格》。

2.2.10.6 绍圣元年（1094年）九月二十五日，诏："府界并诸路盐年终课利增，欲并依《元丰赏格》。"从三省请也。（《宋会要》，食货二四·盐法之31，第6529页）

2.2.10.7 政和三年（1113年）十月十七日，户部尚书刘炳等奏："今拟修到条：'诸吏人驱磨点检出收到无额上供钱物供申数目不实，而侵隐、移易别作窠名收系若支使者，【诸州三千贯、累满者同，提刑司依此】提刑司六千贯，转一资。'上条合入《政和赏格》。'诸吏人驱磨点检出收无额上供钱物供申数目不实，而侵隐、移易别作窠名收系若支（得）［使］者，州及八千贯、提刑司一万五千贯以上，累满者同。并奏裁。'上条合入《政和赏令》。'诸驱磨点检出收到无额上供钱物供申数目不实，而侵隐、移易别作窠名收系若支使者，三百贯，累满者同，余项依此。陞一名；一千贯，陞二名；二千贯，陞三名；四千贯，陞四名；七千贯，陞五名；一万二千贯，转一资；三万贯已上，取裁。'上条合入《尚书户部司勋格》。契勘阙下支用见钱，全仰诸路上供有额、无额钱数应办。其无额钱，元丰间岁收约一百七八十万贯，近年以来，所收约八九十万贯，比旧大段数少，亏损省计。缘无额上供虽有窠名而各无定数，从前据凭场务收到数目申州驱磨，报提刑司，本司备申省部拘催起发。若供申隐落，止有断罪约束，即无点检告赏之文。兼近承朝旨，令诸路常平司驱磨到崇宁元年至大观三年侵使隐落上供无额钱，总计一百七十余万贯，金银物帛一十万余斤两等，如此显有陷失钱物，盖为未有劝赏，致所属不肯尽公点检驱磨。今相度，欲乞今后场务收到无额钱物，供申所属州军、提刑司并本部，如逐处能点检、驱磨、告发、侵隐、失隐钱物，并依政和赏格令法施行。又检会《大观诸路上供钱物续降敕令》节文：'诸无额上供钱物，场务限次季孟月十日前具逐色都数申本州驱磨，本月二十日前申转运司，仍具一般状入递，申尚书户部。本司限十日申本部。诸供申无额上供钱物隐漏者，徒二年。'政和元年十月十四日朝旨节文：'诸路应无额上供钱物，并隶提刑司拘收。'《政和格令》：'诸告及驱磨、点检出隐落并失陷钱物，应赏者，以所纳物准价，仍依数借支。'即犯人应勿追或追而不足者，干系人均备告，及驱磨点检出隐落并失陷钱物每及一分，给三厘。"诏依修定，余依诸路上供施行。（《宋会要》，食货五一·度支库之42，第

7163 页)

2.2.10.8 政和六年（1116 年）六月十一日，诏："访闻诸路民间多是销毁铜钱，打造器皿，毁坏钱宝，为害不细。仰尚书省申明条法，重立赏，严行禁止。"检会《政和赏格》：告获铚销、磨错、翦凿钱取铜以求利及买之者，杖罪钱一十贯；徒一年钱二十贯，每等加一十贯；流二千里钱七十贯，每等加一十贯。诏于赏格内杖罪添作五十贯，徒一年七十贯，流二千里一百贯，余并申明行下。（《宋会要》，刑法二·禁约二之 66，第 8319 页）

2.2.10.9 宣和二年（1120 年）十二月十二日……尚书省看详："伪造度牒除造官印外，伪度牒自合依伪印罪赏条法。至于降样造纸，监视印给，各有关防。其伪造度牒印板印伪度牒及书填官司不检察者，理当专立严禁令。拟修下条：诸伪造度牒印板徒二年，已印者加一等，谓印成牒身而无印者，并许人告。诸伪造度牒而书填官司不检察者徒一年。右入《政和诈伪敕》。告获伪造度牒印板钱一百贯，印成牒身而无印者加五十贯。(石)［右］入《政和赏格》。"从之。（《宋会要》，职官一三·祠部之 26，第 3383 页）

2.2.10.10 乾道四年（1168 年）七月十六日，尚书吏部侍郎周操言："泸南安抚司奏长宁军指使杨大椿乞推任满赏。本司检坐到《皇祐三年指挥》：三年得替与转一官，本人系二年成资满替，陈乞降赏格二（年）［等］推赏。本部检准《赏格》，长宁军指使止是任满转一官，即无三年得替之文，其本司奏状内检引及二年降赏格二等条法，本部已行推赏了当。今承都省付下湖南安抚司奏忠训郎、武冈军武阳寨兵马监押刘骏乞任满赏，本司检坐到《熙宁元年指挥》：三年为一任，任满日与减三年磨勘，免短使指射差使。照得本人系二年成资满罢，即不曾声说降等推赏。本部检准《绍兴修立赏格》，亦无三年为任之文，如将本人依本部格法与推全赏，缘与长宁军指使降等推赏事体一同，若便行降等，又本部格法即不该载三年为任。今相度，自今后欲将诸路监司保奏到小使臣校尉应以陈乞任满赏，如本司检坐到《一司一路指挥》以三年为任，于本部《赏格》虽不曾该载三年为任去处，并依长宁军指使已行体例，于赏格上降二等推赏。"从之。（《宋会要》，职官一〇·司勋部之 9，第 3285 页）

此史料中有"本部赏格"，即存在独立的《吏部赏格》，即赏格的一般法。

2.2.10.11 绍熙三年（1193年）六月二十四日，臣僚言："窃惟朝廷方严盗铸之禁，不可不稍优捕获之赏。照得《赏格》：获私铸钱不满五火，止减磨勘半年；五火以上减一年，十火以上减二年，二十火以上止减三年。且捉获私铸，三、四火已是不易，乃止减得磨勘半年。一任之内，一官吏之身，积而至于二十火，固无此等事。傥或有之，出等殊赏，乃止减得三年磨勘，计功酬劳，诚是太轻，何以激劝？乞将上项赏格重加详定。知、通、都监、县令、巡尉获私铸，照应前项'乾道九年八月八日指挥'内已增修减磨勘至转官等项目推赏。所是，旧立不满五火至二十火以上之文，窃恐于火数太多，难得及格之人，由此坐视，不切用心缉捉。欲将'不满五火'之文改作'一火以上'，增作'减磨勘一年'；'五火以上'改作'三火以上'，增作'减磨勘二年'；'十火以上'改作'五火以上'，增作'减磨勘三年'，'二十火以上'改作'十火以上'增作'转一官，选人循两资'。所有命官亲获赏格，并诸色人获私铸钱赏格，亦乞从前项'乾道九年八月八日指挥'内已增修赏典施行。"从之。（《宋会要》，刑法一·格令三之57，第8269—8270页）

从上面可知，《元丰赏格》是独立的赏格典，可能是在后来编格典时，《赏格》被作为独立篇名编入格典中，成为综合格典中的一篇。宋朝赏格存在大量的独立形式，有些在修撰格典时被纳入其中，但有些仍然独立存在。上面材料中涉及《元丰赏格》《政和赏格》和《绍兴赏格》。此外，还有《尚书户部司勋格》（2.2.11.7条）。

2.2.11《淳熙一州一路酬赏格》

2.2.11.1 淳熙四年（1177年）六月十四日，吏部侍郎司马伋言："臣昨任司勋郎官，将崇宁以来应系赏典格法取会类写成册，编至乾道六年二月。自臣改除以后，不曾编类。所有法册见在司勋，乞下司勋，令取会自乾道六年二月以后推赏指挥，接续编类检照。"从之。（《宋会要》，职官一〇·司勋部之9，第3287页）

2.2.11.2 淳熙六年（1179年）七月六日，敕令所上《淳熙一州一路酬赏格法》，《净条》二百册，《目录》二十三册，《看详》六百三十八册。诏以来年正月一日颁行。（《宋会要》，职官四·敕令所之49，第3119页）

2.2.11.3 淳熙七年（1180年）二月二十六日，吏部言："诸处保明小使臣校尉酬赏，今新修《酬赏格法》内有减损去处，系是今年正月颁行，其间却有到、罢在今降指挥前者，乞依旧法推赏。若在今来颁降条格之后，并从新格。”从之。（《宋会要》，职官一〇·司勋部之10，第3287页）

从上面材料可知，《淳熙一州一路酬赏格》是宋朝地方赏格法典，其下具体由各州路赏格组成。这是南宋时期制定的重要赏格类法典。

2.2.12《淳熙总类赏格》

2.2.12.1 淳熙四年（1177年）六月五日，吏部侍郎司马伋言：“二广奏到州县官授讫任满推赏，缘阙名与赏格类多不同，本部无所勘验赏格，并未推行。乞下敕令所早立成法，有阙名、赏格不同去处，看详改正，庶几法令归一，有以遵守，使应被赏者早霑恩典。”从之。【阙名与赏格不同，如吏部注官阙名有融州文村堡准备差使，《淳熙总类赏格》则云融州文村寨之类】（《宋会要》，职官一〇·司勋部之9，第3286页）

从材料看，《淳熙总类赏格》应是通行类赏格，且是事类体所撰法典。

2.2.13《诸军及配军逃入郴桂界捕获赏格》

2.2.13.1 淳熙十五年（1188年）五月二十八日，修立《诸军及配军逃入郴桂界捕获赏格》。臣僚言：“郴州宜章、桂阳县并桂阳军临武县管下，民性顽犷，好武喜动。其逃走军兵既无生业，往往为盗。今来郴、桂境内捉获逃军，乞与倍他州之赏。”敕令所重别参酌立法：“诸军及配军逃亡入郴州桂阳县军界，捕获者以海行赏格倍给。获藏匿或过致、资给者准此。”从之。（《宋会要》，刑法一·格令三，第8267页）

2.2.14《杂卖场赏罚格法》

2.2.14.1 隆兴元年（1163年）三月二十一日，尚书省言：“左藏南库遇有编估到官物，自来下杂卖场出卖，系寄桩库收钱赴南库送纳。本场为无赏罚，不切用心，兼不曾委官，致有积压损坏。”诏委太府寺丞，并差提点所使臣专一措置出卖。仍令户部照应《杂卖场赏罚格法》参酌立，任满，将任内卖到钱，比类前官数目，申取朝廷指挥，每岁比较增亏分数酬赏展降。其寄桩库未曾立定赏罚，今照应参酌，一体立定。本部欲依本寺立定事理施行。从之。（《宋会要》，食货五二·寄桩库之23，第7182页）

2.2.15《元丰江淮湖浙路盐格》

2.2.15.1 元丰四年（1081年）十二月九日，权三司使李承之札子奏："东南盐法条约，蒙诏旨，俾臣与编修官董唐臣截自元丰三年八月终，应干盐法前后敕札及臣庶起请，除一时指挥已施行者更不编修外，修成一百八十一条，分为《敕令格》共四卷，《目录》二卷，乞以《元丰江淮湖浙路盐敕令赏格》为名。如得允当，乞雕印颁行。"从之。（《宋会要》，食货二四·盐法之21，第6523页）

2.2.15.2 绍兴二年（1132年）二月五日，柳约又言："兼巡捕官透漏私盐，欲依嘉祐法，正巡捕官断罪；如任满，别无透漏，亦乞依《元丰盐赏格》推赏。"从之。时两浙西路提举茶盐公事司申："准尚书省札子：勘会钱塘江东接大海，西彻婺、衢等州，近访闻海船般贩私盐直入钱塘江，径取婺、衢州货卖，其临安府岸专设海内巡检一员，责在专一巡捕，一向坐视，并不捕捉，有妨浙东州县住卖盐课。札付本司，同临安府限三日公共相度，申尚书省。今与临安府相度，得钱塘江两岸，系属浙东、西，各置巡检，内浙东岸系越州三江、翕山、西兴、渔浦四处巡检，浙西路系临安府黄湾、赭山、茶槽、海内、南荡、东梓六处巡检。准《政和敕》：'诸巡捕使臣透漏私（有）盐一百斤，罚俸一月，每五十斤加一等，至三月止；及一千五百斤，仍差替；二千五百斤，展磨勘二年，每千斤加半年，及五千斤降一官，仍冲替；三万斤奏裁。两犯已上通计。其兼巡捕官，三斤比一斤'。今点对逐处巡捕官职兼巡捉私假茶盐香，如有透漏私贩及一万五千斤，方合降官冲替。缘其间有弛慢之人，为见所立罚格太轻，不务用心缉捕断绝，却致透漏。欲乞详酌，许依正巡盐使臣法断罪；如任满，别无透漏，亦乞重立赏格。"户部勘当，乞依上条。（《宋会要》，食货二六·盐法五·盐法杂录四之5，第6558页）

此史料说明《盐赏格》在处罚和奖赏上重于一般事务规定，属于赏格中的特别法。

2.2.15.3 绍兴二年（1132年）五月一日赦节文："勘会近降指挥立定，今后透漏私盐，并依正官断罪。任满，无透漏，依《元丰盐赏格》推赏，内推赏一节，系为产盐地分私贩猥多去处立文。窃虑官司误会法意，除兼巡捕官透漏不拘产盐与不产盐地分，并合依正官断罪外，五月一日，奉圣旨：产盐地分兼巡捕官如任满，别无透漏，即依今年二月五日已降指挥推恩，其不系产盐地分，若有捕获私盐，即依绍兴法计数推赏。"（《宋会要》，食货二六·盐法五之7，第6560页）

2.2.15.4 绍兴二年（1132年）五月七日，提举两浙西路茶盐公事夏之文言："巡捕官带兼巡捉私盐茶，如有透漏，罚格太轻，如一任内别无透漏，亦无推赏，是致得以弛慢。契勘昨来透漏私盐，已降指挥依正巡捕官断罪；如任满别无透漏，依《元丰盐赏格》与减一年磨勘。缘茶、盐法事理一同。"诏巡捕私茶赏罚，并依绍兴二年五月一日盐事已降指挥施行。（《宋会要》，食货三二·茶盐杂录之27，第6711页）

2.2.16《私茶赏格》

2.2.16.1 政和元年（1111年）四月二十四日，诏有司重行参定《私茶赏格》，无使太重。(《宋会要》，食货三〇·茶法二·茶法杂录一之38，第6675页)

2.2.16.2 政和五年（1115年）五月二十五日，尚书省言："今重修立到下项赏格：命官亲获私有茶、盐，获一火三百斤，腊茶一斤比草茶二斤，余条依此。升半年名次；八百斤，免试；一千二百斤，减磨勘一年；二千斤，减磨勘一年半，三千斤，减磨勘二年；四千斤，减磨勘二年半；五十斤，减磨勘三年；七千斤，减磨勘三年半；一万斤，转一官；三万斤，取旨。累及一千斤，升半年名次；一千五百斤，免试；二千斤，升一年名次；四千斤，减磨勘一年；五千斤，减磨勘一年半；七千斤，减磨勘二年；八千斤，减磨勘二年半；一万斤，减磨勘三年；二万斤，减磨勘三年半；三万斤，转一官；十万斤取旨。罚格：巡捕官透漏私有茶盐一百斤，罚俸一月；一百五十斤，罚俸一月半；二百斤，罚俸两月；二百五十斤，罚俸两月半；三百斤，罚俸三月；一千五百斤，罚俸五月，仍差替；二千五百斤，展磨勘一年，仍差替；三千五百斤，展磨勘二年，仍差替；四千五百斤，

展磨勘三年，仍差替；五千斤，降一官，仍冲替；三万斤取旨。”从之。(《宋会要》，食货三二・茶盐杂录之8，第6701页)

此史料是《政和私茶赏格》的全部内容，全面体现了赏格法的特点。

2.2.17《守令岁考增亏格》

2.2.17.1 绍兴五年五月十五日，户部言：“修立到《诸路曾经残破州县守令每岁招诱措置垦辟及抛荒田土殿最格》：一、增【谓见抛荒田土而能招诱措置垦辟者】一分，知州升三季名次，县令升半年名次；二分，知州升一年名次，县令升三季名次；三分，知州减磨勘一年，县令升一年名次；四分，知州减磨勘一年半，县令减磨勘一年；五分，知州减磨勘二年，县令减磨勘一年半；六分，知州减磨勘二年半，县令减磨勘二年；【承直郎以下循一资】七分，知州减磨勘三年，县令减磨勘二年半；【承直郎以下循一资，到部升半年名次】八分，知州减磨勘三年半，县令减磨勘三年；【承直郎以下循一资，仍占射差遣一次】九分，知州转一官，县令减磨勘三年半。【承直郎以下循一资，仍占射差遣一次，到部升半年名次】一、亏【谓见耕种田不因再被盗贼残害，若灾伤而致抛荒者】一分，知州降三季名次，县令降半年名次；二分，知州降一年名次，县令降三季名次；三分，知州展磨勘一年，县令降一年名次；四分，知州展磨勘一年半，县令展磨勘一年；五分，知州展磨勘二年，县令展磨勘一年半；【承直郎以下到部降一年半名次】六分，知州展磨勘二年半，县令展磨勘二年；【承直郎以下降一资】七分，知州展磨勘三年，县令展磨勘二年半；【承直郎以下降一资，到部降半年名次】八分，知州展磨勘三年半，县令展磨勘三年；【承直郎以下降一资，到部降一年名次】九分，知州降一官，县令展磨勘三年半；【承直郎以下降一资，到部降一年半名次】一、考州县守令垦辟抛荒田土增亏十分者，取旨赏罚。一、考州县垦辟抛荒田土里分者，以守令到任日见垦田亩十分为率。一、诸县每月终，(见)［具］措置招诱到垦辟田亩实数申州，【州每季终（身）［申］监司准此】若守令替罢，即州县限五日具在任月日内垦辟田亩数申。一、守令措置招诱垦辟田亩并岁考日限约束，并依户口法。若守令在任虽不及半年，而增及一分以上者，亦考察，一、守令虽系权摄，赏罚并同正官。一、考知州、县令措置招诱垦辟田土不实，及供具田亩增减若保奏违限，并依考户口法。其增亏上下者，依上下等，余依中等。一、岁考州县守令招诱措置垦辟及抛荒田土者，其比考之数更不通计。【谓如到任第一年增五分，其第二年数别理之类】已上格法，令三省、吏部、户部、诸路通用。”诏依，仍先次施行。(《宋会要》，食货六·垦田杂录之12，第6092页)

2.2.18《招诱措置垦辟田土赏罚格》

2.2.18.1 绍兴十九年（1149年）十一月二十一日，臣僚言：“契勘淮南东、西、荆湖等路比年宁靖，民稍复业，而户口未广；田野渐辟，而旷土尚多。惟县令最为亲民，此未有赏格可以激劝。今欲下诸路转运司，取见属县已归业人户与耕垦田亩税赋之数，委官审实，注籍申部。如一政内能劝诱人户归业，耕垦田业、添复税租增及一倍，从本州保明，申运司审实，保明申省部立定赏格；不及倍者，亦量所增之多寡，递与推赏。其不能劝诱，又致流亡荒废者，罚亦如之。”于是户部言：“增户口、措置垦辟田土，昨承指挥，立定《守令岁考增亏格法》，至今少有申到赏罚文状。盖缘所立格法轻重不伦，致无激劝用心招集。谓如措置垦辟田土增一分，知州升三季名次，县令却止升半年名次。今来官员陈请，乞立定县令一政内能劝诱民户归业，耕垦田业、添复税租增亏赏罚。本部契勘逐路抛荒田土数多，全籍守令措置招诱人户耕垦，比之兴修农田水利尤重。若不增重赏格，开垦无缘增广。今比拟守令一任《招诱措置垦辟田土赏罚格》下项：知州，增【谓到任之后，管属诸县开垦过见抛荒田土】一千顷，转一官；七百顷，减磨勘三年；五百顷，减磨勘二年。亏【谓到任之后，管属诸县见耕种不因灾伤而致抛荒者】五百顷，展磨勘二年；三百顷，展磨勘一年。知县、县令增【谓到任之后，开垦过见抛荒田土】五百顷，承务郎以上转一官；承直郎以下依条施行。四百顷，承务郎以上减磨勘三年；【承直郎以下循一资，仍减磨勘一年，愿以循资当举官者，当举官一员】三百顷，承务郎以上减磨勘二年；【承直郎以下循一资，愿以循资当举官者，当举官一员】二百顷，减磨勘一年半；一百顷，减磨勘一年。亏【谓到任之后，见耕种田不因灾伤而致抛荒者】一百顷，展磨勘一年；每及百顷依此。五十顷，降三季名次；三十顷，降半年名次。一、县令到任日，具着业户口、垦辟田亩、税赋、抛荒田土实数申明，本州覆实，保明申转运司，知州到任申转运司准此。转运司保明申尚书户部。一、县令每岁终，具措置招诱垦辟田亩、增添税赋及有无却抛荒田土实数交割付后官，从后官保明申州；州限半月覆实，申转运司；转运司一月，保明申尚书省户部。一、守令若权摄官，据权过月日内开垦田数交（格）［割］。或有抛荒田土，并依正官赏罚。一、今除前项立定赏格外，如有任内于所立格外开垦田土增广数目，并许计数累赏。一、守令措置招诱垦辟田土、增添税赋等，若供具增减不实，及供申违限，乞重立条法施行。如得允当，即乞更下吏、刑部审覆施行。及乞下诸路转运司，取见属县已归业人户、耕垦田亩税赋之数，委官审实注籍讫，先次开具保明申部。”从之。（《宋会要》，食货六·垦田杂录之13，第6093页）

2.2.19《诸色淮南垦田赏格》

2.2.19.1 绍兴二十年（1150年）四月二十七日，左朝奉大夫、新差知庐州吴逵言：“请置力田之科，以重劝农之政，募民就耕淮甸，赏以官资，辟田以广官庄，自今岁始。汉制：计户口置员，则有赏员。今欲以斛斗定赏，必无滥赏。江浙、福建委监司守臣劝诱土豪大姓赴淮南，从便开垦田地，实为永久之利。今立定赏格：土豪大姓、诸色人就耕淮南开，垦荒闲田地归官庄者，岁收谷五百硕，免本户差役一次；七百硕，补进义副尉；八百硕，补不理选限州助教；一千硕，补进武副尉；一千五百硕，补不理选限将仕郎；三千硕，补进义校尉；四千硕，补进武校尉，并作力田出身。其被赏后，再开垦田及元数，许参选如法，理名次在武举特奏名出身之上。已上文武职遇科场，并得赴转运司应举。”从之。（《宋会要》，食货六·垦田杂录之15，第6093页）

2.2.20《四川金银纲运赏格》

2.2.20.1 绍兴七年（1137年）闰十月一日，敕：“四川金银纲运令比仿《路押纲赏格》重别参酌，量轻重远近，分定等第酬赏。如所押官物到库务交纳别无少欠、违程，并依立定赏格纽计推赏，令重别参酌权宜立定酬奖下项：四川路水陆纲运无少欠，全纲：谓见钱二万贯以上者，余物依条比折计数，金银依已降‘绍兴元年九月十五日指挥’计价，以金六万贯、银四万贯各为一纲推赏，下准此。

六千五百里转一官，减三年磨勘；选人比类施行，下准此。六千里转一官，减二年半磨勘；六千五百里转一官，减二年磨勘；五千里转一官，减一年半磨勘；四千五百里转一官，减一年磨勘；四千里转一官，升一年名次；三千五百里转一官，升半年名次；三千里转一官。九分纲：六千五百里转一官，减二年半磨勘；六千里转一官，减二年磨勘；五千五百里转一官，减一年半磨勘；五千里转一官，减一年磨勘；四千五百里转一官，减一年名次；四千里转一官，升半年名次；三千五百里转一官；三千里减三年半磨勘。八分纲：六千五百里转一官，减二年磨勘；六千里转一官，减一年半磨勘；五千五百里转一官，减一年磨勘，五千里转一官，升一年名次，四千五百里转一官，升半年名次；四千里转一官；三千五百里减三年半磨勘；三千里减三年磨勘。七分纲：六千五百里转一官，减一年半磨勘；六千里转一官，减一年磨勘；五千五百里转一官，升一年名次；五千里转一官，升半年名次；四千五百里转一官；四千里减三年半磨勘；三千五百里减三年磨勘；三千里减二年半磨勘。六分纲：六千五百里转一官，减一年磨勘；六千里转一官，升一年名次；五千五百里转一官，升半年名次；五千里转一官；四千五百里减三年半磨勘；四千里减三年磨勘；三千五百里减二年半磨勘；三千里减二年磨勘。五分纲：六千五百里转一官，升一年名次；六千里转一官，升半年名次；五千五百里转一官；五千里减三年半磨勘；四千五百里减三年磨勘；四千里减二年半磨勘；三千五百里减二年磨勘；三千里减一年半磨勘。四分纲：六千五百里转一官，升半年名次；六千里转一官；五千五百里减三年半磨勘；五千里减三年磨勘；四千五百里减二年半磨勘；四千里减二年磨勘；三千五百里减一年半磨勘；三千里减一年磨勘。三分纲：六千五百里转一官，六千里减三年半磨勘；五千五百里减三年磨勘；五千里减二年半磨勘，四千五百里减二年磨勘，四千里减一年半磨勘，三千五百里减一年磨勘，三千里升一年名次。二分纲：六千里百里减三年半磨勘，六千里减三年磨勘，五千五百里减二年半磨勘，五千里减二年磨勘，四千五百里减一年半磨勘，四千里减一年磨勘，三千五百里升一年名次，三千里升三季名次。一分纲：【如止及一千贯以上减半】六千五百里减三年磨勘，六千里减二年半磨勘，五千五百里减二年磨勘，五千里减一年半磨勘，四千五百里减一年磨勘，四千里升一年名次，三千五百里升三季名次，三千里升半年名次。”（《宋会要》，食货四五·漕运五之18，第7026页）

2.2.21《两浙路海纲运赏格》

2.2.21.1 绍兴元年（1131 年）三月十二日，户部言："越州通判赵公竑言：两浙路见有起发米斛万数不少，内有经由海道前来纲运，除官纲平河行运合依宋煇措置外，海道般运粮料系为登险，理当优异。本部今比附重别措置：每运至卸纲纳处，无拖欠、违限、折会，偿纳外，依下项：内赏比平河已是优异，其罚格亦比附申请措置递减一等。赏格：一万硕已下，所装虽多者同。一千里无拖欠，转一官；不满一厘，减四年磨勘，副尉依《使臣法》比折收使，下准此。不满二厘减三年，五百里无拖欠，减四年，不满一厘减三年，不满二厘减二年。五千硕，【所装不及五千硕，若并押两运如及所立之数，亦乞通行推赏】一千里无拖欠，减四年，不满一厘减三年，不满二厘减二年。五百里无拖欠，减三年，不满一厘减二年，不满二厘减一年半。罚格：欠三厘展一年磨勘，副尉亦合比展。欠四厘展一年半，欠五厘展二年半，欠七厘展三年半，欠一分展四年，欠三分抛失空船一十五只同。使臣、校尉冲替，副尉勒停，仍根究致欠因依。"从之。（《宋会要》，食货四三・漕运二之 17，第 6980 页）

2.2.22《诸路水陆纲运赏格》

2.2.22.1 绍兴五年（1135 年）正月二十四日，敕：（令）［今］后诸路起发到纲运，量轻重远近分定等第，如所押官物到库务交纳别无少欠、违程，量与推恩。今权宜立定酬奖下项：诸路水陆纲运无少欠，全纲：【谓见钱二万贯以上，余物依条比折计数，金银依已降《绍兴元年九月十五日指挥》计价推赏。下准此】三千里转一官，选人比类施行，下准此。二千七百里减三年半磨勘，二千四百里减三年磨勘，二千一百里减二年半磨勘，一千八百里减二年磨勘，一千五百里减一年半磨勘，一千二百里减一年磨勘，九百里升一年名次，六百里升三季名次，三百里升半年名次。九分纲：三千里减三年半磨勘，二千七百里减三年磨勘，二千四百里减二年半磨勘，二千一百里减二年磨勘，一千八百里减一年半磨勘，一千五百里减一年磨勘，一千二百里升一年名次，九百里升三季名次，六百里升半年名次，三百里升一季名次。八分纲：三千里减三年磨勘，二千七百里减二年半磨勘，二千四百里减二年磨勘，二千一百里减一年半磨勘，一千八百里减一年磨勘，一千五百里升一年名次，一千二百里升三季名次，九百里升半年名次，六百里升一季名次，三百里支赐绢六匹半。七分纲：三千里减二年半磨勘，二千七百里减二年磨勘，二千四百里减一年半磨勘，二千一百里减一年磨勘，一千八百里升一年名次，一千五百里升三季名次，一千二百里升半年名次，九百里升一季名次，六百里支赐绢六匹半，三百里支赐绢六匹。六分纲：三千里减二年磨勘，二千七百里减一年半磨勘，二千四百里减一年磨勘，二千一百里升一年名次，一千八百里升三季名次，一千五百里升半年名次，一千二百里升一季名次，九百里支赐绢六匹半，六百里支赐绢六匹，三百里支赐绢五匹半。五分纲：三千里减一年半磨勘，二千七百里减一年磨勘，二千四百里升一年名次，二千一百里升三季名次，一千八百里升半年名次，一千五百里升一季名次，一千二百里支赐绢六匹半，九百里支赐绢六匹，六百里支赐绢五匹半，三百里支赐绢五匹。四分纲：三千里减一年磨勘，二千七百里升一年名次，二千四百里升三季名次，二千一百里升半年名次，一千八百里升一季名次，一千五百里支赐绢六匹半，一千二百里支赐绢六匹，九百里支赐绢五匹半，六百里支赐绢五匹，三百里支赐绢四匹半。三分纲：三千里升一年名次，二千七百里升三季名次，二千四百里升半年名次，二千一百里升一季名次，一千八百里支赐绢六匹半，一千五百里支赐绢六匹，一千二百里支赐绢五匹半，九百里支赐绢五匹，六百里支赐绢四匹半，三百里支赐绢四匹。二分纲：三千里升三季名次，二千七百里升半年名次，二千四百里升一季名次，二千一百里支赐绢六匹半，一千八百里支赐绢六匹，一千五百里支赐绢五匹半，一千二百里支赐绢五匹，九百里支赐绢四匹半，六百里支赐绢四匹，三百里支赐绢三匹半。一分纲：如止及一千贯以上减半。三千里升半年名次，二千七百里升一季名次，二千四百里支赐绢六匹半，二千一百里支赐绢六匹，一千八百里支赐绢五匹半，一千五百里支赐绢五匹，一千二百里支赐绢四匹半，九百里支赐绢四匹，六百里支赐绢三匹半，三百里支赐绢三匹。(《宋会要》，食货四五·漕运五之16，第7024页)

2.2.23《行在纲运赏格》

2.2.23.1 绍兴五年（1135年）三月十五日，敕：(令)［今］后行在差人管押钱物往外路州郡应副军须支遣及充籴本之类，其所押人如至交纳处别无虞欠损，今比照诸州郡差人管押钱物赴行在纲运参酌立定推赏等第下项：全纲：【谓见钱二万贯以上者，余物依条比折计数，金银依已降《绍兴元年九月十五日指挥》，并从行在纽计推赏】三千里减三年半磨勘，选人（止）［比］类施行，下准此。二千七百里减三年磨勘，二千四百里减二年半磨勘，二千一百里减二年磨勘，一千八百里减一年半磨勘，一千五百里减一年磨勘，一千二百里升一年名次，九百里升三季名次，六百里升半年名次，三百里升一季名次。九分纲：三千里减三年磨勘，二千七百里减二年半磨勘，二千四百里减二年磨勘，二千一百里减一年半磨勘，一千八百里减一年磨勘，一千五百里升一年名次，一千二百里升三季名次，九百里升半年名次，六百里升一季名次，三百里支赐绢六匹。八分纲：三千里减二年半磨勘，二千七百里减二年磨勘，二千四百里减一年半磨勘，二千一百里减一年磨勘，一千八百里升一年名次，一千五百里升三季名次，一千二百里升半年名次，九百里升一季名次，六百里支赐绢六匹半，三百里支赐绢六匹。七分纲：三千里减二年磨勘，二千七百里减一年半磨勘，二千四百里减一年磨勘，二千一百里升一年名次，一千八百里升三季名次，一千五百里升半年名次，一千二百里升一季名镒，九百里支赐绢六匹半，六百里支赐绢六匹，三百里支赐绢五匹半。六分纲：三千里减一年半磨勘，二千七百里减一年磨勘，二千四百里升一年名次，二千一百里升三季名次，一千八百里升半年名次，一千五百里升一季名次，一千二百里支赐绢六匹半，九百里支赐绢六匹，六百里支赐绢五匹半，三百里支赐绢五匹。五分纲：三千里减一年磨勘，二千七百里升一年名次，二千四百里升三季名次，二千一百里升半年名次，一千八百里升一季名次，一千五百里支赐绢六匹半，一千二百里支赐绢六匹，九百里支赐绢五匹半，六百里支赐绢五匹，三百里支赐绢四匹半。四分纲：三千里升一年名次，二千七百里升三季名次，二千四百里升半年名次，二千一百里升一季名次，一千八百里支赐绢六匹半，一千五百里支赐绢六匹，一千二百里支赐绢五匹半，九百里支赐绢五匹，六百里支赐绢四匹半，三百里支赐绢四匹。三分纲：三千里升三季名次，二千七百里升半年名次，二千四百里升一季名次，二千一百里支赐绢六匹半，一千八百里支赐绢六匹，一千五百里支赐绢五匹半，一千二百里支赐绢五匹，九百里支赐绢四匹半，六百里支赐绢四匹，三百里支赐绢三匹半。二分纲：三千里升半年名次，二千七百里升一季名次，二千四百里支赐绢六匹半，二千一百里支赐绢六匹，一千八百里支赐绢五匹半，一千五百里支赐绢五匹，一千二百里支赐绢四匹半，九百里支赐绢四匹，六百里支赐绢三匹半，三百里支赐绢三匹。一分纲：如止一千贯以上减半。三千里升一季名次，二千七百里支赐绢六匹半，二千四百里支赐绢六匹，二千一百里支赐绢五匹半，一千八百里支赐绢五匹，一千五百里支赐绢四匹半，一千二百里支赐绢四匹，九百里支赐绢三匹半，六百里支赐绢三匹，三百里支赐绢二匹半。（《宋会要》，食货四五·漕运五之17，第7024—7025页）

2.2.24《行军赏格》

2.2.24.1 熙宁三年（1070年）十月二十五日，陕西宣抚使司言："近来诸路有得功将士多是不依元降赏罚格，疾速依公定夺闻奏，朝廷只凭逐处奏状推恩，虑逐路淹迟启幸。"诏本司指挥逐路经略司，并依《行军赏格》施行。立功将士应合酬叙者，皆令主将于贼退后诸军未散时，对众遂定，直言斩获中伤次第，务从简速。如士卒显有功者，为人移易抑压者，许经随处官司自言。(《宋会要》，兵一八·军赏之，第8977页)

2.2.24.2 熙宁六年（1073年）十月二十九日，诏枢密院《重修行军赏格》，与中书详定进呈。（《宋会要》，兵一八·军赏之5，第8977页）

从此两条史料看，熙宁年间有《行军赏格》，且在此前就已经存在，因为2.2.24.2条中有"重修"字样。

2.2.25《纳米补官赏格》

2.2.25.1 绍熙五年（1194年）九月二十七日，检正都司言："照得元立《纳米补官赏格》，系以丰年米价为准，每石只计钱两贯，委为太轻。耿延年所请，却系大荒米价甚贵之年，每石计钱四贯，委是太重。况所在米价高下不同，难以一概。（令）［今］参照前后条格指挥，将官资计钱立价：迪功郎、承节郎一万贯，承信郎、上州文学八千贯，进武校尉四千贯，进义校尉三千贯，进武副尉二千贯，不理选限将仕郎一千贯，诸州助教五百贯。却令入纳人以见在市米价计米入中，须管于州县仓送纳，据数桩管，具申朝廷，听候指挥分拨粜济。其米价令知、通、令、佐同市令官重结罪赏保明诣实。《淳熙十四年七月内指挥》：从本州径行保奏，免经由其他官司。其所补官资，照《乾道七年八月一日指挥》，不作进纳名色。令灾伤州县镂牓晓示。”从之。（《宋会要》，职官六二・借补官之36，第4741页）

2.2.26《江西上供米纲赏格》

2.2.26.1 绍兴二十八年（1157年）七月三日，直敷文阁、新权江南西路计度转运副使李邦献言：“奉旨，令臣与李若川将江西路绍兴二十一年至二十六年分已起未到米一百六十万千五百余硕，疾速催赶前来，并未起七十万五千二百余硕并纲装发，并限半年到行在等处。窃缘江西米运，其弊有五：一则押纲不得其人，二则官纲舟船灭裂，三则水脚縻费不足，四则不曾措置指运远迩，五则卸纲处乞取太重，斗面太高，不除掷飏折耗，所以失陷数多。欲望许召募土豪及子本客人装载，并与依旧例上更许搭带一分私载，于装发米处出给所附行货长引，并批上行程赤历，沿路与免商税，即不得留滞纲运。如不愿请船脚钱者，管押及二万硕，无少欠，与补进武校尉，二万硕加一资，依军功补官法。如土豪客船不足，许令逐州选差见任文官宣教郎以下至选人及武官大、小使臣管押，若无少欠，与依绍兴五年十一月立定赏格推恩，如一万硕、一千里以下，减四年磨勘；二万硕，更乞与减二年磨勘；三万硕，转两官止。”户部看详：“一、乞召募土豪及子本客人装载，今欲许召募有家业及所押物数，不曾充公人，亦不曾犯徒刑、非凶恶编管会赦原免之人，当职官审验诣实，其自备人船，每硕三千里支水脚钱三百文省，余计地里纽支。许将一分力券装载私物，与免收税，批上行程，沿路照验。……除计地里合破耗外，如无抛失少欠、违程，从交纳官司保明，依今来修立到赏格等推赏。并重别增损拟定赏罚格如后：土豪子本客人运载米斛二万硕，舟运每二万硕转一官资，通押及四万硕，行放参部，注授差遣。三千里以上，承信郎；二千里以上，进武校尉；一千里以上，进义校尉。右除地里折耗外，如少欠三厘以下，与依格推赏；如三厘以上，候补足日推赏。命官差募管押赏：一万硕、二千里以上，无官欠，减四年磨勘；【每加一万硕，增一倍推赏】不满一厘，减三年半磨勘；不满二厘，减三年磨勘；一千里以上、无官欠，减三年磨勘；每加一万硕，增一倍推赏。不满一厘，减二年半磨勘；不满二厘，减二年磨勘，三千里以上，与递增一等推赏。谓如元合减四年磨勘，而及三千里以上者，减二年磨勘之类。罚：少欠三厘，展三季磨勘；每加一厘，展一季，展至一分止。少欠二分，每分加展半年磨勘，至四分止。副尉、下班祗应比类。少欠五分，命官冲替，副尉、下班祗应勒停。……”从之。（《宋会要》，食货四八·水运之5，第7073页）

2.2.27《禄格》

在宋朝格类法律中，禄格是基本类型之一，在格类单行法律中，与俸禄有关的较多。

2.2.27.1 大观三年（1109年）九月十一日，又奏：“臣等见《编修禄格》，伏见学士添支比正任料钱相辽邈。且如观文殿大学士、节度使从二品，大学士添支钱三十贯而已，节度使料钱乃四百千，傔从、粟帛等称是。或谓大学士自有寄禄官料钱，故添支数少。臣等以银青光禄大夫任观文殿大学士较之，则通料钱、添支不及节度使之半，其厚薄之不均明矣。切谓观文殿大学士近制非曾任宰相者不除，而节度使或由行伍，或立战功，皆得除授，曾无流品之别，则朝廷顾遇大学士岂轻于节度使哉，而禄秩甚微，殊未相称。自余学士视诸正任，率皆如此，其所给添支，非前任两府在外则勿给，比正任且无正赐公使。自待制至直阁，皆朝廷遴选，亦有添支，又学士或守大藩，或领帅权，自有添支，而职钱亦谓之添支，其名重复。今欲将职钱改作贴职钱以别之，谨以正任料钱公使为率，参酌立定。自学士至直阁以上贴职钱，不以内外并给。观文殿大学士一百贯，观文殿学士、资政殿大学士八十贯，资政殴学士、端明殿学士五十贯，内前执政加二十贯。龙图、天章、宝文、显谟、徽猷阁学士、枢密直学士四十贯，龙图、天章、宝文、显谟、徽猷阁直学士三十贯，龙图、天章、宝文、显谟、徽猷阁待制二十贯，《事类合璧》：外任纳内曾任执政官以上不限内外，并给公使钱。大观文曾任宰相一千五百贯，观文、大资政、端明曾任宰相、执政官一千贯，余七百贯，龙图至徽猷学士、直学士、待制、枢密直学士及太中大夫五百贯。已上兼（按）［安］抚经略或马步都总管、兵马都钤辖，各加一百贯。集贤殿修撰一十五贯，（真）［直］龙图阁、秘阁十贯。”诏依所奏。（《宋会要》，职官五七·俸禄·杂录上之55，第4588页）

2.2.27.2 绍兴三十年（1160年）十二月六日，吏部侍郎兼编类圣政所详定官凌景夏、起居郎兼编类圣政所详定官周必大言："奉旨编类光尧寿圣太上皇帝一朝圣政，合要建炎元年五月（十）［一］日以后至绍兴三十二年六月十一日以前三省、枢密院时政记、起居注，参照编类。欲乞下日历所并移文谏院、后省，依年分逐旋关借或钞录，用毕封还。并合要诏旨草槁参照，已得指挥许差人于学士院就行钞录，本所人吏乞下皇城司支给敕入宫门号二道。兼本所检讨官除本处请给外，其所添御厨第三等折食钱，若于本处所请名色次数相妨者，欲乞不理为名色次数支破，仍自供职日为始。人吏请给，昨来敕令所旧请则例，系依《绍兴禄格》《禄秩申明》，并《绍兴十三年六月二十八日支米指挥》支破施行，仍自差到所日为始。"从之。(《宋会要》，职官四一·圣政所之72，第4036页)

2.2.27.3 绍兴六年（1136年）九月二十一日，尚书右仆射、同中书门下平章事、提举详定一司敕令张浚等上《禄秩新书》：《海行敕》一卷，《在京敕》一卷，《海行令》二卷，《在京令》一卷，《海行格》一十一卷，《在京格》一十二卷，《申明》一十五卷，《目录》一十三卷，《修书指挥》一卷，《看详》一百四十七卷。诏镂版施行。初，臣僚起请，乞下详定一司敕令所将嘉祐、熙宁、大观《禄令》并政和《禄格》及前后所降指挥，详定成法，修为《绍兴新书》。本所寻将嘉祐以来并政和元年十二月以后二十五年续降指挥，先次编修到绍兴海行文武官请受并在京宰执、亲王、侍从、卿少、员郎、丞簿而下职事官应干请给敕令格等。(《宋会要》，刑法一·格令二之37，第8250页)

2.2.27.4 淳熙十二年（1185年）四月三日，皇太子宫左右春坊言："皇孙平阳郡王近除安庆军节度使，进封平阳郡王。先承指挥，请给生日支赐公使钱并与依格全支。所有禄粟，欲乞依南班节度使士岘体例，依《禄格》全支。"从之。(《宋会要》，帝系二·皇孙·皇孙之33，第56页)

2.2.27.5 隆兴二年（1164年）五月一日，权直学士院洪适等讨论到环卫官故事，诏依旧制，应堪任将帅及久勤军事、暂归休佚之人，并为环卫官，更不换授，止令兼领。如节改使则领左右金吾卫上将军，承宣使即领左右卫上将军之类，并依旧令。其朝参、职事、俸给、人从，并令有司条具。户部言："下粮料院契勘，节度使至正任刺（使）［史］兼领环卫官，除各随本身官序依（格禄）［禄格］支破请受外，其环卫官月给，今欲乞依《绍兴禄格》，将兼领左右金吾卫上将军支职钱六十贯文，左右金吾卫大将军支职钱二十五贯文，诸

卫大将军支职钱二十五贯文，诸卫将军支职钱三十贯文。”从之。（《宋会要》，职官五七·俸禄之83，第4603页）

2.2.28《司封格》

2.2.28.1 大观四年（1110年）四月八日，内降指挥下议礼局：“臣僚之家霑被恩典，泽及祖先，最为荣遇。其追赠官爵，虽是宠以虚名，缘直下子孙皆得用廕，及本户差科输纳之类，便为官户。故所赠三代愈多，即所庇之子孙愈众，不特虚名而已。今《司封格》：‘三公以下至签书枢密院初除，及每遇大礼，并封赠三代。’节度使虽封三代，遇大礼方许封赠，尚不在初除封赠之例。其次官虽至东宫三师，阶虽至特进，职虽至大观文，亦止封二代，有以知祖宗以来慎惜名器之意。又高祖之上又有一祖，未有称呼，可令议礼局看详。”本局奏：“臣等看详：家祭之礼，子孙所以致孝也，其世数之远近，必视爵秩之高下以为之等。是以或祭五世，或祭三世，或祭二世。封赠之制，朝廷所以广恩也，其世数之远近，亦必视爵秩之高下以为之等。是以或赠三代，或赠二代，或赠一代。盖朝廷之典以义制恩，人子之心奉先以孝。故远近虽不同，乃所以为称也。今来家庙所祭世数仪注已遵依御笔修定，其封赠自合依《司封格》施行。至于高祖以上一祖称呼，臣等检详《尔雅》曰父为考，父之考为王父，王父之考为曾祖王父，曾祖王父之考为高祖王父，至四世而止。按《礼记·王制》，诸侯五庙，二昭、二穆与太祖之庙而五。则所谓太祖者，盖始封之祖，不必五世，又非臣下所可通称。《祭法》，诸侯立五庙：曰考，曰王考，曰皇考，曰显考，曰祖考，则祖考亦犹《王制》所谓太祖，不必五世者也。今高祖以上一祖欲乞称五世祖，庶于礼经无误。”从之。（《宋会要》，职官九·司封之6，第3274页）

2.2.28.2 淳熙三年（1176年）九月二十三日，监尚书六部门钱瑞忠言：“亡母王氏生前秦鲁国贤穆明懿大长公主遣表特封感义郡夫人，及臣升朝，每欲加赠，以臣父恺见任承宣使，《司封格法》只得硕人。缘此拘碍，无因控陈。将来郊祀大礼，合该奏子，若未及亲，情所难安。欲将合奏子恩泽回授先妣王氏，于郡夫人上追封国号。”从之。（《宋会要》，职官六一·省官之29，第4704页）

2.2.28.3 淳熙五年（1178年）十月二十七日，礼部、太常寺言：“奉诏令礼官将历代及本朝赐臣僚家庙祭器等制度、格式讨论，申尚书省。……今《司封格》：三公以下至签书枢密院，初除及每遇大礼，并封赠三代；节度使虽封三代，遇大礼方许封赠，尚不在初除封赠之例。其次，官虽至东宫三师，阶虽至特进，职虽至大观文，亦止封二代。有以知祖宗以来重惜名器之意。又高祖之上又有一祖，未有称呼'。”（《宋会要》，礼一二·臣士庶家庙之10，第712页）

2.2.29《以阶易官寄禄格》

2.2.29.1 元丰三年（1080年）九月十六日，详定官制所上《以阶易官寄（录）［禄］新格》：中书令、侍中、同平章事为开府仪同三司，左、右仆射为特进，吏部尚书为金紫光禄大夫，五曹尚书为银青光禄大夫，左、右丞为光禄大夫，六曹侍郎为正议大夫，给事中为通议大夫，左、右谏议为太中大夫，秘书监为中大夫，光禄卿至少府监为中散大夫，太常至司农少卿为朝议大夫，六曹郎中为朝请、朝散、朝奉大夫凡三等，员外郎为朝请、朝散、朝奉郎凡三等，中书舍人为朝请郎，起居舍人为朝散郎，司谏为朝奉郎，正言、太常、国子博士为承议郎，太常、秘书、殿中丞为奉议郎，太子中允、赞善大夫、中舍、洗马为通直郎，著作佐郎、大理寺丞为宣德郎，光禄、卫尉寺、将作监丞为宣义郎，大理评事为承事郎，太常寺太祝、奉礼郎为承奉郎，秘书省校书郎、正字、将作监主簿为承务郎。又言：“开府仪同三司至通议大夫已上无磨勘法，太中大夫至承务郎应磨勘。待制已上六年迁两官，至太中大夫止。承务郎已上四年迁一官，至朝请大夫止，候朝议大夫有关次补，其朝议大夫以七十员为额。选人磨勘并依尚书吏部法，迁京朝官者，依今新定官。其禄并令以职事官俸赐禄料旧数与今新定官请给对拟定。”并从之。（《宋会要》，职官五六·官制别录之3，第4528页）

此史料详细记载了《元丰以阶易官寄禄格》的内容，此法又称为《寄禄官格》《寄禄格》等。

2.2.29.2 大观二年（1108年）三月十五日，吏部状：“准尚书省札子，奉御笔：‘寄禄官在神考时不分左右，曩虽厘正，犹有存者。若尽去之，则序爵制禄，等级差少，人易以及。可令有司条画以闻。’付本部施行，谨具下项：一、《元丰寄禄官格》：开府仪同三司、特进、金紫光禄大夫、银青光禄大夫、光禄大夫、正议大夫、通议大夫、太中大夫、中大夫、中散大夫、朝议大夫、朝请大夫、朝散大夫、朝奉大夫、朝请郎、朝散郎、朝奉郎、承议郎、奉议郎、通直郎、宣德郎、宣义郎、承事郎、承奉郎、承务郎。”（《宋会要》，职官五六·官制别录之26，第4541页）

2.2.30《祠祭合差行事官空目格》

2.2.30.1 嘉定十年（1217年）十一月二日，臣僚言：“国之大事在祀，配以祖宗，又祀之至重者也。谨按《中兴礼书》《五礼新仪》及太常寺条具《祠祭合差行事官空目格式》，照得本朝每岁大祀虽多，而以祖宗配飨者有七。除正月上辛祈谷、孟夏雩祀、季秋合祀上帝并夏日至祭皇地祇、冬日至祀昊天上帝，凡此五祀，皆以宰执充初献，其亚献则差礼部尚书、侍郎，或阙，依次轮差别曹长贰，次给舍、谏议外，有正月上辛祀感生帝、立冬日后祭神州地祇，合差礼部尚书、侍郎、太常卿少；阙，听报祕书省长贰充初献；其亚献则差太常卿少、礼部郎官；或阙，差五曹郎官；又阙，差太常丞。其终献及执事官皆照班列，以次轮差，若局务监当，皆不与焉。以此可见祀天祭地为重，故以祖宗为配，所差献官必先宰执、侍从，而后卿监、郎曹。伏见今月十二日为立冬日后，祭神州地祇，前二日奏告太宗皇帝，而所差掌誓、涖誓、初献官，乃以尚书、侍郎为职有妨，互相推避，类差郎官及监、（承）［丞］博士摄之。尊卑不称，轻重不等，甚非所以仰副陛下交神明、尽诚敬之义也。乞下太常寺、吏、礼部，今后祠祭合差行事官，寺监丞簿已下从吏部左选，依仪差摄卿监已下、郎官已上，（后）［从］太常寺具申尚书省点差。所有感生帝、神州地祇两祀系以太祖、太宗为配，其初献、掌誓、涖誓官乞依前五祀亚献所差礼部长贰体例；如有故或阙，即依次轮差别曹长贰，或给舍、谏议充摄。仍并照卿监体例，具申尚书省一并点差，庶免临期妄有推托，而陛下尊崇祀典之意不为具文。”从之。（《宋会要》，礼一四·群礼·祠祭行事官之119，第806页）

2.2.31《司勋格》《政和赏格》《政和赏令》

2.2.31.1 政和三年（1113年）十月十七日，户部尚书刘炳等奏："今拟修到条：'诸吏人驱磨点检出收到无额上供钱物供申数目不实，而侵隐、移易别作窠名收系若支使者，诸州三千贯、累满者同，提刑司依此。提刑司六千贯，转一资。'上条合入《政和赏格》。'诸吏人驱磨点检出收无额上供钱物供申数目不实，而侵隐、移易别作窠名收系若支（得）[使] 者，州及八千贯、提刑司一万五千贯以上，累满者同。并奏裁。'上条合入《政和赏令》。'诸驱磨点检出收到无额上供钱物供申数目不实，而侵隐、移易别作窠名收系若支使者，三百贯，累满者同，余项依此。升一名；一千贯，升二名；二千贯，升三名；四千贯，升四名；七千贯，升五名；一万二千贯，转一资；三万贯已上，取裁。'上条合入《尚书户部司勋格》。"（《宋会要》，食货五一·度支库之43，第7262页）

2.2.31.2 淳熙四年（1177年）六月十四日，吏部侍郎司马伋言："臣昨任司勋郎官，将崇宁以来应系赏典格法取会类写成册，编至乾道六年二月。自臣改除以后，不曾编类。所有法册见在司勋，乞下司勋，令取会自乾道六年二月以后推赏指挥，接续编类检照。"从之。（《宋会要》，职官一〇·司勋部之9，第3287页）

此条虽没有明确指明是《司勋格》，但可知修的法律是《司勋格》。

2.2.31.3 淳熙五年（1178年）五月二十三日，诏："武学博士改官，依太学博士条施行。"先是，武学博士樊扩言："在法，国子博士及京官、太学博士在职一年以上，减磨勘二年。至乾道元年六月初十日所降指挥，于'太学'字下添入'武学'二字，则是武学博士事体一同。今来选入太学博士，通历任四考，在职一年，改合入官；而武学博士，通历任却用五考，在职又须及二年。且武学博士立班、序位、官品、请给，并与太学博士一同，初无京官选人之别。而尚左侍左，立法自相牴牾。今来武学谕既已依太学正、录在职一年，通历任五考，改合入官，修入《淳熙侍郎左司勋格》，今只乞依武学谕已降指挥，在职一年，通历任五考，用礼部国子监长、贰举主贰员，改合入官。"故有是命。（《宋会要》，崇儒三·武学之43，第2812页）

此处称为《侍郎左司勋格》，在名称上存在问题，因为宋朝七司是侍郎左选和侍郎右选，司勋不分左右，同时不在侍郎之下。此处可能是"侍郎左选司勋格"，或"左选格"，若是前者，应加"通用"，即是"侍郎左选司勋通用格”。

2.2.32《政和都官格》

2.2.32.1 淳熙九年（1182 年）十二月十三日，诏吏部将承节郎杜文俊实历月日内与展二年磨勘，更有似此之人依此。自今大理寺差到推司、法司胥佐满三年，无格内过犯，通入仕须实及六年，与补守阙进武副尉。以中书、门下省言：“《政和都官格》：‘大理寺右治狱推司、法司胥佐并为内外差到有出职人吏充者，满三年不曾犯私罪情重及赃罪，无失出入徒以上罪，通元差处入仕未及八年，补守阙进武副尉；及八年，补进武副尉。’今来吏部奏钞承节郎杜文俊磨勘事，照得杜文俊初补及借称元系排岸司私名习学，于绍兴二十六年九月内，大理寺抽差充本寺贴书。后及一年，差充推司，满三年，通入仕实及四年。今来引用本寺推司法，满三年，通入仕未及八年，补守阙（武进）［进武］副尉，实为侥幸，难以便行磨勘。”故有是命。（《宋会要》，职官二四·大理寺之 36，第 3675 页）

此史料是在具体个案中引用到相关法律，可知在宋代行政管理中对相关法律的使用情况。

2.2.33《侍郎右选格》

2.2.33.1 绍兴十三年（1143 年）九月十三日，诏：“太府寺胥长依格应出职，权降一等出官。谓如承信郎降一等，补进武校尉。自余依绍兴出职条法施行。若将来本寺吏额依旧，即合照应旧法施行。”先是，尚书省据太府寺申：本寺胥长宋亮年满，乞出职。后批：“勘会太府寺见管吏额与昔日不同，送详定一司敕令所参酌立法。寻行取索到本寺状，称昨在京日，本寺吏额胥长等九十人，绍兴四年间复置，本寺见管四十一人为额，系与昔日不同。本所契勘太府寺胥长出职年限合补名目，《大观寺监通用厘正侍郎右选格》，系是印本，旧法已载，不须修立外，所有今来见管吏额比旧例减半，即与昔日不同。”故有是命。（《宋会要》，职官二七·太府寺之 31，第 3726 页）

2.2.34《六曹通用格》

2.2.34.1 元祐元年（1086 年）四月二日，刑部言：“乞改《六曹通用格》。应检举催促文书，并郎官书押行下。所贵逐曹侍郎稍得日力点检予夺文字。”从之。(《宋会要》，刑法一·格令二之14，第8225页)

2.2.35《杀情理轻重格》

2.2.35.1 建中靖国元年（1101年）六月三十日，诏颁《杀情理轻重格》于诸路。先是格（上）［止］用于刑部、大理寺，而州郡议刑往往出于临时，或得高下其手；至不能决，则以疑虑奏裁，以是多留狱。大理卿周鼎以为请，故有是诏。(《宋会要》，刑法一·格令一之20，第8233页)

此处说明，此格法最初仅在中央适用，后来成为海行格，颁行全国。

2.2.36《龙图天章宝文显谟阁学士荫补推恩格》

2.2.36.1 崇宁三年（1104年）十月十八日，详定一司敕令所修立到《龙图天章宝文显谟阁学士荫补推恩格》，从之。(《宋会要》，刑法一·格令之22，第8236页)

2.2.37《旁通格》

2.2.37.1 政和七年（1117年）十一月三日，诏试尚书户部侍郎任熙明、尚书户部员外郎程迈奏：“户部右曹掌常平免役敕令，大观中被旨颁降《旁通格式》，令诸路提举司每岁终遵依体式，具实管见在收支编成《旁通》，次年春附递投进。又本部取诸路钱物之数，编类进呈。殆将十年，未尝检察钩考，以见金谷之登耗盈亏与提举州县官之能否勤惰，几为文具。窃见政和六年《旁通》，其间违戾隳废者凡七事：一、俵散常平钱谷随税敛纳，去岁未纳数多路分。一、常平籴谷所籴数少路分。一、农田水利堙废无措置兴修路分。一、市易岁终收息数少路分。一、抵当岁终收息数少路分。一、熟药岁终收息数少路分。一、名役钱依（去）［法］计一岁募直应用之数，立为岁额，多准备钱不得过一分。有不敷准备钱，却有准备钱过岁额处。如有逐件违犯，即是官司违法，缘《旁通册》内并不曾开说，乞委官遍行点检，因加赏罚，以示惩劝。”(《宋会要》，职官四三·提举常

平仓农田水利差役之10，第4116页）

“旁通”是宋代法律、官制中的专用术语，主要内容是与财会有关的管理、考核和官员任命、升转等。

2.2.37.2 大观四年（1110年）六月十四日，诏：“常平免役岁终造帐之法，分门立项，丛剉汗漫，倦于详阅。令修成《旁通格法》。可令逐路提举常平司每岁终，将实管见在依此体式编类，限次年春首附递（径）［经］入内内侍省投进。仍自大观五年者为始。”政和元年八月二十五日，诏展限，次年季月纂类投进。（《宋会要》，食货一四·免役钱下之13，第6237页）

2.2.37.3 政和八年（1118年）五月十八日，臣僚言：“方今政事所先，理财为急务。比者已诏诸路，而《旁通格》会元丰以来财用之数，将乘其出入，通其有无，以制国用。又因建利者之言，推明榷酤、盐铁、里布等事于四方。是数者皆宜讲求画一之法，使当于人情，宜于久远。乞依元丰条例司、崇宁讲议司故事，置经制司于尚书省，领以宰臣，措置官吏，专责推行，以幸天下。”诏：“诸路所上《旁通格》并日近臣僚推明财计等事，可付编修《圣政录》官讲画，分别条目。仍差高伸、李棁、柳庭俊、王安中、刘嗣明为详议官，张大亨、张灏、丁彬、王礼、李子奇为检阅官。”（《宋会要》，刑法一·格令二之30，第8244页）

2.2.38《阁门格》

2.2.38.1 绍兴六年（1136年）八月二十七日，诏：“侍读、侍讲在法虽无详许告谢之文许，多系前执政及从官兼充，理合正谢。令敕令所于《阁门格》内修入。”时以前执政孟庾提举万寿观兼侍读，受告申审，故有是诏。（《宋会要》，仪制九·告之5，第2475页）

2.2.38.2 绍兴六年（1136年）八月二十七日，诏侍读官许正谢，今后依此，令敕令所于《格》修入。先是，观文殿学士、提举万寿观、充行官同留守孟庾兼侍读，已授告讫，缘侍读、侍讲在法未有许正谢之文，庾以为言，故有是诏。（《宋会要》，职官六·翰林院之60，第3194页）

2.2.38.3 绍兴二十九年（1159年）十二月十六日，诏武经大夫、阁门宣赞舍人郑立之系第八等，依《阁门格》，满三年合转一官，今已上十二年，特与遥郡刺史。（《宋会要》，职官三四·阁门通事舍人之8，第3852页）

2.2.39《武士弓马及试选去留格》

2.2.39.1 绍兴十六年（1146年）三月十九日，宰执进呈兵部讨论到《武士弓马及试选去留格》，寻下国子监，具到旧法，并殿前司省托子弟所格法，权行参照拟定。初补入学，步射弓九斗。今欲依子弟所第四等格，步（躬）［射］弓一石。公私试，若步骑射不中，不许试程文。第一等，国子监法一硕三斗，子弟所格一硕五斗，暗压二斗。（令）［今］欲作一硕五斗。第二等，国子监法一硕二斗，子弟所格一硕三斗，暗压一斗。今欲作一硕三斗。第三等，国子监法一硕一斗，子弟所格一硕二斗，暗压二斗。今欲作一硕二斗。第四等，国子监法一硕，子弟所格一硕，暗压二斗。今欲作一硕。第五等，国子监法九斗，子弟所格无。今欲作九斗，并不暗压。上可其奏。（《宋会要》，崇儒三·武学之34，第2806页）

2.2.39.2《文献通考》：绍兴十六年（1146年），始建武学。兵部上《武士弓马及选试去留格》：凡初补入学，步射弓一石。若公私试，步骑射不中，即不许试程文。其射格自一石五斗以下九斗，凡五等。上可其奏，因谓辅臣："国家武选，政欲得人。今诸将子弟皆耻习弓马，求换文资。数年之后，将无人习武矣！宜劝诱之。凡武学生习七书兵法、步骑射，分上、内、外三舍，学生以百人为额，置博士一员，以文臣有出身或武举高选人为之。学谕一员，以武举补官人为之。"（《宋会要》，选举一七·武举之27，第5598页）

2.2.40《铨曹格》

2.2.40.1 治平三年（1066年）五月，吏部流内铨进《铨曹格敕》十四卷，诏行之。（《宋会要》，铨选三·流内铨之12，第5703页）

2.2.41《吏部七司格》

2.2.41.1《文献通考》：绍兴三年（1133年），右仆射朱胜非等上《吏部七司敕令格式》一百八十八卷。自渡江后，文籍散佚，会广东转运司以所录元丰、元祐吏部法来上，乃以省记旧法及续降旨挥详定而成此书。(《宋会要》，选举二九·举官三之26，第5819页)

2.2.41.2 淳熙二年（1175年）十二月四日，参知政事龚茂良等上《吏部七司法》三百卷，诏以《淳熙重修尚书吏部敕令格式申明》为名。(《宋会要》，刑法一·格令三之50，第8262页)

2.2.41.3 开禧元年（1205年）五月二日，权吏部尚书丁常任等言："参修吏部七司条法，今来成书，乞以《开禧重修尚书吏部七司敕令格式申明》为名。"从之。(《宋会要》，刑法一·格令三之58，第8271页)

2.2.42《限田格》《役法辑要》

2.2.42.1 庆元五年（1199年）三月四日，户部言："九品至一品除非泛补官外，承荫人许用生前官品减半置田免役，特八品以上子孙，则九品官虽自擢科第、显立军功，子孙不得用限田法。照得今若将九品子孙不得限田，则失之太窄。今乞将元因非泛及七色补官之人，遵依《淳熙十三年五月七日指挥》，若自擢科第或显立军功及不系非泛补授之人子孙，并许用立定减半《限田格法》免役。若析户，通不得过减半之数。特奏名文学遇赦授迪功郎、注权州县，走弄籍户。今乞将特奏名出身之人如有偶授破格八品差遣，或循至八品上，须落权、注正官差遣，方始理为官户。敕令所议，欲于第一项军功下添入'及'字，余从户部议定事理施行，从本所修入《役法辑要》。"从之。(《宋会要》，食货六·垦田杂录之10，第6091页)

2.2.42.2 隆兴二年（1164年）十二月十三日，提举浙西常平茶盐公事刘敏士言："欲将寡妇召到接脚夫，或以老户本身无丁，将女招到赘婿，如物力高疆，即许比附寡妇有男为僧道成丁，选募充役。其召到接脚夫、赘婿，若本身自有田产、物力，亦许别项开具，权行并（讨）[计]，选差充役。若接脚夫、赘婿本身有官荫，合为官户之人，即照应《限田格法》豁除本身合得顷数，令与妻家物力并计，选差募人充。"从之。(《宋会要》，食货一四·免役下之43，第6288页)

2.2.43《禁止抑买酒曲格》

2.2.43.1 乾道八年（1172年）七月八日，知常德府刘邦翰言：

"湖北去朝廷为甚远，贫民下户困于买扑，酒（防）［坊］寄造曲引，至贫者不捐万钱，于寄造之家，则不能举一凶吉之礼。乞将湖右买扑酒坊课额，令民间随产业钱均纳，其酝造酤酒卖，悉听民便。"以其言下详定一司敕令所，以谓坊场造酒，骚扰抑勒，从来目有约束，若将酒务课额均分民间，即是两税之外，别生一税，他日恐有渔利之人妄生计画，沽榷乃旧。此税不除，反为民害。乃检生《乾道重修敕令禁止抑买酒曲条格》申严下诸路州军，从之。(《宋会要》，食货二一·酒之 11，第 6453 页)

从材料看，此名应是特定法律名称，很难称为法律篇名。

2.2.44《经制钱格》

2.2.44.1 乾道九年（1173 年）四月二十四日，诏："两浙犒赏酒库见趁课息，从点检所各于本州选委通判一员，专一措置拘催起发，岁终，将催到钱比较增亏，依《经制钱格法》赏罚。"以户部侍郎蔡洸言："两浙犒赏酒库岁趁课息浩瀚，缘诸库坐落县镇乡村，往往人户赊买，不还价钱。及形势之家造卖私酒，搀夺官课，是致诸库各有拖欠。"故有是命。(《宋会要》，食货二一·酒之 12，第 6454 页)

2.2.45《巡尉格》

2.2.45.1 绍兴十五年（1145 年）九月二日，提举浙西茶盐郑侨年申："勘会已降指挥，诸州监门官检察获到私盐及有透漏，并依《巡尉格法》赏罚，所有客贩私茶，乞依盐事已得指挥施行。"诏依，其余产茶路分准此。(《宋会要》，食货三一·茶法三·茶法杂录之9，第 6683 页)

2.2.45.2 嘉定七年（1214 年）八月六日，淮南运判兼淮西提举乔行简言："窃见中渡、花靥系南北限界，民旅交通，物货互市，关系不小，尤当谨严，亦何爱一二差遣，不使之专一管干！乞朝廷将中渡、花靥两渡监官创置员阙，选差曾经任有举主人充。应任内有捕获到茶盐，与照《巡尉格》推赏。其透漏者，罚亦如之。令本司专一觉察，旬具有无透漏及搜捉到茶盐事状供申，任满与之保明批书，庶几职思其忧，亦可使之搜检奸细，机察盗贼，体探边境事宜。"诏依所乞，增置中渡、花靥两渡监官各一员。仍令淮西运司选辟经任有(选)举主选人一次，今后作堂除使阙。(《宋会要》，方域一三·四方津渡之18，第9542页)

从上面材料可知，此法律名称有《巡尉格法》和《巡尉格》两种，从内容看，应是格类法律，即《巡尉格》是标准称谓。

2.2.46《诸路岁贡六尚局格》

2.2.46.1 政和五年（1115年）十二月二十五日，寿州状："检承《政和诸路岁贡六尚局格》：淮南路寿州拣蜂儿一百斤。缘本州自来不是出产去处，安丰一县土产不多。契勘本路庐、和、舒、无为军等州县各有土产地分，伏望将本州合贡数目同共承认供奉岁贡。"诏从之，仍减三十五斤。(《宋会要》，食货四一·历代土贡之44，第6932页)

2.2.47《左藏库格》

2.2.47.1 绍兴三年（1133年）十一月十日，诏："应折支绢，江南作五贯文，两浙作六贯五百文。如遇无渍污绢，即将好绢递增一贯文给。"今以户部状："勘会支赐钱不言见钱，依法以绢折支。《宣和左藏库格》：'浙绢渍污，每匹五贯一百文；江南渍污，每匹三贯九百一十文。'窃缘近岁诸路纲运地里不远，即无大段渍污，又街市价例高贵，理当权行增价。"故有是诏。(《宋会要》，食货五一·左藏库之28，第7155页)

2.2.48《尚书度支事目格》《比部官格》

2.2.48.1 政和二年（1112年）六月三十日，参照官制格目所奏："《尚书度支事目格》，有点检驱磨官员请受券历、销簿架阁等四项，至元丰七年九月二十八日准敕，将在京历券做帐法，本部磨讫，送比部驱磨。其在外历券，并归转运司施行。绍圣二年六月已后，户部申请到朝旨，径申比部。大观二年四月二日修立成条：'在外券历，申转运司覆磨架阁；在京所给，兼请他路钱物者，申尚书刑部。'虽与度支格目不同，又缘《比部官格目》亦掌追纳欠负、侵请，及有驱磨一项，欲乞遵依《比部格目》并元丰、绍圣、大观逐次已降敕条厘正施行。”又奏：“乞在京出给选人文历，令度支依官制格置簿，比部关报钩销。其官员事故住支请受，令度支关报比部追取驱磨。如得允当，乞行厘正。”从之。（《宋会要》，食货五一·度支之38，第7161页）

“格目”在宋朝法律术语中是“格”的一种称谓。从称为“格目”的法律内容看，与“格”是一致的。

2.2.49《大礼格》

2.2.49.1 政和四年（1114年）四月二十六日，太常寺言：“《夏祭大礼格》，皇地祇玉以黄琮二，神州地祇用两圭有邸二。议礼局降到仪注，皇地祇玉以黄琮，神州地祇、五岳以两圭有邸。案《周礼》典瑞：‘两圭有邸，以祀地，旅四望。’本寺岁祭四望岳镇海渎，各用两圭有邸。若依《大礼格》，即岳镇海渎皆无用玉之文；若依议礼局仪注，并岁祭四望即皆合用两圭有邸。”诏送礼制局议定，礼制局言：“《周官》旅上帝、四望，皆谓非常之祭，则岳镇海渎从祭大祇，不当用玉。绍圣《亲祀北郊仪注》，皇地祇以黄琮，神州地祇以两圭有邸，岳镇海渎亦不用玉，则今来夏祭合依《大礼格》，皇地祇、神州地祇用玉外，余并不用。兼看详《周礼》，圭璧以祀日月星辰，新义云日月星辰以璧为邸，则四圭邸璧可知，四圭邸璧，两圭邸琮可知。先儒之说，两圭有邸，亦以璧为邸，其理非是，合依新义两圭邸琮。”从之。（《宋会要》，礼二六·郊祀之5，第1247页）

此条中有《夏祭大祀格》，此名与《大礼格》是一致的。

2.2.49.2 绍兴元年（1131年）六月二十五日，户部言：“据诸路粮料院申，大礼礼毕支赐，本院自来执用《宣和重修大礼令格》。其上件令格，昨为扬州渡江散失，今批录到《大观重修大礼令格》，来执使行执用乞朝廷详酌，降付本部遵执，参照前次大礼合支数目，逐旋申请施行。”诏依《大观格》支赐，如有该载不尽处，令户部参酌比拟，申尚书省。（《宋会要》，礼二五·杂录之18，第1214页）

2.2.50《五服年月格》

2.2.50.1 绍熙五年（1194 年）十一月二十四日，……其略云："准《五服年月格》：'斩衰三年，嫡孙为祖【谓承重者】。'法意甚明，而礼经无文，但传云'父没而为祖后者服斩'，然而不见本经，未详何据。但《小记》云'祖父殁而为祖母后者三年'，可以傍照。至'为祖后者'条下疏中所引《郑志》，乃有'诸侯父有废疾不任国政，不任丧事'之问，而郑答以'天子、诸侯之服皆斩'之文，方见父在而承国于祖服。向来上此奏时，无文字可检，又无朋友可问，故大约且以礼律言之。亦有疑父在不当承重者，时无明白证验，但以礼律、人情大意答之，心常不安。归来稽考，始见此说，方得无疑。乃知学之不讲，其害如此，而礼经之文诚有阙略，不无待于后人。向使无郑康成，则此事终未有所断决未，不可直谓古经定制，一字不可增损也。"（《宋会要》，礼三〇·历代大行丧礼下·孝之 35，第 1386 页）

2.2.51《保甲格》

2.2.51.1 政和六年（1116 年）十二月七日，诏："河北路有弓箭社县分，已降指挥，解发异等。所有逐路县令、佐，候岁终教阅了毕，仰帅司比较。每岁具最优最劣各一县，取旨赏罚，以为劝沮，仍著为令。"又高阳关路安抚使司奏："准大观三年十一月内朝旨，弓箭社人依《保甲法》推赏。准《政和保甲格》，比较最优县令、佐各减磨勘三年，巡检减磨勘二年；最劣县分令、佐各展磨勘三年，巡检展磨勘二年。若到任不及半年应赏罚者，并减半。即不经管勾聚教者，不在比较之限。"诏弓箭社准《保甲格》赏罚施行。（《宋会要》，兵一·乡兵之 12，第 8608 页）

此条史料说明《保甲格》是通称，《政和保甲格》是特称。

2.2.52《教阅格》

2.2.52.1 元丰三年（1080 年）闰九月十二日，诏府界、河北、河东、陕西提举保甲官，各给内降《教阅格》一本。（《宋会要》，兵二·义勇保甲之 18，第 8631 页）

2.2.53《开封六曹官制格》

2.2.53.1 绍圣二年（1095 年）七月二十五日，三省言："夔州路转运判官黎珣言：臣于先朝元丰七年中曾进《开封六曹官制格》，寻令知府蔡京等编修成书。今其具草见在，欲望绍承前志，早迁天府，以正官司之弊。"诏送户部尚书蔡京看详以闻。（《宋会要》，职官五六·官制别录之 23，第 4539 页）

此史料说明《开封六曹官制格》在元丰和绍圣年间都修订过。

2.2.54《禄格》《在京禄格》《枢密院格》

2.2.54.1 绍兴八年（1138 年）十月三日，尚书右仆射、同中书门下平章事、提举详定一司敕令秦桧等续上《禄敕》一卷、《禄令》二卷、《禄格》一十五卷，《在京禄敕》一卷、《禄令》一卷、《禄格》一十二卷，《中书门下省、尚书省令》一卷，《枢密院〔令〕》一卷、《格》一卷，《尚书六曹寺监通用令》一卷，《大理寺右治狱令》一卷，《目录》六卷，《申明》六卷。诏自绍兴九年正月一日颁行，仍以《绍兴重修禄秩敕令格》为名。先有诏将嘉祐、熙宁、大观《禄令》并《政和禄令格》及政和元年十二月十七日后来续降指挥编修，除已先次修成《敕》二卷、《令》三卷、《格》二十五卷、《目录》一十三卷、《申明》一十五卷、《修书指挥》一卷、《看详》一百四十七卷，于绍兴六年九月二十一日进呈讫，至是续修上焉。（《宋会要》，刑法一·格令二之 38，第 8251 页）

2.2.55《中书省格》《尚书省格》《枢密院格》《三省通用格》《三省枢密院通用格》

2.2.55.1 乾道九年（1173 年）二月六日，右丞相梁克家、参知政事曾怀上《中书门下省敕》二卷、《令》二十二卷、《格》一十三卷、《式》一卷、《申明》一卷，《尚书省敕》二卷、《令》七卷、《格》二卷、《式》三卷、《申明》二卷，《枢密院敕》四卷、《令》二十四卷、《格》十六卷、《申明》二卷，《三省通用敕》一卷、《令》五卷、《格》一卷、《式》一卷、《申明》一卷，《三省枢密院通用敕》二卷、《令》三卷、《格》一卷、《式》一卷、《申明》三卷，《目录》二十卷，并元修《看详意义》五百册，乞冠以《乾道重修逐省院敕令格式》为名。（《宋会要》，刑法一·格令三之49，第8262页）

2.2.56《大宗正司格》

2.2.56.1 绍兴二十三年（1153年）十一月九日，详定一司敕令所上：《大宗正司敕》一十卷、《令》四十卷、《格》一十六卷、《式》五卷、《申明》一十卷、《目录》五卷。诏颁行。（《宋会要》，刑法一·格令二之42，第8255页）

2.2.57《参附尚书左选格》《参附尚书右选格》《参附侍郎左选格》《参附侍郎右选格》《参附尚书侍郎左右选通用格》《参附司勋格》

2.2.57.1 绍兴三十年（1160年）八月十一日，尚书右仆射、同中书门下平章事、兼提举详定一司敕令陈康伯等上《尚书左选令》一卷、《格》二卷、《式》一卷、《申明》一卷、《目录》三卷，《尚书右选令》二卷、《格》二卷、《申明》二卷、《式》一卷、《目录》三卷，《侍郎左选令》二卷、《格》一卷、《申明》一卷、《目录》三卷，《侍郎右选令》二卷，《格》二卷、《式》一卷、《申明》二卷、《目录》三卷，《尚书侍郎左右选通用敕》一卷、《令》二卷、《格》一卷、《式》一卷、《申明》二卷、《目录》一卷，《司封敕》一卷、《令》一卷、《格》一卷、《申明》一卷、《目录》一卷，《司勋敕》一卷、《令》一卷、《格》一卷、《申明》一卷、《目录》一卷，《考功敕》一卷、《目录》一卷，《改官申明》一卷，《修书指挥》一卷，《厘析》八卷。诏下本所颁降，仍以《绍兴参附尚书吏部敕［令］格式》为名。（《宋会要》，刑法一·格令一之45，第8258页）

2.2.58《吏部格》

2.2.58.1 绍兴三年（1133年）九月二十七日，尚书右仆射、同中书门下平章事朱胜非等上《吏部敕》五册、《令》四十一册、《格》三十二册、《式》八册、《申明》一十七册、《目录》八十一册、《看详司勋获盗推赏刑部例》三册、《勋臣职位姓名》一册，共一百八十八册。诏自绍兴四年正月一日颁行，仍以《绍兴重修尚书吏部敕令格式并通用敕令格式》为名。(《宋会要》，刑法一·格令之36，第8249页)

2.2.59《殿中省格》《提举所格》《六尚局格》《供奉库格》

2.2.59.1 崇宁三年（1104年）二月二十九日，蔡京言："奉诏令讲仪司修立六尚局条约闻奏，谨以元陈请画一事件并稽考参酌，创为约束，删润修立成《殿中省提举所六尚局供奉库敕令格式并看详》，共六十卷。内不可著为永法者，存为申明。事干两局以上者，总为'殿中省通用'，仍冠以'崇宁'为名。所有应干条画起请续降申明及合用旧司条法已系新书编载者，更不行用。不系新书收载，各令依旧引用。"从之。(《宋会要》，职官一九·殿中省之9，第3551页)

2.2.60《度支格》《金部格》《仓部格》

2.2.60.1 元祐元年（1086年）四月八日，门下中书外省言："取到户部左右曹、度支、金部、仓部官制条例，并诸处关到及旧三司续、并奉行官制后案卷宣敕，共一万五千六百余件，除海行敕令所该载者已行删去，它司置局见编修者各牒送外，其事理未便、体制未顺，并系属别曹合归有司者，皆厘析改正、删除重复，补缀阙遗。修到《敕令格式》共一千六百一十二件，并删去'一时指挥'共六百六十二册并申明画一一册，乞先次颁行，以《元丰尚书户部度支金部仓部敕令格式》为名，所有元丰七年六月终以前条贯已经删修者，更不施行。其七月以后条贯，自为后敕。"(《宋会要》，刑法一·格令一之13，第8225页)

2.2.61《在京通用格》

2.2.61.1 绍兴十年（1140年）十月七日，尚书右仆射、同中书门下平章事、提举详定一司敕令秦桧等上《在京通用敕》一十二卷、《令》二十六卷、《格》八卷、《式》二卷、《目录》七卷、《申明》一十二卷。诏自绍兴十一年正月一日颁行，仍以《绍兴重修在京通用敕

令格式》为名。(《宋会要》，刑法一·格令二之38，第8252页)

2.2.62《景灵宫供奉格》

2.2.62.1 元丰五年（1082年）九月二十二日，入内供奉官冯宗道上《景灵（官）［宫］供奉敕令格式》六十卷。(《宋会要》，刑法一·格令一之12，第8224页)

2.2.63《元丰官制格》

2.2.63.1 元符二年（1099年）六月二十四日，大理少卿、同详定一司敕令刘赓乞将《官制敕令格式》送三馆、祕阁收藏。从之。(《宋会要》，职官一八·祕书省之14，第3478页)

此史料说明元符年间停止使用《元丰官制敕令格式》，所以才送史馆收藏，但宣和年间又重新加以适用。

2.2.63.2 政和二年（1112年）五月六日，参照官制格目所奏："金部掌财货出纳之政令，本部立钱帛案，主行催发年额、钱帛、折斛、封桩钱物之事。元丰五年十一月七日朝旨：'选差人吏，专一主行置簿拘管诸路无额上供钱物，关所属案分兑便举催。'至元祐元年，隳紊官制事务，改钱帛案为催纳案。虽崇宁二年已行改正，缘大观二年后来节次承朝旨，并钱帛案入都局辖司，分为八案，与《官制格目》不同。今来合禀自圣裁。"诏依《元丰官制格》等。(《宋会要》，食货五六·金户部度支·金部之3，第7284页)

2.2.63.3 政和三年（1113年）正月十七日，御史中丞王甫奏："臣顷奉诏参详《官制格目》，方事之初，尝乞差总领官，仍乞避宰执。被旨委郑居中，居中方领祠宫居家，不与朝廷政事。臣是时承乏谏路，不以纠察百官为职，与之参详，于理无嫌。臣今待罪宪台，居中知枢密院，若尚与居中共事，实于分义有所未安。欲望圣慈特降睿旨，许臣罢参详官职事。"从之。(《宋会要》，职官一七·御史中丞之27，第3463页)

2.2.63.4 政和四年（1114年）六月六日，翰林学士王甫等奏措置事件："勘会尚书司勋依《官制格目》，系掌赐勋、定赏、覆有法酬奖。

内一司一路所载酬奖，自来唯据所属检引条法审覆推赏。【谓如招隶将禁军专委将副招填，系在《将官敕》内，付之诸路，不曾颁降到部之类】本部并无编录条格，每有关申到该赏之人，类皆旋行取会所引法令有无冲改及系与不系见行，非惟迂枉留滞，设或官司检引差误，以至隐漏，故作欺弊，既无条法遵执，显见无以检察。今措置欲乞令本部行下所属，将一司一路条制参照。内有系干酬奖条格，节录成册，委官点对无差误，申送赴部编录照用。遇有续降更改，依此关申施行”。从之。(《宋会要》，职官一〇・司勋一，第3281页)

2.2.63.5 宣和三年（1121年）十月二十三日，臣僚言：“伏见五月二十二日敕，梁俊公事，大理寺引用条法不当，丞、评各降两官，长、贰各降一官。续奉指挥，连签丞、评各降一官。又九月十八日敕，董弼公事，大理寺违慢长、贰、元断丞、评各罚铜十斤。昨来吏部为指挥内止及长、贰、丞、评，而不及正，于是大理正尉迟绍先者独不与降罚之坐，臣窃疑焉。在《刑统》名例，有四等坐罪之法，其说谓：假如大理寺断事有违，即大理卿是长官，少卿及正是通判官，丞是判官，府史是掌典。据此，则大理正又不应独免。又《官制格目》：评事、司直、检法详断，丞议，正审，少卿分领其事，而卿总焉。据此，则大理正又不应独免。第恐坐罪之法，前日文偶失该载耳。其大理正尉迟绍先当时实与签书，伏望圣慈特降睿旨，依前降指挥，一例降一官、罚铜施行，庶尽法意，而于公议为允。”诏大理正尉迟绍先特降一官。(《宋会要》，职官二四・大理寺之14，第3663页)

2.1.63.6 大观四年（1110年）八月十一日，中书［言］：“检会今年七月十四日奉圣旨：‘自今并依熙宁、元丰除（日）［官］资格差除，其太学博士、正、录，诸州军教授，依《元丰格法》选试。’今勘会，除依《元丰官制格》差除施行外，下项空缺系《元丰官制格》内所无，后来创置去处，并系见今堂除：文臣郑州知州、洪州知州、开封尹、开封少尹、开封府左右司录、开封府六曹参军、符宝郎、殿中丞、殿中省主簿、夔州知州、诸路提举学事、提举福建市舶、诸路提举监香、洛口提举交装、汜水同提举辇运、淮南措置矾事、三京司业、敕令所删定官、诸宅宗子博士。下项窠（关）［阙］并送吏部依格差注，内学官依近降指挥选试，旧系举官去处依旧法。诸路提举学事司主管文字、检察私钱、南北平准务、榷货、大观库、封桩竹木务、折钞官物香药等，法酒库、外香药库、石炭场、熟药所、太官令，太医局令、正、丞，国子博士、正、录，染院添差官，车辂院、【中车院添差文臣近已减罢】国子监书库、登闻鼓检院。”诏并依旧堂除。(《宋会要》，职官五六·官制别之31，第4544页)

《元丰格法》是《元丰格》的一种称谓。

2.2.63.7 宣和三年（1121年）闰五月十三日，吏部言：“尝取索《元丰官制敕令格式》，将加省察，而遗编断简，字画磨灭，秩序差互，殆不可考。”诏《元丰敕令格式》令国子监雕印颁降。(《宋会要》，职官二八·国子监之22，第3772页)

此史料说明《元丰官制敕令格式》被重新颁布适用天下，成为宋朝官制立法中最重要的法律。

从上面看，《官制格目》与《官制格》应是同一法律的不同名称。

2.2.64《祠祭格》

2.2.64.1 大观元年（1107年）二月六日，监察御史王亶言：“伏见神宗皇帝称情立文，着为一代成宪，《祠祭格令》，所委行事官以大中小祠定其职位。今捧俎官，有用户、兵、工部郎官以上；至于献官或阙，则吏部所差多是班秩在郎官之下。轻重先后，情文不称，望下有司讲究。”(《宋会要》，礼一·郊祀仪注·职事之14，第501页)

2.2.65《常平免役格》

2.2.65.1 绍兴十七年（1147年）十一月六日，太师、尚书左仆射、同中书门下平章事、提举详定一司敕令秦桧等上《常平免役敕》五卷、《目录》二卷，《令》二十卷、《目录》六卷，《格》三卷、《目录》一卷，《式》五卷、《目录》一卷，《申明》六卷，《厘析条》三卷，《对修令》一卷，《修书指挥》一卷。诏自来年三月一日颁降，仍以《绍兴重修常平免役敕令格式》为名。(《宋会要》，刑法一·格令三之42，第8254页)

2.2.66《太学格》

2.2.66.1 淳熙元年（1174年）八月十二日，国子司业戴几先言："乞将太学私试习经义、文理优长，数外取放。"诏令礼部勘当以闻。既而礼部言："《太学格》：'每月私试，取人以十分为率，所取不得过一分'。至岁终，外合校定，依条每十人取一人。系将每月私试合格积累分数，从上依分数名次校定。今来几先乞将二《礼》《春秋》文理优长之人，优加取放。即与岁终校定人数并无增加。止缘三经逐月就试人数，每经不过数人。若不稍加优异，窃恐习者愈少，渐致废绝。今指定，欲将二《礼》《春秋》，于考校日，如有文理优长，于合取分数量行取放；如无优长，止依元法。"从之。（《宋会要》，崇儒一·太学之41，第8254页）

2.2.67《国子监小学格》

2.2.67.1 大观三年（1109年）四月八日，知枢密院郑居中等言："修立到《小学敕令格式申明一时指挥》。乞冠以'大观重修'为名，付礼部颁降。"（《宋会要》，崇儒二·群县学之14，第2769页）

2.2.67.2 政和三年（1113年）十二月四日，大司成刘嗣明等言："……《大观重修国子监小学格》：职事人（小）［少］长每教谕斋集正斋计同。一人。三十人以上增一人集正同。"从之。（《宋会要》，崇儒二·政和学规之28，第2777页）

对比上面两条史料，可知大观三年修的《小学敕令格式申明》又称为《大观重修国子监小学格》。

2.2.68《宗子大小学格》

2.2.68.1 大观四年（1110年）闰八月十八日，工部尚书、《圣政录》同编修官李图南奏："臣将《大观内外宗子学敕令格式》等与奏禀到条画事件，重别详定到《宗子大小学敕》一册、《令》七册、《格》五册、《式》二册、《申明》一册、《一时指挥》一册、《对修敕》一册、《令》二册，总二十一册。谨缮写上进。如得允当，乞付尚书省礼部颁降。"（《宋会要》，刑法一·格令一之24，第8238页）

2.2.68.2 大观四年（1110年）闰八月甲寅，工部尚书李图南上《宗子大小学敕令格式》二十二册，诏付礼部颁降。（《宋会要》，崇儒一·宗学之3，第2728页）

2.2.69《太学辟雍通用格》

2.2.69.1 大观二年（1108 年）五月二十日，中书省据学制局状："……臣等看详：今来兼经既系别为奖劝之制，则所兼之经多少不同，所应之人有无不一。若试选兼经之法一概施于州郡之学，则节目既多，事难齐一。……贡士举院试兼经，每经十五号取合格者一号。右入《太学辟雍通用格》。……"从之。（《宋会要》，职官二八·国子监之19，第3767页）

2.2.70《御试省试府监发解通用格》《内外通用贡举格》

2.2.70.1 绍兴二十六年（1156 年）十二月十五日，尚书左仆射、同中书门下平章事、提举详定一司敕令万俟卨等上《御试贡举敕》一卷、《令》三卷、《式》一卷、《目录》一卷、《申明》一卷，《省试贡举敕》一卷、《令》一卷、《式》一卷、《目录》一卷、《申明》一卷，《府监发解敕》一卷、《令》一卷、《式》一卷、《目录》一卷、《申明》一卷，《御试省试府监发解通用敕》一卷、《令》一卷、《格》一卷、《式》一卷、《目录》二卷，《内外通用贡举敕》二卷、《（今）[令]》五卷、《格》三卷、《式》一卷、《目录》四卷、《申明》二卷，《厘正省曹寺监内外诸司等法》三卷，《修书指挥》一卷。诏可颁降，仍以《绍兴重修贡举敕令格式》为名。（《宋会要》，刑法一·格令三之44，第8256—8257页）

2.2.71《国子监格》《太学格》《武学格》《律学格》《小学格》

2.2.71.1 绍兴十三年（1143 年）十月六日，太师、尚书左仆射、同中书门下平章事、提举详定一司敕令秦桧等上《国子监敕》一卷、《令》三卷、《格》三卷、《目录》七卷，《太学敕》一卷、《令》三卷、《格》一卷、《式》二卷、《目录》七卷，《武学敕》一卷、《令》二卷、《格》一卷、《式》一卷、《目录》五卷，《律学敕》一卷、《令》二卷、《格》一卷、《式》一卷、《目录》五卷，《小学令格》一卷、《目录》一卷，《监学申明》七卷，《修书指挥》一卷。诏自来年二月一日颁行，仍以"绍兴重修"为名。（《宋会要》，刑法一·格令二之40，第8253页）

2.2.72《诸路州县学格》

2.2.72.1 崇宁二年（1103 年）正月四日，尚书右仆射兼中书侍郎蔡京等奏："昨具陈情，乞诸路置学养士。伏奉诏令讲议立法，修立成《诸州县学敕令格式并一时指挥》凡一十三册，谨缮写上进。如得允当，乞下本司镂版颁行。"从之。（《宋会要》，刑法一·格令一之 22，第 8235 页）

2.2.72.2 崇宁二年（1103 年）五月六日，宰臣蔡京等言，修立成《诸路州县学敕令格式并一时指挥》，诏镂版颁行。（《宋会要》，崇儒二·郡县学政和学规之 10，第 2767 页）

2.2.73《书学格》

2.2.73.1 崇宁三年（1104 年）六月十一日，都省言："窃以书用于世，先王为之立学以教之，设官以达之，置使以谕之。盖一道德，谨（守）［家］法，以同天下之习。世衰道微，官失学废，人自为学，习尚非一，体画各异，殆非所谓书同文之意。今未有校试劝（尚）［赏］之法，欲倣先王置学设官之制，考选简（牧）［拔］，使人人自奋，所身于图画工技，朝廷图绘神像，与书一体，令附书学，为之校试约束。谨修成《书学敕令格式》一部，冠以'崇宁国子监'为名。"从之。（《宋会要》，崇儒三·书学之 7，第 2787 页）

2.2.74《算学格》

2.2.74.1 崇宁三年（1104 年）六月十一日，都省札子："切以算数之学，其传久矣。《周官》大司徒以（卿）［乡］三物教万民而宾兴之，三曰六艺，礼、乐、射、御、书、数。则周之盛时，所不废也。历代以来，（四）［因］革不同，其法具（官）在。神宗皇帝追复三代，修立法令，将建学焉。属元祐异议，遂不及行。方今绍述圣绪，小大之政，靡不修举，则算学之设，实始先志。推而行之，宜在今日。今将《元丰算学条制》重加删润，修成（剌）［敕］令，并对修看详一部，以《崇宁国子监算学敕令格式》为名，乞赐施行。"从之。都省上《崇宁国子监算学书学敕令格式》，诏："颁行之，只如此书可也。"（《宋会要》，崇儒三·算学之 2，第 2788 页）

2.2.75《律学格》

2.2.75.1 建中靖国元年（1101 年）三月十七日，详定所奏："续修到《律学敕令格式看详并净条》，冠以'绍圣'为名。"（《宋会要》，崇儒三·律学之10，第2792页）

2.2.75.2 政和六年（1116 年）六月五日，户部尚书兼（许）［详］定一司敕令孟昌龄等奏："今参照熙宁旧法，修到《国子监律学敕令格式》一百卷，乞冠以'政和重修'为名。"诏颁行。（《宋会要》，刑法一·格令二之29，第8242页）

2.2.76《武学格》

2.2.76.1 建中靖国元年（1101 年）三月十七日，详定所续修到《武学敕令格式看详》，冠以"绍圣"为名。从之。（《宋会要》，崇儒三·武学之31，第2805页）

2.2.77《诸司库务格》

2.2.77.1 元祐六年（1091 年）五月二十九日，尚书省言："门下中书后省详定诸司库务条贯删成敕令格式共二百六册，各冠以'元祐'为名。"从之。（《宋会要》，刑法一·格令一之15，第8228页）

2.2.78《马递铺格》

2.2.78.1 大观元年（1107 年）七月二十八日，蔡京言："伏奉圣旨，令尚书省重修《马递铺海行法》颁行诸路。臣奉承圣训，删润旧文，编缵成书，共为一法。谨修成《敕令格式》《申明》《对修》，总三十卷，并《看详》七十卷，共一百册，计六复，随状上进。如或可行，乞降付三省镂版，颁降施行。仍乞以《大观马递铺敕令格式》为名。"从之。（《宋会要》，刑法一·格令一之23，第8236页）

2.2.79《度支格》《赏赐格》《大礼格》

2.2.79.1 元祐元年（1086 年）八月十二日，诏颁门下中书后省

修到《度支大礼赏赐敕令格式》。（《宋会要》，刑法一·格令一之14，第8226页）

此史料所载，实质上分为三种，即度支、大礼、赏赐。

2.2.80《夏祭格》

2.2.80.1 政和七年（1117年）五月二十七日，礼制局编修《夏祭敕令格式》颁行。（《宋会要》，刑法一·格令二之29，第8243页）

2.2.81《明堂格》

2.2.81.1 宣和元年（1119年）八月二十四日，详定一司敕令所奏：新修《明堂敕令格式》一千二百六册，乞下本所雕印颁降施行。从之。（《宋会要》，刑法一·格令二之31，第8244页）

2.2.82《诸班直诸军转员格》《亲从亲事官转员格》

2.2.82.1 绍兴八年（1138年）六月十九日，尚书左仆射、同中书门下平章事、兼枢密院使赵鼎等上《诸班直诸军转员敕》一卷、《格》一十二卷，《亲从亲事官转员敕》一卷、《令》一卷、《格》五卷。诏降付枢密院行使，仍以《绍兴枢密院诸班直诸军转员敕令格》及《绍兴枢密院亲从亲事官转员敕令格》为名。（《宋会要》，刑法一·格令二之38，第8251页）

从此史料看，绍兴八年编撰的《诸班直诸军转员格》和《亲从亲事官转员格》都独立编撰成了“格”类法律，其中“诸班直诸军转员法”仅有“敕”和“格”两类，没有“令”类。

2.2.83《盐法格》《茶法格》

2.2.83.1 绍兴二十一年（1151年）七月二十八日，太师、尚书左（朴）［仆］射、同中书门下平章事、提举详定一司敕令秦桧等上《盐法敕》一卷、《令》一卷、《格》一卷、《式》一卷、《目录》一卷，《续降指挥》一百三十卷、《目录》二十卷；《茶法敕令格式》并《目录》共一卷，《续降指挥》八十八卷、《目录》一十五卷。诏颁行。盐法以《绍兴编类江湖淮浙京西路盐法》为名，茶法以《绍兴编类江湖淮浙福建广南京西路茶法》为名。(《宋会要》，刑法一·格令二之43，第8255页)

2.2.84《大小使臣呈试弓马艺业出官试格》

2.2.84.1 元丰元年（1078年）十二月二十三日，中书言："立《大小使臣呈试弓马艺业出官试格》：第一等，步射一石，发两矢，射亲十中三，马射七斗，发三矢，马上五种武艺，问《孙》《吴》大义十通七，时务、边防策五道成，文理优长，律令大义十通七。如中五事以上，与免短使，减一任监当；三事以上，免短使，升半年名次；两事，升半年；一事，升一季。第二等，步射八斗，射亲十中二，马射六斗，马上三种武艺，《孙》《吴》义十通五，策三道成文理，律令义十通五。如中五事以上，与免短使，升半年；三事以上，升半年；两事，升一季；一事，与出官。第三等，步射六斗，射亲十中一，马射五斗，马上两种武艺，《孙》《吴》义十通三，策三道成文理，律令义十通三，计算钱谷文书五通三。如中五事以上，升半年；三事以上，升一季；两事，与出官。已上步射并发两矢，马射三矢。"从之。(《宋会要》，选举二五·铨选四·侍郎右选上之12，第5732页)

2.2.85《材武格》

2.2.85.1 绍熙二年（1191年）十一月二十七日同日，赦："应《材武格法》，年六十以上人，可令吏部长贰铨量人材精力未衰、堪充兵官者，与免呈试，许指射。"(《宋会要》，选举二六·铨试右选、呈试附之20，第5762页)

2.2.85.2 元符三年（1110年）闰九月二十三日，（诏）兵部侍郎兼权吏部侍郎黄裳等言："乞巡检除三路依《材武格》外，控扼重法去处，五日非次限满，更限五日无应格人，即取守城随军被赏免短使，及呈试武艺、升半年名次以上，并曾历巡检、监押、任满无遗缺人，庶几差注稍通。"从之。(《宋会要》，选举二五·铨选四·侍郎右选之12，第5731页)

2.2.85.3 政和二年（1112年）八月二十九日，吏部尚书张克公言："窃见吏部选格，惟才武为上。检会《元丰材武格》内一项，保举沿边重难任使，从来未曾立定所举员数。应内外臣僚荐举大小使臣，往往作沿边重难任使，而应材武者不可胜计，遂与曾立战功、捕获强恶及武举出身等人同为一格，显属太滥。乞断自圣裁，限以员数。谓如合举大小使臣升陟几员，内几员许举沿边重难任使，庶几增重材武之格，绍隆神考奖励人材之意。"诏于合举升陟员数内，听举沿边重难任使，不得过五分。(《宋会要》，选举二九·举官三之2，第5808页)

2.2.85.4 绍兴四年（1134年）四月二十九日，诏："应呈试中材武五事之人，并依旧法，除与免短使臣升三季名次外，作材武行使，仍在任获盗恶被赏升名之上，呈试武艺得减年之下。"先是，小使臣校尉呈试材武五事中，及随军被赏之人，一例酬奖，无以甄别。试中材武孙悫、刘克勤乞依旧来《材武格》推赏，侍郎郑滋以为言，故有是诏。(《宋会要》，选举二五·铨选四·流外铨之25，第5743页)

分析上面4条史料，可知存在独立的《材武格》，并且《材武格法》就是《材武格》的一种称谓。

2.2.86《选官格》

2.2.86.1 熙宁五年（1072年），吏部始立定《选官格》，其法各随所任职事，以入任功状立格，以待拟注。(《宋会要》，选举二八·举官二之9，第5791页)

2.2.86.2 元丰五年（1082年）七月二十四日，尚书吏部言："立到《选官格》，各随所任职事，以入仕功状立格。如选巡检、捕盗之官，则以武举策试武学生，或因臣僚以武略论荐，或自陈兵略得出身之人。他格仿此。"从之。(《宋会要》，选举二五·铨选四·侍郎右选之12，第5732页)

此两条史料是同一法律材料被编入不同门类中。

2.2.87《辇运格》

2.2.87.1 六路并汴河纲运经过州县，桩管发运司息钱充博易籴买粜卖纲运官物赏钱数，州三百贯，县二百贯。(《宋会要》，食货四五·漕运五之8，第7016页)

2.2.88《绍兴参附尚书司勋格》

2.2.88.1 绍熙五年（1194年）闰十月十日，敕令所言：“今以《绍兴参附尚书司勋格》、绍熙五年七月九日圣旨，拟修下条：郢州州县官格，右到任及一年减一年磨勘，任满更减二年磨勘。右入《淳熙京西路酬赏法》。”从之。先是，权发遣郢州任世安言：“京西一路六郡之地，与敌境相接，除襄阳府、均、随、房州、光化军五郡官吏任满皆有恩赏，独郢州无推赏之令。如房州一郡居大山之中，地势深固，去边稍远，尚蒙朝廷存念，官吏任满亦与推赏，而郢州极边，乞照别次边体例特与放行恩赏，庶几官吏趋赴事功，自然有所激劝。”至是敕局修立为法也。（《宋会要》，职官四七·判知州府军监之46，第4290页）

2.2.89《县尉捕盗赏格》《乾道赏令》

2.2.89.1 淳熙七年（1180年）三月十九日，诏：“自今承直郎以下捕盗合得转一官，与改次等合入官，每岁以八员为额。若合得减三年磨勘，与循一资。余一年磨勘，候改官毕日收使。其《乾道赏令》内承直郎以下捕盗改官条令敕令所删修。”先是，宰执呈进《重修县尉捕盗赏格》。上曰：“朕未尝轻易改法，缘县尉捕盗赏前后臣僚论其太滥，不得不少严之，务要适中，可令敕令所依此删修。”故有是诏。（《宋会要》，职官一〇·司勋部之10，第3287页）

2.2.90《换官格》

2.2.90.1 乾道八年（1172年）十二月十三日，成忠郎、权主管吴王祭祀多才奏乞比换官。吏部诏对：“多才元系袒免亲，升作缌麻亲，《换官格法》合比换太子右内率府副率，于阶衔上带‘皇侄’二字。”诏依。（《宋会要》，帝系七·宗室杂录·绍熙宗室杂录之12，第164页）

2.2.91《卖田钱格》

2.2.91.1 乾道九年（1173年）正月十八日，诏：“人户典卖田宅物业，往往违限不行税契，失陷官钱。仰自今降指挥到日，出榜立限一月，自行陈首，与免罪赏。自投状日限一季送纳税钱，如限满不首，许元典卖及诸色人陈告，其物产以一半给告人充赏，余一半没官。仍委叶翥、张知常一就措置，令项拘收发纳。所有州县解发推赏，并依《卖田钱格法》施行。”（《宋会要》，食货三五·钞旁印帖之17，第6762页）

2.2.91.2 乾道九年（1173年）四月五月，诏就委周嗣武、张孝贲前去江东路州军，措置人户典卖田宅物业违限不行税契，各自今降指挥到日，与展限一月投税，令项拘收，发纳左藏南库桩管。所有州县解发钱推赏，并依《卖田钱格法》施行。（《宋会要》，食货三五·钞旁定帖之17，第6762页）

2.2.92《献钱米格》

2.2.92.1 绍兴三十二年（1162年）九月二十七日，知临安府兼权户部侍郎赵子潇言：“殿前司献酒坊，其十七库已降指挥，（今）［令］本部差官管干，其五十二处并拨隶两浙转运司检察，内二十四坊元差军中使臣二十四人管干，其余逐坊乞专委两浙漕臣同诸州守倅责逐县知佐召募土豪人户开沽，量坊大小，官借本认定息钱，从户部将增息钱与比类《献钱米格法》拟补官资，以后递年随□升转。仍从本部辟差谙晓酒利文武官各一员，专一往来总辖酤卖，务要课利增广。其逐官请给、人从、酬赏，并依《点检酒库所主管官体例》。”（《宋会要》，食货二一·杂录·酒曲之四，第6445页）

此法应是《献钱米格》，或《献钱米赏格》。

三　《长编》中所见格的篇名

3.1《循资格》《长定格》

3.1.1 建隆三年（962年）十月癸巳，有司上新删定《循资格》《长定格》《编敕格》各一卷。诏选人三十以下依旧不得入令录，余皆可。（《长编》卷三，“太祖建隆三年十月癸巳条”，第73页）

3.1.2 乾德二年（964年）正月甲申，上以选人食贫者众，诏吏部流内铨听四时参选，仍命翰林学士承旨陶谷等与本司官重详定

《循资格》及《四时参选条》。(《长编》卷五，“太祖乾德二年正月甲申条”，第117页)

此史料中的《四时参选条》在《宋史》中记载为《四时参选式》。

3.1.3 开宝六年（973年），命参知政事卢多逊、知制诰扈蒙张澹以见行《长定》《循资格》及泛降制书，考正违异，削去重复，补其阙漏，参校详议，取悠久可用之文，为《长定格》三卷。有旨限选数集人取解出身科目，铨司检勘注拟加选减选之状，南曹检勘用阙年满伎术考课春闱杂处分。涂注乙凡二十条，总二百八十七事，《循资格》一卷，《制敕》一卷，《起请条》一卷。书成，上之，颁为永式。自是铨综益有伦矣。(重定《循资格》，实录在七月己未，今从本志系之岁末)(《长编》卷十四，“太祖开宝六年条”，第311页)

此为宋朝第二次修订《循资格》和《长定格》，从中可知，数量增长较快。

3.1.4 天圣四年（1026年）三月壬午，始命权知开封府王臻权御史中丞……又言京百司吏人入官，请如《长定格》，归司三年。皆可其奏。依《长定格》。(《长编》卷一百四，“仁宗天圣四年三月壬午条”，第2403页)

3.2《元丰刑部格》

3.2.1 元祐四年（1089年）十月己未，刑部言：“《元丰刑部格》，制勘案主鞫狱根究体量过犯，逐案所行首尾相干，有合行事节，却行往复，显见烦费。欲将制勘、体量案并为一案，所贵事体相知。”从之。(《长编》卷四三四，“哲宗元祐四年十月己未条”，第10470页)

3.3《铨曹格》

3.3.1 治平三年（1066年）五月庚午，吏部流内铨进编修《铨曹格敕》十四卷，诏行之。(《长编》卷二百八，“英宗治平三年五月庚午条”，第5053页)

3.4《武臣试格》

3.4.1 熙宁五年（1072 年）八月己巳，诏：“大小使臣因恩泽奏授得官合出官者，并于三等试条各随所习呈试，上等、中等内七事，下等内八事，试中一事以上，皆为合格，等第擢用。岁二月八日以前具乞试人数，奏差官同主管官引试。内武艺即送武学，所试兵书大义、策略、算计并依春秋试文臣法，具等第及封试卷申纳枢密院。如累试不中或不能就试者，于出官岁数外更增五年。”（《会要》，元命曾孝宽详定《武臣试格》）（《长编》卷二三七，“神宗熙宁五八月己巳条”，第 5570—5771 页）

此史料记载的具体内容是《武臣试格》的条文。

3.5《吏部格》

3.5.1 元丰六年（1083 年）三月丁酉，上批：“太学博士员阙进呈，以刘概、黄裳为太学博士。”（此据御集……曾孝宽为尚书，上与语及官制，孝宽曰：“固善，然臣到未几，见太学博士阙，二人争得之。其一人董希，以捕盗改秩；其一人叶祖洽，以进士第一为京官。两人方争此阙，在《吏部格》，当与董希，此非有司所敢定也。”神宗明日批：“寺监丞、簿，太学官，并堂除。”）（《长编》卷三三四，“神宗元丰六年三月丁酉条”，第 8037—8038 页）

3.5.2 元祐八年（1093 年）正月甲辰，尚书省言：右通直郎李孝称为父及之年八十四岁，见任通议大夫致仕，虽遇大礼，缘拘《吏部格》不许叙封，恐非朝廷推恩优老之意。诏孝称许么封父一次，仍令今后官员如父任大中大夫以上致仕，未经叙封者许封一次，即不得至三公。（《长编》卷四八〇，“哲宗元祐八年正月甲辰条”，第 11428 页）

3.5.3 嘉祐元年（1056 年）四月丙辰，下两制议，而翰林学士承旨孙抃等言：“今二府及使相，宣徽、节度使三年荫二人，已减旧恩之半。余文武官请一岁及三岁当任子者皆倍之，内臣毋得过二人，嫔御、皇族约此为法。罢南省特奏名。百司入流者如《吏部格》，弗听减年或换武。”遂敕中书、枢密院裁定。（《长编》卷一八二，“仁宗嘉祐元年四月丙辰条”，第 4402 页）

3.5.4 嘉祐元年（1056 年）四月丙辰……百司入流，必如《吏部格》，无得叙劳减年及换武。明年三月，赐章衡等二百六十二人及第，一百二十六人同出身。又赐诸科三百八十九人及第，又赐特奏名进士诸科二百十四人同出身。(《长编》卷一八二，“仁宗嘉祐元年四月丙辰条”，第4403页)

3.6《诸司格》

3.6.1 熙宁十年（1077年）正月戊申，详定编修诸司敕式所上《诸司敕令格式》十二卷，诏颁行之。翰林医官院五，广圣宫一，庆宁宫一，大内钥匙库一，资善堂一，后苑东门药库一，提点军器等库一，入内内侍省使臣差遣一。此据《会要》增入，《艺文志》同。十年正月二十七日事。(《长编》卷二八〇，“神宗熙宁十年正月戊申条”，第6869页)

3.6.2 熙宁十年（1077年）十一月辛丑，详定编修诸司敕式所上所修《敕令格式》三十卷，诏颁行之：龙图、天章、宝文阁四，延福宫一，起居院一，四方馆一，玉牒所一，入内内侍省合同凭由司二，翰林图画院二，提点内弓箭南库并内外库二，后苑御弓箭库一，入内内侍省使臣差遣四，内侍省使臣差遣三，御药院二，在内宿直人席荐一。此据《会要》与《艺文志》，十一月四日事。(《长编》卷二八五，“神宗熙宁十年十一月辛丑条”，第6987页)

3.7《在京校试诸军技艺格》

3.7.1 元丰元年（1078年）十月庚戌，诏：“《在京校试诸军武艺》：马步军弓弩以加斗石为三等，步射弓、马射骤马直射背射、步军弩射以箭中多少为三等，黙子弩、礮以中多少为三等，赏银椀楪有差；枪刀、摽排手以胜人多少为三等，赏银楪有差；不合格者降等赏，无等可降者不赏，累中等者听累赏。”《兵志》：十月，诏立《在京校试诸军技艺格》：马步军弓加本军上等二斗以及四斗，弩加六斗以及一石三斗，第为上中下三等。马步军步射，六发而三中为第一等，二中为第二等，一中为第三等；马射，五发，骤马向堋直射三矢、背射二矢，中数第等如步射法。步军弩射，自六中至二中，黙子弩及瘪自三中至一中，及等。凡及等赐银有差。枪刀并摽排手角胜负，计所胜第赏。其弓弩坠落，或纵矢不及堋斗，挽弓破体，或局而不张，或矢不满，或弩跖不上牙，或擭不发，或身倒足落，并为不合格。即射以中者赏，余箭不合格者降一等，无可降者罢之。(《长编》卷二九三，“神宗元丰元年十月庚戌条”，第7149页)

史料所引的两份资料名称虽略有不同，但实为同一名称。

3.8《大小使臣呈试弓马艺业出官试格》

3.8.1 元丰元年（1078年）十二月癸亥，中书言：“立《大小使臣呈试弓马艺业出官试格》：第一等步射一硕，发两矢，射亲十中三，马射七斗，发三矢，马上五种武艺，问孙、吴大义十通七，时务边防策五道，文理优长，律令大义十通七，如中五事以上，与免短使，减一任监当，三事以上免短使，升半年名次，两事升半年，一事升一季。第二等步射八岗，射亲十中二，马射六斗，马上三种武艺，孙、吴义十通五，策三道，成文理，律令义十通五，如中五事以上，与免短使，升半年，三事以上升半年，两事升一季，一事与出官。第三等步射六斗，射亲十中一，马射五斗，马上两种武艺，孙、吴义十通三，策三道，成文理，律令义十通三，计算钱谷文书五通三，如中五事以上，升半年，三事以上升一季，两事与出官。”从之。(《长编》卷二九五，“神宗元丰元年十二月癸亥条”，第7188页)

从此条史料看，此处把该法内容全部抄录，是了解此法律内容的重要史料。

3.9《以阶易官寄禄新格》

3.9.1 元丰三年（1080年）九月乙亥，详定官制所上《以阶易官寄禄新格》：“中书令、侍中、同平章事为开府仪同三司，左、右仆射为特进，吏部尚书为金紫光禄大夫，五曹尚书为银青光禄大夫，左、右丞为光禄大夫，六曹侍郎为正议大夫，给事中为通议大夫，左、右谏议为太中大夫，祕书监为中大夫，光禄卿至少府监为中散大夫，太常至司农少卿为朝议大夫；六曹郎中为朝请、朝散、朝奉大夫，凡三等；员外郎为朝请、朝散、朝奉郎，凡三等；起居舍人为朝散郎，司谏为朝奉郎，正言、太常、国子博士为承议郎，太常、祕书、殿中丞为奉议郎，太子中允、赞善大夫、中舍、洗马为通直郎，著作佐郎、大理寺丞为宣德郎，光禄、卫尉、将作监丞为宣议郎，大理评事为承事郎，太常寺太祝、奉礼郎为承奉郎，秘书省校书郎、正字、将作监主簿为承务郎。”（《长编》卷三百八，“元丰三年九月乙亥条”，第 7482 页）

此处虽名《以阶易官寄禄新格》，但实质上是《以阶易官寄禄格》。

3.10《选官格》

3.10.1 元丰四年（1081 年）七月癸丑，诏内外官司举官悉罢，令大理卿崔台符同吏部、审官东西、三班院议《选格》。（《长编》卷三一四，“神宗元丰四年七月癸丑条”，第 7612 页）

3.10.2 元丰五年（1082 年）七月癸卯，吏部言：“立到《选官格》，各随所任职事，以入仕功状立格。如选巡检捕盗之官，则以武举策义武学生，或因臣僚以武略荐，或自陈兵略得出身之人，他做此。”从之。（《长编》卷三二八，“神宗元丰五年七月癸卯条”，第 7907 页）

3.10.3 元丰七年（1084 年）十一月壬午，诏黎、茂、威三州知州，委钤辖转运使，依《选格》奉差。又诏川峡四路诸州录事、司理参军，毋得并差川人。皆从前成都府转运使李之纯请也。（《长编》卷三五十，“神宗元丰七年十一月壬午条”，第 8395 页）

从上面史料看，《选格》应是宋朝时《选官格》的简称。

3.11《元丰格》

3.11.1 绍圣五年（1098 年）十二月壬寅，诏皇太后、皇太妃生辰，本殿祗应人推恩，并依《元丰格》，其《元祐四年九月裁损指挥》勿行。（《长编》卷四九三，“哲宗绍圣五年十二月壬寅条”，第 11716 页）

3.12《吏部四选格》

3.12.1 元祐元年（1086 年）三月壬午，尚书省上所修《吏部四选敕令格式》，乞先次颁降。从之。（《长编》卷三七三，“哲宗元祐元年三月壬午条”，第 9037 页）

3.13《六曹通用格》

3.13.1 元祐元年（1086 年）四月己丑，刑部言：“乞改《六曹通用格》应检举催促文书并郎官书押行下，所贵逐曹侍郎稍得日力点检予夺文字。”从之。（《长编》卷三七四，“哲宗元祐元年四月己丑条”，第 9058 页）

3.13.2 元祐元年（1086 年）十二月丁亥，刑部言：“元降官制《六曹通用格》，本曹四司所行职事，应敕式条例该载未尽或有疑虑，及诸处创陈乞申取指挥，并应议可否改更措置、按劾官吏等事，并尚书与夺判定可否；所有条例常程熟事，则侍郎判决；其余行遣文书，并从四司员外郎书呈尚书；其应供检案牍之事，专责吏人。所以分事体大小，别官吏高下。今看详编修断例房要例册，草踏乃是专责吏人供检之事，本房却申请更令官吏同共保明，显失朝廷分任省曹之体。欲乞三省诸房应案牍之事只令当行人吏供检，委郎官催促应报，不须长、贰保明供纳，庶不失官制格法之意。”从之。（《长编》卷三九三，“哲宗元祐元年十二月丁亥条”，第 9551—9552 页）

3.14《元丰官制格》

3.14.1 元祐元年（1086 年）六月甲寅，看详编修《国子监太学条制》所状：“准朝旨，同共看详修立《国子监太学条制》，及续准指挥，国子、律学、武学条贯，令一就修立外，检准《官制格》：国子监掌国子、太学、武学、律学、算学五学之政令。今取到国子监合干人状称：‘本监自官制奉行后来，检坐上件格子，申乞修置算学。准朝旨，踏逐到武学东大街北，其北地堪修算学，乞令工部下所属检计修造。奉圣旨：依。’今看详上件算学虽已准朝旨盖造，即未曾兴工，其试选学官，未有人应格。窃虑将来建学之后，养士设科，徒有烦费，实于国事无补，今欲乞特赐详酌寝罢。”诏罢修建。（《长编》卷三八一，“哲宗元祐元年六月甲寅条”，第 9278 页）

此处的《官制格》就是《元丰官制格》，且宋朝制定官制仅在神宗朝时，所以本书统一用《元丰官制格》。

3.15《司封格》《考功格》

3.15.1 元祐二年（1087 年）八月癸卯，诏门下、中书后省修立《司封考功格式》，先次施行。（《长编》卷四百四，"哲宗元祐二年八月癸卯条"，第 9845 页）

宋代时司封、考功是两个不同的"司"，所管对象是不同的。史料中明确有"先次施行"，说明制定时分为《司封格》和《考功格》。

3.16《右选格》

3.16.1 元祐五年（1090 年）十一月壬申，殿中侍御史上官均言："请六曹寺监编集体例，各分门类。令吏部删修《右选条格》，左选置选人名籍。"诏吏部详度以闻。（《长编》卷四五十，"哲宗元祐五年十月壬申条"，第 10816 页）

这里称为"右选"。宋朝"右选"是"尚书右选"的简称。

3.17《诸司库务格》

3.17.1 元祐六年（1091 年）五月丁亥，尚书省言："门下、中书后省详定诸司库务条贯，删成敕令格式，共二百六册，各冠以'元祐'为名。"从之。（《长编》卷四五八，"哲宗元祐六年五月丁亥条"，第 10972 页）

从法律上看，《诸司库务格》是个综合名称，下面具体分各"司"和"库"，或者可以认为《诸司库务格》是个类格典。这种法律形式到南宋后越来越少，因为各司的名称越来越明确。

3.18《兵部格》

3.18.1 元祐六年（1091 年）七月己巳，兵部言："《兵部格》：掌蕃夷官授官主客，令蕃国进奉人陈乞转授官职者取裁，即旧应除转官者，报所属看详。主客止合掌行蕃国进奉陈乞事体，其应缘进奉人陈乞授官，尽合归兵部。若旧来无例，创有陈乞皆令主客取裁，诚恐化外进奉陈乞授官事体，曹部执掌未一，久远互失参照。欲乞今后不以曾与未曾入贡，旧来有例无例，其应缘进奉人陈乞授官加恩，并令

主客关报兵部。”从之。(《长编》卷四六一，“哲宗元祐六年七月己巳条”，第11028页)

3.19《元丰赏格》

3.19.1元祐七年(1092年)八月丙辰，苏轼言：“准元祐三年八月二十四日敕，陕西转运司奏准敕节文：‘卖盐并酒税务增剩监专等赏钱，更不支给。本司相度，欲且依旧条支给，所贵各肯用心，趁办课利’。户部状，欲依本司所乞，并从《元丰赏格》依旧施行。检会《元丰七年六月二十四日敕》：‘卖盐及税务监官，年终课利增额，计所增数给一厘；盐务专副、称子、税务专拦，年终课利增额，计所增数给半厘’；及检会《元丰赏格》：‘酒务监官年终课利增额，计所增数给二厘；酒务专匠，年终课利增额，计所增数给一厘’。具如右。……臣窃见今年四月二十七日敕，废罢诸路人户买扑土产税场，命下之日，天下歌舞，以至深山穷谷之民，皆免虐害。臣既亲被诏旨，仰缘德音，推广圣意，具论利害，以候敕裁。”从之。(《长编》卷四七六，“哲宗元祐七年八月丙辰条”，第11338—11339页)

四　《宋史》中所见格的篇名

4.1《考试进士新格》

4.1.1景德四年(1007年)十月乙巳，颁《考试进士新格》。(《宋史》卷七，“真宗二”，第134页)

4.2《秋试诸军赏格》

4.2.1元丰二年(1079年)十月庚戌，定《秋试诸军赏格》。(《宋史》卷十五，“神宗二”，第296页)

4.3《选格》

4.3.1元丰四年(1081年)秋七月己酉，令大理卿崔台符同尚书吏部，审官东西、三班院议《选格》。(《宋史》卷十六，“神宗

三"，第304页）

4.3.2 初，有司属职卑者不在吏铨，率命长吏举奏。都水监主簿李士良言："沿河干集使臣，凡百六十余员，悉从水监奏举，往往不谙水事，干请得之。"乃诏东、西审官及三班院选差。于是悉罢内外长吏举官法。明年，令吏部始立定《选格》，其法：各随所任职事，以入仕功状，循格以俟拟注。如选巡检、捕盗官，则必因武举、武学，或缘举荐，或从献策得出身之人。他皆仿此。（《宋史》卷一五八，"选举四"，第3307页）

4.3.3 吏部言："《元丰选格》：经元祐多所纷更，于是选集后先，路分远近，资历功过，悉无区别，逾等超资，惟其所欲。诏旨既复元丰旧制，而辟举一路尚存，请尽复旧法，以息侥幸。"乃罢辟举。（《宋史》卷一五八，"礼二十一"，第3710页）

通考上面三条材料，本质上是同一内容，具体是元丰年间制定的《选格》。因为4.3.1条和4.3.2条记载的内容是一致的，而4.3.3条记载的内容也是相同。4.3.2条记载元丰制定《选格》的原因和具体过程。所以说元丰三年制定的《选格》，有时被称为《元丰选格》。此条全名应是《选官格》。

4.4《斗杀情理轻重格》

4.4.1 建中靖国元年（1101年）六月己未，诏班《斗杀情理轻重格》。（《宋史》卷十九，"徽宗一"，第362页）

4.5《中书官制格》

4.5.1 政和六年（1116年）六月丙寅，班《中书官制格》。（《宋史》卷二一，"徽宗三"，第369页）

4.6《大小使臣呈试弓马出官格》

4.6.1 建炎二年（1128年）三月丁酉，初立《大小使臣呈试弓马出官格》，先阅试，然后奏补。（《宋史》卷二五，"高宗三"，第455页）

4.7《贼徒相招首罪赏格》

4.7.1 绍兴六年（1136 年）六月九月辛卯，立《贼徒相招首罪赏格》。（《宋史》卷二八，“高宗五”，第 527 页）

4.8《捕贼补官格》

4.8.1 绍兴十三年（1143 年）秋七月甲子，罢《捕贼补官格》。（《宋史》卷三十，“高宗七”，第 559 页）

4.9《淮东江东两浙湖北州县岁较营田赏罚格》

4.9.1 绍兴十六年（1146 年）三月已亥，立《淮东江东两浙湖北州县岁较营田赏罚格》。（《宋史》卷三十，“高宗七”，第 559 页）

4.10《选试武士弓马去留格》

4.10.1 绍兴十六年（1146 年）四月戊午，定《选试武士弓马去留格》。（《宋史》卷三十，“高宗七”，第 565 页）

4.10.2 绍兴十六年（1146 年），兵部上《武士弓马及选试去留格》，凡初补入学，步射弓一石，若公、私试步骑射不中，即不许试程文，其射格自一石五斗以下至九斗，凡五等。（《宋史》卷一五七，“选举三”，第 3683 页）

从上面两条材料看，应是同一格的名称，但存在用语上的不同。从内容看，应是《选试武士弓马去留格》才对。

4.11《秘书省献书赏格》

4.11.1 绍兴十六年（1146 年）秋七月壬辰，立《秘书省献书赏格》。（《宋史》卷三十，“高宗七”，第 565 页）

4.12《孳生牧马监赏罚格》

4.12.1 绍兴十九年（1149 年）夏四月丁巳，立《孳生牧马监赏

罚格》。(《宋史》卷三十,“高宗七”,第569页)

4.13《州县垦田增亏赏罚格》

4.13.1 绍兴十九年(1149年)十一月丁未,立《州县垦田增亏赏罚格》。(《宋史》卷三十,“高宗七”,第570页)

4.14《守贰令尉营田增亏赏罚格》

4.14.1 绍兴十二年(1142年)二月戊申朔,立《守贰令尉营田增亏赏罚格》。(《宋史》卷三十,“高宗七”,第571页)

4.15《江西上供米纲赏格》

4.15.1 绍兴二十九年(1159年)秋七月庚申,立《江西上供米纲赏格》。(《宋史》卷三一,“高宗八”,第590页)

4.16《诸路和籴募民纲运米赏格》

4.16.1 绍兴二十九年(1159年)冬十月乙亥,立《诸路和籴募民纲运米赏格》。(《宋史》卷三一,“高宗八”,第593页)

4.17《将士战伤死者推恩格》

4.17.1 绍兴三十二年(1162年)七月癸亥,增《将士战伤死者推恩格》。(《宋史》卷三三,“孝宗一”,第619页)

4.18《武臣荐举格》

4.18.1 隆兴元年(1163年)春正月壬辰朔,立《武臣荐举格》。(《宋史》卷三三,“孝宗一”,第621页)

4.19《御史台弹奏格》

4.19.1 乾道四年(1168年)秋七月戊申,班《御史台弹奏格》。

（《宋史》卷三四，“孝宗二”，第663页）

4.20《荐举事实格》

4.20.1 淳熙四年（1177年）十一月己巳，诏行《荐举事实格法》。（《宋史》卷三四，“孝宗二”，第664页）

此名称较有问题，应称为《荐举格法》，或《荐举格》。

4.21《捕获私铸铜钱赏格》

4.21.1 绍熙三年（1192年）六月甲子，增《捕获私铸铜钱赏格》。（《宋史》卷三六，“光宗”，第703页）

4.22《试刑法避亲格》

4.22.1 嘉泰四年（1204年）二月己未，立《试刑法避亲格》。（《宋史》卷三八，“宁宗二”，第735页）

4.23《四川运米赏格》

4.23.1 嘉定十四年（1221年）正月庚子，立《四川运米赏格》。（《宋史》卷四十，“宁宗四”，第776页）

4.24《隆兴格》

4.24.1 宝庆二年（1226年）夏四月己丑，诏辅臣奉薄，其以《隆兴格》为制。（《宋史》卷四一，“理宗一”，第788页）

4.25《吏部通用酬赏格》

5.25.1《吏部通用酬赏格》：秦州又有安远等五砦，定边、绥远二砦。（《宋史》卷八七，“地理志三”，第2456页）

4.26《元丰赏格》《政和续附常平格》

4.26.1 靖康元年（1126 年）八月辛丑，户部言："命官在任兴修农田水利，依《元丰赏格》：千顷以上，该第一等，转一官，下至百顷，皆等第酬奖；绍圣亦如之。缘《政和续附常平格》：千顷增立转两官，减磨勘三年，实为太优。"（《宋史》卷九六，"河渠六"，第 2391 页）

4.27《大礼格》

4.27.1 政和三年（1113 年），又言："《大礼格》，皇地祇玉用黄琮，神州地祇、五岳以两圭有邸。今请二者并施于皇地祇，求神以黄琮，荐献以两圭有邸。神州惟用圭邸，余不用。玉琮之制，当用坤数，宜广六寸，为八方而不剡；两圭之长宜共五寸，并宿一邸，色与琮同。牲币如之。"（《宋史》卷一百，"礼三·吉礼三"，第 2455 页）

4.28《五服年月格》

4.28.1 略云："准《五服年月格》，斩衰三年，嫡孙为祖谓承重者，法意甚明，而《礼经》无文，但《传》云：'父没而为祖后者服斩。'然而不见本经，未详何据。但《小记》云：'祖父没而为祖母后者三年。'"可以傍照。（《宋史》卷一二二，"礼二十四·军礼"，第 2863 页）

4.29《熙宁格》

4.29.1 崇宁初，疏属年二十五，以经义、律义试礼部合格，分二等附进士榜，与三班奉职，文优者奏裁。其不能试及试而黜者，读律于礼部，推恩与三班借职，勿著为令。及两京皆置敦宗院，院皆置大、小学教授，立考选法，如《熙宁格》出官，所莅长贰或监司有二人任之，乃注授。后又许见在任者，于本任附贡士试。（《宋史》卷一五七，"选举三·学校试律学等"，第 3676 页）

4.30《长定格》《循资格》

4.30.1 开宝六年（973 年），乃命参知政事卢多逊等，以见行《长定》《循资格》及泛降制书，乃正违异，削去重复，补其阙漏，参校详议，取悠久可用者，为书上之，颁为永式，而铨综之职益有叙矣。（《宋史》卷一五八，“选举四·铨法上”，第 3698 页）

4.30.2 崇宁（1103 年），诏：“十年不到部者，依《长定格》与降一官；二十年以上，则除其籍。”（《宋史》卷一六三，“职官三·吏部”，第 3833 页）

4.30.3《开宝长定格》三卷。（《宋史》卷二百四，“艺文志三”，第 5139 页）

4.30.4 卢多逊：《长定格》三卷。（《宋史》卷二百四，“艺文志三”，第 5143 页）

4.31《铨试格》

4.31.1 绍圣初，改定《铨试格》，凡摄官初归选，散官、权官归司，若新赐第，皆免试。每试者百人，惟取一人入优等，中书奏裁，二人为上等，五人为中等。（《宋史》卷一五十八，“选举四·铨法上”，第 3709 页）

4.32《关升格》

4.32.1 宁宗庆元中，重定《武臣关升格》。（《宋史》卷一五八，“选举四·铨法上”，第 3716 页）

4.32.2 吏部请：“武举军班武艺特奏名出身，并任巡检、驻泊、监押、知砦，比附《文臣关升条令》，并实历六考，有举主四人，内监司一人，听关升亲民。”（《宋史》卷一六〇，“选举六·保任考课”，第 3754 页）

比较两条史料，分别是《武臣关升格》和《文臣关升格》，可以总称为《关升格》。

4.33《回授格》

4.33.1 政和间，尚书省定《回授格》，谓无官可转，或可转而官高不欲转，或事大而功效显著为一格，许奏补内外白身有服亲；官有止法不可转，功绩次著为一格，许奏本宗白身袒免亲；官不甚高、而功绩大为一格，许奏本宗白身有服亲；官不甚高、功不甚大为一格，而分为三，一与内外有官有服亲，一与有官有服本宗亲，一与有官有服者之子孙。凡为六等。（《宋史》卷一五九，"选举五·铨法下"，第3731—3732页）

4.34《补荫新格》

4.34.1 宁宗庆元中，立《补荫新格》，自使相以下有差，文臣中大夫、武臣防御使以下，不许遗表推恩。嘉泰初，以官冗恩滥，凡宗女夫授官者，依旧法终身止任一子，两府使相不得以郊恩奏门客，著为令。（《宋史》卷一五九，"选举五·铨选下"，第3735页）

4.35《酬奖格法》

4.35.1 政和四年（1114年），诏："司勋行下所属，将一司一路条制，参照《酬奖格法》，类集参用。"（《宋史》卷一六三，"职官三"，第3839页）

4.36《兵部格》

4.36.1 元祐六年（1091年）七月，兵部言："《兵部格》，掌蕃夷官授官；《主客令》，蕃国进奉人陈乞转授官职者取裁。即旧应除转官者，报所属看详。旧来无例，创有陈乞，曹部职掌未一，久远互失参验，自今不以曾未贡及例有无，应缘进奉人陈乞，授官加恩，令主客关报兵部。"从之。（《宋史》卷一六三，"职官三"，第3854页）

4.37《绍圣格》

4.37.1 大观四年（1110年），诏省国子、辟雍博士五员，太学命官学录一员，辟雍二员，国子命官正、录及命官直学、国子监书库官等官，并省罢，依《绍圣格》，毋用誊录。（《宋史》卷一六五，

"职官五"，第 3913—3914 页）

4. 38《寄禄格》

4. 38. 1 元丰三年（1080 年），详定所上《寄禄格》，会明常礼成，即用新制，迁近臣秩。（《宋史》卷一六八，"职官八"，第 4007 页）

4. 38. 2 元丰三年（1080 年）九月，详定所上《寄禄格》。（《宋史》卷一六一，"职官一"，第 3969 页）

4. 38. 3《元丰寄禄格》以阶易官，杂取唐及国朝旧制，自开府仪同三司至将仕郎，定为二十四阶，崇宁初，因刑部尚书邓洵武请，又换选人七阶。大观初又增宣奉、正奉、中奉、奉直等阶。政和末，又改从政、修职、迪功，而寄禄之格始备。自开府至迪功凡三十七阶。（《宋史》卷一六九，"职官九·叙迁之制"，第 4051 页）

此法律名称有《以阶易官寄禄新格》《寄禄官格》《寄禄格》，全称是《元丰以阶易官寄禄格》，此处使用的是简称。

4. 39《禄格》

4. 39. 1《政和禄令格》等三百二十一册。卷亡。（《宋史》卷二百四，"艺文志三"，第 5142 页）

4. 39. 2 大观二年（1108 年），户部尚书左睿言："见编修《禄格》，学士添支比正任料钱相去辽邈，如观文殿大学士、节度使从二品，大学士添支三十千而已，节度使料钱乃四百千，傔从、粟帛等称是。或谓大学士有寄禄官料钱，故添支数少。今以银青光禄大夫任观文殿大学士较之，则通料钱不及节度使之半，其厚薄不均明矣。自馀学士视诸正任，率皆不等。欲将职钱改作贴职钱以别之。正任料钱、公使为率，参酌立定。自学士至直阁以上贴职钱，不以内外，并给。观文殿大学士，百千。观文学士，资政大学士，八十千。端明后改延康殿学士，五十千。前执政加二十千。龙图、天章、宝文、显谟、徽猷学士，枢密直改述古学士，四十千。龙图、天章、宝文、显谟、徽猷直学士，三十千。待制，二十千。集贤改集英殿修撰，十五千。直龙图阁至直秘阁，十千。"（《宋史》卷一七二，"职官十二·俸禄之制"，第 4130 页）

4.40《元丰格》

4.40.1 崔台符《元丰编敕令格式》并《赦书德音》《申明》八十一卷。(《宋史》卷二百四，“艺文志三”，第5141页)

4.40.2《元丰格》：有出身十七千，无出身十四千。(《宋史》卷一七一，第4110页)

4.40.3 绍圣三年（1096年）八月，诏：“殿前、马步军司见管教头，别选事艺精强、通晓教像体法者，展转教习。其弓箭手马、步射射亲，用点药包指及第二指知镞，并如《元丰格法》。”(《宋史》卷一九五，“兵九”，第4860页)

4.41《守令垦田殿最格》

4.41.1 绍兴五年（1135年）五月，立《守令垦田殿最格》：残破州县垦田增及一分，郡守升三季名次，增及九分，迁一官；亏及一分，降三季名次，亏及九分，镌一官。县令差减之。增亏各及十分者，取旨赏罚。其后以两淮、荆湖等路民稍复业，而旷土尚多，户部复立格上之：每州增垦田千顷，县半之，守宰各进一秩；州亏五百顷，县亏五之一，皆展磨勘年。诏颁之诸路。增，谓荒田开垦者；亏，谓熟田不因灾伤而致荒者。又令县具归业民数及垦田多寡，月上之州，州季上转运，转运岁上户部，户部置籍以考之。(《宋史》卷一七三，“食货志”，第4171页)

4.42《力田赏格》

4.42.1 乾道九年（1173年），王之奇奏增定《力田赏格》，募人开耕荒田，给官告绫纸以备书填，及官会十万缗充农具等用。(《宋史》卷一七三，“食货志上·农田”，第4175页)

4.43《旁通格》

4.43.1 政和七年（1117年），命户部参稽熙、丰及今财用有余不足之数，又立《旁通格》，令诸路漕司各条元丰、绍圣、崇宁、政和一岁财用出入多寡来上。(《宋史》卷一七九，“食货下一”，第4359页)

4.44《场务官赏格》

4.44.1 乾道四年（1168 年），立《场务官赏格》。（《宋史》卷一八五，“食货下七”，第 4522 页）

4.45《保甲格》

4.45.1 政和六年（1116 年），诏：“河北路有弓箭社县分，已令解发异等。其逐路县令佐，俟岁终教阅异等，帅司具优劣之最，各取旨赏罚，以为劝沮。仍具为令。”又高阳关路安抚司言：“大观三年弓箭社人依《保甲法》《政和保甲格》较最优劣，县令各减展磨勘年有差。”诏依《保甲格》赏罚施行。（《宋史》卷一九〇，“兵四·乡兵一”，第 4728 页）

4.46《招禁军官员赏格》

4.46.1 绍圣元年（1094 年），枢密院乞立《招禁军官员赏格》，如不及数，罚亦随之。（《宋史》卷一九三，“兵七·召募之制”，第 4804 页）

4.47《请受格》

4.47.1 淳熙三年（1176 年），枢密院言：“兵部定《请受格》：效用一资守阙毅士，二资毅士，三资守阙效士，月各钱三千，折麦钱七百二十，米一石五升，春冬衣绢各二匹；四资效士，钱三千，折麦钱九百七十二，米一石一斗三升有奇，衣绢各二匹；五资守阙听候使唤，钱四千五百，折麦钱一千八十，米一石二斗，绢三匹有半；六资听候使唤，钱四千五百，折麦钱一千二百六十，米一石四斗七升，绢五匹；七资守阙听候差使，八资听候差使，钱四千五百，折麦钱一千四百四十，米一石六斗八升，绢各五匹；九资守阙准备使唤，十资准备差使，钱五千，折麦钱一千四百四十，米六石八升，绢各五匹。”（《宋史》卷一九四，“兵八”，第 4848 页）

4.48《巡教使臣罚格》

4.48.1 元符元年（1098 年）十月，曾布既上《巡教使臣罚格》，因言："祖宗以来，御将士常使恩归人主，而威令在管军。凡申严军政，岂待朝廷立法而后施行耶？是管军失职矣。"帝深以为然。（《宋史》卷一九五，"兵九"，第 4860—4861 页）

4.49《枪手及射铁帘格》

4.49.1 淳熙间，立《枪手及射铁帘格》。上谓辅臣曰："闻射铁帘，诸军鼓跃奋厉。"周必大曰："兵久不用，此辈无进取，自然气惰。今陛下激劝告戒，人人皆胜兵。"于是殿前、步军司诸军及马军旧司弓弩手，射铁帘合格兵共一千八百四十余。诏中垛帘弓箭手一石二斗力十箭，弩手四石力八箭，依格进两秩，各赐钱百缗；弓箭手一石力十箭以上，弩手三石力八箭，各进两秩。诏中外诸军赏格亦如之。（《宋史》卷一九五，"兵九"，第 4870 页）

4.50《转员旁通格》

4.50.1 绍圣五年（1098 年）八月，枢密院言："……《转员旁通格》：'捧日、天武不带遥刺军都指挥使，换左藏库使，仍除遥刺；殿前班不带遥刺都虞候，换左藏库使。'看详：殿前班带遥郡都虞候，系与捧日带遥郡军都指挥使理先后相压转迁；其不带遥郡殿前班都虞候、捧日军都指挥使换官班，合一等推恩。欲殿前班不带遥郡都虞候，依捧日不带遥郡军都指挥使换官。"（《宋史》卷一九六，"兵十"，第 4887—4888 页）

4.51《元丰刑部格》《政和编配格》

4.51.1 检照《元丰刑部格》：诸编配人自有不移、不放及移放条限；《政和编配格》又有情重、稍重、情轻、稍轻四等。若依仿旧格，稍加参订，如入情重，则仿旧刺面，用不移不放之格；其次稍重，则止刺额角，用配及十年之格；其次稍轻，则与免黥刺，用不刺面、役满放还之格；其次最轻，则降为居役，别立年限纵免之格。傥有从坐编管，则置之本城，减其放限。如此，则于见行条法并无牴牾，且使刺面之法，专处情犯凶蠹，而其他偶丽于罪，皆得全其面目，知所顾藉，可以自新。省黥徒，销奸党，诚天下之切务。”（《宋史》卷二百一，“刑法三”，第5020页）

4.52《废免人叙格》

4.52.1 熙宁八年（1075年），编定《废免人叙格》，常赦则郡县以格叙用，凡三期一叙，即期未满而遇非次赦者，亦如之。（《宋史》卷二百一，“刑法三”，第5028页）

4.53《国子监格》《大学格》《小学格》

4.53.1 李定：《元丰新修国子监大学小学元新格》十卷。（《宋史》卷二百四，“艺文志三”，第5141页）

4.53.2 陆佃：《国子监敕令格式》十九卷。（《宋史》卷二百四，“艺文志三”，第5144页）

4.54《官制事目格》

4.54.1《中书省官制事目格》一百二十卷。（《宋史》卷二百四，“艺文志三”，第5142页）

4.54.2《尚书省官制事目格参照卷》六十七册。卷亡。（《宋史》卷二百四，“艺文志三”，第5142页）

4.54.3《门下省官制事目格》并《参照参卷旧文净条厘析总目目录》七十二册。卷亡。（《宋史》卷二百四，“艺文志三”，第5142页）

从上面可知，宋朝制定官制事目格分为“中书省”“尚书省”和“门下省”三个部分，分别制定，所以此处三条史料证明有三部“官制事目格”。“事目格”是“格”的一种称谓，属于格类法律。

4.55《江湖淮浙盐赏格》

4.55.1 李承之：《江湖淮浙盐敕令赏格》六卷。（《宋史》卷二百四，“艺文志三”，第5143页）

4.56《大观告格》

4.56.1《大观告格》一卷。(《宋史》卷二百四，“艺文志三”，第5144页)

4.57《康定行军赏罚格》

4.57.1 尝修《国朝会要》《三朝训鉴图》《仪制》《康定行军赏罚格》，又献《系训》三篇，所著别集百余卷。(《宋史》卷二九一，“李若谷传”，第9741页)

4.58《吏部格》《吏部通用格》

4.58.1《吏部格》选吏以赃私絓法，无轻重终身不迁。起论其情可矜者，可限年叙用，遂著为令。(《宋史》卷三三四，“沈起传”，第10727页)

4.58.2《绍兴重修吏部敕令格式》并《通用格式》一百二卷。朱胜非等撰。(《宋史》卷二百四，“艺文志三”，第5144页)

4.59《乾道格》

4.59.1 乾道六年(1170年)，刑部侍郎汪大猷等上其书，号《乾道敕令格式》。(《宋史》卷一九九，刑法志一，第4965页)

4.59.2《乾道重修敕令格式》一百二十卷。虞允文等撰。(《宋史》卷二百四，“艺文志三”，第5144页)

4.60《淳熙格》

4.60.1 淳熙初，诏除刑部许用《乾道刑名断例》，司勋许用《获盗推赏例》，并《乾道经置条例事指挥》，其余并不得引例。既而臣僚言：“《乾道新书》，尚多牴牾。”诏户部尚书蔡洸详定之，凡删改九百余条，号《淳熙敕令格式》。(《宋史》卷一九九，刑法志一，第4966页)

4.60.2《淳熙重修敕令格式》及《随敕申明》二百四十八卷。

（《宋史》卷二百四，“艺文志三”，第 5145 页）

4. 61《庆元格》

4. 61. 1 庆元四年（1198 年），右丞相京镗始上其书，为百二十卷，号《庆元敕令格式》。（《宋史》卷一九九，刑法志一，第 4966 页）

4. 61. 2《庆元重修敕令格式》及《随敕申明》二百五十六卷。庆元三年诏重修。（《宋史》卷二百四，“艺文志三”，第 5145 页）

4. 62《淳祐格》

4. 62. 1 淳祐二年（1242 年）四月，敕令所上其书，名《淳祐敕令格式》。（《宋史》卷一九九，刑法志一，第 4963 页）

4. 63《元符格》

4. 63. 1 章惇：《元符敕令格式》一百三十四卷。（《宋史》卷二百四，“艺文志三”，第 5145 页）

4. 64《政和格》

4. 64. 1 何执中：《政和重修敕令格式》五百四十八册。卷亡。（《宋史》卷二百四，“艺文志三”，第 5142 页）

4. 65《绍兴格》

4. 65. 1 张守：《绍兴重修敕令格式》一百二十五卷。（《宋史》卷二百四，“艺文志三”，第 5144 页）

4. 66《职事官迁除体格》

4. 66. 1 梁勖：《职事官迁除体格》一卷。（《宋史》卷二百四，“艺文志”，第 5109 页）

4.67《夏祭格》

4.67.1 蒋猷：《夏祭敕令格式》一部。卷亡。（《宋史》卷二百四，“艺文志三”，第5135页）

4.68《明堂格》

4.68.1 宋郊《明堂大飨视朔颁朔布政仪范敕令格式》一部。宣和初。卷亡。（《宋史》卷二百四，“艺文志三”，第5135页）

4.68.2《明堂敕令格式》一千二百六册，宣和初。卷亡。（《宋史》卷二百四，“艺文志三”，第5142页）

4.69《景灵宫供奉格》

4.69.1 冯宗道：《景灵宫供奉敕令格式》六十卷。（《宋史》卷二百四，“艺文志三”，第5135页）

4.70《诸陵荐献礼格》

4.70.1《诸陵荐献礼文仪令格式并例》一百五十一册。绍圣间。卷亡。（《宋史》卷二百四，“艺文志三”，第5135页）

4.71《铨曹格》

4.71.1 王珪《铨曹格敕》十四卷。（《宋史》卷二百四，“艺文志三”，第5139页）

4.72《诸司格》

4.72.1 沈括《诸敕令格式》十二卷。又《诸敕格式》三十卷。（《宋史》卷二百四，“艺文志三”，第5140页）

4.73《户部格》

4.73.1《元丰户部敕令格式》一部。元祐初。卷亡。（《宋史》

卷二百四，“艺文志三”，第 5141 页）

4.74《诸司市务格》

4.74.1《元祐诸司市务敕令格式》二百六册，卷亡。（《宋史》卷二百四，“艺文志”，第 5141 页）

4.75《六曹格》

4.75.1《六曹敕令格式》一千卷。元祐初。（《宋史》卷二百四，“艺文志三”，第 5141 页）

4.76《诸路州县格》

4.76.1《诸路州县敕令格式》并《一时指挥》十三册。卷亡。（《宋史》卷二百四，“艺文志三”，第 5142 页）

4.77《武学格》

4.77.1 贾昌朝《武学敕令格式》一卷。元丰间。（《宋史》卷二百四，“艺文志三”，第 5141 页）

4.77.2《绍圣续修武学敕令格式看详》并《净条》十八册。建中靖国初。卷亡。（《宋史》卷二百四，“艺文志三”，第 51451 页）

4.78《诸路茶盐格》

4.78.1《编类诸路茶监敕令格式目录》一卷。（《宋史》卷二百四，“艺文志三”，第 5145 页）

4.79《律学格》

4.79.1 孟昌龄《政和重修国子监律学敕令格式》一百卷。（《宋史》卷二百四，“艺文志三”，第 5141 页）

4.79.2《绍圣续修律学敕令格式看详》并《净条》十二册。建

中靖国初。卷亡。(《宋史》卷二百四,“艺文志三”,第 5141 页)

4.80《国子监算学格》

4.80.1《徽宗崇宁国子监算学敕令格式》并《对修看详》一部。卷亡。(《宋史》卷二百四,“艺文志三”,第 5142 页)

4.81《国子监书学格》

4.81.1《崇宁国子书学敕令格式》一部。卷亡。(《宋史》卷二百四,“艺文志三”,第 5142 页)

4.82《国子监大学》《国子监辟雍格》《国子监小学格》

4.82.1《国子大学辟雍并小学敕令格式申明一时指挥目录看详》一百六十八册。卷亡。(《宋史》卷二百四,“艺文志三”,第 5142 页)

4.83《宗子大小学格》

4.83.1 李图南:《宗子大小学敕令格式》十五册。卷亡。(《宋史》卷二百四,“艺文志三”,第 5142 页)

4.84《大宗正司格》

4.84.1《大宗正司敕令格式申明》及《目录》八十一卷。绍兴重修。(《宋史》卷二百四,“艺文志三”,第 5145 页)

4.85《诸路州县学格》

4.85.1 蔡京《政和续编诸路州县学敕令格式》十八卷。(《宋史》卷二百四,“艺文志三”,第 5144 页)

4.86《内东门司应奉禁中请给格》

4.86.1《大观新修内东门司应奉禁中请给敕令格式》一部。卷亡。(《宋史》卷二百四，"艺文志三"，第5142页)

4.87《宗祀大礼格》

4.87.1《宗祀大礼敕令格式》一部。政和间。卷亡。(《宋史》卷二百四，"艺文志三"，第5142页)

4.88《接送高丽格》

4.88.1《接送高丽敕令格式》一部。宣和初。卷亡。(《宋史》卷二百四，"艺文志三"，第5142页)

4.89《奉使高丽格》

4.89.1《奉使高丽敕令格式》一部。宣和初。卷亡。(《宋史》卷二百四，"艺文志三"，第5142页)

4.90《两浙福建路格》

4.90.1《两浙福建路敕令格式》一部。宣和初。卷亡。(《宋史》卷二百四，"艺文志三"，第5142页)

4.91《御试贡士格》

4.91.1 白时中:《政和新修御试贡士敕令格式》一百五十九卷。(《宋史》卷二百四，"艺文志三"，第5142页)

4.92《贡士格》

4.92.1 白时中:《政和新修贡士敕令格式》五十一卷。(《宋史》卷二百四，"艺文志三"，第5144页)

从上面两条史料可知，宋朝“御试贡士”与“贡士”是两个不同的法律调整对象。

4.93《贡举格》

4.93.1《绍兴重修贡举敕令格式申明》二十四卷。绍兴中进。(《宋史》卷二百四，“艺文志三”，第5144页)

4.94《参附尚书吏部格》

4.94.1《绍兴参附尚书吏部敕令格式》七十卷。陈康伯等撰。(《宋史》卷二百四，“艺文志三”，第5144页)

4.95《吏部左选格》

4.95.1《淳熙重修吏部左选敕令格式申明》三百卷。龚茂良等撰。(《宋史》卷二百四，“艺文志三”，第5145页)

4.96《吏部七司格》

4.96.1《开禧重修吏部七司敕令格式申明》三百二十三卷。开禧元年上。(《宋史》卷二百四，“艺文志三”，第5145页)

4.97《吏部四选格》

4.97.1《吏部四选敕令格式》一部。元祐初。卷亡。(《宋史》卷二百四，“艺文志三”，第5141页)

4.98《六曹寺监库务通用格》

4.98.1《绍兴重修六曹寺监库务通用敕令格式》五十四卷。秦桧等撰。(《宋史》卷二百四，“艺文志三”，第5144页)

4.99《常平免役格》

4.99.1《绍兴重修常平免役敕令格式》五十四卷。秦桧等撰。

（《宋史》卷二百四，“艺文志三”，第5144页）

4.100《在京通用格》

4.100.1《绍兴重修在京通用敕令格式申明》五十六卷。绍兴中进。（《宋史》卷二百四，“艺文志三”，第5144页）

4.101《用兵诛赏格》

4.101.1景德元年（1004年）秋七月癸未，颁《用兵诛赏格》（《宋史》卷七，“真宗二”，第247页）

4.102《宜州立功将士赏格》

4.102.1景德四年（1007年）八月己酉，颁《宜州立功将士赏格》（《宋史》卷七，“真宗二”，第347页）

4.103《官制格目》

4.103.1宣和末，王黼用事，方且追咎元祐纷更，乃请设局，以修《官制格目》为正名，亦何补矣。（《宋史》卷一六二，“职官一”，第3770页）

4.104《在京校试诸军技艺格》

4.104.1元丰元年（1078年）十月，诏立《在京校试诸军技艺格》：第为上中下三等。步射，六发而三中为一等，二中为二等，一中为三等。马射，五发骤马直射三矢、背射二矢，中数、等如步射法。弩射，自六中至二中，床子弩及炮自三中至一中，为及等。并赏银有差。枪刀并标排手角胜负，计所胜第赏。其弓弩坠落，或纵矢不及堋，或挽弓破体，或局而不张，或矢不满，或弩踬不上牙，或擭不发，或身倒足落，并为不合格。即射已中赏，余箭不合格者，降一等，无可降者罢之。（《宋史》卷一九五，“兵九”，第4857页）

五 《吏部条法》中所见格的篇名

5.1《淳祐格》。《荐举门·荐举P250》《改官门·酬赏改官P320》。

5.2《在京通用格》。《荐举门·荐举P257》。

5.3《尚书侍郎左右选通用格》。《差注门·总法P9》。

5.4《尚书侍郎左选通用格》。《差注二·教授P56》《差注二·县令县丞P64》《差注门三·属官P103》。

5.5《尚书侍郎右选通用格》。《差注二·县令县丞P65》《差注门三·兵官P93》《差注门三·监当P107》《差注门三·簿尉P124》《差注门五·材武P138》《奏辟门·奏辟P170》《考任门·武臣P214》。

5.6《尚书右选侍郎左右选通用格》。《奏辟门·奏辟P170》。

5.7《尚书左选格》。《差注门一·总法P24》《差注二·知州P48》《差注二·通判P49》《差注二·签判P53》《差注二·知县县令P60》《差注门二·县丞P80》《差注门三·属官P102》。《差注门三·监当P109》。

5.8《尚书右选格》。《差注门一·总法P34》《差注二·军使P56》《差注二·知县县令P62》《差注二·知县县令P62》《差注门三·监当P111》《差注门三·使臣P132》《差注门三·使臣P132》《差注门三·使臣P132》《差注门三·使臣P133》《差注门六·升带P146》。

5.9《侍郎左选格》。《差注门一·总法P30》《差注二·军使P55》《差注二·知县P63》《差注门二·县丞P81》《差注门二·职官P84》《差注门三·监当P112》《差注门三·簿尉P124》《差注门三·使臣P132》《改官门·酬赏改官P321》《改官门·改官通用P320》。

5.10《侍郎左选尚书司勋通用格》。《改官门·循改P332》。

5.11《宣和军马司格》。《差注门五·材武P138》。

5.12《侍郎右选格》。《差注二·县令县丞P64》《差注门三·兵官P93》《差注门三·监当P112》《差注门三·使臣P132》《差注门三·使臣P134》。

5.13《尚书考功格》。《考任门·武臣P214》《关升门·承务郎以上P299》《关升门·资序P312》《磨勘门·文武臣通用P344》。

六 宋朝格的篇名和数量

（一）格典数量和结构

宋朝格典的立法从现存资料看，始于元丰年间，此前主要适用《唐格》，没有制定或重修《唐格》的记载，这与令式不同。因为令式在淳化年间在“唐令式”基础上进行过修订，制定成淳化令式。宋朝初期制定的格有《循资格》和《长定格》。两个格主要涉及官员考核、管理、升转等。宋朝格典制定应始于元丰七年制定《元丰敕令格式》，其中有独立格典，即《元丰格》。从现存资料看，宋朝应有11部格典，但其中有几部格典制定的时间没有明确记载，仅见内容，如《熙宁格》《大观格》《崇宁格》《隆兴格》《绍圣格》等。

1.《熙宁格》。见于4.29。《宋史》中记载有《熙宁格》，可知存在《熙宁格》。但《宋会要》和《长编》中都没有见到《熙宁格》的具体记载，也没有史料记载制定《熙宁格》的立法活动过程。

2.《元丰格》。见于2.1.1、3.11和4.40等诸条史料。见于《宋会要》《长编》和《宋史》。《宋会要》中有10条材料提到和引用《元丰格》内容，时间从绍圣元年到绍兴三十二年。从中可知《元丰格》在宋朝格典中的地位和影响。《长编》在绍圣五年（1098年）提到《元丰格》。《宋史》中两处提到《元丰格》（4.40.2条和4.40.3条），其中4.40.2条引用《元丰格》的内容。此外，《通志·艺文略》记载有“《元丰敕令格式》，七十卷”。[①] 其中《元丰格》有5卷。从现存资料可知，《元丰格》共有5卷，但无法知道《元丰格》的篇名数量和结构。从这些史料看，《元丰格》是宋朝格典立法的开始，是宋朝格典立法体例的新河，也是影响最长的格典。《元丰格》的条数和内容现在很难考证。当然，从现存记载看，《元丰格》的内容是赏格。从这些看有可能《元丰格》是把《元丰赏格》进行修订后的产物，甚至就是《元丰赏格》，在制定时是分开进行。原因是两者卷数一样，都为5卷，内容是酬赏类法律。《元丰格》不管是独立制定的《元丰赏格》，或修《元丰格》时把《元丰赏格》简单纳入。但《元丰格》成为宋朝脱离唐格，采用自己风格制定格典的开始是可以确定的。同时，《元丰格》的分类体例是基于神宗对敕令格式分类的体例下进行立法也是确定的。

3.《元祐格》。见于2.1.2。《宋会要》中有绍圣二年引用《元祐格》的记载。此外，《通志·艺文略》中记载有“《元祐敕令格式》，五十六卷”。[②] 但按其他史料记载，元祐年间在修法时没有修格典，即没有“格”的部分，仅有格令式三个部分。从史料看还存在一种可能是《元祐格》是独立制定的，因为按宋哲宗与章惇的对话，也说元祐编敕没有制定过

---

① 郑樵撰：《通志·艺文略》，王树民点校，中华书局1995年版，第1556页。

② 同上书，第1556页。

《元祐格》。元符二年制定“元符敕令格式”时宋哲宗曾与主持大臣章惇对话，其中有“次进呈格、式件数，上曰：‘元丰止有赏格，元祐俱无。’惇对曰：‘然’。”① 这里明确记载是进呈格式时宋哲宗与章惇对元丰与元祐编敕时格式制定情况的对话。《续资治通鉴》中记载有“元祐六年五月丁亥，后省上《元祐敕令格》”。② 从这里看，此次修法仅有“敕令格”，没有“式”。所以这里对《元祐格》的制定情况是难以确定的。

4.《绍圣格》。见于2.1.4和4.37等诸条史料。《宋会要》中有大观四年引用到《绍圣格》的内容。《宋史》中记载有《绍圣格》。可知存在《绍圣格》。但其他史料上却没有见到记载。

5.《元符格》。见于2.1.3和4.63等诸条史料。见于《宋会要》和《宋史·艺文志》。《宋会要》中有引用到《元符格》。《通志·艺文略》记载有“《元符敕令格式》，一百三十二卷”。③ 从史料看，《元符敕令格式》存在《元符格》。《元符格》没有明确记载敕令格式四者的卷数和结构，无法知道《元符格》的数量。但从哲宗与章惇对话看，元符修法应是完整制定敕令格式四典的开始。

6.《崇宁格》。见于2.1.1和2.1.5等诸条史料。《宋会要》中有两条材料记载《崇宁格》，其中2.1.5.2条记载《崇宁格》对官制的规定，内容十分具体。此外，《通志·艺文略》记载有“《崇宁申明敕令格式》，二卷”。④ 从中可知宋朝制定过《崇宁格》。

7.《大观格》。见于2.1.6。《宋会要》中有8条材料明确记载《大观格》的具体内容，时间从政和三年到淳熙十一年，这之间都有引用《大观格》的史料。此外，在《建炎以来系年要录》卷五十五绍兴二年六月癸巳条中记载广西韶州买马时，有“望于《大观格》递增二分”，且引了“旧格”的具体内容。“旧格：八等马，高四尺七寸者，直四十五千，最下，高四尺一寸者，直十有三千，其余以是为差”。李心传还在按语中指出“邕州买马格乃大观中所定”。⑤ 从中可知存在《大观格》，但史料上没有明确记载制定《大观格》的过程。

---

① 《宋会要》，“刑法一·格令二之18”，第8231页。

② 《续资治通鉴》卷八十二，“宋纪八十二”，第2076页。

③ 郑樵撰：《通志·艺文略》，王树民点校，中华书局1995年版，第1556页。

④ 同上。

⑤ 《建炎以来系年要录》卷五十五，“绍兴二年六月癸巳条”，中华书局2013年版，第1126页。

8.《政和格》。见于2.1.7和4.64。见于《宋会要》和《宋史·艺文志》。《宋会要》中有6条材料明确记载《政和格》，时间从政和六年至绍兴十七年。《通志·艺文略》记载有“《政和敕令格式》，一百三十四卷”。[①] 但没有具体记载敕令格式的卷数。然而从《绍兴敕令格式》有一百卷看，政和敕令格式的卷数分布上，《政和格》数量应在30卷。《建炎以来系年要录》记载绍兴十五年闰十一月壬申，秦桧上奏称：“伏奉恩命，赐臣请给，依《政和格》全支，望更付有司取索参酌，庶得安帖”，李心传有注“按绍兴十五年十月辛酉敕令所申明：《政和禄格》：三公、三少、三省长官请给，比《嘉祐禄令》，乞依《嘉祐禄令》宰臣请给则例修立，已经得旨依奏”。[②] 从中可知《政和格》的内容有官员请给的数量规定。从中可知存在《政和格》。

9.《绍兴格》。见于2.1.8和4.65。见于《宋会要》和《宋史·艺文志》。《宋会要》中有7条史料提到或引用到《绍兴格》的内容，时间从绍兴三年至开禧二年。《通志·艺文略》记载有“《绍兴敕令格式》，一百卷”。[③]《绍兴格》现在知道有30卷，但无法知道《绍兴格》的具体篇名和结构。宋朝格典卷数和篇名应从《绍兴格》开始是一个转折，此后格典篇名和卷数都与此为准。从卷数上推测，《绍兴格》最多有30篇。从《庆元条法事类》残本看，《绍兴格》篇名最少有16篇。《绍兴格》是南宋国家修法中格典的典范。

10.《隆兴格》。见于4.24。《宋史》中记载有《隆兴格》，可知存在《隆兴格》，但现在没有看到史料记载制定该法的立法活动。所以《隆兴格》是否属于格典仍然值得进一步考察。《续资治通鉴》中记载“宝庆二年四月己丑，以《隆兴格》制辅臣俸”。[④] 从这里看，此法律是作为俸禄的法律，不属于综合性法典。

11.《乾道格》。见于2.1.9和4.59等诸条史料。见于《宋会要》和《宋史·艺文志》。其中《宋会要》中有3条记载《乾道格》的内容，从中可知《乾道格》有30卷。可知存在《乾道格》。

12.《淳熙格》。见于2.1.10和4.60等诸条史料。见于《宋会要》和《宋史·艺文志》。其中《宋会要》中记载淳熙七年《淳熙格》的内

---

① 郑樵撰：《通志·艺文略》，王树民点校，中华书局1995年版，第1556页。

② 《建炎以来系年要录》卷一百五十四，“绍兴十五年闰十一月壬申条”，第2920页。

③ 郑樵撰：《通志·艺文略》，王树民点校，中华书局1995年版，第1556页。

④ 《续资治通鉴》卷一百六十三，“宋纪一百六十三”，第4448页。

容，《宋史》记载《淳熙敕令格式》。可知存在《淳熙格》。

13.《庆元格》。见于2.1.11和4.61等诸条史料。见于《宋会要》和《宋史·艺文志》。《宋会要》中记载有《庆元格》的内容，《庆元条法事类》中有大量格的内容与篇名。可知存在《庆元格》。

14.《淳祐格》。见于5.1和4.62等诸条史料。见于《吏部条法》和《宋史·艺文志》。现在《吏部条法》中有引用《淳祐格》的原文。《宋史》记载有制定该法的史料。但《吏部条法》所引的条格内容没有写明具体篇名。

从以上14部格典材料看，可以确定是格典的有《元丰格》《元符格》《政和格》《绍兴格》《乾道格》《淳熙格》《庆元格》《淳祐格》等8部，不能确定是否属于完整意义上的格典的有《熙宁格》《元祐格》《绍圣格》《崇宁格》《大观格》和《隆兴格》等6部。在这六部中，《元祐格》《崇宁格》《大观格》从材料看，皆具格典的特征，因为有史料具体引用它们的条文。此外，按宋朝法律命名原则，某部法律以年号为名，往往是综合性法典，否则用具体法律名称命名。

（二）格典的篇名和结构

宋朝格典的篇名数量和结构现在没有较明确的史料记载，主要可以从《庆元条法事类》残卷中看到。根据现存《庆元条法事类》残卷中可以见到的格典篇名有：《赏格》《给赐格》《吏卒格》《考课格》《杂格》《驿格》《辇运格》《假宁格》《荐举格》《封赠格》《服制格》《选试格》《断狱格》《田格》《道释格》《军防格》，共有16篇。《庆元条法事类》所见16篇格典篇名具体情况如下：

1.《赏格》。见于2.2.10。《赏格》是宋朝最重要的格类篇名。从现在资料看，宋朝《赏格》最初应是独立的篇名，因为元丰年间制定《元丰赏格》五卷。但后来，赏格被作为格典中的一篇使用，构成格典的组织成部分。当然，宋朝与赏罚有关的法律多用"格"为名，所以有赏类为"格"的定义。从《庆元条法事类》看，多达86个类门中引用到《赏格》，条文数量（不除重复）达206条，《赏格》成为整个格典中内容最多的部分。

2.《选试格》。宋朝与此有关的名称应有：《选举格》《选格》和《选官格》等。《选试格》应是宋朝中后期才使用的篇名。在《庆元条法事类》中"试武举""试换官资"和"解试出职"等门中都有过引用。"试武艺"类门中引用"呈试武艺第一节：黄桦弓减指箭，步射二石；马上直背射一石五斗；走马射一石三斗。马黄弩，蹹射四石五斗"。① 从内

① 戴建国点校：《庆元条法事类》，黑龙江人民出版社2002年版，第317页。

容看，主要规定官员考试的定级标准。

3.《给赐格》。在《庆元条法事类》中“奉使”、“籴买粮草”、“给纳”、“勘敕”、“编配流役”、“刑断狱事”和“并给官马”等门中都有引文。如“库务门二·籴买粮草”中引到一条，即“监籴官每及一万石，给食钱三贯”。①

4.《吏卒格》。见于2.2.8和2.2.25等诸条史料。政和三年（1113年）制定的法律明确写明撰入《政和重修吏卒格》中，可知《吏卒格》作为综合格典篇名在北宋时期就已经存在。在《庆元条法事类》中“奉使”、“差出”、“监司巡历”、“命官搬家”、“吏卒接送”、“差破宣借”、“差破当直”和“差补”门中都有《吏卒格》的原文。可知《吏卒格》属于宋朝综合格典中的篇名。

5.《考课格》。见于2.2.3。《宋会要》中记载有大观四年（1110年）吏部在奏文中提到《考课格》。说明《考课格》作为格典篇名在北宋中后期就使用。《庆元条法事类》中有“考课”、“过犯遗缺”两门。“考课门”中主要分三类，即“转运、提点刑狱、提举常平”下共有15项考核指标，共15条；“提举常平司”下共有两项，共2条；“知州县令四善四最”，即分为“四善”：“一善德义有闻；二善清谨明著；三善公平可称；四善格勤匪懈”，“四最”是“一生齿之最：民籍增举，进丁入老，批注收落，不失其实；二治事之最：狱讼无冤，催科不扰；三劝课之最：农桑垦殖，水利兴修；四养葬之最：屏除奸盗，人获安居，赈恤困穷，不致流移；虽有流移而能招秀复业，城野遗骸无不掩葬”。② 从中可以看出，此处《考课格》内容是地方官员考核指标。“过犯遗缺·考课格”是“命官、殿侍下班祗应同。犯罪理遗缺降等：赃罪：会赦降原，各降一等；治罪会降，理为私罪笞。自首原，降二等。私罪：会降原，降一等；会赦原，降二等；自首原，降三等。公罪：会赦原，降一等；去官勿论及会赦原，各降二等”。③ 从此处看，涉及官员犯公私罪和赃罪处罚遇赦免时的行政处罚。从中可知，“考课格”涉及官员考核、降级、升级的法律规定。

6.《杂格》。在《庆元条法事类》中有“监司巡历”、“乳香”、“拘催税租”两类门。在“监司巡历”中“杂格”有1条，即“山险和雇人

---

① 戴建国点校：《庆元条法事类》，黑龙江人民出版社2002年版，第573页。

② 同上书，第69—70页。

③ 同上书，第772页。

抬轿子，每员监司及朝旨专差干办官，一十人；属官，六人”。[①] “乳香”中“杂格”1 条，即“许有禁物　乳香：九品一斤；八品以上二斤；六品以上四斤”。[②] “拘催税租”中“杂格”：“诸州催纳二税日限，夏税：……陕西庆阳府、原州起五月二十五日，尽九月十日……秋税：福建路州军起十月十一日，尽次年正月三十日……”从法律看，此处规定不同地区征收夏税和秋税的时间。

7. 《驿格》。在《庆元条法事类》中“监司巡历”中引用原文。“给递、马铺兵数，发运、监司二匹七人”。[③]

8. 《辇运格》。见于 2. 2. 87。在《庆元条法事类》中“命官搬家”、“差借舟船”类门中引用到的原文。“命官搬家”类门中引用 1 条，即“给船：在京见任官取送家属：大学士以上，座船二只，侍制以上，座船一只。”[④] “差借舟船”类门中引用6 条，其中第6 条与“命官搬家”是一致，其他五条涉及不同官员给船数量的设定。如“第一条：太中大夫、观察使以上：座船四只；长行船一只。第二条奉直、大卡武大夫，在京职事官，监察御史及提举常平官以上：座船二只，长行船一只。”[⑤] 从这里看，《辇运格》主要涉及官员搬运家属时所给船只、马匹等。

9. 《假宁格》。在《庆元条法类》中“给假”“丁忧服阙”类门中引用了原文。其中“给假”中涉及不同情况给予的假期时日。从具体条文看，“丁忧服阙”中所引 2 条都在“给假”类门中。从“给假”类门看，规定了不同情况的假期。

节假：元日、寒食、冬至，五日，前后各二日；圣节、天庆节、开基节、先天节、隆圣节、三元、夏至、腊，三日，前后各一日。天祺节、天贶节、二社、上巳、重午、三伏、中秋、重阳、人日、中和、七夕、授衣、立春、春分、立秋、秋分、立夏、立冬、大忌、每旬，一日。

婚嫁：身自婚，九日；期亲，五日；大功，三日；小功，二日；缌麻，一日。

武臣丁忧不解官，一百日；缘边任使、押纲，一十五日。

---

① 戴建国点校：《庆元条法事类》，黑龙江人民出版社 2002 年版，第 125 页。

② 同上书，第 400 页。

③ 同上书，第 116 页。

④ 同上书，第 181 页。

⑤ 同上书，第 208 页。

丧葬除服：

非在职：

遭丧：期亲，三十日；大功，二十日；小功，十五日；缌麻，七日；降而服绝，三日；无服之殇，期亲五日，大功三日，小功二日，缌麻一日。

葬：期亲，五日；大功，三日；小功，二日；缌麻，一日。除服：期亲，三日；大功，二日；小功、缌麻，一日。

在职：

遭丧：期亲，七日；大功，五日；小功、缌麻，三日；降而服绝、无服之殇，一日；改葬期以下亲，一日。

本宗及同居无服亲之丧，一日。

丁忧不解官：大祥、小祥，七日；禫，五日；卒哭，谓百日，三日；朔、望，一日。

私忌：祖父母、逮事曾高同。父母，一日。

役丁夫：旧不给者依旧。元日、寒食、冬至、腊，一日。

工作：元日、寒食、冬至，三日；圣节、每旬、请粮、请大礼赏，一日。

流囚居作：每旬，一日；元日、寒食、冬至，三日。①

10.《荐举格》。《庆元条法事类》在"恩泽"、"荫补"、"改官阙升"、"升陟"、"十科"、"举武臣"、"试刑法"、"试换官资"和"举辟"等类门中引用到原文。从内容看，《荐举格》是规定不同官员所能存举官员的人数，如"试刑法"中规定"岁举试刑法官：侍从官、监司，七人"。②"升陟"中规定"岁举大小使臣、校尉升陟：前宰相、执政官，一十人；诸路安抚使、转运使副、提点刑狱，二十人；路分总管、钤，转运判官，一十人；提举常平官，八人；知州、通判，六人。察访举官：大小使臣、校尉升陟，一十五人"。③

11.《封赠格》。《庆元条法事类》中"封赠"等类门中引用到原文。《封赠格》中有一条，即"封增郡：大，节镇；次，防御、团练；小，军事"。④

① 戴建国点校：《庆元条法事类》，黑龙江人民出版社 2002 年版，第 213—214 页。

② 同上书，第 314 页。

③ 同上书，第 302 页。

④ 同上书，第 254 页。

12.《服制格》。《庆元条法事类》中“服制”、“丁忧服阙”和“丧葬”等类门中引用到原文。从“服制”类门下引用《服制格》内容看，主要制定“五服制”中具体人员，如“斩衰三年”分为：“正服：子为父。加服：嫡孙为神，谓承重者。父为长子，重其当先祖之正体，将代己为宗庙主者。义服：妇为舅，夫为祖、曾高祖后者，其妻从服亦如之。为人后为所后父，为父所后者，祖亦如之。妾为君，妾，谓夫为君。妻为夫”。[①] 宋朝把同类服制分为：正服、义服、加服和降服四等。在“丁忧服阙”中《服制格》引到一条，即“文武官丁忧应制借官舍者：曾任执政官，五十间；太中大夫以上，四十间；管军步副都指挥使以上，三十间。”[②]“丧葬”中《服制格》规定不同级别官员可以使用丧葬时的人数、用品、石兽和器皿等。

13.《军防格》。《庆元条法事类》卷三十六“库务门·场务”中有“军防格”，即“酒务兵士：三万贯以上，二十人；二万贯以上，一十五人；一万贯以上，七人”。[③] 可知《军防格》是格典中的篇名。

14.《断狱格》。《庆元条法事类》中“降赦”、“罚赎”等类门中引用到原文。“罚赎”类门引用《断狱格》有“赎铜，每斤一百二十文足。罚直，每直二百文足。罚俸，每月，一品，八贯；二品，六贯五百文；三品，五贯；四品，三贯五百文；五品，三贯；六品，二贯；七品，一贯七百文；八品，一贯三百文；九品，一贯五十文”。[④] 从此看，这里规定不同处罚时折成钱币的数量。

15.《田格》。《庆元条法事类》中“科敷”等类门中引用到原文。“科敷”类门中《田科》规定品官之家免差科税的田产数量，即“品官之家，乡村田产免差税：山堽、竹条、白面沙地、山林园圃及坟茔地段之类不理为数。芦场倾亩折半计数。如子孙用父祖生前官立户者减见存官之半，若析居共不得过减半之数，谓如一品子孙析为十户，即每户二顷斗。余品仿此。一品，五十顷；二品，四十五顷；三品，四十顷；四品，三十五顷；五品，三十顷；六品，二十五顷；七品，二十顷；八品，十顷；九品，五顷”。[⑤]《田格》应在《政和格》中就有，因为在 2. 1. 8. 6 条中记

① 戴建国点校：《庆元条法事类》，黑龙江人民出版社 2002 年版，第 824 页。

② 同上书，第 834 页。

③ 同上书，第 542 页。

④ 同上书，第 819 页。

⑤ 同上书，第 668 页。

载绍兴十七年正月十五日所引《政和令格》中品官之家免差科条的内容和《庆元条法事类·科敷》的内容相同。

16.《道释格》。《庆元条法事类》中"试经拔度"等类门中引用到原文。"试经拔度"类门中《道释门》有"圣节试度童行：试：道童，念经四十纸；行者，念经一百纸或赎经五百纸；尼童，念经七十纸或读经三百纸。度：道士、女冠每人五十人，各一名；僧、尼每一百人，各一名。余数各及七十人，更取一名"。[①] 以上16个格典篇名都有原文被引，是可以确定这些格是真实存在的。

（三）其他格的篇名与数量

宋朝格类篇名根据调整对象可以分为赏格类，官吏管理、选拔类，机构设置管理类，教育礼制类和其他类篇名五大类。

1. 赏格类

宋格的内容主体之一是各类赏罚法律，构成格类法律的重要特征，以致不管是宋人还是后人都认为宋朝格类法律就是赏罚。下面把能见到与赏罚有关的格类名称整理为一类，进行分析。

（1）《元丰赏格》。见于2.2.10、3.19和4.26等诸条史料。见于《宋会要》《长编》和《宋史》。又名《元丰新令赏格》。《通志·艺文略》记载有"《元丰赏格》，五卷"。[②] 宋朝《赏格》中最重要的是《元丰赏格》，共5卷，构成宋朝《赏格》的典范。宋朝格的内容中很大部分是各类赏罚，特别是奖赏与处罚的规定，以致宋时有人认为"格"是规定奖赏法律。这种认识是存在不足的，因为宋格内容中有很多并不是奖赏处罚类法律。《赏格》在宋朝既作为类格典的篇名又是综合格典的具体篇名，同时还是格类法律中的通常法律术语。

（2）《吏部通用酬赏格》。见于4.25。从记载看，该法属于吏部的"通用"类赏格，即适用于整个吏部的所有司。可知《吏部通用酬赏格》属于宋朝格类独立篇名。

（3）《淳熙一州一路酬赏格》。见于2.2.11和4.35。见于《宋会要》和《宋史》。4.35.1条称为《酬赏格法》。从2.2.11.1条看，此次立法始于淳熙四年（1177年）六月十四日，根据2.2.11.2条，完成于淳熙六年（1179年）。修成法典有二百册，目录二十三册。2.2.11.3条的名称是《酬赏格法》，与4.35.1条一致。此外，根据记载，此法典具体内容是淳

---

① 戴建国点校：《庆元条法事类》，黑龙江人民出版社2002年版，第691页。

② 郑樵撰：《通志·艺文略》，王树民点校，中华书局1995年版，第1555页。

熙六年七月“六日，右丞相赵雄等上《诸路州军赏法》一百三十九卷、《目录》一十七卷，《诸路监司酬赏法》四十七卷、《目录》五卷，《通用赏法》一十三卷、《目录》一卷，《西北州军旧赏》一卷。诏以《淳熙一州一路酬赏法》为名”。[①] 从两条史料看，前面所记载的二百册就是200卷，其中《诸路州军赏法》有139卷，《诸路监司酬赏法》有47卷，《通用赏法》有13卷，《西北州军旧赏》有1卷，加起来共有200卷，即一册一卷。从上可知，《淳熙一州一路酬赏格》是一个赏格类法典名称，其中共有四部具体赏格格法，即《诸路州军赏法》《诸路监司酬赏法》《通用赏法》和《西北州军旧赏》。从中可知宋朝赏格立法在地方性上较为全面具体，构成格类立法的重要组成部分。《淳熙一州一路酬赏格》是宋朝赏格立法中除《元丰赏格》外最全面的专门性立法，可以说是宋朝赏格立法中的代表性成果。《淳熙一州一路酬赏格》是南宋地方性赏格法典的代表。

（4）《淳熙总类赏格》。见于2.2.12。《宋会要》中提到《淳熙总类赏格》，制定时间是淳熙四年。《淳熙总类赏格》是宋朝赏格中通用类赏格，即赏格中的普通法。

（5）《杂卖场赏罚格》。见于2.2.14。见于《宋会要》。从2.2.14.1条看，《杂卖场赏罚格》是宋朝独立的格类名称。

（6）《盐法赏格》。见于2.2.15、2.2.83、4.55和4.78等诸条史料。见于《宋会要》和《宋史》。此法律名称有《元丰盐赏格》《元丰江湖淮浙盐赏格》《绍兴编类江湖淮浙京西路盐法》等。从2.2.15条中4条材料看，制定于元丰四年（1081年），到绍兴年间仍然适用。在名称上，绍兴年间简称为《元丰盐赏格》。2.2.83.1条记载绍兴二十一年重新修订该法。可知《盐法赏格》是宋朝格的独立篇名。

（7）《私茶赏格》。见于2.2.16、2.2.83和4.78。见于《宋会要》。从2.2.16条看，此法数次修订，至少政和元年前制订过，政和元年修订过，到政和五年（1115年）再次修订。2.1.16.2条具体记载政和五年重新修订《私茶赏格》的内容，从条文内容看是一个赏罚格。4.78.1条称为《诸路茶盐格》。从中可知《私茶赏格》属于宋朝格类的独立篇名。

（8）《诸路水陆纲运赏格》。见于2.2.22。见于《宋会要》。此外，此名称在2.2.22条中提到，称为《路押纲赏格》。此法律被完全抄录。从中可知《诸路水陆纲运赏格》属于宋朝格类的独立篇名。

---

① 李心传：《建炎以来朝野杂录》（乙集）卷五，第594页。

（9）《行在纲运赏格》。见于2.2.23。见于《宋会要》。绍兴初年为了规范从新京城临安运输军用物资到各地，特别制定此赏格。整个法律被抄录。从中可知《行在纲运赏格》属于宋朝格类的独立篇名。

（10）《诸路和籴募民纲运米赏格》。见于4.16。见于《宋史》。可知《诸路和籴募民纲运米赏格》属于宋朝格类的独立篇名。

（11）《两浙路海纲运赏格》。见于2.2.21。见于《宋会要》。此法律被《宋会要》完全抄录。从中可知《两浙路海纲运赏格》属于宋朝格类的独立篇名。

（12）《四川运米赏格》。见于4.23。见于《宋史》。《宋史全文》中记载"嘉定十四年春正月庚子，立《四川运米赏格》。"[①] 从中可知《四川运米赏格》属于宋朝格类的独立篇名。

（13）《四川金银纲运赏格》。见于2.2.20。见于《宋会要》。从2.2.20条中看，此赏格被完全抄录。从中可知《四川金银纲运赏格》属于宋朝格类的独立篇名。

（14）《江西上供米纲赏格》。见于2.2.26和4.15等诸条史料。见于《宋会要》和《宋史》。可知《江西上供米纲赏格》属于宋朝格类的独立篇名。

（15）《守令垦田殿最格》。见于2.2.17和4.41等诸条史料。《宋会要》和《宋史》中有相同记载，此法律名称根据2.2.17.1条记载是《诸路曾经残破州县守令每岁招诱措置垦辟及抛荒田土殿最格》，从中可知此法律是以"年"为一个时间单位的考核奖赏法。此法在《宋会要》中被全文抄录。而《宋史》中仅有略录，名称是《守令垦田殿最格》。2.2.17.1条中提到此法名称是《守令岁考增亏格法》。绍兴五年（1135年）五月丙戌，"户部奏《诸路残破州县守令劝民垦田及抛荒殿最格》，其法：垦田增及一分，郡守升三季名次，累及九分，迁一官；亏及一分降三季名次，九分镌一官。县令差减之县，具垦辟实数，月申州，州季申监司。增亏十分者，取旨赏罚。"[②] 《宋史全文》中称为《诸路残破州县守令劝民垦田及抛荒殿最格》。[③] 从上可知，此法有两个名称，全称是《诸

---

① 《宋史全文》卷三十，"宋宁宗三"，第2585页。

② 《建炎以来系年要录》卷八十九，"绍兴五年五月丙戌条"，第1722页。

③ "绍兴五年五月，户部奏《诸路残破州县守令劝民垦田及抛荒殿最格》。其法：垦田增及一分，郡守升三季，名次累及九分迁一官；亏及一分降三季，名次九分镌一官，县令差减之。县具垦辟实数月申州，州季申监司。增亏十分者取旨赏罚"（《宋史全文》卷十九中，"宋高宗八"，第1412页）。

路曾经残破州县守令每岁招诱措置垦辟及抛荒田土殿最格》，略称是《守令垦田殿最格》，或《守令岁考增亏格法》。可知《守令垦田殿最格》是宋朝格的独立篇名。

（16）《淮东江东两浙湖北州县岁较营田赏罚格》。见于4.9。见于《宋史》。此外，在《建炎以来系年要录》中有相同记载。绍兴十六年（1146年）三月“己亥，工部奏立《淮东江东两浙湖北诸县岁较营田赏罚格》，其法：以绍兴七年至十三年所收课利最多酌中者为额，每路县令以十分为率，取二分赏之；岁收增三分至一分以上并减磨勘年，仍以最亏一县为罚”。[①] 此外，《宋史全文》中有同样记载，时间是绍兴十六年三月己亥，名称《淮东江东两浙湖北诸县岁较营田赏罚格》。内容记载与《系年要录》是一致的。[②] 从中可知《淮东江东两浙湖北州县岁较营田赏罚格》是宋朝格的独立篇名。

（17）《州县垦田增亏赏罚格》。见于2.2.18和4.13等诸条史料。见于《宋会要》和《宋史》。《宋会要》中称为《守令一任招诱措置垦辟田土赏罚格》，从此看是对地方官员一个任内开垦田土数量的赏罚法律。《宋史》名为《州县垦田增亏赏罚格》。可知《州县垦田增亏赏罚格》是宋朝格的独立篇名。

（18）《守贰令尉营田增亏赏罚格》。见于4.14。见于《宋史》。制定于绍兴二十年二月，可知《守贰令尉营田增亏赏罚格》是宋朝格的独立篇名。

（19）《诸色淮南垦田赏格》。见于2.2.19。见于《宋会要》。制定于绍兴二十年四月，从法律内容看，是针对大姓豪强和一般平民百姓垦田奖赏的法律，与前面针对地方官员不同。可知《诸色淮南垦田赏格》是宋朝格的独立篇名。

（20）《力田赏格》。见于4.42。见于《宋史》。制定于乾道九年。可知《力田赏格》是宋朝格的独立篇名。

南宋初期由于连年战争，大量田土抛荒，到赵构政权稳定后，政府为了解决人口和粮食问题，制定了大量鼓励增垦荒田、加强农业生产的奖赏和惩罚格法。这类奖罚法律纳入格类，构成南宋格类法律的重要内容。

（21）《诸军及配军逃入郴桂界捕获赏格》。见于2.2.13。见于《宋会要》。从2.2.13.1条看制定于淳熙十年，但从行文看，此为“重新制

---

① 《建炎以来系年要录》卷一百五十五，“绍兴十六年三月己亥条”，第2932页。

② 《宋史全文》卷二十一下，“宋高宗十五”，第1711页。

定”，应是此前就存在。可知《诸军及配军逃入郴桂界捕获赏格》是宋朝格类中独立的篇名。

（22）《贼徒相招首罪赏格》。见于4.7。见于《宋史》。可知《贼徒相招首罪赏格》是宋朝格的独立篇名。

（23）《捕贼补官格》。见于4.8。见于《宋史》。可知《捕贼补官格》是宋朝格的独立篇名。

（24）《捕获私铸铜钱赏格》。见于4.21。见于《宋史》。可知《捕获私铸铜钱赏格》是宋朝格的独立篇名。

（25）《行军赏格》。见于2.2.24。见于《宋会要》。从2.2.24看，此法律在神宗朝之前就存在，熙宁六年（1073年）十月重新修订。可知《行军赏格》是宋朝格的独立篇名。

（26）《秋试诸军赏格》。见于4.2。见于《宋史》。可知《秋试诸军赏格》是宋朝格的独立篇名。

（27）《将士战伤死者推恩格》。见于4.17。见于《宋史》。此法见于《建炎以来系年要录》，只是名称上《系年要录》是《将士战死推恩格》，缺一个“伤”字。“三省、枢密院上《将士战死推恩格》，横行遥郡九资，横行遥刺八资，遥刺郡七资，遥刺正使、横行副使皆六资，副使五资，大使臣三资，小使臣二资，校、副尉及兵级皆一资。诏以黄榜晓谕诸军。”①可知《将士战伤死者推恩格》是宋朝格的独立篇名。

（28）《招禁军官员赏格》。见于4.46。见于《宋史》。可知《招禁军官员赏格》是宋朝格的独立篇名。

（29）《康定行军赏罚格》。见于4.57。见于《宋史》。此法律还见于《续资治通鉴》。“皇祐四年八月丁丑，杨畋既趋广南，又奏请删康定行军约束及赏罚格颁下，并置检法官。”② 从此可知，此法律不仅有赏罚还有一般军事行为法。可知《康定行军赏罚格》是宋朝格的独立篇名。

（30）《秘书省献书赏格》。见于4.11。见于《宋史》。可知《秘书省献书赏格》是宋朝格的独立篇名。

（31）《孳生牧马监赏罚格》。见于4.12。见于《宋史》。可知《孳生牧马监赏罚格》是宋朝格的独立篇名。

（32）《场务官赏格》。见于4.44。见于《宋史》。可知《场务官赏格》是宋朝格的独立篇名。

---

① 《建炎以来系年要录》卷一百九十四，绍兴三十一年十一月庚辰条，第3799页。

② 《续资治通鉴》卷五十二，“宋纪五十二”，第1275页。

(33)《巡教使臣罚格》。见于4.48。见于《宋史》。可知《巡教使臣罚格》是宋朝格的独立篇名。

(34)《纳米补官赏格》。见于2.2.25。见于《宋会要》。可知《纳米补官赏格》是宋朝格的独立篇名。

(35)《司勋赏格》。见于《庆元条法事类》。在《庆元条法事类》卷十四“改官关升·随敕申明·职制”中在淳熙七年(1180年)二月二十三日敕中第8条上有“并依《司勋赏格》推赏”。可知《司勋赏格》是宋朝独立的格类篇名。

(36)《县尉捕盗赏格》。见于2.2.89。见于《宋会要》。从2.2.89.1条看“重修”,说明此法律此前已经制定。可知《县尉捕盗赏格》是宋朝独立格类篇名。

(37)《大理少卿拘催赃罚钱减年格》。《建炎以来系年要录》记载绍兴三十年(1160年)七月丁亥“初立《大理少卿拘催赃罚钱减年格》。旧赃罚钱旬输左藏库,至是少卿张运视事数月,所输至二十万缗。方者乞比附诸州守贰起发无额钱例推恩,故有是旨”。①

(38)《招纳归附归正人赏格》。“三省、枢密院奏《招纳归附归正人赏格》,应接纳金人万户,或蕃军千人者,补武翼郎;下至蕃军五人,汉军人十人者,补进勇副尉,凡十等。如蕃、汉签军自能归附者,并优补官资,有官人优加升转,仍不次擢用”。②

(39)《宜州立功将士赏格》。见于4.102。见于《宋史》。此法律属于针对特定地区军队人员的赏格。

(40)《用兵诛赏格》。见于4.101。见于《宋史》。此法律属于行军时的赏罚格,属于军法之一。

(41)《献钱米格》。见于2.2.92。见于《宋会要》。此法律属于赏格。

(42)《卖田钱格》。见于2.2.91。见于《宋会要》。此法律属于赏格。

2. 官制设置、管理格类

(1)《长定格》。见于2.2.1、3.1和4.30。见于《宋会要》《长编》和《宋史》。2.2.2.1条记载当时制定《长定格》1卷。《通志·艺文略》记载有“开宝《长定格》,三卷,卢多逊等修”。《通志·艺文略》记载

---

① 《建炎以来系年要录》卷一百八十五,“绍兴三十年七月丁亥条”,第3587页。

② 《建炎以来系年要录》卷一百九十三,“绍兴三十一年十月戊申条”,第3765页。

有“宋乾德《长安格》，十卷，陶谷修”。此名称最早见于五代，史载有《后唐长定格》。[①] 从2.2.1.1条记载看，《长定格》主要涉及不同机构设置、官吏人员配数和官员处分等，相当于官吏人员的设置、处分等官吏管理法。此外，《续资治通鉴》中有详细记载。[②] 分别记载建隆三年和开宝六年制定的情况，其中对开宝六年制定时修撰人员，修订法律资料的来源，修成的成果及《长定格》和《循资格》的主要内容是什么都有明确的说明。从此可知，《长定格》和《循资格》是官吏管理的法律，是后来《吏部七司法》的前身。

（2）《循资格》。见于2.2.1、3.1和4.30。见于《宋会要》《长编》和《宋史》。此名称见于唐代和五代，唐天宝年间有《唐循资格》，王涯修定有《唐循资格》，五代时期有《梁循资格》，后唐清泰年间重新修订，修成《唐循资格》。[③] 2.2.2.1条记载当时制定《循资格》1卷。此法属于官吏管理法。

（3）《吏部七司格》。见于2.2.41和4.96。见于《宋会要》和《宋史·艺文志》。从记载看，《吏部七司格》属于部门类格典，即《吏部七司格》是一部法典，而不是具体“格”的篇名。《吏部七司格》下由七司中各种“格”组成。

（4）《吏部四选格》。见于3.12和4.97。见于《宋会要》和《宋史·艺文志》。从记载看，《吏部四选格》属于类格典，下面具体分为尚书左右选和侍郎左右选格。所以《吏部四选格》属于格典篇名。

（5）《铨曹格》。见于2.2.40、3.3和4.71。见于《宋会要》《长编》和《宋史·艺文志》。从材料看，三处记载是同一事。可知《铨曹格》属于宋朝格类名称。

（6）《选官格》。见于2.2.86、3.10和4.3。见于《宋会要》《长编》和《宋史》。从2.2.86中两条材料看，称为《选官格》。从3.10中三条材料看，宋朝存在《选官格》，4.3条中所见名称称为《选格》。可知宋朝《选官》与《选官格》有并用习惯。这里用《选官格》。《续资治通

---

① 郑樵撰：《通志·艺文略》，王树民点校，中华书局1995年版，第1555页。

② “建隆三年十月癸巳，班《循资格》及《长定格》《编敕格》各一卷”。（《续资治通鉴》卷二，“宋纪二”，第49页）“开宝六年十二月丙午，命参知政事卢多逊、知制诰扈蒙、张澹以见行《长定循资格》及泛降制书，考正违异，削去重复，补其阙漏，为《长定格》三卷，《循资格》一卷，《制敕》一卷，《起请条》一卷；书成，上之，颁为永式。自是铨注益有伦矣。”（《续资治通鉴》卷七，“宋纪七”，第177页）

③ 郑樵撰：《通志·艺文略》，王树民点校，中华书局1995年版，第1551页。

鉴》中记载"元丰四年七月癸丑，诏内外官司举官悉罢。令大理卿崔台符同尚书吏部、审官东、西、三班院议选格"。[①] 可知《选官格》属于宋朝格类独立篇名。

(7)《材武格》。见于2.2.85。见于《宋会要》。从2.2.85.3条看，至少元丰年间制定该格法。可知《材武格》属于宋朝格类的独立篇名。

(8)《元丰官制格》。见于2.1.1、2.2.63和3.14。见于《宋会要》和《长编》。宋神宗时进行官制改革，制定与官制改革相关的法律，具体有"敕令格式"四种，其中"官制格"部分称为《元丰官制格》，有时简称为《官制格》。《元丰官制官》在宋朝影响较大，成为神宗朝后整个官制格类立法的基础，也是宋神宗朝后各种机构职能的法定标准。可知《元丰官制格》属于宋朝格类的独立篇名。

(9)《政和都官格》。见于2.2.32。见于《宋会要》。2.2.32.1记载淳熙九年引用《政和都官格》。可知《政和都官格》属于宋朝格类的独立篇名。

(10)《中书官制格》。见于4.5和4.103等诸条史料。见于《宋史》。其中4.103条中有《官制格目》，应就是此处的《官制格》的他称。可知《中书官制格》属于宋朝格类的独立篇名。

(11)《司封格》。见于2.2.28和3.15等诸条史料。见于《宋会要》。2.2.28中三条料记载《司封格》的内容。可知《司封格》属于宋朝格类的独立篇名。

(12)《尚书户部司勋格》。见于2.2.10和2.2.31等诸条史料。又名《司勋格》。见于《宋会要》。2.2.10.7条记载把修订法律撰入《尚书户部司勋格》，2.2.31条记载有《尚书户部司勋格》，2.2.31.3条记载有《淳熙侍郎左选司勋格》、2.57.1条记载《绍兴参附尚书司勋格》。从上面可知宋朝《司勋格》是重要格类名称。从材料看，《尚书户部司勋格》是此法律的准确名称。当然，这里用"尚书户部"是存在问题的，因为"司勋司"属于"吏部"。可知《尚书户部司勋格》属于宋朝格类的独立篇名。

(13)《六曹通用格》。见于2.2.34和3.13等诸条史料。见于《宋会要》和《长编》。可知《六曹通用格》属于宋朝格类的独立篇名。

(14)《尚书侍郎左右选通用格》。见于5.3。见于《吏部条法》。可

---

① 《续资治通鉴》卷七十六，"宋纪七十六"，第1897页。

知《尚书侍郎左右选通用格》属于宋朝格类的独立篇名。

（15）《尚书侍郎左选通用格》。见于5.4。可知《尚书侍郎左选通用格》属于宋朝格类的独立篇名。

（16）《尚书侍郎右选通用格》。见于5.5。见于《吏部条法》。可知《尚书侍郎右选通用格》属于宋朝格类的独立篇名。

（17）《尚书右选侍郎左右选通用格》。见于5.6。见于《吏部条法》。可知《尚书右选侍郎左右选通用格》属于宋朝格类的独立篇名。

（18）《尚书左选格》。见于5.7。见于《吏部条法》。可知《尚书左选格》属于宋朝格类的独立篇名。

（19）《尚书右选格》。见于3.16和5.8等诸条史料。见于《长编》和《吏部条法》。可知《尚书右选格》属于宋朝格类的独立篇名。

（20）《侍郎左选格》。见于5.9。见于《吏部条法》。可知《侍郎左选格》属于宋朝格类的独立篇名。

（21）《侍郎左选尚书司勋通用格》。见于5.10。见于《吏部条法》。可知《侍郎左选尚书司勋通用格》属于宋朝格类的独立篇名。

（22）《侍郎右选格》。见于2.2.33和5.12。见于《宋会要》和《吏部条法》。可知《侍郎右选格》属于宋朝格类的独立篇名。

（23）《考功格》。见于3.15和5.13。见于《宋史》和《吏部条法》。又名《尚书考功格》，或《吏部尚书考功格》。可知《考功格》属于宋朝格类的独立篇名。

（24）《参附司勋格》。见于2.2.57。见于《宋会要》。可知《参附司勋格》属于宋朝格类的独立篇名。

（25）《参附侍郎右选格》。见于2.2.57。可知《参附侍郎右选格》属于宋朝格类的独立篇名。

（26）《请受格》。见于4.47。可知《请受格》属于宋朝格类的独立篇名。

（27）《铨试格》。见于4.31。可知《铨试格》属于宋朝格类的独立篇名。

（28）《叙格》。见于《庆元条法事类》。《庆元条法事类》卷十三"复叙·职制式"中有两个状式，即"叙用家状"和"叙用状"中题头上都明确有"准《叙格》应投状追勒停人"。[①] 可知存在《叙格》。《叙

---

① 戴建国点校：《庆元条法事类》，"复叙·吏卒令"，黑龙江人民出版社2002年版，第280—281页。

格》属于宋朝格类中独立篇名。

(29)《勒停格》。见于《庆元条法事类》。在《庆元条法事类》卷十三"复叙·吏卒令"中第4条"诸衙前职员、使院职级，降充散押衙、散教练使者，元儿四色赃罪，请已入罪，永不迁叙。余赃依别制《勒停格》叙用"。① 可知存在《勒停格》。《勒停格》属于宋朝格类中的独立篇名。

(30)《御试省试府监发解通用格》。见于2.2.70。可知《御试省试府监发解通用敕格》属于宋朝格类的独立篇名。

(31)《内外通用贡举格》。见于2.2.70。可知《内外通用贡举格》属于宋朝格类的独立篇名。

(32)《禄格》。见于2.2.27、2.2.54和4.39等诸条史料。见于《宋会要》和《宋史》。"禄格"在宋朝有两大类，"通用禄格"和"在京禄格"。2.2.27条中记载有宋朝多次修订"禄格"，至少有《政和禄格》和《绍兴禄格》等。绍兴三十一年（1161年）十一月定江军节度使、开府议同三司、万寿观使田师中要求增加俸禄，给事中金安节提出异议时，因为田师中的两个职务，节度使和万寿观使在俸禄上不同，即"《绍兴禄格》，使相见任管军与宫观差遣人，请给多寡不同。"② 可知《禄格》属于宋朝格类的独立篇名。

(33)《在京禄格》。见于2.2.27和2.2.54等诸条史料。见于《宋会要》。可知《在京禄格》属于宋朝格类的独立篇名。

(34)《元丰以阶易官寄禄格》。见于2.2.29、3.9和4.38等诸条史料。见于《宋会要》《长编》和《宋史》。此法律名称在宋朝史料中有不同，具体有《以阶易官寄禄新格》《寄禄官格》《寄禄格》《元丰以阶易官寄禄格》等名，其中《元丰以阶易官寄禄格》是全称。从材料看，有时也称为《寄禄官格》(4.38条)、《元丰寄禄官格》(2.2.29条)，但全称应是《以阶易官寄禄格》。在宋人岳珂的《愧郯录》卷四"执政阶官封爵"条中记载是"或谓《元丰寄禄条目》开府、特进为散执官，金紫于太中为从官"。③ 此外，《皇宋通鉴长编纪事本末》中有详细的记载，特别

① 戴建国点校：《庆元条法事类》，"复叙·吏卒令"，黑龙江人民出版社2002年版，第278页。

② 《建炎以来系年要录》卷一百九十四，"绍兴三十一年十一月甲申条"，第3802页。

③ 岳珂：《愧郯录》卷四，"搪政阶官封爵"，朗润点校，中华书局2016年版，第53页。

是法律的内容。[①] 可知宋人在称法律名称时，有时并没有严格按照标准。可知《以阶易官寄禄格》属于宋朝格类的独立篇名。

(35)《御史台弹奏格》。见于 2.2.6 和 4.19。见于《宋会要》和《宋史》。2.2.6.1 条记载此格法重修于淳熙四年七月十七日，数量有 305 条。而 4.19.1 条记载与 2.2.6.1 条是同一事。可知《御史台弹奏格》属于宋朝格类的独立篇名。此法律在绍熙元年进行过增修。绍熙元年(1190 年) 春二月，“申明御史弹奏二十条。《御史台弹奏格》三百五条，本淳熙所定。至是，刘兴祖摘其有关于中外臣僚、握兵将帅、后戚、内侍、与夫礼乐讹杂、风俗奢僭之事凡二十条奏，乞付下恪守。上从之”。[②] 对南宋的《御史台弹奏格》制定记载较为详细的是李心传的《建炎以来朝野杂记·乙集》卷十一“御史台弹奏格”条。[③] 从上面记载看，《御史台弹奏格》共有 325 条，成为宋朝监察御史的执法依据。《御史台弹奏格》在南宋是重要的监察法。

(36)《考试进士新格》。见于 4.1。见于《宋史》。此法律还见于《续资治通鉴》。“景德四年九月丙申，翰林学士晁迥等上《考试进士新

---

① 元丰三年九月乙亥，详定官制所上《以阶易官寄禄新格》：中书令、侍中、同平章事为开封府仪同三司，左、右仆射为特进，吏部尚书为金紫光禄大夫，五曹尚书为银青光禄大夫，左、右丞为光禄大夫，六曹侍郎为正议大夫，给事中为通议大夫，左、右谏议为太中大夫，秘书监为中大夫，光禄卿至少府为中散大夫，太常至司农少卿为朝议大夫，六曹郎中为朝请、朝散、朝奉大夫，凡三等，员外郎为朝请、朝散、朝奉郎，凡三等，起居舍人为朝散郎，司谏为朝奉郎，正言、太常、国子博士为承议郎，太常、秘书、殿中丞为奉议郎，太子中允、赞善大夫、中舍、洗马为通直郎，著作佐郎、大理寺丞为宣德郎，光禄、卫尉寺、将作监丞为宣议郎，大理评事为承事郎，太常寺太祝、奉礼郎为承奉郎，秘书省校书郎、正字、将作监主簿为承务郎。(《皇宋通鉴长编纪事本末》卷八十，第 1423—1424 页)

② 刘时举撰：《续宋中兴编年资治通鉴》卷十一，中华书局 201 年版，第 245 页。

③ “《御史台弹奏格》，旧无有。淳祐初，柴叔怀为殿中侍殿史，奏言‘本台觉察弹劾事件，前后累降指挥，经今岁久，名件数多，文辞繁杂，又有止存事目，别无可考，恐奉行致有牴牾。乞下敕令所逐一删修成法，各随事宜，以六察所掌，分门别类，缴申朝廷取旨，降下本台遵守。仍令刑部镂板，颁降中外’。单夔时以户部侍郎兼敕局详定，被旨编写成删，送台审复。会谢廓然新除殿中御史，与其僚审复，凡三百五条具奏，乞以《弹奏格》为名行下。从之。四年七月丙午也。绍熙元年二月，刘德修为御史，又摘其有关于中外臣僚、握兵将帅、后戚、内侍与夫礼乐讹杂、风俗奢僭之事，凡二十余条以奏，乞付下报行，令知谨格。上从之”。《建炎以来朝野杂记·乙集》卷十一，“御史台弹奏格”，中华书局 2013 年版，第 675 页。

格》，诏颁行之。”[①] 此法是宋朝建立政权时颁布的最早关于考选官员的格类法律。可知《考试进士新格》属于宋朝格类的独立篇名。

（37）《武臣试格》。见于3.4。见于《长编》。按3.4.1条记载熙宁五年（1072年）制定《武臣试格》。可知《武臣试格》属于宋朝格类的独立篇名。

（38）《在京校试诸军技艺格》。见于3.7和4.104。见于《长编》和《宋史》。从3.7.1条记载看，此法律被完全抄录。可知《在京校试诸军技艺格》属于宋朝格类的独立篇名。

（39）《大小使臣呈试弓马艺业出官试格》。见于2.2.84、3.8和4.6。见于《宋会要》《长编》和《宋史》。其中2.2.84.1条和3.8.1条中记载具体法律内容，而3.8.1条缺少的字在2.2.84.1条中都有。4.6.1条的名称是《大小使臣呈试弓马出官格》，名称与3.8.1条略有不同。可知《大小使臣呈试弓马艺业出官试格》属于宋朝格类的独立篇名。

（40）《武臣荐举格》。见于4.18。见于《宋史》。可知《武臣荐举格》属于宋朝格类的独立篇名。

（41）《荐举事实格》。见于4.20。见于《宋史》。可知《荐举事实格》属于宋朝格类的独立篇名。

（42）《试刑法避亲格》。见于4.22。见于《宋史》。可知《试刑法避亲格》属于宋朝格类的独立篇名。

（43）《枪手及射铁帘格》。见于4.49。见于《宋史》。可知《枪手及射铁帘格》属于宋朝格类的独立篇名。

（44）《选试武士弓马去留格》。见于2.2.39和4.10。见于《宋会要》和《宋史》。2.3.39.1条中记载有此法律的内容。《建炎以来系年要录》记载“丙午，兵部上《武士弓马及选试去留格》。初补入学，步射一石，若公私试步、骑射不中，即不许试程文。其射格，自一石五斗以下至九斗，凡五等”。[②] 此外，《宋史全文》中有相同记载。[③] 2.3.39条中的名称与这里的名称相同，比较4.10条，存在字词上的混乱，应是《选试武士弓马去留格》。可知《选试武士弓马去留格》属于宋朝格类的独立

① 《续资治通鉴》卷二十七，“宋纪二十七”，第604页。

② 《建炎以来系年要录》卷一百五十五，“绍兴十六年正月戊午”条，第2933页。

③ “绍兴十六年夏四月戊午，兵部上《武士弓马及选试去留格》：初补入学，步射弓一石；若公试，试步骑射，不中即不许试程文。其才格自一石五斗以下至九斗，凡五等”（《宋史全文》卷二十一下，“宋高宗十五”，第1712页）。

篇名。

（45）《关升格》。见于4.32。见于《宋史》。可知《关升格》属于宋朝格类的独立篇名。

（46）《回授格》。见于4.33。见于《宋史》。可知《回授格》属于宋朝格类的独立篇名。

（47）《补荫新格》。见于4.34。见于《宋史》。可知《补荫新格》属于宋朝格类的独立篇名。

（48）《废免人叙格》。见于4.52。见于《宋史》。可知《废免人叙格》属于宋朝格类的独立篇名。

（49）《大观告格》。见于4.56。见于《宋史》。可知《大观告格》属于宋朝格类的独立篇名。

（50）《转员旁通格》。见于4.50。见于《宋史》。可知《转员旁通格》属于宋朝格类的独立篇名。

（51）《诸班直诸军转员格》。见于2.3.82。见于《宋会要》。2.3.82.1条记载绍兴八年时制定《诸班直诸军转员格》，共有12卷。可知《诸班直诸军转员格》属于宋朝格类的独立篇名。

（52）《亲从亲事官转员格》。见于2.3.82。见于《宋会要》。2.3.82.1条记载绍兴八年时制定的《亲从亲事官转员格》有5卷。可知《亲从亲事官转员格》属于宋朝格类的独立篇名。

（53）《转厅格》。见于2.2.7。见于《宋会要》。可知《转厅格》属于宋朝格类的独立篇名。

（54）《龙图天章宝文显谟阁学士荫补推恩格》。见于2.2.36。见于《宋会要》。此法律应是一部独立的法律，其中“龙图天章宝文显谟阁学士”是宋朝中央几大阁臣名称。可知《龙图天章宝文显谟阁学士荫补推恩格》属于宋朝格类的独立篇名。

（55）《开封六曹官制格》。见于2.2.53。见于《宋会要》。可知《开封六曹官制格》属于宋朝格类的独立篇名。

（56）《中书省官制事目格》。见于4.54。见于《宋史》。可知《中书省官制事目格》属于宋朝格类的独立篇名。

（57）《御试贡士格》。见于4.91。见于《宋史》。可知《御试贡士格》属于宋朝格类的独立篇名。

（58）《贡士格》。见于4.92。见于《宋史》。可知《贡士格》属于宋朝格类的独立篇名。

（59）《贡举格》。见于4.93。见于《宋史》。可知《贡举格》属于宋朝格类的独立篇名。

(60)《参附尚书吏部格》。见于4.94。见于《宋史》。可知《参附尚书吏部格》属于宋朝格类的独立篇名。

(61)《职事官迁除体格》。见于4.66。见于《宋史·艺文志》。可知《职事官迁除体格》属于宋朝格类的独立篇名。

(62)《补外带职格》。《续中兴编年资治通鉴》卷九中记载淳熙二年(1175年)六月"定《补外带职格》"。①

(63)《后妃王主奏荐格》。《建炎以来朝野杂记·乙集》:"度江后,后妃之家奏荐,每遇大礼、圣节、生辰,皇太后家推恩四人,皇后二人。亲王、公主、诸妃遇大礼各奏二人,昭仪至才人各一人。"②

(64)《内命妇诞育推恩格》。《建炎以来朝野杂记·乙集》:"内命妇诞育皇子女推恩者,皇子生,婕妤以上三人,美人、才人各二人。皇子里头出阁,妃五人,婕妤以三人,美人、才人各二人。公主生,一品、二品二人,其余一人。上头出降,一品四人,婕妤以上二人,美人、才人各一人。非次封进者,推恩二人,美人、才人各一人。"③

(65)《庆元荫补新格》。《建炎以来朝野杂记·乙集》:"《庆元荫补新格》,使相以上十人,执政官、太尉八人,文官中太中大夫以上及侍御史、武臣节度、承宣、观察使六人,文臣中散大夫以上、武臣防御、团练使及横行四人,文臣带职朝郎以上、武臣正使三人。致仕、遗表、文臣:前宰相、见任三少、使相共八人,曾任三少、使相七人,曾任执政官六人,太中大夫以上二人,武臣:使相以上八人,节度使六人,承宣使五人,观察使四人,文臣中大中大夫、武臣防御使以下,并不得推遗表恩。"④

(66)《淳熙武举授官新格》。《建炎以来朝野杂记·乙集》:"武举人补官,旧法,榜首保义郎、沿江巡检。不入等,承节郎、沿边巡检、县尉。第二名以下,承节郎、尚江巡检、县尉。不入等,承信郎。淳熙二年,始比文士恩数,榜首补秉义郎,堂除江上或诸军计议官。第二、第三名,保义郎、诸路帅司准备将领。一任回,转忠翊郎,不隔磨勘,以比文

① 刘时举撰,王端来点校:《续宋中兴编年资治通鉴》卷八,中华书局2014年版,第207页。

② 李心传:《建炎以来朝野杂记·乙集》卷十四,中华书局2013年版,第760页。

③ 同上书,第760—761页。

④ 同上书,第764页。

士，改合入官。第四、第五名，承节郎、诸州兵马监押。二任回，转保义郎，不隔磨勘，以比文士，循文林郎。余人如旧”。① 此处把前后两个武举授官格主要内容都记载了，可以看出两者区别。

（67）《宗室缌麻亲授官格》。《建炎以来系年要录》：“己丑，诏普安郡王二子赐名‘愉’、‘恺’，并补右内率府副率，用《宗室缌麻亲授官格》也。”②

（68）《使相荫补格法》。《建炎以来系年要录》：“左选所载《使相荫补格法》，无补文资者，不应用例弃法。”③

（69）《旁通格》。见于2.2.37。见于《宋会要》。可知《旁通格》是独立的格类篇名。

（70）《参附尚书左选格》。见于2.2.57。见于《宋会要》。可知《参附尚书左选格》属于宋朝格类的独立篇名。

（71）《参附尚书右选格》。见于2.2.57。见于《宋会要》。可知《参附尚书右选格》属于宋朝格类的独立篇名。

（72）《参附侍郎左选格》。见于2.2.57。见于《宋会要》。可知《参附侍郎左选格》属于宋朝格类的独立篇名。

（73）《参附尚书侍郎左右选通用格》。见于2.2.57。见于《宋会要》。可知《参附尚书侍郎左右选通用格》属于宋朝格类的独立篇名。

（74）《换官格》。见于2.1.8和2.2.90等诸条史料。见于《宋会要》。可知《换官格》属于宋朝格类的独立篇名。

3. 机构设置、管理类格

（1）《中书省格》。见于2.2.55。见于《宋会要》。可知《中书省格》属于宋朝格类的独立篇名。

（2）《尚书省格》。见于2.2.55。见于《宋会要》。可知《尚书省格》属于宋朝格类的独立篇名。

（3）《枢密院格》。见于2.2.54和2.2.55等诸条史料。见于《宋会要》。可知《枢密院格》属于宋朝格类的独立篇名。

（4）《三省通用格》。见于2.2.55。见于《宋会要》。可知《三省通用格》属于宋朝格类的独立篇名。

---

① 李心传：《建炎以来朝野杂记·乙集》卷十四，中华书局2013年版，第779页。

② 《建炎以来系年要录》卷一百五十五，“绍兴十六年正月己丑条”，中华书局2013年版，第2939页。

③ 《建炎以来系年要录》卷一百九十三，“绍兴三十一年十一月辛丑条”，第3750页。

(5)《三省枢密院通用格》。见于2.2.55。见于《宋会要》。可知《三省枢密院通用格》属于宋朝格类的独立篇名。

(6)《大宗正司格》。见于2.2.56和4.84等诸条史料。见于《宋会要》和《宋史》。可知《大宗正司格》属于宋朝格类的独立篇名。

(7)《殿中省格》。见于2.2.59。见于《宋会要》。可知《殿中省格》属于宋朝格类的独立篇名。

(8)《阁门格》，见于2.2.38。见于《宋会要》。可知《格》属于宋朝格类的独立篇名。

(9)《客省格》。见于2.2.2。见于《宋会要》。可知《客省格》属于宋朝格类的独立篇名。

(10)《四方馆格》。见于2.2.2。见于《宋会要》。可知《四方馆格》属于宋朝格类的独立篇名。

(11)《吏部格》。见于2.2.58、3.5和4.58等诸条史料。见于《宋会要》《长编》和《宋史》。2.2.61.1条记载绍兴三年制定的《史部格》有三十二册，而其他两个地方侧记载有相关内容。说明《吏部格》是宋朝格类的篇名。

(12)《刑部格》。见于2.2.4、3.2和4.51等诸条史料。见于《宋会要》《长编》和《宋史》，其中2.2.4条中两条材料所引都是《元丰刑部格》，4.51条史料中所引也是《元丰刑部格》。而《长编》中3.2.1条与《宋会要》中2.2.4.2条是同一史料。以上史料说明《刑部格》中最重要的是《元丰刑部格》，可知宋朝有《刑部格》。南宋人刘时举撰的《续宋中兴编年资治通鉴》卷十在淳熙十一年（1184年）夏五月条中记载有"检照《元丰刑部格》，诸编配人自有不移不放及移放条限"。[①] 从现在可以看到的史料看，见到的《刑部格》都是《元丰刑部格》。

(13)《兵部格》。见于2.2.5、3.18和4.36等诸条史料。见于《宋会要》《长编》和《宋史》，从具体记载看，三处记载的内容都是同一材料。说明《兵部格》是宋朝格类篇名。

(14)《军马司格》。见于2.2.8和5.11等诸条史料。2.2.8.2条记载有《绍圣军马司格》，5.11条引用了《宣和军马司格》，而2.2.8.1条中用的《马司格》，从中看应是《军马司格》之误。宋朝《军马司格》有时又简称为《军马格》，因为在《曾公遗录》卷七"元符二年五月乙卯

---

① 刘时举撰，王端来点校：《续宋中兴编年资治通鉴》卷十，中华书局2014年版，第231页。

条”中记载有“然《军马格》有条文：‘河北拣到禁军等样事艺虽及得班直格，止真捧日、天武’，乃是不取边人之意，但殿前司不曾奉行尔”。[①]说明《军马司格》是宋朝格类篇名。

（15）《巡尉格》。见于2.3.45。见于《宋会要》。可知《巡尉格》属于宋朝格类的独立篇名。

（16）《提举所格》。见于2.2.59。见于《宋会要》。可知《提举所格》属于宋朝格类的独立篇名。

（17）《六尚局格》。见于2.2.59。见于《宋会要》。可知《六尚局格》属于宋朝格类的独立篇名。

（18）《供奉库格》。见于2.2.59。见于《宋会要》。可知《供奉库格》属于宋朝格类的独立篇名。

（19）《诸路岁贡六尚局格》。见于2.2.46。见于《宋会要》。可知《诸路岁贡六尚局格》属于宋朝格类的独立篇名。

（20）《户部度支格》。见于2.2.60和2.2.79等诸条史料。见于《宋会要》。可知《户部度支格》属于宋朝格类的独立篇名。

（21）《金部格》。见于2.2.60。见于《宋会要》。可知《金部格》属于宋朝格类的独立篇名。

（22）《仓部格》。见于2.2.60。见于《宋会要》。可知《仓部格》属于宋朝格类的独立篇名。

（23）《左藏库格》。见于2.2.47。见于《宋会要》。2.2.47.1条引用《宣和左藏库格》的具体内容。可知《左藏库格》属于宋朝格类的独立篇名。

（24）《尚书度支事目格》。见于2.2.48。见于《宋会要》。可知《尚书度支事目格》属于宋朝格类的独立篇名。

（25）《比部官格》。见于2.2.48。见于《宋会要》。可知《比部官格》属于宋朝格类的独立篇名。

（26）《景灵宫供奉格》。见于2.2.62和4.69等诸条史料。见于《宋会要》和《宋史·艺文志》。可知《景灵宫供奉格》属于宋朝格类的独立篇名。

（27）《诸司格》。见于3.6和4.72等诸条史料。见于《长编》和《宋史·艺文志》。从3.6.1条和3.6.2条看，宋神宗熙宁十年（1077年）制定了不同诸司的格法，如庆宁宫、广圣宫等。可知《诸司格》属于宋

① 曾布：《曾公遗录》，顾宏义校点，中华书局2016年版，第37页。

朝格类的类典篇名。

(28)《诸司库务格》。见于2. 2. 77 和3. 17 等诸条史料。见于《宋会要》和《长编》。可知《诸司库务格》属于宋朝格类的类典篇名。

(29)《学士院格》。见于2. 1. 2。见于《宋会要》。可知《学士院格》属于宋朝格类的独立篇名。

(30)《户部格》。见于4. 73。见于《宋史・艺文志》。可知《户部格》属于宋朝格类的独立篇名。

(31)《六曹格》。见于4. 75。见于《宋史・艺文志》。可知《六曹格》属于宋朝格类的独立篇名。

(32)《诸路州县格》。见于4. 76。见于《宋史・艺文志》。可知《诸路州县格》属于宋朝格类的独立篇名。

(33)《吏部通用格》。见于4. 58。见于《宋史・艺文志》。可知《吏部通用格》属于宋朝格类的独立篇名。

(34)《诸司市务格》。见于4. 74。见于《宋史・艺文志》。可知《诸司市务格》属于宋朝格类的独立篇名。

(35)《两浙福建路格》。见于4. 90。见于《宋史・艺文志》。可知《两浙福建路格》属于宋朝格类的独立篇名。

(36)《六曹寺监库务通用格》。见于4. 98。见于《宋史・艺文志》。可知《六曹寺监库务通用格》属于宋朝格类的独立篇名。

4. 教育礼制类

(1)《国子监格》。见于2. 2. 71 和4. 53 等诸条史料。见于《宋会要》和《宋史・艺文志》。可知《国子监格》属于宋朝格类的独立篇名。

(2)《大学格》。见于4. 53。见于《宋史》。又名《国子监大学格》可知《国子监大学格》属于宋朝格类的独立篇名。

(3)《小学格》。见于2. 2. 67、2. 2. 71、4. 53 和4. 82 等诸条史料。见于《宋会要》和《宋史》。又名《国子监小学格》。可知《小学格》属于宋朝格类的独立篇名。

(4)《太学格》。见于2. 2. 66 和2. 2. 71 等诸条史料。见于《宋会要》。名称上又称《国子监太学格》。可知《太学格》属于宋朝格类的独立篇名。

(5)《武学格》。见于2. 2. 71、2. 2. 76 和4. 77 等诸条史料。见于《宋会要》和《宋史・艺文志》。又名《国子监武学格》。可知《武学格》属于宋朝格类的独立篇名。

(6)《律学格》。见于2. 2. 71、2. 2. 75 和4. 79 等诸条史料。见于

《宋会要》和《宋史·艺文志》。又名称《国子监律学格》。可知《律学格》属于宋朝格类的独立篇名。

(7)《书学格》。见于2.2.73和4.81等诸条史料。见于《宋会要》和《宋史·艺文志》。可知《书学格》属于宋朝格类的独立篇名。

(8)《国子监辟雍格》。见于4.82。见于《宋史》。可知《国子监辟雍格》属于宋朝格类的独立篇名。

(9)《算学格》。见于2.2.74和4.80等诸条史料。见于《宋会要》和《宋史·艺文志》。又名《国子监算学格》。可知《算学格》属于宋朝格类的独立篇名。

(10)《宗子大小学格》。见于2.2.68和4.83等诸条史料。见于《宋会要》和《宋史·艺文志》。可知《宗子大小学格》属于宋朝格类的独立篇名。

(11)《太学辟壅通用格》。见于2.2.69。见于《宋史》。可知《太学辟壅通用格》属于宋朝格类的独立篇名。

(12)《诸路州县学格》。见于2.2.72和4.85等诸条史料。见于《宋会要》和《宋史·艺文志》。可知《诸路州县学格》属于宋朝格类的独立篇名。

(13)《大礼格》。见于2.2.49、2.2.79和4.27等诸条史料。见于《宋会要》和《宋史》。可知《大礼格》属于宋朝格类的独立篇名。

(14)《祠祭格》。见于2.3.64。见于《宋会要》。可知《祠祭格》属于宋朝格类的独立篇名。

(15)《祠祭合差行事官空目格》。见于2.2.30。见于《宋会要》。可知《祠祭合差行事官空目格》属于宋朝格类的独立篇名。

(16)《赏赐格》。见于2.3.79。见于《宋会要》。可知《赏赐格》属于宋朝格类的独立篇名。

(17)《夏祭格》。见于2.3.80和4.67等诸条史料。见于《宋会要》和《宋史·艺文志》。可知《夏祭格》属于宋朝格类的独立篇名。

(18)《明堂格》。见于2.3.81和4.68等诸条史料。见于《宋会要》和《宋史·艺文志》。可知《明堂格》属于宋朝格类的独立篇名。

(19)《诸陵荐献礼格》。见于4.70。见于《宋史·艺文志》。可知《诸陵荐献礼格》属于宋朝格类的独立篇名。

(20)《宗祀大礼格》。见于4.87。见于《宋史·艺文志》。可知《宗祀大礼格》属于宋朝格类的独立篇名。

5. 其他格类篇名

(1)《五服年月格》。见于2.3.50和4.28等诸条史料。见于《宋会要》和《宋史》。可知《五服年月格》属于宋朝格类的独立篇名。

（2）《政和编配格》。见于4.51。见于《宋史》。可知《政和编配格》属于宋朝格类的独立篇名。南宋人刘时举撰的《续宋中兴编年资治通鉴》卷十中淳熙十一年（1184年）夏五月条中记载有“检照《元丰刑部格》，诸编配人自有不移不放及移放条限。《政和编配格》又有情重、稍重、情轻、稍轻四等色目”。[①] 说明《政和编配格》主要涉及对四种情节人的不同量刑的规定。

（3）《杀情理轻重格》。见于2.2.35和4.4。见于《宋会要》和《宋史》。可知《杀情理轻重格》属于宋朝格类的独立篇名。此法律具体内容在《庆元条法事类》中有撰入，在格典中被归为《断狱格》，称为《斗杀遇恩情理轻重格》，具体分为“轻”和“重”两条，即规定什么情况下属于“情理轻”，什么情况下属于“情理重”。[②]

（4）《侵移擅用格》。见于2.2.9。见于《宋会要》。可知《侵移擅用格》属于宋朝格类的独立篇名。

（5）《常平免役格》。见于2.2.65、4.26.1和4.99等诸条史料。见于《宋会要》和《宋史》。4.26.1条中有《政和续附常平格》。可知《常平免役格》属于宋朝格类的独立篇名。

（6）《禁止抑买酒曲格》。见于2.3.43。见于《宋会要》。可知《禁止抑买酒曲格》属于宋朝格类的独立篇名。

（7）《保甲格》。见于2.2.51和4.45等诸条史料。见于《宋会要》和《宋史》。可知《保甲格》属于宋朝格类的独立篇名。

（8）《教阅格》。见于2.2.52。见于《宋会要》。可知《教阅格》属于宋朝格类的独立篇名。

（9）《马递铺格》。见于2.2.78。见于《宋会要》。可知《马递铺格》属于宋朝格类的独立篇名。

（10）《在京通用格》。见于2.2.61、4.100和5.2等诸条史料。见于《宋会要》《宋史·艺文志》和《吏部条法》。可知《在京通用格》属于宋朝格类的独立篇名。

（11）《限田格》。见于2.2.42。见于《宋会要》。可知《限田格》属于宋朝格类的独立篇名。

（12）《经制钱格》。见于2.2.44。见于《宋史》。可知《经制钱格》

---

① 刘时举撰：《续宋中兴编年资治通鉴》卷十，中华书局2014年版，第231页。

② 戴建国点校：《庆元条法事类》卷十六，“文书门·降赦”，黑龙江人民出版社2002年版，第342页。

是宋朝格的独立篇名。

（13）《非当职官及吏人驳正格》。见于《庆元条法事类》。《庆元条法事类》中“推驳·令·赏令”中第一条中有“诸入人死罪，谓已经结案者。余条推正、驳正死罪准此。所举驳者，元不议大情而官吏别推能推正，或定夺能驳正者，倒、定者准《非当职官及吏人驳正格》。即举驳入人死罪，虽议大情而止作疑似，或因疑似举驳及翻异称冤而推正、驳正者，各二人理一名。止一名者，命官免试，吏人指射优轻差遣一次”。[①]可知《非当职官及吏人驳正格》是宋朝格的独立篇名。

（14）《运铜出乘格》。见于《庆元条法事类》。《庆元条法事类》中“杂门·阑遗·赏令”中第四条规定“诸沿流沈失官铜，召募人救获，比元失之数剩者，计所剩准《运铜出剩格》推赏。即诸色人得阑遗铜纳官而不知主名者，准此。仍止计得处铜价。”[②] 可知《运铜出剩格》是宋朝格的独立篇名。

（15）《内东门司应奉禁中请给格》。见于4.86。见于《宋史·艺文志》。可知《内东门司应奉禁中请给格》属于宋朝格类的独立篇名。

（16）《接送高丽格》。见于4.88。见于《宋史·艺文志》。可知《接送高丽格》属于宋朝格类的独立篇名。

（17）《奉使高丽格》。见于4.89。见于《宋史·艺文志》。可知《奉使高丽格》属于宋朝格类的独立篇名。

七　宋朝格的立法成果

宋格的立法成果可分成综合性格典和一般格两种进行考察。综合性格典是适用于全国，具有全国性质的格典，在法律上常与敕典、令典和式典并行。一般格，或称为单行格，是宋朝适用于特定部门、事务和地区的法律，在宋朝称为一司、一路、一州和一县的法律。

（一）宋朝综合格典立法成果和篇名

根据统计，宋朝综合类格典的数量能确定的至少有8部，即《元丰格》《元符格》《政和格》《绍兴格》《乾道格》《淳熙格》《庆元格》《淳祐格》；不能确定的有6部。这6部中最有可能的有《元祐格》《崇宁格》和《大观格》，很难确定的有《熙宁格》《绍圣格》

① 戴建国点校：《庆元条法事类》，“复叙·吏卒令”，黑龙江人民出版社2002年版，第756页。

② 同上书，第907页。

和《隆兴格》。[①] 从确定的综合格典看，《元丰格》较为特殊，虽然它与敕典、令典和式典相并列，但现在可以确定它仅是赏格，与后面的综合性格典存在区别。从严格意义上看，宋朝综合典格应始于《元符格》。《元符格》在篇名和内容结构上不再以赏格为主，赏格仅是格典中的一篇。《政和格》是宋朝格典立法中的重要发展期，成为《绍兴格》的直接来源。《绍兴格》是南宋诸格典的立法典范，成为南宋诸格典立法的直接来源。从《绍兴格》记载有 30 卷看，南宋诸综合格典数量都应是 30 卷。

对宋朝综合典格的篇名，现在无法确定。在卷数上，因为《元丰格》记载有 5 卷，《绍兴格》记载有 30 卷，再结合《政和格》和《绍兴格》的关系，及南宋诸朝格典与《绍兴格》关系，可以确定从《政和格》开始，综合格典基本上有 30 卷。在篇名结构上，《元丰格》可能仅有一种；《政和格》，特别是《绍兴格》有 30 卷。根据宋朝对法律卷数和篇名分类上的一卷就是一篇的习惯，《绍兴格》最多有 30 篇。现在可以较全面看到的综合格典的篇名和数量的是《庆元条法事类》残本中的《庆元格》，其中明确引用到的篇名有 16 篇。若按 30 篇计算，还缺 14 篇。《庆元条法事类》残本中 16 篇是：《赏格》《给赐格》《吏卒格》《考课格》《辇运格》《假宁格》《荐举格》《封赠格》《服制格》《选试格》；《驿格》《杂格》《断狱格》《军防格》《田格》和《道释格》。从各种材料看，最可能还有的篇名是《大礼格》《学格》《礼格》《厩牧格》等。结合考察，现在可以得出的结论是南宋格典的篇名数量最少应有 16 篇，最多有 30 篇。

（二）宋朝一般格的篇名和数量

根据笔者对《宋会要辑稿》《宋史·艺文志》等宋朝史料中记载有“格”的法律篇名的统计，宋朝一般格的篇名可以分成五大类，即赏罚类，官员管理、考核类，机构设置管理类，教育礼制类和其他类型。下面是根据史料统计出来的五大类“格”的篇名。

1. 赏罚类格

(1)《元丰赏格》，(2)《吏部通用酬赏格》，(3)《淳熙一州一路酬赏格》，(4)《淳熙总类赏格》，(5)《杂卖场赏罚格》，(6)《盐法赏格》，(7)《私茶赏格》，(8)《诸路水陆纲运赏格》，(9)《行在纲

① “准确的”是不仅有具体条文存留，还明确记载制定的时间、人物等立法情况；“不能确定的”是仅有条文被记载和被引用。这在《宋会要》中较典型，但没有其他史料记载制定这些格典的时间和过程。

运赏格》，（10）《诸路和籴募民纲运米赏格》，（11）《两浙路海纲运赏格》，（12）《四川运米赏格》，（13）《四川金银纲运赏格》，（14）《江西上供米纲赏格》，（15）《守令垦田殿最格》，（16）《淮东江东两浙湖北州县岁较营田赏罚格》，（17）《州县垦田增亏赏罚格》，（18）《守贰令尉营田增亏赏罚格》，（19）《诸色淮南垦田赏格》，（20）《力田赏格》，（21）《诸军及配军逃入郴桂界捕获赏格》，（22）《贼徒相招首罪赏格》，（23）《捕贼补官格》，（24）《捕获私铸铜钱赏格》，（25）《行见赏格》，（26）《秋试诸军赏格》，（27）《将士战伤死者推恩格》，（28）《招禁军官员赏格》，（29）《康定行军赏罚格》，（30）《秘书省献书赏格》，（31）《孳生牧马监赏罚格》，（32）《场务官赏格》，（33）《巡教使臣罚格》，（34）《纳米补官赏格》，（35）《司勋赏格》，（36）《县尉捕盗赏格》，（37）《大理少卿拘催赃罚钱减年格》，（38）《招纳归归正人赏格》，（39）《宜州立功将士赏格》，（40）《用兵诛赏格》，（41）《献钱米格》，（42）《卖田钱格》。

在上面42种赏格篇名中，可以进行一步分为类综合性赏格和一般性赏格。类综合赏格主要有《元丰赏格》《吏部通用酬赏格》《淳熙一州一路酬赏格》和《淳熙总类赏格》等，这些是专门性赏格法典。因为这类"赏格"下再分成具体的篇名。宋朝赏格类立法，北宋时期主要是采用单行立法，其中《元丰赏格》是最主要的专门立法。在地方赏格立法上，《淳熙一州一路酬赏格》是对宋朝地方赏格立法进行全面整理编撰的地方性综合性赏格法典。[①] 宋朝政和年间在制定敕令格式四典时，可能已经开

---

① 对此，《宋会要辑稿·刑法一》中有详细记载：

淳熙五年七月六日，右丞相赵雄等上《诸路州军赏法》一百三十九卷、《目录》一十七卷，《诸路监司酬赏法》四十七卷、《目录》五卷，《通用赏法》一十三卷、《目录》一卷，《西北州军旧赏》一卷。诏以《淳熙一州一路酬赏法》为名。先是乾道二年六月二十七日，吏部侍郎李益谦言："本选近据诸路州军或监司申奏到小使臣、校尉陈乞任赏，其间有格所不载。本处检引一司一路专降指挥条法，皆是川广边远城寨等处，并系熙宁、元丰、大观以前所降指挥。本部推寻酬赏体例，又多案牍不存。乞下诸路州军监司抄录一司一路专降指挥，著为成法。"至六年正月二十七日，左司员外郎阎苍舒言："见修赏法止是四川、二广、两浙、京襄、湖南北、江东西、福建、两浙州军，并诸司计一百八十余处外，其余见今在北界路未通州军并不该载。"诏：其未复州军，令敕令所别作册开列。至是书成上之。（第8264页）

从上面可知此次立法是对宋神宗朝以来制定的地方性各类赏格的整理编撰，内容上涉及路、州两级的赏格立法成果。

始把以前分散的赏格进行整理，把具有“海行”性质，即适用于全国的赏格作为格典中的“赏格”篇来源，撰入格典中。从《庆元条法事类》中的“赏格”篇看，很多内容是来自具体单行格。当然，有些单行格仍然以独立形式存在，如《司勋赏格》《盐法格》和《茶法格》等。因为宋朝法律根据适用领域，可以分为全国性、部门性和地方性三大类。

2. 官吏选拔、管理类格

(1)《长定格》，(2)《循资格》，(3)《吏部七司格》，(4)《吏部四选格》，(5)《铨曹格》，(6)《选官格》，(7)《材武格》，(8)《元丰官制格》，(9)《政和都官格》，(10)《中书官制格》，(11)《司封格》，(12)《尚书户部司勋格》，(13)《六曹通用格》，(14)《尚书侍郎左右选通用格》，(15)《尚书侍郎左选通用格》，(16)《尚书侍郎右选通用格》，(17)《尚书右选侍郎左右选通用格》，(18)《尚书左选格》，(19)《尚书右选格》，(20)《侍郎左选格》，(21)《侍郎左选尚书司勋通用格》，(22)《侍郎右选格》，(23)《考功格》，(24)《参附司勋格》，(25)《参附侍郎右选格》，(26)《请受格》，(27)《铨试格》，(28)《叙格》，(29)《勒停格》，(30)《御试省试府监发解通用格》，(31)《内外通用贡举格》，(32)《禄格》，(33)《在京禄格》，(34)《元丰以阶易官寄禄格》，(35)《御史台弹奏格》，(36)《考试进士新格》，(37)《在京校试诸军技艺格》，(38)《大小使臣呈试弓马艺业出官试格》，(39)《武臣荐举格》，(40)《荐举事实格》，(41)《试刑法避亲格》，(42)《枪手及射铁帘格》，(43)《选试武士弓马去留格》，(44)《关升格》，(45)《回授格》，(46)《补荫新格》，(47)《废免人叙格》，(48)《大观告格》，(49)《转员旁通格》，(50)《诸班直诸军转员格》，(51)《亲从亲事官转员格》，(52)《转厅格》，(53)《龙图天章宝文显谟阁学士荫补推恩格》，(54)《开封六曹官制格》，(55)《中书省官制事目格》,(56)《御试贡士格》，(57)《贡士格》，(58)《贡举格》，(59)《参附尚书吏部格》，(60)《职事官迁除体格》，(61)《补外带职格》，(62)《后妃王主奏荐格》，(63)《内命妇诞育推恩格》，(64)《庆元荫补新格》，(65)《淳熙武举授官新格》，(66)《宗室缌麻亲授官格》，(67)《使相荫补格法》，(68)《旁通格》，(69)《参附尚书左选格》，(70)《参附尚书右选格》，(71)《参附侍郎左选格》，(72)《参附尚书侍郎左右选通用格》，(73)《换官格》。

上面共有73种官员管理、考核等相当于行政法、公务员管理法的格类法律。《禄格》可能存在两种情况，一是作为综合格典中《禄格》篇和各种单行《禄格》。而且单行《禄格》可能还存在类禄格法典和一般单行禄格两种。此外，这里有很多单行格被纳入了《荐举格》《选试格》和《吏卒格》中，撰入格典。但有些格仍然存在于单行的类综合格典中，如《尚书侍郎左右选通用格》《尚书侍郎左选通用格》《尚书侍郎右选通用格》《尚书右选侍郎左右选通用格》《尚书左选格》《尚书右选格》《侍郎左选格》《侍郎左选尚书司勋通用格》《侍郎右选格》《尚书考功格》和《司封考功格》。这些“格”都构成了《吏部七司格》典中的具体篇名。

3. 机构设置、管理类格

(1)《中书省格》，(2)《尚书省格》，(3)《枢密院格》，(4)《三省通用格》，(5)《三省枢密院通用格》，(6)《大宗正司格》，(7)《殿中省格》，(8)《阁门格》，(9)《客省格》，(10)《四方馆格》，(11)《吏部格》，(12)《刑部格》，(13)《兵部格》，(14)《军马司格》，(15)《巡尉格》，(16)《提举所格》，(17)《六尚局格》，(18)《供奉库格》，(19)《诸路岁贡六尚局格》，(20)《户部度支格》，(21)《金部格》，(22)《仓部格》，(23)《左藏库格》，(24)《尚书度支事目格》，(25)《比部官格》，(26)《景灵宫供奉格》，(27)《诸司格》，(28)《诸司库务格》，(29)《学士院格》，(30)《户部格》，(31)《六曹格》，(32)《诸路州县格》，(33)《吏部通用格》，(34)《诸司市务格》，(35)《两浙福建路格》，(36)《六曹寺监库务通用格》。

上面共有36种，其中很多单行格可能被撰入《厩库格》中，如《六尚局格》《供奉库格》《诸路岁贡六尚局格》《户部度支格》《金部格》《仓部格》《左藏库格》《诸司格》和《诸司库务格》。但这些被撰入的内容是那些适用于全国的，具有部门性质的仍然以单行方式存在。

4. 教育礼制类格

(1)《国子监格》，(2)《大学格》，(3)《太学格》，(4)《武学格》，(5)《律学格》，(6)《小学格》，(7)《书画学格》，(8)《太学格》，(9)《算学格》，(10)《国子监小学格》，(11)《宗子大小学格》，(12)《国子监太学辟雍格》，(13)《诸路州县学格》，(14)《大礼格》，(15)《祠祭格》，(16)《祠祭合差行事官空格目》，(17)《夏祭格》，(18)《明堂格》，(19)《诸附荐献礼格》，(20)《宗祀大祀格》。

上面共有20种属于教育礼仪类格。教育类格主要涉及中央教育和地方教育。北宋中央教育按专科分类，数量较多，有太学、大学、小学、武学、律学、算学、书学、画学等。对这些专科教育门类都进行了专门立法，让宋朝教育立法呈现出十分发达的特征。宋朝教育类格在综合格典中应有专门的《学格》篇，因为令典中存在《学令》篇。

在礼类格中，《大礼格》《祠祭格》《明堂格》和《夏祭格》可能被作为《礼格》《大礼格》和《仪制格》等编入格典中，因为在《庆元条法事类》中令类篇名中有《祠令》和《仪制令》；或者用《大礼格》《祠祭格》和《明堂格》为名编入综合性格典中。

5. 其他格类的篇名

(1)《五服年月格》，(2)《政和编配格》，(3)《杀情理轻重格》，(4)《侵移擅用格》，(5)《常平免役格》，(6)《禁止抑买酒曲格》，(7)《保甲格》，(8)《教阅格》，(9)《马递铺格》，(10)《在京通用格》，(11)《限田格》，(12)《经制钱格》，(13)《非当职官及吏人驳正格》，(14)《运铜出出剩格》，(15)《内东门司应奉禁中请给格》，(16)《接送高丽格》，(17)《奉使高丽格》。

这里有17种"格"在内容上涉及刑事、服制、驿传和外交等方面。与刑事有关的格有《五服年月格》《政和编配格》《杀情理轻重格》和《非当职官及吏人驳正格》。其中《五服年月格》在综合格典中被撰入《服制格》中；《限田格》被撰入《田格》中；《马递铺格》被撰入《驿格》中。有些是赋役法律，如《常平免役格》。这些内容都与奖罚无关。

八　宋朝格的演变和特点

宋格的立法可以分为北宋和南宋两个大的时期，其中北宋又可以分为神宗元丰年间前和后两个时期。元丰年间以前，宋格的立法特点主要是适用唐朝格典，即通称的《唐格》，以及五代十国时期形成的立法习惯下出现的新格形式，即制定《长定格》和《循资格》等。这两种格主要是官员选拔和考核的管理法律，属于当代法律分类中的公务员法类别。北宋真宗和仁宗时期，开始出现大量的单行格，如《行军赏格》《选格》等。元丰年间，格的内容开始增加，主要原因是宋神宗重新定义了敕令格式，让以前大量称为“敕”的，但性质上却是“设制立范”的法律纳入格类法律中。此后，虽然《元丰格典》仅有五卷，但大量单行格开始制定。从史料看，元丰和元祐年间制定的单行格数量最多，如《盐法赏格》《私茶赏格》和《诸司格》等。北宋徽宗朝，这种立法趋势更加明显，出现大量的教育格的立法，如《武学格》《律学格》《小学格》《书画学格》《太学格》《算学格》《国子监小学格》《宗子大小学格》《国子监太学避廱格》和《诸路州县学格》。这就可以理解政和年间制定的《政和格》典数量出现大增的原因。可以说，在北宋格类法律的立法上，神宗朝是发展加速期，哲宗、徽宗朝进入立法高潮期，北宋格的立法最高成是《政和格》，标志宋朝风格的综合格典正式形成。《绍兴格》是南宋诸朝格典立法体例的典范，但《绍兴格》是在《政和格》的基础上形成的，两者间的差异很小。

宋朝格典在体例发展上可以分为两个时期，即《政和格》，特别是《绍兴格》以前为一个时期，这个时期格典内容很少，“格”主要以单行格和类格典的形式存在。《政和格》，特别是《绍兴格》后，由于格典的卷数和篇名增加，综合格典开始把大量分散的单行格吸纳进来，形成了新的格典篇名结构和体例。

宋朝综合格典在篇名和数量发展上，《元丰格》是开始时期，按记载仅有 5 卷，而且从《续资治通鉴长编》记载看，《元丰格》可能就是《元丰赏格》，因为《元丰格》的内容是“命官之赏等十有七，吏、庶人之赏等七十有七，又有倍、全、分、厘之等级凡五卷，有等级高下者皆为格”。在《通志·艺文志》中记载“《元丰赏格》，五卷”。两者在数量和内容性质上是一致的。此外，元祐二年（1087 年）苏颂曾指出《元丰敕令格式》中是“酬赏为格”。从这些看，《元丰格》最可能就是《元丰赏格》。当然，从现在“格”的内容看，格的特征不是奖罚，而是制定“等级高下”的法律内容。然而，从神宗朝开始，大量单行格开始出现，导致宋朝格典的内容不断进行调整。南宋综合格典的篇名除现在可以确定的 16 篇外，还可能有《禄格》《学格》《仪制格》《大礼格》和《祠祭格》等篇，最多达 30 篇。

在宋朝单行格和类格典的发展中，南宋高宗朝是一个重要的再造时期。因为南宋建立政权后，出现法律缺失，为了新政权的法律建设，高宗朝进行了长达30年的法律整理和发展立法再造。从现在记载看，高宗朝的立法主要是对宋仁宗朝到徽宗朝的立法成果进行整理和再编撰。在整理编撰中，在法律分类上继承了神宗朝形成的分类体系。在法典风格上，主要继承政和年间的风格。于是，在“格”的立法上，出现大量的单行立法外，还制定了很多综合性质的格典，如《绍兴格》《绍兴吏部七司格》《绍兴禄格》《在京通用格》等。

九 宋朝格的编撰特点

宋朝格在编撰体例上，可以分为综合格典的编撰与单行格的编撰，两者在编撰体例略不同。

（一）综合格典编撰特点

宋朝格典编撰上较具特色，与敕令相比，汇编特征更加明显。如《文书门·赦降》中“断狱格”所撰入的法律是《斗杀遇恩情理轻重格》，即“断狱格”编撰时把单行的《斗杀遇恩情理轻重格》撰入。在《职制门》中把“叙用格”撰入。此外，宋朝格典编撰上往往采用标题制，让条文数量难以确定。在具体内容上采用形式多样的条文结构。如《榷禁门·茶盐礬》中“杂格”的结构是：

> 许有禁物：
>
> 茶：品官蜡茶、草茶各：九品三斤；八品以上六斤。僧、道草茶一斤。
>
> 盐：九品五斤；八品以上一十斤；六品以上二十斤。[①]

此法律从《榷禁门·乳香》上看，还有一条，即：

> 乳香：九品一斤；八品以上二斤；六品以上四斤。[②]

上面内容可以确定为同一法律，即“许有禁物”条，规定不同官员和人员可以拥有不同“禁物”的数量。此法律也可以认为是三条，即分

---

① 戴建国点校：《庆元条法事类》卷28，“茶盐礬·杂格”，黑龙江人民出版社2002年版，第392页。

② 戴建国点校：《庆元条法事类》卷28，“乳香·杂格”，黑龙江人民出版社2002年版，第400页。

别规定茶、盐、乳香三类禁物官员及特别人员可以拥有的数量。此类立法表达构成了格类立法的主流。从法律上，可以看成是“杂格·许有禁物”下的具体条文，即此部分是“许有禁物格”中的具体内容，也可以把这些法律作为“许有禁物”条，或把“许有禁物”当成一个小门。

再如，“赏格”中大量涉及具体类别时，下面再分为“官员”与“诸色人”，如《榷禁门·茶盐礬》中“赏格”分为“命官”与“诸色人”两类，具体结构如下：

命官

亲获私有茶盐：

获一火：三百斤，蜡茶一斤比二斤。下项依此。升半年名次；八百斤，免试；一千二百斤，减磨勘一年；二千斤，减磨勘一年半；三千斤，减磨勘二年；四千斤，减磨勘二年半；五千斤，减磨勘三年；七千斤，减磨勘三年半；一万斤，转一官，三万斤，取旨。

累及：一千斤，升斗年名次；一千五百斤，免试；二千斤，升一年名次；四千斤，减磨勘一年；五千斤，减磨勘一年半；七千斤，减磨勘二年；八千斤，减磨二年半；一万斤，减磨勘三年；二万斤，转一员；十万斤，取旨。

亲获私有礬累及：一万斤，升半年名次。二万斤，吏试。四万斤，减磨勘二年。七万斤，减磨勘三年。一十万斤，转一官。

诸色人：

告获私有盐、茶及将通商界盐入禁地、官盐入别县界者，准价以官钱支给；不满一百斤，全给；一百斤以上，给一百斤；二百斤以上，给五分。①

上面法律在分类上是分成“命官”与“诸色人”两条，还是“命官获一伙”“命官累及”和“诸色人告获”三条，或者是“告获私茶盐”一条呢？从结构和内容上看，三者都可以。

（二）在单行格的编撰

在单行格编撰上体现出来的内容十分具体，下面分别引四个不同性质的单行格为例，具体是元丰元年《大小使臣呈试弓马艺业出官试格》、政

① 戴建国点校：《庆元条法事类》卷28，“茶盐礬·赏格”，黑龙江人民出版社2002年版，第391页。

和五年《私盐赏罚格》、元丰三年《以阶易官寄禄格》和建中靖国元年的《斗杀情理轻重格》。

1. 元丰元年《大小使臣呈试弓马艺业出官试格》

> 元丰元年十二月二十三日，中书言："立《大小使臣呈试弓马艺业出官试格》：第一等，步射一石，发两矢，射亲十中三，马射七斗，发三矢，马上五种武艺，问《孙》《吴》大义十通七，时务、边防策五道成，文理优长，律令大义十通七。如中五事以上，与免短使，减一任监当；三事以上，免短使，升半年名次；两事，升半年；一事，升一季。第二等，步射八斗，射亲十中二，马射六斗，马上三种武艺，《孙》《吴》义十通五，策三道成文理，律令义十通五。如中五事以上，与免短使，升半年；三事以上，升半年；两事，升一季；一事，与出官。第三等，步射六斗，射亲十中一，马射五斗，马上两种武艺，《孙》《吴》义十通三，策三道成文理，律令义十通三，计算钱谷文书五通三。如中五事以上，升半年；三事以上，升一季；两事，与出官。已上步射并发两矢，马射三矢。"从之。(《宋会要》，"选举二五·铨选四·侍郎右选上之11"，第5732页。)

此格规定了大小使臣技能考核与任官标准，具体分为三等，即一等、二等和三等，分别任命不同级别的官员。这在宋朝格类中属于数量较多的部分，主要涉及官员的选考、任命等方面。

2. 政和五年《私盐赏罚格》

> 政和五年（1115年）五月二十五日，尚书省言："今重修立到下项赏格：命官亲获私有茶、盐，获一火三百斤，腊茶一斤比草茶二斤，余条依此。升半年名次；八百斤，免试；一千二百斤，减磨勘一年；二千斤，减磨勘一年半，三千斤，减磨勘二年；四千斤，减磨勘二年半；五十千斤，减磨勘三年；七千斤，减磨勘三年半；一万斤，转一官；三万斤，取旨。累及一千斤，升半年名次；一千五百斤，免试；二千斤，升一年名次；四千斤，减磨勘一年；五千斤，减磨勘一年半；七千斤，减磨勘二年；八千斤，减磨勘二年半；一万斤，减磨勘三年；二万斤，减磨勘三年半；三万斤，转一官；十万斤，取旨。罚格：巡捕官透漏私有茶盐一百斤，罚俸一月；一百五十斤，罚俸一月半；二百斤，罚俸两月；二百五十斤，罚俸两月半；三百斤，罚俸

三月；一千五百斤，罚俸五月，仍差替；二千五百斤，展磨勘一年，仍差替；三千五百斤，展磨勘二年，仍差替；四千五百斤，展磨勘三年，仍差替；五千斤，降一官，仍冲替；三万斤，取旨。”从之。（《宋会要》，“食货三二·茶盐杂录之8”，第6701页）

上面是宋朝赏格中的典型，宋朝“赏格”较为准确的名称是“赏罚格”，即涉及“赏”与“罚”两个部分。这类立法从主体上分为官员、吏员和一般百姓，“百姓”又称为“诸色人”。

3. 元丰三年（1080年）《以阶易官寄禄格》

元丰三年九月十六日，详定官制所上《以阶易官寄（录）［禄］新格》：中书令、侍中、同平章事为开府仪同三司，左、右仆射为特进，吏部尚书为金紫光禄大夫，五曹尚书为银青光禄大夫，左、右丞为光禄大夫，六曹侍郎为正议大夫，给事中为通议大夫，左、右谏议为太中大夫，秘书监为中大夫，光禄卿至少府监为中散大夫，太常至司农少卿为朝议大夫，六曹郎中为朝请、朝散、朝奉大夫凡三等，员外郎为朝请、朝散、朝奉郎凡三等，中书舍人为朝请郎，起居舍人为朝散郎，司谏为朝奉郎，正言、太常、国子博士为承议郎，太常、秘书、殿中丞为奉议郎，太子中允、赞善大夫、中舍、洗马为通直郎，著作佐郎、大理寺丞为宣德郎，光禄、卫尉寺、将作监丞为宣义郎，大理评事为承事郎，太常寺太祝、奉礼郎为承奉郎，秘书省校书郎、正字、将作监主簿为承务郎。又言：“开府仪同三司至通议大夫已上无磨勘法，太中大夫至承务郎应磨勘。待制已上六年迁两官，至太中大夫止。承务郎已上四年迁一官，至朝请大夫止，候朝议大夫有关次补，其朝议大夫以七十员为额。选人磨勘并依尚书吏部法，迁京朝官者，依今新定官。其《禄令》并以职事官俸赐禄料旧数与今新定官请给对拟定。”并从之。（《宋会要》，“职官五六·官制别录之2”，第4527—4528页）

此法律是神宗朝制定的有名《寄禄格》，内容反映的是不同官职之间兑换职级与俸禄的法律。

4. 《斗杀情理轻重格》

理直下手稍重，下手稍重，谓以他物殴击并手足重叠殴头面、咽喉、胸乳、心腹、肋协、阴隐处，或刃伤余处之类。理曲下手轻。

理直下手重，下手重，谓以刃伤头面、咽喉、胸乳、心腹、肋协、阴隐处，以及斧钁之类，虽不用刀刃，殴击上项要害处并以手足、他物殴至折支以上及项骨折跌，脑骨破损，若堕台之类。理曲下手稍重。①

此法律在《宋会要》中记载是建国靖国元年（1101 年）六月三十日颁布，“诏颁《斗杀情理轻重格》于诸路。先是格（上）［止］用于刑部、大理寺，而州郡议刑往往出于临时，或得上下其手；至不能决，则以疑虑奏裁，以是多留狱。大理卿周鼎以为请，故有是诏”②。《宋史·徽宗纪》记载是建中靖国元年六月己未，“诏班《斗杀情理轻重格》。”③ 比较两处记载是同一内容。这里反映出的内容是刑事法律。

十　宋朝格的性质和内容

宋格内容中是否仅是赏罚呢？对此，从上面宋格篇名和宋朝格编撰内容上看，这种认识都存在问题，因为在上面统计出的 153 篇一般格的篇名中，仅有 35 篇是专门规定赏罚，其他 118 篇没有涉及赏罚。在《庆元条法事类》中虽然赏格的数量达到 206 条，但其中有大量是重复的。此外，通过考察史料，会发现把宋格作为赏格的来源是有明确的史料源流，而这种认识是存在特定所指的，具体是此认识最早仅针对《元丰格》的性质总结上，而不是宋朝《政和格》及此后诸格典上，特别不是对所有格的法律性质认识上的总结。分析这种观点的形成有两个知识源流，第一是在元丰年间制定了敕令格式时总结《元丰格》所得，具体见《长编》。

元丰七年（1084 年）三月乙巳，《艺文志》：《元丰编敕令格式》《赦书德音》《申明》共八十一卷，元丰七年，崔台符等修。……至元丰，修敕详定官请对，上问敕、令、格、式体制如何，对曰：“以重轻分之。”上曰：“非也。禁于已然之谓敕，禁于未然之谓令，设于此以待彼之至之谓格，设于此使彼效之之谓式。修书者要当知此，

① 戴建国点校：《庆元条法事类》卷十六，“降赦·断狱格·斗杀遇恩情理轻重格”，黑龙江人民出版社 2002 年版，第 342 页。

② 《宋会要》，“刑法一·格令二之 20”，第 8233 页。

③ 《宋史》卷一九，“徽宗一”，中华书局 1977 年版，第 362 页。

有典有则，贻厥子孙。今之敕、令、格、式，则典则也。若其书备具，政府总之，有司守之，斯无事矣。”……又有倍、全、分、厘之级凡五卷，有等级高下者皆为“格”；奏表、帐籍、关牒、符檄之类凡五卷，有体制模楷者皆为“式”；始分敕、令、格、式为四。（《长编》卷344，“元丰七年三月乙巳条”，第8254页）

这里对《元丰格》总结上指出有“命官之赏等”和“吏庶之赏等”两种，共有94等，这可能是两者共有94条，或94小门。这里还存在一个最重要的总结性定义，即“有等级高下者”。对此，学术界很少注意这种总结。这种“等级高下”好像才是格类法律的核心实质，即涉及各类标准、准则和制度设置的法律都属于“格”。这种定义被后来的《宋史》继承。在《宋史·刑法志》中有记载：

神宗以律不足以周事情，凡律所不载者一断以敕，乃更其目曰敕、令、格、式，而律恒存乎敕外。……于是凡入杖、笞、徒、流、死，自《名例》以下至《断狱》凡十有二门，丽刑名轻重者皆为“敕”；自《品官》以下至《断狱》三十五门，约束禁止者，皆为令。命官之等十有七，吏、庶人之赏等七十有七，又有倍、全、分、厘之级凡五等，有等级高下者皆为格。表奏、帐籍、关牒、符檄之类凡五卷，有体制模楷者皆为式。（《宋史》卷一九九，“刑法志”，第4963—4964页）

这里把《长编》中记载的内容全面抄录，成为了学术界很多学者对宋朝格认识的依据。

对《元丰格》的认识上，另一种认识是来自对“元丰敕令格式”立法风格批判上的总结，具体是宋哲宗元祐二年（1087年）制定“元祐敕令式”的官员苏颂。他在上奏“元祐敕令式”完成的奏折中总结了元祐立法与元丰立法上的异同时，提出元丰敕令格的性质。

元祐二年（1087年）十二月壬寅，诏颁《元祐详定编敕令式》……又按熙宁以前编敕，各分门目，以类相从，约束赏刑，本条具载，以是官司便于检阅。《元丰敕》则各随其罪，厘入诸篇，以约束为令，刑名为敕，酬赏为格，更不分门，故检用之际，多致漏落。今则并依熙宁以前体例删修，更不别立赏格。（《长编》卷四百

七，“元祐二年十二月壬寅条”，第9912—9914页）

苏颂是在一种批判的眼光下总结出元丰年间制定的敕令格三法典的性质，从文中两处涉及《元丰格》的用语看，《元丰格》都是赏格，即“酬赏为格”，“今则并依熙宁前体例删修，更不别立赏格”，即元祐此次修敕令式时不修赏格。这种观点被《玉海》抄录。《玉海》中“元丰诸司敕式编敕”条中记载有：“元丰以约束为令，刑名为敕，酬赏为格”，[①] 即总结得出“元丰敕令格”三典的性质。因为苏颂的总结较为简明，成为后人对这三种法律形式的定义。

然而，考察上面二种认识的来源，会发现在所指上都是《元丰格》，而《元丰格》就是《元丰赏格》。现在可以证明《元丰格》在内容上仅是赏格还可以从宋哲宗与章惇的对话中得到证明，元符年间宋哲宗在对神宗朝的改革上已经摆脱了元祐年间那种完全被反对神宗朝改革的保守派控制的政治局面。元符二年（1087年）的立法从政治角度看就是反对元祐立法立场而进行的立法。

> 元符二年（1087年）八月三日，宰臣章惇、翰林学士承旨蔡京、大理少卿刘赓进呈《新修海行敕令格式》。惇读于上前，其间有元丰所无而用元祐敕令立者，上曰：“元祐亦有可取乎？”惇等对：“取其是者。”上又问：“所取几何？”惇等遂进呈新书所取元丰、元祐条，并参详新立件数。上令逐条贴出。又问：“谁修元祐敕令？”京对：“苏颂提举。”惇等又读太学生听赎条，上问：“新条耶？旧条耶？”京对：“臣等参详新立。盖州县医生尚得听赎，太学生亦应许赎。”次进呈格、式件数，上曰：“元丰止有赏格，元祐俱无。”惇对曰：“然。”（《宋会要》，“刑法一·格令一之18”，第8231页）

上面在哲宗和章惇的对话中，明确指出元丰年间制定的“格”仅有“赏格”，没有其他方面的内容。但要注意的是，他们讨论的是元丰年间制定敕典、令典和格典时的立法情况，而不是其他时期的立法情况。

综合以上材料，可以得出《元丰格》是把《元丰赏格》纳入“元丰敕令格式”的立法中，后来得出宋“格”就是“赏格”的结论是在对《元丰格》总结的基础上形成的，具有不全面性。原因是：首先，《元丰

---

① 王玉鳞撰：《玉海》卷六六，江苏古籍出版社、上海书店1987年版，第1261页。

格》属于宋朝综合格典中特殊的格典，或说它不是真正意义上的综合格典；其次，《元丰格》在内容上仅包括有赏格，与后来制定的综合性格典存在不同；最后，《元丰格》在神宗朝的格类法律中仅是其中一类，并不是所有格的内容。考察清楚了这种认识的知识谱系后，就很容易对宋格的性质和内容进行新的认识。

宋格在内容上，从格的篇名结构和分布上看，主要集中在官员管理、选拔，机构职能和管理，教育机构设置和管理等方面。这三大类格的内容在综合性格典中纳入数量较少，主要以单行方式存在。如《淳熙编类御史弹奏格》有305条，涉及御史职能设置和工作管理。此外，宋格中还有刑事内容，如《五服格》《政和编配格》和《斗杀情理轻重格》等。宋格的内容主要是各类制度中等级、数量、标准、职数等具体内容。宋格的内容特点是十分具体，常用数量规定。宋朝对格的这种分类，体现了中国古代立法分类中较具特色的风格，即立法上采用具体数量为标准，或说准确性立法。从现存格的材料看，宋朝很多格的内容较少，且内容十分具体。

总之，可以得出宋格作为宋朝的一种基本法律形式，在性质上不能仅认为是赏罚，因为存在大量其他不属于赏罚的内容。在宋格性质上，宋神宗的“设于此以待彼之至之谓格”是具有实质主义的归纳。宋格的内容主要有各类制度中等级、数量、标准、职数等具体规定。宋格不是宋朝“令”的实施细则，因为宋格中存在刑事法律。宋格在内容上也不仅是行政法，因为宋格中存在刑事、民事等方面的内容。学术界想用当代西方部门法分类体系对宋格进行归类都会存在不全面的问题。此外，想用律令法律体系来解决宋格的法律地位也会存在问题，因为宋朝对敕令格式的分类与日本学者构建起来的律令法律体系的分类也存在差异。

第四章　宋朝式的篇名考

"式"作为一种法律形式在中国古代较早就出现，南北朝时开始成为重要的法律形式。唐朝，式作为四种基本法律形式被确立，成了中国古代法律形式中的基本类型。宋朝式的发展较为复杂，初期主要适用《唐式》，具体是开元二十五年（737 年）的式典。宋太宗淳化年间通过对《开元式》的修订，在保留《开元式》基本内容下修成《淳化式》。宋式发展史中，神宗元丰年间是转折点，此后式的发展有了新的内容。学术界对宋式的研究较少，① 以往主要是在研究唐式时涉及宋式。② 宋朝意义上的式典始于《元丰式》。现在可以较全面观察到的宋朝式典是《庆元式》。《庆元式》反映的是宋朝神宗元丰年间后发展起来的式典的结构和内容。宋式从内容上看，主要涉及"名数"和"样式"两大类。以往学术界仅关注宋式内容中的"样式"而忽略"名数"，导致对宋式性质认识上存在不足，同时也影响到对宋式在宋朝整个法律体系中的地位和作用的评价。式在宋朝是内容较为丰富的时期，也是中国古代把式作为基本法律形式的最后王朝。此后，元明清时期，虽然式的一些内容被保留下来，但在法律分类上"式"不再作为基本法律形式。本章通过对宋朝式类的立法篇名进行辑考，在此基础上，对宋朝式的立法演变进行考察，最后对宋朝式的性质进行考证。

一　《庆元条法事类》中所见式的篇名

宋朝综合式典最早的是《淳化式》，而可以知道式典的卷数是《元丰式》，按记载有 5 卷，但没有记载具体篇名。在综合式典卷数上，现在可

---

① 主要有吕志兴：《宋"式"论考——兼论唐式之性质》，载《西南师范大学学报》2006 年第 3 期；陈卫兰：《庆元条法事类"式"的研究》，载《台州学院学报》2012 年第 2 期。

② 霍存福：《唐式性质考论》，载《吉林大学学报》1992 年第 6 期；冯卓慧：《从几敦煌吐蕃文书看唐代法律形式——式》，载《法学研究》1992 年第 3 期；等等。

以确定的是《绍兴式》，共有30卷。此后南宋诸式典篇数结构与此相同，然而具体篇名和结构无法确定。对宋朝式的篇名和结构，现在可以知道最多的是《庆元条法事类》残本中反映的《庆元式》。整个残本中完整记录有式的内容，其中最多的达17篇，即《荐举式》，在《庆元条法事类》卷十二"职制门九·荫补"中。[①] 宋朝式典的内容现在可以确定主要是各类公文格式的样本，法律文书构成要素，国家计量标准、赠赐等级和数量等，从内容上看，主要通过三种形式表达出来：即数据化、标准化和格式化。残本中现在可以见到"式"的篇名具体如下：

1.1《考课式》；1.2《文书式》；1.3《职制式》；1.4《断狱式》；1.5《杂式》；1.6《荐举式》；1.7《给赐式》；1.8《道释式》；1.9《封赠式》；1.10《选试式》；1.11《赏式》；1.12《仓库式》；1.13《场务式》；1.14《理欠式》；1.15《赋役式》；1.16《服制式》；1.17《户式》；1.18《厩牧式》。

《庆元条法事类》中18篇式分布在36卷，17门中的情况具体如表一：

表一

门类 \ 数量	卷数	类门数	式条数	式篇数	引用式的具体篇名
卷三	3	3	6	2	考课式　文书式
职制门	10，卷4—13	49	34	6	职制式　考课式　断狱式　杂式　荐举式　封赠式
选举门	2，卷14—15	10	14	3	职制式　荐举式　选试式
文书门	2，卷16—17	11	13	3	文书式　职制式　杂式
榷禁门	2，卷28—29	13	2	1	赏式
财用门	3，卷30—33	7	18	4	仓库式　场务式　赏式　理欠式
库务门	2，卷36—37	9	13	5	场务式　赏式　仓库式　文书式　给赐式
赋役门	2，卷47—48	10	13	2	赋役式　赏式
农桑门	1，卷49	3			缺

① 《庆元条法事类》卷12，"职制门九·荫补"，黑龙江人民出版社2002年版，第237—250页。

续表

门类\数量	卷数	类门数	式条数	式篇数	引用式的具体篇名
道释门	2，卷50—51	11	10	1	道释式
公吏门	1，卷52	3	1	1	荐举式
刑狱门	3，卷73—75	17	7	3	断狱式　赏式　杂式
当赎门	1，卷76	3			缺
服制门	1，卷77	4	10	1	服制式
蛮夷门	1，卷78	6	4	2	杂式　户式
畜产门	1，卷79	9	4	1	厩牧式
杂门	1，卷80	9			缺

从表一可以看出，在17门中，“农桑门”“当赎门”和“杂门”现存卷中没有引用到具体的“式”。式的篇名分布最多的是“职制门”，引用了6篇、“库务门”引用了5篇，“财用门”引用了4篇。这种分布说明宋朝国家规定公文样式的法律主要涉及官员和吏员的管理、财务收支和管理等方面。从表中可知，整个残本现有149个式状，主要分布是职制门中有34个状式，财用门中有18个状式，选举门中有14个状式，文书门、库务门和赋役门中有13个状式，道释门和服制门中有10个状式。

分析18篇式的分布情况，具体如下：

表二

序号	篇名	被引类门次数	条数	序号	篇名	门数	条数
1.1	考课式	3	8	1.10	选试式	2	4
1.2	文书式	3	12	1.11	赏式	7	9
1.3	职制式	8	11	1.12	仓库式	3	8
1.4	断狱式	2	2	1.13	场务式	4	16
1.5	杂式	4	6	1.14	理欠式	1	3
1.6	荐举式	9	29	1.15	赋役式	3	12
1.7	给赐式	1	1	1.16	服制式	1	10
1.8	道释式	5	10	1.17	户式	1	3
1.9	封赠式	1	1	1.18	厩牧式	1	4

从表二看，在18篇式的分布中，《荐举式》《职制式》分别在9个类

门和8个类门中被引用，其中《荐举式》在9个类门中被引用的数量是29个，体现了南宋时期国家在官员选拔体制出现的变化，荐举成为官员迁升的重要途径，同时也成为官员的特权。此外，《赏式》分布在9个类门、《道释式》在5个类门、《断狱式》《杂式》和《场务式》分布在4个类门中。数量上《场务式》引用了15个；《考课式》《文书式》《仓库式》和《赋役式》分别在3个类门中。在数量上，"预买䌷绢"类门下有"请预买䌷绢钱保状"没有式的篇名，即缺篇名，但有完全式的内容和结构。①

二　《宋会要》中所见式的篇名

宋朝式的篇名和具体立法情况现在可以见到最多的原始资料的是在《宋会要》中。考察《宋会要》涉及宋朝式的材料，可以分为式典篇名、式典中篇名和一般式的篇名。宋朝式的立法情况十分复杂，有些记载较为具体，有些把整个法律都记载了，如《支赐式》《孝赠式》等。这为了解宋朝式的内容结构提供了第一手材料。

（一）综合性式典的篇名

宋朝综合性式典的篇名，从《宋会要》中看，最早完整记载始于《元丰式》，此后在制定"敕令格式"时都会制定相应的式典，但很多记载材料多不全和残缺。这让对宋朝综合性式典的了解较敕典、令典和格典更困难。在记载式典的材料中很少有具体条文。这可能与综合性式典的内容表达形式较为特殊有关。

2.1.1《元丰式》

> 2.1.1.1 元丰三年（1080年）五月十三日，详定重修编敕所言："见修《敕令》与《格式》兼行，其《唐式》二十卷条目至繁，(文)［又］古今事殊。欲取事可海行，及一路、一州、一县、在外一司条件，照会编修，余送详定诸司敕式所。"从之。（《宋会要》，刑法一・格令一之12，第8224页）

此史料十分重要，它揭示了宋朝式典制定的时间及与《唐式》的关系。按记载淳化年间修订过《唐式》，但制定宋朝意义上的式典始于《元丰式》。这时不管从体例还是内容上都体现出宋朝的风格，因为宋神宗的

---

① 《庆元条法事类》卷四十八，黑龙江人民出版社2002年版，第675页。

定义让“式”有了明确的对象。

2.1.1.2 绍圣二年（1095 年）四月八日，诏内外官批书印纸，并依《元丰式》。(《宋会要》，职官五九·考课之11，第4644 页)

2.1.2《元祐式》

2.1.2.1 元祐二年（1087 年）十二月二十四日，详定重修敕令书成，以《元祐详定敕令式》为名颁行。(《宋会要》，刑法一·格令一之15，第8227 页)

2.1.3《元符式》

2.1.3.1 元符二年（1099 年）八月三日，宰臣章惇、翰林学士承旨蔡京、大理少卿刘赓进呈《新修海行敕令格式》。(《宋会要》，刑法一·格令一之18，第8231 页)

2.1.3.2 建中靖国元年（1101 年）二月十七日，承奉郎王寔状：“伏见新颁《元符敕令格式》，其间多有未详未便者，伏望更加详究，特为陈请再议删定……”(《宋会要》，刑法一·格令一之19，第8232 页)

2.1.4《政和式》

2.1.4.1 政和二年（1112 年）十月二日，司空、尚书左仆射兼门下侍郎何执中等上表：“修成《敕令格式》等一百三十八卷，并《看详》四百一十卷，共五百四十八册，已经节次进呈，依御笔修定。乞降敕命雕印颁行，仍依已降御笔，冠以《政和重修敕令格式》为名。”(《宋会要》，刑法一·格令一之26，第8239 页)

2.1.5《大观式》

2.1.5.1 绍兴二十六年（1156 年）九月六日，诏：“内、外文武臣僚告敕并依《大观格》制造。裁减吏额，共置二十九人。后降下官告样十六轴，并物料等，(今)［令］有司制造。”沈该等奏，依已得指挥，自来年正月为始。上曰：“此是《大观式》，朕已令各随官品画成圆册，他日可以按图制造。”（《宋会要》，职官一一·官告院之71，第3358页）

2.1.6《绍兴式》

2.1.6.1 绍兴元年（1131年）八月四日，参知政事（司）［同］提举重修敕令张守等上《绍兴新敕》一十二卷，《令》五十卷，《格》三十卷，《式》三十卷，《目录》一十六卷，《申明刑统》及《随敕申明》三卷，《政和二年以后赦书德音》一十五卷，及《看详》六百四卷。诏自绍兴二年正月一日颁行，仍以《绍兴重修敕令格式》为名。（《宋会要》，刑法一·格令二之36，第8249页）

2.1.7《乾道式》

2.1.7.1 乾道六年（1170年）八月二十八日，尚书右仆射虞允文言：“昨将《绍兴敕》与《嘉祐敕》及建炎四年十月以后至乾道四年终续降指挥逐一参酌删削，今已成书。《敕》一十二卷，《令》五十卷，《格》三十卷，《式》三十卷，《目录》一百二十二卷，《存留照用指挥》二卷。缮写进呈。乞冠以《乾道重修敕令格式》为名。”诏依，仍自八年正月一日颁行。（《宋会要》，刑法一·格令三之49，第8261页）

2.1.7.2 乾道六年（1170年）十月十五日，尚书右仆射虞允文言：“伏见敕令所见修《乾道新书》，系将诸处录到续降指挥计二万二千二百余件，除合删去外，今于旧法有增损元文五百七十四条，带修创立三百六十一条，全删旧文八十三条，《存留指挥》一百二十八件，已成书颁行。欲望明诏诸路，候颁到新书，其间如有疑惑事件，许限两月，各条具申本所，以凭检照元修因依，分明指说行下。”从之。（《宋会要》，刑法一·格令三之49，第8261页）

2.1.8《淳熙式》

2.1.8.1 淳熙四年（1177年）八月三日，敕令所上《淳熙重修敕令格式》。（《宋会要》，职官四·敕令所之49，第3117页）

《宋会要》中现在可以见到宋朝综合性式典的材料就是以上几条，整体反映出来的情况较为简单。

（二）式典的篇名

2.2.1《赏式》

2.2.1.1.《陈乞押纲赏状》：具官姓名右某于某年月日准某州差管押或募押某年季分窠名钱物［米纲即云于某年月日准某州差押或募押本州某年分甚名色米］若干，赴某处送纳了当，即无少欠违程，除今来纳外，更无别处送纳，合行团并推赏。系某独员管押，即无同共管押合该分受酬赏之人。押纲日，即不是本州守贰、本路监司子弟亲戚，及不系停降未叙复之官。自补授至今，历任亦不曾犯赃罪及私罪冲替。并是诣实，如后异同，甘伏朝典。所有依条合得酬赏，令申缴（贞）［具］本行程几道、纳讫钱物公据几道、脚色家状在前，谨具申太府寺。米纲申司农寺。伏乞指挥下所属推赏施行。谨状。年月日、具官姓名状。经总领所乞赏倣此。保明召募押纲酬赏状：某司据某官姓名状，昨蒙某州召募管押某色物，赴某处交纳毕，陈乞酬赏。今勘会下项：一、某官某年月日某州召募到管押某色物若干，赴某处交纳某物若干，更有余物，亦各闻。某物若干，比折某物计若干。一、所装官物系全纲，或不及全纲，则去若干分。一、某处水路或陆路，至某处计若干地里。一、某年月日于某处仓库交纳毕，并无欠损。有即开说，虽有欠损，已依条于限内送纳了足。一、检准令格，云云。右件状如前，勘会某官管押某处某色物全纲或若干分赴某处交纳毕，计若干地里，准令格，该某处酬赏，保明并是诣实，谨具申尚书某部谨状。年月依常式。（《宋会要》，食货四五·漕运五之14，第7023页）

此史料是《宋会要》中较少全面记载“式”的具体内容的材料之一。

2.2.2《户式》

2.2.2.1 乾道七年（1171年）二月十四日，册皇太子，赦：“江东圩田去年被水冲决去处，官圩已令修筑外，民间私圩已降指挥以田亩十分为率，借种一分。尚虑兴工，所借分数不足，仰提举官、逐州守令量增分数，一面及时增修，具已增分数，限半月具实数并申尚书省。沙田、芦场昨降指挥，令见佃人依《户式》亲行书押管认顷亩花利，起立租税，窃虑官吏奉行灭裂，误将祖产一例作佃产分数立租，致兴词诉。仰实系祖产之人，降指挥令见佃人依簿赴官陈理，义长，当议覈实改正。”（《宋会要》，食货一·农田二之46，第5978页）

2.2.3《禄式》

2.2.3.1 绍兴三十二年（1162年）八月十六日，诏：“恭奉光尧寿圣太上皇帝圣旨：右宣义郎、添差权通判明州伯圭除集英殿修撰、知台州，母张氏特与依《禄式》支破诸般请给。”同日，诏慈宁殿夫人尚仪王氏可特封永嘉郡夫人，依《禄式》支请受。(《宋会要》，帝系六·过室杂录之33，第157页)

2.2.3.2 绍熙五年（1194年）五月二十一日，诏寿圣隆慈备福皇太后亲侄女咸安郡夫人吴氏特与依宫人《禄式》支破诸般请给。(《宋会要》，后妃二·皇后后太后杂录·淳熙杂录之20，第292页)

2.2.3.3 绍兴九年（1139年）九月二十四日，诏寿国柔惠淑婉育圣夫人王氏特授寿国柔惠淑婉和懿慈穆育圣夫人，依《禄式》支破诸般请给。(《宋会要》，后妃三·乳母之34，第321页)

《宋会要》中《禄式》材料有几十条，这里仅辑录三条。有些地方会增加《宫人禄氏》。

2.2.4《贡举式》

2.2.4.1 熙宁十年（1077年）八月三日，馆阁校勘范镗上准诏修到《贡举敕式》十一卷，诏颁行。(《宋会要》，刑法一·格令一之11，第822页)

2.2.4.2 绍圣三年（1096年）四月十二日，诏依《熙宁贡举式》，诸武举绝伦策义不入等，并奏裁。(《宋会要》，选举一七·武举之20，第5595页)

2.2.5《仪制式》

2.2.5.1 乾道九年（1173年）十二月十五日，详定三司敕令所状：“《乾道重修仪制令》：‘诸中书舍人、左右谏议大夫、龙图、天章、宝文、显谟、徽猷、敷文阁待制、权侍郎许服红鞓排（安）[方]、黑犀带，仍佩鱼。’改修下条：‘诸中书舍人、左右谏议大夫、龙图、天章、宝文、显谟、徽猷、敷文阁待制、权侍郎许服红鞓排方、黑犀带，仍佩鱼’。‘诸狨毛座，职事官权六曹侍郎、寄禄官太中大夫以上，及学士、待制，或经恩赐者，许乘。二衙或节度使曾任执政官者准此’。‘诸凶服不入公门，居丧而夺情从职者照依本品，唯以浅色，去金玉饰，在家即如丧制’。改修下条：‘诸凶服不入公门，居丧而夺情从职者服依本品，唯色浅，去金玉饰，在家即如丧制’。‘诸文武升朝官及伎术官大夫以上并用屦。【学生同。内朝请、武功郎以下减繶，学生减綦】从义、宣教郎以下并用屦，【伎术官、翰林良医以下及将校亦同】’改修下条：‘诸文武及伎术官并用靴。【将校同。朝请、武功郎以上减繶，从义、宣教郎、伎术官、翰林良医以下、将校各减繶、纯。学生服者减綦】’。‘诸州职员及职级许履袍、执笏。【经略、安抚、总管、钤辖、发运、盐司职级准此】’。改修下条：‘诸州职员及职级许靴、袍、执笏。【靴减繶，经略、安抚、总管、钤辖、发运、盐司职级准此】’。《乾道重修仪制式》：‘履用黑革，以絇、繶、纯、綦饰之，各随服色。【学生履以綦、纯，繶、纯用青。减繶者亦名履，减繶、纯者名屦。絇，履上饰。繶，饰底。纯，缘也。綦，履带】’。改修下条：‘靴用黑革，以麻底一重、皮底一重、白绢衲毡为里。自底至口高八寸，以絇、繶、纯、綦饰之，各随服色。【学生絇、纯并用青】’。”诏从之。（《宋会要》，舆服四·臣庶服之9，第2233—2234页）

此材料明确记载乾道九年（1173年）对《乾道仪制令》和《乾道仪制式》的修改情况，其中《仪制令》修改了四条，《仪制式》修改了一条。

2.2.6《文书式》

2.2.6.1 淳熙十五年（1188年）十月二十六日，礼部、太常寺言：“《文书式》及国子监见今遵用《韵略》内，所载高宗皇帝御名合改为庙讳，下刑部、国子监改正。”从之。（《宋会要》，仪制一三·庙讳之18，第2578页）

2.2.6.2 绍熙五年（1194年）七月十七日，礼部、太常寺言：“伏覩皇帝御名并同音计一十八字：扩、阔镬切。廓、郭、鞹、崞、霩、鞹、鞟、彍、彉、廓、霩、擨、篧、篧、篧、啷、漷。乞下刑部、国子监，于《文书式》并《韵略》内添入，从礼部行下都进奏院颁降回避。”从之。(《宋会要》，刑法二·禁约三之127，第8354页)

2.2.6.3 庆元元年（1195年）正月二十一日，礼部、太常寺言：“《文书式》及国子监见行遵用《韵略》内，所载孝宗皇帝御名合改为庙讳，下刑部、国子监改正施行。”诏恭依。(《宋会要》，仪制一三·庙讳之18，第8354页)

2.2.6.4 庆元六年（1200年）十一月十七日，礼部、太常寺言：“《文书式》及国子监见今遵用《韵略》内，所载大行圣安寿仁太上皇帝御名合改为庙讳，下刑部、国子监改正。”诏恭依。(《宋会要》，仪制一三·庙讳18，第8354页)

(三）其他所见式的篇名

2.3.1《礼部式》

2.3.1.1 太平兴国七年（982年）正月九日，翰林学士承旨李昉言：“准诏，定车服制度。《礼部式》：‘三品已上服紫，五品已上服朱，七品以上服绿，九品以上服青，流外官及庶人并衣黄’。参详除服青、服黄久已寝废，自今流外官及贡举人、庶人许通服皁衣、白袍。”从之。(《宋会要》，舆服四·公服之27，第2256页)

2.3.1.2 太平兴国七年（982年）正月九日，翰林学士承旨李昉言：“准诏定车服制度。《礼部式》：三品以上服紫，五品以上服朱，七品以上服绿，九品以上服青，流外官及庶人并衣黄。参详除服青服黄久已寝废，自今流外官及贡举人、庶人（详）［许］通服皁衣白袍。从之。”(《宋会要》，舆服四·诸色袍·皁衣白袍袍之26，第2375页)

从上面两条材料看，是同一材料在不同地方被重复撰入。

2.3.1.3 国朝符瑞之目，皆如《礼部式》，备载其事类于国史。今录缘瑞命崇尚事迹于次，乾道六年三月驯象至京师，宰相率文武百僚称贺。自后凡符瑞内外奏至，必宣示宰相，实时奏贺，大瑞率臣诣阁门拜表。是年，太祖亲郊，有司请以国初以来祥异着之旗章，遂作金鸚鵡、驯象、玉兔三旗。(《宋会要》，瑞异一·祥瑞杂录·太祖之

9，第2591页）

2.3.1.4 景德四年（1007年）十二月，尚书礼部言："先准敕命，珍禽奇兽诸祥瑞等不得进献甚众。当司准《仪制令》，祥瑞应见若麟凤龟龙之类，依图书大瑞者随即表奏，自外诸瑞申报有司，元日闻奏。又准《礼部式》，祥瑞每季具录，送史馆。又检会到唐太和二年中书门下奏，伏请自今已后祥瑞但申有司，更不进献。伏以圣化流通，瑞命纷委，苟不书于史策，曷以表于灵心？欲望自今诸道珍禽奇兽祥瑞等不得进献，只报当司逐季谍送史馆、起居院。"从之。（《宋会要》，瑞异一·祥瑞杂录·真宗之11，第2593页）

2.3.1.5 景祐元年（1034年）七月十三日，礼官言："按《礼部式》：'天地五郊等坛，三百步内不得葬埋。'今参详：三百步外焚殡，烟气实乱薰洁。自今每遇诸坛祭祀，令监祭预牒开封府，前三日权令去坛五百步内禁断。"（《宋会要》，礼一四·群祀·群祀一之27，第755页）

2.3.2《诸司式》

2.3.2.1 熙宁九年（1076年）九月二十五日，编修令式所上《诸司敕式》二十四卷，诏颁行。先是命官修令式，至是先成《阁门赐式》一、《支赐式》二、《支赠式》十五、《问疾浇奠支（支）[赐]式》一、《御厨食式》三、《炭式》二。上之。（《宋会要》，刑法一·格令一之11，第8222页）

从材料看，熙宁九年制定的《诸司敕式》中具体由六个独立的式组成，具体是《赐式》《支赐式》《支赠式》《问疾浇奠支赐式》《御厨食式》和《炭式》。

2.3.3《六尚供奉式》

2.3.3.1 崇宁三年（1104年）二月二十九日，蔡京言："奉诏令讲仪司修立六尚局条约闻奏，谨以元陈请画一事件并稽考参酌，创为约束，删润修立成《殿中省提举所六尚局供奉库敕令格式并看详》，共六十卷。内不可着为永法者，存为申明。事干两局以上者，总为'殿中省通用'，仍冠以'崇宁'为名。所有应干条画、起请、续降、申明及合用旧司条法已系新书编载者，更不行用。不系新书收载，各令依旧

引用。”从之。(《宋会要》，职官一九·殿中省之9，第3551页)

2.3.3.2 政和元年（1111年），殿中省高伸上编定《六尚供奉式》。(《宋会要》，职官一九·殿中省之1，第3547页)

2.3.3.3 政和元年（1111年）十一月十七日，殿中监高伸等言，准诏编定《六尚供奉式》，今已成书。诏殿中监、少、丞、簿刘瑗等各与转一官，内刘瑗依条回授。手分、书写人共一十一人，内使臣三人，各转一官，余八人候有名目转一资，余等第支赐。(《宋会要》，职官一九·殿中省之10，第3552页)

从2.3.3.1条与2.3.3.2条、2.3.3.3条看，2.3.3.1条中的名称应是《六尚局供奉式》。

2.3.4《宫人禄式》

2.3.4.1 绍熙三年（1192年）九月二十二日，诏张氏可特封郡夫人，请给特与依《宫人禄式》支破。(《宋会要》，后妃四·内职杂录之26，第337页)

2.3.4.2 绍熙四年（1193年）十一月十六日，诏皇后亲属庄氏、路氏、钱氏、张氏并与依《宫人禄式》则例，支破红霞帔请给。(《宋会要》，后妃二·皇后皇太后杂录·皇后杂录之26，第298页)

2.3.4.3 绍熙五年（1194年）五月二十一日，诏寿圣隆慈备福皇太后亲侄女咸安郡夫人吴氏特与依《宫人禄式》支破诸般请给。(《宋会要》，后妃二·皇后皇太后杂录·淳熙杂录之19，第292页)

2.3.4.4 绍熙五年（1194年）七月二十九日，诏皇弟许国公妇俞氏与封咸宁郡夫人，依《宫人禄式》支破诸般请给。庆元四年七月封安国夫人。(《宋会要》，帝系七·宗室杂录·杂录之29，第174页)

2.3.5《常平免役式》

2.3.5.1 绍兴十七年（1147年）十一月六日，太师、尚书左仆射、同中书门下平章事、提举详定一司敕令秦桧等上《常平免役敕》五卷、《目录》二卷，《令》二十卷、《目录》六卷，《格》三卷、《目录》一卷，《式》五卷、《目录》一卷，《申明》六卷，《厘析条》三卷，《对修令》一卷，《修书指挥》一卷。诏自来年三月一日颁降，

仍以《绍兴重修常平免役敕令格式》为名。(《宋会要》，刑法·格令二之41，第8254页)

2.3.6《南郊式》

2.3.6.1 熙宁二年（1069年）十二月三日，条例司言：“三司簿历最为要切，乞差官取簿历事目，拘辖次第文字看详，有当废置，务在不失关防。编定所管道数，与使副同议定，申本司参详闻奏。”又言：“三司岁计及南郊之费皆可编为定式。乞差官置局，与使副等编修。仍令本司提举太常博士、集贤校理刘瑾、大理寺丞赵咸、保安军判官杨蟠、秀州判官李定编定《三司岁计》及《南郊式》，屯田郎中金君卿、大理寺丞吕嘉问、郓州须城主簿、三司推勘公事乔执中编定《三司簿历》。”从之。(《宋会要》，职官五·制置三司条例司之6，第3124页)

2.3.6.2 熙宁三年（1070年）四月十九日，前秀州军事判官李定为太子中允、权监察御史里行。定素与王安石善，孙觉归自淮南，荐定极口，因召至京师。定初至，谒李常，常问南方之民以青苗为如何，定言皆便之，无不善者。常谓曰：“今朝廷方争此，君见人，切勿为此言也。”定即日诣安石白其事，曰：“定惟知据寔而言，不知京师不得言青苗之便也。”安石喜甚，遂奏以定编《三司岁计》及《南郊式》，且密荐于上，乞召对。(《宋会要》，食货五·青苗下之5，第6059页)

2.3.6.3 元丰六年（1083年）八月二十八日，诏：“《南郊式》有皇帝称臣，遣使所遣官不称臣。自今依旧仪，皇帝称臣，遣官亦称臣。”先是，沈括上《南郊式》，以为被遣官亦称臣，不应礼，改之，至是复旧。(《宋会要》，礼一四·群祀·群祀二之54，第771页)

2.3.7《祀祭仪式》《仪式》

2.3.7.1 淳熙六年（1179年）十月十七日，礼部侍郎齐庆胄言：“《政和五礼新仪》旧尝给降印本于州郡，中更多故，往往失坠，郡县循习苟简，或出于胥吏一时省记。今春秋释奠，所报社、稷，祭祀风、雨、雷师，坛壝器服之度，升降跪起之节，率皆鄙野不经。乞令礼部、太常寺参稽典故，将州县合置坛壝器服制度、合行礼仪节次，类成一书，锓板颁下四方。”既而礼部、太常寺条具诸路州县释奠祀祭合用祭器："检照大中祥符间颁降制度图本，并系以竹木为之。今临安府释奠、祭社稷、祀风师雷神，亦用竹（本）［木］祭器。今来颁降州县制度，乞从大中祥符制度图本。又诸路州县释奠祀祭合置坛壝、冕服，及行礼仪注，参考类成一书，委临安府镂版印造，从礼部颁降，以《淳熙编类祀祭仪式》为名。"从之。（《宋会要》，礼一四·群祀·群祀三之101，第796页）

2.3.7.2 淳熙七年（1180年）二月十七日，太常寺言："已降指挥，降《州县释奠祭祀仪式》。今续参照大中祥符间颁下州县祭器，止有散尊，即与《新仪》不同。其散尊乞行除去。兼政和之后，其配位、从祀神位升降位数及封爵不同，窃虑州县塑绘不一，乞依国子监大成殿并两廊从祀位数、爵号、姓名并尊器制度，一就颁降。"从之。（《宋会要》，礼一六·释奠之1，第879页）

2.3.7.3 绍熙三年（1192年）八月十七日，诏太常寺将州县释奠文宣王神位次序仪式改正，仍备坐今来申明指挥，行下临安府镂板，同《绍兴制造礼器图》印行颁降。先是臣僚言："兖国公颜回、邹国公孟轲、舒王王安石配飨，西上。王安石已降从祀之（例）［列］，不曾明载指挥，兖、邹二国公坐位从绍兴指挥，徙于先圣之东南，而皆西向北上。州县多不见此指挥，往往差错。曾参合从唐《通典》元封国作郕侯。薛公冉雍、费公闵损从《政和新仪》，闵为第一，冉雍为第二，以正淳熙仪式之误。两廊从祀，《政和新仪》与《淳熙祭祀仪式》不同，合依唐《通典》所载，以东西相对为次序。泗水侯孔鲤，《政和新仪》《淳熙仪式》不曾该载，今增入，孔鲤合在沂水侯孔伋之上。临川伯王雱，乞照《中兴礼书》，去从祀画像。祭器样式，政和年中铸（考）［造］皆（造）［考］三代器物，绍兴间以其样制印造颁付，今州县尚仍聂氏旧图，乞别行图画，镂板颁行。释奠时日，州县或秋用下丁，乞从《政和新仪》序例，春秋皆用上丁日行事。陈设条内着尊肆、牺尊肆，着当作牺，牺当作象，新本虽已改正，旧本尚仍，并乞附载改正镂板。"既而礼院奏从所请，故有是诏。（《宋会要》，礼一六·释奠之2，第879页）

2.3.8《祠祭合差行事官窠目式》

2.3.8.1 嘉定十年（1217年）十一月二日，臣僚言："国之大事在祀，配以祖宗，又祀之至重者也。谨按《中兴礼书》《五礼新仪》

及太常寺条具《祠祭合差行事官窠目格式》，照得本朝每岁大祀虽多，而以祖宗配飨者有七。除正月上辛祈谷、孟夏雩祀、季秋合祀上帝并夏日至祭皇地祇、冬日至祀昊天上帝，凡此五祀，皆以宰执充初献，其亚献则差礼部尚书、侍郎，或阙，依次轮差别曹长贰，次给舍、谏议外，有正月上辛祀感生帝、立冬日后祭神州地祇，合差礼部尚书、侍郎、太常卿少；阙，听报祕书省长贰充初献；其亚献则差太常卿少、礼部郎官；或阙，差五曹郎官；又阙，差太常丞。其终献及执事官皆照班列，以次轮差，若局务监当，皆不与焉。以此可见祀天祭地为重，故以祖宗为配，所差献官必先宰执、侍从，而后卿监、郎曹。伏见今月十二日为立冬日后，祭神州地祇，前二日奏告太宗皇帝，而所差掌誓、涖誓、初献官，乃以尚书、侍郎为职有妨，互相推避，类差郎官及监、丞博士摄之。尊卑不称，轻重不等，甚非所以仰副陛下交神明、尽诚敬之义也。乞下太常寺、吏、礼部，今后祠祭合差行事官，寺监丞簿已下从吏部左选，依仪差摄卿监已下、郎官已上，（后）［从］太常寺具申尚书省点差。所有感生帝、神州地祇两祀系以太祖、太宗为配，其初献、掌誓、涖誓官乞依前五祀亚献所差礼部长贰体例；如有故或阙，即依次轮差别曹长贰，或给舍、谏议充摄。仍并照卿监体例，具申尚书省一并点差，庶免临期妄有推托，而陛下尊崇祀典之意不为具文。”从之。（《宋会要》，礼一四·群祀·祀祭行事官 118，第 806 页）

2.3.9《大礼式》

2.3.9.1 元丰五年（1082 年）二月十八日，详定编修诸司敕式所以“祫享”修为《大礼式》。（《宋会要》，礼七·禘祭之 2，第 601 页）

2.3.9.2 元丰五年（1082 年）二月十七日，详定编修诸司敕式所言：“国家大礼，曰南郊，曰明堂，曰祫飨，曰恭谢，曰籍田，曰上庙号。今若止以明堂、祫享、南郊三事共为《大礼式》，则恐包举未尽。兼明堂、祫享、南郊，难以并合一名，须用旧文离修为式。恭谢、藉田，历年不讲，诸司案检散亡，今若（此）［比］类大礼斟酌修定，又缘典礼至重，品式或有未具，则奉行之际，恐致废阙牴牾，以此未敢修拟。”诏恭谢、藉田，据文字可推考者修定。（《宋会要》，礼二五·郊祀恭谢之 55，第 1223 页）

从此条可知，“大礼”在宋朝是一个较为复杂的概念，有时包括了南郊、明堂、祫飨、恭谢、籍田、上庙号等。后来在修相关法律时把南效和明堂独立成篇，这样“大礼”主要包括的是祫飨、恭谢、籍田、上庙号等方面。

2.3.9.3 绍圣二年（1095年）四月九日，诏：“将来大礼并依《元丰大礼令式》，其元祐所修敕令勿用。令所属参按新旧令式并续降，如有合依元祐所改事，即明具事本签贴改正，余并从元丰旧例。”（《宋会要》，刑法一·格令二之16，第8229页）

2.3.9.4 元符三年（1100年）四月二日，礼部、太常寺言：“按《大礼仪式》：亲祠太庙，俎不设肠胃，已合古礼。独犬牲腥熟皆设肠胃，于义未安。兼按《仪礼》，羊俎、豕俎皆有举肺一、祭肺三，今又俎独不实肺，亦当详正。欲罢犬牲肠胃，止存離肺、刌肺，及豕俎设離肺一、刌肺三，于礼为当。”从之。（《宋会要》，礼一四·祭器·祭物之121，第807页）

2.3.9.5 元符三年（1100年）四月二日，礼部、太常寺言：“按《大礼式》：亲祠太庙，俎不设肠胃，已合古礼；独（大）［犬］牲腥、熟皆设肠胃，于义未安。兼按《仪礼》，羊俎、豕俎皆有举肺一、祭肺三，今豕俎独不实肺，亦当详正。欲罢犬牲肠胃，止存离肺、刌肺，及豕俎设离肺一、刌肺三，于礼为当。”从之。继而太常礼院言，乞太庙祠事罢用犬牲。从之。（《宋会要》，礼一五·缘庙裁制之13，第824页）

2.3.10《诸州天庆节道场斋醮仪式》

2.3.10.1 大中祥符二年（1009年）四月二十六日，诏太常礼院详定《诸州天庆节道场斋醮仪式》颁下。（《宋会要》，礼五七·节二·天庆节之29，第2001页）

2.3.11《学士院式》

2.3.11.1 熙宁十年（1077年）十月三日，学士院言：“编修内诸司式所送《本院式》十卷，编学士员数并录表疏、青词、祝文、鏁院、敕设、宿直之类。看详：学士员数系朝廷临时除授，若表疏、青词、祝文，或请祷之意不同，难用一律。况朝廷待学士礼意稍异，宣召、敕设，尽出特恩，关白中书、枢密院，止用谘报，不同诸司。乞下本所，以吏人差补及官物出入之类并立为式，学士所职更不编载。”从之。（《宋会要》，职官六·翰林院之52，第3185页）

2.3.12《太医局式》

2.3.12.1 熙宁九年（1076年）五月，诏中书礼房修《太医局式》，候修定，即市易务卖药所往彼看详：太医局更不隶太常寺，别置提举一员，判局二员。其判局选差知医事者充。（《宋会要》，职官二二·太医院之37，第3635页）

2.3.13《诸司式》

2.3.13.1 熙宁十年（1077年）二月二十七日，详定编修诸司敕式所上所修《敕令格式》十二卷，诏颁行。翰林医官院五，广圣宫一，庆宁宫一，入内钥匙库一，资善堂一，后苑东门药库一，提点军器等库，入内内侍省使臣差遣。（《宋会要》，刑法一·格令一之1，第8222页）

2.3.13.2 熙宁十年（1077年）十一月四日，详定编修诸司敕式所上所修《敕令格式》三十卷，诏颁行。龙图、天章、宝文阁四，延福宫一，起居院一，四方馆一，玉牒所一，入内内侍省合（用）［同］凭由司二，翰林图画院二，提点内弓箭南库并内外库二，后苑御弓箭库一，入内内侍省使臣差遣四，内侍省使臣差遣三，御药院二，在内宿直人席荐一。（《宋会要》，刑法一·格令一之11，第8222页）

2.3.13.3 元丰元年（1078年）三月二十三日，详定诸司敕式所言：“今修定学士院、龙图、天章、宝文阁等处敕令式，如得旨施行后续降朝旨，乞从本所详定，编入见修内诸司令式。事（于）［干］有司奉行者，并分入诸司。”从之。（《宋会要》，刑法一·格令二之12，第8223页）

2.3.13.4 元丰二年（1079年）六月二十四日，左谏议大夫安焘等上《诸司敕式》。上谕焘等曰：“设于此而逆彼之至曰格，设于此而使彼效之曰式，禁其未然之谓令，治其已然之谓敕。修书者要当知此，有典有则，贻厥子孙。今之格式令敕即典则也，若其书全具，政府总之，有司守之，斯无事矣。”（《宋会要》，刑法一·格令一之12，第8223页）

2.3.13.5 元祐元年（1086年）五月八月十二日，三省〔言〕："中书门下后省修成《八曹条贯》及《看详》共三千六百九十四册，寺、监在外。又据编修诸司敕式所修到敕令格式一千余卷，其间条目苛密、牴牾难行者不可胜数。欲下尚书六曹，委长（二）［贰］、郎官同共看详，删去本曹旧条已有及防禁太繁、难为遵守者，惟取纪纲大体切近事情者，留作本司法，限两月以闻。”从之。（《宋会要》，刑法一·格令一之14，第8226页）

从材料五可以看到，宋哲宗元祐年间修成诸司敕令格式达到1000多卷，其中有大量式的内容。

2.3.14《在京诸司库务式》

2.3.14.1 治平二年（1065年），提举诸司库务王珪言："本司与三司所部凡一百二处，其额例自嘉祐七年秋差都官郎中许遵重修，迄今三年，始成三司诸案看详别无牴牾。所编提举司并三司额例，计一百五册，及都册二十五册上进，仍乞赐别立新名。”诏以《在京诸司库务条式》为名。（《宋会要》，职官二七·提举在京诸司库务司之42，第3734页）

2.3.14.2 治平二年（1065年）六月十四日，提举在京诸司库务王珪、尚书都官郎中许遵上新编提举司并三司额例一百三十册，诏颁行，以《在京诸司库务条式》为名。(《宋会要》，刑法一·格令一之6，第7291页)

2.3.14.3 元祐六年（1091年）五月二十九日，尚书省言："门下中书后省详定《诸司库务条贯》删成《敕令格式》共二百六册，各冠以'元祐'为名。”从之。(《宋会要》，刑法一·格令一之15，第8228页)

2.3.15《一州一路会计式》

2.3.15.1 熙宁八年（1075年）六月二十三日，提举三司会计司上《一州一路会计式》，余天下会计，候在京诸司库务帐足编次。从

之。(《宋会要》，食货五六·金户部度支·户部之20，第7293页)

2.3.16《太学式》

2.3.16.1 绍圣三年（1096年）十二月十八日，翰林学士承旨、详定国〔子〕监条制蔡京言："奉敕详定国子监三学并外州军学制。今修成《太学敕令式》二十二册，以'绍圣新修'为名。"诏以来年正月一日颁行。(《宋会要》，职官二八·国子监之15，第3764页)

2.3.17《入内内侍省式》

2.3.17.1 元丰二年（1079年）八月十二日，详定编修诸司敕式所上《入内内侍省敕式》，诏行之。(《宋会要》，职官三六·内侍省之18，第3897页)

2.3.18《熙宁葬式》

2.3.18.1 熙宁七年（1076年）九月二日，命大宗正丞张叙、宋靖国与国子博士孙纯同共编修宗室臣僚敕葬条。十年四月二日上之，诏以《熙宁葬式》为目。(《宋会要》，刑法一·格令一之9，第8220页)

2.3.19《武举式》

2.3.19.1 元丰元年（1078年）十月四日，诏兵部以《贡举敕式》内武举敕条，再于诸处索文字，删类成《武举敕式》以（间）[闻]。(《宋会要》，刑法一·格令一之12，第8223页)

2.3.20《贡举通用式》

2.3.20.1 崇宁二年（1103年）六月八日，礼部言："添修到《崇宁贡举通用式》，犯不考条内添入'义论策卷辄作歌辞画卦之类'一十二字，别不冲改前后条贯。"从之。(《宋会要》，选举四·贡举

杂录二之3，第5318页）

2.3.21《造成今古权量律度式》

2.3.21.1 景祐二年（1035年）五月二十五日，李照上《造成今古权量律度式》："凡新尺、律、龠、合、升、秤，共七物。尺准太府寺尺，以起分寸；为方龠广九分，长一寸，高七分，积六百三十分；其黄锺律管，横实七分，高实九十分，亦计六百三十分；乐合方寸四分，高一寸；乐升广二寸八分，长三寸，高二寸七分；乐斗广六寸，长七寸，高五寸四分，总计三百六十方龠，以应干坼加二策之数；乐秤以一合水之重为一两，一升水之重为一斤，一斗水之重为一秤。又造《汉书》升、合二枚，《周礼》升、豆二枚。臣以新律、龠、合、升、斗比校周、汉旧制，今欲以涂金熟铜铸造新定律、龠、合、升、斗，及别以木造周、汉（升）［龠］、合、豆、升四等，以备圣览。"从之。照以太府尺寸为本，作量法木式四等，而所容受不合累黍之数。又以太府尺寸作周、汉量法木式各二寸，欲通己说，亦不能合。且《汉志》云"合龠为合"，谓二十四铢。而照误云"十龠"，识者讥之。先是，二月，照请依神瞽律法铸编锺一虡，使度、量、权、衡协和。四月丁巳，诏制玉律，请取秬黍葭莩。照累黍尺成律，铸锺审之，其声犹高。更用太府布帛尺为法，下太常四律，又自为律管之法，以九十黍之量为二千四百二十星，为十二管定法，又铸铜为龠、合、升、斗四物，率三百三十黍为黄锺之容，合三倍于龠，升十三倍于合，斗十倍于升。既改造定法，又铸之，容受差大，更增六龠为合，十合为升，十升为斗，铭曰"乐斗"。及潞州上秬黍，择大黍纵絫之，以考长短。尺成，与太府尺合，法愈坚定。（《宋会要》，食货六九·景祐权量律度式之15，第8054页）

2.3.22《三司式》

2.3.22.1 熙宁三年（1070年）八月二十八日，命提举在京诸司库务王珪、李寿朋，同三司使、副使提举编修《三司令式》，候成，各赐一本，令三司通共遵守施行。（《宋会要》，食货五六·金户部度支·户部之15，第7291页）

2.3.22.2 熙宁七年（1074年）三月八日，宰臣王安石言提举编

修三司敕式，成四百卷，乞修写付三司等处。从之。(《宋会要》，食货五六·金户部度支·户部之16，第7291页)

2.3.22.3 政和二年（1112年）六月八日，参照官制格目所奏："户部具到《熙宁三司敕式》，许置催辖司。本部称：官制奉行，不曾分隶，至元祐元年承敕，依熙、丰旧三司条制，于本部置都拘辖司，总领户、度、金、仓四部财赋，后来承朝旨删去'元祐指挥'。契勘都拘辖司虽是沿袭三司事务，缘系元祐元年立名，今欲乞遵依《熙宁三司敕式》，以'催辖司'为名，其应主行事务，即并依见行条贯。"从之。(《宋会要》，食货五六·金户部度支·户部之35，第7302页)

2.3.23《旁通式》

2.3.23.1 政和七年（1117年）十一月三日，诏试尚书户部侍郎任熙明、尚书户部员外郎程迈奏："户部右曹掌常平免役敕令，大观中被旨颁降《旁通格式》，令诸路提举司每岁终遵依体式，具实管见在收支编成《旁通》，次年春附递投进。又本部取诸路钱物之数，编类进呈。"(《宋会要》，职官四三·提举常平仓农田水利差役之10，第4116页)

2.3.24《品官式》

2.3.24.1 嘉祐二年（1057年）十月三日，三司使张方平上《新修（录）[禄]令》十卷，诏颁行。先是元年九月，枢密使韩琦言："内外文武官俸入添支并将校请受，虽有《品式》，而每遇迁徙，须申有司检（堪）[勘]中覆，至有待报岁时不下者。请命近臣就三司编定。"(《宋会要》，刑法一·格令一之6，第8216页)

《品式》在宋朝应是《官品式》的简称。

2.3.25《吏部四选式》

2.3.25.1 元祐元年（1086年）三月二十五日，刑部修立到重（录）[禄]条。同日，尚书省上所修《吏部四选敕令格式》，乞先次颁降，从之。(《宋会要》，刑法一·格令一之14，第8225页)

2.3.26《绍兴保状式》

2.3.26.1 绍兴十一年（1141年）八月九日，臣僚言："《绍兴保状式》：若系毁失付身之类，并结除名编置之罪，所以深防欺诈，重示诫惩，使人知法之不可犯，不可轻任此责也。然稽之见行条法，则罪不至于是，使无辜去失之人益艰于求保。望诏有司，今后保状结罪之文止称甘伏朝典，一从抵罪之法。"诏令吏部改定状式（之）[以]闻。(《宋会要》，刑法一·格令二之40，第8252页)

2.3.27《中书省式》《尚书省式》《三省通用式》《三省枢密院通用式》

2.3.27.1 乾道九年（1173年）二月六日，右丞相梁克家、参知政事曾怀上《中书门下省敕》二卷、《令》二十二卷、《格》一十三卷、《式》一卷、《申明》一卷，《尚书省敕》二卷、《令》七卷、《格》二卷、《式》三卷、《申明》二卷，《枢密院敕》四卷、《令》二十四卷、《格》十六卷、《申明》二卷，《三省通用敕》一卷、《令》五卷、《格》一卷、《式》一卷、《申明》一卷，《三省枢密院通用敕》二卷、《令》三卷、《格》一卷、《式》一卷、《申明》三卷，《目录》二十卷，并元修《看详意义》五百册，乞冠以《乾道重修逐省院敕令格式》为名。(《宋会要》，刑法一·格令三之49，第8262页)

2.3.28《大宗正司式》

2.3.28.1 绍兴二十三年（1153年）十一月九日，详定一司敕令所上：《大宗正司敕》一十卷、《令》四十卷、《格》一十六卷、《式》五卷、《申明》一十卷、《目录》五卷。诏颁行。(《宋会要》，刑法一·格令二之43，第6482页)

2.3.29《参附尚书左选式》《参附尚书右选式》《参附侍郎右选式》《参附尚书侍郎左右选通用式》

2.3.29.1 绍兴三十年（1160年）八月十一日，尚书右仆射、同中书门下平章事、兼提举详定一司敕令陈康伯等上《尚书左选令》一卷、《格》二卷、《式》一卷、《申明》一卷、《目录》三卷,《尚书右选令》二卷、《格》二卷、《申明》二卷、《式》一卷、《目录》三卷,《侍郎左选令》二卷、《格》一卷、《申明》一卷、《目录》三卷,《侍郎右选令》二卷,《格》二卷、《式》一卷、《申明》二卷、《目录》三卷,《尚书侍郎左右选通用敕》一卷、《令》二卷、《格》一卷、《式》一卷、《申明》二卷、《目录》一卷,《司封敕》一卷、《令》一卷、《格》一卷、《申明》一卷、《目录》一卷,《司勋敕》一卷、《令》一卷、《格》一卷、《申明》一卷、《目录》一卷,《考功敕》一卷、《目录》一卷,《改官申明》一卷,《修书指挥》一卷,《厘析》八卷。诏下本所颁降,仍以《绍兴参附尚书吏部敕[令]格式》为名。(《宋会要》,刑法一·格令三之45,第8258页)

2.3.30《吏部式》

2.3.30.1 绍兴三年(1133年)九月二十七日,尚书右仆射、同中书门下平章事朱胜非等上《吏部敕》五册、《令》四十一册、《格》三十二册、《式》八册、《申明》一十七册、《目录》八十一册、《看详司勋获盗推赏刑部例》三册、《勋臣职位姓名》一册,共一百八十八册。诏自绍兴四年正月一日颁行,仍以《绍兴重修尚书吏部敕令格式并通用敕令格式》为名。(《宋会要》,刑法一·格令二之36,第8249页)

2.3.31《吏部七司式》

2.3.31.1 开禧元年(1205年)五月二日,权吏部尚书丁常任等言:"参修《吏部七司条法》,今来成书,乞以《开禧重修尚书吏部七司敕令格式申明》为名。"从之。(《宋会要》,刑法一·格令三之59,第8270页)

2.3.32《殿中省式》《提举所式》《六尚局式》《供奉库式》

2.3.32.1 崇宁三年(1104年)二月二十九日,蔡京言:"奉诏令讲仪司修立六尚局条约闻奏,谨以元陈请画一事件并稽考参酌,创为约束，删润修立成《殿中省提举所六尚局供奉库敕令格式并看详》，共六十卷。内不可着为永法者，存为申明。事干两局以上者，总为殿中省通用，仍冠以‘崇宁’为名。所有应干条画起请续降申明及合用旧司条法已系新书编载者，更不行用。不系新书收载，各令依旧引用。”从之。(《宋会要》，职官一九·殿中省之9，第8236页)

此条在《宋会要·刑法一·格令二》中崇宁三年（1104年）二月二十九日条下有同样的记载。

2.3.33《度支式》《金部式》《仓部式》

2.3.33.1 元祐元年（1086年）四月八日，门下中书外省言：“取到户部左、右曹、度支、金部、仓部官制条例，并诸处关到及旧三司续降并奉行官制后案卷宣敕，共一万五千六百余件，除海行敕令所该载者已行删去，它司置局见编修者各牒送外，其事理未便、体制未顺，并系属别曹合归有司者，皆厘析改正，删除重复，补缀阙遗。修到《敕令格式》共一千六百一十二件，并删去《一时指挥》共六百六十二册，乞先次颁行，以《元丰尚书户部度支金部仓部敕令格式》为名，所有元丰七年六月终以前条贯已经删修者，更不施行。其七月以后条贯，自为后敕。”(《宋会要》，刑法一·格令一之13，第8225页)

2.3.34《司农寺式》

2.3.34.1 元丰元年（1078年）十月十三日，御史中丞、判司农寺蔡确言：“常平旧敕，多已冲改，免役等法案未编定。今除合删修为敕外，所定约束小者为令，其名数式样之类为式。乞以《元丰司农敕令式》为目。”从之。(《宋会要》，食货六五·免役之21，第6167页)

2.3.24.2 元丰二年（1079年）九月二十九日，司农寺上《元丰司农敕令式》十五卷，诏行之。(《宋会要》，刑法一·格令一之13，第8224页)

2.3.35《在京通用式》

2.3.35.1 绍兴十年（1140年）十月七日，尚书右仆射、同中书门下平章事、提举详定一司敕令秦桧等上《在京通用敕》一十二卷、

《令》二十六卷、《格》八卷、《式》二卷、《目录》七卷、《申明》一十二卷。诏自绍兴十一年正月一日颁行，仍以《绍兴重修在京通用敕令格式》为名。(《宋会要》，刑法一·格令二之38，第8252页)

2.3.36《景灵宫供奉式》

2.3.36.1 元丰五年（1082年）九月二十二日，入内供奉官冯宗道上《景灵（官）［宫］供奉敕令格式》六十卷。(《宋会要》，刑法一·格令一之12，第8254页)

2.3.36.2 大观元年（1107年）五月三十日，内出手诏："宗庙荐献、陵寝供应，极天下之奉。比闻开德府信武殿帏帐帘幕岁久不易，河南府会圣宫器皿供张悉皆故弊，至信武殿荐新，限以百钱。有司怠废，失严奉之礼。可令监司躬诣祠下检视以闻。比缘陵寝给钱十万缗以给岁用，而菲薄若此，怵惕靡宁。三省可具荐献之数、新旧之更易、费用之多寡，立为成法条上。"于是三省言："会圣宫、诸陵旦望节日荐献，并依《景灵宫令式》。及会圣宫户牖质朴，饰色故暗，当重行制造。应陈设器皿之类，并三年一易。其所给钱十万缗，已令京西路提点刑狱及提举常平司每岁封桩，以应〔副〕诸陵、会圣宫支用。今逐司乃有不足之数，当限以年终，必令足备，否即劾以违制之罪。"并从之。(《宋会要》，礼一三·神御殿之7，第723页)

2.3.37《元丰官制式》

2.3.37.1 元符二年（1099年）六月二十四日，大理少卿、同详定一司敕令刘赓乞将《官制敕令格式》送三馆、祕阁收藏。从之。(《宋会要》，职官一八·祕书省之13，第3478页)

2.3.37.1 宣和三年（1121年）闰五月十三日，吏部言："尝取索《元丰官制敕令格式》，将加省察，而遗编断简，字画磨灭，秩序差互，殆不可考。"诏《元丰敕令格式》令国子监雕印颁降。(《宋会要》，职官二八·国子监之22，第3772页)

2.3.38《国子监式》

2.3.38.1 元丰二年（1079年）十二月十八日，御史中丞李定等言："切以取士兼察行艺，则是古者乡里之选。盖艺可以一日而校，行则非历岁月不可考。今酌《周官》书考宾兴之意，为太学三舍选察升补之法，上《国子监敕式令》并《学令》凡百四十条。"诏行之。(《宋会要》，职官二八・国子监之9，第3758页)

2.3.39《宗子大小学式》

2.3.39.1 大观四年（1110年）闰八月十八日，工部尚书、《圣政录》同编修官李图南奏："臣将《大观内外宗子学敕令格式》等与奏禀到条画事件，重别详定到《宗子大小学敕》一册、《令》七册、《格》五册、《式》二册、《申明》一册、《一时指挥》一册、《对修敕》一册、《令》二册，总二十一册。谨缮写上进。如得允当，乞付尚书省礼部颁降。"(《宋会要》，刑法一・格令一之24，第8238页)

2.3.39.2 大观四年（1110年）闰八月甲寅，工部尚书李图南上《宗子大小学敕令格式》二十二册，诏付礼部颁降。(《宋会要》，崇儒一・宗学之3，第2728页)

2.3.40《国子监式》《太学式》《辟雍式》

2.3.40.1 大观三年（1109年）四月八日，知枢密院事郑居中等言："修立到《国子监太学辟雍敕令格式申明一时指挥》，乞冠以'大观重修'为名，付尚书礼部颁降。"从之。(《宋会要》，职官二八・国子监之18，第3768页)

2.3.41《御试贡举式》《省试贡举式》《府监发解式》《御试省试府监发解通用敕式》《内外通用贡举式》

2.3.41.1 绍兴二十六年（1156年）十二月十五日，尚书左仆射、同中书门下平章事、提举详定一司敕令万俟卨等上《御试贡举敕》一卷、《令》三卷、《式》一卷、《目录》一卷、《申明》一卷，《省试贡举敕》一卷、《令》一卷、《式》一卷、《目录》一卷、《申明》一卷，《府监发解敕》一卷、《令》一卷、《式》一卷、《目录》一卷、《申明》一卷，《御试省试府监发解通用敕》一卷、《令》一卷、《格》一卷、《式》一卷、《目录》二卷，《内外通用贡举敕》二卷、《（令）［令］》五卷、《格》三卷、《式》一卷、《目录》四卷、《申明》二卷，《厘正省曹寺监内外诸司等法》三卷，《修书指挥》一卷。诏可颁降，仍以《绍兴重修贡举敕令格式》为名。（《宋会要》，刑法一·格令二之43，第8256—8257页）

2.3.42《教式》

2.3.42.1 元丰二年（1079年）九月二十九日，司农寺上《元丰教令式》十五卷，诏行之。（《宋会要》，职官二六·司农寺之13，第3694页）

2.3.43《太学式》《武学式》《律学式》

2.3.43.1 绍兴十三年（1143年）十月六日，太师、尚书左仆射、同中书门下平章事、提举详定一司敕令秦桧等上《国子监敕》一卷、《令》三卷、《格》三卷、《目录》七卷，《太学敕》一卷、《令》三卷、《格》一卷、《式》二卷、《目录》七卷，《武学敕》一卷、《令》二卷、《格》一卷、《式》一卷、《目录》五卷，《律学敕》一卷、《令》二卷、《格》一卷、《式》一卷、《目录》五卷，《小学令》《格》一卷、《目录》一卷，《监学申明》七卷，《修书指挥》一卷。诏自来年二月一日颁行，仍以“绍兴重修”为名。（《宋会要》，刑法一·格令二之40，第8253页）

2.3.44《小学式》

2.3.44.1 大观三年（1109年）四月八日，知枢密院郑居中等言：“修立到《小学敕令格式申明一时指挥》，乞冠以‘大观重修’为名，付礼部颁降。”（《宋会要》，崇儒二·在京小学，第2761页）

2.3.45《诸路州县学式》

2.3.45.1 崇宁二年（1103年）正月四日，尚书右仆射兼中书侍郎蔡京等奏：“昨具陈情，乞诸路置学养士。伏奉诏令讲议立法，修立成《诸州县学敕令格式并一时指挥》凡一十三册，谨缮写上进。

如得允当，乞下本司镂版颁行。”从之。(《宋会要》，刑法一·格令二之22，第8235页)

2.3.45.2 崇宁二年（1103年）五月六日，宰臣蔡京等言，修立成《诸路州县学敕令格式并一时指挥》，诏镂板颁行。(《宋会要》，崇儒二·郡县学政和学规之10，第2767页)

2.3.46《书学式》

2.3.46.1 崇宁三年（1104年）六月十一日，都省言：“窃以书用于世，先王为之立学以教之，设官以达之，置使以谕之。盖一道德，谨（守）[家] 法，以同天下之习。世衰道微，官失学废，人自为学，习尚非一，体画各异，殆非所谓书同文之意。今未有校试劝（尚）[赏] 之法，欲做先王置学设官之制，考选简（牧）[拔]，使人自奋，所身于图画工技，朝廷图绘神像，与书一体，令附书学，为之校试约束。谨修成《书学敕令格式》一部，冠以‘崇宁国子监’为名。”从之。(《宋会要》，崇儒三·书学之1，第2787页)

2.3.47《算学式》

2.3.47.1 崇宁三年（1104年）六月十一日，都省札子：“切以算数之学，其传久矣。《周官》大司徒以（卿）[乡] 三物教万民而宾兴之，三曰六艺，礼、乐、射、御、书、数。则周之盛时，所不废也。历代以来，(囚) [因] 革不同，其法具（官）在。神宗皇帝追复三代，修立法令，将建学焉。属元祐异议，遂不及行。方今绍述圣绪，小大之政，靡不修举，则算学之设，实始先志。推而行之，宜在今日。今将《元丰算学条制》重加删润，修成（剌）[敕] 令，并《对修看详》一部，以《崇宁国子监算学敕令格式》为名，乞赐施行。”从之。都省上《崇宁国子监算学书学敕令格式》，诏：“颁行之，只如此书可也。”(《宋会要》，崇儒三·算学之2，第2788页)

2.3.48《律学式》

2.3.48.1 建中靖国元年（1101年）三月十七日，详定所奏：“续修到《律学敕令格式看详并净条》，冠以‘绍圣’为名。”(《宋

会要》，崇儒三 · 律学之10，第2793页）

2.3.48.2 政和六年（1116年）六月五日，户部尚书兼（许）［详］定一司敕令孟昌龄等奏："今参照熙宁旧法，修到《国子监律学敕令格式》一百卷，乞冠以'政和重修'为名。"诏颁行。（《宋会要》，刑法一 · 格令二之29，第8242页）

2.3.49《武学式》

2.3.49.1 建中靖国元年（1101年）三月十七日，详定所续修到《武学敕令格式看详》，冠以'绍圣"为名。从之。（《宋会要》，崇儒三 · 武学之31，第2805页）

2.3.50《在京人从式》

2.3.50.1 元丰元年（1079年）九月六日，删定在京当直所修成敕令式三卷，乞以《元丰新定在京人从敕令式》为目颁降。从之。（《宋会要》，刑法一 · 格令一之11，第8223页）

2.3.51《马递铺式》

2.3.51.1 大观元年（1107年）七月二十八日，蔡京言："伏奉圣旨，令尚书省重修《马递铺海行法》颁行诸路。臣奉承圣训，删润旧文，编缵成书，共为一法。谨修成《敕令格式》《申明》《对修》，总三十卷，并《看详》七十卷，共一百册，计六复，随状上进。如或可行，乞降付三省镂版，颁降施行。仍乞以《大观马递铺敕令格式》为名。"从之。（《宋会要》，刑法一 · 格令一之23，第8236页）

2.3.52《度支式》《大礼式》《赏赐式》

2.3.52.1 元祐元年（1086年）八月十二日，诏颁门下中书后省修到《度支大礼赏赐敕令格式》。（《宋会要》，刑法一 · 格令一之14，第8226页）

2.3.53《夏祭式》

2.3.53.1 政和七年（1117年）五月二十七日，礼制局编修《夏祭

敕令格式》颁行。(《宋会要》，刑法一·格令二之29，第8245页)

2. 3. 54《明堂式》

2. 3. 54. 1 宣和元年（1119年）八月二十四日，详定一司敕令所奏：新修《明堂敕令格式》一千二百六册，乞下本所雕印颁降施行。从之。(《宋会要》，刑法一·格令二之31，第8244页)

2. 3. 55《盐法式》《茶法式》

2. 3. 55. 1 元丰二年（1079年）五月十二日，成都府等路茶场司上《茶法敕式》，诏行之。先是诏提举成都府等茶场李稷编修，至是上之，乃诏岁增本司公使钱二百千。(《宋会要》，刑法一·格令一之12，第8223页)

2. 3. 55. 2 绍兴二十一年（1151年）七月二十八日，太师、尚书左（朴）[仆]射、同中书门下平章事、提举详定一司敕令秦桧等上《盐法敕》一卷、《令》一卷、《格》一卷、《式》一卷、《目录》一卷，《续降指挥》一百三十卷、《目录》二十卷；《茶法敕令格式》并《目录》共一卷，《续降指挥》八十八卷、《目录》一十五卷。诏颁行。盐法以《绍兴编类江湖淮浙京西路盐法》为名，茶法以《绍兴编类江湖淮浙福建广南京西路茶法》为名。(《宋会要》，刑法一·格令二之43，第8255页)

2. 3. 56《祭酺礼式》

2. 3. 56. 1 绍兴三十二年（1162年）八月癸丑，颁《祭酺礼式》。(《宋会要》，瑞异三·蝗灾之44，第2671页)

三　《长编》中所见式的篇名

3. 1《道场斋醮式》

3. 1. 1 大中祥符二年（1009年）四月庚戌，令太常礼院详定《天庆道场斋醮仪式》，颁诸州。(《长编》卷七一，“真宗大中祥符

二年四月庚戌条”，第 1604 页）

3.1.2 熙宁六年（1073 年）五月甲午，翰林学士陈绎等言，奉旨编修《道场斋醮式》二十八卷，乞赐颁行，及下僧道录司，以本教科参酌逐等道场名目、位号，立法遵守。从之。（《长编》卷二四五，“神宗熙宁六年五月甲午条”，第 5971 页）

3.2《武部式》

3.2.1 庆历元年（1041 年）六月丙寅，韩琦言：“今之试武艺弓弩，惟务斗力多而不求所射疏密，其左右斫琮、腰射、脑射、一绰筈子放数箭之类，乃是军中之戏；又马枪止试左右盘弄，而不较所刺中否，皆非实艺。而使臣军员缘此例得拔用，故诸军亦循守常法而无所更，以此临阵对寇，罕能取胜。臣常熟思之，纵得武士挽三石力弓，踏五石力弩，不能射中，仍与空手无异。常阅《武部式》，见唐取人皆较实艺。今定凡步射弓弩于四十步内，各射箭十：弓一石五斗以上七中为第一，一石二斗以上五中为第二，九斗以上三中为第三；弩三石五斗以上八中为第一，三石以上七中为第二，两石五斗以上五中为第三。凡马射鹿子或笋桩，各箭十，弓一石以上八斗中为第一、九以上七斗中为第二，八以上五斗中为第三。凡马上使枪，左右十刺，得五中木人为及等。马上铁鞭、铁简、棍子、双剑、大斧、连枷之类，并是一法，每两条共重十斤为及等，但取左右实打有力者为中。马枪、铁简俱及等为第三，步刺枪、步斫剑即胜者为第二，马上盘锯刀、木槊五十斤以上勇力过人者为第一。以上若一件入第一，请优与迁擢。入第三，量材录用。如二件以上入第一，三件以上入第二，四件以上入第三，并枪简及等，皆不次奖拔。”诏送枢密院。（《长编》卷一三二，“仁宗庆历元年六月丙寅条”，第 3152—3153 页）

此史料中《武部式》的名称应是唐朝的，但此史料记载的《武部式》内容应是宋朝的。

3.3《支赐式》

3.3.1 熙宁六年（1073 年）八月乙亥，编修令敕所言修成《支赐式》十二卷，已经看详，可以通行，从之。（《长编》卷二四六，“神宗熙宁六年八月乙亥条”，第 5989 页）

3.4《弓式》

3.4.1 熙宁七年（1074 年）正月庚戌，判军器监吕惠卿等上裁定中外所献枪刀样，诏送殿前、马步军司定夺，又上编成《弓式》。初，在京及诸路造军器多杂恶，河北尤甚。至是，所制兵械皆精利，其后遂诏赍新造军器付诸路作院为式，遣官分谕之。（《长编》卷二四九，"神宗熙宁七年正月庚戌条"，第 6067 页）

3.5《南郊式》

3.5.1 熙宁三年（1070 年）四月己卯，前秀州军事判官李定为太子中允、权监察御史里行。定素与王安石善，孙觉归自淮南，荐定极口，因召至京师。定初至，谒李常，常问南方之民以青苗为如何，定言皆便之，无不善者……安石喜甚，遂奏以定编三司岁计及《南郊式》，且密荐于上，乞召对；谓定曰："君上殿当具为上道此。"……编式乃二年十二月三日。（《长编》卷二百十，"神宗熙宁三年四月己卯条"，第 5103 页）

3.5.2 熙宁四年（1071 年）十月丁丑，提举诸司库务勾当公事、右赞善大夫吕嘉问权发遣户部判官，编修删定《南郊式》，详定库务利害。（《长编》卷二二七，"神宗熙宁四年十月丁丑条"，第 5533—5534 页）

3.5.3 熙宁七年（1074 年）十一月己巳，上批："李宪见寄昭宣使，所有南郊支赐，缘宪勾当御药院三，昼夜执事，最为勤劳，难依散官例。"枢密院言："《南郊式》：昭宣使以上当支赐银、绢各四十匹、两。"上曰："此系散官无职事人例，仍赐银、绢各七十五匹两。"（《长编》卷二五八，"神宗熙宁七年十一月己巳条"，第 6297 页）

3.5.4 元丰元年（1078 年）七月丁丑，详定礼文所言："旧《南郊式》：车驾出入宣德门、太庙棂星门、朱雀门、南薰门皆勘箭。熙宁中，因参知政事王珪议，已罢勘箭，而勘契之式尚存。春秋之义，不敢以所不信而加之尊者，雷动天行，无容疑贰。必使谁何而后过门，不应典礼。考详事始，不见于《开宝礼》，咸平中，初载于《仪注》，盖当时礼官之失。伏请自今车驾出门罢勘契。"从之。（《长编》卷二九十，"神宗元丰元年七月丁丑条"，第 7097 页）

3.5.5 元丰三年（1080 年）正月辛卯，太常丞、充集贤校理黄

廉上编修《南郊增损式》。(《长编》卷三百二，“神宗元丰三年正月辛卯条”，第7350页)

3.5.6 元丰三年（1080年）九月丙子，详定礼文所言：“《南郊式》尚衣库供拂翟，内侍省差内侍二员执之。各公服系鞵，每大庆殿宿斋，景灵宫、太庙、南郊自大次至小次，皆用以前导。原其所出，乃汉乾祐宫中所用，其制不经，伏请除去。”从之。(《长编》卷三百八，“神宗元丰三年九月丙子条”，第7485—7486页)

3.5.7 元丰六年（1083年）八月庚子，诏：“《南郊式》有皇帝称‘臣’，遣使所遣官不称‘臣’，自今依旧称‘臣’。”《旧仪》：皇帝称“臣”，遣官亦称“臣”。熙宁五年，沈括上《南郊式》，以为被遣官亦称“臣”，不应礼，改之。至是，复旧。(《长编》卷三三八，“神宗元丰六年八月庚子条”，第8155页)

3.6《北郊式》

3.6.1 元符二年（1099年）七月己酉，详定重修大礼敕令所言编修《北郊令式》，请以“详定编修大礼敕令所”为名。从之。(《长编》卷五一二，“哲宗元符二年七月己酉条”，第12188页)

此史料说明宋代编有《北效令式》，即与“南效”对应的祭祀法律。

3.7《内诸司式》

3.7.1 熙宁八年（1075年）闰四月甲寅，命中书检正中书五房公事张谔、检正礼房公事向宗儒编修《内诸司式》，入内供奉官冯宗道管勾商量。先是，上与王安石言修式之便，且言合修处尚多，又谓能吏文者极少，安石曰：“陛下天纵，于吏文自精审，众臣固难以仰望清光，臣亦每惧不能上副。”上曰：“吏文有条序，皆由卿造始。”安石言欲修《内诸司式》，宜使中人。上曰：“中人少知吏文者。”安石曰：“令中人与外官同修可也。”故有是命。(《长编》卷二六三，“神宗熙宁八年闰四月甲寅条”，第6450页)

3.7.2 熙宁八年（1075年）十月辛亥，诏沈括兼编修《内诸司式》，仍罢详定一司敕。(《长编》卷二六九，“神宗熙宁八年十月辛亥条”，第6604页)

3.7.3 熙宁九年（1076年）二月戊寅，命枢密副都承旨张诚一

同修《内诸司式》。（《长编》卷二七三，“神宗熙宁九年二月戊寅条”，第6693页）

3.7.4 元丰元年（1078年）正月甲申，诏：“编修明堂式所并归提点南郊事务所，比较熙河财利所并归经制熙河财利司，其详定编修令式及详定一司敕并归修内诸司式所，一路一州一县敕并归重修编敕所，详定闲冗文字所令孔目房检正官结绝。以上除见存外，并罢局，余并依限了毕，限外官吏罢添给。”（《长编》卷二八七，“神宗元丰元年正月甲申条”，第7029页）

以上史料从不同视角反映了宋神宗时曾编修《内诸司式》。“内诸司”就是皇宫内部各司。

3.8《一州一路会计式》

3.8.1 熙宁八年（1075年）六月癸丑，提举三司会计司上《一州一路会计式》，余天下会计候在京诸司库务帐足编次，从之。（《长编》卷二六五，“神宗熙宁八年六月癸丑条”，第6514页）

3.9《贡举式》

3.9.1 熙宁八年（1075年）九月庚申，检正中书刑房公事王震、中书户房习学公事练亨甫、池州司法参军孙谔同修《贡举式》。（《长编》卷二六八，“神宗熙宁八年九月庚申条”，第6559页）

3.9.2 熙宁十年（1077年）八月癸未，太原府司法参军、馆阁校勘、中书刑房习学公事范镗为大理评事、权检正刑房公事，以编修《贡举敕式》毕也。（《长编》卷二八四，“熙宁十年八月癸未条”，第6949页）

3.10《学士院式》

3.10.1 熙宁十年（1077年）十月庚辰，学士院言：“编修内诸司式所送《本院式》十卷，编学士员数并录表疏、青辞、祝文、锁院、敕设、宿直之类。看详：学士员数系朝廷临时除授，若表疏、青辞、祝文，或请祷之意不同，难用一律。况朝廷待学士礼意稍异，宣召敕设尽出特恩，关白中书、枢密院，止用谘报，不同诸司。乞下本所以吏人差补及官物出入之类并立为式，学士所职更不编载。”从之。(《长编》卷二八五，“熙宁十年十月庚辰条”，第6971—6972页)

3.11《宗室外臣葬式》

3.11.1 元丰元年（1078年）二月丁亥，诏编修诸司式所重详定《宗室外臣葬式》以闻。(《长编》卷二八八，“神宗元丰元年二月丁亥条”，第7052页)

3.12《贡举式》《武举式》

3.12.1 元丰元年（1078年）十月乙巳，诏兵部以《贡举敕式》内武举敕条，再于诸处索文字，删类成《武举敕式》以闻。(《长编》卷二九三，“神宗元丰元年十月乙巳条”，第7147页)

3.13《司农寺式》

3.13.1 元丰元年（1078年）十月甲寅，御史中丞、判司农寺蔡确言：“常平旧敕多已冲改，免役等法素未编定，今除令删修为敕外，所定约束小者为令，其名数、式样之类为式，乞以《元丰司农敕令式》为目。”从之。(《长编》卷二九三，“神宗元丰元年十月甲寅条”，第7152页)

3.14《度支式》《大礼式》《赏赐式》

3.14.1 元祐元年（1086年）八月丁酉，诏颁门下、中书后省修到度支、大礼、赏赐等敕令格式，并删去共一百二十四册。(《长编》卷三八五，“元祐元年八月丁酉条”，第9381页)

3.15《营造法式》

3.15.1 元祐七年（1092年）三月辛丑，诏将作监编修到《营造法式》共二百五十一册，内净条一百一十六册，许令颁降。(《长编》

卷四七一，“哲宗元祐七年三月辛丑条”，第 11253 页）

3.16《阅讲筵式》

3.16.1 元丰二年（1079 年）六月辛酉，……《阅讲筵式》，至“开讲申中书”，上曰：“此非政事，何预中书，可刊之。”（《长编》卷二九八，“神宗元丰二年六月辛酉条”，第 7529 页）

3.17《入内内侍省式》

3.17.1 元丰二年（1079 年）八月辛酉，详定编修诸司敕式所上《入内内侍省敕式》。诏行之。（《长编》卷二九九，“元丰二年八月辛酉条”，第 7288 页）

3.18《审官东院式》

3.18.1 元丰二年（1079 年）十一月丙子，知审官东院陈襄乞委本院官重定本院敕令式。从之。（《长编》卷三百一，“神宗元丰二年十一月丙子条”，第 7321 页）

3.19《高丽入贡仪式》

3.19.1 元丰二年（1079 年）六月己未，赐枢密直学士、工部郎中钱藻，枢密副都承旨、四方馆使、舒州团练使张诚一银绢各五十。以编修《高丽入贡仪式》成故也。（《长编》卷二九八，“神宗元丰二年六月己未条”，第 7259 页）

3.19.2 元丰八年（1085 年）十一月壬寅，诏中书舍人钱勰再看详《高丽入贡仪式》。（《长编》卷三六一，“神宗元丰八年十一月壬寅条”，第 8637 页）

3.20《国子监式》

3.20.1 元丰二年（1079 年）十二月乙巳，御史中丞李定等言：“窃以取士兼察行艺，则是古者乡里之选。盖艺可以一日而校，行则非历岁月不可考。今酌周官书考宾兴之意，为太学三舍选察升补之法，上《国子监敕式令》并《学令》，凡百四十三条。诏行之。(《长编》卷三百一，“神宗元丰二年十二月乙巳条”，第7327—7328页)

3.21《武学式》

3.21.1 元丰三年（1080年）六月己酉，武学上新修敕、令、格、式，诏行之。(《长编》卷三百五，“神宗元丰三年六月己酉条”，第7427页)

3.22《大礼式》

3.22.1 元丰五年（1082年）二月己巳，详定编修诸司敕式所言：“国家大礼，曰南郊，曰明堂，曰祫飨，曰恭谢，曰籍田，曰上庙号。今若止以明堂、祫飨、南郊三事共为《大礼式》，则恐包举未尽，兼明堂、祫飨、南郊，虽以并合一名，须用旧文离修为式。恭谢、籍田，历年不讲，诸司案检散亡，今若比类大礼斟酌修定，又缘典礼至重，品式或有未具，则奉行之际，恐致废阙牴牾，以此未敢修拟。”诏恭谢、籍田，据文字可推考者修定。(《长编》卷三二三，“神宗元丰五年二月己巳条”，第7787页)

3.23《工部式》

3.23.1 元丰六年（1083年）七月辛酉，御史杨畏言：“枢密院左知客、勾当西府周克诚二月辛亥申本府，以左右丞两位修葺厅堂，乞批状送工部下将作监。今详状后批‘依所申’，乃止是蒲宗孟、王安礼签书，用尚书省印，既不赴王珪、蔡确书押，又不经开拆房行下。至壬子酉时下工部，工部案验批称‘不候押，先印发’，是夜四鼓，巡兵下符将作监。准《格》：尚书省掌受付六曹诸司文书，举省内纲纪程式，又内外文字申都省开拆房，受左右司分定，印日发付；而《工部式》，修造有委所属保明取旨，有令申请相度指挥，程式甚严，觜不可乱，尚书省职在举之而已。今克诚状不由都省，宗孟、安礼为左右丞直判官，依申用省印发之，而王珪、蔡确百官之长，初不承禀，循私坏法，无复纲纪。大臣如此，何以辅人主正百官！其工部既见状无付受格式而阙仆射签书，所宜执议禀白，岂容略不省察？又非仓卒事故，何致不俟郎官签付而承行疾若星火？媚权慢法，莫甚于斯！伏望并加推治。”诏中丞黄履与杨畏等限十日推究以闻，杨畏仍不许避免。（《长编》卷三三七，“神宗元丰六年七月辛酉条”，第8124—8125页）

3.24《诸陵荐献供奉式》

3.24.1 元丰七年（1084年）八月己丑，诏礼部员外郎何洵直，入内东头供奉官、勾当御药院刘惟简，同参定《诸陵荐献供奉式》。（《长编》卷三四八，“神宗元丰七年八月己丑条”，第8350页）

3.25《司封考功式》

3.25.1 元祐二年（1087年）八月癸卯，诏门下、中书后省修立《司封考功格式》，先次施行。（《长编》卷四百四，“哲宗元祐二年八月癸卯条”，第9745页）

3.26《左选式》

3.26.1 元祐八年（1093年）正月丙申，吏部言：“品官家状，欲令尚书、侍郎右选依《左选式》：‘父母亡，具已未迁葬；如未迁葬，即具所亡年月’。”从之。（《长编》卷四八十，“哲宗元祐八年正月丙申条”，第11424页）

3.27《官制式》

3.27.1 元符二年（1099年）六月乙未，大理少卿、同详定司敕令刘赓言，乞将《官制敕令格式》，送三馆祕阁收藏。从之。（《长编》卷五百十，“哲宗元符二年六月乙未条”，第12168页）

3.28《成服仪式》

3.28.1 元符三年（1100年）正月甲申，太常寺奏《成服仪式》，百官奉慰皇帝讫，诣内东门进名，慰皇太后、皇太妃、皇后。从之。（《长编》卷五百二十，“哲宗元符三年正月甲申条”，第12375页）

3.29《元丰式》

3.29.1 元丰七年（1084年）三月乙巳，诏详定重修编敕所删定官、刑部侍郎崔台符，中书舍人王震各迁一官；前删定官知制诰熊本，宝文阁待制李承之、李定，赐银、绢百，以书成也……奏表、帐籍、关牒、符檄之类凡五卷，有体制模楷者皆为式；始分敕、令、格、式为四。（《长编》卷三四四，“宋神宗元丰七年三月乙巳条”，第8253页）

3.30《元祐式》

3.30.1 元祐二年（1087年）十二月壬寅，诏颁元祐详定编敕令式……凡删修成《敕》二千四百四十条，共一十二卷，内有名件多者，分为上下，计一十七卷，《目录》三卷；《令》一千二十条，共二十五卷；《式》一百二十七条，共六卷；《令式目录》二卷，《申明》一卷，《余条准此例》一卷，元丰七年以后《赦书德音》一卷。一总五十六卷，合为一部。于是雕印行下。（《长编》卷四百七，“宋哲宗元祐二年十二月壬寅条”，第9913—9914页）

四 《宋史》中所见式的篇名

4.1《南郊式》《大礼式》《明堂袷享式》《景灵宫供奉式》《仪礼式》《祀赛式》《斋醮式》《大辽式》《诸蕃进贡式》《葬式》《宗室外臣葬敕令格式》《孝赠式》

4.1.1 元丰元年（1078年）……又命龙图直学士宋敏求同御史台、礼院详定《朝会仪注》，总四十六卷：曰《仪》，曰《朝会礼文》，曰《仪注》，曰《徽号宝册仪》。《祭祀》总百九十一卷：曰《祀仪》，曰《南郊式》，曰《大礼式》，曰《郊庙奉祀礼文》，曰《明堂袷享令式》，曰《天兴殿仪》，曰《四孟朝献仪》，曰《景灵宫供奉敕令格式》，曰《仪礼敕令格式》。《祈禳》总四十卷：曰《祀赛式》，曰《斋醮式》，曰《金箓仪》。《蕃国》总七十一卷：曰《大辽令式》，曰《高丽入贡仪》，曰《女真排办仪》，曰《诸蕃进贡令式》。《丧葬》总百六十三卷：曰《葬式》，曰《宗室外臣葬敕令格式》，曰《孝赠式》。其损益之制，视前多矣。（《宋史》卷九十八，“吉礼一”，第2422—2423页）

4.2《四时听选式》

4.2.1 乾德二年（964年）春正月甲申，诏著《四时听选式》。（《宋史》卷一，“太祖一”，第16页）

4.3《报水旱期式》

4.3.1 开宝二年（969年）秋七月乙巳，立《报水旱期式》。（《宋史》卷二，“太祖二”，第31页）

4.4《诸州录事县令簿尉历子合书式》

4.4.1 太平兴国三年（978年）二月丁巳，诏班《诸州录事县令簿尉历子合书式》。（《宋史》卷四，“太宗一”，第57—58页）

4.5《淮楚间踏犁式》

4.5.1 景德三年（1006年）春正月戊寅，取《淮楚间踏犁式》颁之河朔。（《宋史》卷七，“真宗二”，第127页）

4.6《磨勘式》

4.6.1 庆历三年（1043年）壬戌，诏二府颁新定《磨勘式》。（《宋史》卷十一，“仁宗三”，第216页）

4.7《三司式》

4.7.1 熙宁三年（1070年）十一月庚辰，命王安石提举编修

《三司令式》。(《宋史》卷十五,“神宗二”,第278页)

4.7.2 提举修敕令自熙宁初,编修《三司令式》,命宰臣王安石提举,是后,皆以宰执为之。(《宋史》卷一六一,“百官志一”,第3792页)

4.7.3 陈绎:《熙宁编三司式》四百卷。(《宋史》卷二百四,“艺文志三”,第5140页)

此条记载熙宁年间编修的《三司式》达400卷,从名称上看,应是《熙宁新编三司式》。从此可知,宋朝三司的“式”类法律数量十分庞大。此外,从4.7.1条和4.7.2条看,这里的“式”也许是缺少“令”,应是“令式”两种法律。

4.8《元祐式》

4.8.1 元祐二年(1087年)十一月壬寅,颁《元祐敕令式》。(《宋史》卷十七,“哲宗一”,第325页)

4.8.2 元祐三年(1088年)闰月癸卯朔,颁《元祐式》。(《宋史》卷十七,“哲宗一”,第328页)

4.8.3 元祐六年(1091年)五月丁亥,后省上《元祐敕令格》。(《宋史》卷十七,“哲宗一”,第332页)

上面三条史料记载元祐年间制定的敕格令式四典时间存在不同,应是先制定敕令,后再制定格式,完整修成时间应在元祐六年五月。

4.9《大学式》

4.9.1 绍圣三年(1096年)十二月甲戌,蔡京上《新修大学敕令式》《详定重修敕令》。(《宋史》卷十八,“哲宗二”,第345页)

4.10《政和式》

4.10.2 王韶《政和敕令式》九百三卷。(《宋史》卷二百四,“艺文志三”,第5142页)

4.10.3 何执中《政和重修敕令格式》五百四十八册。卷亡。(《宋史》卷二百四,“艺文志三”,第5142页)

4.11《绍兴式》

4.11.1 绍兴元年（1131年）八月戊辰，张守等上《绍兴重修敕令格式》。(《宋史》卷二六，“高宗三”，第490页)

4.11.2 咸淳元年（1265年），申严选试之法，凡引试刑法官，命题一如《绍兴式》。(《宋史》卷一五七，“选举三”，第3672页)

4.11.3 张守：《绍兴重修敕令格式》一百二十五卷。(《宋史》卷二百四，“艺文志三”，第5144页)

4.12《吏部七司式》

4.12.1 绍兴三年（1133年）冬十月癸未，朱胜非上《重修吏部七司敕令格式》。(《宋史》卷二七，“高宗四”，第507页)

4.12.2《开禧重修吏部七司敕令格式申明》三百二十三卷。开禧元年上。(《宋史》卷二百四，“艺文志三”，第5145页)

4.13《在京通用式》

4.13.1 绍兴十年（1140年）十一月戊寅，秦桧上《重修绍兴在京通用敕令格式》。(《宋史》卷二九，“高宗六”，第547页)

4.13.2《绍兴重修在京通用敕令格式申明》五十六卷。绍兴中进。(《宋史》卷二百四，“艺文志三”，第5144页)

4.14《六曹寺监通用式》

4.14.1 绍兴十二年（1142年）十一月壬申，秦桧上《六曹寺监通用敕令格式》。(《宋史》卷三十，“高宗七”，第557页)

4.14.2《绍兴重修六曹寺监库务通用敕令格式》五十四卷。秦桧等撰。(《宋史》卷二百四，“艺文志三”，第5144页)

4.15《国子监式》

4.15.1 绍兴十三年（1143年）冬十月己丑，秦桧上《监学敕令格式》。(《宋史》卷三〇，“高宗七”，第559页)

4.15.2 陆佃：《国子监敕令格式》十九卷。(《宋史》卷二百四，“艺文志三”，第5144页)

4.16《常平免役式》

4.16.1 绍兴十七年（1147年）十一月丙寅，秦桧上《重修免役敕令格式》。(《宋史》卷三十，“高宗七”，第567页)

4.16.2《绍兴重修常平免役敕令格式》五十四卷。秦桧等撰。(《宋史》卷二百四，“艺文志三”，第5144页)

从上面两条史料看，此法律名称有《免役式》和《常平免役式》两种。

4.17《贡举式》

4.17.1 绍兴二十六年（1156年）十一月癸丑，万俟卨上《重修贡举敕令格式》。(《宋史》卷三一，“高宗八”，第586页)

4.17.2《绍兴重修贡举敕令格式申明》二十四卷。绍兴中进。(《宋史》卷二百四，“艺文志三”，第5144页)

4.18《乾道式》

4.18.1 乾道六年（1170年）八月丙寅虞允文上《乾道敕令格式》。(《宋史》卷三四，“孝宗二”，第649页)

4.18.2 乾道八年（1172年）春正月庚午朔，班《乾道敕令格式》。(《宋史》卷三四，“孝宗二”，第652页)

4.18.3《乾道重修敕令格式》一百二十卷。虞允文等撰。(《宋史》卷二百四，“艺文志三”，第5144页)

4.19《淳熙式》

4.19.1 淳熙四年（1177年）七月甲子，班《淳熙重修敕令格式》。(《宋史》卷三四，“孝宗二”，第664页)

4.19.2 淳熙六年（1179年）十二月丙戌，班《重修淳熙敕令格式》。(《宋史》卷三五，“孝宗三”，第671页)

4.19.3《淳熙重修敕令格式》及《随敕申明》二百四十八卷。(《宋史》卷二百四，“艺文志三”，第5145页)

4.20《荐举式》

4.20.1 淳熙五年（1178年）十二月庚寅朔，班《新定荐举式》。(《宋史》卷三五，“孝宗三”，第66页)

4.21《庆元式》

4.21.1 庆元四年（1198年）九月丁未，颁《庆元重修敕令格式》。(《宋史》卷三七，“宁宗一”，第724页)

4.21.2《庆元重修敕令格式》及《随敕申明》二百五十六卷。庆元三年诏重修。(《宋史》卷二百四，“艺文志三”，第5144页)

4.22《祭酺礼式》

4.22.1 绍兴三十二年（1362年）七月癸丑，颁《祭酺礼式》。(《宋史》卷六二，“五行一下”，第1357页)

4.23《仪注式》

4.23.1 元丰元年（1078年），诏龙图阁直学士、史馆修撰宋敏求等详定正殿御殿仪注，敏求遂上《朝会仪》二篇、《令式》四十篇，诏颁行之。(《宋史》卷一一六，“礼十九·宾礼一”，第2745页)

4.24《孝赠式》

4.24.1 熙宁七年，参酌旧制着为新式：诸臣丧，两人以上各该支赐孝赠，只就数多者给；官与职各该赙赠者，从多给，差遣、权并同，权发遣并与正同。诸两府、使相、宣徽使并前任宰臣问疾或浇奠已赐不愿敕葬者，并宗室不经浇奠支赐，虽不系敕葬，并支赙赠。余但经问疾或浇奠支赐或敕葬者，更不支赙赠。前两府如浇奠只支赙赠，仍加绢一百、布一百、羊酒米面各一十。诸支赐孝赠：在京，羊每口支钱一贯，以折第二等绢充，每匹折钱一贯三百文，余支本色；在外，米支白秔米，面每石支小麦五斗，酒支细色，余依价钱。诸文卿监以上，武臣元系诸司使以上，分司、致仕身亡者，其赙赠并依见任官三分中给二，限百日内经所在官司投状，召命官保关申，限外不给。待制、观察使以上更不召保。(《宋史》卷一二四，“礼二十七·凶礼三”，第2908页)

4.24.2《熙宁新式》：先是，知制诰曾布言：“窃以朝廷亲睦九族，故于死丧之际，临吊赙恤，至于窀穸之具，皆给于县官，又择近臣专董其事，所以深致其哀荣而尽其送终之礼。近世使臣沿袭故常，过取馈遗，故私家之费，往往倍于公上。祥符中，患其无节，尝诏有司定其数。皇祐中，又着之《编敕》，令使臣所受无过五百，朝臣无过三百，有违之者，御史奏劾。伏见比岁以来，不复循守，其取之者不啻十倍于著令。乞取旧例裁定酌中之数，以为永式。”诏令太常礼院详定，令布裁定以闻。(《宋史》卷一二四，“礼二十七·凶礼三”，第2911页)

4.24.3 章惇：《熙宁新定孝赠式》十五卷。(《宋史》卷二百四，“艺文志三”，第5140页)

从4.24.3条可知熙宁年间编撰的全称是《新定孝赠式》，卷数多达15卷。

分析上面诸条史料，可知所记载的“式”就是《孝赠式》，有时又称为“支赐孝赠”。

4.25《考校进士程式》

4.25.1 景德四年（1007年），命有司详定《考校进士程式》，送礼部贡院，颁之诸州。(《宋史》卷一五五，“选举一·科目上”，第3610页)

4.26《制授敕授奏授告身式》

4.26.1 元丰五年（1082年），官制所重定《制授敕授奏授告身式》，从之。(《宋史》卷一六三，“职官三”，第3841页)

4.27《六尚供奉式》

4.27.1 政和元年（1111 年），殿中省高伸上编定《六尚供奉式》。（《宋史》卷一六四，“职官四”，第 3881 页）

4.27.2 高伸：《六尚供奉式》二百册。卷亡。（《宋史》卷二百四，“艺文志三”，第 5136 页）

4.28《营造法式》

4.28.1 元祐七年（1092 年），诏颁将作监修成《营造法式》。（《宋史》卷一六五，“职官五”，第 3919 页）

4.28.2 王叡：《营造法式》二百五十册。元祐间，卷亡。（《宋史》卷二百四，“艺文志三”，第 5136 页）

4.29《均税式》

4.29.1 熙宁五年（1072 年），诏司农以《均税条约并式》颁之天下。（《宋史》卷一七四，“食货上二·屯田常平”，第 4199 页）

4.30《木羽弩箭式》

4.30.1 隆兴元年（1163 年），御降《木羽弩箭式》，每路依式制箭百万。（《宋史》卷一九七，“兵十一”，第 4922 页）

4.31《三省仪式》

4.31.1《三省仪式》一卷。（《宋史》卷二百三，“艺文志二”，第 5109 页）

4.32《南郊式》

4.32.1 王安石：《南郊式》一百十卷。（《宋史》卷二百四，“艺文志三”，第 5133 页）

4.32.2 向宗儒：《南郊式》十卷。（《宋史》卷二百四，“艺文志

三”，第 5135 页）

4. 32. 3 括考礼沿革，为书曰《南郊式》。（《宋史》卷三三一，“沈括传”，第 10653 页）

4. 33《祀祭仪式》

4. 33. 1《祀祭仪式》一卷。（《宋史》卷二百四，“艺文志三”，第 5134 页）

4. 33. 2《淳熙编类祭祀仪式》一卷。齐庆胄所撰。（《宋史》卷二百四，“艺文志三”，第 5134 页）

4. 34《大礼式》

4. 34. 1 黄廉：《大礼式》二十卷二百四。（《宋史》卷二百四，“艺文志三”，第 5134 页）

4. 35《熙宁新定祈赛式》

4. 35. 1 张谔：《熙宁新定祈赛式》二卷。（《宋史》卷二百四，“艺文志三”，第 5135 页）

4. 36《高丽入贡仪式》

4. 36. 1 李咏：《高丽入贡仪式条令》三十卷。元丰间。（《宋史》卷二百四，“艺文三”，第 5136 页）

4. 37《支赐式》

4. 37. 1《支赐式》十二卷。（《宋史》卷二百四，“艺文志三”，第 5139 页）

4. 37. 2《支赐式》二卷。（《宋史》卷二百四，“艺文志三”，第 5140 页）

4.38《官马俸马草料等式》

4.38.1《官马俸马草料等式》九卷。(《宋史》卷二百四，“艺文志三”，第 5140 页)

4.39《随酒式》

4.39.1 陈绎：《随酒式》一卷。(《宋史》卷二百四，“艺文志三”，第 5140 页)

4.40《马递铺特支式》

4.40.1《马递铺特支式》二卷。(《宋史》卷二百四，“艺文志三”，第 5140 页)

4.41《将作监式》

4.41.1 曾肇：《将作监式》五卷。(《宋史》卷二百四，“艺文志三”，第 5140 页)

4.42《熙宁新定节式》

4.42.1 章惇：《熙宁新定节式》二卷。(《宋史》卷二百四，“艺文志三”，第 5140 页)

4.43《熙宁新定时服式》

4.43.1《熙宁新定时服式》六卷。(《宋史》卷二百四，“艺文志三”，第 5140 页)

4.44《熙宁葬式》

4.44.1 张叙：《熙宁葬式》五十五卷。(《宋史》卷二百四，“艺文志三”，第 5140 页)

4.45《吏部式》《吏部通用式》

4.45.1 吕惠卿：《新史吏部式》二卷。（《宋史》卷二百四，“艺文志三”，第5144页）

4.45.2 曾伉：《新修尚书吏部式》三卷。（《宋史》卷二百四，“艺文志三”，第5141页）

4.45.3 曾伉：《元丰新修吏部敕令式》十五卷。（《宋史》卷二百四，“艺文志三”，第5143页）

4.45.4《绍兴重修吏部敕令格式》并《通用格式》一百二卷。朱胜非等撰。（《宋史》卷二百四，“艺文志三”，第5144页）

从材料4.45.1条看，此处名称有误，应是“新修”而不是“新史”。从4.45.2条和4.45.3条看，曾伉修撰的《元丰吏部式》有三卷，但此次总共修了敕令式三类法律。

4.46《夏祭式》

4.46.1 蒋猷：《夏祭敕令格式》一部。卷亡。（《宋史》卷二百四，“艺文志三”，第5135页）

4.47《淳祐式》

4.47 淳祐二年（1242年）四月，敕令所上其书，名《淳祐敕令格式》。十一年，又取《庆元法》与《淳祐新书》删润。其间修改者百四十条，创入者四百条，增入者五十条，删去者十七条，为四百三十卷。（《宋史》卷一百九十九，刑法志一，第4963页）

4.48《高丽女真排辨式》

4.48.1《高丽女真排辨式》一卷。元丰间。（《宋史》卷二百四，“艺文志三”，第5136页）

4.49《接送高丽式》

4.49.1《接送高丽敕令格式》一部。宣和初。卷亡。（《宋史》

卷二百四，“艺文志三”，第5142页）

4.50《奉使高丽式》

4.50.1《奉使高丽敕令格式》一部。宣和初。卷亡。（《宋史》卷二百四，“艺文志三”，第5142页）

4.51《宗室及外臣葬式》

4.51.1《宗室及外臣葬敕令式》九十二卷。元丰间。（《宋史》卷二百四，“艺文志三”，第5141页）

4.52《明堂式》

4.52.1《明堂袷飨大礼令式》三百九十三卷。元丰间。（《宋史》卷二百四，“艺文志三”，第5135页）

4.52.2《明堂大飨视朔颁朔布政仪范敕令格式》一部。宣和初。卷亡。（《宋史》卷二百四，“艺文志三”，第5135页）

4.52.3《明堂敕令格式》一千二百六册。宣和初。卷亡。（《宋史》卷二百四，“艺文志三”，第5142页）

4.53《景灵宫供奉式》

4.53.1冯宗道：《景灵宫供奉敕令格式》六十卷。（《宋史》卷二百四，“艺文志三”，第5135页）

4.54《诸陵荐献礼文式》

4.54.1《诸陵荐献礼文仪令格式并例》一百五十一册。绍圣间。卷亡。（《宋史》卷二百四，“艺文志三”，第5135页）

4.55《诸蕃进贡式》

4.55.1《诸蕃进贡令式》十六卷。董毡、鬼章一，阇婆一，占城一，层檀一，大食一，勿巡一，注辇一，罗、龙、方、张、石蕃一，于阗，拂箖一，交州一，龟兹、回鹘一，伊州、西州、沙州一，三佛齐一，丹眉流一，大食陀婆离一，大俞卢和地一。（《宋史》卷二百四，“艺文志三”，第5136—5137页）

4.56《熙宁详定诸色人厨料式》

4.56.1 沈括：《熙宁详定诸色人厨料式》一卷。（《宋史》卷二百四，“艺文志三”，第5140页）

4.57《熙宁新修凡女道士给赐式》

4.57.1 沈括：《熙宁新修凡女道士给赐式》一卷。（《宋史》卷二百四，“艺文志三”，第5140页）

4.58《诸司式》

4.58.1《诸敕式》二十四卷；《诸敕令格式》十二卷；又《诸敕格式》三十卷。（《宋史》卷二百四，“艺文志三”，第5140页）

上条史料中的三个法律名称较为特殊，有“敕式”、“敕令格式”和“敕格式”三种名称，且前面都加“诸”。从其他史料看，此处应缺“司”，准确的应是《诸司敕式》《诸司敕令格式》和《诸司敕格式》。

4.59《学士院等处式》

4.59.1 张诚一：《学士院等处敕式交并看详》二十卷。（《宋史》卷二百四，“艺文志三”，第5140页）

4.60《御书院式》

4.60.1 张诚一：《御书院敕式令》二卷。（《宋史》卷二百四，“艺文志三”，第5140页）

4.61《元丰新近定在京人从式》

4.61.1 沈希颜：《元丰新近定在京人从敕式三等》，卷亡。（《宋史》卷二百四，“艺文志三”，第5141页）

4.62《武学式》

4.62.1《武学敕令格式》一卷。元丰间。（《宋史》卷二百四，“艺文志三”，第5141页）

4.62.2《绍圣续修武学敕令格式看详》并《净条》十八册。建中靖国初。卷亡。（《宋史》卷二百四，“艺文志三”，第5141页）

4.63《律学式》《武学式》

4.63.1 贾昌朝：《庆历编敕》《律学武学敕式》共二卷。（《宋史》卷二百四，“艺文志三”，第5141页）

4.63.1《绍圣续修律学敕令格式看详》并《净条》十二册。建中靖国初。卷亡。（《宋史》卷二百四，“艺文志三”，第5141页）

4.63.2 孟昌龄：《政和重修国子监律学敕令格式》一百卷。（《宋史》卷二百四，“艺文志三”，第5142页）

4.64《国子监书学式》

4.64.1《崇宁国子监书学敕令格式》一部。卷亡。（《宋史》卷二百四，“艺文志三”，第5142页）

4.65《国子监支费式》

4.65.1 朱服：《国子监支费令式》一卷。（《宋史》卷二百四，“艺文志三”，第5141页）

4.66《国子监大学式》《国子监辟雍式》《国子监小学式》

4.66.1《国子大学辟雍并小学敕令格式申明一时指挥目录看详》

一百六十八册。卷亡。(《宋史》卷二百四,“艺文志三”,第5142页)

4.67《贡举医局龙图天章宝文阁等式》

4.67.1《贡举医局龙图天章宝文阁等敕令仪式》及《看详》四百一十卷(元丰间)。(《宋史》卷二百四,“艺文志三”,第5141页)

4.68《皇亲禄式》

4.68.1《皇亲禄令并厘修敕式》三百四十卷。(《宋史》卷二百四,“艺文志三”,第51410页)

4.69《都提举市易司式》

4.69.1 吴雍:《都提举市易司敕令》并《厘正看详》二十一卷、《公式》二卷。(《宋史》卷二百四,“艺文志三”,第5141页)

从此史料看,当时修成了《都提举市易司公式》2卷。

4.70《吏部四选式》

4.70.1《吏部四选敕令格式》一部。元祐初。卷亡。(《宋史》卷二百四,“艺文志三”,第5141页)

4.71《户部式》

4.71.1《元丰户部敕令格式》一部。元祐初。卷亡。(《宋史》卷二百四,“艺文志三”,第5141页)

4.72《六曹式》

4.72.1《六曹敕令格式》一千卷。元祐初。(《宋史》卷二百四,“艺文志三”,第5141页)

4.73《诸路州县式》

4.73.1《诸路州县敕令格式并一时指挥》十三册。卷亡。(《宋史》卷二百四,“艺文志三”,第5142页)

4.74《内东门司应奉禁中请给式》

4.74.1《大观新修内东门司应奉禁中请给敕令格式》一部。卷亡。(《宋史》卷二百四,“艺文志三”,第5142页)

4.75《宗子大小学式》

4.75.1李图南《宗子大小学敕令格式》十五册。卷亡。(《宋史》卷二百四,“艺文志三”,第5142页)

4.76《宗祀大礼式》

4.76.1《宗祀大礼敕令格式》一部。政和间。卷亡。(《宋史》卷二百四,“艺文志三”,第5142页)

4.77《御试贡士式》

4.77.1白时中:《政和新修御试贡士敕令格式》一百五十九卷。(《宋史》卷二百四,“艺文志三”,第5142页)

4.78《两浙福建路式》

4.78.1《两浙福建路敕令格式》一部。宣和初。卷亡。(《宋史》卷二百四,“艺文志三”,第5143页)

4.79《司农寺式》

4.79.1蔡确:《元丰司农敕令式》十七卷。(《宋史》卷二百四,“艺文志三”,第5143页)

4.79.2《司农寺敕》一卷，《式》一卷。(《宋史》卷二百四，“艺文志三”，第5140页)

从此可知，宋朝司农寺专门制定《司农寺敕》和《司农寺式》两类法律，各有1卷。

4.80《元丰式》

4.80.1 崔台符:《元丰敕令式》七十二卷。(《宋史》卷二百四，“艺文志三”，第5144页)

4.80.2 崔台符:《元丰编敕令格式》并《赦书德音》《申明》八十一卷。(《宋史》二百四，“艺文志三”，第5141页)

4.81《元符式》

4.81.1 元符三年（1100年）八月癸酉，章惇等进《新修敕令式》。惇读于帝前，其间有元丰所无而用元祐敕令修立者，帝曰：“元祐亦有可取乎?”惇等对曰：“取其善者。”（《宋史》卷十八，“哲宗二”，第353页）

4.81.2 章惇:《元符敕令格式》一百三十四卷。(《宋史》卷二百四，“艺文志三”，第5144页)

4.82《诸路州县学式》

4.82.1 蔡京:《政和续编诸路州县学敕令格式》十八卷。(《宋史》卷二百四，“艺文志三”，第5144页)

此史料说明《诸路州县学式》在此前就已经修撰过，此次仅是重修。

4.83《贡士式》

4.83.1 白时中:《政和新修贡士敕令格式》五十一卷。(《宋史》卷二百四，“艺文志三”，第5144页)

4.84《参附尚书吏部式》

4.84.1《绍兴参附尚书吏部敕令格式》七十卷。陈康伯等撰。

（《宋史》卷二百四，“艺文志三”，第5144页）

4.85《吏部左选式》

4.85.1《淳熙重修吏部左选敕令格式申明》三百卷。龚茂良等撰。（《宋史》卷二百四，“艺文志三”，第5145页）

4.86《大宗正司式》

4.86.1《大宗正司敕令格式申明》及《目录》八十一卷。绍兴重修。（《宋史》卷二百四，“艺文志三”，第5145页）

4.87《编类诸路茶盐式》

4.87.1《编类诸路茶监敕令格式目录》一卷。（《宋史》卷二百四，“艺文志三”，第5145页）

4.88《诸司市务式》

4.88.1《元祐诸司市务敕令格式》二百六册。卷亡。（《宋史》卷二百四，“艺文志三”，第5141页）

4.89《国子监算学式》

4.89.1《徽宗崇宁国子监算学敕令格式》并《对修看详》一部。卷亡。（《宋史》卷二百四，“艺文志三”，第5142页）

4.90《在京诸司库务条式》

4.90.1王珪：《在京诸司库务条式》一百三十卷。（《宋史》卷二百四，“艺文志三”，第5139页）

此法律中的“条式”很难确定是“式”的他称，还是“法律”的通称。

4.91《制科条式》

4.91.1 诏令详定《经典释文》《九经文字》《制科条式》，及问六玺所出，并议《三礼图》祭玉及鼎釜等。昭援引经据，时称其该博。恭帝即位，封舒国公。（《宋史》卷二六十三，“张昭传”，第9091页）

此史料中的《科场条式》中的“条式”，从宋朝法律术语使用语境看，应是“法律”的意思，而不是“式”类法律。

4.92《熙宁历任仪式》

4.92.1《熙宁历任仪式》一卷。不知作者。(《宋史》卷二百四，“艺文志三”，第5143页)

五 宋朝式的篇名和数量

（一）宋朝式典的篇名和数量

宋朝式典从形式上看，最早是《淳化式》，但真正意义上拥有宋朝特征的式典是《元丰式》，典型代表是《绍兴式》。宋朝式典数量与其他三类相比较少。

1.《淳化式》。宋朝式典制定最早的可以推到《淳化式》。虽然《淳化式》在本质上看是唐式的翻版，但由于进行了形式上的修改，在很多地方已经宋朝化。对此，《玉海》中“淳化编敕”上记载“太宗以开元二十六年所定令式修为《淳化令式》”;[①]《直斋书录解题》中“法令类·唐令式”下记载有“唐开元中宋璟、苏颋、卢从愿等所删定。考《艺文志》卷数同，更同光、天福校定，至本朝淳化中右赞善大夫潘宪、著作郎王泗校勘其篇目、条例，颇与今见行令式有不同者”。[②] 这里明确指出“淳化令式”内容与后来“令式”不同，说明宋朝中后期“令式”已经与唐朝时“令式”内容结构发生了较大变化。此外，对淳化年间修订令式，在《宋会要·刑法·格令一》中有记载，“至道元年十二月十五日，权大理寺陈彭年言：‘法寺于刑部写到令式，皆题伪蜀广政中校勘，兼列伪国官

① 王应麟：《玉海》卷六六，江苏古籍出版社、上海书店1987年版，第1255页。

② 陈振孙：《直斋书录解题》卷七，“法令类”，上海古籍出版社1987年版，第223页。

名衔，云‘奉敕付刑部’。其帝号、国讳、假日、府县陵庙名悉是当时事。伏望重加校定改正，削去伪制。’诏直昭文馆勾中正、直集贤院胡昭赐、直史馆张复、秘阁校理吴淑、舒雅、崇文院检讨杜镐于史馆校勘，翰林学士承旨宋白、礼部侍郎兼秘书监贾黄中、史馆修撰张佖详定”①。这里记载至道元年大理寺官员陈彭年奏称说当时刑部抄写的“令式”是以蜀广政年间校勘颁布的唐朝令式为版本，提出对此版本去除当时“伪制”，重新校勘颁行。《唐式》篇名是33篇，具体以尚书省诸司和秘书、太常、司农、光禄、太仆、太府、少府、监门、宿卫和计账为篇名。“凡式三十有三篇，亦以尚书列曹及秘书、太常、司农、光禄、太仆、太府、少府及监门、宿卫和计账为其篇目”。② 从这里看，唐式篇名结构是以中央机构各司为名，只有“计账式”是以事务性质为命名。因为尚书省在唐朝时下辖24司。从此可知，《淳化式》篇名和结构与此相同。宋朝式典篇名在中后期发生变化，特别是神宗元丰官制改革后，因为中央官制体制发生转变，唐朝以尚书省24司为中心的篇名结构已经不在适应宋朝国家机构管理的需要。

2.《元丰式》。见于2.1.1、3.29和4.80等诸条史料。宋朝制定综合式典现在可以确定始于《元丰式》。按3.29.1条记载，《元丰式》有5卷，内容涉及奏表、账籍、关牒和符檄四类。这与《唐式》以中央机构为纲的结构有较大不同，这里采用事类分类。当然，从内容看应是相同的，仅是在篇名结构上采用不同结构，特别是命名体系上出现新转变。从现在材料看，无法知道《元丰式》的具体篇名和结构，仅知主要内容。从《元丰式》的纲目看，其内容和结构开始体现出自身特色，不同完全照搬《唐式》。

3.《元祐式》。见于2.1.2、3.30和4.8等诸条史料。见于《宋会要》《长编》和《宋史》。《元祐式》是宋朝式典中内容记载十分明确的式典。根据3.30.1条记载，《元祐式》共有127条，分为6卷。《通过·艺文略》记载《元祐敕令格式》有56卷。宋朝综合式典的具体条数中，现在可确切知道只有《元祐式》。从此看，数量相对较少。这个数量与《庆元式》残本除去重复后的数量大体相同。

4.《元符式》。见于2.1.3和4.81等诸条史料。见于《宋会要》和《宋史》。《元符式》的卷数和结构现在没有明确记载，无法推知。《通

① 《宋会要》，“刑一·格令一之1”，第8212页。

② 《旧唐书》卷五十四，“刑法志”，中华书局1975年版。

志·艺文志》记载"《元符敕令格式》，一百三十卷"。[①] 与4.81.1条记载的数量相差4卷，因为4.81.2条记载有134卷。《元符式》数量较《元祐格令格式》多一倍。《元符式》卷数有可能达30卷，因为《绍兴敕令格式》有100卷，其中式典卷数可能有30卷。两者比较，后者数量还更少。但这仅是从卷数上推测。

5.《大观式》。见于2.1.5。见于《宋会要》。从《宋会要》材料看，宋朝大观年间应制定过"令格式"，因为整个《宋会要》中分别记载有《大观令》《大观格》和《大观式》等篇名和具体内容。但奇怪的是现在没有其他史料明确记载大观年间制定过"敕令格式"，或是"令格式"的史料。

6.《政和式》。见于2.1.4和4.10等诸条史料。见于《宋会要》和《宋史》。宋朝式典数量可能从《政和式》开始出现增加，因为从敕令格式总卷数看，此次增加到138卷。按4.10.2条记载整个《政和敕令式》有903卷，4.10.3条记载有548册。《通志·艺文略》记载"《政和敕令格式》，一百三十四卷"。[②] 这些数量与绍兴年间敕令格式数量相同。

7.《绍兴式》。见于2.1.6和4.11。见于《宋会要》和《宋史》。《绍兴式》卷数有明确记载，是30卷，但没有明确记载篇名数量。《绍兴式》30卷的结构被后来南宋诸朝式典继承，成为南宋诸式典的立法模式。从卷数看，《绍兴式》的数量应不再在是《元符式》时的127条。

8.《乾道式》。2.1.7和4.18。见于《宋会要》和《宋史》。《乾道式》的数量现在知道有30卷，但不能确定具体篇名和条数。

9.《淳熙式》。见于2.1.8和4.19。见于《宋会要》和《宋史》。《淳熙式》的数量现在知道有30卷，但不能确定具体篇名和条数。

10.《庆元式》。见于4.21。见于《宋会要》《宋史》和《庆元条法事类》。《庆元式》的卷数应是30卷，在篇名结构上现在可以看到18篇。这是最少的数量，总数应在此之上。从《庆元条法事类》所存式典篇名看，数量最有可能是30篇。这个卷数应是整个南宋式典的数量。

11.《淳祐式》。见于4.47。见于《宋史》。此外，《吏部条法》中可以看到敕、令、格，宋朝制定过《淳祐式》。

宋朝综合式典从史料看应有11部，但《淳化式》数量与《唐式》相同，基本上就是《唐式》，不算严格意义上的宋朝式典。此外，《大观式》

① 郑樵撰:《通志·艺文略》，王树民点校，中华书局1995年版，第1556页。

② 同上。

是否是综合性式典现在没有史材进行严格佐证，这样可以确定为宋朝综合性式典的有 9 部。在 9 部综合性式典卷数上能确定有《元丰式》《元祐式》及南朝诸式典，不能确定的有《元符式》和《政和式》。能确定卷数式典的情况是《元丰式》有 5 卷，《元祐式》有 6 卷和《绍兴式》有 30 卷，能确定条数的仅有《元祐式》，共有 127 条。

（二）宋朝式典篇名和数量

宋朝综合性式典篇名和数量现在没有明确记载，仅能通过《庆元条法事类》残本记载进行考察。分析残卷中记载的篇名共有 18 篇，具体如下：

1. 《考课式》。见于 1. 1。《庆元条法事类》中有 3 个类门引用此篇名，共引用 8 条式文。可知《考课式》属于宋朝式典中的篇名。

2. 《文书式》。见于 1. 2 和 2. 2. 6 等诸条史料。见于《庆元条法事类》和《宋会要》。其中《庆元条法事类》中共有 3 个类门引用此篇名，共引用 12 个式。《文书式》中式的结构，在宋朝式典中表达方式略有不同，因为《文书式》有一部分是规定名讳、庙讳、御名讳等，即规定与皇帝有关的不能用字。[①] 2. 2. 6. 2 条记载内容是《庆元条法事类》卷三“名讳・文书式”中“御名”中“扩”条下不能用的同音字。可知《文书式》属于宋朝式典中的篇名。

3. 《职制式》。见于 1. 3。《庆元条法事类》中有 8 个类门引用此篇名，共引用了 11 个式。可知《职制式》属于宋朝式典中的篇名。

4. 《断狱式》。见于 1. 4。《庆元条法事类》中有 2 个类门引用此篇名，共引用了 2 个式。可知《断狱式》属于宋朝式典中的篇名。

5. 《杂式》。见于 1. 5。《庆元条法事类》中有 4 个类门引用此篇名，共引用了 6 个式。可知《杂式》属于宋朝式典中的篇名。

6. 《荐举式》。见于 1. 6 和 4. 20 等诸条史料。见于《庆元条法事类》和《宋史》。《庆元条法事类》中有 9 个类门引用此篇名，共引用有 29 条式文。北宋时期可能制定过专门的《荐举式》，到南宋时才被纳入式典中，作为式典中的一篇。可知《存举式》属于宋朝式典中的篇名。

7. 《给赐式》。见于 1. 7。《庆元条法事类》中有 1 个类门引用此篇名，共引用了 1 个式。可知《给赐式》属于宋朝式典中的篇名。式典中的《给赐式》应是“通用”的普通法，因为宋朝还有大量针对特定的事项、群体制定的给赐式。

---

① 《庆元条法事类》卷三，“名讳・文书式”，黑龙江人民出版社 2002 年版，第 9—11 页。

8.《道释式》。见于1.8。《庆元条法事类》中有5个类门引用此篇名，共引用10个式。可知《道释式》属于宋朝式典中的篇名。

9.《封赠式》。见于1.9。《庆元条法事类》中有1个类门引用此篇名，共引用1个式。《庆元条法事类》卷十二“封赠·封赠式”中有“文武升朝官遇恩乞封赠状”。[①] 可知《封赠式》属于宋朝式典中的篇名。

10.《选试式》。见于1.10。《庆元条法事类》中有2个类门引用此篇名，共引用4个式。可知《选试式》属于宋朝式典中的篇名。

11.《赏式》。见于1.11和2.2.1等诸条史料。见于《庆元条法事类》和《宋会要》。其中《庆元条法事类》中共有7个类门引用此篇名，共引用9个式。可知《赏式》属于宋朝式典中的篇名。

12.《仓库式》。见于1.12。《庆元条法事类》中有3个类门引用此篇名，共引用8个式。可知《仓库式》属于宋朝式典中的篇名。

13.《场务式》。见于1.13。《庆元条法事类》中有4个类门引用此篇名，共引用16个式。《场务式》的《转运司申铸钱计账式》[②] 应是来自北宋时期《一路一州会计式》中的具体状式。可知《场务式》属于宋朝式典中的篇名。

14.《理欠式》。见于1.14。《庆元条法事类》中有1个类门引用此篇名，共引用3个式。可知《理欠式》属于宋朝式典中的篇名。

15.《赋役式》。见于1.15。《庆元条法事类》中有3个类门引用此篇名，共引用了12个式。可知《赋役式》属于宋朝式典中的篇名。

16.《服制式》。见于1.16。《庆元条法事类》中有1个类门引用此篇名，共引用10个式。可知《服制式》属于宋朝式典中的篇名。

17.《户式》。见于1.17和2.2.2等诸条史料。见于《庆元条法事类》和《宋会要》。其中《庆元条法事类》中共有1个类门引用此篇名，共引用3个式。可知《户式》属于宋朝式典中的篇名。

18.《厩牧式》。见于1.18。《庆元条法事类》中有1个类门引用此篇名，共引用了4篇式。可知《厩牧式》属于宋朝式典中的篇名。

19.《禄式》。见于2.2.3。《宋会要》中有明确提到《禄式》的记载。此外，在令典和格典中有《禄令》篇和《禄格》篇看，《禄式》应

---

① 《庆元条法事类》卷十二，“封赠·封赠式”，黑龙江人民出版社2002年版，第254—255页。

② 《庆元条法事类》卷三十二，“鼓铸·场务式”，黑龙江人民出版社2002年版，第529页。

属于宋朝式典中的篇名。式典中的《禄式》是“通用”普通法，宋朝还有大量针对特定群体的禄式，如《宫人禄式》《皇亲禄式》等。

（三）宋朝单行式的篇名和数量

1. 机构职能类式

（1）《中书省式》。见于2.3.27。见于《宋会要》。2.3.27.1条记载乾道九年制定的《中书省式》有1卷。可知《中书省式》属于宋朝式的独立篇名。

（2）《尚书省式》。见于2.3.27。见于《宋会要》。2.3.27.1条记载乾道九年制定的《尚书省式》有3卷。可知《尚书省式》属于宋朝式的独立篇名。

（3）《三省通用式》。见于2.3.27。见于《宋会要》。2.23.27.1条记载乾道九年制定的《三省通用式》有1卷。可知《三省通用式》属于宋朝式的独立篇名。

（4）《三省枢密院通用式》。见于2.3.27。见于《宋会要》。2.3.27.1条记载乾道九年制定的《三省枢密院通用式》有1卷。可知《三省枢密院通用式》属于宋朝式的独立篇名。

（5）《大宗正司式》。见于2.3.28和4.86等诸条史料。见于《宋会要》和《宋史·艺文志》。2.3.28.1条记载绍兴二十三年制定《大宗正司式》有5卷，4.86.1记载绍兴年间制定《大宗正司敕令格式申明》及《目录》共有81卷。可知《大宗正司式》属于宋朝式的独立篇名。

（6）《参附尚书左选式》。见于2.3.29。见于《宋会要》。2.3.29.1条记载绍兴三十年制定《参附尚书左选式》有1卷。可知《参附尚书左选式》属于宋朝式的独立篇名。

（7）《参附尚书右选式》。见于2.3.29。见于《宋会要》。2.3.29.1条记载绍兴三十年制定《参附尚书右选式》有1卷。可知《参附尚书右选式》属于宋朝式的独立篇名。

（8）《参附侍郎右选式》。见于2.3.29。见于《宋会要》。2.3.29.1条记载绍兴三十年制定《参附侍郎右选式》有1卷。可知《参附侍郎右选式》属于宋朝式的独立篇名。

（9）《参附尚书侍郎左右选通用式》。见于2.3.29。见于《宋会要》。2.3.29.1条记载绍兴三十年制定《参附尚书左选尚书侍郎左右选通用式》有1卷。可知《参附尚书侍郎左右选通用式》属于宋朝式的独立篇名。

（10）《吏部式》。见于2.3.30和4.45等诸条史料。见于《宋会要》和《宋史》。2.3.30.1条记载绍兴三年制定《吏部式》有8册；4.45.4

条记载绍兴三年朱胜非制定吏部敕令格式及通用格式共有102卷，按南宋习惯，至少应有8卷。4.45.1条记载吕惠卿制定《吏部式》2卷。吕惠卿属于宋神宗时期人，可知宋神宗时《吏部式》有2卷；4.45.2条记载曾伉制定《吏部式》有3卷。南宋绍兴三年制定时已经发展到8册。可知《吏部式》属于宋朝式的独立篇名。

(11)《吏部七司式》。见于2.3.31和4.12等诸条史料。见于《宋会要》和《宋史》。4.12.1条记载绍兴年间朱胜非制定《吏部七司式》；2.3.31.1条记载开禧元年制定《吏部七司式》。两次都是重修，而4.12.1条说明北宋时期就存在《吏部七司式》。4.12.2条记载开禧年间制定《吏部七司式》。当然，从现在《吏部七司条法》看，宋朝《吏部七司式》属于宋朝部门类式典篇名，因为《吏部七司式》下详细分成若干类具体式的篇名。

(12)《殿中省式》。见于2.3.32。见于《宋会要》。2.3.32.1条记载崇宁三年制定的《殿中省式》。可知《殿中省式》属于宋朝式的独立篇名。

(13)《提举所式》。见于2.3.32。见于《宋会要》。2.3.32.1条记载崇宁三年制定的《提举所式》。可知《提举所式》属于宋朝式的独立篇名。

(14)《六尚局式》。见于2.3.32。见于《宋会要》。2.3.32.1条记载崇宁三年制定的《六尚局式》。可知《六尚局式》属于宋朝式的独立篇名。

(15)《供奉库式》。见于2.3.32。见于《宋会要》。2.3.32.1条记载崇宁三年制定的《供奉库式》。可知《供奉库式》属于宋朝式的独立篇名。

(16)《度支式》。见于2.3.33、2.3.52和3.14等诸条史料。见于《宋会要》和《长编》。从两处材料看，记载是同一事件。可知《度支式》属于宋朝式的独立篇名。

(17)《金部式》。见于2.3.33。见于《宋会要》。2.3.33.1条记载元祐元年制定《金部式》。可知《金部式》属于宋朝式的独立篇名。

(18)《仓部式》。见于2.3.33。见于《宋会要》。2.3.33.1条记载元祐元年制定《仓部式》。可知《仓部式》属于宋朝式的独立篇名。

(19)《礼部式》。见于2.3.1。见于《宋会要》。从2.3.1.1条看太平兴国七年有《礼部式》，说明宋朝《礼部式》存在的时间很早。可知《礼部式》属于宋朝式的独立篇名。

（20）《工部式》。见于3.23。见于《长编》。3.22.1条记载元丰六年引用到《工部式》，说明宋神宗时存在《工部式》。可知《工部式》属于宋朝式的独立篇名。

（21）《武部式》。见于3.2。见于《长编》。从3.2.1条看，宋仁宗庆历年间已经存在《武部式》，说明宋仁宗时已经存在《武部式》。可知《武部式》属于宋朝式的独立篇名。

（22）《学士院式》。见于2.3.11、3.10和4.59等诸条史料。见于《宋会要》《长编》和《宋史·艺文志》。从两处材料看，记载是同一事，即熙宁十年十月三日编修内诸司式所编撰有《学士院式》10卷。4.59.1条记载的名称是《学士院等处式》。可知《学士院式》属于宋朝式的独立篇名。

（23）《入内内侍省式》。见于2.3.17和3.17等诸条史料。见于《宋会要》和《长编》。从两处材料看都是元丰二年八月十二日制定《入内内侍省敕式》。可知《入内内侍省式》属于宋朝式的独立篇名。

（24）《在京诸司库务式》。见于2.3.14和4.90等诸条史料。见于《宋会要》和《宋史·艺文志》。4.90.1条中记载的名称是《在京诸司库务条式》。从2.3.14.1条和2.3.14.2条看两者记载是治平二年立法事件，所编法律数量同为130册。而2.3.14.3条和2.3.14.4条记载的是元祐年间再修的立法事件。从材料2.3.14.1条看，《在京诸司库务式》下有102处具体的司库机构。可知《诸司库务式》属于宋朝式的部门类式典篇名，因为下面有具体的各类篇名。

（25）《在京人从式》。见于2.3.50和4.61等诸条史料。见于《宋会要》。从2.3.50.1条看，元丰元年修成敕令式3卷。4.61.1条记载有《元丰新定在京人从敕式》，应该就是此法律。可知《在京人从式》属于宋朝式的独立篇名。

（26）《官品式》。见于2.3.24。见于《宋会要》。2.3.24.1条中称为《品式》，但从官制结构看，此处名称应是《官品式》。可知《官品式》属于宋朝式的独立篇名。《官品式》应是式典中的篇名，但因为没有其他史料证明，无法确定。

（27）《太医局式》。见于2.3.12。见于《宋会要》。从2.3.12.1条和2.3.12.2条看，两处记载是同一事件，即熙宁九年五月修定《太医局式》。可知《太医局式》属于宋朝式的独立篇名。

（28）《诸司式》。见于2.3.2、2.3.13和4.58等诸条史料。见于《宋会要》和《宋史·艺文志》。从2.3.13下第1条至第4条看，宋神宗时期诸司敕式涉及内容十分多。因为诸司包括有“上自三省，下及仓、场、库、务，皆为百司”。[①] 按2.3.13.6条记载，元祐元年三省奏称当时修成诸司敕令格式达1000多卷。4.58.1条记载《元祐诸司市务敕令格式》有206册。可知《诸司式》在宋神宗时属于部类式典篇名。

(29)《内诸司式》。见于3.7。见于《长编》。从3.7条下四条具体史料看，宋神宗时对皇家内部诸司进行立法。这种立法成果称为《内诸司式》。可知《内诸司式》属于宋朝部类式典的篇名。

(30)《司农司式》。见于2.3.34、3.13和4.79等诸条史料。见于《宋会要》《长编》和《宋史·艺文志》。从2.3.34.1条和3.13.1条看，所记载的事是同一件。《玉海·元丰司农敕令式》中有“元丰二年九月甲午司农寺上十五卷。诏行之。”[②] 4.56.1条记载《司农司式》有1卷。4.79.1条记载是十七卷。可知《司农司式》属于宋朝式的独立篇名。

(31)《三省仪式》。见于4.31。见于《宋史》。4.31.1条记载有《三省仪式》有1卷。可知《三省仪式》属于宋朝式的独立篇名。

(32)《三司式》。见于2.3.22和4.7等诸条史料。见于《宋会要》和《宋史》。从2.3.22.1条和2.3.22.2条看，熙宁三年开始修“三司敕式”到熙宁七年修成，共400卷。从4.7下三条材料看，分别记载此次修三司敕式，但4.7.1条和4.7.2条中用的《三司令式》，而4.7.3条名称是《熙宁编三司式》，而2.3.22.3条记载政和二年引用的是《熙宁三司敕式》。《玉海·治平诸司条式》中记载“二年六月十四日壬寅，学士提举诸司库务王珪等上提举司并三司类例一百五册，及都册二十五册，共一百三十册。《志》作一百三十卷。诏以在京诸司库务条式。珪等言四海贡赋、漕挽以输京师，又建官寺府库委积苑囿关市工冶之局，以谨出纳。虽调用系之三司，然纲领一总于提举司与三司。所部凡一百二处，其额例自嘉祐七年秋许遵重修，迄今三年始成书”。[③] 从这里看，治平年间对《三司式》进行了大修。《玉海》还记载“熙宁三年十二月庚辰，命宰臣安石提举修三司令式”。《玉海·熙宁诸司敕式》：“（熙宁）七年三月八日，宰臣安石言提举编修《三司敕式》成，四百卷。九年九月二十五日编修令式所上《诸司敕式》四十卷，颁行。先是，命官修工令，至是先成抬赐式一、支赐式二、赏赐赠式十五、问疾浇奠支赐式一、御橱式三、炭式

① 赵昇：《朝野类要》卷三，“百司”，中华书局2006年版，第75页。

② 王应璘：《玉海》卷六六，江苏古籍出版社、上海书店1987年版，第1261页。

③ 同上书，第1260页。

二，上之。十年二月上《诸司敕令格式》十二卷。是年十一月辛亥上三十卷"。[①] 综合以上材料，宋神宗朝修"三司"法律应有敕令式三类，主体可能是"式"。从而可推知《三司式》属于宋朝部门式典名称，下面应由具体事务部门组成。

（33）《在京通用式》。见于2.3.35和4.13等诸条史料。见于《宋会要》和《宋史》。2.3.35条和4.13条两处记载材料应是同一，从2.3.35.1条记载看，《在京通用式》有2卷。《玉海·绍兴在京令式》："（绍兴）十年十月戊寅，宰臣等上《重修在京通用敕》十二卷，《令》二十六卷，《格》八卷，《式》二卷，《目录》七卷，共四十八卷，《申明》十二卷，《看详》三百六十卷。诏自十一年正月朔行之，名曰《绍兴重修在京敕令格式》。"[②] 可知《在京通用式》属于宋朝式的独立篇名。

（34）《六曹寺监通用式》。见于4.14。见于《宋史》。4.14.2条记载绍兴年间秦桧制定《六曹寺监库务通用敕令格式》，共有54卷。《玉海·绍兴在京令式》："（绍兴）十二年十二月壬申，上《六曹寺监通用格式》四十七卷，《申明》六卷，《看详》四百十卷。《六曹》并《目录》十二卷，《寺监》并《目录》十卷，库务并《目录》七卷，《六曹寺监库务通用申明》并《目录》共二十四卷。诏自十三年四月朔行之。"[③] 可知《六曹寺监通用式》属于宋朝式的独立篇名。

（35）《一州一路会计式》。见于2.3.15和3.8等诸条史料。见于《宋会要》和《长编》。从2.3.15.1条和3.8.1条记载看，是同一事件，即熙宁八年（1075年）制定《一州一路会计式》。可知《一州一路会计式》属于宋朝式的独立篇名。宋朝应存在通用的《会计式》和特定区域、事务的《会计式》两种。

（36）《六尚供奉式》。见于2.3.3和4.27等诸条史料。见于《宋会要》和《宋史》。2.3.3.2条和2.3.3.3条记载政和元年制定《六尚供奉式》的情况。从4.27.2条看，此次制定的内容共有200册。可知《六尚供奉式》属于宋朝式的独立篇名。

（37）《宫人禄式》。见于2.3.4。见于《宋会要》。《宋会要》中有大量记载按《宫人禄式》支付给各类命妇的记载。可知《宫人禄式》属于宋朝式的独立篇名。

---

① 王应璘：《玉海》卷六六，江苏古籍出版社、上海书店1987年版，第1260页。

② 同上书，第1262页。

③ 同上。

（38）《将作监式》。见于4.41。见于《宋史》。4.41.1条记载曾肇修订《将作监式》，共有5卷。可知《将作监式》属于宋朝式的独立篇名。

（39）《吏部通用式》。见于4.45。见于《宋史·艺文志》。4.45.4条记载绍兴三年朱胜非制定过《吏部通用格式》，知南宋制定《吏部通用式》。

（40）《御书院式》。见于4.60。见于《宋史·艺文志》。4.60.1条记载制定过《御书院敕令式》。可知《御书院式》属于宋朝式的独立篇名。

（41）《贡举医局龙图天章宝文阁等式》。见于4.67。见于《宋史·艺文志》。4.67.1条记载制定过《贡举医局龙图天章宝文阁等敕令仪式》。可知《贡举医局龙图天章宝文部阁式》属于宋朝式的独立篇名。

（42）《皇亲禄式》。见于4.68。见于《宋史·艺文志》。4.68.1条记载制定过《皇亲禄令并厘修敕式》340卷。可知《皇亲禄式》属于宋朝式的独立篇名。

（43）《都提举市易司式》。见于4.69。见于《宋史·艺文志》。4.69.1条记载元祐初年制定《都提举市易司敕令》及《公式》，所以此处完整的名称应是《都提举市易司式》。可知《都提举市易司式》属于宋朝式的独立篇名。

（44）《户部式》。见于4.71。见于《宋史·艺文志》。4.71.1条记载元祐初制定过《户部式》。可知《户部式》属于宋朝式的独立篇名。

（45）《六曹式》。见于4.72。见于《宋史·艺文志》。4.72.1条记载元祐初制定过《六曹敕令格式》1000卷。可知《六曹式》属于宋朝式的独立篇名。

（46）《诸路州县式》。见于4.73。见于《宋史·艺文志》。4.73.1条记载制定过《诸路州县敕令格式》。可知《诸路州县式》属于宋朝式的独立篇名。

（47）《两浙福建路式》。见于4.78。见于《宋史·艺文志》。4.78.1条记载宣和初年制定过《诸两浙福建路敕令格式》。可知《两浙福建路式》属于宋朝式的独立篇名。

（48）《吏部四选式》。见于2.3.25和4.70等诸条史料。见于《宋会要》和《宋史·艺文志》。2.3.35.1条记载元祐元年制定该法。可知《吏部四选式》属于宋朝式的独立篇名。

（49）《参附尚书吏部式》。见于4.84。见于《宋史·艺文志》。4.84.1条记载绍兴年间制定该法。可知《参附尚书吏部式》属于宋朝式的独立篇名。

2. 选官科举类

（1）《贡举式》。见于 2. 2. 4、3. 9、3. 12 和 4. 17 等诸条史料。见于《长编》和《宋史》。3. 9. 1 条和 3. 9. 2 条记载熙宁八年修《贡举式》，熙宁十年修成《贡举敕式》。3. 12. 1 条记载元丰元年要求把《贡举敕式》内涉及“武举”取出来，加上其他与“武举”有关的法律，修撰成《武举敕式》。4. 17. 1 条记载绍兴年间重新修订《贡举敕令格式》。可知《贡举式》属于宋朝式的独立篇名。

（2）《考校进士程式》。见于 4. 25。见于《宋史》。4. 25. 1 条记载景德四年制定《考校进士程式》，而且要求颁布全国，可知此法律应是独立的法律。可知《考校进士程式》属于宋朝式的独立篇名。

（3）《制授敕授奏授告身式》。见于 4. 26。见于《宋史》。4. 26. 1 条记载元丰五年重新修订《制授敕授奏授告身式》。此法律还见于《皇宋通鉴长编纪事本末》中，“元丰五年六月癸亥，详定官制所言定到《制授敕授奏授告身式》。从之。”① 这里涉及宋朝三种“告身式”，即“制授”、“敕授”和“奏授”。从这里看，此法律下面应再分为三个具体部分。《宋会要》中有此次立法记载。可知《制授敕授奏授告身式》属于宋朝部类式典的篇名。

（4）《武举式》。见于 2. 3. 19 和 3. 12。见于《宋会要》和《长编》。从 2. 3. 19. 1 条和 3. 12. 1 条看，两处材料是一致，都是元丰元年从《贡举敕式》中把与“武举”有关的敕式独立出来制定《武举敕式》的事件。可知《武举式》属于宋朝式的独立篇名。

（5）《审官东院式》。见于 3. 18。见于《长编》。3. 18. 1 条记载元丰二年审官东院陈襄要求重新制定本院敕令式，说明《审官东院式》在此之前就已经存在。可知《审官东院式》属于宋朝式的独立篇名。

（6）《贡举通用式》。见于 2. 3. 20 和 2. 3. 41。见于《宋会要》。从 2. 3. 20. 1 条记载崇宁二年礼部修改《崇宁通用贡举式》；2. 3. 41. 1 条记载绍兴二十六年制定《内外通用贡举式》，共有 3 卷。从名称上看，此法律名称有《通用贡举式》和《内外通用贡举式》，但两者实为不同。可知《贡举通用式》属于宋朝式的独立篇名。

（7）《司封考功式》。见于 3. 25。见于《长编》。3. 25. 1 条记载元祐二年八月下诏要求门下和中书后省修撰《司封考功格式》。可知《司封考功式》属于宋朝式的独立篇名。

---

①《皇宋通鉴长编纪事本末》卷八十，第 1433 页。

（8）《左选式》。见于 3. 26 和 4. 85。见于《长编》和《宋史》。3. 26. 1 条记载引用《左选式》。4. 85. 1 条中又名为《吏部左选式》。可知《左选式》属于宋朝式的独立篇名。

（9）《旁通式》。见于 2. 3. 23。见于《宋会要》。从 2. 3. 23. 1 条看，大观年间颁布过《大观旁通式》。可知《旁通式》属于宋朝式的独立篇名。

（10）《御试贡士式》。见于 4. 77。见于《宋史》。从 4. 77. 1 条看，称为《御试贡士式》，说明此前就已经存在。可知《御试贡士式》属于宋朝式的独立篇名。

（11）《元丰官制式》。见于 2. 3. 37 和 3. 27。见于《宋会要》和《宋史》。又名《官制式》。此法律是宋神宗官制改革时制定的法律。可知《元丰官制式》属于宋朝式的独立篇名。

（12）《御试贡举式》。见于 2. 3. 41。见于《宋会要》。从 2. 3. 41. 1 条记载绍兴二十六年制定的《御试贡举式》有 1 卷。可知《御试贡举式》属于宋朝式的独立篇名。

（13）《省试贡举式》。见于 2. 3. 41。见于《宋会要》。从 2. 3. 41. 1 条记载绍兴二十六年制定的《省试贡举式》，有 1 卷。可知《省试贡举式》属于宋朝式的独立篇名。

（14）《府监发解式》。见于 2. 3. 41。见于《宋会要》。从 2. 3. 41. 1 条记载绍兴二十六年制定《府监发解式》，有 1 卷。可知《府监发解式》属于宋朝式的独立篇名。

（15）《御试省试府监发解通用式》。见于 2. 3. 41。见于《宋会要》。从 2. 3. 41. 1 条记载绍兴二十六年制定的《御试省试府监发解通用式》有 1 卷。可知《御试省试府监发解通用式》属于宋朝式的独立篇名。

（16）《贡士式》。见于 4. 83。见于《宋史 · 艺文志》。4. 83. 1 条记载政和年间白时中制定该法，数量是 51 卷。比较 4. 77 条，该条记载白时中制定《政和新修御试贡士敕令格式》，数量是 159 卷。从两者数量和名称看，是不同的法律。可知《贡士式》属于宋朝式的独立篇名。

（17）《制科条式》。见于 4. 91. 见于《宋史》。可知此为宋朝式类独立篇名。

3. 学校教育类

（1）《国子监式》。见于 2. 3. 38、2. 3. 40、3. 20 和 4. 15 等诸条史料。见于《宋会要》《长编》和《宋史》。2. 3. 38. 1 条和 3. 20. 1 条记载元丰年间制定该法，4. 15. 1 条记载绍兴年间制定该法。可知《国子监式》属于宋朝式的独立篇名。

（2）《宗子大小学式》。见于 2.3.39 和 4.75 等诸条史料。见于《宋会要》和《宋史·艺文志》。2.3.39.1 条记载《宗子大小学式》有 2 册。4.75 条记载总数有 15 册。可知《宗子大小学式》属于宋朝式的独立篇名。

（3）《国子监辟雍式》。见于 4.66。见于《宋史·艺文志》。可知《国子监辟雍式》属于宋朝式的独立篇名。

（4）《太学式》。见于 2.3.16、2.3.40 和 2.3.43 等诸条史料。见于《宋会要》。又名《国子监太学式》。2.3.16 条记载元符三年制定《太学敕令式》；2.3.40 条记载绍兴十三年制定《太学式》2 卷。可知《太学式》属于宋朝式的独立篇名。

（5）《国子监小学式》。见于 2.3.44 和 4.66 等诸条史料。见于《宋会要》和《宋史》。2.3.44.1 条记载大观年间重新修订《小学敕令格式申明》。《国子监小学式》与《小学式》是两个不同的法律名称，前者调整的是国子监中的"小学"，后者调整的是其他全国各地的"小学"。可知《小学式》属于宋朝式的独立篇名。

（6）《诸路州县学式》。见于 2.3.45 和 4.82 等诸条史料。见于《宋会要》和《宋史·艺文志》。2.3.45 条下两条材料记载崇宁年间制定《诸路州县学敕令格式》；4.82.1 条记载了政和年间蔡京制定《诸路州县学式》。可知《诸路州县学式》属于宋朝式的独立篇名。

（7）《国子监书学式》。见于 2.3.46 和 4.64 等诸条史料。又名《书学式》。见于《宋会要》和《宋史·艺文志》。4.64.1 条记载的称为《国子书学式》。两者应是一致的。可知《国子监书学式》属于宋朝式的独立篇名。

（8）《算学式》。见于 2.3.47 和 4.89 等诸条史料。见于《宋会要》和《宋史·艺文志》。又名《国子监算学式》。可知《算学式》属于宋朝式的独立篇名。

（9）《律学式》。见于 2.3.43、2.3.48 和 4.63 等诸条史料。见于《宋会要》和《宋史·艺文志》。4.63.2 条记载绍圣年间重修；4.63.2 条记载政和年间再次重修。可知《律学式》属于宋朝式的独立篇名。

（10）《武学式》。见于 2.3.43、2.3.49、3.21、4.62 和 4.63 等诸条史料。见于《宋会要》《长编》和《宋史·艺文志》。4.63.1 条记载《武学式》在庆历年间就制定了；3.21 条记载元丰三年制定《武学格令格式》；2.3.49.1 条记载建中靖国元年制定《绍圣武学敕令格式》；

2.3.43.1 条记载绍兴十三年制定《武学式》。可知《武学式》属于宋朝式的独立篇名。

(11)《国子监大学式》。见于 4.9 和 4.66 等诸条史料。见于《宋史》。又名《大学式》。4.9.1 条记载绍圣三年十一月制定《新修大学敕令式》。可知《大学式》属于宋朝式的独立篇名。

(12)《国子监支费式》。见于 4.65。见于《宋史·艺文志》。4.65.1 条记载制定《国子监支费令式》1 卷。可知《国子监支费式》属于宋朝式的独立篇名。

4. 礼制国交类

(1)《大礼式》。见于 2.3.9、2.3.52、3.14、3.22、4.1 和 4.34 等诸条史料。见于《宋会要》《长编》和《宋史》。2.3.9.1 条制定的是《大礼式》，而 2.3.9.3 条记载的是《元丰大礼令式》；2.3.9.2 条和 3.22.1 条记载的事件是同一事。3.34.1 条记载有黄廉修订《大礼式》20 卷。从这里看，《大礼式》属于宋朝礼制类式中重要法律。可知《大礼式》属于宋朝式的独立篇名。

(2)《南郊式》。见于 2.3.6、3.5、4.1 和 4.32 等诸条史料。见于《宋会要》《长编》和《宋史》。4.32.1 条记载王安石修订《南郊式》有 110 卷，4.32.2 条记载向宗儒修订《南郊式》有 10 卷。从材料看，《南郊式》属于宋朝时期重要"礼式"内容。可知《南郊式》属于宋朝式的独立篇名。沈括参与修订过《南郊式》，在《梦溪笔谈》卷一"故事一"下第一条记载有"予集《郊式》时曾预讨论，常疑其次序，若先为尊则郊不应在庙后，若后为尊则景灵宫不应在太庙之先"。①

(3)《北郊式》。见于 3.6。见于《长编》。3.6.1 条记载元符二年制定《北郊令式》。可知《北郊式》属于宋朝式的独立篇名。

(4)《祭祀仪式》。见于 2.3.7、4.1 和 4.33 等诸条史料。见于《宋会要》和《宋史》。2.3.7.1 条记载淳熙年间修撰祭祀仪式称为《淳熙编类祀祭仪式》，4.3.7.3 条记载绍熙三年重新修订。4.33.2 条记载《淳熙编类祭祀仪式》。从 2.3.7.1 条和 4.33.2 条看，两处记载内容是同一法律，但名称上略有不同。可知《祭祀仪式》属于宋朝式的独立篇名。

(5)《景灵宫供奉式》。见于 2.3.36、4.1 和 4.53 等诸条史料。见于《宋会要》和《宋史》。2.3.36.1 条记载该法制定于元丰五年，2.3.36.2

---

① 沈括：《梦溪笔谈》卷一，"故事一"，中华书局 2015 年版，第 1 页。

条记载大观元年后仍然引用该法。可知《景灵宫供奉式》属于宋朝式的独立篇名。

（6）《夏祭式》。见于 2. 3. 53 和 4. 46 等诸条史料。见于《宋会要》和《宋史·艺文志》。2. 3. 53. 1 条记载政和七年制定《夏祭敕令格式》；4. 46. 1 条记载卷亡。可知《夏祭式》属于宋朝式的独立篇名。

（7）《仪注式》。见于 4. 23。见于《宋史》。从 4. 23. 1 条看，元丰年间制定的是正殿、御殿仪注，宋敏求最后制定的是《朝会仪》2 篇，《朝会令式》40 卷。可知《仪注式》属于宋朝式的独立篇名。

（8）《仪礼式》。见于 4. 1。《宋史》。4. 1. 1 条记载有《仪礼敕令格式》。可知《仪礼式》属于宋朝式的独立篇名。

（9）《祈赛式》。见于 4. 35 和 4. 1 等诸条史料。见于《宋史》。4. 35. 1 条记载张谔修订《熙宁新定祈赛式》2 卷，从“新定”看，此前就存在同名式。4. 1 条中称为《祀赛式》，从各种史料看，此处应是《祈赛式》之误，可知《祈赛式》属于宋朝式的独立篇名。

（10）《孝赠式》。见于 4. 1 和 4. 24 等诸条史料。见于《宋史》。4. 24. 1 条与 4. 24. 2 条记载的内容是同一事件。从《宋会要》看，此法律被全面抄录。但 4. 24. 2 条记载有 24 卷，比较《宋会要》，两者内容好像不一致。从《宋会要·礼四十四·赙赐》记载看，赙赐记载的内容是《孝赠式》。可知《孝赠式》属于宋朝式的独立篇名。

（11）《支赐式》。见于 2. 3. 2、3. 3 和 4. 37 等诸条史料。见于《宋会要》《长编》和《宋史》。2. 3. 2. 1 条记载熙宁九年制定《支赐式》2 卷，3. 3. 1 条记载熙宁六年制定《支赐式》12 卷，而 4. 37. 1 条记载《支赐式》为 12 卷，应是 3. 3. 1 条记载的立法成果；3. 37. 2 条记《支赐式》2 卷，应是 2. 3. 2. 1 条的立法。从《宋会要·礼二五·效祀赏赐》记载熙宁中制定《支赐式》。从内容看，此法律名称有“郊祀大礼赏赐”，或“南郊支赐”等。《通志·艺文略》中记载有“熙宁支赐式，一卷”。[①] 可知《支赐式》属于宋朝式的独立篇名。

（12）《祭酺礼式》。见于 2. 3. 56 和 4. 22 等诸条史料。见于《宋史》。可知《祭酺礼式》属于宋朝式的独立篇名。

（13）《明堂式》。见于 2. 3. 54、3. 1、4. 1 和 4. 52 等诸条史料。见于《宋会要》《长编》和《宋史》。3. 1. 1 条记载元丰年间以前有专门编修明堂式的立法机构，5. 52. 1 条记载元丰年间制定《明堂祫飨大礼

① 郑樵撰：《通志·艺文略》，王树民点校，中华书局 1995 年版，第 1555 页。

令式》有392卷。2.3.54.1条记载宣和年间新修订《明堂敕令格式》达1206册之多。结合4.52.2条，宣和初年制定的可能又称为《明堂大飨视朔颁朔布政仪范敕令格式》。可知《明堂式》属于宋朝式的独立篇名。

(14)《赏赐式》。见于2.3.52和3.14等诸条史料。见于《宋会要》和《长编》。2.3.52.1条和3.14.1条记载元祐元年重新修订度支、大礼、赏赐三类“敕令格式”。可知《赏赐式》属于宋朝式独立篇名。

(15)《道场斋醮式》。见于2.3.10、3.1和4.1等诸条史料。见于《宋会要》《长编》和《宋史》。2.3.10.1条中是《诸州天庆节道场斋醮仪式》；4.1条中是《斋醮式》。从这些看，此式名称存在不同称谓。3.1.2条记载此法律在熙宁六年重新修订过，数量达到12卷。可知《道场斋醮式》属于宋朝式的独立篇名。

(16)《葬式》。见于2.3.18、4.1和4.44等诸条史料。见于《宋会要》和《宋史》。2.3.18.1条记载熙宁七年开始制定《葬式》，熙宁十年完成，名称为《熙宁葬式》。4.44.1条记载此次修订《熙宁葬式》达55卷。4.1.1条记载此次修订的《丧葬》分为三部分，共有163卷。可知《葬式》属于宋朝式的独立篇名。

(17)《宗室外臣葬式》。见于3.11、4.1和4.51等诸条史料。见于《长编》和《宋史》。3.11.1条记载元丰元年修成《宗室外臣葬式》。4.1.1条和4.51.1条记载，“宗室及外臣葬”包括“敕令式”，共有92卷。可知《宗室外臣葬式》属于宋朝式的独立篇名。

(18)《诸陵荐献供奉式》。见于3.24和4.54等诸条史料。见于《长编》和《宋史·艺文志》。3.24.1条记载元丰七年制定此法律，4.54.1条记载绍圣年间制定有《诸陵荐献礼文式》。两者应是同一法律的不同名称，按习惯应是《诸陵荐献供奉式》。可知《诸陵荐献供奉式》属于宋朝式的独立篇名。

(19)《成服仪式》。见于3.28。见于《长编》。可知《成服仪式》属于宋朝式的独立篇名。

(20)《讲筵式》。见于3.16。见于《长编》。《玉海·元丰讲筵式》中记载：“二年六月辛酉，谏议安焘等上《诸司式》，上阅《讲筵式》开讲罢讲，申中书。上曰：‘此非故事，何预中书，可刊去之’。”① 可知《讲筵式》属于宋朝式的独立篇名。

---

① 王应璘：《玉海》卷六六，江苏古籍出版社、上海书店1987年版，第1261页。

（21）《祠祭合差行事官缺目式》。见于2.3.8。见于《宋会要》。可知《祠祭合差行事官缺目式》属于宋朝式的独立篇名。

（22）《熙宁新定节式》。见于4.42。见于《宋史》。4.42.1条记载章惇制定《熙宁新定节式》，有2卷。此法律应是规定不同节日里举行活动时的仪式。可知《熙宁新定节式》属于宋朝式的独立篇名。

（23）《熙宁新定时服式》。见于4.43。见于《宋史》。4.43.1条记载章惇制定《熙宁新定时服式》，有6卷。可知《熙宁新定时服式》属于宋朝式的独立篇名。

（24）《高丽入贡仪式》。见于3.19、4.1和4.36等诸条史料。见于《长编》和《宋史》。3.19.1条记载元丰二年修订，3.19.2条记载元丰八年再次修订。可知《高丽入贡仪式》属于宋朝式的独立篇名。

（25）《高丽女真排辨式》。见于4.48。见于《宋史》。4.48.1条记载元丰年间制定《高丽女真排辨式》有1卷。可知《高丽女真排辨式》属于宋朝式的独立篇名。

（26）《接送高丽式》。见于4.49。见于《宋史》。4.59.1条记载宣和年初制定有《接送高丽敕令格式》一部。可知《接送高丽式》属于宋朝式的独立篇名。

（27）《奉使高丽式》。见于4.50。见于《宋史》。4.50.1条记载宣和年初制定有《奉使高丽敕令格式》一部。可知《奉使高丽式》属于宋朝式的独立篇名。

（28）《大辽式》。见于4.1。见于《宋史》。可知《大辽式》属于宋朝式的独立篇名。

（29）《诸蕃进贡式》。见于4.1和4.55等诸条史料。见于《宋史》。可知《诸蕃进贡式》属于宋朝式的独立篇名。

（30）《宗祀大礼式》。见于4.76。见于《宋史·艺文志》。可知《宗祀大礼式》属于宋朝式的独立篇名。

（31）《熙宁历任仪式》。见于4.92。见于《宋史》。可知《熙宁历任仪式》属于宋朝式的独立篇名。

5. 其他杂类式

（1）《官马俸马草料等式》。见于4.38。见于《宋史》。4.38.1条记载《官马俸马草料等式》有9卷。从内容上看，此法律涉及官马的草料划拨、支付及相关人员的俸禄等。可知《官马俸马草料等式》属于宋朝式的独立篇名。

（2）《随酒式》。见于4.39。见于《宋史》。4.39.1条记载《随酒式》有1卷。可知《随酒式》属于宋朝式的独立篇名。

（3）《马递铺特支式》。见于4.40。见于《宋史》。4.40.1条记载《马递铺特支式》有2卷。可知《马递铺特支式》属于宋朝式的独立篇名。

（4）《马递铺式》。见于2.3.51。见于《宋会要》。可知《马递铺式》属于宋朝式的独立篇名。

（5）《四时听选式》。见于4.2。见于《宋史》。可知《四时听选式》属于宋朝式的独立篇名。

（6）《报水旱期式》。见于4.3。见于《宋史》。可知《报水旱期式》属于宋朝式的独立篇名。

（7）《诸州录事县令簿尉历子合书式》。见于4.4。见于《宋史》。可知《诸州录事县令簿尉历子合书式》属于宋朝式的独立篇名。

（8）《淮楚间踏犁式》。见于4.5。见于《宋史》。可知《淮楚间踏犁式》属于宋朝式的独立篇名。

（9）《磨勘式》。见于4.6。见于《宋史》。可知《磨勘式》属于宋朝式的独立篇名。

（10）《常平免役式》。见于2.3.5和4.16。见于《宋会要》和《宋史》。两处材料记载的是同一事件，此次《常平免役式》共5卷。可知《常平免役式》属于宋朝式的独立篇名。

（11）《盐法式》。见于2.3.55和4.87。见于《宋会要》和《宋史·艺文志》。可知《盐法式》属于宋朝式的独立篇名。

（12）《茶法式》。见于2.3.55和4.87。见于《宋会要》和《宋史·艺文志》。可知《茶法式》属于宋朝式的独立篇名。

（13）《教式》。见于2.3.42。见于《宋会要》。2.3.42.1条记载元丰二年制定的《元丰教令式》共有15卷。可知《教式》属于宋朝式的独立篇名。

（14）《弓式》。见于3.4。见于《长编》。可知《弓式》属于宋朝式的独立篇名。

（15）《营造法式》。见于3.15和4.28。见于《长编》和《宋史》。可知《营造法式》属于宋朝式的独立篇名。此外，在《直斋书录解题》中有详细记载，“《营造法式》三十四卷，《看详》一卷。将作少监李诫编修。初，熙宁中，始诏修定，至元祐六年成书。绍圣四年命诫重修，元符三年上，崇宁二年颁印。前二卷为《总释》，其后曰制度、曰功限、曰料例、曰图样，而壕寨石作，大小木雕镞锯作，泥瓦、彩画刷饰，又名分类，匠事备矣”。[①] 从此处记载看，此书属于技术标准。是书中把《营造法式》归为“法令类”，说明此书属于式类法律是被当时公认的。《营造法式》可谓是中国古代最早的工程技术标准立法。

（16）《均税式》。见于 4. 29。见于《宋史》。从 4. 29. 1 条记载熙宁五年重新修订方田法，而法律的名称以《均税条约并式》，所以《均税条药并式》名称可以是《方田式》。可知《均税式》属于宋朝式的独立篇名。

（17）《木羽弩箭式》。见于 4. 30。见于《宋史》。可知《木羽弩箭式》属于宋朝式的独立篇名。

（18）《造成今古权量律度式》。见于 2. 3. 21。见于《宋会要》。从 2. 3. 21. 1 条看，法律内容被抄录下来。可知《造成今古权量律度式》属于宋朝式的独立篇名。

（19）《保状式》。见于 2. 3. 26。见于《宋会要》。《保状式》在宋朝各类状式中属于基本状式。从名称上看，有时不同式的条文中，具体式状的名称有的也有称为《保状式》。但在式典篇名上，《保状式》并没有构成独立篇名。可知《绍兴保状式》属于宋朝式的独立篇名。

（20）《军资库式》。见于《庆元条法事类》卷三十七“给纳”类门《仓库式》中“诸州申钱帛账”中有“军资库，三京，即云左藏库。余式称‘军资库’准此”，式的最后有“即依前项《军资库式》开具”。可知有《军资库式》的篇名。

（21）《熙宁详定诸色人厨料式》。见于 4. 56。见于《宋史·艺文志》。4. 57. 1 条记载沈括制定《熙宁详定诸色人厨料式》1 卷。可知《熙宁详定诸色人厨料式》属于宋朝式的独立篇名。

（22）《熙宁新修凡女道士给赐式》。见于 4. 57。见于《宋史·艺文志》。4. 57. 1 沈括制定《熙宁新修凡女道士给赐式》1 卷。可知《熙宁新修凡女道士给赐式》属于宋朝式的独立篇名。

（23）《内东门司应奉禁中请给式》。见于 4. 74。见于《宋史·艺文志》。4. 76. 1 条记载大观年间制定《内东门司应奉禁中请给敕令格式》1 卷。可知《内东门司应奉禁中请给式》属于宋朝式的独立篇名。

（24）《修城法式条约》。《直斋书录解题》中记载有“《修城法式条约》二卷。判军器监沈括、知监丞吕和卿等所修敌楼马面围敌式样，并申明条

① 陈振孙撰，徐小蛮、顾美华点校：《直斋书录解题》卷七，“法令类”，上海古籍出版社 2015 年版，第 225—226 页。

约。熙宁八年上”。[①] 从记载看，此法律包括两个部分，即修城法式和修城申明条约。从陈氏把它归入“法令类”看，此书内容应属于法律。

六 宋朝式的立法成就

宋朝式的篇名和具体立法情况现在可以见到最多的原始资料是《宋会要》《宋史》和《续资通鉴长编》等书中。考察这些史料中涉及宋式内容的可以分为式典篇名、式典中篇名和一般式的篇名。宋式立法情况十分复杂，有些记载较为具体，有些是把整个法律都记载了，如《支赐式》《孝赠式》等。这为了解宋式的内容结构提供了第一手材料。

（一）综合式典的数量和篇名结构

宋朝综合式典的篇名从《宋会要》看，最早完整记载始于《元丰式》，此后在制定“敕令格式”时都会制定相应的式典，但很多记载不全和残缺。这让对宋朝综合式典的了解较敕典、令典和格典更加困难。在记载式典的材料中很少有具体条文。这可能与综合式典的内容表达形式多是具体状式有关。

考察史料，宋朝综合式典现在可以见到的有 11 部，即《淳化式》《元丰式》《元祐式》《元符式》《大观式》《政和式》《绍兴式》《乾道式》《绍兴式》《淳熙式》《庆元式》《淳祐式》。这 11 部中可以确定的有 10 部，即除《大观式》外其他 10 部。真正意义上的宋朝综合式典有 9 部，即除《淳化式》和《大观式》外的 9 部。宋朝 11 部综合式典中，在数量上，《淳化式》有 33 篇；《元丰式》有 5 卷；《元祐式》有 6 卷，127 条；《绍兴式》有 30 卷。其中《元符式》和《政和式》的卷数应在 30 卷。在篇名上仅有《庆元式》可以确知有 18 篇名，但可以肯定的是这 18 篇并不是整个《庆元式》的所有篇名。在 11 部综合式典中《淳化式》的数量与唐式相同，《大观式》是否是综合式典现在没有材料得到严格的佐证，但在《宋会要》中有具体的条文被记载。在确定的 9 部综合式典的卷数上能确定的是《元丰式》《元祐式》及南朝诸式典，不能确定的是《元符式》和《政和式》。

宋朝综合式典的篇名，可以完全确定的是《淳化式》，因为《淳化式》是《元开式》的修订版，内容到结构与此一致，所以有 33 篇，其他的就不能确定了。现在可以知道的是从《庆元条法事类》看到《庆元式》

---

① 陈振孙撰，徐小蛮、顾美华点校：《直斋书录解题》卷七，“法令类”，上海古籍出版社 2015 年版，第 226 页。

有 18 篇。此外，从材料看还可能有《禄式》《贡举式》《官品式》《仪制式》《大礼式》《南郊式》《仪注式》《仪礼式》《孝赠式》《支赐式》《赏赐式》《进贡式》等。这些篇名都可能是式典的篇名，因为这些篇名都有单行制定的相应式，同时是综合令典的篇名。若把后面 12 个篇名，加上《庆元式》中的 18 个，总数就有 30 个。从南宋立法时在卷数与篇名分类的习惯看，这样式典的卷数和篇名结构就一致。宋朝立法中，习惯采用一卷一篇的分类习惯。若某一篇被分成多卷时往往有明确记载，如《元祐敕》中就明确记载共有 17 卷，是因为有的篇条文太多被分成上中下三卷。当然，从中可以知道宋朝综合式典的篇名最多也只能有 30 篇。根据笔者考察和推测，南宋综合式典中 30 个篇名可能如下：

《考课式》《文书式》《职制式》《断狱式》《杂式》《荐举式》《给赐式》《道释式》《封赠式》《选试式》《赏式》《仓库式》《场务式》《理欠式》《赋役式》《服制式》《户式》《厩牧式》《禄式》《贡举式》《官品式》《仪制式》《大礼式》《南郊式》《仪注式》《仪礼式》《孝赠式》《支赐式》《赏赐式》《进贡式》。

（二）式的一般篇名和数量

宋朝一般式的篇名可以分为机构职能类、选举考试类、教育学校类和国交礼制类与其他杂类。各类的篇名情况具体如下。

第一，机构职能类式，共有 49 篇。此类式的特点是命名以适用的机构为名，这与唐朝式的命名十分相似。此类式的性质与综合式典的性质存在差别。当然，认真分析，有些单行篇名中的内容在编撰式典时会被撰入，如《一路一州会计式》会被撰入《场务式》中。机构类式现在可以看到的有 49 篇，具体名称如下：

（1）《中书省式》，（2）《尚书省式》，（3）《三省通用式》，（4）《三省枢密院通用式》，（5）《大宗正司式》，（6）《参附尚书左选式》，（7）《参附尚书右选式》，（8）《参附侍郎右选式》，（9）《参附尚书侍郎左右选通用式》，（10）《吏部式》，（11）《吏部七司式》，（12）《殿中省式》，（13）《提举所式》，（14）《六尚局式》，（15）《供奉库式》，（16）《度支式》，（17）《金部式》，（18）《仓部式》，（19）《礼部式》，（20）《工部式》，（21）《武部式》，（22）《学士院式》，（23）《入内内侍省式》，（24）《在京诸司库务式》，(25)《在京人从式》，(26)《官品式》，(27)《太医局式》，(28)《诸司式》，(29)《内诸司式》，(30)《司农寺式》，(31)《三省仪式》，(32)《三司式》，(33)《在京通用式》，(34)《六曹寺监通用式》，(35)《一州一路会计式》，(36)《六尚供奉式》，(37)《官人禄式》，(38)《将作监式》，(39)《吏部通用式》，(40)《御书院式》，(41)《贡举医局龙图天章宝文阁等式》，(42)《皇亲禄式》，(43)《都提举市易司式》，(44)《户部式》，(45)《六曹式》，(46)《诸路州县式》，(47)《两浙福建路式》，(48)《吏部四选式》，(49)《参附尚书吏部式》。

第二，选举考试类式，共有17篇。主要涉及官员的考选、考核，科举考试时各类文书的样式等。具体名称如下：

(1)《贡举式》，(2)《考校进士程式》，(3)《制授敕授奏授告身式》，(4)《武举式》，(5)《审官东院式》，(6)《贡举通用式》，(7)《司封考功式》，(8)《左选式》，(9)《旁通式》，(10)《御试贡士式》，(11)《元丰官制式》，(12)《御试贡举式》，(13)《省试贡举式》，(14)《府监发解式》，(15)《御试省试府监发解通用敕式》，(16)《贡士式》，(17)《制科条式》。

第三，教育学校类式，共12篇。主要是关于不同类型学校教育规定。宋朝教育学校类式的法律规定十分详细，涉及中央和地方两大教育体系。此外，还有大量专业教学中的内容，如《律学式》《武学式》《算学式》和《太学式》等。具体名称如下：

(1)《国子监式》，(2)《宗子大小学式》，(3)《国子监辟雍式》，(4)《太学式》，(5)《国子监小学式》，(6)《诸路州县学式》，(7)《国子监书学式》，(8)《算学式》，(9)《律学式》，(10)《武学式》，(11)《国子监大学式》，(12)《国子监支费式》。

第四，礼制国交类式，共有31篇。主要是关于礼仪和国交程式的规定。宋朝礼制类式规定十分详细，从存留下来的《孝赠式》《支赐式》看，内容结构与《庆元式》的内容结构十分不同，它们不是具体的文书样式，而是具体赏赐数量的规定。具体名称如下：

(1)《大礼式》，(2)《南郊式》，(3)《北郊式》，(4)《祭祀仪式》，(5)《景灵宫供奉式》，(6)《夏祭式》，(7)《仪注式》，(8)《仪礼式》，(9)《祀赛式》，(10)《孝赠式》，(11)《支赐式》，(12)《祭酺礼式》，(13)《明堂式》，(14)《赏赐式》，(15)《道场斋醮式》，(16)《葬式》，(17)《宗室外臣葬式》，(18)《诸陵荐献供奉式》，(19)《成服仪式》，(20)《讲筵式》，(21)《祠祭合差行事官缺目式》，(22)《熙宁新定节式》，(23)《熙宁新定时服式》，(24)《高丽入贡仪式》，(25)《高丽女真排辨式》，(26)《接送高丽式》，(27)《奉使高丽式》，(28)《大辽式》，(29)《诸蕃进贡式》，(30)《宗祀大礼式》，(31)《熙宁历任仪式》。

第五，其他杂类式，共有24篇。主要涉及驿站马料管理、制造特定机械的制作程式等。具体名称如下：

(1)《官马倖马草料等式》，(2)《随酒式》，(3)《马递铺特支式》，(4)《马递铺式》，(5)《四时听选式》，(6)《报水旱期式》，(7)《诸州录事、县令、簿尉历子合书式》，(8)《淮楚间踏犁式》，(9)《磨勘式》，(10)《常平免役式》，(11)《盐法式》，(12)《茶法式》，(13)《教式》，(14)《弓式》，(15)《营造法式》，(16)《均税条约并式》，(17)《木羽弩箭式》，(18)《造成今古权量律度式》，(19)《保状式》，(20)《军资库式》，(21)《熙宁详定诸色人厨料式》，(22)《熙宁新修凡女道士给赐式》，(23)《内东门司应奉禁中请给式》，(24)《修城法式条约》。

以上五类一般式的篇名共有133篇，在数量上较敕、令、格要少。从这些篇名上可以看到宋朝式的分布和特点。

七 宋朝式的演变和特点

宋朝综合式典的发展可以分为两个时期，具体是宋神宗元丰年间前与后。宋朝元丰年间前属于式典立法的缓慢期，这个时期仅修订过《淳化式》，而且修订的内容十分少，是《开元式》的全面抄录。当然，随着宋朝政权的稳定和社会的发展，一些具有宋朝特色的一般式开始大量制定。宋神宗元丰年间后，随着神宗对敕令格式的新定义，式典编撰开始出现新发展，表现在《元丰式》的制定，并且确定了宋朝式典的内容范围。新式典出现后，又可以分为两个时期，即北宋与南宋。北宋式典的结构变化较大，内容变化也很大。北宋式典内容与结构变化应发生在《元符式》和《政和式》时，特别是《政和式》可能达到南宋《绍兴式》的结构和数量。南宋式典都以《绍兴式》为基准，结构与篇名十分稳定。宋朝式典的篇名最多可能有30篇，最少有5篇。

在一般式的制定上，宋朝最早始于修撰《刑统》时，当时沿用唐中后期和五代的式。在建隆四年（963年）颁行的《宋刑统》中撰入了中唐及五代时的9条式。宋朝一般式的立法大量出现是在宋仁宗朝，到神宗朝十分活跃。宋神宗朝始于熙宁年，盛于元丰年间，这个时期开始出现大量编撰式的立法，如《诸司敕式》《贡举敕式》《三司式》《随酒式》等。由于大量式的出现，立法中不同法律种类交错分类，导致立法上十分混乱，为此神宗不得不对敕令格式进行最高权威的定义。宋神宗的定义终结了当时具体立法者根据自己理解进行定义的实践。在神宗定义前，不同官员在制定具体法律时开始根据自己的考察和理解对敕令格式进行过不同界定。在神宗界定后，式的发展更快，哲宗与徽宗两朝成为北宋式的立法高速发展时期，制定了大量的式，形成了以敕令格式为基本分类的立法体系。当时对很多法律修订都采用“敕令格式”四种法律形式同时修撰。这种立法风格影响到南宋整个立法。然而，南宋在“式”的立法上与神宗、哲宗和徽宗朝相比要少得多。南宋绍兴年间进行了大规模法律重建活动，对很多重要法律重新修订，在立法时都采用敕令格式四分法，如《绍兴重修尚书吏部敕令格式》《绍兴重修在京通用敕令格式》《绍兴大宗正司敕令格式》《绍偿重修贡举敕令格式》《绍兴重修国子监敕令格式》《绍兴重修常平免役敕令格式》《绍兴重修六曹寺监库务通用敕令格式》等。这种立法成为南宋的基本形式，在孝宗、光宗和宁宗时期得到继承。如孝宗朝的《乾道重修逐省院敕令格式》《淳熙重修尚书吏部敕令格式》等。这种立法导致大量单行式的出现，如孝宗乾道九年（1173年）制定了《中书省式》1卷，《尚书省式》3卷，《三省通用式》1卷和《三省枢密院通用式》1卷等。现在对大量部门式的内容无法获得很好地了解，特别是这些部门式的结构与式典的结构是否完全一致无法得到很好的验证。

八 宋朝式的性质和内容

对宋朝式的性质与内容在学术界有了不同的看法，分析学界对宋朝式的性质和内容的认识来源，主要来自两个方面：一是通过对宋朝史料中定义式的史料来解释宋朝式的内容与和性质；二通过考察《庆元条法事类》中存留下来的式典内容得出宋式的内容和性质。

第一，通过宋代中某些人的定义来确定宋式的内容和性质是20世纪学术界的基本方法，代表人物有霍存福等。他在《唐式性质考论》中通过《宋史》中对《元丰式》记载上有“而凡‘表奏、账籍、关牒、符檄之类凡五卷，有体制模楷者，皆为式’。这样列举出来的四个具体内容恰好是公文程式”,[①] 得出宋朝式演变成了“公文程式”。

第二，通过《庆元条法事类》来确定宋式的内容和性质是21世纪以来的基本方法，代表人物有吕志兴和陈卫兰。两人都通过对《庆元条法事类》中存留下来式的具体内容得出式的性质和内容。吕志兴在《宋式考论》一文中，通过对宋式的立法数量简单考察后，在继承霍存福的基本观点下，通过对《庆元条法事类》存留式的内容考察后，得出“神宗元丰以后，宋式的性质发生变化，成为国家机关公文程式”，“宋式是国家机关公文程式，而不是令的细则性规定”，“式不再是令的细则性规定，而变成为执行令时需要填写的公文的法定格式”。[②] 通看上面得出结论的过程，主要有两个基点：《宋史·刑法志》中神宗对敕令格式的定义及《庆元条法事类》中有代表性的式的内容的考察。陈卫兰在对《庆元条法事类》中“式”的内容进行了全面考察后，在结合神宗和朱熹的定义下，在基本沿用吕志兴定义的前提下，进一步指出“宋神宗的‘使彼效之’、朱熹的‘样子’、今人的‘国家机关公文程式’观点还不够明确、完整，全面分析《事类》式的实例，可知《事类》式在当时的示范作用有四：公文内容、公文格式、文书制度和实物规格”。[③] 这里主要从形式上分析得出《庆元条法事类》中“式”的不同内容中的具体分类。但后两个内容，即文书制度和实物规格已经不再是公文程式。

分析上面两种代表性的分析进路，会发现它们对史料的选择是十分有限的，而且所使用的定义往往没有考察出自语境的特定性。下面来看宋朝史料中宋人对“式”的不同定义，或说理解，再结合上面的篇名结构及内容来考证宋朝式的内容和性质。

宋人对“式”的定义，考察现有史料，主要有以下几种。

第一，王珪的定义。宋英宗治平年间在修订三司和诸司法律时，王珪

① 霍存福：《唐式性质考论》，载《吉林大学学报》1992年第6期。

② 吕志兴：《宋式考论》，《西南民族大学学报》2006年第3期。

③ 陈卫兰：《庆元条法事类“式”研究》，《台州学院学报》2012年第1期。

在制定提举司和三司法律时，在上奏中对“格”和“式”进行了定义。《玉海·治平诸司条式》中有记载：

> （治平）二年（1065年）六月十四日壬寅，学士提举诸司库务王珪等上提举司并三司类例一百五册，及都册二十五册，共一百三十册。[《志》作一百三十卷] 诏以《在京诸司库务条式》。珪等言：四海贡赋、漕輓以输京师，又建官寺府库委积苑囿关市工冶之局，以谨出纳。虽调用系之三司，然纲领一总于提举司与三司，所部凡一百二处。其额例自嘉祐七年秋许遵重修，迄今三年始成书。官吏之数、金布之籍、监临赏罚之格；工器良窳之程、舟车受纳之限、算榷亏赢之比、转被之资、叙招之等式，皆迹旧使，今芟蘩之要。①

这里采用列举方式对“格”和“式”进行了定义。“格”是“官吏之数、金布之籍、监临赏罚”；式是“工器良窳之程、舟车受纳之限、算榷亏赢之比、转被之资、叙招之等”。从现在“格”和“式”的内容看，这个归纳是较为全面的。

第二，向宗儒的定义。宋神宗朝最早对敕令式进行定义的是向宗儒，他在修定《内诸司敕式》时曾对敕令式进行过总结。此材料见于《长编》中。

> 熙宁八年（1075）十月辛亥，编修内诸司敕式向宗儒言，面奉德音，所修文字干赏格，刑名为敕，指挥约束为令，人物名数、行遣期限之类为式，今具草编成敕、式、令各一事。（《长编》卷二六九，“神宗熙宁八年十月辛亥条”，第6604页）

向宗儒在定义中对“敕、令、式”进行了界定，指出“式”的内容是“人物名数、行遣期限之类”。这里的定义中没出现所谓的公文程式，而是指“式”规定行政机构人员设置和数额，机构办事时间和期限等。当然，这里的解释是针对《内诸司敕式》而不是其他“式”，特别是综合式典。但可以肯定的是，在宋朝式的内容中，此方面是重要组成部分。这类式是一般式的重要内容构成。

第三，蔡确的定义。宋神宗朝第二位对“式”定义的是蔡确。元丰

---

① 王应璘：《玉海》卷六六，江苏古籍出版社、上海书店1987年版，第1260页。

元年（1078 年）十月十三日，他在上奏编撰好的《司农敕令式》时对“令”和“式”进行了定义。《宋会要》中两个地方出现此内容，即“食货·免役”和“职官·司农寺”，两处是同一材料的重复分类。

> 元丰元年（1078 年）十月十三日，御史中丞、判司农寺蔡确言“常平旧敕，多已冲改，免役等法案未编定。今除合删修为敕外，所定约束小者为令，其名数式样之类为式。乞以《元丰司农敕令式》为目。”（《宋会要》，职官二六·司农寺之 12，第 3694 页）①

这里蔡确认为“式”是关于“名数、样式之类”的法律，即“式”规范两个方面的内容：一是规定“名数”，二是“样式”。这里的“名数”与向宗儒的“人物名数、行遣期限”是一致的，具体是规定行政、民政中的赋役、赏赐的数量。从中看，蔡确的定义较向宗儒的定义更加抽象，但两者在本质上是一致的。从上面考察看，这类法律在“式”中数量较多，构成了宋朝式的法律类型中的重要组成部分，但学术界很少注意。可以确定，宋朝“样式”是各类行政、民事、诉讼的公文、民间文书样式等，即今天学者得出的“公文程式”。

第四，宋神宗的定义。宋神宗的定义是影响最大的定义。究其原因是宋神宗是皇帝，他的定义是国家最高权威的定义，或说钦定定义。此外，认真考察，还有他的定义被《宋史·刑法志》抄录，而这也与学术界早期研究时史料来源主要集中在《宋史·刑法志》中有关。在宋人编的史料中，宋神宗定义存在于《宋会要》和《长编》中。

> 元丰二年（1079 年）六月二十四日，左谏议大夫安焘等上《诸司敕式》，上谕焘等曰：“设于此而逆彼之至曰格，设于此而使彼效之曰式，禁其未然之谓令，治其已然之谓敕。修书者要当知此，有典有则，贻厥子孙。今之格式令敕即典则也，若其书全具，政府总之，有司守之，斯无事矣。”（《宋会要》，刑法一·格令之 12，第 8223—8224 页。）
>
> 元丰七年（1084 年）三月乙巳，至元丰，修敕详定官请对，上问敕、令、格、式体制如何，对曰：“以重轻分之。”上曰：“非也。禁于已然之谓敕，禁于未然之谓令，设于此以待彼之至之谓格，设于

① 此条史料在《宋会要》，“食货六五·免役之 21”，第 7808 页中有重复记载。

此使彼效之之谓式。修书者要当知此，有典有则，贻厥子孙。今之敕、令、格、式，则典则也。若其书备具，政府总之，有司守之，斯无事矣。”于是，……奏表、帐籍、关牒、符檄之类凡五卷，有体制模楷者皆为式；始分敕、令、格、式为四。（《长编》卷三四四，“神宗元丰七年三月乙巳条”，第 8254 页。）

从两处记载看，宋神宗是针对当时安焘他们制定的《诸司敕式》时对敕令格式区分标准采用处罚上“以重轻分之”提出的。宋神宗对“式”的定义是“设于此使彼效之谓式”。这个定义很抽象，让它的解释更具空间，但也导致解释的多样性。从定义看“效”字是关键，定义中的“设于此”是指标准、格式、样式等都与此相关。在这个定义下，《元丰式》的内容是“奏表、账籍、关牒、符檄之类凡五卷，有体制模楷者皆为式”。这样，学术界往往把宋神宗的定义与《长编》对《元丰式》的记载结合起来理解。这里有一个问题，《元丰敕令格式》仅是全国性法律内容，除此之外还有大量的其他部门、地区的“式”。这些“式”的结构和内容是否就是《元丰式》中的“奏表、帐籍、关牒、符檄之类”呢？对此，学术界并没有进行过认真考察。从现在史料看，上面两条材料记载的内容主要是针对《元丰式》的内容，不能完全反映整个神宗朝“式”的性质和内容。此外，“设于此使彼效之”也不能解释为是公文程式，因为在“名数”设定上也有同样的性质，甚至是具体规定某级官员的赏赠数量也属于此类。

第五，朱熹的定义。朱熹的定义见于《朱了语类》的问答中。从内容上看，是对四种法律形式讨论时进行的定义。在法律上看，这种定义具有更大的随意性，因为他不是针对立法中的具体操作层面的法律来进行定义。从记载看，南宋时的人对四种法律形式的定义就一直存在理解难的问题，或说争议，或说一般人就不能很好地理解四者的差异，否则朱熹的学生就不会向他提问。

或问：“‘敕、令、格、式’，如何分别？”曰：“此四字乃神宗朝定法时纲领。本朝止有编敕，后来乃命群臣修定。元丰中，执政安焘等上所定敕令。上喻焘曰：‘设于此而逆彼之至谓之‘格’，设于此而使彼效之谓之‘式’，禁于未然谓之‘令’，治其已然谓之‘敕’。修书者要当如此。若其书完具，政府总之，有司守之，斯无事矣。’此事载之《已仰录》，时出示学者。因记其文如此，然恐有脱误处。

神庙天资绝人，观此数语，直是分别得好。格，如五服制度，某亲当某服，某服当某时，各有限极，所谓‘设于此而逆彼之至’之谓也。式，如磨勘转官，求恩泽封赠之类，只依个样子写去，所谓‘设于此而使彼效之’之谓也。令，则条令禁制其事不得为、某事违者有罚之类，所谓‘禁于未然’者。敕，则是已结此事，依条断遣之类，所谓‘治其已然’者。格、令、式在前，敕在后，则有‘教之不改而后诛之’底意思。今但欲尊‘敕’字，以敕居前，令、格、式在后，则与不教而杀者何异？殊非当时本指。”又问：“伊川云：‘介甫言：‘律是八分书。’是他见得如此。’何故？”曰：“律是《刑统》，此书甚好，疑是历代所有传袭下来。至周世宗，命窦仪注解过，名曰《刑统》，即律也。今世却不用律，只用敕令。大概敕令之法，皆重于《刑统》。《刑统》与古法相近，故曰‘八分书’。“介甫之见，毕竟高于世俗之儒”。此亦伊川语，因论祧庙及之。儒用。

某事合当如何，这谓之“令”。如某功得几等赏，某罪得几等罚，这谓之“格”。凡事有个样子，如今家保状式之类，这谓之“式”。某事当如何断，某事当如何行，这谓之“敕”。今人呼为“敕、令、格、式”，据某看，合呼为“令、格、式、敕”。敕是令、格、式所不行处，故断之以敕。某在漳州，曾编得户、婚两门法。

本合是先令而后敕，先教后行之意。自荆公用事以来，方定为“敕、令、格、式”之序。①

认真研读朱熹的回答，可以看出他是在引用神宗的定义后对此展开解说。从朱熹解释看，他是用自己对儒家经典的理解来解释四种法律形式，代表的是他对四种法律形式排序的理解和看法。如他按孔子提出的先教而后罚的思想，提出四种法律形式排序应是“令格式敕”。这种法律分类是从规范的性质与国家治理的价值选择上进行，而不是中国古代对法律分类是按效力高低排序的原则。在“式”的解释上，他的重点是“凡事有个样子”，即“样子”，即模式。这与“体制楷模”是一致的。从这点看，朱熹的解释还是重在“状式、样式”上，而没有对整个“式”的法律形式进行考察。

第六，洪迈的定义。《容斋三笔·敕令格式》中抄录有神宗的定义。从内容看，基本上是神宗定义的抄录，其中略有差异。

---

① 《朱子语类》卷一百二十八，“本朝二·法制”，中华书局1986年版，第3081—3802页。

法令之书，其别有四：敕、令、格、式是也。神宗圣训曰："禁于未然之谓敕，禁于已然之谓之令，设于此以待彼之至谓之格，设于此使彼效之谓之式。"凡入笞杖徒流死，自例以下至断狱十有二门，丽刑名轻重者，皆为敕；自品官以下至断狱三十门，约敕禁止者，皆为令；命官庶人之等，倍全分厘之给，有等级高下者，皆为格；表奏、帐籍、关牒、符檄之类，有体制模楷者，皆为式。元丰编敕用此，后来虽数有修定，然大体悉循用之。今假宁一门，实载于格，而公私文书行移，并名为式假，则非也。①

比较洪迈所抄录的敕令格式记载，与神宗的定义是一致的。从中可知，宋朝自神宗对敕令格式四种法律形式进行定义后，此后历朝在制定法律时，特别是制定敕令格式时都严格遵守此种定义。

通过上面分析，会发现神宗元丰年间后，特别是制定《元丰式》后，对"式"的解释上存在仅以式典的内容作为解释对象的现象，而忽视此前对"式"的解释上有通过其他一般式的法律解释的方面，即把向宗儒和蔡确的解释都忽略了，而两人的定义是对自己所主持的立法的一种总结，更具针对性。从宋朝现在存留下来的"式"的法律内容看，实质上，宋朝的"式"应是《元丰式》中体现出来的"体制楷模"，即各类状式、样式和名数的结合体。从立法实践看，蔡确定义的"名数"和"样式"才是宋朝式类法律的两大内容。宋神宗的定义十分抽象，在立法操作侧面上是很难进行有效操作的。其实，从宋神宗的定义看，主要是区分了敕与令格式，或说元丰年间制定的《元丰敕令格式》是严格把敕界定在刑事法律方面和令格式界定在非刑事法律方面。在"令"的定义上，宋神宗通过定义把"令"界定得十分清楚，让以前用"约束大小"，或"处罚轻重"来界定"令"与"敕"的区别有了明确标准，让立法者可以准确区分两者。朱熹的定义也同样如此。考察整个宋朝立法史，特别是神宗熙宁朝开始，在立法上"格"和"式"虽然越来越清楚，但立法实践中并没有得到像"敕"和"令"那样泾渭分明的区分和定义。

宋式，特别是宋神宗朝后是否仅成为各类公文、诉状的程式了呢？从现在的史料看，可以肯定不是。神宗熙宁时期制定的《孝赠式》《支赐式》等内容就是具体规定官员赠赐的数量，而《大礼式》《祈赛式》《新

---

① 洪迈撰，孔凡礼点校：《容斋随笔》，"容斋三笔十六·敕令格式"，中华书局2015年版，第480—481页。

定节式》《新定时服式》《葬式》《大辽式》等是规定“名数”的法律。那么神宗朝后是否发生变化呢？现在看来并不是。因为从上面考察的各类篇名中可以看出，如《成服仪式》。同时，就是在《庆元条法事类》中的“断狱式·狱具”上，具体是规定“杖”和“笞”的“名数”，即“杖：重一十五两，长止三尺五寸，上阔二寸，厚九分，下径九分。笞：长止四尺，上阔六分，厚四分，下径四分”。[①]《庆元条法事类》中的《文书式》中的“名讳”、“庙讳”和“御名”就是规定具体不能用的字。[②]

《宋会要》中“舆服四·臣庶服”中引用的《乾道仪制式》有：“《乾道重修仪制式》：履用黑革，以絇、繶、纯、綦饰之，各随服色。学生履以綦、纯、繶，纯用青。减繶者亦名履，减繶、纯者名屦。絇，履上饰。繶，饰底。纯，缘也。綦，履带。改修下条：靴用黑革，以麻底一重、皮底一重、白绢衲毡为里。自底至鞠口高八寸，以絇、繶、纯、綦饰之，各随服色。学生絇、纯并用青。”[③] 这里规定的是制做鞋子的色彩和用料。

在《学士院式》的内容上，可以看出所包括的内容。

> 熙宁十年（1077年）十月三日，学士院言：“编修内诸司式所送本院式十卷，编学士员数并录表疏、青词、祝文、敕院、敕设、宿直之类。看详：学士员数系朝廷临时除授，若表疏、青词、祝文，或请祷之意不同，难用一律。况朝廷待学士礼意稍异，宣召、敕设，尽出特恩，关白中书、枢密院，止用谘报，不同诸司。乞下本所，以吏人差补及官物出入之类并立为式，学士所职更不编载。”从之。（《宋会要》，职官六·翰林院之52，第3185页）

这里记载的式类法律中除各类文书样式外，还制定“以吏人差补及官物出入之类”。这里的内容就是“名数”，或说是“人物名数、行遣期限之类”的内容。

《宋会要·礼二五·郊祀赏赐》记载有“国朝凡郊祀，每至礼成，颁

---

① 戴建国点校：《庆元条法事类》卷七十三，“断狱式·狱具”，黑龙江人民出版社2002年版，第749页。

② 戴建国点校：《庆元条法事类》卷三，“文书式”，黑龙江人民出版社2002年版，第9—11页。

③ 《宋会要》，“舆服四·臣庶服之9”，第2234页。

赉群臣衣带、鞍马、器币，下洎军校缗帛有差。熙宁中，始诏编定，遂着为式。”对神宗熙宁年间制定式的内容有详细记载，这里摘录其中的一部分作为例子，以了解宋朝赏赐式方面的内容结构。

> 凡郊祀赏赐：亚献、三献，皇子加赐银五百两，孙、曾孙三百两，玄孙二百两。旧式：皇子充亚献银三千两，帛三千匹，加袭衣、金带、鞍勒马。文武百官奉祠事，宰臣、枢密使一千五百两，一千五百匹，银鞍勒马，银重八十两，枢密使不带使相七十两。宰臣充大礼使，银、绢各加五百。旧式：二千两、二千匹。亲王二千两，二千匹，银鞍勒马。旧式如今数。充开封尹即三千两、三千匹。使相[并同宰臣外任，银、绢减半，皇亲准在京数] 知枢密院事、三师、三公、参知政事、枢密副使、同知枢密院事、签书同签书枢密院事、宣徽南北院（事）[使] 千两，千匹，银鞍勒马。如枢密使、宣徽使外任，银、绢减半。旧式：三师、三公二百两、二百匹，参知、枢副一千五百两、一千五百匹。（《宋会要》，礼二五·郊祀赏赐之1，第1203页）

从记载看，这应是《南郊式》的内容。法律规定十分详细，明确写明不同级别的官员赏赐数量在“新式”和“旧式”上的不同。这些内容都属于“式”。可知宋朝“式”的内容和结构中“名数”立法的特点。

总之，把宋朝“式”的性质认定为仅是公文程式是不对的，因为宋朝“式”包括有“名数”和“样式”两大类，而“名数”包括有“人物名数、行遣期限之类”等。想从现在的法律分类知识体系出发，对宋朝“敕令格式”用当代法律分类体系进行对应式的归类和分类是行不通的，因为宋人的法律分类体系是建立在另一个知识体系中，而不是当代西方法律部门的分类知识体系中。

第五章　宋朝其他类型的法律篇名考

宋朝基本法律形式除律、敕、令、格和式外，还有成为重要法律形式的申明、断例、指挥、看详、事类等。此外，还有作为法律同义词的法律名称，如条贯、法、条例、条制等。这些法律名称都作为法律文件的专用名称在不同的法律中运用，让宋朝的法律篇名变得十分复杂。有些是同一法律采用不同名称来称谓，让同一法律出现多种不同名称，增加了理解上的难度。

一　申明的篇名

宋朝法律形式中，能够成为宋朝独有的法律的是申明。北宋中后期开始出现对《刑统》和“敕”进行解释、说明、补充等而形成的“随敕申明”和“申明刑统”两种较稳定的法律形式，被称为“申明”。[①] 申明在宋神宗熙宁时期开始在修撰敕典时独立编撰。此后，“随敕申明”在历次重要法律编撰时构成了重要组成部分，成了除敕令格式外重要的法律形式，让南宋重要法律形式增为五种，即敕、令、格、式和申明。《直斋书录题解》中有“《元丰刑部叙法通用》一卷。未载《申明》，至绍兴、淳熙以后”。[②] 此内容被《文献通考》抄录，是书有“《元丰刑部叙法通用》一卷，陈氏曰：未载‘申明’，至绍兴、淳熙以后”。从这里记载看，此法律应是“申明”。说明神宗朝时申明开始被编撰成一种独立的法律形式。宋朝“申明”有两种含义：一是指国家颁布的各类具有补充和解释功能的法律，称为申明，或申明指挥；二是指一种法律形式，只是这种法律形式的效力及稳定性相对较低。

---

① 对宋朝“申明”的种类，谢波认为有三类：申明刑统、随敕申明和申明指挥。对“申明指挥”是否构成一种独立的申明种类是值得商榷的。

② 陈振孙撰，徐小蛮、顾美华点校：《直斋书录解题》卷七，“法令类”，上海古籍出版社2015年版，第226页。

1.1《绍兴申明刑统》《元符申明》

《申明刑统》自宋朝初期就开始出现，只是一直没有进行系统的整理修撰。按记载，元符二年（1099年）应进行过简单的整理，但没编成独立的法律。最后是到绍兴初年修订敕令格式时，才对宋朝建国以来通过申明对《刑统》解释成果进行系统整理，最后编成《申明刑统》1卷。《申明刑统》在内容上是对《刑统》的法律条文进行解释、补充的产物。

1.1.1 元符二年（1099年）八月五日，宰臣章惇等言："请将申明刑统律令事以续降相照添入。或尚有未尽事，从敕令所一面删修，类聚以闻。至来年正月一日施行。"从之。（《宋会要》，刑法一·格令一之18，第8231页）

此史料说明《申明刑统》在元符年间就已经成为专用术语。

1.1.2 绍兴元年（1131年）八月四日，参知政事（司）[同]提举重修敕令张守等上《绍兴新敕》一十二卷，《令》五十卷，《格》三十卷，《式》三十卷，《目录》一十六卷，《申明刑统》及《随敕申明》三卷，《政和二年以后赦书德音》一十五卷，及《看详》六百四卷。诏自绍兴二年正月一日颁行，仍以《绍兴重修敕令格式》为名。（《宋会要》，刑法一·格令二之36，第8248页）

1.1.3《斋书录解题》卷七："《绍兴刑统申明》一卷。开宝以来累朝订正与《刑统》并行者。"（《直斋书录解题》卷七，"法令类"，第224页）

1.1.4《玉海·绍兴申明刑统》中有：淳熙十一年（1184年）臣僚言："《刑统》开宝、元符间申明订正凡九十有二条，目曰《申明刑统》，同《绍兴格式敕令》为一书。自乾道书成，进表虽有遵守之文，而此书印本废而不载。《淳熙新书》① 不载遵守之文，而印本又废而不存。谳议之际，无所据依。乞仍镂板附《淳熙随敕申明》之后。四年六月令国子监重镂板颁行"。②

① 《淳熙新书》修成时间按刘时举的《续宋中兴编年资治通鉴》卷九记载是淳熙七年（1180年）五月。当月下记载有"颁《淳熙新书》"。（刘时举撰，王端来点校：《续宋中兴编年资治通鉴》卷八，中华书局2014年版，第217页）

② 王应璘：《玉海》卷六六，江苏古籍出版社、上海书店1987年版，第1263页。

1.1.5 建中靖国元年（1101 年）六月六日，刑部言："承奉郎王寔状：'伏见新颁《元符敕令格式》，其间多有未详未便者，伏望更加详究，再议删定。一、旧法《申明刑统》：僧道在父母丧内犯奸，于凡奸本罪上累加四等。大理寺再看详，只合加二等。《元符申明》称：僧道虽从释老之教，其于父母与凡人不殊，今合更加居丧罪。缘监主内犯奸加一等，若在父母丧中，合更加二等，即僧道合累加四等。寔窃详《刑统》称监守内奸者加凡人一等，即居父母及夫丧；若僧道奸，又加一等，（此）［比］凡人通加二等。法意甚明。盖缘僧道既无居丧之理，即不当居丧加等，然与凡人有别。今《申明敕》称：监主内犯奸加一等，若在父母丧中合更加二等，即是累加三等。且《刑统》自无加二等之文，虽从监临上加二等，亦不累加至四等。显是新法乖误，合行删正。'大理寺参详：'僧道于本家财分、身下课役之类，皆不入俗人之法；或父母服，匿不举哀，亦无条禁。既已离俗出家，则人伦之义已绝。其在父母丧内犯奸，依律只合加二等。今欲依此申明行下。'都省勘会：'大理寺称僧道离俗出家，则人伦之义已绝，未得允当。兼未见申明监临主守、居父母丧，于监守内犯奸合如何加等。'大理寺重别参详立法："居丧与道士女（官）［冠］既别立文，其下统言又加一等，则是道士女（官）［冠］居丧更无累加之文，在律已明。今来王寔申请《元符申明》乖误，合行删去，委得允当。所有监守、居丧犯奸，自合依律，居丧又加一等，通加二等。今欲申明行下。所有前参详事理，伏乞照会，更不施行。"从之。（《宋会要》，刑法一·格令一之 20，第 8233 页）

此条有《申明刑统》《元符申明》《申明敕》等不同法律篇名，同时还引用了相关内容，可以了解不同申明的特点。

1.1.6《文献通考·经籍考》中有"《绍兴刑统申明》，一卷，陈氏曰：开宝以来累朝订正与《刑统》并行者"。

1.1.7 淳熙十一年（1184 年）夏四月癸未，重班《绍兴申明刑统》。（《宋史》卷三五，孝宗三，第 681 页）

1.1.8 淳熙十一年（1184 年）四月癸未，重颁《绍兴申明刑统》。（《续资治通鉴》卷一百四十九，"宋纪一百四十九"）

从上面记载看，宋朝"申明刑统"自宋太祖建隆四年制定《建隆刑统》后就开始了。元符年间进行了较大修订（见1.1.1条）。整个北宋时《申明刑统》的内容达到92条（见1.1.3条）。南宋绍兴年间编成《绍兴申明刑统》1卷，共92条。（见1.1.2条、1.1.3条和1.1.4条）《申明刑统》在南宋孝宗朝仍然被适用（见1.1.4条）。《申明刑统》的内容特点可以从1.1.5条中看出，是对《刑统》中的法律进行解释和修正。材料1.1.5条中还记载了《元符申明》，但还不知道是元符年间独立编撰的“申明”还是元符年间申明的《刑统》内容，但从材料看应是《元符申明》。《申明刑统》是宋朝申明中适用时间最长、影响最大的申明法律。这从侧面反映了宋朝《刑统》的法律效力是最持久的。从1.1.4条和1.1.6条看，《文献通考》是抄录《直斋书录解题》中的内容，两处材料内容是一致的。

1.2《熙宁随敕申明》

《熙宁随敕申明》是现在可以见到的宋朝最早“随敕申明”法典。“随敕申明”主要是针对《敕典》中的内容进行解释和补充，在体例上采用《敕典》，或说是《律典》的体例，即十二篇的结构。内容性质从现在记载看，与《律典》《敕典》是一致的，都是刑事法律。宋朝刑法的法律形式在神宗朝后开始增加了“随敕申明”。

1.2.1 熙宁六年（1073年）八月七日，提举编敕宰臣王安石上《删定编敕》《赦书德音》《附令敕》《申明敕》《目录》共二十六卷，诏编敕所镂版，自七年正月一日颁行。（《宋会要》，刑法一·格令一之10，第8220页）

1.2.2《玉海·熙宁编敕》：熙宁六年（1073年）八月七日，提举编敕宰臣王安石上删定《编敕》《赦书德音》《附令》《申明敕》《目录》共二十六卷，诏编敕所镂板。自七年正月一日颁行。①

宋朝开始独立编撰“随敕申明”始于熙宁编敕。可知《熙宁随敕申明》是宋朝申明的篇名，构成了随敕申明的重要篇名。

1.3《元丰申明》

1.3.1 崔台符：《元丰编敕令格式》并《赦书德音》《申明》八十一卷。（《宋史》卷二百四，“艺文志三”，第5141页）

① 王应璘：《玉海》卷六六，江苏古籍出版社、上海书店1987年版，第1260页。

此史料说明元丰修法时已经独立修成《随敕申明》。

1.4《元祐随敕申明》

> 1.4.1《元祐随敕申明》有1卷。

从上面材料可知，元祐年间编撰成《随敕申明》1卷。

1.5《元符申明》

见于1.1.4条所记载，知存在《元符申明》。

1.6《崇宁申明》

> 1.6.1《通志·艺文略》：《崇宁申明敕令格式》，二卷。[①]

从上面材料看，这里编成的应是关于敕令格式的“申明”，属于申明类法律。这与仅仅是对敕的申明不同，这里的申明内容是混杂的。

1.7《绍兴随敕申明》

《绍兴随敕申明》，根据1.1.2条和1.1.4条，共有2卷，结构按律典十二篇。《绍兴随敕申明》成为南宋《随敕申明》编撰的基本体例。此后南宋诸朝在修法时撰敕令格式申明五部独立法典成为必备部分。

1.8《淳熙随敕申明》

> 1.8.1《淳熙重修敕令格式》及《随敕申明》二百四十八卷。（《宋史》卷二百四，“艺文志三”，第5145页）

从上面可知，淳熙修订敕令格式时同时修撰了《随敕申明》，但没有具体的卷数记载。

1.9《庆元随敕申明》

> 1.9.1《直斋书录解题卷七·法令类》：《庆元敕》十二卷、《令》五十卷、《格》三十卷、《式》三十卷、《目录》一百二十二卷、《随敕申明》十二卷，总二百五十六卷。丞相豫章、京镗、仲远等庆元四年表上。国朝自建隆以来，世有编敕，每更修定，号为“新书”。中兴至此，凡三修矣。其有续降指挥，谓之“后敕”，以待

① 郑樵撰：《通志·艺文略》，王树民点校，中华书局1995年版，第1556页。

他时修入云。

此条对宋朝法律中“新书”的含义进行了解释。

1.9.2《玉海·庆元重修敕令格式》：庆元二年（1196年）二月……《敕令格式》及《目录》各百二十二卷，《申明》十二卷，《看详》四百三十五册。①

1.9.3 嘉定七年（1214年）八月五日，“……一、检准《庆元随敕申明》：（明）乾道七年八月内，敕断配海贼并凶恶强盗，有配广南远恶或海外州军去处，若只循例逐州传押前去，窃虑交替稍频，纵其走透。弥（间）［坚］看详，此项申明盖为海贼并凶恶强盗［配］广南远恶及海外州军者设，系专差人管押，逐路传递，押至路首，州军交替……”从之。（《宋会要》，刑法四·配隶之66，第8481页）

1.9.4《文献通考·经籍考》：“《庆元敕》十二卷，《令》五十卷，《格》三十卷，《式》三十卷，《目录》一百二十卷，《随敕申明》十二卷，总二百五十六卷。”

1.9.5《庆元重修敕令格式》及《随敕申明》二百五十六卷（庆元三年诏重修）。（《宋史》卷二百四，“艺文志三”，第5145页）

从上面材料可知，庆元年间修定的《庆元随敕申明》共有12卷。在内容分布上按一卷一篇的结构编撰，与“敕”构成了两个完整不同类型的刑事法律。

1.10《禄秩申明》

1.10.1 绍兴六年（1136年）九月二十一日，尚书右仆射、同中书门下平章事、提举详定一司敕令张浚等上《禄秩新书》：《海行敕》一卷，《在京敕》一卷，《海行令》二卷，《在京令》一卷，《海行格》一十一卷，《在京格》一十二卷，《申明》一十五卷，《目录》一十三卷，《修书指挥》一卷，《看详》一百四十七卷。诏镂版施行。初，臣僚起请，乞下详定一司敕令所将嘉祐、熙宁、大观《禄令》并政和《禄格》及前后所降指挥，详定成法，修为《绍兴新书》。（《宋会要》，刑法一·格令二之37，第8250页）

---

① 王应璘：《玉海》卷六六，江苏古籍出版社、上海书店1987年版，第1264页。

1.10.2 绍兴八年（1138年）十月三日，尚书右仆射、同中书门下平章事、提举详定一司敕令秦桧等续上《禄敕》一卷、《禄令》二卷、《禄格》一十五卷，《在京禄敕》一卷、《禄令》一卷、《禄格》一十二卷，《中书门下省、尚书省令》一卷，《枢密院〔令〕》一卷、《格》一卷，《尚书六曹寺监通用令》一卷，《大理寺右治狱令》一卷，《目录》六卷，《申明》六卷。诏自绍兴九年正月一日颁行，仍以《绍兴重修禄秩敕令格》为名。先有诏将嘉祐、熙宁、大观《禄令》并《政和禄令格》及政和元年十二月十七日后来续降指挥编修，除已先次修成《敕》二卷、《令》三卷、《格》二十五卷、《目录》一十三卷、《申明》一十五卷、《修书指挥》一卷、《看详》一百四十七卷，于绍兴六年九月二十一日进呈讫，至是续修上焉。（《宋会要》，刑法一·格令二之38，第8251页）

1.10.3 绍兴三十年（1160年）十二月六日，吏部侍郎兼编类圣政所详定官凌景夏、起居郎兼编类圣政所详定官周必大言："奉旨编类光尧寿圣太上皇帝一朝圣政，合要建炎元年五月（十）［一］日以后至绍兴三十二年六月十一日以前三省、枢密院时政记、起居注，参照编类。欲乞下日历所并移文谏院、后省，依年分逐旋关借或钞录，用毕封还。并合要诏旨草稿参照，已得指挥许差人于学士院就行钞录，本所人吏乞下皇城司支给敕入官门号二道。兼本所检讨官除本处请给外，其所添御厨第三等折食钱，若于本处所请名色次数相妨者，欲乞不理为名色次数支破，仍自供职日为始。人吏请给，昨来敕令所旧请则例，系依《绍兴禄格、禄秩申明》，并《绍兴十三年六月二十八日支米指挥》支破施行，仍自差到所日为始。"从之。（《宋会要》，职官四一·圣政所之71，第4036页）

从上面材料可知，绍兴六年（1336年）制定的《禄秩申明》有15卷（1.6.1条）和绍兴八年（1138年）的《禄秩申明》有6卷（1.6.2条），两者在卷数上是不同的，而且绍兴八年的《重修禄秩敕令格》组成有七部，其中四部不是"禄秩"方面的法律。这里可能存在把两个不同法律混和记载的问题。

1.11《中书省申明》《尚书省申明》《枢密院申明》《三省通用申明》《三省枢密院通用申明》

1.11.1 乾道九年（1173年）二月六日，右丞相梁克家、参知政事曾怀上《中书门下省敕》二卷、《令》二十二卷、《格》一十三卷、《式》一卷、《申明》一卷；《尚书省敕》二卷、《令》七卷、《格》二卷、《式》三卷、《申明》二卷；《枢密院敕》四卷、《令》二十四卷、《格》十六卷、《申明》二卷；《三省通用敕》一卷、《令》五卷、《格》一卷、《式》一卷、《申明》一卷；《三省枢密院通用敕》二卷、《令》三卷、《格》一卷、《式》一卷、《申明》三卷，《目录》二十卷；并元修《看详意义》五百册。乞冠以《乾道重修逐省院敕令格式》为名。（《宋会要》，刑法一·格令三之49，第8262页）

1.12《参附尚书左选申明》《参附尚书右选申明》《参附侍郎左选申明》《参附侍郎右选申明》《参附尚书侍郎左右选通用申明》《参附司勋申明》《参附改官申明》

1.12.1 绍兴三十年（1160年）八月十一日，尚书右仆射、同中书门下平章事、兼提举详定一司敕令陈康伯等上《尚书左选令》一卷、《格》二卷、《式》一卷、《申明》一卷、《目录》三卷；《尚书右选令》二卷、《格》二卷、《申明》二卷、《式》一卷、《目录》三卷；《侍郎左选令》二卷、《格》一卷、《申明》一卷、《目录》三卷；《侍郎右选令》二卷，《格》二卷、《式》一卷、《申明》二卷、《目录》三卷；《尚书侍郎左右选通用敕》一卷、《令》二卷、《格》一卷、《式》一卷、《申明》二卷、《目录》一卷；《司封敕》一卷、《令》一卷、《格》一卷、《申明》一卷、《目录》一卷；《司勋敕》一卷、《令》一卷、《格》一卷、《申明》一卷、《目录》一卷；《考功敕》一卷、《目录》一卷；《改官申明》一卷；《修书指挥》一卷；《厘析》八卷。诏下本所颁降，仍以《绍兴参附尚书吏部敕［令］格式》为名。（《宋会要》，刑法一·格令四之45，第8258页）

此处不同申明有明确的卷数记载，可以全面了解。

1.13《吏部申明》

1.13.1 绍兴三年（1133年）九月二十七日，尚书右仆射、同中书门下平章事朱胜非等上《吏部敕》五册、《令》四十一册、《格》三十二册、《式》八册、《申明》一十七册、《目录》八十一册、《看详司勋获盗推赏刑部例》三册、《勋臣职位姓名》一册，共一百八十八册。诏自绍兴四年正月一日颁行，仍以《绍兴重修尚书吏部敕令格式并通用敕令格式》为名。（《宋会要》，刑法一·格令二之36，第8249页）

从上面材料可以看出，绍兴三年（1113年）制定的《吏部申明》共十七册，就是《吏部申明》17卷。

1.14《吏部七司申明》

1.14.1 开禧元年（1205年）五月二日，权吏部尚书丁常任等言："参修《吏部七司条法》，今来成书，乞以《开禧重修尚书吏部七司敕令格式申明》为名。"从之。（《宋会要》，刑法一·格令三之59，第8271页）

1.14.2 嘉泰三年（1203年）五月二十六日，监察御史陆（浚）［峻］言："尚书六曹皆号法守之地，条格品目，吏铨尤为详密。比年以来，铨法滋弊，人有幸心。臣尝推原其故，其始盖起于废法而创例也。夫法不足而例兴焉，不知例一立而吏奸秉之，异时比附并缘，(寖)［濅］失本意，于是例用而法始废矣。欲望申饬吏部，自今后一切遵用《淳熙重修七司敕令格式申明》，及当时臣僚所进表文后所乞事件外，所有前后循袭成例者，非有申请画降圣旨，并不许承用，违者重寘典宪。"从之。（《宋会要》，职官八·吏部二之56，第3263页）

1.14.3《开禧重修吏部七司敕令格式申明》三百二十三卷。开禧元年（1205年）上。（《宋史》卷二百四，"艺文志三"，第5145页）

从上可知，存在《吏部七司申明》，版本上有绍兴、淳熙、开禧等不同版本。这样南宋时制定了《吏部七司申明》。

1.15《在京通用申明》

1.15.1 绍兴十年（1140年）十月七日，尚书右仆射、同中书门下平章事、提举详定一司敕令秦桧等上《在京通用敕》一十二卷、《令》二十六卷、《格》八卷、《式》二卷、《目录》七卷、《申明》一十二卷。诏自绍兴十一年正月一日颁行，仍以《绍兴重修在京通用敕令格式》为名。（《宋会要》，刑法一·格令二之38，第8252页）

1.15.2《玉海·绍兴在京令式》：绍兴十年十月戊寅，宰臣等上

《重修在京通用敕》十二卷，《令》二十六卷，《格》八卷，《式》二卷，《目录》七卷，共四十八卷，《申明》十二卷，《看详》三百六十卷。诏自十一年正月朔行之，名曰：《绍兴重修在京格式》。①

1.15.3《绍兴重修在京通用格式申明》五十六卷（绍兴中进）。（《宋史》卷二百四，“艺文志三”，第5144页）

从上面可知绍兴十年（1140年）制定了《在京通用申明》12卷。

1.16《六曹寺监库务通用申明》《寺监库务通用申明》

1.16.1 绍兴十二年（1142年）十二月十四日，太师、尚书左仆射、同中书门下平章事、提举详定一司敕令秦桧等上《六曹通用敕》一卷、《令》三卷、《格》一卷、《式》一卷、《目录》六卷，《寺监通用敕》一卷、《令》二卷、《格》一卷、《式》一卷、《目录》五卷，《库务通用敕》一卷、《令》二卷、《目录》四卷，《六曹寺监通用敕》一卷、《令》二卷、《格》一卷、《式》一卷、《目录》五卷，《六曹寺监库务通用敕》一卷、《令》一卷、《格》一卷、《目录》三卷；《寺监库务通用敕》一卷、《令》一卷、《目录》二卷、《申明》四卷。诏自绍兴十三年四月一日颁行，仍以“绍兴重修”为名。（《宋会要》，刑法一·格令二之39，第8252页）

1.16.2《玉海·绍兴在京令式》：绍兴十二年（1142年）二十月壬申（十四日）上《六曹寺监通用敕令格式》四十七卷，《申明》六卷，《看详》四百十卷；《六曹》并《目录》十二卷，《寺监》并《目录》十卷，《库务》并《目录》七卷，《六曹寺监库务通用申明》并《目录》二十四卷。诏自十三年四月朔行之。②

从上面看，此次制定的申明有《六曹寺监通用申明》和《六曹寺监库务通用申明》两种。《玉海》的记载较为具体准确。

1.17《常平免役申明》

1.17.1 绍兴十七年（1147年）十一月六日，太师、尚书左仆射、同中书门下平章事、提举详定一司敕令秦桧等上《常平免役敕》

① 王应璘：《玉海》卷六六，江苏古籍出版社、上海书店1987年版，第1262页。

② 同上书，第1263页。

五卷、《目录》二卷，《令》二十卷、《目录》六卷，《格》三卷、《目录》一卷，《式》五卷、《目录》一卷，《申明》六卷，《厘析条》三卷，《对修令》一卷，《修书指挥》一卷。诏自来年三月一日颁降，仍以《绍兴重修常平免役敕令格式》为名。(《宋会要》，刑法一・格令二之42，第8254页)

1.17.2《玉海・绍兴常平敕格式》："十七年十一月刑部尚书周三畏等详定《重修常平免役格式》五十四卷，书成。丙寅，宰臣上之。"①

从上面可知，绍兴十七年（1147年）制定《常平免役敕令格》中有《常平免役申明》，共6卷。

1.18《贡举申明》

1.18.1《玉海・绍兴太学敕令、贡举令式》："十三年十月六日乙丑，宰臣等上《国子监敕令格》并《目录》十四卷；《太学敕令格式》并《目录》十四卷；《武学敕令格式》并《目录》十卷；《律学敕令格式》并《目录》十卷；《小学令格》并《目录》二卷；《申明》七卷，《指挥》一卷。总为二十五卷。诏自来年二月朔行之"。②

1.18.2《绍兴重修贡举敕令格式申明》二十四卷（绍兴中进）。(《宋史》卷二百四，"艺文志三"，第5144页)

从上面史料看，绍兴十三年（1143年）制定的《贡举申明》共有7卷。

1.19《御试贡举申明》《省试贡举申明》《府监发解申明》《御试省试府监发解通用敕申明》《内外通用贡举申明》

1.19.1 绍兴二十六年（1156年）十二月十五日，尚书左仆射、同中书门下平章事、提举详定一司敕令万俟卨等上《御试贡举敕》一卷、《令》三卷、《式》一卷、《目录》一卷、《申明》一卷；《省试贡举敕》一卷、《令》一卷、《式》一卷、《目录》一卷、《申明》一卷；《府监发解敕》一卷、《令》一卷、《式》一卷、《目录》一卷、《申明》一卷；《御试省试府监发解通用敕》一卷、《令》一卷、

① 王应璘：《玉海》卷六六，江苏古籍出版社、上海书店1987年版，第1263页。

② 同上。

《格》一卷、《式》一卷、《目录》二卷；《内外通用贡举敕》二卷、《（令）［令］》五卷、《格》三卷、《式》一卷、《目录》四卷、《申明》二卷；《厘正省曹寺监内外诸司等法》三卷，《修书指挥》一卷。诏可颁降，仍以《绍兴重修贡举敕令格式》为名。(《宋会要》，刑法一・格令二之43，第8256页)

从上面材料可以看出，此修次定的“贡举敕令格式”在具体组成部分中，不同法律形式的组成数量是明确分开的，其中各组成部分的申明是明确的，具体有《御试贡举申明》《省试贡举申明》《府监发解申明》《御试省试府监发解通用敕申明》《内外通用贡举申明》五种。

1.20《大宗正司申明》

1.20.1 绍兴二十三年（1153年）十一月九日，详定一司敕令所上《大宗正司敕》一十卷、《令》四十卷、《格》一十六卷、《式》五卷、《申明》一十卷、《目录》五卷。诏颁行。(《宋会要》，刑法一・格令二之42，第8256页)

1.20.2《大宗正司敕令格式申明》及《目录》八十一卷（绍兴重修）。(《宋史》卷二百四，“艺文志三”，第5145页)

从上面两条史料可知绍兴二十三年（1153年）修的《大宗正司申明》有11卷。

1.21《小学申明》

1.21.1 大观三年（1109年）四月八日，知枢密院郑居中等言：“修立到《小学敕令格式申明一时指挥》，乞冠以‘大观重修’为名，付礼部颁降。”(《宋会要》，崇儒二・郡县学之14，第2769页)

从上面可知大观三年（1109年）修订的小学类法律有敕、令、格、式、申明、指挥共六种，其中《小学申明》是其中一种。

1.22《宗子大小学申明》

1.22.1 大观四年（1110年）闰八月十八日，工部尚书、《圣政录》同编修官李图南奏：“臣将《大观内外宗子学敕令格式》等与奏禀到条画事件，重别详定到《宗子大小学敕》一册、《令》七

> 册、《格》五册、《式》二册、《申明》一册、《一时指挥》一册、《对修敕》一册、《令》二册，总二十一册。谨缮写上进。如得允当，乞付尚书省礼部颁降。”（《宋会要》，刑法一·格令一之24，第8238页）

从记载看，此次修订的《大观内外宗子学申明》共有1册，没有指明具体的卷数。

1.23《国子监申明》《太学申明》《辟雍申明》

> 1.23.1 大观三年（1109年）四月八日，知枢密院事郑居中等言：“修立到《国子监太学辟雍敕令格式申明一时指挥》，乞冠以‘大观重修’为名，付尚书礼部颁降。”从之。（《宋会要》，职官二八·国子监之18，第3768页）
>
> 1.23.2《国子大学辟雍并小学敕令格式申明一时指挥目录看详》一百八十八卷（卷亡）。（《宋史》卷二百四，“艺文志三”，第5142页）

从上面可知，大观三年（1109年）制定的“国子监太学辟雍”法律时共制定了六种形式，《国子监太学辟雍申明》只是其中一种。

1.24《绍兴监学申明》

> 1.24.1 绍兴十三年（1143年）十月六日，太师、尚书左仆射、同中书门下平章事、提举详定一司敕令秦桧等上……《国监学申明》七卷；《修书指挥》一卷。诏自来年二月一日颁行，仍以“绍兴重修”为名。（《宋会要》，刑法一·格令三之40，第8253页）
>
> 1.24.2《直斋书录解题》：《绍兴监学法》二十六卷、《目录》二十五卷、《申明》七卷、《对修厘正条法》四卷，共六十二卷。宰相秦桧等绍兴十三年表上。
>
> 1.24.3《文献通考》中有“《绍兴监学法》二十六卷，《目录》二十五卷，《申明》七卷，《对修厘正条法》四卷，共二十六卷，陈氏曰：宰相秦桧等绍兴十三年表上”。

结合1.24.1条看，1.24.2条记载的《绍兴监学申明》就是上条记载的内容。“监学”是指国子监及其所属太学、武学、律学、小学等诸学的总称。

1.25《马递铺申明》

1.25.1 大观元年（1107 年）七月二十八日，蔡京言："伏奉圣旨，令尚书省重修《马递铺海行法》颁行诸路。臣奉承圣训，删润旧文，编缵成书，共为一法。谨修成《敕令格式》《申明》《对修》，总三十卷，并《看详》七十卷，共一百册，计六复，随状上进。如或可行，乞降付三省镂版，颁降施行。仍乞以《大观马递铺敕令格式》为名。"从之。(《宋会要》，刑法一·格令一之23，第8236页)

1.26《贡院申明》

1.26.1 乾道二年（1166 年）二月十二日，《贡院申明》有第三场策卷误犯庙讳嫌名，从口从休。宰执洪适等奏曰："前举楼钥误犯庙讳旧名，从人从庸，得旨特与降充末等头名。"上曰："嫌名比旧名为轻，可令依等第取放。"（《宋会要》，职官十三·贡院之13，第3376页）

1.27《吏部左选申明》

1.27.1《淳熙重修吏部左选敕令格式申明》三百卷。龚茂良等撰。(《宋史》卷二百四，"艺文志三"，第5145页)

1.28《熙宁开封府界保甲申明》

1.28.1 许将：《熙宁开封府界保甲敕》二卷，《申明》一卷。(《宋史》卷二百四，"艺文志三"，第5140页)

统计上面记载的各类《申明》篇名，具体如下：

《绍兴申明刑统》《熙宁随敕申明》《元祐随敕申明》《崇宁申明敕令格式》《绍兴随敕申明》《庆元随敕申明》《禄秩申明》《中书省申明》《尚书省申明》《枢密院申明》《三省通用申明》《三省枢密院通用申明》《尚书左选申明》《尚书右选申明》《侍郎左选申明》《侍郎右选申明》《尚书侍郎左右选通用申明》《司勋申明》《改官申明》《吏部申明》《尚书吏部七司申明》《在京通用申明》《六曹寺监库务

通用申明》《常平免役申明》《贡举申明》《御试贡举申明》《省试贡举申明》《府监发解申明》《御试省试府监发解通用敕申明》《内外通用贡举申明》《大宗正司申明》《小学申明》《宗子大小学申明》《国子监太学辟廱申明》《国监学申明》《马递铺申明》《贡院申明》《寺监库务通用申明》。

上面共有38篇，其中《吏部七司申明》是一个类典概念，下面由具体的篇名构成。南宋后期《吏部七司》中以“申明”为名的法律种类十分繁多，按现存的《吏部条法》所引“申明”为名的法律种类达到38种，其中属于吏部七司的有37种。下面是《吏部条法》中所引申明法律中注明出自申明类法律篇名的。

类目 序号	所引申明类法律篇名	同类申明篇名所引次数
1	尚书左右选考功通用申明	2
2	尚书左右选侍郎右选考功通用申明	1
3	尚书左右选侍郎右选通用申明	1
4	尚书左右选通用申明	5
5	尚书左选申明	32
6	尚书左选考功通用申明	8
7	尚书左选侍郎左右选通用申明	1
8	尚书右选申明	7
9	尚书右选考功通用申明	1
10	尚书右选侍郎左右选考功通用申明	2
11	尚书右选侍郎左右选通用申明	3
12	尚书考功申明	16
13	尚书侍郎左右选司勋通用申明	1
14	尚书侍郎左右选考功通用申明	12
15	尚书侍郎左右选通用申明	60
16	尚书侍郎左选司勋通用申明	1
17	尚书侍郎左选考功通用申明	7
18	尚书侍郎左选通用申明	24
19	尚书侍郎右选申明	1
20	尚书侍郎右选司勋考功通用申明	3

续表

序号＼类目	所引申明类法律篇名	同类申明篇名所引次数
21	尚书侍郎右选考功申明	1
22	尚书侍郎右选考功通用申明	12
23	尚书侍郎右选通用申明	29
24	尚书左选申明	1
25	尚书侍郎右选通用申明	1
26	侍郎左右选考功通用申明	3
27	侍郎左右选通用申明	9
28	侍郎左选申明	74
29	侍郎左选司勋考功通用申明	1
30	侍郎左选考功通用申明	6
31	侍郎左选尚书司勋考功通用申明	1
32	侍郎左选尚书司勋通用申明	2
33	侍郎左选尚书考功通用申明	10
34	侍郎左选通用申明	2
35	侍郎右选申明	13
36	侍郎右选考功通用申明	1
37	侍郎右选尚书考功通用申明	1
38	淳祐申明	2

从上表可以看出，《吏部条法》中所引到的申明类法律种类有38种，即篇名达38种。38篇申明法律被共引了363次，其中《侍郎左选申明》为名的申明共引用了74次，《尚书侍郎左右选通用申明》为名的申明共引了60次。这个时期申明成为重要的法律组成部分。《吏部条法》中37篇申明篇名出自吏部七司。比较上面不同史料记载到的吏部七司申明类的法律篇名，共有15篇被其他史料记载，具体是《尚书左选申明》《尚书右选申明》《侍郎左选申明》《侍郎右选申明》《尚书考功申明》《尚书左右选申明》《尚书侍郎左右选通用申明》《尚书侍郎左选通用申明》《尚书侍郎右选通用申明》《尚书侍郎左右选司勋通用申明》《尚书侍郎左选司勋通用申明》《尚书左选考功通用申明》《尚书右选侍郎左右选通用申明》《侍郎左右选通用申明》《侍郎左选尚书考功通用申明》等，还有22种是《吏部条法》中独见的。

从上面可见史料看，宋朝申明的类型基本可以分为刑事类和非刑型类两种。具体如下：

1. 刑事类：《绍兴申明刑统》《熙宁随敕申明》《元祐随敕申明》《绍兴随敕申明》《庆元随敕申明》《淳祐申明》。

2. 非刑事类：《禄秩申明》《中书省申明》《尚书省申明》《枢密院申明》《三省通用申明》《三省枢密院通用申明》《改官申明》《吏部申明》《在京通用申明》《六曹寺监库务通用申明》《常平免役申明》《贡举申明》《御试贡举申明》《省试贡举申明》《府监发解申明》《御试省试府监发解通用敕申明》《内外通用贡举申明》《大宗正司申明》《小学申明》《宗子大小学申明》《国子监太学辟雍申明》《国监学申明》《马递铺申明》《贡院申明》。

此外，涉及吏部七司的篇名有39种，具体如下：

《尚书考功申明》《尚书侍郎右选考功申明》《尚书侍郎右选考功通用申明》《尚书侍郎右选申明》《尚书侍郎右选司勋考功通用申明》《尚书侍郎右选通用申明》《尚书侍郎左选考功通用申明》《尚书侍郎左选司勋通用申明》《尚书侍郎左选通用申明》《尚书侍郎左右选考功通用申明》《尚书侍郎左右选司勋通用申明》《尚书侍郎左右选通用申明》《尚书司勋申明》《尚书右选考功通用申明》《尚书右选申明》《尚书右选侍郎左右选考功通用申明》《尚书右选侍郎左右选通用申明》《尚书左选考功通用申明》《尚书左选申明》《尚书左选侍郎左右选通用申明》《尚书左右选考功通用申明》《尚书左右选申明》《尚书左右选侍郎右选考功通用申明》《尚书左右选侍郎右选通用申明》《尚书左右选通用申明》《侍郎右选考功通用申明》《侍郎右选尚书考功通用申明》《侍郎右选申明》《侍郎左选考功通用申明》《侍郎左选尚书考功通用申明》《侍郎左选尚书考功通用申明》《侍郎左选尚书司勋考功通用申明》《侍郎左选尚书司勋通用申明》《侍郎左选申明》《侍郎左选司勋考功通用申明》《侍郎左选通用申明》《侍郎左右选考功通用申明》《侍郎左右选通用申明》《司勋申明》。

宋朝在神宗朝后，“申明”已经成为重要的法律形式，其中《申明刑统》和《随敕申明》成为两种重要的“申明”，在性质上属于刑事法律。但大量部门和机构法律中的“申明”不是刑事性质的法律。从记载看，在《敕典》中，从《熙宁敕》后，仅有《元符申明》《绍兴申明》《庆元申明》三个申明，其他都没有明确记载同时修撰申明。但从南宋修法特点看，应每次修撰海行法时都修有随敕申明才对。《敕典》中的《随敕申明》在结构上采用十二篇结构，即采用律典的篇名结构。

申明的种类按性质为标准，可以分为刑事类与非刑事类。从《庆元条法事类》中《随敕申明》看，内容集中在刑事类；从《吏部条法》看，各司申明主要集中在非刑事范围内。这说明，申明从内容上看，基本是对“敕”的解释与补充和对“令”的解释和补充两大类，或说申明包括刑事和非刑事两大类，在被编撰时往往被分别编入敕典或令格式典中。

申明的来源从《庆元条法事类》和《吏部条法》看，主要有各类“敕”，尚书省和枢密院的札子、批状，修敕详定所的看详等三类。其中“敕”是主要来源，尚书省和枢密院的札子、批状是重要来源，修敕详定所“看详”是补充来源。从用语上看，敕和札子、批状都会被称为“指挥”，也可以说申明是在各类指挥的基础上修成。申明在编撰上较粗糙，往往标明制定的事由、时间，表达形式与明清时期的条例十分相似。

二 断例的篇名

断例是宋朝重要法律形式。从现在看，断例在宋朝法律形式中属于刑事部分，特别在南宋时期断例的编撰体例采用《律典》12 篇结构后更加明确。断例是判例法的一种形式。从现在史料看，宋朝最早编撰的断例是《庆元断例》，当时主要是对刑事个案及法律解释的编撰。

2.1《庆历断例》

2.1.1 庆历三年（1043 年）三月戊辰朔，诏刑部、大理寺以前后所断狱及定夺公事编为例。《王子融传》：判大理寺，建言：“法寺谳疑狱，前此猥多，艰于讨阅，乃取轻重可为准者，类次为断例。”当即是此事也。子融前月已除待制、知荆南，更考之。（《长编》卷一百四十，“仁宗庆历三年三月戊辰条”，第 3358 页）

从上面材料可以看出，《庆元断例》编撰的来源是刑部和大理寺所断案件和与案件判决有关的法律解释。断例的主要内容是那些具体判决中涉及正罪定刑的、可以作为后来同类案件判决依据的先例。当然，从这里的记载看，《庆元断例》的组成有两个部分：判例和法律解释。

2.2《嘉祐刑房断例》

2.2.1 元祐元年（1086 年）十一月四日，中书省言："《刑房断例》，嘉祐中〔宰臣富弼、韩琦编修〕，今二十余年，内有该（在）［载］不尽者，欲委官将续断例及旧例策一处，看详情理轻重去取，编修成策，取旨施行。"从之。（《宋会要》，刑法一·格令一之 14，第 8227 页）

2.2.2 元祐元年（1086 年）十一月戊午，中书省言："《刑房断例》，嘉祐中宰臣富弼、韩琦编修，今二十余年。内有该载不尽者，欲委官将续断例及旧例策一处，看详情理轻重，去取编修成策，取旨施行。"从之。（绍圣元年十一月己亥可考。）（《长编》卷三百九十一，"元祐元年十一月戊午条"，第 9509 页）

这里《宋会要》和《长编》在记载上是一致的。

2.3《熙宁法寺断例》

2.3.1《熙宁法寺断例》，8 卷。①

2.3.2《熙宁法寺断例》，十二卷。（《宋史》卷二百四，"艺文志三"，第 5143 页）

从上面两条材料看，《熙宁法寺断例》的卷数是存在差异，《通志》记载有 8 卷，而《宋史·艺文志》记载有 12 卷。这里的原因有一种可能是《宋史》中记载的卷数是按篇名分，即一篇一卷。而《通志》中的卷数是按各卷数量相等分类。在中国古代书的卷数分类上存在按数量和篇名分类两种。

2.4《元丰刑名断例》

2.4.1 元丰二年（1079 年）六月乙丑，中书言："刑房奏断公案，分在京、京东西、陕西、河北五房，逐房用例，轻重不一，乞以在京刑房文字分入诸房，选差录事以下四人专检详断例。"从之。

① 郑樵撰：《通志·艺文略》，王树民点校，中华书局 1995 年版，第 1558 页。

(《长编》卷二百九十八，“宗元丰二年六月乙丑条”，第7260—7261页)

2.4.2 元丰三年（1080年）八月二十七日，诏中书以所编刑房并法寺断例再送详定编敕所，令更取未经编修断例与条贯同看详，其有法已该载而有司引用差互者，止申明旧条。条未备者，重修正，或修著为例。其不可用者去之。(《宋会要》，职官五·编修条例司之10，第3126页)

2.4.3 元丰三年（1080年）八月丁巳，诏中书：“以所编刑房并法寺断例，再送详定编敕所，令更取未经编修断例与条贯同看详，其有法已该载而有司引用差互者，止申明旧条。条未备者，重修正；或条所不该载，而可以为法者，创立新条；法不能该者，着为例。其不可用者，去之。”(《长编》卷三百，“神宗元丰三年八月丁巳条”，第7471页)

2.4.4 宣和三年（1121年）十二月五日，臣僚言：“伏见大理寺断袁州百姓李彦聪令人力何大打杨聪致死公事，其大理寺以元勘官作威力断罪可悯，寺正、丞、评并无论难，因少卿聂宇看详驳难，称是李彦聪止合杖罪定断，其寺丞与评事亦从而改作杖罪。案上刑部，看详疏难，称大理寺不将李彦聪作威力，使令殴（系）［击］致死断罪未当，欲令改作斩罪。其寺正、评事议论反复，少卿聂宇执守前断，供报省部。本部遂申朝廷，称大理寺所断刑名未当，已疑难不改，若再问，必又依前固执，枉有留滞，伏乞特赐详酌。既而大理寺检到《元丰断例》，刑部方始依前断杖罪施行。访闻寺正、评事其初皆以聂宇之言为非，兼刑部驳难及申朝廷详酌则以斩罪为是，杖罪为非。若聂宇依随刑部改断，则刑部以驳正论功，聂宇失出之罪将何所逃？直至寻出《元丰断例》，刑部方始释然无疑，使李彦聪者偶得保其（守）［首］领，则杖者为是，斩者乃非矣。伏望圣慈取付三省，辨正是非，明正出入之罪。兼看详法寺案周懿文、高宿尤无执守，其议李彦聪案，遂持两□□□□望并赐黜责施行。”诏高宿降一官，周懿文罚铜十斤。(《宋会要》，刑法四·断狱79，第8488—8489页)

2.4.5《郡斋读书志》卷八：《元丰断例》六卷。右元丰中法寺所断罪，此节文也。

2.4.6《直斋书录解题卷七·法令类》：《刑名断例》十卷。不著名氏。以《刑统》《敕令》总为一书，惜有未备也。(《直斋书录解

题》卷七，“法令类”，第225页）①

2.4.7《文献通考·经籍考》：《断例》四卷，《元丰断例》六卷。陈氏曰：皇朝王安石执政以后，士大夫颇重意律令，此熙、丰、绍圣中法寺决狱比例也。其六卷则元丰中法寺所断罪节文也。（文献通考·经籍考）

从此看，《元丰断例》共有六卷，前《断例》四卷不是《元丰断例》，因为后者所收个案是熙宁、元丰、绍圣年间中央司法机构的，应是《绍圣断例》。

2.5《元祐法寺断例》

2.5.1《元祐法寺断例》，2卷。②

2.5.2元祐元年（1086年）十一月二十八日，诏中书省编修《刑房断例》，候编定，付本省舍人看（祥）［详］讫，三省执政官详定，取旨颁行。（《宋会要》，刑法一·格令一之14，第8227页）

2.5.3元祐元年（1086年）十一月壬午，诏中书省编修《刑房断例》，候编定付本省舍人看详讫，三省执政官详定，取旨颁行。（《长编》卷三百九十二，“哲宗元祐元年十一月壬午条”，第9542页）

元祐年间修成的《断例》数量是2卷。

2.6《绍圣断例》

2.6.1《绍圣断例》，4卷。③

2.6.2《郡斋读书志》卷八：《断例》四卷。右皇朝王安石执政以后，士大夫颇垂意律令。此熙、丰、绍圣中法寺决狱比也。

2.6.3《郡斋读书后志》卷一：《断例》四卷，右皇朝王安石执政以后，士大夫颇垂意律令，此熙丰、绍圣中法寺决狱此也。（赵希弁：《郡斋读书后志》卷一，“史类·天圣编敕”，四库全书本，第

---

① 此条记载的《刑名断例》是否是元丰年间修成的《刑名断例》是值得怀疑的，因为此处没有记载修成的时间和修撰人员，而且从内容上看，此处的“断例”似乎与其他地方的“断例”有所不同。

② 郑樵撰：《通志·艺文略》，王树民点校，中华书局1995年版，第1558页。

③ 同上。

33—34 页。)

2.6.4 绍圣元年（1094 年）十一月一日，刑部言："被旨：六曹、寺、监检例必参取熙宁、元丰以前，勿专用元祐近例；旧例所无者取旨。按敕降元祐六（门）[年] 门下中书后省修进拟特旨依断例册，并用熙宁元年至元丰七年旧例，本省复用黄贴增损轻重。本部欲一遵例册，勿复据引黄贴。"诏："黄贴与原断同，即不用；内有增损者，具例取旨"。(《宋会要》，刑法一·格令一之 16，第 8229 页)

2.6.5 绍圣四年（1097 年）十月甲午，诏枢密院，于刑部及军马司取索见用断例，及熙宁、元丰年以来断过体例，选差官两员逐一看详分明，编类成书，以备检断。令都副承旨兼领。其应干本院见编修文字，仍委今来所差官看详删定。以宣德郎陈瓘、承事郎张庭坚充枢密院编修文字。(《长编》卷四百九十二，"哲宗绍圣四年十月甲午条"，第 11686 页)

从此看，《绍圣断例》是绍圣四年（1097 年）十月开始修，内容以熙宁、元丰及绍圣年间中央司法机构审断的个案作为来源。

2.7《元符刑名断例》

2.7.1 元符二年（1099 年）四月辛巳，左司员外郎兼提举编修刑房断例曾旼等奏："准尚书省札子编修《刑房断例》，取索到元丰四年至八年，绍圣元年二年断草，并刑部举驳诸路所断差错刑名文字共一万余件，并旧编成《刑部大理寺断例》。将所犯情款看详，除情法分明，不须立例外，其情法可疑，法所不能该者，共编到四百九件。许依《元丰指挥》，将诸色人断例内可以令内外通知，非临时移情就法之事，及诸处引用差互，曾被刑部等处举驳者，编为《刑名断例》，共一百四十一件，颁之天下，刑部雕印颁行。其命官将校依条须合奏案，不须颁降天下，并诸色人断例内不可颁降者，并编为《刑名断例》共二百六十八件，颁降刑部大理寺检用施行。勘会申明，颁降断例系以款案编修刑名行下检断，其罪人情重法轻，情轻法重，有荫人情不可赎之类，大辟情理可悯并疑虑，及依法应奏裁者自合引用奏裁，虑恐诸处疑惑，欲乞候颁降日令刑部具此因依申明，遍牒施行。"从之。(此《元符断例·序篇》)(《长编》卷五百八，"哲宗元符二年四月辛巳条"，第 12105 页)

此史料中《刑部大理寺断例》应该就是《绍圣断例》的另一种称谓。因为《绍圣断例》是以大理寺和刑部审断的案件为修撰对象。

2.7.2 元符二年（1099年）九月甲子，诏编修《刑名断例》成书，曾旼、安惇各减二年磨勘，谢文瓘、时彦各减一年磨勘。（《长编》卷五百十五，"哲宗元符二年九月甲子条"，第12249页）

2.7.3 元符二年（1099年）九月二十五日诏：编修《刑名断例》成书，曾（收）[旼]、安惇各减二年磨勘，谢文瓘、时彦各减一年磨勘。（《宋会要》，刑法二·格令之19，第8231页）

2.7.4 曾旼：《刑名断例》三卷。（《宋史》卷二百四，"艺文志三"，第5144页）

从上面的材料看，元符二年（1099年）制定的《刑名断例》共有409件，或说409个案例，其中适用于全国的、对各地司法机构有拘束力的《刑名断例》有141件，或说141个案例；仅适用于中央刑部、大理寺断案的《刑名断例》有268件，或268个案例。从这里可以看出，《元符判例》实质上由两部分组成，即适用全国和适用中央司法机构的。从这里看，前者是全国司法机构法律适用时必须遵守的案例，后者则是中央司法机构审断案件时参考的案例。两者存在法律效力上的差异。完成时间是元符二年四月，而奖励修撰者的时间是在元符二年九月。

2.8《宣和刑名断例》

2.8.1 宣和四年（1122年）三月二十七日，刑部尚书蔡懋奏乞编修狱案断例。诏令刑部编修大辟断例，不得置局添破请给。（《宋会要》，职官一五·刑部之20，第3418页）

此史料记载宣和四年（1122年）修撰死刑案件的断例，但没有记载是否修成。

2.8.2 宣和五年（1123年）七月五日，大理卿宋伯友降两官。以刑部劾其上编断例不（轻）[经]刑部、违紊官制（是）[故]也。（《宋会要》，职官六九·黜降官六之12，第4903页）

从此史料看，大理寺卿宋伯友因为修断例没有按法定程序，刑部认为程序违法，对其提出弹劾。

比较上面两条史料，好像两者是两个不同事件，但可以得出这个时期修过断例。

2.9《绍兴刑名断例》《崇宁刑名疑难断例》《元符刑名断例》

2.9.1 绍兴四年（1134 年）秋七月癸酉，初命大理寺丞评刊定见行断例，时议者乞明诏有司应小大之狱，既得其情一断以法，无使一时之例复预其间，如其断刑旧例法家所援有不可去者，乞条具申上，付之所司立为永法，布示中外，使知所遵守，庶几刑罚平允，人无冤滥。刑部勘当：

自国朝以来断例，渡江以来皆已散失，今所引用多是自建炎以来近例，若建炎以前皆出官吏省记，间亦引用，至于进拟案用例，或罪轻而引用重例，或罪重而引用轻例，或有例而不引，无例而强引，即无检察断罪指挥，欲乞将本部并大理寺见行断例，并臣僚缴进《元符断例》，裒集为一，行下大理寺委自丞评刊定；若特旨断例，即别为一书。候成书，申送刑部看详驳正，其不在新书者，不得引用，如引用失当，许本部检察断罪上之朝廷。

上之朝廷，乞颁降施行，故有是旨。（《建炎以来系年要录》卷七十八，“绍兴四年秋七月癸酉条”，第 1481 页）

此史料说明南宋中央编修断例时间较早，在修撰时已经区分特旨断例和一般断例。

2.9.2 绍兴九年（1139 年）十有一月壬申，命大理评事何彦猷等编集《刑名断例》，刑部郎中张柄等看详。先是胡交修为刑部侍郎尝有是请诏，限一季。绍兴四年四月，久之未成，议者以为刑部用例之弊，非止临时翻检案牍，随意引用，轻重适当而已，外议相传有部吏卖例之说，乞再立严限专委丞评编集成书。复委通晓法令，强敏郎官一二员，看详允当，上之朝廷审实，行下方得引用。故有是旨。（《建炎以来系年要录》卷一百三十三，“绍兴九年十有一月壬申条”，第 2480 页）

2.9.3 绍兴九年（1139 年）十一月，申命刑部大理官编次刑名断例。（《宋史》卷二九，“高宗六”，第 452 页）

2.9.4 绍兴三十年（1160 年），宰臣汤思退奏曰：“顷未立法，官员到部，有所整会，一求之吏，并缘为奸，金多者与善例，不然则否。”上曰：“今既有成法，当令一切以三尺从事，不可更令引例也。”续诏修进官与《刑名断例》成书通推恩赏。(《宋会要》，刑法一·格令之46，第8259页)

2.9.5 绍兴三十年（1160年）八月十一日，尚书右仆射、同中书门下平章事、兼提举详定一司敕令陈康伯等又上《刑部断例》，《名例》《卫禁》共二卷，《职制》《户婚》《厩库》《擅兴》共一卷，《贼盗》三卷，《斗讼》七卷，《诈伪》一卷，《杂例》一卷，《捕亡》三卷，《断狱》二卷，《目录》一卷，《修书指挥》一卷。诏下刑寺遵守，仍以《绍兴编修刑名疑难断例》为名。(或)［惑］世俗，舞文弄法，贪饕货赂而已。望诏吏部、刑部条具合用之例，修入见行之法，以为《中兴成宪》。后敕令所详定官王师心言：“据刑、寺具到崇宁、绍兴《刑名疑难断例》，并昨大理寺看详本寺少卿元衮申明《刑名疑难条例》，乞本所一就编修。”从之。初，绍兴四年四月二十三日，刑部侍郎（故）［胡］交修等乞编集《刑名断例》，当时得旨，限一季编集。又绍兴九年三月六日，臣僚言，请以建炎以来断过刑名近例分类门目编修，亦得旨限一月。是年十一月一日，臣僚复建言：“前后所降指挥非无限期。取到大理寺状，虽曾编修审复，即未上朝廷。窃详编类之意，盖为刑部进拟案引用案例。高下用情，轻重失当。今既未成书，不免随意引用。乞下刑寺根究节次立限之后如何编类，再立严限，专委官看详。”遂诏刑部委员官张柄、晏孝纯，大理寺委（平）［评］事何彦猷、赵子籈，依限一月。时编集止绍兴十年。其后汤鹏举奏：“敕令所且言：（诏）［照］得《绍兴断例》，大理寺元止编到绍兴十五年以前，所有以后至二十六年终即未曾编类，理合一就编集。”至是成书，与《参附吏部法》同日上焉。诏：令所修进《吏部参附法》，并《刑名疑难断例》，依昨进御试等条法进书推恩。其本所差到大理正周自强、丞冯巽之、评事贾选、潘景珪，各与减一年磨勘，以尝兼权删定官，编过《断例》及审覆故也。(《宋会要》，刑法一·格令三之47，第8259页)

2.9.6 绍兴三十年（1160年）八月丙辰，尚书右仆射、提举详定一司敕令陈康伯上《参附吏部敕令格式》七十卷，《刑名疑难断例》二十二卷，翌日上谓辅臣曰：“顷未立法，加以续降太繁，吏部无所遵承，今当一切以三尺从事，不可复令引例，若更精择长贰，铨曹其清矣！”(《建炎以来系年要录》卷一百八十五，第3593页。)

从上可知，绍兴朝在30年间至少四次修订《刑名断例》，即绍兴四年、绍兴九年、绍兴十五年和绍兴二十六年。四次修撰中有三次成书，即绍兴九年、绍兴十五年、绍兴二十六年。绍兴二十六年陈伯康主持编撰的完成时间是绍兴三十年，称为《刑名疑难断例》，共有22卷，按12篇《律典》体例编撰而成。这说明《绍兴疑难断例》中有些篇内的内容较多，被修成多卷。这个时期在断例的名称上加上“疑难”两字，说明此类断例在法律适用中的特点。

2.10《乾道新编特旨断例》

2.10.1 乾道元年（1165年）七月二十日，权刑部侍郎方滋言：“乞将绍兴元年正月一日以后至目今刑寺断过狱案，于内选取情实可悯之类，应得祖宗条法奏裁名件，即编类成书；及将敕令所修进《断例》更加参酌。”从之。（《宋会要》，刑法一·格令三之48，第8260页）

2.10.2 乾道二年（1166年）六月五日，刑部侍郎方滋上《乾道新编特旨断例》五百四十七件，《名例》三卷，《卫禁》一卷，《职制》三卷，《户婚》一卷，《厩库》二卷，《擅兴》一卷，《贼盗》十卷，《斗讼》十九卷，《诈伪》四卷，《杂例》四卷，《捕亡》十卷，《断狱》六卷，分为一十二门，共六十四卷；《目录》四卷，《修书指挥》一卷，《参用指挥》一卷。总七十卷。仍乞冠以《乾道新编特旨断例》为名。从之。（《宋会要》，刑法一·格令三之48，第8260页）

2.10.3 淳熙元年（1174年）十月九日，诏：“六部除刑部许用乾道所修《刑名断例》，及司勋许用《绍兴编类获盗推赏刑部例》，并乾道元年四月十八日《措置条例弊事指挥》内立定合引例外，其余并依成法，不得引例。”先是臣僚言：“今之有司既问法之当否，又问例之有无。法既当然，而例或无之，则是皆沮而不行。夫法之当否人所共知，而例之有无多出吏手，往往隐匿其例，以沮坏良法，甚者俟贿赂既行，乃为具例，为患不一。乞诏有司，应事有在法炯然可行，而未有此例者，不得以无例废法事。”诏下六部看详。至是来上，因有是诏。（《宋会要》，刑法一·格令三之50，第8262页）

2.10.4 乾道二年（1166年）六月丙子，刑部上《乾道新编特旨断例》。（《宋史》卷三三，“孝宗一”，第634页）

从上面可知，《乾道刑名断例》共有547件，即547个判例，时间是从绍兴元年至乾道元年。从卷数结构上看，《乾道刑名断例》主要集中在《斗讼》和《捕亡》部分，两者分别是19卷和10卷。这说明宋朝断例在南宋时得到速度发展，仅在卷数上《乾道断例》总数达到64卷。此"断例"前面加"特旨"，但从所选案例看，很难说是独选"特旨断案"的个案。

2.11《强盗断例》

2.11.1 乾道四年（1168年）十一月二十五日，诏尚书右司员外郎林栗与枢密院检详诸房文字，黄石两易其任。以栗言："昨尝集议疑贷强盗刑名，今来伏见颁降刑部修立《强盗断例》，与栗所见不同，缘栗见系右司郎官，所管刑房职事难以书拟。"故有是命。（《宋会要》，职官六十一·省官之54，第4718页）

从此史料看，刑部曾独立修撰过与强盗罪有关的"断例"。

2.12《淳熙新编特旨断例》

2.12.1 淳熙四年（1177年）五月二十五日，诏："敕令所参酌到适中断例四百二十件，以《淳熙新编特旨断例》为名，并旧《断例》并令左右司拘收掌管。今后刑寺断案别无疑虑，依条申省取旨裁断外，如有情犯可疑，合引例拟断事件，具申尚书省参照施行。"（《宋会要》，刑法一·格令三之51，第8263页）

2.12.2 淳熙六年（1179年）七月一日，刑部郎中潘景珪言："朝廷钦恤用刑，以条令编类成册，目曰《断例》，可谓曲尽。昨有司删订，止存留九百五十余件，与见断案状，其间情犯多有不同，难以比拟。乞下刑部将隆兴以来断过案状编类成册，许行参用，庶几刑罚适中，无轻重之弊。"诏刑部长贰选择元犯与所断条法相当体例，方许参酌编类；其有轻重未适中者，不许一修入。（《宋会要》，刑法一·格令之52，第8264页）

《淳熙新编特旨断例》在数量上有420件，较《乾道断例》547件减少了127件。从2.12.2条史料看，淳熙六年重修修过断例。

2.13《开禧刑名断例》

2.13.1 开禧二年（1206年）八月丙寅，有司上《开禧刑名断

例》。(《宋史》卷三十八,“宁宗”,第742页)

2.13.2《两朝纲目备要》卷八有《开禧刑名断例》记载。

2.13.3《直斋书录解题》卷七有《开禧刑名断例》记载。

2.13.4《续通典》卷一百七有《开禧刑名断例》记载。

2.14《嘉泰刑名断例》

2.14.1《直斋书录题解》卷七记载有《嘉泰刑名断例》10卷。

2.14.2《文献通考》卷二百三有《嘉泰刑名断例》记载。

2.15《崇宁刑名断例》

2.15.1 崇宁四年(1105年)冬十月甲申,以左、右司所编绍圣、元符以来申明断例班天下,刑名例班刑部、大理司。(《宋史》卷二十,“徽宗三”,第375页)

2.15.2 崇宁四年(1105年)十月甲申,以左右司所编绍圣、元符以来申明断例班天下,刊名例班刑部。(《续资治通鉴》卷八十九,“宋纪八十九”)

按此条史料,崇宁四年(1105年)应制定过适用于刑部和大理寺的断例,因为史料中明确记载此次编撰的时间是绍圣、元符年间通过申明公开发布的“断例”,所以应有《崇宁刑名断例》。

2.16《大理寺例总要》

2.16.1《大理寺例总要》,12卷。①

2.17《绳墨断例》

2.17.1《绳墨断例》,3卷。②

宋朝“断例”编撰时间主要集中在北宋仁宗朝至南宋孝宗朝之间。

① 郑樵撰:《通志·艺文略》,王树民点校,中华书局1995年版,第1558页。

② 同上。

从宋朝“断例”看，主要是指中央刑部、大理寺司法机构审理的案件和对特定疑难案件做出的司法裁决的汇编，所以对“断例”在数量计算上不以“条”而是以“件”论。这说明断例在宋朝是具体案件判决的编撰，或可以称为刑事判例法。所以宋朝“断例”又称为《刑名断例》，这一名称说明了宋朝断例的法律性质。宋朝判例法可以分为两类：刑事判例法和非刑事判例法，前者称为“断例”，后者成为“例”。在非刑事判例法中行政判例是主要内容。考察现在可以见到的宋朝《断例》立法成果，主要有：《庆历断例》《嘉祐刑房断例》《熙宁法寺断例》《元丰刑名断例》《元祐法寺断例》《绍圣断例》《元符刑名断例》《宣和刑名断例》《崇宁刑名疑难断例》《绍兴刑名断例》《乾道新编特旨断例》《强盗断例》《淳熙新编特旨断例》《嘉泰刑名断例》《开禧刑名断例》《大理寺例总要》《绳墨断例》，共有 17 部“断例”，其中《大理寺例总要》和《绳墨断例》现在无法确定是否属于判例类。从名称上可以看出，最初断例是由“刑房”和“法寺”编撰，来源也是两个中央司法机构的具体判决的案件。细分这些立法，可以发现在名称上出现过不同，出现过“刑房”、“法寺”、“刑名”、“特旨”等，在“刑名”中又分为“刑名”和“刑名疑难”，这些名称上的限定说明宋朝《断例》的性质。宋朝断例现在可以确定的都属于刑事法律类。对宋朝存在判例法是没有必要争议了，因为这些立法史料已经明确说明了这类法律的构成形式和法律效力。“进直龙图阁，累迁太常少卿、权判大理寺。乃取谳狱轻重可为准者，类次以为断例”。①

三 指挥的篇名

“指挥”一词在宋朝法律术语中属于最常用法律术语之一。有时“指挥”是指中央尚书省、枢密院颁布的各类指令，即具体有以皇帝名义颁布的敕令，尚书省和枢密院颁行的札子，下级机构申尚书省、枢密院的批状等具有法律效力的法律法规和指令的通称；有时是特指这些法律法规中没有被撰入敕令格式和申明的具有这种特征的法律法令，这个时候“指挥”是作为一种法律形式。所以宋朝法律用语中，“指挥”一词是最常用的用语，但含义也较为复杂。这里重点考察其作为一种法律形式时在宋朝被编撰成法律的情况。宋朝在编撰法律时一般指挥、一时指挥作为用语，以区别与其他法律形式的效力和特征。从宋朝法律效力分类上看，指挥主

① 《宋史》卷三〇一，“曾子融传”，第 10186 页。

要是指效力等级较低、稳定性较差的法律形式，但没有法律性质上进行分类，如刑事和非刑事。

3.1《诸州县学指挥》

3.1.1 崇宁二年（1103 年）正月四日，尚书右仆射兼中书侍郎蔡京等奏："昨具陈情，乞诸路置学养士。伏奉诏令讲议立法，修立成《诸州县学敕令格式并一时指挥》凡一十三册，谨缮写上进。如得允当，乞下本司镂版颁行。"从之。（《宋会要》，刑法一·格令一之 30，第 8235 页）

3.2《诸路州县指挥》

3.2.1《诸路州县敕令格式并一时指挥》十三册。卷亡。（《宋史》卷二百四，"艺文志三"，第 5142 页）

3.2《大观内外宗子学指挥》

3.2.1 大观四年（1110 年）闰八月十八日，工部尚书、《圣政录》同编修官李图南奏："臣将《大观内外宗子学敕令格式》等与奏禀到条画事件，重别详定到《宗子大小学敕》一册、《令》七册、《格》五册、《式》二册、《申明》一册、《一时指挥》一册、《对修敕》一册、《令》二册，总二十一册。谨缮写上进。如得允当，乞付尚书省礼部颁降。"从之。（《宋会要》，刑法·格令一之 24，第 8238 页）

3.3《政和东南六路粮纲指挥》

3.3.1 政和五年（1115 年）十一月十二日，尚书度支员外郎张勋奏："窃以东南六路上供粮斛，岁额数百万石。前此真、楚等有转般七仓，其掌管官吏、装卸兵卒，縻费至广，弊亦如之。自陛下灼见利病，讲究直达，出于宸断。推行以来，舳舻相衔，万里不绝，虽五湖之远，皆应期而至。不唯省转般之劳，而绝侵盗失陷之弊，内外刑狱为之一清，兹实万世之利。臣自承朝旨差委编修，遂参照政和四年六月二十日以前所降直达纲条敕及申明、指挥，修立成书，并《看详》共成一百三十一册，总为一部，计一十复，并已经尚书省看详讫。所有前后应干指挥，已系新书编载者更不行用；其不系新书所收，文意不相妨者，并七月一日以后续降指挥，自合遵守奉行。谨具进呈。如允所奏，先付本部镂板颁行，内厘送条件限十日录送所属。”从之。（《宋会要》，刑法一·格令二29，第8242页）

从上面材料看，此次修成的法律共分为敕、申明、指挥、看详等共131册。

3.4《茶法指挥》《盐法指挥》

3.4.1 绍兴二十一年（1151年）七月二十八日，太师、尚书左（朴）［仆］射、同中书门下平章事、提举详定一司敕令秦桧等上《盐法敕》一卷、《令》一卷、《格》一卷、《式》一卷、《目录》一卷，《续降指挥》一百三十卷、《目录》二十卷；《茶法敕令格式》并《目录》共一卷，《续降指挥》八十八卷、《目录》一十五卷。诏颁行。盐法以《绍兴编类江湖淮浙京西路盐法》为名，茶法以《绍兴编类江湖淮浙福建广南京西路茶法》为名。（《宋会要》，刑法一·格令二之42，第8255页）

3.5《乾道新编特旨断例指挥》

3.5.1 乾道二年（1166年）六月五日，刑部侍郎方滋上《乾道新编特旨断例》五百四十七件，《名例》三卷，《卫禁》一卷，《职制》三卷，《户婚》一卷，《厩库》二卷，《擅兴》一卷，《贼盗》十卷，《讼》十九卷，《诈伪》四卷，《杂例》四卷，《捕亡》十卷，《断狱》六卷，分为一十二门，共六十四卷；《目录》四卷，《修书指挥》一卷，《参用指挥》一卷，总七十卷。仍乞冠以《乾道新编特旨断例》为名。从之。（《宋会要》，刑法一·格令三之48，第8260页）

从上面材料看，此次修法中指挥共有两部分，分别是《修书指挥》和《参用指挥》，各为1卷。这两种的效力是不同的，“参用指挥”是可以适用的法律。

3.6《乾道存留照用指挥》

3.6.1 乾道六年（1170年）八月二十八日，尚书右仆射虞允文言："昨将绍兴敕与嘉祐敕及建炎四年十月以后至乾道四年终续降指挥逐一参酌删削，今已成书。《敕》一十二卷，《令》五十卷，《格》三十卷，《式》三十卷，《目录》一百二十二卷，《存留照用指挥》二卷。缮写进呈。乞冠以《乾道重修敕令格式》为名。"诏依，仍自八年正月一日颁行。（《宋会要》，刑法一·格令三之49，第8261页）

从上面材料看，乾道年间修法时，在修成敕令格式四典的同时还修了《存留照用指挥》2卷。这两卷《存留照用指挥》在法律性质上与《修书指挥》是存在差别的，是可以适用于全国的法律。

3.7《措置条例弊事指挥》

3.7.1 淳熙元年（1174年）十月九日，诏："六部除刑部许用乾道所修《刑名断例》，及司勋许用《绍兴编类获盗推赏刑部例》，并乾道元年四月十八日《措置条例弊事指挥》内立定合引例外，其余并依成法，不得引例。"（《宋会要》，刑法一·格令三之50，第8262页）

3.7.2 淳熙二年（1175年）十二月四日，参知政事龚茂良等上《吏部七司法》三百卷，诏以《淳熙重修尚书吏部敕令格式申明》为名。先是乾道五年三月，吏部侍郎周操言："吏部七司条令，自绍兴以来凡三经修纂。起于天圣七年以后，至绍兴三年七月终成书，目曰《吏部七司法》；自建炎二年八月至绍兴十五年六月终成书，目曰《新吏部七司续降》，自绍兴三年四月〔至〕三十年七月成书，目曰《参附吏部七司法》。上件条令，卷册浩繁。又自绍兴三十年以后，更有《隆兴弊事指挥》及节次申明、续降，散浸于各司之间。乞委六部主管架阁库官置局，依倣旧书，每事编类成门；仍令逐司主令法案画一供具结罪，以凭编类。候敕令所修敕令毕日，取吏部七司（以）［已］成三书，及今来架阁库官编类绍兴三十年以后指挥、续降，重行删（条）［修］，共成一书。"（《宋会要》，刑法一·格令三之51，第8262页）

3.7.3 乾道九年（1173年）九月四日同日，吏部言："依法有占射差遣之人，许占本部已差下（西）［两］政官未使员阙。续承《弊

> 事指挥》，并不许指占未使员缺。缘在部选人员多缺少，其间待缺之人有丁忧、事故，往往所在州军不实时申闻，或进奏院同行（应）［隐］匿，不因占射恩例之人指画，本部无缘得知，必致虚闲阙次。今乞令选人有占射恩例，许依旧法，并已差下两政未使员缺，从本部会问到备所占阙因依，榜示五日，在部人通知。如上名不就，方许差注占缺之人。仍委诸路监司按月行下所部去处，若有待缺人丁忧、事故，即时入递，依程限申都省及吏部，仍令进院画时分时注籍，以防隐匿之弊。"从之。（《宋会要》，审官西院·铨选三·流内铨之26，第5719页）

从上面可知，此法律名称又称为《隆兴弊事指挥》，是隆兴二年（1164年）制定的，属于宋朝，特别是南宋指挥编撰中重要的法律之一。

3.8《绍兴常平免役指挥》

> 3.8.1 绍兴二十八年（1158年）六月一日，权吏部尚书王师心："被旨，令六部长贰将差役旧法并前后臣僚申请指挥公共看详。或已见不同，各许条具申尚书省审度，取旨施行。契勘《绍圣常平》《绍兴重修常平役法》并《绍兴重修常平免役申明》《续降指挥》已是详备。昨缘臣僚节次申请指挥不一，州县公吏得以舞文作弊，致差役不均。今看详合将前项指挥共三十八件、《绍圣常平》《绍兴重修常平免役法》今计一十五条、《绍兴重修常平免役申明》《续降指挥》计二十三件，欲行下诸路常平司照会下，仍镂板，下所部州县遵守施行。"（《宋会要》，食货六五·免役二之89，第7850页）

从上面可知，绍兴年间在编常平免役法时会把没有编入部分独立编成《续降指挥》，作为一种法律颁行适用。

3.9《透漏私茶指挥》

> 3.9.1 绍兴十二年（1142年）十二月二十日，户部言："主管淮东盱眙榷场曹泳札子：客人于本场博买到北货，从本场出给关子，从便前去货卖，仍兑半税。其经由税务既收税后，更不契勘有无本场关引，及阙引内同与不同，即便放行措置。欲将本场关引从提领司印给，排立字号，付本场置历消破，旬具支破数目、客人姓名、物货名件，申提领司照会点检。傥或本场开具不同，及于关引内影带数目，

许经由税务径申提领司根究，将本场官吏重赐行遣。如或经由州县税务点检得有客旅将带北货无本场关引，及关引内数目不同，不即根究，容纵放行，致有透漏，其税务官吏并乞依《透漏私茶盐法》科罪。仍却许本场觉察，庶几有以关防。”从之。（《宋会要》，食货三十八·互市之37，第6846页）

3.9.2 淳熙十年（1183年）七月二十五日，户、刑部言：“乞将弓兵容纵私盐之人照应《透漏私茶指挥》一体施行。”从之。先是，绍兴八年六月十八日，申明透漏私茶指挥，所犯不至徒，自合徒一年，决配邻州。如本犯至徒罪以上，即合随本犯刑名决配千里；如系流罪，刺配广南。（《宋会要》，食货二八·盐法之20，第6614页）

从史料看，《透漏私茶指挥》与《透漏私茶盐法》应是同一法律的不同名称。

3.10《乾道户婚续降指挥》

3.10.1 乾道七年（1171年）十一月二十七日，诏令户部将《乾道新修条令》并《申明户婚续降指挥》编类成册，送敕令所看详，镂版遍牒施行。（《宋会要》，刑法一·格令三之49，第8261页）

3.11《禄秩修书指挥》

3.11.1 绍兴六年（1136年）九月二十一日，尚书右仆射、同中书门下平章事、提举详定一司敕令张浚等上《禄秩新书》：《海行敕》一卷，《在京敕》一卷，《海行令》二卷，《在京令》一卷，《海行格》一十一卷，《在京格》一十二卷，《申明》一十五卷，《目录》一十三卷，《修书指挥》一卷，《看详》一百四十七卷。诏镂版施行。（《宋会要》，刑法一·格令二之38，第8250页）

3.12《国子监学修书指挥》

3.12.1 绍兴十三年（1143年）十月六日，太师、尚书左仆射、同中书门下平章事、提举详定一司敕令秦桧等上《国子监敕》一卷……《修书指挥》一卷。诏自来年二月一日颁行，仍以“绍兴重修”为名。（《宋会要》，刑法一·格令二之40，第8253页）

3.13《绍兴常平免役修书指挥》

3.13.1 绍兴十七年（1147 年）十一月六日，太师、尚书左仆射、同中书门下平章事、提举详定一司敕令秦桧等上《常平免役敕》五卷、《目录》二卷，《令》二十卷、《目录》六卷，《格》三卷、《目录》一卷，《式》五卷、《目录》一卷，《申明》六卷，《厘析条》三卷，《对修令》一卷，《修书指挥》一卷。诏自来年三月一日颁降，仍以《绍兴重修常平免役敕令格式》为名。（《宋会要》，刑法一·格令二之42，第8254页）

对比3.8条，两处的指挥是不同的，3.8条编撰的是指挥类法律，而此处编撰的是关于修订法律时颁降的相关修撰法问题的指挥，即修撰法律的相关法令。

3.14《绍兴吏部七司修书指挥》

3.14.1 绍兴十九年（1149 年）六月八日，太师、尚书左仆射、同中书门下平章事、提举详定一司敕令秦桧等上《吏部七司》并《七司通（判）［用］》《续降》共二百五十六卷，《目录》三卷，《修书指挥》一卷。其事干有司及一司、一路、一州等指挥，并行厘出，分为二十七卷。所有专为一名，或一事一时申明，不该（条）［修］入七司条（司）［法］者并作别编一百四十八卷，共四百三十五卷。诏颁降，仍以《绍兴看详编类吏部续降》为名。（《宋会要》，刑法一·格令二之42，第8254页）

3.15《绍兴编类宽恤修书指挥》

3.15.1 绍兴二十五年（1155 年）九月十三日，太师、尚书左仆射、同中书门下平章事、提举详定一司敕令秦桧等上《宽恤诏令》一百六十八卷、《目录》三十一卷、《修书指挥》一卷。诏颁行，仍以《绍兴编类宽恤诏令》为名。（《宋会要》，刑法一·格令二之43，第8256页）

3.16《绍兴贡举修书指挥》

3.16.1 绍兴二十六年（1156 年）十二月十五日，尚书左仆射、同中书门下平章事、提举详定一司敕令万俟禼等上《御试贡举敕》一卷、《令》三卷、《式》一卷、《目录》一卷、《申明》一卷，《省试贡举敕》一卷、《令》一卷、《式》一卷、《目录》一卷、《申明》一卷，《府监发解敕》一卷、《令》一卷、《式》一卷、《目录》一卷、《申明》一卷，《御试省试府监发解通用敕》一卷、《令》一卷、《格》一卷、《式》一卷、《目录》二卷，《内外通用贡举敕》二卷、《（今）[令]》五卷、《格》三卷、《式》一卷、《目录》四卷、《申明》二卷，《厘正省曹寺监内外诸司等法》三卷，《修书指挥》一卷。诏可颁降，仍以《绍兴重修贡举敕令格式》为名。(《宋会要》，刑法一·格令二之44，第8256页)

3.17《绍兴参附尚书吏部修书指挥》

3.17.1 绍兴三十年（1160年）八月十一日，尚书右仆射、同中书门下平章事、兼提举详定一司敕令陈康伯等上《尚书左选令》一卷……《修书指挥》一卷，《厘析》八卷。诏下本所颁降，仍以《绍兴参附尚书吏部敕（卷）[令]格式》为名。(《宋会要》，刑法一·格令二之46，第8258页)

3.18《绍兴刑名疑难断例修书指挥》

3.18.1 绍兴三十年（1160年）八月十一日，尚书右仆射、同中书门下平章事、兼提举详定一司敕令陈康伯等又上《刑部断例》，《名例》《卫禁》共二卷，《职制》《户婚》《厩库》《擅兴》共一卷，《贼盗》三卷，《斗讼》七卷，《诈伪》一卷，《杂例》一卷，《捕亡》三卷，《断狱》二卷，《目录》一卷，《修书指挥》一卷。诏下刑寺遵守，仍以《绍兴编修刑名疑难断例》为名。(《宋会要》，刑法一·格令二之47，第8259页)

3.19《国子大学辟壅并小学一时指挥》

3.19.1《国子大学辟雍并小学敕令格式申明一时指挥目录看详》一百六十八册（卷亡）。(《宋史》卷二百四，“艺文志三”，第5142页)

上面共有20件以“指挥”为名的法律，具体如下：《诸州县学指挥》《诸路州县指挥》《政和东南六路粮纲指挥》《大观内外宗子学指挥》《茶法指挥》《盐法指挥》《乾道新编特旨断例指挥》《乾道存留照用指挥》《措置条例弊事指挥》《绍兴常平免役指挥》《透漏私茶指挥》《乾道户婚续降指挥》《禄秩修书指挥》《国子监学修书指挥》《绍兴常平免役修书指挥》《绍兴吏部七司修书指挥》《绍兴编类宽恤修书指挥》《绍兴贡举修书指挥》《绍兴参附尚书吏部修书指挥》《绍兴刑名疑难断例修书指挥》。分析这20件以指挥为名的法律，可以分为三种：一般指挥、修书指挥和一时指挥。从性质看，一般指挥和一时指挥属于一种法律形式，指效力没有获得永久性的法律；修书指挥较为特殊，是指修某一法律时专门颁布具有约束力的法律。从法律性质上看，宋朝立法中“指挥”主要有“某某指挥”和“修书指挥”两种。“某某指挥”是指对某类指挥进行立法，在篇名上称为“某某指挥”，如《隆兴弊事指挥》；“修书指挥”是指修撰特定法律时颁发的各类指挥。在“某某指挥”上有时又称为“一时指挥”。这可能是“指挥”和“申明”等其他法律形式之间的区别，因为“指挥”在法律上普适性较小，时间上仅在某事上获得效力。从上面分析可以看出，指挥作为一种法律形式是存在的，但在构成一种法律形式时存在很大的不稳定性。指挥作为法律形式并不体现所包括的法律性质，即没有按敕令格式，或刑事与非刑事分类。

四　看详的篇名

宋朝看详是立法说明的一个专用术语，同时也是立法活动时基础性法律资料的一种说明。但随着立法的完善，“看详”作为立法的依据和说明，开始成为重要的法律渊源。“看详”在神宗朝后，越来越成为一种法律渊源，构成了一种事实上的法律形式。从语词性质上看，看详具有动词和名词两种含义。动词是指对立法进行详细的修订和审查。名词是立法时一种详细的立法说明和立法依据的产物，本身构成一种法律资料，慢慢地演化成一种法律形式。看详在宋朝成为法律形式上最重的时期是神宗朝。元丰七年（1084年）七月二十五日御史黄降上奏，提出把看详作为法律解释的意义。宋神宗下诏刑部议定提出方案，刑部提出：“‘《元丰敕令格式·看详卷》共二百二十册，难以颁降，乞自今官司定夺疑议及申明敕令，须《看详卷》照用者，听就所掌处抄录’。从之。”① 从这里可以看

① 《宋会要》，刑法一·格令二之12，第8225页。

出，“看详”在宋朝立法体系中的地位和法律效力。从此以后，宋朝每次重要立法，都会对看详进行详细编撰，作为立法成果之一。

4.1《元丰敕令格式看详》

4.1.1 元丰七年（1084年）七月二十五日，御史黄降言：“朝廷修立敕令，多因旧文损益，其去取意义则具载看详卷，藏之有司，以备照使。比者官司议法，于敕令文意有疑者，或不检会看详卷，而私出己见裁决可否。乞申饬官司，自今申明敕令及定夺疑议，并须检会看详卷，考其意义所归。所贵法定于一，无敢轻重，本台亦得以据文考察。”诏下刑部。本部言：“《元丰敕令格式看详卷》共二百二十册，难以颁降，乞自今官司定夺疑议及申明敕令，须《看详》卷照用者，听就所掌处抄录。”从之。（《宋会要》，刑法一·格令一之21，第8255页）

从此史料看，刑部不同意把《看详》颁布全国作为正式法律渊源，但同意若涉及相关法律适用时拿不准可以依据看详做出解释，就是承认看详具有法律渊源。

4.2《政和重修敕令格式看详》

4.2.1 政和二年（1112年）十月二日，司空、尚书左仆射兼门下侍郎何执中等上表：“修成《敕令格式》等一百三十八卷，并《看详》四百一十卷，共五百四十八册，已经节次进呈，依御笔修定。乞降敕命雕印颁行，仍依已降御笔，冠以《政和重修敕令格式》为名。”从之，仍自政和三年正月一日颁行。（《宋会要》，刑法一·格令一之26，第8239页）

从此史料看，政和修法颁布法律时“看详”应同时被颁行。

4.3《绍兴新修敕令格式看详》

4.3.1 绍兴元年（1131年）八月四日，参知政事（司）[同]提举重修敕令张守等上《绍兴新敕》一十二卷，《令》五十卷，《格》三十卷，《式》三十卷，《目录》一十六卷，《申明刑统》及《随敕申明》三卷，《政和二年以后赦书德音》一十五卷，及《看详》六百四卷。诏自绍兴二年正月一日颁行，仍以《绍兴重修敕令格式》为

名。(《宋会要》，刑法一·格令二之36，第8249页)

4.4《庆元敕令格式看详》

4.4.1《玉海·艺文志》：庆元二年(1196年)“二月丙辰复置编修所，遂抄录乾道五年正月至庆元二年十二月终续降指挥，得数万事，参酌淳熙旧法五千八百条，删修为书，总七百二册，《敕令格式及目录》各122卷，《申明》12卷，《看详》435册”。(王应璘：《玉海》卷六六，第1264页)

4.5《乾道重修逐省院看详》

4.5.1乾道九年(1173年)二月六日，右丞相梁克家、参知政事曾怀上《中书门下省敕》二卷、《令》二十二卷、《格》一十三卷、《式》一卷、《申明》一卷；《尚书省敕》二卷、《令》七卷、《格》二卷、《式》三卷、《申明》二卷；《枢密院敕》四卷、《令》二十四卷、《格》十六卷、《申明》二卷；《三省通用敕》一卷、《令》五卷、《格》一卷、《式》一卷、《申明》一卷；《三省枢密院通用敕》二卷、《令》三卷、《格》一卷、《式》一卷、《申明》三卷，《目录》二十卷；并元修《看详意义》五百册。乞冠以《乾道重修逐省院敕令格式》为名。(《宋会要》，刑法一·格令三之49，第8262页)(《宋会要》，刑法一·格令三之49，第8262页)

4.6《六曹条贯看详》

4.6.1元祐元年(1086年)五月八月十二日，三省〔言〕：“中书门下后省修成《六曹条贯》及《看详》共三千六百九十四册，寺、监在外。又据编修诸司敕式所修到敕令格式一千余卷，其间条目奇密、牴牾难行者不可胜数。欲下尚书六曹，委长(二)［贰］、郎官同共看详，删去本曹旧条已有及防禁太繁、难为遵守者，惟取纪纲大体切近事情者，留作本司法，限两月以闻。”从之。(《宋会要》，刑法一·格令一之14，第8226页)

4.6.2《六曹条贯》及《看详》三千六百九十四册(元祐间。卷亡)。(《宋史》卷二百四，“艺文志三”，第5141页)

4.7《大观新编礼书看详》《祭服看详》

4.7.1 大观四年（1110年）二月九日，议礼局奏："臣等今恭依所颁冠礼格目，博极载籍，先次编成《大观新编礼书、吉礼》二百三十一卷，并《目录》五卷，共二百三十六册；《祭服制度》一十六卷，共一十六册，《祭服图》一册。其据经稽古，酌今之宜，以正沿袭之误，又别为《看详》一十三卷，《目录》一卷，共一十三册，《祭服看详》二册，谨随札子上进。损益（财）［裁］成，伏乞断自圣学，仍乞降付本局，修定仪注。"（《宋会要》，职官五·议礼局之20，第3131页）

4.7.2 庞元英，《大观礼新编礼书吉礼》二百三十二卷，《看详》十七卷。

从上可知，大观四年编的《新礼书》和《吉礼》是两个不同的"礼"，所修看详是有不同的记载。

4.8《殿中省提举所六尚局供奉库看详》

4.8.1 崇宁三年（1104年）二月二十九日，蔡京言："奉诏令讲仪司修立六尚局条约闻奏，谨以元陈请画一事件并稽考参酌，创为约束，删润修立成《殿中省提举所六尚局供奉库敕令格式并看详》，共六十卷。内不可着为永法者，存为'申明'；事干两局以上者，总为'殿中省通用'，仍冠以'崇宁'为名。所有应干条画、起请、续降、申明及合用旧司条法已系新书编载者，更不行用。不系新书收载，各令依旧引用。"从之。（《宋会要》，职官一九·殿中省之9，第3551页）

4.8.2 崇宁三年（1104年）二月二十九日，蔡京言："奉诏令讲议司修立，以六尚局条约闻奏。谨以元陈请画一事件，并稽考参酌，修立成殿中省、提举所、六尚局、供奉库《敕令格式并看详》共六十卷。内不可着为永法者，存为申明。事干两局以上者，总为殿中省通用。仍冠以'崇宁'为名。所有应干条画、起请续降申明，及合用旧司条法，已系新书编载者，更不行用；不系新书收载，各合依旧引用。"从之。（《宋会要》，刑法一·格令一之22，第8235页）

4.8.3 崇宁三年（1104年），蔡京上修成《殿中省六尚局供奉库务敕令格式并看详》凡六十卷，仍冠以"崇宁"为名。（《宋史》卷一六四，"职官四"，第3881页）

4.9《马递铺看详》

4.9.1 大观元年（1107 年）七月二十八日，蔡京言："伏奉圣旨，令尚书省重修《马递铺海行法》颁行诸路。臣奉承圣训，删润旧文，编缵成书，共为一法。谨修成《敕令格式》《申明》《对修》，总三十卷，并《看详》七十卷，共一百册，计六复，随状上进。如或可行，乞降付三省镂版，颁降施行。仍乞以《大观马递铺敕令格式》为名。"从之。（《宋会要》，刑法一·格令一之 23，第 8236 页）

4.10《绍兴禄秩看详》

4.10.1 绍兴六年（1136 年）九月二十一日，尚书右仆射、同中书门下平章事、提举详定一司敕令张浚等上《禄秩新书》：《海行敕》一卷，《在京敕》一卷，《海行令》二卷，《在京令》一卷，《海行格》一十一卷，《在京格》一十二卷，《申明》一十五卷，《目录》一十三卷，《修书指挥》一卷，《看详》一百四十七卷。诏镂版施行。（《宋会要》，刑法一·格令二之 38，第 8250 页）

4.10.2 绍兴八年（1138 年）十月三日，尚书右仆射、同中书门下平章事、提举详定一司敕令秦桧等续上《禄敕》一卷、《禄令》二卷、《禄格》一十五卷，《在京禄敕》一卷、《禄令》一卷、《禄格》一十二卷，《中书门下省、尚书省令》一卷，《枢密院〔令〕》一卷、《格》一卷，《尚书六曹寺监通用令》一卷，《大理寺右治狱令》一卷，《目录》六卷，《申明》六卷。诏自绍兴九年正月一日颁行，仍以《绍兴重修禄秩敕令格》为名。（《宋会要》，刑法一·格令二之 38，第 8251 页）

4.11《算学看详》

4.11.1 崇宁三年（1104 年）六月十一日，都省札子："切以算数之学，其传久矣。《周官》大司徒以（卿）［乡］三物教万民而宾兴之，三曰六艺，礼、乐、射、御、书、数。则周之盛时，所不废也。历代以来，（四）［因］革不同，其法具（官）在。神宗皇帝追复三代，修立法令，将建学焉。属元祐异议，遂不及行。方今绍述圣绪，小大之政，靡不修举，则算学之设，实始先志。推而行之，宜在今日。今将《元丰算学条制》重加删润，修成（剌）［敕］令，并《对修看详》一部，以《崇宁国子监算学敕令格式》为名，乞赐施行。”从之。都省上《崇宁国子监算学书学敕令格式》，诏：“颁行之，只如此书可也。”（《宋会要》，崇儒三·算学之3，第2788页）

4.11.2《徽宗崇宁国子监算学敕令格式》并《对修看详》一部。（卷亡）（《宋史》卷二百四，“艺文志三”，第5142页）

4.12《律学看详》

4.12.1 建中靖国元年（1101年）三月十七日，详定所奏：“续修到《律学敕令格式看详并净条》，冠以‘绍圣’为名。”（《宋会要》，崇儒三·律学之10，第2793页）

4.12.2 政和六年（1116年）六月五日，户部尚书兼（许）［详］定一司敕令孟昌龄等奏：“今参照熙宁旧法，修到《国子监律学敕令格式》一百卷，乞冠以‘政和重修’为名。”诏颁行。（《宋会要》，刑法一·格令二之29，第8242页）

4.12.3《绍圣续修律学敕令格式看详》并《净条》十二册。建中靖国初。卷亡。（《宋史》卷二百四，“艺文志三”，第5141页）

4.13《武学看详》

4.13.1 建中靖国元年（1101年）三月十七日，详定所续修到《武学敕令格式看详》，冠以“绍圣”为名。从之。（《宋会要》，崇儒三·律学之10，第2793页）

4.13.2《绍圣续修武学敕令格式看详并净条》十八册（建中靖国初。卷亡）（《宋史》卷二百四，“艺文志三”，第5141页）

4.14《高丽敕令格式看详》

4.14.1 政和七年（1117年）十二月二十八日，枢密院言：“修成《高丽敕令格式例》二百四十册，《仪范坐图》一百五十八册，《酒食例》九十册，《目录》七十四册，《看详卷》三百七十册，《颁降官司》五百六十六册，总一千四百九十八册，以《高丽国入贡接送馆伴条例》为目，缮写上进。”诏送同文馆遵守施行。（《宋会要》，

刑法一·格令二之30，第8243页）

4.15《贡举医局龙图天章宝文阁等看详》

4.15.1《贡举医局龙图天章宝文阁等敕令仪式及看详》四百一十卷（元丰间）。（《宋史》卷二百四，"艺文志三"，第5141页）

4.16《都提举市易司看详》

4.16.1 吴雍：《都提举市易司敕令》并《厘正看详》二十一卷、《公式》二卷（元丰间）。（《宋史》卷二百四，"艺文志三"，第5141页）

4.17《大观礼书宾军等四礼看详》

4.17.1 庞元英：《大观礼书宾军等四礼》五百五卷，《看详》十二卷。（《宋史》卷二百四，"艺文志三"，第5135页）

从中可知，《大观礼书宾军等四礼看详》有12卷。

4.18《国子大学辟雍并小学看详》

4.18.1《国子大学辟雍并小学格式申明一时指挥目录看详》一百六十八册（卷亡）。（《宋史》卷二百四，"艺文志三"，第5142页）

从中可知《国子大学辟雍并小学看详》的存在。

4.19《学士院等处看详》

4.19.1 张诚一：《学士院等处敕式并看详》二十卷。（《宋史》卷二百四，"艺文志三"，第5140页）

从中可知，这里修时有一部分是《学士院等处看详》。

4.20《枢密院看详》

4.20.1《枢密院条》二十册《看详》三十册（元祐间。卷亡）

(《宋史》卷二百四，“艺文志三”，第5141页)

从中可知有元祐年间制定过的《枢密院看详》三十册。

4.21《直达纲运看详》

4.21.1 张动：《直达纲运法》并《看详》一百三十一册（卷亡）。(《宋史》卷二百四，“艺文志三”，第5142页)

从上面可知，“看详”作为一种立法术语，在宋朝立法活动中，中后期开始把立法过程中的原始资料、立法说明等编撰成书，称为“看详”。从现在看，“看详”就是立法说明和依据。由于“看详”是立法的说明和立法原始材料，相关法律解释上，“看详”成为重要依据。这就是“看详”在宋朝立法中越来越重要的原因。从现在史料看，“看详”有时又称为“厘正看详”，即对立法中各材料裁、删和改的原因、理由和依据的说明。从存留的史料看，“看详”主要集中在神宗朝至南宋孝宗朝之间。“看详”按记载有：《元丰敕令格式看详》《政和重修敕令格式看详》《绍兴新修敕令格式看详》《庆元敕令格式看详》《乾道重修逐省院格令格式看详》《八曹条贯看详》《大观新编礼书看详》《祭服看详》《殿中省提举所六尚局供奉库看详》《马递铺看详》《绍兴禄秩看详》《算学敕令格式看详》《律学看详》《武学看详》《高丽敕令格式看详》《贡举医局龙图天章宝文阁等看详》《都提举市易司看详》《大观礼书宾军等四礼看详》《国子大学辟雍并小学看详》《学士院等处看详》《枢密院看详》《直达纲运看详》等22种。“看详”虽然可能称不上是一种法律形式，但可以确定它是一种法律渊源。神宗朝后，国家在修重要法律时都修看详，作为立法的依据和说明。在元丰朝后，按上面史料记载，看详往往作为一种修法成果与海行法同时颁布。

五 条贯的篇名

条贯是宋代法律术语，相当于现在法律术语中的法律规范，或法。这里考察以“条贯”命名的法律文件。在宋朝用“条贯”命名的法律文件中，存在两种情况，即用“条贯”命名的同时也用其他名称；仅用“条贯”命名的。用“条贯”称某法律条文时，从结构上是指结构完善的法律规范。有时“条贯”就指法律条文。如“至道元年（995年）正月，诏三司及内外官起请擘画钱谷刑政利害文字，令中书、枢密院检详前后条贯，同共进呈，每月编其应行条敕作策，送封驳司。如所降宣敕重叠及有妨碍，并委驳奏。仍于门下省差令史二人专掌簿籍。"① 从这里看，"条贯"是指法律，或法律条文的意思。《宋会要》中有150多处使用"条贯"，但作为法律名称的较少。

5.1《茶法条贯》

5.1.1 景德四年（1007年）八月己酉，先是，有司上岁课，元年用旧法得五百六十九万贯，二年用新法得四百一十万贯，三年得二百八十五万贯。特等所言增益，官本少而有利，乃实课也，所亏虚钱耳。于是，特等皆迁秩，仍下诏三司行新法，毋得辄有改更。（此据本志，然林特《茶法条贯序》乃云：先是，年收钱七十三万八千五贯，自改法二年共收七百九万二千九百六十五贯。与此数不同，序在大中祥符二年五月，当参考。）（《长编》卷六十六，"景德四年八月己酉条"，第1482页）

5.1.2 大中祥符二年（1009年）五月乙亥，林特、刘承珪、李溥上编成《茶法条贯》二十三册。（《长编》卷七十一，"大中祥符二年五月乙亥条"，第1590页）

5.1.3 大中祥符二年（1009年）五月二十一日，三司盐铁副使户部郎中林特、昭宣使长州防御使刘承珪、江淮制置发运使李溥等上编成《茶法条贯》。《序》云："夫邦国之本，财赋攸先；山泽之饶，茶荈居最。寔经野之宏略，富国之远图也。顷以边陲之备，兵食为先，而乃许（析）［折］缗钱，以入刍米，给彼茶茗，便于商人，笼货物之饶，助军国之用。岁月既久，而条制稍失，吏民（冈）［罔］上而因缘为奸，始增饶以为名，终蠹弊而滋甚，遂致廪庾之畜，年收无几，采撷之课，岁计渐虚。商旅之货不行，公私之利俱耗。于是缙绅之列伏阁以论奏，草莱之士抗章以上言。国家思建经久之规，以定酌中之法，乃命臣等博访利病，（偏）［徧］阅诏条，参酌远谋，别议新式。虔承旨诲，周询抗弊，远采舆诵，旁察物情，将克正于纪纲，乃别立于科制。务存体要，用叶经常。岁序再周，课程增羡。先是收钱七十三万八百五十贯，自改法二年，共收钱七百九万二千九百六十贯。岁时未几，商贾自陈，知所利之寔多，虑亏公以为责，爰求奏御，俄奉德音。时方洽于还淳，事宜从于务寔，俾于卖价书减虚

① 《宋会要》，职官二·门下封驳司之42，第3011页。

钱，仍加资缗用济园户。兼许客旅应经道途，以所历之关征，悉会输于天邑。诏旨方下，财货已行，自降诏日，即有入中金银钱帛数踰万计，寔兴利以除害，亦赡国而济民。其所定宣敕条贯共二百九十九道，内二道出于権制，非可久行，今止列事宜，不复备录，余皆合从遵守，以着法程，并课利总数共成二十三策。式资永制，允契丰财。”其自述如此。”（《宋会要》，食货三〇·茶法二·茶法杂录之4，第6652页）

此处“条贯”相当于“法”“法律”，但无法确定属于敕令格式中那种。

5.2《户绝条贯》

5.2.1 天圣四年（1026年）七月，审刑院言：“详定《户绝条贯》：今后户绝之家，如无在室女、有出嫁女者，将资财、庄宅物色除殡葬营斋外，三分与一分。如无出嫁女，即给与出嫁亲姑姊妹、侄一分。余二分，若亡人在日，亲属及入舍婿、义男、随母男等自来同居，营业佃莳，至户绝人身亡及三年已上者，二分店宅、财物、庄田并给为主。如无出嫁姑、姊妹、阁，并全与同居之人。若同居未及三年，及户绝之人孑然无同居者，并纳官，庄田依令文均与近亲。如无近亲，即均与从来佃莳或分种之人承税为主。若亡人遗嘱证验分明，依遗嘱施行。”从之。（《宋会要》，食货六一·民产杂录之58，第7465页）

此条是宋代对户绝户遗产处理的最新立法。

5.3《审官三班院流内铨条贯》

5.3.1 庆历四年（1044年）二月丁巳，范仲淹言：“臣窃见审官、三班院并铨曹，自祖宗以来，条贯极多，逐旋冲改，久不删定。主判臣僚，卒难详悉，官员使臣，莫知涯涘，故司属高下，颇害至公。欲乞特降指挥，选差臣僚，就审官、三班院并铨曹，取索前后条例，与主判官员，同共看详，重行删定，画一闻奏。付中书、枢密院，参酌进呈。别降敕命，各令编成例策施行。”诏天章阁侍讲曾公亮删定《审官三班院流内铨条贯》。（《长编》卷一百四十六，“庆历四年二月丁巳条”，第3550页）

5.4《审官东院条贯》

5.4.1 庆历四年（1044 年）二月，以天章阁侍讲曾公亮删定本院条贯。至和二年十二月，又令编修皇祐三年以后冲改者。(《宋会要》，职官一一·审官东院之 3，第 3306 页)

5.5《开封府条贯》

5.5.1 治平元年（1064 年）十一月十三日，李柬之等言："应内外臣僚所进文字，不限机密及常程，但系实封者，并须依常下粘实封讫，别用纸摺角重封。有印者内外印，无印者于外封皮上臣名花押字，仍须一手书写。所有内外诸司及诸道州府军监并依此例。如违，仰本司不得收进。其外处有不如式样，递到实封文字，仰进奏院于监官前摺角重封用印，于本司投下。仍乞依《三司开封府条贯》，并不得官员及诸色闲杂人辄入本司。"从之。(《宋会要》，职官二·通进司之 28，第 3004 页)

5.5.2 熙宁四年（1071 年）三月己亥，司农寺言："京东常平仓司奏请卖酒场约束，乞下本路依开封府界条贯施行。"从之。此项用编录册四年三月十四日中书札子指挥修入，《开封府条贯》在三年十二月九日，遍卖坊场则在五年二月二十二日。(《长编》卷二百二十一，"神宗熙宁四年三月己亥条"，第 5381 页)

5.6《群牧司条贯》

5.6.1 治平四年（1067 年）八月二十七日，诏群牧判官刘航、比部员外郎崔台符编修《群牧司条贯》，仍将《唐令》并本朝故事看详，如有合行增损删定事件，旋奏取旨。(《宋会要》，职官二三·太仆寺·群牧司之 3，第 3649 页)

5.7《文武官合乘递马条贯》

5.7.1 熙宁元年（1068 年）正月十八日，枢密院上新定到《文武官合乘递马条贯》，诏可。先是，诸色人给递马太滥，所在马不能充足，以致急递稽留故也。(《宋会要》，方域一〇·驿传杂录·急递

铺之23，第9474页）

5.7.2 熙宁元年（1068年）正月十八日，枢密上《文武官合乘递马条贯》。因言："先给递马者太滥，所在马不能充足，以致急令有所稽留。检会祖宗朝臣僚差遣有赐马者，以带甲爲名。盖沿边要用任使故也。时平既久，侥幸干求，日以滋蔓。今欲应使臣阁门祇侯以上充三路州军路分总管、钤辖、都监之比，依旧赐马价钱外，其余职任文武官，一切罢去。"从之。（《宋会要》，兵二十四·马政·杂录之18，第9119页）

5.8《放牧马约束条贯》

5.8.1 熙宁元年（1038年）三月四日，殿前马步军司重定夺到《放牧马约束条贯》诏令施行，仍告示牧放官员，使晓会遵守。（《宋会要》，兵二十四马政·杂录之18，第9119页）

5.9《马政条贯》

5.9.1 熙宁三年（1070年）五月二十日，群牧判官王诲上《马政条贯》行之。（《宋会要》，兵二十四·马政·杂录之19，第9120页）

5.10《河仓条贯》

5.10.1 熙宁三年（1070年）八月癸未，上批："闻在京诸班直并诸军所请月粮，例皆斗数不足，内出军家口亏减尤多。请领之际，仓界斗级、守门人等过有乞取侵剋，甚非朕所以爱养将士之意，宜自今每石实支十斗。其仓界破耗及支散日限、斗级人等禄赐、告捕关防、乞取条令，三司速详定以闻。"先是，诸仓吏卒给军食，欺盗爻劫子取十常三四。上知其然，故下诏，且命三司条具。于是，三司言："主典役人，岁增禄为钱一万四千余缗。丐取一钱以上，以违制论，仍以钱五十千赏告者，会赦不原。"中书谓："乞取有少多，致罪当有轻重。今一钱以上，论以一法，恐未善。又增禄不厚，不可责其廉谨，宜岁增至一万八千九百缗。在京应千仓界人如因仓事取受粮纲及请人钱物，并诸司公人取受应千仓界并粮纲钱物并计赃钱不满一百徒一年，每一百钱加一等；一千流二千里，每一千加一等，罪止流三千里。其过致并与者，减首罪二等。徒罪皆配五百里外牢城，流罪皆配千里外，满十千即受赃为首者配沙门岛。若许赃未受，其取与过致人，各减本罪一等。为首者依上条内合配沙门岛者，配广南牢城。仍许人陈告，犯人该徒给赏钱百千，流二百千，配沙门岛三百千。若系公人，给赏外更转一资。已上人，仍亦许陈首免罪、给赏。"从之。《会要》：提举三司帐司曾布云熙宁三年九月二十五日《河仓条贯》。按此乃是八月二十七日立仓法。《旧纪书》："癸未，诏：诸仓给受斢量者，临时多寡，并缘为奸，刻军食十常三四。其增诸仓役人禄，立勾取重法。由是骞减运粮卒坐法者五百余人，奸盗以故得不纵。后推以及内外吏，吏始重仍法。"（《长编》卷二百十四，"神宗熙宁三年八月癸未条"，第5222—5223页）

此条史料是《河仓条贯》正文，注中引《会要》说明修订的时间、人物及名称；《旧纪书》说明此法与一般法的不同之所在。

5.11《七路条贯》

5.11.1 熙宁四年（1071年）二月五日，诏："江南东西、荆湖南北四路知县人，自今连并两次作硬阙收使者。令审官东院勘会，关报本路，许依《七路条贯》指定就差。或见任官满，无人愿就，即本院依例硬差。"（《宋会要》，职官四八·县官之30，第4327页）

5.12《皇城司条贯》

5.12.1 熙宁五年（1072年）正月丁酉，侍御史知杂事邓绾言："内侍押班李若愚以劳绩求官其子，违祖宗旧制，且内臣侥求乱法，不可长。"从之。若愚寻言于枢密院，乞解押班。文彦博云："若愚恐有人欲倾夺其位者，故求罢。"王安石白上："前密院与若愚子转官，臣不见条贯，不许，故进呈札与密院。密院若已删去此条，即合札与中书云：'本院已删去此条。'即中书亦不管密院所删当否，更但须理会，却云：'特依《皇城司条贯》，所有不许回授恩泽条贯令今后遵守施行。'若愚既非勾当皇城司，如何用皇城司条贯？既是已删条贯，如何却令今后遵守施行？缘事有违法，非但臣所不敢遵行，虽检正官亦皆以为不允。臣苟不言，是违法，阿近习，义所不能为，非于若愚有利害与夺，不知若愚辞差遣何意?”上曰：“若愚言，为废前省奏人，故乞罢。”安石曰：“前省不奏人，干若愚何事?闻密院说恐有倾夺其位者。”上曰：“若愚为与程昉不相得。”安石曰：“此非臣所知也。”(《长编》卷二百二十九，“神宗熙宁五年正月丁酉条”，第5570页)

5.13《都亭西驿条贯》

5.13.1 熙宁五年(1072年)四月二十六日，命集贤校理、检正中书户房公事章惇删修《都亭西驿条贯》。夏人再朝贡三十余年，《西驿条制》前后重复，未经删定，至是令刊修。(《宋会要》，刑法一·格令一之9，第8220页)

从此看，此法律包括有“都亭”和“西驿”两个部分。“西驿”是针对西夏国问题传递的特别驿传制度。

5.14《三路义勇条贯》

5.14.1 熙宁五年(1072年)五月辛丑，命崇文院校书王安礼专一编修《三路义勇条贯》。(《长编》卷二百三十三，“神宗熙宁五年五月辛丑条”，第5664页)

5.14.2 熙宁五年(1072年)七月，命崇文院校书王安礼专一编修《三路义勇条贯》。(《宋史》卷一九一，“兵五”，第4738页)

5.15《审刑院条贯》

5.15.1 熙宁五年(1072年)十二月六日，审刑院沈立上《新(条)[修]本院条贯》十卷、《经例》一卷，诏遵行。(《宋会要》，刑法一·格令一之9，第8220页)

5.16《审官西院条贯》

5.16.1 熙宁五年(1072年)十二月六日，右谏议大夫、知审官西院事沈立等上《新修本院条贯》十卷，《总领》一卷。(《宋会

要》，职官一一·审官西院之5，第3308页）

此处的《总领》有误，应是《总例》。

5.16.2 沈立：《新修审官西院条贯》十卷，又《总例》一卷。（《宋史》卷二百四，“艺文志三”，第5139页）

从上面可知，《审官西院条贯》制定的主持人是沈立，时间是熙宁五年（1072年），数量有10卷，外加《总例》1卷。从5.16.2条看，此法应在之前就已经修过，因为有“新修”二字。此外，《宋史·艺文志》中在此条前有“《审官院编敕》十五卷”。从此看，沈立所修应是在《审官院编敕》基础上修成。

5.17《在京通用条贯》

5.17.1 元祐八年（1093年）六月壬戌，中书后省上《元祐在京通用条贯》。（《宋史》卷十七，“哲宗一”，第336页）

5.17.2 元祐八年（1093年）六月十六日，门下中书后省言：“准朝旨编修《在京通用条贯》，取到在京诸司条件，收为一书。除系海行一路一州一县及省曹寺监库务法，皆析出关送所属，内一时指挥不可为永法者，且合存留依旧外，共修成敕令格式若干册。所有元祐三年十月终以前条贯已经删修收藏者，更不施行。其十一月一日以后续降，自为后敕；及虽在上件月日已前，若不经本省去取并已行关送者，并合依旧施行。仍乞随敕令格式，各冠以‘元祐’为名。”从之。（《宋会要》，刑法一·格令一之16，第8228页）

5.17.3 元祐八年（1093年）六月壬戌，门下中书后省言：“准朝旨，编修《在京通用条贯》，取到在京诸司条件，修为一书。除系海行一路、一州、一县及省、曹、寺、监、库、务法皆析出关送所属，内一时指挥，不可为永法者，且合存留依旧外，共修成《敕令格式》若干册。所有元祐三年十月终以前条贯，已经删修收藏者，更不施行。其十一月一日以后续降，自为后敕，及虽在上件月日以前，若不经本省去取，并已行关送者，并合依旧施行。仍乞随敕令格式名，冠以‘元祐’为名。”从之。（《长编》卷四百八十四，“哲宗元祐八年六月壬戌条”，第11512页）

5.18《南郊附式条贯》

5.18.1 陈绎：《南郊附式条贯》一卷。(《宋史》卷二百四，“艺文三”，第5135页)

5.19《排定保甲漏丁条贯》

5.19.1 熙宁六年（1073年）二月十六日，司农寺言：“看详《排定保甲漏丁条贯》，自合候编排保甲籍簿了，方许陈告给赏。若有漏丁，依条施行。其增减年状，即与漏丁同。”从之。(《宋会要》，乡兵二·义务保甲之9，第8626页)

5.20《省府寺监公使例条贯》

5.20.1 熙宁八年（1075年）八月壬子，命池州司法参军孙谔编定《省府寺监公使例册条贯》，又命谔监制敕库。谔，邵武人，既举进士，试法中第一，故以此命之。(《长编》卷二百六十七，“神宗熙宁八年八月壬子条”，第6553页)

5.20.2 熙宁九年（1076年）四月二十六日，诏中书户房习学公事练亨甫等编定《省府寺监公使例条贯》。(《宋会要》，刑法一·格令一之9，第8221页)

5.20.3 熙宁八年（1075年）八月壬子，命池州司法参军孙谔编定《省府寺监公使例册条贯》。(《皇宋通鉴长编纪事本末》卷七十五，第1339页)

从三条史料看，此法律名称应是《省府寺监公使例册条贯》，5.20.2条中缺一个“册”字。

5.21《国学条贯》

5.21.1 元丰二年（1079年）八月二十九日，诏看详太学条制所以《国学条贯》与《见修学制》定为《国子监一司敕式》。(《宋会要》，职官六四·国子监之9，第3758页)

5.22《六曹条贯》

5.22.1 元丰六年（1083年）三月十七日，诏：“《六曹条贯》改差门下中书后省官详定。”继而给事中韩忠彦等言：“奉敕同详定，乞以详定六曹条贯所为名。”诏宜称中书门下外省。又忠彦等以职事对，上顾谓曰：“法出于道，人能体道，则立法足以尽事。立法而不足以尽事，非事不可以立法也，盖立法者未善耳。”又曰：“著法者欲简于立文，详于该事。”（《宋会要》，职官二·给事中之8，第2988页）

5.22.2 元丰六年（1083年）三月壬辰，诏：“《六曹条贯》，改差门下、中书后省官详定。”（《长编》卷三百三十四，“神宗元丰六年三月壬辰条”，第8037页）

5.22.3 元丰六年（1083年）四月癸亥，给事中韩忠彦等言：“奉敕详定《六曹条贯》，乞以详定六曹条贯所为名。”诏宜称中书、门下外省。（《长编》卷三百三十四，“神宗元丰六年四月癸亥条”，第8050页）

5.22.4 元丰六年（1083年）四月辛未，命中书、门下外省官同详定《尚书六曹条贯》。是日，给事中韩忠彦等以职事对，上顾谓曰：“法出于道，人能体道，则立法足以尽事。立法而不足以尽事，非事不可以立法也，盖立法者未善耳。”又曰：“着法者欲简于立文，详于该事。”（《长编》卷三百三十四，“神宗元丰六年四月辛未条”，第8055页）

5.22.5《玉海·元丰诸司敕式》：六年三月十七日诏门下中书后省详定《六曹条贯》。①

5.22.6 元祐元年（1086年）五月八月十二日，三省〔言〕：“中书门下后省修成《八曹条贯》及《看详》共三千六百九十四册，寺、监在外。又据编修诸司敕式所修到敕令格式一千余卷，其间条目苛密、牴牾难行者不可胜数。欲下尚书六曹，委长（二）［贰］、郎官同共看详，删去本曹旧条已有及防禁太繁、难为遵守者，惟取纪纲大体切近事情者，留作本司法，限两月以闻。”从之。（《宋会要》，刑法一·格令一之14，第8226页）

5.22.7《六曹条贯》及《看详》三千六百九十四册，元祐间。卷亡。（《宋史》卷二百四，“艺文志三”，第5141页）

从上面诸材料看，《六曹条贯》是一个通用的法律名称，指中央各

① 王应璘：《玉海》卷六六，江苏古籍出版社、上海书店1987年版，第1261页。

部，特别是尚书省下六曹的法律。从性质上看，它下面由各种具体法律构成。

5.23《见行差役条贯》

5.23.1 元祐元年（1086 年）二月丁亥，称："莫若直降敕命，应天下免役悉罢。其诸色役人，并依熙宁元年以前旧法人数，委本县令、佐，亲自揭五等丁产簿定差。仍令刑部检按熙宁元年《见行差役条贯》，雕印颁下诸州。"臣看详此一节，尤为麄略，全然不可施行。且如熙宁元年役人数目甚多，后来屡经裁减，三分去一，今来岂可悉依旧数定差？又令刑部检熙宁元年《见行差役条贯》，雕印颁下诸州。且旧日每修编敕，比至雕印颁行之时，其间冲改已将及半，盖以事目岁月更改，理须续降后敕令。今日天下政事，比熙宁元年以前改更不可胜数，事既与旧不同，岂可悉检用熙宁元年见行条贯？窃详司马光之意，必谓止是差役一事。今既差役依旧，则当时条贯便可施行。不知虽是差役一事，而官司上下关连事目极多，条贯动相干涉，岂可单用差役一门？显见施行未得。(《长编》卷三百六十七，"哲宗元祐元年二月丁亥条"，第 8825 页)

5.23.2 元祐元年（1086 年）二月二十八日，置详定役法所。诏："……一、称：'莫若直降敕命，应天下免役悉罢。其诸色役人，并依熙宁元年以前旧法人数，委本县令、佐亲自揭五等丁产薄定差。仍令刑部检按熙宁元年《见行差役条贯》，雕印颁下诸州。"臣看详此一节尤为疏略，全然不可施行。且如熙宁元年役人数目尤多，后来累经裁减，三分去一，今来岂可悉依旧数定差？又令刑部检会熙宁元年《见行差役条贯》，雕印颁下诸州。且旧日每修编敕，比至雕印颁行之时，其间冲改已将及半。盖以事目岁月改更，理须续降后敕。今日天下政事，比熙宁元年以前改更不可胜数，事既与旧不同，岂可悉检用熙宁元年以前见行条贯？窃详司马光之意，必谓止是差役一事。今既差役依旧，则当时条贯便可施行。不知虽是差役一事，而官司上下关连，事目极多，条贯动相干涉，岂可单用差役一门？显见施行未得。(《宋会要》，食货六五・免役之 34，第 7816 页)

5.24《刑工曹条贯》

5.24.1 元祐元年（1086 年）闰二月癸丑，中书舍人范百禄详定

编修《刑工曹条贯》，代给事中王震也。（《长编》卷三百七十，“哲宗元祐元年闰二月癸丑条”，第 8943 页）

5.25《三省祕书殿中省理检院尚衣库条贯》

5.25.1 元祐元年（1086 年）四月乙巳，门下、中书后省言：“六曹条，可以限内编修了当。其寺、监条，取自朝廷指挥，所以《三省祕书殿中省理检院尚衣库条贯》，乞一处照会。其六曹，限一季编修，所有拟进格断例，系置局在后，乞量给宽限。”诏：“寺、监、祕书省条及拟进格断例，令门下、中书后省限半年编修，余更不修定。”（《长编》卷三百七十五，“哲宗元祐元年四月乙巳条”，第 9104 页）

5.26《国子律学武学条贯》

5.26.1 元祐元年（1086 年）六月甲寅，看详编修国子监太学条制所状：“准朝旨，同共看详修立《国子监太学条制》，及续准指挥，国子、律学、武学条贯，令一就修立外，检准《官制格》：国子监掌国子、太学、武学、律学、算学五学之政令。今取到国子监合干人状称：‘本监自官制奉行后来，检坐上件格子，申乞修置算学。准朝旨，踏逐到武学东大街北，其北地堪修算学，乞令工部下所属检计修造。奉圣旨：依。今看详上件算学虽已准朝旨盖造，即未曾兴工，其试选学官，未有人应格。窃虑将来建学之后，养士设科，徒有烦费，实于国事无补，今欲乞特赐详酌寝罢。”诏罢修建。（《长编》卷三百八十一，“哲宗元祐元年六月甲寅条”，第 9278 页）

5.27《诸司库务条贯》

5.27.1 元祐六年（1091 年）五月二十九日，尚书省言：“门下中书后省《详定诸司库务条贯》，删成敕令格式共二百六册，各冠以‘元祐’为名。”从之。（《宋会要》，刑法一·格令一之 15，第 8228 页）

5.27.2 元祐六年（1091 年）五月丁亥，尚书省言：“门下、中书后省详定《诸司库务条贯》，删成《敕令格式》共二百六册，各冠

以‘元祐’为名。”从之。(《长编》卷四百五十八，“哲宗元祐六年五月丁亥条”，第10972页)

5.28《大宗正司条贯》

5.28.1 张稚圭：《大宗正司条贯》六卷。(《宋史》卷二百四，“艺文志三”，第5139页)

5.28.2《温公日记》记载熙宁三年(1070年)五年十八日：先是，宗室举动，皆门由管勾出入为所拘制，至是，张穉圭条《大宗正司条贯》，奏罢之。①

5.28.1条中《宋史·艺文志》原文是《大宗正司条》，此处应缺“贯”字，应是《大宗正司条贯》，这正好由5.28.2条所证明。

5.29《水部条贯》

5.29.1《水部条》十九卷，元丰间。(《宋史》卷二百四，“艺文志三”，第5141页)

此处名称为《水部条》，依据当时通用名称应是“条贯”，或者“条制”。从性质上看，此处称“条贯”可能性最大。

5.30《枢密院条贯》

5.30.1《枢密院条》二十册，《看详》三十册。元祐间，卷亡。(《宋史》卷二百四，“艺文志三”，第5141页)

原文记载中称《枢密院条》，从当时通用看，应是《枢密院条贯》。

5.31《新编续降并叙法条贯》

5.31.1《新编续降并叙法条贯》一卷。编治平、熙宁诏旨并官吏犯罪叙法、条贯等事。(《宋史》卷二百四204，“艺文志三”，第5143页)

5.31.2《新编续降并叙法、条贯》一卷。编治平、熙宁诏旨并

① 顾宏义、李文整理标校：《宋代日记丛编》(一)，上海书店出版社2013年版，第48页。

官吏犯罪叙法、条贯等事。（《宋史》卷二百四，“艺文志三”，第5140页）

此法律是由治平、熙宁年间官吏犯罪时降升叙用的相关法律组成，这可以从后面的解释中看出。从上面看，《宋史》中记载有两处，但实质上是同一法律。

5.32《入国条贯》

5.32.1 张大中：《编修入国条贯》二卷。（《宋史》卷二百四，“艺文志三”，第5143页）

5.33《明堂赦条贯》

5.33.1《明堂赦条》一卷，元丰间。(《宋史》卷二百四，“艺文志三”，第5141页）

从此处看，这里完整的名称应是《明堂赦条贯》。

从上面称为“条贯”的法律看，很多“条贯”就是法律的总称，如《群牧司条贯》就是《群牧司敕令格式》的一种简称。这是现在可以见到以条贯为名的法律文件篇名有：《茶法条贯》《户绝条贯》《审官三班院流内铨条贯》《审官东院条贯》《开封府条贯》《群牧司条贯》《文武官合乘递马条贯》《放牧马约束条贯》《马政条贯》《河仓条贯》《七路条贯》《皇城司条贯》《都亭西驿条贯》《三路义勇条贯》《审刑院条贯》《审官西院条贯》《在京通用条贯》《南郊附式条贯》《排定保甲漏丁条贯》《省府寺监公使例条贯》《国学条贯》《六曹条贯》《见行差役条贯》《刑工曹条贯》《三省祕书殿中省理检院尚衣库条贯》《国子律学武学条贯》《诸司库务条贯》《大宗正司条贯》《水部条贯》《枢密院条贯》《新编续降并叙法条贯》《入国条贯》《明堂赦条贯》等33件。这里很多法律文件是其他法律的一种他称，并不是一种新的法律，如《枢密院条贯》就是《枢密院敕令格式》。总之，条贯在宋代相当于法、法律，或敕令格式等。

六　法类的篇名

法在宋朝法律用语中属于较为通用的术语。在法律篇名上，“法”的使用往往成为一种他称，即有时又有其他更具体的名称。有时却采用通用的“法”称，如《元丰法》是《元丰敕令格式》的简称。“法”在篇名使用上有时会用“格法”和“条法”两种。“格法”在《宋会要》中频率较高，达250多次，认真考究《格法》用语的含义有：一是“格”的一种称谓；二是法的一种称谓，两者是同义词；三是法律规范的一种称谓。“条法”有时是《事类》的一种称谓。在宋朝以“法”称谓的篇名中，有两个篇名，即《谥法》和《祭法》，因为这两个名称下的内容都具有法律效力，但有些却是前朝通用的一种事类名称。这里考察的是主要用“法”称谓的法律文件篇名。

6.1《牧马法》

6.1.1 大中祥符元年（1108年）正月二十一日，群牧制置使言，兽医副指挥使朱峭定《疗马集验方》及《牧马法》，望颁下内外坊监，仍录付诸班军。帝虑传写差误，令本司镂板模本以给之。（《宋会要》，兵二四·马政杂录之7，第9113页）

6.1.2 熙宁三年（1070年）八月，翰林学士曾布等言：“臣等今修成《兼勇保甲及养马条》三卷。”诏兵部行之。《养马法》：凡五路义保愿养马者，户一匹，有物力养马者户二匹，听以监牧见马给之，或官与其直，使自市，毋或强予。府界无过二千匹，五路无过五千匹。除袭盗贼外，不得乘越三百里。在府界者，岁免体量草二百五十束，先给以钱；布在五路者，岁免折变缘纳钱。三等以上十户为一保，四等十户为一社，以待死病补偿者。保甲马，即马主独赏之；社户马，半使社人赏之，岁一阅其瘠肥。禁苛留者，凡十有四条。（《皇宋通鉴长编纪事本末》卷七十五，第1326页）

比较两条史料，发现两个法令的名称是不同，一个是《牧马法》，一个是《养马法》。《牧马法》从性质上看，存在一种可能是指如何饲养马的养殖办法。《养马法》从6.1.2条记载的具体法律内容看是一部法律，且知共有14条。从宋朝对军马的重视看，这个法律性质应是相同的。这里把《牧马法》和《养马法》作为同一法律。

6.2《换官法》

6.2.1 熙宁五年（1072年）三月十九日，中书言：“礼房修《换官法》。自今袐书监换防御使。大卿、监换团练使。袐书少监、太常、光禄少卿换刺史。卫尉以下少卿监换皇城使、遥郡刺史。前行郎中换宫苑使，中行郎中换内藏库使，后行郎中换庄宅使，并带遥郡刺史。前行员外郎换洛苑使，中行员外郎换西作坊使，后行员外郎换供备库使。以上如正郎带职，即换阁门使，仍带遥郡刺史；员外郎带职，即换遥郡刺史。太常博士换内藏库副使，国子博士换左藏库副使。以上如带职，换阁门副使。太常丞换庄宅副使。祕书丞换六宅副使。殿中丞、著作郎换文思副使。太子中允换礼宾副使。赞善大夫、太子中舍换供备库副使。祕书郎、著作佐郎换内殿承制。太理寺丞换内殿崇班。诸寺监丞，节、察判官，并换东头供奉官。大理评事、支使、掌书记，并换西头供奉官。太祝、奉礼，并换左侍禁。正字、祕校、监簿、两使职官、防团判官、令、录，并换右侍禁。初等职官知令、录，并换左班殿直。初等职官知令、录未及三考，换右班殿直。判、司、主簿、尉成三考以上，换三班奉职；未及三考并试衔斋郎，各换三班借职。内如带职，各升一资。起居郎、起居舍人、左右司谏、正言、侍御史、殿中侍御史、监察御史已上，各比类官序，依带职人例。如籍人材或曾有过犯，并临时取旨，特与升降官资。其右职换文资并依此。内奉职以下并换堂除主簿、尉，三班差使、殿侍换郊社斋郎。”从之。(《宋会要》，职官六一·省官之14，第4695—4696页)

从史料看，这是《换官法》的内容，反映该法的全部内容。这里的“法”相当于“令”。

6.3《方田法》

6.3.1 熙宁五年（1072年）重修定《方田法》。(《宋会要》，食货一·农田杂录之29，第5960页)

6.3.2 崇宁四年（1105年）二月十六日，复颁《方田法》。详见《方田门》。(《宋会要》，食货一·农田杂录之30，第5961页)

6.3.3 熙宁五年（1072年），重修定《方田法》：自京东为始推行，冲改三司方田均税条。见前《会要》赋税嘉祐四年。夏税并作三色：绢、小麦、杂钱；秋税并作两色：白米、杂钱。其蚕、盐之类已请官本者不追，造酒秔、糯米、马食草仍旧，逃田、职田、官占等税亦依旧倚阁，屋税比附均定，墓地免均，如税额重处，许减逃、阁税数。(《宋会要》，食货四·方田之7，第6035页)

6.3.4 崇宁三年（1105年）辛卯，蔡京等言：“……今检会《熙宁方田敕》，推广神考法意，删去重复，取其应行者，为《崇宁方田敕令格式》，乞付三省颁降施行。”从之。（《续资治通鉴》卷八十九，“宋纪八十九”）

6.3.5 崇宁三年（1105 年）七月辛卯，宰臣蔡京札子言：“臣等窃以赋调之不平久矣。……今检会《熙宁方田敕》，推广神考法意，删去重复冲改，取其应行者为方田法，计九册，以《崇宁方田敕令格式》为名，谨具进呈。如允所奏，乞付三省颁降施行。”从之。（《皇宋通鉴长编纪事本末》卷一百三十八，第 2316—2317 页）

通过上面四条材料可知，宋朝《方田法》共制定过二次，分别是熙宁五年和崇宁三年。在名称上，熙宁五年称为《方田敕》，崇宁三年称为《方田敕令格式》。这里“法”相当于“敕”“敕令格式”等。

6.4《户绝田产法》

6.4.1 熙宁八年（1075 年）二月二十八日，中书门下言：“诸畸零不成片段田土，难已召给役人者，依出卖《户绝田产法》召人承买。”（《宋会要》，食货一·农田杂录之 30，第 5960 页）

6.4.2 建中靖国元年（1101 年）十月二十一日，户部言：“内外因欠市易钱物，折纳屋业田产，准指挥更不出卖，令人户承赁住佃。又准今年二月十六日朝旨：闲慢处屋业许行出卖。伏缘诸路市易折纳田产土有肥瘠，皆可耕种，见今却依冲要屋业一例不许出卖。况天下户绝田产，不以肥瘠，并行出卖。其市易折纳田产，今相度，欲乞并依《户绝田产法》。”从之。（《宋会要》，食货三七·市易之 34，第 6824 页）

6.4.3 建中靖国元年（1101 年）十月二十一日，诏市易折纳田产，并依《户绝田产法》。（《宋会要》，食货六一·民产杂录，第 7469 页）

从上面三条史料看，宋代制定了专门的《户绝户田产法》，而非仅一条。

6.5《义仓法》

6.5.1 元丰元年（1078 年）二月五日，提点开封府界诸县镇公事蔡承禧言：“义仓之法，今率之以二硕而输一斗，至为轻矣。乞今年夏料科税之始，不烦中覆，悉皆举行。”诏府界诸县并依以行《义仓法》，仍隶提举司。(《宋会要》，食货五三·义仓之20，第7215页)

6.5.2 元丰元年（1078年）六月二十四日，诏京东、京西、淮南、河东、陕西路，依开封府界诸县行《义仓法》。仍以今年秋料为始。先以将作主簿王吉言："去岁诏讲复义仓，试于畿邑，已不扰而行。欲乞于丰稔路，委提举司勘会省税、常平、免役钱谷倚阁共不及三分处，先推行。庶几数年之间，即见成效。"故有是诏。(《宋会要》，食货五三·义仓之20，第7215页)

6.5.3 元丰元年（1078年）十月十八日，权发遣兴州罗观乞颁《义仓法》于川（陕）［峡］四路。从之。(《宋会要》，食货五三·义仓之20，第7215页)

6.5.4 绍圣元年（1094年）闰四月十六日，侍御史虞策请复置义仓。三省言："旧行《义仓法》，上户苗税率一硕出米五升。"诏除广南东西路外，并复置义仓，自来岁始，放税二分以上，免输。所贮义仓，专充赈济。辄移用者，论如法。(《宋会要》，食货五三·义仓之21，第7216页)

6.6《盐法》

6.6.1 天圣八年（1030年）八月丙戌，诏详定《盐法》。(《宋史》卷九，"仁宗一"，第188页)

6.6.2 元丰五年（1082年）二月八日，宝文阁待制李承之、承议郎董唐臣上编修《盐法》，赐承之银绢各五十，唐臣减磨勘一年。(《宋会要》，刑法一·格令一13，第8224页)

《盐法》是一个较为广义的名称，到南宋时被分成敕令格式等分别编撰。

6.7《乞丐法》

6.7.1 元祐元年（1086年）四月四日，诏："开封府诸路灾伤，逐县令、佐专切体量、人户委有阙食，速具事实申州及监司，仍许一面将本县义仓、常平谷斛赈贷，据等第逐户计口给历：大者日二升，小者日一升。各从民便，五日或（一）［十］日至半月，赍历诣县，请印给遣。若本县米谷数少，先从下户给，有余，则并及上户。候夏秋成熟日，据所贷过数随税纳。阙食之民，贫乏不能自存或老幼疾病不任力役者，依《乞丐法》给米、豆，其赈济粜谷，并据乡村阙食应粜之数给。许五日或十日一粜，无令抑遏。此外，若令、佐别有良法，使民不乏食而免流移者，申州及监司相度施行，半月一具赈济次第闻奏。仍体量令、佐有能用心存恤阙食人户，虽系灾伤并不流移者，保明闻奏，当议优与酬奖；其全不用心赈贷，致户口多有流移者，取勘闻奏，特行停替。”从三省请也。（《宋会要》，食货五七·赈贷上之10，第7335页）

6.7.2 元符元年（1098年）十月八日，诏：“鳏寡孤独贫乏不能自存者，州知通、县令佐验寔，官为养之。疾病者，仍给医药，监司所至，检察阅视。应居养者，以户绝屋居；无户绝者，以官屋居之。及以户绝财产给其费，不限月分，依《乞丐法》给米豆。若不足者，以常平息钱充。已居养而能自存者已罢。”从详定一司敕令所请也。（《宋会要》，食货六〇·居养院　养济院　漏泽院等杂录之3，第7417页）

6.7.3 崇宁元年（1102年）九月六日，诏：“鳏寡孤独应居养者，以户绝财产给其费，不限月，依《乞丐法》给米豆。如不足，即支常平息钱。遗弃小儿，仍雇人乳养人。”（《宋会要》，食货六〇·居养院　养济院　漏泽院等杂录之4，第7417页）

6.7.4 绍兴二年（1132年）十一月二十七日，知临安府宋辉言：“访闻有山东海州等处流民，欲委官抄札，依《常平乞丐法》，每人日支米一升，小儿减半。”从之。（《宋会要》，食货六〇·居养院　养济院　漏泽院等杂录之9，第7423页）

6.7.5 绍兴四年（1134年）十月二十八日，临安府言：“昨来已蒙朝廷依绍兴府已得指挥，于户部支降钱米，令本府置院，赈养乞丐之人。续蒙朝廷依《常平乞丐法》，每人日支米一升，小儿减半。今来合依例赈给。”诏依年例养济，仍日具人数以闻。（《宋会要》，食货六〇·居养院　养济院　漏泽院等杂录之8，第7423页）

6.7.6 隆兴二年（1164年）九月四日，知镇江府方滋言：“丹徒、丹阳、金坛三县，今秋雨伤稼穑，已委官诣金坛县取拨义仓米二千硕，丹阳县一千硕，各依《乞丐法》赈济。尚虑管下少有客贩米斛，及乘时射利，高抬价直，民户艰于收籴，遂措置就委官于金坛县添拨米一千二百硕，丹阳县添拨米八百硕，丹徒县拨米五百硕，并各减价，每升作二十五文省，置场出粜，每人日籴不得过二升。窃虑豪右之家闭粜待价，除已劝谕赈粜外，乞依《绍兴九年七月二十九日指挥》，将出粜米谷人依立定格目推赏。仍乞立定有官人粜米比类迁转赏格行下。其或他州之人有能般贩前来赈粜，及得数目，亦与一例保明推恩。”从之。（《宋会要》，食货五八·赈贷下之3，第7352页）

从上面材料看，宋朝《乞丐法》是独立成篇，但在后来被编入“常平”类法律中，所以有时又称为《常平乞丐法》，两者是一致的。从内容看，《乞丐法》是对流浪乞讨者的一系列救济法律，属于社会救济法。宋代把“常平”和“乞丐”法合并的主要是因为两者都属于社会救济法。

6.8《监临主司受乞役人财物枉法者罪赏法》

6.8.1 元祐六年（1091年）五月十二日，尚书省立《监临主司受乞役人财物枉法者罪赏法》，从之。（《宋会要》，刑法一·格令一之18，第8228页）

6.9《擅支使朝廷封桩钱物法》

6.9.1 元符二年（1099年）五月二十一日，三省言：“按《绍圣四年六月十五日指挥》：诸路折斛钱，熙宁年并归朝廷。自元祐以来，户部阴有侵用，不复更归朝廷，无虑二百万缗。缘系本部已前侵用过数，难责今日并偿。”诏：“将元祐年折斛钱除户部的实已支过钱数与免拨还外，有其余数目，并绍圣年所起折斛，及提举司兑籴过斛斗价钱，并仰元丰库拘收封桩，准备朝廷支使。如户部辄敢侵用，并依《擅支使朝廷封桩钱物法》。”（《宋会要》，食货五二·元丰库之15，第7177页）

6.9.2 乾道九年（1173年）三月十日，户部尚书杨倓言：“承指挥，委户部郎官薛元鼎同长式催督诸路卖田、乳香、契税等钱，缘违限契税钱诸州县未曾立限委官催促，乞立限一月，许人户陈首，与免罪赏，自投状日，限一季纳钱，如限满不首，即依前项已降指挥施行。如或州县侵欺移易，将当职官吏依《擅支使朝廷封桩钱物法》断罪。”从之。（《宋会要》，食货三五·钞旁印贴之18，第6762页）

6.10《绍圣签贴役法》

6.10.1 崇宁元年（1102 年）八月二日，中书省言：“臣僚奏：户部右曹更改诸路役法，增损元丰旧制五百九项不当。勘会永兴军路乞行差役，州县申请官已降指责罚。湖南、江西提举司乞减一路人吏雇直，见取会别作施行外，如江西州军止以物贱减削人吏雇直，显未允当。至如役人罢给雇钱去处，亦害法意，理合依旧。”诏户部并依《绍圣常平免役敕令格式》及元降《绍圣签贴役法》施行。其元符三年正月后来冲改《绍圣常平免役敕令格式》并冲改《签贴》续降指挥，并不施行。（《宋会要》，食货一四·免役下之 13，第 6272 页）

6.10.2 元祐二年四月癸巳，中书舍人苏轼详定役法。（《皇宋通鉴长编纪事本末》卷一百八，第 1899 页）

从这里看，元祐年间就已经修《役法》。

6.11《马递铺海行法》

6.11.1 大观元年（1107 年）七月二十八日，蔡京言：“伏奉圣旨，令尚书省重修《马递铺海行法》颁行诸路。臣奉承圣训，删润旧文，编缵成书，共为一法。谨修成《敕令格式》《申明》《对修》，总三十卷，并《看详》七十卷，共一百册，计六复，随状上进。如或可行，乞降付三省镂版，颁降施行。仍乞以《大观马递铺敕令格式》为名。”从之。（《宋会要》，刑法一·格令一之 23，第 8236 页）

6.12《茶盐香钞法》《七路茶法》《通商茶法》

6.12.1 大观四年（1110 年）闰八月十二日，左右司状：“勘会先准朝旨编修《茶盐香钞法》，续准朝旨，勘会《通商茶法》，系治平年所修颁降，见今引用。缘岁月甚久，其间续降冲改不少，窃虑别致抵牾。本司见今编修《七路茶法》，正与《通商茶法》相干。”诏令左右司一就编修闻奏。（《宋会要》，食货三〇·茶法二·茶法杂录之 38，第 6674 页）

此史料说明北宋后期国家开始加大对大宗商品的立法调整。

6.12.2 政和元年（1111 年）三月二十四日，臣僚上言：“乞应将茶货尚立价例，约期依限籴卖与卑幼及浮浪之人，并依有利债负条施行。法案检条看详臣僚上言，客人将茶货倍立高价赊卖，远约期限，已有《治平通商茶法》约定三限并《元符令》高抬卖价不得受理外，有赊买茶货与浮浪及卑幼，今修立下条：诸客人将茶贩卖与浮浪及卑幼者，依有利债负法，右合入《通商茶法》。”从之。（《宋会要》，食货三〇・茶法二・茶法杂录之 38，第 6674 页）

从上面材料看，治平年间修成了《通商茶法》，大观年间修成《茶盐香钞法》。此外，还修成《七路茶法》。其中《治平通商茶法》是茶法中的重要法律。

6.13《召募土人法》《东南六路纲粮赏罚法》

6.13.1 政和二年（1112 年）十月八日，尚书省言：“奉诏措置东南六路直达纲。欲六路转运司每岁以上供物斛，各于本路所部用本路人船般运，直达京师，更不转般，仍自来年正月奉行。其发运司见管诸色纲船，合行分拨应副诸路，余令发运司应副非泛纲运。其淮南转般，旧制岁备水脚工钱四十二万、米十二万硕，合令本路提刑司拘收封桩。今来初行直达，诸路运司窃虑难于应辨，每路于上件钱内支二万贯应副一次。所有六路运粮，岁认应副南京等处米斛，除湖南、北数少外，欲令江南管认南京，两浙管认雍邱，江东管认襄邑，淮南管认咸平、尉氏、陈留。更不差衙前公人、军人，除使臣、军大将外，许本路募第三等已上有物力土人管押，除依《召募土人法》，其请给、驿券，依借职例支给。若曾充公吏人，或犯徒以上，并不在招募之限。招募不足，许差见在官；又不足，即募得替待阙、无赃私罪、非流外官充。逐路各差承务郎以上文臣一员，自本路至国门往来提辖催促，杖印随行，纲运有犯，许一面勘断。请给、人从，依转运司主管官例，仍给驿券，许招置手分、贴司各二人，仍与本路转运司吏人衮理名次升补。江南四路地里遥远，更差大使臣以上武臣一员，往来催促检察。其请给理任，依本资序，仍别给驿券。江湖纲运管押人，如二年般及三运至京或南京府界下卸，拖欠折会外不该坐罪，使臣与减二年磨勘，军大将依法比折，土人与补军大将外，仍减五年磨勘。再押该赏，依使臣比折。若一年及两运，亦依上法推恩。淮浙一年般及两运，与减一年磨勘；三运以上，减二年；余依前法。逐路纲官、梢工连并两次该赏者，仍许纲船内并留一分力胜，许载私物，沿路不得以搜检及诸般事件为名，故为留滞，一日笞三十，二日加一等，至徒二年止；公人、栏头并勒停。官司如敢载留人船借拨差使者，以违制论；截留附搭官物者，徒二年，官员冲替，人吏勒停。所有起发交卸条限与旧不同，淮浙初限三月，次限六月，末限九月；江湖止分两限，上限六月、下限十月终般足。兵梢偷盗若诸色人博易粜买并过度人，并同监主科断，至死减一等。并依内提辖文臣，候催了日，赴尚书省呈纳具状，以行升黜。"（《宋会要》，食货四三·曹运二之6，第6968页）

此法律名称较为特殊，没有确定的。从内容看，《东南六路纲粮赏罚法》应是较为适当，因为涉及的是东南六路运送纲粮的赏罚法律，属于"赏格"类。从其他材料看，还有《政和东南六路粮纲指挥》。这里"法"是"赏格"、"格"的同义词。

6.13.2 宣和三年（1121年）六月十日，发运司言："粮纲昨降指挥，《召募土人法》并罢，差大、小使臣等管押。契勘土人内有谙知行运次第，自管押粮纲以来，少欠不碍分厘，不曾被罚。曾经推赏有心力可以倚（辨）［办］之人，欲乞存留。"从之。（《宋会要》，食货四三·曹运二之11，第6972页）

6.14《三舍法》

6.14.1 元符二年（1099年）十一月二十七日，诏："诸州学生，依太学《三舍法》，限当年十二月到京，随太学补试。诸州贡上舍生到京，并权充外舍生食。诸路各选监司一员提举学校，仍知通专一管勾。诸州试内舍、上舍，并监司选差有出身官一员，与教官同考试。仍封弥誊、录合用条贯，令于国子监取索行下。其外州不可行者，（此）［比］类条具，申尚书省。"（《宋会要》，崇儒二·郡县学 政和学规之7，第2765页）

6.14.2 政和三年（1113年）十二月四日，大司成刘嗣明等言："……近降《三舍法》，诸学生能文而书诵不及等，博士引试，考其文理稍通，与补内舍上等；优者补上舍下等。今欲试本经义各一道，丞封弥，博士考校通否，申监升补……"从之。（《宋会要》，崇儒

一·郡县学　政和学规之27，第2776—2777页）

6.14.3 政和三年（1113年）十二月，立《三舍法》。（《宋会要》，崇儒一·宗学之4，第2728页）

6.14.4 宣和二年（1120年）〔九月〕五日，中书省言："七月十九日圣旨：在京小学，近岁增立《三舍法》，有害乡举里选奉旨并依元丰法。契勘元丰时，在京小学止有就（传）［傅］、初筵两斋，差教谕一员，即无立定官吏并直学等。今承指挥，小学既罢三舍，即无讲解、考选、直学、医官等。依元丰法，自合更不差置。乞置小学生两斋，于太学生内选差二人充教谕。其俸给依元丰旧制。"诏依。今后如学生数多，令本监相度，增拨斋舍。（《宋会要》，崇儒二·政和学规之31，第2779页）

6.14.5 绍兴十三年（1143年）九月二十日，礼部言："权发遣建昌军李长民奏：'宣和以前，应知、通、令、佐阶衔并带主管学事。自军兴以来，学校之教中辍。今和议既成，儒风复振，宣化承流，责在郡县，所有主管学事，谓宜依旧结衔，以示圣朝偃武修文之意。'本部下国子监勘会，昨行《三舍法》，除从官以上知郡系带提举学事，余郡知、通，县令、佐，并带主管学事。今诸路监司既已选有出身或从上一员兼提举官，欲依李长民所乞，令郡知、通，县令、佐，依旧例带提举或主管学事结衔。"从之。（《宋会要》，职官四七·判知州府军监之29，第4281页）

从上面诸史料看，《三舍法》是宋朝的重要教育考试法。

6.15《政和新修学法》

6.15.1 政和元年（1111年）十二月二十八日，郑居中奏："《学法》一百三十卷，御笔裁成者列于卷首，乞冠以'政和新修'为名，仍乞付国子监颁降。"从之。（《宋会要》，刑法一·格令一之24，第8238页）

6.15.2 郑居中：《政和新修学法》一百三十卷。（《宋史》卷二百四，"艺文志三"，第5142页）

6.16《诸路岁贡六尚供奉物法》

6.16.1 政和四年（1114年）四月十五日，殿中监、详定六尚供奉敕令兼详定一司敕令高伸等上修立到《诸路岁贡六尚供奉物法》，诏令颁行。(《宋会要》，刑法一·格令二之28，第8241页)

6.17《崇宁贡举条法》

6.17.1 政和六年（1116年）六月十三日，礼部尚书白时中等奏："今将《崇宁贡举（去）[法]》改修到《御试贡士敕令格式》总一百五十九卷，乞冠以'政和新修'为名。"诏颁行。（《宋会要》，刑法一·格令二之30，第8242页）

6.17.2 绍兴二十六年（1156年）十二月十五日，……后敕令所言："科举取士，一宗条令尽载《贡举法》。系自崇宁元年七月修立，经今五十余年，其间冲改及增立名件不少，前后所降申明，州县多不齐备。欲将上件《崇宁贡举条法》逐一取索，重修施行。"从之。(《宋会要》，刑法一·格令二之44，第8257页)

6.17.3 建炎二年（1128年）九月礼部言："《崇宁贡举法》系以《元丰条令》及后来申明等修立，其《元丰法》与《崇宁法》不同者，自合遵依《元丰法》。若不该载者，即参照《崇宁条令》。"从之。(《宋会要》，选举四·贡举杂录二之22，第5326页)

此史料说明宋朝存在"法"与"条令"通用的情况，但也存在区别。狭义上"条令"是指"令"类法，"法"是指没有严格按敕令格式分类的法律总称。

6.17.4 绍兴十三年（1143年）四月三十日，高闶又言："《贡举令》：诸《春秋》义题，听于三传解经处出，此法殊失尊经之意。今欲只于《春秋》正经出题，庶使学者专意经术。"从之。绍兴十四年，吏部员外郎严抑言："正经其辞至简，为题者历历可数，使士子私习满百篇，则有司出题殆无逃者。罢去三传，虽曰尊经，其于考校，实有未便。"诏依《崇宁贡举法》，于三传解经出题。(《宋会要》，选举四·贡举杂录二之28，第5331页)

6.18《崇宁通用贡举条法》

6.18.1 绍兴十五年（1145年）五月十三日，礼部状："准敕：

臣僚奏国家三岁取士，于宗室特加优异，盖示亲睦。昨国子监申，请行在宗室并赴国子监试；如授外任差遣、并宫观岳庙，并赴转运司试。特从其便，初非有内外之别。其赴国子监试者，有官鏁应，每七人取三人；无官应举，每七人取四人；无官袒免亲取应，文理通者为合格，不限人数。唯赴转运司试者，其所取之数即与进士一同，非所以奖进宗子之意。望诏有司详酌施行。”国子监言：“欲除行在宗室依见行条法外，其诸路宗室不以有官〔无官〕，如愿赴行在应举、应者，欲依熙宁旧制，并许国子监请解赴省。如不愿，即依见行《崇宁通用贡举条法》施行。”从之。(《宋会要》，帝系六·宗室杂录之19，第150页)

6.18.2《通志·艺文略第三》中“《崇宁通用贡举法》，十二卷”。

从上可知，崇宁年间制定的《崇宁通用贡举条法》共有12卷，属于北宋时重要的科举法。

6.19《六尚法》

6.19.1 重和元年（1118年）十二月十三日，殿中省编修《六尚法》书成，详定官蔡行、少监赵士谛、删定官李似、高尧臣各转一官，检阅文字、手分各转一官，书写人、书奏、通引、进奏官各减二年磨勘，依四年法比折。内未有名目人候有名目日收使，愿换进义副(刷)［尉］者听。诸色人共四十一人，赐钱一百贯文，付本所等支给。(《宋会要》，刑法一·格令二之31，第8244页)

6.20《崇宁上供法》

6.20.1 宣和元年（1119年）二月二十六日，敕：“押纲人少欠上供钱物，下本路限一季先次兑发，如违，依《上供法》施行。”(《宋会要》，食货四九·转运司之32，第7112页)

6.20.2 绍兴三年（1133年）四月二十日，福建两浙淮南东路沿海制置使仇悆言：“发运转运使副、提刑官遇天申圣节，依《上供格法》，各有合发进奉银绢。今来本司系创置，所有天申节进奉银绢，即别无条格，未审合与不合桩发。”诏不合桩发。(《宋会要》，职官四〇·制置使之5，第3989页)

6.20.3 乾道九年（1173年）闰正月五日，王楫等申："契勘铸钱已有主管官二员，分置在饶、赣二州。又有属官三员，尽在饶州，今欲拟一员过赣州。今更乞辟置一员，庶几事体均平。"工部契勘：铸钱司属官已差置七员，内主管文字二员，干办公事二员，检踏官一员，各已分拨置局去处外，准备差使二员亦系本司辟差员数，未曾分隶。今勘当，欲下本司各分隶一员使唤。"一、天申圣节并大礼年分进奉银，欲乞依《崇宁上供格法》，并照旧例于产银州军支系省钱收买，连衔进奉。"户部勘当：欲下江东西、湖南、福建、广东路转运司，依崇宁、大观格，于出产州军收买，轮流起发，依逐官所乞事理施行。"一、契勘合用印记二颗，饶州已有见行使铜印外，乞给赣州司印。"礼部契勘：欲下工部铸造一颗，付本司行使，以"江西湖广福建路提点坑冶铸钱司印"十五字为文。诏并依。（《宋会要》，职官四三·提点坑冶铸钱司之171，第4196—4197页）

6.20.4 绍熙元年正月，傅良自太学录去朝十四年，须发尽白，因轮对，言曰："太祖垂裕后人，以爱惜民力为本……崇宁重修《上供格》，颁之天下，率增至十数倍；其它杂敛，则熙宁以常平宽剩、禁军阙额之类，别项封桩而无额……"（《续资治通鉴》卷一百五十二，"宋纪一百五十二"，第4061—4062页）

上面四条史料中有三个名称，即《上供法》《上供格法》《崇宁上供格法》。从6.20.4条看，《崇宁上供格》之前就已经修撰过。综合考察，应是同一法律的不同称谓。

6.21《任满法》

6.21.1 政和六年（1116年）正月二十七日，诏："漕司管勾文字官点检一路财赋；自熙丰立法，不许差出及随本司官巡按，遇有要切，虽许暂差勾当，岁终亦具事因闻奏。今后除依旧法外，如别官司陈请差委，虽奉特旨，亦不许差出。"五月十七日，两浙转运司奏："检会已得朝旨，委知州、通判或职官一员，专一管勾装发上供额斛，候任满日，从本司保明，减二年磨勘；及三十万石以上，更减一年；及五十万石以上，转一官。所有在任未满三年替罢之人，任内所发斛斗能无违限，所发米数已及原立万数，乞许依已得朝旨等第推赏。"诏依《任满法》。（《宋会要》，食货四九·转运之32，第7112页）

6.21.2 政和七年（1117年）二月四日，尚书［省］言："勘会东南六路诸州军逐年装发上供额斛，自来立定知、通任满赏格，轻重未至均当。近又因两浙申请，将不满一任替罢之人，不论到任月日浅深、年起斛斗多寡，但管勾装发无违限，便依《任满法》，作不满三十万硕，皆减年磨勘。今修下条：一万硕以上升一季名次，五万硕以上升半年名次，十万硕以上减半年磨勘，二十万硕以上减一年磨勘，三十万硕以上减一年半磨勘，四十万硕以上减三年磨勘。”从之。（《宋会要》，食货四三·漕运二之12，第6973页）

从此史料看，《任满法》应是总称，还存在一些具体的名称，如《知通任满赏格》。同时，也可以看出《任满法》应属于“格”类法律中的“赏格”。

6.22《弓马所试验格法》

6.22.1 建炎二年（1128年）二月二十一日，臣僚言：“兵兴以来，例用便宜指挥借补拟转官资，如高公纯、齐诏、谢贶辈，所与借官人皆是客司、虞候，下至屠沽不逞之徒。虽累降约束，犹未知禁。乞应诸路借官人，委提刑、安抚司依《弓马所格法》比试，将合格人两司拟定合得名目，径申省部，给进义、进武校尉两等文帖，拘收借补文字毁抹，缴申省部对名。仍令安抚司先次别项籍定，充准备军前使唤，不得充州县监当等差使，仍不限员数。每月依格法支破食钱，候将来立功或因捕盗得赏者，即与保奏，依法比附转行。试不中者，特许再试一次。或又不中，即追取原借补文字毁抹入官，放令逐便。若试中人内有日前委曾立功或捕盗功赏照据可以凭用者，（今）［令］系籍处安抚司取索勘验，具诣实保明，朝廷依法推恩。如随身别无照据，或虽有而不可凭用者，如元立功处相去不远，虽非本路，亦许移文勘验。仍令转运、提刑司觉察符同并诈伪不实等弊，庶使不致阻遏功赏，有以激发忠义之士。应因功迁转入品者，逐旋申解枢密院，以备铨择。其余在司人候将来士马宁息日，具姓名、人数取旨发遣，赴沿边帅司听候使唤。不愿前去者，即申解都官，别听差使。今具《弓马所试验格法》下项：步射两石硬弓，马射一石一斗，走马射各随身弓并走马使枪，以上合格人补承节郎；步射一石八，马射一石一斗，走马射各随身弓并走马使枪，以上合格人补承信郎；步射一石五，马射一石一斗，走马各随身弓并走马使枪，以上合格人补进武校尉，日支破食钱一百文省；步射一石三斗，马射一石，走马射各随身弓［并］走马使鎗，以上合格人补进义校尉，日支食钱七十文省。”诏令诸路安抚、提刑司验实有功已补借官人，依格比试讫，具功状及别应格法解发赴御营使司审试。余依所请。（《宋会要》，职官六二·借补官之2，第4721页）

此史料中对同一法律有两个名称，即《弓马所格法》和《弓马所试验格法》，两个名称是指同一法律。

6.23《煎炼私盐法》《海行私盐法》

6.23.1 绍兴三年（1133年）十月十一日，刑部言：“准旨看详：臣僚论私贩盐人刑名太重。本部据大理寺参详臣僚所请事理，除止系私贩之人有犯，自合遵依《绍兴敕》断罪外，若系亭户卖所隐缩火伏盐及买之者，依《盐敕》，并论如《煎炼私盐法》，一两比二两；及合依《政和三年十二月十七日指挥》‘依《海行私盐法》加二等断罪’。所有亭户、非亭户煎盐，与私贩、军人聚集般贩，及百姓依藉军兵声势私贩，即依《绍兴二年十二月八日指挥》一节。缘不曾分别斤重数目，若不问多寡，并行决配广南，深虑用法轻重不伦，理合随宜别行多寡断配原。今欲本犯不至徒罪，乞配邻州；若罪至徒，即配千里；如系流罪，仍依元降指挥刺配广南。其所乞详酌私贩不用荫原赦事理，除因官司捕捉，敢与官司敌者，系情理凶恶，欲乞依旧引用上件不赦指挥外，余卖买私贩人，今欲依臣僚所请施行。”从之。（《宋会要》，食货二六·盐法五之18，第6565页）

6.24《绍兴吏部一司法》

6.24.1 绍兴三年（1133年）五月十四日，权吏部侍郎刘岑等言：“迪功郎考第不满，若改本等合入官，依格改承务郎；如与改次等合入官，为无等可降。本部未奉行《新书》以前，遵依元丰二年九月六日诏，例不降等，止与改承务郎。今来《绍兴吏部一司法》内未有该载，欲乞依旧遵用。”从之。（《宋会要》，职官一一·审官西院之35，第3332页）

6.25《使臣法》

6.25.1 绍兴三年（1133年）十一月二十九日，诏：“祗候库人吏，自入役充手分，至补副知界满，别无不了过犯，与先补进义副尉立界，再充专知，候二年界满，别无诸般不了等事，与依《使臣法》减二年磨勘，发遣归都官。”（《宋会要》，食货五二·祗候库之36，第7189页）

6.26《绍圣免役条法》

6.26.1 绍兴四年（1134年）七月三十日，户部言：“节次承降指挥：将见行役法等与《嘉祐条法》窒碍未尽事件，及保正副差免利害，令诸路常平官条具闻奏。除湖北路未据相度条具外，节次承据两浙、江南、广南东、西并福建、荆湖南路八路常平司奏到，内六路乞依绍圣条法；并保正副差免利害，亦据江西等四路乞依见行条法施行。今相度，欲乞将役法及保正副代耆长并依见行诸州县已定役法及《绍圣免役条法》施行。仍乞下诸路常平司照会。”从之。（《宋会要》，食货六五·免役二之79，第7844页）

6.27《孤贫法》

6.27.1 绍兴四年（1134年）十二月二十九日，诏：“淮南流寓士民，应有官人如材力可以任事，州县有窠阙，许令权摄。或无窠阙，京朝官、大小使臣除支体分料钱外，月给食钱五贯文，选人支体分料钱，权摄官依此，支两月止。进士愿入所在学者听，依例给食。军人寄营收养，依旧支破请授。吏人指定州县收寄，有可使令者，权收使，无可使令，月给钱三贯文。百姓令所在州军量给，内老弱不能自存及妇人无依倚者，依《孤贫法》。”（《宋会要》，食货六九·逃移之54，第8075页）

从此史料看，宋朝《孤贫法》是针对不能自理老弱及妇女无依存群体的救济法律，与《乞丐法》救济对象是有区别的。

6.28《崇宁在京通用条法》《崇宁续附在京法》

6.28.1 绍兴六年（1136年）六月一日，大理正张柄言：“伏见国家修复旧章，以幸天下，如《绍兴新书》，系将嘉祐、政和敕参酌成书，其于常法之外增立条制并一切删去。以至兵火后来省记到一司专法，尽经左右司及敕令所逐一参酌详定，然后引用。惟是《大观在京通用》至今依旧遵守，兼内有已经冲改、不该引用之文，尚载典册，颁之郡县百司及车驾临幸之所在，于观听实为未允。乞送修立官司逐一看详删削。”诏令详定一司敕令所重别删修颁降。敕令所言：“欲乞将《崇宁在京通用条法》，自崇、观后来至绍兴八年六月终应受续降指挥，修为《绍兴新书》。检会一司专法内又各《厘正在京通用》，并大理寺又有《崇宁续附在京法》。缘昨来所得圣旨内未曾有前项厘正、续附二件条法名色。”有旨令编写修入。至是上之。（《宋会要》，刑法一·格令三之39，第8252页）

6.29《政和续附法》

6.29.1 绍兴六年（1136年）六月一日，大理正张柄言：“绍圣常平免役条内有已经冲改，愿送修立官司看详。”诏送敕令所参照删修。后十四年二月十六日，敕令所言：“绍圣法修书后来续降指挥，除（正）[政]和三年四月以前系昨修《政和续附法》已参用去取，更不合引用外，欲从本所将政和三年四月一日修《政和续附》已后至今应干续降，与绍圣、政和旧条一处参修。”从之。（《宋会要》，刑法一·格令二之41，第8254页）

此史料中称《政和续附》应是《政和续附法》，缺一“法”字。

6.30《大观六曹寺监库务通用条法》

6.30.1 绍兴六年（1136年）六月一日，大理正张柄言：“《大观六曹寺监库务通用法》内有已经（重）[冲]改，乞送修立官司逐一看详。”诏下敕令所重别删修颁降。后本所言：欲将《大观六曹寺监库务通用条法》自崇、观后来至绍兴八年六月终应受续降指挥，修为《绍兴新书》。至是上之。……有旨：敕令所编修《大观六曹寺监等通用条法》，依昨进《在京通用令》体例推恩。（《宋会要》，刑法一·格令二之40，第8252—8253页）

6.30.2 绍兴十三年（1143年）二月二十四日，诏：“国史日历所见修成日历共一十五年零五个月，计五佰九十卷，并书皇太后回銮本末官吏各转一官资，监修国史秦桧依昨编修《大观六曹寺监通用

条法》成书体例推恩。"（《宋会要》，刑法一·格令二之23，第2697页）

6.31《经制司额上供钱物条法》

6.31.1 绍兴六年（1136年）十月二十六日，户部侍郎王俣言："乞令诸路提刑司将所收总制钱窠名钱物帐状供申日限陷漏不寔，起发违慢断罪，并依《经制司额上供钱物条法》。"从之。（《宋会要》，食货三五·经总制钱之24，第6767页）

6.32《十资格法》《归正归附人转补资给格法》

6.32.1 绍兴十一年（1141年）七月二十二日，枢密院言："归朝并校副尉下班祗应等，陈乞添差再任，或就移差遣，并经所属取索出身以来付身、家状、脚色，保明供申。其间有初补付身内无归朝来历、因依，归朝《十资格法》转授所属执据。近降指挥，并未放行差遣。又缘有自归朝后来以经注授差遣三两任，及家状供称本贯北界人事，兼节次补授转官，并在近降指挥已前改转之人，理宜重别参酌。"诏将上件曾经任归朝、归明官，初补付身内无归朝因依，不依《十资格法》改转之人，令（召）［照］一般归朝官初补付身内有归朝因依，保官二员，结除名编置罪状，批书印纸，委保归朝来历因依，勘会诣实，令所属给据，依条铨注。内不依（十依）《十资格法》之人，仍候递减月日及具初补付身内有归朝因依，止是依（八）《［十］资格法》改转之人，先次递减讫，放行差遣。（《宋会要》，兵一七·归明之26，第8967页）

此条说明殿前司要求制定专门针对归正、归附人的转补给资格法，但刑部认为只要比附适用归明、归朝人的《十资格法》就行。说明《十资格法》全称应是《归明、归朝人十资格法》，简称为《十资格法》。

6.32.2 乾道四年（1168年）四月二日，编敕所言："殿前司乞立定《归正归附人转补资给格法》。今照刑部自前除归明、归朝人，依《十资条格》施行外，归正、归附人比附归明、归朝《十资条格》，其殿前司乃依效用八资格补转，各系先无分明条法，不曾取裁，止一时比附补转。今看详，既归明人有《十资格法》，归朝人又已有绍兴六年六月之制，比附归明格法，其归正、归附人不必别立法，止依归朝人比附归明《十资格法》，补转施行。仍移兵、刑部、殿前司日后参照。”从之。（《宋会要》，兵一五·归正上之18，第8926页）

6.32.3 乾道七年（1171年）正月十七日，四川宣抚使王炎言王炎：“关外成、西和、凤州所管忠勇军，元系保甲改置，并依《十资格法》转补。各自备鞍马器甲，修置营寨，成立将分，差官训练教阅，团结队伍。系与见屯御前军马一般出入经战，屡曾立功。其间有已补官资之人，偶因疾病拣汰，元未有指挥，许依诸军拣汰人参部注授。乞将曾因经战得功，补转大小使臣、校副尉、下班祗应，遇有疾病拣汰之人，并许依诸军离军人前后条法指挥体例，分送四川转运司，参部注授合（人）［入］差遣。”上曰：“虽是保甲，实曾立功，即与官（平）［军］事体一同，可依奏施行。”（《宋会要》，兵二·义勇保甲之44，第8648页）

6.32.4 淳熙五年（1178年）十一月十五日，诏：“殿前、马、步军司见从军归正、归附下班祗应，历过在职十年，放行磨勘，改转两官，依《十资格法》转进义校对。如在职未及五年，候及五年，亦依归明、归朝人磨勘体例，改转进武副尉。”（《宋会要》，兵一六·归正官之4，第8936页）

6.32.5 淳熙十四年（1187年）四月二日，枢密院言：“白身归正及未有正补名目之人，来归日久，今该遇射（射）铁帘推赏，及日后功赏，难以依归正《十资格法》补授并陈乞恩数，理宜措置。”诏将似此之人，依军功八资格法补授，并将来迁转恩数之类，并与诸军一体施行。（《宋会要》，兵一六·归正人之8，第8941页）

6.32.6 绍熙三年（1192年）四月七日，诏：“殿前、步、军司拍式弓弩、枪手合格人，已降指挥，补转两资。其额外效用，特与依射铁垛帘作川陕效用《十资格法》补转一次。内有元系白身额外效用，今已拨充正额效用，合依正额效用八资法补转。如元系额外效用，因射铁帘赏作川陕效用十资法补转守阙进勇副尉，上转守阙进（勇）［义］副尉，今来已拨充正额效用，格法，于守阙进勇副尉上转两资。”（《宋会要》，兵一九·军赏二之41，第9023页）

从上面诸史料看，《十资格法》最初适用于归朝人，后来增加适用归明人，最后扩大到归正、归附人，最后还适用于各地土人土官。这样《十资格法》成为宋朝针对特殊群体，特别是少数民族群体在选官上的特别法，为后来元明清时期土官土司特别选官法提供了先河。

6.33《徽猷阁直学士格法》

6.33.1 绍兴十二年（1142年）五月二十八日，吏部言："知临安府俞俟近除敷文阁直学士，缘封赠格法未曾该载。虽准《绍兴十年五月指挥》：'敷文阁名在徽猷阁之下，未敢比类。'"诏依《徽猷阁直学士格法》封赠。（《宋会要》，职官九・司封部之11，第3276页）

6.34《元丰法》《元祐法》《绍圣法》

6.34.1 绍兴十三年（1143年）二月二十三日，国子司业高闶言："复兴太学，宜以经术为本。今条具三场事件：第一场，《元丰法》，【绍圣、元符、大观同。】本经义三道，《论语》《孟子》义各一道，今太学之法正以经义为主，欲依旧；第二场，《元祐法》，赋一首，今欲以诗、赋；第三场，《绍圣法》，论一首、策一道，今欲以子史论一首并时务策一道。如公试法，自今日始，永为定式。"从之。（《宋会要》，选举四・贡举杂录之28，第5331页）

6.35《吏部七司法》《四川二广法》《三省枢密院法》《殿前马步军司法》《参附吏部七司法》

6.35.1 绍兴六年（1136年）十一月十七日，汪大猷言："契勘承准指挥：令本所删修《吏部七司法》《四川二广法》《三省枢密院法》《殿前马步军司法》，合于内先次删修一书。"诏先修三省枢密院并吏部七司条法。（《宋会要》，职官四・敕令所之46，第3118页）

6.35.2 绍兴十三年（1143年）十二月二十九日，臣僚言："蜀中四路差官，着于条令甚详。昨颁降《吏部七司法》，付之逐路，藏于有司，当职官不能遍晓，参选官（慢）［漫］不及知，奸吏舞文，为害甚大。乞令成都府路转运司翻印关诸路，依《绍兴新书》，许人收买，所贵人皆晓然。有不依法者，听于逐路提刑、安抚司陈诉改正。"从之。（《宋会要》，刑法一・格令二之40，第8254页）

6.35.3 淳熙二年（1175年）十二月四日，参知政事龚茂良等上

《吏部七司法》三百卷，诏以《淳熙重修尚书吏部敕令格式申明》为名。先是乾道五年三月，吏部侍郎周操言："吏部七司条令，自绍兴以来凡三经修纂。起于天圣七年以后，至绍兴三年七月终成书，目曰《吏部七司法》；自建炎二年八月至绍兴十五年六月终成书，目曰《新吏部七司续降》，自绍兴三年四月〔至〕三十年七月成书，目曰《参附吏部七司法》。上件条令，卷册浩繁。又自绍兴三十年以后，更有隆兴《弊事指挥》及节次申明、续降，散浸于各司之间。乞委六部主管架阁库官置局，依倣旧书，每事编类成门；仍令逐司主令法案画一供具结罪，以凭编类。候敕令所修敕令毕日，取吏部七司（以）［已］成三书，及今来架阁库官编类绍兴三十年以后指挥、续降，重行删（条）［修］，共成一书。"诏从其请。[①]（《宋会要》，刑法一·格令三之51，第8262页）

6.35.4 淳熙八年（1181年）六月十九日，诏："《淳熙重修吏部敕令格式申明》既已颁行，其旧条难为杂用。自今如有疑惑，可申尚书省取旨。"先是吏部侍郎赵汝愚言："昨降指挥，令敕令所将《绍兴吏部七司法》《吏部七司续降》《参附吏部七司法》三书，又取自绍兴三十年以后至淳熙元年终节次续降，及集议弊事指挥，重修吏部七司敕令格式。至淳熙二年书成。除是年正月以后指挥合作后敕遵用外，自淳熙元年十二月终以前申请指挥自不合行用。然敕令之文简而深，请奏之辞详而备，居官者既未能精通法意，遂复取已行之例，用为据依，故吏因得并缘为奸。望委本部主管架阁文字官尽取建炎以来逐选见存指挥，分明编类成沓，付本选长贰郎官，参照《新书》重行考定。取于《新书》别无抵牾者，编类成册进呈，取自裁断，存留照用外，其余尽行删削，自今法案不许引用。"至是书成，故有是诏。（《宋会要》，刑法一·格令三之51，第8265页）

6.35.5 淳熙三年（1176年）十二月辛巳，班《淳熙吏部七司法》。（《宋史》卷三十四，"孝宗二"，第660页）

6.35.6 嘉泰元年（1201年）二月乙未，续修《吏部七司法》。（《宋史》卷三十八，"宁宗二"，第729页）

6.35.7 嘉泰二年（1202年）十一月乙巳，重修《吏部七司法》。（《宋史》卷三十八，"宁宗二"，第732页）

---

① 《续宋中兴编年资治通鉴》卷九中记载始修的时间是淳熙元年（1174年）十二月。"十二月，修《吏部七司法》"。（第206页）

6.35.8 开禧元年（1205 年）六月己巳，陈自强等上《新修淳熙以后吏部七司法》。(《宋史》卷三十八，“宁宗二”，第 738 页)

6.35.9 开禧二年（1206 年）三月甲午，颁《开禧重修七司法》。(《宋史》卷三十八，“宁宗二”，第 740 页)

6.35.10 景定三年（1262 年）七月辛巳，诏重修《吏部七司条法》。(《宋史》卷四十五，“理宗五”，第 882 页)

6.35.11 德祐元年（1275 年）八月癸丑，复《嘉定七司法》。(《宋史》卷四七，“瀛国公”，第 933 页)

6.35.12《续宋中兴编年资治通鉴》卷十二嘉泰元年（1201 年）乙未，“续修《吏部七司法》”。(刘时举撰：《续宋中兴编年资治通鉴》卷十二，中华书局 2014 年版，第 286 页)

3.35.13 景定三年（1262 年）七月辛巳，诏重修《使部七司法》，从贾似道意也。(《续资治通鉴》卷一百七十七，“宋纪一百七十七”，第 4825 页)

3.35.14 景定三年（1262 年）七月辛巳，诏敕令所重修《吏部七司条法》。(《宋史全文》卷三十六，“宋理宗六”，第 2912 页)

从上可知，南宋时针对吏部七司的立法十分频繁，考察原因是通过神宗朝官制改革后，吏部成为中央官员管理的主要机构，针对官员管理的立法成为国家法制建设中的重点。

6.36《正卖盐官条法》

6.36.1 绍兴十八年（1148 年）三月七日，诏：“通州海门知县岁终买纳盐货，比较增羡，并依大观元年立定格法减半推赏，及任满，买盐敷足，别无亏欠，与减一年磨勘；选人与减举主一人；未该磨勘，与堂除，仍升一季名次。若有亏欠，亦依《正卖盐官条法》减半责罚，余依见行条法。”以本路茶盐司言：“吕四港场一十五灶，近不置监官，此令知县兼行主管，职事稍重。”故降是诏。(《宋会要》，食货二六·盐法五之 32，第 6573 页)

6.37《茶盐法》

6.37.1 元符四年（1101 年）闰二月七日，提举措置两浙路盐香等司（二）状：“近承金部符，宣德郎姚祐状，前任知杭州临安县，颁行《茶盐法》，窃恐合该赏典。本司今会到姚祐任内推行钞法，趁到课利计增一万五千余贯，产茶增倍，显是本官委实宣力奉行新法，比类推恩。”诏特与转一官。(《宋会要》，职官五九·考课之13，第4646页)

6.37.2 绍兴二十一年（1151年）七月十九日，宰执进呈敕令所编类《茶盐法》成书，欲择日投进。上曰：“今茶、盐法已定，令久远遵守，往时随事变更，虽可趣办目前，日后入纳稀少，却非善计。”(《宋会要》，食货三一·茶法三·茶法杂录二之10，第6683页)

6.38《绍兴编类江湖淮浙京西路盐法》《绍兴编类江湖淮浙福建广南京西路茶法》

6.38.1 绍兴二十一年（1151年）七月二十八日，太师、尚书左（朴）［仆］射、同中书门下平章事、提举详定一司敕令秦桧等上《盐法敕》一卷、《令》一卷、《格》一卷、《式》一卷、《目录》一卷，《续降指挥》一百三十卷、《目录》二十卷；《茶法敕令格式》并《目录》共一卷，《续降指挥》八十八卷、《目录》一十五卷。诏颁行。盐法以《绍兴编类江湖淮浙京西路盐法》为名，茶法以《绍兴编类江湖淮浙福建广南京西路茶法》为名。……于是敕令所言：“寻下诸处抄录到《元丰江湖淮浙路盐法》，并元丰修书后来应干茶盐续降指挥八千七百三十件。今将见行遵用条法逐一看详，分门编类。”至是上之。(《宋会要》，刑法一·格令三之4，第8255页)

6.39《绍兴贡举法》《厘正省曹寺监内外诸司等法》《崇宁贡举条法》

6.39.1 绍兴二十六年（1156年）十二月十五日，尚书左仆射、同中书门下平章事、提举详定一司敕令万俟卨等上《御试贡举敕》一卷、《令》三卷、《式》一卷、《目录》一卷、《申明》一卷，《省试贡举敕》一卷、《令》一卷、《式》一卷、《目录》一卷、《申明》一卷，《府监发解敕》一卷、《令》一卷、《式》一卷、《目录》一卷、《申明》一卷，《御试省试府监发解通用敕》一卷、《令》一卷、《格》一卷、《式》一卷、《目录》二卷，《内外通用贡举敕》二卷、《（今）［令］》五卷、《格》三卷、《式》一卷、《目录》四卷、《申明》二卷，《厘正省曹寺监内外诸司等法》三卷，《修书指挥》一卷。

诏可颁降，仍以《绍兴重修贡举敕令格式》为名。……后敕令所言："科举取士，一宗条令尽载《贡举法》。系自崇宁元年七月修立，经今五十余年，其间冲改及增立名件不少，前后所降申明，州县多不齐备。欲将上件《崇宁贡举条法》逐一取索，重修施行。"从之。(《宋会要》，刑法一·格令三之44，第8256—8257页)

6.39.2《直斋书录解题卷七·法令类》中记载有"《绍兴贡举法》五十卷。丞相万俟卨等绍兴二十六年表上。"(第224页)

6.39.3《文献通考》中有"《绍兴贡举法》五十卷，陈氏曰：丞相万俟卨等绍兴二十六年表上。"

从6.39.1条看，与6.40.2条记载的事件是同一事件。同时，也可以看出，宋朝称"某某法"往往是一种总称，其下往往由敕令格式等不同部分组成。此处《绍兴贡举法》与《绍兴重修贡举敕令格式》是同一法律的不同名称。

6.40《绍兴重修常平役法》

6.40.1 绍兴二十八年（1158年）六月一日，权吏部尚书王师心："被旨，令六部长贰将差役旧法并前后臣僚申请指挥公共看详。或已见不同，各许条具申尚书省审度，取旨施行。契勘《绍圣常平》《绍兴重修常平役法》并《绍兴重修常平免役申明》《续降指挥》已是详备。昨缘臣僚节次申请指挥不一，州县公吏得以舞文作弊，致差役不均。今看详，合将前项指挥共三十八件、《绍圣常平》《绍兴重修常平免役法》今计一十五条、《绍兴重修常平免役申明》《续降指挥》计二十三件，欲行下诸路常平司照会，仍镂板，遍下所部州县遵守施行……"从之。(《宋会要》，食货一四·免役下之34，第6284页)

6.41《收支官物不即书历及别置私历法》

6.41.1 绍兴二十九年（1159年）十二月七日，诏："左藏库今后将应支钱物，逐一照验凭由、旁帖、文给，依限缴申。所属审实，不得别立寄廊单子。如违，官吏并依《收支官物不即书历及别置私历法》科罪。"(《宋会要》，食货五一·左藏库之29，第7156页)

6.42《吏部参附法》

6.42.1 绍兴三十年（1160年）八月十一日，……至是成书，与《参附吏部法》同日上焉。诏：令所修进《吏部参附法》，并《刑名疑难断例》，依昨进御试等条法进书推恩。其本所差到大理正周自强、丞冯巽之、评事贾选、潘景珪，各与减一年磨勘，以尝兼权删定官，编过《断例》及审覆故也。（《宋会要》，刑法一·格令三之45，第8259页）

6.43《大宗正司格法》

6.43.1 绍兴三十年（1160年）九月十三日，诏："秉义郎主管敦宗院刘机、成忠郎监敦宗院门张深特令再任，守阙进武副尉林愿留充本司点检文字，依《（天）[大]宗正司格法》支破请给，理为资任。"从知西外宗正事士衎乞依南外宗正司例故也。（《宋会要》，职官二〇·敦宗院之40，第3587页）

6.44《巡尉格法》

6.44.1 绍兴十五年（1145年）九月二日，提举浙西茶盐郑侨年申："勘会已降指挥，诸州监门官检察获到私盐及有透漏，并依《巡尉格法》赏罚，所有客贩私茶，乞依盐事已得指挥施行。"诏依，其余产茶路分准此。（《宋会要》，食货三一·茶法三·茶法杂录二之10，第6683页）

6.45《人户承佃条法》

6.45.1 绍兴三十一年（1161年）正月五日，臣僚言："军中拣汰使臣军员，最为冗滥，州军应副请给，动以万计，若归吏部等待阙次，亦是人众。今欲行下诸州契勘本处拣汰使臣、军员各若干人数，计请给若干，将本州卖不尽应干官田约计请给多寡，拨田亩付逐人为业，许指射养之，终身更不支破请给，亦不更注授差遣。如本人身故，许子孙接续承佃，并依《人户承佃条法》。"（《宋会要》，食货一·农田二之41，第5973页）

6.46《擅赋敛法》

6.46.1 乾道四年（1168 年）十二月十四日，四川总领所、夔州路转运司言："夔路岁发上供等钱物，支降盐茶下逐州拘收，自行变卖充本，收买金、银、绢、帛起发偃折人户输纳数目。其州、军如有侵移，借兑欺隐，不行尽实偃折，乞比附《擅赋敛法》科罪。"诏如有违戾，即将官吏依《非法擅赋敛敕条》以违制论，依律徒二年科罪。（《宋会要》，食货上·供钱之 42，第 6780 页）

6.47《乾道新修一司法》

6.47.1 乾道六年（1170 年）五月，枢密院检详诸房文字张敦实言："比者朝廷命官置局，重修绍兴以来法令，然（上）［尚］未及诸路一司法令。乞取四川、二广逐路专行者，并加修削，目为《乾道新修一司法》。"从之。（《宋会要》，刑法一·格令三之 48，第 8261 页）

6.48《诸路州军赏法》《淳熙一州一路酬赏法》《诸路监司酬赏法》《通用赏法》《西北州军旧赏法》

6.48.1 淳熙六年（1179 年）七月六日，右丞相赵雄等上《诸路州军赏法》一百三十九卷、《目录》一十七卷，《诸路监司酬赏法》四十七卷、《目录》五卷，《通用赏法》一十三卷、《目录》一卷，《西北州军旧赏》一卷。诏以《淳熙一州一路酬赏法》为名。（《宋会要》，刑法一·格令三之 50，第 8264 页）

此条史料记载淳熙六年制定的《淳熙一州一路酬赏法》，此部法律由四部独立的赏法组成，分别是《诸路州军赏法》《诸路监司酬赏法》《通用赏法》《西北州军旧赏》。其中《西北州军旧赏》中缺少一个"法"字。

6.48.2 淳熙七年（1180 年）二月二十六日，吏部言："诸处保明小使臣校尉酬赏，今新修《酬赏格法》内有减损去处，系是今年正月颁行，其间却有到、罢在今降指挥前者，乞依旧法推赏。若在今

来颁降条格之后，并从新格。”从之。(《宋会要》，职官一〇·司勋部之13，第3287页)

此条中《酬赏格法》应就是《淳熙一州一路酬赏法》。因为这里两条史料中的“赏法”按法律分类应是“格”类，即是“赏格”。

6.48.3 庆元四年（1198年）十二月四日，新权知滁州曾渐言：“大宗正司、内侍省、太史局、太医局皆有补授迁转之法，未尝不关由吏部，而吏部无明文可以参考。以至省部寺监吏职补授亦然。当官者苟欲参究本末，不免迂回诘问，且又有不可得而取索者。乞将一司一所补授迁转及省部寺监吏职补授应所专用格法及续降指挥，命官立限，聚为一书，倣《淳熙一州一路酬赏法》之体，镂版颁行。”诏令敕令所类聚，限一年修立成书。(《宋会要》，刑法一·格令三之58，第8270页)

上面诸条史料中的《赏法》，在本质上是《赏格》类的一种通称。在法律分类上属于“格”类法律。

6.49《淳熙重修百司法》

6.49.1 淳熙七年（1180年）五月二十七日，诏敕令所修立百司省记法，以《淳熙重修百司法》为名。先是大理（寺）[司]直兼敕令所删定官李大理言：“渡江以来，官司文籍散逸，多出于老吏一时省记。今以百司计之，总一百七十余处。其（问）[间]有略举事端，泛为臆说，如所谓不记是何月日指挥、不记何人申请者不可胜数。四五十年来，老胥猾吏凭借此书，并缘为奸，盖非一日。此书当修，非其他比。惟是有司供报出于吏手，差互不同，若据凭便修成法，其间私行隐匿，供报漏落，他日复得以肆为奸弊。乞下百司疾速抄录省记与见行条法，责本处职级及当行人吏结罪尽实供报，毋致隐匿。如将来书成之后，辄以漏落事件，却乞申明照会，其当职官吏重作施行。”九年六月，诏权行住修。(《宋会要》，刑法一·格令二之52，第8265页)

6.49.2 淳熙七年九月癸酉，名省记法为《淳熙重修百司法》。(《宋史》卷三十五，“孝宗三”，第673页)

6.50《遗嘱财产条法》

6.50.1 绍兴三十二年（1162 年）十一月二十四日，权知沅州李发言："近降指挥：遗嘱财产，养子与赘婿均给，即显均给不行误。若财产满一千五百贯，其得遗嘱之人，依见行成法，止合三分给一，难与养子均给；若养子、赘婿各给七百五十贯，即有碍《遗嘱财产条法》。乞下有司，更赐参订。"户部看详："诸路州县如有似此陈诉之人，若当来遗嘱田产过于成法之数，除依条给付得遗嘱人外，其余数目，尽给养子；如财产数目不满遗嘱条法（法）之数，合依近降指挥均给。"从之。谓如遗嘱财产不满一千贯，若后来有养子，合行均给，若一千贯以上给五百贯，一千五百贯以上给三分之一，至三千贯止，余数尽给养子。（《宋会要》，食货六一·民产杂录之66，第7473—7474 页）

6.51《刑部法》

6.51.1 淳熙十三年（1186 年）十月六日，臣僚言："《刑部法》：诸官司失入死罪，其首后及录问、审问官定罪各有等差。而《考功令》：诸历任曾失入死罪，未决者两该磨勘，已决者三该磨勘。一概施行，初不分别推勘官、审问、录问官。乞令有司将《考功》失入官磨勘一节，以《刑部法》为比，审问、录问官比推勘官稍为等降。"吏、刑部长贰看详："《刑部法》各已该载分别首从，推勘、审问、录问官等降不同。惟《考功令》通说曾失入死罪，不曾分别。今欲于《考功令》内'曾失入死罪'字下添入注文'谓推勘官'四字，即与审问、录问官稍分等降，庶几于《刑部法》不相抵牾。乞下敕令所修立成法。"从之。（《宋会要》，刑法一·格令三之54，第8267 页）

6.52《吏部总类法》

6.52.1 嘉定六年（1213 年）二月二十一日，刑部尚书李大性言："《庆元名例敕》，避亲一法，该载甚明，自可遵守。《庆元断狱令》所称鞫狱与罪人有亲嫌应避者，此法止为断狱设，盖刑狱事重，被差之官稍有亲嫌，便合回避，与铨曹避亲之法不同。昨修纂《吏部总类通用令》，除去《名例敕》内避亲条法，却将《庆元断狱令》

鞫狱条收入。以此吏部循习，每遇州县官避亲，及退阙、换阙之际，或引用断狱亲嫌法，抵牾分明。兼《断狱令》引（兼）［嫌］之项，如曾相荐举，亦合回避，使此法在吏部用以避亲，则监司郡守凡荐举之人皆当引去。以此见得止为鞫狱差官，所有昨来以《断狱令》误入《吏部总类》一节，当行改正。照得当来编类之时，吏部元有避嫌条令，却无引嫌名色，故牵引《断狱令》文编入。欲将元参修《吏部总类法》亲嫌门内删去《断狱令》，所有《名例敕》却行编人。"从之。（《宋会要》，刑法一·格令三之59，第8272页）

此条中"总类"按法律分类应是"事类"，即按"事类"体编撰的法律。

6.53《开禧吏部七司法》

6.53.1 嘉定八年（1215年）二月四日，吏部尚书、兼详定敕令官李大性等言："《庆元海行敕令格式》一书，先来用淳熙海行法并乾道五年以后至庆元二年终续降指挥删修成书，即是庆元二年十二月以前但干海行指挥，其可行者已于此书该载。又《开禧吏部七司法》一书先来用淳熙吏部法并淳熙二年以后至嘉泰四年十月终续降指挥删修成书，即是嘉泰四年十月以前但干吏部指挥，其可行者已于此书该载，凡是不合修者并行删去。品式具备，昭著日星，是宜有司一意遵守。而吏胥为奸，旁缘出入，或以远年续降已经删修者复行引用，殊失公朝修立成书之意。所有海行指挥在庆元二年十二月终以前，吏部指挥在嘉泰四年十月终以前，凡新书所不该载者，并不合引用。其修书以后再有续降指挥，却合作后　遵用施行。庶几恪守成宪，免致抵牾。伏乞朝廷特降指挥，仍札付吏、刑部照应，遍牒施行。"（《宋会要》，刑法一·格令三之59，第8272页）

6.53.2《续宋中兴编年资治通鉴》卷十三：开禧元年（1205年）六月乙丑"陈自强上《吏部七司法》"。（第302页）

6.54《大观州县学法》

6.54.1《通志·艺文略第三》中有"《大观州县学法》，十卷"。①

① 郑樵撰：《通志·艺文略》，王树民点校，中华书局1995年版，第1558页。

6. 54. 2《诸路州县学法》一部。大观初。卷亡。(《宋史》卷二百四，“艺文志三”，第 5142 页)

比较上面两部法律名称，前者称为“州县”，后者称为“路州县”，时间上都相同，应是 6. 54. 1 条记载的法律名称存在问题，6. 54. 2 条记载的法律名称才是正确的名称。这一法律是专门针对地方教育制定的专门教育法。

6. 55《绍兴监学法》

6. 55. 1《直斋书录解题卷七·法令类》中记载有：“《绍兴监学法》二十六卷、《目录》二十五卷、《申明》七卷、《对修厘正条法》四卷，共六十二卷。宰相秦桧等绍兴十三年表上。”(第 224 页)

6. 55. 2《文献通考》中有“《绍兴监学法》二十六卷，《目录》二十五卷，《申明》七卷，《对修厘正条法》四卷，共二十六卷。陈氏畅曰：宰相秦桧等绍兴十三年表上。”

比较两条史料，可以肯定《文献通考》是抄录《直斋书录题解》的记载，绍兴十三年（1143 年）修定的《绍兴监学法》，内容上还有《绍兴监学申明》和《对修厘正条法》两种法律。

6. 56《直达纲运法》

6. 56. 1 张动：《直达纲运法》并《看详》一百三十一册。卷亡。(《宋史》卷二百四，“艺文志三”，第 5142 页)

6. 57《嘉定编修百司吏职补授法》

6. 57. 1《嘉定编修百司吏职补授法》一百三十三卷。嘉定六年上。(《宋史》卷二百四，“艺文志三”，第 5145 页)

6. 58《熙宁诸仓丐取法》

6. 58. 1《古今图书集成》（第七六六册）记载熙宁三年（1070 年）八月制定《熙宁诸仓丐取法》。

6.59《熙宁京东河北贼盗重法》

6.59.1《古今图书集成》（第七六六册）记载熙宁四年（1071年）七月制定《熙宁京东河北贼盗重法》。

6.59.2 熙宁四年（1071年）正月丁未，立《京东河北贼盗重法》。（《宋史》卷一五，“神宗二”，第278页）

6.60《三省密院奏审法》

6.60.1《续宋中兴编年资治通鉴》卷九：淳熙四年（1177年）五月，立《三省密院奏审法》。①

6.61《待补太学试法》

6.61.1《续宋中兴编年资治通鉴》卷八：淳熙四年（1177年）七月，立《待补太学试法》，每正解一名，取待补五名。②

6.62《职事官改官法》

6.62.1《建炎以来朝野杂记·乙集》：《职事官改官法》：枢密院编修官、秘书省正字、太学博士、两学正录，到任实历一年，通理前任四考并自陈改京官，即未满年，就改一等差遣者，凑及一年，听通理。敕令所删定官，有出身四考，无出身五考，从本所保奏与改合入官。大理司直、评事，供职满二年，通历任五考，有改官举主三员者，亦听如旧法。评事改官，带行职任及补外例，得添倅州。③

6.63《七色补官人奏荐法》

6.63.1《建炎以来朝野杂记·乙集》：凡非泛补官者，旧制，员郎以上官皆得任子。乾道末，始诏员郎、副使以上补授及三十年以上

① 刘时举撰：《续宋中兴编年资治通鉴》卷十二，中华书局2014年版，第212页。

② 同上书，第273页。

③ 李心传：《建炎以来朝野杂记·乙集》卷十四，中华书局2013年版，第762页。

者，听官本宗缌麻以上亲一名，带职员郎以上入官十五年，正使以上入官二十年，并系亲民资序者，遇大礼听荫补一名，止其致仕，即不荫补之限。如已任而被任人身亡者，俟致仕日，听荫子孙一名。其太中大夫、观察使以上，不拘引令。①

6.64《马步射格斗法》

6.64.1 元丰二年（1079 年）九月壬辰，出《马步射格斗法》颁诸军。（《宋史》卷十五，"神宗二"，第 298 页）

6.65《权衡法》

6.65.1 景德二年（1005 年）八月丙戌，有司上新定《权衡法》。（《宋史》卷七，"真宗二"，第 129 页）

6.66《内侍磨勘法》

6.66.1 嘉祐六年（1061 年）冬十月壬午，定《内侍磨勘法》。（《宋史》卷一二，"仁宗四"，第 284 页）

6.67《淮浙江湖六路均输法》

6.67.1 熙宁二年（1069 年）七月辛巳，立《淮浙江湖六路均输法》。（《宋史》卷一四，"神宗一"，第 271 页）

6.68《诸路更戍法》

6.68.1 熙宁三年（1070 年）十二月己未，诏立《诸路更戍法》，旧以他路兵杂戍者遣还。（《宋史》卷一五，"神宗二"，第 278 页）

6.69《保甲法》

6.69.1 熙宁三年（1070 年）十二月乙丑，立《保甲法》。（《宋

① 李心传：《建炎以来朝野杂记·乙集》卷十四，中华书局 2013 年版，第 765 页。

史》卷一五，“神宗二”，第 278 页）

6. 69. 2 政和六年（1116 年），高阳关路安抚司言：“大观三年弓箭社人依《保甲法》《政和保甲格》较最优劣，县令各减展磨勘年有差。”诏依《保甲格》赏罚施行。（《宋史》卷一九〇，“兵四·乡兵一”，第 4728 页）

6. 70《大辟覆谳法》

6. 70. 1 熙宁四年（1071 年）正月乙未，诏详定《大辟覆谳法》。（《宋史》卷一五，“神宗二”，第 278 页）

此史料说明神宗为解决死刑案件的覆审和覆核问题，专门制定了相关法律。

6. 71《殿前马步军春秋校试殿最法》

6. 71. 1 熙宁五年（1072 年）夏四月庚戌朔，立《殿前马步军春秋校试殿最法》。（《宋史》卷一五，“神宗二”，第 281 页）

6. 72《高丽交易法》

6. 72. 1 元丰二年（1079 年）正月丙子，诏立《高丽交易法》。（《宋史》卷一五，“神宗二”，第 296 页）

6. 73《太学保任同罪法》

6. 73. 1 元丰八年（1085 年）十一年，罢《太学保任同罪法》。（《宋史》卷十七，“哲宗一”，第 320 页）

6. 74《考察县令课绩法》

6. 74. 1 元祐七年（1092 年）四月甲戌，立《考察县令课绩法》。（《宋史》卷十七，“哲宗一”，第 334 页）

6.75《残破州县视户口增损立守令考课法》

6.75.1 绍兴三年（1133 年）十月丁酉，《残破州县视户口增损立守令考课法》。（《宋史》卷二七，“高宗四”，第 507 页）

6.76《吏部续降七司通用法》

6.76.1 绍兴十九年（1149 年）六月戊午，秦桧上《吏部续降七司通用法》。（《宋史》卷三十，“高宗七”，第 570 页）

6.76.2 绍兴十九年（1149 年）六月戊午，太师、尚书左仆射兼提举详定一司敕令秦桧上《吏部续降七司通用法》四百三十五卷。（《宋史全文》卷二十一下，“宋高宗十五”，第 1735 页）

从史料看，此次修成的法律达 435 卷，数量十分多。

6.77《重修诸路茶盐法》

6.77.1 绍兴二十一年（1151 年）八月辛未，秦桧上《重修诸路茶盐法》。（《宋史》卷三十，“高宗七”，第 573 页）

从此史料看，此处所指的《诸路茶盐法》是绍兴二十一年（1151 年）制定的《绍兴编类江湖淮浙京西路盐法》和《绍兴编类江湖淮浙福建广南京西路茶法》的简称。

6.78《福建路盐法》

6.78.1 绍兴二十七年（1157 年）二月庚申，更定《福建路盐法》。（《宋史》卷三十一，“高宗八”，第 587 页）

6.79《三省法》

6.79.1 绍兴二十九年（1159 年）四月癸巳，修《三省法》。（《宋史》卷三十一，“高宗八”，第 592 页）

6.80《更定强盗赃法》

6.80.1 淳熙二年（1069 年）十一月丙申，《更定强盗赃法》。

（《宋史》卷三十四，“孝宗二”，第660页）

从史料看，宋朝一直存在根据时代变化，特别是物价变化修改强盗等财产犯罪量刑的数额标准的立法。

6.81《边人逃入溪洞及告捕法》

6.81.1 淳熙四年（1071年）二月戊子，立《边人逃入溪洞及告捕法》。（《宋史》卷三十四，“孝宗二”，第663页）

6.82《武臣授环卫官法》

6.82.1 淳熙四年（1071年）二月癸巳，立《武臣授环卫官法》。（《宋史》卷三十四，“孝宗二”，第663页）

6.83《夔路酬赏法》

6.83.1 淳熙十四年（1071年）八月丙戌，复《夔路酬赏法》。（《宋史》卷三十五，“孝宗三”，第687页）

从此条史料看，《夔路酬赏法》在此前就已经制定，因为此处仅是“复”，即恢复使用。此条史料再次说明，宋朝存在大量以“路”为适用范围的法律，内容十分广泛。

6.84《考课法》

6.84.1 乃命立《考课法》。（《宋史》卷一五九，“选举五”，第3724页）

6.84.2 大观元年（1107年）诏：“国家休养生民，垂百五十年。生齿日繁，而户部民籍曾不加益，州县于进丁、入老，收落失实，以故课役不均，皆守令弛职，可申严《考课法》。”（《宋史》卷一六〇，“选举六·考课”，第3762页）

6.85《铨试法》

6.85.1 既定《铨试法》，任子中选者得随铨拟注，其入优等，往

往特旨赐进士出身。(《宋史》卷一五九，“选举五”，第 3730 页)

6.86《任子法》

6.86.1 初，《任子法》以长幼为序，若应奏者有废疾，或尝犯私罪至徒，或不肖难任从仕，许越奏其次。至是，始删去格令“长幼为序”四字。(《宋史》卷一五九，“选举五”，第 3731 页)

6.87《亲王女郡主荫补法》

6.87.1 元祐五年（1090 年），定《亲王女郡主荫补法》，遇大礼，许奏亲属一人，所生子仍与右班殿直；两遇，奏子或孙与奉职；即用奏子孙恩回授外服亲之夫，及夫之有服亲者，有官人转一官，毋得升朝，选人循一资，无官者与借职，须期以下亲，乃得奏。(《宋史》卷一五九，“选举五”，第 3731 页)

6.88《补荫法》

6.88.1 高宗中兴，重定《补荫法》，内外臣僚子孙期亲大功以下及异姓亲随，文武各有等秩。(《宋史》卷一五九，“选举五”，第 3733 页)

6.89《武举绝伦并从军法》

6.89.1 淳熙七年（1180 年），初立《武举绝伦并从军法》：凡愿从军者，殿试第一人与同正将，第二、第三名同副将，五名以上、省试第一名、六名以下并同准备将；从军以后，立军功及人材出众者，特旨擢用。(《宋史》卷一五七，“选举三”，第 3685 页)

6.90《诸州选试道职法》

6.90.1 蔡攸上《诸州选试道职法》，其业以《黄帝内经》《道德经》为大经，《庄子》《列子》为小经。提学司访求精通道经者，不问已命、未仕，皆审验以闻。其业儒而能慕从道教者听。每路于见任官内，选有学术者二人为干官，分诣诸州检察教习。《内经》《道德经》置博士，《圣济经》兼讲。道徒升贡，悉如文士。初入官，补志士道职，赐褐服，艺能高出其徒者，得推恩。（《宋史》卷一五七，“选举三”，第3690页）

6.91《与化外人私贸易罪赏法》

6.91.1 熙宁九年（1076年），立《与化外人私贸易罪赏法》。（《宋史》卷一八六，“食货下八”，第4563页）

6.92《府界集教大保长法》

6.92.1 元丰二年（1079年）十一月，始立《府界集教大保长法》，以昭宣使入内内侍省副都知王中正、东上使狄谘兼提举府界教保甲大保长，总二十二县为教场十一所，大保长凡二千八百二十五人，每十人一色事艺，置教头一。凡禁军教头二百七十，都教头三十，使臣十。弓以八斗、九斗、一石为三等，弩以二石四斗、二石七斗、三石为三等，马射九斗、八斗为二等，其材力超拔者为出等。当教时，月给钱三千，日给食，官予戎械、战袍，又具银楪、酒醪以为赏犒。（《宋史》卷一九二，“兵六”，第4770页）

6.93《钱监兵匠逃走刺手背法》

6.93.1 政和五年（1115年），立《钱监兵匠逃走刺手背法》。（《宋史》卷一九三，“兵七”，第4814页）

6.94《崇宁改修法度》

6.94.1 沈锡：《崇宁改修法度》十卷。（《宋史》卷二百四，“艺文志三”，第5142页）

从史料看，此次修改法律数量较少，且在名称上也不符合通用。

6.95《妻孥编管法》

6.95.1 复立《妻孥编管法》。（《宋史》卷一九九，“刑法志一”，第4978页）

上面整理出来的以“法”为名的法律篇名共有112篇，具体是《牧马法》《换官法》《方田法》《户绝田产法》《义仓法》《盐法》《乞丐法》《监临主司受乞役人财物枉法者罪赏法》《擅支使朝廷封桩钱物法》《绍圣签贴役法》《马递铺海行法》《茶盐香钞法》《七路茶法》《通商茶法》《召募土人法》《东南六路纲粮赏罚法》《三舍法》《政和新修学法》《诸路岁贡六尚供奉物法》《崇宁贡举条法》《崇宁通用贡举条法》《六尚法》《崇宁上供法》《任满法》《弓马所试验格法》《煎炼私盐法》《海行私盐法》《绍兴吏部一司法》《使臣法》《绍圣免役条法》《孤贫法》《崇宁在京通用条法》《崇宁续附在京法》《政和续附法》《大观六曹寺监库务通用条法》《经制司额上供钱物条法》《十资格法》《归正归附人转补资给格法》《徽猷阁直学士格法》《元丰法》《元祐法》《绍圣法》《吏部七司法》《四川二广法》《三省枢密院法》《殿前马步军司法》《参附吏部七司法》《正卖盐官条法》《绍兴编类江湖淮浙京西路盐法》《绍兴编类江湖淮浙福建广南京西路茶法》《绍兴贡举法》《厘正省曹寺监内外诸司等法》《崇宁贡举条法》《收支官物不即书历及别置私历法》《吏部参附法》《大宗正司格法》《巡尉格法》《人户承佃条法》《擅赋敛法》《乾道新修一司法》《诸路州军赏法》《淳熙一州一路酬赏法》《诸路监司酬赏法》《通用赏法》《西北州军旧赏法》《淳熙重修百司法》《遗嘱财产条法》《刑部法》《吏部总类法》《开禧吏部七司法》《大观州县学法》《绍兴监学法》《直达纲运法》《嘉定编修百司吏职补授法》《熙宁诸仓丐取法》《熙宁京东河北贼盗重法》《三省密院奏审法》《待补太学试法》《职事官改官法》《七色补官人奏荐法》《马步射格斗法》《权衡法》《内侍磨勘法》《淮浙江湖六路均输法》《诸路更戍法》《保甲法》《大辟覆谳法》《殿前马步军春秋校试殿最法》《高丽交易法》《太学保任同罪法》《考察县令课绩法》《残破州县视户口增损立守令考课法》《吏部续降七司通用法》《重修诸路茶盐法》《福建路盐法》《三省法》《更定强盗赃法》《边人逃入溪洞及告捕法》《武臣授环卫官法》《夔路酬赏法》《考课法》《铨试法》《任子法》《亲王女郡主荫补法》《补荫法》《武举绝伦并从军法》《诸州选试道职法》《与化外人私贸易罪赏法》《府界集教大保长法》《钱监兵匠逃走刺手背法》《崇宁改修法度》《妻孥编管法》等。分析这些法律文件中“法”的具体意义，分别具有敕、令、格、式及敕令格式等含义；有些具有“法律”的含义。所以宋代称为法的法律不是性质分类，不能得出是宋代正式法律分类中的某种。

七 条例的篇名

例在宋朝法律术语中属于较常用的术语，在称法律规范时，有时用“例”“体例”“条例”。这些术语在宋朝都不是判例法的专用语，或说例、“体例”和“条例”与判例法并不是同义语。在法律文件上有用“例”“体例”或“条例”命名的。本节考察的重点是那些用例、体例和条例命名的法律篇名。在宋朝“例”“体例”和“条例”都具有法、法律规范的含义。在《宋会要》上，“条例”一词出现了300多次，使用频率十分高。

7.1《配军条例》

7.1.1 咸平元年（998年）十二月二十三日……成务等言：“强窃盗刑名比例文用一年半法及《配军条例》品官犯五流不得减赎，除名配流如法。臣等详定，并可行用，欲编入敕（史）[文]。”诏诸司使臣至三班使臣所犯情重者奏裁，余并从之。（《宋会要》，刑法一·格令一之2，第8213页）

此史料中的《配军条例》应是配军法的一种称谓。

7.2《便籴粟麦例》

7.2.1 景德二年（1005年）三月二十四日，三司言：“请令河北转运司，有输槁入官者，准《便籴粟麦例》给八分缗钱，二分象牙、香药，其广信、安肃、北平粟麦，悉以香药博籴。”时边城颇乏兵食，有司请下转运司经度之。（《宋会要》，食货三六·榷易之5，第6787页）

7.3《中书礼房条例》

7.3.1《玉海·熙宁中书礼房条例》：熙宁八年（1075年）二月乙丑编修中书条例李承之等上《礼房条例》十三卷并《目录》十九册，诏行之。①

7.3.2 熙宁八年（1075年）二月，看详编修中书条例李承之等

① 王应璘：《玉海》卷六六，江苏古籍出版社、上海书店1987年版，第1261页。

上《礼房条例》十三卷并《目录》十九册，诏行之。(《长编》卷二百六十，“熙宁八年二月”，第6348页)

7.3.3 李承之:《礼房条例》并《目录》十九册，卷亡。(《宋史》卷二百四，“艺文志三”，第5140页)

比较上面三条史料，可知皆属于同一法律，是李承之制定。从上面三种不同史料记载看，李承之制定的《礼房条例》是可以确定。《宋史·艺文志》记载称卷亡，而《长编》和《玉海》记载正式条文是13卷。

7.4《国子监太学条例》

7.4.1 元祐元年（1086年）五月十二日，诏试给事中兼侍讲孙觉、试祕书少监顾临、通直郎充崇政殿说书程颐同国子监长贰看详修立《国子监太学条例》。(《宋会要》，职官二八·国子监之6，第3760页)

7.4.2 元祐元年（1086年）六月二十八日，看详编修国子监太学条制所状：“准朝旨，同共看详修立《国子监太学条例》，及续准指挥，国律武学条贯令一就修立外，检准《官制格子》：国子、太学、武学、律学、算学五学之政令。今取到国子监合干人状，称本监自官制奉行后来，检坐上件格子，申乞修置算学。准朝旨，踏逐到武学东大街北，其地堪修算学。乞令工部下所属检计修造。奉圣旨依。今看详，上件算学已准朝旨盖造，即未曾兴工。其试选学官，未有人应格。切虑将来建学之后，养士设科，徒有烦费，实于国事无补。今欲乞赐详酌寝罢。”诏罢修建。(《宋会要》，崇儒三·算学之2，第2788页)

《官制格子》在宋朝就是《官制格》的一种简称。

7.5《吏部侍郎左右选条例》

7.5.1 政和七年（1117年）四月十六日，详定一司敕令所奏：修成《吏部侍郎左右选条例》，诏令颁行。详定官孟昌龄等更候三次进书取旨推恩。(《宋会要》，刑法一·格令二之30，第8243页)

7.6《高丽国入贡接送馆伴条例》《酒食条例》

7.6.1 政和七年（1117年）十二月二十八日，枢密院言：“修成

《高丽敕令格式例》二百四十册，《仪范坐图》一百五十八册，《酒食例》九十册，《目录》七十四册，《看详卷》三百七十册，《颁降官司》五百六十六册，总一千四百九十八册，以《高丽国入贡接送馆伴条例》为目，缮写上进。”诏送同文馆遵守施行。（《宋会要》，刑法一·格令二之30，第8243页）

从此条看，“例”在北宋开始成为一种独立的法律形式。因为此次修法中用“例”为名的法律篇名。从此看，《高丽国入贡接送馆伴条例》是一个综合性法律名称，具体包括的内容较多，有《高丽敕令格式》《仪范坐图》《酒食例》《目录》《看详卷》《颁降官司》等六个独立法律。所以宋朝时“条例”有时是法律的通称。

7.7《获盗推赏刑部例》

7.7.1 绍兴三年（1133年）九月二十七日，尚书右仆射、同中书门下平章事朱胜非等上《吏部敕》五册、《令》四十一册、《格》三十二册、《式》八册、《申明》一十七册、《目录》八十一册、《看详司勋获盗推赏刑部例》三册、《勋臣职位姓名》一册，共一百八十八册。诏自绍兴四年正月一日颁行，仍以《绍兴重修尚书吏部敕令格式并通用敕令格式》为名。（《宋会要》，刑法一·格令二之30，第8249页）

7.7.2 淳熙元年（1174年）十月九日，诏：“六部除刑部许用乾道所修《刑名断例》，及司勋许用《绍兴编类获盗推赏刑部例》，并乾道元年四月十八日《措置条例弊事指挥》内立定合引例外，其余并依成法，不得引例。”（《宋会要》，刑法一·格令三之50，第8262页）

上面两条史料中的法律名称略有不同，但考察应是同类法律。

7.8《主客条例》《鸿胪寺条例》

7.8.1 绍兴二十五年（1155年）十一月二十八日，礼部言：“占城国入贡回答敕书制度，乞依学士院检坐到交趾国进奉方物给降敕书体例。”从之。《中兴礼书》：十月二日，礼，户、兵部言：“准都省札：‘勘会占城国已降指挥许入贡，其使、副已到泉州，窃虑非晚到阙，所有合回赐钱物及应合行事件，札付礼部等处检具付，申取朝廷指挥。’逐部勘会：除就怀远驿安泊，及令客省定赐例物等项目并依得交趾体例施行外，所有其余合行事件开具下项：一、《鸿胪寺条》：‘诸番夷进奉人回，乞差檐擎、防护兵士，并相度合用人数，关步军司差’。今来占城国入贡，到阙、回程合差檐擎、防护兵士，欲依条下步军司差拨三十人。内节级一名，赴本驿交割，俟至临安府界，即令以次州军差人交替，令押伴所于未起发已前预报沿路州军，差人在界首祗备交替。一、《主客条例》：占城国进奉回赐外，别赐翠毛细法锦夹袄子一领、二十两金腰带一条、银器二百两、衣着绢三百匹、白马一匹、八十两闹装银鞍辔一副。下户、工部令所属计料制造，送客省桩办，依自来条例回赐。其马令骐骥院给赐。”诏依。八日，客省言：“将来占城国进奉使、副到阙，在驿礼数仪范，今条具下项：一、进奉使、副与押伴官相见。其日，进奉使、副到驿，归位，次客省承受引译语赴押伴位参押伴，复作押伴问：‘远来不易。’参讫，译语作进奉使、副传语押伴官，讫，退。客省承受同译语入进奉使、副位，次使、副起立，与客省承受相见。揖讫，客省承受作押伴官回传语进奉使、副：‘远涉不易，喜得到来，少顷即得披见。’次客省承受引首领赴押伴位参，复作押伴问：‘远来不易。’参讫，退。客省承受次拨人从参押伴，客省承受喝：‘在路不易。’参讫，退。译语赍进奉使、副名衔分付客省承受转押伴，讫，复请押伴传衔分付译语，讫。少顷，客省承受引押伴官同进奉使、副升厅对立，客省承受互展状相见，讫，揖，各赴坐，点茶。毕，客省承受喝：‘入卓子。’五盏酒食毕，客省承受喝：‘彻卓子。’次点汤毕，押伴官、进奉使、副相揖，毕，分位。一、习朝见仪。其日，候阁门差人赴驿教习仪范，同客省承受先见押伴。讫，计会译语请进奉使、副，服本色服，次客省承受同译语引教习仪范入，相揖，教习朝见仪。讫，相揖，毕，退。朝辞准此。一、朝见。其日五更，客省承受计会译语请进奉使、副上马，次押伴官与进奉使、副相揖，毕，行马，首领于门外上马，至待漏阁子下马。俟开内门，押伴官、进奉使、副上马，至皇城门里宫门外下马，至殿门外幕次待班。其首领已下步行入皇城门。俟（阁）［阁］门报班，引进奉使、副出幕次，入殿朝见，拜数礼仪并如阁门仪。俟朝见毕，（阁）［阁］门引进奉使、副出殿，客省承受接引归幕次，客省承受引伴赐舍人、押伴官、进奉使、副对立，相揖，毕，客省承受赞坐，点茶。毕，客省承受喝：‘入卓子。’酒食毕，客省承受喝：‘彻卓子。’点汤毕，客省承受引伴赐舍人与进奉使、副相揖。毕，伴赐舍人先退，次押伴官、进奉使、副相揖。毕，引至宫门外上马，首领已下步行出皇城门外上马，归驿。朝辞准此。一一、在驿客省签赐节料节仪。其日，候客省承受赍到赐目，管押所赐节料等到驿，客省承受先报押伴讫，于设厅前望阙铺设所赐物，客省承受引进奉使、副立定，引进奉使、副拜赐目，跪受讫，次引首领以下拜赐目，跪受赐，讫，退。一、御筵。其日，候赐御筵天使到驿，诸司排办毕，客省承受取进奉使、副名衔转押伴看讫，纳天使，复取赐御筵天使传言分付驿语。少顷，客省承受引天使、押伴官、进奉使、副降阶，对立定，客省承受先引押伴官望阙谢恩如仪，毕，引依位立。次引进奉使、副谢恩如仪，毕，引依位立。天使与进奉使、副相揖，毕，天使先退。次押伴官与进奉使、副相揖，毕，引押伴官、进奉使、副升厅席后立。客省承受拨首领已下谢恩如仪，讫，赴席后立。客省承受上厅赞揖赴坐，点茶，毕，行酒。俟酒食毕，客省承受喝：'彻卓子。'点汤毕，引首领已下谢恩'领'，客省承受赞席后立，候首领已下谢恩如仪，毕，客省承受引押伴官、进奉使、副降阶，对立定。先引押伴官谢恩如仪，毕，引依位立。次引进奉使、副谢恩如仪，毕，引依位立。客省承受引天使依前位立，进奉使、副令译语跪执谢表，拜讫，进奉使、副以表跪授天使，讫，引依位立。与天使相揖，毕，天使退。次押伴官、进奉使、副相揖，毕，引分位。一、起发日，进奉使、副与押伴官相别。其日，就驿，酒食五盏。毕，客省承受引押伴官、进奉使、副对立定，客省承受互转状相别，讫，分位。客省承受引首领已下辞押伴，并如参押伴仪。毕，次伴送使臣交割，起发前去。"同日，诏：'占城进奉人到阙，在驿，主管诸司官就差监驿官与临安府排办事务官同共管干，疾速施行。'二十八日，四方馆言：'将来占城国进奉人到阙，遇大礼，其使、副并大小首领并合趁赴郊坛陪位，及登门肆赦称贺。'诏依。十一月一日，客省言：'潮、梅州巡辖马递铺押伴占城进奉使韩全状：今月十二日，押伴进奉人到建州，约十一月六日到阙，及会问使、副已下职位、姓名、称呼、等第下项：一、进奉使部领姓萨名达麻，呼部领是官资。一、进奉（使副）〔副使〕滂姓摩名加夺，呼滂是官资。一、判官姓蒲名都纲，呼大盘是官资。一、蒲翁、团翁、但翁、加艳翁、邀翁、僚亚、辛沙、喝尼累，已上八名，系在番干办掌执人。一、翁儒、翁鸡、翁廖、蚁蛥、亚哪、不队、班儿、麻菱、日罕，以上九名，系亲随防护礼物人。'诏札下押伴所、怀远驿、临安府疾速排办。'三日，客省言：'占城国入贡，其进奉人非晚到阙，今具合行排办事件下项：一、欲乞候进奉人到阙，客省就驿置局，主管事务。一、今来进奉人候报到至国门日分，客省承受同合用人从鞍马等出城幕次内，计会引伴使臣祗备使用。候入城到驿，与押伴相见，茶汤毕，排办酒食五盏讫，分位。所有相见酒食五盏，令在驿御厨、翰林司随宜供应排办。其城外幕次，令临安府于经由入国门外侧近去处钉设排办。一、所有朝见日分，欲乞候本省取到进奉人牓子，具奏取旨引见。及朝辞日分，依此施行。所有皇城门外待漏幕次什物等，欲乞从本省关报仪鸾司排办钉设。一、进奉人起发日，就驿排办酒食五盏，押伴、送官相别讫，进奉人交付伴送使臣起发前去。所有酒食五盏，令在驿御厨、翰林司排办供应。'诏依。"（《宋会要》，番夷四·占城之76，第9716—9817页）

此史料是详细记载占城国进贡入见仪式的法律，是《占城国入贡接送馆伴条例》的具体内容。此史料中《鸿胪寺条》应是《鸿胪寺条例》。

7.9《刑名疑难条例》

7.9.1 绍兴三十年（1160年）八月十一日，……后敕令所详定官王师心言："据刑、寺具到崇宁、绍兴《刑名疑难断例》，并昨大理寺看详本寺少卿元衮申明《刑名疑难条例》，乞本所一就编修。"从之。（《宋会要》，刑法一·格令三之46，第8258页）

从史料看，绍兴三十年修撰的《刑名疑难断例》和《刑名疑难条例》是两个不同的法律，前者是个案，后者是相关法律条文。

7.10《点检酒库所主管官体例》《点检赡军激赏酒库官例》

7.10.1 绍兴三十二年（1162年）九月二十七日，知临安府兼权户部侍郎赵子潚言："殿前司献酒坊，其十七库已降指挥，（今）[令]本部差官管干，其五十二处并拨隶两浙转运司检察，内二十四坊元差军中使臣二十四人管干，其余逐坊乞专委两浙漕臣同诸州守倅责逐县知佐召募土豪人户开沽，量坊大小，官借本认定息钱，从户部将增息钱与比类《献钱米格法》拟补官资，以后递年随□升转。仍从本部辟差谙晓酒利文武官各一员，专一往来总辖酤卖，务要课利增广。其逐官请给、人从、酬赏，并依《点检酒库所主管官体例》。"诏三省差官二员，专一措置管认户部、两浙运司元额趁辨外，如有增羡，申朝廷（廷），优与推（思）[恩]，仍令吏部郎官杨倓措置，两浙西路兵马都监梁俊彦同措置。其诸库监官许诠量申尚书省改易。其后杨倓等措置，乞以措置两浙犒赏酒库所为名，仍铸印一课，所管诸坊三十二处并双员，虚费廪禄，欲乞将三万贯以上课额差监官二员，不及处止差一员。其诸坊称呼，并以某州县犒赏酒库为名；内额少处，更不差官，止令比近监官管。如收息增剩，即从本所月增食钱，三万贯以上三十贯，二万贯以上二十五贯，一万贯以上二十贯，一万贯以下十五贯，并于五厘等钱内支。今减员阙，以三员例。殿前司旧例各分管总辖诸库，其合分隶五厘等钱，乞于行在择系官屋宇置库一所，以本所钱库为名，仍差使臣充监官及检察。除一万贯以上场务收息赏罚依绍兴十二年六月已得旨外，一万贯以下，诸坊未有立定赏罚，今比拟收趁息课，任满及额，减半年磨勘，占射差遣一次。比额每增一分以上，与减三个月磨勘，亦许累赏。若此额每亏及一分，展三个月磨勘。如内增剩多处，任满，从本所保明再任。每岁比较，以额外所增息钱十分为率，支一分充监专合干人均赏。所有移体式及举官等事移，并乞依点检所已获之旨。从之，其措置官赏格依《点检赡军激赏酒库官例》。(《宋会要》，食货二一·酒曲·酒曲杂录下之4，第6445—6446页)

7.11《行在省仓监官体例》

7.11.1 乾道四年（1168年）二月二十一日，前监镇江府户部大军仓王晞言："乞依《行在省仓监官体例》，任满推赏。"户部下司农寺指定，欲依《绍兴十八年五月二十一日已降指挥》比附《行在省仓监官体例》，与减二年磨勘推赏施行。从之。(《宋会要》，食货五四·诸州仓库之9，第7242页)

7.12《行在激赏酒库官体例》

7.12.1 乾道八年（1172年）四月二十一日，诏两浙犒赏酒库监官料前衣赐，令所在州军依条勘给，衣赐依《行在激赏酒库官体例》，从户部侍郎、提领犒赏库沈夏请也。(《宋会要》，食货二一·酒曲之10，第6452页)

7.12.2 乾道八年（1172年）四月二十一日，提领户部犒赏酒库沈夏奏："契勘犒赏库监官降到指挥，随官序破券食钱，如收息增剩，以额钱高下立定每月添支食钱外，所有本身料钱并春冬衣赐，指挥内不曾该载。今乞将两浙犒赏酒库监官料钱、衣赐，（今）［令］所在州军依条帮勘。内衣赐依《行在激赏酒库官体例》，取会市价折钱批放，并于本所五厘钱内支给。"从之。（《宋会要》，职官·俸禄五·俸禄五·杂录上91，第4607页）

7.13《坑冶司分司干官体例》

7.13.1 嘉定六年（1213年）四月二十三日，浙东提举司言："准指挥：以温州盐仓支发不行，押袋官与盐仓官吏徒（废）［费］廪禄，自乾道五年就场支请，至淳熙十二年复回州仓，反不若就场支发之多。令提举茶盐司专委主管官措置支发趁办，庶免添置冗员。本司检照温州五场，管押袋官五员，内减二员，及温州支盐仓监官两员，减一员。申明朝廷，照《坑冶司分司干官体例》辟差干官一员，就温州制司专一提督管干温、台州盐仓场买运，以减三员盐官钱米。为辟差干官之俸，并是温州支给，今拖照本州盐仓支发袋盐，虽比未置司干官之前有增，然较之再经减新额，每岁犹亏一万余袋。欲将元辟差温州干官并行省罢。札下温州守倅，须管每岁登及元额，如有亏欠，具申朝廷取旨；或能措置增羡，乞与旌赏。所有欲令客人就场支发，情弊甚多，乞只就盐仓支发。今既省罢提干，其支盐官只有一员，本仓既是钱物去处，乞复昨来省罢一员同共管干，若稍不究心，容本司差官对易，庶几脉络贯通，不敢懈怠。"诏并依，内干官先次省罢，押袋官三员、见任人各听令终满，已差下人令赴部注合入差遣。其复置支盐仓一员，且行堂除一次，今后吏部使阙。（《宋会要》，食货二八·盐法七·盐法杂录之56，第6623页）

7.14《开封府条例》

7.14.1 熙宁三年（1070年）八月十八日，诏殿前马步军司今后大辟罪人，并如《开封府条例》，送纠察司录问。（《宋会要》，职官三二·殿前司、侍卫马步军司之5，第3815页）

7.14.2 熙宁三年（1070年）八月，令殿前步军司今后大辟罪人，并如《开封府条例》送纠察司录问。（《宋会要》，职官一五·刑部之

8，第3411页）

7.15《市舶条例》

7.15.1 绍兴元年（1131年）十一月二十六日，提举广南路市舶张书言言："契勘大食人使蒲亚里所进大象牙二百九株、大犀三十五株，在广州市舶库收管。缘前件象牙各系五七十斤以上，依《市舶条例》，每斤价钱二贯六百文，九十四陌，约用本钱五万余贯文省。欲望详酌，如数目稍多，行在难以变转，即乞指挥起发一半，令本司委官秤估；将一半就便搭息出卖，取钱添同给还蒲亚里本钱。诏令张书言拣选大象牙一百株并犀二十五株，起发赴行在，准备解笏造带、宣赐臣僚使用。余依。"（《宋会要》，职官四四·市舶司之14，第4210页）

7.16《国信条例》

7.16.1 元符二年（1099年）七月四日，中书舍人赵挺之详定编修《国信条例》。（《宋会要》，刑法一·格令一之18，第8231页）

7.16.2 元符元年（1098年）闰九月六日，试给事中兼侍读赵挺之言："差充贺北朝生辰，见领详定编修《国信条例》，有《北道刊误志》及接见北使书状仪式未能全备，欲乞就行询访，沿路看详修润。"从之。（《宋会要》，职官五一·国信命名之8，第4420页）

此法律按《曾公遗录》记载，始修于元符二年（1099年）六月己丑，"再对，呈曾旼札子，乞删《国信仪制》，取到状皆旧文，不可删，唯乞修定诸州军及编栏以下书状式。从之。"① 从这里看没有修成，但同年七月乙巳条中记载，"再对，差赵挺之详定《国信条例》，代序辰也"。② 元符三年二月癸未还记载有"孙傚编修《国信条例》"。③ 可知此次修《国信条例》所用时间较长。

---

① 曾布：《曾公遗录》卷七，中华书局2016年版，第60页。

② 同上书，第66页。

③ 曾布：《曾公遗录》卷九，中华书局2016年版，第269页。

7.17《诸州发解条例》

7.17.1 景德四年（1007 年）十一月，诏以新定《韵略》送国子监，镂板颁行。先以举人所用（印）［韵］多有舛异，乃诏殿中丞丘雍重定《切韵》。时龙图阁待制陈彭年上言："南省考试举人，未有定格。"又命翰林学士晁迥、龙图待制戚纶、直史馆崔遵度、姜屿兴、与彭年同详定条格，刻于《韵略》之末。大中祥符四年六月，又令详定《诸州发解条例》附之。（《宋会要》，崇儒四・勘书之 4，第 2817 页）

7.18《鳏寡乞丐条例》

7.18.1 崇宁二年（1103 年）四月六日，户部言："怀州申：'诸路安济坊应干所须，并依《鳏寡乞丐条例》，一切支用常平钱斛。'看详：欲应干安济坊所费钱物，依《元符令》，并以户绝财产给其费。若不足，即以常平息钱充。仍隶提举司管勾。"从之。（《宋会要》，食货六〇・居养院养济院漏泽园等杂录之 4，第 7417 页）

7.19《押省马上京纲官殿侍抛死寄留决罚条例》

7.19.1 大中祥符七年（1014 年）年八月，诏定《押省马上京纲（宫）［官］殿侍抛死寄留决罚条例》。（《宋会要》，兵二一・马政・估马司之 18，第 9058 页）

7.20《遣使三节人格例》

7.20.1 绍兴二十九年（1159 年）十月二十九日，三省、枢密院言："拟到今后《遣使三节人格例》：常使合差二十四人，文武臣通差。泛使如非执政官与此同。今欲止许使、副通差文臣六人，余差武臣校、副、尉、下班祗应，其转〔官〕、支赐依见前条格。泛使系执政官二十八人，文武臣通差。今欲止许使、副通差文臣八人，余差武臣校、副、尉、下班祗应。上节恩数依旧，中节转一官，与回日添差遣，下节转一官资。以上并不许（并）［差］承议郎以上并行在职事官，合差人并差正身，不得充代。内引节、礼物官、书表司，乞踏逐惯熟无官人者，听与破本等支赐及承信郎请给。其恩例候有名目日收

使，仍不得过（人三）[三人]。”从之。(《宋会要》，职官五一·祭奠使之48，第4444页）

7.21《客省条例》《四方馆条例》

7.21.1 景祐三年（1036年）正月丙午，四方馆使、荣州刺史夏元亨言《阁门仪制》，自大中祥符中陈彭年详定后，续降诏敕，或有重复，请复编次之。命学士承旨章得象、知制诰李淑同详定。康定元年四月，修成《阁门仪制》十二卷，《客省条例》七卷，《四方馆条例》一卷。(《长编》卷一百十八，“仁宗景祐三年正月丙午条”，第2775页）

7.21.2 李淑等上《新修阁门仪制》十二卷、《客省条例》七卷、《四方馆条例》一卷。

7.22《诸司库务条例》

7.22.1 熙宁三年（1070年）九月戊子朔，崇文院校书唐坰编修《三司令式》及《诸司库务条例》。(《长编》卷二百十五，“熙宁三年九月戊子条”，第5230页）

7.22.2 熙宁六年（1073年）七月甲申，翰林学士、判司农寺曾布兼详定编修《三司令式敕》《诸司库务条例》。(《长编》卷二百四十六，“熙宁六年七月甲申条”，第5992页）

7.23《诸司库务岁计条例》

7.23.1 熙宁三年（1070年）十二月庚辰，命王安石提举编修三司令式并敕及《诸司库务岁计条例》。(《长编》卷二百十八，“宗熙宁三年十二月庚辰条”，第5308页）

7.23.2 熙宁三年（1070年）十二月二十四日，命宰臣王安石提举编修三司令式并敕文及《诸司库务岁计条例》。(《宋会要》，刑法一·格令一之8，第8219页）

7.23.3 熙宁四年（1071年）七月丁未，天章阁待制孙固提举在京诸司库务，检正中书户房公事章惇与固兼详定编修《三司令式》及《诸司库务岁计条例》。王安石言薛向不乐修令式，上曰：“向先进呈明堂赏给，云恐诸军以修令式疑有裁减，所以先进呈，欲宣布令

诸军知。”安石曰：“此意可见其不乐也。”（《长编》卷二百二十五，“熙宁四年七月丁未条”，第5491页）

7.23.4 熙宁七年（1074年）三月乙卯，太子中允、崇文院校书、检正中书户房公事张谔直集贤院，仍升一任。缙云县尉、制置泾原秦凤路军马粮草司勾当公事郭逢原循一资，仍堂除差遣。供备库副使贾昱、内殿承制张济各升一任。以编修《三司敕令》及《诸司库务岁计条例》成也。（《长编》卷二百五十一，熙宁七年三月乙卯条）

7.24《大宗正司条例》

7.24.1 熙宁五年（1072年）二月甲寅，大宗正司上编修条例六卷。先是，嘉祐六年正月，诏魏王宫教授李田编次本司先降宣敕，成六卷，以田辄删改元旨，仍改命大宗正丞张稚圭李德刍、馆阁校勘朱初平陈侗林希同编修，至是上之。（《长编》卷二百三十，“熙宁五年二月甲寅条”，第6121页）

从此史料看，《大宗正司条例》在嘉祐六年由李田编修，而且已经修成，但由于认为他在修撰时擅自改动法律，于是神宗朝熙宁年间再次重新修订。从卷数上看，此次所修数量并没有发生变化。

7.25《司农寺条例》

7.25.1 熙宁七年（1074年）六月乙未，命参知政事吕惠卿提举编修《司农条例》。（《长编》卷二百五十四，“神宗熙宁七年六月乙未条”，第6217页）

7.25.2 元丰元年（1078年）六月癸未，判司农寺蔡确请令三局丞、主簿不妨职事兼删修本寺条例。从之。（《长编》卷二百九十，“元丰元年六月癸未条”，第7099页）

从此史料可知，元丰元年还重修过《司农寺条例》。

7.26《六曹寺监条例》

7.26.1 元祐元年（1086年）正月丁未，御史刘次庄言：“门下、中书外省置局设官，编修《六曹寺监条例》，岁月浸久，殊未就绪。欲乞罢局，送六曹随事修立，委三省属官详看。”诏见修条贯限一季

毕，如出限官吏添给勿给。(《长编》卷三百六十四，“元祐元年正月丁未条”，第8714页)

7.27《贡举条例》

7.27.1《宋史·艺文志》记载有《至和贡举条例》，卷12。

7.28《枢密院诸房条例》

7.28.1 蔡驷：《元祐枢密院诸房条例及看详》，50卷，元祐七年(1092年)十二。(《宋史》卷二百四，“艺文志三”，第5140页)

7.28.2《绍圣枢密院条例及看详》。(《宋史》卷二百四，“艺文志三”，第5143页)

7.28.3《枢密院条》二十册《看详》三十册。元祐间。卷亡。(《宋史》卷二百四，“艺文志三”，第5141页)

7.29《中书条例》

7.29.1《温公日记》载：编《中书条例》。天圣中，宰相始编例为五百策，后又三次编计二千策。又有九年未编，故介甫、吕惠卿等删增复重及不用者，并起请烦文，后又使五人各编一房，惠卿都提举，十留其一，例百留二。①

从此史料看，仁宗朝就把法律分为“例”。这里有天圣编例五策等记载。

7.30《北边条例》

7.30.1 政和七年(1117年)，编修《北边条例》，又别置详覆官。(《宋史》卷一六二，“职官二”，第3802页)

7.31《熙宁条例》

7.31.1 王安石为政，引执中编修《熙宁条例》，选提举湖南常

① 《宋代日记丛编(一)》，上海书店出版社2013年版，第48页。

平。(《宋史》卷三四七,“乔执中传”第11017页)

分析上面以“条例”为名的法律,共有35件,具体是《配军条例》《便籴粟麦例》《中书礼房条例》《国子监太学条例》《吏部侍郎左右选条例》《高丽国入贡接送馆伴条例》《酒食条例》《获盗推赏刑部例》《主客条例》《鸿胪寺条例》《刑名疑难条例》《点检酒库所主管官体例》《点检赡军激赏酒库官例》《行在省仓监官体例》《行在激赏酒库官体例》《坑冶司分司干官体例》《开封府条例》《市舶条例》《国信条例》《诸州发解条例》《鳏寡乞丐条例》《押省马上京纲官殿侍抛死寄留决罚条例》《遣使三节人格例》《客省条例》《四方馆条例》《诸司库务条例》《诸司库务岁计条例》《大宗正司条例》《司农寺条例》《六曹寺监条例》《贡举条例》《枢密院诸房条例》《中书条例》《北边条例》《熙宁条例》。考察这些法律文件中的“条例”含义,具有法、敕、令、格、式及敕令格式等多种不同含义。

八　事类的篇名

事类在宋朝法律形式中属于较特殊的一种,是一种新的立法体例。事类在用语上有“事类”和“总类”两种。南宋时使用事类编撰体例是把同一类法律中的敕、令、格、式、申明等法律形式按“事类”形成的“门”编在一起,形成一种新的法律汇编体例。这种编撰体例在立法上最早始于唐朝玄宗开元年间,当时撰成开元律、令、格、式后,把四种法律形式根据“事类”划分成门,汇编成新的法律体例,即《唐格式律令事类》,共有40卷。[①] 唐朝编成的《唐开元事类》在宋朝时还存在。这种体例的影响是十分深远的。唐中后期的《刑律统类》就是“事类”体例在刑事法律方面的使用。这种刑律统类在宋朝之前有《大中刑律统类》《江南刑律统类》《显德刑统目》《刑宝刑统》等。宋初事类编撰体例主要使用在类书编撰上,后来才开始在法律编撰上大量使用。

8.1《淳熙条法事类》《绍兴吏部七司条法总类》

8.1.1 淳熙七年(1180年)五月二十八日,右丞相赵雄等上

① 按《通志·艺文略第三》中记载,此“事类”在编撰时就是“律令格式长行敕,附尚书省二十四司,总为篇目”。郑樵撰:《通志·艺文略》,王树民点校,中华书局1995年版,第1556页。

《淳熙条法事类》四百二十卷、《目录》二卷。先是淳熙六年二月十六日，都省言海行新法凡五千余条，检阅之际，难以备见。诏敕令所将见行敕、令、格、式、申明，体仿《吏部七司条法总类》，随事分门修纂，别为一书。若数事共条，即随门厘入。仍冠以《淳熙条法事类》为名。至是书成上之。（《宋会要》，刑法一·格令三之53，第8265页）

8.1.2《玉海·淳熙条法事类》：淳熙六年（1179年）正月庚午，赵雄奏士大夫罕通法律，吏得舞文。今若分门编次，聚于一处，则遇事悉见，吏不能欺。乃诏敕局取敕令格式申明，体仿《吏部七司条法总类》，随事分门，纂为一书。七年五月二十八日成书，四百二十卷。为总门三十三，别门四百二十。以明年三月一日颁行，赐名："条法事类。"①

8.1.3 淳熙七年（1180年）五月二十八日，敕令所上《淳熙条法事类》四百二十卷。诏以来年三月一日颁行。（《宋会要》，职官四·敕令所之50，第3119页）

8.1.4《建炎以来朝野杂记·甲集卷四·淳熙事类》：《淳熙事类》，孝宗时所修也。国初，但有《刑统》，谓之《律》。后有敕、令、格、式，与律并行。若不同，则从敕、令、格、式。然士大夫罕通法律，而数收散漫，故吏得以舞文。上患之。淳熙中，始命敕局官取敕、令、格、式及申明五书，分门来上。七年四月乃成，为总门三十三，别门四百二十，诏颁行之，赐名《淳熙事类》。②

8.1.5 淳熙六年（1179年）二月癸卯，进呈《淳熙海行新法》。上曰："朕欲将见行条法，令敕令所分门编类，如律与刑统、敕令格式及续降指挥，每事皆聚载于一处，开卷则尽见之，庶使胥吏不得舞文。"赵雄等奏："士大夫少有精于法者，临时检阅，多为吏辈所欺。今若分门编类，则遇事悉见，吏不能欺。陛下智周万物，俯念及此，创为一书，所补非小。"乃诏敕令所将见行敕令格式申明体仿《吏部七司条法总类》，随事分门修纂，别为一书。若数事共条，即随门厘入，仍冠以《淳熙条法事类》为名。（《宋史全文》卷二十六下，"宋孝宗六"，第2226—2227页）

① 王应璘：《玉海》卷六六，江苏古籍出版社、上海书店1987年版，第1263页。

② 李心传：《建炎以来朝野杂记·甲集卷四·淳熙事类》，中华书局2013年版，第111—112页。

分析上面五条记载《淳熙条法事类》的史料，在时间上前三条为五月二十八日，第4条为七年四月，这两个时间上的差异应没有问题，因为第四条的时间是修成上书的时间，前三条记载的时间是颁布的时间。按8.1.1条记载，《淳熙条法事类》的体例是借用《吏部七司条法总类》的体例，本质上是“事类体”。8.1.4条记载宋朝初年《刑统》称为“律”，这是有误的，把《刑统》当作“律”应是南宋时才有的事，北宋时《律》是指《开元二十五年律》是通用的。此处明确指出，南宋时修订全国通行的法律时已经从四典上升为五典，即从敕、令、格、式上升为敕、令、格、式和申明五典。这是北宋与南宋在法律形式变迁上的一个重要差别。8.1.5条对制定《淳熙条法事类》的原因和过程进行了较详细的记载。当时孝宗的想法是要把律、刑统都编在一起。但从实践看，宋朝事类海行法都没有把律和刑统编入。究其原因是律典和刑统都属于刑事法律，编入时难与敕令格式构成一个整体，此种目标到《明会典》才实现了。

按此记载，宋朝国家对某类法律采用大规模的事类体例编撰始于《绍兴吏部七司条法总类》。这是因为南宋朝时吏部成为国家官吏管理的核心机构，法律大量被制定。从中央机构看，除刑部、大理寺等司法部门是国家法律适用中最频繁的机构外，吏部成为行政活动中法律适用的中心。大量频繁的法律适用，对根据吏部七司为“纲”，采用敕令格式申明等法律形式为“类”而编撰出来的法律使适用十分不方便。于是，以适用为目的事类体成为国家法律编撰中的首选。

8.2《淳熙吏部七司条法总类》

8.2.1 淳熙三年（1176年）三月二十九日，参知政事龚茂良等上《吏部条法总类》四十卷。先是淳熙二年十一月，有诏：“敕令所将吏部见行改官、奏荐、磨勘、差注等条法指挥分明编类，别删投进。若一条该载二事以上，即随门类厘析具入。仍冠以《吏部条法总类》为名。”至三年三月五日，详定官蔡洸等言：“除将吏部见今引用条法指挥分类各就门目外，其间有止是吏部具钞状体式之类，及内有将来引用条件，并已于法册内尽行该载讫，今更不重行编类。”至是来上。（《宋会要》，刑法一·格令二之51，第8263页）

8.2.2《玉海·淳熙吏部条法总类》：淳熙二年（1175年）十二月二日是上《重修吏部格式敕令申明》一千一百五册。参政茂良等撰。三年三月二十九日上《吏部条法总类》四十卷，为“类”六十八，为“门”三十。《书目左选令格式申明》三百卷，修纂绍兴三十年以后续旨，乾道中从吏侍周胡沂之言也。嘉泰二年诏重修七司法，开禧元年书成，三百二十三卷上之。以淳熙二年正月一日至嘉泰四十月续旨增修。①

8.2.3《文献通考》：淳熙元年（1174年），参知政事龚茂良言："官人之道，在朝廷则当量人才，在铨部则宜守成法。夫法本无弊，而例寖败之。法者公天下而为之者也，例者因人而立，以坏天下之公者也。昔者之患在于用例破法，比年之患在于因例立法，故谓吏部者例部也。今七司法自晏敦复裁定，不无疏略，然已十得八九。有司守之以从事，可以无弊，而徇情废法，相师成风，盖用例破法其害小，因例立法其〔害〕大。法常靳，例常宽，今至于法令繁多，官曹冗滥，盖繇此也。望诏有司裒集参附法及乾道续降申明，重行考定，非大有牴牾者不去，凡涉宽纵者悉刊正之，庶几国家成法简易明白，赇谢之奸绝，冒滥之门塞矣。"于是诏从修焉。既而吏部尚书蔡洸以改官奏荐、磨勘差注等条法分门编类，冠以《吏部条法总类》为名。十一月，参知政事龚茂良进《吏部七司敕令格式申明》三百卷，诏颁行焉。（《宋会要》，选举三〇·举官四之28，第5836页）

8.2.4《淳熙吏部条法总类》四十卷。淳熙二年敕令所编。（《宋史》卷二百四，"艺文志三"，第5145页）

8.2.5 淳熙元年（1174年），参知政事龚茂良言："官人之道，在朝廷则当量人才，在铨部则宜守成法。法本无弊，例实败之。法者，公天下而为之者也；例者，因人而立以坏天下之公者也。昔之患在于用例破法，今之患在于因例立法。谚称吏部为'例部'。今《七司法》自晏敦复裁定，不无疏略，然守之亦可以无弊。而徇情废法，相师成风，盖用例破法其害小，因例立法其害大。法常靳，例常宽，今法令繁多，官曹冗滥，盖由此也。望令裒集参附法及乾道续降申明，重行考定，非大有牴牾者弗去，凡涉宽纵者悉刊正之。庶几国家成法，简易明白，赇谢之奸绝，冒滥之门塞矣。"于是重修焉。既而吏部尚书蔡洸以改官、奏荐、磨勘、差注等条法分门编类，名《吏部条法总类》。十一月，《七司敕令格式申明》成书。（《宋史》卷一五八，"选举四"，第3715页）

① 王应璘：《玉海》卷六六，江苏古籍出版社、上海书店1987年版，第1264页。

从上可知，对事类体体例编撰而成的法典，宋朝有时又称为“总类”。
8.3《庆元条法事类》

8.3.1《玉海·庆元重修敕令格式、条法事类》：嘉泰二年（1202年）八月二十三日上《庆元条法事类》，四百三十七卷，书目八十卷。元年诏编是书。①

8.3.2《直斋书录解题卷七·法令类》：《嘉泰条法事类》八十卷。宰相天台谢深甫子肃等嘉泰二年表上。初，吏部七司有《条法总类》，《淳熙新书》既成，孝宗诏仿七司体分门修纂，别为一书，以“事类”为名，至是以《庆元新书》修定颁降。此书便于检阅引用，惜乎不并及《刑统》也。（第225页）

8.3.3《文献通考》：“《嘉泰条法事类》八十卷。陈氏曰：天台谢深甫子肃等嘉泰二年表上。初，吏部七司有《条法总类》，《淳熙新书》既成，孝宗诏仿七司体，分门修纂，别为一书，以‘事类’为名，至是以《庆元新书》修定颁降。此书便于检阅引用，惜乎不并及《刑统》也。”

8.3.4《庆元条法事类》八十卷。嘉泰元年敕令所编。（《宋史》卷二百四，“艺文志三”，第5145页）

8.3.5《续宋中兴编年资治通鉴》卷十三：嘉泰二年（1202年）八月甲午《庆元条法事例》成。

8.3.6嘉泰二年（1202年）八月甲午，谢深甫等上《庆元条法事类》。（《续资治通鉴》卷一百五十六，“宋纪一百五十六”，第4202页）

综合其他史料，此处刘时举记载是有误，不应是“事例”而是“事类”。此条中《庆元条法事例》应是《庆元条法事类》。

从上面诸条史料看，《庆元条法事类》因为在嘉泰二年（1202年）修成，所以又称为《嘉泰条法事类》。《庆元条法事类》修撰时共有80卷，体例是按《吏部七司条法总类》使用的“事类”体。《庆元条法事类》的最大特点是没有把宋朝通行的刑事法典之一的《刑统》编入。对此，陈氏认为这是此书缺憾。当然，这也说明南宋时《刑统》在国家法律中仍然处于重要地位，元代以六部为纲，为事类体中刑法与非刑法令编在一起创造了条件。明代把六典体与事类体结合，让事类体成为更加综合的法典。

① 王应璘：《玉海》卷六六，江苏古籍出版社、上海书店1987年版，第1264页。

8.4《嘉定吏部条法总类》

8.4.1《直斋书录解题卷七·法令类》：嘉定中，以《开禧重修七司法》，并《庆元海行法》《在京通用法》《大宗正司法》参定，凡改正四百六十余条。视《淳熙总类》增多十卷，七年二月颁行。

8.4.2《玉海·嘉定吏部条法总类》：［嘉定］六年（1213年）三月四日上一百一十四册，成五十卷。凡改正四百六十余条，并百司吏职补授法二百六十三册，一百三十三卷，七年五月颁行。①

8.4.3《直斋书录解题卷七·法令类》："《嘉定吏部条法总类》五十卷。嘉定中，以开禧重修《七司法》并《庆元海行法》《在京通用法》《大宗正司法》参定，凡改正四百六十余条。视淳熙《总类》增多十卷，七年二月颁行"。(第225页)

8.4.4《文献通考》:《嘉定吏部条法总类》五十卷。陈氏曰：嘉定中，以开禧重修《七司法》，并《庆元海行法》《在京通用法》《大宗正司法》参定，凡改正四百六十余条。视《淳熙总类》增多十卷，七年二月颁行。

8.4.5《嘉定编修吏部条法总类》五十卷。嘉定中诏修。(《宋史》卷二百四，"艺文志三"，第5145页)

8.4.6 嘉定六年（1213年）二月丙戌，有司上《嘉定编修吏部条法总类》。(《宋史》卷三十九，"宁宗三"，第759页)

8.4.7《续宋中兴编年资治通鉴》卷十四：嘉定六年（1213年）二月丙戌，上《吏部条法总类》。(刘时举撰，王端来点校：《续宋中兴编年资治通鉴》卷十四，第339页)

从上面诸条史料看，《嘉定吏部条法总类》虽然是吏部七司官吏管理的法律，但所纳入的内容不仅是《吏部七司法》，还包括《庆元海行法》，即庆元年间修定的敕令格式四典中涉及官吏管理的法律，《在京通行法》和《大宗正司法》等。这从现存的《吏部条法》来源上看，所引法典涉及敕令格式四典和《吏部七司法》《在京通行法》和《大宗正司法》。这说明南宋所修的《吏部条法》内容是所有与吏部有关的，涉及官吏管理的法律的事类体，而不仅是《吏部七司法》的事类体。这就是不用"吏部七司总类"而用"吏部总类"的原因。

① 王应璘：《玉海》卷六六，江苏古籍出版社、上海书店1987年版，第1264页。

8.5《淳祐条法事类》

8.5.1《玉海》：淳祐十一年（1251年）上条法事类。[①]

8.5.2 淳祐十一年（1251年）夏四月丁未，进《淳祐条法事类》凡四百三十篇，郑清之等各进二秩。（《宋史》卷四三，"理宗三"，第844页）

8.5.3 淳祐十一年（1251年），又取《庆元法》与《淳祐新书》删润。其间修改者百四十条，创入者四百条，增入者五十条，删去者十七条，为四百三十卷。（《宋史》卷一九九，"刑法一"，第4966页）

8.5.4 淳祐十一年（1251年）四月己亥，郑清之等上敕令所《淳祐条法事类》。（《续资治通鉴》卷一百七十三，"宋纪一百七十三"，第4710页）。

8.5.5 淳祐十一年（1251年）四月己亥，郑清之等上敕令所《淳祐条法事类》四百三十卷。（《宋史全文》卷三十四，"宋理宗四"，第2806页）

从此条看，《淳祐条法事类》与《庆元条法事类》之间的变化是修改前者140条，新制定的有400条，增加50条，删除17条，整体看增加了433条。

8.6《开禧功赏总类》

8.6.1 开禧二年（1206年）六月十四日，御史中丞、充江淮宣抚使邓友龙言："涟水县界海口土军管营王皋等杀死海口杨巡检夹古阿打并巡〔检〕夹古尚叔，及（提）［捉］到婢夹古阿海并器甲等。照得王皋、康源当王代之初，能背戎向华，为首率众，（补）［捕］杀夹古阿打等，忠愤可嘉。今欲各与补承节郎。"从之。其后，三省枢密院计算开禧用兵前后属出给过立功官转官、转资告命、宣札、绫纸、文帖、公据、赠告并借下项：一、官告院：文臣一百三十六人，武臣三万八〔千〕七百四十三人，计三万八千八百七十九人。一、枢密院：承信郎一百二十四人，进武校尉八十四人，计二百八人。一、吏部右选：进武校尉一万二千九百七十四人，进义校尉三万九千

① 王应璘：《玉海》卷六六，江苏古籍出版社、上海书店1987年版，第1264页。

五百二十六人，计五万二千五百人。一、兵部：下班祗应一万五千二百七十二人，进义副尉二万二千三百八十七人，守阙进义副尉三万一千一百七十六人，进勇副尉四万一千七百四十二人，同进勇副尉二万五百四十四人，摄进勇副尉二万六百八十三人，守阙进勇副尉一十万二千二百四人，守阙进武副尉四人，计二十五万四千一十七人。都指挥使六百八十人，都虞候四千六百六十七人，指挥使八千九百二十七人，副指挥使一万五千一百三十九人，都头九千九百四十九人，副都头一万三千二百五十四人，军使五千九百二十三人，副兵马使四千七百三十六人，计六万三千二百七十五人。十将一万四千九百六十五人，将、虞候七万六百一十三人，承局二万四千四百一十人，押官七万七千四百七人，计一十八万七千三百九十五人。一、兵部：十资一人，八资四人，七资一十九人，六资二百五十八人，五资二千一百七十九人，四资三百七十八人，三资三千二十九人，二资二千三百六人，一资五千七十五人，计一万三千二百四十九人。殿前司〔转〕资公据一千八百五十八人，步军司出给未圆公据七百三十五人，官告院借补公据进义校尉三十人。一、官告院：文臣六人，武臣四万六百七十三人，计四万六百七十九人。一、司封：承信郎至守阙进勇副尉四万三千四百七十六人。通计六十九万六千三百一人。详见《开禧功赏总类》。(《宋会要》，兵二〇·军赏之5，第9027页)

《功赏总类》从内容结构和特点看，就是事类体下编撰的“赏格”法律。

8.7《役法撮要》

8.7.1 嘉（庆）［泰］元年（1201年）三月十八日，权户部尚书、兼详定敕令官韩邈等言：“本所近进呈《庆元编类宽恤诏令》并《役法撮要》，已降指挥雕板印造。今已毕备，乞自四月三日颁行。”从之。(《宋会要》，刑法一·格令三之58，第8270—8271页)

8.7.2 庆元六年（1200年）五月丙辰，有司上《庆元宽恤诏令》《役法撮要》。(《宋史》卷三十七，“宁宗一”，第727页)

8.7.3《直斋书录解题卷七·法令类》：“《役法撮要》，一百八十九卷。提举编修宰相京镗等庆元六年上。自绍兴十七年正月以后，至庆元五年七月以前，为五十五门，又八十二小门，门为一卷外，为参详目录等。卷虽多而文甚少。其书于州县差役，极便于引用。”(第225页)

8.7.4《文献通考·经籍考》："《役法撮要》，一百八十九卷。陈氏曰：提举编条宰相京镗等庆元六年上，自绍兴十七年正月以后，至庆元五年七月以前，为五十五门，又八十二小门，门为一卷，外为参详目录等。卷虽多而文甚少。其书于州差役，极便于引用。"（《文献通考》卷二百三，经籍考三十）

8.7.5《建炎以来朝野杂记·甲集》卷四：《役法总要》，自高宗绍兴中始修常平、免役之令。其后岁月寖久，论建滋益多，视旧法或牴牾，吏缘为奸。淳熙末，中书舍人莆田陈居仁详定所司敕令，因请下敕令所取祖宗免役旧法，又于户部括取绍兴十七年以后续降指挥，精加参考。其有与旧法牴牾者，悉行删去，萃为一书，名曰《役法撮要》。书成，镂板布之天下。从之。十四年三月辛酉。（《建炎以来朝野杂记·甲集》卷四，第133页）

8.7.6淳熙十四年（1187年）三月庚申，陈居仁言："祖宗加意斯民，见于役法，尤为详备。其后臣僚州郡申明冲改，浸失法意。请下敕令所，取祖宗免役旧法，并于户部取括绍兴十八年以后续指挥，本所官精加考核，其有与旧法抵牾，即行删去，修为一书，名曰《役法撮要》，候成，镂板颁天下。"从之。（《续资治通鉴》卷一百五十一，"宋纪一百五十一"，第4026页）

8.7.7淳熙十四年（1187年）三月庚申，中书舍人陈居仁言："祖宗加意斯民，见于役法，尤为详备。其后臣僚、州郡申明冲改，浸失法意。乞下敕令所取祖宗免役旧法，并于户部取括绍兴十七年以后续指挥，本所官公共精加稽考。其有与旧法抵牾，有即行删去，修为一书，名曰《役法撮要》，候成镂板，颁之天下。"诏从之。（《宋史全文》卷二十七下，"宋孝宗八"，第2334页）

从上面史料看，《役法撮要》编撰体例是"事类"，实质上就是《役法事类》，有时又称为《役法总要》。此书立法特点与前面的事类体略有不同，因为它在立法性质上更具立法特点，在具体编入资料时上起自绍兴十七年，下至庆元五年七月以前，同时把此前法律相比较后进行修订。修成时间按8.8.3条，是在庆元十四年三月。在分类上采用"门"为纲目，"门"分"大门"和"小门"，每门为1卷，所以正文为82卷，其他的为目录。由于分门很细，内容严格按"门"编撰，使用时查找十分方便，所以陈氏称是书十分便于使用，成为州县差役使用的法律集成。这些特点体现了"事类"体在立法中所具有的生命力。

8.8《金科类要》

8.8.1《直斋书录解题》中有"《金科类要》二卷。不著名氏"。

8.8.2《金科类要》一卷。(《宋史》卷二百三，"艺文志"，第5145页)

"金科"是宋朝人对"法律"、"律法"的一种别称，《金科类要》就是法律的一种事类编撰体。此书在体例上属于事类体，但此书可能是一种非官方编撰的事类体法律书，在严格意义上不属于国家立法的范围。然而，它在当时应是通用的，因为被陈氏著录其中。而且此书所录入的法律只是其中一些，而不是所有的。

宋朝"事类"编撰体例在法律中适用现在可以确定始于南宋时期。最先是绍兴年间编撰《吏部七司敕令格式申明》。南宋孝宗淳熙年间开始把此种编撰体例使用到《淳熙敕令格式申明》中。此后，在《庆元敕令格式》《淳祐敕令格式》《嘉定吏部七司敕令格式》等法律中开始大量使用此种编撰体例，重新汇编相关法律。"事类"编撰体例主要特点是以适用为取向，对唐宋时期把法律分成多种类型的立法技术在本质上构成了一种反动，是元明清时期新立法体例形成的开始。现在可以看到的事类法律有:《淳熙条法事类》《庆元条法事类》《淳祐条法事类》《绍兴吏部七司条法总类》《淳熙吏部七司条法总类》《嘉定吏部条法总类》《开禧功赏总类》《役法撮要》等。其中吏部七司条法事类共有三个版本。南宋时在吏部七司立法上越来越复杂，这可以从现在《吏部条法》的篇名结构上看出，该法具体由近40个法律篇名组成，很多法律篇名又具体由敕令格式申明五种法律形式组成，共达200多种法律种类。此外，还把其他法律中与此相关的编入，如《淳祐令格》《在京通用令格》等相关法律。这样相同的法律被分散到不同法律篇名和不同法律种类中，让使用十分不方便。

九 条制的篇名

在宋朝法律术语中有条制、制的称谓。这两者在性质上都属于法律、法律规范的意思。在法律篇名中，有时称为"某某条制"，成为法律篇名的一种专用术语。从《宋会要》看，条制为篇名的法律有时又称为法，如《贡举条制》又称为《贡举法》；有时，也简称为"制"，如《崇宁学制》。下面分别考察"条制"或"制"有关的法律篇名。

9.1《幕职州县官招携户口旌赏条制》

9.1.1 大中祥符二年（1009 年）六月，颁《幕职州县官招携户口旌赏条制》。(《宋会要》，食货一二·户口杂录之2，第6230页)

9.1.2 大中祥符二年（1009 年），颁《幕职州县官招徕户口旌赏条制》。(《宋史》卷一七四，“食货上二”，第4205页)

9.2《贡院条制》

9.2.1 大中祥符八年（1015 年）四月，诏兵部侍郎赵安仁详定权知贡举起请事件，与陈彭年等编入《贡院条制》。(《宋会要》，职官一三·贡院9，第3374页)

9.2.2 大中祥符四年（1011 年）五月二十七日，翰林学士晁迥等言：“准诏详定《礼部贡院条制》，请进士就试日，不得张烛，亦不得将入茶担火燎。汤茶官备。试诗赋日，止许将入《切韵》《押韵》《韵略》，余书悉禁。仍预于贡院纳书案。有司于试前一日排定坐次，榜名告示。至日，监门据姓名引入，依此就座，不得移易。或举人有所请问，主司即与解说，举人并不得寄应，仍不得分人田土，虚立户名。违论如法。如有久在乡县，实无户籍，许召命官一人保明行止非妄冒者，听具本贯家状，于开封府投纳收试。文武升朝官以上骨肉愿于国学请解者，许陈本贯，投状试补。旧是寄应举人，今欲归本贯者，不得叙理前举。其《开宝通礼义纂》，望改为疏。自今所试墨义，每场问正经五道，义疏五道，通六为合格。”并从之。(《宋会要》，选举三·贡举杂录之9，第5289页)

9.2.3 天圣七年（1029 年）十一月十九日，上封者言：“……举人有荫，亦勿听赎。”诏两制集官议定，翰林学士章得象等言：“按《贡院条制》，臣僚在任所有亲属者，无得旋置田土贯户取解。今缘京师四方所聚，即与外州不同。请令举人如有户籍及七年以上，见居本处，即许投状；未及七年，不居本贯者，不在收接之限。其委无户贯者，旧制许召有出身京朝官保明行止，仍不得过二人。无出身京朝官曾勾当事者亦许保一人。如有违犯，保官以违犯失论，举人（勤）［勒］出科场，永不得取应，同保者殿五举。如涉请嘱，自从重论。今上封者请先经所隶县投状，及责村耆察访行止，望如所请，仍听诸色人纠告。其外州举人与理旧举数场第，及止有坟墓亦许召保取解，若一事违条贯，用违制一等科罪，望并依所请。”奏可。其举人妄认乡贯三代，如用赂者，虽有荫不以赎论。如不用赂，亦奏裁。（《宋会要》，选举一五·发解之8，第5549页）

9.3《祠祭行事官条制》

9.3.1 天禧三年（1019年）九月二十四日，国子监言：“《祠祭行事官条制》：庙社不许致斋，止宿武成王庙。近以员多，分宿当监，灯烛非便，望令专宿武成王庙。”诏礼院与本监详定，复上言曰：“武成王庙斋厅位四十余间，今请不许官司拘占，悉留充斋宿之所。如发解锁宿庙内，即权徙尚书省。”从之。（《宋会要》，礼一四·群祀二之20，第752页）

9.4《阁门条制》

9.4.1 天圣二年（1024年）正月二十五日，翰林学士、权三司使事李谘言：“伏见《条制》，文武官该告谢者，须隔日先申阁门。窃缘在京监左藏库、三粮料、商税、曲院及司录参军、两赤知县并皆告谢。若以侍从近臣一例隔日关报，实恐有伤国体。欲望自今应大两省以上、三司使副、知开封府凡受恩命差遣，并许当日告谢。”从之，其刺史、税门使以上亦如此例。（《宋会要》，仪制九·告谢之3，第3434页）

9.5《贡举条制》

9.5.1 天圣七年（1029年）十一月十九日，上封者言：“《贡举条制》：进士、诸科如显无户籍，及虽有户籍久离本贯者，许召官委保就试，仍于卷首具标本贯、寄应二处。若虽无田业、见存坟域，久居旧贯，显有行止，亦许召保取应。伏见近年每开科场，外州举人竞凑京府，寄贯召保，多违此条。昨庐州进士王济因兄修已于祥符县买田十八亩，投状之际，遂以修已为父。又有王宇亦贯济户，遂以济之三代为己名讳。不顾宪章，换易亲讳，亏损孝行，无甚于兹。欲请自今开封府进士，除旧有户版十年以上、见居本贯者许投状，未及十年或虽已十年，不居本贯者，无得接状。其在京无户之人，许先经县投状，责乡耆保验。委是久居别州，亦无户籍者，结罪书状，委县官访验行止，无有虚矫，保明上司录司告示，召保取解。其外州先有户籍之人，各勒就本贯请解，与理旧举数场第。如乡里别无亲戚，但有坟墓，亦许召保取解。如旋置田土，妄召保官，寄立户名，罔冒乡县，一事非实，许人纠告。应干犯人，皆以违制一等科罪。举人有荫，亦勿听赎。”（《宋会要》，选举一五・发解之8，第5549页）

9.5.2 景祐四年（1037年）三月七日，御药院言：“内降丁度奏《贡举条制》，御试举人就集英殿考校，位次关防事件，并须改易。”诏仍旧崇政殿试。（《宋会要》，选举八・举士・亲试杂录之33，第5425页）

9.5.3 庆历四年（1044年）二月七日，诏以上清宫田园邸店赐国子监。《长编》：庆历四年十一月戊午朔，判国子监余靖言：“臣伏见先降敕命，并《贡举条制》，国子监生徒听读满五百日，方许取应。每十人之中，与解三人。其诸路州、军、府、监并各立学，及置县学，本贯人并以入学（所）［听］习三百日，旧得解人百日已上，方许取应。后来虽有敕命，曾到省举人与免听读，内新人显有事故给假，并与勘会除破。其如令非画一，难以久行。切以国家兴建学校，所以（将入）〔奖〕育俊秀而训导之，由是广学宫，颁学田，使其专心道义，以思入官之术。伏缘朝廷所赐庄园、房钱等，赡之有限，而来者无穷。若偏加禀给，则支费不（克）［充］；若自营口腹，则贫窭者众。日有定数，不敢不来，非其本心，同于驱役。古之劝学，初不如此。臣以为广黉舍，所以待有志之士；去日限，所以宽食贫之人。国家有厉贤之风，寒士得带经之便。欲乞应国子监、太学生徒，如有情愿听读满五百日，即依先降敕命，将来取解，十人之中与解三人。其不满五百日者，并依旧额取解应举。所有开封府及天下州军立州学处，亦取情愿听读，更不限以日数。所贵寒士营生务学，不失其所。”乃诏罢天下学生员听读日限。（《宋会要》，职官二八・国子监之4，第3752页）

9.5.4 庆历四年（1044年）六月二十八日，详定贡举条贯所言：“准诏删定《新贡举条制》，取解进士、诸科国子监、开封府为保人数。欲令诸处取解进士、诸科举人，每三人已上为一保。国子监、开封府五人已上为一保，内须有书到省举人。”从之。（《宋会要》，选举一五・发解之12，第5550页）

9.5.5 治平元年（1064年）六月九日，礼部贡院言：“准皇祐四年诏，娶宗室女补官者不得应举。按《贡举条制》，进纳人及工商杂类有奇才异行者亦听取解。今宗室婿皆三世食禄，有人保任，乃得充选，比工商杂类纳（才）［财］受官流品为胜，岂可以连姻皇族遂同赃私罪戾之人？乞许其应举，以广求贤之路。”从之。（《宋会要》，选举一四·举士十六·鏁厅之13，第5536页）

9.5.6 熙宁二年（1069年）二月，臣僚上言：“乞今后天下州郡学举人欲补试于国子监，并（元）［先］于本处投状，官司契勘合得《贡举条制》，及体访无伪滥，即给公凭；令自赴监，更不用在京保官。此稍近乡举里选之法。”诏国子监按验不虚，令五人至三人递相委保，如是假冒，甘勒出科场，即与施行。其品官之家随侍子弟，即于随侍处依此召官委保。（《宋会要》，职官二八·国子监之8，第3756页）

9.5.7 绍熙元年（1190年）五月二十四日，臣僚言：“《贡举条制》，最为严密。向使有司一一举行，必无轻犯条制者。谓如结保，必须相识。使其人果是庸缪，或假手以得解，或多赀以经营，或扶人以同行，为相识者岂不知之？然而同保之罚不行，故轻易与之结保，此当严者一也。保官必须批书印纸，使其人果伪冒，或不相谙委，或所牒大多，自合审细。然而保官之罚不行，故轻易与之为保，此当严者二也。所差帘外官，如封弥、监门必得精明稍有力量之人，庶可检柅吏奸。内封弥官尤为紧切，仍须两员，同共机察。臣窃闻封弥官亦有周旋亲故之弊，或取他人文卷之佳者，改移入亲故卷内。若得两员，庶相牵制，此当严者三也。所差巡逻之人，必令皇城司拣选不生事而亦不敢为奸弊者，庶免反为道地，此当严者四也。其誊录人，自今须十名为一甲，并要亲身，不许和顾代名。如有代名之人，许甲内自陈。其不首者，他日事发，并同犯人坐罪。”从之。（《宋会要》，选举一·贡举之22，第5259页）

9.5.8 政和元年（1111年）八月二十六日，臣僚言：“伏见诸路郡守许补医学博士、助教，明着格令。京府、上中州，各一人；下州一人，选本州医生，以次选补。仍许依禄，令供本州医职。岂容额外补授，滥纡命服，以散居他郡！臣体访诸路州军不遵条格，名以守阙为名，或酬私家医药之劳，或徇亲知非法之请，违法补授，不可胜数。况《贡举条制》，有官锁试，而医学博士、助教与焉……”从之。（《宋会要》，崇儒三·医学之15，第2795页）

9.5.9 治平四年（1067年）正月二十二日，礼部贡院言：“看详欲将《贡举条制》内解额，自后不得增添者，即用为旧额，依今施行。若曾经增添者，将新添人数并在《贡举条制》元额内，通计为数，然后于四分中解三分，永为定额。”又：“勘会逐州军解额人数不等，其间有二人、三人、五人、六人、七人者，虽折分数，今欲乞应请旧额四分中解三分，不满一人者并解一人。假设旧额十人，今四分中解三分，合解七人外，更有余分，即许解八人之类。每岁贡举，于三月一日起请。今既指定三年一开，欲乞除合开科场之岁依旧三月一日起请外，其余二年更不申请。”并从之。（《宋会要》，选举三·科举条制之41，第5306页）

9.5.10 嘉定元年（1208年）四月三日，臣僚言：“窃观《贡举条制》，应牒赴国子监就试者，有差而所牒止于同姓，至于被差考校，凡就试之士，法所应避者，同姓则不以服属为限。若母妻姊妹之缌麻已上亲，皆牒赴别头所，以防闲人情，杜绝私意。迨省试奏名之后，见任两省、台谏、侍从亲族，必具名来上，俾于后省覆试，以开寒畯之涂，以防权要之弊。奏名之士，陛下亲策于廷，访以治道去取之意，虽尽出于陛下，而有初考、覆考、编排、详定等官。其子弟亲属预试者，元无避亲之法，间或名在前列，往往人得而议之，而彼亦安于无法，不自以为私。乞自今廷对，当做后省覆试之制，行下礼部，开具应在朝之官有服亲族过省，见今趁赴廷对者，并与免差。庶几杜绝幸门，昭示公道。”从之。（《宋会要》，选举八·举士·亲试之22，第5419页）

9.5.11《通志·艺文略第三》中有“《贡举条制》，五卷”。[1]

9.5.12《贡举条制》十二卷，至和二年。（《宋史》卷二百四，“艺文志三”，第5139页）

《贡举条制》在《宋会要》中出现了35次，时间从北宋初期一直到南宋后期，是宋朝用“条制”称法律篇名最稳定的法律。

9.6《开封府国子监发解条制》

9.6.1 景祐四年（1037年）八月十日，翰林学士丁度等上准诏修定《开封府国子监发解条制》，乞付贡院。从之。（《宋会要》，选举一五·发解之10，第5549页）

---

① 郑樵撰：《通志·艺文略》，王树民点校，中华书局1995年版，第1558页。

9.7《铨司举官条制》

9.7.1 康定元年（1040 年）九月二十四日，权同判吏部流内铨吴育言：“《铨司举官条制》内有曾犯赃私罪不许奏举，今请应选人曾犯赃私罪除情理重者无复在官。若所犯稍轻，叙用后经两任别无私罪，显有材能者，并许奏举磨勘，比类流外选人换补班行。其选人历任内有踰滥罪名者，更不引见。”诏令内外制臣僚与判铨官共同定夺以闻。遂请选人曾犯赃罪只是受汤药酒食果茹之类，身非监临，计赃不满匹；买卖剩利非彊市者杖六十以下罪，后来两任不曾有过私罪者，举主十人，许与磨勘。曾犯踰滥，若只因宴饮伎乐祗应偶有踰滥，须经十年已上，后来不曾更犯罪，并与引见。从之。（《宋会要》，职官一一 · 审官西院之 13，第 3316 页）

9.8《服纪亲疏在官回避条制》

9.8.1 康定二年（1041 年）正月二十八日，翰林学士丁度等言：“详定《服纪亲疏在官回避条制》，请本族缌麻以上亲及有服外亲，并令回避，其余勿拘。”从之。（《宋会要》，职官六三 · 避亲嫌之 3，第 4755 页）

9.9《科场条制》

9.9.1 嘉祐三年（1058 年）三月十一日，礼部贡院言：“奉诏再详定《科场条制》，应天下进士、诸科解额各减半，明经别试，而系诸科解名，无诸科处详解一人。开封府进士二百一十人，诸科一百六十人；国子监进士一百人，诸科一十五人。明经各一十人，并为定额。礼部奏名进士二百人，明经诸科不得过进士之数。别头试每路百人解十五人，五人以上解一人，不及五人送邻路试。明经试大经、中经、小经，试墨义大义各二十道，贴小经十道，试二三道，共为八场，仍不理场第。御试明经大义十道，大经四，中经、小经各三。凡户贯及七年者，若无田舍而有祖父坟者，并听。”从之。（《宋会要》，选举三 · 科举条制之 36，第 5303—5304 页）

9.9.2《通志 · 艺文略第三》中有“《元祐新修制科条》，一卷”。①

---

① 郑樵撰：《通志 · 艺文略》，王树民点校，中华书局 1995 年版，第 1558 页。

结合9.9.1条，9.9.2条记载的应是《新修科场条制》。《科场条制》在嘉祐三年和元祐年间分别被修撰过。

9.10《官告条制》

9.10.1 皇祐四年（1052年）九月八日，诏颁《官告条制》：自亲（皇）［王］、宰臣至皇侄、皇孙，并依旧制。观文殿、资政大学士，如文明殿学士及端明殿学士、侍讲学士、阁学士、阁直学士、太子宾客、太常卿监、国子祭酒、司天监、初除驸马都尉、四夷授郎将已上、蕃官授正副军主并首领及（花）［化］外刺史身故子孙承袭以银青阶知州，并如三司使制。客省引进、阁门副使并如太常博士以上制。内藩方都指挥使以上有带遥郡者用锦褾。五府少尹、通事舍人、两使判官、正畿令、防御、团练使、率府率、副率、诸色京官、检校官至员外郎以上、三司孔目勾、勾覆官、诸司职掌官至诸州别驾、化外授上佐幕职州县官、指挥使至副兵马使、衙前职员等，并如升朝官制。内枢密副承（主）［旨］有至将军以上、中书堂后官至太傅以上、虞候加至爵邑者，并用大绫纸、大锦褾、大牙轴。正员京官用小绫纸、小角贴金轴头、红地黄花锦褾、青带。诸色京官、京主簿、诸州长史、司马、中书录事、班行借职及诸军指挥使以下、翰林待诏、书直、书艺、医官，并如京官灵台郎制。内礼直、法直授两省主事及勒留官制别驾者、诸州幕职州县官检校官至员外郎者、供奉官至指挥使以下检校至尚书者、翰林待诏等升朝官正官者，并用中绫纸、锦褾，牙轴。指挥使加爵邑，即更用大绫纸、锦褾、牙轴。诸司勒留官，诸州衙前官将，并用小绫纸。应宫掖并公主，并遍地销金斜花凤子罗纸。内命妇，销金罗纸。郡、县主，用金花罗纸。国夫人，销金团花窠罗纸。郡夫人、郡君、县太君，及遥刺正郎以上妻，并用五色销金常使罗纸。命妇，玉色素罗纸。其细衔自仆射、尚书、丞郎以下见任者，令兵部、司封并于官预先书押，以备中书取索。应曾降麻授恩者赠官，并用白背绫纸、大牙轴、法锦褾。降麻授官人才薨追赠者，用白背五色绫纸、银钩晕锦红里褾、大牙轴。见任将相正一品及二府追封三代，东宫一品以下，虽常任将相，各依本品追封。其曾祖母、祖母。惟中书门下二品、平章事正一品、使相封国大夫人外，余封郡大夫人止，已有国号者依旧追封。应百官为父赠官，以父曾降麻授官，赠官用白背绫纸。及赠至大将军已上，并用大绫纸七张。升朝官，中绫纸。诸寺监丞、大理评事，小绫纸，并各五张。应封赠文官曾任大卿监、丞郎、给谏；武臣大将军、遥郡阁使以上者，及因子孙追赠官至一品者，并用大绫纸七张，大牙轴、法锦褾。除大学士已上者用十七张外，但用七张、五张为差。从权判尚书都省丁度等所议也。（《宋会要》，职官一一·官告院之，第3352页）

此史料把《官告条制》法律内容具体抄录下来，是宋代告身法律的详法。

9.10.2 熙宁七年（1074年）五月二十二日，舍人院言："检会《官告院条制》，大学士已上并用白背五色绫纸、法锦褾；观文殿学士只用大绫纸、法锦褾、大牙轴、色带子。缘观文殿学士乃在资政殿大学士之上，是旧制误定，乞用知大学士例。"从之。（《宋会要》，职官一一·官告院之67，第3354页）

比较两条材料，知此法律名称应是《官告条制》，这里多了个"院"字。

9.11《畿县保甲条制》

9.11.1 熙宁三年（1070年）十二月九日，中书门下言："司农寺定到《畿县保甲条制》：凡十家为一保，选主户有心力者一人为保长；五十家为一大保，选主户最有心力及物力最高者一人为大保长；十大保为一都保，选主户最有行止、心力材勇为众所伏，及物力最高者二人为都、副保正。凡选一家两丁以上，通主客为之，谓之保丁。但二丁以上皆充，单丁、老幼、病患、女户等，不以多少，并令就近附保。两丁以上，更有余人身力少壮者，并令附保。内材勇为众所伏及物力最高者，充逐保保丁。除禁兵器不得置外，其余弓箭并许从便自置，习学武艺。每一大保，逐夜轮差三人，于保分内往来巡警，遇有贼盗，画时声鼓告报，大保长以下同保人户，实时前去救应追捕。如贼入别保，即递相击鼓，应接袭逐。每捕捉到盗贼，除编敕已有赏格外，如告捉到窃盗徒以上，每名支赏钱三千，杖以上支一千，以犯事人家财充。如委实贫阙，无可追理，即取保矜放。同保内有犯，除强窃盗、杀人、放火、强奸、略人、传习妖教、造畜蛊毒，知而不告，并依律伍保法科罪律。其余事不干己者，除依律许诸色人陈告外，皆不得论告。若知情不知情，并不科罪。其《编敕》内邻保合坐罪者，并依旧条。及居停强盗三人以上，经三日，同保内邻人虽不知情，亦科不觉察之罪。保内如有人户逃移死绝，即仰具状申县。如同保人户不及五户，即听并入别保。其有外来人户入保居止者，亦便仰申县，收入保甲。本保内户数虽足，且令附保收系，候及十户，即却令别为一保。若一保内有外来行止不明之人，须觉察收捕送官。逐保各置牌拘管人户及保丁姓名。如有申报本县文字，并令保长轮差保丁赍送。仍乞选官先于开封府祥符县晓谕人户，躬亲团成保甲，不得别致搔扰。候成次序，以次差官诣逐县，依此施行。”并从之。（《宋会要》，兵二·义勇保甲之7，第8623页）

9.12《提举训练条制》

9.12.1 熙宁十年（1077年）十二月二十七日，知桂州赵卨言：“奉诏相度邕、钦州峒丁。自极边、次边、腹内，分左江、右江州峒。定到《提举训练条制》，赏罚支赐事节，各以条目来上。”并从之。（《宋会要》，兵四·峒丁之34，第8695页）

9.13《国子监太学条制》

9.13.1 元祐元年（1086年）五月十二日，诏试给事中兼侍讲孙觉、试秘书少监顾临、通直郎充崇政殿说书程颐同国子监长贰看详修立《国子监太学条制》。（《宋会要》，职官二八·国子监之11，第3760页）

9.13.2 元祐元年（1086年）六月二十八日，看详编修国子监太学条制所状：“准朝旨，同共看详修立《国子监太学条例》，及续准指挥，国、律、武学条贯令一就修立外，检准《官制格子》：国子、太学、武学、律学、算学五学之政令。今取到国子监合干人状，称本监自官制奉行后来，检坐上件格子，申乞修置算学。准朝旨，踏逐到武学东大街北，其地堪修算学。乞令工部下所属检计修造。奉圣旨依。今看详上件算学已准朝旨盖造，即未曾兴工。其试选学官，未有人应格。切虑将来建学之后，养士设科，徒有烦费，实于国事无补。令欲乞赐详酌寝罢。”诏罢修建。（《宋会要》，崇儒三·算学之2，第2788页）

9.13.3 元祐元年（1086年）五月戊辰，诏修立《国子监太学条制》。（《皇宋通鉴长编纪事本末》卷九十四，第1625页）

9.14《元丰算学条制》

9.14.1 崇宁三年（1104年）六月十一日，都省札子："切以算数之学，其传久矣。《周官》大司徒以（卿）［乡］三物教万民而宾兴之，三曰六艺，礼、乐、射、御、书、数。则周之盛时，所不废也。历代以来，（囚）［因］革不同，其法具（官）在。神宗皇帝追复三代，修立法令，将建学焉。属元祐异议，遂不及行。方今绍述圣绪，小大之政，靡不修举，则算学之设，实始先志。推而行之，宜在今日。今将《元丰算学条制》重加删润，修成（刺）［敕］令，并《对修看详》一部，以《崇宁国子监算学敕令格式》为名，乞赐施行。"从之。都省上《崇宁国子监算学书学敕令格式》，诏："颁行之，只如此书可也。"（《宋会要》，崇儒三·算学之2，第2788页）

9.14.2 崇宁三年（1104年）遂将元丰算学条制修成敕令。（《宋史》卷一六四，"职官四"，第3880页）

从上面两条史料看，元丰年间修成的称为《算学条制》，崇宁三年开始把《算学条制》按敕令格式法律形式分别修撰。这里可以看出"条制"具有"法律"的一般意义。

9.15《小学条制》

9.15.1 政和四年（1114年）十二月颁《小学条制》。（《宋会要》，崇儒一·宗学之3，第2728页）

9.15.2 政和四年（1114年）十二月四日，大司成刘嗣明等言："近降《小学条制》：小学生八岁能诵一大经，日书字二百，补小学内舍下等。诵二经，一大一小，书字三百，补小学内舍上等。十岁加一大经，字一百，补小学上舍下等。十二岁以上，又加一大经，字二百，补上舍上等。即年未及而能书诵及等者，随所及等补。今欲季一试，申监定日。欲每一大经挑三十通，小经挑二十通，及七分已上者，为合格……"从之。（《宋会要》，崇儒二·郡县学之3，第2777页）

此史料详细记载了《小学条制》的内容，是了解此法律的重要材料。

9.16《学制》

9.16.1《通志·艺文略第三》中有"《崇宁学制》，一卷"。①

9.16.2《崇宁学制》一卷。徽宗学校新法。(《宋史》卷二百四，"艺文志三"，第5143页)

9.16.3 郑居中：《学制书》一百三十卷。(《宋史》卷二百四，"艺文志三"，第5144页)

9.16.4《通志·艺文略第三》中有"《大观新修学制》，三卷"。②

从上面四条材料可知，宋徽宗时制定过《崇宁学制》和《大观学制》等学校类教育法律，其中郑居中的《学制书》应是学制类法的一种名称。

9.17《元祐新修差官出使条制》

9.17.1《通志·艺文略第三》中有"《元祐新修差官出使条》，三卷"。③

此法律从名称上看应缺一字，具体应是《元祐新修差官出使条制》。

9.18《御史台仪制》

9.18.1 张知白：《御史台仪制》六卷。(《宋史》卷二百四，"艺文志三"，第5132页)

9.19《服制》

9.19.1 韩挺：《服制》一卷。(《宋史》卷二百四，"艺文志三"，第5134)

此条中的《服制》难以确定是一种法律称谓还是针对丧服制度的一种考述。

① 郑樵撰：《通志·艺文略》，王树民点校，中华书局1995年版，第1558页。

② 同上。

③ 同上书，第1557页。

9.20《内东门仪制》

9.20.1 宋绶:《内东门仪制》五卷。(《宋史》卷二百四,“艺文志三”,第5136页)

9.21《仪制》

9.21.1 李淑:《仪制》十二卷。(《宋史》卷二百四,“艺文志三”,第5136页)

9.21.2 梁颢:《仪制》十二卷又并《目录》十四卷。(《宋史》卷二百四,“艺文志三”,第5136页)

9.21.3《仪制》四卷。(《宋史》卷二百四,“艺文志三”,第5136页)

9.21.4 康定二年(1041年)十月,少府监言:“每大礼,朝服法物库定百官品位,支给朝服。今朝班内有官卑品高及官高品卑者,难为临时参定,或恐差舛,有违典礼。望下礼院详定百官朝服等第,令本库依官品支给。”诏礼院参酌旧制。礼院言:“……又准《仪制》:以中书令、侍中、同中书门下平章事为宰臣,亲王、枢密使、留守、节度使、京尹兼中书令、侍中、同中书门下平章事为使相,枢密使、知枢密院事、参知政事、枢密副使、同知枢密院事、宣徽南北院使、签书枢密院事并在东宫三师之上。以上品位、职事,请准上条给朝服,宰臣、使相则加笼巾、貂蝉,其散官勋爵不系品位,止从正官。后条余品准此。……又准《阁门仪制》:节度使、文明殿学士、资政殿学士、三司使、翰林学士承旨、翰林学士、资政殿学士、端明殿学士、翰林侍读学士、侍讲学士、龙图(阁)[阁]学士、枢密直学士、龙图阁学士、枢密直学士,并次中书侍郎,节度观察留后并次诸行侍郎,知制诰、龙图、天章阁待制、观察使并次中书舍人。内客省使次太府卿,客省使次将作监,引进使、防御、团练、三司副使并次左右庶子。以上品位、职事,请准上条给朝服。……又准《阁门仪制》:四方馆使次七寺少卿,诸州刺史次太子仆,【谓正任不带使职者。】东西上阁门使次司天少监,客省、引进、阁门副使并次诸行员外郎。以上品位、职事据令文但言四品、五品,亦不分班叙上下。今请自尚书省五品以上及诸州刺史以上,准上条给朝服。其诸司五品以上实有官高品卑及品高官卑者,合自诸司五品、国子博士至内给事并依六品以下例，去剑、佩、绶。御史则冠獬豸，衣有中单。其诸司使、副使以下至阁门祗候，如有摄事合请朝服者，并同六品。”诏从之。（《宋会要》，舆服四·朝服之12，第2237—2238页）

从此史料看，《仪制》在内容上与“令”类十分相似，所以很多时候又会称为《仪制令》，或《仪制》。

9.22《三省枢密院六曹条制》

9.22.1《遂书堂书目》记载元丰五年（1082年）二月制定《元丰三省枢密院六曹条制》。

9.22.2 元丰五年（1082年）二月癸丑朔，颁《三省枢密六曹条制》。（《宋史》卷十六，“神宗三”，第306页）

从上可知，两条史料所记载的法是同一法律，但在名称上略有不同。

9.23《国子监条制》

9.23.1 元祐元年（1086年）五月戊辰，命程颐同修立《国子监条制》。（《宋史》卷十七，“哲宗一”，第322页）

9.24《亲试进士条制》

9.24.1 又定《亲试进士条制》。（《宋史》卷一五五，“选举一”，第3610页）

上面称为“制”的在性质上也是法律的一种，在宋朝大量与礼有关的规范会称为“制”，在性质上是一种法律。

9.25《都亭西驿条制》

9.25.1 熙宁五年（1072年）四月乙亥，祕书丞、集贤校理、检正中书户房公事章惇删修《都亭西驿条制》。夏人久不朝，故《西驿条制》重复杂乱，承用者无所适从，至是复修贡，故有是命。（《长编》卷二三二，“熙宁五年四月乙亥条”，第5638页）

在《曾公遗录》卷七中记载元符三年二月癸卯条下“再对，令编修国信条例所重修《西驿条》”的记载。此处《西驿条》应是驿法中的一种。此法律有时又称为《都亭西驿条贯》（见本章5.14条）。

上面共有25种“条制”，具体是《幕职州县官招携户口旌赏条制》《贡院条制》《祠祭行事官条制》《阁门条制》《贡举条制》《开封府国子监发解条制》《铨司举官条制》《服纪亲疏在官回避条制》《科场条制》《官告条制》《畿县保甲条制》《提举训练条制》《国子监太学条制》《元丰算学条制》《小学条制》《学制》《元祐新修差官出使条制》《御史台仪制》《服制》《内东门仪制》《仪制》《三省枢密院六曹条制》《国子监条制》《亲试进士条制》《都亭西驿条制》。分析这些“条制”的含义，具有法、法律等含义，具体到宋朝法律形式的分析上，“条制”具有敕、令、格、式及敕令格式等不同含义。

十　其他类型的法律篇名数量及特征

本章详细考察了9种宋朝属于通用法律术语下的9类立法成果的法律篇名。宋朝立法中使用的法律名称，除敕令格式外，以这9种为名的法律成果最多。从本章看，9种法律篇名分布情况如下：申明有69件，断例有17件，指挥有20件，看详有23件，条贯有35件，法有112件，条制有25件，条例33件，事类8件。

上面9种法律术语体现出来的法律形态与律、敕、令、格、式五种分类下的法律形态分类体系是不同的。这9种法律术语是除以上五种术语外使用最多的。认真考察分析，9种术语中能独立成为一种法律形式的只有申明、指挥、看详、断例，是一种法律的同义词的有法、条贯、条制；还有一种较为特殊，就是例和事类。“例”在宋朝法律术语中含义较为特殊，有些开始演化成一种法律形式术语，如条例、体例、则例等，有些“例”仅是法、法律的同义词。

第一类是具有法律形式含义的术语，具体是申明、指挥、看详、断例四种。它们在宋朝法律形式种类上与律敕令格式存在本质的不同，因为前五类的划分是按法律规范的性质和调整对象划分，而申明、指挥、看详和断例在划分标准上较为复杂，每种都有自己的特点，但与律敕令格式都存在差别。申明在形成上主要是以效力及发布形式为标准，在法律性质上存在刑名和制事两类。指挥作为一种法律形式，主要是依据效力及颁布时的形式，在内容性质上没有按律敕、令、格式那样十分严格的标准划分。看详是编撰法律时各种立法依据、说明整理归类的产物，其归类的标准更为粗造，载体形式是各种政令、个案的汇编。断例主要归类标准是来源、载体形式和性质。断例在来源上是司法的产物，载体形式是个案，即判例，性质上以刑事法律为主体。从上面可知，宋代此类法律形式在性质、效力、产生形式上都存在不同。从法律形式标准上看，这四种法律形式还处在形成之中，但相比较申明和断例已经较为成熟。

第二类有法、条制、条贯。三者都不是表达法律形式的术语，本身更没有构成法律形式的种类。其中“法”的含义较为复杂，至少有以下几种：首先，“法”就是“法律”的同义词，有时具有法典的含义，如《吏部七司法》按现在的通用语就是《吏部七司法典》的当时称谓，此法是敕令格式等各种法律形式的总称。其次，法就是敕令格式等法律形式的一种通称，有时某某法就是某某格、某某敕等的一种称谓。条贯、条制是一种“法”的别称，具有与“法”相同的含义。

第三类中例及下各类条例的含义较为特殊，有时“例”就是法律形式，有时是法律通用语，有时还表达一种法律形成的过程、体现和术语，有些“例”还具有判例的含义。详细可见第六章。

事类在宋代不是法律形式，也不是“法律”、“法”等术语的他称。事类在宋朝是法律编撰时的一种体例，是一种法典编撰技术，基本特征是把各种法律形式按照调整对象的性质以“门”为纲进行重新汇编。

第六章　宋朝例、断例和判例问题考辨[①]

宋朝法律形式中存在判例法，或说是判例制度是学术界的基本共识。[②] 然而，在宋朝判例的研究依据上，不同学者选择的依据差异却很大。有学者通过宋朝个人编的疑难案件侦查集，如《疑狱集》《折狱龟鉴》《棠阴比事》等来论证宋朝判例问题；[③] 有学者通过《明公书判清名集》来论证宋朝判例问题；[④] 还有学者通过考察宋朝的"例"来研究宋朝

---

① 本章主要内容以项目阶段性成果在《云南师范大学学报》(2016 年第 1 期) 上以《宋代判例制度考辨》发表过。

② 如国内法史学界的代表人物：张晋藩、何勤华、武树臣、杨一凡、刘笃才、戴建国等都认为宋朝存在判例法，甚至认为宋朝是中国古代判例法发展的高峰期。如戴建国指出"进入宋代以后，判例的使用日益普及"。(《唐宋时期判例的适用及其历史意义》，载《江西社会科学》2009 年第 2 期) 在通行的教材中这种观点更为普遍。

③ 代表人物有汪世荣、何勤华等。他们在考察宋朝判例法时主要以和凝的《疑狱集》、郑克的《折狱龟鉴》、桂万荣的《棠阴比事》和《名公书判清明集》等作为考察对象。具体参见：何勤华的《宋代判例法的研究及其法学价值》(载《华东政法大学学报》2000 年第 1 期)、汪世荣的《判例法在中国传统法中的功能》(载《法学研究》2006 年第 1 期) 和《中国古代的判例研究：一个学术史的考察》(载《中国法学》2006 年第 1 期) 等。何先生在对以上书进行分析后，对所体现出的"判例法"意义采取谨慎立场。他指出"宋代的判例法研究作品，具有强烈的刑侦书籍的特色。无论是《疑狱集》《棠阴比事》，还是《折狱龟鉴》，都收集分析了大量的破案故事，而不是判决书。带有比较充分的判决要旨的并不是很多"。

④ 学术界以《名公书判清明集》作为分析对象研究宋朝法制情况一直是学界的热点。查中国知网，有 76 篇明确以此为中心考察宋朝各类法律问题，除此之外，还有大量的文章以此为对象展开宋朝法律问题研究。如王志强就通过此书展开自己的学术思考，代表论文有《南宋司法裁判中的价值取向——南宋书判初探》(载《中国社会科学》1998 年第 6 期)。在法律史研究中，选择某部由某位士大夫官僚选编的司法法律材料作为研究基点是十分危险的事。因为中国古代士大夫官僚在选编司法材料时往往把体现司法核心过程的内容忽略，有些官僚士大夫所作的司法判决书从专业角度来看是不合格的，而这些东西作为"精华"却被选编出来。对此，五代时期后唐长兴二年 (931 年) 八月十一日，

的判例问题;[1] 有学者通过《断例》立法成果来研究宋朝的判例。[3] 这些不同依据给学术界对宋朝判例制度研究造成了争议。认真考察这些争议会发现，问题在于材料选择、概念分析上。本章通过对现存宋朝基本法律史料《宋会要》和《续资治通鉴长编》等对宋朝例的种类、判例制度的结构和断例的性质等问题进行考察，以厘清宋朝法律结构中例、判

（接上页）大理卿李延范在奏折中引太和四年（480年）十二月三日刑部员外张讽奏文，张讽就批判过文人判词的问题。“大理寺官结刑狱，准旧例，自卿至司直诉事，皆许各申所见陈论。伏以所见者是消息律文，附会经义，以谳正其法，非为率胸臆之见，骋章句之说，以定罪名。近者法司断狱，例皆缉缀词句，漏略律文。且一罪抵法，结断之词，或生或死，遂使刑名不定，人徇其私。臣请今后各令寻究律文，具载其实，以定刑辟。如能引据经义，辨析情量，并任所见详断。若非礼律所载，不得妄为判章，出外所犯之罪。”（《五代会要》卷16，“大理寺”，上海古籍出版社2006年版，第271页。）这里揭示的问题是很多官员编的司法书中的通病，在专业司法人员的眼中是不合格的。

① 代表人物有郭东旭、戴建国、王侃、马伯里等。郭东旭是学术界较早研究宋朝例的学者，他在《论宋代法律中“例”的发展》（载《史学月刊》1991年第3期）一文中指出宋朝例的来源有：断例、特旨和指挥。戴建国提出宋例可以分为行政例与司法例，其中断例是司法例，是判例，具体见他的《宋代法制初探》（黑龙江人民出版社2000年版）和《唐宋时期判例的适用及其历史意义》（载《江西社会科学》2009年第2期）等著作和论文。他的学生李云龙在《宋例研究》（上海师范大学2004年硕士论文）中对宋例展开了讨论，基本思想是在戴建国的立场下进一步展开，成为较有成就的成果。他们都把宋例分成：行政例和司法例，并且认为行政例是除断例外的其他例，如条例、格例、事例和则例等，自然在讨论宋朝判例制度时走向简单化。马伯里认为宋例是先例，也就是判例。在他的《从律至例：宋代法律及其演变简论》（载《宋代的法律与秩序》，中国政法大学出版社2010年版）中他指出“先例的作用在宋代日益增加。这些先例是中央政府对特定的案件或问题的裁决，不过名义上往往是由皇帝发布的决定，在宋代官员的判案过程中，这样的先例被越来越多地引用”。（第62页）王侃对宋例的看法与其他学者存在根本区别，他指出：宋例不是判例、不是法、不是法典、不是法律形式，例的属性是恤刑。（《宋例辨析》，载《法学研究》1996年第2期）细读他论文所引材料，虽然很扎实，但可以看出他在材料使用上存在顾此失彼的问题。

② 代表人物有戴建国。戴建国在《宋代法制初探》（黑龙江人民出版社2000年版）一书中专门研究了“断例”。在戴建国、郭东旭的《南宋法制史》中，他们认为“宋代的断例是一种断案通例”。（人民出版社2011年版，第19页）此外，在《唐宋时期判例的适用及其历史意义》（载《江西社会科学》2009年第2期）一文中也有重要讨论。日本学者川村康有《宋代断例考》一文，是日本学界研究此方面的重要代表作，但在文章中他没有对断例的性质做出明确的界定。（原载：《东洋文化研究所纪要》第126册，1995年。国内有中国政法大学法律史研究院编：《日本学者中国法论著选译》，中国政法大学出版社2012年版）

例、断例和判例制度的关系。研究宋朝的法律制度问题，若不对《宋会要》进行全面考察而得出结论，必然会存在问题。根据笔者研读，《宋会要》是整个宋朝主要法律史料的载体，全面反映了宋朝立法、执法和司法的详细情况，同时反映了宋朝整个法律体系的结构、术语的含义等。①

宋朝的“例”作为一种法律术语，有单独使用和联合使用两种形式，即“某某例”，或“某某条例”、“某某事体”、“某某格例”、“某某则例”和“某某体例”等。“例”在中国古代法律术语语境中与近代西方，特别是普通法系语境中使用的“判例法”没有必然联系，两者是在两种不同语境下形成的不同法律术语。“例”在中国古代，最早使用领域是经学。汉朝开始形成了经学研究，在经学中“例”是指在经学文本解释中形成的不同独立内容，被称为条例。在法律上，“例”主要是指对“律”、“令”等法律解释、补充的产物。现在学术界基本上把“例”分为行政例和司法例两种。“行政方面的例，种类甚多，有条例、事例、格例、侧例及各种特例，其中条例的法律地位最为最重”；“司法例，即判例”。② 这里把中国古代的例进行了分类，其中把行政例与条例、事例、格例和则例等同，把司法例与断例等同。③ 这种分类体系在中国古代每个朝代是否适用，在宋朝的法律体系中是否如此呢？通过笔者的分析和考察，发现这种分类存在合理性，但也存在不少问题。原因是中国古代每个朝代中条例、事例、格例、体例和则例并不都是现在行政法的判例，同时司法例也不必然会是判例，最典型的是元朝，“断例”虽然属于司法例，但并不全由判例构成，其中有大量成文法。同样，宋朝法律中，“断例”是司法例，但也不能得出“断例”就是判例。此外，条例、事例、格例、则例和体例等也不全是行政法。宋朝“体例”中大量内容

① 在宋朝法律史的研究中，一直存在对《宋会要》这部全面反映宋朝法律史的基础史料使用不足的问题。这种反映可以从马伯里的《宋朝法律与秩序》中文版翻译者在“后序”的表述中看出。“十分惭愧地说，除了《宋刑统》《庆元条法事类》《宋大诏令集》与《宋史·刑法志》曾略有涉猎外，对宋史的基本史料，如《长编》《建炎以来系年要录》等，我们都所知甚微。”这即说明了马氏书中使用材料的特点，也说明了法史学界对宋朝法律史研究中史料使用上的认识。

② 杨一凡、刘笃才：《历代例考》，社会科学文献出版社 2009 年版，第 79 页。

③ 这种立场成为宋例研究中的基本立场，如戴建国、杨一凡、刘笃才等先生都持有同样的立场。

是判例，或说是行政判例。① 为了厘清以上问题，本文将对宋朝法律中的条例、事例、格例、则例、体例和断例等内容进行考察，厘清宋朝诸例的含义和构成对象。当然，宋朝还有两个重要的概念，“旧例”和“故事”。它们构成了例的次种类。

对宋朝诸例不能简单得出某例就是行政法，或某例就是判例法的结论。宋朝有些例中存在判例是客观事实，并且宋朝判例可以分为行政判例与刑事判例，或准确地说，可以分为行政判例和司法判例两类。而构成行政判例和司法判例的主体，或说当时通用的称谓分别是“狭义例”、“体例”、“断例”、旧例和故事等。

一 宋朝“例”的种类

宋朝与例有关的术语主要有狭义例②、则例、条例、格例、体例、事例和断例等。这当中，狭义例、则例、条例、格例、事例在构成上以成文法为主要形式，而体例、断例和故事则多由具体个案和具体事件构成。体例、故事在宋朝还有条例、习惯等含义。

（一）则例

“则例”是宋朝较为常用的法律术语。《宋会要》中有 300 多处使用“则例”。《长编》中出现次数较少，仅有 20 次。从使用材料看，与《宋会要》中使用情况大体一致。考察“则例”使用中的各条材料，会发现

① 中国古代法律术语中最大问题是由于没有形成过系统的、稳定的法律术语体系和法律分类体系。究其原因是因为中国古代没有形成统一的法律教育和教材体系。虽然战国秦汉以来，很多法律术语含义越来越稳定，三国时期设立过律学博士。但由于古代官员，不管是司法官员还是行政官员，在职业生涯中都没有统一、完整的法学教育经历，导致官员在使用法律术语上较为随便和不统一。这是造成中国古代法律术语在理解上杂乱无序的重要原因。虽然律学的发展有较大的作用，但律学没有在法律术语体系上获得近代西方法律发展中那种稳定、独立的法律术语体系成就。如在最成熟的“律”和“令”两个概论上，在不同朝代、不同人员的使用中都多种多样。还有唐朝的“格”，同样是法律名称，《开元格》和《开成格》含义完全不同。五代天成元年（926 年）十月十一日御史台、刑部和大理寺在奏折中指出“若将《开元格》与《开成格》并行，实难检举”，原因是“《开元格》多定条流公事，《开成格》关于刑狱”。（《五代会要》卷九，“定格令”，上海古籍出版社 2006 年版，第 147 页）

② 本文把“例”分成广义上的例与狭义上的例。广义上的“例”就是“例”的通称，即各类例的通称；狭义上的例是相对于条例、格例、则例、事例和体例等次类例而言的“例”。

“则例”多是与钱财收支有关的规则、标准。① 这从《宋会要》中涉及“则例”时一种通用表述方式，即“依某某则例支破”的用语中可以看出。这种用语在《宋会要》中达到70多次。

1.1.1 元祐五年（1090年）九月二十五日，户部言：“勘会请给，粮料院、审计司只得拖历批勘，余并听太府寺指挥。仍令本寺指定，依某年月日条（试）［式］合支名目则例、月分、姓名、贯伯石斗钱数，下所属粮审院勘验批放。如系无法式，或虽有法式而事理疑惑，不能决者，即申度支取决。不得泛言依条施行，逐处亦不得承受。已上违者徒二年，仍不以赦降原减。”从之。（《宋会要》，职官二七·太府寺之16，第3718页）

分析1.1.1条中“合支名目则例”是太府寺中支出的具体项目和数额，即关于支出项目和数额的法律规定。

1.1.2 政和元年（1111年）五月十二日，详定重修敕令所言：“太医局状，奉议郎、太医局正程容（程）［陈］乞请给、序位、人从比附寺监丞体例施行。户部勘当，已得朝旨，依少府将作、军器、都水监丞则例支破，所有立班序位，欲比拟在都水监丞之下。”从之。（《宋会要》，职官二二·太医院之38，第3637页）

分析1.1.2条是要求对太医局人员工资进行立法规定，最后采用比附“少府将作、军器、都水监丞则例支破”，即按这三个机构人员工资等级支付。这里规定的是工资支付等方面的数量。

1.1.3 绍兴元年（1131年）正月十四日，诏：“诸路差随行在军兵，各许借衣。内禁军春、冬绢二匹，厢军等绢一匹。旧有衣粮文历人，合依元请则例；新给历之人，春、冬衣赐依出军例，并支一半。如一年不及元借数，即依所借则例。”（《宋会要》，职官二十七·粮料院之58，第3739页）

---

① “则例”在中国古代的含义较为稳定。这不仅从唐、五代的法律史料中可以看出，元朝也同样。对元朝的则例情况可以参见拙文《元代例考：以〈元典章〉为中心》。（载《内蒙古师范大学学报》2010年第5期）

这里“则例”是薪酬方面的数额规定。

1.1.4 绍兴三年（1133 年）九月十八日，诏：“仲湜、士从、士术、士籛月廪依令畤等例，特免一半折钱，并依尚书郎官则例支破本色”。（《宋会要》，帝系六·宗室杂录之 5，第 143 页）

分析 1.1.4 条材料是关于皇室成员月工资的支付，最后有依“尚书郎官则例支破”，即要求按尚书郎官的工资等级支付。这里的“则例”是工资规定。

从上面四条材料可以看出，“则例”所指的内容都是具体的数额、等级方面。下面这条材料是体现“则例”法律内容构成和特点的典型代表。

1.1.5 嘉定八年（1215 年）十二月十二日，殿前司言：“准枢密院札子，检会知梧州郑炎奏：‘比年以来，往往军帅多以胥吏备数，一（且）［旦］遽补官，未几又躐进，其奸则足以欺罔，其贪则足以刻剥，士卒之心不平，莫不深被其害。皆军帅狥一时之颜情，而不知军旅之为重。欲乞自今以往，胥吏非有军功，不许径补军官。’照得三衙、江上诸军胥吏，系于各军差拨充应，自后军帅倚为腹心，每遇差除，即乞改拨，随行不久，便与升差职事。虽有前项指挥，在朝无籍可考。合行措置，札付本司，开具本司及诸军统制、统领、将队司等处见今充役胥吏职位、姓名、所请钱米等数目，行下所属，令行置旁批勘，却减落兵籍。日后如遇开收升转，并仰具申枢密院。……今开具见管人数、职次、请给则例：马军司提点文字一名，见阙；点检文字元管二名，见阙一名，见管一名，正额效用、白身，日请食钱三百文，口食米三升，大礼赏二贯文例。诸案职级元管二名，见阙一名，见管一名，正额效用、白身，日请食钱三百文，口食米三升，大礼赏二贯文例。诸案：吏曹案，元管一十三人，见阙贴司一名，见管一十二人：主押二人，一名旧管效用、白身，日请食钱三百文，口食米三升，大礼赏二贯文例；一名额外效用、守阙进勇副尉，日请食钱二百五十文，米二升，大礼赏二贯文例。手分五人，一名正额效用、进勇副尉，日请食钱三百文，米三升，大礼赏二贯文例；一名额外效用、守阙进勇副尉，日请食钱二百五十文，米二升，大礼赏二贯文例；三名并系额外效用、白身，日请食钱一百文，米二升五合。每月折麦钱七百二十文，粮米三斗，春冬衣绢各二匹，冬加绵一十二两，大礼赏一十五贯文例。贴司见管五人，并额外效用、白身，日请食钱一百文，米二升五合。每月折麦钱七百二十文，粮米三斗，春冬衣绢各二匹，冬加绵一十二两，大礼赏一十五贯文例。兵马案，元管一十四人，见阙贴司二人，见管一十二人：主押二人，一名正额效用、守阙进勇副尉，日请食钱三百文，米三升，大礼赏二贯文例；一名额外效用、白身，日请食钱一百文，米二升五合。每月折麦钱七百二十文，粮米三斗，春冬衣绢各二匹，冬加绵一十二两，大礼赏一十五贯文例。手分见管六人，四人并正额效用、白身，日请食钱三百文，米三升，大礼赏二贯文例；二人并额外效用、白身，日请食钱一百文，米二升五合。每月折麦钱七百二十文，粮米三斗，春冬衣绢各二匹，冬加绵一十二两，大礼赏一十五贯文例。贴司见管四人，见阙二人，一名旧管效用、白身，日请食钱三百文，米三升，大礼赏二贯文例；一名额外效用、守阙进勇副尉，日请食钱二百五十文，米二升，大礼赏二贯文例；二人并额外效用、白身，日请食钱一百文，米二升五合。每月折麦钱七百二十文，粮米三斗，春冬衣绢各二匹，冬加绵一十二两，大礼赏一十五贯文例。仓推案元管一十三人：主押二人，内一名系权差典书孙再荣，时暂管干。见阙贴司二人，见管一十人。主押见管一名，正额效用、白身，日请食钱三百文，米三升，大礼赏二贯文例。手分见管五人，一名正额效用、进勇副尉，日请钱三百文，米三升，大礼赏二贯文例；一名系正额效用、白身，日请食钱三百文，米三升，大礼赏二贯文例；三人并额外效用、白身，日请食钱一百文，米二升五合。每月折麦钱七百二十文，粮米三斗，春冬衣绢各二匹，冬加绵一十二两，大礼赏一十五贯文例。贴司见管四人，见阙二人，二人并正额效用、白身，日请食钱一百文，米二升五合。每月折麦钱七百二十文，粮米三斗，春冬衣绢各二匹，冬加绵一十二两，大礼赏一十五贯文例。发递司手分一名，正额效用、白身，日请食钱三百文，米三升，大礼赏二贯文例。开拆司职级一员，正额效用、守阙进勇副尉，日请钱三百文，米三升，大礼赏二贯文例。主押二人，额外效用、白身，日请钱一百文，米二升五合。每月折麦钱七百二十文，粮米三斗，春冬衣绢各二匹，冬加绵一十二两，大礼赏一十五贯文例。手分见管二人，并额外效用、白身，日请食钱一百文，米二升五合。每月折麦钱七百二十文，粮米三斗，春冬衣绢各二匹，冬加绵一十二两，大礼赏一十五贯文例。转行司点检文字一员，额外效用、守阙进勇副尉，日请食钱二百五十文，米二升，大礼赏二贯文例。职

> 级一员，正额效用、白身，日请食钱三百文，米三升，大礼赏二贯文例。主押二人，一名正额效用、白身，日请食钱三百文，米三升，大礼赏二贯文例。中军一名，额外效用、守阙进勇副尉，日请食钱二百五十文，米二升，大礼赏二贯文例。手分见管六人，一名正额效用、守阙进勇副尉，日请食钱三百文，米三升，大礼赏二贯文例；二人并正额外效用，各日请食钱二百五十文，米二升，大礼赏二贯文例；一名额外效用、进勇副尉，日请食钱三百文，米二升，大礼赏二贯文例；二人并额外效用、白身，日请食钱一百文，米二升五合。每月折麦钱七百二十文，粮米三斗，春冬衣绢各二匹，冬加绵一十二两，大礼赏一十五贯文例。贴司见管六人，一名使臣守阙进勇副尉，日请食钱四百二十六文；一名额外效用、摄进勇副尉，日请食钱二百五十文，米二升，大礼赏二贯文例；四人并额外效用、白身，日请食钱一百文，米二升五合，每〔月〕折麦钱七百二十文，粮米三斗，春冬衣绢各二匹，冬加绵一十二两，大礼赏一十五贯文例。所有诸军统制、统领、将队司并旧司共一千三百七十八人，于内多是进牌内籍定正带甲、准备带甲备差人数。今来若行置旁分擘，减落兵籍，窃恐人数太多。欲将逐人请给，仍旧各军历内帮勘，照依条具到事理，立为定额，理充见管人数。其请给等各照逐人见请则例，令行置旁批勘。仍仰今后不许巧作名色，升差职事。如遇升转开收，申取朝廷指挥。”（《宋会要》，职官三二·马步军殿前司之二十，第3823—3825页）

材料1.1.5条中明确指出所开出的是“人数、职次、请给则例”，从具体的内容看，每条涉及三个内容：人数、职级和支付数额。“请给则例”是指具体支付的数额。这里反映了宋朝“则例”内容的特征。

总之，宋朝“则例”在形式上是一种成文法，在内容上主要是调整、规定政府各种各样的支付、收入、征纳赋税的等级、比例、数额等。所以，认为则例属于行政法规是有一定合理性的，但它不是判例法。

（二）事例

宋朝“事例”不是判例，而多指具体的法律规范。这一点与字面理解是有出入的。从《宋会要》看，“事例”内容不多，仅有25处材料使用此术语。《长编》中有5条材料中使用“事例”，其中有一条具有事件例的意思。[①] 下面材料是这方面的典型代表。

1.2.1 淳化二年（991 年）十一月二十三日，诏定降麻事例：宰臣、枢密使、使相、节度使特恩加官除授学士事例：银百两，衣着百匹，覃恩加食邑；起复例：起复银五十两，衣着五十匹。亲王以上有宣赐事例，更不重定。公主未出降，依亲王例宣赐。已出降，令驸马都尉管送。（《宋会要》，职官六·翰林院之 47，第 3180 页）

从 1.2.1 条看，“事例”规定的都是具体官员、特定人员在不同情况下封赐数额，内容与“则例”有相同之处。然而，材料中《降麻事例》是一种法律名称，即《降麻法》。

1.2.2 至道二年（996 年）四月，诏：“自今后初出官人便入初等幕职者，料钱止给七千。若已有入官资考，许请前任料钱合入令录入初等幕职者，依本州录事例给奉。”（《宋会要》，职官一一·吏部格式司之 77，第 3364 页）

1.2.3 景德四年（1007 年）十二月，诏：“契丹人使到阙，差赐御筵酒果及勾当使臣所得事例：马令于左骐骥院送纳，每匹左藏库支与钱二十千，令内侍省依此指挥，更不逐度降宣，其书并谢恩表状，缴送枢密院。”（《宋会要》，兵二四·马政杂录之 7，第 9113 页）

1.2.4 乾道四年（1168 年）十二月十一日，诏权主管殿前司公事王逵遇立春日并冬、年、寒食节，特与依见今主管马步军公事例，给赐幡胜、签赐。（《宋会要》，礼六二·赉赐二之 71，第 2154 页）

1.2.2 条规定“初入官人”不同情况下的薪金数额，这里“事例”是“某某规定”的意思。上面诸材料体现出来的“事例”都有法律规范的含义，没有“先例”的含义。可以得出“事例”在宋朝没有判例的含义，或者至少可以肯定事例不是判例构成的重要型类。

（三）条例

宋朝法律术语中“条例”基本含义是“法”“条文”“法律规范”等

---

① 元丰六年（1083 年）闰六月丁酉，阁门言：“使相已下至节度使除授，有引麻赐告书送事例，欲乞特赐比类学士、舍人院，亦行寝罢。”从之。（《长编》卷三三六，“神宗元丰六年闰六月丁酉条”，第 8111 页）

内容。从“条例”规范的内容看，涉及民事、行政、社会、刑事等方面。《宋会要》中有400多处使用到“条例”，《长编》中有150多处使用到“条例”。两处材料中条例的基本含义是相同的。

1.3.1 咸平五年（1002年）二月甲午，审刑院上《秦州私贩马条例》：“自今一匹杖一百，十匹徒一年，二十匹加一等，三十匹奏裁，其马纳官，以半价给告事人。”从之。先是，侍御史知杂事范正辞尝请于西北边市马，枢密院言冒禁不可许，诏特以厩马赐焉。（《长编》卷五十一，“真宗咸平五年二月甲午条”，第1117页）

1.3.2 大中祥符四年（1011年）六月，又令详定《诸州发解条例》附之。（《宋会要》，崇儒四·勘书之4，第2816页）

1.3.3 大中祥符七年（1014年）八月，诏定《押省马上京纲（宫）［官］殿侍抛死寄留决罚条例》。（《宋会要》，兵二一·估马司之18，第9058页）

1.3.4 景祐三年（1036年）正月丙午，四方馆使、荣州刺史夏元亨言，阁门仪制，自大中祥符中陈彭年详定后，续降诏敕，或有重复，请复编次之。命学士承旨章得象、知制诰李淑同详定。康定元年四月，修成《阁门仪制》十二卷，《客省条例》七卷，《四方馆条例》一卷。（《长编》卷一百十八，“仁宗景祐三年正月丙午条”，第2775页）

1.3.5 熙宁三年（1070年）八月十八日，诏殿前、马、步军司，今后大辟罪人，并如《开封府条例》，送纠察司录问。（《宋会要》，职官三二·殿前司之5，第3814页）

1.3.6 熙宁七年（1074年）六月乙未，命参知政事吕惠卿提举编修《司农条例》。（《长编》卷二百五十四，“神宗熙宁七年六月乙未条”，第6217页）

1.3.7 元丰元年（1078年）七月十一日，判司农寺蔡确请令三局丞、簿不妨事，兼删修本寺条例。从之。（《宋会要》，刑法一·格令一之11，第8223页）

1.3.8 元丰四年（1081年）二月八日，中书言：“诸房自来熟事不用条例文字事目欲令依旧外，如更有似此熟事文字并诸处奏请事件，引用条例分明，别无问难取索，便合拟进者准此。”从之。（《宋会要》，职官三·中书省之8，第3026页）

1.3.9 元祐元年（1086年）十二月庚子，广西经略安抚使、都钤辖司言："乞除桂、宜、融、钦、廉州系将不系将马步军，轮差赴邕州极边水土恶弱寨、镇、监、栅及巡防并都、同巡检等处，并乞依《邕州条例》，一年一替。其余诸州差往邕州永平、古万、太平、横山、迁隆寨镇及左、右江溪洞巡检，并钦州如昔峒驻札抵棹寨，并二年一替。其诸州巡检下一年一替。"从之。（《长编》卷三百九十三，"哲宗元祐元年十二月庚子条"，第9557页）

1.3.10 元祐八年（1093年）二月庚戌，户部言："勘会无为军昆山白矾元条，禁止官自出卖，昨权许通商，每百斤收税五十文。准《元祐敕》，晋矾给引，指住卖处纳税，沿路税务止得验引批到发月日，更不收税。其无为军昆山矾欲依《矾通商条例》。"诏依户部所申。（《长编》卷四百八十一，"哲宗元祐八年二月庚戌条"，第11436页）

1.3.11 元符二年（1099年）六月壬午，都提举汴河隄岸贾种民言，乞依元丰年及川茶条例，将监于郑、澶、滑等州界地方，依开封府界条例出卖官茶。从之。（《长编》卷五百十一，"哲宗元符二年六月壬午条"，第12161页）

1.3.12 元符二年（1099年）七月四日，中书舍人赵挺之详定编修《国信条例》。（《宋会要》，刑法一·格令一之18，第8231页）

1.3.13 绍兴元年（1131年）十一月二十六日，提举广南路市舶张书言言："契勘大食人使蒲亚里所进大象牙二百九株、大犀三十五株，在广州市舶库收管。缘前件象牙各系五七十斤以上，依《市舶条例》，每斤价钱二贯六百文，九十四陌，约用本钱五万余贯文省。欲望详酌，如数目稍多，行在难以变转，即乞指挥起发一半，令本司委官秤估；将一半就便搭息出卖，取钱添同给还蒲亚里本钱。"诏令张书言拣选大象牙一百株并犀二十五株，起发赴行在，准备解笏造带、宣赐臣僚使用。余依。（《宋会要》，职官四四·市舶司之14，第4210页）

从以上13条材料来看，很多时候"条例"就是法律名称。从法律上看，都可以称为"法"，如《司农条例》《客省条例》《四方馆条例》《开封府条例》等。下面材料则是以"条例"为名的法律内容。

1.3.14 天圣四年（1026年），京东转运副使上官佖言："奉诏相度登州蓬莱县界淘金利害。今检视淘金处，各是山涧河道，及连畔地土闲处有沙石泉水，方可淘取得碎小片金。仍定下项条例：凡上等，每两支钱五千，次等四千五百，俱于在城商税务内置场收买，差职官勾当。产地主占护，即委知州差人淘沙得金，不计多少，立纳官，更不支钱。监官招诱收买数多，即与酬奖。地主及赁地人不得私卖，及将出州界，许人告捉，一两已下笞四十，已上笞五十，四两已上杖六十，七两以上杖七十，十两以上杖八十，十五两以上杖九十，二十两已上杖一百；买者减一等。告人据捉到金色号，全与价钱充赏，至百千止。应自前淘买到者，即限一月赴官中卖，限满不首，许人告捉，并依前项施行。应出金地主或诸色人，如自立法后一年内，淘取得金二百两已上中卖入官，与免户下三年差徭及科配，如并五次淘得各及两数，即永免差役科征，只纳二税。应地主如少人工淘取，许私下商量地步断，赁与人淘沙得金，令赴官场中卖。"从之。（《宋会要》，食货三四·坑冶杂录之15，第6740页）

从1.3.14条的内容看，条例规定的法律包括刑法等方面的内容，而不仅是税法方面的内容。

总之，"条例"在宋朝法律术语中是法、法律的同义语，多用在法律篇名上。宋朝用"条例"称的法律有行政、税收、刑事等方面的各类法律。

（四）格例

格例在宋朝法律术语中属于使用较少的术语，这与元朝是有区别的。元朝把宋朝称为例的内容都统称为"格例"，格例构成了基本法律术语。分析宋朝法律术语中的"格例"含义，与之较近的有"条例"和"则例"。"格例"有时就是法、法律规范的含义。在《宋会要》中有15处使用到"格例"；《长编》中有3处使用到"格例"，具体是：

1.4.1 大中祥符九年（1016年）九月己未，诏诸州县七月已后诉灾伤者，准格例不许，今岁蝗旱，特听受其牒诉。（《长编》卷八十八，"真宗大中祥符九年九月己未条"，第2018页）

1.4.2 天禧四年（1020年）四月壬午，审刑院、刑部、大理寺奏："自今所举幕职、州县官充详断、法直官，请试律五道，取三道以上，仍断案三二十道，稍合格例，则保明闻奏。"从之。（《长编》卷九十五，"真宗天禧四年正月四月壬午条"，第2187页）

1.4.3 元祐三年（1088年）闰十二月丙辰……枢密院札子："勘会诸路民兵及蕃官蕃兵，旧例属枢密院，自官制举行，分属尚书兵部主行，合取旨申禀者，止申都省。缘蕃官及汉弓箭手之类，本备战守，与正兵事体一般，弓箭手见属诸将，峒丁见戍城寨。而自分隶以来，缓急边事差移团结，及常日更张措置，不复关由枢密院，有司但循格例，亦无所建明。深虑边防武备因循，失于完整。”（《长编》卷四百十九，“哲宗元祐三年闰十二月丙辰条”，第10155页）

从上面三条材料中可以看出，1.4.1条和1.4.2条中的“格例”是宋朝敕令格式中的“格”的另一种称谓，1.4.3条的“格例”则是法、法律的意思。

1.4.4 大中祥符五年（1012年）闰十月三日，户部判官刘锴言：“吏部叙服色，各将历任家状及告敕、历子照验，依例会问。如丁忧及假故、停殿并除落外，实及年月者方始以闻。其间告敕并足，只少差敕、历子一两道者，虽年限过余，未敢以闻，致本官进状下，方会问审官院诣实。欲乞今后为告敕、差敕、历子、家状点检，除落停殿、丁忧、假故外，实及年限，历子、差敕不全少者，便会问审官院，依州县官去失文书格例，召清资官同罪委保以闻。如历子、差敕俱无者，即依丁忧、停殿例除落年限。”从之。（《宋会要》，职官八·吏部之2，第3232页）

1.4.5 大中祥符九年（1016年）九月十八日，诏：“诸路州县七月以后诉灾伤者，准格例不许，今岁蝗旱，特听收受。”（《宋会要》，刑法三·田讼之43，第8415页）

1.4.6 绍兴二十九年（1159年）八月十四日，崇宁军承宣使、安定郡王令詪奏：“前此未有自从列而袭封者，欲乞少加优异。遇大礼奏荐，及将来致仕遗表恩泽，仍旧依权侍郎格例，于文资内安排。其应干请给并大礼生日支赐，及公使拆洗、食料等，依行在东南班官帮行旧请格例，及出入接见投下文字依外官外，并宣借人数、书表、客司等请给，欲乞并依前定安郡王令枚已得指挥施行。”从之。（《宋会要》，帝系六·宗室杂录之31，第156页）

1.4.7 绍兴三十一年（1161年）九月二十三日，皇侄武康军节度使、开府仪同三司、判大宗正事、恩平郡王璩言：“明堂礼成，见居绍兴府、知宗正事士籛等各已蒙赏赉，依旧例三分减一支给，独臣未受庆赏，乞依格例支破。”从之。（《宋会要》，礼二五·杂录之23，第1216页）

1.4.8 乾道元年（1165 年）正月一日，赦：“应赏给除诸军已先次支给外，其余未经支赐人，可依格例指挥支给。”（《宋会要》，兵一九·军赏之 15，第 9006 页）

1.4.9 乾道八年（1172 年）四月一日，诏蜀州正奏名进士赵甲等六人，并与依格例升名。以甲等援太上皇帝潜藩例自言也。（《宋会要》，选举八·举士·亲试杂录之 45，第 5432 页）

1.4.10 淳熙五年（1178 年）闰六月一日，诏“自今后职事官并六院官任满日依绍兴格例，临时取旨除授”。（《宋会要》，职官一·三省之 66，第 2973 页）

1.4.11 嘉定十四年（1221 年）七月十一日，诏皇子国公大礼赏给、支赐并春冬折洗，并依格例全支本色，令户部供纳。（《宋会要》，礼六二·赉赐·滥赐之 85，第 2162 页）

分析上面材料中的“格例”，很多是法律形式“格”的称谓；其他的有法和法律的含义。

总之，宋朝格例的基本含义是“格”的称谓。此外，它具有法律、法的含义。当然，宋朝格例已经出现把“格”和“条例”两种含义结合的现象。这为元朝把格例上升为基本法律术语奠定了基础。宋朝的格例与先例、判例没有太多联系，不能认为格例就是判例。从现有材料看，可以肯定格例不是宋朝判例构成的法律形式。

二　行政判例：狭义例、体例、旧例和故事

宋朝“例”中狭义例、体例、旧例和故事中有大量内容属于行政判例，其中“体例”、故事的主体是行政判例。狭义例在《宋会要》中出现的次数多达数千次。“体例”在《宋会要》中出现 905 次之多。分析“体例”在具体使用材料中的含义至少有以下三种：一是行政判例，二是办事规程，如程序、规则，三是法律规范。狭义“例”在宋朝除拥有事例、条例和格例等含义外，还拥有行政判例的含义。这里重点考察狭义例中含有判例的部分。从相关材料看，与“旧例”和“故事”较接近的术语是体例和断例，有时也与事例、条例和格例相同。故事是宋朝法律术语中使用频率最高的术语之一。“故事”在《宋会要》中使用达 1000 多次，“旧例”中达 500 多次；《长编》中“故事”使用频率达 1330 多次，“旧例”达 224 次。认真考察这些材料中引用的故事和旧例时会发现它们多与判例、先例有关，构成了判例，特别是行政判例的重要组成部分。“故事”

较为特殊之处是它的些些先例是宋朝以前朝代的具体判例，而不仅限于宋朝。

（一）狭义例

在宋朝判例制度中，“某某例”中有大量内容就是判例。宋朝判例可以具体分为个案判例和事件判例两种。当然，“某某例”有时是法律名称，即是“某某法”，如《便籴粟麦例》等，此类不属于本章考察的对象。

2.1.1 康定元年（1040年）五月十二日，枢密院言：“皇子八月十五日生，请依郡王使相例，赐袭衣、彩帛百匹、金器百两、马二匹、金镀银鞍勒一副。”从之。（《宋会要》，帝系二·皇子诸王杂录之11，第44页）

2.1.2 绍圣二年（1095年）三月二十八日，三省奏：嗣濮王宗晟乞遗表恩泽，与男仲御、仲聘、仲仪转官。诏依宗晖例。（《宋会要》，帝系二·皇子诸王杂录·濮秀二王杂录·濮王之39，第59页）

2.1.3 绍圣二年（1095年）八月七日，尚书户部言：“濮王宗愈欲依故宗晖等例，岁添公使钱二千贯”。从之。（《宋会要》，帝系二·皇子诸王杂录·濮秀二王杂录·濮王之39，第59页）

2.1.4 绍圣四年（1097年）七月二十三日，礼部言：“仲糜奏，父宗绰遗表恩泽，乞奉圣旨依宗晟例，所有添厨物料亦合依例支破。”从之。（《宋会要》，帝系二·皇子诸王杂录·濮秀二王杂录·濮王之39，第59页）

2.1.5 绍圣二年（1095年）十月九日，诏：“濮王宗愈系英宗皇帝同母弟，遗表恩泽依宗晖、宗晟例特加一名。”（《宋会要》，帝系二·皇子诸王杂录·濮秀二王杂录·濮王之39，第59页）

2.1.6 元符元年（1098年）三月八日，诏：“五王外第以懿亲宅为名。候申王佖、端王佶入日，宗室正任以上自府门送至第，仍就赐御筵，入内内侍省取旨差内臣二员管干。”其后莘王俣、简王似、永宁郡王偲出居外第，并用此例。（《宋会要》，帝系二·皇子诸王杂录之16，第47页）

2.1.7 绍兴二十八年（1158年）十一月十七日，士輵又奏：“乞依前嗣濮王仲儡例趁赴朝参，及依士谙例在外居止，令临安府应副廨宇。如每遇仲享，乞依仲儡、士佥已降指挥，将带合破亲事官前去，出入免见辞，候回日随班起居。”从之。（《宋会要》，帝系二·皇子诸王杂录·濮秀二王杂录·濮王之46，第63页）

> 2.1.8 乾道七年（1171 年）二月二十五日，诏：“魏王恺出镇，可依元祐五年文彦博例宴饯，仍依赐宰执已下喜雪体例排办。”（《宋会要》，帝系二·皇子诸王杂录之 24，第 52 页）

从上面 6 条材料看，从 2.1.2 条到 2.1.8 条中的例属于具体个案判例，2.1.1 条是事务先例。以上两类可以归为行政例，即行政判例。

宋朝由于存在大量的行政案例，在具体事务处理时，往往会明确写明能否成为“先例”，以界定具体行政事件处理结果在以后的同类事件中能否作为先例使用。

> 2.1.8 咸平元年（998 年）正月三日，赐近臣岁节宴于吕端第。每岁节皆就私第赐宴，自此为例。（《宋会要》，礼四五·宴享二·杂宴·元旦宴之 26，第 1743 页）
>
> 2.1.9 景德四年（1007 年）十一月二十七日，赐太庙、后庙守卫人承天节衣服，岁以为例。（《宋会要》，礼一五·缘庙裁制之 2，第 812 页）
>
> 2.1.10 天禧五年（1021 年）二月十二日，赐内客省使、桂州观察使杨崇勋新火，内客省使赐新火自此为例也。（《宋会要》，礼六二·赉赐·公用钱之 36，第 2132 页）
>
> 2.1.11 绍圣元年（1094 年）闰四月三日，三省言：“冀国大长公主言：长男右骐骥副使张秉渊欲赴朝参，乞依李端悫恩例，特与对改使额。”诏张秉渊除右骐骥使，令赴朝参，免吏部试并短使差遣。后遂为例。（《宋会要》，帝系八·公主·英宗四女之 29，第 2132 页）

上面 2.1.8 第至 2.1.11 条材料都是具体的行政个案，在处理后都明确规定“后为例”，即成为后来同类事件的处理先例，具有判例功能。这种程序是宋朝判例形成的法定程序，因为在一些事件处理中不能成为先例时会明确规定不能成为先例。

> 2.1.12 天禧元年（1017 年）八月十一日，左骐骥使、澄州刺史、入内内侍都知张景宗请封赠所生父母。诏特从之，余人不得为例。（《宋会要》，仪制一〇·陈请封赠之 15，第 2506 页）
>
> 2.1.13 天禧四年（1020 年）闰十二月，翰林医官使霍炳为榷易使，兼翰林医官使，仍给见俸，他人不得引为例。（《宋会要》，职官

五二·诸使杂录之23，第4456页）

2.1.14 嘉泰元年（1021年）十一月三日，宰执进呈殿帅郭倪乞拨丰储仓米一万石，冬至前支散口累重大官兵。已得御笔依，谢深甫奏："殿司若欲额外（俯）［抚］存军士，主帅自合措置，不应请于朝廷。兼自来无此例，今若开端，后必为例。"上曰："极是。如郭倪奏陈欲将雄効及军中子弟招填效用，有坏孝宗法度，诚为难行。"深甫奏："此一事利害极大，前后帅臣专欲以此市恩，不知坏国家法度。陛下圣明，洞知底蕴，天下事一一留圣意如此，天下亦不难治。孝宗家法，万世当守。今借拨米事，冬节已近，且与权借拨一万石。候来春依数籴还，日后不得为例。"（《宋会要》，职官三二·殿前司侍卫马步军之20，第3823页）

2.1.15 明道二年（1033年）六月二十一日，宰臣李迪言：婿著作佐郎张充，乞于馆阁读书。诏特许之，不得为例。（《宋会要》，选举三三·特恩除职（上）之4，第5881页）

2.1.16 元丰三年（1080年）八月二十六日，诏："判大宗正司宗旦旧例添厨食料，虽有后条冲革，可以见领宗正特给之，他官虽等，非职事同者，无得援为例"。（《宋会要》，职官二〇·宗正司之18，第3572页）

2.1.17 元祐元年（1086年）十月二日，诏："内侍押班梁惟简在太皇太后殿祗候近二十年，累有勤绩，今转出，可特带遥郡刺史，后毋为例。"（《宋会要》，职官三六·内侍省之19，第3897页）

2.1.18 元祐四年（1089年）八月八日，诏："李养星、阿点魏哥等进贡御马已回赐，内黎撒囉、瞎征等依此，后毋为例。"（《宋会要》，蕃夷四·于阗之18，第9777页）

从上面2.1.12条至2.1.18条中可以看出，在处理具体事务事件和个案事件中都会明确写明以后不得作为先例使用。

上面两类不同材料（即2.1.8条至2.1.11条类和2.1.12条至2.1.18条类）说明宋朝在具体个案和事件中能否作为先例是有明确规定。这让宋朝判例形成有了法律上的保障，同时也说明宋朝判例形成不是随意的，有法律上的约束和规制。

从上面不同材料中可以看出，宋朝具体行政个案和事件都可以成为先例，作为后来同类事件处理的依据，进而构成了一种判例制度。从广义判例法看，此种行政个案和事件构成了宋朝判例制度的重要特征。

（二）体例

体例在宋朝法律术语中主要有法律规范、法、习惯和判例等含义。从《宋会要》看，宋朝体例中大量内容就是行政判例。当然，体例有时有法律规范、法的意思。所以不能得出体例就是判例的结论，但体例构成了行政判例的重要部分是可以确定的。

1. 法律规范、法、习惯

2.2.1 绍兴十六年（1146 年）七月二十二日，吏部言："普安郡王二子令取索补官条法取旨。大宗正司具到宗室赐名授官令格体例：缌麻以上亲右内率府副率，袒免亲保义郎。昨绍兴五年内右千牛卫将军安邵男赐名授官，赐名居端，补右内率府副率。"诏可赐名愉、恺，并补右内率府副率。（《宋会要》，帝系二·皇孙·皇孙愭惇之29，第 54 页）

2.2.2 淳熙十二年（1185 年）十二月十四日，诏加上尊号册、宝了毕，依绍兴三十二年奉上尊号册、宝体例，等第推恩。第一等：都大主管、承受、诸司官各转两官。第二等：照管一行事务三省礼工房、主管所催依、照管官物使臣、主管文字并行遣使臣各转一官，减二年磨勘。第三等：主管所白身行遣人并承受诸司下行遣人、礼直官、剋择官、快行亲从亲事官各转一官资。（《宋会要》，帝系一·庙号追尊之20，第 16 页）

2.2.3 淳熙四年（1177 年）二月八日，诏："幸学合推恩人，令依绍兴十三年已行体例：执经、讲书官，太学、武学、国子监书库、公厨官，以次各与转一官。大职事已免省人与释褐，永免解人与免省，未免解人与免解一次。曾得解，该遇庆寿恩免解人，候登第唱名日，与升甲。内武学人比附减年。诸斋起居学生各赐束帛。"（《宋会要》，礼一六·幸太学之4，第 881 页）

上面 3 条材料都有具体内容，从内容看是成文法，所以这里的体例是一种法律名称。下面有些法律名称就直接用体例。

2.2.4 景德四年（1007 年）九月，诏定《诏葬赙赠体例》。（《宋会要》，职官二五·鸿胪寺之1，第 3681 页）

2.2.5 绍圣三年（1096 年）六月八日，详定重修敕令所言："常平等法在熙宁、元丰间各为一书。今请敕令格式并依《元丰体例》

修外，别立常平、免役、农田水利、保甲等门；成书，同海行敕令格式颁行。”降诏自为一书，以《常平免役敕令》为名。（《宋会要》，刑法一·格令一之17，第8230页）

2.2.6 政和六年（1116年）四月十一日，诏：“两浙转运司，拘收管下诸县岁额外，合依淮南例，收纳人户典卖田宅，赴官收买定帖钱。淮南体例：人户典卖田宅，议定价直，限三日先次请买定帖。出外书填，本县上簿拘催，限三日。买正契，除正纸工墨钱外，其官卖定帖二张，工墨钱一十文省，并每贯收贴纳钱三文足，如价钱五贯以上，每贯贴纳钱五文足。”（《宋会要》，食货六十一·民产杂录之63，第7470页）

2.2.7 绍兴十四年（1144年）九月六日，提举福建路市舶楼（王寿）言：“臣昨任广南市舶司，每年于十月内依例支破官钱三百贯文排办筵宴，系本司提举官同守臣犒设诸国蕃商等。今来福建市舶司每年止量支钱委市舶监官备办宴设，委是礼意与广南不同。欲乞依《广南市舶司体例》，每年于遣发蕃舶之际，宴设诸国蕃商，以示朝廷招徕远人之意。”从之。（《宋会要》，职官四四·市舶司之24，第4216页）

2.2.8 绍兴二十三年（1153年）十一月十六日，诏：“殿前司寄养御前马驴二百三十头，令户部行下勘给官司，每头支草半束，料五升，就本处寄养御前良马草料历内批勘。今后遇有开收，并依《良马体例》，关报粮审院支破施行。”（《宋会要》，职官三二·御马院之52，第3838页）

2.2.9 绍兴二十九年（1159年）闰六月十六日，诏：“宗正寺胥长满五年，通入仕及三十年，依太常寺条格体例补将仕郎，依条解发出职。”（《宋会要》，职官二〇·宗正寺之14，第3571页）

2.2.10 隆兴元年（1163年）四月二十二日，诏：“今后捉到私茶，依《龙安县园户犯私茶体例》，及十斤以上，将户下茶园估价，召人承买，将五分收没入官，五分支还犯人填价。”从都大主管成都府利州等路茶事续觱请也。（《宋会要》，食货三一·茶法杂录二下之15，第6686页）

2.2.11 乾道元年（1165年）八月二日，兵部言：“勘会进马匹数推恩。今将无体例进马数参酌有体例数目，逐一拟定下项：

有体例：四匹，五人各转一官资。六匹，八人各转一官资。八〔匹〕，一十一人各转一官资。一十二匹，一十七人各转一官资。一十四匹，二十人各转一官资。二十匹，三十四人各转一官资。二十五匹，四十人各转一官资。三十匹，四十二人各转一官资。五十匹，七十一人各转一官资。

无体例：五匹，六人各转一官资。七匹，九人各转一官资。九匹，一十二人各转一官资。十匹，一十二人各转一官资。十一匹，一十八人各转一官资。十三匹，二十人各转一官资。十六匹，二十八人各转一官资。十七匹，二十九人各转一官资。十八匹，三十人各转一官资。十九匹，三十一人各转一官资。二十一匹，三十五人各转一官资。二十二匹，三十六人各转一官资。二十三匹，三十七人各转一官资。二十四匹，三十八人各转一官资。二十六匹，三十九人各转一官资。二十七匹，四十人各转一官资。二十八匹，四十一人各转一官资。二十九匹，四十二人各转一官资。三十一匹，四十三人各转一官资。三十二匹，四十四人各转一官资。三十三匹，四十五人各转一官资。三十四匹，四十六人各转一官资。三十五匹，四十七人各转一官资。三十六匹，四十八人各转一官资。三十七匹，四十九人各转一官资。三十八匹，五十人各转一官资。三十九匹，五十一人各转一官资。四十匹，五十二人各转一官资。四十一匹，五十三人各转一官资。四十二匹，五十四人各转一官资。四十三匹，五十五人各转一官资。四十四匹，五十六人各转一官资。四十五匹，五十七人各转一官资。四十六匹，五十八人各转一官资。四十七匹，五十九人各转一官资。四十八匹，六十人各转一官资。四十九匹，六十一人各转一官资。”从之。(《宋会要》，兵二五・马政杂录四之 14，第 9140—9141 页)

上面材料中，不管是具体内容还是法律名称中的“体例”，都具有“法”的意思。

2.2.12 建炎三年（1129 年）正月十四日，江南西路安抚都总管司干办公事贾公晔言：“应天下坊郭、乡村系省田宅，见立租课有名无寔，荒芜隳毁，至于无人佃赁。昨因赦出卖，州县口称寻求公案不见，无凭给卖。欲乞详酌行下，见赁钱数依楼店务自来体例纽折，田产以佃，租依乡原体例纽折，并依建炎元年五月一日赦文收赎出卖。如输纳价钱违限，复没入官，别召人承买。见今西北流寓人众乘时给卖，则官私两济。准条：官户许买，不许佃赁，仍乞分明行下。”户部看详："建炎元年五月一日赦文：止合出卖崇宁以来因买扑坊场、河渡及折欠官物、没纳田产。如委实元估公案不见，欲依本官所乞，依乡原体例纽折出卖。其应冒占系省官田宅之家，指挥到日，限半月许人户自行陈首，依自来租课输纳佃赁；如无旧额，即比近邻立定租课为准。如违限不首，并依见行条法。"从之。（《宋会要》，食货五·官田杂录之20，第6067页）

2.2.13 绍兴三年（1133年）五月二十五日，新权发遣承州刘禹言："窃见朝廷属意营田，今乞本州自行措置牛具、种粮，将管下民间请射不尽田土开耕种莳。所收地利，专用赡军，并依民间请射体例，仍自绍兴四年夏料为始，若淮南诸郡依此措置。年岁之间，便见储偫丰积。乞付有司行下，其诸州当职官能究心措置，功效显著者，优激加赏。"诏依奏，即不得侵占有主民户田土。（《宋会要》，食货二·营田杂录之13，第5994页）

2.2.14 开禧元年（1205年）五月……廓又言："所至州军民有储蓄斛豆者，欲劝诱举放与贫民，候秋成日依乡川体例，子本交还。如有少欠，官为受理。"从之。（《宋会要》，职官四一·安抚使之87，第4043页）

上面3条材料中的"体例"是各地习惯、习惯法的意思。这种时候常用定语，如乡川体例、民间体例等。

2. 先例。体例在作为判例时可以分为两大部分，即个案判例和事件例判例。这样构成了体例作为判例法的两种类型。个案判例在体例中比较多，在《宋会要》中较为常见，成为判例的重要称谓。

2.2.15 政和六年（1116年）九月二十九日，淄州言："学生张祁状，父受八岁、叔满三岁亡失祖父晟，受与祖母孀居，自后祖母继亡，受幼孤立，义居到今，五十余年。乞依王权义居体例给赐，旌表门闾。"诏张祁本家特赐旌表门闾。（《宋会要》，礼六一·旌表之6，第2106页）

2.2.16 绍兴六年（1136年）四月九日，诏亲贤宅益王府开府仪同三司、豫章郡王孝参两女，特依晋安郡王孝骞女和容宗姬体例放行请给米麦。时有旨并权住支，（所）［从］所乞也。（《宋会要》，帝系六·宗室杂录之10，第145页）

2.2.17 绍兴二十九年（1159年）八月二十三日，诏："故太师京兆郡王杜审进孙信见依白身，与依杜子善等体例，支给孤遗钱米。”从中书门下省请也。（《宋会要》，选举三二·悯恤旧族之24，第5876页）

2.2.18 绍兴三十年（1160年）十一月二十九日，诏：“华容军节度使、权主奉益王祭祀居广合差破马下人从及生日取赐，并比附士輵体例施行。居广言：士輵见差破抱笏祗应六人，今乞差四人；书表、客司、通引官七人，今乞差五人；宣借兵士二十五人，乞依例全破。其抱笏祗应依例每月各添支茶汤钱一十贯，书表、客司各一十二贯。益王影前书表、客司各一人，乞依例各人每月支破添给茶汤钱一十二贯文。所有臣生日支赐，乞依士輵体例取赐。”从之。（《宋会要》，帝系六·宗室杂录之32，第157页）

2.2.19 乾道元年（1165年）十一月十七日，士輵言：“濮安懿王园令士程在任恭奉神主神貌，并躬亲监督修造园庙龛室屋宇，并皆如法。乞〔依〕士奇前任园令体例，将两次该遇园令月日，每一年与减一年磨勘，仍许通理转官后历过年月，揍行收使，于见今官上特与转行。”诏从之。（《宋会要》，帝系二·濮秀二王杂录·濮王之44，第63—64页）

2.2.20 熙宁三年（1070年）八月丙戌，诏：“近除东上阁门使李评充枢密都承旨，虑士人领职本院，待遇体式故事与吏人不同，可检会先夏守斌、杨崇勋领职日体例施行。”（《长编》卷二百十四，“神宗熙宁三年八月丙戌条”，第5226页）

2.2.21 熙宁四年（1071年）二月甲戌，检正公事所言：“近据大宗正司奏，为宗悌等奏称，自嘉祐五年十二月内磨勘转官，至今已是十年，依得诏条磨勘转官。检会至和二年诏书，即无今后指挥，近正月所降圣旨并系特命，即非定制。今据宗厚等奏状，攀引克继体例及称治平四年正月赦书节文：‘文武职官并与转官，合磨勘者仍不隔磨勘。’……缘克继已得旨，与减五年转官年限，若依旧降指挥，更候一年方合改官。今来合与不合追夺，系自朝廷指挥。所引令缓转官告词内称宗室以十载为定，缘元降诏命，自无今后指挥，岂得攀引告词为据？其宗厚等所乞转官，欲下大宗正司告示，依前降指挥知委。”（《长编》卷二百二十“神宗熙宁四年二月甲戌条”，第5355—5356页）

2.2.22 淳熙十一年（1184年）十月二十四日，诏兼权马步军司职事梁师雄，遇立春日并冬、寒食节，特与依翟安道权司体例，给赐

幡胜、签赐。遇合赐花朵，特与依横行例支破。(《宋会要》，礼六二·赉赐之八十一，第2160页)

2.2.23 淳熙十二年（1185年）四月三日，皇太子宫左右春坊言："皇孙平阳郡王近除安庆军节度使，进封平阳郡王。先承指挥，请给、生日支赐、公使钱并与依格全支。所有禄粟，欲乞依南班节度使士岘体例，依《禄格》全支。"从之。(《宋会要》，帝系二·皇孙一·皇孙挺挺扩摅抦之33，第56页)

2.2.24 庆元三年（1197年）五月二十一日，福州观察使、嗣濮王不秾言："叨冒袭封，合得诸般请给、岁赐、公使钱、春冬衣折洗、生日大礼等，乞依士歆未袭封任观察使体例支破施行。"从之。(《宋会要》，帝系二·濮秀二王杂录·杂录之53，第67页)

2.2.25 庆元四年（1198年）二月二十五日，诏：嗣濮王不秾长男善辐、次男善軿与授太子右监门率府率，其请给、生日支赐、人从等依不谔体例支破。从不秾请也。(《宋会要》，帝系二·濮秀二王杂录·杂录之53，第67页)

2.2.26 嘉泰二年（1202年）八月二十六日，诏将来金国贺瑞庆节使人到阙，以光宗皇帝禫祭之内，国乐未举，殿幄陈设等颜色，照嘉泰元年体例排办。(《宋会要》，礼五七·节·瑞庆节之二十二，第1995页)

2.2.27 嘉定十年（1217年）三月十八日，诏："魏惠宪王府小学教授依庄文府教授体例，除落'小学'二字。"(《宋会要》，帝系七·宗室杂录杂录之32，第157页)

从2.2.15条至2.2.27条诸材料中的"体例"看，有些是个案先例，有些是行政先例，这些都构成了行政判例的组成部分。

事件判例在体例中属于较常见的判例。当然，这个时候体例有时像是一种办事的习惯。

2.2.28 政和五年（1115年）八月十日，礼部言："湖州申：慈感院灵感观音圣像，四方祈求，或岁有水旱、疾（役）［疫］飞蝗，州县祈祷感应，乞依熙宁七年杭州上天竺灵感观音院体例，每遇圣节，特与拨放童行一名。"诏每二年特与拨放一名。(《宋会要》，道释一·披度之31，第9990页)

2.2.29 政和八年（1118年）五月二日，诏诸州神霄玉清万寿宫

并依在京宫观体例。(《宋会要》，礼五·祠宫观·神霄玉清万寿宫之5，第565页)

2.2.30 绍（兴）［熙］五年（1194年）七月十八日，万寿观言："皇帝本命纯福殿安奉太上皇帝丁卯相属座并本命星官位牌。今皇帝戊子相属并本命星官位牌乞依此设置，同处安奉，以祝圣寿。及每遇太上皇帝、皇帝本命日，依例用道士一十人，就本殿作道场一昼夜，设醮一百二十分位。皇帝圣节亦乞依崇明圣节体例。"从之。(《宋会要》，礼五·祠宫观·万寿观之23，第577页)

2.2.31 庆元二年（1196年）二月二日，本观言："将来安奉孝宗皇帝神御祔宫崇奉日，遇旦望节序、生忌辰，乞依诸殿神御体例排办。"从之。(《宋会要》，礼五·祠宫观·万寿观之23，第577页)

上面2.2.29条至2.2.31条材料中的体例是具体办事先例，构成了一种先例，可以称为行政判例法。

总之，宋朝体例中大量内容是判例。体例成为宋朝判例制度中通用术语。

(三) 旧例

旧例在宋朝法律术语中，属于使用最频繁的术语。《宋会要》中有500多次使用旧例；《长编》中有80处使用旧例。认真考察使用中的"旧例"材料，会发现旧例有：以前的旧法律、先例和习惯等含义。旧法律有前朝的、本朝的两种类型。

1. 旧法律、习惯

2.3.1 大中祥符八年（1015年）二月，中书门下言："旧例：臣僚奏举幕职州县，并下流内铨勘会，复申中书，然后取及六考内令铨司磨勘引见。欲今后未及六考者，更不下铨。"从之。(《宋会要》，职官一一·磨勘之7，第3308页)

此处旧例是一种法律规定，在旧有法律中规定要有"六考"才能引见，现在出现没有六考就引见的情况，所以提出恢复到六考引见的特别程序。

2.3.2 天圣二年（1024年）四月，在京商税院言："旧例：诸色人将银并银器出京城门，每两税钱四十文足，金即不税。请自今每两

税钱二百文省。”从之。(《宋会要》，食货一十七·商税四之19，第6355页)

此处“旧例”是银和银器出京时的纳税率规定，要求把此种规定适用到金及金器上，并且规定金及金器的纳税率。此处“旧例”就不是习惯，而是一种法律。

2.3.3 明道二年（1033年）八月庚子，殿中侍御史段少连言：“顷岁，上御药杨怀德至涟水军，称诏市民田三十顷给僧寺。按旧例，僧寺不得市民田。请下本军还所市民田，收其直入官。”从之。(《长编》卷一百十三，“仁宗明道二年八月庚子条”，第2632页)

2.3.4 皇祐二年（1050年）五月十一日，三司言：“明堂法驾自宣德门抵太庙道路，准郊例，当预为土埒。俟乘舆将出，番布黄道东西，八作两司领徒护作，实用黄壤土十七万一千余畚，为役程二万一千余功，比旧例无虑省土畚、人程六分之五。”南郊旧例，黄道土埒高四尺五寸，广六尺，番布黄道时土厚二寸五分。天圣五年约其制，土埒高二尺，广四尺，番布时厚一寸二分。(《宋会要》，礼十四·群祀之一之32，第758页)

以上旧例就是法律，因为“南郊旧例”就是南郊祭祀的法律规定，或是礼制规定。

2.3.5 元祐四年（1089年）七月庚辰，诏：“内外文武官及宗室、内侍官，应支赐赙赠绢、布、米、麦、钱、羊，并四分减一；应官员丁忧、亡殁，式令无赙赠者，不得引旧例陈乞，所属亦不得奏请。”从户部请也。(《长编》卷四百三十，“哲宗元祐四年七月庚辰条”，第10393页)

2.3.6 庆历四年（1198年）七月丙戌，范仲淹言：……天下官吏，明贤者绝少，愚暗者至多，民讼不能辨，吏奸不能防，听断十事，差失五六。转运使、提点刑狱，但采其虚声，岂能遍阅其实，故刑罚不中，日有枉滥。其奏按于朝廷者，千百事中一二事尔，其奏到案牍，下审刑、大理寺，又只据案文，不察情实，惟务尽法，岂恤非辜。或无正条，则引谬例，一断之后，虽冤莫伸，或能理雪，百无一二。其间死生荣辱，伤人之情，实损和气者多矣。古者一刑不当而三年大旱，著于史册，以戒来代，非虚言也。况天下枉滥之法，宁不召灾沴之应耶？臣请诏天下按察官，专切体量州县长吏及刑狱法官，有用法枉曲侵害良善者，具事状奏闻，候到朝廷，详其情理，别行降黜。其审刑、大理寺，乞选辅臣一员兼领，以慎重天下之法，令检寻自来断案及旧例，削其谬误，可存留者着为例册。（《长编》卷一百五十一，“仁宗庆历四年七月丙戌条”，第3671—3672页）

这里把断案和旧例并用，说明两者存在区别，更为重要的是旧例和个案是有区别的。

2.3.7 绍兴十四年（1144年）十一月二十九日，阁门言：“检会旧例：正旦朝会，垂拱殿设帘，殿上驻辇，候起居称贺班绝，乘辇，枢密、知阁门官、枢密都副承旨、诸房副承旨前导，管军引驾至大庆殿后幄，皇帝降辇，入次更衣。契勘今来垂拱殿过大庆殿，经由道路与在京不同，取圣旨。”诏：“大朝会，常御殿权设垂拱殿，免驻辇，设帘，止设倚子。称贺班绝，过大庆殿后幄。”（《宋会要》，礼八·朝会之9，第644页）

此处旧例是一种规定，这种规定在仪制法律和相关的礼中，而不仅是习惯、先例。

2. 判例。旧例作为判例时分为个案和事件两类，即个案判例和事件先例两类。

2.3.8 景德二年（1005年）六月，诏步军司虎翼兵士并给随身黑漆寸扎弩，常令调习。旧例：止殿前司虎翼除战阵给随身黑漆寸扎弩，至是，并步军虎翼亦给焉。（《宋会要》，兵二六·兵械·弓弩·寸扎弩之34，第9177页）

2.3.9 大中祥符三年（1010年）二月甲戌，学士院旧例，赦书、德音不锁院。及是，宰相召晁迥等问之，迥等言：“除南郊赦书，缘车驾在外，鏤合预先进入，降付中书，难以锁院外，自余赦书、德音，请自今依降麻例锁院。”从之。（《长编》卷七十三，“真宗大中祥符三年二月甲戌条”，第1658页）

2.3.10 大中祥符六年（1013年）五月癸巳，权知开封府刘综言：“本府鞫罪，刑名有疑者，旧例遣法曹参军诣大理寺质问，参酌

施行。近日止移牒，往复多致稽缓，请循旧例。”许之。(《长编》卷八十，“真宗大中祥符六年五月癸巳条”，第1824页)

2.3.11 天圣三年（1025年）九月，陕府西沿边安抚使范雍言：“沿边州军及总管司每蕃部有罪，旧例输羊钱入官，每口五百文。后来不以罪犯轻重，只令输真羊。乞自今后令依旧纳钱及量罪重轻，依约汉法定罚，免至苦虐蕃部。”从之。(《宋会要》，兵二七·备边之22，第9192页)

2.3.12 元祐六年（1091年）六月乙卯，三省、枢密院奏：“温溪心献马与文彦博。旧例：送经略使，官答赐，马纳官。今取旨。”太皇太后令以马赐彦博，王巖叟曰：“陛下若降一诏书赐之，亦朝廷美事。”(《长编》卷四百六十，“哲宗元祐六年六月乙卯条”，第11012页)

此处涉及两个问题，首先是文彦博事件按以前的办事流程，其次是此事件又构成了一个个案，即文彦博先例。

2.3.13 元符二年（1099年）十二月甲寅，诏：“辽国贺兴龙节人使于相国寺、集禧观拈香，不依旧例重行立。其馆伴使副安惇、向宗良不合依随，各特罚金三十斤。”(《长编》卷五百十九，“哲宗元符二年十二月甲寅条”，第12349页)

从上面诸材料可以看出，“旧例”在宋朝并不是先例的同义词。旧例有前朝和以前的法律规范、习惯和先例等诸种含义，其中先例，很多是办事的规程先例，可以认为构成了先例。

(四) 故事

故事是宋朝法律术语中最常见的术语。故事本来不属于“例”的种类，但由于本章考察的核心是判例问题，而故事涉及判例，所以纳入考察对象。《宋会要》中有1000多处使用故事；《长编》中有270多处使用故事。考察宋朝在使用故事时，会加上一些定语，如“国朝故事”“本朝故事”“祖宗故事”“汉唐故事”“唐故事”“景德故事”“元丰故事”“某某年故事”等。在《宋会要》中“本朝故事”有15次；“祖宗故事”有70多次；“国朝故事”30多次；“唐故事”和“汉唐故事”有近30次。仔细考察宋朝的“故事”有习惯、先例、法律、办事规程等含义。其中习惯、先例和办事规程是主要内容。宋朝故事作为先例使用时不限于宋朝，可以是以前朝代中的先例、习惯和办事规程。这一点与体例、旧例存在差别。对故事的内容特点，可以从《麟台故事》中看出，在《宋会要》中有6个《麟台故事》的具体“故事”内容，其中两个是关于王钦若和放种的具体事件，其他四个是一般性事件。故事在判例上可以分为个案判例和事件先例两种。

1. 个案判例

2.4.1 大中祥符三年（1010年）三月壬辰，李公蕴遣使入贡。上以蛮夷不足责，即用黎桓故事，授公蕴静海节度使，封交趾郡王，赐衣带、器币。（《长编》卷七十三，“真宗大中祥符三年三月壬辰条”，第1659页）

2.4.2 元祐元年（1086年）十二月二十二日，中书省言：“太皇太后权同处分军国事，合依章献明肃皇后故事，用玉宝方四寸九分，厚一寸二分，龙纽。”从之。（《宋会要》，后妃一·皇后皇太后杂录之十五，第260页）

2.4.3 元祐四年（1089年）五月癸酉，起居郎郑雍、起居舍人王巖叟并召试制诰，巖叟以先娶门下侍郎孙固之女，引王旦避赵昌言、冯京避富弼故事，力辞不赴，从之。既而西掖阙员，诏巖叟权行诰命。（《长编》卷四百二十六，“哲宗元祐四年五月癸酉条”，第10299页）

2.4.4 元祐四年（1089年）八月戊戌朔，尚书左丞韩忠彦以弟嘉彦授驸马都尉，乞罢。诏引唐王珪故事谕忠彦。（《长编》卷四百三十一，“哲宗元祐四年八月戊戌条”，第10407页）

2.4.5 元祐七年（1092年）七月癸巳，诏复置翰林侍讲学士。翰林学士范祖禹为翰林侍讲学士兼修国史。祖禹固请避范百禄补外，乃用王洙避兄子尧臣故事，特有是除。（《长编》卷四百七十五，“哲宗元祐七年七月癸巳条”，第11320—11321页）

以上材料中的故事都是具体的个案，是具体判例。但最后一条所引的故事，即先例是唐朝的。这是宋朝故事中判例构成的重要特征之一，即构成它的具体先例有可能是宋朝以前的任何时期。从时间上看，最多的是汉朝和唐朝。

2.4.6 元丰三年（1180年）三月二十七日，环庆路走马承受胡育、副总管兼第一将林广并罚铜十斤，育移别路。育坐例外取索，广坐引庄贾故事非是故也。(《宋会要》，职官六六·黜降官三之12，第4829页)

2.4.7 嘉泰元年（1201年）五月二十七日，监惠民药局夏允中放罢，押出国门。坐妄入札子与朝廷、台谏，援引文彦博故事，乞令韩侂胄为相。(《宋会要》，职官七三·黜降官一〇之30，第5017页)

上面两条材料中都引用了具体个案，但认为引用错误，受到处罚。可知，当时先例的引用是有规定的，而且要符合适用的标准。

2.4.8 至道元年（995年）正月二十日，以礼部郎中、集贤殿修撰王旦知制诰，仍令复班在知制诰之首。旦淳化初知制诰，以妻父赵昌言参政，引唐独孤郁、权德舆故事，请解职。帝重其识体，换集贤殿修撰。至是昌言出知凤翔，即日复旦旧职，故优之。(《宋会要》，仪制三·朝仪班序之5，第2332页)

2.4.9 绍兴五年（1135年）九月五日，上御射殿，宰执呈黄中策卷第一，系有官人，上曰："故事如何?"沈与求曰："臣闻皇祐元年沈文通考中御试进士第一人，系有官人。"仁宗曰："朕不欲以世胄先天下寒俊。"遂以冯京为第一，文通第二。上曰："可用此故事。"遂擢汪洋为第一。(《宋会要》，选举二·贡举·进士科之16，第5274页)

2.4.10 绍兴十五年（1145年）十月十八日，翰林学士承旨秦熺除资政殿大学士、提举万寿观、兼侍读，恩数并依执政。熺资政殿大学士除知枢密院事，力陈乞依李淑故事避亲罢职，故有是命。(《宋会要》，职官五四·宫观使之14，第4472—4473页)

上面材料中的故事是个案，即具体的先例。王旦事件中所引的是唐朝的两个先例，即独孤郁、权德舆。

2. 事件先例

2.4.11 熙宁六年（1073年）十一月戊午，权武昌军节度推官、崇文院校书王安国为著作佐郎、秘阁校理。故事：崇文院校书二年，乃除馆阁校勘，安国以参知政事冯京、王珪荐其学行，故特有是命。(《长编》卷二百四十八，"神宗熙宁六年十一月戊午条"，第

6045页）

2.4.12 元祐二年（1087年）五月乙亥，开封府言："将来坤成节已在从吉后，请依长宁节故事度僧道，共三百人为额。"从之。（《长编》卷四百，"哲宗元祐二年五月乙亥条"，第9770页）

2.4.13 元符三年（1100年）正月壬午，礼部言："检会故事：应天下山、川、地名并人名姓字有犯御名及音同者，令即改；其州、府、军、监、县、镇官司及敕赐名额宫、观、寺、院，奏取指挥。"从之。（《长编》卷五百二十，"哲宗元符三年正月壬午条"，第12374页）

以上材料中的故事是一种具体的事例而不是个案，但在实践中作为先例使用，构成了宋朝判例法中先例的组成部分。

2.4.14 元丰八年（1085年）五月十日，诏："科场推恩，依治平四年故事：正奏名进士、诸科，吏部给敕牒；特奏名，中书给敕告、敕牒。"（《宋会要》，选举二·贡举·进士科之十二，第5271页）

2.4.15 大观元年（1107年）十一月二十八日，内出手诏曰："朕荷天眷祐，景命有仆，承家之庆，是生多男。年近幼学，未亲师友，因严以教，宜及其时。京兆郡王桓、高密郡王楷可于来年春择日出就外学。其辅导讲读之官，宜以端亮鲠直、有文学政事人充选，具称朕意。"又诏："祥符故事，记室、翊善见诸王皆下拜，真宗皇帝特以张士逊为王友，命王答拜，以示宾礼。今讲读辅翼之官，职在训导，亦王之友傅也，可如王友例令答拜。"（《宋会要》，帝系二·皇子诸王杂录之18，第48页）

这里的"祥符故事"是一个具体事例，可以称为先例。

2.4.16 宝元二年（1039年）九月十一日，制皇长女封福康公主，皇次女封崇庆公主，只进纶告，不行册命之礼。先是内降札子：皇长女、次女未有美称，令检寻故事。于美名中点定二名，令王宗道、王洙检讨故事以闻。宗道、洙言："据《唐会要》，凡公主封，有以国名、郡名，有以美名。惟唐明皇女皆以美名封之，若永穆、常芬、唐昌、太华皆是。唐太宗女晋阳公主，幼而太宗亲加鞠养，此则

幼在宫中已有晋阳之号。"乃下是命。(《宋会要》，帝系八·公主·仁宗十三女之11，第183页)

这里所引的"故事"是《唐会要》中的规定和唐朝特有先例。这里的故事也可以称为先例。

2.4.17 元祐元年（1086年）六月十六日，礼部言："坤成节用乾兴年故事，权罢上寿；其在京并诸州军依故事，赐宴不作乐。"从之，兴龙节亦如之。(《宋会要》，礼五七·节二·坤成节之38，第2011页)

2.4.18 元祐二年（1087年）六月十八日，诏坤成节依天圣三年长宁节故事，文武百官、诸军将校于崇政殿上寿，及许臣僚进奉，内外命妇前三日各进香合，至日入内上寿。(《宋会要》，礼五七·节二·坤成节之38，第2012页)

2.4.19 治平四年（1067年）三月四日，太常礼院言："太皇太后、皇太后、皇后合行册礼，伏请依嘉祐八年故事，候三年丧毕施行。"诏俟至时检举以闻。(《宋会要》，礼四九·尊号五之19，第1792页)

上面材料中的故事是一种事例，也是一种先例，是判例制度中的一种。

2.4.20 至道三年（997年）四月，以工部郎中、史馆修撰梁周翰为驾部郎中、知制诰。故事：入西阁皆中书召试制诰三篇，二篇各二百字，一篇百字，维周翰不召试而授焉。其后薛映、梁鼎、杨亿、陈尧佐、欧阳修亦如此例。(《宋会要》，职官六·知制诰之65，第3198页)

2.4.20条中有两个先例，第一个先例是事例，具体是除知制诰时要进行试拟三篇诰，而梁维周个案又构成了先例，成为后来五人同样处理的先例，即依据。

2.4.21 淳熙十六年（1189年）七月十四日，礼部、太常寺言："十月初八日，高宗皇帝大祥。国朝故事，大祥后次年，合于历日内笺注忌辰。"从之。(《宋会要》，礼四二·国忌之16，第1679—

1680页）

2.4.22 庆元元年（1195年）六月十八日，礼部、太常寺言："孝宗皇帝立忌，国朝故事，大祥后次年，历日内笺注忌辰。今乞于庆元三年六月九日历日内笺注。"从之。宪圣慈烈皇后、慈懿皇后、光宗皇帝、恭淑皇后、成肃皇后崩，礼、寺并如故事申请。（《宋会要》，礼四二・国忌之16，第1680页）

从上面材料可以看出，这里的国朝故事是一种习惯。当然，也可以称为先例，但严格意义上应是习惯。

3. 故事作为法律规范、法。

2.4.23 景德二年（1005年）七月，群牧判官、著作佐郎王曙《群牧故事》六卷，乞藏于本司，以备详阅。真宗览之，嘉其详博，特允所请，仍诏奖之。（《宋会要》，职官二三・太仆寺・群牧司之6，第3647页）

2.4.24 治平四年（1067年）八月二十七日，诏群牧判官刘航、比部员外郎崔台符编修《群牧司条贯》，仍将唐令并本朝故事看详，如有合行增损删定事件，旋奏取旨。（《宋会要》，职官二三・太仆寺・群牧司之9，第3649页）

从上面两条材料看，故事与条贯是同义词，后一材料中把"唐令"和"本朝故事"两者并列。这里的故事就不是先例，而是相关法律规范。

2.4.25 元丰二年（1079年）五月二日，详定正旦御殿仪注所言："正旦御殿，合用黄麾仗。按唐《开元礼》：冬至朝会，及皇太子受册、加元服、册命诸王大臣、朝宴蕃国，皆用黄麾仗。本朝故事：皇帝受群臣上尊号，诸卫各帅其属勒所部屯门，殿庭列仗卫。今独修正旦仪注，而余皆未及。欲乞冬会等仪注悉加详定。"从之。（《宋会要》，舆服一・皇帝仪卫之12，第2172页）

这里的本朝故事不是一种办事习惯，而一种具体规定。只是属于礼的内容，即由礼规定的规范。

三　司法例：断例

"断例"是宋朝重要的法律形式。断例在宋朝法律形式中集中在刑事部分，特别在南宋时断例在编撰体例上采用《律典》12 篇结构。此外，断例在宋代还是判例法的一种形式，如宋朝最早编撰的《庆元断例》，就主要收集刑事个案及法律解释。

宋朝“断例”编撰主要集中在北宋仁宗朝至南宋孝宗朝之间。从宋朝现存“断例”史料看，主要是指中央刑部、大理寺司法机构审理案件和对特定疑难案件做出的司法裁决的汇编，所以对“断例”在数量计算上不用“条”，而是用“件”。这说明断例在宋朝是刑事案件判决的个案编撰，或可以称为是刑事判例法。所以宋朝“断例”又称为“刑名断例”。宋朝判例法可以分为两大类：刑事判例法与非刑事判例法，前者称为“断例”，后者成为“例”。在非刑事判例法中行政判例是主要构成部分。考现在可以见到的宋朝《断例》立法成果，主要有：《庆历断例》《嘉祐刑房断例》《熙宁法寺断例》《元丰刑名断例》《元祐法寺断例》《绍圣断例》《元符刑名断例》《宣和刑名断例》《崇宁刑名疑难断例》《绍兴刑名断例》《乾道新编特旨断例》《强盗断例》《淳熙新编特旨断例》《开禧刑名断例》《嘉泰刑名断例》《崇宁刑名断例》《大理寺例总要》《绳墨断例》，共有 17 部，其中《大理寺例总要》和《绳墨断例》现在无法确定是否属于判例类。从名称上可以看出，断例最初是由“刑房”和“法寺”编撰。细分这些立法，会发现名称上的差异，最初称为刑房、法寺、刑名和特旨，在刑名中又分为“刑名”和“刑名疑难”。这些名称上的限定说明宋朝“断例”的性质。宋朝断例现在可以确定主体是刑事案件类。对宋朝断例的立法情况、立法成果、立法特点、内容等详细情况可见第五章中“二、断例的篇名”。

四　结论

通过上面考察，可以得出宋朝时存在判例制度是一种客观事实。宋朝判例制度与中国古代判例制度是一致的。宋朝判例主要存在于被称为“例”的法律形式中，但“例”并不是判例的同义语。从现在可以见到的材料看，宋朝“判例”主要存在于狭义例、体例、旧例、故事和断例五种次类例中。

宋朝判例可以分为两大类型：行政判例和司法判例。宋朝行政判例在构成上主要由狭义例、体例、旧例和故事四种次类例组成；司法判例主要存在于“断例”类例中。认为宋朝除“断例”基本上是刑事判例外，其他各类次例就是行政例的认识是不够准确的，因为在狭义例、事体、体例、条例、则例、体例和故事中都存在非行政法律内容。宋朝判例制度中行政判例和司法判例仅是指判例产生的形式，而不是指判例所包括的内容。因为宋朝判例法从内容上看，存在有当代以来法律分类上的各部门法的内容，如刑法、民法、行政和诉讼法等。

宋朝行政判例构成主要有两类，即个案判例和事件判例。这让宋朝行政判例构成认定上存在很大的困难，原因是行政判例中的事件判例有时很难区分是习惯、习惯法还是一种法律规定。可以说，行政事件判例是否存在，如何认定是宋朝判例制度中判例认定的问题所在，也正因为此问题，很容易让学者因此否定判例的存在，或让学者把所有的例都认为是判例。

宋朝的例，不管是狭义的“例”还是广义的“例”，或说是体例、条例、事例、旧例、故事和断例等，都存在以成文法表达的法律规范。宋朝例的性质不是表现形态而是产生的渊源、形式和构成的样式。这是中国古代例的基本特点。“例”作为一种法律形式的命名与它的法律渊源结构有关，即它是较低效力的法律形式，如宋朝时的律、敕、令等法律下派生出来的法律规范，具体是对律、敕、令等法律形式的解释和补充。在宋朝例的形成上，宋朝就有人指出过。

> 4.1.1 绍熙元年（1190年）正月二十一日，臣僚言：“古者以例而济法，后世因例而废法。夫例者，出格法之所不该，故即其近似者而倣行之。如断罪无正条，则有比附定刑之文；法所不载，则有比类施行指挥。虽名曰例，实不离于法也。沿袭既久，行法者往往循私忘公，不比法以为例而因事以起例，甚者自有本法亦舍而弗用。转相攀援，奸胥猾吏皆得以制其出入，而法始废矣。乞令有司检照绍兴以来臣僚不许援例之奏，申严主典违制科罪、长吏免所居官指挥，明示中外，其有法者止当从法，其合比附、比类者不得更引非法之例。令御史台觉察，必罚无赦。如此，则祖宗成法得以遵守于无穷矣。”从之。(《宋会要》，职官七九·戒饬官吏之6，第5228页)

从上面材料可知，例产生的法律技术是比附和比类。比附解决的是“无正条”，比类解决是法律漏洞。两者都在既有的法律——律敕令格等下产生。

宋朝“断例”构成主体是刑事判例，即由具体个案组成的刑事先例。然而，必须注意的是不能就此得出断例全是刑事判例的结论。因为在宋朝中央机关审理的案件中，除了刑事类外还有民事类案件。这类民事案件也构成了断例中的先例。此外，宋朝“断例”中还存在中央司法机构针对具体刑事案件和具体法律适用与量刑做出的法律解释，即宋朝断例中存在非判例的内容。这一点可以从元朝法律形式——“断例”中看出。①

宋朝判例法从适用领域看，主要在官吏管理机构——吏部和中央司法机构——刑部和大理寺中，具体是行政管理机构和司法审理机构。这与宋朝判例制度的领域是一致的。宋朝行政判例主要涉及官吏的管理、选拔、考核、赏赐等。宋朝官吏制度由于设置复杂，导致宋朝行政判例大量出现。对此，绍兴四年（1134 年）权吏部侍郎胡交修指出“夫以例决事，吏部最为繁多。”这说明例在现实中适用最多的机构是吏部。司法判例主要涉及正罪定刑，特别是量刑。这从宋朝编修断例的名称上可以看出，如“刑名断例”、“法寺断例”和“刑房断例”等。这种名称即反应了此类判例形成的机构，也说明了它适用的领域。这与前面考察的史料反映出来的情况是一致的。

宋朝的判例制度得到较为明显的发展，这与宋朝治理中普遍出现的“守法”、“依法”治理有关。从史料看，宋朝时上至皇帝，下至大臣，在处理各类事务时，往往要找出法律依据，不管是当朝的还是前朝的。这构成了判例兴起的重要原因，因为在没有法律时就得找先例。宋朝的皇帝在处理很多事务时会主动问是否有先例，若有先例，会改变自己做出的“旨意”。下面史料是此方面的典型案例。

4.1.2 大中祥符九年（1016 年）十一月八日，河西军节度使、知许州石普坐私习天文，妄言日蚀，除名配贺州，诏听其挈族从行。先是，帝闻普在禁所思幼子，辄泣下，谓宰臣曰：“流人有例携家否?”王旦等曰：“律令无禁止之文。”乃有是诏。（《宋会要》，刑法四·配隶之 8，第 8449 页）

4.1.3 元祐七年（1092 年）十一月二十二日，诏徐王颢增赐公使钱三千缗。先是三省言：“南郊礼毕，徐王加恩，当赐剑履上殿，缘虚文已删去，请易以岁增公使缗钱。”太皇太后曰：“尝有例耶?”吕大防等对曰：“仁宗时荆王元俨增至五万贯，徐王昨亦增赐，今才万三千缗。”乃诏增之。（《宋会要》，帝系二·皇子诸王杂录之 14，第 46 页）

4.1.4 绍兴三年（1133 年）七月二十六日，左司谏唐煇言：“讲筵

① 对元代的“断例”性质，可以参看拙文《元代“例”考：以〈元典章〉为中心》（载《内蒙古师范大学学报》2010 年第 5 期）。

所书写人莫允中经进书，与换进义副尉，特不作非泛补授，乞行追改。”上曰：“此讲筵所奏御宝批也。既有例，当依例施行。”席益（日）［曰］：“此事固有前比，当如圣旨。然副尉而烦谏官论执，且乞赐允。”上卒从辉奏。（《宋会要》，崇儒七·经筵之2，第2886页）

从4.1.3条看，当时宋高宗通过圣旨对莫充中进行特别提拔，但谏官提出有先例不能破坏，虽然有大臣支持皇帝的主张，最后还是按先例处理。

4.1.5 绍兴十三年（1143年）七月十二日，宰执进呈吴益以皇后受册陈乞合得恩数文字。上曰：“可令检例，有例即行。皇后甚严，无例事必不敢陈乞。皇后之意见欲除益等在内宫观，不令出入，且教闭门读书。朕以谓书不惟男子不可不读，虽妇女亦不可不读，读书则知自古兴衰，亦有所鉴诫。”（《宋会要》，后妃二·皇后皇太后杂录之9，第281页）

宋朝司法判例在司法适用中是有个案支持的。从现在可以看到的记载看，在《宋会要》和《宋史》中都有。《宋会要》中记载的是发生在宣和三年（1121年），当时在审理袁州百姓李彦聪指使何大打死杨聪案时，出现大理寺和刑部官员之间对主使者李彦聪定性和量刑上的争议，最后引用《元丰断例》中的先例作为依据进行定性和量刑后才解决了争议。

4.1.6 宣和三年（1121年）十二月五日，臣僚言：“伏见大理寺断袁州百姓李彦聪令人力何大打杨聪致死公事，其大理寺以元勘官作威力断罪可悯，寺正、丞、评并无论难，因少卿聂宇看详驳难，称是李彦聪止合杖罪定断，其寺丞与评事亦从而改作杖罪。案上刑部，看详疏难，称大理寺不将李彦聪作威力，使令殴（系）［击］致死断罪未当，欲令改作斩罪。其寺正、评事议论反复，少卿聂宇执守前断，供报省部。本部遂申朝廷，称大理寺所断刑名未当，已疑难不改，若再问，必又依前固执，枉有留滞，伏乞特赐详酌。既而大理寺检到《元丰断例》，刑部方始依前断杖罪施行。访闻寺正、评事其初皆以聂宇之言为非，兼刑部驳难及申朝廷详酌则以斩罪为是，杖罪为非。若聂宇依随刑部改断，则刑部以驳正论功，聂宇失出之罪将何所逃？直至寻出《元丰断例》，刑部方始释然无疑，使李彦聪者偶得保其

(守)[首]领，则杖者为是，斩者乃非矣。伏望圣慈取付三省，辨正是非，明正出入之罪。兼看详法寺案周懿文、高宿尤无执守，其议李彦聪案，遂持两□□□□望并赐黜责施行。”诏高宿降一官，周懿文罚铜十斤。(《宋会要》，刑法四·断狱之79，第8488—8489页)

《宋史》中具体个案是审理张仲宣枉法贪赃罪案。《宋史·苏颂传》记载有：

4.1.7 时知金州张仲宣坐枉法赃罪至死，法官援李希辅例，杖脊黥配海岛。颂奏曰：“希辅、仲宣均为枉法，情有轻重。希辅知台，受赇数百千，额外度僧。仲宣所部金坑，发檄巡检体究，其利甚微，土人惮兴作，以金八两属仲宣，不差官比校，止系违令，可比恐喝条，视希辅有间矣。”神宗曰：“免杖而黥之，可乎?”颂曰：“古者刑不上大夫，仲宣官五品，今贷死而黥之，使与徒隶为伍，虽其人无可矜，所重者，污辱衣冠耳。”遂免仗黥，流海外，遂为定法。(《宋史》卷三四〇，“苏颂传”，第10861页)

此案中张仲宣案在司法官员判决时引用了李希辅案作为先例进行判决，但苏颂认为所引李希辅案与张仲宣案在情节上存在不同，提出另判。最后改判。从记载看，张仲宣案又成为新先例。

宋朝虽然一直存在对例使用上的争议，但从正式官方史料看，官员们基本上采用现实主义态度来对待“例”在整个国家治理中的作用。在法律适用上，绍兴四年的规定最具代表性。当年规定在法律适用上采用“绍兴四年（1134年）八月，权吏部侍郎胡交修等奏：契勘近降细务指挥，内一项：六曹长贰以其事治，有条者以条决之，无条者以例决之，无条例者酌情裁决。夫以例决事，吏部最为繁多。因事旋行检例，深恐人吏隐匿作弊。与七司各置例册，凡敕札、批状、指挥可以为例者编之，令法司收掌，以待检阅。诏依之。”① 这里的规定是针对吏部门六曹事务，但也是整个国家法律适用的基本规定。宋朝刑事判例在适用上争议较少，很多争议只是要求国家制定专门的断例法典，来规范断例的使用，限制吏员私下乱用。宋朝有官员上奏指出例的产生本质上是客观需要，完全禁止是不可能和不现实的。下面略举几条史料作为佐证：

① 《宋会要》，“帝系一一·守法·六曹以列决事之二”，第237页。

4.1.8 政和六年（1116 年）十二月十三日，诏除刑部断例外，今后应官司不得引例申请。（《宋会要》，刑法二·禁约二之 69，第 8320 页）

4.1.9 绍熙四年（1193 年）五月二十五日，诏“敕令所参酌到适中断例四百二十件，以《淳熙新编特旨断例》为名，并旧《断例》并令左右司拘收掌管。今后刑寺断案别无疑虑，依条申省取旨裁断外，如有情犯可疑，合引例拟断事件，具申尚书省参照施行。”（《宋会要》，刑法一·格令二之 51，第 8263 页）

4.1.10 沼熙四年（1193 年）六月五日，诏：“刑部将拟断案状照自来体例依条拟定特旨，（中）［申］尚书省，仍抄录断例在部，委长贰专一收掌照用。”以都省言：“刑部拟断案状，后来并不比例，系本部照情犯轻重临时参酌拟定特旨申省取旨。近降指挥拘收断例，自今断案别无疑虑，依条申省取旨裁断。如有情犯可疑合引例拟断事件，申尚书省参照。今来刑部将合奏裁案状一例不拟特旨上省，照得已降指挥内即无令刑部不拟特旨之文，其本部自合依旧，于已降旨挥别无相妨。”故有是诏。（《宋会要》，职官一五·刑部之 26，第 3421 页）

4.1.11 淳熙十年（1183 年）八月十三日，刑部侍郎曾逮“乞下本部自今应拟贷刑名并开具断例之相类者，然后酌其轻重，用小贴声说，以取朝廷裁断。如于重罪不失而小有不同，并免驳问，庶几有司如意参酌，谨以引用拟断，以副陛下钦恤之意。”（《宋会要》，职官一五·刑部之 26，第 3422 页）

4.1.12 绍熙二年（1191 年）四月十二日，臣僚言：“臣闻自昔天下之所通行者法也，不闻有所谓例也。今乃于法之外，又有所谓例。法之所无有者，则援例以当法；法之所不予者，则执例以破法。生奸起弊，莫此为甚。盖法者率由故常，著为令典，难以任情而出入；例者旋次创见，藏于吏手，可以弄智而重轻。是以前后臣僚屡有建请，皆欲去例而守法。然终于不能革者，盖以法有所不及，则例亦有不可得而废者；但欲尽去欲行之例，只守见行之法，未免拘滞而有碍。要在与收可行之例，归于通行之法，庶几公共而不胶。今朝廷既已复置详定令一司，臣以为凡有陈乞申请，傥于法诚有所不及，于例诚有所不可废者，乞下令所详酌审订，参照前后，委无抵牾，则著为定法，然后施行。如有不可，即与画断，自后更不许引用。如是，则所行者皆法也，非例也，彼为吏者虽欲任情以出入，弄智而重轻，有不可得，奸弊自然寖消。举天下一之于通行之法，岂不明白坦易而可守也?”从之。(《宋会要》，刑法一·格令二之56，第8268页)

除了要求通过制定全国通行的例外，还有就是对使用例的程序进行规制。这方面的典型代表是淳熙、绍熙年间所进行的努力。为此，中央制定了法律，对此进行规范和设制。这些程序上的规制目的是想借此约束对例使用中带来的问题。从这些材料看，宋朝对例的使用，特别是对判例使用上并不是要禁止，而是要控制滥用现象的出现。对例存在的问题和最后的，选择可以从高宗、孝宗年间的立法上看出。

4.1.13 绍兴五年（1135年）十二月，辛未权户部侍郎王俣言“致治之要无他，上有道揆下有法守而已。然则守法者有司之事也，自兵火以来，虽案牍散亡，而嘉祐旧典、《绍兴新书》与夫通用专法纤悉具存，奈何比年以来官失其守，废法用例，其弊滋甚，如立功之赏，不可以一揆也，彼重而此轻，则必引重以为例，死事之泽不可以一律也，甲多而乙少则必引甲以为例，以至迁转补授之差，请给蠲减之异，如此之类，不可概举，有司动輙援引以请，甚者巧为附益，规紊朝听，初则曰与例稍同，又其次则曰与例相类，一字之别，去法愈远，不啻倍蓰什伯千万然也，所以恩归于下，怨集于上，人不退听，事益增多，为治之害，孰大于此。伏望明诏大臣，除刑寺断例合依旧存留照用外，其余委官悉取已行之例，精加详定，有不戾于法而可行于时者，参订修润附入本例，严戒有司，自今以始，悉遵成宪，毋得受理，敢有弗率，必罚无赦。(《建炎以来系年要录》卷九十六，“绍兴五年十二月辛未条”，第1583页)

户部侍郎王俣在对例产生的各种问题指出后，最后提出的解决办法是刑寺断例依旧适用，其他的“例”要求通过中央专门机构审查后，可以适用的修撰成法律，公开让相关部门适用，不可以适用的公开禁止。这种现实主义是整个宋朝法律适用中对“例”的态度。这一点必须注意到，而不是仅引用某段史料中对“例”出现的弊病进行列举和指责就得出宋人对“例”是全面否定的。

第七章　宋朝立法特点及历史地位[①]

宋朝法律形式变化在中国古代法律形式变迁史中属于重要时期，原因是宋朝在法律形式上既是隋唐时期法律形式的继承和发展者，同时也是元明清时期法律形式的源头。宋朝在法律形式上把秦汉以来的律令和南北朝时期的律敕令格式发展到极致，创立以律敕令格式申明为中心的法律形式体系。宋朝在立法上，把敕令格式四种法律形式全面实践。然而，宋朝也是对秦汉以来中国古代法律形式发展走向多样性的转变时代，宋朝后期法律形式开始以简约为趋向，体现在“事类”立法体例的出现和加强，结果导致元朝把法律形式简化成“断例”和“条例”，明清两朝把法律形式简化成“律”和“例”两种。

一　宋朝法律形式的术语种类和含义

通过上面的考察，会发现宋朝在立法上，各种不同的法律名称可以分为律、刑统、敕、令、格、式、申明、指挥、看详、断例、条贯、条制、法、事类、例等15种，若加上“会要”,[②] 共16种。例中若再分为例、条例、则例、体例、事例等，可达20多种。分析这20多种在宋朝立法成果中的名称，含义较为复杂，很多名称并没有法律形式的含义，多是指一种“法”、“法律”的通用称谓。

分析宋朝不同法律成果的名称，会发现具有以下种类：

第一，综合性立法成果的名称，如“某某新书”“某某法”“某某条制”“某某条贯”“某某条法”“某某会要”“某某事类”。这五种常用作称某法典的名称，并没有指所称法律构成了一种独立的法律形式。“某某

① 此章部分内容作为本项目阶段性成果在《北方法学》（2016年第1期）上以《宋朝法律形式及其变迁问题研究》为名发表过。

② 宋朝大量编撰称为《会要》的法典是其立法史上的重要内容。按记载，宋朝至少编撰过12部《会要》。

新书”是指某次修法时制定的整个法律成果的总称，如《政和新书》《绍兴新书》《庆元新书》《乾道新书》《淳熙新书》等。《政和新书》是指政和年间制定的敕令格式，《绍兴新书》是指绍兴元年制定的敕令格式申明、看详和整个法律目录的总称。有时“新书”又称为“新法”“法”，如《绍兴新法》《吏部七司法》等。条制、条贯、条法具有“新法”“法”的同样含义。“会要”和“事类”在宋朝是用来指称通过事类体，即按法律调整对象的特征把各种法律种类按门类编在一起而成的广义法典。如《政和续修会要》《庆元条法事类》。总之，新书、法、条制、条贯、条法、条式、会要、事类为名称的法律成果多不构成独立的法律形式。只是法、条制、条贯、条法、条式五种有特殊的地方，那就是有时用它们为名的法律，在本质上是敕、令、格、式、申明中的某一种。

第二，某一特定法律篇名指明其法律属于某一法律形式。这个时候，该法律篇名术语与法律形式分类是一致的。如律、敕、令、格、式这五个法律术语为名的法律成果，指明了该法律在法律形式上所属种类。宋朝严格意义上，体现法律形式的术语仅有这五个，其他的都不是作为法律形式的分类术语。

第三，某些法律术语具有法律形式的含义，但不稳定。此类术语主要有申明、指挥、看详、断例、例及各类具体例。其中申明和断例作为法律形式较为稳定，申明在宋朝有个发展过程，到南宋时申明已经在立法上成为法典名称的重要术语，在含义上开始出现变化。申明在宋朝法律形式分类上，按性质分类仍然存在问题，因为申明包括有正罪定刑与设制立范两种规范，其中正罪定刑类法律主要是称为申明刑统和随敕申明类，其他申明类属于设制立法类法律。申明作为一种独立法律分类术语，核心标准是所属法律产生的来源和效力，而不是法律性质。断例在宋朝作为一种法律形式术语，具有三个方面的含义，首先是指所纳入法律属于正罪定刑类，其次是该规范产生的来源是司法实务，最后是载体形式主要是个案，即判例。指挥和看详在宋朝很难称为法律形式术语，所指法律规范分别是从产生形式、效力上归类。例及各类具体例在宋朝还没构成一种成熟的法律形式，它们更多是体现一种规范的内容特点、产生形式和效力。

第四，宋朝法律篇名中还存在一种特殊的形式。这种篇名既是一次立法活动，又指这次立法的成果，还可以指这次立法形成的广义法典。前期最典型的是“某某编敕”，如“建隆编敕”“咸平编敕”“大中祥符编敕”；神宗朝后是“某某敕令格式”，或“某某敕令格式申明看详”，或“某某敕令格式申明看详指挥”等。后者名称常被学者认为是“某某法律”，其本质不是指某某法律，因为其中的敕、令、格、式、申明、看详、指挥等是独立修成的专门法典。这种名称十分多，达近百种。如《茶法敕令格式》《崇宁国子监书学敕令格式》《崇宁国子监算学敕令格式》《崇宁国子监算学书学敕令格式》《淳熙重修敕令格式》《大观马递铺敕令格式》《大观内外宗子学敕令格式》《大宗正司敕令格式申明》《殿中省提举所六尚局供奉库敕令格式》《度支大礼赏赐敕令格式》《奉使高丽敕令格式》《贡举敕令格式》《贡举医局龙图天章宝文阁等敕令仪式及看详》《国子监敕令格式》《接送高丽敕令格式》《景灵宫供奉敕令格式》《开禧重修尚书吏部七司敕令格式申明》《吏部四选敕令格式》《六曹敕令格式》《明堂敕令格式》《明堂大飨视朔颁朔布政仪范敕令格式》《明堂祫飨大礼令式》《乾道重修敕令格式》《乾道重修逐省院敕令格式》《绍圣常平免役敕令格式》《绍圣律学敕令格式看详并净条》《绍圣武学敕令格式看详》《绍兴参附尚书吏部敕令格式》《绍兴重修常平免役敕令格式》《绍兴重修敕令格式》《绍兴重修贡举敕令格式》《绍兴重修六曹寺监库务通用敕令格式》《绍兴重修尚书吏部敕令格式并通用敕令格式》《绍兴重修在京通用敕令格式申明》《夏祭敕令格式》《小学敕令格式申明一时指挥》《元丰敕令格式》《元丰官制敕令格式》《元丰户部敕令格式》《元丰尚书户部度支金部仓部敕令格式》《元丰新定在京人从敕令式》《元符敕令格式》《元祐诸司市务敕令格式》《在京禄敕令格式》《政和国子监律学敕令格式》《政和重修敕令格式》《诸路州县学敕令格式并一时指挥》《诸司敕令格式》《宗室及外臣葬敕令式》等。

此外，还有一种术语，如令式、格令、敕令、条格、条令等，它们具有两种含义：一是这些术语是“法”、“法律”的一种通称；二是指某次立法的成果由令、式，格、令，或敕、令等不同法律形式组成，指明修成法律包括的法律形式。

二　宋朝法律篇名术语中的效力表达

宋朝不同法律篇名中，用不同术语表达该法律的效力，其中最有代表性的有：海行，通用，一司、一务、一路、一州、一县，一时、永久等。认真分析这些表达法律效力的术语，可以分为空间和时间两个方面。空间上有海行、通用、一司、一务、一路、一州、一县；时间上有一时和永久。

“海行”在宋朝是特指某法律在空间和时间上，具有全国性和永久性的，具有明确、稳定的含义。所以宋朝当某部法律适用于全国时，往往称为“某某海行法”，如《绍兴敕令格式》又称“绍兴海行敕令格式”。“通用”在宋朝主要是指某部法律适用领域是在两个及两个以上的部门和路州，是针对仅适用于某个部门或行政区域的法律而言。宋朝仅适用于中央某部门的法律往往称为“一司”，时又称为“一务”。此类法律常称为某某司、寺、务、库、局等。仅适用于某一路州县的，称为某某路、某某州和某某县。某法律仅具有临时性效力，没有获得永久效力的，往往称为“一时”，最典型的是“一时指挥”“一时申明”等。由于宋朝对每部特定法律效力往往有明确的空间和时间上的适用限定，所以在法律名篇上时常用法定术语标明、界定。

宋朝在法制建设上，采用这种不同效力立法依据是认为“天下土俗不同，事各有异”，必须因事、因地制定不同的法律。从效力结构上，宋朝让整个国家法律构建起一个全国、部门和地方三个纵横交错的法律体系，实现对全国治理中的“有法可依”。从效力上，宋朝法律体系可以分为全国性、部门性和区域性三大领域，体现出国家立法中的针对性。

三　宋朝法律形式的种类和效力位阶

宋朝法律形式以法律适用中具有的效力渊源作用为标准，可以分为以下11种：律、疏议、刑统、敕、令、格、式、申明、断例、指挥和看详等，其中重要的有敕、令、格、式、申明和断例等六种。宋朝“例”没有构成完整的法律形式种类，以“例”为名称的法律多是不同法律类型的名称，仅有“断例”构成独立的法律种类。有些独立称为某某例的法律在法律形式上可以归为申明、指挥类。这里不把“例”作为一种独立的法律形式。看详在宋朝作为一种法律形式是可以有争议的，因为它是立法说明和依据的材料，但法律适用中看详作为一种法律渊源是被使用的。

宋朝11种法律形式，根据内容性质上的不同，可以分为刑事类、非刑事类和混和型三种，其中刑事类法律形式有《律》《疏议》《刑统》敕和断例；非刑事类法律形式有令、格和式；混和型有申明、指挥和看详。申明中两种特定名称的种类属于刑事类，即“申明刑统”和“随敕申明”。根据法律形式在整个国家法律适用中的效力等级和作用，可以分为：基本法律渊源、一般法律渊源和补充法律渊源。基本法律渊源有《律》《疏议》《刑统》；一般法律渊源有敕、令、格、式；补充法律渊源有申明、断例、指挥、看详。

从法律渊源上看，律、疏议和刑统是法律体系中的基本渊源。宋朝时

"律"和"疏议"是特指概念，具体是指唐开元二十五年（737 年）制定的《律典》和《律疏》。[①] 中国古代五代十国辽宋西夏金和元朝的法律渊源基本特点是，在基本法律渊源上把唐朝的律令格式四典作为基础建构自己的法律体系，很少制定独立的、完整的律令格式四典来构建自己的法律体系。考察五代至元朝时中华大地上建立的不同政权中，法制建设上都把唐朝开元年间的律、令、格、式四典，《唐六典》和《开元礼》作为基础来建设自己的法律体系。[②] 这个基础有直接把唐朝开元年间制定的律典、令典、格典、式典、《唐六典》和《开元礼》作为现行法源适用的，或作为立法损益的基础对象使用的两种。从现有史料看，仅有五代后梁在开平四年（910 年）制定过《大梁新定格式律令》，具体是"新删定令三十卷，式二十卷、格一十卷、律并目录一十三卷、律疏三十卷，共一百三卷。请目为《大梁新定格式律令》"。[③] 但这次修订很快就被后唐废除，后唐天成元年（926 年）九月十八日，御史大夫李琪提出"今莫若废伪梁之新格，行本朝之旧章，遵而行之，违者抵罪"。[④] 本来后梁制定的律令格式新典在内容上有多少创新就存在问题，而且很快就被废除，影响可谓全无。此后四朝和宋朝就不再制定全新的律典，在刑事立法上则是继承发展唐中后期形成的"刑统"和格后敕立法，通过修订"刑统"和编敕来实现刑事法律的与时俱进。宋朝在中后期开始制定令格式新法典，但一直没有重新制定新律典。金朝在泰和年间制定了较为完整的律典、疏议和令典，律、疏合称为《律义》。"泰和元年（1201 年）十二月，所修律成，凡十有二篇……实《唐律》也，但加赎铜皆倍之，增徒至四年、五年为七，削不宜于时者四十七条，增时用之制百四十九条，因而略有所损益者二百八十有二条，余百二十六条皆从其旧。又加以分其一为二、分其一为四者六条，凡五百六十三条，为三十卷，附注以明其事，疏义以释其疑，名曰《泰和律义》。……曰《律令》二十卷。又定《制敕》九十五条，

① 学术界很多时候把宋朝的"律"和"疏议"误认为是《宋刑统》中的"律"和"疏议"。这是有问题的，没有注意到五代以来对"律"和"疏议"在使用上的特定性、专门性。现在学术界基本认定，宋朝"律"和"疏议"是特指，具体是指唐朝开元二十五年制定的《开元律》和《开元律疏》。

② 对此。日本学者内藤乾吉曾指出，唐律和疏议在开元二十五年被刊定后，在唐后期、五代、宋、辽、金诸朝都被作为现行法适用。（内藤乾吉《滂喜斋本唐律疏议的刊行年代》，载内藤乾吉《中国法制史考证》，有斐阁 1963 年版，第 148—181 页。

③ 《五代会要》卷九，"定格令"，上海古籍出版社 2006 年版，第 146 页。

④ 同上书，第 147 页。

《榷货》八十五条，《蕃部》三十九条，曰《新定敕条》三卷，《六部格式》三十卷。”① 从记载看，这次修订主要是完成律典、疏议和令典，格式两典没有进行整体修订，而且整个“律”和“令”两典修订都以唐律令两典为基础，以致元人指出《泰和律义》“实《唐律》也”。西夏在唐律基础上制定了《天盛新改律令》，从内容看，是以律典为重点，融合令格式内容为一体的综合性新法典。从法律上看，整个五代十国、辽宋西夏金及元朝在法律形式上，基本以唐朝的唐律令格式四典为基础发展起来，在法律适用上，唐朝的律令格式一直都作为直接法律渊源被适用。这是这个时期法律渊源上的重要特征。

北宋法律中律令格式并用的事实在南宋时期同样如此。这方面的典型是南宋初期岳飞案。岳飞案的判决在引用法律上全面反映宋朝刑事法律渊源结构。虽然此案在法律事实上存在问题，属于中国历史上最有名的冤案，但做出的判决却十分规范。在宋人李心传的《建炎以来系年要系》中详细记载了此案的判决。如对岳飞的判决书是：

> 法寺称：律，临军征讨，稽期三日，斩；及指斥乘舆，情理切害者，斩。系罪重，其岳飞合于斩刑私罪上定断，合决重杖处死。看详：岳飞坐拥重兵，于两军未解之间，十五次被受御笔，并遣中使督兵，逗留不进国及于此时，辄对张宪、董先指斥乘舆，情理切害；又说与张宪、董先，要蹉踏张俊、韩世忠人马；及移书张宪，令措置别作擘画，致张宪意待谋反，据守襄阳等处作过。委是情理深重。敕：罪人情重法轻，奏裁。

这里引用了两条“律文”和“敕”文，作为判决的法律依据。对张宪的判决是：

> 张宪为收岳云书，令宪别作擘画，因此张宪谋反，要提兵僭据襄阳，投拜金人，因王俊不允顺，方有无意作过之言；并知岳飞指斥切害，不敢陈首，并依随岳飞虚申无粮，进兵不得；及依于鹏书申岳飞之意，令妄申探报不实，及制勘虚妄。除罪轻外，法寺称：律：谋叛绞。其张宪合依绞刑私罪上定断，合决重杖处死。仍合依例追毁出身以来告敕文字，除名。本人犯私罪，绞。举官见行取会，候到，别具施行。

---

① 《金史》卷四五，“刑法志”，中华书局 1975 年版，第 1024—1025 页。

此外，本案中重要人犯之一岳云的判决是：

> 岳云为军民一致咨目与张宪，称可与得心腹兵官商议擘画，因此致张宪叛。除罪轻及等外，法寺称：敕，传报朝廷机密事，流二千五百里，配千里，不以荫论赦。刺配比徒三年，本罪徒以上通比，满六年比加役流。律，官五品，犯流以下减一等。岳云合比加役流私罪断，官减外，徒三年，追一官，罚铜二十斤入官，勒停。看说：岳云因父罢兵权，辄敢交通主兵官张宪，节次崔令得腹心兵官擘画，致张宪因此提兵谋叛；又传报朝廷机密，惑乱军众。情重，奏裁。岳云犯私罪徒，举官见行会问，候到，别具施行。①

岳飞案中主要三人的判决上，法律适用时都引用到“律”和“敕”，可以看出两者在宋朝刑事案件中的适用情况。

南宋末年律令格式在司法中的适用情况同样如此，如绍定元年（1228 年）平江府发生了一件学田案，司法官在做出判决时引用的法律有律、敕、令、格四种法律。具体如下：

> 律：诸盗耕种公私田者，一亩以下笞三十，五亩加一等；过杖一百，拾十亩加一等，罪止徒一年半。荒田减一等。强者，各加一等，苗子归官、主（下条苗子准此）。
>
> 律：诸妄认公私田若盗贸卖者，一亩以下笞五十，五亩加一等；过杖一百，十亩加一等，罪止徒二年。
>
> 敕：诸盗耕种及贸易官田（泥田、沙田、逃田，退复田同。官荒田虽不籍系亦是），各论如律。冒占官宅者，计所赁，坐赃论，罪止杖一百（盗耕种官荒田、沙田罪止准此）。并许人告。
>
> 令：诸盗耕种及贸易官田（泥田、沙田、逃田，退复田同），若冒占官宅，欺隐税租赁直者，并追理，积年虽多，至拾年止，贫乏不能全纳者，每年理二分，自首者免。虽应召人佃赁，仍给首者。
>
> 格：诸色人，告获盗耕种及贸易官田者（泥田、沙田、逃田，退复田同），准价给五分。

---

① 《建炎以来系年要录》卷一百四十三，“绍兴十一年十一月癸巳条”，中华书局 2013 年版，第 2697—2698 页。

令：诸应备赏而无应受之人者，理没官。[①]

这些说明宋朝司法中对不同的法律适用情况，同时反映出宋朝不同法律形式在司法中的作用和关系。

（一）律、律疏、刑统

宋朝法律渊源中第一级是律、律疏和刑统，其中律和律疏是唐朝开元二十五年（737年）的律典和疏议两种法律。唐中后期、五代宋时把律典和疏议作为两个独立的法典来对待，其中律典有12卷，疏议有30卷。对此，郑显文通过考察唐朝出土的法律文献后指出唐时律典与疏议是两个并列的法律文本，两者是两个独立的法律。[②] 此外，可以从《五代会要》和宋朝相关法律资料中得到证明。后周显德四年（957年）五月二十四日，中书门下省上奏指出“朝廷之所行用者，律一十二卷，律疏三十卷，式二十卷，令三十卷，《开成格》一十卷，《大中统类》一十二卷，后唐以来至汉末编敕三十二卷，及皇朝制敕等”。[③] 这里把后周当时使用的法律种类明确指出，其中律、律疏、令和式从文中可知是唐朝的唐律、律疏、令和式。整个宋朝唐律和疏议都是基本法律渊源，这不管是在北宋还是南宋。因为在很多法律判决中，特别是涉及各类重要的案件中都会引用律及疏议的条文。当然，从文本比较上看，宋朝使用的律典和疏议在字句上与开元版本是存在不同的，这是传抄和避讳引起的。

宋朝《刑统》本质上是对唐开元年间后的格后敕及后来编撰的刑统整理和总结的产物。《宋刑统》在内容上是在“律疏”基础上发展形成的新法律，是疏议的衍生物。对此，宋人早有明确表述，“《刑统》参用后敕，虽尽引疏义，颇有增损”。这里把《宋刑统》和《唐律疏议》的关系和区别明确指出。虽然《宋刑统》在“律疏”基础上修订而成，但很多内容与《唐律》和“疏议”是不同的，因为《宋刑统》中的“律”与“疏议”是把开元二十五年后敕的内容吸收和整理后的产物。对此，《宋会要·刑法一·格令》中也有具体记载，《宋刑统》是“凡削出令式、宣

① 《宋代石刻文献全编》（第2册），北京图书馆出版社2003年版，第339页。比较此案中所引律文，与现存《唐律疏议》中的律文是一致的。

② “从唐高宗永徽四年颁布《永徽律疏》之后，唐代一直存在律与律疏两种法典形式。这两种法典形式不仅在卷数不同、书写形式不同，内容上也不查同，律典中只有律文和注文，没有疏议的内容”。（郑显文：《出土文献与唐代法律史研究》，中国社会科学出版社2012年版，第39页）

③ 《五代会要》卷9，“定格令”，上海古籍出版社2006年版，第149页。

敕一百九条，增入制敕十五条，又录律内‘余条准此’者凡四十四条，附于《名例》之次，并《目录》成三十卷。”① 这里说明《宋刑统》的来源和构成。整个《宋刑统》的内容已经出现诸法合体的特征。“《刑统》凡三十一卷，二百十三门，律十二篇，五百二条，并疏令式格敕条一百七十七，起请条三十二。”② 这里指出令式格敕有177条。宋朝在“律”的“原旨”渊源上一直以唐律和疏议为宗，特别是“律”为宗。为此，宋人多次提出对“律”文中的字不能用宋朝的避讳体例改写，因为“律”已经和“经文”等同，应保留原文，才能体现原意。

北宋在法律适用上一直把律、律疏和刑统作为基础法律渊源使用，南宋时期同样如此。对宋朝律、律疏和《宋刑统》的关系明确表达的有很多史料，其中天圣七年（1029年）四月，孙奭的奏文最为典型。

> 天圣七年（1029年）四月，孙奭言：“准诏校定律文及疏，缘律、疏与《刑统》不同，盖本疏依律生文，《刑统》参用后敕，虽尽引疏义，颇有增损。今既校为定本，须依元疏为正。其《刑统》内衍文者减省，阙文者添益，要以遵用旧书，与《刑统》兼行。又旧本多用俗字，寖为讹谬，亦已详改。至于前代国讳，并复旧字。圣朝庙讳，则空缺如式。又虑字从正体，读者未详，乃作《律文音义》一卷。其文义不同，即加训解。乞下崇文院雕印，与律文并行之。”③

这里孙奭明确指出律、疏议和刑统三者的关系。三者关系十分紧密，但存在“本”与“支”的关系，具体指“疏议”是在“律”的基础上派生出来，《刑统》是在“疏议”的基础上派生出来。《宋刑统》与唐朝的律与疏议关系较远，内容上变化较大，因为《刑统》受到后来不断颁行的“敕”的影响。可以认为刑统是一个与时俱进的时代性疏议版。所以孙奭才指出不管如何发展，都要以原旨律疏为准。

南宋初年刑部官员周三畏在总结北宋法律形式渊源时，曾指出北宋法律形式中除了敕令格式外，还有“律法”和《刑统》。

> 绍兴六年（1136年）八月十八日，刑部员外郎周三畏言：“国家

① 《宋会要》，“刑法·格令一之1”，第8211页。

② 《玉海》卷六六，“律令下”，第1254页。

③ 《宋会要》，“崇儒四·勘书之7”，第2818—2819页。

昨以承平日久，因事增创，遂有一司、一路、一州、一县、海行敕令格式，与律法、《刑统》兼行，已是详尽。又或法所不载，则律有举明议罪之文，而敕有比附定刑之制，可谓纤悉备具。乞自今除朝廷因事修立一时指挥外，自余一切，悉遵见行成宪。”从之。①

上面材料可视为是对北宋法律渊源的总结。这里周三畏指出北宋法律体系中有地方性和全国性法律——敕令格式和“律法”与《刑统》两大体系。这里的“律法”就是唐朝的“律”和“疏议”。

淳熙七年（1180年）五月十一日，大理少卿梁总言：“得旨将《刑统》内有本朝圣祖名、庙讳各随文义拟易他字，缮写为三册，乞下国子监刊印。”从之。先是，总言：“校勘律文、《刑统》，窃见前代国讳皆易以他字。详律文系古法书，比拟经传，不当改易外，其《刑统》前后详定不一。既非古书，兼建隆四年详定庙讳、御名，既曾易以他字，止缘后来有司失于申明，循习开雕，尚仍旧本。”得旨编类，至是上之。②

这里梁总指出“律文”已经是“经”的性质，所以在用字上不必采用避讳，而《刑统》则应根据当朝进行修订，避讳用字遵守本朝体例。

对宋朝律、疏议、刑统和敕的关系还可以从南宋初年北方伪齐政权制定的法律中看出。按《建炎以来系年要录》记载，伪齐在绍兴三年（1133年）五月颁布系统的法律。

伪齐尚书户部郎中、兼权侍郎、权给事中冯长宁，尚书右司员外郎许伯通同修《什一税》及《阜昌敕令格式》。是日书成，凡条法三十一件，《随法申明》二十二件，诸《律》《刑统》《疏议》《阜昌敕令格式》与《什一税法》兼行，文意相妨者从《税法》。③

从此处看，此次修法基本上是对北宋法律的全面继承，最大变化是税法。这里提到律、《刑统》《疏议》和敕，四者是并列的，这当中一个变

---

① 《宋会要》，“刑法一·格令二之37”，第8250页。

② 《宋会要》，“仪制一三·庙讳之18”，第2578页。

③ 《建炎以来系年要录》卷六十五，“绍兴三年五月己巳条”，中华书局2013年版，第1279页。

化是《疏议》放在《刑统》后。这说明北宋时律、《疏议》《刑统》是明确区分的，两者是不同的。

从上面材料可以看出，宋朝不管是北宋还是南宋，唐律、《疏议》和《刑统》一直都作为国家法律的基本法律渊源，构成国家法的基本法律形式。有学者认为南宋的“律”是指《刑统》应存在误解，① 因为上面材料都把《刑统》与《律》并列，说明南宋时人对两者也有明确区别。这里还有一个问题，宋人和当代很多学者认为“以敕破律”是当时法律适用的弊病，这种观点本质上是一种复古主义，因为反对优先适用“敕”就是要优先适用《唐律》。这反而破坏了法律适用中特别法优于普通法的原则。

（二）一般法律渊源有敕、令、格和式

宋朝法律形式中一般法律渊源是敕令格式。敕令格式是国家正式法律形式中的主体部分。宋朝敕令格式在形成上分为两个时期。前期是神宗元丰年间以前，“敕”是广义的法律称谓，不仅仅有刑事法律还包括后来被纳入令格式中的法律。神宗元丰年间后，敕被严格界定在刑事法律领域，构成宋朝立法中刑事法律的基本形式；令格式被界定在非刑事法律领域。这让宋朝法律形式结构上有明确的分工和相互支持的体系。宋朝初期令格式直接适用唐朝开元年间制定的令格式三典，其中“令”和“式”两典在宋太宗淳化年间进行过简单修订，基本内容是唐朝旧典，仅对年号、用字、避讳等方面进行时代化的处理，史称《淳化令》和《淳化式》。宋朝意义上的令典始于《天圣令》，式、格典始于《元丰格》和《元丰式》。神宗元丰年间后敕令格式构成宋朝四大基本法律形式，让宋朝立法有了合理的结构体系。宋朝敕令格式构成上有三部分构成：综合性法典、事类性和机构性法律。如，综合性法典：《绍兴敕》《绍兴令》《绍兴格》和《绍兴式》；事类性独立法律：《农田敕》《五服年月敕》《宗室葬敕》《大礼敕》《南郊式》；机构职能类法律：《中书省敕》《大宗正司令》《礼部格》和《吏部式》等。

（三）补充法律渊源有申明、指挥、断例和看详

宋朝法律形式中申明、指挥是重要法律形式，但在效力上、稳定性上都较低，构成一种补充性质的法律渊源。断例和看详在法律效力上作用更为有限，是效力最低的法律形式。

---

① 《南宋法制史》一书中指出“南宋法律体系主要是由律、敕、令、格、式、例组成，律沿用了北宋制定的《宋刑统》”。（郭东旭、戴建国：《南宋法制史》，人民出版社 2011 年版，第 1 页）

申明①在宋朝是一个特殊的用语，泛指中央机构对下级机构做出的法律指令、法律解释和法律解答等各种具有法律效力的文件、文书的总称。申明到北宋神宗朝开始出现新变化，国家在修订敕令格式时会把效力较低、稳定性较差的内容独立修撰，称为申明。此外，还把对《刑统》做出的解释——“指挥”称为申明刑统，进行独立编撰。宋朝申明立法史上划时代的事件是南宋绍兴年间编撰敕令格式时把申明编成两种，即申明刑统和随敕申明。此后，其他机构在立法时开始把申明作为独立的法律形式进行编撰。这样，申明在南宋成为重要法律形式，让南宋法律形式基本由敕令格式申明五种组成。南宋申明的重要性可以从每次修订“海行”时都把敕令格式申明共修中看出。如淳熙七年（1180年）五月二十八日右丞相赵雄等上《淳熙条法事类》是由“将见行敕、令、格、式、申明，体仿《吏部七司条法总类》，随事分门修纂，别为一书。若数事共条，即随门厘入”。② 宋朝申明不仅有刑事类内容，还有非刑事类内容。宋朝刑事类申明主要集中在申明刑统和随敕申明两种中。此外，还有大量其他各类申明，如《吏部条法》中有37种，本书考据出39种，总的篇名达50多种。③ 根据笔者统计，宋朝申明现在可以见到的有刑事类，如《绍兴申明刑统》《熙宁随敕申明》；非刑事类，如《禄秩申明》《中书省申明》《尚书省申明》等。

断例在宋朝作为一种法律渊源主要适用在司法领域。断例从内容上看，主要是刑事法律。断例在南宋时成为重要法律形式，构成刑事法律的重要组成部分。宋朝编撰过的断例集有：《庆历断例》《嘉祐刑房断例》《熙宁法寺断例》《元丰刑名断例》《元祐法寺断例》《绍圣断例》《元符刑名断例》《宣和刑名断例》《崇宁刑名疑难断例》《绍兴刑名断例》《乾道新编特旨断例》《强盗断例》《淳熙新编特旨断例》《大理寺例总要》《绳墨断例》，共17部，其中《大理寺例总要》和《绳墨断例》现在无法确定是否属于前面的判例类。

---

① 谢波：《宋代法律形式“申明”考辨》，载《史学月刊》2010年第7期。

② 《宋会要》，“刑法一·格令二之53”，第8265页。

③ 根据现存的《吏部条法》中引用到“申明”篇名所得。南宋时吏部下分为侍郎左、右选，尚书左、右选，司勋和考功六个部门，组成了39种不同的法律篇名，具体是尚书左右选通用，尚书左右选侍郎右选通用，尚书左选侍郎左右选通用，尚书左选侍郎右选通用，尚书右选侍郎左右选通用，尚书侍郎左右选通用，尚书侍郎左右选考功通用，尚书侍郎右选通用，尚书侍郎右选考功通用，尚书侍郎右选司勋考功通用，尚书侍郎左选通用，尚书侍郎左选考功通用，尚书左选考功通用，尚书左选，尚书右选，尚书考功，尚书司勋，侍郎左选，侍郎右选，侍郎左右选通用，侍郎左选尚书考功通用，侍郎右选尚书考功通用。在立法时，按以上39个篇名分别立法，每种篇名下再分成敕令格式申明五种。

指挥作为一种法律渊源在宋朝是观客存在的。然而，宋朝指挥性质比较特殊，因为从形式上看，指挥是一种颁布法律的形式，就像“宣”和“敕”一样，更多体现的是一种立法中法律颁布程序和权威程序的程度，而不是一种法律形式。但在现实中，指挥作为一种法律形式确实存在，国家也会对指挥进行编撰，如《透漏私茶指挥》《隆兴弊事指挥》等。宋朝立法中“指挥”主要有“某某指挥”和“修书指挥”两大类。“某某指挥”是指对某法律进行立法时，在篇名上称为“某某指挥”，如《隆兴弊事指挥》；“修书指挥”是指修撰特定法律时颁发的各类指挥。在“某某指挥”上有时又称为“一时指挥”。这可能是宋朝“指挥”“申明”之间的区别，因为指挥在法律上普适性较小，稳定性较差。然而，指挥还存在可转变性，即可以通过特定程序上升为稳定性更高的法律，如申明，或者修入敕令格式中，获得普遍、永久效力。

看详作为一种法律渊源始于宋神宗朝，但在此之前就存在，只是看详作为一种法律形式效力较低，且稳定性差，并且主要功能是作为一种法律解释时的补充。“看详”作为一种立法术语，在宋朝立法活动中，中后期开始把立法的原始材料、立法说明和法律渊源等编撰成书，称为“看详”。从现在看，“看详”就是立法说明和依据。由于“看详”是立法的说明和原始材料，在相关法律解释上，“看详”则成为重要依据。这就是“看详”在宋朝立法中越来越重要的原因。从现在史料看，“看详”有时又称为“厘正看详”。“看详”主要集中在神宗朝至南宋孝宗朝之间。“看详”按记载有：《元丰敕令格式看详》《政和重修敕令格式看详》《绍兴新修敕令格式看详》《庆元敕令格式看详》《乾道重修逐省院格令格式看详》《八曹条贯看详》《大观新编礼书看详》《祭服看详》《殿中省提举所六尚局供奉库看详》《马递铺看详》《绍兴禄秩看详》《算学敕令格式看详》《律学看详》《武学看详》《高丽敕令格式看详》《贡举医局龙图天章宝文阁等看详》《都提举市易司看详》等。在修撰法律时，看详的数量往往很多，多达几百卷。对看详在宋朝法律渊源中的作用，可以从元丰七年（1084 年）七月壬戌，御史黄降奏书中看出：

> 朝廷修立敕令，多因旧文损益，其去取意义，则具载看详卷，藏之有司，以备照使。比者，官司议法，于敕令文意有疑者，或不检会看详卷，而私出己见，裁决可否。乞申饬官司，自今申明敕令及定夺疑议，并须检会看详卷，考其意义所归。所贵法定于一，无敢轻重，本台亦得以据文考察。诏下刑部。刑部言：“《元丰敕令格式看详卷》

共二百二十册，难以颁降。乞自今官司定夺疑议，及申明敕令须看详卷照用者，听就所掌处抄录。”从之。①

从上面可以看出，看详作为一种立法说明和依据，在宋朝具有重要的意义。由于看详在宋朝立法中是立法说明和依据，所以在后来法律适用中存在争议和疑难时，可以通过看详来查明立法的原意、解释相关的法律。这在客观上构成一种法律渊源，在疑难法律问题中被大量引用。

四　宋朝敕令格式的性质演变和立法成就

宋朝法律形式中敕令格式存在一个演变过程。宋朝的敕令格式在内涵和外延上，存在唐朝及宋朝的不同时期也不同的问题，宋朝时的演变有相对于唐朝和宋朝神宗朝元丰年间前后两个不同的含义。对宋朝令式与唐朝令式的不同。宋人就有指出，在《直斋书录解题》中有“《唐令》三十卷、《式》二十卷。唐开元中宋璟、苏颋、卢从愿等所删定。考《艺文志》卷数同，更同光、天福校定，至本朝淳化中右赞善大夫潘宪、著作郎王泗校勘其篇目、条例，颇与今见行令式有不同者。”② 这里指出唐令式和宋令式存在的不同，这种情况同样适用在“敕”和“格”中。当然，这里所指的宋朝令式是指宋仁宗朝，特别是神宗朝后的令式，而不是整个宋朝的令式，因为此前北宋直接适用唐令式。

（一）宋朝敕的立法数量

在宋朝法律形式演变史中，“敕”最初是一个综合性法律概念，它指与律、疏议和刑统不同的，由国家特定程序颁布的所有法律总称，具体分为“宣”和“敕”两种，即由皇帝批准，由枢密院颁布的称为“宣”，由中书省颁布的称为“敕”。“熙宁十年（1077 年）十二月壬午，详定一司敕所以《刑部敕》来上，其朝旨自中书颁降者皆曰‘敕’，自枢密院者皆曰‘宣’，凡九门，共六十三条。从之”。③ 这个时期编敕是指对随时颁布的“宣、敕”进行整理编撰的立法活动，编敕而成的“敕”在内容上多种多样。宋真宗朝之前，编敕产生的法律包括有刑事和非刑事两部分。这种情况在真宗咸平年间发生了转变，因为咸平编敕把《咸平敕》按律典十二篇结构分类，内容上收入的都是刑事法律。对那些明显不属于刑事

① 《长编》卷三四七，“神宗元丰七年七月壬戌条”，第 8336 页。

② 陈振孙：《直斋书录解题》卷七，“法令类”，上海古籍出版社 1987 年版，第 223 页。

③ 《长编》卷二八六，“熙宁十年十二月壬午条”，第 6995 页。

法律的部分编成《仪制令》。宋仁宗天圣年间由于在编敕时同时编令，此外，还把编敕中非刑事内容编入“附令敕”中。这样在编敕时通过技术手段把刑事法律内容与非刑事法律内容分开，构成“敕”和“附令敕”两个部分。宋仁宗天圣年间这种立法趋势得到强化和继承，但没有固定下来。北宋把“敕”严格界定在刑事领域始于宋神宗元丰年间。在宋神宗明确定义四种法律形式后，在国家层次上确定了“敕”的性质。此后虽然出现过元祐初年间的反复，但很快得到纠正。政和年间后，在立法中，不管是综合性敕典还是单行性敕，在内容上都被严格限定在刑事法律中，以前“敕”的法律特征被“申明”取代。这是宋神宗朝后宋朝敕的基本特征。这可以从现存的《庆元条法事类》残卷、《吏部条法》中引用到的各类各篇中敕的内容都是刑事法律得到证明。

宋朝敕的立法成果，根据上面的考察，综合性敕典数量保守统计共有18部，这不包括同一敕典两次修订的情况，如《淳化敕》和《淳祐敕》等。从现存材料看，宋朝至少编撰过21部敕典，明确记载制定情况的有18部。21部是在18部上加上《皇祐敕》《治平敕》和《崇宁敕》。后三部没有明确记载制定情况，仅有相应条文被引用。宋朝敕典体例结构经历了综合性到专门性演变过程，其中综合性敕典又分为典型综合性敕典，具体有《建隆敕》《淳化敕》《太平兴国敕》；有区分但不严格的综合性敕典，共有8部，分别是：《咸平敕》《大中祥符敕》《天圣敕》《庆历敕》《嘉祐敕》《熙宁敕》和《皇祐敕》，再加上《元祐敕》；专业性刑事敕典共有10部，分别是：《元丰敕》《元符敕》《政和敕》《绍兴敕》《乾道敕》《淳熙敕》《庆历敕》和《淳祐敕》。此外，还可以加上《治平敕》和《崇宁敕》两部。宋朝敕典的篇名，在进入专业敕典后采用的就是律典十二篇。一般敕可以分为类敕典、性质类敕、部门敕等，共有140篇。当然，整个宋朝制定过的敕类法律篇名是超过此数。但“敕”作为“定罪量刑”的“刑名”类法律，数量上较令格式要少得多。

（二）宋朝令的立法数量

宋朝令最初适用的是《唐令》，即开元二十五年的《开元令》。宋朝初期虽然在宋太宗淳化年间对《唐令》进行过时代化处理，即把用语、避讳改成宋朝的，但基本内容是《唐令》的抄袭。宋朝令在法律性质上没有发生过根本性变化，主要内容是“设制立范”。宋朝风格上的令典及“令”的立法始于仁宗天圣年间制定《天圣令》，当时对《唐令》进行了大规模的损益，在立法时把《唐令》与《天圣令》共同抄录，即把新定的、沿用的编成《天圣令》，把没有撰编入的抄录作为附录放在《天圣令》后面。这在本质上仍然把《唐令》作为比较和没有新的可以时适用令条时的法律。从法律渊源看，《唐令》中那些没有纳入《天圣令》的仍然作为后备法律“参附”适用。宋朝令的编撰中“附令敕”是重要的过渡形式。“附令敕”立法始于天圣年间。此后被继承，在嘉祐、熙宁年间都编撰过。宋人对“令”的理解较为统一，就是“设制立范”、“行约束而不设刑名”，其中有“约束力”而无“刑名”是与“律”、“敕”区别的关键。如嘉祐七年（1062年）夏四月壬午，韩琦在上所修《嘉祐编敕》时指出“其元降敕但行约束而不立刑名者，又析为续附，合帙凡五卷”。[①] 元丰元年（1078年）十月蔡确在制定《元丰司农敕令式》时对“令式”定义是“所定约束小者为令，其名数、式样之类为式”。[②]《元丰敕令格式》中的定义是“约束禁止者皆为令”。元祐二年（1087年）十二月苏颂的定义是“以约束为令，刑名为敕，酬赏为格”。宋神宗对敕令格式进行界定后，他的定义成为国家立法标准，让以前大量编入“敕”的“设制立范”内容被划入“令格式”中，让“令”得到快速发展。神宗朝后，“令”不管是从立法篇名还是卷数上看，都构成宋朝法律的主体。

宋朝令的立法成果，根据笔者考察，综合性令典撰写过12部，其中11部颁行过。在11部中有10部是完全意义上的宋朝令典，因为第一部《淳化令》是在《唐令》基础上修订而成。在11部令典中，可以分为三种风格：《唐令》式的令典，具体有《淳化令》和《天圣令》；《元丰令》式的令典，具体有《元符令》《元祐令》和《政和令》；《绍兴令》式的令典，南宋诸朝令典皆属于此。其中《元丰令》开创了宋朝令典新模式，原因是在对敕令格式进行新界定后，导致令典来源和性质发生变化。《绍兴令》是对北宋时期各类令典的综合，特别是对《元丰令》和《政和令》的综合，因为制定是在战争时期且时间较短，让在令典制定上只能是对北宋各个令典的总结和综合。宋朝令典中的篇名，除《庆元条法事类》残卷中见到的37篇名外，通过笔者考察，可能有50篇左右。其他一般令的篇名可以分为综合事类令，共25篇；机构类令，共92篇；军事类令，共4篇；礼制礼仪类令，共29篇；经济管理类令，共21篇；教育考选类令，共26篇；国交类令，共6篇；社会事务类令，共10篇；司法类令，共6篇。这里9类令的篇名达219篇，可以看出宋朝令类法律篇名之复杂，立法之广泛。从“令”调整的对象看，主要是治官，目的是维持官

---

① 《长编》卷一九六，“仁宗嘉祐七年四月壬午条”，第4745页。

② 《长编》卷二九三，“神宗元丰元年十月甲寅条”，第5152页。

僚体制法制化运行。这与“敕”调整的对象是臣民，特别是平民，目的是维持整个社会秩序法制化运行是存在不同的。

（三）宋朝格的立法数量

宋初格以《唐格》为主，直接适用《唐格》，即《开元格》。宋朝格直到宋神宗元丰年间后，在重新界定“格”的定义后才得到快速发展。从宋朝格的发展史看，最初制定的格主要是在官吏管理和选拔上。这是继承五代时的传统，五代在适用唐格同时主要制定《长定格》和《循资格》。宋朝对两格的制定时间最早，而且数量增长较快。元丰年间制定的《元丰格》主要规定奖酬，而且很可能就是《元丰新赏格》，以致当时的人对《元丰格》的理解是酬赏。然而，宋格在法律形式中，一直存在非酬赏方面的内容。这在元丰年间后更为明显。格在唐宋时期存在多种含义。唐朝时格在开元年间以前作为一种法律形式较为统一，但开元朝后，“格”开始出现多重意思，其中最重要的是“格后敕”，相当于现在的“法律”一词，让格成为法律通用术语。唐中后期格后敕就是宋朝前期的敕。唐朝中后期，现在基本可以确定格的类型有两种，即格典中的“格”和“格后敕”的“格”。“格后敕”中的“格”是法律的通用语，后来甚至演化成刑事法律的通称。对此，五代时人指出《开元格》和《开成格》在性质上是不同的，前者规定官府的办事流程，后者规定刑事法律。[①]《开成格》是对律典和疏议解释和补充的产物。宋朝的特点是规定酬赏、官员的迁转数限、官员管理、科举考试的具体程序和内容等。从调整内容上看，主要集中在官吏管理方面，但也有大量刑事方面的。

宋格的立法成果，根据笔者考证，综合性格典的数量最少有 8 部，不能确定的有 6 部。从确定的综合格典看，《元丰格》和《元符格》应是同一类型。《政和格》，特别是《绍兴格》后应是同一类型。从南宋诸朝综合格典看，卷数都在 30 卷。南宋时期格典的篇名最多有 30 篇，最少应有 16 篇。赏格是宋朝格类法律中的重要组成部分，考察现有史料，至少有 42 种；官吏选拔、管理类格是宋格的主要组织部分，根据现有史料，至少有 74 种；机构设置、管理类格，共有 36 种；教育礼制类格，共有 20 篇；其他涉及刑事等类格，共有 17 种。

---

① 后唐天成元年（926 年）十一月二十一日，御史台、刑部和大理寺共同上奏时指出“今集众商量，《开元格》多定条流公事，《开成格》关于刑狱。”（《五代会要》卷九，“定格令”，上海古籍出版社 2006 年版，第 147 页）这里记载十分准确，因为这是当时争议是适用《开元格》还是《开成格》问题时的结论。

（四）宋朝式的立法数量

宋初式主要是适用《唐式》，即《开元式》。宋太宗淳化年间对《唐式》进行过修订，修订的情况与《淳化令》相同，史称《淳化式》。宋朝式典正式出现是《元丰式》，到《绍兴式》时达30卷。从《庆元条法事类》残卷看，宋朝式主要是规定各类公文书写的要素、格式及国家设定的各类度量衡标准。然而，从《宋会要》中保留较全下的《支赐式》和《孝赠式》看，式中有大量内容不是公文程式，因为这两个式的内容是规定两种情况下对不同官员赠赐财物的数量，而且法律中明确写明“旧式”与新式的不同。宋朝式的大量立法主要是为实现国家管理中公文书写的规范化、国家管理中度量衡标准的统一、国家对官员不同情况下赏赐数量的法定化等。当然，对宋朝的式，特别是神宗朝以后的式，有学者认为是公文程序。考察这种结论的依据是对神宗朝元丰年间制的五卷式典定义而来，[①] 而不是对宋朝式的内容较全面考察后得出的结论。宋代式的内容较广泛，仅式典到《绍兴式》就有30卷，这个数字在卷数上超过唐朝时《唐式》20卷。如《庆元条法事类》中《文书式》主要规定的是避讳用字，而不是公文程式。

宋朝式的立法成果中，综合性式典现在可以见到的有12部。在12部中，可以确定的有11部，即除《大观式》外其他11部。宋朝意义上的式典有10部，即除《淳化式》和《大观式》。宋朝12部综合性式典在数量上，《淳化式》有30篇；《元丰式》有5卷；《元祐式》有6卷，125条；《绍兴式》有30卷。其中《元符式》和《政和式》的卷数应在30卷。南宋时式典30卷中每卷一篇的篇名可能就是此种结构。机构职能类式共有49种。选举考试类式主要涉及官员的考选、考核，科举考试时的各类样式等，共有17种。教育学校类式，主要是关于不同类型学校教育的规定。宋朝教育、学校管理类式的规定十分详细，涉及中央与地方，共

① 认为宋朝式是公文程式始于霍存福。（参见霍氏《唐式佚文及其复原诸问题》一文，载杨一凡主编《中国古代法律形式研究》，社会科学文献出版社2011年版，第245页）此种观点被吕志兴继承，在他的《宋代法律形式及其相互关系》一文中持此种观点。（载杨一凡主编《中国古代法律形式研究》，第342页）考察霍存福提出此观点的依据是《宋史·刑法志》中对《元丰式》的记载，“表奏、账籍、关牒、符檄之类凡卷，有体制模楷者，皆为式”，进一步考察此史料来源，则是在制定《元丰敕令格式》后，在上奏时对“敕令格式”的解释。此材料始见于《长编》中。要指出的是考察宋朝“式”的性质不能仅用《元丰式》的性质，因为此后“式”在内容上发生了很大的变化，同时还有大量其他单行式的存在。

有12种。礼制国交类式，主要是关于礼仪和国交程式的规定。宋朝礼制类式规定十分详细，而且从存留下来的《孝赠式》《支赐式》看，内容结构与《庆元式》的内容结构十分不同，它不是具体的文书样式，共有31种。其他涉及驿站马料等管理、制造特定机器的制作程法等杂类式共有24种。一般式的法律篇名达133篇。

宋朝刑统、敕、格、式和令的关系上，不能简单用“本”与“支”的关系解释。这与刑事法律中的几种法律形式略有不同，因为律、疏议、刑统、敕（刑名部分）和断例是一个层层派生的关系，而且同属刑事法律，关系十分明确。现在较难理解的是格式与令的关系。因为三者同为非刑事法律（即设制立范）内容，加上学术界基本接受日本学者提出的律令法律体系的概念，即律与令是并列的两种基本法律，那自然就会得出令与格式应是“本”与“支”的关系。有学者认为神宗朝后宋朝格式性质发生重大变化，表现在“格”成为“令”的细则性规范，“式”成为公文程式。[①] 细究这种观点的出现，可以推到日本学者仁井田升那里，因为他认为唐令式之间的关系是“本”与“支”。对此，霍存福提出过不同意见。[②] 笔者认为宋朝令与格的关系不能用细则性规定来界定，式不能仅认为是公文程式。这不仅能从前面对令、格、式的立法篇名上看出，就是在具体的法律内容上也能看出。宋朝对敕令格式的区分不是现代法学中部门法分类体系，而是中国古代国家管理中对不同规范体系调整手段分类标准下的产物，它们之间是一种并列加互补的关系。

五　宋朝法律文件的命名体系

宋朝法律文件的命名体系根据不同标准，可以分为不同类型。宋朝法律命体系基本上可以分为法典命名体系和一般性法律文件命名体系。法典命名采用颁布时的年号，如“政和”、“绍兴”、“乾道”等。一般性法律命名可以分为事类性命名和机构性命名两种。事类性命名主要是按照法律调整的对象和性质命名，机构类命名是按法律适用和制定的机构命名。按事类性命名的，如《大礼令》《五服年月敕》等。机构类命名在宋朝敕令格式中十分普遍，成为中国古代法律命名的重要组成部分。这与中国古代

---

① 吕志兴：《宋代法律形式及其相互关系》，载杨一凡主编《中国古代法律形式研究》，社会科学文献出版社2011年版，第342页。

② 霍存福：《唐式佚文及其复原诸问题》，载杨一凡主编《中国古代法律形式研究》，社会科学文献出版社2011年版，第242页。

立法权往往由各职能掌握，各机构根据自己的需要立法后交中央最高机构审议后，奏请皇帝裁定颁行有关。如《中书省敕》《枢密院敕》《刑部格》《吏部格》《吏部司勋令》《吏部左选格》等。

宋朝综合性法典篇名命名主要有两种类型，即按律典与令典两种法典篇名结构体系命名。律典篇名体系命名主要适用在刑事法律领域，在宋朝采用此类命名体系的有敕典、断例和随敕申明、申明刑统。这四类法律篇名分类和命名都按律典十二篇结构和命名体系进行；令典命名体系主要适用在格式两种综合性法典的命名中，考察宋朝格式综合法典中各篇名的命名都是用令典的篇名，再根据具体情况进行删选。

宋朝令格式三典命名上最大变化是全面消除三国至唐时存在的机构命种类，不再采用机构命名，而是完全采用性质命名。这改变了唐朝及之前令格式的命名中大量采用机构命名的情况，特别是式典采用二十四司机构名称命名的情况。不采用机构命名而采用性质事类命名让立法出来的内容更加抽象性，让法典的适用更加普适。性质命名较机构命名更具科学性，也体现出法律分类转向适用为取向的特征。

六　宋朝敕令格式法典类型

宋朝在立法上最有成就的是综合性敕典、令典、格典和式典的编撰和完善，让中国古代法典的立法出现了最具特色的法典体系。当然，四种综合性法典是具有可变性的，这与宋朝刑事法律中三个基本法典的超稳定性构成“动”与“静”的关系。宋朝刑事法律中三个超稳定性的法典分别是《唐律》《唐律疏议》和《宋刑统》。宋朝以四种综合性法典为核心构建立法体系经历了一百多年的发展演变才最后定型。

敕典编撰体例的变迁是整个宋朝法典立法体系变迁的关键。这个变迁具体是从宋朝初期综合性编敕到真宗、仁宗时期把敕独立出来，形成敕典与附令敕再到独立敕典、令典、格典和式典三个时期。从法律内容上看，就是敕典作为综合性法律概念变成纯刑事法律的演变。宋神宗元丰年间是最后的形成时期，元丰年间把敕令格式重新界定，在立法上同一事类根据调整手段的不同被划分到敕令格式四种法律形式中分别立法，成为宋朝立法体系的重要特征。让国家立法出现新的分类，促使宋朝法典法和法律种类的快速发展。宋神宗朝重新形成的综合性法典立法体系并不排斥四类法律中单行法典的存在。平时根据需要制定的大量单行立法，在进行综合立法时，会把这些法律吸收到相应的综合性敕令格式法典的对应篇名中，让法典实现与时俱进。

宋朝综合性敕令格式法典可以分为两种类型，即一般性敕令格式综合性法典和专门性敕令格式法典。前者代表有《元丰敕令格式》《元符敕令格式》《政和敕令格式》《绍兴敕令格式》《乾道敕令格式》；后者有《吏部七司敕令格式》《国子监敕令格式》等。这样让国家立法分工越来越细密，逻辑结构更加合理。当然，由于宋朝敕令格式的立法分类不是按调整对象，而是按调整的形式和手段，这会导致立法出现新问题，那就是同一性质的法律被分别归入敕令格式四种不同法律形式中，导致使用上的极端不便。对此，从吏部七司立法分类的繁杂中可见一斑。这是唐宋时期“事类”体立法兴起的重要原因。

七　宋朝立法成就对国家治理目标实现的影响

宋朝在法律建设上获得较高成就，堪称中世中国历史上的重大成就。宋朝的政权是在后周基础上建立起来，而且政权更迭中并没有出现颠覆性破坏，后周法制建设本来就有很好的成就。只是北宋初期忙于统一各地的战争，在法制建设上投入不够。直到宋太宗时在立法进程上才开始加快。宋朝立法高峰期是宋神宗朝至南宋孝宗朝期间。若再划分，可以分为北宋的神宗、哲宗和徽宗时期和南宋的高宗、孝宗时期两个阶段。北宋神宗、哲宗和徽宗时期是创立时期，体现北宋时期法律建设的新发展。南宋初期立法更多是对北宋立法成果的总结和整理，其中把仁宗嘉祐立法成果和徽宗政和立法成果作为南宋立法的直接来源。宋朝国家立法成绩十分显著，最多时期达5000卷左右，条文达数万。宋哲宗元祐元年司马光在奏折中提到当时的法律多达4694册卷。元祐元年（1086年）元年八月丁酉，司马光札子：“勘会近岁法令尤为繁多，凡法贵简要，令贵必行，则官吏易为检详，咸知畏避。近据中书、门下后省修成《尚书六曹条贯》，共计三千六百九十四册，寺监在外；又据编修诸司敕式所，申修到敕令格式一千余卷册”。[①] 从上面可知，神宗晚期法律数量多达4694册卷，从卷数上看应在同样的数量。宋徽宗时期这个数量可能还在增加，最有可能在5000卷。南宋时期的立法数量，按记载绍兴元年至三十年间，共有通行于全国的法律2620多卷。此后数量还得到增加，到宋孝宗乾道年间，数量达到3125卷。《玉海·淳熙条法事类》中记载孝宗时有3125卷。“自乾道后新修之书，其

---

① 《长编》卷三八五，“元佑元年八月丁酉条”，第9380页。同条中录有“旧录：三省言：中书、门下后省修成《六曹条贯》及看详共计三千六百九十四册，寺监在外；又据编修诸司敕式所修到敕令格式一千余卷”。

三千一百二十五卷”。[1] 此数从李心传记载看，仅是通行于全国的法律，因为适用一路的地方性法律就有1200多卷。两者共计达4525多卷。

从现在的材料看，南宋高宗朝的立法数量和具体情况十分清楚，因为李心传在《建炎以来朝野杂记·乙集》卷五“炎兴以来敕局废置”条中有详细记载。

> 至绍兴元年秋，守等始以《绍兴重修敕令格式》及《申明》《看详》等总七百六卷上之。八月四日戊辰。自是迄于三十年之秋，敕局所修之书，又一千八百六十三卷。绍兴三年九月，朱胜非等上《吏部敕令格式》等一百八十四册。六年九月张浚等上《禄秩新书》等二百四卷。八年六月，赵鼎等上《诸班直诸军转员敕格式》十三卷，又上《亲从亲事官转官敕令格》七卷。十月，秦桧等上《禄秩敕令格》三十二卷。又上《三省令格》二卷，《枢密院令格》二卷，《六曹寺监通用令》一卷，《太常宗正大理寺通用令》一卷，又《治狱令》一卷，以上目录、申明共十二卷。十年十月，上《在京通用敕令格式》六十七卷。十二年十二月，上《六曹通用敕令格式》十卷，又上《寺监通用敕令格式》十卷，《库务通用敕令格式》十卷，《六曹寺监库务通用敕令》二卷，又《申明》四卷。十三年十月，上《国子监敕令格式》十四卷，又上《太学敕令格式》十四卷，《武学、律学敕令格式》各十卷，《小学敕令格式》二卷，《监学申明》等八卷。十七年十一月，上《常平免役敕令格式》《申明》等共五十四卷。十九年六月，上《吏部续降并别编》共四百三十五卷。二十一年七月，上《盐法敕令格式续降》等共一百五十五卷，又上《茶法》一百四卷，《寺监库务通用敕令》二卷。二十三年十一月，上《大宗正司敕令格式》《申明》等八十七卷。二十五年九月，上《绍兴宽恤诏令》二百卷。二十六年十二月，万俟离等上《贡举敕令格式》十项，共四十五卷，又上《厘正省曹寺监内外诸司等法》四卷。三十年八月，陈康伯等上《参附吏部敕令格式》《申明》等共七十二卷，又上《刑名疑难断例》二十一卷。“通海行法”为二千六百二十卷有奇。[2]

这里仅是绍兴朝所立法律中适用于全国的，对大量一司、一路等部门

---

① 《玉海》卷六六，“淳熙条法事类”，上海古籍出版社1987年版，第1263页。

② 李心传：《建炎以来朝野杂记（下）·乙集》卷五“炎兴以来敕局废置”，第592—593页。

性和地方性的法律还没有包括在内。

宋孝宗朝的立法成果，按《建炎以来朝野杂记·乙集》卷五“炎兴以来敕局废置”条记载，具体如下：

> 自乾道以后，新修之书又为三千一百二十卷。乾道二年六月，刑部侍郎方滋上《特旨断例》七十卷。六年八月，虞允文上《乾道敕令格式》等二百四十六卷。九年二月，梁克家等上《三省枢密院敕令格式》四项，共一百四十卷，《看详意义》五百卷。淳熙二年十二月，龚茂良等上《吏部七司法》三百卷。三年三月，上《吏部条法》四十卷。四年五月，上《淳熙新编特旨断例》四百二十件。十一月十一日，李彦颖等上《淳熙重修敕令格式》等三项，二百四十六卷。六年七月，赵雄等上《一州一路酬赏法》四项，共二百二十三卷，《看详》六百三十八卷。七年五月，上《淳熙条法事类》四百二十二卷。十一年五月，本所上《隆兴以来宽恤诏令》三百卷。而一路别法已修者一千二百余卷不预焉。①

从上可知南宋立法之盛，也说明宋朝在国家法制建设上的积极性。

宋朝不管是从立法数量还是立法质量、立法结构上看，在宋仁宗朝时基本上就建立起每事都有法律的法制成就，即实现了国家治理中“有法可依”。从宋朝国家治理追求看，国家治理上有两个基本目标，即政治上实现儒家的“文治”，法律上实现法家的“法治”。从宋朝国家治理历史上看，仁宗朝后基本实现了这两个目标。因为政治上，国家基本实现士大夫与君主共治，即文官，或说儒家士大夫获得了前所未有的政治权力和地位，实现了文彦博所说的君主与士大夫共治天下的理想。② 宋朝儒家思想下的士大夫在政治上的地位和作用达到的前所未有的高度是学术界公认的。这是儒家士大夫理想中的最高政治目标。在法制上，宋朝随着国家的建设，立法越来越细，实现了法制上的“有法可依”。虽然宋朝君主崇法

---

① 李心传：《建炎以来朝野杂记·乙集》卷五“炎兴以来敕局废置”，中华书局2013年版，第594页。

② 此种观点始于宋神宗与文彦博的改革争论，文氏反对神宗的改革，认为改革损坏士大夫的利益。“彦博又言：‘祖宗法制具在，不须更张以失人心。’上曰：‘更张法制，于士大夫诚多不悦，然于百姓何所不便？’彦博曰：‘为与士大夫治天下，非与百姓治天下也。’上曰：‘士大夫岂尽以更张为非，亦自有以为当更张者’。”（《长编》卷二百二十一，“神宗熙宁四年三月戊子条”，第5370页）

而治有很重要的原因是想通过法律约束大臣权力，消除唐朝安史之乱后出现的藩镇擅权。但宋朝最高权力者对法律也较为遵守，成为中国古代君主制下的官僚政治体系的理想时期。如宋孝宗指出“大凡法度，须是上下坚守”、“国家承平二百余年，法令明备，讲若划一，偿能守之，自足为治”等。[①] 宋朝在两个中国古代治理国家目标的实现却很难说实现了国家前所未有的强盛。当然，从国家治理的“平常性”看，宋朝社会可能是中国古代社会中最为“礼治”[②] 和“法治”的时期。

八 宋朝在中国古代法律形式变迁中的作用

宋朝法律分类上继承唐朝的发展趋势，越分越细，而且把律、敕、令、格、式、断例和申明发展到了极致，让中国古代法律分类体系陷入了细而繁的境地。这种分类体系是一种学理型的分类，与适用型分类不相适应。从理论上看，这种分类体系是汉朝经学发展的产物，或说儒学发展中流派层出的产物。这种法律分类出现的问题从唐朝就开始呈现。为此，唐玄宗朝就出现新的立法技术以解决此方面的问题，那就是事类立法技术的出现，而事类立法的基础是按法律调整对象把法律分为“门”，而不是按调整形式进行划分。[③] 宋神宗朝后在立法上出现双向发展：一方面立法中分类越来越细；另一方

---

① 《宋会要》，“帝系一一”中“法度须是上下坚守”条和“谓法令明备守之自足为治”条，第241—242页。

② 宋朝在礼治建设上，成就同样十分显著。按《文献通考》记载，宋朝制定过礼仪有关的规范有“《开宝通礼》二百卷，御史中丞洛阳刘温叟永龄等撰。开宝四年五月，命温叟及李昉、卢多逊、扈蒙、杨昭俭、贾黄中、和岘、陈谔以《开元礼》重加损益，以成此书；《太常新礼》四十卷，《天圣卤簿图记》十卷，《大飨明堂记》二十卷、《纪要》二卷，《元丰郊庙奉祀礼文》三十卷，《阁门仪制》十二卷，《政和五礼新仪》二百四十卷、《目录》五卷，绍兴《政和五礼撮要》十五卷，绍熙《政和冠昏丧祭礼》十五卷”。（参见《文献通考》卷一百八十七，“经籍考十四·经·仪注”）

③ 典型代表是唐朝最成熟、最有成就的律令格式四典制定后马上就修成《开元格式律令事类》。《唐会要·定格令》中记载有“又撰《格式律令事类》四十卷，以类相从，便于省览，奉敕于尚书都省写五十本，颁于天下。”（《唐会要》卷三九，“定格令”，上海古籍出版社2006年版，第822页）此后，唐朝至少还制定过两部事类体法律。“至大中五年四月，刑部侍郎刘瑑等奉敕修《大中刑法统类》六十卷，起贞观二年六月二十八日，至大中五年四月十三日，凡二百二十四年杂敕，都计六百四十六门，二千一百六十五条。至大七年七月左卫率府仓曹参军张戣编集律令格式条件相类者，一千二百五十条，分为一百二十一门，号曰《刑法统类》，上之。”（《唐会要》卷三九，“定格令”，上海古籍出版社2006年版，第824页）这三部法典都采用事类体例编撰。

面开始出现新的综合性事类立法。这种趋势到南宋时开始加快，最典型的代表是吏部七司的立法，绍兴时期吏部七司立法被分成22种次类进行分别立法，每种下再分为敕令格式申明，导致立法出来的法律十分繁杂，如左选、右选下又分为敕令格式申明，让使用查找十分不方便，于是出现把吏部七司法律按事类立法的客观需要。孝宗时，在制定基本法律时按敕令格式申明来制定。这样导致使用上十分不方便，为了使用方便，出现把五类法律按门类重新编撰的事类立法。这种立法技术成为元朝“断例”和“格例”立法分类的基础，也是明清会典体例编撰的基础。断例与格例立法分类把宋朝所有与刑事有关的法律形式归入“断例”中，所有与非刑事法律有关的法律归入“格例”中。这样在法律分类上再次走向简约，让中国古代立法分类从秦朝开始走向细化再次趋向简约。明朝基本上继承元朝的立法传统，把元朝的“断例”和“格例”简化成“律”与“例”。这种立法分类可以说是宋朝立法发展的结果。当然，“律”和“例”的关系在本质上是一种“本”和“支”的关系。这在法律分类上会存在一个问题，那就是很易出现律以刑事法律为主，而“例”又包含以前的令格式的内容，让“例”的性质出现混乱的问题。[①] 明清时期例虽然有条例、则例之分，但总体上被纳入“例”的种类。这种混乱到清朝得到适当的纠正，表现是清朝在法律形式上把与刑事有关的法律主要界定在律和条例之中，非刑事法律界定在则例之中。清朝条例成为刑事法律的核心与明朝时条例的发展有关，因为明朝制定的重要刑事法律——《问刑条例》被称为“条例”，而《问刑条例》的性质和内容与宋神宗朝后的《敕典》是相似的。这样明清两朝改变了唐宋元时期条例、则例的内涵和外延，让条例、则例成为法律内容更加丰富、稳定，在法律术语体系上成为通用术语，甚至让则例成为与唐宋时期令格式相似的法律概念。清代则例成为十分重要的法律术语，是整

---

① 这就是学术界对明清两朝“律”和“例”的关系争议层出的原因。因为明清两朝在刑事法律领域内，律与例是一种“本”与“支”的关系，如明朝的《大明律》与《问刑条例》。但其他非刑事内容的条例与《大明律》就不构成这种关系。这也导致有些学者认为《大明会典》是一种法律形式的原因。这里还有一个问题是《大明律》在体例和内容上的变化。《大明律》现在被很多学者考出，它在体例和内容上都与《唐律》的刑典结构不同。《大明律》在体例上是融合律令体例和事类体例而成的一种新型法典编撰体例。学术界考察“例”与“律”关系时若不注意以上问题，就很难有实证上的突破。这就当有学者提出明清时期法律形式是律例体系难获认同的原因。刘笃才提出中国古代法律体系中应从律令体系转向律例体系。（参见刘笃才：《律令法体系向律例法体系的转换》，载《法学研究》2012年第6期）

个国家立法中大量法律种类的通用名称。清朝则例使用在法律领域有会典则例、六部和各院寺监则例、中央机关下属机构的则例和特定规定事务则例，整个清朝制定了以则例为名的法律文件多达851种。[①] 现在基本可以得出明清时期法律的基本形式是律和例，而例又可以分为条例和则例两大系列，其中条例吸纳了唐宋时期与刑事法律内容有关的诸法律形式，则例则主要吸纳了唐朝时期非刑事法律的诸法律形式。但这种分类没有律令分类和宋神宗元丰年间敕与令格式的分类严密、明确。

九　中国古代法律特征是专制还是管控

学术界对中国古代法律内容的特点总结上，基本上认为是专制。认为中国古代社会特质是专制的重要学者是萧公权，他在《中国古代政治思想史》中提出中国古代政治思想的基本特征是专制性。[②] 当然，这种观点最早可以推到孟德斯鸠，他在《论法律的精神》中对东方，特别是中国就持有此种观点。此后，此种观点被学术界广泛接受。根据笔者的考察，中国古代政治上属于专制是恰当的，但法律上是否可以用专制来归纳，是存在问题的。中国古代法律的基本特征应是管控，或说中国古代法律是管控型法律。我们理解中国古代法律特征不能仅从十恶罪体现出来的特点上，因为十恶罪仅是中国古代法律制度建设中一个很小的内容，虽然能体现中国古代社会的一些特征。从内容上看，中国古代法律主要涉及对官吏的全面管理和控制，这构成了中国古代法律中近60%—70%的内容。此外，就是对百姓的控制和管理。中国古代法律体系中，学术界基本认为，从秦汉开始就出现律令两种基本法律分类，且令的法律构成了整个法律体系的绝对数量。唐宋时期法律形式中，律令格式或律敕令格式中，大量的令格式都属于设定管理和控制的内容。在宋朝法律体系中，这种特征更为突出，令格式的法律内容十分繁多。在官吏管理上，《吏部七司法》构成此方面的代表，由七司构成的法律种类达40多种。中国古代法律中管控型特征包括对民众的控制，对官吏的管理。分析宋朝立法中的分类，会发现大量机构类立法都属于对行政机构中的官吏管理和控制。中国古代法律中管控型特征与近代西方法律中体现的确限特征是有本质的区别的。近代西方法律的基本特征是对公民权力的确定，对公共权力机构的限定，构成一种确限型法律。

---

① 杨一凡：《清代则例纂修要略》，载杨一凡主编《中国古代法律形式研究》，社会科学文献出版社2011年版。

② 萧公权：《中国政治思想史》，商务印书馆2011年版。

参考文献

一　古籍文献

徐松：《宋会要辑稿》，刘琳等点校，上海古籍出版社 2014 年版。

李焘：《续资治通鉴长编》，中华书局 2004 年版。

脱脱：《宋史》，中华书局 1976 年版。

戴建国点校：《庆元条法事类》，黑龙江人民出版社 2002 年版。

刘笃才点校：《吏部条法》，黑龙江人民出版社 2002 年版。

窦仪：《宋刑统》，中华书局 1984 年版。

王应璘：《玉海》，江苏古籍出版社、上海书店 1987 年版。

张四维：《名公书判清明集》，中华书局 1987 年版。

郑樵：《通志》，王树民点校，中华书局 1995 年版。

杨仲良：《皇宋通鉴长编纪事本末》，李之亮校点，黑龙江人民出版社 2006 年版。

汪圣铎点校：《宋史全文》，中华书局 2016 年版。

李林甫等撰：《唐六典》，陈仲夫点校，中华书局 1992 年版。

李心传撰：《建炎以来系年要录》，中华书局 1988 年版。

长孙无忌：《唐律疏议》，中华书局 1983 年版。

刘昫：《旧唐书》，中华书局 1975 年版。

薛居正：《旧五代史》，中华书局 2003 年版。

欧阳修：《新唐书》，中华书局 1991 年版。

欧阳修：《新五代史》，中华书局 1974 年版。

脱脱：《辽史》，中华书局 1975 年版。

脱脱：《金史》，中华书局 1975 年版。

宋濂：《元史》，中华书局 1976 年版。

刘时举：《续宋中兴编年资治通鉴》，中华书局 2014 年版。

毕沅：《续资治通鉴》，岳麓书社 1990 年版。

徐梦莘：《三朝北盟会编》，上海古籍出版社 2008 年版。

留正等:《皇宋中兴二朝圣政》,北京图书馆出版社2007年版。

《宋季三朝政要》,中华书局2010年版。

《续编两朝纲目备要》,中华书局1995年版。

陈均:《皇朝编年纲目备要》,中华书局2006年版。

燕永成:《皇宋十朝纲要》,中华书局2013年版。

钱若水:《宋太宗实录残卷》,中华书局2013年版。

吕祖谦:《宋文鉴》,中华书局1992年版。

赵汝愚:《宋朝诸臣奏议》,上海古籍出版社1999年版。

朱熹:《八朝名臣言行录》,上海古籍出版社2002年版。

黄以周等辑注:《续资治通长编补拾》,中华书局2004年版。

《宋代石刻文献全编》,北京图书馆出版社2003年版。

司义祖整理:《宋大诏令集》,中华书局1962年版。

曾枣庄、刘琳:《全宋文》,上海辞书出版社、安徽教育出版社2006年版。

王溥:《唐会要》,上海古籍出版社2006年版。

王溥:《五代会要》,上海古籍出版社2006年版。

马端临:《文献通考》,中华书局1986年版。

陈邦瞻:《宋史纪事本末》,影印文渊阁《四库全书》本。

丁度:《贡举条式》,影印文渊阁《四库全书》本。

稽璜、曹仁虎:《续文献通考》,台湾新兴书局1959年版。

王钦若:《册府元龟》,中华书局1960年版。

杨一奇:《历代名臣奏议》,上海古籍出版社1989年版。

江少虞:《宋朝事实类苑》,上海古籍出版社1980年版。

李攸:《宋朝事实》,商务印书馆1936年版。

陈振孙撰,徐小蛮、顾美华点校:《直斋书录解题》,上海古籍出版社2015年版。

赵希弁:《郡斋读书后志》,影印文渊阁《四库全书》本。

章如愚:《群书考索后集》,书目文献出版社1992年影印本。

顾宠义、李文整理标校:《宋代日记丛编》,上海书店出版社2013年版。

赵昇:《朝野类要》,中华书局2007年版。

李心传撰,徐规点校:《建炎以来朝野杂录》,中华书局2000年版。

张邦基:《墨庄漫录》,中华书局2002年版。

范公偁:《过庭录》,中华书局2002年版。

张知甫:《可书》,中华书局 2002 年版。
黄朝英:《靖康缃素杂记》,中华书局 2014 年版。
曾布:《曾公遗录》,中华书局 2016 年版。
苏鹗:《苏氏演义(外三种)》,中华书局 2012 年版。
邵伯温:《邵氏闻见录》,中华书局 2012 年版。
周密:《癸辛杂识》,中华书局 2014 年版。
何薳:《春渚纪闻》,中华书局 2007 年版。
苏辙:《龙川略志、龙川别志》,中华书局 2013 年版。
魏泰:《东轩笔录》,中华书局 2013 年版。
郎润:《愧郯录》,中华书局 2016 年版。
张世南:《游宦纪闻》,中华书局 2014 年版。
李心传:《旧闻证误》,中华书局 2014 年版。
岳珂:《桯史》,中华书局 2013 年版。
沈括:《梦溪笔谈》,中华书局 2015 年版。
王銍:《默记》,中华书局 2013 年版。
王林:《燕翼诒谋录》,中华书局 2013 年版。
邵博:《邵氏闻见后录》,中华书局 2011 年版。
陆游:《老学庵笔记》,中华书局 2014 年版。
范成大:《范成大笔记六种》,中华书局 2012 年版。
叶绍翁:《四朝闻见录》,中华书局 2012 年版。
吴处厚:《青箱杂记》,中华书局 2012 年版。
黎靖德:《朱子语类》,中华书局 1986 年版。
洪迈撰,孔凡礼点校:《容斋随笔》,中华书局 2015 年版。
宋慈:《洗冤集录》,上海古籍出版社 2008 年版。
吕祖谦:《历代制度详说》,影印文渊阁《四库全书》本。
范仲淹:《范文正公集》,四部丛刊本。
韩琦:《安阳集》,影印文渊阁《四库全书》本。
欧阳澈:《欧阳修撰集》,影印文渊阁《四库全书》本。
王安石:《王文公文集》,上海人民出版社 1974 年版。
张方平:《张文平集》,中州古籍出版社 1992 年版。
包拯:《包拯集》,中华书局 1963 年版。
曾巩:《元丰类集》,中华书局 1984 年版。
苏轼:《东坡全集》,中华书局 1986 年影印本。
苏辙:《东城集》,中华书局 1990 年版。

刘挚:《忠肃集》，中华书局2002年版。

范祖禹:《范太史集》，影印文渊阁《四库全书》本。

吕祖谦:《东莱集》，影印文渊阁《四库全书》本。

周必大:《文忠集》，影印文渊阁《四库全书》本。

陈亮:《陈亮集》，中华书局1974年版。

王安石:《临川先生文集》，四部丛刊本。

欧阳修:《文忠集》，中华书局2001年版。

苏洵:《嘉祐集》，上海古籍出版社1993年版。

王珪:《华阳集》，影印文渊阁《四库全书》本。

叶适:《水心文集》，中华书局1961年版。

真德秀:《西山文集》，四部丛刊本。

《朱子文集》，影印文渊阁《四库全书》本。

《司马光奏议》，山西人民出版社1986年版。

二 近人著作

戴建国:《宋代法制初探》，黑龙江人民出版社2000年版。

戴建国、郭东旭:《南宋法制史》，人民出版社2011年版。

戴建国:《唐宋变革时期的法律与社会》，上海古籍出版社2010年版。

张希清等:《宋朝典章制度》，吉林文史出版社2001年版。

龚延明:《宋代官制辞典》，中华书局1997年版。

薛梅卿:《宋刑统研究》，法律出版社1998年版。

王云海:《宋代司法制度》，河南大学出版社1992年版。

赵晓耕:《宋代法制研究》，中国政法大学出版社1994年版。

薛梅卿、赵晓耕:《两宋法制通论》，法律出版社2002年版。

郭东旭:《宋代法制研究》，河北大学出版社1997年版。

郭东旭:《宋代法律与社会》，人民出版社2008年版。

中国社会科学院历史研究所天圣令整理课组校证:《天一阁藏明钞本天圣令校证》，中华书局2006年版。

中国政法大学法律史研究院编:《日本学者中国法论著选译》，中国政法大学出版社2012年版。

吕志兴:《宋代法律体系与中华法系》，四川大学出版社2009年版。

赵旭:《宋法律制度研究》，辽宁大学出版社2006年版。

柳立言:《宋元时代的法律思想与社会》，台北“国立”编译馆2001

年版。

肖建新:《宋代法制文明研究》,安徽人民出版社 2008 年版。

张利:《宋代司法文化中的人文精神》,河北人民出版社 2010 年版。

郑显文:《出土文献与唐代法律史研究》,中国社会科学出版社 2012 年版。

郑显文:《唐代律令研究》,北京大学出版社 2004 年版。

韩国磐:《中国古代法制史研究》,人民出版社 1993 年版。

李玉生:《唐令与中华法系研究》,南京师范大学出版社 2005 年版。

萧公权:《中国政治思想史》,商务印书馆 2011 年版。

杨一凡、刘笃才:《历代例考》,社会科学文献出版社 2009 年版。

杨一凡主编:《中国古代法律形式研究》,社会科学文献出版社 2011 年版。

杨一凡:《明大诰研究》,社会科学文献出版社 2009 年版。

杨一凡编:《日本学者论中国法制史论著选》,中华书局 2016 年版。

朱勇等编:《日本学者中国法论著选译》,中国政法大学出版社 2012 年版。

仁井田陞:《唐令拾遗》,栗劲、霍存福等译,长春出版社 1989 年版。

内藤乾吉:《滂喜斋本唐律疏议的刊行年代》,载内藤乾吉:《中国法制史考证》,有斐阁 1963 年版。

刘文俊主编:《日本学者研究中国史论著选译(第五卷五代宋元)》,中华书局 1993 年版。

滋贺秀三编:《中国法制史基本资料的研究》,东京大学出版社 1993 年版。

马伯里:《宋代的法律与秩序》,中国政法大学出版社 2010 年版。

[德] 傅海波、[英] 崔瑞德编:《剑桥中国辽西夏金元史》,中国社会出版社 2007 年版。

三　论文

戴建国:《唐宋时期法律形式的传承与演变》,载《法制史研究》(台湾) 2004 年 10 月。

戴建国:《唐宋时期判例的适用及其历史意义》,载《江西社会科学》2009 年第 2 期。

高明士:《从律令制的演变看唐宋间的变革》,《台大历史学报》第

32 期（2003 年）。

陈戍国：《宋刑统其书与宋代礼法》，载《湖南大学学报》2001 年第 2 期。

楼劲：《辨所谓“淳化令式”》，载《敦煌学辑刊》2006 年。

杜预：《唐宋时期格与敕的发展演变研究》，中国政法大学 2006 年硕士论文。

钱大群：《律、令、格、式与唐律的性质》，载《法学研究》1995 年第 5 期。

王立民：《论唐律令格式都是刑法》，载《法学研究》1989 年第 4 期。

马小红：《“格”的演变及其意义》，载《北京大学学报》1987 年第 3 期。

李玉生：《关于唐代律令格式性质》，载《金陵法律评论》2002 年秋季卷。

霍存福：《唐式性质考论》，载《吉林大学社会科学学报》1992 年第 6 期。

吕志兴：《宋代法律体系研究》，载《现代法学》2006 年第 2 期。

吕志兴：《宋“式”论考——兼论唐式之性质》，载《西南师范大学学报》2006 年第 3 期。

吕志兴：《宋格初探》，载《现代法学》2004 年第 4 期。

陈卫兰：《庆元条法事类“式”的研究》，载《台州学院学报》2012 年第 2 期。

何勤华：《宋代判例法的研究及其法学价值》，载《华东政法大学学报》2000 年第 1 期。

汪世荣：《判例法在中国传统法中的功能》，载《法学研究》2006 年第 1 期。

汪世荣：《中国古代的判例研究：一个学术史的考察》，载《中国法学》2006 年第 1 期。

王志强：《南宋司法裁判中的价值取向——南宋书判初探》，载《中国社会科学》1998 年第 6 期。

郭东旭：《论宋代法律中“例”的发展》，载《史学月刊》1991 年第 3 期。

王侃：《宋例辨析》，载《法学研究》1996 年第 2 期。

胡兴东：《元代例考：以〈元典章〉为中心》，载《内蒙古师范大学学报》2010 年第 5 期。

谢波：《宋代法律形式“申明”考辨》，载《史学月刊》2010 年第 7 期。

江必新、莫家齐：《“以敕代律”说质疑》，载《法学研究》1985 年第 3 期。

孔学：《论宋代律敕关系》，载《河南大学学报》2001 年第 3 期。

孔学：《宋代全国性综合编敕撰修考》，载《河南大学学报》1998 年第 4 期。

魏殿金：《律·敕并行——宋代刑法体系兼论》，载《齐鲁学刊》2000 年第 3 期。

赵旭：《论北宋法律制度中的“例”的发展》，载《北方论丛》2004 年第 1 期。

川村康：《宋代断例考》，载《东洋文化研究所纪要》第 126 册，1995 年。

池田温：《隋唐律令与日本古代法律制度的关系》，载《武汉大学学报》1989 年第 3 期。

池田温：《唐令与日本令——唐令拾遗补编纂集议》，载《比较法研究》1994 年第 1 期。

附　录

一 《庆元条法事类》所见法律类型和数量总表

卷数 3

门	类门	敕	令	格	式	随敕申明	旁照法
缺					考课（1）（缺类门名）		
	服饰器物	杂敕（5）	仪制令（8）关市令（1）杂令（1）赏令（1）	赏格（4）			
		5	11	4	1		
	名讳		文书令（3）军防令（1）杂令（1）		文书式（1）	职制（3）	
			5		1	3	
	避名称		职制令（3）杂令（3）军防令（1）				
			7				
总数	3	5	23	4	2	3	

卷数 4

门	类门	敕	令	格	式	随敕申明	旁照法
职制门一	官品杂压		官品令（19）职制令（12）			职制（2）	
			31			2	
	职掌	职制敕（4）厩库敕（1）	职制令（22）文书令（1）田令（1）仓库令（5）公用令（1）军器令（1）			职制（2）擅兴（1）	
		5	31			3	
	禁谒	职制敕（14）名例敕（1）	职制令（5）仪制令（2）			职制（2）	
		15	7			2	

续表

门	类门	敕	令	格	式	随敕申明	旁照法
职制门一	谒见	职制敕（1）户婚敕（1）	仪制令（8）				
		2	8				
	上书奏事	职制敕（7）	职制令（16）文书令（1）田令（2）吏卒令（1）			职制（1）	
		7	20			1	
	官僚陈请	职制敕（3）	职制令（6）荐举令（1）进贡令（1）吏卒令（2）杂令（1）			职制（1）	
		3	11			1	
总数	6	32	108	0	0	11	0

卷数 5

门	类门	敕	令	格	式	随敕申明	旁照法
职制门二	奉使	职制敕（1）杂敕（1）	职制令（21）考课令（1）驿令（3）文书令（1）公用令（1）吏卒令（3）给赐令（2）断狱令（1）	给赐格（5）吏卒格（3）		职制（1）	吏卒格（1）
		2	33	8+1		1	1
	之官违限	职制敕（5）	职制令（55）			职制（1）	
		5	55			1	
	到罢	职制敕（7）	职制令（33）考课令（2）仪制令（2）杂令（1）赏令（1）	赏格（1）	职制式（2）	职制（6）	
		7	39	1		6	
	考任	职制敕（3）	考课令（15）职制令（1）				
		3	16				
	考课	职制敕（3）	考课令（6）	考课格（3）	考课式（1）	职制（1）	
		3	6	3	1	1	
总数	5	20	149	12+1①	3	9	1

① 这里所加法律条数是指旁照法所引的法律种类是格。

卷数 6

门	类门	敕	令	格	式	随敕申明	旁照法
职制门三	批书	职制敕（5）诈伪敕（1）杂敕（1）捕亡敕（1）	考课令（8）公用令（1）文书令（1）职制令（8）仓库令（1）厩牧令（1）营缮令（1）捕亡令（6）断狱令（4）		考课式（2）断狱式（1）	杂敕（1）	名例敕（1）卫禁敕（1）名例申名（1）
		8+2	31		3	1+1	3
	差出	职制敕（5）户婚敕（1）	职制令（18）田令（1）仓库令（1）吏卒令（1）	吏卒格（1）		职制（1）	断狱令（1 名例申明（1）
		6	21+1	1		1+1	2
	权摄差委	职制敕（11）厩库敕（2）	职制令（20）考课令（1）赏令（1）公用令（1）			职制（2）	
		12	23			2	
	朝参赴选	职制敕（1）	职制令（17）荐举令（1）选举令（1）选试令（2）军防令（2）假宁令（2）杂令（1）		职制式（2）	职制（1）	
		1	26		2	1	
总数	4	27+2	101+1	1	5	5+2	5

卷数 7

门	类门	敕	令	格	式	随敕申明	
职制门四	寄居待阙	职制敕（2）杂敕（1）	职制令（8）		职制式（1）		
		3	8		1		
	保官	诈伪敕（1）名例敕（1）	杂令（3）		杂式（1）	名例（1）	
		2	3		1	1	
	监司巡历	职制敕（8）厩库敕（3）杂敕（1）捕亡敕（1）	职制令（19）赏令（1）赋役令（2）考课令（1）公用令（1）祀令（1）杂令（2）吏卒令（5）营缮令（1）驿令（2）关市令（1）仓库令（1）给赐令（1）军器令（1）军防令（6）捕捕亡令（1）断狱令（2）	赏格（2）吏卒格（2）杂格（1）驿格（1）	职制式（1）	职制（1）	职制敕（1）贼盗敕（2）给赐令（1）
		13+3	48+1	6	1	1	4

续表

门	类门	敕	令	格	式	随敕申明	
职制门四	监司知通按举	名例敕（1）职制敕（3）	职制令（8）断狱令（2）		职制式（1）	职制（3）擅兴（1）断狱（1）	
		4	10		1	5	
	巡尉出巡	职制敕（1）	职制令（1）捕亡令（3）				
		1	4				
	按阅弓兵	职制敕（1）	职制令（3）捕亡令（1）赏令（1）			职制（1）擅兴（4）	
		1	5			5	
总数	6	24+3	78+1	6	3	12	4

卷数 8

门	类门	敕	令	格	式	随敕申明	旁照法
职制门五	评议公事	职制敕（2）	职制令（5）				
		2	5				
	定夺体量	职制敕（9）断狱敕（1）	职制令（6）断狱令（4）辞讼令（4）				名例敕（1）
		10+1	14				1
	漏泄传报	职制敕（8）厩库敕（1）擅兴敕（2）卫禁敕（1）	职制令（1）文书令（1）军防令（1）	赏格（7）			
		12	3	7			
	亲嫌	名例敕（2）职制敕（3）	职制令（12）仪制令（1）断狱令（2）军防令（3）				
		5	17				
	对移	职制敕（2）	职制令（5）荐举令（1）考课令（1）	赏格（1）			
		2	7	1			
总数	5	31+1	46	8			1

卷数 9

门	类门	敕	令	格	式	随敕申明	旁照法
职制门六	省官废并		职制令（3）考课令（1）杂令（1）				
			5				

续表

门	类门	敕	令	格	式	随敕申明	旁照法
职制门六	去官解役	名例敕（2）职制敕（1）	断狱令（6）吏卒令（1）			名例（1）	
		3	7			1	
	擅离职守	职制敕（1）					
		1					
	迎送宴会	职制敕（14）厩库敕（1）杂敕（1）	仪制令（1）职制令（6）断狱令（1）公用令（5）杂令（1）			职制（1）擅兴（1）	职制敕（2）名例申明（1）
		16+2	14			2+1	3
	馈送	职制敕（13）厩库敕（5）断狱敕（1）	职制令（3）公用令（6）杂令（1）			职制（1）擅兴（1）	贼盗敕（2）职制敕（1）
		19+3	10			2	3
总数	5	39+5	36	0	0	5+1	6

卷数 10

门	类门	敕	令	格	式	随敕申明	旁照法
职制门	同职犯罪	名例敕（2）职制敕（1）断狱敕（4）					名例敕（1）名例申名（1）
		7+1				+1	2
	差借监监	职制敕（2）职制敕（1）		赏格（1）			
		3		1			
	舍驿	杂敕（3）职制敕（2）	驿令（3）断狱令（1）杂令（3）营缮令（1）				职制敕（1）
		5+1	8				1
	辄入官舍	卫禁敕（1）职制敕（1）	职制令（1）				名例敕（1）
		2+1	1				1
	命官搬家	杂敕（4）	假宁令（1）吏卒令（3）辇运令（2）	吏卒格（2）辇运格（1）			
		4	6	3			
	吏卒接送	杂敕（6）擅兴敕（2）断狱敕（1）职制敕（1）	吏卒令（24）职制令（1）	吏卒格（33）		职制（3）	名例敕（1）
		10+1	25	33		3	1
总数	6	28+4	40	33		3+1	5

卷数 11

门	类门	敕	令	格	式	随敕申明	旁听法
职制门八	差破宣借	擅兴敕（2）	吏卒令（7）	吏卒格（4）		职制（4）	诈伪敕（1）
		2+1	7	4		4	1
	差破当直	擅兴敕（5）杂敕（1）职制敕（1）	吏卒令（27）捕亡令（1）职制令（2）	吏卒格（30）赏格（1）		职制（3）擅兴（1）	
		7	30	31		4	
	差借舟船	杂敕（5）厩库敕（1）	辇运令（11）吏卒令（1）	辇运格（6）		职制（1）擅兴（1）	
		6	12	6		2	
	寻医侍养	诈伪敕（1）	职制令（5）				
		1	5				
	给假	职制敕（1）	职制令（1）假宁令（20）吏卒令（1）考课令（1）	假宁格（10）		职制（1）厩库（1）	
		1	23	10		2	
总数	5	17+1	77	51		12	1

卷数 12

门	类门	敕	令	格	式	随敕申明	旁照法
职制门九	致仕	职制敕（2）	职制令（4）荐举令（2）				
		2	6				
	殁于王事	职制敕（1）	荐举令（3）选试令（1）杂令（1）户令（1）给赐令（1）服制令（1）		荐举式（1）	职制（5）	
		1	8		1	5	
	恩泽	诈伪敕（1）职制敕（2）	荐举令（25）职制令（4）杂令（2）		荐举式（1）	职制（5）	
		3	31		1	5	
	荫补	职制敕（2）	荐举令（47）职制令（1）	赏格（1）荐举格（3）	荐举式（17）	职制（1）	
		2	48	4	17	1	
	封赠	职制敕（1）户婚敕（2）	封赠令（20）军防令（1）杂令（1）	封赠格（1）	封赠式（1）		荐举令（1）
		3	22+1	1	1		1
总数	5	11	115+1	5	20	11	1

卷数 13

门	类门	敕	令	格	式	随敕申明	旁照法
职制门十	磨勘升改	职制敕（1）	考课信（8）赏令（2）职制令（3）		考课式（3）		
		1	13		3		
	回授	职制敕（3）	荐举令（3）封赠令（1）				
		3	4				
	理赏	职制敕（4）	职制令（1）赏令（33）给赐令（1）	赏格（1）		职制（5）	职制敕（1）职制申明（1）
		4+1	35	1		5+1	2
	叙复	职制敕（3）	职制令（1）吏卒令（8）	赏格（1）吏卒格（4）勒停格（名称）叙格（名例）①	职制式（2）		名例敕（1）
		3+1	9	5	2		1
	亡役殁	户婚敕（1）	服制令（5）职制令（1）荐举令（2）驿令（1）给赐令（1）理欠令（1）杂令（2）	服制格（1）			
		1	13	1			
总数	5	12+2	74	6	5	5+1	3

卷数 14

门	类门	敕	令	格	式	随敕申明	旁照法
选举门一	荐举总法	职制敕（8）	荐举令（30）职制令（3）		职制式（1）	职制（1）	职制敕（1）
		8+1	33		1	1	1
	改官关升	职制敕（4）	荐举令（1）	荐举格（3）	荐举式（2）	职制（11）	名例敕（1）
		4+1	1	3	2	11	1
	升陟	职制敕（1）	荐举令（5）	荐举格（2）	荐举式（2）	职制（2）	名例敕（1）
		1+1	5	2	2	2	1

① 此类目下引用到《勒停格》与《叙格》两个格类法律名称。

续表

门	类门	敕	令	格	式	随敕申明	旁照法
选举门一	文学注官		职制令（1）荐举令（1）		荐举式（1）		
			2		1		
	十科		荐举令（1）	荐举格（1）十科格（名例）①	荐举式（1）		
			1	1	1		
总数	5	13+3	42	6	7	14	3

卷数 15

门	类门	敕	令	格	式	随敕申明	旁照法
选举门二	举武臣	职制敕（1）	荐举令（6）	荐举格（2）	荐举式（1）	职制（1）	
		1	6	2	1	1	
	试刑法	职制敕（1）诈伪敕（1）	考课令（1）荐举令（1）选试令（5）	荐举格（1）		职制（1）	
		2	7	1		1	
	试武艺	职制敕（1）诈伪敕（1）	选试令（5）	选试格（3）赏格（1）	选试式（3）		
		2	5	4	3		
	试换官资	诈伪敕（1）	选试令（5）	选试格（3）	选试式（1）		
		1	5	3	1		
	举辟	职制敕（12）名例敕（1）	荐举令（28）考课令（1）职制令（7）	荐举格（1）	荐举式（2）	职制（2）	
		13	36	1	2	2	
总数	5	19	59	11	7	4	0

卷数 16

门	类门	敕	令	格	式	随敕申明	旁照法
文书门一	诏敕条制	名例敕（1）职制敕（7）	文书令（2）职制令（15）辞讼令（2）杂令（1）	赏格（1）			
		8	20	1			

① 《十科格》为类门中出现格的法律名称。

续表

门	类门	敕	令	格	式	随敕申明	旁照法
文书门一	赦降	名例敕（5）贼盗敕（2）断狱敕（6）斗讼敕（1）职制敕（1）捕亡敕（1）	文书令（1）驿令（1）职制令（6）断狱令（1）辞讼令（2）	断狱格（1）		名例（2）	
		16	11	1		2	
	文书	职制敕（5）	文书令（26）杂令（1）职制令（5）		文书式（10）职制式（1）		
		5	32		11		
	程限		职制令（5）文书令（1）				
			6				
	行移	职制敕（3）	职制令（6）捕亡令（2）仓库令（1）考课令（2）			职制（2）	
		3	11			2	
总数	5	32	80	2	11	4	0

卷数 17

门	类门	敕	令	格	式	随敕申明	旁照法
文书门二	架阁	职制敕（2）杂敕（2）贼盗敕（1）厩牧敕（6）	文书令（4）职制令（2）户令（1）给赐令（2）赋役令（1）仓库令（2）杂令（1）断狱令（1）驿令（1）	赏格（1）			名例敕（1）
		11+1	15	1			1
	给纳印记	职制敕（1）杂敕（1）	职制令（7）军防令（1）文书令（2）仓库令（1）场务令（1）服制令（1）				诈伪敕（2）
		2+2	13				2
	雕印文书	杂敕（4）诈伪敕（1）	赏令（2）杂令（1）关市令（1）	赏格（3）			
		5	4	3			
	毁失	杂敕（6）职制敕（1）贼盗敕（1）	杂令（4）给赐令（1）	赏格（2）	杂式（2）	名例（2）	名例敕（2）贼盗敕（3）
		8+5	5	2	2	2	5
	质卖	杂敕（6）诈伪敕（1）捕亡敕（1）	赏令（1）	赏格（3）			名例敕（1）
		8+1	1	3			1

续表

门	类门	敕	令	格	式	随敕申明	旁照法
文书门二	私有禁书	职制敕（1）杂敕（1）	断狱令（2）	赏格（2）			
		2	3	2			
总数	6	36+9	41	11	2	2	9

卷数 28

门	类门	敕	令	格	式	随敕申明	旁照法
榷禁门一	榷货总法	名例敕（2）卫禁敕（15）擅兴敕（1）斗讼敕（1）	职制令（3）捕亡令（1）场务令（1）断狱令（3）赏令（7）	赏格（3）	赏式（1）		擅兴敕（1）
		19+1	15	3	1		1
	茶盐礬	卫禁敕（12）诈伪敕（2）	赏令（12）理欠令（1）捕亡令（2）职制令（2）关市令（1）断狱令（4）	赏格（8）杂格（2）		卫禁（3）断狱（4）	擅兴（1）
		14	22	10		7+1	1
	酒面	卫禁敕（6）斗讼敕（1）厩库敕（1）	赏令（2）捕亡令（1）断狱令（1）场务令（1）杂令（1）	赏格（2）			贼盗敕（2）
		8+2	6	2			2
	乳香	卫禁敕（4）诈伪敕（1）	赏令（5）职制令（2）	赏格（3）杂格（1）			
		5	7	4			
	铜鍮石铅锡矿	卫禁敕（6）擅兴敕（1）杂敕（1）	职制令（1）赏令（2）捕亡令（1）关市令（5）杂令（5）军器令（1）	赏格（3）			
		8	15	3			
总数	5	54+3	65	22	1	7+1	4

卷数 29

门	类门	敕	令	格	式	随敕申明	旁照法
榷禁门二	铜钱金银出界	卫禁敕（3）杂敕（3）	关市令（1）	赏格（6）		卫禁（8）	名例敕（1）杂敕（1）
		6	1	6		8	2
	铜钱下海	卫禁敕（2）	职制令（1）				
		2	1				

续表

门	类门	敕	令	格	式	随敕申明	旁照法
榷禁门二	铁钱过江南					卫禁（3）	
						3	
	钱银过江北					卫禁（5）	
						5	
	私铸钱	杂敕（3）名例敕（1）贼盗敕（1）	捕亡令（1）杂令（1）断狱令（1）赏令（2）	赏格（7）	赏式（2）	杂敕（3）	
		5	5	7	2	3	
	私钱博易	杂敕（2）贼盗敕（2）	赏令（1）	赏格（3）			贼盗敕（3）
		4+3	1	3			3
	鋋凿钱宝	杂敕（3）	杂令（2）赏令（2）	赏格（2）		卫禁（1）	
		3	4	2		1	
	私造金箔销金	杂敕（2）	赏令（1）	赏格（2）			
		2	1	2			
	兴贩军需	卫禁敕（2）		赏格（3）		禁卫（9）	名例敕（1）卫禁敕（1）名例申明（1）
		2+2		3		9	3
总数	9	24+7	13	23	2	29+1	8

卷数 30

门	类门	敕	令	格	式	随敕申明	旁照法
财用门一	上供	厩库敕（16）杂敕（2）	场务令（2）赏令（1）仓库令（20）关市令（1）辇运令（2）	赏格（1）	仓库式（3）	厩库（5）	名例敕（1）厩库敕（1）名例申明（1）
		18+2	26	1	3	5+1	3
	经总制	厩库敕（4）	场务令（5）赏令（4）仓库令（1）	赏格（2）	场务式（2）	户婚（15）	厩库敕（2）名例敕（1）名例申明（1）
		4+3	10	2	2	15+1	4
	钱会中半						厩库（6）
						+6	6
总数	3	22+5	36	3	5	20+8	13

卷数 31

门	类门	敕	令	格	式	随敕申明	旁照法
财用门二	封椿	厩库敕（7）户婚敕（1）职制敕（2）	仓库令（24）职制令（1）辇运令（1）田令（2）		仓库式（5）	厩库（2）	名例敕（1）名例申明（1）
		10+1	28		5	2+1	2
	应在	职制敕（3）诈伪敕（1）	仓库令（4）辇运令（1）赏令（1）	赏格（3）	赏式（1）	厩库（1）	
		4	6	3	1	1	
总数	2	14+1	34	3	6	3+1	2

卷数 32

门	类门	敕	令	格	式	随敕申明	旁照法
财用门三	点磨隐陷	职制敕（3）厩库敕（9）户婚敕（4）贼盗敕（1）诈伪敕（2）	职制令（5）仓库令（8）场务令（1）赋役令（1）文书令（9）	赏格（8）		职制（4）	户婚敕（1）贼盗敕（1）诈伪敕（1）名例敕（1）
		19+4	24	8		4	4
	理欠	厩库敕（21）杂敕（2）	理欠令（48）仓库令（4）场务令（4）给赐令（2）关市令（1）田令（1）断狱令（1）	赏格（4）	理欠式（3）		名例敕（3）
		23+3	61	4	3		3
	鼓铸	擅兴敕（1）厩库敕（4）	职制令（1）场务令（1）仓库令（5）赏令（2）营缮令（3）吏卒令（1）	赏格（1）	赏式（3）		厩库敕（3）
		5+3	13	1	3		3
总数	3	47+10	98	13	6	4	10

卷数 36

门	类门	敕	令	格	式	随敕申明	旁照法
库务门一	场务	厩库敕（9）擅兴敕（1）杂敕（1）	场务令（22）关市令（1）仓库令（10）文书令（1）杂令（1）	赏格（1）军防格（1）	场务式（1）	厩库（3）	厩库敕（1）理欠令（1）
		11+1	35+1	2	1	3	2

续表

门	类门	敕	令	格	式	随敕申明	旁照法
库务门一	承买场务	厩库敕（5）	仓库令（1）场务令（8）	赏格（1）			
		5	9	1			
	商税	厩库敕（16）杂敕（2）诈伪敕（1）名例敕（1）	场务令（28）疾医令（1）关市令（2）赏令（1）	赏格（4）		诈伪（1）厩库（6）	
		20	32	4		7	
	仓库约束	厩库敕（5）断狱敕（1）	仓库令（16）旧令①（1）理欠令（1）	赏格（1）		厩库（1）	理欠令（1）
		6	18+1	1		1	1
	给还寄库钱物						厩库（1）
						+1	1
	受纳违法	厩库敕（5）	仓库令（2）赏令（1）	赏格（2）			
		5	3	2			
	仓库受乞	厩库敕（6）	仓库令（1）	赏格（2）			职制敕（4）
		6+4	1	2			4
总数	7	53+5	98+2	12	1	11+1	8

卷数 37

门	类门	敕	令	格	式	随敕申明	旁照法
库务门二	籴买粮草	厩库敕（8）职制敕（1）户婚敕（2）	职制令（2）仓库令（24）关市令（1）给赐令（1）	给赐格（1）赏格（3）	赏式（1）	户婚（2）	厩库敕（1）仓库令（1）理欠令（1）厩库申明（1）
		11+1	28+2	4	1	2+1	4
	给纳	厩库敕（8）	仓库令（23）给赐令（1）杂令（1）	给赐格（1）赏格（1）	仓库式（7）文书式（1）	厩库（6）	职制敕（1）
		8+1	25	2	8	6	1
	勘给	厩库敕（15）名例敕（1）	给赐令（27）理欠令（4）进贡令（1）	赏格（2）给赐格（1）	给赐式（1）	职制（3）厩库（3）	贼盗敕（1）给赐格（1）
		16+1	32	3+1	1	6	2
总数	3	35+3	85+2	9+1	10	14+1	7

① “旧令”为名，不是具体篇名。

卷数 47

门	类门	敕	令	格	式	随敕申明	旁照法
赋役门一	拘催税租	户婚敕（5）	赋役令（9）职制令（1）	杂格（1）		户婚（2）	名例申明（1）
		5	10	1		2+1	1
	受纳税租	户婚敕（7）厩库敕（3）	仓库令（7）赋役令（18）职制令（3）	赏格（1）	赋役令（2）	户婚（2）厩库（5）诈伪（1）	贼盗敕（2）职制敕（1）厩库敕（1）
		10+4	28	1	2	8	4
	揽纳税租	户婚敕（3）	职制令（1）赋役令（6）	赏格（1）			名例敕（2）
		3+2	7	1			2
	违欠税租	户婚敕（3）	职制令（1）赋役令（6）	赏格（1）			名列敕（2）
		3+2	7	1			2
	阁免税租	户婚敕（4）	户令（3）田令（1）赋役令（4）				名例敕（1）
		4+1	8				1
	匿免税租	诈伪敕（5）	赋役令（1）赏令（1）	赏格（3）			职制敕（1）
		5+1	2	3			1
	税租簿	户姻敕（3）	赋役令（8）仓库令（1）	赏格（1）	赋役式（2）		
		3	9	1	2		
总数	7	33+10	71	8	4	10+1	11

卷数 48

门	类门	敕	令	格	式	随敕申明	旁照法
赋役门二	税租账	户姻敕（1）职制敕（1）诈伪敕（1）	户令（2）赋役令（3）仓库令（2）		赋役式（6）文书式（1）		名例敕（1）户婚敕（1）
		3+2	7		7		2
	簿账欺弊	户婚敕（6）名例敕（1）	赋役令（4）吏卒令（1）赏令（1）	赏格（5）	赏式（1）		名例敕（1）户婚敕（2）
		7+2	6	5	1		3

续表

门	类门	敕	令	格	式	随敕申明	旁照法
赋役门二	支移折变	户婚敕（4）厩库敕（1）	赋役令（15）仓库令（2）给赐令（1）关市令（1）	赏格（2）		户婚（2）	户婚敕（1）
		5+1	19	2		2	1
	科敷	户婚敕（6）职制敕（3）厩库敕（5）杂敕（1）	祀令（1）关市令（2）职制令（2）给赐令（1）仓库令（1）赋役令（9）杂令（1）	田格（1）		户婚（8）厩库（1）杂敕（1）	名例敕（1）名例申明（1）《绍兴常平免役令》①
		15+1	17	1		10+1	2
	取买绸绢	职制敕（1）户婚敕（3）诈伪敕（1）	给赐令（2）仓库令（1）赋役令（1）		式缺（1）		
		5	4		1		
总数	5	35+6	53	8	9	12+1	9

卷数 49

门	类门	敕	令	格	式	随敕申明	旁照法
农桑门	劝农桑	职制敕（2）	职制令（1）考课令（3）田令（1）赏令（3）赋役令（1）	赏格（1）			户婚（1）
		2	9	1		+1	1
	农田水利	户婚敕（1）田令（5）河渠令（3）			赏格（1）		
		9			1		
	种植林木	职制敕（1）	赏令（1）杂令（1）河渠令（1）	赏格（1）		职制（1）	名例敕（1）
		1+1	3	1		1	1
总数	3	12+1	12	2	1	1+1	2

卷数 50

门	类门	敕	令	格	式	随敕申明	旁照法
道释门一	总法	名例敕（6）	道释令（5）断狱令（1）				
		6	6				

① 两类门引用相关内容，见第 662 页。

续表

门	类门	敕	令	格	式	随敕申明	旁照法
道释门一	试经拨度	户婚敕（4）	道释令（12）赏令（1）	道释格（1）赏格（2）	道释式（2）	户婚（1）	
		4	13	3	2	1	
	师号度牒	名例敕（1）户婚敕（2）杂敕（2）	杂令（1）道释令（6）	赏格（2）	道释（1）		
		5	7	2	1		
	违法剃度	户婚敕（3）诈伪敕（1）	道释令（2）	赏格（1）			
		4	2	1			
	受戒	户婚敕（1）诈伪敕（1）	道释令（2）		道释式（1）		
		2	2		1		
	住持	户婚敕（1）	道释令（7）	赏格（1）	道释式（2）		户婚敕（1）道释令（1）
		1+1	7+1	1	2		2
总数	6	12+1	37+1	7	6	1	2

卷数 51

门	类门	敕	令	格	式	随敕申明	
释道门	行游	户婚敕（3）卫禁敕（1）	道释令（3）	赏格（1）	道释式（1）	卫禁（1）	
		4	3	1	1	1	
	供账	户婚敕（4）诈伪敕（1）	道释令（9）赏令（1）	赏格（1）	道释式（3）		
		5	10	1	3		
	给束	杂敕（1）	道释令（12）杂令（1）			杂敕（2）	
		1	13			12	
	亡殁	户婚敕（1）	道释令（2）	赏格（1）			户令（1）道释令（1）
		1	2+2	3			2
	杂犯	卫禁敕（1）职制敕（1）户婚敕（5）贼盗敕（2）杂敕（2）	道释令（2）	赏格（1）			名例敕（1）贼盗敕（1）杂敕（1）
		12+3	2	1			3
总数	5	22+3	30+2	6	4	13	5

卷数 52

门	类门	敕	令	格	式	随敕申明	旁照法
公吏门	差补	职制敕（5）	职制令（3）吏卒令（17）赏令（3）	吏卒格（1）赏格（2）		职制（4）	职制敕（1）
		5+1	23	3		4	1
	解试出职	+1	选试令（4）考课令（1）吏卒令（1）杂令（1）	选试格（3）	荐举式（1）		名例敕（1）
			7	3	1		1
	停降	名例敕（4）职制敕（1）	吏卒令（1）	赏格（1）			
		5	1	1			
总数	3	10+2	31	7	1	4	2

卷数 73

门	类门	敕	令	格	式	随敕申明	旁照法
刑狱门三	检断	名例敕（1）断狱敕（5）	断狱令（2）			名例（1）	
		6	2			1	
	决遣	断狱敕（11）	断狱令（15）时令（1）		断狱式（1）	贼盗（5）断狱（3）	断狱令（1）断狱式（2）
		11	16+1		1+2	8	3
	折杖减役	名例敕（3）断狱敕（1）	断狱令（2）			名例（1）	
		4	2			1	
	出入罪	断狱敕（11）名例敕（1）斗讼敕（1）诈伪敕（1）	断狱令（2）赏令（1）	赏格（1）			名例敕（1）断狱敕（1）断狱令（1）
		15+2	3+1	1			3
	推驳	断狱敕（2）	赏令（6）断狱令（1）	赏格（3）	赏式（2）		断狱敕（1）非当职官及史人驳正格①
		2+1	7	3	2		1
	移囚	断狱敕（4）名例敕（1）	断狱令（1）			断狱（3）	
		5	1			3	
总数	6	43+3	31+2	4	3+2	13	7

① 此为格的法律篇名。

卷数 74

门	类门	敕	令	格	式	随敕申明	旁照法
刑狱门四	病囚	断狱敕（3）	断狱令（5）杂令（1）				名例敕（2）厩库敕（1）名例申明（1）
		3+3	6			+1	4
	失囚	捕亡敕（1）	捕亡令（1）	赏格（1）			
		1	1	1			
	犯罪更为	名例敕（4）断狱敕（1）	断狱令（1）				
		5	1				
	比罪	名例敕（4）					
		4					
	过犯遗阙		考课令（6）断狱令（1）职制令（2）	考课格（1）			
			9	1			
	老疾犯罪	户婚敕（1）断狱敕（2）	户婚令（1）	赏格（1）			名例敕（1）断狱令（1）
		3+1	1+1	1			2
总数	6	16+4	18+1	3		+1	6

卷数 75

门	类门	敕	令	格	式	随敕申明	旁照法
刑狱门五	移乡	贼盗敕（3）捕亡敕（1）名例敕（2）	给赐令（1）假宁令（1）断狱令（9）捕亡令（2）				军防令（1）
		6	13+1				1
	编配流役	名例敕（5）断狱敕（3）	断狱令（26）时令（2）假宁令（1）给赐令（1）户令（1）	给赐格（1）	断狱式（1）	捕亡（1）断狱（8）	
		8	31	1	1	9	
	侍丁	名例敕（2）	户令（2）				
		2	2				
	部送罪人	擅兴敕（1）捕亡敕（6）断狱敕（3）	吏卒令（3）捕亡令（1）断狱令（9）时令（2）给赐令（1）军防令（1）赏令（1）	赏格（1）		断狱（2）	捕亡敕（7）名例敕（1）
		10+8	18	1		2	8

续表

门	类门	敕	令	格	式	随敕申明	旁照法
刑狱门五	验尸	杂敕（4）	职制令（3）吏卒令（1）杂令（8）		杂式（2）	杂敕（1）	职制敕（1）
		4+1	12		2	1	1
	刑狱杂事	断狱敕（6）	断狱令（9）	给赐格（1）			贼盗敕（2）
		6+2	9	1			2
总数	6	36+11	85+1	3	3	12	12

卷数 78

门	类门	敕	令	格	式	随敕申明	旁照法
当赎门	总法	名例敕（8）					断狱令（2）断狱格（1）
		8	+2	+1			3
	追当	名例敕（5）	断狱令（1）				
		5	1				
	荫赎	名例敕（6）	断狱令（2）			名例（7）	名例敕（1）断狱敕（1）
		6+2	2			7	2
	罚赎	名例敕（4）断狱敕（2）	断狱令（6）	断狱格（3）			户令（1）
		6	6+1	3			1
总数	4	25+2	9+3	3+1		7	6

卷数 77

门	类门	敕	令	格	式	随敕申明	旁照法
服制门	服制		仪制令（2）服制令（10）	服制格（9）			
			12	9			
	丁忧服阙	户婚敕（1）	服制令（8）假宁令（2）仪制令（1）给赐令（1）	服制格（1）假宁格（2）			假宁格（1）
		1	12	3+1			1
	匿服	职制敕（2）杂敕（1）	服制令（1）				
		3	1				

续表

门	类门	敕	令	格	式	随敕申明	旁照法
服制门	丧葬	杂敕（6）断狱敕（1）户婚敕（1）	仪制令（2）服制令（28）假宁令（1）户令（1）辇运令（2）给赐令（1）吏卒令（3）断狱令（2）赏令（1）	服制格（7）吏卒格（1）	服制式（10）	户婚（6）杂敕（1）	诈伪敕（2）名例敕（1）
		8+2	41	8	10	7	3
总数	4	12+2	66	20+1	10	7	3

卷数 78

门	类门	敕	令	格	式	随敕申明	旁照法
蛮夷门	入贡	诈伪敕（2）职制敕（1）卫禁敕（1）杂敕（1）厩库敕（1）	进贡令（7）场务令（1）杂令（1）赏令（1）	赏格（5）		卫禁（1）	驿令（1）
		6	10+1	5		1	1
	归明任官	职制敕（1）	吏卒令（1）职制令（7）			杂敕（2）	
		1	8			2	
	归明恩赐	厩库敕（1）职制敕（1）	职制令（1）给赐令（1）田令（3）赋役令（1）		杂式（1）	杂敕（6）厩库（1）	职制敕（1）赏格（1）
		2+1	6	+1	1	7	2
	归明附籍约敕	擅兴敕（1）捕亡敕（3）职制敕（1）	户令（5）道释令（1）吏卒令（1）断狱令（1）杂令（3）军防令（4）		户式（3）		
		5	15		3		
	蕃蛮出入	卫禁敕（5）	赏令（1）捕亡令（1）户令（1）	赏格（2）		职制（1）	
		5	3	2		1	
	招补归朝归明归正人					擅兴（3）	
						3	
总数	6	19+1	42+1	7+1	4	14	3

卷数 79

门	类门	敕	令	格	式	随敕申明	旁照法
畜产门	总法	厩库敕（1）	厩牧令（4）			卫禁（5）职制（1）厩库（5）	卫禁申明（5）
		1	4			11+5	5

续表

门	类门	敕	令	格	式	随敕申明	旁照法
畜产门	养饲官马	厩库敕（3）	断狱令（1）厩牧令（5）	赏格（1）			
		3	6	1			
	医料官马	厩库敕（4）	断狱令（1）厩牧令（7）	给赐格（1）			
		4	8	1			
	差给官马	厩库敕（3）	厩牧令（13）军防令（1）给赐令（1）	赏格（1）给赐格（1）			
		3	15	2			
	官马账状		厩牧令（3）文书令（1）		厩牧式（4）		
			4		4		
	杀畜产	厩库敕（6）名例敕（1）贼盗敕（3）杂敕（1）	时令（1）赏令（1）	赏格（3）			贼盗敕（1）
		11+1	2	3			1
	畜产伤人	杂敕（1）厩库敕（1）	厩牧令（1）				
		2	1				
	采捕屠宰	杂敕（3）	关市令（1）时令（2）道释令（1）赏令（1）	赏格（1）			
		3	5	1			
	捕猛兽	杂敕（1）	杂令（2）赏令（1）	赏格（1）			
		1	3	1			
总数	9	26+1	48	9	4	11+5	6

卷数 80

门	类门	敕	令	格	式	随敕申明	旁照法
杂门	博戏财物	杂敕（4）	赏令（2）	赏格（1）			
		4	2	1			
	出举债负	杂敕（12）	关市令（2）赏令（1）	赏格（4）		诈伪（1）杂敕（1）	职制敕（1）名例敕（1）
		12+2	3	4		2	2

续表

门	类门	敕	令	格	式	随敕申明	旁照法
杂门	阑遗	杂敕（2）厩库敕（3）	杂令（6）赏令（4）	赏格（7）			赏令（1）赏格（1）
		5	10+1	7+1			2
	毁失官私物	杂敕（7）	理欠令（1）军器令（1）杂令（1）赏令（2）	赏格（3）			名例敕（1）贼盗敕（1）
		7+2	5	3			2
	采伐山林	杂敕（2）户婚敕（2）	时令（1）杂令（1）	赏格（1）			
		4	2	1			
	失火	杂敕（4）	杂令（2）仪制令（1）断狱令（1）	赏格（2）			
		4	4	2			
	烧舍宅财物	杂敕（8）名例敕（1）擅兴敕（1）	赏令（3）断狱令（1）	赏格（4）			赏格（5）
		10	4	4+5			5
	诸色杂犯奸	杂敕（10）捕亡敕（4）贼盗敕（1）户婚敕（2）斗讼敕（2）名例敕（4）	户令（5）				名例敕（3）斗讼敕（1）户令（1）
		23+4	5+1				5
	杂犯	杂敕（11）职制敕（2）卫禁敕（1）	关市令（1）杂令（4）河渠令（1）仪制令（1）	赏格（10）		诈伪（1）	
		14	7	10		1	
总数	9	83+8	42+2	32+6		3	16

《庆元条法事类》法律形式种类及各类法律所引条文数量表

类目	敕		令		格		式		随敕申明		总数
数量	正文	旁照	正文	旁照	正文	旁照	正文	旁照	正文	旁照	4207
	1095	119	2093	20	371	11	147	2	322	27	
	1214		2113		382		149		349		

二 《吏部条法》所见法律类型和数量总表

法律形式 门类名	敕		令		格		申明		条目	
	条	篇名	条	篇名	条	篇名	条	篇名	条	篇名
差注门一	2	2	201	18	7	4	54	17		
差注门二			47	13	15	15	75	38	15	3
差注门三			79	22	25	19	77	43		
差注门五			28	5	3	2	4	1		
差注门六	2	1	19	8	1	1	74	24		
奏辟门	2	2	58	15	2	2	107	21		
考任门			105	20	2	2	66	35		
宫观岳庙门			27	13			20	10		
印纸门			10	8			41	36		
荐举门	2	1	77	9	8	2	171	49		
关升门	1	1	68	20	2	2	40	20		
改官门			43	18	4	4	38	11		
磨勘门	1	1	123	21	15	1	64	21		
总数	10	8	885	190	84	54	831	326	15	3

差注门一

序号	篇名	条数	类目	序号	篇名	条数	类目
1	尚书侍郎左右选通用敕	4		22	侍郎左选尚书考功通用令	1	
2	尚书侍郎左右选通用令	55		23	尚书考功令	1	
3	尚书侍郎左右选通用格	1		24	淳祐令	1	
4	淳祐令	6		25	侍郎左选格	3	
5	尚书侍郎左右选通用申明	19		26	侍郎左选申明	5	
6	尚书侍郎左右选考功用敕	1		27	侍郎右选令	26	
7	尚书左右侍郎右选通用令	1		28	侍郎右选格	2	
8	尚书左右选通用令	3		29	侍郎右选申明	1	
9	尚书左选侍郎左右选通用令	1		30	尚书侍郎左选通用申明	1	
10	尚书右选侍郎左右选通用令	3	总法	31	尚书侍郎左右选通用申明	8	总法
11	尚书侍郎右选考功通用令	1		32	侍郎左选申明	1	
12	尚书侍郎左选通用令	5		33	尚书侍郎左右选通用申明	3	
13	尚书左选侍郎右选通用令	1		34	侍郎左选申明	1	
14	尚书侍郎右选通用令	15		35	尚书侍郎左右选通用申明	4	
15	侍郎左右选通用令	1		36	侍郎左选申明	1	
16	尚书左选令	18		37	尚书侍郎左选通用申明	1	
17	尚书左选格	1		38	侍郎左选申明	2	
18	尚书左选申明	1		39	尚书侍郎右选通用申明	1	
19	尚书右选令	17		40	尚书侍郎左右选通用申明	2	
20	尚书右选申明	1		41	侍郎左选申明	2	
21	侍郎左选令	45					

差注门二

序号	篇名	条数	类目	序号	篇名	条数	类目
1	尚书左选令	5	知州	35	尚书左选申明	4	县令 县丞
2	尚书左选格	1		36	尚书左选申明	1	
3	尚书左选申明	2		37	尚书侍郎左选通用申明	1	
4	尚书左选令	5	通判	38	尚书左选申明	2	
5	尚书左选格	1		39	尚书侍郎左右选通用申明	1	
6	尚书左选申明	7		40	尚书左选申明	2	
7	尚书侍郎左选通用令	1	签判	41	尚书侍郎左选通用申明	1	
8	尚书左选格	1		42	尚书左选申明	2	
9	尚书左选申明	4		43	尚书侍郎左选通用申明	2	
10	尚书左选格	1	军使	44	侍郎左选申明	1	
11	侍郎右选格			45	尚书侍郎左右选通用申明	1	
12	尚书侍郎左选通用令	1		46	尚书侍郎左选通用申明	1	
13	尚书侍郎左选通用格	1	教授	47	尚书侍郎左选司勋通用申明	1	
14	侍郎左选申明	1		48	尚书左选考功通用申明	1	
15	尚书侍郎左选通用申明	1		49	知县通理考任条目	5	
16	侍郎左选申明	4		50	知县注授条目	4	
17	尚书侍郎左右选用通令	1	知县 县令	51	知县任满注授条目	6	
18	尚书侍郎左选通用令	1		52	尚书左右选通用申明	1	
19	尚书侍郎左右选通用申明	1		53	侍郎左选申明	1	
20	尚书侍郎右选通用申明	2		54	尚书侍郎左右选司勋通用申明	1	
21	尚书左选考功通用申明	1		55	尚书左选申明	1	县丞
22	尚书左选申明	1		56	尚书左选令	1	
23	尚书左选令	2		57	尚书左选格	1	
24	尚书侍郎左选通用令	13		58	尚书左选申明	1	
25	尚书左选格	1		59	侍郎左选令	1	
26	尚书左选申明	1		60	侍郎左选格	1	
27	尚书右选格	1		61	侍郎左选申明	1	
28	侍郎左选令	9		62	尚书侍郎左选通用申明	1	
29	侍郎左选格	1	县令 县丞	63	尚书左选申明	1	职官
30	侍郎左选申明	1		64	侍郎左选申明	1	
31	侍郎左选格	1		65	侍郎左选令	6	
32	尚书侍郎左选通用格	1		66	尚书考功令	1	
33	尚书侍郎右选通用格	1		67	侍郎左选格	1	
34	尚书侍郎右选通用申明	3		68	侍郎左选申明	4	
				69	侍郎左选申明	13	

差注门三

序号	篇名	条数	类目	序号	篇名	条数	类目
1	尚书侍郎右选用通令	12	兵官	45	尚书右选侍郎左右选通用申明	1	监当
				46	侍郎左选申明	2	
2	尚书侍郎右选通用格	1		47	尚书侍郎左选通用申明	1	
3	尚书侍郎右选通用申明	1		48	尚书侍郎左右选通用申明	1	
4	尚书右选令	1		49	侍郎左选申明	4	
5	尚书侍郎右选通用格	1		50	尚书侍郎左选通用申明	1	
6	尚书右选申明	2		51	侍郎左选申明	4	
7	侍郎右选令	7		52	尚书侍郎左右选通用申明	1	
8	侍郎右选格	1		53	侍郎左右选能用申明	1	
9	尚书考功令	1		54	侍郎左选申明	3	
10	侍郎右选申明	3		55	侍郎左右选通用申明	1	
11	侍郎右选申明	1		56	尚书侍郎左右选通用申明	1	
12	尚书侍郎右选司勋考功通用申明	1		57	侍郎左选申明	4	
13	侍郎右选申明	1		58	侍郎右选申明	1	
14	尚书侍郎右选通用申明	5		59	侍郎左选申明	1	
15	尚书左选令	2	属官	60	侍郎左选令	4	簿尉
16	尚书左选格	1		61	尚书右选侍郎左右选通用令	1	
17	侍郎左选令	2		62	尚书侍郎右选通用令	1	
18	尚书侍郎左选通用令	1		63	侍郎左选格	2	
19	尚书侍郎左选通用格	1		64	侍郎右选令	1	
20	尚书左选申明	1		65	尚书侍郎右选通用格	1	
21	尚书侍郎左选通用申明	3		66	侍郎左选申明	2	
22	尚书侍郎左右选通用申明	1		67	尚书侍郎左右选通用申明	1	
23	尚书左选申明	1		68	尚书右选侍郎左右选通用申明	6	
24	尚书侍郎左右选通用申明	2	监当	69	侍郎左右选通用申明	1	
25	尚书侍郎左右选通用令	3		70	尚书侍郎左右选通用申明	4	
26	尚书左右选侍郎右选通用令	2		71	侍郎左选申明	6	
27	尚书侍郎右选通用令	4		72	侍郎左右选通用申明	1	
28	侍郎左右选通用令	1		73	尚书侍郎左选通用令	4	使臣
29	尚书侍郎右选通用格	1		74	尚书侍郎右选通用申明	1	
30	尚书侍郎左选通用申明	1		75	尚书右选格	1	
31	尚书侍郎右选通用申明	2		76	侍郎右选格	1	
32	尚书左选令	7		77	尚书侍郎右选通用令	1	
33	尚书左选格	2		78	尚书右选格	1	
34	尚书左选申明	1		79	侍郎右选令	8	
35	尚书右选令	1		80	侍郎右选格	2	
36	尚书右选格	1		81	尚书右选格	1	
37	尚书右选申明	1		82	侍郎右选格	2	
38	尚书左选令	8		83	尚书右选格	1	
39	侍郎左选格	1		84	侍郎右选格	2	
40	侍郎左选申明	1		85	侍郎右选申明	1	
41	侍郎右选令	3		86	尚书侍郎右选通用申明	2	
42	侍郎右选格	2					
43	侍郎左选申明	2					
44	尚书左选申明	1					

差注门五

序号	篇名	条数		序号	篇名	条数	
1	尚书右选令	4		6	侍郎左选尚书考功通用令	6	
2	侍郎右选令	3		7	侍郎左选令	12	
3	尚书侍郎右选通用令	3	材武	8	侍郎左选申明	4	移注
4	尚书侍郎右选通用格	1		9			
5	宣和军马司格	2		10			

差注门六

序号	篇名	条数		序号	篇名	条数	
1	尚书侍郎左右选通用令	1		18	尚书右选申明	3	
2	尚书侍郎右选通用令	3		19	尚书侍郎右选通用申明	31	
3	尚书右选申明	1		20	尚书侍郎右选通用申明	5	
4	侍郎右选申明	1		21	尚书侍郎右选申明	2	离军添差
5	尚书侍郎右选通用申明	2		22	侍郎右选申明	3	
6	尚书侍郎右选考功通用申明	1	从军功赏	23	侍郎右选申明	3	
7	尚收侍郎右选通用申明	2		24	尚书侍郎左右选通用令	3	
8	尚书侍郎左右选通用申明	1		25	淳祐敕	2	
9	侍郎左选申明	1		26	淳祐令	8	
10	尚书侍郎右选通用申明	1		27	尚书侍郎左右选通用申明	3	
11	尚书右选令	1		28	侍郎左选申明	1	
12	尚书右选格	1		29	尚书左选申明	1	亲嫌
13	尚选申明	5	升带	30	尚书侍郎左右选通用申明	1	
14	尚书侍郎右选考功通用申明	2		31	侍郎左选申明	1	
15	尚书侍郎右选通用令	1		32	尚书侍郎左右选通用申明	1	
16	尚书右选令	1	离军添差	33	侍郎左选申明	1	
17	侍郎右选令	1		34	尚书侍郎左右通用选申明	1	

奏辟门

序号	篇名	条数		序号	篇名	条数	
1	尚书侍郎左右选通用敕	1	奏辟	39	尚书左选申明	1	奏辟
2	尚书侍郎左右选通用令	11		40	侍郎左选尚书考功通用申明	1	
3	尚书侍郎右选考功通用令	1		41	尚书侍郎右选通用申明	1	
4	尚收侍郎左选通用令	1		42	尚书侍郎左选通用申明	3	
5	尚书右选令	1		43	尚书侍郎左右选通用申明	3	
6	侍郎左选令	2		44	尚书左选申明	1	
7	尚书侍郎右选通用令	6		45	尚书侍郎左右选通用申明	3	
8	侍郎右选令	8		46	尚书侍郎右选通用申明	2	
9	淳祐令	13		47	尚书侍郎左右选通用申明	4	
10	尚书右选侍郎左右选通用格	1		48	尚书左选申明	1	
11	尚书侍郎右选通用格	1		49	尚书侍郎右选通用申明	1	
12	尚书侍郎左右选通用申明	7		50	侍郎左右选通用申明	1	
13	尚书左选申明	1		51	尚书侍郎左右选通用申明	1	
14	尚书侍郎右选通用申明	9		52	侍郎左右选通用申明	1	
15	尚书考功申明	1		53	尚书侍郎左右选通用申明	1	
16	侍郎左选申明	1		54	侍郎左选申明	1	
17	尚书左选申明	2		55	尚书侍郎左右选通用申明	1	
18	尚书侍郎右选通用申明	1		56	侍郎左选申明	1	
19	尚书左右选通用申明	1		57	尚书侍郎左右选通用申明	3	
20	侍郎右选申明	1		58	侍郎左选申明	1	
21	尚书右选侍郎左右选通用申明	1		59	尚书左选申明	1	
22	尚书侍郎左选通用申明	1		60	尚书侍郎左右选通用敕	1	定差
23	尚书侍郎左右选通用申明	1		61	尚书侍郎左右选通用令	7	
24	尚书侍郎右选司勋考功通用申明	1		62	尚书侍郎左右选考功通用令	3	
25	侍郎左选申明	3		63	侍郎左选考功通用令	1	
26	尚书侍郎左右选通用申明	4		64	尚书左选令	1	
27	尚书侍郎右选考功通用申明	1		65	侍郎左选令	1	
28	侍郎左右选通用申明	1		66	尚书考功令	1	
29	尚书侍郎左选通用申明	1		67	淳祐令	1	
30	侍郎左选申明	1		68	尚书侍郎左右选通用申明	12	
31	尚书侍郎右选通用申明	1		69	尚书侍郎左选通用申明	1	
32	尚书侍郎右选考功通用申明	1		70	尚书侍郎右选通用申明	2	
33	尚书侍郎左右选通用申明	5		71	侍郎左选申明	1	
34	尚书左选申明	2		72	侍郎右选申明	1	
35	尚书侍郎右选通用申明	1		73	尚书侍郎右选通用申明	1	
36	尚书侍郎左选通用申明	1		74	侍郎右选申明	1	
37	尚书侍郎左右选通用申明	1		75	尚书侍郎左右选通用申明	3	
38	尚书侍郎左右选考功通用申明	2		76	尚书侍郎左选通用申明	1	

考任门

序号	篇名	条数		序号	篇名	条数	
1	尚书侍郎左右选考功通用令	6		30	侍郎左选尚书考功通用申明	2	
2	尚书侍郎左右选通用令	4		31	尚书考功申明	2	
3	尚书侍郎右选通用令	1		32	尚书侍郎左右选通用申明	3	
4	尚书考功令	10		33	侍郎左选申明	2	
5	侍郎左选尚书考功通用令	1		34	尚书侍郎左右选考功通用申明	1	
6	淳祐令	123		35	尚书侍郎左选通用申明	1	
7	尚书侍郎左右选通用申明	2		36	侍郎左选申明	3	
8	尚书左右选考功通用申明	4	文武臣通用	37	尚书侍郎左选考功通用申明	1	
9	尚书考功申明	1		38	尚书侍郎左右选考功通用申明	2	
10	尚书侍郎左右选通用申明	1		39	尚书侍郎左选考功通用申明	1	
11	尚书侍郎左选考功通用申明	1		40	侍郎左选考功通用申明	1	
12	尚书侍郎左选考功通用申明	1		41	侍郎左选申明	1	
13	尚书侍郎左选通用申明	1		42	尚书侍郎右选通用令	10	
14	尚书侍郎左右选考功通用申明	2		43	尚书侍郎右选司勋考功通用令	1	
15	尚书侍郎左右选通用申明	1		44	尚书侍郎右选考功通用和令	4	
16	尚书侍郎左选考功通用令	2		45	侍郎右选尚书考功通用令	2	
17	尚书左选考功通用令	3		46	侍郎右选令	2	
18	尚书考功令	12		47	尚书考功令	17	
19	淳祐令	1		48	尚书侍郎右选通用格	1	
20	尚书左选考功通用申明	3	承务郎以上	49	尚书考功格	1	
21	尚收左选申明	2		50	尚书侍郎右选考功通用申明	2	武臣
22	尚书考功申明	1		51	尚书侍郎右选通用申明	2	
23	尚书左选申明	3		52	尚书考功申明	7	
24	尚书侍郎左选通用申明	3		53	尚书侍郎右选通用申明	1	
25	侍郎左选令	8		54	尚书侍郎右选考功通用申明	2	
26	尚书侍郎左选考功通用令	2	选人	55	尚书侍郎右选司勋考功通用申明	1	
27	侍郎左选尚书考功通用令	2		56	尚书侍郎右选考功申明	1	
28	尚书考功令	12		57	尚书侍郎左右选通用申明	2	
29	侍郎左选申明	2		58			

宫观岳庙门

序号	篇名	条数		序号	篇名	条数	
1	尚书左选令	5	文臣	13	尚书侍郎右选通用令	4	宗室
2	尚书侍郎左选考功通用令	2		14	尚书侍郎右选通用申明	2	
3	尚书左选考功通用令	1		15	侍郎左选申明	1	
4	尚书左选尚书考功通用令	1		16	尚书左右选通用令	2	文武臣通用
5	尚书考功令	2		17	尚收侍郎左右选考功通用令	1	
6	侍郎左选令	2		18	侍郎左选申明	1	
7	淳祐令	1		19	尚书左右选通用申明	1	
8	侍郎左选申明	3		20	尚书左右选通用申明	1	
9	尚书侍郎左选考功通用申明	1		21	尚书右选令	1	离军
10	尚书右选令	4	武臣	22	尚书右选申明	2	
11	尚书侍郎右选考功通用令	1		23	尚书侍郎右选通用申明	7	
12	尚书侍郎右选通用申明	1		24			

印纸门

序号	篇名	条数	类目	序号	篇名	条数	类目
1	尚书侍郎左右选通用令	6	不分类目	23	尚书侍郎左选通用申明	1	不分类目
2	尚书侍郎右选通用令	1		24	尚书左右选通用申明	1	
3	尚书右选令	1		25	尚书侍郎左右选通用申明	2	
4	侍郎左右选通用令	1		26	尚书侍郎左选通用申明	1	
5	侍郎左选令	3		27	尚书付侍郎左右选通用申明	1	
6	侍郎右选令	1		28	尚书左选考功通用申明	1	
7	尚书司勋令	1		29	尚书侍郎左右选通用申明	1	
8	尚书考功令	2		30	尚书左选申明	1	
9	尚书左选申明	2		31	侍郎左选考功通用申明	1	
10	尚书侍郎右选通用申明	1		32	侍郎左选申明	1	
11	尚书侍郎左右选考功通用申明	1		33	尚书左选申明	1	
12	尚书右选侍郎左右选考功通用申明	2		34	尚书侍郎右选考功通用申明	1	
13	尚书侍郎右选考功通用申明	1		35	尚书左选考功通用申明	1	
14	侍郎左右选考功通用申明	1		36	尚书右选侍郎左右选考功通用申明	1	
15	侍郎左选考功通用申明	1		37	侍郎左右选考功通用申明	1	
16	侍郎右选尚书考功通用申明	1		38	尚书侍郎左选考功通用申明	1	
17	侍郎左右选通用申明	1		39	侍郎左右选考功通用申明	3	
18	尚书侍郎左右选通用申明	1		40	侍郎左选通用申明	1	
19	侍郎左选申明	1		41	侍郎左右选通用申明	1	
20	尚书左选侍郎左右选通用申明	2		42	尚书左选申明	1	
21	尚书侍郎左右选通用申明	1		43	尚书侍郎左右选考功通用申明	1	
22	侍郎左选尚书考功通用申明	1		44	侍郎左选申明	1	
				45	尚书侍郎右选通用申明	1	

荐举门

序号	篇名	条数	类目	序号	篇名	条数	类目
1	尚书侍郎左右选通用敕	2	不分类目	32	侍郎左选申明	1	不分类目
2	尚书侍郎左右选通用令	2		33	尚书侍郎左右选通用申明	1	
3	尚书侍郎左右选考功通用令	1		34	侍郎左选申明	4	
4	尚书考功令	4		35	尚书侍郎左右选考功通用申明	1	
5	侍郎左选令	10		36	侍郎左选申明	2	
6	侍郎右选令	1		37	尚书侍郎左右选通用申明	1	
7	侍郎左选尚书考功通用令	5		38	侍郎左选申明	3	
8	尚书考功令	12		39	尚书侍郎右选通用申明	1	
9	淳祐令	34		40	侍郎左选申明	1	
10	在京通用令	1		41	尚书侍郎左右选通用申明	1	
11	淳祐格	7		42	侍郎左选申明	5	
12	在京通用格	1		43	侍郎左选通用申明	2	
13	尚书侍郎左右选考功通用申明	2		44	侍郎左选申明	13	
14	尚书侍郎左右选通用申明	1		45	尚书侍郎左右选通用申明	1	
15	淳祐申明	1		46	侍郎左选申明	5	
16	尚书侍郎左右选通用申明	1		47	尚书侍郎左右选通用申明	1	
17	尚书考功申明	4		48	侍郎左选申明	9	
18	侍郎左选尚书考功通用申明	4		49	侍郎左选考功通用申明	1	
19	淳祐申明	3		50	侍郎左选申明	21	
20	侍郎左选尚书考功通用申明	6		51	尚书侍郎左右选通用申明	1	
21	侍郎左选申明	7		52	侍郎左选申明	8	
22	侍郎左选申明	1		53	尚书侍郎左右选通用申明	1	
23	尚书侍郎左选考功通用申明	2		54	侍郎左选尚书考功通用申明	1	
24	侍郎左选申明	11		55	侍郎左选申明	2	
25	尚书侍郎左右选通用申明	1		56	侍郎左选司勋考功通用申明	1	
26	侍郎左选申明	3		57	侍郎左选申明	4	
27	尚书侍郎左右选通用申明	1		58	尚书侍郎左右选通用申明	1	
28	侍郎左选申明	3		59	侍郎左选申明	8	
29	尚书侍郎左右选通用申明	1		60	尚书侍郎左右选通用申明	1	
30	侍郎左选申明	2		61	侍郎左选申明	14	
31	尚书侍郎左右选通用申明	1		62			

关升门

序号	篇名	条数	类目	序号	篇名	条数	类目
1	尚书考功敕	1	文武臣通用	23	尚书侍郎右选考功通用申明	1	选人
2	尚书考功令	8		24	尚书考功申明	15	
3	侍郎右选令	1		25	尚书侍郎右选通用申明	1	
4	尚书考功申明	4		26	尚书侍郎右选考功通用申明	1	
5	尚书侍郎右选考功通用申明	1		27	尚书侍郎左选通用申明	1	
6	尚书考功令	18	承务郎以上	28	尚书侍郎左右选考功通用申明	1	
7	尚书左选令	1		29	尚书侍郎左右选通用令	2	资序
8	尚书考功格	1		30	尚书侍郎右选考功通用令	2	
9	尚书考功申明	2		31	尚书侍郎右选通用令	2	
10	尚书考功令	5	选人	32	尚书侍郎左选通用令	1	
11	侍郎左选尚书考功通用令	3		33	尚书左选令	1	
12	侍郎左选令	1		34	侍郎左选令	6	
13	淳祐令	1		35	尚书考功令	7	
14	侍郎左选尚书考功通用申明	2		36	尚书考功格	1	
15	侍郎左选申明	1		37	尚书右选申明	1	
16	尚书侍郎左右选考功通用申明	1		38	尚书侍郎右选通用申明	1	
17	侍郎左选申明	1		39	尚书左选令	2	服色
18	尚书考功申明	1		40	尚书考功令	2	
19	侍郎左选申明	2		41	淳祐令	3	
20	侍郎左选考功通用申明	1		42	尚书考功申明	1	
21	尚书侍郎右选考功通用令	1	武臣	43	尚书左选申明	2	
22	尚书考功令	6		44	尚书侍郎左右选通用申明	2	

改官门

序号	篇名	条数		序号	篇名	条数	
1	侍郎左选令	4	考第改官	18	侍郎左选申明	11	改官通用
2	侍郎左选尚书考功通用令	6		19	侍郎左选尚书司勋通用申明	1	
3	尚书考功令	6		20	侍郎左选考功通用申明	4	
4	尚书左选令	1		21	侍郎左选申明	12	
5	尚书左选考功通用令	1		22	侍郎左选尚书考功通用申明	1	
6	侍郎左选令	4	酬赏改官	23	侍郎左选尚书司勋通用申明	1	
7	侍郎左选尚书司勋通用令	2		24	侍郎左选申明	1	
8	淳祐令	2		25	尚书考功令	5	升改
9	淳祐格	1		26	侍郎左选尚收考功通用令	2	
10	尚书侍郎左右选通用令	3	致仕改官	27	淳祐令	2	
11	侍郎左选令	1		28	尚书考功申明	1	
12	尚书考功令	1		29	侍郎左选尚书考功通用申明	2	
13	侍郎左选格	1		30	侍郎左选令	5	循改
14	侍郎左选令	4	改官通用	31	尚书考功令	1	
15	尚书考功令	1		32	侍郎左选尚书司勋通用格	1	
16	侍郎左选格	1		33	侍郎左选尚书司勋考功通用申明	2	
17	侍郎左选尚书考功通用申明	6		34			

磨勘门

序号	篇名	条数		序号	篇名	条数	
1	尚书考功敕	1	文武臣通用	23	尚书侍郎左右选考功通用申明	2	文臣
2	尚书考功令	32		24	尚书左右选侍郎右选考功通用申明	2	
3	尚书侍郎左右选考功通用令	1		25	尚书左选考功通用申明	1	
4	尚书侍郎左右选司勋考功通用令	1		26	尚书左右选考功通用申明	1	
5	尚书侍郎左右选通用令	1		27	尚书左选考通用申明	4	
6	尚书左右选通用令	1		28	尚书考功令	16	武臣
7	淳祐令	2		29	尚书侍郎右选考功通用令	1	
8	尚书考功格	15		30	尚书侍郎右选通用令	2	
9	尚书侍郎左右选考功通用申明	1		31	尚书考功申明	8	
10	尚书考功申明	3		32	尚书侍郎右选考功通用申明	5	
11	尚书左右选侍郎右选通用申明	1		33	尚书右选令	4	大使臣
12	侍郎右选申明	1		34	尚书考功令	9	
13	尚书左右选侍郎右选通用申明	1		35	尚书右选申明	2	
14	尚收侍郎左右选考功通用申明	3		36	尚书考功申明	2	
15	尚书左右选侍郎右选考功通用申明	6		37	尚书右选考功通用申明	4	
16	尚书考功令	20	文臣	38	尚书考功令	24	小使臣
17	侍郎左选令	2		39	侍郎右选令	2	
18	尚书左选令	1		40	侍郎右选考功通用令	1	
19	尚书左选考功通用令	1		41	淳祐令	1	
20	淳祐令	1		42	大宗正司令	1	
21	尚书左选考功通用申明	1		43	尚书考功申明	6	
22	尚书考功申明	4		44	侍郎右选考功通用申明	6	

后　记

本书研究所花时间较长，是近几年我在研究某一专题中费力最多的著作。本书研究始于2013年，当时因为需要全力照顾女儿，没有办法进行其他研究，只能用挤出的时间通读《续资治通鉴长编》和《宋会要辑稿》两部宋朝基本史料，目的是想把自己对中国法律史研究的时段从元朝向宋朝扩张，以期对宋朝法律史研究提供一个全面了解，同时更好理清元朝法律制度中的很多形成源流。在一年中，一边忙着照顾小孩，一边阅读以上两书。进入2014年，在获得相对平静的工作条件后，对本书中一些内容开始按专题写作，如对宋朝令的法律篇名、宋朝断例形成问题进行了研究。2015年，在云南大学校长林文勋教授的特别关心和帮助下，我得以把工作转到云南大学。进入云南大学历史系工作后，由于工作单一，可以全力以赴做此书研究。通过大半年的努力，同年9月完成初稿后，在中国社会科学出版社，特别是任明老师的帮助下，申报了国家社会科学基金后期资助项目，在得到法史学同人的支持下，顺利立项。2016年进行了修改，因为有基金支持，对整个修改工作中需要的图书资料在经费上由于没有肘制，于是购买了大量相关史料，对全书进行了全面修改，让本书的质量得到较好的提高。通过2016年的工作，终于完成此书。此书在写作上是融辑佚考证和理论研究为一体，因为本书的基本研究方法是考据，这让研究十分费力费时。做考据类研究，做出后感觉十分简单，但做时十分困难，因为很多史料需要反复查找和查对。现在对本书，自己是较为满意，但存在问题是一定的，以后再慢慢查证和补证。我对研究中“穷尽史料”一直没有信心，因为中国古代文献繁如烟海，史料种类多样，往往越想“穷尽”越做不到。再说，由于现在的工作环境虽然对生活有较大好处，但与专心做此类研究还是不相符，在一切以定量考核为准的学术环境中，质量与数量上往往以数量为优选。为了生存需要牺牲学术品质是当今中国学界绝大多数研究者无法避免的困境。

本书得以出版，让我感慨颇多，其中一些组织和人是要必须感谢的。

首先，特别感谢全国哲学社会科学规划办公室的项目支持，由于他们的支持，让此种纯学术著作能够顺利写作和出版无忧。其次，感谢中国社会科学出版社，其中特别感谢任明老师长期支持、帮助，他是我学术成长中持续时间最长的指引者和领路人。最后，感谢我的历史学硕士研究生向娇娇对本书资料校对上付出的辛勤工作。她是我唯一的历史学硕士研究生，因为工作变化，现在又回到法学专业之中。此外，感谢2016级法律硕士唐国昌硕士研究生，他对本书进行了详细校读，弥补了其中很多不足。

胡兴东

2017年3月30日 于云南大学东陆园